Handbuch Gewaltprävention II

Für die Sekundarstufen und die Arbeit mit Jugendlichen

Günther Gugel

Handbuch
Gewaltprävention II

Für die Sekundarstufen und die Arbeit mit Jugendlichen

Grundlagen – Lernfelder – Handlungsmöglichkeiten

Institut für Friedenspädagogik Tübingen e.V.
WSD Pro Child e.V.

Online-Handbuch „Gewaltprävention II"
www.schulische-gewaltpraevention.de
www.friedenspaedagogik.de

Impressum

Günther Gugel: Handbuch Gewaltprävention II
Für die Sekundarstufen und die Arbeit mit Jugendlichen
Grundlagen – Lernfelder – Handlungsmöglichkeiten.

© 2010 Institut für Friedenspädagogik Tübingen e.V./ WSD Pro Child e.V.

Gestaltung: Manuela Wilmsen, eyegensinn
Bildnachweis: Alle Fotos Jan Roeder, Gauting, außer:
Apfelfront 639; Bild 652, 659; Brot für die Welt 461; Buch.de 531; Sepp
Buchegger 184; Cartoon-Caricature-Contor 418, 420; dpa 456; Diesel 182,
501; Frankfurter Rundschau 654, 655; GMX 84; Günther Gugel 56, 225
oben, 250, 361, 367, 368, 368, 370, 393, 447, 465, 528, 644; HSI-Project
153; ikm-Hamburg 252; Mobilcom 84; Nike 453; Peres Center for Peace
466; Burkhard Pfeifroth 340, 349, 352, 357, 471, 459; Renault 605; RTL
73; Der Spiegel 98, 650, 660; Stuttmann 455; TV-Movie 84.
Trotz aller Bemühungen ist es uns leider nicht in jedem Fall gelungen, die
Rechteinhaber ausfindig zu machen. Sie werden geben, sich ggf. an den
Verlag zu wenden.
Druck: Deile, Tübingen

Institut für Friedenspädagogik Tübingen e.V
Corrensstr. 12, 72076 Tübingen
kontakt@friedenspaedagogik.de
www.friedenspaedagogik.de

Das Handbuch Gewaltprävention II ist ein Projekt von WSD Pro Child e.V., als
Kooperationsprojekt durch das Institut für Friedenspädagogik entwickelt
und durch die Berghof Stiftung für Konfliktforschung gefördert.

ISBN 978-3-932444-52-4

Inhalt

Vorwort

Gewaltprävention arbeitet an den Grundlagen menschlichen Zusammenlebens. Sie darf sich nicht in einem „Gegen-Gewalt" erschöpfen, sondern muss positive Handlungs- und Lebensperspektiven eröffnen, die Gewalt überflüssig machen.

Dieses Handbuch hat primär den Bereich der Erziehung und Bildung im Blick. Dennoch weist es permanent auf die Notwendigkeit hin, auch die institutionellen, politischen und gesellschaftlichen Verhältnisse einzubeziehen. Die Inhalte des Bandes knüpfen an wissenschaftliche Untersuchungen und Erkenntnisse über wirksame Gewaltprävention an und bereiten diese für die pädagogische Praxis auf.

In 19 Kapiteln werden die zentralen Aspekte der Gewaltprävention aufgegriffen und für den Einsatz in Schule und Jugendarbeit dargestellt. Ein Grundlagenteil führt in den Diskussionsstand der Gewaltprävention ein und greift insbesondere Jugendgewalt und Gewalt in der Schule auf. Als zentrale Lernfelder werden die Bereiche Kommunikation, konstruktive Konfliktbearbeitung, Demokratie und Werteerziehung, interkulturelles Lernen, Sport und Medien thematisiert. Die Rolle der Eltern, des kommunalen Umfelds sowie der Entwicklung der Schule im Prozess der Gewaltprävention werden in eigenen Kapiteln untersucht. Einen weiteren Schwerpunkt bilden die Handlungsmöglichkeiten in Gewaltsituationen. Hierzu gehören Zivilcourage, Mobbing, rechtsextremistische Gewalt sowie Amoklauf an Schulen. Da der Band modular angelegt ist, ist jeder Themenbereich – obwohl aufeinander aufbauend und sich gegenseitig ergänzend – in sich abgeschlossen.

Der Darstellung liegt ein spezifisch friedenspädagogischer Zugriff zugrunde, bei dem davon ausgegangen wird, dass individuelle, gesellschaftliche und internationale Gewalt nicht klar von einander zu trennen sind und ihre gegenseitige Abhängigkeit gesehen und berücksichtigt werden muss. Gewaltprävention wird dabei als Teil eines übergreifenden gesellschaftlichen Projektes der Demokratisierung und der Entwicklung einer Kultur des Friedens verstanden. Ungewöhnlich ist die Ausgestaltung und Bebilderung des Bandes. Die Fotos wurden von Jan Roeder speziell für dieses Handbuch mit Schulklassen und Jugendgruppen aus dem Raum München aufgenommen.

Günther Gugel

Begleitwort

Mit dem vorliegenden Handbuch Gewaltprävention für die Sekundarstufen und die Arbeit mit Jugendlichen, möchte der Verein WSD Pro Child dazu beitragen sich auf sachlicher und fachlicher Ebene mit dem Thema Gewalt an Schulen auseinanderzusetzen und sowohl Lehrkräften und Pädagogen, als auch Eltern ein Werk an die Hand geben, um Gewalt an Schulen vorzubeugen bzw. bei bereits schlechtem Lernumfeld aktiv dagegen vorzugehen.

Die Inhalte und Arbeitsmaterialien des Handbuchs sind wie beim ersten Band so aufbereitet, dass sie sich problemlos in den Unterricht eingliedern lassen. Dass der zweite Band mit 736 Seiten um fast 200 Seiten umfangreicher ist, als der erste Band für die Grundschule, zeigt die hohe Brisanz des Themas gerade für die Sekundarstufen.

Zur Thematik Gewalt an Schulen gibt es vielfältige Zusammenhänge und Sichtweisen. Aus der Sicht der Schülerinnen und Schüler stellt sich die Frage, wie sicher fühlen sie sich an ihrer Schule, wie empfinden sie ihr Lernumfeld und wie ist ihr Verhalten untereinander bzw. bestehen Lehrer-Schüler-Konflikte. Aus der Perspektive der Lehrkräfte stellt sich die Frage, wie das Verhältnis zwischen Schülerinnen und Schüler und Lehrerkräften bzw. zwischen den Lehrkräften gestaltet ist.

Gewalt an Schulen ist insbesondere auch durch medienwirksame Ereignisse in den Fokus der Öffentlichkeit gerückt. Aber nimmt Gewalt an Schulen tatsächlich zu oder sind wir nur in höherem Maße sensibilisiert, als das früher der Fall war? Ist es die Quantität an Übergriffen oder doch eher die Art und die Dimension, also das Ausmaß bzw. Qualität der Gewaltanwendungen, die sich verändert haben und uns erschrecken und aufhorchen lassen? Hinzu kommen vermehrt Möglichkeiten neuer Gewaltformen bzw. die Verstärkung und Verlängerung der ursprünglichen Übergriffe durch die modernen digitalen Kommunikationsmittel. Was ist die Ursache dieser Entwicklungen und welche Möglichkeiten bestehen, dem entgegenzuwirken? Auch hiermit beschäftigt sich dieser Band.

Unser besonderer Dank gilt dem Institut für Friedenspädagogik Tübingen e.V. und insbesondere dem Autor, Günther Gugel, für die hervorragende Ausarbeitung der Thematik und die gute langjährige Zusammenarbeit. Es liegt damit ein zweites Werk zum Thema Gewaltprävention an Schulen vor, das seinesgleichen sucht.

Oktober 2009, WSD Pro Child e.V.

Der Ansatz im Überblick

Gewalt ist nicht nur in Zeiten von Krisen und des Umbruchs eine immer verfügbare Handlungsoption für Individuen und Gruppen ebenso wie für Regierungen und Staaten. Die Zahl der Opfer zeigt, dass das vergangene 20. Jahrhundert das gewalttätigste in der gesamten Geschichte der Menschheit war.

Gewalt ist ein komplexes Problem mit vielfältigen Wurzeln und Ursachen. Es gibt deshalb für Gewalt keine einfachen Erklärungen und Lösungen. Voraussetzung für gelingendes Zusammenleben ist eine hohe Verlässlichkeit, dass Gewalt weder in zwischenmenschlichen Beziehungen noch im gesellschaftlichen Zusammenleben einen Platz hat, sowie dass Konflikte gewaltfrei ausgetragen werden. Beides ist in unserer Gesellschaft und weltweit nur unzureichend realisiert.

Gewaltprävention arbeitet an den Grundlagen menschlichen Zusammenlebens. Sie darf sich nicht in einem „Gegen-Gewalt" erschöpfen, sondern muss positive Handlungs- und Lebensperspektiven eröffnen, die Gewalt überflüssig machen.

Obwohl dieses Handbuch primär den Bereich der Erziehung und Bildung im Blick hat, weist es doch permanent auf die Notwendigkeit hin auch die institutionellen, politischen und gesellschaftlichen Verhältnisse einzubeziehen. Denn Gewalt lässt sich am ehesten überwinden, wenn man gemeinsam, umfassend und auf einer gesicherten wissenschaftlichen Grundlage vorgeht.

Betrachtet man den schulischen Bereich, so ist grundlegende Voraussetzung für jegliches Lernen ein angstfreies Klima, verbunden mit gegenseitiger Akzeptanz, Respekt und Wohlbefinden. Die Qualität der sozialen Lernsituation entscheidet über die Möglichkeiten Offenheit und Bereitschaft für Lernen entwickeln zu können, also letztlich über den Lernerfolg. Sowohl die Konzepte der Reformpädagogik, also auch die Ergebnisse der Hirnforschung, unterstreichen dies eindrücklich.

Gewaltprävention ist deshalb nicht nur normativ begründet, sondern aus pädagogischen und lernpsychologischen Notwendigkeiten heraus unabdingbar. Sie wird – so verstanden – zu keinem Zusatzprogramm für engagierte Lehrerinnen und Lehrer, sondern zur Grundlage von Lehren und Lernen überhaupt.

Die vorliegenden Materialien knüpfen an wissenschaftliche Untersuchungen und Erkenntnisse über wirksame Gewaltprävention an und bereiten diese für die pädagogische Praxis auf. Dabei wird davon ausgegangen, dass Gewaltprävention in den normalen Unterrichtsverlauf, Schulalltag und in den Prozess der Schulentwicklung integriert werden kann und muss, sowie dass es nicht um

Gewaltprävention
Gewaltprävention zielt auf die direkte oder indirekte Beeinflussung von Personen bzw. Situationen, um das Risiko zu vermindern, dass Gewalttaten begangen und Menschen Täter oder Opfer von Gewalt werden.
Herbert Scheithauer u.a.: Gelingensbedingungen für die Prävention interpersonaler Gewalt im Kindes- und Jugendalter. In: Bundesministerium des Innern (Hrsg.): Theorie und Praxis des gesellschaftlichen Zusammenhalts. Berlin 2008, S. 52.

Einzelmaßnahmen, sondern letztlich um die Verbesserung der Lernbedingungen und des Zusammenlebens insgesamt geht. Gewaltprävention umfasst im schulischen Kontext deshalb vier zentrale Bereiche:

- Die Verbesserung der sozialen Schulqualität.
- Die Etablierung und Verdeutlichung von Regeln und Normen des Zusammenlebens.
- Der Umgang mit Konflikten und damit verbunden der Aufbau eines schulischen Konfliktmanagementsystems.
- Das Handeln in akuten Gewaltsituationen.

Für den gesellschaftlichen Kontext reicht dies jedoch nicht aus. Hier müssen neben pädagogischen auch gesellschaftspolitische Gesichtspunkte und Initiativen hinzu kommen. Hierzu gehören u.a. die Förderung einer kinder- und jugendfreundlichen Umwelt, die Unterstützung von Familien bei der Erziehung von Kindern sowie das Angebot von Zukunftschancen für junge Menschen, damit diese ihren Platz in der Gesellschaft finden und das Gefühl „gebraucht zu werden" entwickeln können.

Basics der Gewaltprävention

Grundwissen

Durch alle Bausteine dieses Handbuches ziehen sich bestimmte Basics der Gewaltprävention. Diese sind u.a.:

Der Komplexität gerecht werden

Gewaltprävention und der Umgang mit Gewalt bedeuten Umgang mit Komplexität. Komplexe Probleme lassen sich nur lösen, wenn die ganze Organisation lernt und nicht nur einzelne Lehrkräfte oder Eltern. Dies ist eine zentrale Einsicht des Netzwerklernens und der Organisationsentwicklung. Deshalb:

- systemisches Denken statt vorschneller kausaler Bezüge;
- gemeinsam handeln statt isolierter Verhaltenssteuerung;
- von anderen lernen statt alles neu (er)finden zu müssen;
- kollektives Lernen, indem Verantwortung für das größere Ganze übernommen wird statt individualistischer Ansätze;
- Einbeziehen außerschulischer Organisationen und Partner statt Beschränkung auf schulische Maßnahmen und Veranstaltungen.

Verhalten und Verhältnisse im Blick haben

Verhaltensorientierte Ansätze sind wichtig, doch sie allein reichen bei weitem nicht aus. Oft sind es auch die Umstände oder die Verhältnisse, die das unliebsame Verhalten hervorbringen oder stabilisieren. Hier muss der Blick geöffnet und geschärft werden für notwendige Veränderungen im Umfeld.

Die Sprache der Gewalt lesen lernen

Diagnostische Kompetenzen sind notwendig, um die Sprache der Gewalt (Opfersignale ebenso wie Gewaltbotschaften) wahrnehmen und verstehen zu können. Gewalt als Kommunikationsform macht auf individuelle und kollektive Probleme aufmerksam – nicht direkt und offen, sondern verdeckt und symbolisch. Ansatzpunkt für Gewaltprävention sollten deshalb die Probleme sein, die Jugendliche haben, nicht die, die sie machen, meint Gunter A. Pilz. Und Reiner Steinweg formuliert die zentrale Frage der Gewaltprävention so: „Was brauchen Jugendliche, damit sie Gewalt nicht brauchen?".

Differenzierungen vornehmen

Differenzierungen sind wichtig. Trotz vieler Gemeinsamkeiten von Gewalthandlungen sind sie doch, was ihre Formen und Schwere betrifft, sehr unterschiedlich. Das Instrumentarium für Prävention und der Umgang mit Gewalt muss für jede Einrichtung, für jede Altersgruppe sowie auch für Jungen und Mädchen spezifisch entwickelt werden.

Bildung als Schlüssel
Bildung ist ein Schlüssel-
faktor, der in der Lage ist
den Teufelskreis der Gewalt
nicht nur zwischen Kindern,
sondern auch unter Erwachsenen zu durchbrechen. Sie
kann Kinder sowohl dazu
ermutigen sich selbst und
andere zu respektieren,
als auch ihren Gefühlen
Ausdruck zu verleihen und
für das, was sie möchten,
einzutreten, ohne physische
oder psychische Gewalt
anzuwenden.
*United Nations: World Report
on Violence against Children.
Geneva 2006, S. 153.*

Risikofaktoren kennen und begrenzen

Risikofaktoren zu kennen, die Aggression und Gewalt auf individueller, familiärer, gruppen- und gesellschaftlicher Ebene fördern
und diese so weit wie möglich zu reduzieren und zu begrenzen ist
das zentrale Anliegen.

Ressourcen- und resilienzorientiert vorgehen

Selbstwertfühl aufbauen und positive Identitäten entwickeln zu
können sind ressourcenorientierte Zugänge, die Jugendliche auch
im schulischen Kontext Selbstwirksamkeit erfahren lassen und ihnen
verdeutlichen, was sie können.
Die Resilienzforschung hat gezeigt, wie sich Kinder und Jugendliche trotz widriger Umstände positiv entwickeln können. Diese
Schutzfaktoren müssen systematisch in Ansätze der Gewaltprävention aufgenommen werden.

Medien einbeziehen

Obwohl immer gefordert, sind erstaunlicher Weise medienpädago-
gische Ansätze im Kontext der Gewaltprävention unterrepräsentiert.
Konstruktive Ansätze für Medienpädagogik sind wichtig und zentral.
Der Umgang mit Medien und die Auseinandersetzung mit Gewalt in
Medien kann nicht durch eine „Bewahrpädagogik" erlernt werden.

Gewaltfreiheit als Norm

Ein Risikofaktor für gewalttätiges Verhalten sind die Normen der
Gewaltakzeptanz in den jeweiligen jugendlichen Bezugsgruppen
(Peers), aber auch die unklare Haltung der Gesellschaft zur Gewalt.
Deshalb ist es für Gewaltprävention wichtig, Gewalt konsequent zu
verurteilen und Alternativen vorzuleben. Ein Problem dabei ist, dass
Gewalt in keiner Gesellschaft prinzipiell verboten und tabuisiert ist,
sondern dass immer unterschieden wird zwischen guter und schlechter sowie zwischen legitimer und illegitimer Gewaltanwendung (im
gesellschaftlichen und internationalen Bereich), häufig verbunden
mit der Frage der Machtausübung und Machterlangung.

Die Schulebene berücksichtigen

Kern der Schule ist der Unterricht. Aber Schule ist mehr als Unterricht. Deshalb genügt es auch nicht, Gewaltprävention nur und
ausschließlich auf der Unterrichts- und Klassenebene zu verankern. Schule ist ein eigenständiger Lebensraum für Schülerinnen
und Schüler sowie für die Lehrkräfte. Die Berücksichtigung der
Schulebene weist auf die Dimension von gemeinsam verantworteten
und gelebten Werten und Normen, der demokratischen Gestaltung
des Schullebens und der Entwicklung einer „guten Schule" hin.

Auf der Klassenebene arbeiten

Die Klasse ist der soziale Lebensraum für die Schülerinnen und Schüler. Das Geschehen in der Klasse entscheidet wesentlich über Lernmotivation und Lernerfolg, aber auch über das Erleben des sozialen Miteinanders. Moderne Didaktik vernetzt verschiedene unterrichtliche Aspekte miteinander und fördert ein ganzheitliches handlungsorientiertes Lernen. Die Klasse entwickelt dabei ein eigenes Instrumentarium der Konflikt- und Problembewältigung. Gleichzeitig ist die Klasse auch der Rahmen und der Lernort für die Bewältigung einer Vielzahl von Konflikten und Problemen.

Grundwissen

Die einzelnen Schülerinnen und Schüler im Blick haben

Jugendliche sind nicht Objekte von pädagogischen „Maßnahmen", sondern gestalten selbst und übernehmen die Initiative und Verantwortung. Vielfältige Angebote und Materialien sollen Jugendliche unterstützen, ihre kommunikativen Fähigkeiten auszubauen, sozial kompetenter zu werden, Gewalt sensibel wahrzunehmen und zivilcouragiert zu handeln.

Dies kann nicht alleine durch Lehr- und Lerneinheiten erreicht werden, sondern nur in Kombination mit der Modellfunktion von Eltern, Lehrerinnen und Lehrern sowie einer entsprechenden Gestaltung des Schullebens.

Es geht unter diesem Aspekt primär um die einzelnen Schülerinnen und Schüler, die es zu fördern und in ihrer Entwicklung zu unterstützen gilt. Individuelle Hilfe bei (Entwicklungs- und Schul-) Problemen, Unterstützung beim Erlernen zentraler Werte und Normen, von sozialem Verhalten und beim Umgang mit Aggression und Gewalt, haben sich als wichtige Teilbereiche der Gewaltprävention bewährt.

Lehrerinnen und Lehrer qualifizieren und unterstützen

Für die oben beschriebenen Aufgaben und Anforderungen fällt den Lehrkräften eine Schlüsselrolle zu, in der sie initiierend, gestaltend und koordinierend tätig werden. Dies soll jedoch nicht nur instrumentell in Bezug auf die Umsetzung, die Unterrichtsgestaltung und das Verhältnis zu den Schülern und Schülerinnen geschehen, sondern auch reflexiv in Bezug auf die eigene Rolle in der Schule, das eigene Berufsverständnis und eigene Reaktions- und Verhaltensmuster – besonders, was Konfliktbearbeitung und Gewaltprävention betrifft. Lehrkräfte und Eltern sind im pädagogischen Prozess primär auch Modell und Vorbild. Von besonderer Bedeutung ist das Engagement der Schulleitung. Gewaltprävention muss Chefsache sein, wenn sie gelingen soll.

Grundwissen

Zugehörigkeiten

Wenn Kriminalprävention auf Inklusion, auf soziale Teilhabe und Partizipation gerichtet ist, den öffentlichen Raum sichert und das Sicherheitsgefühl verbessert, dann ist und schafft sie auch soziales Kapital: Eine Atmosphäre der Solidarität, der Zugehörigkeit und des sozialen Vertrauens, der Verlässlichkeit der gemeinsam geteilten Regeln, Normen und Werte und nicht zuletzt des Vertrauens in die Institutionen des Staates. Dadurch leistet Kriminalprävention einen nicht zu unterschätzenden Beitrag zur Gewährleistung von Vielfalt, gerade in „unsicheren Zeiten". Es geht namentlich darum, die Pluralität sozialer sowie ethnisch-kultureller Gruppierungen, Lebensstile, Verhaltensweisen, Werte und Normen zu sichern.
Hannoveraner Erklärung des 14. Deutschen Präventionstages. Hannover 2009, Auszug.
www.praeventionstag.de/ html/GetDokumentation. cms?XID=368

Eltern einbeziehen

Wissenschaftliche Untersuchungen zeigen, dass Antigewaltprogramme und Trainingsprogramme zum prosozialen Verhalten letztlich nur dann Erfolg haben, wenn die Eltern einbezogen sind. Einbezogen sein bedeutet mehr als nur informiert zu werden. Eltern müssen des Weiteren in ihrer eigenen Erziehungskompetenz unterstützt und gefördert werden, sodass Schule und Elternhaus gleiche Ziele verfolgen und nach gleichen Erziehungsgrundsätzen handeln.

Kooperation und Networking

Gewaltprävention kann nicht gelingen, wenn sie von einzelnen Eltern oder Lehrkräften alleine durchgeführt wird. So wichtig individuelles Engagement ist, so bedarf es des gemeinschaftlichen Handelns vor einem geteilten Werte- und Handlungskontext. Dies bedeutet auch, dass sich Kolleginnen und Kollegen in schwierigen Situationen und Auseinandersetzungen gegenseitig beistehen, unterstützen und helfen. Gewaltprävention braucht Netzwerke, Zusammenarbeit über die einzelnen Schulen hinweg mit Eltern, Fachkräften der Jugendhilfe und der polizeilichen Gewaltprävention.

Die vier Ebenen im Blick haben – das ökologische Modell der WHO

Das mit vier Ebenen arbeitende Modell ist hilfreich für die Ergründung der das Verhalten beeinflussenden Faktoren oder von Faktoren, die das Risiko, zum Gewalttäter oder Gewaltopfer zu werden, erhöhen.

- Auf der individuellen Ebene werden die biologischen Faktoren und persönlichen Entwicklungsfaktoren erfasst, die einen Einfluss darauf haben, wie sich der einzelne Mensch verhält, und ihn mit erhöhter Wahrscheinlichkeit zum Gewaltopfer oder -täter werden lassen.
- Die zweite Ebene ist die Beziehungsebene, auf der die engen zwischenmenschlichen Beziehungen zu Familie, Freunden, Intimpartnern, Gleichaltrigen und Kollegen u. a. auf die Frage hin untersucht werden, inwieweit sie das Risiko, zum Gewaltopfer oder -täter zu werden, erhöhen.
- Auf der dritten Ebene geht es um die soziale Beziehungen stiftenden Umfelder der Gemeinschaft wie Schulen, Arbeitsplätze und Nachbarschaften und um die für die jeweiligen Settings charakteristischen, Gewalt fördernden Risikofaktoren.
- Bei der vierten Ebene richtet sich der Blick auf die gesellschaftlichen Faktoren im weiteren Sinne, die ein die Gewalt förderndes oder ihr abträgliches Klima schaffen. Dazu gehören die Verfügbarkeit von Waffen sowie soziale und kulturelle Normen.

World Health Organization: Violence Prevention Alliance. Building global commitment for violence prevention. Geneva 2005.

Der Aufbau des Handbuchs

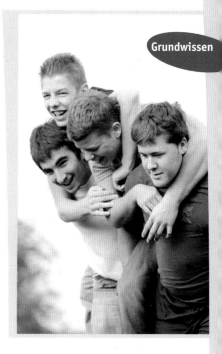

Grundwissen

Das Handbuch gliedert sich in 19 Kapitel (Bausteine) die alle zentralen Bereiche der Gewaltprävention aufgreifen:

Grundlagen der Gewaltprävention (1.2)

In diesem einführenden Kapitel werden grundsätzliche Anfragen an das Konzept Gewaltprävention benannt und zusammenfassend skizziert. Erste grundlegende Erkenntnisse über die Gewaltbelastung in der Schule sowie Thematisierungswege werden eingeführt. Die angesprochenen Gesichtspunkte und Problemfelder werden in späteren Kapiteln vertieft und ausführlich diskutiert.

Gewalt (2.1)

Ein differenzierter Gewaltbegriff ist für Gewaltprävention zentral. Das Kapitel „Gewalt" diskutiert verschiedene Gewaltbegriffe, macht auf Ursachen und Zusammenhänge von Gewalt aufmerksam und lenkt die Aufmerksamkeit darauf, das eigene Gewaltverständnis zu reflektieren.

Gewalt an Schulen (2.2)

Dieses Kapitel klärt, was unter Gewalt an Schulen zu verstehen ist, welche Erkenntnisse über Ausmaß und Schwere der Gewaltvorfälle verfügbar sind sowie welche Ursachen und Risikofaktoren als relevant gesehen werden können. Dabei wird neben der von Schülerinnen und Schülern ausgehenden Gewalt auch die der Lehrkräfte und des Schulsystems beleuchtet.

Jugendliche in Krisensituationen (2.3)

Kinder und Jugendliche durchleben vielfältige Krisensituationen, die sie auf unterschiedliche Weise bewältigen und verarbeiten können. In diesem Kapitel werden destruktive Bewältigungsversuche, wie Essstörungen, Selbstverletzungen, Selbsttötungen oder Suchtmittel aufgegriffen und dabei wird auch nach Unterstützung und Hilfsangeboten gefragt. Das Resilienzkonzept zeigt Wege, wie Persönlichkeiten gestärkt werden können.

Jugendgewalt (2.4)

In diesem Baustein wird beleuchtet, was unter Jugendgewalt verstanden wird, wie weit sie verbreitet ist, welche Risikofaktoren für Jugendgewalt bekannt sind und welche Gegenstrategien sich als erfolgversprechend erwiesen haben. Dabei werden Jugendliche nicht nur als Täter, sondern auch als Opfer gesehen.

Grundwissen

Gewaltprävention in der Schule (2.5)

Das Kapitel verdeutlicht die Ansatzpunkte, Handlungsmöglichkeiten und Vorgehensweisen bei der Implementierung von Gewaltprävention in der Schule. Es zeigt, dass sich wirksame Gewaltprävention im Kontext von Schulentwicklung vollzieht und nicht auf Einzelmaßnahmen beschränkt bleiben darf.

Familie und Kommune (3.1)

Die Rolle und Bedeutung der Familie und der Kommune bei der Entstehung von Gewalt sowie Möglichkeiten der Gewaltprävention werden aufgegriffen. Häusliche Gewalt wird in ihren verschiedenen Dimensionen sichtbar gemacht. Grundlegende Anforderungen an und Handlungsmöglichkeiten von Gewaltprävention im kommunalen Umfeld werden dargestellt.

Schulentwicklung (3.2)

Eine gute Schule ist eine gewaltfreie Schule. Deshalb werden die Zusammenhänge zwischen Schulqualität und Gewaltaufkommen beleuchtet. Im Zentrum steht die Frage nach den Merkmalen von gutem Unterricht, guten Lehrkräften und von einer guten Schule. Des Weiteren werden Möglichkeiten der Schulentwicklung, die zu diesen Zielen führen, reflektiert.

Kommunikation (3.3)

Gelingende Kommunikation ist ein Schlüssel zur Gewaltprävention. In diesem Baustein werden deshalb die Grundlagen menschlicher Kommunikation beschrieben und Möglichkeiten gelingender Kommunikation aufgezeigt. Dabei kommen der sozialen Wahrnehmung, dem Ausdruck von Gefühlen sowie der nonverbalen Kommunikation besondere Bedeutung zu.

Konstruktive Konfliktbearbeitung (3.4)

Konstruktive Konfliktbearbeitung ist einer der Kernpunkte von Gewaltprävention. Die Fähigkeit, Konflikte konstruktiv, d.h. ohne Gewaltandrohung oder Gewaltanwendung und mit der Bereitschaft zum Kompromiss auszutragen, kann systematisch gelernt werden. Wissen über Konfliktverläufe, aber mehr noch das Üben von Verhaltensmöglichkeiten in Konfliktsituationen tragen hierzu bei. In diesem Kapitel werden deshalb Grundlagen der Konfliktbearbeitung dargestellt. Es wird geklärt, was ein Konflikt ist, welche Dynamik die Eskalation von Konflikten beinhaltet und auf welchen Grundsätzen konstruktive Konfliktbearbeitung beruht. Des Weiteren wird das Konzept der Mediation umrissen.

Demokratie- und Werteerziehung (3.5)

Es besteht ein enger Zusammenhang zwischen der Akzeptanz von sozialen Werten und Normen und der Ablehnung von Gewalt. Die Verinnerlichung von Normen wird durch Konfrontation und Einüben gefördert. Der Baustein verdeutlicht, dass Demokratie als Lebensform täglich gelebt werden muss und, dass Werte in der Auseinandersetzung mit Alltagsproblemen gelernt werden. Partizipation in Familie, Schule und Kommune und die gegenseitige Anerkennung und Achtung sind Voraussetzungen für eine moralische Entwicklung.

Interkulturelles Lernen (3.6)

Interkulturelles Lernen wird verstanden als Auseinandersetzung mit dem Anderen, Fremden, als Bewusstwerden der eigenen Kultur und der Gleichwertigkeit anderer Kulturen. Es geht darum, Abwertungen, Diskriminierungen und Fremdenfeindlichkeit zu bekämpfen und interkulturelle Kompetenzen zu stärken. Kindern und Jugendlichen mit Migrationshintergrund kommt dabei besondere Aufmerksamkeit zu. Das Kapitel führt in das Verständnis von interkulturellem Lernen ein und zeigt vielfältige praktische Handlungsmöglichkeiten auf.

Sport und Fair Play (3.7)

Dieser Baustein verdeutlicht, welche Möglichkeiten Sport für Gewaltprävention bietet. Er weist jedoch darauf hin, dass Gewalt auch durch Sport und sein Umfeld begünstigt oder gar gefördert werden kann. Die Grundsätze der Fair-Play-Erziehung sind über den Bereich des Sports hinaus anwendbar. Das Beispiel „Straßenfußball für Toleranz" zeigt, wie Regelveränderungen zu neuen Spielformen führen können.

Medien (3.8)

Die mit den Neuen Medien verbundenen Gefahren werden hier benannt und gleichzeitig vielfältige Möglichkeiten des produktiven Umgangs mit diesen Medien dargestellt. Jugendschützerische Gesichtspunkte werden dabei weniger unter dem Aspekt des Verbotes als vielmehr dem des Erwerbs von Medienkompetenz im Sinne der Fähigkeit zur eigenen Mediengestaltung diskutiert.

Zivilcourage lernen (4.1)

Dieser Baustein veranschaulicht, was zivilcouragiertes Handeln bedeutet und welche Voraussetzungen vorhanden sein müssen, um Zivilcourage zu fördern. Dabei geht es nicht nur um das Eingreifen in Problemsituationen, sondern vor allem auch um eine Schärfung der Sensibilität und des Gewissens für die Verletzung der Rechte anderer. Nicht Wissen, sondern eigene Handlungsmöglichkeiten stehen dabei im Vordergrund.

Grundwissen

Die Grundhaltung

(Die) erzieherische Grundhaltung kriminalpräventiver Maßnahmen und Programme ist eine inkludierende, Solidarität vermittelnde Haltung. Sie signalisiert: „Wir geben euch nicht auf, wir wollen, dass ihr dazu gehört, integriert seid und teilhabt!" Strafen, Maßnahmen der Kriminalrepression, wirken dagegen grundsätzlich ausschließend, exkludierend (wobei der Strafvollzug, das Ein- und Wegsperren, dann die maximale Form der Exklusion ist).

Wiebke Steffen: „Solidarität leben – Vielfalt sichern." Moderne Gesellschaften und Kriminalität. Der Beitrag der Kriminalprävention zu Integration und Solidarität. Gutachten für den 14. Deutschen Präventionstag 8./9.6.2009. Hannover 2009, S. 6 f.

Grundwissen

Das Zentrale

Ich glaube das Zentrale ist, dass man nicht an Problemen ansetzen sollte, die junge Menschen uns machen, sondern an denen, die sie selbst haben. Denn hinter der Gewalt stehen ja in der Regel eigene Erfahrungen mit Gewalt. Der Schlüssel für Gewaltprävention besteht darin, genau an diesen Gewalterfahrungen anzusetzen. Wenn dies geschieht und die Jugendlichen bemerken, dass man sie mit ihren Problemen ernst nimmt, dann sind sie auch offen für die Auseinandersetzung mit den Problemen, für die sie verantwortlich sind.

Gunter A. Pilz: Sport und Gewaltprävention. Transkription eines Interviews mit Günther Gugel vom 23.9.2008. In: Uli Jäger/ Nadine Heptner (Red.): Fußball für Frieden und Entwicklung. Tübingen 2009, S. 24 ff.

Verhalten in akuten Gewaltsituationen (4.2)

Der angemessene Umgang mit konkreten Problem-, Konflikt-, und Gewaltsituationen ist Inhalt dieses Bausteins. Bewährte Regeln und Vorgehensweisen zu kennen, stellt zwar keine Garantie für „richtiges Handeln" dar, kann jedoch die Eigengefährdung und die Gefährdung anderer reduzieren und dazu beitragen, dass Opfer geschützt und Täter zur Rechenschaft gezogen werden können. In diesem Baustein wird gezeigt und diskutiert, welche Möglichkeiten des Umgangs mit (körperlichen) Bedrohungs- und Gewaltsituationen angebracht sind. Dabei wird das Verhältnis von Opfer, Täter und Zuschauer thematisiert und es werden prinzipielle Vorgehensweisen für Lehrkräfte, Schülerinnen und Schüler sowie Eltern vorgeschlagen.

Mobbing (4.3)

Mobbing ist in der Schule und der Arbeitswelt weit verbreitet. Dieser Baustein verdeutlicht, was Mobbing ist und wie Mobbing entsteht. Insbesondere wird die Dynamik des Mobbingsystems aufgegriffen, in dem Opfer, Täter, Unterstützer und Zuschauer zusammenwirken. Die Materialien bieten Möglichkeiten des Erkennens von Mobbing sowie konkrete Vorgehensweisen bei Mobbingfällen an.

Rechtsextremismus (4.4)

Dieser Baustein zeigt, was Rechtsextremismus ist, welche Überzeugungen ihm zugrunde liegen und welche Erklärungsansätze diskutiert werden. Vor diesem Hintergrund werden politische und pädagogische Handlungsmöglichkeiten gegen Rechtsextremismus entfaltet.

Amoklauf an Schulen (4.5)

Der Baustein Amoklauf an Schulen bietet Informationen über Vorkommen und Hintergründe von extremer Gewalt an Schulen. Des Weiteren werden Hinweise zur Vorbereitung auf und zum Handeln in solchen extremen Situationen gegeben, sowie Wege zum Umgang nach solchen Attacken aufgezeigt. Der Umgang mit Posttraumatischen Belastungsstörungen und Trauer ist dabei von besonderer Bedeutung.

Der Aufbau der Bausteine

- Die 19 Kapitel (Bausteine) dieses Handbuches sind jeweils in sich abgeschlossen, obwohl sie aufeinander bezogen sind und aufeinander aufbauen. Trotz inhaltlicher Überschneidungen der Themenbereich wurden (nahezu) keine Doppelungen aufgenommen. In jedem Baustein gibt es jedoch Querverweise auf andere für das Thema relevante Materialien. Die Vielzahl der Themen und Materialien ermöglicht es an unterschiedlichen Punkten gleichzeitig zu arbeiten.
- Die Bausteine beinhalten jeweils in einem ersten Teil einen Problemaufriss, verbunden mit wichtigen Hintergrundinformationen die in den Diskussionstand des Themas einführen und zentrale Fragestellungen benennen. Eine Übersicht über die vorhandenen Materialien mit Kurzhinweisen für einen möglichen Einsatz erleichtert die Orientierung. Die daran anschließenden Materialien bieten vertiefende Möglichkeiten der Auseinandersetzung mit dem Thema an.
- Die Bausteine sind dabei so konzipiert, dass sie sowohl die Schulebene, die Klassenebene und die Schülerebene einbeziehen und darüber hinaus auch Lehrkräfte und die Eltern berücksichtigen. Der Materialteil gliedert sich deshalb in den meisten Kapiteln in Materialien für diese drei Bereiche. Obwohl primär auf die Schule bezogen, bieten sie auch Zugangsweisen für die außerschulische Jugendarbeit.
- Die Informationen für Lehrkräfte beinhalten die spezifische Sicht der Schule, verbunden mit Anregungen und Arbeitsmaterialien für Lehrerfortbildung oder zur eigenen Reflexion. Die Informationen für Eltern können u.a. im Rahmen von Elternabenden oder als Elternbriefe Verwendung finden. Die Ansatzpunkte für den Unterricht zeigen, wie im Rahmen des Unterrichts oder von Seminaren das Thema aufgegriffen werden kann. Der Materialienteil (M1 bis Mx) stellt Quellentexte, sowie konkrete Unterrichtsvorschläge, Arbeitsblätter, Spiele und Übungen zur Verfügung.

Der Public Health Ansatz der Weltgesundheitsorganisation

Die WHO geht davon aus, dass Gewalt ein komplexes Phänomen ist, das umfassend und ganzheitlich angegangen werden muss. Public Health konzentriert sich nicht auf den einzelnen Patienten, sondern eher auf die Gesundheit von Bevölkerungsgruppen und ganzen Bevölkerungen. Die Public Health geht gegen jede Gefährdung des Wohlergehens der Bevölkerung herkömmlicherweise mit den folgenden vier Schritten vor:

- Das Ausmaß des Problems wird erkundet und beobachtet,
- die Ursachen des Problems werden ermittelt,
- es werden Möglichkeiten zur Bewältigung des Problems gesucht und erprobt,
- die nachweislich wirksamen Maßnahmen werden in breitem Maßstab eingesetzt.

Der Public-Health-Ansatz ist wissenschaftlich fundiert. Von der Erkennung des Problems und seiner Ursachen bis zur Planung, Erprobung und Auswertung von Gegenmaßnahmen muss sich alles auf tragfähige Forschungsergebnisse gründen.

World Health Organization: Violence Prevention Alliance. Building global commitment for violence prevention. Geneva 2005, S. 12.

©2010, Institut für Friedenspädagogik Tübingen e.V. – WSD Pro Child e.V.

Die Grenzen des Handbuches

Grundwissen

Dieses Handbuch kann trotz seines Umfangs nicht alle Aspekte der Gewaltprävention vertiefend darstellen. Es kann und will auch nicht in Konkurrenz mit spezifischen Modellen, Ansätzen und Trainings zur Gewaltprävention (z.B. in den Bereichen Kommunikation, Mediation, Anti-Aggressions-Training usw.) treten, sondern sieht sich eher als Ergänzung zu diesen. Das Handbuch bietet keine Tipps und Tricks, wie das Gewaltproblem einfach in Griff zu bekommen wäre. Es gibt bei gewaltpräventiven Maßnahmen nie eine Erfolgsgarantie, allenfalls eine begründete Erwartung, dass sich Probleme zum Besseren wenden lassen.

Ziel des Handbuches ist, die Vielfältigkeit und Komplexität der Thematik darzustellen und zugleich einen Handlungsrahmen zu skizzieren, in dem auch andere Ansätze ihren Platz finden können. Es wird hier also ein offenes Konzept (wenn man so will ein Baukasten) angeboten, das den jeweiligen Erfordernissen angepasst werden kann und das es weiter zu entwickeln gilt. Immer ist zu bedenken, dass kurzfristige Erfolge eher selten sind und ein langer Atem notwendig ist.

Grundlagen der Gewaltprävention

In diesem einführenden Kapitel werden grundsätzliche Anfragen an das Konzept Gewaltprävention benannt und zusammenfassend skizziert. Erste grundlegende Erkenntnisse über die Gewaltbelastung in der Schule sowie Thematisierungswege werden eingeführt. Die angesprochenen Gesichtspunkte und Problemfelder werden in späteren Kapiteln vertieft und ausführlich diskutiert.

Prävention

Prävention ist zunächst das eigentliche und primäre Geschäft der Pädagogik. Prävention meint, dass Verhältnisse so stabil sein müssen, dass sich in ihnen schwieriges Verhalten nicht entwickelt bzw. dass es da, wo es anfängt sich zu entwickeln, aufgehalten und abgefangen werden kann. Prävention zielt auf Verhältnisse, die ein gelingendes Großwerden möglich machen. Prävention zielt darauf, und da gibt es großen Nachholbedarf, dass die Schulen gut sind, dass die familialen Verhältnisse verlässlich und attraktiv sind, aber auch, dass es ein Gemeinwesen gibt, in dem Probleme aufgefangen werden können und nicht abgeschoben und exkludiert werden müssen.

Hans Thiersch: Wie geht die Sozialpädagogik mit Regelverletzungen junger Erwachsener um? Bad Boll 2007.

Was ist Gewaltprävention?

Gewaltprävention fußt auf der Überzeugung, den Erfahrungen und Erkenntnissen, dass es Handlungsmöglichkeiten gegen Gewalt gibt, die der Anwendung von Gewalt vorbeugen.

Prävention bedeutet, durch Vorbeugen spätere Kosten zu sparen, bzw. Schlimmeres zu verhindern. Dies will auch Gewaltprävention: durch rechtzeitiges Handeln Gewalt verhindern. Über diese allgemeine Aussage hinaus gibt es jedoch keine gemeinsam anerkannte Definition, was unter Gewaltprävention zu verstehen ist und wie Vorbeugung zu geschehen habe, obwohl der Begriff ständig in vielfältigen Zusammenhängen verwendet wird.

Der Hinweis, Gewaltprävention zu betreiben, dient der Handlungslegitimation (im Dienste der öffentlichen Sicherheit), der Forderung nach Mitteln (hier ist finanzielle Förderung dringend geboten) und der Produktion von Konsens (wir sind doch alle für Gewaltprävention).

Geklärt sind jedoch weder der Gegenstandsbereich noch die genauen Ziele und Methoden, die mit Gewaltprävention gemeint sind. Gewaltprävention, wie sie oft diskutiert wird, bezieht sich vor allem auf die Verhaltensbeeinflussung von Personen. Sie orientiert sich vorwiegend an Normübertretungen Jugendlicher und

ist – zumindest im Kontext westlicher Industrieländer – vor allem auf das Phänomen Jugendkriminalität ausgerichtet.

Der Begriff muss aber neben dieser individuellen Dimension, die Verhalten im Blick hat, auch eine strukturelle und institutionelle Dimension erhalten, die die Verhältnisse, die dieses Verhalten (mit-)bedingen, berücksichtigt und darüber hinaus auch eine kulturell-gesellschaftliche Dimension, die Legitimationsebenen dieser Verhältnisse einbezieht.

In den letzten Jahren hat sich die Verwendung des Begriffs Gewaltprävention geradezu inflationär ausgeweitet, mit der Gefahr einer Entgrenzung der Gewalt- und Präventionsbegriffe. Deshalb ist es wichtig, von einem kinder- und jugendspezifischen Verständnis von Gewalt und einem engen Verständnis von Gewaltprävention auszugehen, das die Reduzierung und die Verhinderung von Gewalt zum Ziel hat (Arbeitsstelle Kinder- und Jugendkriminalprävention 2007; Steffen 2007, S. 208).

Gewaltprävention und das Verständnis von Gewalt

Das Verständnis von und die Maßnahmen zur Gewaltprävention sind davon abhängig, was unter Gewalt verstanden wird und wo die Ursachen von Gewalt gesehen werden. Im Kontext von Gewaltprävention wird Gewalt häufig als physische Gewalt verstanden. Auch die Gutachter der unabhängigen Regierungskommission zur Bekämpfung von Gewalt hatten in ihrem Bericht von 1990 nur individuelle körperliche Gewalt im Blick (Schwind u.a. 1989).

Gewalt lässt sich auf unterschiedlichste Weise definieren, es kommt immer darauf an, wer den Begriff mit welchen Interessen und zu welchem Zweck verwendet. Alltagsvorstellungen von Gewalt haben in der Regel eher beschreibenden Charakter.

Johan Galtung hat mit seiner Unterscheidung von personaler, struktureller und kultureller Gewalt heftige Diskussionen ausgelöst und gleichzeitig den Blick auf vielfältige Gewaltverhältnisse geöffnet (vgl. Kap. 2.1). Obwohl das Gewaltverständnis von Galtung oft kritisiert wird – vor allem sei es zu weit gefasst und zu wenig operationalisierbar – ist es für Gewaltprävention interessant, weil sie das Legitimationssystem von Gewalt und die äußeren Verhältnisse mit einbezieht und die gegenseitige Abhängigkeit der drei Bereiche – personale, strukturelle und kulturelle Gewalt – thematisiert.

Die Weltgesundheitsorganisation (WHO) legte in ihrem 2002 veröffentlichten World Report on Violence and Health eine detaillierte Typologie von Gewalt vor, in der Gewalt verstanden wird als: „Der absichtliche Gebrauch von angedrohtem oder tatsächlichem körperlichem Zwang oder physischer Macht gegen die eigene oder eine

Gewaltpräventive Programme

Grundwissen

Als gewaltpräventiv können (...) nur jene Programme, Strategien, Maßnahmen bzw. Projekte bezeichnet werden, die direkt oder indirekt die Verhinderung bzw. die Reduzierung von Gewalt zum Ziel haben. Gewaltprävention im Kindes- und Jugendalter (...) zielt also auf die Verhinderung bzw. Reduzierung gewalttätigen Handelns durch Kinder und Jugendliche. Strategien der Gewaltprävention sind dabei insofern in besonderer Weise begründungspflichtig, als von ihnen erwartet werden darf, dass sie in einem begründbaren und nachvollziehbaren Zusammenhang vorrangig darauf abzielen, Gewalt im Kindes- und Jugendalter zu verhindern bzw. zu reduzieren – entweder auf der Basis überzeugender empirischer Belege bzw. Erfahrungen oder an Hand von plausiblen theoretischen Annahmen. Belegt werden muss also, inwiefern ausgehend von den jeweiligen Gefährdungslagen und den jeweiligen Rahmenbedingungen die einzelnen geplanten Arbeitsschritte und Maßnahmen plausiblerweise geeignet sein könnten, vorrangig Gewalt zu reduzieren bzw. zu verhindern. *Christian Lüders/Bernd Holthusen: Gewalt als Lernchance. Jugendliche und Gewaltprävention. München 2007, S. 3, (Arbeitspapier).*

Gefühlte Kriminalität

Die gefühlte Kriminalitäts-
temperatur liegt nun einmal,
wie wissenschaftliche
Untersuchungen gezeigt
haben, weit von der Wirk-
lichkeit entfernt. So hat das
Kriminologische Forschungsinstitut Niedersachsen zu
dieser Frage in den Jahren
2004 und 2006 bundesweit
jeweils eine repräsentative
Bevölkerungsbefragung
durchgeführt. Danach geht
die große Mehrheit der
Bevölkerung davon aus,
dass im Verlauf der letzen
zwölf Jahre die Kriminalität
in nahezu allen Bereichen
stark zugenommen hat. Die
Tatsache, dass beispielsweise
vollendeter Mord, Wohnungs-
einbruch, Bankraub oder
Autodiebstahl seit 1993 um
40 bis 80 % zurückgegangen
sind, war etwa 90 % der
Bevölkerung nicht bewusst.
Als Hauptursache der weit
verbreiteten Fehleinschätzungen hat das KFN eine
sehr emotionalisierende und
zeitlich ansteigende Krimi-
nalitätsberichterstattung im
Fernsehen ausgemacht. Aber
auch die Boulevardpresse
trägt offenbar zu diesen
Fehleinschätzungen der
Bevölkerung erheblich
bei.
*Susann Rabold/Dirk
Baier/Christian Pfeiffer:
Jugendgewalt und Jugend-
delinquenz in Hannover.
Kriminologisches Forschungsinstitut Niedersachsen.
Hannover 2008, S. 5 f.*

andere Person, gegen eine Gruppe oder Gemeinschaft, der entweder konkret oder mit hoher Wahrscheinlichkeit zu Verletzungen,
Tod, psychischen Schäden, Fehlentwicklungen oder Deprivation
führt" (WHO 2003, S. 6). Diese Definition umfasst zwischenmenschliche Gewalt ebenso wie selbstschädigendes oder suizidales Verhalten und bewaffnete Auseinandersetzungen zwischen Gruppen
und Staaten.

In ihrer Typologie von Gewalt nimmt die WHO eine Reihe von Differenzierungen vor, die für die Praxis der Gewaltprävention wichtig
erscheinen. Hier kann genau verortet werden, wo einzelne Maßnahmen notwendig sind und wie weit sie reichen (ausführlich in
Kap. 2.1).

Gewaltprävention braucht einen differenzierten und kritischen Gewaltbegriff. Aber nicht nur, was unter Gewalt verstanden wird,
sondern auch, wo die Ursachen und Funktionen von Gewalt gesehen
werden, ist für die Praxis der Gewaltprävention in und außerhalb
der Schule entscheidend (vgl. Melzer/Ehninger 2002, S. 39).

Gefühlte und tatsächliche Gewalt

Während in den Medien seit über 30 Jahren von beängstigend zunehmender Kriminalität und Gewalt berichtet wird, zeigen wissenschaftliche Analysen der Kriminologie ein anderes Bild. Die in den
Medien transportierte Sichtweise, Jugendgewalt und auch Gewalt an
Schulen nehme dramatisch zu, die Gewalttäter würden dabei immer
jünger und brutaler, stimmt so nicht mit der Forschungswirklichkeit
überein. Kriminalität, zumal Gewaltkriminalität, nimmt langfristig ab. Auch Gewalt von Kindern und Jugendlichen sowie Gewalt
an Schulen sind seit längerem rückläufig bzw. stagnieren (vgl.
Baier/Pfeiffer 2009). Die berichteten „Zunahmen" sind auf stati-
stische Effekte, bzw. ein verstärktes Anzeigeverhalten zurückzuführen und werden immer wieder an medienwirksamen Einzelfällen
festgemacht. Es gilt also, von einer realistischen Einschätzung
der tatsächlich vorhandenen Gewalt auszugehen und Alarmismus
zu vermeiden (Steffens 2007; 2009 S. 39). Problematisch ist die
Entwicklung allerdings bei jugendlichen Mehrfachtätern, sowie
Jugendlichen mit Migrationshintergrund. Empirische Studien zeigen im Übrigen, dass die Kriminalitätsfurcht in keinem Zusammenhang mit der tatsächlichen Kriminalität steht.

Auch der Bundesverband der Unfallkassen in Deutschland hat in
einer 2005 vorgelegten und 2008 aktualisierten Studie das gewalt-
verursachte Verletzungsgeschehen an Schulen für den Zeitraum
1993-2007 untersucht und kommt zu dem Ergebnis, dass langfristige Zeitreihenbeobachtungen zur physischen Gewalt an Schulen
bundesweit einen Rückgang physischer schulischer Gewalt zeigen.

Auch eine zunehmende Brutalisierung sei nicht zu erkennen (Baier/ Pfeiffer 2009, S. 10; Bundesverband der Unfallkassen 2005, S. 21; Deutsche Gesetzliche Unfallversicherung 2009).

Dieser Trend, dass Gewalt an Schulen relativ konstant ist bzw. abnimmt, ist auch – entgegen aller Erwartungen – in langfristigen Untersuchungen über Gewalt an Schulen in den USA feststellbar (DeVoe 2004, Pöhl 2006).

Die meisten Problembeschreibungen sind darüber hinaus nur auf einen Teilaspekt des Problems, nämlich auf Schülergewalt ausgerichtet und nicht auf „Gewalt an der Schule", also auch auf Gewalt, die durch Lehrerinnen und Lehrer ausgeübt oder durch das Schulsystem mit verursacht wird.

Erkenntnisse zur Wirkung von Gewaltprävention

Das generelle Problem der Gewaltprävention besteht nicht darin, dass zu wenige Programme entwickelt oder angeboten werden. Es besteht vielmehr darin, dass bestehende Programme selten oder gar nicht auf ihre Wirksamkeit überprüft werden (Scheithauer 2008, S. 72). In der Praxis der Gewaltprävention sind inzwischen unzählige Ansätze und Modelle zu finden: Kletterwand, Streetworker, Streitschlichtergruppe, Kommunikationstraining, Anzeigen- und Plakataktion, Mentorenprogramme, Selbstsicherheitstrainings, Erziehungsratgeber, Internetangebote, Gemeinwesenentwicklung, Täter-Opfer-Ausgleich, Anti-Aggressions-Training und viele andere Modelle und Ansätze stehen weitgehend unverbunden und unvermittelt nebeneinander und beruhen oft auf unterschiedlichen Menschenbildern und Voraussetzungen und vor allem fußen sie in aller Regel weder auf konkreten Problemanalysen noch gibt es Aussagen über ihre tatsächliche Wirkung in Bezug auf Gewaltreduktion.

Die Erkenntnisse über die Wirkungen von Maßnahmen der Gewaltprävention sind nicht sehr umfangreich. Evaluationsstudien, die wissenschaftlichen Kriterien standhalten, sind immer noch Mangelware. In der Literatur finden sich überwiegend Beschreibungen von Praxisansätzen und Modellen, kaum jedoch deren kritische Diskussion. Darüberhinaus sind Wirkungsanalysen auch methodisch äußerst komplex, da Verhalten immer überdeterminiert, d.h. von einer Vielzahl von Einflussfaktoren abhängig ist.

Mit dem Sherman Report (1998) und dem Düsseldorfer Gutachten (2002) liegen zwei qualifizierte Meta-Studien vor, die die vorhandenen Evaluationsergebnisse systematisch ausgewertet haben und daraus auch klare Hinweise für die Praxis ableiten. Des Weiteren hat die Weltgesundheitsorganisation (2002) mit ihrem Weltreport über Gewalt und Gesundheit und der damit verbundenen Kampagne

Grundwissen

Nur lückenhaftes Wissen
Das Wissen über die Wirksamkeit der bestehenden Präventionsmaßnahmen ist äußerst lückenhaft. Gewaltprävention ist nur ansatzweise in eine umfassende und langfristig angelegte Gesundheitsförderung integriert. Präventionsmaßnahmen für verschiedene Altersstufen, Lebensbereiche und Bevölkerungsgruppen sind kaum aufeinander abgestimmt. Wenig integrierte Bevölkerungsgruppen werden nur teilweise erreicht. *Eidgenössische Ausländerkommission EKA (Hrsg.): Prävention von Jugendgewalt. Wege zu einer evidenzbasierten Präventionspolitik. Bern-Wabern 2006, S. 8.*

eine wichtige Grundlage für ein umfassendes Verständnis von Gewaltprävention gelegt, auf das im deutschsprachigen Raum allerdings kaum zurückgegriffen wird.

Gewaltprävention arbeitet häufig theorielos und ohne Erfolgskontrolle. Sie kann jedoch nur dann effektiv sein, wenn in der Praxis auf gesicherte Erkenntnisse über Wirkfaktoren, die Gewalt verhindern können, zurückgegriffen werden kann. Das typische Präventionskonzept wird heute immer noch ohne Evaluation durchgeführt und zwar sowohl hinsichtlich der Voraussetzungen als auch der Planung, Umsetzung und Kontrolle. „Solange als einzige, aber doch wichtigste Rechtfertigung für ein kriminalpräventives Projekt nur die Präventionsabsicht angegeben wird, erscheint ein solches Vorgehen unökonomisch, unwissenschaftlich und letztlich unsinnig", so Andreas Ammer, Landesbeauftragter für Prävention in Rheinland-Pfalz (2004).

Evaluationen sind im deutschsprachigen Raum die Ausnahme, nicht die Regel. In angelsächsischen Ländern werden vermehrt Evaluationen durchgeführt. Dennoch werden positiv evaluierte Programme nicht systematisch eingesetzt.

Es mangelt also an einem intensiven Diskurs über Qualität und Effektivität von Maßnahmen zur Gewaltprävention vor dem Hintergrund von Evaluationsergebnissen. Was ebenso fehlt, ist eine entsprechend breit angelegte Forschung zu diesem Bereich. Die wichtigen Ergebnisse der Arbeitsstelle Kinder- und Jugendkriminalitätsprävention in München (2007) können diese Defizite nicht ausgleichen. Geklärt werden muss also im Sinne einer evidenzbasierten Gewaltprävention:

- welche Präventionsmaßnahmen wirksam sind und welche wirkungslos;
- welche Maßnahmen sogar schädlich sind;
- wie die Umsetzung und Implementierung von in der Forschung entwickelten Programmen möglich ist;
- wie wirksame Maßnahmen auf die Bedürfnisse unterschiedlicher Zielgruppen/Bevölkerungsgruppen angepasst werden können;
- welche Aspekte in der praktischen Umsetzung von Maßnahmen für die Wirksamkeit verantwortlich gemacht werden können (DFK 2007, S. 812 ff.).

Strukturelle Überforderung?

Grundwissen

Anforderungen an Gewaltprävention lauten u.a.: alle Arten von Gewalt einbeziehen, multimodal ansetzen (also Familie, Schule, Peers usw. gleichzeitig ansprechen), die spezifischen Lebensbedingungen berücksichtigen, die Maßnahmen wissenschaftlich begleiten und evaluieren lassen und in Netzwerken arbeiten, die alle Lebensbereiche berücksichtigen (vgl. u.a. Karstedt 2001, S. 11-19).

Obwohl diese Forderungen zweifellos richtig sind, ist doch zu fragen, ob sie im Rahmen der bislang vorfindbaren Praxis überhaupt zu realisieren sind oder eher zu einer strukturellen Überforderung führen. Dieser umfassende Anspruch wird nochmals deutlicher, wenn man die Liste der als „häufigsten Fehler" identifizierten Unterlassungen bei der Durchführung von Gewaltprävention betrachtet. Unterlaufen diese „Fehler" nur aus Unkenntnis und persönlichen Unzulänglichkeiten? Oder liegen sie im Projekt Gewaltprävention insgesamt begründet, weil ein solches immer wieder angemahntes und zwangsläufig komplexes Vorgehen in der Praxis nur äußerst schwer zu verwirklichen ist?

Die häufigsten Fehler bei Gewaltprävention

Als häufigste Fehler werden in der Literatur genannt:

- mangelnde Kooperation mit anderen Einrichtungen;
- mangelnde Situationserhebung;
- mangelnde theoretische Fundierung;
- mangelnde Berücksichtigung des Zyklus der Konfliktentstehung;
- fehlende Kontinuität der Projekte;
- mangelnde Unterstützung der Mitarbeiter;
- Überschätzung der Wirkung von einzelnen Projekten;
- mangelnde finanzielle Absicherung;
- mangelnde Berücksichtigung der Funktion der kulturellen Überzeugungen, Gepflogenheiten und Arrangements;
- mangelnde Verzahnung von gesellschaftspolitischen, wirtschaftlichen, sozialen und politischen Hilfen.

SCHULE

05

Die Gefahr der Instrumentalisierung

Konzepte und Maßnahmen der Gewaltprävention können auf allen Ebenen (individuell, kommunal, gesellschaftlich) unter dem Vorwand der Sicherheit repressiv missbraucht bzw. instrumentalisiert werden. Eine Instrumentalisierung kann von zwei Seiten aus geschehen:

- **Instrumentalisierung** des Begriffes und Anspruchs: Um an finanziellen Mitteln zu partizipieren (die es z.B. für Projekte der Gewaltprävention, nicht mehr aber für allgemeine Jugendarbeit gibt), wird die bisherige pädagogische oder psychologische Praxis als Modell für Gewaltprävention umdefiniert. Darüber hinaus wird Gewaltprävention zunehmend auch ein Markt für die private „Sicherheitsindustrie", die ihre „Produkte" (Seminare, Trainings, Bewachungen usw.) verkaufen will.
- **Die Einschränkung von Bürger- und Freiheitsrechten** wird von staatlichen Institutionen unter dem Versprechen, Sicherheit zu gewährleisten, als Maßnahme zur Gewaltprävention deklariert. Dabei wird die Bürgerfurcht missbraucht und Handlungsbereitschaft demonstriert, ohne Klarheit über Erfolgsaussichten zu haben. Dies wird (z.B. im kommunalen Bereich) deutlich, wenn Vorstellungen von „sauberen und ordentlichen" Innenstädten durchgesetzt und dabei auch Randgruppen aus der Stadt gedrängt werden oder wenn Videoüberwachungen eingeführt werden. Wird ein Problem oder Thema „versicherheitlicht", d.h. erfolgreich als Bedrohung der Sicherheit (zumindest für einen Teilbereich der Gesellschaft) definiert, wird es nicht nur bevorzugt vor anderen Themen behandelt, sondern auch (zumindest vorübergehend) bevorzugt mit Ressourcen ausgestattet (vgl. Schirmer 2008).

Die Konzentration auf individuelle Gewalt im Rahmen von Gewaltprävention und ihre Bekämpfung lenkt zugleich von gesellschaftlichen Notlagen und staatlicher Gewalt ab. Die Etikettierung von bestimmten (unliebsamen oder lästigen) Handlungen als Gewalt (z.B. demokratische Protestformen wie Sitzblockaden) dient auch der Kriminalisierung und Verfolgung von (politischen) Gegnern oder oppositionellen Personen und Gruppen.

Es wird hier sichtbar, dass zwei grundlegende Konzeptionen von Gewaltprävention konkurrieren:

- **Ordnungspolitisch orientierte Top-Down-Strategien**, die populistisch ausgerichtet oft nur Interessen bestimmter Bevölkerungsgruppen aufgreifen. Dem Problem der Kriminalität und Gewalt wird dabei durch strengere Gesetze und Verordnungen, durch Überwachung, hartes Durchgreifen, harte Bestrafung und eingeschränkte persönliche Freiheiten begegnet.

- **Demokratisch-partizipatorisch orientierte Ansätze**, die der Erkenntnis entspringen, dass Probleme den Betroffenen „gehören" (Ownership) und diese in die Lösung verantwortlich einbezogen werden müssen. Entwicklungsbezogene, psychologisch-pädagogisch orientierte Netzwerkansätze dominieren hier.

Diese grundlegenden Orientierungen sind auch im Schulbereich zu finden: etwa wenn private Sicherheitsdienste (wie z.B. an verschiedenen Berliner Schulen) die Personenkontrolle über die Schule übernehmen oder wenn die Einhaltung von Disziplin als primäres Ziel gesehen wird.

Männer und Frauen

Männer und Frauen spielen verschiedene Rollen im Kontext von Gewalt. Oft wird von einer fatalen Arbeitsteilung im Geschlechterverhältnis gesprochen: „Männer sind Täter, Frauen sind Opfer". Diese Perspektive trifft, zumindest was den Jugendbereich betrifft, nicht zu. Hier sind junge Männer primär Opfer und Täter. Der Bereich der physischen Gewalt ist eindeutig eine Männerdomäne. Doch die Differenz wird (im Jugendbereich) kleiner. Auch Frauen wenden (z.B. im häuslichen Bereich) Gewalt an, wenngleich in anderen Formen als Männer. Hinzu kommt, dass Frauen immer wieder unterstützende oder stabilisierende Funktionen für die Gewalthandlungen von Männern übernehmen.

Der Genderaspekt lenkt den Blick auch auf die gesellschaftlich, kulturell und religiös legitimierten tradierten Vorstellungen von „Mann sein" und „Frau sein". Traditionelle Rollendefinitionen, die beim Mann sexuelle Potenz ebenso einschließen wie den Umgang mit Waffen, Autos und Maschinen, Macht oder Machtbefugnissen als Familienvorstand beinhalten auch die eigenen Interessen und Bedürfnisse gegen die anderer Familienmitglieder durchzusetzen.

Auch wenn diese Zuschreibungen und Rollendefinitionen zunehmend aufgeweicht werden und in modernen Industriegesellschaften, die einem partnerschaftlichen Modell des Zusammenlebens folgen, keinen Platz mehr haben, brechen sie sich immer wieder neu Bahn und sind in traditionell geprägten Milieus immer noch dominant. Zehn Prozent aller Jungen verlassen die Schule ohne Abschluss, aber nur fünf Prozent der Mädchen. Jungen (vor allem mit Migrationshintergrund) sind die neue Problemgruppe im Schulsystem (vgl. Döbert 2008).

Für Gewaltprävention bedeutet dies, dass geschlechtsspezifische Maßnahmen und Modelle entwickelt werden müssen und dass darüber hinaus die Bilder von Mannsein und Frausein zu hinterfragen sind. Scheithauer (2008, S. 89) hat vor diesem Hintergrund spezifische Anforderungen an Maßnahmen der Gewaltprävention, die

Gewalt ist einfach – Gewaltprävention komplex

Unsere menschliche Ausstattung zum Wahrnehmen und Behalten, zum Denken und Lernen, ist auf Vereinfachung gegenüber dem Vorgegebenen hin angelegt. Das Einfache, die Reduktion komplexer Fragen auf das „Wesentliche" wird in unserer Gesellschaft weitgehend positiv bewertet. So liegt es nahe, dass bei der Diskussion auch hochkomplexer und vielschichtiger Sachverhalte diese Komplexität oft zugunsten klarer Einfachheit, Eindeutigkeit und Eindimensionalität auf der Strecke bleibt. Gegen Jugendgewalt ist dann „härter durchgreifen" die einzige Strategie. Radikale Vereinfachung ist eine der großen Vorbedingungen für destruktive Gewalt.

Manfred Sader: Destruktive Gewalt. Möglichkeiten und Grenzen ihrer Verminderung. Weinheim und Basel 2007, S. 59 f.

sich an Mädchen richten, formuliert. Diese Maßnahmen

- berücksichtigen die psychosozialen Belastungen von Mädchen und fokussieren auf eine Stärkung des Selbstwertgefühls und eines positiven Körperbildes;
- berücksichtigen die familiären Bedingungen und fördern vor allem eine positive Mutter-Tochter-Beziehung;
- fördern positive soziale Beziehungen und soziale Einbindung;
- hindern Mädchen im Jugendalter daran, sich mit gewalttätigen/ devianten männlichen Jugendlichen einzulassen;
- berücksichtigen die Gefahr von Frühschwangerschaften.

Noch wichtiger erscheinen spezifische Angebote für Jungen und junge Männer, die gewaltlegitimierende und gewaltfördernde Männerbilder und Männlichkeitsnormen thematisieren (vgl. Baier/ Pfeiffer 2007, S. 46 ff.).

Der pädagogische Blick

Der Pädagoge (geht) zunächst von den Entwicklungsmöglichkeiten, den Lernmöglichkeiten des Heranwachsenden und der Frage (aus), wie diese gestützt und gefördert werden können.

Wichtig aber scheint mir für den pädagogischen Ansatz zu sein, dass alle diese Formen eines schwierigen, regelverletzend auffälligen Verhaltens verstanden werden müssen als Ausdruck der Anstrengung, mit seinem Leben zurande zu kommen oder als Bewältigungsversuch. Es sind vielleicht die falschen Mittel, es sind vielleicht falsche Vorgaben, es sind falsche Muster, aber es steckt in ihnen die Anstrengung, mit den Verhältnissen zurande zu kommen. Biografien und vor allem biografische Selbsterzählungen – sei es von Straßenkindern, sei es von jungen Menschen im Strafvollzug – sind eindrucksvoll darin, dass es immer ein Kampf ist, dass man versucht und scheitert, dass man sich etwas vornimmt und dazu unter gegebenen Bedingungen Talente braucht, die in sich hoch anspruchsvoll sind; ein Straßenleben zu organisieren, ist etwas, was sicher viele von uns nicht könnten. – Also abweichendes, schwieriges Verhalten als Ausdruck der Anstrengung, sein Leben zu bewältigen, gerade auch da, wo es schwierig, für einen selbst unglücklich und für die Gesellschaft unglücklich ist, als Versuch, mit den Grundbedürfnissen nach Geborgenheit, Sinn, Produktivität, Sich-selbst-erfahren, Anerkennung zurande zu kommen.

Hans Thiersch: Wie geht die Sozialpädagogik mit Regelverletzungen junger Erwachsener um? Ein Beitrag aus der Tagung: Jung, erwachsen, straffällig – was tun? Heranwachsende im Strafrecht. Bad Boll 2007.

Kollektive Gewalt und individuelle Gewalt

Modelle und Maßnahmen der Gewaltprävention beziehen sich weitgehend auf den individuellen Bereich, auf die Gewalt im Alltag von Menschen. Lenkt man den Blick auf strukturelle und kollektive Gewalt, so zeigt sich, dass in Situationen der Unterdrückung, der Verletzung von Menschenrechten und von bewaffneten Auseinandersetzungen nicht nur die Anwendung privater Gewalt zunimmt, sondern vor allem auch die Zahl von Gewaltopfern. Müsste sich Gewaltprävention (nicht nur im Kontext von Entwicklungszusammenarbeit) deshalb nicht gleichzeitig um die Eindämmung struktureller und kollektiver Gewalt kümmern und die stillschweigend vereinbarte Arbeitsteilung, hier die Bearbeitung privater Gewalt, dort die der kollektiven Problemlagen, aufgeben?
Gewaltprävention benötigt also eine Doppelstrategie: Arbeit an den konkreten Gewaltorten (individuelles Verhalten, Familienstrukturen, Schule, Peergruppen, Gemeinwesen usw.) und Schaffung von effektiven Rahmenbedingungen: Bekämpfung von Armut, Etablierung rechtlicher Regelungen usw.

Täter und Opfer

Im Kontext von Gewaltprävention werden Kinder und Jugendliche primär unter dem Aspekt von (potentiellen) Tätern gesehen. Alle Untersuchungen zeigen jedoch, dass sie gleichzeitig und oft in viel größerem Maße Opfer von häuslicher Gewalt und von Gewalt anderer Jugendlicher und Erwachsener sind, was für ihre weitere Entwicklung enorme Belastungen mit sich bringt. Nimmt man die sozioökonomische Lage von Kindern und Jugendlichen in Deutschland hinzu, dann zeigt sich nach Zahlen des statistischen Bundesamtes für das Jahr 2006, dass 2,5 Millionen (17 %) unter oder knapp über der Armutsgrenze leben und 1,5 Millionen (11 %) Sozialhilfeempfänger waren. In einer Studie der Europäischen Union werden (für das Jahr 2004) 14 % der Kinder in Deutschland (0-17 Jahre) mit einem Armutsrisiko eingestuft (Eurochild/AGJ 2008, S. 1).

Kriminalprävention oder Gewaltprävention

Gewaltprävention wird häufig dem Bereich der Kriminalitätsbekämpfung zugeordnet und auf die Bekämpfung der Gewaltkriminalität reduziert. Dabei werden (im deutschen Sprachgebrauch) die Begriffe Kriminalprävention und Gewaltprävention häufig synonym gebraucht, ohne ihren spezifischen Bedeutungsgehalt, ihre unterschiedlichen Voraussetzungen und Ziele zu berücksichtigen.

Grundwissen

Die Weltgesundheitsorganisation plädiert entschieden dafür, dass Gewaltprävention von Kriminalprävention unterschieden und strikt getrennt werden muss (WHO 2004). Denn Kriminalprävention orientiert sich an der Verhinderung von Straftatbeständen. Hierzu gehören für den Jugendbereich wesentlich die Delikte Kaufhausdiebstahl und Schwarzfahren. Es geht hier primär um die Sicherung von gesetzeskonformem Verhalten und die Verhinderung von Normübertretungen.

Dieser Ansatz ist für den Bereich der primären Gewaltprävention ungeeignet, zumal viele Delikte, die unter Strafe stehen, nichts mit Gewalt zu tun haben, während andererseits viele Gewaltformen nicht von der Strafjustiz erfasst werden.

Eine Chance für pädagogische Unterstützung

Gewalthandeln von Kindern und Jugendliche erweist sich (...) als eine Form, in der diese sich nicht nur ihrer Haut erwehren, sondern auch Grenzen austesten, sich selbst und einem Gegenüber Stärke, Einfluss, Wehrhaftigkeit sowie Macht beweisen, nach Anerkennung und spürbarer Körpererfahrung, dem besonderen Kick bzw. Spaß suchen. Gewalthandeln ist daher auch ein – solange es sich nicht gleichsam rituell verselbstständigt hat – fast immer unangemessener, letztendlich auch persönlich nicht befriedigender Lösungsweg, von dem nahezu alle Kinder und Jugendlichen wissen, dass er eigentlich nicht akzeptabel ist. Gewalthandeln von Kindern und Jugendlichen ist – so verstanden – deshalb immer auch ein Anlass, die Angemessenheit bzw. Unangemessenheit des eigenen und fremden Handelns auf einer abstrakten, allgemein-ethischen Ebene sowie – wichtiger noch – in Bezug auf die jeweilige Konstellation zu thematisieren, zu bedenken und den Umgang damit weiterzuentwickeln. Es ist, mit anderen Worten, eine – wenn auch hin und wieder missglückende – Chance zum Lernen und somit unter günstigen Bedingungen eine Chance für pädagogische Unterstützung.

Christian Lüders/Bernd Holthusen: Gewalt als Lernchance. Jugendliche und Gewaltprävention. München 2007 (Arbeitspapier), S. 10-11, Auszüge.
www.dji.de/jugendkriminalitaet

Gewalt als Lernchance

Gewalt nicht pauschal zu ächten, sondern als Lernchance anzunehmen ist die große Herausforderung aller pädagogischen Ansätze und Bemühungen um Gewaltprävention. Dies bedeutet nicht, sie zu akzeptieren und zu verharmlosen. Wohl aber, Gewaltprävention in erster Linie erzieherisch und als koproduktiven Prozess zu verstehen: Gewalt kann und muss vorrangig durch Erziehung, Lernen und Kompetenzerwerb bewältigt werden, und eine nachhaltige Gewaltprävention kann nur gemeinsam mit den Kindern und Jugendlichen, mit den Peers sowie mit Eltern, anderen Erziehungspersonen, sowie dem relevanten sozialen Umfeld der Kinder und Jugendlichen gelingen. Gewalt als Lernchance anzunehmen bedeutet,

- den Charakter von Gewalt als weitgehend altersspezifisches Phänomen, das viel mit den Problemen und Aufgaben zu tun hat, die im Jugendalter, beim Aufwachsen und Heranwachsen bewältigt werden müssen, zu sehen und zu beantworten.
- die Delinquenz junger Menschen, auch ihr Gewalthandeln, mit „Augenmaß" zu betrachten und zu beurteilen. Es geht um Verständnis für die alltägliche Gewalt unter Menschen und ihre Funktionen.
- Gewalthandeln von Kindern und Jugendlichen nur als einen und nicht als den zentralen Aspekt ihres Verhaltens zu sehen, stattdessen den Fokus stärker auf ihre Kompetenzen, Ressourcen sowie die Ausbildung von Schutzfaktoren zu richten (vgl. Arbeitsstelle Kriminalprävention 2007; Steffen 2007, S. 210, 214).

Die Präventionsbereiche

Grundwissen

Die Maßnahmen und Programme der Gewaltprävention lassen sich auf vielfache Weise unterscheiden. Als erste Unterscheidung ist die zwischen Verhaltensprävention und Verhältnisprävention zu treffen. Verhaltensprävention zielt auf die Beeinflussung des Verhaltens von Individuen und Gruppen. Verhältnisprävention meint die Gestaltung gesellschaftlicher Strukturen und Rahmenbedingungen.

Die Weltgesundheitsorganisation (2002) unterscheidet Maßnahmen und Programme der Gewaltprävention anhand von zwei Dimensionen:

- der zeitlichen Dimension; in diesem Kontext wird dann von primärer, sekundärer und tertiärer Gewaltprävention gesprochen;
- der Zielgruppendimension; hierbei gibt es Strategien, die sich allgemein an jedermann wenden, aber auch Interventionen, die sich speziell an Täter und Opfer oder an „Hochrisikogruppen" richten.

Ebenen der Gewaltprävention

Ebene 1

ergänzt durch

Ebene 2

ergänzt durch

Universelle Gewaltprävention
für Kinder/Jugendliche, die im Lebensverlauf gewalttätiges Verhalten entwickeln würden.

Ebene 3

Selektive Gewaltprävention
für Kinder/Jugendliche, die zu einer indizierten Risikogruppe gehören.

Vorpräventive, allgemeine Förderung der Kompetenzen
für Kinder/Jugendliche, die auch ohne Maßnahme eine „normale" Entwicklung aufzeigen würden.

Indizierte Gewaltprävention
für Kinder/Jugendliche, die bereits gewalttätig sind.

Herbert Scheithauer/Charlotte Rosenbach/Kay Niebank: Gelingensbedingungen für die Prävention von interpersonaler Gewalt im Kindes- und Jugendalter. Stiftung Deutsches Forum für Kriminalprävention. Bonn 2008. S. 65.

Primäre, Sekundäre, Tertiäre Prävention

Die Einteilung in Primäre, Sekundäre und Tertiäre Prävention berücksichtigt, an welcher Stelle das entsprechende Programm in der Kette der Risikofaktoren von „lange bevor Gewalt auftritt" bis zu „lange nachdem Gewalt aufgetreten ist" angesiedelt ist.

Grundwissen

- **Primäre Prävention** richtet sich an alle Kinder und Jugendliche und versucht, u.a. durch die Stärkung sozialer Kompetenzen Gefährdung zu verhindern. Ein typischer Slogan hierfür ist: „Kinder stark machen". Da in diesem Bereich der Präventionsarbeit allgemeine Fähigkeiten und Fertigkeiten im kommunikativen und sozialen Bereich gefördert werden, sind viele der hier durchgeführten Projekte relativ unspezifisch und mit leicht veränderter Terminologie auch in den Bereichen der Suchtprävention oder Gesundheitserziehung zu finden. Primäre Prävention strebt generell die Verhinderung im Vorfeld an, indem sie gewaltfördernde Bedingungen und Risikofaktoren aufdeckt und verändert, bzw. Kinder und Jugendliche zum adäquaten, kompetenten, sozialen Umgang befähigt.

- **Sekundäre Prävention** wendet sich an konkrete, identifizierbare, gefährdete Personen und Gruppen und greift kriminelle Gelegenheitsstrukturen auf (z.B. Verhinderung der Entstehung von Drogenmärkten). Hier wird also mit einer eingegrenzteren Zielgruppe gearbeitet. Typisch sind in diesem Fall Ansätze der Jugendhilfe, wie z.B. Streetwork-Projekte, aber auch Anti-Aggressions-Trainings.

- **Tertiäre Prävention** wendet sich an diejenigen, die bereits auffällig, gewalttätig oder straffällig geworden sind. Ziel ist es, eine erneute Gewalthandlung oder Straffälligkeit zu verhindern. Hierzu gehören die Resozialisierung von Strafentlassenen, der Täter-Opfer-Ausgleich, soziale Trainingskurse oder andere ambulante Angebote.

Gewaltprävention beinhaltet in diesem Verständnis also Prävention im Sinne langfristiger vorbeugender Arbeit, Interventionsstrategien zum Verhalten in akuten Gewalt- und Konfliktsituationen sowie Maßnahmen zur Konfliktregelung und Nachbearbeitung von Gewaltsituationen.

Während im Bereich primärer Prävention Aufklärung und eine „gute Erziehungs- und Bildungsarbeit" gefragt sind, die prinzipiell von allen ausgeübt werden kann, sind in den Bereichen sekundärer und tertiärer Prävention spezifische Kenntnisse erforderlich, die i.d.R. durch eigenständige Trainings- und Zusatzqualifikationen erworben werden (z.B. für die Bereiche Mediation, Anti-Aggression-Training oder Täter-Opfer-Ausgleich).

Ansatzpunkte der Gewaltprävention

- Personenbezogene Ansätze: Soziale Kompetenzen, Selbstkontrolle, soziale Informationsverarbeitung.
- Familienbezogene Ansätze: Förderung eines emotional positiven und anregenden Familienklimas; konsistente, akzeptierende und fördernde Erziehung, positive Konfliktbearbeitung in der Familie.
- Schulbezogene Ansätze: Regeln etablieren, Grenzen setzen; Sozialklima verbessern; Etikettierungen vermeiden; Lernkultur entwickeln; Räume und Orte sehen; Kooperation und Netzwerke, Schulkultur entwickeln.
- Peergruppenbezogene Ansätze: Gut strukturierte, attraktive Freizeitangebote, spezifische Angebote für Cliquen und Gruppen.
- Medienbezogene Ansätze: Kritische und produktive Medienarbeit mit Eltern, Kindern und Jugendlichen; medienpolitische und jugendschützerische Maßnahmen.
- Situationsbezogene Ansätze: Tatgelegenheiten reduzieren, Entdeckungs- und Aufklärungsrisiko erhöhen.
- Kommunale Ansätze: Gemeindebezogene Gesamtprojekte, Förderung eines „sozial integrierten Gemeindelebens"; Runde Tische (Verwaltung, Jugendhilfe, Schule, Polizei, Elternverbände, Wirtschaft, Vereine, Betriebe usw.).
- Gesellschaftsbezogene Ansätze: Gewaltmindernde gesellschaftliche Strukturen; Möglichkeiten der Beteiligung; Klima der Toleranz und Akzeptanz; Zukunftsperspektiven für alle; Entwicklung einer Kultur des Friedens.

Gewaltprävention und Friedenskultur

„Gewalt gedeiht dort, wo Demokratie und Achtung vor Menschenrechten fehlen und die Regierungsgeschäfte schlecht geführt werden. Oft spricht man davon, dass eine ‚Gewaltkultur' Wurzeln schlagen kann," meint Nelson Mandela (WHO 2003, S. 10). Soll sich Gewaltprävention nicht in einem situativen „Gegen-Gewalt" erschöpfen, bedarf es eines überzeugenden übergeordneten Bezugsrahmens, vielleicht sogar einer Vision eines gelingenden Zusammenlebens.

Dieter Senghaas untersucht den Übergang von traditionellen zu modernen Gesellschaften, um herauszufinden, welche Bereiche eines Staates vorhanden und entwickelt sein müssen, damit er friedensfähig wird. Vor diesem Hintergrund skizziert er sechs Bedingungen, die für eine zivilisierte, d.h. nachhaltig gewaltfreie Bearbeitung von unvermeidlichen Konflikten von Bedeutung sind. Diese sechs Bedingungen (staatliches Gewaltmonopol, Rechtsstaatlichkeit, politische Teilhabe, Verteilungsgerechtigkeit, Interdependenzen

Grundwissen

und Affektkontrolle, Kultur konstruktiver Konfliktbearbeitung), die miteinander verbunden und in gegenseitiger Abhängigkeit stehen, nennt er „Zivilisatorisches Hexagon" (Senghaas 2004, S. 30-40; vgl. M11).

Verbindet man das zivilisatorische Hexagon mit dem Projekt Gewaltprävention, so werden die gesellschaftlichen Bedingungen von Gewaltprävention und auch die politischen und gesellschaftlichen Handlungsnotwendigkeiten deutlich, die gewaltpräventive Maßnahmen im pädagogischen und psychologischen Bereich zur Voraussetzung haben, bzw. diese flankierend begleiten müssen, um effektiv wirken zu können.

Gewaltprävention ist so gesehen kein Set von Maßnahmen, Modellen und Projekten im Nahbereich von Kindern und Jugendlichen, sondern eine gesamtgesellschaftliche Strategie der Demokratisierung und Zivilisierung. Erst in dieser Einbettung machen die Einzelmaßnahmen Sinn, und erst in diesem Kontext können die Einzelmaßnahmen auch auf ihren Beitrag für eine Zivilisierung und Demokratisierung von Gesellschaft geprüft werden. Diese Vorstellungen korrespondieren auf der kulturellen Ebene mit dem von der UNO initiierten und begleiteten Projekt der Entwicklung einer Kultur des Friedens. Was für große gesellschaftliche Zusammenhänge gilt, ist auch im Kleinen zu berücksichtigen. Auf einer schulspezifischen Ebene gehört deshalb die Schulentwicklung mit der konkreten Vorstellung einer „guten Schule" unabdingbar zum Projekt Gewaltprävention.

Menschen benötigen nicht nur Techniken und Methoden der Gewaltprävention, sie brauchen auch Ziele und Visionen. Solche Visionen und Bezugsrahmen haben die Funktion, sich selbst in einem größeren Kontext verorten zu können und den eigenen Beitrag zu diesem größeren Ziel zu sehen. Ferner haben sie die Aufgabe, ein Bindeglied zwischen individuellem Handeln und kollektivem Handeln, zwischen Persönlichem und Politischem herzustellen.

Gewaltprävention arbeitet so verstanden an der Entwicklung einer Kultur des Friedens, die die Kultur der Gewalt ablöst und überwindet.

Gewaltmonopol

Rechtsstaatlichkeit

Interdependenz und Affektkontrolle

Demokratische Prinzipien

Soziale Gerechtigkeit

Konfliktkultur

Das zivilisatorische Hexagon.
Senghaas 2004.

Umsetzung

Die Materialien (M1-M11) bieten einen ersten vertiefenden Einblick in zentrale Erkenntnisse und Aussagen zum Diskussionsstand um Jugendgewalt und Gewaltprävention. Diese Erkenntnisse sollten zum Ausgangspunkt weiterer Überlegungen und Vorhaben zur Umsetzung von Gewaltprävention gemacht werden und eignen sich insbesondere für Lehrkräfte und Eltern.

- **Gewaltprävention im gesellschaftlichen Kontext**
  M1 thematisiert den gesellschaftlichen Kontext von Gewalt und zeigt auf, wo Gewaltprävention verortet werden muss.

- **Orientierungen über den Stand der Gewalterfahrungen**
  Jugendliche sind Opfer und Täter von Gewalt zugleich. M2 informiert über die Ergebnisse einer aktuellen repräsentativen Studie des Kriminologischen Forschungsinstitutes Niedersachsen. Die Ergebnisse einer Regionalstudie aus Hamburg (M3) bestätigen die beschriebenen Trends, dass die Gewalt Jugendlicher rückläufig ist.

- **Entwicklung der Gewaltprävention**
  Welche Entwicklungen sich in Theorie und Praxis der Gewaltprävention in den letzten 15 Jahren vollzogen haben, beschreibt M4 im Überblick.

- **Ansatzpunkte und Tätigkeitsfelder für Gewaltprävention**
  M5 zeigt, wie Gewaltprävention erfolgreich thematisiert und implementiert werden kann und worauf dabei zu achten ist. Die Gruppe der nichtdeutschen Jugendlichen bedarf dabei besonderer Ansätze und Zugangsweisen (M6).

- **Ergebnisse der Evaluation**
  Erfolgreiche Programme genügen bestimmten Kriterien. Sie trainieren Verhaltenskompetenzen, beziehen Erwachsene ein und werden wissenschaftlich begleitet (M7).

- **Förderliche und hinderliche Faktoren kennen**
  Die Resilienzforschung hat in den letzten Jahren Schutz- und Risikofaktoren für Gewalthandlungen identifiziert, die klare Hinweise auf effektive Handlungsweisen bieten (M8, M9).

- **Lebensweltorientierter Ansatz**
  Gewalthandlungen und Gewaltprävention spielen sich immer in einem spezifischen Kontext ab, der als Lebenswelt bezeichnet wird. Das Lebensweltkonzept, als Arbeitskonzept in der Sozialpädagogik fest verankert, bietet einen Orientierungs- und Handlungsrahmen für präventive Maßnahmen (M10).

- **Einbindung in das Projekt gesellschaftlicher Zivilisierung**
  Das zivilisatorische Hexagon von Dieter Senghaas (M11) verdeutlicht die Notwendigkeiten und Anforderungen an eine zivile

Gesellschaft und bietet gleichzeitig einen Bezugsrahmen, der die gesellschaftliche und politische Verortung von Gewaltprävention ermöglicht. Er verdeutlicht auch, dass zentrale Elemente von Gewaltprävention, wie z.B. Demokratieerziehung oder konstruktive Konfliktbearbeitung, nicht primär unter dem Effizienzgesichtspunkt, sondern vielmehr unter dem Aspekt der Entwicklung einer Kultur des Friedens ihre Legitimation und Relevanz beziehen.

Grundwissen

Ergänzende Bausteine

2.1 Gewalt
2.4 Jugendgewalt
2.5 Gewaltprävention an Schulen

M1 **Der gesellschaftliche Kontext**

Lehrer, Eltern

(...)

3 In gesellschaftlichen Auseinandersetzungen wird Gewalt nur selektiv wahrgenommen. Die Gewalt fördernden Strukturen und unsere eigenen Gewaltanteile (im Geschäftsleben, der Video-Welt, dem Boxsport usw.) bleiben weitgehend unberücksichtigt.

4 Der Gewaltdiskurs ist hauptsächlich ein Mediendiskurs, der verständlicherweise die problematischen Seiten der privatwirtschaftlich konkurrierenden Medien wenig reflektiert.

5 Anstatt nur Anstiege der Kriminalität zu suchen und zu beklagen, ist es geboten, nach den Bedingungen Ausschau zu halten, die in unserer heutigen Welt Gewalt und mitmenschliche Kühle und Gleichgültigkeit hervorrufen.

6 Daher muss die gesamtgesellschaftliche „Großwetterlage" in die Betrachtung einbezogen werden. Sie ist durch weitreichende und tiefgreifende Verunsicherungen der Menschen gekennzeichnet. Diese kollektive Erfahrung bleibt nicht ohne Folgen für das soziale – oder unsoziale – Klima. Es ist eine neue Angriffslust auf „sichere Restbestände" sowie eine neue Rigidität gegenüber anderen entstanden. Sie drückt sich auch in der Forderung härterer Bestrafung aus.

7 Die Betonung oder Behauptung von „schlechter Gewalt" dient vorrangig der Propagierung und Anwendung von intensivierter „guter Gewalt" in Gestalt von Strafen und Maßnahmen – bis hin zur Todesstrafe.

8 Die Gewaltbekämpfer sind daher oft mit denen identisch, die zugleich für mehr – von ihnen gesteuerte – Gewalt eintreten. „Gute" und „schlechte" Gewalt lassen sich aber, wie die Terrorismusbekämpfung zeigt, nicht immer leicht trennen und identifizieren.

9 Zeitbedingte Gewaltphänomene sind nicht der Ausdruck besser oder schlechter werdender Menschen, vielmehr vorwiegend geschichtlich-politischer Prozesse und situativer Lebensbedingungen.

10 Auch wenn Gewalterscheinungen verstärkt bei bestimmten Bevölkerungsgruppen auftreten, darf Gewalt nicht ethnisiert oder gar dämonisiert werden. Vielmehr ist nach den spezifischen Bedingungen zu fragen, die dort Gewalttätigkeiten begünstigen.

11 Wie Kriege und kriegerische Entgleisungen sowie Analysen totalitärer Staaten lehren, sind wir alle potentielle Gewalttäter, gegebenenfalls am Schreibtisch. Die Sorge um gewaltmindernde soziale Strukturen muss deshalb über die Befassung mit bestimmten Risikogruppen hinausgehen und beispielsweise auch den Umgang mit pflegebedürftigen alten Menschen umfassen.

12 Insgesamt irreführend ist daher ein Verständnis, das den Gewalttäter als ein Feindbild aufbaut, mit dem wir nichts gemein haben und den wir immer schärfer und unnachsichtiger ausgrenzen.

Michael Walter: Steigende Jugendgewalt? Erkenntnisse und Legenden, Hannover 2004, Auszug.
www.dvjj.de/download.php?id=251

M2 Jugendliche als Opfer und Täter

Das Kriminologische Forschungsinstitut Niedersachsen führte in den Jahren 2007 und 2008 eine für Deutschland repräsentative Befragung zum Thema Jugendgewalt durch bei der 44.610 im Durchschnitt 15-jährige Schüler befragt wurden.

- **Für mehr als drei Viertel aller Jugendlichen gehörte Gewalt in den zwölf Monaten vor der Befragung nicht zu ihrem persönlichen Erfahrungsbereich.**

Von den befragten Schülerinnen und Schülern sind 16,8 % in dieser Zeit mindestens einmal Opfer einer Gewalttat geworden, bei 3,9 % sind es fünf oder mehr derartige Opfererfahrungen. Am häufigsten werden einfache Körperverletzungen berichtet (11,1 %); 4,8 % der Jugendlichen gaben an, mindestens einen Raub oder Erpressung erlebt zu haben, 3,2 % eine schwere Körperverletzung. Im Vergleich dazu fallen innerfamiliäre Opfererfahrungen relativ hoch aus. Leichte Gewalt (z.B. Ohrfeige) hat im Jahr vor der Befragung jeder fünfte Jugendliche erlebt (20,9 %), von schwerer Gewalt (z.B. von Fausthieben) berichten 5,7 %. An den Schulen ereignen sich Raub und Erpressung nur selten (1,6 %). Davon, geschlagen oder getreten worden zu sein, berichten dagegen 20,9 % der Jugendlichen. Zugleich weisen die Ergebnisse darauf hin, dass Mobbing an Schulen in seinen unterschiedlichen Ausprägungen ein ernstzunehmendes Problem darstellt. (...)

- **Zur Entwicklung der Jugendgewalt zeigen die Befunde der Dunkelfeldforschung seit 1998 insgesamt betrachtet eine gleichbleibende bis rückläufige Tendenz.**

Die Gegenüberstellung der Ergebnisse von repräsentativen Schülerbefragungen, die in acht Städten aus sieben Bundesländern in den Jahren 1998/99 bzw. 2005 bis 2008 durchgeführt wurden, ergibt einen für die breite Öffentlichkeit eher überraschenden Befund. Die Quote der Jugendlichen, die nach eigenen Angaben in den zwölf Monaten vor der Befragung mindestens eine Gewalttat begangen haben, ist in keiner der acht Städte angestiegen und überwiegend sogar beträchtlich gesunken. Sie lag 1998/99 zwischen 17,3 und 24,9 %, in den Jahren 2005 bis 2008 zwischen 11,5 und 18,1 %. Auch zu den Mehrfachtätern (fünf und mehr Gewaltdelikte während der letzten zwölf Monate) fällt der Trend insgesamt gesehen entsprechend aus 1998/99: Quoten zwischen 3,3 und 8,2 %; 2005-2008: Quoten zwischen 3,0 und 5,0 %. Nur in zwei der acht Vergleichsstädte ist seit 1998 ein leichter Anstieg der Quoten der Mehrfachtäter festzustellen. Für die einzelnen Gewaltdeliktbereiche (Raub, Erpressung, Körperverletzung) zeigen sich ebenfalls in den meisten Gebieten rückläufige Trends; teilweise gibt es aber auch über die Zeit konstante oder leicht ansteigende Raten. Insbesondere zur Körperverletzung sind die Befunde uneinheitlich. Ein drastischer Anstieg der Jugendgewalt – wie teilweise in den Medien berichtet – kann jedoch nach den vorliegenden Befunden insgesamt nicht bestätigt werden.

Die Befunde der Schülerbefragung stimmen damit weitgehend mit dem überein, was sich auf der Basis von Versicherungsdaten zur Häufigkeit der Gewalt an Schulen ergibt. Diese sogenannten meldepflichtigen „Raufunfälle", bei denen ärztliche Hilfe in Anspruch genommen wurde, haben zwischen 1997 und 2007 pro 1.000 Schüler um 31,3 % abgenommen. Legt man nur solche Vorfälle zugrunde, bei denen es zu Frakturen gekommen ist (z.B. Nasenbeinbruch, Rippenbruch), beträgt der Rückgang sogar 44 %.

Dirk Baier/Christian Pfeiffer: Jugendliche in Deutschland als Opfer und Täter. Kriminologisches Forschungsinstitut Niedersachsen. Forschungsbericht 107. Hannover 2009, S. 9 f.

M3 Regionalstudie Hamburg

Lehrer, Eltern

Ergebnisse einer Regionalstudie in Hamburg:

- **Rückgänge bei Raub, ein leichter Anstieg bei Körperverletzungen und stabile Trends im Übrigen:** In etwa zwei Drittel der Erlebnisse kam es zu keinen oder nur sehr geringen körperlichen und/oder finanziellen Schäden (kein Behandlungsbedarf, geringer Sachschaden). Jungen werden – abgesehen von sexuellen Übergriffen – deutlich häufiger Opfer als Mädchen.

- **Gewaltdelikte gegen Personen nehmen ab:** Die Delinquenz durch Gewaltdelikte gegen Personen in 2005 fällt signifikant niedriger aus als noch im Jahr 1998.

- **Anzeigeverhalten hoch:** Das Anzeigeverhalten liegt mit insgesamt 14,3 % (von Raub mit 30,9 % bis Körperverletzung ohne Waffe mit 9,4 %) in Hamburg höher als in anderen Regionen (...).

- **Mehrfachtäterrate sinkt deutlich:** Die Mehrfachtäterrate bei Gewaltdelikten liegt 2005 mehr als 30 % niedriger als noch 1998. Auffällig ist, dass bei den einheimischen Deutschen deutlichere Rückgänge verzeichnet werden als bei Jugendlichen mit Migrationshintergrund, die weiter signifikant höhere Raten aufweisen: 3,3 % gegenüber 11,1 % bei türkischer Herkunft, 5,8 % bei Aussiedlern und 8,1 % bei nichteuropäischen Ausländern.

- **Anstieg der Entdeckungswahrscheinlichkeit jugendlicher Täter:** Während die delinquenten Jugendlichen im Jahr 2000 zu 11,2 % aufgrund ihrer Taten einen Polizeikontakt hatten, waren es in 2005 bereits 14,7 %, das entspricht einem Anstieg von ca. 30 %. Hier scheinen die Einrichtung spezieller Jugendsachgebiete sowie spezieller Dienststellen für Intensivtäter, das polizeiliche Wohnortprinzip sowie auch die Erhöhung der Polizeipräsenz an bestimmten Orten in Hamburg Wirkung zu zeigen.

- **Sozialisationsbedingungen sind ursächlich.** Nach wie vor gilt: Je niedriger die Bildung, desto höher die Gewaltbefürwortung. Die Sozialisationsbedingungen der befragten Jugendlichen haben sich verschlechtert: Der Anteil der Jugendlichen, die nicht mit beiden Eltern zusammenleben, ist deutlich erhöht, der sozioökonomische Status der Familien sinkt bei leichter Zunahme von Arbeitslosigkeit bzw. Abhängigkeit von Sozialhilfeleistungen.

- **Trotz eher ungünstiger Entwicklung der Rahmenbedingungen kein genereller Anstieg von Delinquenz und Gewalt:** Dies dürfte u.a. auf den Rückgang der Opfererfahrungen durch elterliche Gewalt zurückzuführen sein. In Hamburg haben von den befragten Jugendlichen des Jahres 2005 39,6 % in ihrer Kindheit seitens ihrer Eltern in unterschiedlicher Intensität körperliche Gewalt erfahren (19,8 % waren Opfer schwerer Formen elterlicher Züchtigung und Misshandlung). Diese Rate ist bei Jugendlichen mit Migrationshintergrund und Jugendlichen der unteren Bildungsstufen weiterhin deutlich erhöht.

- **Orte der Gewalterfahrung:** Insgesamt ist das Risiko, Opfer einer Gewalttat zu werden, für Jugendliche an drei Orten hoch: familiärer Raum 29,9 %, Schulen 29,1 %, öffentlicher Raum 25 %.

Eine aktuelle regionale Studie von Prof. Dr. Wetzels im Auftrag der Freien und Hansestadt Hamburg (veröffentlicht im Juni 2007). In: Beitrag des DFK zum Bericht der AG „Entwicklung der Gewaltkriminalität junger Menschen mit einem Schwerpunkt auf Ballungsräumen", Forschungsbefunde. In: Bund-Länder AG „Entwicklung der Gewaltkriminalität junger Menschen mit einem Schwerpunkt auf städtischen Ballungsräumen". Bericht zum IMK-Herbstsitzung 2007. Berichtsstand 16. November 2007, S. 5.

M4 Zum Stand der Gewaltprävention

Lehrer, Eltern

Christian Lüders und Bernd Holthusen stellen für Deutschland in den letzten 15 Jahren folgende Entwicklungen fest:

- Erweiterung des Gewaltverständnisses. Nichtöffentliche (häusliche) und psychische Gewalt werden einbezogen. Ebenso wie Mobbing, Bullying und Stalking.
- Ausdifferenzierung der Praxisfelder und der angewandten Konzepte und Verfahren. Gewaltprävention ist selbstverständlicher Bestandteil alltäglicher Praxis geworden.
- Überzeugung, dass Gewalt im Kindes- und Jugendalter vorrangig durch Erziehung, Lernen und Kompetenzerwerb bewältigt werden kann. Gewalt wird unter dem pädagogischen Blick als ein Aspekt des Verhaltens gesehen. Der Fokus wird auf die Kompetenzen, Ressourcen und Ausbildung von Schutzfaktoren bei Kindern und Jugendlichen gerichtet.
- Stärkere Einbeziehung der jeweiligen sozialen und kulturellen Milieus der Szenen und Sozialräume. Dahinter steht die Überlegung, nicht allein das Verhalten von Personen zu verändern, sondern Einfluss auf die Umgebung zu nehmen, die solches Verhalten begünstigt bzw. reduziert.
- Gewaltprävention wird als gesamtgesellschaftliche Aufgabe gesehen. Kooperation ist deshalb eine zentrale Voraussetzung für gelingende Gewaltprävention. Es entstanden neue Formen der Zusammenarbeit (z.B. Kooperation Schule, Jugendhilfe, Polizei).
- Strategien aus anderen Ländern wurden (oft als lizensiertes Verfahren) in die bundesdeutsche Fachpraxis integriert (angepasst). Dadurch entstand ein (wenn auch noch kleiner) Markt. Aus Kosten- und Lizenzgründen können diese Angebote nicht überall eingesetzt werden.

- In Deutschland lässt sich heute ein breites Spektrum an formalisierten, hochgradig standardisierten Programmen mit präzisen Vorgaben für Fachkräften sowie offene, eher allgemein gehaltene Konzepte finden.
- Im Bereich der Gesetzgebung wurde 2000 das Recht der Kinder auf gewaltfreie Erziehung im bürgerlichen Gesetzbuch verankert. Daneben sind die Reform des Jugendschutzgesetzes von 2003 mit dem damit verbundenen Staatsvertrag über den Schutz der Menschenwürde und den Jugendschutz in Rundfunk und Telemedien sowie das Gewaltschutzgesetz von 2005 von Bedeutung.
- Die Einsicht, dass Risikofaktoren für Gewalt auch in der frühen Kindheit liegen, hat zu öffentlichen und politischen Forderungen nach einer möglichst frühen Erkennung und Prognose von Problemkonstellationen bei Kleinkindern bzw. ihren Familien geführt.
- Mit der Ausweitung der Gewaltprävention geht aber gleichzeitig auch das Risiko einer Entgrenzung der Gewalt- und der Präventionsbegriffe einher. Damit verbunden ist oftmals eine problematische Beliebigkeit, weil Projekte, Maßnahmen und Angebote, die in der Hauptsache andere Zielsetzungen verfolgen, umetikettiert werden und zu gewaltpräventiven Maßnahmen mutieren, ohne deutlich machen zu können, inwiefern sie nachvollziehbar und zielgerichtet einen Beitrag zur Reduktion von Gewalt im Kindes- und Jugendalter leisten.

Christian Lüders/Bernd Holthusen: Gewalt als Lernchance. Jugendliche und Gewaltprävention. München 2007 (Arbeitspapier), S. 6-10, Auszüge.

www.dji.de/jugendkriminalitaet

43

M5 Erfolgreiche Thematisierungswege

Lehrer, Eltern

Merkmale erfolgreicher Thematisierungswege von Gewaltprävention

Begriffsbestimmung

Gewalt und die Grenzen der Gewalt sind nicht immer ganz eindeutig. Zwar gibt es ein breites Einverständnis darüber, dass Gewalt verletzt und tötet, schädigt und zerstört – aber wo eine Verletzung oder Schädigung beginnt ist schon wieder strittig.

Die zeitweilige didaktische Reduktion des komplexen Gewaltbegriffes (verletzen – schädigen) durch zielgruppen- oder themenspezifische Eingrenzung der Gewalt (auf bestimmte Gewaltphänomene wie zum Beispiel: Gewaltkriminalität, Mobbing, Beleidigungen, sexualisierte Gewalt, seelische oder körperliche Verletzungen usw.) hat sich bewährt.

Frühzeitigkeit

Erfolgreiche Präventionsprogramme setzen frühzeitig ein. Die Erfahrung geborgener Beziehungen sowie Zuwendung im Sinne positiver Förderung in Familie, Kindergarten, Peer Groups, Jugendhilfe und Schule sind von grundlegender Bedeutung. Neben den Autoritätspersonen in der Familie werden Erzieherinnen und Erzieher von Kindern und Jugendlichen als wichtigste ernsthafte Identifikationsfiguren genannt. Glaubwürdigkeit und gegenseitig geklärte Verhaltenserwartungen dienen der Entwicklung sozialen Verhaltens, von Regeln, Sinn und gemeinsamen Werten.

Differenzierung/Partizipation/ Systemspezifizierung

Vor allem solche Programme sind nachhaltig wirksam, die an die spezifischen Bedürfnisse, Fragen und Probleme des betreffenden sozialen Raumes und der darin lebenden Menschen angepasst werden. Standardisierte Präventionsprogramme mit dem Anspruch der flächendeckenden Versorgung sind kaum in der Lage, die erforderliche Differenzierung zu gewährleisten. Nur durch Partizipation (bei der Entwicklung von Themen, Inhalten, Konzepten) entsteht das Gefühl der Identifikation mit dem entstandenen Programm – eine maßgebliche Voraussetzung für gelingende Lernprozesse.

Methodenvielfalt

Gute Gewaltpräventionsprogramme zeichnen sich durch attraktive Methodenvielfalt aus. Empfehlenswert sind interkulturelle, geschlechts- und altersangemessene spielerische, interaktive Methoden und Thematisierungswege, um die Teilnehmenden für das Thema zu öffnen und ihnen Spaß am Thema zu ermöglichen.

- Zielgruppenorientierung als Ausgangspunkt für die Einbindung der Bedürfnisse und Interessen einer konkreten Teilnehmergruppe in die Konzeption. Das Gewaltpräventionsprogramm soll und muss für die Teilnehmenden einen benennbaren Nutzen haben.
- Das Prinzip der Ganzheitlichkeit meint, die methodisch-didaktische Vermittlung so zu gestalten, dass Kognition, Emotion und Körperlichkeit der Teilnehmenden angesprochen werden und die vermittelnden Inhalte über möglichst alle Sinne wahrgenommen, erfasst und verstanden werden können.
- Teilnehmerorientierung bedeutet, dass Motive, Interessen und Bedürfnisse der Teilnehmenden in die Planung und Durchführung einbezogen werden. Der (Lern-)Prozess der Gruppe kann als ein exemplarischer Gruppenprozess reflektiert und (in Verknüpfung mit theoretischen Erkenntnissen zur Gruppenarbeit) zur Weiterentwicklung nutzbar gemacht werden.

- Subjektorientierung als grundlegendes Prinzip meint, dass mit den Angeboten zwar Ziele, Inhalte und Methoden vorgegeben sind, es aber Entscheidung der Teilnehmenden bleibt, ob und inwiefern sie die Angebote annehmen und sich persönlich hierdurch verändern.
- Handlungsorientierung heißt, dass die Teilnehmenden Inhalte und Methoden der Ausbildung weitestgehend nach dem Prinzip „learning by doing" kennen lernen.

Sensibilisierung

Lernen ist effektiv und veränderungswirksam, wenn Sensibilisierung stattfindet und die Gefühle der Beteiligten einbezogen sind. Programme, denen es gelingt, emotionale Betroffenheit wie Angst, Wut, Trauer, Spaß und Mitgefühl zu thematisieren, haben gute Chancen, Gewalt zu minimieren.

Geschlechtsspezifische Vorgehensweise

Gerade weil bei dem Thema Gewalt die Erfahrungen und Betroffenheit von Mädchen und Jungen sehr unterschiedlich sind, gibt es neben koedukativen Arbeitsformen pädagogische Angebote ausschließlich für Mädchen, Jungen, Frauen, Männer. Diese geschlechtsspezifische Arbeit ist eine Querschnittsaufgabe.

Qualifikation der Moderatorinnen und Moderatoren

Moderatorinnen und Moderatoren bedürfen einer fundierten Ausbildung, zu der auch Selbstreflexion und der Umgang mit eigenen Gewaltanteilen gehört.

Eltern einbeziehen

Da die Erziehung von Kindern und Jugendlichen elementare Aufgabe von Eltern ist, ist es wichtig Eltern in alle Projekte der Gewaltprävention einzubeziehen.

Nachhaltigkeit

Jede Präventionsarbeit braucht Zeit. Kurzfristige Aktionen wirken in der Regel auch nur kurzfristig und sind auf Dauer wenig effektiv. Präventive Maßnahmen brauchen Sorgfalt bei der organisatorischen und sozialen Verankerung.

Vernetzung

Gewaltprävention muss sozialräumlich organisiert werden, dies bedeutet, alle Gruppen, Initiativen, Berufszweige usw. arbeitsteilig einzubinden. Netzwerkbildung unter Moderatorinnen und Moderatoren ist zum kollegialen Austausch, zur konstruktiven Kritik, zur Aufarbeitung von Frustrationen und Misserfolgen, zum voneinander Lernen usw. unverzichtbar.

Institutionelle Absicherung

Gewaltprävention muss als gemeinsame Aufgabe verstanden werden, für die dann auch die notwendigen Ressourcen zur Durchführung und Weiterentwicklung bereitgestellt werden.

Evaluation

Zur Entwicklung und Sicherung der Qualität von Präventionsprogrammen ist Evaluation wichtig. Dabei geht es um die systematische Entwicklung und Anwendung geeigneter Fragestellungen, Beobachtungen und Rückmeldungen, um die Wirkungen und die vorhandenen Probleme der Präventionsprogramme zu verbessern.

Die Grenzen kennen

Die Grenzen präventiver Angebote müssen bewusst sein. Dies bedeutet, mit (pädagogischen) Programmen zur Gewaltprävention kann vieles erreicht werden, aber es können wohl kaum strukturelle Ursachen für Gewalt beseitigt werden.

Ralf-Erik Posselt: Merkmale erfolgreicher Thematisierungswege. Gewaltakademie Villigst. Villigst 2007 (unveröffentlichtes Manuskript).

Lehrer, Eltern

M6 Tätigkeitfelder der Prävention

Lehrer, Eltern

Das Kriminologische Forschungsinstitut Niedersachsen identifiziert vier zentrale Tätigkeitsfelder zukünftiger Präventionsarbeit: Wenn es gelingt, die familiäre Erziehung gewaltloser zu gestalten, die Bildungschancen zu verbessern, die Männlichkeitsnormen zu relativieren und die Medienumgangsweisen zu kontrollieren, dann könnte ein großer Schritt in Richtung Absenkung des höheren Gewaltniveaus nichtdeutscher Jugendlicher getan werden.

Eindämmung innerfamiliärer Gewalt

Für die Eindämmung innerfamiliärer Gewalt erscheinen zwei Maßnahmen sinnvoll: Frühförderung und Vertrauenslehrer. Bekannt ist, dass bereits in den ersten Lebensjahren schlechte familiäre Rahmenbedingungen (Armut, schlechte Wohnbedingungen, soziale Ausgrenzung) für die betroffenen Kinder ein erhöhtes Risiko implizieren, dass ihre Eltern sie vernachlässigen oder dass sie Opfer elterlicher Gewalt werden – dieses Risiko ist besonders hoch in Migrantenfamilien.

Die Aufgabe von Vertrauenslehrkräften an Schulen für Probleme der innerfamiliären Gewalt wäre es, die betroffenen Kinder und Jugendlichen zu ermutigen, sich Hilfe zu holen und sie dabei aktiv zu unterstützen.

Verbesserung der Bildungschancen von Migrantenkindern

Eine frühe soziale Vernetzung ist für eine erfolgreiche schulische Integration von hoher Wichtigkeit.

Städte und Gemeinde sollten sich darum bemühen, Bürger dazu zu motivieren, ehrenamtlich Nachhilfeunterricht für nichtdeutsche Kinder anzubieten.

Gerade mit Blick auf die Tendenz der Konzentration einiger ethnischen Gruppen an Hauptschulen erscheint eine sachliche Diskussion über die Zukunft dieser Schulform notwendig. Es zeigt sich, dass Hauptschüler einen dreimal so hohen Anteil an Gewalttätern aufweisen wie Gymnasiasten.

Gewaltlegitimierende Männlichkeitsnormen

Die Orientierung vieler junger Migranten an übertriebenen Männlichkeitsvorstellungen ist von zentraler Bedeutung für ihre im Vergleich zu einheimischen Deutschen höhere Gewaltbereitschaft. Dies sollte zum Anlass dafür genommen werden, die Regeln der Machokultur im Rahmen des Schulunterrichts zur Diskussion zu stellen.

Medienumgang

Wichtig erscheint zunächst eine stärkere Sensibilisierung der Eltern für die problematische Mediennutzung ihrer Kinder, wobei es hervorzuheben gilt, dass das TV-Gerät im Kinderzimmer die Schulleistungen negativ beeinflusst. Eltern müssen deshalb eine aktive Medienerziehung praktizieren.

Es wäre wünschenswert, alle Kinder während der kostbaren Zeit zwischen 14 und 17 Uhr in entwicklungsförderliche Freizeitangebote einzubinden. Unseres Erachtens sind Bund, Länder und Gemeinden aufgefordert, flächendeckend für alle Schüler Ganztagsschulen einzurichten.

Vgl. Dirk Baier/Christian Pfeiffer: Gewalttätigkeit bei deutschen und nichtdeutschen Jugendlichen. Befunde der Schülerbefragung 2005 und Folgerungen für die Prävention. Forschungsbericht Nr. 100 des Kriminologischen Forschungsinstituts Niedersachsen. Hannover 2007, S. 46 ff.

M7 **Kriterien erfolgreicher Programme**

Lehrer, Eltern

- Integrierte und multimodale Programme sind erfolgreicher als Schmalspur-Programme.

- Strukturierte Programme, die Verhaltenskompetenzen trainieren, sind erfolgreicher als Informations- und Instruktionsprogramme und weniger strukturierte und fokussierte Ansätze; sie sind erfolgreicher als Programme, die auf affektive Komponenten setzen (z. B. Selbstwertgefühl).

- Programme, die konsequent die Erwachsenen einbeziehen, sind erfolgreicher als Programme, die ausschließlich auf Peer-Aktivitäten setzen.

- Programme, die auf Integration in den Arbeitsmarkt zielen, sind erfolgreicher als Programme mit dem Schwerpunkt auf Ausbildung.

- Programme zur Situationsprävention sind erfolgreich, wenn sie auf genauer Analyse der Situation basieren.

- Programme, deren Programm-Integrität gewährleistet ist, sind erfolgreicher.

- Programme, die in allen Phasen von Wissenschaftlern begleitet werden, sind erfolgreicher, u.a. weil ihre Programm-Integrität besser gewährleistet ist.

Susanne Karstedt: Prävention und Jugendkriminalität – welche Maßnahmen sind erfolgreich, welche nicht? In: ajs-informationen, 37. Jg, Nr. 1/2001, S. 11-19.

Hannoveraner Erklärung

Der Deutsche Präventionstag appelliert an die Verantwortlichen in der Politik und in den Medien sowie in zivilgesellschaftlichen Gruppierungen auf kommunaler, Landes- und Bundesebene:

- den Beitrag der Kriminalprävention zu sozialer Teilhabe, Integration und Solidarität wahrzunehmen, zu würdigen und diesen bewährten Weg der Verdeutlichung gesellschaftlich verbindlicher Normen und Werte zu unterstützen und auszubauen;
- gerade den jungen Menschen, die sich nicht nur am Rande der Gesellschaft fühlen, sondern es auch sind, Zugehörigkeit zu vermitteln, sie zu integrieren und nicht – etwa durch repressive Maßnahmen - weiter auszuschließen und auszugrenzen;
- Einkommens-, Bildungs- und Integrationsarmut abzubauen, sozialen Desintegrationserscheinungen entgegen zu wirken mit dem Ziel einer gleichberechtigten wirtschaftlichen, politischen, sozialen und kulturellen Teilhabe aller Bevölkerungsgruppen.

Deutscher Präventionstag: Hannoveraner Erklärung des 14. Deutschen Präventionstages. In: Hans-Jürgen Kerner/Erich Marks (Hrsg.): Internetdokumentation des Deutschen Präventionstages. Hannover 2009. www.praeventionstag.de/Dokumentation/cms/868

M8 Risikoerhöhende Bedingungen

Lehrer, Eltern

Nach Jahrzehnten der Risikofaktorenforschung, in denen oftmals einzelne risikoerhöhende Bedingungen und der Einfluss untersucht wurden, den diese auf den Entwicklungsverlauf nehmen, konnten inzwischen umfangreiche Risikokataloge erstellt werden. Darin sind individuelle und Kontextfaktoren aufgelistet, die die Wahrscheinlichkeit von Gewalt und aggressivem Verhalten bei Kindern und Jugendlichen erhöhen können.

Risikoerhöhende Bedingungen treten jedoch nicht isoliert auf und wirken auch nicht für sich allein, sondern agieren meist auf komplexe Weise miteinander. Wie diese Faktoren jedoch genau miteinander interagieren, ist für viele Bereiche noch unbekannt. Zudem ist die Wirkung von risikoerhöhenden Bedingungen geschlechterabhängig.

Insbesondere müssen die Anzahl der risikoerhöhenden Bedingungen berücksichtigt werden, ihre Intensität und Dauer, sowie die Reihenfolge, in der diese auftreten, um die Wechselwirkung in Abhängigkeit von der psychosozialen Entwicklung des Kindes erfassen zu können.

Scheithauer und Petermann 2002, S. 134. Zitiert nach Scheithauer u.a. 2008, S. 46 f.

Individuelle Faktoren

Schon frühes gewalttätiges und deliquentes Verhalten; männliches Geschlecht; Substanzmissbrauch; Defizite in der sozial-kognitiven Informationsverarbeitung; neuroendokrine, neurochemische und genetische Faktoren; niedrige Herzfrequenzrate; niedriges Hautleitfähigkeitsniveau; antisoziale Einstellung/Gewalt unterstützende Überzeugungen, niedriger IQ; psychische Störungen; Ethnizität, Zugehörigkeit zu Minderheiten; Ängstlichkeit; Hyperaktivität und Konzentrationsprobleme; negatives Selbstwertgefühl; Dysfunktion des Frontallappens; Geburtskomplikationen.

Familiäre Faktoren

Zeuge familiärer Gewalt; körperliche Züchtigung und Misshandlung; niedriger sozioökonomischer Status; antisoziales/kriminelles Verhalten der Eltern; negative Eltern-Kind-Beziehung; von den Eltern getrennt; strafende Erziehung; Zurückweisung und Vernachlässigung; sexueller Missbrauch; vernachlässigte Beaufsichtigung des Kindes; chronische Erkrankungen, psychische Störungen der Eltern.

Schule

Schlechte Schulleistungen; geringe Lernmotivation; Verweis von der Schule.

Peer-Faktoren

Wenige soziale Beziehungen; Ablehnung durch Peers; aggressives/antisoziales Verhalten von Peers; Kontakt zu delinquenten Peers und Gangmitgliedern.

Umwelt-Nachbarschafts-Faktoren

Armut; gewalthaltige Videos, Computerspiele, Medien; hohe Delinquenzbelastung; Zugang zu Schusswaffen; hohe Arbeitslosenrate; geringe soziale Unterstützung.

Herbert Scheithauer/Charlotte Rosenbach/Kay Niebank: Gelingensbedingungen für die Prävention von interpersonaler Gewalt im Kindes und Jugendalter. Stiftung Deutsches Forum für Kriminalprävention. Bonn 2008, S. 44.

M9 Risikomindernde Bedingungen

Kindbezogene Faktoren sowie Resilienzfaktoren

Kindbezogene Faktoren
- weibliches Geschlecht;
- erstgeborenes Kind;
- positives Temperament (flexibel, aktiv, offen);
- niedrige Emotionalität, hohe Impulskontrolle;
- überdurchschnittliche Intelligenz;
- spezielle Talente und Interesse an Hobbies.

Resilienzfaktoren
- positives Sozialverhalten;
- hohe Sprachfertigkeiten;
- positives Selbstwertgefühl und positive Selbstwirksamkeitsüberzeugung;
- aktives Bewältigungsverhalten;
- Fähigkeit, sich zu distanzieren;
- internale Kontrollattributierung;
- vorausplanendes Verhalten.

Schutzfaktoren bzw. umgebungsbezogene Faktoren

Schutzfaktoren innerhalb der Familie
- stabile emotionale Beziehung zu einer Bezugsperson;
- offenes, unterstützendes Erziehungsklima;
- familiärer Zusammenhalt, unterstützende Geschwister;
- Kleinfamilie;
- „gute" Ausbildung und Kompetenzen der Mutter;
- Modelle positiven Bewältigungsverhaltens;
- Mädchen: Unterstützung der Autonomie mit emotionaler Unterstützung;
- Jungen: Struktur und Regeln in häuslicher Umgebung;
- Übernahme von Aufgaben im Haus und Förderung eigenverantwortlichen Handelns.

Schutzfaktoren innerhalb des sozialen Umfeldes
- soziale Unterstützung;
- positive Freundschaftsbeziehungen;
- positive Gleichaltrigenbeziehungen;
- positive Schulerfahrungen.

Scheithauer und Petermann 2002, S. 134, zitiert nach Scheithauer, Herbert/Charlotte Rosenbach/Kay Niebank: Gelingensbedingungen für die Prävention von interpersonaler Gewalt im Kindes und Jugendalter. Stiftung Deutsches Forum für Kriminalprävention. Bonn 2008, S. 46.

M10 **Das Lebensweltkonzept**

Lehrer, Eltern

Das Lebensweltkonzept ist in den letzten 15 Jahren zu einem verbreiteten und anerkannten Arbeitskonzept der Sozialpädagogik geworden. Zentrale Aspekte sind:

- Das Individuum existiert nicht außerhalb oder neben seiner Lebenswelt. Es ist nicht künstlich von dieser Lebenswelt zu trennen. Individuum und seine spezifische Lebenswelt stellen eine Einheit dar.
- Jeder Mensch verfügt über seine ganz individuelle und spezifische Lebenswelt. Seine individuellen persönlichen Bedingungen (Anlagen, Alter, Gesundheit, Persönlichkeit) und die spezifischen sozialen Umweltfaktoren eines einzelnen Menschen prägen die spezifische Lebenswelt jeweils in ganz besonderer und persönlicher Weise. Menschen unterschiedlicher Persönlichkeitsstruktur werden unterschiedlich leicht mit Krisen fertig.
- Die Lebenswelt eines Menschen ist seine private, vertraute und überschaubare Welt, in der er sich selbstverständlich bewegt, die er gelernt hat zu meistern. In diesem Sinne ist Lebenswelt identitätsstiftend. Der Verlust dieser Lebenswelt (durch Umzug, Scheidung der Eltern, Krankheit usw) ist eine Krise für Menschen.
- Lebenswelt ist keine Idylle. Sie ist nicht nur Quelle von Ressourcen, Ort der Sicherheit und Verläßlichkeit sondern auch Ort der „bornierten Enge", Langeweile, Ort der Kämpfe um Macht und Unterdrückung.
- Das Individuum steht in ständigem aktivem und auch passivem Austausch mit der Lebenswelt. Gleiche Bedingungen werden von unterschiedlichen Menschen nicht auf die gleiche Art und Weise verarbeitet und führen damit auch nicht etwa zu völlig identischen Lebenswelten.

- Jeder Mensch ist der Manager seiner Lebenswelt, der Regisseur seiner eigenen Verhältnisse (Thiersch). Menschen erfahren sich zuständig für ihren Lebensentwurf. Sie sind es, die die Verantwortung dafür tragen, dass sie ihr Leben bewältigen. Mit der Bewältigung der eigenen Lebenswelt sind viele Menschen allerdings überfordert. Menschen müssen in der Lage sein, auf Veränderungen ihrer Lebenswelt flexibel zu reagieren. Um diesen Anforderungen gerecht werden zu können, brauchen Menschen verlässliche Beziehungen und Raum zu eigenständiger Entfaltung. Sind diese Voraussetzungen nicht vorhanden, bedürfen Menschen bei der Bewältigung ihrer Lebenswelt Unterstützung.
- Lebenswelten sind nicht beliebig frei gestaltbar. Zum einen gibt es gesellschaftlich vorgegebene Bedingungen und Rahmen für die Gestaltung von Lebenswelten, sie sind historisch und gesellschaftlich geprägt. Die notwendigen Ressourcen, die für die Gestaltung der eigenen Lebenswelt erforderlich sind, sind innerhalb der Gesellschaft nicht gleich verteilt und bei einem großen Teil der Menschen nicht ausreichend vorhanden, um befriedigende Lebensverhältnisse herstellen zu können. Hier brauchen Menschen Unterstützung bei der Verbesserung ihrer Ressourcen und Gestaltungsspielräume.

Mechthild Seithe: Praxisfeld: Hilfe zur Erziehung. Fachlichkeit zwischen Lebensweltorientierung und Kindeswohl. Opladen 2001, S. 155-157, Auszüge.

M11 **Das zivilisatorische Hexagon**

1. **Gewaltmonopol:** Das staatliche Gewaltmonopol sichert die Rechtsgemeinschaft. Nur eine „Entwaffnung der Bürger", die Entprivatisierung von Gewalt, nötigt diese dazu, ihre Identitäts- und Interessenkonflikte mit Argumenten und nicht mit Gewalt auszutragen.

2. **Rechtsstaatlichkeit:** Das Gewaltmonopol bedarf der rechtsstaatlichen Kontrolle, soll es nicht einfach Ausdruck von Willkür sein. Ohne solche Kontrolle, die der Inbegriff des modernen Verfassungsstaates ist, wäre das Gewaltmonopol, rechtlich uneingehegt, nichts anderes als Diktatur, also pure Herrschaft des Stärkeren. Zu diesen kontrollierenden Prinzipien gehören u.a. der Schutz von Grundfreiheiten, die Gewährleistung von Menschenrechten durch Gesetze, die Gleichheit der Bürger und Bürgerinnen vor dem Gesetz, die Gewaltenteilung sowie die freie Wahl, um nur einige zu nennen.

3. **Affektkontrolle:** Affektkontrolle – Ergebnis einer Sublimierung von Affekten – meint die in differenzierten Gesellschaften sich aus diversen Handlungszusammenhängen ergebene Selbstkontrolle bzw. Selbstbeherrschung. Sie ist Grundlage nicht nur von Aggressionshemmung und Gewaltverzicht, sondern darauf aufbauend von Toleranz und Kompromissfähigkeit: Beide Einstellungen sind nicht denkbar ohne vorgängig eingeübte Selbstdisziplin. In ihr findet das Autonomiestreben von Individuen und von Gruppen, das moderne Gesellschaften durchgängig kennzeichnet, ein unerlässliches Korrektiv.

4. **Politische Teilhabe:** Dort, wo Menschen sich nicht in öffentliches Geschehen einmischen können, sei es aus Gründen rechtlicher oder sonstiger Diskriminierung, entsteht „Rechtsunruhe" (S. Freud), schlimmstenfalls ein Konfliktstau, der in politisierbaren Gesellschaften zur Produktionsstätte von Gewalt werden kann. Demokratie als die Grundlage von institutionell geregelter Rechtsfortbildung ist also kein Luxus, sondern eine notwendige Voraussetzung für friedliche Konfliktbearbeitung.

5. **Verteilungsgerechtigkeit:** Nur wenn es anhaltende Bemühungen um soziale Gerechtigkeit gibt, ist eine solche Konfliktbearbeitung in politisierten Gesellschaften von Dauer. In Gesellschaften mit einem erheblichen Politisierungspotenzial ist eine aktive Politik der Chancen- und Verteilungsgerechtigkeit, letztlich ergänzt um Maßnahmen der Bedürfnisgerechtigkeit (Sicherung von Grundbedürfnissen), unerlässlich, weil sich nur dann die Masse der Menschen in einem solchen politischen Rahmen fair aufgehoben fühlt.

6. **Kultur konstruktiver Konfliktbearbeitung:** Gibt es im öffentlichen Raum faire Chancen für die Artikulation von Identitäten und den Ausgleich von unterschiedlichen Interessen, kann unterstellt werden, dass ein solches Arrangement der Konfliktbearbeitung verlässlich verinnerlicht wird, d.h. kompromissorientierte Konfliktfähigkeit einschließlich der hierfür erforderlichen Toleranz zu einer selbstverständlichen Orientierung politischen Handelns wird. Das Gewaltmonopol, die Rechtsstaatlichkeit und die Demokratie – kurz: der demokratische Verfassungsstaat – verankern sich in der politischen Kultur. Die Kultur konstruktiver Konfliktbearbeitung wird darüber zur emotionalen Grundlage des Gemeinwesens.

Dieter Senghaas: Zum irdischen Frieden. Frankfurt/M. 2004, S. 30-40, Auszüge.

Gewalt

Grundwissen

Materialien

Für den Unterricht

Ein differenzierter Gewaltbegriff ist für Gewaltprävention zentral. Dieses Kapitel diskutiert verschiedene Gewaltbegriffe, macht auf Ursachen und Zusammenhänge von Gewalt aufmerksam und lenkt die Aufmerksamkeit darauf, das eigene Gewaltverständnis zu reflektieren.

Was ist Gewalt?

Gewalt entzieht sich der Definition

Gewalt ist ein äußerst diffuses und komplexes Phänomen, das sich einer exakten wissenschaftlichen Definition entzieht und dessen Definition eher dem Urteil des Einzelnen überlassen bleibt. Die Vorstellung von akzeptablen und nicht akzeptablen Verhaltensweisen und die Grenzen dessen, was als Gefährdung empfunden wird, unterliegen kulturellen Einflüssen und sind fließend, da sich Wertvorstellungen und gesellschaftliche Normen ständig wandeln.
WHO: Weltbericht Gewalt und Gesundheit. Kopenhagen 2003.

Gewalt ist ein kulturelles Phänomen, das die Menschheit auf ihrem Weg begleitet. Gewaltprävention ist davon abhängig, was unter Gewalt verstanden wird und wo die Ursachen von Gewalt gesehen werden. Im Kontext von Gewaltprävention wird Gewalt häufig als physische Gewalt verstanden. Alltagsvorstellungen von Gewalt haben in der Regel eher beschreibenden Charakter. Solche Vorstellungen spiegeln sich auch bei Umfragen wider, z.B. wenn gefragt wird: „Ist diese Handlung für dich Gewalt?" Abgesehen davon, dass bei solchen Fragen weder die Motive, noch die Ziele oder Folgen des Handelns einbezogen werden, wird schnell klar: Gewalt kann nur kontextgebunden verstanden werden.

Die Schwierigkeiten einer Begriffsbestimmung

Gewalt ist ein Phänomen, das nicht klar definiert und abgegrenzt ist, weder in der Wissenschaft, noch im Alltag. In der öffentlichen Diskussion werden oft verschiedene Dinge gleichzeitig als Gewalt bezeichnet: Beschimpfungen, Beleidigungen, Mobbing, Gewaltkriminalität (Raub- und Morddelikte), Vandalismus, gewalttätige Ausschreitungen bei Massenveranstaltungen, fremdenfeindliche Gewalt gegen Menschen, Gewalt zwischen „Streetgangs" (Bandenkriege), politisch motivierte Gewalt – von Befreiungsbewegungen oder staatlichen Sicherheitskräften bis zu militärischen Operationen.

Der Begriff Gewalt ist jedoch nicht nur schwer zu fassen, unscharf und unpräzise, er hat darüber hinaus auch (zumindest im deutschen Sprachraum) verschiedene Bedeutungsinhalte: Er ist eine Bezeichnung für Staatsgewalt und deren Träger, benennt Verfügungs- und Besitzverhältnisse und stellt eine Kennzeichnung für Gewaltanwendung als physische Verletzung und Zwangseinwirkung auf Personen dar (vgl. Imbusch 2002, S. 26 ff.).

Im englischen Sprachgebrauch wird dagegen klar unterschieden zwischen „Power" als neutrale Fähigkeit etwas zu tun, bzw. etwas zu bewirken und „Violence", als problematische Ausübung physischer Stärke mit dem Ziel, Personen zu verletzen oder Sachen zu schädigen.

Je nachdem, ob ein enger oder weiter Gewaltbegriff verwendet wird, lässt sich eine Gesellschaft (oder eine Organisation) als „eher gewaltarm" oder als „eher gewalthaltig/gewalttätig" klassifizieren. Abhängig davon, ob die Ursachen und Bedingungen von Gewalt eher beim Individuum oder in gesellschaftlichen Lebenslagen gesehen werden, werden unterschiedliche Verantwortlichkeiten angesprochen.

Gewaltprävention hat mit dem Dilemma zu tun, dass sie einerseits auf vorfindbare Gewalt reagieren muss, andererseits aber nur wenig oder kaum auf präzise Analysen, Beschreibungen und Definitionen ihres Gegenstandsbereiches zurückgreifen kann.

Um einen praktikablen Ausweg zu finden, grenzen viele Projekte oder Ansätze der Gewaltprävention Gewalt auf den Bereich der physischen Gewaltanwendung ein (im schulischen Bereich wird die verbale Gewalt sehr stark betont). Dies erscheint in der Praxis der Gewaltprävention für die Durchführung konkreter Projekte vor Ort als legitim und sinnvoll. Für die wissenschaftliche Betrachtung und Theorieentwicklung im Rahmen von Gewaltforschung stellt es jedoch eine unzulässige Einengung und Vereinfachung dar, denn „was überhaupt als körperliche Gewalt gilt, hängt primär auch davon ab, wie wir den Leib selber interpretieren, das heißt vom kulturellen Kontext, von geschlechtsspezifischen, religiösen, politischen und sonstigen Vorstellungen und Deutungen" (Hügli 2005, S. 21).

Doch es gibt noch weitere Gründe, die gegen eine Reduktion sprechen: Gewaltprävention muss sich gegen alle Formen von Gewalt wenden, weil sonst Gewalt nur unzureichend erklärt werden kann und bestimmte Gewaltphänomene nicht erfasst werden können wie z.B. das Phänomen der gegenseitigen Beeinflussung und Stabilisierung verschiedener Formen der Gewalt.

Über die Gewalt

Grundwissen

Der reißende Strom wird
gewalttätig genannt.
Aber das Flußbett, das ihn
einengt,
Nennt keiner gewalttätig.

Der Sturm, der die Birken
biegt,
Gilt als gewalttätig.
Aber wie ist es mit dem
Sturm,
Der die Rücken der Straßen-
arbeiter biegt?

Bertolt Brecht

Gewaltbegriffe

Gewalt bedeutet umgangssprachlich Schädigung und Verletzung von Personen oder Sachen. Der Begriff „Gewalt" wird dabei häufig auch synonym zu dem Begriff „Aggression" gebraucht bzw. als Teilmenge von Aggression verstanden. Dies rührt daher, dass sich die Begriffe Aggression und Gewalt nicht klar voneinander trennen lassen. Unter Aggression werden häufig minder schwere Verletzungen oder die Übertretung von sozialen Normen verstanden, während mit Gewalt schwere Verletzungen und Übertretung von Geboten und Gesetzen bezeichnet werden. In diesem Verständnis ist Aggression dann eine Vorform von Gewalt. Allerdings beinhaltet der Begriff Aggression immer auch positive Lebenskräfte und Energien. Deshalb unterscheidet Erich Fromm (1996) zwischen „gutartiger Aggression" als notwendiges Energiepotenzial und positive Kraft und „bösartiger Aggression" als spezifische menschliche Leidenschaft, zu zerstören und absolute Kontrolle über ein Lebewesen zu haben. Die bösartige Aggression bezeichnet er als Destruktion.

Während der Begriff Aggression aus der Psychologie stammt, wird der Begriff Gewalt in verschiedenen Fachdisziplinen verwendet und jeweils spezifisch definiert, u.a. in der Soziologie, Friedens- und

Konfliktforschung, Rechtswissenschaft, Religionswissenschaft, Staatstheorie.

Kulturelle Gewalt

Unter „kultureller Gewalt" wird jede Eigenschaft einer Kultur bezeichnet, mit deren Hilfe direkte oder strukturelle Gewalt legitimiert werden kann. Diese Form der Gewalt tötet nicht oder macht niemandem zum Krüppel, aber sie trägt zur Rechtfertigung bei. Ein typisches Beispiel hierfür ist die rechtsextreme Ideologie der Ungleichheit, deren extremste Form die Theorie vom „Herrenvolk" darstellt. *Vgl. Johan Galtung: Cultural Violence. In: Journal of Peace Research, vol. 27, no. 3/1990, S. 291 ff.*

Der Gewaltbegriff von Johan Galtung

Die Diskussion in den Sozialwissenschaften, insbesondere der Friedens- und Konfliktforschung wurde in den letzten 40 Jahren stark vom Gewaltbegriff Johan Galtungs geprägt. Ende der 1960er Jahre hat Johan Galtung die Unterscheidung von personaler und struktureller Gewalt in die Diskussion eingeführt und Anfang der 1990er Jahre durch den Begriff der kulturellen Gewalt ergänzt. Gewalt liegt nach Galtung dann vor, wenn Menschen so beeinflusst werden, dass ihre tatsächliche körperliche und geistige Verwirklichung geringer ist als ihre mögliche Verwirklichung.

Bei personaler Gewalt sind Opfer und Täter eindeutig identifizierbar und zuzuordnen (Galtung 1991). Strukturelle Gewalt produziert ebenfalls Opfer. Aber nicht Personen, sondern spezifische organisatorische oder gesellschaftliche Strukturen und Lebensbedingungen sind hierfür verantwortlich. Mit kultureller Gewalt werden Ideologien, Überzeugungen, Überlieferungen und Legitimationssysteme beschrieben, mit deren Hilfe direkte oder strukturelle Gewalt ermöglicht und gerechtfertigt, d.h. legitimiert wird.

Galtung sieht einen engen Zusammenhang zwischen diesen Gewaltformen (2005, S. 3): „Direkte Gewalt, ob physisch und/oder verbal, ist sichtbar. Doch menschliche Aktion kommt nicht aus dem Nichts; sie hat ihre Wurzeln. Zwei davon wollen wir andeuten: eine auf Gewalt basierende Kultur (...) und eine Struktur, die selbst gewalttätig ist, indem sie repressiv und ausbeuterisch ist." Galtung beschreibt das Dreieck der Gewalt (personale, strukturelle, kulturelle) als Teufelskreis, der sich selbst stabilisiert, da gewalttätige Kulturen und Strukturen direkte Gewalt hervorbringen und reproduzieren.

Das Dreieck der Gewalt *Galtung 1993*

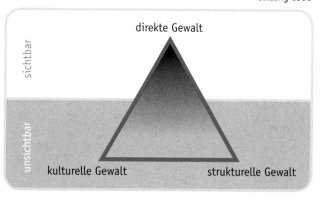

Galtungs Gewaltverständnis wurde oft kritisiert, vor allem die damit verbundene Ausweitung und mangelnde Schärfe des Begriffs, sowie die mangelnde Operationalisierbarkeit. Dennoch bleibt als wichtige Erkenntnis, dass es nicht ausreicht, Gewalt lediglich als zwischenmenschliche Handlung – als Verhalten – zu begreifen. Es müssen auch religiöse, kulturelle und gesellschaftliche Legitimationssysteme und gesellschaftliche Strukturen berücksichtigt werden, wenn es darum geht, Gewalt als komplexes Phänomen zu verstehen.

Der Gewaltbegriff der Weltgesundheitsorganisation (WHO)

Die WHO hat in ihrem 2002 veröffentlichten „World Report on Violence and Health" eine detaillierte Typologie von Gewalt vorgelegt, in der Gewalt verstanden wird als: „Der absichtliche Gebrauch von angedrohtem oder tatsächlichem körperlichem Zwang oder physischer Macht gegen die eigene oder eine andere Person, gegen eine Gruppe oder Gemeinschaft, die entweder konkret oder mit hoher Wahrscheinlichkeit zu Verletzungen, Tod, psychischen Schäden, Fehlentwicklungen oder Deprivation führt."

Diese Definition umfasst zwischenmenschliche Gewalt ebenso wie selbstschädigendes oder suizidales Verhalten und bewaffnete Auseinandersetzungen zwischen Gruppen und Staaten.

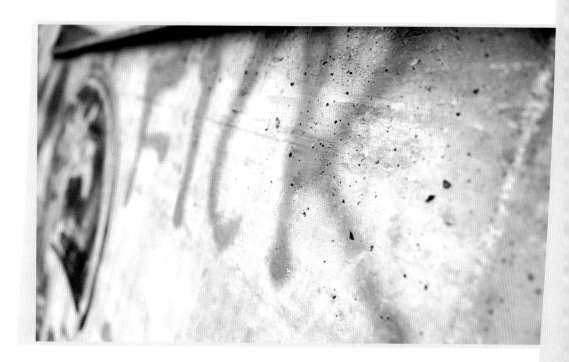

Grundwissen

Merkmale gewaltsamen Handelns

1. Ausüben physischer Kraft (Gewalt).
2. Schädigungsintention des Täters.
3. Verletzung der körperlichen Integrität des Opfers.
4. Verletzung grundlegender Rechte einer Person.

Gewalt lässt sich so definieren als Handlungen, deren Ergebnis die Verletzung grundlegender moralischer Rechte von Personen ist. Moralisch relevante Fälle derart definierter Gewalt sind solche, in denen der Täter absichtsvoll oder im Wissen um das Ergebnis seines Tuns handelt.
Daniel Meßelken: „Gewalt" aus philosophischer Perspektive. Leipzig 2007, Beitrag zur Tagung des AK Theorie der AFK vom 3-5. Juli 2007 in Loccum, S. 11 f., Auszüge.

Eine konkrete Typologie von Gewalt bietet einen analytischen Bezugsrahmen und identifiziert konkrete Ansatzpunkte für Gewaltprävention (vgl. M7). Sie gliedert Gewalt in drei Kategorien, die darauf Bezug nehmen, von wem die Gewalt ausgeht bzw. zwischen wem Gewalt stattfindet: Gewalt gegen die eigene Person, interpersonelle Gewalt und kollektive Gewalt.

Als Gewalt gegen die eigene Person gelten suizidales Verhalten und Selbstschädigung. Die interpersonelle Gewalt gliedert sich in Gewalt in der Familie und unter Intimpartnern, sowie in von Mitgliedern der Gemeinschaft ausgehende Gewalt. Kollektive Gewalt bezeichnet die gegen eine Gruppe oder mehrere Einzelpersonen gerichtete instrumentalisierte Gewaltanwendung durch Menschen, die sich als Mitglieder einer anderen Gruppe begreifen und damit politische, wirtschaftliche oder gesellschaftliche Ziele durchsetzen wollen. Hierunter zählen auch Bürgerkriege und Kriege.

Das Gewaltverständnis der WHO erscheint z.Z. am differenziertesten und am weitesten entwickelt. Es setzt sich zudem als akzeptierter Gewaltbegriff bei internationalen Organisationen oder Gremien zunehmend durch.

Die Gewaltbegriffe von Galtung und der WHO sind nicht alternativ zu sehen, sondern ergänzen sich gegenseitig. So erscheint es wichtig, der WHO-Typologie insbesondere die Dimension der kulturellen Gewalt hinzuzufügen bzw. deren Bedeutung stärker zu betonen.

Interpersonale Gewalt

Personale Gewalt meint „die beabsichtigte physische und/oder psychische Schädigung einer Person, von Lebewesen und Sachen durch eine andere Person" (Kunczik, 1998, S. 13; vgl. Scheithauer, 2003). Der Begriff der interpersonalen Gewalt bezieht sich noch spezifischer auf das gewalttätige Verhalten einer oder mehrerer Personen gegenüber einer/mehrerer anderer Personen. Interpersonale Gewalt wird beispielsweise nach Kruttschnitt (1994) durch drei Elemente gekennzeichnet:

- Verhaltensweisen einer oder mehrerer Personen, die zu einer körperlichen Schädigung führen, diese androhen oder versuchen. Die Gewalttat an sich muss demnach nicht tatsächlich ausgeführt werden oder erfolgreich sein.
- Intention körperlicher Schädigung (ausgeschlossen wird somit Fahrlässigkeit und Rücksichtslosigkeit).
- Vorhandensein einer oder mehrerer Personen (Opfer), gegen die sich die Verhaltensweisen richten (Scheithauer, 2003).

Herbert Scheithauer/Charlotte Rosenbach/Kay Niebank: Gelingensbedingungen für die Prävention von interpersonaler Gewalt im Kindes- und Jugendalter. Stiftung Deutsches Forum für Kriminalprävention. Bonn 2008, S. 7.

Formen von Gewalt

- **Sexuelle Gewalt**

  Die Schädigung und Verletzung eines anderen durch erzwungene intime Körperkontakte oder andere sexuelle Handlungen (z.B. Vergewaltigung, Kindersex, Kinderprostitution).

- **Frauenfeindliche Gewalt**

  Tritt in Form von physischer, psychischer, verbaler oder sexueller Gewaltausübung auf. Frauen werden dabei als Individuum oder Gruppe diskriminiert und verletzt, z.B. durch die Vergewaltigung von Frauen im Krieg und/oder im Zivilleben; durch die Darstellung von Frauen in Medien als Lustobjekte.

- **Fremdenfeindliche Gewalt**

  Wird als physische, psychische und verbale Aktion ausgeübt und dient der Schädigung und Verletzung eines anderen Menschen (oder einer Menschengruppe) aufgrund der ethnischen Zugehörigkeit.

- **Gewalt gegen Kinder**

  Physische oder psychische Gewalt durch Eltern oder Erziehungspersonen gegen Kinder. Kinder sind weltweit gesehen die Gruppe, die am stärksten unter physischer Gewalt (häuslicher Gewalt aber auch Kriegsgewalt) leidet.

Kulturell legitimierte Gewalt

Willentliche Gewaltausübung und Gewalterfahrung sind in unserer Kultur überall präsent, etwa im Sport (Boxen, Ringen, Fechten), insbesondere bei sexuellen Sado-Maso-Praktiken oder in Selbstverstümmelungen wie beim Piercing. Die Kultur der Massenmedien schließlich trieft vor nicht-instrumenteller Gewalt. (...) Die Popularkultur heroisiert den gewaltsamen Täter. So sehr sie offiziell für Gewaltfreiheit eintritt, so sehr dementiert sie dies in ihren Bilder- und Tonwelten, die allabendlich in die Wohnstuben flimmern. Diese Gewalt dient keinem Zweck, der außerhalb von ihr läge. Ihre Devise ist vielmehr das reine intensive Erlebnis nach der Devise „It's better to burn out than to fade away" (Neil Young).
Die in sozialer Hinsicht „sinnlose" Gewalt kann somit einen subjektiven Sinn in der Erlebnissteigerung und der Intensivierung von Selbsterfahrung besitzen.
Darüber hinaus gibt es aber auch Formen von Gewalt, die einen direkten instrumentellen Sinn haben und daher gewöhnlich sozial hoch bewertet werden. Dies gilt in erster Linie für die kriegerische Gewalt und zwar dann, wenn sie legitim und erfolgreich ausgeübt wird.
(...) Die Gesellschaften können der Gewalt nicht entkommen, sie können nur versuchen, ihr eine kulturell erträgliche Form zu geben.
Rolf Peter Sieferle: Vorwort. In: Ders./Helga Breuninger (Hrsg.): Kulturen der Gewalt. Frankfurt/M. 1998, S. 25 f., Auszüge.

Grundwissen

Sechs Thematisierungsfallen

1. **Die Umdeutungsfalle**
   Gewalt wird personalisiert, pathologisiert oder biologisiert.

2. **Die Skandalisierungsfalle**
   Spektakuläres Gewaltvokabular dient der öffentlichen Aufmerksamkeit.

3. **Die Inflationsfalle**
   Die Gewaltdiskussion wird derart ausgedehnt, dass der Eindruck allgegenwärtiger Gewalt entsteht.

4. **Die Moralisierungsfalle**
   Betroffenheitsrhetorik unterscheidet klar zwischen Gut und Böse und folgt einem einfachen „Täter-Opfer-Schema".

5. **Die Normalitätsfalle**
   Die Gewalt bestimmter Gruppen wird als natürlich begriffen und verharmlost.

6. **Die Reduktionsfalle**
   Die vielschichtigen Gewaltphänomene werden durch einfache Erklärungen oder als Persönlichkeitsmerkmal beschrieben.

Wilhelm Heitmeyer/ John Hagan (Hrsg.): Internationales Handbuch der Gewaltforschung. Wiebaden 2002, S. 21.

Grundwissen

• **Jugendgewalt**
  Meint die von Jugendlichen ausgeübte Gewalt. Dem Phänomen der Jugendgewalt wird in der Öffentlichkeit und den Medien die größte Aufmerksamkeit gewidmet.

• **Gewalt in Medien**
  Meint die exzessive Gewaltdarstellung in den Medien (TV, Video, Computerspiele). Diskutiert werden hier (in der Öffentlichkeit aber auch in den Fachwissenschaften oft unter jugendschützerischen Aspekten) die Gefahren, die für die Entwicklung von Kindern und Jugendlichen mit dem ungezügelten Konsum von Medien verbunden sind.

Probleme und Fragen

Trotz aller Differenzierungen bleiben offene Fragen:

• Wo sollen die Grenzen der Gewaltdefinition gezogen werden?
• Wo fängt Gewalt an und wo hört sie auf? Was stabilisiert sie und was provoziert sie?
• Wie ist das Verhältnis von Gewalthandlung und Gewaltakzeptanz zu bestimmen? Wie ist die Duldung, Billigung, Propagierung und Stimulanz von Gewalt zu bewerten?
• Setzt Gewalt ein aktives Tun voraus oder kann auch eine unterlassene Handlung Gewalt darstellen?
• Wenn das Gewaltverständnis keineswegs wertfrei ist, wie und zu welchem Zweck finden dann Instrumentalisierungen statt?
• Ist die Androhung von Gewalt bereits eine Form von Gewalt?
• Darf man Gewalt androhen, um „schlimmere" Gewalt zu vermeiden?
• (Wie) lässt sich Gewalt legitimieren oder ist sie immer (moralisch) verwerflich?
• Wie wirkt sich das Vorhandensein verschiedener Gewaltbegriffe bei verschiedenen Bevölkerungsteilen und verschiedenen Altersgruppen (z.B. Erwachsene, Kinder und Jugendliche) aus?
• Wie lässt sich erkennen, von welchem Gewaltverständnis, warum und mit welchen Konsequenzen ausgegangen wird?
• Welche psychischen, sozialen und gesellschaftlichen Funktionen erfüllt Gewalt?
• Wenn Gewalt als Sprache und Kommunikationsmittel verstanden wird, wie können dann ihre Botschaften entschlüsselt werden?
• Wie ist das Verhältnis von individueller, kollektiver und staatlicher Gewalt?

Fazit

Der Gewaltbegriff ist nicht eindeutig und einfach fassbar. Definitionen von Gewalt sind immer auch interessengeleitet. Gewalt ist in dreifacher Weise kontextgebunden: historisch, geografisch und kulturell. Was an einem Ort und zu einer bestimmten Zeit als Gewalt bezeichnet und erlebt wird, gilt (wissenschaftlich betrachtet) nicht unbedingt für andere Zeiten und andere Orte. Gewalt ist kein einheitliches, singuläres Phänomen, sondern nur in der Vielfalt seiner Formen zu begreifen.

Dennoch benötigt Gewaltprävention einen Gewaltbegriff, der ein umfassendes Verständnis von Gewalt ermöglicht und die vielfältigen Formen und Ebenen von Gewalt einschließt. Der Rückgriff auf und die Aktzeptanz eines gemeinsamen Verständnisses von Gewalt erscheint für Gewaltprävention, die gesamtgesellschaftlich und international kooperieren und sich vernetzen will, unabdingbar. Die Konsequenz einer mangelnden Verständigung über den Bedeutungsgehalt von Gewalt ist, dass keine gemeinsamen Strategien gegen Gewalt entwickelt werden können, da bereits die Grundlage, nämlich eine detaillierte Datenerhebung über Gewaltvorkommen nicht möglich ist bzw. vorhandene Daten nicht verglichen werden können. Dies gilt auch für den Schulbereich und andere Organisationen.

Bestimmung einer gewalttätigen Interaktion

1. Wer übt Gewalt aus?
   (Frage nach dem/den Täter/n)
2. Was geschieht, wenn Gewalt ausgeübt wird?
   (Frage nach den Tatbeständen und den Abläufen)
3. Wie wird Gewalt ausgeübt?
   (Frage nach Art und Weise und den eingesetzten Mitteln, z.B. Waffen)
4. Wem gilt die Gewalt?
   (Frage nach den Objekten einer Gewalthandlung, den Opfern)
5. Warum wird Gewalt ausgeübt?
   (Frage nach den allgemeinen Ursachen und konkreten Gründen)
6. Wozu wird Gewalt ausgeübt?
   (Frage nach Zielen, Absichten, Zwecken und möglichen Motiven)
7. Weshalb wird Gewalt ausgeübt?
   (Frage nach den Rechtfertigungsmustern und Legitimationsstrategien)

Peter Imbusch: Der Gewaltbegriff. In: Wilhelm Heitmeyer/John Hagan (Hrsg.): Internationales Handbuch der Gewaltforschung. Wiesbaden 2002, S. 34 ff.

Sinnlose Gewalt **Grundwissen**

Wenn es nicht um pragmatische Interessen geht, zu deren Verfolgung Gewalt instrumentell eingesetzt wird, kann Gewaltausübung als lustbesetztes Streben nach Dominanz und Selbstaufwertung seitens des Täters verstanden werden. Diese Interaktion beruht vollständig darauf, dass das Opfer Schmerz und Angst empfindet und erniedrigt wird. Dieser Typus der nicht-instrumentellen Gewalt ist daher ein reines Nullsummenspiel: Die Lust des Täters steigt mit dem Schmerz des Opfers. Der Gewalttäter erfährt ein elementares Stück sozialer Anerkennung in der Erniedrigung seines Gegenüber. Hier wird die Gewalt zum Selbstzweck: Ihr Ziel liegt nicht in der Erreichung eines Zwecks, wozu Hindernisse und Widerstände ausgeräumt werden sollen, sondern in der Zufügung von Schmerz als solchem. Dies ist die reine und damit vollständig böse Gewalt. Der in sozialer Hinsicht „sinnlosen" Gewalt kann ein subjektiver Sinn zuwachsen, der nicht auf Verallgemeinerungsfähigkeit zielt.

Rolf Peter Sieferle: Einleitung. In: Rolf Peter Sieferle/Helga Breuninger (Hrsg.): Kulturen der Gewalt. Frankfurt/M. 1998, S. 24.

Gewalt in Familien verhindern

Wir sollten uns energischer der Nachtseite unserer Gesellschaft zuwenden und dabei offener die Dinge beim Namen nennen. Auch die vorgeschobenen Begründungen dafür, dass vieles von dieser Gewalt leider unentbehrlich sei, sollten wir häufiger hinterfragen. Aus der Forschung wissen wir, dass „erlebte Gewalttätigkeit durch andere" der wesentliche Faktor dafür ist, später selbst Gewalt anzuwenden. Gewalttätigkeit in Familien wird gleichsam vererbt, Gewalt züchtet Gewalt. Kinder müssten besser als gegenwärtig davor geschützt werden, dass Eltern mit ihrem eigenen Leben nicht zurechtkommen und aus der Ohnmacht und Enttäuschung über ihr Versagen ihre Aggressionen gegen ihre Kinder wenden. Wenn wir aber Gewalt in der Familie vermindern wollen, dann ist das ein langwieriger Prozess, bei dem Gewalt vermutlich von Generation zu Generation um wenige Prozentpunkte vermindert wird.

Manfred Sader: Destruktive Gewalt. Möglichkeiten und Grenzen ihrer Verminderung. Weinheim und Basel 2007, S. 91.

Zusammenhänge erkennen

Nicht nur sozialpsychologische Forschung weist auf eine Reihe von direkten Zusammenhängen hin, die das Auftreten von Gewalt wahrscheinlicher machen und die deshalb auch für die Prävention von großer Bedeutung sind.

Aggression und Strafe

Körperstrafen (körperliche Züchtigung/Corporal Punishment) als erlebte Gewalt durch enge Bezugspersonen zerstören nicht nur das Vertrauen zwischen Eltern/Erzieher und Kindern, sondern stehen in einem engem Zusammenhang zur späteren eigenen Gewaltanwendung. Auch wenn kein Automatismus zwischen selbst erlebter und ausgeübter Gewalt besteht, so zeigt sich doch immer wieder: wer Gewalt erfährt, neigt eher dazu, selbst Gewalt auszuüben (Bundesministerium für Jugend 2004; Bayer/Pfeiffer 2009).

Eine Studie des Kriminologischen Forschungsinstituts Niedersachsen formuliert den Zusammenhang so: „Die Neigung zu Feindseligkeitszuschreibungen der Jugendlichen steigt systematisch mit der Häufigkeit und Intensität elterlicher Gewalt in der Kindheit. Je häufiger bzw. intensiver die Befragten in ihrer Kindheit der Gewalt seitens ihrer Eltern ausgesetzt waren, desto positiver bewerten sie selbst die Anwendung von Gewalt. Die Konfliktkompetenz Jugendlicher ist um so niedriger, je stärker ausgeprägt elterliche Gewalterfahrungen in der Kindheit waren" (Pfeiffer/Wetzels 1999, S. 28).

Aggression und Geschlecht

„Gewalt ist männlich" und „Männer sind aggressiver als Frauen." Bei allen körperlichen Formen aggressiven Verhaltens sind Männer eindeutig als Täter erheblich öfter beteiligt. Frauen nehmen bei Gewaltakten eher (wenn auch nicht ausschließlich) die Opferrolle ein. Doch dies ist noch kein Beleg dafür, dass Männer tatsächlich aggressiver sind. Denn ebenso gut ist es möglich, dass Frauen nur andere, subtilere Formen anwenden oder ihre Aggressionshandlungen weniger nach außen als vielmehr gegen sich selbst gerichtet sind.

Trotz dieses Einwandes ist heute unter Entwicklungspsychologen nicht die These strittig, dass es Geschlechtsunterschiede im aggressiven Verhalten gibt, sondern die, wodurch diese zustande kommen. Verschiedene Autoren nehmen biologisch festgelegte Unterschiede an, da Männer in allen Kulturen aggressiver als Frauen seien. Andere Autoren bringen diese Unterschiede in Verbindung mit geschlechtsrollenspezifischen Erwartungen und Sozialisationseinflüssen. Von

Jungen werden aggressive Handlungen erwartet und sogar belohnt, während zum Rollenverständnis der Mädchen eher Hilfsbereitschaft und Sanftmut gehören.

Eine weitere Erklärungsebene darf nicht unberücksichtigt bleiben: Frauen kämpfen nicht selbst, sie lassen kämpfen. Sie projizieren eigene Aggressions- und Gewaltbedürfnisse auf Männer (den Ehemann, den Freund), die dann für sie stellvertretend handeln. Frauen unterstützen dabei häufig die Handelnden, feuern sie an, legitimieren ihr Tun. Als „Gegenleistung" erhalten diese Anerkennung und Bewunderung. Frauen sind dann die Trösterinnen und Helferinnen (vgl. Gugel 2006).

Aggression und Gruppen

Die Zugehörigkeit zu bestimmten Gruppen, die Gewalt akzeptieren, und das damit verbundene Bemühen, den Normen der Gruppe Geltung zu verschaffen, um sich so die Anerkennung der anderen Mitglieder zu erwerben, können vor allem für Kinder und Jugendliche problematisch sein und schwerwiegende Folgen nach sich ziehen. Erkenntnisse der Kleingruppenforschung zeigen, dass bereits jede „normale" Gruppe in sich eine Dynamik hat, die für die einzelnen Mitglieder nur schwer (oder kaum) steuerbar und korrigierbar ist. Insbesondere drei Mechanismen, die in allen Kleingruppen feststellbar sind, wirken dabei zusammen (vgl. Bierbrauer 1996):

Gewalt gegen Frauen
Rund 40 Prozent aller Frauen über 16 Jahre sind in Deutschland schon einmal Opfer von körperlicher oder sexueller Gewalt geworden. Behinderte, ältere und pflegebedürftige Frauen sowie Kinder sind in noch stärkerem Maß betroffen. In einer Beziehung wurde rund jede vierte erwachsene Frau in Deutschland mindestens einmal körperlich oder sexuell misshandelt.
Körperliche oder sexuelle Gewalt gegen Frauen führt in vielen Fällen zu psychischen Leiden wie Depressionen oder Panikattacken. Verletzungen als Folge von Gewalt gehören in Notaufnahmen und Arztpraxen zum Alltag.
Vgl. Robert Koch-Institut (Hrsg.): Gesundheitsberichterstattung des Bundes, Heft 42: Gesundheitliche Folgen von Gewalt unter besonderer Berücksichtigung von häuslicher Gewalt gegen Frauen. Berlin 2008.

Individuelle Aggression	Kollektive Aggression
• einzelne Person als Aggressor	• mehrere kooperierende Personen als Aggressoren
• meist gegen einzelne Person gerichtet	• meist gegen anderes Kollektiv gerichtet, zuweilen gegen Einzelne
• Aggressor und Opfer kennen einander in der Regel	• Aggressor und Opfer kennen einander häufig nicht, bleiben auch oft anonym
• Aggression ist eigenmotiviert (aktiv oder reaktiv)	• Aggression ist bei vielen Beteiligten „fremd motiviert" (Befehl, Vorbild, Belohnung usw.)
• häufig Hemmungen durch Angst vor Strafe und persönliche Einstellung	• Hemmungen oft vermindert durch Anonymität, Verantwortungsverteilung, Gruppenideologie, Propaganda
• selbständige Entscheidung, Ausführung der „Gesamthandlung"	• Entscheidungen oft über Befehlsstrukturen, geteilte oder diffuse Verantwortung, Arbeitsteilung
• Lernen in „normaler" Sozialisation	• bei organisierten Kollektiven vielfach systematische Schulung für Gewaltausübung

Hans-Peter Nolting: Aggression ist nicht gleich Aggression. In: Der Bürger im Staat, (43) 2/1993, S. 91-95.

Erstens tendiert jede Gruppe dazu, abweichende Meinungen und Haltungen möglichst gering zu halten. Extreme Abweichungen werden, wenn sie sich nicht in die Gruppe integrieren lassen, ausgestoßen. Dieser Mechanismus ist für das Zusammenhalten der Gruppe wesentlich. Er führt jedoch dazu, dass tendenziell alles Fremde und Andersartige aus dem Leben der Gruppe ausgeschlossen bzw. von vornherein abgewehrt wird.

Eine zweite Erkenntnis der Gruppendynamik bezieht sich auf die Bindung der gruppenspezifischen Aggression durch die Aufstellung einer eindeutigen Rangordnung (Hackordnung). In jeder Gruppe gibt es klare Führungspositionen, die Gefolgschaft sowie die Außenseiterrollen (die vom Gruppenclown bis zum Sündenbock reichen). Diese Binnendifferenzierung der Gruppe beinhaltet zweifellos auch ein undemokratisches bzw. repressives Element.

Des Weiteren haben die Ergebnisse der Kleingruppenforschung gezeigt, dass jede Gruppe sich auch in der Abgrenzung zu anderen Gruppen definiert („Wir-" und „Die-Gruppen"). Der gemeinsame Gegner, den es zu bekämpfen gilt und gegen den alle Gruppenmitglieder zusammenhalten, hat für den Gruppenbestand und den Gruppenzusammenhalt eine zentrale Funktion. Dieser „Gegner" kann in Herausforderungen der äußeren Natur bestehen; aber je nach der historischen und geographischen Situation können natürlich auch Menschen bzw. andere Gruppen als Feinde markiert werden.

„Zu diesen drei Gesetzen der Aggressionslenkung in Gruppen tritt als ein allgemein verstärkendes Prinzip noch die Erkenntnis hinzu, dass ihre innere Psychodynamik um so krasser und ungehemmter wirken muss, je stärker die Gruppe sich von innen oder außen bedroht fühlt, je größer also der Faktor der Angst ist. Unter dem Druck der Angst wird die Gruppe den Kampf gegen die gemeinsame Gefahr, gegen den Gegner, in den Mittelpunkt ihres Interesses rücken; umso mehr wird sie sich daher um einen starken Führer scharen, umso unerbittlicher wird sie gegen die zersetzende Energie der Abweichler vorgehen und die Omegas (alle, die nicht den Gruppenführer unterstützen, d.V.) unterdrücken, um so energischer wird sie auf die Vernichtung des Gegners drängen" (Drewermann 1991, 60 ff.).

Das eigene Selbstwertgefühl kann in Gruppen durch Identifikation mit ihren Normen stabilisiert werden. Dabei wird gleichzeitig die Angst, alleine nicht bestehen zu können, bzw. keine Sicherheiten und Orientierungspunkte zu haben, kompensiert.

Auf den engen Zusammenhang zwischen der Mitgliedschaft in einer Gewalt akzeptierenden Peergruppe im Jugendalter und eigenen Gewalthandlungen ist in der Forschung immer wieder hingewiesen worden: „Es zeigt sich, dass Jugendgewalt maßgeblich mit davon beeinflusst wird, welche Auffassungen, Einstellung und Normen Gleichaltrige vertreten und was sie tatsächlich tun" (Pfeiffer/ Wetzels, 1999, S. 39).

Nolting (1993, S. 91-95) weist mit Recht auf die gravierenden Unterschiede zwischen individueller und kollektiver Aggression hin: „Individuelle Aggression und die Beteiligung an kollektiver Aggression sind psychologisch nicht gleichzusetzen, weil bei kollektiver Aggression der Einzelne ganz anderen situativen Einflüssen ausgesetzt ist, nämlich dem stimulierenden Verhalten anderer Personen. Diese Einflüsse machen es möglich, dass Menschen Dinge tun, die sie als Einzelne vermutlich niemals tun würden."

Verletzende und schützende Gewalt

Marshall Rosenberg unterscheidet zwischen verletzender und schützender Gewalt. Es kann Situationen geben, in denen der Einsatz von Gewalt geboten ist: Wenn ein Kind über eine stark befahrene Straße laufen will, muss man es u.U. mit Gewalt festhalten, bis der Verkehr die Überquerung gefahrlos erlaubt. Für die innerstaatliche Ebene ist unumstritten, dass das staatliche Gewaltmonopol, sofern es rechtstaatlich kontrolliert wird, aus der Notwendigkeit seine Legitimation bezieht, Leben und körperliche Unversehrtheit der Bürger vor willkürlichen Übergriffen zu schützen.

Viel schwieriger ist die ethische Abwägung zwischen notwendiger und illegitimer Gewalt, wenn es um eine akute Bedrohung für Leib und Leben großer Bevölkerungsgruppen geht.

Reiner Steinweg: Gewalt und Gewaltfreiheit in der Friedenspädagogik. In: Renate Grasse/Bettina Gruber/Günther Gugel (Hrsg.): Friedenspädagogik. Reinbek 2008, S. 109.

Aggression und Gehorsam

Die Erfahrungen im Hitler-Faschismus haben gezeigt, dass aggressive und gewalttätige Handlungen wesentlich auch auf einer individuellen Gehorsamsbereitschaft basieren.

Seit Mitte der 1950er Jahre werden die Bedingungen von „Autoritätsgehorsam" systematisch untersucht. Am bekanntesten sind dabei die Experimente von Stanley Milgram (1982). In diesen Experimenten wird die Autorität durch einen Versuchsleiter eines psychologischen Experiments dargestellt, welcher der Versuchsperson den Auftrag gibt, dem Opfer eine Prüfung abzunehmen und ihm dabei bei falschen Antworten Elektroschocks zu verabreichen. Der Versuchsperson wird mitgeteilt der Auftrag sei wissenschaftlich legitimiert, der Forscher wolle wissen, ob Strafe – in Form von Elektroschocks – Lernerfolge verbessere. Wenn die Versuchsperson bereit ist, 30 Schocks ansteigend von 15 bis 450 Volt auszuteilen, wird sie von Milgram als gehorsam qualifiziert. Dabei muss man wissen, dass Elektroschocks ab ca. 120 Volt tödlich sind. In Milgrams Experimenten (1963) erwiesen sich 65 % der Teilnehmerinnen und Teilnehmer als gehorsam. Versuche vom Typ „Autoritätsgehorsam" wurden von Milgram, aber auch von zahlreichen anderen Forscherinnen und Forschern seither in verschiedenen Ländern und unterschiedlichen Zeiträumen öfter wiederholt und auch variiert, wobei die Ergebnisse relativ konstant blieben und auch praktisch keine Unterschiede zwischen Männern und Frauen auftraten. Ein hoher Prozentsatz der Versuchspersonen (zwischen 60 und 70 Prozent) ist bereit, auf die Aufforderung von Autoritätspersonen hin, andere massiv zu schädigen (vgl. Meeus/Raaljmakers 1989). Die Forscher folgern daraus, dass der Prozentsatz gehorsamer Versuchspersonen offensichtlich eine kulturübergreifende konstante Gegebenheit ist.

Hinzu kommt, dass die Versuchspersonen die Verantwortung für ihr Handeln dem Versuchsleiter zuschrieben und bei sich selbst keine Verantwortung sahen. Aber auch etwas anderes zeigte sich, dass nämlich eine Reihe von Versuchspersonen weit über den Gehorsam hinausgingen und aus eigener Initiative innerhalb des Rahmens Gewalt anwandten.

Die Erfahrungen (gerade auch in Kriegssituationen) verdeutlichen, dass unter bestimmten Umständen und Rahmenbedingungen jeder Mensch offensichtlich zu Gewaltanwendungen fähig ist und diese auch praktiziert (vgl. Zimbardo 2008, Welzer 2005).

Aggression und Medien

Medien lassen den Zuschauer nicht gänzlich unbeeinflusst. Dennoch kann nicht von einer direkten Gewaltübernahme nach dem Medienkonsum ausgegangen werden. Ein kausaler Zusammenhang zwischen Gewaltkonsum und Gewalthandeln wird heute in der Medienwirkungsforschung nicht gesehen. Die einzige Ausnahme: Berichterstattung über Suizide hat offensichtlich als Auslöser weitere Suizide zur Folge (Brinkmann 2005, S. 64 ff.). Die Gewaltkommission der Bundesregierung kommt zu folgender Einschätzung: „Da Gewaltdarstellungen nur bei wenigen Beobachtern eine direkte Gewalt auslösende Wirkung haben, sind Nachahmungstaten oft ohnehin gewaltorientierter Menschen wohl nicht das eigentliche Problem der Gewalt in den Medien" (Schwind 1990, S. 96).

In der Medienwirkungsforschung werden nicht die kurzfristigen und direkten, d.h. linearen Folgen des Konsums von gewalthaltigen Medieninhalten (im fiktionalen und non-fiktionalen Bereich von Bildschirmmedien) hervorgehoben, sondern die verstärkende Wirkung, wenn extensiver Konsum von Gewaltmedien auf entsprechend vorhandene Einflüsse (Elternhaus, Peers, Schule) trifft. Dabei müssen starke Differenzierungen in Bezug auf Geschlecht, Lebensalter und Medieninhalte vorgenommen werden. Ekelerregende Darstellungen von Horrorfilmen können z.B. bei kleinen Kindern schockähnliche Reaktionen bis zu psychischen Traumatisierungen auslösen.

Für das Erlernen von Gewalt gilt, so Kunczik, „dass zunächst die unmittelbare familiäre Umwelt sowie die Subkultur bzw. die Gesellschaft, in der man lebt, die Quellen sind, aus denen aggressives Verhalten erlernt wird. Erst an dritter Stelle treten die massenmedial angebotenen aggressiven Modelle hinzu. Es scheint so zu sein, dass Gewaltdarstellungen auf die Mehrheit der Betrachter keine oder nur schwache Effekte haben, aber bei bestimmten Problemgruppen womöglich starke Wirkungen zeigen" (Kunczik/Zipfel 2002, S. 8). Uneins sind sich die Medienwirkungsforscher, ob gewaltbelastete Kinder und Jugendliche vermehrt Gewaltdarstellungen in Medien konsumieren, oder ob der Gewaltkonsum zu einer erhöhten Aggressionsbereitschaft beiträgt.

Einer besonderen Betrachtung bedarf die Berichterstattung über Gewalt(taten). Es hat sich gezeigt, dass u.a. allein die Anwesenheit von Fernsehjournalisten Menschen dazu bewegen kann, sich durch außergewöhnliche Aktionen (z.B. Gewalt) in Szene zu setzen (Kunczik/Zipfel 2002), oder dass die Berichterstattung über fremdenfeindliche Gewaltakte (zumindest in Deutschland) weitere Straftaten stimuliert hat (Brosius/Esser 1995).

Grundwissen

Gewalt und Alkohol

Untersuchungen zeigen, dass bei Jungen ein Viertel bis die Hälfte der Gewaltakte (verbale Gewalt, körperliche Auseinandersetzungen) in Zusammenhang mit Alkoholkonsum stehen. Bei Mädchen ist der Anteil sogar noch höher. Eine mögliche Erklärung hierfür könnte sein, dass bei Mädchen die Gewaltschwelle generell höher liegt und durch Alkoholkonsum herabgesetzt wird (Kuntsche 2007). Es existiert jedoch kein monokausaler Zusammenhang zwischen Alkohol und Gewalt, sondern es sind gegenseitige Bedingtheiten festzustellen. Kinder und Jugendliche, die selbst familiäre Gewalt erleiden müssen, sind verstärkt anfällig für Alkohol. Alkoholkonsum setzt innerpsychische Kontrollschranken herab und verändert auch kognitive Funktionen, was den Rückgriff auf Gewalt als Handlungsoption erleichtert.

Gewalt und Konflikt

Konflikte können sich, wenn sie unzureichend bearbeitet werden, zuspitzen und in eine Eskalationsdynamik geraten bis hin zur Anwendung physischer und psychischer Gewalt. Diese wird dann von den Konfliktparteien als akzeptables und effektives Mittel gesehen, um den Konflikt weiter auszutragen (Glasl 2004). Hinzu kommt, dass bei zunehmender Eskalation überschäumende Emotionen (Wut, Hass, Rache) rationale Lösungen verhindern und den Rückgriff auf Gewalt erleichtern.

Konstruktive Konfliktbearbeitung stellt deshalb eine äußerst effektive Form von Gewaltprävention für all jene Gewaltarten dar, die im Kontext von Konflikten ausgeübt werden.

Macht

Gewalt ist, wenn ein fremder Wille, eine Handlung einer Person oder Personengruppe aufgezwungen wird, unabhängig ihres Zugeständnisses. Gewalt benutzt immer Macht, um die Position, Handlung oder Veränderung einer Situation zu vertreten oder durchzusetzen. Gewalt beeinflusst immer das Leben und die Situation der betroffenen Menschen ohne dass diese an einer Entscheidung mitwirken können.

Horst Kraemer: Das Trauma der Gewalt. München 2003, S. 18.

Gewalt und Macht

Gewalt ist immer auch ein Mittel zur Macht- und Herrschafts-
sicherung und -ausübung. In Gewaltsituationen findet (situativ
oder prinzipiell) Machtausübung statt. Wer über Macht verfügt,
kann auch (legitim oder illegitim) Gewalt ausüben. Ohnmacht kann
(wenigstens für einen kurzen Moment) durch Gewalthandlungen
überwunden werden. Deshalb muss z.B. die Staatsgewalt (das staatliche Gewaltmonopol) durch Rechtsstaatlichkeit demokratisch kontrolliert und begrenzt werden. Im schulischen Kontext verfügen die
Lehrkräfte über mehr Macht als die Schülerinnen und Schüler.

Situative Faktoren

Spezifische situative Faktoren können das Auftreten von Gewalt
begünstigen oder gar provozieren. Hierzu gehört der Einfluss von
Alkohol und Drogen, die Verfügbarkeit von Waffen, die Einschätzung
der Situation als ausweglos, Zuschauer, die auf Gewaltanwendung
hoffen oder gar dazu drängen, eskalierende nonverbale und verbale
Ausdrucksformen, mangelnde Verfügbarkeit von deeskalierenden
Strategien usw.
Die Bedeutung solcher situativer Faktoren wurde lange Zeit unter-
schätzt. Sie weisen jedoch darauf hin, dass sich aggressives und
gewalttätiges Verhalten unabhängig von persönlichen Verhaltens-
eigenschaften aus der Konstellation spezifischer Situationen heraus
entwickeln kann.

Umsetzung

Für die Praxis der Gewaltprävention ist es jenseits aller wissenschaftlichen Debatten zunächst sinnvoll und auch gut begründet davon auszugehen, dass

- Aggression und Gewalt nicht (ausschließlich) biologisch determiniert sind, sondern wesentlich ein soziales und kulturelles Phänomen darstellen;
- Gewalt häufig im Kontext einer sich zuspitzenden Konfliktdynamik angewendet wird;
- dass Gewalt vielfältige Formen umfasst und nicht alle dieser Formen tabuisiert sind;
- Kinder und Jugendliche oft ein anderes Gewaltverständnis haben als Erwachsene.

Lehrkräfte, Eltern sowie Schülerinnen und Schüler sollten zunächst ihr eigenes Verständnis von Gewalt sowie ihr eigenes Verhältnis zur Gewaltanwendung klären. Dabei geht es auch darum, zu erkennen, an welcher Stelle sie selbst anfällig für solche Verhaltensweisen sind. Dieses Verständnis sollte zur Schärfung mit wissenschaftlichen Definitionen konfrontiert werden (M6, M7).

1. Erkennen und Sensibilisieren (M1-M7)
Anhand der Materialien M1-M7 soll ein differenziertes Verständnis von Gewalt entwickelt werden. Wichtige Schritte hierzu sind:
- Erkennen anhand von zu entwickelnden klaren Indikatoren, was Gewalt ist und wo Gewalt vorkommt (M1-M3).
- Erkennen der Vielfalt der Formen und Einflussfaktoren auf Gewalt (M4, M5).
- Sensibilisierung für die verschiedenen Formen von Gewalt, deren Duldung, Unterstützung und Rechtfertigung (M6-M7).

Bei der Bearbeitung dieser Materialien sollten unterschiedliche Sozialformen (Einzelarbeit, Partnerarbeit, Kleingruppen, Klasse) variiert werden.

2. Erfahrungen mit Gewalt (M8-M10)
Schülerinnen und Schüler (und natürlich ebenso die Lehrkräfte und Eltern) verfügen sowohl als Opfer als auch als Täter über vielfältige eigene Erfahrungen. Anhand von M8-M10 können eigene Erfahrungen mit Gewalt thematisiert werden. Dabei geht es zunächst um Verhaltensweisen im Nahbereich.

3. Die Attraktivität von Gewalt (M11-M14)
Gewalt übt auf viele eine eigenartige Faszination aus. M11 thematisiert was Gewalt für viele immer wieder so attraktiv macht.

In der Werbung sind Gewaltmotive allgegenwärtig. Warum werden diese Gestaltungsmotive verwendet und welche impliziten Botschaften werden damit vermittelt? (M12). Untersuchungen aus der Gewaltforschung (M13, M14) zeigen, welche Barrieren bei der Gewaltanwendung überwunden werden müssen.

4. Der Gewalt entkommen (M15, M16)

Anhand von M16 kann beispielhaft bearbeitet werden, was Menschen zu gewalttätigem Handeln (hier am Beispiel eines gesellschaftlichen und politischen Konfliktes) bringt und was sie motiviert, der Gewalt abzuschwören. In Kleingruppen wird bearbeitet, was Joe Doherty und Peter McGuire veranlasste, sich dem bewaffneten Kampf anzuschließen, sowie, was dazu geführt hat, dass sie heute sagen: „Das war der falsche Weg". Als weitere Fragestellung wird besprochen, welche Erfahrungen und Überzeugungen Menschen veranlasst, Gewalt anzuwenden (vgl. M15).

5. Folgen und Kosten von Gewalt (M17, M18)

Gewalt verursacht vielerlei Kosten und hat für die Betroffenen oft verheerende Folgen. In Kleingruppen werden die Begriffe von M17 der Matrix zugeordnet. Weitere Begriffe (Kosten) sollen gefunden werden. Die gesundheitlichen Folgen werden dann mit Hilfe der Grafik von M18 am Beispiel von Gewalt gegen Frauen und Mädchen vertiefend bearbeitet.

Der Themenbereich „Gewalt an Schulen" wird in Kap. 2.2 ausführlich dargestellt.

Ergänzende Bausteine

2.2 Gewalt an Schulen
2.4 Jugendgewalt
3.8 Medien
4.4 Rechtsextremismus

M1 Gewalt ist für mich ...

1. Gewalt ist für mich, wenn ...

5. Gewalt hat viele Gesichter, nämlich ...

2. Gewalt erkenne ich daran, dass ...

6. Gewalt bedeutet für das Opfer, dass ...

3. Menschen wenden Gewalt an, weil ...

7. Gewalt bedeutet für den Täter, dass ...

4. Menschen werden Opfer von Gewalt, weil ...

8. Mein Symbol für Gewalt ist:

M2 Gewalt – keine Gewalt?

Ordne die unten stehenden Aussagen den beiden Begriffen „Gewalt" – „Keine Gewalt" zu. Unterstreiche „Gewalt" orange, „Keine Gewalt" mit grün.

- Gegenstände zerstören
- Mangelndes Rechtsbewusstsein
- Nägelbeißen
- Wände beschmieren
- Türe zuknallen
- Einschüchtern
- Liebesentzug
- Kettenrauchen
- Bloßstellen
- Ignorieren
- „Du Wichser" sagen
- Boxen, treten
- Lächerlich machen
- Hunger
- Beschimpfen
- Gefühle verletzen
- Kein sauberes Trinkwasser haben
- Stehlen
- Bedrohen
- Sich keinen Internetzugang leisten können
- Anschreien
- Meinung nicht sagen dürfen
- Klaps geben
- Aussperren/Einsperren
- Fernsehverbot
- Strafarbeit
- Tierversuche
- Vor die Türe stellen
- Hausaufgaben „vergessen"
- Ohrfeige geben
- Unterernährung
- Obdachlos sein
- Lautes Schreien
- Essstörung
- Sexuelle Übergriffe
- Schulverweigerung
- Unterschrift fälschen

- Soziale Ausgrenzung
- Beengter Wohnraum
- Keinen Reisepass erhalten
- Schlagen
- Verletzen
- In die Enge treiben
- Kein Geld für Schulausflug haben

- Nach welchen Kriterien hast du die Aussagen zugeordnet?
- Welche anderen Begriffe statt Gewalt könnten zur Einordnung verwendet werden?
- Auf welchen Ebenen (individuell, Gesellschaft, Staat) sind die verschiedenen Phänomene angesiedelt?
- Welche Probleme sind mit der Einordnung verbunden?
- Unterstreiche fünf Aussagen mit rot, die für dich Gewalt klar kennzeichnen.

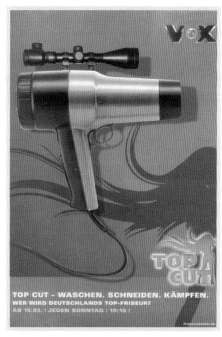

TOP CUT - WASCHEN. SCHNEIDEN. KÄMPFEN.
WER WIRD DEUTSCHLANDS TOP-FRISEUR?
AB 15.03. | JEDEN SONNTAG | 19:15 |

- Zeigt die Werbeanzeige „Gewalt"?

M3 Was verstehst du unter Gewalt? – 1

	ist Gewalt	ist keine Gewalt
Jemanden mit einer Waffe oder einem waffenähnlichen Gegenstand töten oder verletzen		
Jemandem mit körpereigenen Mitteln Schmerzen zufügen		
Jemanden zu sexuellen Handlungen zwingen		
Jemandem sein Eigentum wegzunehmen		
Jemandem die Existenzgrundlage entziehen, z.B. den Arbeitsplatz wegnehmen		
Gefühle anderer Menschen verletzen oder missbrauchen		
Jemanden mit Worten, Gesten oder Gebärden beschimpfen oder beleidigen		
Jemanden durch Lärmen, Gestikulieren o.ä. belästigen oder behindern		
Beziehungen zwischen Menschen, z.B. Freundschaften, Partnerschaften oder Gruppen auseinanderbringen		

Thomas Claus/Detlev Herter: Jugend und Gewalt. Ergebnisse einer empirischen Untersuchung an Magdeburger Schulen. In: Aus Politik und Zeitgeschichte. Beilage zur Wochenzeitung Das Parlament, 23.9.1994, S. 10-20, S. 11.

M3 Was verstehst du unter Gewalt? – 2

	ist Gewalt		ist keine Gewalt
Jemanden mit einer Waffe oder einem waffenähnlichen Gegenstand töten oder verletzen	98,3		1,7
Jemandem mit körpereigenen Mitteln Schmerzen zufügen	97,9		2,1
Jemanden zu sexuellen Handlungen zwingen	97,4		2,6
Jemandem sein Eigentum wegzunehmen	54,7		45,3
Jemandem die Existenzgrundlage entziehen, z.B. den Arbeitsplatz wegnehmen	41,1		58,9
Gefühle anderer Menschen verletzen oder missbrauchen	40,6		59,4
Jemanden mit Worten, Gesten oder Gebärden beschimpfen oder beleidigen	23,0		77,0
Jemanden durch Lärmen, Gestikulieren o.ä. belästigen oder behindern	22,1		77,9
Beziehungen zwischen Menschen, z.B. Freundschaften, Partnerschaften oder Gruppen auseinanderbringen	20,7		79,3

Angaben in Prozent, nach Rangplätzen geordnet. Repräsentative Studie, in der Jugendliche zwischen 12 und 18 Jahren an 60 Schulen im Herbst 1993 zu Gewalt befragt wurden.

Thomas Claus/Detlev Herter: Jugend und Gewalt. Ergebnisse einer empirischen Untersuchung an Magdeburger Schulen. In: Aus Politik und Zeitgeschichte. Beilage zur Wochenzeitung Das Parlament, 23.9.1994, S. 10-20, S. 11.

- Können folgende Schlüsse aus den Ergebnissen der Befragung gezogen werden?
  - Jugendliche haben einen anderen Gewaltbegriff als Erwachsene.
  - Eigentumsdelikte werden von Jugendlichen weniger mit Gewalt in Verbindung gebracht.
  - Verbale Übergriffe werden von Jugendlichen weniger mit Gewalt assoziiert.
- Was bedeuten die Ergebnisse für Gewaltprävention?

M4 **Was ist Aggression?**

Dieter E. Zimmer hat die Fragen und Antworten zum Problem „Warum ist der Mensch gewalttätig?" in der literarischen Form eines Hearings zusammengestellt. Hier ein Auszug:

V:
Ich verstehe unter Aggression jedenfalls den tätlichen Angriff auf einen anderen Menschen.

Zurufe:
- Wenn ich jemanden mit dem Auto anfahre, ist das auch ein tätlicher Angriff, aber keine Aggression. Zur Aggression gehört, dass sie in voller Absicht geschieht.

- Es gibt auch eine rein verbale Gewalttätigkeit. Wer jemanden anschnauzt, ist sehr wohl aggressiv. Er verletzt seelisch.

- Ich verstehe nicht, wie man überhaupt die Verletzung zum springenden Punkt machen kann. Wer Aggression als körperliche oder seelische Verletzung eines anderen definiert, schließt die instrumentale Aggression aus. Nämlich die Aggression, die man als Werkzeug einsetzt, um einen Vorteil für sich selbst zu gewinnen. Besitz, Ansehen, Macht, was weiß ich. Wahrscheinlich ist die instrumentale Aggression sogar häufiger als die feindselige.

- Ist die Hasenjagd eine aggressive Handlung?

- Ist nicht auch aggressiv, wer gar nichts tut, sondern nur Rachephantasien brütet?

- Ja, gehört zur Aggression nicht immer die Wut? Gibt es auch eine kalte, bloß berechnende Aggression?

- Ist es eine Aggression, einen Angriff zurückzuschlagen?

- Das Wort Aggression kommt doch von ad gredere, an jemanden oder etwas herangehen. Also auch: etwas anpacken, etwas in Angriff nehmen, etwas durchsetzen. Wenn man sie so versteht, geht es gar nicht ohne Aggression. Wer sie abschafft, bringt das Leben zum Stillstand.

- Was ist der schlimmste Fall von Aggression, den wir uns heute vorstellen können, GAU menschlicher Gewalttätigkeit? Nicht wahr, der Atomkrieg. Und nun stellen Sie sich einen Soldaten im Raketensilo vor, der den Schalter umlegt und damit eine Waffe auf den Weg schickt, die Hunderttausende zerfetzen, verbrennen, zerstrahlen wird. Er kennt die Opfer nicht. Er ist ihnen gegenüber nicht notwendig feindselig eingestellt. Er befindet sich weder im Zustand der Wut noch dem der Angst. Er sucht auch keinen persönlichen Vorteil, abgesehen vielleicht von dem mageren Vorteil, keine Scherereien mit dem Vorgesetzten zu bekommen. Ist das Umlegen des Schalters überhaupt eine aggressive Handlung? Gibt es heute nicht eine sozusagen unpersönliche Aggression? Hat bei der die Suche nach psychischen Motiven irgendeinen Sinn?

Dieter E. Zimmer: Hearing über die Wurzeln der Aggression. In: Die Zeit, 20.3.1987, S. 37, Auszüge.
Dieter E. Zimmer: „Aggression". In: Ders.: Experimente des Lebens. Zürich 1989.

M5 **Die Frage der Destruktivität**

Die Zukunft des Menschen und die Frage der Destruktivität. Robert Jungk im Gespräch mit Erich Fromm:

Jungk: Wenn diese Fähigkeit zur Kooperation im Menschen genetisch angelegt ist, wie kann es dazu kommen, dass er so häufig gerade gegen diese Regel verstößt? Es ist ja mit Recht gesagt worden, dass der Mensch die einzige Art ist, die gegen die eigene Art vorgeht.

Fromm: Das ist die wesentliche Frage, die ich mit dem, was ich schon sagte, nicht beantwortet habe. Warum ist der Mensch (...) das einzige Tier, das Mitglieder seiner Art mordet, ohne dass es einen biologischen Grund dafür hat?

Jungk: Kann das nicht unter Umständen in seiner Fähigkeit zur Reflexion liegen? Weil der Mensch nämlich Gedanken, die über das rein Biologische hinausgehen, entwickeln kann. Ideologien zum Beispiel, in deren Namen er dann tötet.

Fromm: Das ist einer der wesentlichen Gründe. Man muss ja (...) unterscheiden zwischen zwei Arten von Aggression. Die eine, die der Mensch mit dem Tier teilt, nämlich eine Reaktion der Feindseligkeit als Antwort auf die Bedrohung vitaler Interessen, ist biologisch gegeben. Die andere Art ist eine Zerstörungslust, eine Lust zum Morden und zum Quälen, die nicht biologisch angelegt ist, die man im Großen und Ganzen nicht beim Tier findet, sondern die ein spezifisch menschliches Problem ist. Von dieser Basis ausgehend muss man sagen: Die Grausamkeit ist etwas spezifisch Menschliches, etwas Neues, das genau mit dem zusammenhängt, was der Mensch nicht mit dem Tier teilt. Die allgemeine Vorstellung, dass der grausame und zerstörerische Mensch tierisch sei, ist eben falsch. Das Tier zerstört nur dann, wenn es zerstören muss, um sich zu erhalten. Die Schwierigkeit liegt nur darin, dass das Wort „Aggression" viel missbraucht wird, weil man alles undifferenziert Aggression nennt. (...) Man nennt es Aggression, wenn ein Mensch etwas tut, um sein Leben zu verteidigen, jemanden angreift oder sogar tötet. Und man nennt es ebenfalls Aggression, wenn ein Mensch aus purer Lust jemanden umbringt.

Jungk: Könnte unter Umständen derjenige, der tötet, vor allem Angst vor der Zukunft haben? Angst vor dem Unvorhersehbaren und Unvorhergesehenen?

Die Zukunft des Menschen und die Frage der Destruktivität. Robert Jungk im Gespräch mit Erich Fromm. In: Internationale Erich-Fromm-Gesellschaft: Forum zum 100. Geburtstag. Tübingen 4/2000, S. 16, Auszug.

M6 **Das Dreieck der Gewalt**

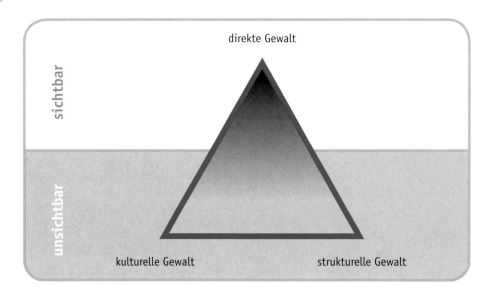

Den Typ von Gewalt, bei dem es einen Akteur gibt, bezeichnen wir als personale oder direkte Gewalt; die Gewalt ohne einen Akteur als strukturelle oder indirekte Gewalt. In beiden Fällen können Individuen im doppelten Sinne der Wörter getötet oder verstümmelt, geschlagen oder verletzt und durch den strategischen Einsatz von „Zuckerbrot und Peitsche" manipuliert werden. Aber während diese Konsequenzen im ersten Fall auf konkrete Personen als Akteure zurückzuführen sind, ist das im zweiten Fall unmöglich geworden: Hier tritt niemand in Erscheinung, der einem anderen direkt Schaden zufügen könnte; die Gewalt ist in das System eingebaut und äußert sich in ungleichen Machtverhältnissen und folglich in ungleichen Lebenschancen. Wenn strukturelle Gewalt institutionalisiert ist und kulturelle Gewalt verinnerlicht, dann steigt die Gefahr, dass sich auch die persönliche, direkte Gewalt verfestigt.

Johan Galtung: Gewalt, Frieden und Friedensforschung. Reinbek 1980, S. 9 ff.

M7 Typologie der Gewalt

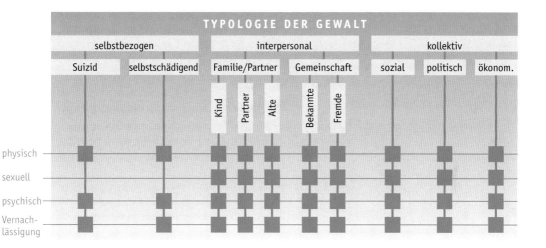

WHO: World Report on Violence and Health.
Geneva 2002.

Gewalt

„Der absichtliche Gebrauch von angedrohtem
oder tatsächlichem körperlichen Zwang oder
physischer Macht gegen die eigene oder eine
andere Person, gegen eine Gruppe oder Gemeinschaft, die entweder konkret oder mit hoher Wahrscheinlichkeit zu Verletzungen, Tod,
psychischen Schäden, Fehlentwicklungen oder
Deprivation führt."
*WHO: Weltbericht Gewalt und Gesundheit. Kopenhagen
2003.*

M8 Eigene Erfahrungen mit Gewalt

Über die Linie gehen ...

Bitte gehe über die Linie, wenn ...

- du schon einmal von einem Erwachsenen beschimpft worden bist.

- dich ein Erwachsener belogen hat.

- du schon einmal gedemütigt worden bist.

- du geschlagen worden bist.

- du andere schon geschlagen hast.

- du bedroht worden bist.

- du andere schon bedroht hast.

- du wegen deines Aussehens gehänselt worden bist.

- du gezwungen wurdest Dinge zu tun, die du nicht machen wolltest.

- du sexuelle Anspielungen ertragen musstest.

- man dich über längere Zeit einfach ignoriert hat.

- du schon gemobbt worden bist.

- du andere schon gemobbt hast.

- dir etwas mit Gewalt weggenommen worden ist.

Übung

Der Raum wird mit einer Markierung am Boden in zwei Teile aufgeteilt. Alle Teilnehmerinnen und Teilnehmer der Übung stehen in der einen Hälfte des Raumes. Die Aussagen werden einzeln vorgetragen. Nach jeder Aussage gehen diejenigen, die sich angesprochen fühlen in die andere Hälfte des Raumes. Wer will, kann kurz erläutern wann und wie er von der Aussage betroffen war (ist) und was dies für ihn bedeutet. Mit dieser Information muss sehr sensibel umgegangen werden. Niemand darf gezwungen werden etwas zu sagen.

Danach gehen die Teilnehmenden wieder alle in die Ausgangshälfte zurück. So entsteht ein differenziertes Bild von selbst erlebter Gewalt.

M9 Welche Gewalt ist sichtbar?

- Was ist auf den Fotos dargestellt?
- Wo handelt es sich um Gewalt?
- Welche Formen der Gewalt werden gezeigt

- Welche Formen kennst du aus eigenem Erleben?
- Ordne die Bilder dem Schaubild von Galtung
  (M6) sowie den Kategorien der Weltgesundheitsorganisation (M7) zu.

81

M10 **Vorkommen von Gewalt**

**Recherchiere und dokumentiere
(in Form einer Wandzeitung mit Texten und
Bildern):**
- Wo findet Gewalt (weltweit und in unserer
  Gesellschaft) statt?
- In welchen Formen findet diese Gewalt statt
  (siehe „Wortfeld Gewalt")?
- Wer übt sie aus?
- Wie wird diese Gewalt gerechtfertigt?
- Was könnte dagegen unternommen werden?

Formen, Vorkommen:
- Gewalt gegen Kinder
- Gewalt gegen Frauen
- Jugend und Gewalt
- Gewalt gegen alte Menschen
- Gewalt gegen Fremde
- Gewalt gegen Randgruppen
- Sexualisierte Gewalt
- Gewalt in Medien
- Staatsgewalt
- Kriegerische Gewalt

Das Wortfeld Gewalt

Gewalt
gewaltig
gewaltsam
Gewaltenteilung
Polizeigewalt
Urgewalt
Naturgewalt
zerstörerische Gewalt
legitime Gewalt
illegitime Gewalt

Staatsgewalt
Gewaltmonopol
kriegerische Gewalt
Jugendgewalt
latente Gewalt
manifeste Gewalt
Vergewaltigung

physische Gewalt
psychische Gewalt

personale Gewalt
strukturelle Gewalt
kulturelle Gewalt

instrumentelle Gewalt
sinnlose Gewalt
schützende Gewalt
zerstörende Gewalt

selbst ausgeübte Gewalt
beobachtete Gewalt
geduldete Gewalt
unterstützte Gewalt

Gewaltopfer
Gewalttäter
Zuschauer

M11 Warum ist Gewalt oft attraktiv?

- Mit Gewalt können Interessen durchgesetzt und Ziele erreicht werden.
- Gewaltanwendung bedeutet Machtausübung.
- Gewalt schafft Fakten, die bei späteren Gesprächen/Verhandlungen als Ausgangspunkt genommen werden können.
- Gewalt kann eigene Privilegien/Vorteile (zumindest kurzfristig) absichern und zudem berechtigte Ansprüche anderer (eine Zeit lang) abwehren.
- Die (scheinbare) Effektivität von Gewalt braucht nicht begründet zu werden.
- Gewalt wirkt auch nach innen, indem sie potentielle Kritiker einschüchtert.
- Gewalt schafft Klarheiten in einer komplizierten und undurchsichtigen Welt.
- Gewaltausübung kann (bei entsprechenden Gruppennormen) Anerkennung in der eigenen Gruppe garantieren.
- Gewalt vermittelt das Gefühl, die eigene Ohnmacht überwinden zu können und Selbstwirksamkeit zu erleben.
- Gewalttätigkeiten garantieren eine eingehende Medienberichterstattung.
- Gewalthandlungen wirken emotional stimulierend und überwinden Langeweile.
- Gewalthandlungen werden oft als zum „Mann-sein" gehörig gesehen.
- Gewaltausübung bedeutet, nicht nach Alternativen suchen zu müssen.
- Gewalt vermittelt eine äußerst intensive Körpererfahrung.

Warum ist Gewalt problematisch?

- Gewalt verletzt und zerstört Leben und Umwelt, anstatt sie zu bewahren oder aufzubauen.
- Gewalt zerstört Vertrauen in Beziehungen und Menschen.
- Gewalt setzt einen Schlusspunkt, schafft nicht mehr rückgängig zu machende Fakten.
- Gewaltanwendung fördert Feindbilder.
- Gewalt birgt den Mechanismus der Eskalation in sich.
- Gewalt bricht die (verbale) Kommunikation ab und setzt Fakten.
- Die Eindeutigkeit von Gewalt wird der Komplexität von Problemen nicht gerecht.
- Gewaltanwendung ist mit einem ethischen Wertesystem, das den Menschen als Mittelpunkt hat, nicht vereinbar.

Mit welchen Aussagen stimmst du überein?
Suche Beispiele für die Aussagen!

M12 **Gewaltbotschaften**

- Welche Botschaften enthalten diese Werbe-anzeigen?
- Welche Formen von Gewalt werden darge-stellt?
- Welche Gestaltungselemente werden verwen-det?
- Warum werden diese Motive in den Werbe-anzeigen verwendet?
- Sprechen dich diese Anzeigen an?

M13 **Gewalt ist einfach!?**

Es ist nicht leicht, gewalttätig zu sein ...

Wir müssen uns von dem Mythos verabschieden, dass es für einen Menschen ein Leichtes sei, gewalttätig zu werden: Jemand brauche nur ausreichend Wut, dann setze der Verstand aus und er müsse sich nur noch eine Waffe besorgen, um anzufangen, Leute umzubringen. Nichts könnte weiter von der Realität entfernt sein.

Soziologen fanden im Zweiten Weltkrieg heraus, dass nur zwischen 15 und 25 Prozent der Frontsoldaten ihre Waffe tatsächlich abfeuerten. Spätere Trainingsmethoden haben die Schussrate etwas erhöht, aber die Treffergenauigkeit ist fast immer sehr schlecht. Eine Waffe auf dem Schießstand abzufeuern, ist die eine Sache – auf einen Menschen zu schießen eine andere.

Meine eigenen Untersuchungen zu milderen Gewaltformen mit Fäusten, Füßen und Knüppeln haben ergeben, dass die meisten Konfrontationen in einem Patt enden, bei dem die Beteiligten einen Vorwand für einen Rückzieher suchen.

Ein weiterer Mythos besagt, dass gewalttätige Menschen gewalttätig sind, weil sie in einem Umfeld aufwachsen, indem die soziale Kontrolle durch Familie und Schule fehlt, und sich in Gruppen bewegen, die einen Gewaltkodex fördern, sei es zu kriminellen Zielen oder zur Erhaltung der Selbstachtung. Und auch diese These geht davon aus, dass es in einer brenzligen Situation ganz selbstverständlich sei, Gewalt auszuüben. Genaue Untersuchungen von Konfrontationen zwischen Gangs oder bei Raubüberfällen haben jedoch ergeben, dass Kriminellen der Umgang mit Gewalt keineswegs leichter fällt als Soldaten oder Polizisten; tatsächlich tun sie sich sogar schwerer. Statistisch gesehen wird das durchschnittliche Gangmitglied selten gewalttätig. Gangster üben sich meist in verbaler Einschüchterung. Wenn sie doch mal den Abzug drücken, geschieht es meist unkontrolliert, und wenn jemand getroffen wird, ist es oft ein Unbeteiligter und nicht das eigentliche Objekt ihrer Aggression.

Das Beweismuster ist klar: Menschen sind nicht gut in einer direkten gewalttätigen Konfrontation. Wir sind gut darin, Gefühle auszudrücken, und wir können eine lange Liste unserer Enttäuschungen aufstellen, aber daraus folgt nicht, dass der letzte Schritt zur Gewalt so leicht getan ist.

Randall Collins: Taktiker und Krieger aus der Mittelschicht. Frankfurter Rundschau, 25.1.2008, S. 34, Auszüge.
Randall Collins ist Professor für Soziologie und Mitglied des Instituts für Kriminologie an der University of Pennsylvania.
Veröffentlichung u.a.: Violence: A Microsociological Theory. Princeton University Press 2008.

- Stimmst du mit den Thesen von R. Collins überein?
- Was bedeutet diese Erkenntnis für Gewaltprävention?

M14 Barrieren überwinden

Damit Gewalt ausgeübt werden kann, müssen Barrieren überwunden werden. Es gibt im Wesentlichen drei Methoden.

1. Die erste und einfachste Methode besteht darin, Gewalt aus der Ferne auszuüben, etwa Bomben aus einem Flugzeug abzuwerfen oder Artilleriegeschütze in Richtung Horizont abzufeuern. So schließt man eine direkte Gegenüberstellung mit dem Feind gänzlich aus.

   Muss man sich dem Feind direkt stellen, kommen die anderen beiden Methoden zur Anwendung.

2. Die zweite besteht darin, sich in einer Gruppe auf ein einzelnes und im Wesentlichen widerstandsloses Opfer zu stürzen. Bei Massenausschreitungen wird der meiste Schaden (von Randalierern sowie von Polizeikräften) angerichtet, wenn eine Gruppe von vier oder mehr Leuten auf einen einzelnen zu Boden gegangenen Gegner einschlägt.

   Auch Gangs und Schlägertypen üben Gewalt meist nur dann erfolgreich aus, wenn ein solches ungleiches Kräfteverhältnis vorliegt. Die Wahrscheinlichkeit, dass Polizisten gewalttätig werden, ist am höchsten, wenn sie dem Verdächtigen zahlenmäßig weit überlegen sind. (...) Bei dieser Gewaltform ist die psychologische Dominanz viel wichtiger als die physische. Die zweite Methode ist äußerst abstoßend, dennoch ist sie wahrscheinlich die am weitesten verbreitete Form der Gewalt. Im verkleinerten Maßstab kommt dieses Prinzip in den meisten Fällen von häuslicher Gewalt zur Anwendung.

3. Die dritte Methode dagegen ist die idealisierte, ehrenhafte Form der Gewalt: Ein fairer, inszenierter Kampf. Hierbei werden gleichwertige Gegner einander gegenübergestellt. Sie kämpfen nach bestimmten Regeln und innerhalb einer Gruppe, die einen Ehrenkodex hat: Ob es sich nun um neuzeitliche Duellanten handelt, Schulhofschläger oder Sportler, die sich während eines Spiels auf einen Gegner stürzen. Solche Kämpfe finden immer vor Publikum statt, das auf die Einhaltung der Regeln (so brutal sie auch sein mögen) achtet. Die Menge wird die Kämpfer für die vorgesehene Dauer des Kampfes anfeuern. Das hilft dem Kämpfer, seine Anspannung im Hinblick auf die Konfrontation zu überwinden, weil ihn das Publikum von der Feindseligkeit seines Gegners ablenkt.

Randall Collins: Taktiker und Krieger aus der Mittelschicht. Frankfurter Rundschau, 25.1.2008, S. 34, Auszüge.

M15 Was begünstigt Gewalt?

Persönliches Umfeld
- Ungünstige Familienverhältnisse
- Mitglied einer Gruppe, die Gewalt akzeptiert
- Distanz zu den Normen und Werten, die in der Institution gelten
- Gewaltverherrlichende Medien werden stark konsumiert

Institutionsinterne Faktoren
- Schlechtes soziales Betriebsklima
- Schlechte Qualität der Lehrer-Schüler-Beziehungen
- Schlechte Qualität der Ausbildung der Mitarbeiterinnen und Mitarbeiter
- Unfreundliche Räume
- Hohes Maß an Dirigismus

Gesellschaftliche Faktoren
- Öffentliches Klima, das Gewalt nicht eindeutig verurteilt und bestraft
- Anregungsarme Wohn- und Spielumwelt
- Mangelnde Chancen der Lebensgestaltung
- Überhöhte Leistungsanforderungen und Konkurrenz

- Prüfe die genannten Einflussfaktoren anhand einer konkreten „Täterbiografie".
- Welche der genannten Einflussfaktoren sind besonders wichtig?
- Gibt es weitere Faktoren, die hier nicht benannt werden?
- Diese Einflussfaktoren wurden für Deutschland aufgestellt, welche weiteren Einflussfaktoren kommen z.B. für Länder des Südens hinzu?
- Welche Bedeutung haben z.B. die Verfügbarkeit von Waffen, mangelnde Lebens- bzw. Zukunftschancen, starke soziale Ungerechtigkeit, extreme Armut ...?

M16 Zwei Ex-Terroristen erzählen

Joe Doherty und Peter McGuire, zwei Ex-Terroristen aus Nordirland berichten:

Mein Name ist Joe Doherty. Ich bin achtundvierzig Jahre alt und habe davon fast zweiundzwanzig im Gefängnis verbracht.

Mein Name ist Peter McGuire, ich bin sechsunddreißig Jahre alt und lebe in Ballymoney im County Aoutroim in Nordirland.
Wie viele Jahre deines Lebens warst du im Gefängnis?
Ungefähr vierzehn.

Wie bist du in den Konflikt geraten?

Ich geriet in den Konflikt, weil der Konflikt an mich geriet. Da war die Präsenz des Militärs, des britischen Militärs in den Straßen. Ständig wurde man angehalten, durchsucht und festgenommen.
In unsere Häuser wurde eingebrochen. Leute wurden festgenommen und ins Gefängnis gesperrt. Diese herablassende Behandlung im Rahmen der Besatzung hat mich dazu gebracht meinen ersten Stein zu werfen und schließlich der IRA beizutreten.

Als Unterstützer der „Unionist Loyalists" haben wir den Konflikt in einem anderen Licht gesehen. Als ich aufgewachsen bin, haben wir Leute gesehen, die sich dem Staat gegenüber nicht loyal verhalten haben, die den Staat systematisch zerstört und angegriffen haben. Wir haben geglaubt, dass es unsere Aufgabe war, den Staat zu verteidigen und diese Leute zu besiegen. Es war ein allmählich beginnender Prozess des Widerstandes.

Wann hast du gemerkt, dass Gewalt kein Weg ist?

Nun, sehr früh während des Konflikts waren wir stark davon überzeugt das Land vom britischen Staat befreien zu können. Aufgrund der andauernden Gefahren des Krieges haben wir aber – denke ich – realisiert, dass wir das nicht konnten. Für mich war es eine moralische

Als ich zu den Waffen griff und in die gewalttätigen Auseinandersetzungen verwickelt wurde, wusste ich von der allerersten Minute an, dass es falsch war, und hatte genug davon, aber man saß in einer Falle.
Die Verhandlungen um den Waffenstillstand,

Verpflichtung, mich dafür zu entscheiden, dass der Krieg zu einem Ende kommen muss.
Den Krieg zu beenden, das war auch eine moralische Verpflichtung, die die IRA auf sich genommen hat.

der Friedensprozess und das Karfreitagsabkommen, haben einen Spielraum geschaffen – haben für mich persönlich einen Spielraum geschaffen –, wo ich sagen konnte: „Wir haben hier eine Chance, diese Angelegenheit zu klären."

Wenn ihr euch vor zehn Jahren getroffen hättet?

Ja. Vor zehn Jahren hätte ich diese Person – Peter, wenn es mir möglich gewesen wäre mit ihr in einem Raum zu sitzen, umgebracht. Das wäre eine legitime Maßnahme gewesen.
Heute will ich das aber, aufgrund der Voraussetzungen, die in unserem Land herrschen, aufgrund unseres andauernden Dialogs und weil wir das Gleiche, nämlich eine demokratische Lösung, erreichen wollen, nicht mehr.

Wenn ich meiner Gemeinde gesagt hätte, dass ich mit einem ehemaligen republikanischen Gefangenen, einer republikanischen Ikone wie Joe – wir haben dich als republikanische Ikone betrachtet – reden würde, hätten sie gesagt: „Mit dir stimmt was nicht. Du lässt uns im Stich. Du verrätst uns." Es wäre eine sehr, sehr riskante Angelegenheit für mich gewesen.

Was machst du heute?

Ich arbeite mit Jugendlichen, mit jungen Leuten auf der Straße, weil ich in meiner Gemeinde, in der ich lebe und arbeite – wie Peter sagt – eine Ikone bin. Ich bin sehr bekannt als jemand, der den Konflikt mitgemacht hat, als jemand, der im Gefängnis war, und habe auf die jungen Leute bis zu einem gewissen Grad einen Einfluss, weil sie zu mir aufschauen.
Ich nutze diesen Einfluss und spreche mit jungen Leuten über den Konflikt, über die Art, wie er mich betroffen hat. Dieser Konflikt, ich will ihn nicht an die jungen Leute, mit denen ich arbeite, weitergeben. Ich will nicht, dass sie zu Waffen greifen, jemanden umbringen, umgebracht werden oder ins Gefängnis müssen.

Wir trauen den Republikanern nicht und die Republikaner trauen uns nicht und ich verstehe warum. Die Leute tappen im Dunkeln und wissen nicht, in welche Richtung sie gehen sollen. Ich möchte die Menschen in meiner Gemeinde davon überzeugen, dass es einen Versuch wert ist, wir haben hier einen Spielraum.

Das Interview führte Heiner Wember am 12.3.2003 in Berlin. © Heiner Wember.
Vgl.: Günther Gugel: Peace Counts. Lernen, wie man Frieden macht. Tübingen 2007, S. 29 f.
www.peace-counts-school.org

Das Interview ist auch als Podcast im Internet abrufbar unter:
www.friedenspaedagogik.de/service/podcasts/deutsche_podcasts_von_peace_counts_reportagen

M17 Die Kosten von Gewalt

Unterricht

	physisch	psychisch	materiell	direkt	indirekt
Opfer					
Täter					
Umwelt, Mitwelt					

Ordne diese Begriffe der Tabelle zu:

1 Entwicklungshindernis
2 Verletzungen, Wunden
3 mangelnde Leistungsfähigkeit
4 Krankheiten, Schädigungen
5 Kosten der Behandlung
6 Depressionen, Angstzustände
7 Traumata
8 Bedrohungsgefühle
9 Scham-, Schuldgefühle
10 Selbstmordgedanken
11 geringes Selbstwertgefühl
12 Kosten der Behandlung
13 Arztbesuche, Krankenhausaufenthalte
14 Schulversäumnisse

15 Arbeitsplatzverlust
16 Arbeitsversäumnisse
15 Wiederholung von Klassen
18 mangelnde Arbeitsproduktivität
19 Produktionsausfälle
20 Einschränkung der Lebensqualität
21 Überwachungs-, Schutzmaßnahmen
22 Verringerte Teilnahme an Gemeinschafts-
veranstaltungen
23 Kosten für die Betreuung von Opfern und
Tätern
24 Kosten für Polizei und Justiz für die Strafverfolgung
25 Verringerte Zukunftschancen

M18 Gesundheitliche Folgen von Gewalt

Gesundheitliche Folgen von Gewalt gegen Frauen und Mädchen

nicht-tödliche Folgen

Körperliche Folgen
- Verletzungen
- funktionelle Beeinträchtigungen
- dauerhafte Behinderungen

Gesundheitsgefährdende (Überlebens-) Strategien als Folgen
- Rauchen
- Alkohol- und Drogenmissbrauch
- risikoreiches Sexualverhalten
- selbstverletzendes Verhalten

(Psycho-)somatische Folgen
- chronische Schmerzsyndrome
- Reizdarmsyndrom
- Harnwegsinfektionen
- Atemwegsbeschwerden

Folgen für die reproduktive Gesundheit
- Eileiter- u. Eierstockentzündungen
- sexuell übertragbare Krankheiten
- ungewollte Schwangerschaften
- Schwangerschaftskomplikationen
- Fehlgeburten/niedriges Geburtsgewicht

Psychische Folgen
- Posttraumatische Belastungsstörungen
- Depression, Ängste, Schlafstörungen, Panikattacken
- Essstörungen
- Verlust von Selbstachtung und Selbstwertgefühl
- Suizidalität

tödliche Folgen

- tödliche Verletzungen
- Tötung
- Mord
- Suizid

Hildegard Hellbernd/Karin Wieners: Häusliche Gewalt gegen Frauen: Gesundheitliche Versorgung.

Das S.I.G.N.A.L.-Interentionsprogramm. Handbuch für die Praxis, wissenschaftlicher Bericht. Berlin 2004.

Gewalt an Schulen

Grundwissen

Materialien

Für Lehrkräfte und Eltern

Für den Unterricht

Dieses Kapitel klärt, was unter Gewalt an Schulen zu verstehen ist, welche Erkenntnisse über Ausmaß und Schwere der Gewaltvorfälle verfügbar sind sowie welche Ursachen und Risikofaktoren als relevant zu betrachten sind. Dabei wird neben der von Schülerinnen und Schülern ausgehenden Gewalt auch die der Lehrkräfte und des Schulsystems beleuchtet.

Gewalt an Schulen

Eine jederzeit verfügbare Ressource

Die Hoffnung vieler Pädagogen und Erziehungstheoretiker, dass sich Bildungsprozesse in der Schule in einem permanenten Zivilisationsprozess befinden, an dessen Ende eine gewaltfreie Umgangsform zwischen Lehrerinnen und Lehrern auf der einen Seite und Schülerinnen und Schülern auf der anderen Seite und auch innerhalb der Schülerschaft und der Lehrerschaft besteht, hat sich als ein Traum herausgestellt. Vielmehr hat der historische Wandel von Bildungs- und Unterrichtsabläufen zu neuen Ausprägungen, Formen und Verläufen von Gewalt in Schulen geführt.

Sowohl für Lehrerinnen und Lehrer, als auch für Schülerinnen und Schüler stellt Gewalt eine jederzeit verfügbare Ressource dar, die sich ihre spezifischen Profile und Wege sucht und in einer frappierenden Weise den breiten menschlichen Einfallsreichtum widerspiegelt.

Klaus Hurrelmann/Heidrun Bründel: Gewalt an Schulen. Pädagogische Antworten auf eine soziale Krise. Weinheim und Basel 2007, S. 15 f.

Gewalt in der Schule stellt in allen Ländern ein Problem dar. Gewalt an Schulen wird häufig mit Gewalt von Schülern gleichgesetzt. Diese ist jedoch nur ein Aspekt. Melzer u.a. (2004, S. 86) weisen darauf hin, dass z.B. die deutsche Debatte um Schulgewalt in den 70er Jahren unter dem Aspekt von Schule als Ort von struktureller Gewalt geführt wurde. Schülergewalt wurde hier als Reaktion auf strukturelle Gewalt interpretiert, während es kennzeichnend für die neuere Diskussion (seit Anfang der 1990er Jahre) um Schule und Gewalt ist, dass der Fokus und die dominante Forschungsperspektive sich nahezu ausschließlich auf Schülergewalt richtet, während andere Schulangehörige (Lehrkräfte) als Täter fast überhaupt nicht vorkommen. Die Diskussion um Gewalt an Schulen muss jedoch alle Formen von Gewalt einbeziehen (vgl. Schäfer/Korn o.J.).

Schülergewalt wird von Klewin u.a. (2002, S. 1078 f.) in drei Verhaltensgruppen unterteilt:

• Körperlicher Zwang und physische Schädigung: Im Rahmen von Auseinandersetzungen und Konflikten wird körperliche Gewalt angewendet, um den anderen zu schädigen.

• Verbale Attacke und psychische Schädigung: Beleidigungen, Erniedrigungen, emotionale Erpressungen.

- Bullying: In einer spezifischen Opfer-Täter-Beziehung wird das Opfer dauerhaft gequält und drangsaliert, wobei körperliche und psychische Gewalt angewendet wird.

Häufig werden keine klaren Grenzen zwischen Gewalt und deviantem Verhalten (Diebstahl, Drogenkonsum, Schwänzen, Mogeln usw.) gezogen.

Hanke (2007, S. 105) stellt sowohl in wissenschaftlichen Analysen, wie auch in alltagspraktischen Handreichungen einen gemeinsamen operationalen Konsens darüber fest, was heute als Gewalt an Schulen zu bezeichnen ist:

- verbale Gewaltformen wie Beleidigungen, Beschimpfungen und Hänseleien;
- die traditionell als Gewalt definierte körperliche Gewalt, wie Schlagen, Treten oder Raufen;
- die immer häufiger vorkommende psychische Gewalt, wie jemanden fertig machen, jemanden ausschließen oder Mobbing sowie
- das Zerstören, Beschädigen oder Klauen von persönlichen Gegenständen und Schuleinrichtung, bekannt auch als Vandalismus.

Ausgeklammert sind meist spezielle Formen wie sexuelle, rassistische oder radikale Gewalt; auch der Aspekt der strukturellen Gewalt findet nur sehr selten Berücksichtigung.

Gewaltverständnis von Schülern

Schülerinnen und Schüler haben nach den vorliegenden Untersuchungen ein engeres Gewaltverständnis als Lehrkräfte. Einigkeit zwischen Lehrkräften und Schülern besteht in der Einordnung von körperlichen Angriffen, Erpressungen und Vandalismus als Gewalt. Bei psychischer und verbaler Gewalt gehen die Einschätzungen auseinander. Doch auch Mädchen stufen psychische und verbale Verhaltensweisen häufiger als gewalttätige Handlungsweisen ein als Jungen (vgl. Pröhl 2006, S. 33).

Tendenz zur Entgrenzung

Es zeigt sich, dass im schulischen Bereich eine Tendenz zur Entgrenzung des Gewaltbegriffs festzustellen ist und Gewalt zur Etikettierung aller negativen Verhaltensweisen verwendet wird. Die Erfassung verbaler Aggressionen unter dem Thema „Gewalt an Schulen" führt zu einer Dramatisierung und Verfälschung der tatsächlichen Gewaltsituation. Insbesondere Schulleiter scheinen dazu zu neigen, alle Verhaltensweisen als Gewalt einzustufen, die geeignet sein könnten, die normale Routine des pädagogischen Betriebs zu stören (vgl. Pröhl 2006, S. 25, 33, 107).

Unschärfe des Gewaltbegriffs

Grundwissen

Die Befragungen zur „Gewalt an Schulen" legen nahe, dass neben körperlichen Angriffen und Drohungen vor allem verbale Aggressionen und soziale Ausgrenzungen häufig sind. Selbstverständlich ist auch dies für die betroffenen Schüler sehr unangenehm, der Gewaltbegriff ist hier aber unangemessen. Die pauschale Etikettierung von Aggressionen und Interaktionsproblemen unter Jugendlichen mit „Gewalt" ist eine Folge der allgemeinen Ausweitung und Unschärfe dieses Begriffs.
Friedrich Lösel/Thomas Biesener: Aggression und Delinquenz unter Jugendlichen. München/Neuwied 2003, S. 3.

Gewaltverständnis in empirischen Untersuchungen

In empirischen Untersuchungen über Schulgewalt werden je nach Disziplin verschiedene Gewaltbegriffe (enge und weite) zugrunde gelegt. Während Pädagogen und Sozialwissenschaftler häufig von einem weiten Gewaltbegriff ausgehen, liegt kriminologischen Untersuchungen eher ein enger Gewaltbegriff zugrunde. Als Minimalkonsens kann die Unterscheidung der physischen Gewalt gegen Personen und gegen Sachen gesehen werden.

Kaum untersucht wird Gewalt, die von Lehrkräften und von Schulstrukturen ausgeht, ebenso wenig das Gewaltverständnis von Schülerinnen und Schülern. Auch selbstdestruktives Verhalten von Schülern sowie der Bereich von Suizid taucht in Studien zur Gewalt an Schulen nicht auf (Pröhl 2006, S. 33).

Die Berliner Senatsverwaltung weist auf ein weiteres Problem hin: Die Einschätzungen und Zuordnungen von Gewalt in Meldebögen würden von juristischen Laien vorgenommen. So würde z.B. eine „Bedrohung" als eine erlebte Drohung eingestuft, unabhängig davon, ob die Tat durch einen Richter als Drohung mit einem entsprechenden Strafmaß gesehen würde. Ebenso würde die Einstufung als „Opfer" bzw. „Täter" aufgrund des Augenscheins vorgenommen, ohne weitere Untersuchungen durchzuführen (vgl. Senatsverwaltung 2008, S. 5).

Ist Gewalt an Schulen ein Problem?

An den meisten Schulen in Deutschland scheint Gewalt kein wirklich großes Problem zu sein, so das Ergebnis einer Umfrage des Instituts für Demoskopie Allensbach. Die Mehrheit der Bevölkerung (71 %) jedenfalls kann davon an den Schulen der eigenen Wohngegend nichts erkennen. Dass es an den Schulen der Umgebung ein großes Gewaltproblem gibt, wird eher von Befragten angenommen, die selbst keine Kinder in einer der Schulen haben (17 %) als von Schülereltern (12 %), die aus Erfahrung sprechen.

Eine generelle Zunahme von Gewalt an den Schulen scheint es in Deutschland – zumindest in der Wahrnehmung der Eltern – nicht zu geben. Vor 14 Jahren berichteten 9 % der Schülereltern davon, dass ihr Kind im schulischen Umfeld schon einmal mit Gewalttätigkeit konfrontiert worden sei. Jetzt, 2006, geben 10 % der Schülereltern zu Protokoll, dass ihr Kind schon einmal gewalttätig im schulischen Umfeld angegriffen worden sei.

Häufiger als noch vor 14 Jahren kommt es heute vor allem in den Großstädten zu Gewalttätigkeiten im schulischen Umfeld. 1992 berichteten 11 % der Schülereltern aus Großstädten davon, dass ihr Kind schon einmal gewalttätig angegriffen worden ist, heute 16 %.

Umfrage des Instituts für Demoskopie Allensbach vom 1.-13.6.2006. 1.438 Befragte. Repräsentativ für Gesamtdeutschland (Bevölkerung ab 16 Jahre). Allensbacher Berichte Nr. 10/2006.
www.ifd-allensbach.de

Zum Stand der Forschung

Die Wahrnehmung über das Ausmaß schulischer Gewalt wird weitgehend von der Medienberichterstattung und der öffentlichen Diskussion bestimmt, wobei brutale Einzelfälle oft zu Tendenzen stilisiert werden. Während die Berichterstattung und die öffentliche Wahrnehmung für die letzten Jahre eine starke Zunahme von Gewalt an Schulen unterstellen, wird diese Sichtweise von wissenschaftlichen Ergebnissen nicht gestützt. Dies trifft für die amerikanische Diskussion ebenso zu wie für die deutsche.

Für Deutschland gibt es keine flächendeckenden Untersuchungen zur Gewalt an Schulen. Es gibt jedoch eine Vielzahl von regionalen Arbeiten. Insbesondere fehlen Längsschnittuntersuchungen, um Aussagen über die Entwicklung von Gewalt an Schulen treffen zu können. Auch im internationalen Bereich sind – mit Ausnahme der USA – keine belastbaren Daten über Gewalt an Schulen vorhanden. Erstaunlicherweise klammert der Weltreport über Gewalt und Gesundheit der Weltgesundheitsorganisation (2002) den Bereich Schule komplett aus.

Einschätzung von Verhaltensweisen als „Gewalt" aus der Sichtweise von Schülern und Lehrern in Sachsen (in Prozent)

Verhaltensweisen	Schüler	Lehrer	Jungen	Mädchen	Mittel-schüler	Gymna-siasten
Wenn S. nach der Pause in das Klassenzimmer zurückkommt, liegt der Inhalt seiner Tasche oft verstreut am Boden.	47,1	83,3	42,7	57,6	40,2	60,7
Mitschüler der S. sagen nur noch Brillenschlange zu ihr.	40,7	72,9	27,6	55,6	29,5	56,1
Die Mitglieder zweier Cliquen von Jungen prügeln sich fast täglich auf dem Schulgelände.	89,9	97,9	88,2	93,6	90,8	91,2
S. hält jüngerem Mitschüler die Faust unter die Nase und sagt: „Morgen will ich Geld sehen, sonst passiert was!"	95,3	100,00	93,8	96,9	93,7	97,4

Wolfgang Melzer: Gewalt als gesellschaftliches Phänomen und soziales Problem in Schulen 1998, S. 27.
Zitiert nach: Tanja Pröhl: Gewalt an Schulen im Vergleich. Deutschland - USA. Tübinger Schriften und Materialien zur Kriminologie. Band 11. Tübingen 2006, S. 36.

Die wesentlichen Ergebnisse empirischer Gewaltstudien für Deutschland, die im Kern wohl auf die meisten Industrieländer übertragbar sein dürften, können stichwortartig wie folgt zusammengefasst werden (Baier/Pfeiffer 2009; Bundesverband der Unfallkassen 2005/2008; Klewin 2006, S. 16 ff.; Lösel/Bliesener 2003; Pröhl 2006), wobei zu beachten ist, dass die Situation in einzelnen Schulen vor Ort von diesen statistischen Durchschnitts-Aussagen auch erheblich abweichen können.

Formen der Gewalt

- Die häufigste Form der Gewalt an Schulen ist die verbale Gewalt. Schulische Gewalt ist überwiegend geprägt durch leichte Formen der physischen und verbalen Aggression.
- Schwerwiegende Fälle von Gewalthandlungen wie Raub, Erpressung, Bedrohung/Angriff mit Waffen, physische Gewalt mit Verletzungsfolge oder massive sexuelle Attacken kommen in Schulen – trotz anderslautender Presseberichte – relativ selten vor und es sind nur wenige Schüler daran beteiligt.
- Leichtere physische Gewalthandlungen wie Schlagen oder Treten werden selten bis manchmal ausgeübt.
- Vandalismus tritt nach Ergebnissen der meisten Studien etwas weniger häufig als „leichte" Prügeleien auf.
- Über das Bullying, für das u.a. die Dauerhaftigkeit von physischen oder psychischem Gewaltverhalten entscheidend ist (Klevin 2006, S. 17) liegen für Deutschland nur wenige Ergebnisse vor.

Gewaltvorfälle an Berliner Schulen 2007/2008

Gewaltvorfall	absolut	in %
Körperverletzung	831	50,9
Bedrohung	310	19,0
Gefährliche Körperverletzung	229	14,0
Beleidigung	77	7,4
Störung des Schullebens	38	2,3
Extremismus	33	2,0
Mobbing	31	1,9
Sexuelle Übergriffe	28	1,7
Erpressung	15	0,9
Sonstiges	15	0,9
Raub	13	0,8
Sachbeschädigung	12	0,7
Gesamt	1.632	100

Basis: Alle Schulen in Berlin mit über 400.000 Schülern. Senatsverwaltung für Bildung, Wissenschaft und Forschung (Hrsg.): Gewaltprävention an Berliner Schulen 2007/2008. Berlin 2008, S. 5.

- Spaßkämpfe und verbale Gewalt werden von der Mehrheit der Schüler nicht als Gewalt eingestuft.

Importierte oder selbst erzeugte Gewalt?

Obwohl Lehrkräfte gerne darauf hinweisen, dass Schülergewalt vor allem von außen käme, zeigen Untersuchungen (Tillmann u.a. 1999, S. 300), dass es zwar erhebliche außerschulische Einflüsse (Familie, Clique, Gesellschaft) gib, dass aber auch auch erkennbar deutlich innerschulische Faktoren festzustellen sind (Lernkultur, Sozialklima), die Gewalt provozieren.

Häufigkeit und Brutalisierung

- Fast 90.000 Unfälle pro Jahr resultieren an allgemeinbildenden Schulen aus dem aggressiven Verhalten von Schülern, stellt der Bundesverband der Unfallkassen (2008) fest.
- Es liegen keine empirischen Befunde vor, die auf einen generellen Anstieg der Gewalt an Schulen hinweisen. Der Bundesverband der Unfallkassen (2005, 2008) in Deutschland hat das gewalt-verursachte Verletzungsgeschehen an Schulen für den Zeitraum 1993-2003 und in einer neueren Studie den Zeitraum von 1995-2007 untersucht und kommt zu dem Ergebnis, dass langfristige Zeitreihenbeobachtungen zur physischen Gewalt an Schulen bundesweit einen Rückgang physischer schulischer Gewalt zeigen. Auch eine zunehmende Brutalisierung sei nicht zu erkennen.
- Bei allen Gewaltformen lässt sich die Steigerungsthese (dass Gewalt immer zunehmen würde) nicht belegen.
- Über alle Gewaltformen hinweg ist die Gefahr, mehrfach Opfer zu werden, sowohl innerhalb der Schule als auch auf dem Schulweg gering.
- Die bislang vorliegenden Längsschnittuntersuchungen in Deutschland liefern keine einheitliche Aussage hinsichtlich des Gewaltanstiegs an Schulen. Zwar sind laut vieler Studien bestimmte Gewaltformen leicht angestiegen, aber unter Berücksichtigung der erhöhten Sensibilisierung der Befragten und des erweiterten Bedeutungsgehalts des Gewaltbegriffes (Radiergummiwegnahme = Raub) ist deren Aussagekraft bedenklich. Offensichtlich hat weniger die Gewalt an Schulen zugenommen als vielmehr die Sensibilität gegenüber diesem Problem.
- Untersuchungen weisen darauf hin, dass ein allgemeiner Gewaltanstieg nicht stattgefunden habe, sondern sogar ein leichter Rückgang der Gewalt festzustellen sei. Bei jüngeren Schülern (10-13-Jährige) ist jedoch ein Anstieg bei der physischen und verbalen Gewalt zu verzeichnen (Bundesverband der Unfallkassen 2005, Deutsche Gesetzliche Unfallversicherung 2009).

Unaufhaltsame Zunahme?

Grundwissen

Die Annahme einer offen-sichtlich unaufhaltsamen Zunahme der Gewalt an unseren Schulen gehört zu den Wahrnehmungen von Jugendkriminalität und Jugendgewalt. Gestützt durch Aufsehen erregende Einzelfälle spektakulärer Gewalttaten wird von einer zunehmenden Gewalt durch Schüler am „Tatort Schule" ausgegangen.
Auch diese Wahrnehmung widerspricht jedoch den vor-liegenden Befunden: Zuneh-mende physische Gewalt an Schulen lässt sich weder mit kriminalstatistischen oder sonstigen statistischen Daten belegen noch durch wieder-holt durchgeführte Befra-gungen zum Dunkelfeld. (...) Entgegen der Wahrnehmung einer „gestiegenen Gewalt an Schulen" weisen alle empirischen Befunde darauf hin, dass es in den letzten Jahren nicht zu einer allge-meinen Zunahme der körper-lichen Gewalt und/oder einer zunehmenden Brutalisierung gekommen ist. Im Gegenteil: Trotz einer zunehmenden Sensibilisierung gegenüber schulischer Gewalt und einer gestiegenen Anzeigebereit-schaft sind die Vorfalls-zahlen eher rückläufig.
Wiebke Steffen: Jugendkrimi-nalität und ihre Verhinderung zwischen Wahrnehmung und empirischen Befunden. Gut-achten zum 12. Deutschen Präventionstag am 18. und 19. Juni 2007 in Wiesbaden. Wiesbaden 2007, S. 202.

Grundwissen

Eine Dramatisierung
Die Berichterstattung über „Schauplätze" von Gewalt, wie die Medien sie seit Jahren beispielsweise in Schulen lokalisieren, stellt eine Dramatisierung dar, die dann anlässlich vereinzelter Amoktaten gewissermaßen zum Glauben an ein Naturgesetz der sich stetig verschlimmernden Gewalt beitragen. Medienpräsente Forscher beteiligen sich nicht selten an solcher Dramatisierung, wenn auch die Ergebnisse ihrer eigenen Untersuchungen solche apokalyptischen Prognosen selten rechtfertigen. Seriöse Gewaltforschung, wie sie beispielsweise in der Langzeitstudie über Gewalt an bayrischen Schulen vorgelegt wurde, führt zum Ergebnis, dass ernst zu nehmende Gewalttätigkeit stagniert oder manchmal sogar abnimmt. Ähnliches zeigen mitunter auch sorgfältige Analysen der Entwicklung von Jugendkriminalität, mitunter auch der Jugendgewalt, die nicht immer „stetig ansteigt". Die Schule hat viele Probleme, aber das Gewaltproblem an Schulen muss im Rahmen der allgemeinen Neuorientierung auf einen besseren und sozialeren Unterricht mit aufgegriffen werden.
*Joachim Kersten: Jugendgewalt und Gesellschaft.
In: Aus Politik und Zeitgeschichte, B 44/2002.
www.bpb.de/publikationen/41XNIY,1,0,Jugendgewalt_und_Gesellschaft.html#art1*

• Die Frage nach einer Zunahme der Brutalität der tätlichen Auseinandersetzungen lässt sich – so der Bundesverband der Unfallkassen – anhand der verfügbaren Datenbasis im Grund genommen nicht beantworten. Nimmt man Frakturen als Maßstab für die Schwere von aggressionsverursachten physischen Verletzungen, da sie gewisse Rückschlüsse auf die Heftigkeit der jeweils einwirkenden Gewalt zulassen, so sei in keiner der untersuchten Schularten eine zunehmende Brutalisierung erkennbar.

Jungen und Mädchen

• Mit Ausnahme der verbalen Gewalt ist Gewalt von Schülern deutlich eine Domäne männlicher Schüler. Mädchen zeigen weniger aggressives Verhalten und werden seltener Opfer von Gewalt.
• Jungen sind sowohl häufiger Täter als auch Opfer von Gewalt (mit Ausnahme von sexueller Gewalt). Die Unterschiede werden umso kleiner (insbesondere bei psychischer Gewalt), je leichter die Aggressionsform ist.
• Es gibt jedoch eine kleine Gruppe von Mädchen, die ebenso stark Gewalt anwendet wie Jungen.
• Bei den Angaben zu Gewalt gegen Sachen zeigten sich an Hauptschulen und Gymnasien keine Unterschiede mehr zwischen den Jungen und Mädchen der Altersgruppe 10-13 Jahren
• Mädchen haben häufiger Angst vor Gewalt an Schulen als Jungen. Das Geschlecht hat einen Einfluss auf die Begegnung und das Erleben von Gewalt sowie auf die Wahrnehmung.
• Sexuelle Gewalt ist die einzige Form von Gewalt, bei der Mädchen deutlich häufiger Opfer von Gewalt sind als Jungen.

Alter

• Aggressive Auseinandersetzungen sind in der Altersgruppe der 13-16-Jährigen am häufigsten. Dies zeigt, dass Gewaltphänomene auch in der Schule verstärkt im Kontext der Pubertät auftreten.

Raufunfälle an Schulen nach Alter 1995-2007

Jahr	1995	2000	2005	2006	2007
unter 11 Jahre	31.222	31.525	25.228	23.610	26.993
11-15 Jahre	68.257	75.784	53.837	51.961	50.970
über 15 Jahre	12.867	13.934	11.972	12.466	11.641
Insgesamt	112.345	121.243	91.037	88.038	88.704

Deutsche Gesetzliche Unfallversicherung u.a. (Hrsg.): Achtung in der Schule. St. Augustin 2009.

Schulformen

- Gewalt an Schulen nimmt tendenziell mit steigendem Bildungsniveau ab.
- Die häufigste physische Gewalt wird in Hauptschulen und Förderschulen ausgeübt. Gymnasien sind am wenigsten belastet. Bei psychischer Gewalt verringert sich der Unterschied. Dabei ist zu beachten, dass zwischen den Schulen einzelner Schulformen erhebliche Unterschiede liegen können. Ebenso unterscheiden sich einzelne Klassen innerhalb einer Schule erheblich.

Opfer

- Die Opfer (jeglicher Form) von Gewalt sind am wenigsten beliebt bzw. in den Klassenverband integriert. Opfer haben kleinere oder keine Freundschaftsnetzwerke, gehören zu den Außenseitern und verfügen über ein geringeres Selbstwertgefühl als unbeteiligte Schülerinnen und Schüler.

Täter und Opfer

- Täter- und Opferstatus hängen relativ eng miteinander zusammen. Schüler, die überproportional häufig den Gewalthandlungen ihrer Mitschüler ausgesetzt sind, üben auch überproportional oft selbst Gewalt aus. Andererseits sind Täter mehrheitlich zugleich auch Opfer von Gewalt.

Deutsche und ausländische Schüler

- Zwischen ausländischen und deutschen Schülern lassen sich hinsichtlich der Ausübung gewalttätiger Handlungen an Schulen keine signifikanten Unterschiede feststellen. Das Stereotyp der generell aggressiveren und delinquenteren ausländischen Jugendlichen kann nicht bestätigt werden.

Schüler und Lehrer

- Ca. ein Viertel der Schülerinnen und Schüler berichten von einer Lehrkraft schon einmal lächerlich gemacht oder gemein behandelt worden zu sein. 2,5 % Prozent sagen: „Eine Lehrkraft hat mich schon geschlagen" (Baier/Pfeiffer 2009, S. 57).
- Lehrkräfte schätzen Raufereien generell als gravierender ein als Schülerinnen und Schüler, wobei vor allem jüngere Lehrkräfte mehr Schülergewalt wahrnehmen (vgl. Lösel 2003, S. 4).
- Je eher Jugendliche der Meinung sind, dass Lehrkräfte an ihrer Schule bei Gewaltvorkommnissen eingreifen, umso eher unterlassen sie es, selbst Gewalt einzusetzen. (vgl. Baier 2008, S. 66).
- Schulen, an denen Lehrer frühzeitig einschreiten, sind gewaltärmer.

Grundwissen

Mädchen

Mädchen hänseln, hetzen und beleidigen nicht nur ihre Geschlechtsgenossinnen, sondern wenden diese Form der Gewalt auch gegen Jungen an. Aber sie äußern Angst davor, körperlich angegriffen zu werden, sind andererseits aber auch nicht selten dabei, Streitigkeiten zwischen Jungen durch Bemerkungen und Sticheleien zu schüren und anzuheizen. Auch spielen sie manchmal bei körperlichen Auseinandersetzungen zwischen Jungen eine Rolle im Hintergrund, entweder bewundernd zuschauend oder sich selbst geschmeichelt als „Subjekt" des Streits sehend. *Klaus Hurrelmann/Heidrun Bründel: Gewalt an Schulen. Pädagogische Antworten auf eine soziale Krise. Weinheim und Basel 2007, S. 97.*

Rechtfertigungsstrategien für Gewalt

Erwartungsgemäß genießt die Selbstverteidigung aus Sicht der Schüler die mit weitem Abstand höchste Legitimation für den Einsatz körperlicher Gewalt. Fast neun von zehn Schülern der Sekundarstufen I und II können sich vorstellen, andere zu schlagen oder zu treten, wenn sie selbst angegriffen werden. Eine prinzipielle Ablehnung von Gewalt vertritt damit nur eine kleine Minderheit der Schüler. Verglichen mit der Selbstverteidigung haben alle anderen angeführten Anlässe eine deutlich geringere Akzeptanz. Auch ist mit Ausnahme dieses einen Gewaltmotivs festzustellen, dass die älteren Schüler der Sekundarstufe II bei den anderen Motiven deutlich seltener Gewaltbereitschaft bekunden als die jüngeren Schüler, wobei die Rangfolge allerdings nahezu identisch ist.

Als wichtigste Gewaltmotive nach der Selbstverteidigung folgen die Motive Rache, Beleidigung und „genervt" werden.

Akademie für Arbeit und Politik an der Universität Bremen: Ergebnisse einer Bremer Schülerbefragung zum Thema Gewalterfahrungen und extremistische Deutungsmuster. Bremen 2003, S. 16.

Gewalttätiger Kern

• Häufige Gewaltanwendung geht von einem kleinen, gewaltaktiven Kern aus. Je gravierender die Gewalthandlungen werden, desto größer wird auch der Anteil zunächst gewaltpassiver Schüler.

Orte und Zeiten

• Über die Hälfte der Verletzungen finden während der Pausen, ein Fünftel während des Sportunterrichts (und hiervon knapp die Hälfte während des Fußballspiels) statt. Toiletten sind neben den Pausenhöfen und Schulfluren die Orte, an denen Schülerinnen und Schüler die größten Unsicherheitsgefühle haben.

Zusammenhänge

• Das Problem der „Gewalt an Schulen" darf nicht isoliert gesehen werden. Es gibt hohe Korrelationen zwischen dem Schul-Bullying und allgemein delinquentem und dissozialem Verhalten.

• Massives Schulschwänzen steht im engen Zusammenhang mit Delinquenz. Die Täterraten selbstberichteter Delinquenz sind in allen Deliktsbereichen bei massiven Schulschwänzern höher. Je stärker die Belastung in familiärer wie auch sozioökonomischer Hinsicht ist, desto häufiger das Schulschwänzen. Das

Lehrergewalt

Körperliche und verbale Gewalthandlungen in der Schule bestehen nicht nur unter Schülern, sondern auch zwischen Lehrpersonal und Schülern. Grundsätzlich ist dabei von einem hierarchischen Verhältnis auszugehen, in dem das Lehrpersonal über sehr viel mehr Sanktionsmöglichkeiten gegen Schüler verfügt als dies umgekehrt der Fall ist. Körperliche Gewalt gegen Schüler ist Lehrern allerdings strengstens untersagt und kann gravierende disziplinarische Folgen haben. Wohl auch deshalb ist sie nur selten Gegenstand der Gewaltdebatte und wird in der Gewaltdebatte tabuisiert. Aufgrund von wechselseitigen Zusammenhängen zwischen Lehrer- und Schülerverhalten ist dies ein Defizit.

Verbale Gewalt durch Lehrer ist in Bremer Klassenräumen offensichtlich Normalität. So geben jeweils etwa ein Drittel der Befragten aus den Sekundarstufen I und II an, dass sie im vorangegangenen Schuljahr von Lehrern „mit Worten fertig gemacht" wurden. Jeder Zwanzigste meint, dass ihm dies etwa monatlich widerfahre und weiteren fünf Prozent passiert eine Erniedrigung durch Lehrer gar in noch höherer Frequenz. Verbale Gewalt durch Lehrer gegen Schüler ist damit mindestens ebenso weit verbreitet wie verbale Gewalt unter Schülern.

Akademie für Arbeit und Politik an der Universität Bremen: Ergebnisse einer Bremer Schülerbefragung zum Thema Gewalterfahrungen und extremistische Deutungsmuster. Untersuchung im Auftrag des Bremer Senats. Projektleitung: Prof. Dr. Thomas Leithäuser. Projektbearbeitung Frank Meng. Bremen 2003, S. 19 f.

Schulschwänzen kann somit als Indiz für dahinter liegende Problembelastungen gesehen werden (vgl. Wetzels 2007).

- Die Zahl der delinquenten Freunde hat einen starken Einfluss auf eigenes delinquentes Verhalten (vgl. Baier/Pfeiffer 2009, S. 81).

Grundwissen

Für das Zusammenleben und das schulische Geschehen sind jedoch nicht so sehr die genauen Prozentsätze von Gewaltvorkommen entscheidend, sondern die Wahrnehmung und das Klima, das von Schülerinnen und Schülern sowie Lehrerinnen und Lehrern mit Gewalt an Schulen verbunden wird. Und hier ist festzustellen, dass viele Schülerinnen und Lehrkräfte weniger Angst vor körperlichen Übergriffen als vielmehr vor Beleidigungen, Beschimpfungen oder vor verbaler Aggression haben. Diese Angst beeinflusst das Lernklima äußerst negativ.

Viktimisierung durch Schulgewalt bzw. Mobbing im letzten Schulhalbjahr (in %)

	nie	1-oder 2-mal	3-bis-6-mal	mehrmals pro Monat	einmal pro Woche	mehrmals pro Woche
Ich wurde von anderen Schülern absichtlich geschlagen oder getreten	79,1	15,5	3,2	1,0	0,4	0,8
Andere Schüler haben mich erpresst und gezwungen, Geld oder Sachen herzugeben	98,4	1,0	0,3	0,1	0,1	0,1
Andere Schüler haben meine Sachen absichtlich kaputt gemacht	86,3	10,7	1,7	0,6	0,3	0,4
Andere Schüler haben mich gehänselt oder hässliche Dinge über mich gesagt	56,1	27,3	8,4	3,9	1,2	3,1
Ich wurde aus gemeinsamen Unternehmungen ausgeschlossen, weil das andere Schüler wollten	89,3	7,8	1,6	0,6	0,2	0,4
Andere Schüler haben mich wie Luft behandelt und absichtlich nicht mehr beachtet	79,8	14,5	3,0	1,1	0,4	1,2
Eine Lehrkraft hat mich vor anderen Schülern lächerlich gemacht	73,2	20,0	4,0	1,3	0,6	0,9
Eine Lehrkraft hat mich richtig gemein behandelt	72,6	17,7	5,0	1,9	1,0	1,8
Eine Lehrkraft hat mich geschlagen	97,5	1,5	0,3	0,1	0,1	0,5

Repräsentative Schülerbefragung mit über 43.000 Neuntklässlern (15-Jährige) des Kriminologischen Instituts Niedersachsen 2007/2008. Bayer/Pfeiffer 2009, S. 57.

Gewalt durch die Schule

Die Ergebnisse der Bildungsforschung zeigen immer wieder neu, dass in Deutschland stärker als in anderen Ländern der Bildungserfolg von der sozio-ökonomischen Herkunft maßgeblich mitbestimmt wird. Dies hat eine starke Auslese der Kinder und Jugendlichen in höheren Schulen zur Folge. Schulische Auslese wird oft als Demütigung und Stigmatisierung erlebt. Schule als Instrument der Zuteilung von Lebenschancen produziert so durch Konkurrenz- und einseitige Leistungsorientierung in vielfältiger Weise auch Schulversager und Schulverweigerer, die oft ohne Abschluss die Schule verlassen oder ihr Lernpotenzial bei weitem nicht ausschöpfen können.

Zu beachten ist auch, dass die Institution Schule weithin einen starken Zwangscharakter aufweist und in vielfältiger Weise Macht ausübt. Von der Schulpflicht abgesehen ist es höchst problematisch, wenn in der Schule Schülerinnen und Schüler oder Eltern nur unzureichend mitbestimmen können. Die Unterrichtsorganisation mit ihren 45-Minuten-Einheiten, das lange „Stillsitzen-Müssen" und der stark lehrerzentrierte Wortvortrag widersprechen allen lernspsychologischen Erkenntnissen. Hinzu kommen oft die stoffliche Überfrachtung und eine einseitige Notenorientierung. Eine Identifikation der Schülerinnen und Schüler mit „ihrer" Schule ist so nur schwer zu erreichen. Sicherlich trifft diese Kritik nicht ausnahmslos alle Schulen.

Meinungen oder Tatsachen?
Viele Untersuchungen befragten Lehrer und Schulleiter als sogenannte Experten nach ihrer Einschätzung zur Gewaltentwicklung.
(...) Bei der Darstellung der Ergebnisse zur Einschätzung der Gewaltentwicklung durch die Befragten ist (...) genau darauf zu achten, dass die Befunde als Meinungen gekennzeichnet und nicht als Tatsachen ausgegeben werden.
Tanja Pröhl: Gewalt an Schulen im Vergleich. Deutschland – USA. Tübinger Schriften und Materialien zur Kriminologie. Band 11. Tübingen 2006, S. 183 ff.

Ursachen und Risikofaktoren schulischer Gewalt

Grundwissen

Die Ursachen schulischer Gewalt sind vielschichtig. Die Frage, ob schulische Gewalt „importierte Gewalt" ist bzw. welchen Anteil und Einfluss die Schule selbst auf die Entstehung und Verbreitung schulischer Gewalt hat, spielt bei der Diskussion der Ursachen eine wichtige Rolle. Dass Gewalt an der Schule sowohl schulexterne als auch schulinterne Ursachen hat, ist in Wissenschaft und Forschung unbestritten.

In der amerikanischen Forschung wurden vor allem folgende Risikofaktoren identifiziert (Klewin u.a. 2002, S. 1089):

- Persönlichkeitsmerkmale: Antisoziale Orientierungen, Impulsivität, die eigene Geschichte des aggressiven Verhaltens, mangelnde Empathie und niedrige Frustrationstoleranz.
- Faktoren in der Familie: Familiäre Armut, geringe emotionale Bindung an die Eltern, Erfahrung von Gewalt in der Familie, hoher Medienkonsum.
- Schulische Faktoren: Schulischer Misserfolg, eine geringe Bindung an die Schule und ein negatives Schulklima.

Täter- und Opfererfahrungen von Schülerinnen und Schülern Sekundarstufe I in Bremen

Angaben in %	Mädchen	Jungen
beleidigen	57,5	62,7
schlecht gemacht, ausgegrenzt werden	25,2	22,0
anschreien, herumkommandieren	23,2	18,0
verbal sexuell anmachen	20,2	37,7
schlagen, treten, angreifen	19,0	18,5
kratzen, spucken, an Haaren ziehen	14,3	16,6
unter Druck setzen, erpressen	9,9	10,8
zu etwas zwingen	8,0	9,1
körperlich sexuell anmachen	6,0	14,5
beklauen, „abziehen"	5,0	12,2
mit Waffe bedrohen bzw. verletzen	2,8	3,6

Akademie für Arbeit und Politik an der Universität Bremen (Hrsg.): Ergebnisse einer Bremer Schülerbefragung zum Thema Gewalterfahrungen und extremistische Deutungsmuster. Untersuchung im Auftrag des Bremer Senats, Projektleitung: Prof. Dr. Thomas Leithäuser, Projektbearbeitung: Frank Meng. Bremen 2003.

Anerkennung gewinnen

Leistungsversagen, schlechter schulischer Leistungsstand, häufige Versetzungsgefährdungen, Klassenwiederholungen und ein Zurückbleiben hinter den eigenen und/oder elterlichen Erwartungen stellen Risikofaktoren erster Ordnung für Gewalt dar.

Aggressivität und Gewalt zeigen sich also vor allem bei den Schülerinnen und Schülern, die eine Anpassung an die vorherrschenden Wertvorstellungen angestrebt haben. Erst nachdem sie erleben mussten, dass sie nach Befolgung dieser Wertvorstellungen keinen Leistungserfolg und nicht die erwünschte Note erhalten können, haben sie sich von ihnen abgewendet und versucht, auf andere Weise Anerkennung zu gewinnen. *Vgl. Klaus Hurrelmann/ Heidrun Bründel: Gewalt an Schulen. Pädagogische Antworten auf eine soziale Krise. Weinheim und Basel 2007, S. 104 ff., Auszüge.*

- Faktoren in der Gemeinde: Regionale Armut, Präsenz von Banden/ Gangs in der Nachbarschaft, hohe Verbrechensraten und die Verfügbarkeit von Drogen und Waffen.
- Häufig sind diese Merkmale der jugendlichen Lebenssituation mit der Zugehörigkeit zu bestimmten ethnischen Gruppen verknüpft.

Olweus (1996) sieht vier Faktorenkomplexe, die die individuelle Entwicklung während des Aufwachsens ungünstig beeinflussen können: mangelnde emotionale Zuwendung der Eltern, mangelnde Grenzsetzungen durch die Bezugspersonen bei aggressivem Verhalten, körperliche und andere „machtbetonte Erziehungsmittel" sowie ein „hitzköpfiges" Temperament des Kindes.

Schäfer und Korn (2002) referieren die in der Forschung genannten Ursachenfaktoren:

Innerschulische Faktoren:
- Pädagogische Qualität der innerschulischen Lern- und Erziehungsumwelt;
- schwindende Erziehungskompetenz der Lehrer;
- zu starke Betonung von Aspekten der Wissensvermittlung bei Vernachlässigen einer werteorientierten Bildung, dadurch schlechtes Lehrer-Schüler-Verhältnis;
- Lehrer sind dem Phänomen „Gewalt zwischen Schülern" nicht gewachsen.

Personale Faktoren:
- Täter und Opfer erleben die sozialen Dimensionen des Schulalltags belastender und konflikthaltiger als die sozial kompetenten Schüler;
- niedrige Hemmschwelle;
- mangelnde sprachliche Kompetenz, Fehlen einer kommunikativen Streitkultur und häufiger Konsum von Horror-, Kriegs- und Sexfilmen;
- die „Gewaltkarrieren" mancher Jugendlicher hören nicht bei Schulschluss auf, Jugendgewalt ist außerhalb von Schulen häufiger als in den Schulen.

Familiäre Faktoren:
- Gewalterfahrungen der Kinder und Jugendlichen im Elternhaus, die diese selbst erlebt bzw. bei den Eltern beobachtet haben;
- Arbeitslosigkeit eines Elternteils;
- negatives emotionales Klima in der Familie.

Auch der jeweilige schulische Kontext kann sich als besonders ge-waltfördernd erweisen. Es zeigt sich, „dass vor allem das Sozialklima einer Schule erheblichen Einfluss ausübt: Fehlende Anerkennung bei Mitschüler(innen), etikettierendes und restriktives Verhalten der Lehrkräfte, scharfe Konkurrenz zwischen den Heranwachsenden hängen eng mit ihrem Gewaltverhalten zusammen" (Tillmann u.a. 1999).

Des Weiteren sind verschiedene spezifische schulische Eigenheiten nicht ganz unproblematisch: Die prinzipielle Gehorsamkeits- und Wohlverhaltensanforderungen der Schule und ihrer Lehrkräfte steht im Widerspruch zu den Bedürfnissen der Schülerinnen und Schüler nach Selbstbestimmung, Spaß haben und Ausagieren. Dies führt vor allem dann zu Konflikten, wenn Heranwachsende – insbesondere in der Pubertät – schuldistanzierte und abweichende Identitäten präsentieren und dabei auch Gewaltverhalten zeigen.

Die Klassen- und die Schulgröße hingegen scheint für die Aggres-sion von Jugendlichen kaum bedeutsam. Die pauschale Forderung kleinerer Klassen trägt deshalb kaum zur Aggressionsverhütung bei.

Lösel (2003, S. 5 ff.) weist darauf hin, dass monokausale Erklä-rungsweisen nicht ausreichen würden. Es müssten vielfältige bio-psycho-soziale Einflüsse berücksichtigt werden. So erhöhen z.B. häusliche Gewalterfahrungen das Risiko aggressiven Verhaltens deutlich, der Kreislauf ist aber keineswegs geschlossen. Ein Großteil der Menschen mit solchen Erfahrungen wird nicht gravierend auf-fällig, und umgekehrt kommen viele Gewalttäter aus einem nicht besonders aggressiven Milieu.

Insgesamt kann und darf schulische Gewalt jedoch nicht losgelöst vom Level gesellschaftlicher Gewalt gesehen werden. Ansteigende Gewalt an Schulen steht immer auch in Korrelation mit ansteigender Gewalt in der Gesellschaft.

Selbst wenn man, wie oben dargestellt, nicht davon ausgehen kann, dass, statistisch gesehen, Gewalt in Schulen immer dramatischere Formen annimmt, wobei dies in spezifischen Schulen durchaus der Fall sein kann, ist das jeweils vorfindbare Aggressions- und Gewaltniveau Anlass genug, sich intensiv damit auseinander zu setzen.

Grundsätzliche Fragen

- Gibt es ein gemeinsames Gewaltverständnis der Lehrkräfte?
- Welche Gewalt ist gemeint?
- Wo wird Gewalt verortet?
- Wo taucht Gewalt in welchen Formen auf?
- Von wem geht diese Gewalt aus?
- Von wem wird diese Gewalt als Problem empfunden?
- Ist Gewalt gänzlich tabuisiert?
- Welche Ziele sollen durch Gewalt erreicht werden?
- Welche Funktionen erfüllt Gewalt?
- Welche Alternativen werden angeboten?
- Was wäre anders, wenn die Gewalt nicht vorhanden wäre?
- Woran würde man dies erkennen?

Umsetzung

Der erste Schritt zur Gewaltprävention ist, sich dem Problem Gewalt zu stellen, d.h. anzuerkennen, dass auch in der eigenen Schule Gewalt vorhanden ist und Handlungsbedarf besteht.

Bereits bei der Auseinandersetzung, was als Gewalt in der Schule bzw. der jeweiligen Einrichtung verstanden werden soll, konkurrieren verschiedene Perspektiven und Weltsichten um die Interpretation der vorfindbaren Situation.

Die Materialien in diesem Kapitel wenden sich vor allem an Lehrkräfte und Eltern und sollen notwendige Klärungsprozesse unterstützen.

1. Das Problem erkennen

Als im März 2006 die Lehrkräfte der Rütlischule in Berlin einen Hilferuf in Form eines offenen Briefes verschickten, sprachen viele von einer pädagogischen Bankrotterklärung (M1). In Wirklichkeit war es die Einsicht, Hilfe von Außen zu benötigen, die Probleme nicht mehr alleine bewältigen zu können.

2. Welche und wieviel Gewalt ist sichtbar?

M2 ermöglicht eine erste Zu- und Einordnung verschiedener Phänomene als (eher) Gewalt oder (eher) keine Gewalt. Dies kann mit Hilfe einer Skalierung auf dem Boden und (gemeinsames) Zuordnen der auf Karten übertragenen Begriffe geschehen.

Einen schulspezifischen Gewaltbegriff versucht Horst Kasper zu formulieren (M3). Die dabei definierten Gewaltformen sollten kritisch hinterfragt werden, um daran das eigene Gewaltverständnis zu schärfen.

Die Daten der Deutschen Gesetzlichen Unfallversicherung (M4) verdeutlichen, wie sich das meldepflichtige Gewaltvorkommen an Schulen seit 1995 entwickelt hat und wie dabei nach Schulformen, Alter, Geschlecht und Veranstaltungsform unterschieden werden muss.

Lehrkräfte und Schülerinnen und Schüler haben unterschiedliche Gewaltbegriffe (M5), deren Ursachen und Auswirkungen zu klären wären. Eine Einigung auf ein gemeinsames Grundverständnis von Gewalt wäre erstrebenswert.

3. Gewaltvorkommen/Bestandsaufnahme

Um sinnvolle gewaltpräventive Maßnahmen entwickeln zu können, ist es unabdingbar, eine Bestandsaufnahme der Situation vor Ort durchzuführen (M6, M7) und die erhobenen Daten detailliert (am besten mit externen Fachleuten) auszuwerten. Die Interpretation dieser Daten sowie die daraus zu ziehenden Schlussfolgerungen ist dabei der schwierigste Schritt (vgl. Kap. 2.5).

Grundwissen

4. Risikofaktoren – was begünstigt Gewaltentstehung in der Schule?

M8 thematisiert einen ersten Überblick über Risikofaktoren von Gewalt an Schulen. Diese werden in weiteren Kapiteln dieses Bandes in vielfältiger Weise vertieft und ausdifferenziert.

Für die Schule ist dabei insbesondere die Identifizierung der „hausgemachten" Einflüsse zentral, da hier der Einflussbereich am größten ist. Dabei spielt u.a. das Verhalten der Lehrkräfte sowie die Qualität des Lehrer-Schüler-Verhältnisses eine nicht zu unterschätzende Rolle (M9, ausführlich im Kap. 2.5).

5. Wo und wie Schülerinnen und Schüler Gewalt erleben

Das Ausmaß und die Qualität der Gewalt an Schulen lässt sich nur unter Einbeziehung der Schülerinnen und Schüler feststellen. Diese sollen deshalb über wahrgenommene und/oder erlebte Gewalt berichten (M10, M11). Es ist dabei sinnvoll, alle Klassen einzubeziehen.

Ergänzende Bausteine

2.1 Gewalt
2.4 Jugendgewalt
2.5 Gewaltprävention in der Schule
4.2 Verhalten in akuten Gewaltsituationen

M1 Ein Hilferuf

Lehrer, Eltern

Der Brief der Neuköllner Lehrer

Die Lehrer der Rütli-Hauptschule im Berliner Pro-
blembezirk Neukölln haben im Frühjahr 2006
in einem Brief einen Hilferuf an die Berliner
Senatsverwaltung gesandt, mit Bitte um Weiter-
leitung an den Bezirksbürgermeister Heinz
Buschkowsky (SPD), das Abgeordnetenhaus, den
Migrationsbeauftragten und weitere Verantwort-
liche. Er war auf einer Gesamtkonferenz der
Lehrer einstimmig angenommen worden.

„Wie in der Schulleitersitzung am 21.2.2006
geschildert, hat sich die Zusammensetzung unserer Schülerschaft in den letzten Jahren dahingehend verändert, dass der Anteil der Schüler/
innen mit arabischem Migrationshintergrund
inzwischen am höchsten ist. Er beträgt zurzeit
34,9 %, gefolgt von 26,1 % mit türkischem
Migrationshintergrund. Der Gesamtanteil der
Jugendlichen n.d.H. (nicht deutscher Herkunft)
beträgt 83,2 %. Die Statistik zeigt, dass an unserer Schule der Anteil der Schüler/innen mit
arabischem Migrationshintergrund in den letzten Jahren kontinuierlich gestiegen ist. (...)
In unserer Schule gibt es keine/n Mitarbeiter/
in aus anderen Kulturkreisen. Wir müssen feststellen, dass die Stimmung in einigen Klassen
zurzeit geprägt ist von Aggressivität, Respektlosigkeit und Ignoranz uns Erwachsenen gegenüber. Notwendiges Unterrichtsmaterial wird
nur von wenigen Schüler/innen mitgebracht.
Die Gewaltbereitschaft gegen Sachen wächst:
Türen werden eingetreten, Papierkörbe als Fußbälle missbraucht, Knallkörper gezündet und
Bilderrahmen von den Flurwänden gerissen.
Werden Schüler/innen zur Rede gestellt, schützen sie sich gegenseitig. Täter können in den
wenigsten Fällen ermittelt werden.
Laut Aussage eines Schülers gilt es als besondere Anerkennung im Kiez, wenn aus einer
Schule möglichst viele negative Schlagzeilen
in der Presse erscheinen. (...)

Unsere Bemühungen, die Einhaltung der Regeln
durchzusetzen, treffen auf starken Widerstand
der Schüler/innen. Diesen Widerstand zu überwinden wird immer schwieriger. In vielen Klassen ist das Verhalten im Unterricht geprägt
durch totale Ablehnung des Unterrichtsstoffes
und menschenverachtendes Auftreten. Lehrkräfte werden gar nicht wahrgenommen, Gegenstände fliegen zielgerichtet gegen Lehrkräfte
durch die Klassen, Anweisungen werden ignoriert. Einige Kollegen/innen gehen nur noch
mit dem Handy in bestimmte Klassen, damit
sie über Funk Hilfe holen können.
Die Folge ist, dass Kollegen/innen am Rande
ihrer Kräfte sind. Entsprechend hoch ist auch
der Krankenstand, der im 1. Halbjahr 05/06 höher war als der der Schüler/innen. (...) Einige
Kollegen/innen stellen seit Jahren Umset-
zungsanträge, denen nicht entsprochen wird,
da keine Ersatzkräfte gefunden werden. Auch
von den Eltern bekamen wir bisher wenig
Unterstützung in unserem Bemühen, Normen
und Regeln durchzusetzen. Termine werden
nicht wahrgenommen, Telefonate scheitern am
mangelnden Sprachverständnis. Wir sind ratlos."

30. März 2006
www.kritiknetz.de/brief_der_neukoellner_lehrer.
doc).pdf

- Wie schätzen Sie die Situation ein?
- Was würden Sie als Erstes unternehmen?
- Welche Informationen benötigen Sie, um die
  Situation genau beurteilen zu können?
- Wer könnten Ihre Ansprechpartner sein?

M2 Was ist Gewalt an der Schule?

- ○ Mogeln und Fälschen
- ○ Schwänzen
- ○ Nötigung
- ○ Erpressung
- ○ Drohung
- ○ Hänseln
- ○ Ausgrenzung
- ○ Ärgern
- ○ Beleidigen
- ○ Verspotten
- ○ Klassenbucheintrag
- ○ verbale Provokation
- ○ nonverbale Provokation
- ○ Diebstahl
- ○ Unterrichtsstörung
- ○ Mobbing
- ○ Waffenbesitz
- ○ Zugehörigkeit zu einer Bande
- ○ Schlägerei
- ○ Beschädigung von Schuleigentum
- ○ ständiges Zu-Spät-Kommen
- ○ Alkoholmissbrauch
- ○ Schutzgelderpressung
- ○ Körperverletzung
- ○ Sachbeschädigung
- ○ Graffiti
- ○ sexuelle Anmache
- ○ Schlagen
- ○ sexuelle Nötigung
- ○ Schreien
- ○ Verletzen
- ○ Diskriminieren
- ○ Einsperren
- ○ Androhung von Strafe
- ○ physischer Krafteinsatz
- ○ Unterbindung von Interaktion

- • Welche Handlungen stufen Sie als (mehr oder weniger) gewalthaltig ein?

- • Wie würden andere Gruppen (Schüler, Lehrkräfte, Eltern, Hausmeister usw.) die Handlung zuordnen?

- • Welcher Gewaltbegriff (eng oder weit) kommt bei der Einteilung zum Ausdruck?

- • Wie könnten die verschiedenen Formen von Gewalt eingeteilt werden (z.B. psychisch, physisch, institutionell, strukturell)?

- • Mit welchen anderen Begriffen könnte die Handlung anstelle von „Gewalt" auch benannt werden (z.B. Störung, unakzeptable Lautstärke, Frechheit ...)

- • Wie könnte man Gewalt definieren: Gewalt ist für mich ...?, Gewalt in der Schule ist ...?

M3 Formen der Gewalt an Schulen

Lehrer, Eltern

Körperliche Gewalt

- Körperliche Angriffe
- Bedrohung, Erpressung
- Waffenbesitz
- Sexuelle Übergriffe
- Vandalismus, Schaden an frem-
  dem Eigentum

Seelische Gewalt

- Beschimpfungen
- Soziale Ausgrenzung
- Hänseln, Verspotten, Ärgern,
  „Niedermachen"
- Herausfordern, Provokation mit
  und ohne Worte

Gewalt gegen Schulautorität

- Massive Unterrichtsstörung
- Mogeln und Fälschen
- Schwänzen
- Hausaufgaben „vergessen"
- Arbeitsverweigerung, passiver
  Widerstand

Gewalt durch die Schule
(Strukturelle Gewalt, Missbrauch
der Autorität)

- Willkürliche, ungerechte
  Notengebung
- Willkürliche, ungerechte oder
  maßlose Bestrafung
- Entwürdigende Behandlung der
  Kinder

Horst Kasper: Prügel, Mobbing, Pöbeleien. Kinder gegen Gewalt in der Schule stärken. Berlin 2003, S. 24.

Zur Diskussion
- Stimmen Sie mit dieser Einteilung überein?
- Würden Sie „Mogeln und Fälschen" auch als „Gewalt" bezeichnen?
- Wie scharf/unscharf ist der verwendete Gewaltbegriff?
- Welche Arten von Gewalt in der Schule werden aufgegriffen, welche nicht?

- Wenn „Hausaufgaben vergessen" auf Schülerseite als Gewalt bezeichnet wird, wie ist dann eine permanente „mangelnde Unterrichtsvorbereitung" auf Lehrerseite zu bezeichnen?

M4 Raufunfälle an Schulen 1995-2007

Lehrer, Eltern

	1995	2000	2005	2006	2007
Raufunfälle nach Schulart (absolut)					
Grundschulen	21.832	21.296	18.717	17.112	18.672
Hauptschulen	47.900	50.332	34.828	31.881	28.618
Sonderschulen	6.189	8.951	7.765	8.165	7.432
Realschulen	21.631	26.322	17.919	18.038	19.912
Gymnasien	14.793	14.342	11.809	12.842	14.068
Insgesamt	112.345	121.243	91.037	88.038	88.704
Raufunfallrate nach Schulart (je 1.000)					
Grundschulen	5,93	6,20	5,95	5,36	5,91
Hauptschulen	42,09	46,67	32,15	30,98	30,01
Sonderschulen	15,21	20,99	18,56	19,99	18,59
Realschulen	19,81	19,03	12,88	13,33	15,18
Gymnasien	6,91	6,57	5,03	5,35	5,95
Insgesamt	13,28	14,26	10,86	10,50	10,84
Raufunfallrate nach Geschlecht (je 1.000)					
Jungen	18,49	19,78	15,04	14,72	15,28
Mädchen	7,94	8,60	6,38	6,17	6,26
Raufunfallrate nach Alter (je 1.000)					
Unter 11 Jahre	7,90	8,44	7,28	6,65	7,41
11 – 15 Jahre	20,17	21,42	14,88	14,79	15,20
über 15 Jahre	11,45	11,34	9,19	9,46	8,87
Raufunfallrate nach Art der Veranstaltung (je 1.000)					
Unterricht	0,93	1,02	1,27	1,45	1,49
Sport und Spiel	2,88	2,89	2,17	2,36	2,28
Besondere Veranstaltung	0,27	0,41	0,31	0,28	0,26
Pause	7,13	7,46	5,52	4,87	5,11
Aufenthalt innerhalb der Schulanlage	0,94	1,17	0,75	0,81	0,96
Weg außerhalb der Schulanlage	0,01	0,03	0,03	0,01	0,02
Schulweg	1,11	1,22	0,79	0,69	0,68

Deutsche Gesetzliche Unfallversicherung u.a. (Hrsg.): Achtung in der Schule. Informationen zur Gewaltprävention für Lehrkräfte und Eltern. St. Augustin 2009. www.achtung-in-der-schule.de

113

M5 **Sichtweisen**

Lehrer, Eltern

Einschätzung von Verhaltensweisen als „Gewalt"
aus verschiedenen Sichtweisen der am Schulleben Beteiligten in Bochum (in Prozent)

	Schulleiter	Lehrer, Hausmeister	Sekretärinnen	Schüler	Kl. 7-13	Eltern
Bedrohen mit einer Waffe	97,3	100	66,7	100	86,4	99,0
Erpressung: Jemanden zur Herausgabe einer Sache zwingen	96,4	99,4	66,7	100	84,4	97,9
Vandalismus am Schulinventar	94,6	97,5	76,2	95,7	78,6	97,9
Zerstören oder Entwenden fremden Eigentums	92,8	95,7	76,2	82,6	75,4	93,8
Raufen/Prügeln mit Verletzungen	64,0	68,9	33,3	43,5	**	67,0
„Spaßkloppe": Körperkräfte messen	15,3	13,0	38,1	4,3	30,6	12,4
Verbale Aggression: Beleidigungen unter Schülern	63,1	62,7	57,1	30,4	30,3	32,0
Verbale Aggression: Beleidigungen von Lehrern durch Schüler	55,9	52,2	33,3	21,7	22,3	38,1
Verbale Aggression: Abfällige Bemerkungen eines Lehrers über Schüler	64,0	62,1	38,1	43,5	39,5	50,5
Drohungen: Lehrer droht mit schlechten Noten	56,8	50,3	19,0	34,8	37,7	46,4

** *Item ist im Schülerfragebogen nicht enthalten*

*Schwind/Roitsch/Gielen, Gewalt in der Schule aus
der Perspektive unterschiedlicher Gruppen 1999 (2),
S. 86, Übersicht 2. Zitiert nach: Tanja Pröhl: Gewalt
an Schulen im Vergleich. Deutschland – USA. Tübinger
Schriften und Materialien zur Kriminologie. Band 11.
Tübingen 2006, S. 32.*

M6 Checkliste Bestandsaufnahme

Lehrer, Eltern

1. Warum soll eine Bestandsaufnahme gemacht werden? Welcher Erkenntnisgewinn wird angestrebt?

2. Sind Erhebungen anderer Schulen bekannt und zugänglich?

3. Sind Kennziffern zur Situation in der Schule bereits vorhanden? Von wem stammen sie, wann wurden sie erhoben?

4. Was soll genau erhoben werden? Welcher Gewaltbegriff wird verwendet (vorgegeben)?

5. Welche Dimensionen sollen erfasst werden (Handlungen, Einstellungen, Emotionen …)?

6. Welches Erhebungsverfahren wird ausgewählt (Befragung, Beobachtung usw.)?

7. Wie kann vermieden werden, dass eigene Vorannahmen die Ergebnisse zu stark beeinflussen?

8. Soll das Erhebungsverfahren wissenschaftlichen Kriterien entsprechen oder Alltagseindrücke vermitteln?

9. Wer wird einbezogen: Schüler, Lehrkräfte, Schulleitung, Eltern, Hausmeister, Busfahrer etc.?

10. Werden für die verschiedenen Gruppen und Klassenstufen jeweils eigens formulierte Fragebögen verwendet?

11. Wie und von wem werden die Fragen formuliert? Handelt es sich um offene Fragen oder geschlossene Fragen?

12. Wird Vergleichbarkeit mit anderen Schulen, anderen Untersuchungen angestrebt?

13. Soll die Erhebung selbst oder extern durchgeführt werden?

14. Wie sollen die Ergebnisse ausgewertet werden? Wer wertet sie aus?

15. Wozu werden die Ergebnisse verwendet? Wem werden sie zugänglich gemacht?

16. Mit wem werden die Ergebnisse diskutiert?

17. Soll die Erhebung in größeren Abständen wiederholt werden?

M7 Gewalt erfassen

Gewalt an Schulen erfassen

Gewalt an Schulen kann auf verschiedene Art und Weise erfasst werden: Durch gezielte Beobachtung, durch Erhebungen, Fragebögen, Interviews usw.

Das Kriminologische Forschungsinstitut Niedersachsen (Rabold/Baier/Pfeiffer, 2008, S. 7) schlägt folgende Themenkreise für eine Bestandsaufnahme vor:

1. **Sicherheitsgefühl**
   - auf dem Schulweg
   - während der Pausen
   - in den Sanitärräumen
2. **Schulbindung**
   - z.B.: „An meiner Schule gefällt es mir wirklich gut."
3. **Interventionsbereitschaft der Lehrkräfte**
   - z.B. „Unsere Lehrer greifen ein, wenn es unter Schülern zu Gewalt kommt."
4. **Mehrfachschwänzerrate**
   - Zahl der Schülerinnen und Schüler, die oft unentschuldigt vom Unterricht fern bleiben.
5. **Schulgewaltrate**
   - Zahl der Gewaltvorkommnisse

6. **Rate an Mobbingtätern**

7. **Gewaltrate außerhalb der Schule**

8. **Diebstahlrate**

9. **Rate vandalistischer Täter**

10. **Alkoholkonsum**

11. **Cannabiskonsum**

Befragung von Schülerinnen und Schülern

Das Internetangebot „Gewalt an Schulen" stellt Fragen, deren Antworten auf Skalen zugeordnet werden:

Wie empfindest du das Klima an deiner Schule?
- ○ freundlich/friedlich
- ○ locker/entspannt
- ○ hektisch/angespannt
- ○ aggressiv/gewalttätig

Wie fühlst du dich an deiner Schule?
(1=oft, 2=manchmal, 3=selten, 4=nie)

	1	2	3	4
sicher	○	○	○	○
wohl/gut	○	○	○	○
zufrieden	○	○	○	○
gestresst	○	○	○	○
ängstlich	○	○	○	○
gefrustet	○	○	○	○
unzufrieden	○	○	○	○
gelangweilt	○	○	○	○
bedroht	○	○	○	○

www.gewalt-an-Schulen.de

Weitere Fragekreise:
- Unterrichtsbezüge: Gibt es Fächer, in denen aggressives Verhalten besonders oft vorkommt?
- Orte: Welche Orte sind besonders gewaltbelastet?
- Personen: Welche Personen treten besonders als Täter/Opfer in Erscheinung?
- Ursachen: Worin werden von den Schülern, Lehrkräften, Eltern die Ursachen für die Gewalt gesehen?

M8 **Risikofaktoren**

Lehrer, Eltern

Risikofaktoren für Gewalt an Schulen

Persönliche Faktoren

- Gewalterfahrungen im Elternhaus
- Mitglied in einer Gruppe, die Gewalt akzeptiert
- Distanz zu gesellschaftlichen Normen und Werten
- schwaches Selbstwertgefühl
- mangelnde sprachliche Kompetenz
- übermäßiger „gewalttätiger" Medienkonsum

Gesellschaftliche Faktoren

- öffentliches Klima, das Gewalt nicht eindeutig verurteilt und bestraft
- fehlende Zukunftsperspektiven
- mangelnde Chancen der Lebensgestaltung
- überhöhte Leistungsanforderungen und Konkurrenz
- anregungsarme Wohn- und Spielumwelt
- Schule als Instrument der Zuteilung von Lebenschancen

Innerschulische Faktoren

- mangelnde pädagogische Qualität
- inkompetentes Verhalten der Lehrkräfte
- aggressives Lehrerverhalten
- Burnout-Symptomatik bei Lehrkräften
- schlechtes soziales „Betriebsklima"
- mangelnde Akzeptanz und Anerkennung
- zu starke Betonung von Aspekten der Wissensvermittlung
- Fehlen von Instrumenten der Konfliktbearbeitung
- Distanz zu schulischen Werten
- Schulversagen, mangelnde Förderung
- mangelnde Partizipationsformen
- Schlechte Qualität der Lehrer-Schüler-Beziehungen
- Keine positive Schulkultur
- Schlechter Zustand der Gebäude und unzureichende Ausstattung

M9 Gewaltförderndes Lehrerverhalten

Lehrer, Eltern

Inkompetentes Verhalten

Ein wichtiger Risikofaktor für die Entstehung von Gewalthandlungen in der Schule ist ein pädagogisch inkongruentes und inkompetentes Verhalten von Lehrkräften. Hierzu gehören:

- Schlechte Unterrichtsqualität;
- überwiegend strafendes Verhalten in der Klassenführung von Lehrkräften;
- keine ausreichende Würdigung von prosozialem Verhalten von Schülern;
- keine Stärkung von Eigenverantwortung der Schüler für ihr Verhalten;
- unklare Regeln und Erwartungen bezüglich des wünschenswerten Verhaltens;
- wenig Hilfestellung für Problemschüler;
- aggressives und entwürdigendes Verhalten von Lehrkräften;
- Uneinigkeit und mangelnde Abstimmung unter den Lehrkräften im Kollegium.

Ein langweiliger und methodisch einseitig durchgeführter Unterricht, der zusätzlich noch Themen beinhaltet, die an der Lebenswirklichkeit von Schülerinnen und Schülern vorbeigehen, provoziert demnach Aufbegehren, Störungen und Aggressivität.

Aggressives Verhalten

Lehrkräfte können durch eigenes aggressives Verhalten bei den Schülerinnen und Schülern Gewaltreaktionen auslösen.

Gespanntes Betriebsklima im Kollegium

Eine wesentliche Rolle als schulinterner Risikofaktor für Gewalt spielt ein gespanntes und konfliktgeladenes Betriebsklima im Kollegium.

Schlechte Qualität der Lehrer-Schüler-Beziehung

Je schlechter die Qualität menschlicher Beziehungen zwischen Lehrern und Schülern ist, desto geringer ist die Identifikation der Schüler mit ihrer Schule und desto geringer auch ihre Motivation und Leistungsbereitschaft.

Burnout-Symptomatik bei Lehrkräften.

Die Berufsgruppe der Lehrer weist im Vergleich zu anderen Berufsgruppen ein höheres Maß an Gesundheitsgefährdung vom Typ des Ausgebranntseins, der Erschöpfung und Resignation auf. Ausgebrannte Lehrkräfte neigen im Unterricht und Schulleben zu problematischen Verhaltensweisen, die sich auf die Schülerschaft negativ, d.h. gewaltfördernd auswirken:

- Gereizte Reaktionen oder Nörgeleien;
- sinkende Bereitschaft, den Schülern, bereitwillig und geduldig zuzuhören;
- Distanz zur Schülerschaft;
- Tendenz zu einer rigiden und unflexiblen Haltung;
- vermehrte Konflikte wegen Kleinigkeiten;
- eine Neigung zu negativen Stereotypisierungen und pauschalen Urteilen;
- Ungeduld, Nervosität und Misstrauen;
- zynische und sonstwie verletzende Äußerungen;
- mehr oder weniger bewusste Vermeidung des Kontakts zu manchen Schülern.

Diese Verhaltensweisen ziehen oft Aggressions- und Gewalthandlungen von Schülerinnen und Schülern nach sich.

Vgl. Klaus Hurrelmann/Heidrun Bründel: Gewalt an Schulen. Pädagogische Antworten auf eine soziale Krise. Weinheim und Basel 2007, S. 104 ff., Auszüge.

M10 Das habe ich schon erlebt

Unterricht

Beschreibe zu jedem Bild:

- Was geschieht hier?
- Hast du selbst schon etwas Ähnliches erlebt oder beobachtet?

- Kommt so etwas häufiger vor?
- Warum geschieht dies?

M11 **Schul-Check**

Wenn ich an unsere Schule denke, dann ...

Das gefällt mir an unserer Schule:

Das ärgert mich:

Das macht mir Angst:

Das würde ich gerne anders haben:

Jugendliche in Krisensituationen

Kinder und Jugendliche durchleben vielfältige Krisensituationen, die sie auf unterschiedliche Weise bewältigen und verarbeiten können. Destruktive Bewältigungsversuche, wie Essstörungen, Selbstverletzungen, Selbsttötungen, Suchtmittel u.a. erfordern ein Eingreifen. Das Resilienzkonzept zeigt Wege, wie Persönlichkeiten gestärkt werden können.

Krisensituationen

Warum fühlen sich so viele Kinder überfordert?

Spitzer: Wir Erwachsene neigen dazu, an Kindern nur die Schwächen zu sehen. Man reitet darauf herum, was sie nicht oder noch nicht können. Das erzeugt bei ihnen Stress. Auch in der Schule geschieht das viel zu häufig. Deshalb wird die Schule von vielen Kindern als Stress erlebt und nicht als Ort, an dem mit ihren Stärken gearbeitet wird – und an dem sie Neues lernen können. Genau dadurch macht jedoch das Lernen überhaupt erst Spaß.
Manfred Spitzer, Hirnforscher, in: Südwest Presse, 22.7.2008, S. 4.

Konflikt- und Krisensituation gehören zu den Zumutungen des menschlichen Lebens und sind oft mit sog. Schwellensituationen verbunden, d.h. mit Übergängen vom Kind zum Jugendlichen, vom Jugendlichen zum Erwachsenen, von Schule zum Beruf oder aber auch mit plötzlichen eher schicksalhaften Ereignissen wie schweren Krankheiten, Unfällen oder Tod in der Familie.

Krisensituationen sind existentielle Konflikte, die subjektiv als äußerst belastend erlebt werden. Die meisten Kinder und Jugendlichen sind davon betroffen und die meisten können trotz allem erstaunlich gut damit umgehen. Doch nicht alle erleben Krisensituationen als Herausforderung und können sie bewältigen. Viele erleben sie auch als Überforderung, verbunden mit dem Gefühl der Ausweglosigkeit, und sind dringend auf Unterstützung und Hilfe angewiesen. Das Leben erscheint bei einer Zuspitzung der Krise oder mangelnder Bearbeitung und Unterstützung plötzlich ohne Sinn und Perspektive.

Lebenskritische Ereignisse – Eine Rangfolge
Jugendliche, 16-18 Jahre

Miterlebt, dass Oma oder Opa gestorben ist	(1-2)	64 %
Erlebt, dass ein Haustier stirbt	(1-2)	64 %
Schwere Krankheit in der Familie erlebt	(3)	59 %
Umzug der Familie an einen anderen Ort	(4)	53 %
In der Schule „sitzen" geblieben	(5)	32 %
Eigene schwere Krankheit gehabt	(6)	31 %
Selbst einen Verkehrsunfall gehabt	(7)	24 %
Trennung oder Scheidung der Eltern miterlebt	(8)	19 %

Jürgen Zinnecker u.a.: null zoff & voll busy. Die erste Jugendgeneration des neuen Jahrhunderts. Opladen 2002, S. 101.

Merkmale der Jugendzeit

Jugend ist heute äußerst vielschichtig und nicht als Einheit zu verstehen (vgl. Hafenecker 2008, S. 93). Sie beginnt mit ca. zwölf Jahren und geht oft bis Mitte zwanzig. Sie ist für die meisten Jugendlichen zu einer Zeit der Schul- und Ausbildung geworden und dadurch eine verschulte Zeit. Jugendliche werden biologisch und sozio-kulturell früh erwachsen, sind jedoch sozio-ökonomisch von den Eltern oder staatlichen Leistungen abhängig. Die Gleichaltrigengruppe ist die primäre Gesellungsform und hat zentrale Bedeutung für Entwicklung und Orientierung Jugendlicher. Medien und Jugendkultur sind heute leitende Sozialisationsfaktoren, denn Jugendwelt ist immer auch Medienwelt. Bildungsabschlüsse bedeuten für die heutige Jugend noch keinen Arbeitsplatz oder sichere Zukunftsperspektiven. Risiken und Unsicherheiten begleiten die Jugendzeit, denn die Jugendzeit ist lang.

Jugendliche Enwicklungsaufgaben

Die Besonderheiten des Jugendalters liegen in den vielfältigen Veränderungen und Umbrüchen. Wandel ist das eigentliche Merkmal und Thema des Jugendalters. Anstehende Entwicklungsaufgaben beinhalten Lernthemen, in denen Jugendliche gesellschaftliche Erwartungen, physische Reifungsvorgänge und individuelle Zielsetzungen miteinander verbinden müssen. Dabei geht es um die produktive Bewältigung vielfältiger Veränderungen und Aufgaben (vgl. Schmidtchen 2003, S. 30 ff.):

- **Freundschaftliche Beziehungen:** Freundschaften schließen können, differenzierte Rollenanforderungen von Peergruppen erfüllen und sexuelle Partnerschaften eingehen.
- **Akzeptanz der veränderten Körperlichkeit und Erwerb von sexuellen Kompetenzen:** Das wichtigste biologische Kennzeichen des Jugendalters ist die körperliche Reifung zur erwachsenen Frau und zum erwachsenen Mann. Sie erfordert die Konstruktion eines sexualitätsorientierten Selbstbildes.
- **Schulabschluss und Vorbereitung auf die berufliche Laufbahn:** Erwerb von Schulabschlüssen. Anpassung an Erfordernisse des Arbeitsmarktes. Bewältigung von vergeblichen Bewerbungen um Ausbildungs- und Arbeitsplätze.
- **Bildung einer Identität, Weltanschauung und Zukunftsperspektive:** Zur Identitätsbildung gehört auch der Erwerb einer Weltanschauung und die Besinnung auf Werte, die als Richtschnur des Verhaltens dienen sollen. Die Entwicklung stabiler beruflicher und familienbezogener Zukunftsperspektiven ist jedoch wegen der schnellen gesellschaftlichen Änderungen schwierig.

Konflikte sind nötig

Konflikte sind für den Umgestaltungsprozess nötig. Wenn Eltern sich nicht einmischen, nicht protestieren, nicht auf die Barrikaden steigen und um den Erhalt ihrer Vorstellungen kämpfen, also keinen Gegenpol bieten, von dem man sich abgrenzen kann, muss der Jugendliche den Kampf, um weiterzukommen, mit sich selbst führen. Stoßen seine Übergriffe nicht auf Widerstand, (...) müssen seine Provokationen immer schärfer, d.h. automatisch immer gefährlicher und nachhaltig riskanter werden.
Gabriele Haug-Schnabel/ Nikolas Schnabel: Pubertät – Eltern-Verantwortung und Eltern-Glück. 2. Aufl., Ratingen 2008, S. 26.

©2010, Institut für Friedenspädagogik Tübingen e.V. – WSD Pro Child e.V.

Wie Kinder und Jugendliche Krisensituationen erleben

„Da meine Eltern sich letzten Sommer getrennt haben, lebe ich jetzt mit meiner Mutter und Schwester allein. Ich wünsche mir von ganzem Herzen, dass meine Eltern sich wieder versöhnen."
Mädchen, 11 Jahre, Gymnasium

„Ich bin kleben geblieben. Ich muss also das 9. Schuljahr wiederholen. Und das ist Scheiße für mich. Ich zeige das nicht, aber innerlich tut es mir voll weh."
Junge, 15 Jahre, Hauptschule

„Vor einigen Tagen ist mein Vater verstorben und es reißt einem die Beine unter dem Körper weg. Meine Mutter und ich sind nun allein. Alles wird anders. Nichts ist wie vorher."
Mädchen, 18 Jahre, Berufskolleg

„Ich bin in der 9. Woche schwanger. Der leibliche Vater will mit dem Kind nichts zu tun haben. Meine Familie weiß nichts von meiner Schwangerschaft, ich habe Angst, es ihnen zu sagen."
Mädchen, 18 Jahre, Berufskolleg

Jürgen Zinnecker u.a.: null zoff & voll busy. Die erste Jugendgeneration des neuen Jahrhunderts. Opladen 2002. S. 101 ff.

• **Loslösung von den Eltern:** Da für die meisten Jugendlichen aus finanziellen Gründen eine äußere Loslösung von den Eltern nicht möglich ist, kann der Weg zur Eigenständigkeit nur in Form einer „inneren Trennung" gegangen werden. Ziel dieser psychosozialen Trennung ist die Asymmetrie der bisherigen Eltern-Kind-Beziehung in Richtung auf eine gleichgewichtige Partnerschaft zu verändern.

Jugendliche gehen bei diesen Entwicklungen oft in deutliche Distanz bis zur bewussten Abgrenzung zur Erwachsenenwelt. Sie sprengen Tabus, provozieren, um festzustellen, was erhaltenswert ist, und fallen negativ auf, um wahrgenommen zu werden. Gabriele Haug-Schnabel (2008, S. 17) weist darauf hin, dass sich in der Pubertät bei Jugendlichen ein neues Selbstverständnis entwickelt, bei dem sie zu sich finden. Dabei werden wichtige Teile des Gehirns noch einmal massiv umgebaut und dadurch die Voraussetzungen für selbständiges Denken, Planen und Handeln gewonnen. „Verbundenheit in Autonomie" sei das Entwicklungsziel.

Bereits die „normalen" Entwicklungsaufgaben stellen eine große Herausforderung dar. So klagt z.B. jede fünfte Schülerin bzw. jeder fünfte Schüler über Stress in der Schule, und jede Dritte/ jeder Dritter berichtet von Versagensängsten in der Schule (Kinderbarometer 2008, S. 186). Kommen weitere Belastungen durch lebenskritische Ereignisse hinzu, geraten viele Jugendliche an die Grenzen ihrer Verarbeitungs- und Bewältigungskapazitäten. Dann sind vielfältige Unterstützungs- und Bewältigungsangebote notwendig, damit nicht auf destruktive Strategien zurückgegriffen werden muss.

Destruktive Bewältigungsstrategien

Grundwissen

Essstörungen

Nach Schätzungen von Experten leiden fast vier Prozent aller 15- bis 35-Jährigen unter Magersucht (Anorexia nervosa) oder Bulimie, der Anteil der Frauen unter ihnen ist höher als 95 Prozent (Kailitz 2007, S. 7). Während Magersüchtige versuchen abzunehmen, indem sie das Essen einstellen, kompensieren Bulimiker die Nahrungsaufnahme, indem sie erbrechen. Im Laufe ihrer Krankheitsgeschichte wechseln bei vielen Betroffenen anorektische und bulimische Phasen.

Das Modeideal der schlanken Figur beeinflusst gerade junge Mädchen stark. Sogenannte „Pro-Ana-Angebote" im Internet verharmlosen die Erkrankung und bestärken die anorektische Persönlichkeiten in ihrer sozialen Isolation. Selbstzerstörerisches Fühlen, Denken und Handeln wird dabei als anzustrebender Lebensstil gerechtfertigt. Durch solche Foren fühlen sich Betroffene ermutigt, weiter an der Essstörung festzuhalten und sie positiv zu erleben (vgl. BPJM-Aktuell 2/2008).

Obwohl die Erkrankung geheilt werden kann, geht sie immer wieder auch tödlich aus. Etwa zehn Prozent der Magersüchtigen sterben an den Folgen ihrer Krankheit, viele Betroffene brauchen jahrelange therapeutische Betreuung (Kailitz 2007, S. 7).

Experten sehen in Magersucht und Bulimie den Versuch der Betroffenen, Fremdbestimmung abzuwehren. Die Kontrolle über die Nahrungsaufnahme ist das Einzige, was ihnen bleibt, wenn alle anderen Lebensbereiche von außen bestimmt werden. Viele Betroffene haben außerdem das Gefühl, nur dann „dazuzugehören", wenn sie einem bestimmten Ideal entsprechen.

Helfen kann nur eine Therapie. Dabei geht es vor allem darum, die falsche Körperwahrnehmung der Betroffenen aufzulösen. Die meisten von ihnen leiden an einer sog. Körperschemastörung und sind nicht in der Lage, ihren Körper so zu sehen, wie er wirklich ist.

„Die 10 Gebote"
1. Wenn ich nicht dünn bin, bin ich nicht attraktiv!
2. Dünn sein ist wichtiger als gesund sein.
3. Ich muss alles tun, um dünner auszusehen!
4. Ich darf nicht essen ohne mich schuldig zu fühlen!
(...)
http://lostmywings.wordpress.com/2007/07/16/pro-ana-ein-leben-auf-der-waage/

Magermodels
Die britische „Vogue"-Chefin Alexandra Shulman ruft in einem Brief an die Modefirmen Prada, Versace und Co. zum Umdenken auf. Modezeitschriften seien gezwungen Models mit „hervorstehenden Knochen und ohne Busen oder Hüfte" zu engagieren, weil die Kleidungsstücke die die Designer den Hochglanzmagazinen für Fotoshootings zuschicken, winzig seien. Die Maße der Kleidungsstücke seien „deutlich kleiner" geworden. Die „Vogue" sehe sich inzwischen gezwungen, die Fotoaufnahmen zu retuschieren und am Computer die Körperfülle der Mädchen zu verändern, damit sie dicker und gesünder aussehen.
Die Welt, 15.6.2009, S. 28.

Anorexia nervosa: das Krankheitsbild
- Fehlender Kontakt zum Körper und dessen Bedürfnissen.
- Der Körper wird als Feind erlebt und bekämpft.
- Ständiges Wiegen und sich zu dick fühlen.
- Der Kopf kontrolliert und steuert.
- Kontrolle vermittelt das Gefühl, autonom und selbständig zu sein.
- Manchmal übertriebene Sparsamkeit und extremer Reinlichkeitssinn, Ablehnung jeglicher lustbetonter Betätigung, eine ausgesprochene spartanische Lebensweise.
- Rückzugsverhalten.
- Schwarzweißdenken und depressive Verstimmungen.
- Ritualisiertes Essverhalten.
- Extrem langsames Essen, extrem heiß oder kalt essen.
- Verzehr von Baby- oder Kindernahrung, breiige Kost.
- Bevorzugung von kalorienarmen Nahrungsmitteln und Getränken, meist sehr einseitige Nahrungsauswahl.
- Essen vortäuschen, kauen und ausspucken.
- Kochen, backen, Rezepte sammeln und andere zum Essen animieren.
- Vieles im Stehen machen.
- Sich Kälte aussetzen.
- Exzessiv Sport treiben.
- Tragen von schweren Taschen/Rucksäcken.
- Die Betroffenen verweigern sich über lange Zeit, sich ihre Krankheit einzugestehen.

www.bzga-essstoerungen.de

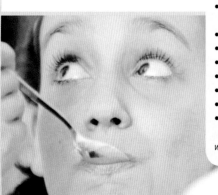

Wieder Blut ...
Ich hab es mal wieder nicht geschafft ES nicht zu tun. Ich bin ein dummer Mensch. Warum schaffe ich das nicht? Bin ich zu blöd dazu? Läuft da irgendwas in meinem Hirn nicht richtig, oder wie? Ich hasse es. Ich hab schon ne Psychotante, gehe aber nicht hin, aus Angst ... ich finde mich so dumm. Naja shit happens.
Krama 1. In: www.versteckte-scham.de/community/forum?func=view&catid=9&id=5952#6183

Selbstverletzungen

Selbstverletzendes Verhalten tritt in verschiedenen Formen auf: Schneiden mit Rasierklingen und Messern, Ritzen der Haut, Beißen in die Hände, Verbrühungen, Verbrennungen mit Zigaretten oder Bügeleisen, Abbeißen der Fingerkuppen, exzessiver Sport, usw. wobei „Ritzen" vor Verbrennen und Schlagen angewendet wird.

Ulrich Sachsse (2002, S. 35) sieht als Leitsymptom die Selbstschädigung der Haut. Selbstverletzendes Verhalten ist eine Form der Autoaggression und in verschiedenen Kontexten zu beobachten (May o.J.):

- Suizidalität und deren Versuche.
- Kulturell gebilligte selbstverletzende Verhaltensweisen (Genitalbeschneidungen, Schönheitsoperationen, Tätowierungen, Piercings etc.).

- Indirekte Selbstschädigungen (vorgetäuschte Störungen, um medizinische oder psychologische Aufmerksamkeit zu erzeugen).
- Versteckte Formen der Selbstbeschädigung (heimliche körperliche Manipulationen, die Verletzungen/Krankheiten zur Folge haben).
- Selbstverstümmelungen im Rahmen von schweren Psychosen und Schizophrenien, „epidemisch" auftretende Selbstverletzungen in Heimen oder psychiatrischen Stationen.

Selbstverletzendes Verhalten taucht häufig im Zusammenhang mit Missbrauchserfahrungen, Traumatisierungen, Körperschema- und Zwangsstörungen verstärkt in der Pubertät auf. Für Deutschland werden die Zahlen mit ca. 0,5-1,5 Prozent der Bevölkerung angeben. Frauen sind erheblich häufiger betroffen als Männer. Der Beginn der Krankheit liegt schwerpunktmäßig zwischen dem 12. und 15. Lebensjahr (vgl. www.wikipedia.de).
Bevorzugte Körperteile bei Selbstverletzungen sind Unterarme, Oberschenkel, Brust- und Bauchbereich, sowie das Gesicht. Die meisten betroffenen Frauen berichten von partieller oder totaler Schmerzunempfindlichkeit während der Verletzungshandlung (vgl. May o.J.).
Die unmittelbar nach der Verletzung empfundenen Gefühle werden überwiegend als positive und rasche Entlastung, Spannungsminderung, einem „sich-geistig-wieder-klarer–fühlen", sowie einer Hebung der Stimmungslage und des Selbstwertgefühls nach dem Akt der Selbstverletzung beschrieben. Daneben hat die Handlung Appellcharakter, aber auch den Charakter von Selbstbestrafung und dient zur Kontrolle des seelischen Schmerzes.
Selbstverletzung kann ansteckend sein. Lehrkräften rät Sachsse (2005), das Symptom Selbstverletzung grundsätzlich anzusprechen, aber nicht darauf „herumzureiten". Notsignale von Jugendlichen müssten erkannt und im Zweifelsfall mit Fachleuten besprochen werden. Andererseits sei selbstverletzendes Verhalten bei vielen Jugendlichen eine Phase, die ein viertel- oder ein halbes Jahr andauere und dann nicht wiederkehre.

Ein Schnitt

Am Anfang ist immer der Hass gegen einen selber. Ob man lebt oder tot ist, was spielt das für eine Rolle? Was bringt es noch zu sein? Alles gleichgültig. Ein Schnitt, ein Schmerz, schliesslich das Blut, dabei die Erleichterung, alles wird gut.
Anna
www.rotetraenen.de/?main =voneuch&sub=gedichtlesen &id=122

Grundwissen

©2010, Institut für Friedenspädagogik Tübingen e.V. – WSD Pro Child e.V.

Grundwissen

Biopsychosoziale Risikofaktoren*

Biologische
- Unterschiede im Tempo der Puber-
  tätsentwicklung (beschleunigt oder
  verlangsamt)
- Chronische körperliche Erkrankungen
  (am häufigsten: Asthma, Kopfschmerzen, Hautallergien)

Familiäre
- Schlechte Beziehung der Eltern zu
  den Jugendlichen
- Allein erziehendes Elternteil

Sozioökologische
- Ablehnung durch Gleichaltrige
- Misserfolg in Schule und Beruf
- Armut

Personale
- Suizidale Verhaltenstendenz
- Aggressiv-dissoziale Verhaltens-
  tendenz
- Tendenz zum Alkohol- und
  Drogenmissbrauch

*Risikofaktoren werden als multidimensionale Verursachungsbedingungen für psy-
chische Probleme bzw. Störungen angesehen, die zur Ausbildung von problematischen
Verhaltensmustern führen können.
*Vgl. Stefan Schmidtchen: Plädoyer für eine eigenständige Jugendlichentherapie. In: Hans-Peter
Michels/Michael Borg-Laufs (Hrsg.): Schwierige Zeiten. Beiträge zur Psychotherapie mit Jugend-
lichen. Tübingen 2003, S. 32 ff.*

Destruktive Bewältigungsstrategien

Rückzug (Depressive Verarbeitung)
wendet sich gegen sich selbst

Internalisierte Verarbeitung u.a. durch
- Rückzug, Isolation
- Angstzustände, Depression
- Psychosomatische Beschwerden
- Rauschmittel und Drogen
- Selbstverletzendes Verhalten
- Essstörungen
- Suizidversuche

Kampf (Aggressive Verarbeitung)
wendet sich gegen andere

Externalisierte Verarbeitung durch
- Flucht, Ausreißen, Abhauen
- Verhaltensauffälligkeiten
- Vandalismus ...
- Aggressivität und Gewalt

Selbsttötungen

In Deutschland sind im Jahr 2006 9.765 Menschen durch Suizid zu Tode gekommen. Das sind mehr als durch Verkehrsunfälle (4.659) Drogen (1.296) und Gewalttaten (804) zusammen, obwohl die Zahl der Selbsttötungen seit Mitte der 1980er Jahre zurückgeht. Männer begehen fast drei mal häufiger Suizid als Frauen. In Bayern sind die Sterbefälle durch Suizid mit 13,3 pro 100.000 Einwohnern doppelt so hoch wie in Sachsen Anhalt (6,6). Wissenschaftler gehen davon aus, dass die Zahl der Suizidversuche um 5 bis 10 mal höher liegt als die der vollendeten Selbsttötungen (vgl. Statistisches Bundesamt/ Destatis, www.statista.org).

Bei den 15- bis 35-Jährigen ist der Suizid nach dem Unfalltod die zweithäufigste Todesursache innerhalb der Altersgruppe.
Erwin Ringel (Eschborn 2004) benennt folgende Faktoren, die er als präsuizidales Syndrom beschreibt:

- **Einengung:** Die eigenen Wahl- und Handlungsmöglichkeiten werden als immer mehr eingeengt erlebt. Gedanken und Vorstellungen kreisen nur noch um die „Katastrophe". Die zwischenmenschlichen Beziehungen werden weniger und versiegen. Zunehmende Einsamkeit bis zur totalen Isolierung breitet sich aus. Interesselosigkeit, Gleichgültigkeit und Langeweile nehmen überhand. Das Gefühl unnütz zu sein wird stärker.
- **Aggressionsumkehr:** Die angestauten, aber gehemmten Aggressionen werden nicht nach außen gerichtet sondern gegen die eigene Person gewendet, obwohl sie eigentlich den anderen gelten sollen.
- **Suizidphantasien:** Gedanken über den eigenen Tod und das Sterben drängen sich in den Vordergrund und werden immer mächtiger. Suizidgedanken werden zu einem Fluchtpunkt aus der Realität.

Die eigene Krise wird als umfassend und ausweglos gesehen. Außer der Selbsttötung stehen keine anderen Verhaltensmöglichkeiten zur Verfügung. Die Selbstmordgedanken und die Handlung werden zur Entlastung und Befreiung.

Als Suizidmethode werden in allen Altersgruppen überwiegend sogenannte „harte" Methoden wie z.B. Erhängen, Erdrosseln und Ersticken angewandt. Unabhängig vom Alter stellten die vorsätzlichen Selbstvergiftungen die zweithäufigste Suizidmethode dar.
Rübenach 2007, S. 964 f.

Grundwissen

Erst Selbstliebe
Wie soll ein Mensch in der Lage sein, andere zu lieben, wenn er sich selbst nicht liebt! Erst Selbstliebe und Selbstachtung und die Tatsache, dass ich mich selbst schätze, machen es mir möglich, andere zu lieben, zu achten und zu schätzen. Wenn ich mich nicht mag, hege ich anderen gegenüber Gefühle des Neides und des Hasses.
Vgl. Horst Kraemer: Das Trauma der Gewalt. Wie Gewalt entsteht und sich auswirkt. Psychotraumata und ihre Behandlung. München 2003, S. 125.

Suchtmittel/Alkoholkonsum

Alkoholkonsum ist bei Jugendlichen besonders verbreitet, zumal Alkohol Teil unserer Alltagskultur ist. Klaus Hurrelmann (2008, S. 9) vermutet, dass durch das hartnäckige Festhalten an den Trinkgewohnheiten elementare Bedürfnisse und Wunschvorstellungen angesprochen werden.

Das Einstiegsalter für regelmäßigen Alkoholkonsum liegt bei 13 Jahren. Jeder fünfte 14-Jährige trinkt bereits wöchentlich. Die Hälfte der 16- bis 17-Jährigen konsumiert mindestens einmal im Monat hochprozentige Spirituosen. Vor allem das so genannte Rauschtrinken hat in den vergangenen Jahren stark zugenommen (vgl. Baier/Pfeiffer 2009, S. 103 ff.; Drogenbeauftragte der Bundesregierung 2009, S. 12).

Der Begriff Sucht geht zwar auf den Begriff „siechen", also Leiden an einer Krankheit zurück, dennoch hat „Sucht" im psychologischen Sinne auch mit suchen zu tun. Jugendliche suchen Orientierung, Anerkennung, Klarheit, Entlastung. Letztlich suchen sie sich auch selbst als Person. Jugendliche sind experimentier- und risikofreudig. Momentane Bedürfnisbefriedigung ist wichtiger als mögliche spätere Folgen. Viele Suchtmittel werden aus Neugierverhalten oder unter Gruppendruck ausgetestet. Beim Konsum von Alkohol über einen längeren Zeitraum kann eine körperliche und psychische Abhängigkeit entstehen, zumal wenn der Konsum zur Gefühlsregulierung oder zur Stressbewältigung eingesetzt wird. Die Weltgesundheitsorganisation definiert Abhängigkeit als „einen seelischen, eventuell auch körperlichen Zustand, der dadurch charakterisiert

Wonach Suchtverhalten sucht: Glück und Wohlbefinden
Vor dem neuen gedanklichen Hintergrund, dass jedes Suchtverhalten eine Funktion erfüllt, ist es gar nicht mehr so verwunderlich, dass es geschlechtsspezifische Formen von Suchtentwicklung gibt. Die Wahl eines speziellen Suchtverhaltens wird immer durch mehrere Faktoren beeinflusst: die individuelle Bedürfnislage, die im Entwicklungsverlauf verspürten Defizite und Probleme und die unter den Zwängen sozialer Kontrolle übriggebliebenen Strategien zur Ersatzsuche.
Wenn Süchtige ohne Rücksicht auf Leib und Leben nach etwas suchen, dann muss dies etwas ganz Wichtiges, etwas Existentielles sein. Es ist die Suche nach Glücksgefühl und Wohlbefinden. Man müsste also, um Süchte zu verhindern, das, wonach Menschen süchtig werden, und wofür sie alles riskieren, ihnen bereits zum passenden Entwicklungszeitpunkt anbieten, bevor ein Mangel sich bemerkbar macht und die Suche nach Ersatz beginnt.
Gabriele Haug-Schnabel: Sucht kommt von Suchen. In: Familienhandbuch online. www.familienhandbuch.de/cmain/f_Aktuelles/a_Haeufige_Probleme/s_1154.html

ist, dass ein dringendes Verlangen oder unbezwingbares Bedürfnis besteht, sich die entsprechende Substanz fortgesetzt und periodisch zuzuführen" (www.gbe-bund.de/glossar/Abhaengigkeit.html).

Untersuchungen zeigen, dass die Trinkmotive von Jugendlichen im internationalen Vergleich sich sehr ähneln. An erster Stelle stehen soziale Motive wie das Zusammensein im Freundeskreis, gefolgt von Spass-Motiven, der Bewältigung von Alltagsproblemen und der Gruppendruck.

Kinder und Jugendliche sind jedoch nicht nur als Konsumenten von Suchtmitteln betroffen. 2,65 Mio. Kinder und Jugendliche leben in suchtbelasteten Familien, in denen der Vater, die Mutter oder beide suchtabhängig sind (vgl. Klein 2008, S. 22 ff.). In jeder siebten Familie ist ein Kind zeitweise, in jeder zwölften dauerhaft von der Alkoholstörung eines oder beider Elternteile betroffen. Diese Kinder sind als größte Risikogruppe für die Entwicklung von Alkoholmissbrauch anzusehen.

Oberstes Ziel der Suchtprävention wie der Drogenpolitik, so Hurrelmann (2008, S. 14), sollte nicht die Verhinderung des Gebrauchs, sondern ausschließlich die Verhinderung des Missbrauches von Alkohol sein. Vieles deutet darauf hin, dass die Zunahme des riskanten Intensivkonsums von Alkohol bei Jugendlichen auf psychische, soziale und leistungsmäßige Überforderung zurückzuführen ist. Präventionskonzepte sollten dies stärker berücksichtigen und ihre Maßnahmen entsprechend hierauf ausrichten.

Abhängigkeit

Alkoholabhängigkeit entwickelt sich über einen langen Zeitraum und tritt im Allgemeinen dann auf, wenn ein langzeitig erhöhter Alkoholkonsum und die individuelle genetische Disposition zusammenwirken. Sie wird in der Regel dann diagnostiziert, wenn während des letzten Jahres mindestens drei der nachfolgend aufgeführten sechs Kriterien der „Diagnostischen Leitlinien für das Abhängigkeitssyndrom" erfüllt sind:
- Es besteht ein starker Wunsch oder Zwang, Alkohol zu konsumieren.
- Es besteht eine verminderte Kontrollfähigkeit bezüglich des Beginns, der Beendigung und der Menge des Konsums.
- Das Auftreten eines körperlichen Entzugssyndroms.
- Es kann eine Toleranz nachgewiesen werden, d.h. es sind zunehmend höhere Dosen erforderlich, um die ursprünglich durch niedrigere Dosen erreichten Wirkungen hervorzurufen.
- Andere Vergnügungen oder Interessen werden zugunsten des Substanzkonsums zunehmend vernachlässigt.
- Der Alkoholkonsum wird trotz nachweisbarer eindeutiger schädlicher Folgen körperlicher, sozialer oder psychischer Art fortgesetzt.

Deutsche Hauptstelle für Suchtgefahren e.V., www.dhs.de

Alkohol in Deutschland

Grundwissen

- 10 Liter reiner Alkohol wurden pro Person im Jahr 2007 verbraucht.
- 3,1 Mrd. Euro waren 2007 die Einnahmen des Staates aus alkoholbezogenen Steuern.
- 557 Mio. Euro betrugen 2007 die Werbeaufwendungen für alkoholische Getränke
- 9,5 Mio. Menschen konsumieren Alkohol in gesundheitlich riskanter Form.
- 1,3 Mio. gelten als alkoholabhängig.
- Über 70.000 Menschen sterben jährlich durch Alkoholkonsum.
- 8,4 Mrd. Euro betrugen 2002 die direkten Kosten alkoholbezogener Krankheiten.

Vgl. Deutsche Hauptstelle für Suchtfragen e.V. www.dhs.de www.drogenbeauftragte.de

Abhauen und Schule schwänzen

Auslese
Auf Lernversagen reagiert die deutsche Schule nicht mit individueller Förderung, sondern mit Auslese: mit Abschulen und Klassenwiederholungen. Dabei ist bekannt, dass das Sitzenbleiben die schulischen Leistungen nicht verbessert.
Renate Valtin: Lesen! Wie sich der Verlust dieser Basisfertigkeit erklärt. In: Frankfurter Rundschau, 22.12.2008, S. 12.

Über „Straßenkinder" in Deutschland gibt es keine verlässlichen Zahlen. Während terre des hommes von ca. 9.000 Kindern- und Jugendlichen ausgeht, spricht die Bundesregierung von 5-7.000 Kindern (vgl. Frankfurter Rundschau 9.2.2009). Mehrere hundert, so die Stiftung „Offroad Kids", würden zu Straßenkindern, die vor Vernachlässigung, Misshandlung und Missbrauch geflohen sind und ihr Überleben mit Bettelei, Prostitution oder Kleindiebstahl sichern müssen. Es sind ebenso viele Mädchen wie Jungen. Viele kommen aus ländlichen Gebieten und suchen die Anonymität der Großstädte. Im Zentrum ihres Straßenlebens steht die Sicherung des eigenen Überlebens.

Diese Kinder haben es dort, wo sie herkommen, meist nicht mehr ertragen oder wurden schlicht hinausgeworfen. Straßenkinder vermissen Geborgenheit. Sie träumen von Normalität und Geborgenheit. Sie sind häufig unauffällig, stammen aus allen Gesellschaftsschichten und finden sich keineswegs nur unter bunthaarigen Punks. Viele möchten wieder zur Schule gehen oder eine Ausbildung beginnen (vgl. www.offroadkids.de).

Studien belegen jedoch, dass viele der Jugendlichen später wieder in sozialen Einrichtungen auftauchen: in der Psychiatrie, der Wohnungslosen- und der Suchtkrankenhilfe (vgl. Britten o.J.).

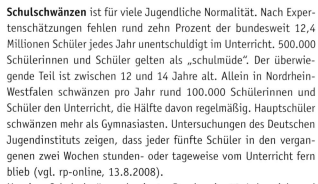

Schulschwänzen ist für viele Jugendliche Normalität. Nach Expertenschätzungen fehlen rund zehn Prozent der bundesweit 12,4 Millionen Schüler jedes Jahr unentschuldigt im Unterricht. 500.000 Schülerinnen und Schüler gelten als „schulmüde". Der überwiegende Teil ist zwischen 12 und 14 Jahre alt. Allein in Nordrhein-Westfalen schwänzen pro Jahr rund 100.000 Schülerinnen und Schüler den Unterricht, die Hälfte davon regelmäßig. Hauptschüler schwänzen mehr als Gymnasiasten. Untersuchungen des Deutschen Jugendinstituts zeigen, dass jeder fünfte Schüler in den vergangenen zwei Wochen stunden- oder tageweise vom Unterricht fern blieb (vgl. rp-online, 13.8.2008).

Massives Schulschwänzen beginnt z.B. schon im 12. Lebensjahr und wird durch vielfältige Ursachen ausgelöst: Konflikte mit Lehrerinnen und Lehrern und Mitschülern, soziale Isolierung in der Klasse, Leistungsprobleme, Krankheit Probleme und Krisen in der Familie (Schreiber 2006, S. 4). Eltern und Lehrkräfte sind oft überfordert und hilflos. Doch schon auf die ersten Fehlzeiten muss reagiert werden. Nichtbeachtung oder gar Ausschluss vom Unterricht verstärken das Problem. Durch veränderte Unterrichtsformen bzw. Sozialprojekte kann wieder Freude am Lernen entstehen. Schulmüden bzw. Schulverweigerern müssen Alternativen zum herkömmlichen

Grundwissen

Schulbesuch angeboten werden. Es geht darum, Schülerinnen und Schüler vor schulischem Misserfolg zu bewahren, ein günstiges Schulklima zu schaffen und Familien zu unterstützen. Reaktionsweisen wie harte Bestrafung von Schulverweigerern oder zwangsweise Zuführung durch die Polizei werden dem Problem nicht gerecht, da sie die Ursachen nicht berücksichtigen (vgl. rp-online. de; www.tagesschau.de/inland/meldung154460.html; www.dji.de/schulmuedigkeit).

Resilienzorientierung

Bewältigungsressourcen

Zu den wichtigsten personalen Bewältigungsressourcen gehören u.a. Optimismus, internale Kontrollüberzeugungen, Selbstwirksamkeitserwartungen, positive Illusionen und Selbstkomplexität. Zu den wichtigsten sozialen Ressourcen für die Problem- und Krankheitsbewältigung zählen die soziale Unterstützung und die Qualität der sozialen Beziehungen.

Vgl. Bodo Klemenz:
Ressourcenorientierte Diagnostik und Intervention bei Kindern und Jugendlichen.
Tübingen 2004, S. 26 ff.

Ein relativ neuer und noch zu wenig bekannter und beachteter Ansatz zur Förderung und Unterstützung jugendlicher Entwicklung in schwierigen Situationen bietet die Resilienzforschung (Opp u.a. 2007). Der Begriff Resilienz stammt aus der Baukunde und beschreibt dort die Biegsamkeit von Material. Er lässt sich am Besten mit Widerstandsfähigkeit beschreiben und wird oft mit dem Bild „biegen statt brechen" erklärt. Gewaltprävention und Gewaltforschung beschäftigt sich häufig mit den negativen Folgen von schlimmen Kindheitserfahrungen und Traumatisierungen. In den letzten Jahren hat sich jedoch im Rahmen der Resilienzforschung die Blickrichtung verändert. Forscher interessieren sich zunehmend für jene Menschen, die an seelischen Belastungen nicht zerbrechen, sondern daran wachsen: „Sie gedeihen trotz widriger Umstände" so der Titel eines großen internationalen Kongresses 2005 (vgl. Hermann 2005; Enderlin/Hildenbrand 2008).

Unter Resilienz wird die Fähigkeit von Menschen verstanden, Krisen unter Rückgriff auf persönliche und sozial vermittelte Ressourcen

Handlungsmöglichkeiten in Krisensituationen

Im Vorfeld	**In Problemsituationen**	**Bewältigung und Weiterleben**
Wie können günstige Voraussetzungen (persönlich und institutionell) für die Bewältigung von Problemen und Krisen geschaffen werden?	Welche Möglichkeiten der Krisenintervention, der Begleitung und Aufarbeitung gibt es?	Wie kann die Vergangenheit bewältigt werden? Wie ist ein Weiterleben möglich?
• Resilienzorientierung • Selbstkonzepte • Eltern einbeziehen • Stabile soziale Beziehungen • Soziale Netzwerke aufbauen • Schule • Alltagsbegleitung/Mentoren • Jugendmedienschutz • Freizeit, Musik, Sport • Soziale Trainingskurse	• Resilienzkonzepte • Coping • Umgang mit Gewaltsituationen • Umgang mit Eigengefährdung • Alltagsbegleitung/Mentoren • Suizidprophylaxe • Kinder- und Jugendtelefone • Jugendberatung/Jugendamt	• Kriseninterventionsteams • Traumaarbeit • Therapie • Trauerarbeit
Stärkung, Beratung und Begleitung	**Akute Hilfe, Intervention und Betreuung**	**Traumaarbeit und Therapie**

zu meistern und als Anlass für Entwicklung zu nutzen, wobei dieser Prozess das ganze Leben hindurch andauert.

Die Fragestellung der Resilienzforschung lautet also: warum können bestimmte Menschen oder Menschengruppen besser mit Schwierigkeiten und belastenden Situationen umgehen als andere, warum können sie Schicksalsschläge und traumatische Erlebnisse so verarbeiten, dass sie nicht aus der Bahn geworfen werden? Dabei ist das Ziel, protektive Faktoren identifizieren und entwickeln zu können sowie vorhandene Fähigkeiten und Kompetenzen weiter zu fördern und zu stärken, die Selbstheilungskräfte und sozialen Netzwerke zu aktivieren und somit „schützende" Faktoren und Beziehungen entwickeln und stabilisieren zu können. Resilienzforschung ist nicht nur im westlichen Kulturkreis angesiedelt und auch nicht nur auf diesen bezogen.

Resilienz ist mehr als Anpassung an widrige Verhältnisse, ist mehr als pures Durchstehen oder Überleben, denn resilientes Verhalten zeigt ein Mensch nicht trotz, sondern wegen dieser widrigen Verhältnisse. Resilienzforschung weist darauf hin, dass Menschen nicht einfach Produkte ihrer Umstände oder ihrer Sozialisation sind, sondern sich auch aus eigener Kraft entwickeln können.

Resiliente Kinder verfügen über Schutzfaktoren, welche die negativen Auswirkungen widriger Umstände abmildern (Nuber 2005, S. 21 ff.):

- Sie finden Halt in einer stabilen emotionalen Beziehung zu Vertrauenspersonen außerhalb der zerrütteten Familie. Großeltern, ein Nachbar, der Lieblingslehrer, der Pfarrer oder auch Geschwister bieten vernachlässigten oder misshandelten Kindern einen Zufluchtsort und geben ihnen die Bestätigung, etwas wert zu sein. Diese Menschen fungieren als soziale Modelle, die dem Kind zeigen, wie es Probleme konstruktiv lösen kann.

Psychische Grundbedürfnisse

Bedürfnis nach ...

- Kontrolle/Orientierung (die relevante Umwelt verstehen, vorhersehen und beeinflussen können);
- Bindung (das Erleben lang andauernder emotionaler Beziehungen zu nicht auswechselbaren Bezugspersonen);
- Selbstwertstabilisierung/Selbstwerterhöhung (sich selbst als „gute" Person sehen);
- Lustgewinn/Unlustvermeidung (Erleben von angenehmen und Vermeiden von unangenehmen Zuständen).

Michaels Borg-Laufs/Anna Menzel: Psychische Grundbedürfnisse bei gesunden und bei psychisch kranken Kindern und Jugendlichen. Ergebnisse einer empirischen Untersuchung. In: Verhaltenstherapie mit Kindern & Jugendlichen. Zeitschrift für die psychosoziale Praxis, 4. Jg, 2/2008, S. 90.

Grundwissen

Ermutigungen

1. Nimm das Kind so an, wie es ist.
2. Zeige deinen Glauben an das Kind und befähige es dadurch, an sich selbst zu glauben.
3. Glaube ernsthaft an die Fähigkeiten des Kindes und gewinne sein Vertrauen, solange es sein Selbstvertrauen aufbaut.
4. Erkenne eine Arbeit als „gut gemacht" an und gib Anerkennung für die Bemühung.
5. Nutze die Gruppe der Mitschüler, um die Entwicklung des einzelnen Kindes zu fördern.
6. Sorge dafür, dass jedes Kind sich seines Platzes in der Gruppe sicher sein kann.
7. Hilf regelmäßig bei der Entwicklung von Fertigkeiten, um Erfolg sicherzustellen.
8. Erkenne die Stärken und Vorzüge des Kindes und stelle diese in den Mittelpunkt.
9. Nutze das Interesse des Kindes, um konstruktive Tätigkeiten anzuregen.

Rudolf Dreikurs/Bernice Bronia Grunwald/Floy C. Pepper: Lehrer und Schüler lösen Disziplinprobleme. Weinheim und Basel 2007, S. 101 f.

- Weiterhin wichtig ist, dass einem Kind, das im Elternhaus Vernachlässigung und Gewalt erlebt, früh Leistungsanforderungen gestellt werden und es Verantwortung entwickeln kann. Zum Beispiel indem es für kleine Geschwister sorgt oder ein Amt in der Schule übernimmt.
- Auch individuelle Eigenschaften spielen eine Rolle: Resiliente Kinder verfügen meist über ein „ruhiges" Temperament, sie sind weniger leicht erregbar. Zudem haben sie die Fähigkeit, offen auf andere zuzugehen und sich damit Quellen der Unterstützung selbst zu erschließen. Und sie besitzen oft ein spezielles Talent, für das sie die Anerkennung von Gleichaltrigen bekommen.

Resilienz lernen

Resilienz ist nicht Schicksal, sondern kann man lernen. Die Amerikanische Psychologenvereinigung (APA) schickt deshalb speziell geschulte Psychologen in die Schulen, um Kindern beizubringen, wie sie mit den unvermeidlichen Widrigkeiten des Lebens am besten fertig werden. Sie trainieren sie in resilientem Verhalten. Das Programm, das über das übliche soziale Kompetenztraining hinausgeht, will Kindern helfen, mit alltäglichen Stresssituationen wie Schikanen, schlechten Noten oder Enttäuschungen umzugehen, aber auch vor schwerwiegenderen Problemen wie Vernachlässigung, Scheidung der Eltern oder Gewalterfahrungen nicht zu kapitulieren. Beigebracht werden den Kindern die Kernpunkte der Resilienz (Nuber 2005, S. 23):
- Suche dir einen Freund und sei anderen ein Freund.
- Fühle dich für dein Verhalten verantwortlich.
- Glaube an dich selbst.

Die sieben Resilienzfaktoren für Kinder suchtbelasteter Familien
1. Einsicht, z.B. dass mit dem alkoholabhängigen Vater etwas nicht stimmt;
2. Unabhängigkeit, etwa sich von den Stimmungen in der Familie nicht mehr beeinflussen zu lassen;
3. Beziehungsfähigkeit, beispielsweise in eigener Inititative Bindungen zu psychisch gesunden und stabilen Menschen aufzubauen;
4. Initiative, zum Beispiel in Form von sportlichen und sozialen Aktivitäten;
5. Kreativität etwa in Form von künstlerischem Ausdruck;
6. Humor, beispielsweise in Form von Sarkasmus und Ironie als Methode der Distanzierung;
7. Moral, zum Beispiel in Form eines von den Eltern unabhängigen stabilen Wertessystems.

Michael Klein: Alkoholsucht und Familie. In: Aus Politik und Zeitgeschichte, B28/2008, S. 25.

136

Eine unbedingte Voraussetzung und Grundlage für die Herausbildung von Resilienz ist die Zugehörigkeit zu einem größeren Verbund von Menschen, der über die Familien hinausgeht. Diese wird jedoch zunehmend durch den Prozess der Modernisierung und Individualisierung in Frage gestellt. Um günstige Bedingungen für Resilienz entwickeln zu können, ist die Entwicklung von Gemeinwesen, Freundeskreisen, Nachbarschaft oder religiösen Gemeinschaften und konstruktiven Gruppen notwendig.

Resilienzförderung bedeutet nicht nur individuelle Kompetenzförderung. Ebenso wichtig ist die Entwicklung grundlegender Rahmenbedingungen beispielsweise zur Unterstützung von Familien (Richter 2008, S. 607).

Das Resilienzkonzept darf jedoch nicht als Freibrief für die Politik verwendet werden („die individuellen Stärken werden sich schon durchsetzen"), sondern kann als Rahmen für effektive Präventionsarbeit verstanden werden, den es auszufüllen und zu stützen gilt. Das UNESCO Konzept einer schützenden Umwelt (protective environment) greift diesen Ansatz auf.

Was schützt:
- Eine enge emotionale Beziehung zu mindestens einer Bezugsperson;
- Die kognitiven Fähigkeiten des Individuums;
- Ein aktiver Problembewältigungsstil;
- Das Ausmaß an Selbstwertgefühl und Selbstvertrauen;
- Das Gefühl von Selbstwirksamkeit;
- Körperliche Gesundheitsressourcen;
- Das Ausmaß an wahrgenommener sozialer Unterstützung;
- Das Erleben von Erfolg und Leistung – nicht nur durch gute Schulnoten, sondern auch durch soziale Aktivitäten, die Verantwortung und Kreativität erfordern;
- Das Geschlecht.

Die einzelnen Faktoren wirken nicht allein aus sich heraus, sondern entfalten sich oft erst in Interaktion mit anderen.

Antje Richter: Armut und Resilienz – Was stärkt arme Kinder? In: Verhaltenstherapie und Psychosoziale Praxis, 3/2008, S. 600.

Grundwissen

Eine hochpotente Zeit

Das Potenzial der Pubertät wird viel zu wenig genutzt. Sie bedeutet ja nicht nur Horror. Das Gehirn ist bereit zu Höchstleistungen, es bildet Moralvorstellungen aus; die Großhirnrinde, zuständig für kognitive Aufgaben, legt gewaltig zu. Signale werden 30-mal schneller weitergeleitet. Die Intelligenz steigt. Es ist eine hochpotente Zeit.
Gabriele Haug-Schnabel
in: Der Spiegel, 21/2008,
S. 152 f.

Umsetzung

Im schulischen Kontext gibt es eine Vielzahl von Ansatzpunkten, um mit den oben skizzierten Problembereichen umzugehen. Dabei kann es nicht um fachliche Beratung oder gar Therapie gehen. Schule und Jugendarbeit können aber Lebensthemen aufgreifen, bewusst machen und sensibel damit umgehen. Ein pädagogischer Ansatz setzt bei den Bedürfnissen der Jugendlichen an und trägt dem in der Pubertät auftretenden erhöhten Bedürfnis nach Freiheit, ganzheitlichen Ansätzen und Handlungsorientierung Rechnung. Aufgabe von Lehrkräften ist es: (1) die eigenen Einflussmöglichkeiten auf die Förderung von Resilienz auszurichten; (2) Anzeichen von Gefährdungen zu erkennen, (3) eigene und professionelle Hilfemöglichkeiten zu kennen, um diese Problemfälle auch weiter zu vermitteln sowie (4) bei schwerwiegenden Problemen im Umfeld der Schule mit Schülern, Eltern und Lehrkräften das Geschehen angemessen be- und verarbeiten zu können. Hierzu bedarf es auch professioneller Hilfe (vgl. Baustein 4.5).

Probleme erkennen

- Wahrnehmung schärfen. Gefährdungen, Gewalt und selbstverletzendes Verhalten erkennen und benennen. Die Betroffenen nicht stigmatisieren, sondern die dahinter liegenden Motive und Nöte sehen (vgl. M1-M4).
- Ausdrucksmöglichkeiten für die eigenen Empfindungen anbieten (M11, M13, M14).
- Vertrauen und Selbstvertrauen fördern. Möglichkeiten anbieten Selbstwirksamkeit zu erfahren und sich als Individuum positiv erleben zu können (M15).
- Destruktive Entwicklungen (Rolle von geduldeten Suchtmitteln, Werbung, Schlankheitsidealen usw.) thematisieren (M7).
- Sich stellen. Konflikten nicht ausweichen, sich als Person zeigen, Widerspruch aushalten.

Interventionsmöglichkeiten kennen und ausloten

- Jugendlichen positive Möglichkeiten der Stressbewältigung anbieten (M6).
- Risiko- und Problemverhalten als aktiven (wenngleich auch destruktiven) Beitrag zur Bewältigung der eigenen Lebenssituation verstehen (M2, M8).
- Verantwortungsvollen Umgang mit Suchtmitteln vorleben (M3).
- Der Wunsch nach sensorischer und emotionaler Erweiterung der Erlebniswelt Rechnung tragen (erlebnispädagogische Angebote).

Hilfsangebote kennen und Hilfe anbieten

- Hilfe zur Realisierung jugendlicher Entwicklungsziele anbieten (M6).
- Individuelle begleitende Betreuung (Alltagsbegleitung) dieses Entwicklungsabschnitts durch ältere Mentoren oder Paten (M5).
- Unterstützung der Eltern durch Förderung ihrer Erziehungskompetenz.
- Wissen wie und wo Hilfe in Notlagen zu finden ist. Selbst für andere in Notlagen da sein (M6, M16, M17).

Die Materialien für Eltern und Lehrkräfte

M1 und M2 thematisieren Motive des Problemverhaltens sowie destruktive Formen der versuchten Problembewältigung. Hierzu gehört u.a. auch Alkohol (M3).

Um anstehende Entwicklungsaufgaben (M4) positiv bewältigen zu können, ist es wichtig, schützende Faktoren zu kennen (M5) und über taugliche Copingstrategien in Krisensituationen zu verfügen (M6).

Von besonderer Bedeutung für helfendes Handeln sind Informationen über und kompetente Einschätzungen von weit verbreiteten Phänomene wie z.B. Annorexie (M7) oder Suizidgedanken (M8). Immer geht es um den Aspekt, Problembereiche überhaupt wahrzunehmen und über Handlungsoptionen zu verfügen (M9).

Die Materialien für Schülerinnen und Schüler

M10 bietet einen Zugang zur Selbstreflexion sowie über die Reflexion des eigenen Bezugssystems. Das Bild „Der Schrei" von Edvard Munch drückt einen Moment von Überforderung und Hilfe benötigen aus (M11). Verschiedene Dimensionen von Selbstverletzung können mit Hilfe von M12 bearbeitet werden, während M13 ein spezifisches Lebensgefühl aufgreift.

Jugendliche drücken ihre Einstellungen und ihre Weltsicht oft über Musik (und Texte) aus (M14). Selbstwirksamkeit erfahren (M15), gegenseitige Verantwortung und Hilfe wahrnehmen (M16) und Hilfe mobilisieren können (M17) sind zentrale Bereiche der Selbstentwicklung.

Ergänzende Bausteine

2.4 Jugendgewalt
3.3 Kommunikation
3.4 Konstruktive Konfliktbearbeitung
4.5 Amoklauf in der Schule

M1 Gewalt als Krisenmanagement

Lehrer, Eltern

Gewalt als Mittel zum Umgang mit Krisen

Gewalt gegen sich selbst oder gegen andere entsteht beim individuellen Versuch (auch mit anderen zusammen), eine belastende Krise oder Konfliktsituation möglichst schnell zu lösen. So wird zwischen unterschiedlichen Gewaltphänomenen eine Verbindung sichtbar. Sie zeigt, dass Gewalt gegen andere und Fluchtreaktionen wie Suchtmittelgebrauch oder Anschluss an eine Rettungsgruppierung (Sekte) der gleichen Logik folgen.

Hier zeigt sich auch die Perspektive zur Reduktion von solch kurzschlüssigen und wenig zukunftsorientierten Lösungsversuchen: Lernen, besser mit Krisen und Konflikten umzugehen. Wenn es gelingt, Situationen differenzierter einzuschätzen sowie andere Lösungsmöglichkeiten zu lernen, zu üben und zu erproben, dann werden Gewaltlösungen zugunsten neuer, weniger gewaltbeladener Strategien abnehmen. Schnellere und einfachere Lösungen von aktuellen Gewaltproblemen verspricht dies nicht, wohl aber auf Dauer nachhaltige Verbesserungen.

Klaus J. Beck: Jungen und Gewalt. In: Ingo Bieringer/ Walter Buchacher/Edgar J. Forster (Hrsg.): Männlichkeit und Gewalt. Konzepte für die Jungenarbeit. Opladen 2000, S. 205 f.

Gewalt als Form von persönlichem Krisenmanagement

-
-
-

-
-
-

Gegen sich selbst

- Selbstverletzung, Suizid
- Suchtmittelgebrauch
- Flucht in Sekten
- Aggression gegen sich selbst
- Resignation

Gegen andere

- Situative Gewalt gegen andere
- Ritualisierte Gewalt gegen andere
- Bewunderung von gewaltbereiten Gruppen
- Mitmachen in gewaltbereiten Gruppen

M2 **Motive des Problemverhaltens**

Risikoreiche und problematische Formen des Problemverhaltens müssen nicht immer in gleicher Weise zur Besorgnis Anlass geben. Es kommt auf die Motive des Verhaltens an. Eher ungefährlichere Motive sind solche, die mit dem spezifisch jugendlichen Lebensstil verbunden sind und mit dem Übergang zum Erwachsenenalter in der Regel wieder ausklingen.

So sind z.B. Jugendliche anfällig für Einflüsse aus der Peergroup und neigen besonders im frühen Jugendalter stark zu gruppenkonformem Verhalten. Sie haben aber auch Lust zum Experimentieren mit neuen und unkonventionellen Verhaltensweisen.

Gefährlich sind die Motive dann, wenn mit dem risikohaften Verhalten schwierige Lebenssituationen bewältigt werden sollen. Kritisch wird es vor allem dann, wenn dies häufiger geschieht, nicht mehr angemessen für die Situation erscheint und wenn es zu einer Fixierung des Verhaltens kommt.

Die Schwierigkeit für die Lehrkräfte oder auch für Eltern besteht darin, dass es nicht immer leicht für sie ist, die Motive der Jugendlichen zu erkennen und in ihrer Bedeutung richtig einzuschätzen – vor allem ist es im Vorhinein nicht leicht! Dies wird auch aus der nachfolgenden Übersicht deutlich, die zeigt, welche verschiedenen Motive (oder auch Motivkombinationen) dem Drogenkonsum Jugendlicher zugrunde liegen können.

Silke Hesse: Suchtprävention in der Schule. Opladen 1994, S. 74 f.
Ulrich Barkholz, Georg Israel, Peter Paulus, Norbert Posse: Gesundheitsförderung in der Schule. – Ein Handbuch für Lehrerinnen und Lehrer. Landesinstitut für Schule und Weiterbildung. Soest 1997.

Motive von Jugendlichen, Drogen zu konsumieren

Drogenkonsum kann z.B.

- der demonstrativen Vorwegnahme des Erwachsenenverhaltens dienen;
- eine bewusste Verletzung von elterlichen Kontrollvorstellungen zum Ausdruck bringen;
- Ausdrucksmittel für sozialen Protest und gesellschaftliche Wertekritik sein;
- ein Instrument bei der Suche nach grenzüberschreitenden, bewusstseinserweiternden Erfahrungen und Erlebnissen sein;
- jugendtypischer Ausdruck des Mangels an Selbstkontrolle sein;
- dem Versuch dienen, sich auf einfache Weise Entspannung durch Genuss zuzufügen;
- eine Zugangsmöglichkeit zu Freundesgruppen eröffnen;
- Teilnahme an subkulturellen Lebensstilen symbolisieren;
- eine Ohnmachtsreaktion sein, wenn Konflikte und Spannungen im sozialen Nahraum überhand nehmen;
- ein Mittel der Lösung von frustrierendem Leistungsversagen sein;
- eine Notfallreaktion auf heftige psychische und soziale Entwicklungsstörungen sein.

Diese Zusammenstellung der Motive Drogenkonsum macht auf einen wichtigen Aspekt aufmerksam: Das risikohafte Verhalten der Jugendlichen ist für sie *funktional*. Es ist nicht nur einfach ein Verhalten, sondern es funktioniert nach einer „Psycho-Logik". So erleichtert, z.B. das symbolische Erwachsenenhandeln des Rauchens die Ablösung von den Eltern. Zugleich wird der Eingliederung in die Gleichaltrigengruppe der Weg geebnet.

M3 Alkohol

Lehrer, Eltern

Alkohol ist die am weitesten verbreitete psychoaktive Substanz. 9,5 Mio. Menschen in Deutschland konsumieren Alkohol in gesundheitlich riskanter Form. Etwa 1,3 Mio. Menschen gelten als alkoholabhängig. Jedes Jahr sterben in Deutschland nach neuen Berechnungen über 70.000 Menschen an den Folgen ihres Alkoholmissbrauchs. In der Gesellschaft herrscht eine weit verbreitete unkritisch positive Einstellung zum Alkohol vor. Zehn Liter reinen Alkohols werden pro Kopf in der Bevölkerung jährlich konsumiert. Gegenüber den Vorjahren ist eine leicht rückläufige Tendenz im Alkoholkonsum festzustellen. Doch liegt Deutschland im internationalen Vergleich im oberen Zehntel.

Weiterhin wird deutlich, dass Kinder und Jugendliche sehr früh mit Alkohol in Kontakt kommen. In der Drogenaffinitätsstudie der BZgA aus dem Jahr 2008 geben rund drei Viertel (75,8 %) der 12- bis 17-Jährigen an, schon einmal Alkohol getrunken zu haben. Der Anteil der Jugendlichen, die im vergangenen Jahr mindestens wöchentlich irgendein alkoholisches Getränk getrunken haben, ist aber von 21,2 % im Jahr 2004 auf 17,4 % im Jahr 2008 zurückgegangen.

Zwar trinken Kinder und Jugendliche heute insgesamt im Durchschnitt etwas weniger, aber die problematischen Konsummuster in Form des exzessiven Trinkens bleiben auf besorgniserregend hohem Niveau. Es ist davon auszugehen, dass 2008 etwa 2 % der Jugendlichen im Alter von 12- bis 17-Jahren bereits einen gefährlichen Alkoholkonsum aufwiesen.

2008 betrieben noch etwa 20,4 % der Kinder und Jugendlichen das Rauschtrinken (sog. Binge Drinking), d.h. das Trinken von fünf oder mehr Gläsern alkoholischer Getränke bei einer Gelegenheit.

Das ist besorgniserregend, weil sich Trinkexzesse besonders negativ auf die gesundheitliche und (psycho-) soziale Entwicklung von Jugendlichen auswirken, wegen der noch nicht abgeschlossenen körperlichen und psychischen Entwicklung.

Die Zahl der Krankenhauseinweisungen aufgrund einer Alkoholvergiftung bestätigt den Handlungsbedarf: Im Jahr 2007 wurden 23.165 Kinder und Jugendliche zwischen 10 und 20 Jahren aufgrund einer Alkoholvergiftung stationär im Krankenhaus behandelt. Im Vergleich zu 2006 (19.500 Einlieferungen) hat die Zahl um 20 % zugenommen, seit der Ersterhebung im Jahr 2000 (9.500 Kinder und Jugendliche) ist das die höchste jemals gemessene Zahl und eine Steigerung von 143 %.

Die Entwicklung bei den erst 10–15-Jährigen ist besonders erschreckend. Obwohl diese Gruppe nach dem Jugendschutzgesetz keinen Alkohol kaufen dürfte, sind hier die Alkoholvergiftungen um 15 % angestiegen (von 3.298 auf 3.779). Sehr stark zugenommen hat auch der Anteil der Mädchen bei den Einlieferungen. Zum ersten Mal waren mehr Mädchen als Jungen betrunken (1.942 Mädchen versus 1.837 Jungen).

Diese Zahlen machen deutlich: Kinder und Jugendliche müssen besser vor alkoholbedingten Gesundheitsschäden und Suchtgefahren geschützt werden. Präventive Maßnahmen müssen weiter fortgesetzt, gebündelt und ausgebaut werden.

Drogenbeauftragte der Bundesregierung/Bundesministerium für Gesundheit (Hrsg.): Drogen- und Suchtbericht 2009. Berlin 2009, S. 12. www.drogenbeauftragte.de

M4 Entwicklungsaufgaben bewältigen

Lehrer, Eltern

Alkohol erleichtert die Bewältigung von Entwicklungsaufgaben

In Anlehnung an die Beobachtungen des Alkoholgebrauchs in der Erwachsenenwelt nutzen Jugendliche zudem den Alkohol auch für die Bewältigung anderer Entwicklungsaufgaben. Die wichtigste Aufgabe besteht darin, die eigene Identität zu finden. (...) Demonstrativer Alkoholkonsum kann dazu dienen, einen persönlichen Stil auszudrücken. Das Umfeld, in dem dies geschieht, ist in der Regel die Gruppe der Gleichaltrigen. Die Wahl der entsprechenden Clique ergibt sich für den einzelnen Jugendlichen hauptsächlich aus den bisher entwickelten Vorstellungen darüber, wie man als (junger) Erwachsener gern sein möchte und was man in der Freizeit gern tut oder tun würde. Dieses Image, oder „Selbst-Schema" ist die Grundlage für die Ausbildung einer eigenen Identität. (...)

Eine weitere essenzielle Entwicklungsaufgabe ist die Aufnahme von Kontakten zum anderen Geschlecht, ist die Entdeckung von Freundschaft und Liebe sowie erste sexuelle Erfahrungen. Sobald Jugendliche andersgeschlechtliche Freunde haben, nimmt die Häufigkeit der Treffen zu. Die enthemmende Wirkung des Alkohols erleichtert den Jugendlichen dabei offenbar die Kontaktaufnahme. Unter den 13-Jährigen erhöht sich die Wahrscheinlichkeit mehrfacher Trunkenheitserfahrungen um mehr als das dreifache, wenn sie mit andersgeschlechtlichen Freunden zusammen sind.

Der überwiegende Teil der jungen Menschen entwickelt dabei, trotz einschlägiger Trunkenheitserfahrungen, im Erwachsenenalter kein Alkoholproblem.

Liegen Entwicklungsprobleme vor, wird Alkohol sehr bald zur Kompensation genutzt, als Ersatzziel oder zur Stress- und Gefühlsbewältigung eingesetzt. Nicht bewältigte Entwicklungsanforderungen erhöhen das Risiko, dass es im Jugend- und jungen Erwachsenenalter zu Alkoholproblemen kommt. Die Jugendlichen weichen dann einer aktiven Problemlösung aus; im betrunkenen Zustand fühlen sie sich scheinbar besser.

Wenn Alkohol zur Kompensation fehlender Strategien zur Lösung von Problemen eingesetzt wird, ist dies als Problemverhalten zu bezeichnen.

Ingesamt lassen sich drei Gruppen Jugendlicher mit unterschiedlichen Ausprägungen von Problem- bzw. Risikoverhalten ausmachen: Jugendliche, deren Problemverhalten auf das Jugendalter begrenzt ist (das ist die Mehrheit der Jugendlichen); Jugendliche, die im Jugendalter auffällig werden und dieses Verhalten zum Teil im weiteren Lebenslauf beibehalten, und schließlich Jugendliche, die bereits im Kindesalter auffällig werden, im Jugendalter zu exzessivem Risikoverhalten neigen und in der Folge lebenslang auffälliges Verhalten zeigen.

Besonders gefährdet sind Jugendliche unter 21 Jahren, die überdurchschnittlich intensiv Alkohol oder andere psychoaktive Substanzen konsumieren, Kind mindestens eines Drogen missbrauchenden Elternteils sind, häufig die Schule schwänzen, frühe Sexualkontakte haben und frühzeitig schwanger werden, unter sozioökonomischer Deprivation aufwachsen, delinquentes Verhalten zeigen, unter psychischen Störungen leiden, möglicherweise bereits einen Selbstmordversuch verübt haben und/oder fortwährend körperliche Verletzungen aufweisen.

Klaus Hurrelmann/Wolfgang Settertobulte: Alkohol im Spannungsfeld von kultureller Prägung und Problemverhalten. In: Aus Politik und Zeitgeschichte, B28/2008, S. 10 ff., Auszüge.

M5 **Protektive Faktoren**

Lehrer, Eltern

Ergebnisse der Resilienzforschung

Die Forschung zur Resilienz ist einer der wichtisten Zweige der in letzter Zeit stark aufblühenden Entwicklungspsychopathologie. Warum sich manche Personen trotz hoher Risiken psychisch gesund entwickeln, warum sie kritische Lebensereignisse relativ gut bewältigen oder warum sie Traumata rascher und besser verarbeiten als andere, sind Fragen, die einerseits das Augenmerk auf Prozesse der Salutogenese gelenkt haben. Andererseits haben sie das psychopathologische Verständnis dafür sensibilisiert, dass verschiedene Bedingungen zu denselben Erlebens- und Verhaltensproblemen führen oder bestimmte Bedingungen unterschiedliche Entwicklungsergebnisse haben können.
Vgl. Lösel/Bender 1999.

Allgemein protektive Faktoren für eine psychisch gesunde Entwicklung:

1. eine stabile emotionale Beziehung zu mindestens einem Elternteil oder einer anderen Bezugsperson;
2. ein emotional positives, unterstützendes und strukturgebendes Erziehungsklima;
3. Rollenvorbilder für ein konstruktives Bewältigungsverhalten bei Belastungen;
4. soziale Unterstützung durch Personen außerhalb der Familie;
5. dosierte soziale Verantwortlichkeiten;
6. Temperamentsmerkmale wie Flexibilität, Annäherungstendenz, Soziabilität;
7. kognitive Kompetenzen wie z.B. eine zumindest durchschnittliche Intelligenz;
8. Erfahrungen der Selbstwirksamkeit und ein positives Selbstkonzept;
9. ein aktives und nicht nur reaktives oder vermeidendes Bewältigungsverhalten bei Belastungen;
10. Erfahrungen der Sinnhaftigkeit und Struktur der eigenen Entwicklung.

Friedrich Lösel/Doris Bender: Von generellen Schutzfaktoren zu differentiellen protektiven Prozessen: Ergebnisse und Probleme der Resilienzforschung. In: Günther Opp/Michael Fingerle/Andreas Freytag (Hrsg.): Was Kinder stärkt. Erziehung zwischen Risiko und Resilienz. München/Basel 1999, S. 37 ff., Auszüge.

M6 Coping Strategien

Lehrer, Eltern

Jeder Mensch verfügt über ein Repertoire von mehr oder weniger tauglichen Copingsstrategien, die er in Krisensituationen fast automatisch einsetzt. Coping ist die erfolgreiche Bewältigung von Stresssituationen und Lebenskrisen. Drei Strategien:

1. Darüber reden

Erzählen dient nicht nur dem Bedürfnis, sich anderen darzustellen, Erfahrungen auszutauschen oder die Neugier zu befriedigen, es ist eine ausgezeichnete Strategie, um mit Erschütterungen und mit Lebenskrisen fertig zu werden und Traumata zu überwinden.

Das biografische Erzählen ist dabei Diagnose und Therapie zugleich und dient dazu, eine Lebensgeschichte zu erarbeiten, die den Erzähler über Krisen und Probleme trägt und zu einem stärkeren, widerstandsfähigeren Menschen macht. Das Augenmerk des Erzählers kann unterschiedlich ausgerichtet sein:

Auf die äußeren Umstände: Wie ein Reporter ordnet der Erzähler die Ereignisse und schildert möglichst genau die Details einer Situation. So kann die Situation rekonstruiert und nacherlebt werden.

Auf innere Prozesse: Der Erzähler konzentriert sich auf seine emotionalen und mentalen Reaktionen während des Erlebnisses und versucht zu rekonstruieren: Was ging in mir vor? Was habe ich gedacht und gefühlt, als mir das passiert ist?

Auf reflexive Prozesse: Die Erzählung ist der Versuch, ein Erlebnis zu analysieren und einzuordnen, indem es mit anderen Erfahrungen verglichen wird.

2. Vergleichen

Der wahre Maßstab, wenn wir nicht so recht wissen, ob wir uns gut fühlen müssen oder eher mies, sind die anderen. Der Abwärtsvergleich ist eine Copingstrategie ersten Ranges:

Wer in einer Krise steckt oder Rückschläge, Krankheiten und Niederlagen überwinden muss, kann sein Selbstwertgefühl wieder steigern und damit handlungsfähiger werden, wenn er sich „nach unten" vergleicht. Das wirkt wie ein Stimmungsaufheller, weil er so zum Schluss kommt: Es hätte noch viel schlimmer kommen können! Ich bin noch relativ gut davongekommen!

Aufwärtsvergleiche mobilisieren eher den Ehrgeiz, während Abwärtsvergleiche eher trösten und mit dem Schicksal versöhnen.

3. Den eigenen Gefühlen trauen

Schwierige Zeiten sind zuerst und vor allem emotional aufwühlende Zeiten: Bevor wir überhaupt an die Lösung eines Problems denken können, werden wir von heftigen Gefühlen gebeutelt. Wir kämpfen mit Angst und Verzweiflung, Wut und Aggression, Trauer und Depression. Emotionen sind jedoch keine lästigen Begleiterscheinungen von Problemen, sondern liefern uns wertvolle Informationen und Lösungshinweise. Emotionen sind das Signal, dass etwas nicht stimmt.

Emotionale Intelligenz beginnt mit Achtsamkeit. Sich den eigenen Emotionen zu stellen ist der erste Schritt in der konstruktiven Bewältigung einer Lebenskrise. Was genau geht in mir vor? Was fühle ich überhaupt? Wer sich Klarheit über seine Gefühle verschaffen kann, wer sie richtig einordnet und etikettiert und ihre Wirkung auf das Denken kennt, kommt schneller aus Stimmungstiefs heraus.

Wenn wir uns unsere negativen Gefühle eingestehen, sie identifizieren und sortieren, können wir über sie nachdenken – und diese Reflexion hilft, uns allmählich von ihnen zu distanzieren.

Heiko Ernst: Coping: Das Gute an schlechten Zeiten. Wie wir an Herausforderungen wachsen. In: Psychologie heute, 1/2002, S. 20 ff., Auszüge.

M7 Pro Ana

Lehrer, Eltern

Die 10 Gebote

1. Wenn ich nicht dünn bin, bin ich nicht attraktiv!
2. Dünn sein ist wichtiger als gesund sein.
3. Ich muss alles tun, um dünner auszusehen!
4. Ich darf nicht essen, ohne mich schuldig zu fühlen!
5. Ich darf nichts essen, ohne danach Gegenmaßnahmen zu ergreifen!
6. Ich muss Kalorien zählen und meine Nahrungszufuhr dementsprechend gestalten!
7. Die Anzeige der Waage ist am wichtigsten!
8. Gewichtsverlust ist gut, Zunahme ist schlecht!
9. Du bist niemals zu dünn!
10. Dünn sein und Nahrungsverweigerung sind Zeichen wahrer Willenstärke und Erfolgs!

http://lostmywings.wordpress.com/2007/07/16/pro-ana-ein-leben-auf-der-waage/

Pro-Ana (von *pro*: für und *Anorexia nervosa*: Magersucht) und Pro-Mia (Bulimia nervosa: Ess-Brechsucht) sind Bewegungen von Mager- bzw. Ess-Brechsüchtigen im Internet. Sie entstanden Anfang des 21. Jahrhunderts in den Vereinigten Staaten und breiteten sich von dort auch nach Europa aus.

Die Anhänger von Pro-Ana, fast ausschließlich junge Frauen, tauschen sich über spezielle Pro-Ana-Websites aus. Sie stellen dort die Magersucht bildhaft als extremes Schlankheitsideal dar, dem sie sich mit radikalen Maßnahmen nähern, um schließlich Zufriedenheit mit sich und ihrem Aussehen zu erreichen. Die Magersucht erhält dabei den Anklang einer Art der Selbstverwirklichung, der Souveränität und der Macht über den eigenen Körper, die gegen eine feindselige Umwelt verteidigt werden muss. Die Assoziation von „Ana" mit dem Namen „Anna" ist gewollt und steht für eine idealisierte Personifikation der Magersucht. Sie kommt insbesondere im „Brief von Ana" zum Ausdruck, der sich auf den Webseiten der Bewegung als ein zentrales Manifest findet.
Vgl. www.wikipedia.org

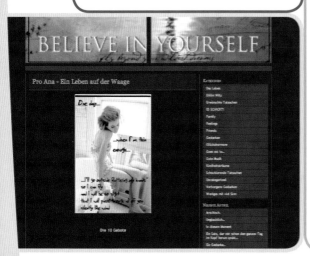

Glorifizierung

Die Verträglichkeit zwischen Selbstwahrnehmung und Realität scheinbar wiederherzustellen und den Bruch zwischen Innen- und Außenwelt zu verwischen, kann als Intention vieler der so genannten „Pro-Ana-Angebote" angesehen werden. Dort wird die Erkrankung zum Autonomie- und zum Identitätsmerkmal erhoben und es wird in einem abgeschlossenen Kommunikationsraum gegenseitige Hilfestellung angeboten, deren tatsächliches Ziel aber die Glorifizierung der Essstörung ist. Die Rezipienten werden in ihrer Lebenswelt und damit letztlich in ihrer Krankheit bestärkt oder sogar fanatisiert. Die Verbreitung von Fotos, die Frauen im Endstadium der Magersucht zeigen, sollen als Nachahmungsanreiz, der so genannten „Thinspiration", dienen.

BPJM-aktuell, 2/2008.

M8 Sieben Aussagen über Suizid

1. *Wer sich einmal mit Selbstmordgedanken trägt, wird es sein Leben lang tun.*

FALSCH! Jemand, der sich das Leben nehmen will, ist nur für eine begrenzte Zeit „selbstmordgefährdet". In dieser Zeit holt sich die Person entweder Hilfe, überwindet die Selbstmordgedanken oder stirbt.

2. *Wenn jemand schon einmal versucht hat, sich umzubringen, sind die Chancen, dass er es noch einmal versucht, wesentlich niedriger.*

FALSCH! Mindestens 80 Prozent aller durchgeführten Selbstmorde geschehen nach vorherigen Selbstmordversuchen. Dies trifft besonders auf junge Leute zu.

3. *Menschen, die sich mit Selbstmordgedanken tragen, möchten gar nicht unbedingt sterben.*

RICHTIG! Ambivalenz ist ein deutliches Charakteristikum einer selbstmordgefährdeten Person. Viele wollen gar nicht sterben, sondern möchten nur einen Weg finden, um einer unerträglichen Situation zu entkommen.

4. *Es ist keine gute Idee, jemanden zu fragen, ob er sich mit Selbstmordgedanken trägt. Über Selbstmord zu reden, könnte ihn nur auf den Gedanken bringen, sich umzubringen.*

FALSCH! Manche meinen, es sei sicherer, nicht mit jemandem über Selbstmord zu sprechen, der diese Möglichkeit in Erwägung zieht. Doch ganz im Gegenteil: Darüber zu sprechen, hilft dieser Person oftmals, sich mit den damit verbundenen schwierigen Themen auseinanderzusetzen und die Spannung zwischen dem Wunsch zu leben und zu sterben zu lösen. Eine Bereitschaft zum Zuhören zeigt, dass Menschen Anteil nehmen und bereit sind, zu helfen.

5. *Wenn sich eine depressive oder selbstmordgefährdete Person besser fühlt, bedeutet das gewöhnlich, dass sich das Problem gelöst hat.*

FALSCH! Wenn jemand, der zuvor depressiv war oder sich mit Selbstmordgedanken getragen hat, plötzlich wieder fröhlicher erscheint, sollte nicht davon ausgegangen werden, dass die Gefahr vorbei ist. Hat sich jemand entschlossen, seinem Leben ein Ende zu setzen, kann er sich bereits auf Grund der getroffenen Entscheidung „besser" fühlen bzw. ein Gefühl der Erleichterung empfinden. Eine schwer depressive Person hat möglicherweise nicht die Energie, Selbstmordgedanken in die Tat umzusetzen. Sobald jedoch wieder genügend Energie da ist, ist es gut möglich, dass sie sich doch noch das Leben zu nehmen versucht.

6. *Die größte Gefahr des Selbstmords besteht unter jungen Männern.*

RICHTIG! Die Gefahr des Selbstmords ist in vielen Ländern unter Männern zwischen 18 und 24 Jahren am höchsten.

7. *Jemand, der behauptet, er möchte sich am liebsten umbringen, würde es doch nie tun. Er versucht dadurch nur Dampf abzulassen. Diejenigen, die sich wirklich umbringen wollen, reden gewöhnlich nicht darüber. Sie tun es einfach.*

FALSCH! Die meisten Menschen reden entweder darüber oder tun etwas, das darauf hindeutet, dass sie sich umbringen werden. Mach Dir jedoch keine Selbstvorwürfe, wenn Du es nicht kommen gesehen hast.

www.befrienders.org
www.frnd.de/public/data/m_fakten.php

M9 Wahrnehmen und Handeln

Lehrer, Eltern

Was machen Sie, wenn Sie wahrnehmen, dass

- sich Schülerinnen oder Schüler in der Klasse nicht mehr wohl fühlen?
- immer mehr Schülerinnen und Schüler mit den Anforderungen, die Sie an sie stellen, nicht mehr zurechtkommen?
- sich Schülerinnen und Schüler in ihren sozialen Erwartungen gegenseitig überfordern, in Streit geraten, sich gegenseitig überdrüssig sind, sich zurückziehen etc.?
- Schülerinnen und Schüler ihr Interesse am Unterricht verlieren und immer weniger Sinn in dem sehen, was Sie ihnen im Unterricht vermitteln wollen?
- Schülerinnen und Schüler mit unverarbeiteten Eindrücken in die Schule kommen, die sie überfordern und denen sie ausgeliefert sind?
- Schülerinnen und Schüler zunehmend intolerant, wenig belastbar und schnell aggressiv reagieren?
- Schülerinnen und Schüler zunehmend nervös, unruhig und mit wachsender psychosomatischer und gesundheitlicher Störanfälligkeit in die Schule kommen?
- Schülerinnen und Schüler Suchtmittel konsumieren, an Übergewicht leiden, zu wenig Bewegung haben, sich ungesund ernähren usw.?

Ulrich Barkholz/Georg Israel/Peter Paulus/Norbert Posse: Gesundheitsförderung in der Schule. Ein Handbuch für Lehrerinnen und Lehrer. Landesinstitut für Schule und Weiterbildung. Soest 1997.

Suizidgefährdung bei Jugendlichen

Besonders alarmiert sollte man bei folgenden Problemlagen sein:

- Der Jugendliche ist sozial völlig isoliert oder er wird sogar aktiv von Gleichaltrigen ausgegrenzt, negativ hinsichtlich seiner Person, seiner äußeren Erscheinung etc. bewertet und verbal etikettiert.
- Jugendliche, die von einem Freund oder Freundin verlassen worden sind, können akut suizidgefährdet sein, wie auch solche Jugendliche, denen es nicht gelingt, zu einem Wunschpartner (auf den sie möglicherweise ohne Alternativen fixiert sind) eine Beziehung herzustellen.
- Distanz oder Verschlossenheit in solchen Situationen sollten als Warnsignale gelten.
- Falls die Therapie ambulant durchgeführt wird und die Suizidgefährdung des Jugendlichen nicht verlässlich beurteilt werden kann, muss eine teilstationäre oder stationäre Weiterbehandlung erworgen werden. Bei akuter Gefährdung ist eine stationäre Unterbringung indiziert.

Hans-Peter Michels: Depression im Jugendalter – Diagnostik und Behandlung. In: Hans-Peter Michels/Michael Borg-Laufs (Hrsg.): Schwierige Zeiten. Beiträge zur Psychotherapie mit Jugendlichen. Tübingen 2003, S. 109.

M10 Ich und die Anderen

Ich
- Wer bin ich?
- Was will ich mit meinem Leben anfangen?
- Welche Werte sollen mein Leben bestimmen?
- Woran glaube ich?

Was ist mir wichtig?
- Meine Stärken
- Meine Schwächen
- Was möchte ich erreichen?
- Was ist mir wichtig?

Wo komme ich her?
- Woher kommt meine Familie?
- Welche Stationen hat mein Leben bisher durchlaufen?
- Welche Ereignisse waren für mich wichtig?
- Worüber habe ich mich besonders gefreut?
- Was war für mich schwierig?

Wo gehöre ich dazu?
- Familie
- Gruppen
- Vereine
- Cliquen
- Welche Menschen sind mir besonders wichtig?

Meine Bezugsgruppe
- Warum ist mir diese Gruppe wichtig?
- Wer sind die anderen Mitglieder dieser Gruppe?
- Welche Werte und Ziele haben sie?
- Womit stimme ich überein, womit nicht?

Wo möchte ich hin
- Was will ich in 10 Jahren erreicht haben?
- Wo und wie möchte ich einmal leben?
- Mein Traum für die Zukunft

Ein Bild wie du dir deine Zukunft vorstellst:

M11 **Der Schrei**

Der norwegische Maler Edvard Munch malte 1893 das Bild „Der Schrei" von dem es noch drei weitere Variationen gibt. (Pastell auf Pappe, 75 x 57 cm.)

- Wie wirkt das Bild auf dich? Wodurch wird die Wirkung erreicht?

- Welche Stimmung wird in dem Bild ausgedrückt?

- Kennst du solche oder ähnliche Stimmungen von dir selbst?

- Wem gilt der Schrei? Wird er gehört?

- Male oder gestalte selbst ein Bild mit dem Titel „Der Schrei", das ein Grundelement von Munch aufgreift.

M12 **Selbstverletzung**

Körperverzierung?	oder	**Körperverletzung?**

- Piercing
- Tattoos
- Brandings
- exzessives Rauchen
- Drogenkonsum
- Kampftrinken
- Cutting
- Selbstgeißelung religiöser Menschen
- Diät
- Bodybuilding
- Schönheits-OP (Busenvergrößerung, Nasenkorrektur)

- Was hast du selbst schon gemacht? Warum?
- Welche Handlungen sind gesellschaftlich akzeptiert?

- Wo liegen die Gemeinsamkeiten, wo die Unterschiede der Handlungen?
- Schreibe eine Antwort-Mail an Jessi (siehe Kasten).

Alles begann, als ich aufs Gymnasium kam ... Ich wurde immer schlechter in Mathe ... Fünfen Sechsen. Und dann noch der Stress daheim. Damals begann ich damit, mir meine Fingernägel so lange in die Hand zu bohren, bis sie blutete ... Ich liebte das, es war mein einziges Ventil ... und nie hat es jemand gemerkt ...

Zwei Jahre später: Für meine Eltern bin ich nur noch ein Anhängsel, ein störender nerviger kleiner Schmarotzer, der höchstens noch das Essen machen kann. Da fing ich mit dem Messer an. Das mit den Zähnen, nahm ich am liebsten. Erst mit der Spitze reinbohren, so fest es geht, und dann anziehen. Einmal habe ich im Suff einer erzählt, was ich mache ... Sie hat's mir nicht geglaubt ... Nicht mal den Narben hat sie geglaubt ... So ist es, und so wird es auch immer sein, aber ein anderes Leben will ich auch nicht, ich hasse zwar meinen Körper, aber ich desinfiziere trotzdem immer die Schnitte ... Warum auch immer?

Gruss! Jessi (13)

www.rotetraenen.de/?main=voneuch&sub=erfahrung sberichtelesen&id=19

M13 Weg von ....

- Welches Lebensgefühl drücken die beiden Bilder aus?
- Kennst du auch solche Gefühle?
- Was würdest du am liebsten tun, wenn du in einem solchen Gefühl bist?

M14 Colors of my future

1. Strophe
School's over and a new life starts
Sometimes the future looks grey for me
Don´t know for sure if I will reach your hearts
Sometimes the future looks grey for me
I see poeple on the dole on my TV set
Sometimes the future looks grey for me
I really don't know what kind of job I´ll get
Sometimes the future looks grey for me

Refrain
Want colours for my future
Want colours for my life
it´s everything I need to survive

2. Strophe
The right place in this world that´s what I desire
Then my future shimmers colourful
A good job for me that sets my heart on fire
Then my future shimmers colourful
Real good friends that I can trust
Then my future shimmers colourful
respect for you and me that is not too much
Then my future shimmers colourful

Refrain
Want colours for my future
Want colours for my life
It´s everything I need to survive

Rap
Wo ist mein Platz auf dieser Welt
Wo ist meine Zukunft
Hab' ich heute schon verlor'n,
denn ich bin nicht hier gebor´n
Gebt mir heute eine Chance
Gebt mir morgen eine Chance
Und verbaut nicht meine Zukunft
Die noch nicht begonnen hat

You want me to learn at home striving for a job
But my kids need a world of peace and harmony
You want me to succeed going to the top
But my kids need a world without hunger and disease
You want me to work hard making lots of dough
But my kids need a world with air enough to puff
You want me to stay clean you say to me
But my kids need a world without this killing stuff

© 2002, Band der Hauptschule Innenstadt Tübingen (hsi-band), Westbahnhofstr. 27, 72070 Tübingen.

www.frieden-fragen.de/10029.html

- Welche Hoffnungen, welche Befürchtungen kommen in dem Song zum Ausdruck?
- Schreibe selbst einen Liedtext, der dein Lebensgefühl ausdrückt.

M15 **Selbstwirksamkeit**

Unterricht

	stimmt nicht	stimmt kaum	stimmt eher	stimmt genau
1. Wenn sich Widerstände auftun, finde ich Mittel und Wege, mich durchzusetzen.				
2. Die Lösung schwieriger Probleme gelingt mir immer, wenn ich mich darum bemühe.				
3. Es bereitet mir keine Schwierigkeiten, meine Absichten und Ziele zu verwirklichen.				
4. In unerwarteten Situationen weiß ich immer, wie ich mich verhalten soll.				
5. Auch bei überraschenden Ereignissen glaube ich, dass ich gut mit ihnen zurechtkommen kann.				
6. Schwierigkeiten sehe ich gelassen entgegen, weil ich meinen Fähigkeiten immer vertrauen kann.				
7. Was auch immer passiert, ich werde schon klarkommen.				
8. Für jedes Problem kann ich eine Lösung finden.				
9. Wenn eine neue Sache auf mich zukommt, weiß ich, wie ich damit umgehen kann.				
10. Wenn ein Problem auftaucht, kann ich es aus eigener Kraft meistern.				

Matthias Jerusalem & Ralf Schwarzer (1981), revidiert 1999.

www.fu-berlin.de/gesund/skalen/Allgemeine_Selbstwirksamkeit/allgemeine_selbstwirksamkeit.htm

M16 Sich gegenseitig helfen

Die Aufmerksamkeit von Mitschülerinnen und Mitschüler sowie von Freunden ist wichtig, um Probleme und Krisen frühzeitig zu erkennen. Freunde und Cliquen sollten aufeinander achten! – Dies wird immer wieder gefordert. Wie kann dieser Anspruch jedoch konkret umgesetzt werden?

Finde Beispiele:

In der Schule:

_____

_____

_____

In der Freizeit:

_____

_____

_____

Vier Selbstverständlichkeiten

1. **Aufmerksam sein**
   Dir fallen Verhaltensänderungen oder seltsames Benehmen auf.

2. **Ansprechen**
   Wie es anderen geht und was andere tun, ist dir nicht gleichgültig. Deshalb sprichst du solche Beobachtungen sofort an.

3. **Darüber reden**
   Du bietest an, darüber zu reden, denn gemeinsam nach gangbaren Wegen suchen hilft oft weiter.

4. **Dritte einschalten**
   Wenn du alleine nicht weiter kommst, weißt du, wo du Rat und Unterstützung durch Fachleute erhältst.

 ©2010, Institut für Friedenspädagogik Tübingen e.V. – WSD Pro Child e.V.

M17 Hol dir Hilfe

Unterricht

Jedes Problem wächst, wenn du mit ihm in Angst allein bleibst.

Sei klug: sprich mit anderen, hol dir Hilfe. Gib nicht auf.

Wen kannst du um Hilfe bitten? Wer kann helfen? Ein Freund, eine Freundin, der Klassensprecher ...

- Erzähle anderen von deinem Kummer, deiner Not, zu zweit oder dritt findet man leichter einen Weg.
- Sprich mit Erwachsenen, bestehe auf Unterstützung, bis du eine gute Antwort gefunden hast und selbst weiter weißt. Sprich mit deinen Eltern oder einer anderen Person deines Vertrauens. Das kann im Sportverein sein, vielleicht ist es auch dein Arzt, der Pfarrer, eben jemand, dem du vertraust ...
- Erzähl das Problem deiner Lehrerin oder deinem Lehrer (z.B. Klassenlehrer, Kerngruppenleiter, Vertrauenslehrer, Schulleiter), jemandem, dem du vertraust.
- Vielleicht gibt es an deiner Schule auch Erzieher, Sozialpädagogen, eine Schulstation. Sie helfen gern.
- In jedem Bezirk gibt es einen Schulpsychologischen Dienst. Du kannst dort anrufen. Dein Anruf wird vertraulich behandelt, dir wird geholfen werden.
- Ruf an einer Stelle an, die rund um die Uhr besetzt ist: z.B. die Telefonseelsorge: 0800-1110111, www.telefonseelsorge.de

Melde dich, hol dir Hilfe. Einen besseren Ratgeber als die Angst findest du allemal.

Bettina Schubert: Hilfe für Opfer und Täter. In: Senatsverwaltung für Bildung, Jugend und Sport, Berlin (Hrsg.): Gewalt tolerieren fördert Gewalt. Verstehen und Handeln IV. Berlin 2003, S. 30-35, Auszüge.

www.berlin.de/sen/bildung/hilfe_und_praevention/ gewaltpraevention

---

Mögliche Ansprechpartner

- Klassenlehrer
- Vertrauenslehrer und Beratungslehrer
- Schulsozialarbeiter
- Schulleiter
- Mitarbeiter im Jugendhaus /Jugendgruppenleiter
- Pfarrämter
- Eltern von Freunden
- Verwandtschaft
- Hausarzt
- Beratungsstellen für Eltern, Kinder und Jugendliche
- Jugendamt
- Polizei

Die Nummer gegen Kummer

Die Deutsche Stiftung Kinder- und Jugendtelefone hat eine „Nummer gegen Kummer" eingerichtet.

Gebührenfreier Service für Kinder und Jugendliche:
Jugendtelefon: 08 00 - 1 11 03 33
Elterntelefon: 08 00 - 1 11 05 50
www.nummergegenkummer.de

Jugendgewalt

In diesem Baustein wird das Phänomen Jugendgewalt diskutiert. Zentrale Fragen sind dabei: was ist Jugendgewalt, wie weit ist sie verbreitet, welche Ursachen für Jugendgewalt sind bekannt und welche Gegenstrategien sind erfolgversprechend? Dabei werden Jugendliche nicht nur als Täter, sondern auch als Opfer gesehen.

Unsere Jugend
Unsere Jugend liebt den Luxus, hat schlechte Manieren, macht sich über die Autorität lustig, hat überhaupt keinen Respekt vor dem Alter. Unsere Kinder sind Tyrannen, sie erheben sich nicht vor den Erwachsenen, sie widersprechen ihren Eltern, sie sind unmöglich.
Sokrates, 450 v. Chr.

Was ist Jugendgewalt?

Jugendgewalt ist von Jugendlichen ausgeübte Gewalt. Im strafrechtlichen Sinne fallen die Täter dabei unter das Jugendstrafrecht, sind also zwischen 14 und 18 Jahre bzw. 21 Jahre alt. Psychologisch bzw. soziologisch wird die Jugendphase weiter gefasst, nämlich zwischen Pubertät und abgeschlossener sozialer Reifung.

Jugendgewalt ist ein unspezifischer Sammelbegriff für viele verschiedene jugendspezifische Deliktformen, wobei in der öffentlichen Wahrnehmung die körperliche Gewalt dominiert. Hierzu gehören verbale Attacken, Sachbeschädigungen, Mobbing, Erpressungen, Raufereien, Körperverletzungen ebenso wie ausländerfeindliche Übergriffe, die in der Regel von Cliquen und Gruppen oder in deren Kontext ausgeübt werden. Gewalt bei Sportereignissen durch Hooligans und Ultras wird ebenso dazu gezählt wie Auseinandersetzungen zwischen Straßenbanden oder Straßenschlachten mit der Polizei an Maifeiertagen oder politischen Großereignissen. Jugendgewalt hat also viele Gesichter und muss sehr differenziert gesehen werden. Abzugrenzen ist Jugendgewalt von Jugendkriminalität.

Jugendgewalt und Jugendkriminalität

Jugendgewalt darf nicht verwechselt werden mit Jugendkriminalität. In der öffentlichen Diskussion werden häufig beide Begriffe und Phänomene synonym gebraucht. Dies ist jedoch falsch und bringt für Gewaltprävention Probleme mit sich.

Kriminalität von Kindern und Jugendlichen (also das Übertreten von Gesetzen) ist in der überwiegenden Zahl aller Fälle Kleinstkriminalität mit sehr geringen materiellen Schäden. Kaufhausdiebstahl mit geringem Wert und Schwarzfahren stehen an ersten Stellen der Kriminalstatistik, weitere Deliktarten sind u.a. einfache Körperverletzungen, Beleidigungen, Sachbeschädigungen (Sprayer), Konsum illegaler Drogen oder Verstöße gegen das Urheberrechtsgesetz (Raubkopien) (vgl. Maschke 2003, S. 19).

Im Sinne der Jugendkriminalität kommen ca. 7-8 % der Jugendlichen mit dem Gesetz in Konflikt, tauchen also als Tatverdächtige auf. Dunkelfeldstudien zeigen, dass bestimmte Delikte, wie z.B. Kaufhausdiebstahl oder Schwarzfahren von nahezu allen Jugendlichen verübt werden, wenngleich sie auch nur selten ertappt werden. Jugendgewalt im Sinne von Gewaltkriminalität wird nur von einer kleinen Gruppe Jugendlicher ausgeübt.

Jugendgewalt in Stichworten

- **Jugendgewalt ist männlich:** Jugendgewalt ist Jungengewalt, denn über 80 % der Gewalttäter sind Jungen.
- **Jugendgewalt ist primär ein Gruppenphänomen:** Jugendliche Gewalttaten sind kaum Taten von Einzelgängern, sondern entstehen zu über 80 % aus Cliquen heraus oder werden in (kleinen) Gruppen begangen.
- **Jugendgewalt findet im öffentlichen Raum statt:** Dadurch unterscheidet sie sich von der Gewalt Erwachsener, die sich zum Großteil im häuslichen Bereich vollzieht. Jugendgewalt ist öffentlich sichtbar und präsent.
- **Opfer von Jugendgewalt sind vor allem männliche Jugendliche:** Frauen und Ältere haben zwar die meiste Angst, Opfer zu werden, tatsächlich sind sie jedoch am wenigsten gefährdet.
- **Viele Kinder und Jugendliche sind auch Opfer:** Ca. 25-30 % der Jugendlichen geben an von ihren Eltern geschlagen worden zu sein. Das Risiko Täter zu werden, ist für sie um ein Mehrfaches größer.
- **Die Gewaltakzeptanz ist niedrig:** Sie liegt bei Jugendlichen bei ca. 6-8 %. Die Bereitschaft, selbst Gewalt anzuwenden, liegt nach Umfragen bei ca. 2-4 %. Die weitaus überwiegende Mehrzahl der Jugendlichen lehnt also Gewalt als Handlungsmöglichkeit ab.

Zwei Arten von Jugendgewalt
Mit Jugendgewalt wird zum einen die jugendtypische Dissozialität im Kontext von Entwicklungsproblemen und Einflüssen der Peer-Gruppe verstanden, die als vorübergehende Erscheinung zu werten ist.
Zum andern umfasst Jugendgewalt jedoch auch die kleine Gruppe von Jugendlichen, die gravierende Formen von Gewalt anwenden und längerfristiges delinquentes Verhalten zeigen. Dieses Verhalten kann sich in der Jugendphase verfestigen.
Vgl. Friedrich Lösel/ Thomas Bliesener: Aggression und Delinquenz unter Jugendlichen. Untersuchungen von kognitiven und sozialen Bedingungen. München/ Neuwied 2003, S. 10.

„Generation unter Druck"
Wir haben dieses Motto gewählt, weil uns natürlich auch aufgefallen ist, wie stark die Lebenswelten auseinanderdriften. Wir haben auf der einen Seite bei den Jugendlichen eine große Spannweite zwischen den gut situierten, sehr erfolgreich im Bildungssystem platzierten, bei denen alle Ängste, alle Zurückhaltungen, ob man es schaffen könnte, auf einem ganz kleinen Maß sind. Dann gibt es auf der anderen Seite 20 % der Jugendlichen mit einem ungeheuerlichen Männeranteil, die pessimistisch sind und das im Hinblick auf die Arbeitsmarkt- und Ausbildungsmarktsituation zu Recht sind. Die spüren, dass sie diese berufliche Perspektive nicht haben. Schließlich existiert diese Gruppe in der Mitte, auf die trifft das Motto dann vielleicht zu: Die sind die leistungsbereiten und konstruktiv auf gesellschaftliche Integration ausgerichteten. Diese quantitativ große Mehrheit gerät mit ihrer grundsätzlich sehr sehr optimistischen Grundstimmung, (...) unter Druck. Diese Gruppe sieht: „Da unter uns, und wer weiß wie weit unter uns das ist, da gibt es eine Gruppe von Jugendlichen, die brechen ein, die haben gar keine Chance mehr." So ist das Motto gemeint.
Klaus Hurrelmann: Es wird eine weitere Shell-Studie geben. www.jugendforschung.de, 20.11.2006.

- **Konflikte mit dem Gesetz:** Im Sinne der Jugendkriminalität kommen ca. 7-8 % der Jugendlichen mit dem Gesetz in Konflikt und tauchen als Tatverdächtige auf.
- **Sozial benachteiligte Jugendliche:** Jugendliche mit geringerer Schulbildung sowie sozial benachteiligte Jugendliche haben bei gleichartiger Delinquenzbelastung eine deutlich höhere Wahrscheinlichkeit wegen ihrer Taten in Kontakt mit der Polizei zu kommen.
- **Längsschnittuntersuchungen:** Langfristig mit schwerwiegender Gewalt auffallende Personen neigen zu einem erheblichen Anteil schon vor dem Eintritt in die Strafmündigkeit zu aggressivem und normabweichendem Verhalten.
- **Das Problem:** Das eigentliche Problem der Jugendkriminalität und der Jugendgewalt sind die jugendlichen Intensiv- und Mehrfachtäter.

Nimmt Jugendgewalt zu?

Der öffentliche Diskurs über Jugendgewalt wird von der Behauptung (und Befürchtung) bestimmt, dass diese immer stärker zunehme und zudem immer brutaler werde. Die immer gleichen Formulierungen sind bereits Anfang der 1970er Jahre nachzulesen. Dieses Bild entspricht jedoch nicht den Ergebnissen der kriminologischen Forschung. Zwei Datengrundlagen stehen bei der Einschätzung von Jugendgewalt in Konkurrenz: Die Polizeiliche Kriminalstatistik und die Ergebnisse der kriminologischen Forschung, die auf Dunkelfeldstudien basieren. Die Bund-Länder-Kommisson „Entwicklung der Gewaltkriminalität junger Menschen" hat für die Herbstsitzung 2007 der Innenministerkonferenz eine Bestandsaufnahme der Situation der Jugendgewalt in Deutschland vorgelegt und kommt zu folgendem Ergebnis (Bund-Länder AG 2007, S. 5): „Die Zahlen der Polizeilichen Kriminalstatistik (PKS) legen den Schluss nahe, dass die Gewaltkriminalität allgemein und insbesondere auch die Jugendgewaltkriminalität erheblich angestiegen sind. Die steigende Zahl unter-21-jähriger Tatverdächtiger ohne entsprechend steigende Bevölkerungszahlen könnte den Schluss zulassen, dass eine zunehmende Gewaltbereitschaft und Gewaltanwendung in dieser Altersgruppe festzustellen ist. Die Zahl der nichtdeutschen Tatverdächtigen ist dabei zwar gestiegen, jedoch im Verhältnis geringer als der Anstieg der deutschen Tatverdächtigen. Der Anteil der nichtdeutschen Tatverdächtigen ist damit zurückgegangen. Angaben zu Migrationshintergründen bei Tatverdächtigen sind aus der PKS nicht möglich. Die PKS-Daten machen allerdings auch deutlich, dass mit den steigenden Zahlen registrierter Gewaltdelikte auch eine deutliche Zunahme des Opferrisikos einhergeht. Dabei sind insbesondere Jugendliche und Heranwachsende heute einem deutlich höheren Risiko ausgesetzt, Opfer einer vorsätzlich, leichten, aber auch einer gefährlichen oder schweren Körperverletzung zu werden.

Die Ergebnisse der kriminologischen Forschung zur Entwicklung der Jugendgewaltkriminalität führen allerdings zu einem anderen Ergebnis. Ausgehend von regionalen Dunkelfeldstudien unter bestimmten Altersgruppen, die in der Regel an Schulen befragt wurden, und ergänzenden Begleitstatistiken z.B. der gesetzlichen Unfallversicherung vertritt die kriminologische Forschung heute die Auffassung, dass die tatsächliche Gewaltkriminalität im Jugendbereich in den letzten 10 Jahren weder quantitativ noch qualitativ angestiegen sei. Vielmehr bewege sich die Zahl der tatsächlichen Delikte auf einem relativ konstanten Niveau. Verändert habe sich jedoch der Anteil der Delikte, der den Instanzen der formellen Sozialkontrolle, also auch der Polizei, zur Kenntnis

Täter- und Mehrfachtäterraten in den letzten zwölf Monaten

in %

	In den letzten 12 Monaten	Mehrfachtäter
Vandalismus	14,6	4,0
Ladendiebstahl	13,3	4,1
Graffiti sprühen	8,9	5,3
Raubkopien verkaufen	8,9	5,3
Fahrzeugdiebstahl	4,7	1,2
Einbruch	2,7	0,7
Drogen verkaufen	4,4	2,5
Körperverletzung	11,7	2,6
Schwere Körperverletzung	2,9	0,9
Raub	2,5	0,8
Erpressung	1,2	0,5
Sexuelle Gewalt	1,5	0,7
Schwere Gewalt	5,4	2,0
Gewaltdelikte	13,5	4,3
Alle Delikte	33,9	16,5

Mehrfachtäterschaft – mindestens 5 Taten
33,9 % der Jugendlichen waren in den vergangenen zwölf Monaten in einer der aufgeführten Formen delinquent.

Repräsentative Untersuchung von 15-Jährigen in den Jahren 2007/2008.
Dirk Baier/Christian Pfeiffer: Jugendliche in Deutschland als Opfer und
Täter. Kriminologisches Forschungsinstitut Niedersachsen.
Forschungsbericht 107. Hannover 2009, S. 64.

Keine gesicherten Angaben
Es sind derzeit keine gesicherten Aussagen zu den Fragen möglich, ob die Jugendgewaltkriminalität in den letzten Jahren einen deutlichen Anstieg zeigt oder nicht und wie sich dieser Phänomenbereich zukünftig entwickeln wird. Auch hinsichtlich der Schwere der Gewaltdelikte ist keine eindeutige Aussage möglich. Die PKS weist verschiedene Indikatoren für eine zunehmende Intensität der Delikte auf, z.B. den Anstieg der gefährlichen und schweren Körperverletzungen. Auch aus der polizeilichen Sachbearbeiterpraxis wird eher der Eindruck berichtet, die Gewalttaten nähmen auch an Intensität zu. Die kriminologische Forschung hingegen sieht auch hier keine Belege für eine zunehmende Brutalisierung. *Bund-Länder AG „Entwicklung der Gewaltkriminalität junger Menschen mit einem Schwerpunkt auf städtischen Ballungsräumen". Bericht zum IMK-Herbstsitzung 2007. Berichtsstand 16. November 2007, S. 5.*

Grundwissen

Sichtbarer

Die Straftaten junger Menschen werden deswegen überproportional häufig amtlich registriert, weil sich viele ihrer Delikte mehr als diejenigen der Erwachsenen in der Öffentlichkeit abspielen (Straßenkriminalität, Drogenkriminalität), sichtbarer sind, die Ausführung ihrer Delikte naiver und die Straftat damit leichter zu entdecken ist, und dass junge Menschen schließlich von den Strafverfolgungsorganen leichter überführt werden können.

Werner Maschke: Stimmt das Schreckgespenst von den „gewalttätigen Kids"? Kinder- und Jugenddelinquenz. In: Der Bürger im Staat, Heft 1/2003.

gelange. Die kriminologische Forschung stützt diese Auffassung darauf, dass die befragten Altersgruppen sowohl hinsichtlich der Täterschaft als auch hinsichtlich der Opferwerdung übereinstimmend eher rückgängige bzw. gleich bleibende Zahlen angeben. Gleichzeitig scheine sich die Ablehnung von Gewalt durch junge Menschen zu verstärken.

Den Anstieg der registrierten Delikte führt die kriminologische Forschung überwiegend auf eine gestiegene Anzeigebereitschaft zurück, die sich aus einer sinkenden Toleranz gegenüber auch jugendtypischen körperlichen Auseinandersetzungen und einer vermehrten Inanspruchnahme formeller Konfliktlösungsinstanzen statt informeller Konfliktlösungen ergibt (Bund-Länder AG 2007, S. 5). Baier und Pfeifer kommen in ihrer 2009 vorgelegten repräsentativen Untersuchung von 15-Jährigen zu der Feststellung: „Zur Entwicklung der Jugendgewalt zeigen die Befunde der Dunkelfeldforschung seit 1998 insgesamt betrachtet eine gleichbleibende bis rückläufige Tendenz" (Baier/Pfeiffer 2009, S. 10).

Polizeiliche Kriminalstatistik

- Die Polizeiliche Kriminalstatistik ist eine Tatverdächtigenstatistik, keine Täterstatistik.
- Der Anstieg der Tatverdächtigen wird mit einem Anstieg der Kriminalität gleichgesetzt. Es gibt jedoch eine erhebliche Diskrepanz zwischen der Anzeigenstatistik und der Verurteiltenstatistik.
- Verstärkte polizeiliche Ermittlungen in bestimmten Bereichen führen zu mehr Tatverdächtigen.
- Nicht die Zahl der Delikte ist damit gestiegen, sondern das Dunkelfeld ist kleiner geworden. Es wird jetzt mehr wahrgenommen.
- Das Anzeigenverhalten der Bevölkerung hat sich in den letzten Jahren verändert: Es werden jetzt verstärkt auch Bagatelldelikte angezeigt.
- Interethnische Konflikte werden häufiger angezeigt als innerethnische.
- Jugendkriminalität spielt sich im öffentlichen Bereich ab, Erwachsenenkriminalität vor allem im häuslichen bzw. sozialen Nahraum. Sie verbleibt deshalb im Dunkelfeld.
- Die Polizeiliche Kriminalstatistik wird als Tatverdächtigenstatistik häufig primär als Arbeitsnachweis der Polizei gesehen, lässt aber nur begrenzte Aussage über das tatsächliche delinquente Verhalten zu.

Jugendliche als Opfer

Jugendliche werden in erheblich höherem Maße Opfer von Gewalt, als dass sie Täter sind. Untersuchungen zeigen seit langem, dass dies in doppelter Hinsicht geschieht, im häuslichen Bereich durch die Eltern und im öffentlichen Bereich durch andere Jugendliche. „Während die Täterraten für Gewaltdelikte im Jahr 2000 bei 15,7 % lagen, wurden mehr als 30 % der Jugendlichen innerhalb des gleichen Referenzzeitraumes Opfer elterlicher Gewalt. Diese Art von Gewalt wird offiziell so gut wie gar nicht bekannt" (Brettfeld/ Wetzels, 2003, S. 111 f.). Gleichzeitig war etwa ein Viertel der Jugendlichen Opfer von Gewaltdelikten (u.a. Raub, Erpressung, Körperverletzung), die zu über 80 Prozent durch Gruppen oder aus Gruppen heraus verübt wurden.

Jugendliche sind oft beides, Opfer und Täter. Während bei den Mädchen von allen Opfern ca. 20 % selbst eine Gewalttat verübt haben, ist der Anteil bei den Jungen mit über 40 % doppelt so hoch (Baier/Pfeiffer 2009, S. 67).

Eine weitere Opferdimension darf jedoch nicht übersehen werden: Jeder Vierte zwischen 16 und 24 Jahren lebt heute in Armut oder wird von Armut bedroht. Bundesweit sind dies mehr als 2,4 Millionen Jugendliche (vgl. zdfheute.de, 14.6.2008). 20 % der Jugendlichen, so Inge Kloepfer (2009) würden zu den Perspektivlosen gehören. Diese Kinder und Jugendlichen wachsen in sozial schwachen Schichten auf, ohne die Chance zu haben, jemals herauszukommen.

Jugend darf jedoch – gerade auch in der Pubertät – nicht nur unter dem Aspekt von Gefährdung und Delinquenz gesehen werden, sondern stellt auch ein positives Potenzial für die Gemeinschaft und Gesellschaft dar, das Veränderungen anmahnt und auf Probleme aufmerksam macht.
Peter Imbusch: Jugendgewalt in Entwicklungsländern. Eschborn 2008.

Öffentliche Diskurse um Jugendgewalt
Die öffentlichen Diskurse in den Medien und Politik sind weitgehend geprägt von:
- Zuspitzung und Skandalisierung: Immer stärkere Zunahme, immer brutalere Taten, immer jüngere Täter.
- Vermischung von Jugendkriminalität und Jugendgewalt.
- Schuldzuweisungen an die Eltern (Versagen in der Erziehung) und Medien (gewalthaltige Computerspiele).
- Forderung nach Null-Toleranz und härteren Strafen.
- Überbetonung und Übertreibung des Anteils ausländischer Jugendlicher an Gewalttaten.
- Ausschließliche Betrachtung Jugendlicher als Täter, nicht als Opfer von Gewalt.
- Nichtberücksichtigung der Ergebnisse der kriminologischen Forschung und der Jugendforschung.

Gefordert

„Jetzt sind die Erwachsenen gefordert: Nach heutigem Wissen praktizieren Eltern und Lehrer, die ihre oder die ihnen anvertrauten Kinder in dieser Zeit nicht unterstützen und Erziehung nicht ernstnehmen, eine Form der fahrlässigen Vernachlässigung."

Gabriele Haug-Schnabel/ Nikolas Schnabel: Pubertät. Eltern-Verantwortung und Eltern-Glück. Ratingen 2008, S. 169.

Pubertäre Normalität

Jugend ist heute eine lang gestreckte Lebensphase, die durchschnittlich etwa 15 Jahren dauert. Sie beginnt so früh wie noch nie und besitzt kein klar markiertes Ende. Es ist für Jugendliche unklar, ob sie in den gewünschten Beruf hineinkommen und ob sie eine traditionelle Familie gründen. Dadurch ist eine große Offenheit entstanden mit vielen Ungewissheiten (vgl. Hurrelmann 2005). Jugendliche müssen so in einer immer undurchschaubarer gewordenen Welt ihren Platz finden, ohne selbst über die notwendigen Steuerungs- und Orientierungsmöglichkeiten zu verfügen, ohne Vorbilder und ohne wirkliche Chance, aus ihrem Milieu herauszukommen.

Hirnforscher weisen darauf hin, dass das jugendliche Gehirn noch nicht ausgereift ist und dass sich das Urteilsvermögen oft bis zum Alter von 25 Jahren entwickelt. Jugendliche haben anders als Erwachsene ein geringer ausgeprägtes Verantwortungsgefühl und sind anfällig für äußere Einflusse. Der Hirnforscher Laurence Steinberg stellt fest, dass mit 16 Jahren jener Teil des Gehirns, der nach Action schreit, schon voll ausgeprägt sei, sein Gegenspieler, die im Stirnlappen sitzende kontrollierende Instanz, entwickle sich dagegen noch (Ritter 2008).

In der Kriminologie werden Jugendkriminalität und Jugendgewalt vor allem als Ergebnis entwicklungstypischer Verhaltensweisen und als ein Begleitphänomen im Prozess der Entwicklung einer sozialen und individuellen Identität wahrgenommen (vgl. Maschke 2003). Ca. 90 Prozent der jungen Männer haben im Kindes- und Jugendalter irgendwann gegen strafrechtliche Vorschriften verstoßen. Die

Probleme der Erwachsenen mit pubertärem Verhalten
- Ihnen macht die Vorstellung Angst, Jugendliche (ihre Kinder) könnten in diesem Zustand von emotionaler Labilität und Impulsivität stehen bleiben.
- Das immer wieder neue Infragestellen und Hinterfragen des Bestehenden (von Entscheidungen, Gewohnheiten, Abläufen, Werten usw.) ist nervenaufreibend.
- Das Ausloten von Grenzen und die damit verbundenen Grenzüberschreitungen bringen ständige Auseinandersetzungen mit sich, die als lästig und unnötig empfunden werden.
- Das immer wieder neue Rechtfertigen-Müssen der eigenen Meinungen und Verhaltensweisen empfinden sie als lästig.
- Angesichts der Energie und Dynamik der Jugend nehmen Erwachsene das Schwinden ihrer eigenen Kräfte stärker wahr.

Gabriele Haug-Schnabel/Nikolas Schnabel: Pubertät. Eltern-Verantwortung und Eltern-Glück. Ratingen 2008.

meisten dieser jugendtümlichen Straftaten sind episodenhafter Natur. Schon die Alterskurve der Kriminalitätsbelastung für das Hellfeld zeigt, dass es sich bei den Straftaten junger Menschen in der überwiegenden Mehrzahl der Fälle um ein vorübergehendes Phänomen handelt (Lösel/Bliesener 2003, S. 9). Jugendliche verhalten sich temporär delinquent, weil es sich für sie in subjektiven Kosten-Nutzen-Bilanzen auszahlt. Das abweichende Verhalten hat zum Beispiel dann eine positive Funktion, wenn es dazu beiträgt, sich von den Eltern und anderen Autoritäten zu lösen, den Selbstwert zu bestätigen und jugendtypische Ziele zu erreichen.

In der Mehrzahl der Fälle findet diese Art von Delinquenz auch ohne Intervention Dritter oder gar von Seiten der Strafverfolgungsinstanzen ihr Ende. Dieses Phänomen wird häufig mit dem Begriff der Spontanremission umschrieben, wonach Delinquenz im Jugendalter im Regelfall von selbst aufhört (Maschke 2003).

Jugenddelinquenz ist also nicht per se ein Indikator für eine dahinterliegende Störung oder für Erziehungsdefizite. Im Prozess des Normenlernens, ist eine zeitweise Normabweichung zu erwarten und ein notwendiges Begleitphänomen für die Entwicklung Jugendlicher (vgl. Bundesministerium des Innern 2006, S. 357). Diese Feststellung bedeutet nicht, dass es keinen Handlungsbedarf gäbe, ganz im Gegenteil. Es geht darum, sich der Herausforderung einer Lebensbegleitung in dieser turbulenten Phase zu stellen, die nötigen Sicherheiten zu geben, aber auch zu verdeutlichen, wo Grenzen eingehalten werden müssen.

Kriminologische Längsschnittstudien belegen jedoch andererseits eine recht kleine Gruppe junger Menschen, die über viele Jahre bis ins mittlere Erwachsenenalter kriminelle Delikte begeht.

Zynisch und schamlos

Wenn junge Leute mörderische Brandsätze legen oder Passanten zusammenschlagen, wäre es zynisch, nur darauf zu verweisen, dass die Gewaltkriminalität ausweislich der Kriminalstatistik seit Jahren sinkt und dass Deutschland noch nie in seiner Geschichte ein so sicheres Land war. Das ist zwar richtig, hilft aber dem nichts, der zusammengeschlagen wird, und auch nicht dem, der Angst hat. Es ist aber genauso zynisch und schamlos, den Leuten weiszumachen, man könne mit einer höheren Höchststrafe und mit der Errichtung von Kuckucksnestern Gewalttaten eindämmen und jugendliche Täter beeindrucken – wie der Wahlkämpfer Roland Koch das tut. Die Drillcamps für Jugendliche, von denen Koch und Co. jetzt schwadronieren, wären Brutstätten für noch mehr Gewalt.
Heribert Prantl, Süddeutsche Zeitung, 9.1.2008.

Grundwissen

Gruppenzwänge

Vieles der destruktiven Gewalt – im Kleinen wie im Großen – ist nicht auf den schlechten Charakter einzelner Menschen zurückzuführen, sondern auf subjektiv erlebte und/oder objektiv vorhandene Gruppenzwänge, auf die Notwendigkeit, Normen und Regeln einzuhalten, und die Schwäche des Menschen, sich nicht davon freimachen zu können.
Wir dürfen es nicht den destruktiven Gruppen überlassen, Wärme, Zuwendung und Anerkennung anzubieten, damit Menschen anzulocken und mit ihrer Zustimmung Schindluder zu treiben.
Wir sollten in der Erziehung nicht nur Einordnung, sondern auch Widersetzlichkeit gegen erkennbares Unrecht explizit einüben.
Viel destruktive Gewalt wird dadurch verursacht/ erleichtert, dass Menschen sich in der Gruppe verstecken können und die Normen der Gruppe kritiklos als Handlungsmaßstab übernehmen.
Manfred Sader: Destruktive Gewalt. Möglichkeiten und Grenzen ihrer Verminderung. Weinheim und Basel 2007, S. 83 f.

Funktionen der Gewaltanwendung

Gewalttätiges und aggressives Verhalten wird in den wenigsten Fällen nur sinnlos angewandt, auch wenn es auf den ersten Blick so erscheinen mag. Gewalt erfüllt verschiedene psychische und soziale Funktionen, macht auf Probleme aufmerksam und hilft bei der Selbstinszenierung. Dabei geht es immer wieder auch um kollektive Verhaltens- und Deutungsmuster.

Jugendgewalt als Männlichkeitsbeweis

Bei der Darstellung von Männlichkeit gibt es kulturübergreifende Merkmale. Dies sind z.B. die Betonung und öffentliche Zurschaustellung von Mut und Kampfbereitschaft, die Betonung von Kompetenz im Umgang mit Motorfahrzeugen, Maschinen und Waffen (etwa bei gefährlichen Fahrten oder Diebstahl) sowie die Betonung von Tugenden wie Zuverlässigkeit und Kameradschaft („Einer für alle, alle für einen"). Desweiteren gehört dazu auch die Betonung von heterosexueller Potenz bei gleichzeitigem Frauenhass und Schwulenverachtung (vgl. Kersten 2002).
Um der eigenen Bezugsgruppe die jugendliche Männlichkeit zu beweisen und damit auch als „vollwertig" akzeptiert zu werden, müssen durch spektakuläre Handlungen Kampfbereitschaft und Mut demonstriert werden. Häufig ist bei solchen Inszenierungen Alkohol im Spiel. Auch öffentliches Trinken von Jugendlichen kann als Männlichkeitsdarstellung verstanden werden. Bei gewaltorientierten Jugendlichen ist Alkohol jedoch nicht primär Ursache für Ausschreitungen, sondern eher Stimulans und Motivationsmittel.

Jugendgewalt als Kommunikationsmittel

„Für die randalierenden Jugendlichen ist Gewalt Ausdruck einer verzweifelten Situation und einer bedrängten Gefühlslage. Sie ist für sie gleichzeitig auch ein legitimes Mittel der Durchsetzung von Forderungen, nachdem andere offenbar versagt haben oder ihnen versagt blieben." Diese Einsicht formulierte die Eidgenössische Kommission für Jugendfragen bereits Anfang der 80er Jahre auf dem Hintergrund zunehmender Jugendkrawalle in der Schweiz. Gewaltakte Jugendlicher können auch als Aufschrei oder als Versuch interpretiert werden, auf die eigene Situation aufmerksam zu machen. Sie sind Ausdruck einer sprachlos gewordenen, destruktiven Art der Kommunikation. Man glaubt, sich mit anderen Mitteln nicht mehr Gehör verschaffen zu können.
Vor allem die Verweigerung einer befriedigenden Lebensperspektive

macht viele Jugendliche ratlos und radikalisiert sie zugleich. Hinzu kommen die Erfahrungen vieler Jugendlicher, dass sich die Politik erst dann um ihre Fragen und Probleme vor Ort kümmert, wenn sie durch Zerstörungsakte oder andere Gewalttaten unmissverständlich auf sich aufmerksam gemacht haben. Der Ausspruch einer Jugendlichen bringt dies auf den Punkt: „Gewalt löst zwar keine Probleme, aber sie macht auf sie aufmerksam".

Jugendgewalt als Mittel gegen Langeweile und Frust

Jugendliche wollen (zumindest zeitweise) der Eintönigkeit und Langeweile des Alltags entfliehen. Sie suchen den Nervenkitzel. Sie wollen, dass „etwas los ist", „etwas passiert". Und sie inszenieren sich diesen Nervenkitzel selbst. Solche Unternehmungen, wie z.B. das „S-Bahn-Surfen" oder illegale Autorennen beinhalten immer auch selbstzerstörerische Elemente. Das Risiko, selbst geschädigt oder verletzt zu werden, wird dabei bewusst in Kauf genommen. Die Grenzen zwischen dem Erleben von Risikosituationen und der Anwendung von Gewalt sind dabei fließend. Eigene Gewalthandlungen werden von den betreffenden Jugendlichen oft als faszinierend oder sogar als rauschartiger Zustand erlebt. „Eins ist sicher – das ist besser als ein Krimi" oder: „Da kommt man in so einen Rausch hinein, bei dem es keine Grenzen mehr gibt", berichten jugendliche Täter. Schlägereien von Hooligans und Ultras am Rande von Fußballspielen oder eben auch „Ausländer klatschen" sind für eine Reihe von Jugendlichen zu Möglichkeiten geworden, der Gleichförmigkeit des Alltag zu entfliehen und gleichzeitig Gruppenidentität zu erleben.

Jugendgewalt als Gegengewalt

Viele Jugendliche, die zur Gewalt greifen, haben selbst Gewalt in unterschiedlichen Formen erlebt, im Elternhaus oder auf der Straße. Sie fühlen sich als Geschlagene, die nun zurückschlagen. Für sie ist die Gewaltanwendung die wirksamste und radikalste Gegenwehr. Gewaltanwendung ist für sie nicht Selbstzweck oder Zerstörungswut, sondern eine legitime und subjektiv sinnvolle Konfliktlösungsstrategie. Diese Jugendlichen wenden Gewalt in den meisten Fällen nicht blind an, sondern gezielt gegen Objekte oder auch Personen, die ihnen als Symbole der Ursachen ihrer eigenen Misere erscheinen. Denn wenn die Gesellschaft sie nicht braucht, dann brauchen sie die Gesellschaft auch nicht.

Jugendgewalt als politisch instrumentalisierte Gewalt

Gewalt als Mittel zur Durchsetzung politischer Ziele wird nur von einer kleinen Minderheit aller Jugendlichen akzeptiert. Dennoch haben eine Reihe von jugendlichen Gewalttaten einen eindeutigen

Grundwissen

Jugendliche gehörten häufiger zur Gruppe der Gewalttäter, wenn sie
- Hauptschulen bzw. Real- oder Gesamtschulen besuchten,
- gewaltlegitimierenden Männlichkeitsnormen zustimmten,
- ein unbeständiges Temperament hatten,
- häufiger gewalttätige Computerspiele spielten,
- Eltern haben, die Gewalt nicht missbilligen,
- elterliche Gewalt erleben mussten,
- Bekanntschaft mit delinquenten Freunden machten,
- selbst Opfer von Gewalt geworden sind,
- häufig die Schule schwänzten,
- häufig Alkohol konsumierten.

Vgl. Dirk Baier/Christian Pfeiffer: Gewalttätigkeit bei deutschen und nichtdeutschen Jugendlichen. Befunde der Schülerbefragung 2005 und Folgerungen für die Prävention. Forschungsbericht Nr. 100 des Kriminologischen Forschungsinstituts Niedersachsen. Hannover 2007, S. 36-39.

Fehlendes Unrechtsbewusstsein

Es geht um Anerkennung und Selbstwertgefühl, um „Spaß", Abenteuerlust, um unmittelbare Bedürfnisbefriedigung und unmittelbares körperliches Ausagieren, sei es zum Frustabbau oder als Selbstjustiz („Schlägst du mich, schlag ich dich!"), aber auch um Langeweile und – vor allem in jüngeren Jahren – um fehlendes Unrechtsbewusstsein.

Werner Maschke: Stimmt das Schreckgespenst von den „gewalttätigen Kids"? Kinder- und Jugenddelinquenz. In: Der Bürger im Staat, Heft 1/2003, S 19.

politischen Hintergrund. Vor allem rechtsextreme Gruppierungen inszenieren bewusst Gewaltakte gegen Fremde oder gegen gesellschaftliche Minderheiten wie Behinderte und Homosexuelle. Die Gewalttaten werden mit rechtsextremen Ideologien der Ungleichheit (Menschen, Völker, Kulturen sind ungleich und deshalb auch ungleichwertig) begründet. Rechtsextreme Gewalttäter sind zudem häufig der Ansicht, dass sie stellvertretend für die als lasch empfundene Gesamtgesellschaft handeln, und sie werden bei entsprechender Bestrafung von den anderen Gruppenmitgliedern als Märtyrer gefeiert. Die Begeisterungsfähigkeit Jugendlicher kann hier leicht für politischen Extremismus missbraucht werden. Wenn Jugendliche Gewalt anwenden, so hat dies jedoch in den seltensten Fällen einen ideologischen Hintergrund (vgl. Kap. 4.4).

Die Faszination der Gewalt

Gewalt wirkt auf Kinder und Jugendliche deshalb oft so faszinierend, weil sie in unklaren und unübersichtlichen Situationen Eindeutigkeit schafft. Durch die Gewalthandlung wird (scheinbar) klar, wer der Stärkere und wer der Schwächere ist, es wird (scheinbar) klar, mit welchen Mitteln Probleme zu lösen sind, und wie man (scheinbar) das erreicht, was man sich wünscht. Gewalt wird so als erfolgversprechendes Mittel eingesetzt, um die eigenen Interessen durchzusetzen, auch wenn sie die Überwindung der eigenen Ohnmacht nur für kurze Augenblicke ermöglicht und somit nur vortäuscht. Gewalt ist gleichzeitig auch ein Mittel, um Beachtung und Aufmerksamkeit in der eigenen Gruppe oder Clique, aber auch Anerkennung in der gesellschaftlichen Öffentlichkeit zu erlangen. Gewalt ermöglicht nicht zuletzt, den eigenen Körper zu erleben und eine innere Spannung und Erregung zu erfahren, die ansonsten kaum mehr möglich sind.

Es geht also auch darum, Gewalt nicht nur als blindes dumpfes Handeln zu betrachten, sondern ihre subtile Sprache entziffern zu lernen.

Hauptmerkmal soziale Bindungslosigkeit

In der kriminologischen Forschung konnten, wie das Düsseldorfer Gutachten ausführt, alle Persönlichkeitsuntersuchungen an kriminellen Jugendlichen zeitübergreifend und transkulturell im Zusammenhang mit kriminellen Entwicklungen signifikant wirksame Merkmalsbündel feststellen, die man als „anomisches Syndrom sozialer Bindungslosigkeit" bezeichnet und in dessen Kontext die Familie eine wichtige Rolle spielt. Zu diesen Merkmalen gehören:

- funktional gestörte Familie;
- wechselndes Erziehungsverhalten;
- fehlende Kontrolle über den Jugendlichen;
- wiederholter Wechsel der Bezugspersonen und/oder des Ortes;
- Zurückbleiben und erhebliche Auffälligkeiten in der Schule;
- Herumstreunen;
- schulisches und berufliches Scheitern;
- häufiger Wechsel der (Gelegenheits-)Arbeitsstellen;
- Freizeit mit offenen Abläufen;
- Fehlen von tragenden menschlichen Beziehungen;
- intergenerationeller Abstieg.

Das anomische Syndrom ist gekennzeichnet durch das Globalmerkmal sozialer Bindungslosigkeit, das sich insbesondere in den Brennpunkten sozialen Integrationsgeschehens – Familie, Schule und Arbeit – zeigt. Hier wird wiederum auch die Bedeutung der Familie für Gewaltprävention deutlich.

Landeshauptstadt Düsseldorf (Hrsg.): Düsseldorfer Gutachten. Leitlinien wirkungsorientierter Kriminalprävention. Düsseldorf 2004, S. 20.

Versagen der Politik

Ein tieferes Nachdenken stößt auf das wohl größte Versagen der Politik: auf die noch immer horrende Jugendarbeitslosigkeit und auf eine völlig unzureichende Integration junger Ausländer.

Heribert Prantl, Süddeutsche Zeitung, 9.1.2008.

Grundwissen

Handlungsansätze

Der Umgang mit Jugendgewalt bedeutet Handeln angesichts permanenter „normaler" jugendlicher Grenzübertretungen (die ein Großteil aller Jugendlichen temporär praktiziert) auf der einen Seite sowie Reagieren auf eindeutig kriminelle Akte der Gewalt von jugendlichen Mehrfach- und Intensivtätern auf der anderen Seite. Hier zu unterscheiden und die Grenzbereiche zu kennen, ist wichtig.

Zentrale Ziele sind dabei, Jugendlichen Alternativen zur Gewalt anzubieten. Dies bedeutet auf der individuellen Ebene,

- wenn Gewalt als Mittel verwendet wird Ziele zu erreichen (instrumentelle Aggression), müssen Möglichkeiten erarbeitet werden, Ziele mit sozial akzeptierten Mitteln zu erreichen.
- Wenn Jugendliche auf Provokationen leicht zu impulsiv reagieren, ihre Emotionen (Wut) also nur unzureichend kontrollieren

Stützen und fördern

Gewaltprävention (...) stützt und fördert eine normale Entwicklung, in deren Verlauf Kinder zunehmend soziale Kompetenzen erwerben, welche es ihnen ermöglichen, aggressive Impulse unter Kontrolle zu halten und welche in täglichen Interaktionen als Alternativen zum Einsatz von Gewalt dienen.
Eidgenössische Ausländerkommission EKA (Hrsg.): Prävention von Jugendgewalt. Wege zu einer evidenzbasierten Präventionspolitik. Bern-Wabern 2006, S. 16 f.

Nicht die erwünschten Effekte

Programme, die auf spezialpräventive Abschreckung setzen, sei es durch kurzen Freiheitsentzug (shock probation), durch längere, mit militärischem Drill verbundene Internierung (boot camps) oder in Form von Gefängnisbesuchsprogrammen (scared straight), hatten nicht die erwünschten Effekte, sie zeigten – soweit für Wirkungsnachweise methodisch adäquate Designs angewandt wurden – häufig sogar ausgesprochen kontraproduktive Effekte.
Bundesministerium des Innern: Zweiter Periodischer Sicherheitsbericht. Berlin 2006, S. 666.

können, müssen sie lernen, mit ihrer Angst, Wut und Aggression anders umzugehen.

- Wenn Jugendliche vor dem Hintergrund eines wenig entwickelten Selbstwertgefühls und mangelnder Zukunftsperspektiven zu Gewalt greifen, sind realistisch erreichbare persönliche Ziele gefragt.
- Wenn gravierende Bildungsdefizite eine grundlegende Ursache für Gewalt darstellen, müssen Möglichkeiten angeboten werden, Bildungsabschlüsse zu erreichen oder nachzuholen.
- Wenn machohafte Vorstellungen und Bilder von Männlichkeit dominieren, müssen realitätsgerechte Möglichkeiten der Auseinandersetzung mit Mannsein und Frausein ermöglicht werden.
- Wenn die Gewaltakzeptanz der jeweiligen Peergruppen einen wichtigen Einflussfaktor darstellt, müssen gruppenbezogene Konzepte erarbeitet werden.
- Wenn selbst erlebte Gewalt im Elternhaus bei vielen eine der Ursachen für selbst angewendete Gewalt darstellt, müssen die Lebensbedingungen und Erziehungskompetenzen in den Familien gestützt und gestärkt werden.
- Wenn viele Täter selbst Opfer von Gewalt waren und sind, müssen Möglichkeiten der Verarbeitung dieser Erfahrungen angeboten werden.

Immer bleibt die Erkenntnis, dass Jugendgewalt von vielen Faktoren und Bedingungen abhängt und deshalb einzelne Ansätze nur im Verbund ihre Wirkung entfalten können. Jugendgewalt kann mit pädagogischen Mitteln alleine nicht ausreichend begegnet werden. Hier sind sozial- und familienpolitische Ansätze, Modelle der Integration ausländischer Jugendlicher ebenso gefragt wie Angebote zur Alltagsbegleitung Jugendlicher. Zu bedenken ist die gesicherte Erkenntnis, dass Abschreckung durch hohe Strafandrohungen keine Wirkung zeigt und harte Strafen zu hohen Rückfallquoten führen. Deshalb sind Maßnahmen der Wiedergutmachung (Täter-Oper-Ausgleich) ebenso wichtig wie sozialerzieherisch wirkende Ansätze.

Jugendgewalt betrifft Jungen und Mädchen auf unterschiedliche Weise und in verschiedener Intensität. Deshalb ist es sinnvoll, auch geschlechterspezifische Angebote zu machen. Es geht darum, positive Erfahrungen des Selbstausdrucks, der Akzeptanz und Selbstwirksamkeit zu ermöglichen. Musik, Theater und Sport können hierbei eine wichtige Rolle spielen. Letztlich müssen alle Jugendlichen lernen, Verantwortung für ihr eigenes Leben zu übernehmen.

Härtere Strafen?

In Zusammenhang mit Medienberichten über Jugendgewalt wird immer wieder laut ein härteres Durchgreifen verbunden mit längeren Strafen gefordert. Dies ist zwar populär, steht jedoch im Gegensatz zu allen Erkenntnissen über die Wirkung von harten Strafen. Die deutsche Vereinigung für Jugendgerichte und Jugendgerichtshilfe (2008) stellt fest:

„Das derzeit populäre Konzept ‚tough on crime' ist ein Katastrophenrezept, weil es dem falschen Prinzip ‚mehr desselben' folgt. Es steht zu sämtlichen Ergebnissen der einschlägigen empirischen Forschung in Widerspruch. Kriminalität wird durch härtere Sanktionen nicht reduziert, sondern allenfalls gefördert. Innere Sicherheit wird dadurch jedenfalls nicht erhöht, sondern gefährdet, indem Steuergelder in verfehlte Maßnahmen investiert werden, statt sie dort einzusetzen, wo es erzieherisch und integrativ sinnvoll wäre.

Mit einer ‚tough on crime'-Kriminalpolitik werden aber nicht nur falsche Erwartungen – Kriminalitätsraten nachhaltig zu senken – geweckt, sondern es wird auch der richtige Ansatz systematisch verfehlt. Eine derartige Kriminalpolitik verkürzt Kriminalpolitik auf Strafrechtspolitik und überschätzt dabei zugleich die präventiven Möglichkeiten des Strafrechts. Kriminalität ist durch eine Vielzahl von ökonomischen, sozialen, individuellen und situativen Faktoren bedingt, die regelmäßig außerhalb des Einflusses des strafrechtlichen Systems liegen. So zeigen z.B. Untersuchungen zur Kriminalität sowohl jugendlicher Mehrfach- und Intensivtäter wie jugendlicher Gewalttäter ein hohes Maß sozialer Defizite und Mängellagen bei diesen Tätergruppen, angefangen von erfahrener, beobachteter und tolerierter Gewalt in der Familie, materiellen Notlagen, Integrationsproblemen vor allem bei jungen Zuwanderern (mit oder ohne deutschen Pass), bis hin zu Schwierigkeiten in Schule und Ausbildung und dadurch bedingter Chancen- und Perspektivlosigkeit. Lebenslagen und Schicksale sind positiv beeinflussbar – aber nicht mit den Mitteln des Strafrechts. Die Forschungen zeigen, dass die negativen Entwicklungsdynamiken krimineller Karrieren gebrochen werden können, aber nicht durch strafrechtliche Intervention, sondern durch ‚Verbesserung der Chancen der Jugendlichen auf soziale Teilhabe'" (Deutsche Vereinigung für Jugendgerichte und Jugendgerichtshilfe 2008).

Grundwissen

Probleme in der Datenerfassung über Jugendgewalt

Die Bund-Länder AG „Entwickung der Gewaltkriminalität junger Menschen" hat in ihrem Bericht zur Innenminister-Herbstsitzung 2007 als Probleme und Defizite der Datenerhebung über Jugendgewalt benannt:

- Es gibt „keine einheitlichen Standards in der Lageerhebung, sondern vielfältige unterschiedliche Erhebungs-/Erfassungsmethoden und Auswertevorgänge";
- Es gibt „keine Angaben zu den Tatorten";
- Genaue Tatzeiten sind in der Polizeilichen Kriminalstatistik des Bundes nicht ausweisbar.
- Erhebungen zur Bewaffnung liegen (außer für Schusswaffen) kaum vor.
- Ein eventuell bei Tatverdächtigen vorliegender Migrationshintergrund wird in fast allen Bundesländern nicht erhoben. Auch eine einheitliche Definition ist hierfür nicht vorhanden.
- Eine bundesweit einheitliche Definition „Intensivtäter" existiert nicht.
- „Zu den meisten Konzepten ist auch keine Evaluation bekannt/durchgeführt worden."

Bund-Länder AG „Entwicklung der Gewaltkriminalität junger Menschen mit einem Schwerpunkt auf städtischen Ballungsräumen". Bericht zum IMK-Herbstsitzung 2007. Beritsstand 16. November 2007, S. 13-18, Auszüge.

Handlungsansätze

- Stabilisierung der eigenen Identität;
- Entwicklung der kommunikativen Fähigkeiten;
- Etablierung von Werten und Normen;
- Anbieten von Perspektiven für Schule und Beruf;
- Übernahme von Verantwortung;
- Regulation des Medienkonsums;
- Begrenzung von Alkohol und Drogen;
- Ermöglichung demokratischer Teilhabe;
- Angebot von Mentoren zur Alltagsbegleitung

Umsetzung

Die Beschäftigung mit Jugendgewalt unterliegt starker öffentlicher Aufmerksamkeit und ist häufig aufgrund der Medienberichterstattung von Dramatisierung geprägt. Voraussetzungen für einen konstruktiven Umgang mit diesem Problembereich ist jedoch das Sehen und Akzeptieren der entwicklungsbedingten Distanz Jugendlicher zur Erwachsenenwelt bei gleichzeitigem Angewiesensein auf unterstützende Angebote sowie unsicherer Lebensperspektiven für eine größer werdende Gruppe Jugendlicher. Es wird hier also kein repressives Vorgehen zur „Eindämmung" von Jugendgewalt vorgeschlagen, sondern ein verstehender und unterstützender Ansatz, der die tieferen Ursachen für dieses Phänomen aufgreift.

Eltern, Lehrkräfte, Jugendarbeiter

- **Die Situation realistisch einschätzen**
  Es ist notwendig, eine gewisse Distanz zur öffentlichen Diskussion über Jugendgewalt einzunehmen und sich nüchtern mit Fakten und Zusammenhängen zu beschäftigen. M1 thematisiert verschiedene Gewaltformen in den einzelnen Lebensabschnitten und Lebensbereichen. M2 greift Erklärungsansätze für Jugendgewalt auf und M3 benennt die bekannten Risikofaktoren, die das Delinquenzrisiko steigern.
- **Die Funktionen von Jugendgewalt kennen**
  Jugendgewalt wird u.a. als Männlichkeitsbeweis und Kommunikationsmittel verwendet oder es wird als Mittel gegen die Langeweile und den Frust des Alltags eingesetzt. Die verschiedenen Funktionen sind auf ihre jeweiligen Ansatzpunkte für Umgangsweisen und Lernmöglichkeiten zu prüfen (M4).

Schülerinnen und Schüler

- **Instrumentalisierungen**
  Jugendgewalt wird im gesellschaftlichen und politischen Bereich oft funktionalisiert und instrumentalisiert. M5 zeigt ein Beispiel aus dem Kommunalwahlkampf in München.
- **Formen von Jugendgewalt**
  M6 verdeutlicht den Grad der Akzeptanz von Gewalt bei Jugendlichen. Diese Akzeptanz kann auch durch eigene Umfragen illustriert und mit wissenschaftlichen Ergebnissen verglichen werden. Die damit verbundene Frage ist, warum akzeptiert ein bestimmter Anteil Jugendlicher Gewalt und was bedeutet diese Akzeptanz für das jeweilige Verhalten?

172

- **Männerbilder/Frauenbilder**
  Spezifische Rollenbilder und vor allem machohafte Männlichkeitsnormen spielen bei jugendlichen Gewalttätern eine wichtige Rolle (M7). Diese, z.T. kulturell gebundene, aber auch durch Medien (Werbung) propagierten Vorstellungen sollten hinterfragt und durch moderne Vorstellungen von Mannsein und Frausein korrigiert werden.
- **Kriminelles Verhalten oder Protestform**
  Ist abweichendes oder gewalttätiges Verhalten von Jugendlichen einfach nur kriminell (M9) oder kann dieses Verhalten auch als Protestform gesehen werden (M10)?
- **Code der Straße und Rules of Respect**
  M10 und M11 thematisieren Gewalt als Lebens- und Überlebensform in spezifischen Verhältnissen. M12 zeigt, wie Jugendliche Coolness und Respekt neu definieren.

Für die gesamte Schule

- **Unterstützungssysteme finden**
  Wo und wie können Jugendliche positive Erfahrungen machen, soziale Sensibilität entwickeln und Selbstwirksamkeit erleben? Schulische und außerschulische Zugänge können durch ressourcenorientierte Ansätze die Stärken der Jugendlichen aufgreifen und diese fördern. Das Selbsthilfeprojekt „Lichttaler" ist hierfür ein Beispiel (M13).
- **Zukunftsperspektiven und Handlungsmöglichkeiten anbieten**
  Das Problem der Jugendgewalt kann nicht allein auf der (sozial-)pädagogischen Ebene angegangen, geschweige denn gelöst werden. Es ist eng mit den gesellschaftspolitischen Fragen realistischer (Aus-)Bildungs- und Lebensperspektiven für Jugendliche, verbunden und bedarf politischer Anstrengungen und Entscheidungen. M14 verdeutlicht die gesellschaftliche Relevanz und Problematik von Jugendgewalt.

Ergänzende Bausteine

2.1 Gewalt
2.3 Jugendliche in Krisensituationen
4.2 Verhalten in akuten Gewaltsituationen
4.4 Rechtsextremismus

M1 **Lebenslauf und Gewalt**

Lehrer, Eltern

Säugling bis Kleinkindalter

Individuum
- Ruhelosigkeit, Aufmerksamkeitsschwäche, Impulsivität
- Mangelnde Frustrationstoleranz
- Feindliche Wahrnehmungsmuster

Familie
- Suchtmittelmissbrauch während der Schwangerschaft
- Geburtskomplikationen
- Geringe elterliche emotionale Wärme
- Misshandlung, Vernachlässigung
- Überforderung, Depression der Mutter
- Schlechte sozio-ökonomische Lage

Primarschulalter

Individuum
- Ruhelosigkeit, Aufmerksamkeitsschwäche, Impulsivität
- Hohe Risikobereitschaft
- Mangelnde Frustrationstoleranz
- Geringe soziale Kompetenzen
- Gewaltbefürwortende Einstellungen

Familie
- Geringe elterliche emotionale Wärme
- Mangelnde elterliche Aufsicht
- Inkonsistenter und ineffizienter Erziehungsstil
- Desinteresse der Eltern an kindlichen Aktivitäten
- Elterliche Gewalt, Missbrauch, Vernachlässigung
- Streit zwischen den Elternteilen

Schule und Freizeit
- Schulische Probleme und geringe schulische Motivation
- Unbeliebtheit bei Gleichaltrigen
- Unklare Regeldurchsetzung im Schulhaus
- Negatives Schulhausklima

Jugendalter

Individuum
- Geringe Selbstkontrolle, hohe Risikobereitschaft
- Geringe soziale Kompetenzen
- Gewaltlegitimierende Männlichkeitsnormen
- Alkohol- und Suchtmittelkonsum, Delinquenz

Familie
- Inkonsistenter und ineffizienter Erziehungsstil
- Elterliches Desinteresse

Schule
- Schulischer Misserfolg
- Unklare Regeldurchsetzung im Schulhaus
- Negatives Schulhausklima

Gleichaltrige und Lebensstil
- Gewaltbefürwortende Normen unter Freunden
- Delinquenz/Gewalt in der Clique
- Aktionsorientierter Lebensstil
- Konsum von aggressionsfördernden Medieninhalten

Nachbarschaft und soziales Umfeld
- Soziale Benachteiligung
- Geringer Zusammenhalt im Quartier
- Hohe Mobilität (Weg-/Zuzüge)
- Kriminalität/Drogenprobleme im Quartier
- Geringes Engagement für gemeinsame Anliegen

Eidgenössische Ausländerkommission EKA (Hrsg.): Prävention von Jugendgewalt. Wege zu einer evidenzbasierten Präventionspolitik. Bern-Wabern 2006, S. 21.

M2 Erklärungsansätze für Jugendgewalt

Entwicklungspsychologische bzw. -biologische Sicht

Vor dem Hintergrund einer psychosozialen Akzeleration treten vermehrte Auseinandersetzungen mit der Elterngeneration auf. Pubertät und Nachpubertät werden als Phase der Irritationen, der Auflehnung gegen das von der Elterngeneration verkörperte Althergebrachte, des Revoltierens und des „Sturm und Drangs" gesehen. Die körperlichen Veränderungen bringen auch überschüssige Energien mit sich, die auf das Bedürfnis nach körperlichem Ausagieren hinweisen.

Sozialpsychologische Sicht

Der Wertewandel und die „offene" Gesellschaft fördern gerade bei jungen Menschen die Orientierungslosigkeit, mit der Folge der Betonung eines falsch verstandenen, von Egozentrik und Rücksichtslosigkeit geprägten „Individualismus". Dies trifft auf den Rückgang der Erziehungsbereitschaft und der Erziehungsfähigkeit sowie auf die mangelnde Vorbildfunktion der (verunsicherten und mit sich selbst beschäftigten) Eltern, aber auch der Lehrer und Ausbilder.

Der Übergang von der Familienorientierung des Kindes auf die verstärkte Orientierung des Jugendlichen an der Peergroup führt zu anderen, spezifischen Attributen der Anerkennung und des Selbstwertgefühls.

Medien

Die qualitativ veränderte Gewaltdarstellung in den Medien führt gerade bei den jungen Konsumenten zu einer allgemeinen „Verrohung" in Form einer Habitualisierung an Gewalt, möglicherweise kommt es sogar zur Stimulation von Gewalttätigkeiten. Zum anderen wird der Medieneinfluss für eine verstärkte Konsumorientierung verantwortlich gemacht, die bewirkt, dass die Selbstdefinition nur noch über Statussymbole und Konsumartikel erfolgt.

Sozialstrukturelle Faktoren

Festzustellen ist eine verstärkte Diskrepanz zwischen den finanziellen Möglichkeiten und den verringerten Zugangschancen auf gesellschaftliche Teilhabe (Neue Armut, Jugendarbeitslosigkeit, fehlende Ausbildungsplätze, fehlende Perspektiven) einerseits und den zunehmenden materiellen Bedürfnissen (Konsumartikel, kostspielige Trendsportarten) andererseits. Der erhöhte Leistungsdruck führt auch vermehrt zu „Ausfällen" nicht ganz so leistungsfähiger junger Menschen mit der Folge einer Marginalisierung mit spezifischem Gefährdungspotenzial. Zu nennen ist auch die zunehmende Urbanisierung, häufig verbunden mit Ghettoisierung bestimmter Subpopulationen, die delinquente Subkulturen und Bandenbildung fördern kann.

Vergrößerung der Gelegenheitsstrukturen

Die Anonymisierung der Einkaufssituation und der Rückgang personeller mittelbarer Kontrollstrategien reduzieren ein potenzielles Schamgefühl ebenso wie das Entdeckungsrisiko bei gleichzeitiger psychologisch untermauerter Warenpräsentation zur Aktivierung des Greifimpulses. Die Vergrößerung des Warenangebotes (hochwertige Konsumartikel aber auch illegale Drogen) bieten den heutigen jungen Menschen sehr viel mehr Möglichkeiten und Anreize zur Straftatbegehung im Vergleich zu früheren Generationen. Hinzu kommt die höhere Mobilität junger Menschen, insbesondere auch durch die großräumigen Verbundsysteme des öffentlichen Personennahverkehrs.

Vgl. Werner Maschke: Stimmt das Schreckgespenst von den „gewalttätigen Kids"? Kinder- und Jugenddelinquenz. In: Der Bürger im Staat, Heft 1/2003, S 19.

M3 **Risikofaktoren**

Lehrer, Eltern

Das Delinquenzrisiko steigt mit der Kumulation folgender Faktoren:

Familienklima und Erziehung: Erziehungsdefizite und Probleme im Klima, Misshandlungen, Missbrauch und Vernachlässigung. Keine sichere emotionale Bindung.

Multiproblem-Milieu: Scheidung oder Trennung der Eltern, sehr junge alleinerziehende Mütter, geringes Einkommen, langfristige Arbeitslosigkeit, Sozialhilfebezug, schlechte Wohnverhältnisse, Alkoholismus und Kriminalität der Eltern. Nicht einzelne Merkmale, sondern die Kumulation und Wechselwirkung mit den Erziehungsmerkmalen bilden ein Multiproblem-Milieu.

Biologische und biosoziale Faktoren: Genetische (oder pränatal erworbene) Einflüsse, die für Unterschiede im Temperament und in den kognitiven Funktionen bedeutsam sind. Hierzu gehören z.B. ein erhöhtes Stimulationsbedürfnis, weniger Angst vor Strafe und schlechtes Vermeidungslernen. Diese Einflüsse sind vor allem in Kombination mit sozialen Faktoren bedeutsam.

Persönlichkeitsmerkmale des Kindes: Impulsivität, Hyperaktivität, Aufmerksamkeitsprobleme, emotionale Labilität, sprachliche und allgemeine intellektuelle Kompetenzdefizite. Diese Prädispositionen müssen in Wechselwirkung mit den sozialen Milieufaktoren gesehen werden.

Schulische Faktoren: Schul- und Klassengröße oder Architektur sind nur wenig bedeutsam. Als wichtiger erscheinen das Schul- und Klassenklima, ein kompetentes engagiertes, einfühlsames und konsequentes Lehrerverhalten, die Betonung schulischer Werte, angemessene Partizipation und andere Merkmale einer positiven Schulkultur.

Peer-Gruppe: Der Einfluss der Peer-Gruppe gilt in der Forschung zur Jugenddelinquenz als besonders bedeutsam. Gleichaltrige sind Vorbilder und bekräftigen zugleich Aggression, Delinquenz und Substanzenkonsum und einen auf unmittelbare Bedürfnisbefriedigung ausgerichteten Lebensstil.

Soziale Informationsverarbeitung: Die Erfahrungen in der Familie und Peer-Gruppe tragen dazu bei, dass die jungen Menschen Schemata der sozialen Informationsverarbeitung entwickeln, die dissoziales Verhalten begünstigen. Aggressive Kinder und Jugendliche interpretieren z.B. die Absichten ihrer Interaktionspartner öfter als feindselig, haben Schwierigkeiten, sich in die Motive und Gefühle anderer hineinzuversetzen.

Medienkonsum: Die insgesamt bedeutsamsten negativen Auswirkungen gehäuften Gewaltkonsums bestehen darin, dass sich Kinder an gewalttätige Handlungen gewöhnen, dass sie abstumpfen, Entmenschlichungen erleben, Feindbilder und ein negatives Weltbild vermittelt bekommen.

Einstellungen und Werthaltungen: Im Zusammenhang mit ihren sozialen Erfahrungen und Prozessen der Informationsverarbeitung entwickeln die Jugendlichen Einstellungen und Werthaltungen, die abweichendes Verhalten fördern.

Arbeit und Beruf: Mit fortschreitender Delinquenz kommen gravierende Sanktionen und Ausgrenzungsprozesse hinzu.

Vgl. Friedrich Lösel/Thomas Bliesener: Aggression und Delinquenz unter Jugendlichen. München/Neuwied 2003, S. 10-17.

M4 **Funktionen von Gewalt**

Gewalt hat für viele Jugendliche eine Reihe von Funktionen, sie wird selten sinnlos angewandt.

- Wie stehen Sie zu folgenden Aussagen?
- Was spricht für, was gegen diese Aussagen?
- Formulieren Sie eine eigene Stellungnahme zu diesen Funktionen.
- Finden Sie Gegenstrategien.

Funktion

Gegenstrategien

1. Gewalt als Inszenierung von Männlichkeit

2. Gewalt als Kommunikationsmittel

3. Gewalt als Mittel gegen Langeweile und Frust

4. Gewalt als Gegenwehr gegen einengende Lebensverhältnisse

5. Gewalt als Mittel zum Erreichen bestimmter Ziele

6. Gewalt als Kennzeichen einer spezifischen Gruppenmitgliedschaft

7. Gewalt als Mittel, Ohnmacht zu überwinden

M5 „Was zählt ist Sicherheit"

Dieses Plakat wurde im Frühjahr 2008 im Kommunalwahlkampf in München eingesetzt.

Übrigens wurden die Aufnahmen der Überwachungskamera auf dem Plakat ohne die Genehmigung der Münchner Verkehrsbetriebe verwendet.

- Betrachte das Plakat genau. Welchen Eindruck macht das Plakat auf dich?
- Analysiere Aufbau und Machart des Plakats.
- Welche Botschaft wird vermittelt?
- Wodurch wird diese Botschaft vermittelt?
- Auf welches Problem möchte das Plakat aufmerksam machen?
- Welche Lösungen werden vorgeschlagen/angeboten?
- Welche Lösungen würdest du vorschlagen?

M6 Gewaltakzeptanzskala

Unterricht

	1	2	3	4
1. Ein bisschen Gewalt gehört einfach dazu, um Spaß zu haben.				
2. Ich finde es gut, wenn es Leute gibt, die auch ohne die Polizei selbst mit Gewalt für Ruhe und Ordnung sorgen.				
3. Man muss zu Gewalt greifen, weil man nur so beachtet wird.				
4. Wenn jemand mich angreift, dann schlage ich auch zu.				
5. Durch Gewalt sind noch nie Probleme gelöst worden.				
6. Der Stärkere muss sich durchsetzen, sonst gibt es keinen Fortschritt.				
7. Wenn ich zeigen muss, was ich draufhabe, würde ich auch Gewalt anwenden.				
8. Ohne Gewalt wäre alles viel langweiliger.				
9. Wenn mich jemand provoziert, dann werde ich schnell gewalttätig.				
10. Sich friedlich zu einigen, ist auf Dauer der bessere Weg, um miteinander auszukommen.				
11. Über Gewalt schaffen Jugendliche klare Verhältnisse, Erwachsene reden doch nur rum.				
12. Es ist völlig normal, wenn Männer sich im körperlichen Kampf mit anderen selbst beweisen wollen.				
13. Auge um Auge, Zahn um Zahn, so ist nun mal das Leben.				
14. Wenn ich richtig gut drauf bin, würde ich mich auch schon mal daran beteiligen, andere aufzumischen.				

(1 = stimmt völlig, 2 = stimmt eher, 3 = stimmt eher nicht und 4 = stimmt gar nicht)

Frieder Dünkel/Dirk Gebauer/Bernd Geng/ Universität Greifswald, Lehrstuhl für Kriminologie: Gewalterfahrungen, gesellschaftliche Orientierungen und Risikofaktoren von Jugendlichen in der Universitäts- und Hansestadt Greifswald 1998-2002-2006. Greifswald 2007, S. 55.

Zustimmungsanteile 2006 der einzelnen Aussagen in Prozent:
1: 14; 2: 30,3; 3: 12,3; 4: 31; 5:27,4; 6: 15,8; 7:15,1; 8: 11,0; 9: 13,8; 10: 14,3; 11: 21,5´; 12: 26,6; 13: 18,7; 14: 15,9

M7 Männerbilder/Frauenbilder

Jugendgewalt und Gesellschaft

Bewährung angesichts von Gefahr und Rausch, ob durch Alkohol oder andere Drogen, ist über moderne oder vormoderne Kulturen hinweg häufig ein entscheidender Bestandteil der Initiation junger Männer in die Welt erwachsener Maskulinität. Obgleich die Anlässe für die physische Bewährung in Fabrikhallen, auf Kriegs- oder Katastrophenschauplätzen schwinden, bleiben die „Beweise" zählebig mit geschlechtsspezifischen Haltungen der vormodernen oder frühindustriellen menschlichen Gemeinschaften verknüpft:

- Betonung und Zurschaustellung von Kampfbereitschaft, Todesverachtung, Hinnahme von Verletzungen, Schlägen und Narben;
- Betonung und Zurschaustellung von Fertigkeiten im Umgang mit Motorfahrzeugen (auch bei deren Diebstahl) und bei gefährlichem Fahren, Waffenverehrung und -sammeln;
- „Ehre", „Respekt", „echte Kameradschaft", „Zusammenhalt" (sie bilden ein Wertesystem, aus dem sich normative Haltungen zwangsläufig ableiten);
- Betonung heterosexueller Potenz, Verachtung des „Weiblichen", Schwulen- und Fremdenhass (auch bei Migrantengruppen werden jeweils „Andere" zum Gegenstand von Hass), Pflege eines körperbetonten männlichen Erotizismus.

Die Legitimation für antagonistisches Verhalten und für die Provokation von eskalierenden Auseinandersetzungen mit gegnerischen Gruppierungen, vereinzelten Unbeteiligten, spontanen oder „ausgeguckten" Opfern bezieht sich auf:

- territoriale Ansprüche, auch im übertragenen Sinne (mangelnder „Respekt", verletzte „Ehre");
- Besitzansprüche oder Beschützerhaltungen bezogen auf die „eigenen" Frauen;
- Konflikte, die mit Autos und Motorrädern zu tun haben.

Stets finden sich Hinweise darauf, dass sich die Mitglieder solch gewaltorientierter Gruppierungen in der Rolle von männlichen Beschützern sehen, als legitimes Wachpersonal des Ghettos oder benachteiligten Stadtteils. Uniformierung symbolisiert den Anspruch auf die Legitimation des Einsatzes von Gewalt in abgesteckten Gebieten. Die daraus resultierenden Gewaltkonflikte mit „Gegnern", Unbeteiligten sowie ausgesuchten Opfern sind gewissermaßen programmiert und bieten Gelegenheit, die oben angeführten Tugenden wie Mut, Härte, Kampfbereitschaft et cetera öffentlich zu „beweisen".

Joachim Kersten: Jugendgewalt und Gesellschaft. In: Aus Politik und Zeitgeschichte, B44/2002.
www.bpb.de/publikationen/41XNIY,1,0,Jugendgewalt_und_Gesellschaft.html#art1

M8 Jugendgewalt als Protestform

Haben Sie Verständnis dafür, dass diese Jugendlichen ihren Frust mit Gewalt abbauen, wie bei den Ausschreitungen im vergangenen Jahr?

Das waren kriminelle Akte, ohne Frage, aber das war keine Gewalt. Es blieb bei Sachbeschädigungen.

Da wurden ganze Busse niedergebrannt und es war ab und zu allein glücklichen Umständen zu verdanken, dass Personen nicht körperlich zu Schaden gekommen sind.

Trotzdem lege ich Wert auf die Feststellung, dass die meisten dieser Jungen nicht die Gewalttäter sind, als die sie von den Medien verallgemeinert dargestellt worden sind. Manche Meinungsmacher haben ja gerade so getan, als hätten wir einen Bürgerkrieg erlebt.

Sie finden es angemessen, wenn sich Außenseiter Luft verschaffen, indem sie Autos anderer Außenseiter abfackeln?

Was heißt schon angemessen? In den Vororten unserer Metropolen wird ein dramatisches Missverhältnis in der Welt sichtbar: Die 800 Reichsten besitzen mehr als die 800 Millionen Armen. Man kann das Ungerechtigkeit nennen oder schlicht zu der Diagnose gelangen: Das System funktioniert nicht. Aber den meisten Wohlhabenden ist das völlig egal. Es ist ja auch beruhigend, wenn man die Armen in die Trabantenstädte abschieben kann. Die Jugendlichen haben dafür gesorgt, dass man sie mal wieder wahrnehmen muss. Sie hätten mir als deutscher Journalist vor zwei Jahren doch auch nicht diese Fragen gestellt.

Weil Sie vor zwei Jahren noch nicht Ihr soziales Gewissen öffentlich gemacht haben.

Da sehens Sie's: die Aggression der Immigrantenkinder ist letztlich auch die Antwort auf unsere Ignoranz. Das Problem haben auch andere Gruppen: In Frankreich haben Landwirte Aufstände angezettelt, Lkw-Fahrer mit brennenden Autoreifen Autobahnen blockiert. Die Studenten machen immer wieder mal Krawalle, denken Sie an Mai '68. Da haben es die Linken krachen lassen. Und viele, die damals an vorderster Front dabei waren, erklären Ihnen heute noch mit großen Theorien, weshalb das wichtig war. Die Jugendlichen aus den Vorstädten haben die rhetorischen Fähigkeiten nicht und deshalb nennt man das, was sie tun, Gewalt. Womit wir beim Stigma wären: Vandalen machen Vandalismus, gebildete Studenten protestieren für eine bessere Gesellschaft. Da haben Sie die Verhältnismäßigkeit.

Den Jugendlichen fehlt die Stimme?

Unter anderem. Die bräuchten charismatische Sprecher aus ihren Reihen. Aber wer von denen hat schon eine reelle Chance auf eine Karriere in der Uni oder in der Zeitung?

Luc Besson, französischer Regisseur, In: Frankfurter Rundschau, 20.1.2007, S. M4.

Das Interview wurde vor dem Hintergrund von schweren Jugendkrawallen in Pariser Vororten geführt.

M9 Stop Crime Now

STOP CRIME NOW
Why should we jeopardize the future of our society by letting minor things like stealing an apple from a tree go? Young people doing things like this will probably turn into violent train robbers if we don't take drastic action today. Thank you for agreeing with us.
STOP CRIME NOW!
IF WE PUT ALL YOUNG PEOPLE IN JAIL TODAY, WE WILL HAVE NO CRIMINALS TOMORROW!

Fire Hydrant: In order to stop young people from turning into criminals we must have one policeman per every five youngsters. People who are willing to turn on a fire hydrant today, will most probably be pyromaniacs and flashers tomorrow. Thank you for agreeing with us.
STOP CRIME NOW!
IF WE PUT ALL YOUNG PEOPLE IN JAIL TODAY, WE WILL HAVE NO CRIMINALS TOMORROW!

www.diesel.com

Die Bekleidungsfirma Diesel führte 1999 eine Werbekampagne mit dem Motto „Stop Crime Now" durch.

- Wie bewertest du die Aussagen der Kampagne?
- Wie werden Jugendliche beschrieben?
- Welche Probleme werden benannt?
- Welche Lösungen vorgeschlagen?
- Sind diese Aussagen nur eine satirische Zuspitzung oder werden hier auch politische Positionen wiedergegeben?
- Hinter den Formulierungen verbirgt sich die sog. „Broken-Window-Theorie". Mache dich kundig, was diese genau besagt und wie sie zu bewerten ist.
- Entwerfe eine eigene Anzeige mit dem Motto „Stop Crime Now".

M10 „Es geht ums Überleben"

Jeannette Goddar: *Rashid A., Sohn einer libanesisch-palästinensischen Familie, lässt keine Gewalttat aus: Er schlägt zu, wo er kann; wann immer es geht, lässt er sich dabei mit dem Handy filmen. Er ist ein „Mega-Checker" unter seinesgleichen. Nahezu minütlich wird der Leser Zeuge krimineller Delikte: von Diebstahl, Raub, Körperverletzung, Hehlerei, Drogenhandel, Vergewaltigung. Sieht so allen Ernstes die Realität aus?*

Güner Yasemin Balci: Natürlich habe ich meine Beobachtungen aus vielen Jahren verdichtet. Aber wenn Sie fragen, ob es nicht möglich gewesen wäre, ein paar „lichtere Gestalten" in die Geschichte einzufügen, Menschen, die das Gegenteil von Rashid und seinen Kumpels sind: Nein. Aus dem einfachen Grund, weil es solche Leute im Leben dieser Jungs nicht gibt.

J.G.: *Wie würden Sie das, was das Leben dieser Jugendlichen stattdessen ausmacht, in Kürze beschreiben?*

G.Y.B.: Rashids Leben ist vor allem von Gewalt geprägt – schon als Kind wird er mit einem Stromkabel ausgepeitscht. Außer Gewalt erlebt er in seiner Familie viel Frustration und eine ständige depressive Grundstimmung. Lustige Momente sind selten; und was er und seine Freunde witzig finden, können andere Menschen überhaupt nicht nachvollziehen. Sie sind gescheiterte Existenzen ...

J.G.: *... jung gescheitert ...*

G.Y.B.: Ja. Im Prinzip merken Kinder wie Rashid schon in der Grundschule, dass es zwei Welten gibt: eine, in der Kinder von ihren Eltern betreut und versorgt werden, und ihre, in der sich niemand kümmert und die keine sozialen Aufsteiger kennt. Häufig resignieren diese Kinder schon mit zehn Jahren. Sie sehen, dass sie in der falschen Welt leben und

bemühen sich gar nicht erst, die andere zu erreichen. Und sie suchen sich eine Clique, die ihr Schicksal teilt ...

J.G.: *In der es dann nur um eins geht: um Macht?*

G.Y.B.: Für die Jugendlichen geht es vor allem ums Überleben, in der Familie wie auf der Straße. Zuhause ist das Überleben nicht so schwierig – dort hat jeder seinen Rang sicher. Auf der Straße aber muss ständig gekämpft werden; jeder muss dort dauernd seine Position sichern und möglichst verbessern. Es sind auch keine Freundschaften, die diese Jugendlichen verbindet, sondern das ständige Gerangel um Rang und Einfluss. Wer Schwäche zeigt, ist raus.

J.G.: *Seinen Rang sichert man mit permanenten Gewaltexzessen?*

G.Y.B.: Ich weiß, dass sich das für Leser extrem anhört – es ist ja auch extrem. Aber für die Jugendlichen, von denen das Buch handelt, ist das Alltag. Natürlich wird nicht jedem jeden Tag die Nase gebrochen – aber jeder rechnet jeden Tag damit, eine reingehauen zu bekommen oder selbst jemandem eine reinhauen zu müssen. Das ist ganz gewöhnlich. Der Stärkere gibt den Ton an. Sobald seine Stärke bezweifelt wird – was ständig vorkommt, kommt es zum Rivalitätskonflikt.

Interview von Jeannette Goddar mit Güner Yasemin Balci. In: Das Parlament, Nr. 42-13. Oktober 2008, S. 5, Auszüge.
Güner Yasemin Balci: Arabboy: Eine Jugend in Deutschland oder das kurze Leben des Rashid A. Frankfurt/M. 2008.

M11 Code der Straße

Straßenkulturen funktionieren auf der Basis eines Regelwerks der Straße (code of the street) (...). Es handelt sich dabei um einen Katalog informeller Regeln, die das Miteinander von Personen und die Gewaltanwendung steuern. (...) Im Kern des Codes steht die Währung „Respekt" mit einer Bilanz für jeden, der auf der Straße, im Kiez verkehrt.

In konkreten Situationen bricht Gewalt los, weil es um eine extreme Empfindlichkeit gegenüber Andeutungen nonverbaler oder verbaler Missachtung oder Beleidigung geht. „Zeichen" der Missachtung werden als physisches Angriffsverhalten beantwortet. (...)

Wer in rechtsfreien Räumen im Kiez (rechtsfrei im Sinne demokratisch verfasster Gesellschaften) „auf sich selbst aufpassen" kann und psychologische oder physische Kontrolle ausübt, gar andere beschützen kann, genießt Respekt. Er kann nicht als 100%ig ungerechter, willkürlicher Nachbarschaftsdespot auftreten, er muss ein System von *give and take* mit seinesgleichen aufbauen, er braucht sowohl diese Reputation und auch die Angst, die man vor seiner Gewalt haben muss, wenn man sie herausfordert. (...)

Might makes right

Kinder beobachten die Auseinandersetzungen und die häusliche Gewalt in der eigenen Wohnung. Die Grundregel wird erlernt: Might makes right. Demnach geht Gewalt vor Recht, nur wer stärker ist bekommt Recht. Praktische Konsequenzen aus diesem Lernerfolg sind: Man muss schnell zuschlagen, Konflikte physisch angehen und eine nach außen sichtbare Kampfbereitschaft hat größte Bedeutung für das Überleben auf der Straße. (...)

Die Straße lehrt gewaltförmiges Durchsetzungsvermögen: Schlagen, verbales Herabsetzen, Beschimpfen, all dies wird Teil der Sozialisation in die Straßenkultur und wird sozial

NICHTS UNVERSUCHT LASSEN, um der Jugendkriminalität Herr zu werden.   Zeichnung. Buchegger

verstärkt. Das System beruht auf einem steten Campaigning for Respect, auf Respektkampagnen, Streit- und Kampflernen von klein auf. Wer dann physisch Kämpfe für sich entscheiden kann, erntet den Respekt der anderen. (...)

Die soziale Bedeutung des dauernden Kämpfens liegt dem nicht zu unterbrechenden Gewaltzyklus zugrunde: Wenn jemand dich anmacht, zahl es ihm zurück, mach' ihn nieder. Wenn dich jemand disst, mach' ihn fertig.

Joachim Kersten: Der Code der Straße. In: Micha Brumlik: Ab nach Sibirien. Wie gefährlich ist unsere Jugend. Weinheim und Basel 2008, S. 47-51, Auszüge.

- Welche Rolle spielen Respekt und „Disrespekt" im Alltag von Jugendlichen?
- Welche Rolle spielen diese Begriffe in deinem Verhalten?
- Suche Beispiele für „Disrespekt".
- Suche Beispiele für respektvolles Verhalten.
- Wie kann der beschriebene Gewaltzyklus durchbrochen werden?

M12 **Rules of Respect**

Selbstverpflichtung im Stadtteil
Eigene Regeln formulieren

Die Bedeutung des Zusammenlebens wird durch die Erarbeitung und Veröffentlichung gemeinschaftlich aufgestellter Regeln demonstriert. Dies geschieht in Form einer Selbstverpflichtung. Damit kann eine Auseinandersetzung mit und Erarbeitung von Grundsätzen des „Miteinander Umgehens" auf kommunaler Ebene erreicht werden. Regeln, die selbst formuliert und in Form einer Selbstverpflichtung akzeptiert werden, besitzen einen hohen Grad an Verbindlichkeit. Solche Regeln können für einzelne Gruppen (Kinder, Jugendliche, Eltern, Ältere) durchaus auch unterschiedliche Inhalte haben.

Die Wirkung solcher Selbstverpflichtungen ist nicht einfach zu bewerten. Sie liegt wohl eher im Prozess des Erarbeitens- und Formulierens, in der Erfahrung ernst genommen und bei der Ausarbeitung beteiligt gewesen zu sein und dokumentiert als flankierende Maßnahme im Kontext von Gewaltprävention auch nach außen, dass es Bevölkerungsgruppen gibt, die offensiv für ein respektvolles Miteinander eintreten.

Was heißt cool sein?
Jugendliche formulierten so:

Ich bin cool, wenn ...
- ich dich respektiere und gleichzeitig so sein kann, wie ich bin.
- ich meinen Standpunkt zeigen und den anderen trotzdem verstehen kann.
- ich meinen Freunden vertraue und mit ihnen Probleme austausche.
- ich Steit schlichten oder ihn vermeiden kann.

Ich setze mich dafür ein , dass ...
- wir respektvoll miteinander umgehen.
- jeder seine Meinungen und Gefühle frei äußern kann.

Vgl.: www.agfp.de

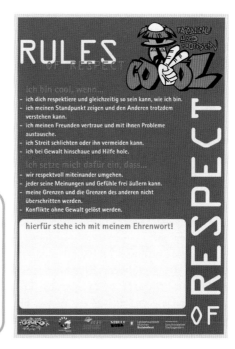

> **Rules of Respect**
> Im Münchner Stadtteil Neuperlach wurde mit Kindern, Jugendlichen und Erwachsenen eine Selbstverpflichtung gegen Gewalt und für ein friedliches Miteinander entwickelt. Inzwischen haben viele diese Selbstverpflichtung unterzeichnet. Die „Rules of Respect" beschreiben kurz und knapp, wie „friedlich und trotzdem cool" in die Tat umgesetzt wird.
> *www.agfp.de/projekte/colors-of-respect.html*

M13 Lichttaler

Unterricht

Ein Selbsthilfeprojekt für Kinder und Jugendliche

Das Projekt „Lichttaler" ist ein besonders für soziale Brennpunkte geeignetes (preisgekröntes) Selbsthilfeprojekt für Kinder und Jugendliche, das einen Kreis neuer Lebenserfahrungen für Kids anbietet: Ich helfe mir selbst, wenn ich anderen helfe. Meine Hilfe wird gebraucht, ich werde gebraucht. Und für meine Hilfe bekomme ich Lichttaler, die ich ausgebe, um mir zu helfen. So helfe ich mir selbst.

Der Grundgedanke des Projektes basiert auf einem zielgruppenorientierten Tauschsystem des Gebens und Nehmens, wobei der „Lichttaler" als imaginäre Währung das Bindeglied darstellt. Für eine festgelegte Zeiteinheit einer „Gebe-Aktion" als „Lehrkraft" im kreativen, musischen, sprachlichen, sportlichen, schulischen, sozialen Bereich bekommen die Kinder und Jugendlichen eine vereinbarte Anzahl von imaginären Lichttalern, die sie auf der Wochentabelle „Währungssystem-Lichttaler" ihrer Schulklasse entsprechend ablesen können. Für die verdienten Lichttaler „kaufen" sich die Kinder und Jugendlichen verschiedene „Nehme-Aktionen" bei einem „Könner" (Jugendlichen bzw. Profi), die sie sich aus einem vielfältigen Angebot aussuchen können.

Im Projekt „Lichttaler" sind diese Kids Kompetenzträger. Es stehen zunächst die Stärken der Kids und nicht mehr ihre Schwächen und Defizite im Mittelpunkt. Das Hauptziel ist die Aktivierung und Selbstbewusstwerdung des in jedem Kind oder Jugendlichen vorhandenen Potenzials an positiven Fähigkeiten und Fertigkeiten. Durch Hilfe zur Selbsthilfe, durch „Selbstverwirklichung durch eigenes Tun" sollen sie aus dem Kreislauf von Armut, Bildungsdefiziten, Gewalt, Kriminalität ausbrechen können. Durch Eigenleistung und Engagement erfahren die Kids, dass sie ihr vorhandenes Potenzial trotz sozial benachteiligter Lebensverhältnisse fördern, ihr Leben zukunftsorientiert mitgestalten können. Sie sind hier keine Almosen- oder Sozialhilfeempfänger, keine „Randfiguren" mehr. Armut fungiert nicht mehr als Verlustindikator. Die Kids entwickeln Eigeninitiative und soziale Mitverantwortung. All dies ist Voraussetzung für eine friedliche, moderne Bürgergesellschaft.

www.ghettokids.org

M14 Ein gesellschaftliches Problem

Offener Brief von 19 CDU-Mitgliedern

Ausländische Jugendliche seien bei weitem gewalttätiger als deutsche, so eine häufige Meinung, die auch immer wieder für Wahlkampfzwecke öffentlich vorgetragen wird. Doch ist dies richtig? Fachleute weisen darauf hin, dass, wenn die selben Bildungsschichten und Milieus verglichen werden, sich die Jugendkriminalität und Jugendgewalt von deutschen und ausländischen Jugendlichen nicht unterscheiden würden.

In einem offenen Brief vom 30.1.2008 haben 19 führende Politiker der CDU zu dieser Frage Stellung genommen:

Jugendgewalt ist ein gesamtgesellschaftliches Problem. Wir bestreiten nicht, dass die Zahl der Migranten unter den jugendlichen Straftätern hoch ist. Dafür gibt es Gründe, die ausführlich analysiert werden müssen. Nur ist umgekehrt die übergroße Mehrheit junger Männer mit Migrationshintergrund eben nicht kriminell. Das wird bei der Debatte allzu gern vergessen. Daher sind wir besonders darum bemüht, Lösungen für die ernste Problematik zu suchen. Zur Lösungsfindung gehört sicherlich auch, das Problem zu benennen und darüber zu diskutieren. Jedoch muss diese Diskussion sachlich, konstruktiv und lösungsorientiert geführt werden. (...) Die Unionsparteien müssen bei der Diskussion endlich anerkennen, dass das Problem kein ethnisches ist, sondern, wie zahlreiche wissenschaftliche Untersuchungen zeigen, ein soziales! Je mehr sich sozial benachteiligte Milieus etablieren, desto gravierender wird auch die Gewaltproblematik werden. Besonders in den Migranten-Communities fehlt es jungen Männern sehr oft an positiven Vorbildern, die sie respektieren und an denen sie sich orientieren können. Es fehlt ihnen überhaupt an Perspektiven, an positiven Lebenserfahrungen und einem Selbstwertgefühl.

Gewalt und Kriminalität gedeihen, wo Respektlosigkeit, mangelnde Bildung und Erziehung herrschen. Dumm schlägt gut – hat die taz getitelt. Umso mehr müssen wir anerkennen, dass Gewalt kein ethnisches, sondern ein Bildungsproblem ist. Deshalb muss ein ganzheitliches Bildungskonzept zentraler Baustein der Integrationspolitik sein: frühe Sprachförderung ab dem vierten Lebensjahr, damit schon bei Schulbeginn gleiche Startchancen erreicht werden. Mehr Ganztagsangebote, bessere Durchlässigkeit der Schulzeiten, mehr Lehrer und Sozialpädagogen an Hauptschulen, damit kein Kind ohne einen Abschluss die Schule verlässt. Ein besserer Übergang von der Schule in die Ausbildung, damit jedes Kind eine solide Grundlage für seinen weiteren Berufsweg bekommt. Auch an den Hochschulen muss sich die Bevölkerungsstruktur widerspiegeln.

Offener Brief von 19 CDU-Mitglieder. 30.1.2008. In: Die Zeit, 30.1.2008, Auszug.

Gewaltprävention in der Schule

Grundwissen

Materialien

Für Lehrkräfte und Eltern

Für die gesamte Schule

Dieser Baustein verdeutlicht die Ansatzpunkte, Handlungsmöglichkeiten und Vorgehensweisen bei der Implementierung von Gewaltprävention. In der Schule vollzieht sich wirksame Gewaltprävention im Kontext von Schulentwicklung und darf nicht auf Einzelmaßnahmen beschränkt bleiben.

Gewaltprävention in der Schule

Qualitätsmerkmale

Eine Diskussion über „Schule und Gewalt" sollte sich darauf konzentrieren, was die Verantwortung der Schule ist und was Schule als Unterstützung braucht. Schule muss sich darauf konzentrieren, einen „guten Unterricht" zu machen. Studien belegen, dass wichtige Qualitätsmerkmale eines „guten Unterrichtes" zugleich gewaltpräventiven Charakter haben: eine förderliche Lehrer-Schüler-Beziehung, Orientierung an den Lernbedürfnissen und -interessen der Schüler und Schülerinnen, soziales Lernen, Erfolge ermöglichen, Selbstvertrauen und Eigeninitiative stärken. Die Fähigkeiten und Stärken der Kinder und Jugendlichen müssen vermehrt sichtbar werden.

Hannes Krall: „Plädiere für einen begrenzten Optimismus". In: Kranich. Zeitung des Salzburger Friedensbüros, 1/2008, S. 5.

Schule ist nicht nur ein Ort, an dem Gewalt stattfindet, sondern vor allem ein Lebensraum, der gestaltet werden kann und der Auswirkungen auf das Verhalten der dort tätigen Personen hat.

Schule ermöglicht Bildungsabschlüsse und eröffnet dadurch immer auch Lebenschancen (oder auch nicht). Sie ist ein Ort, an dem das Zusammenleben Vieler beispielhaft demokratisch organisiert werden kann, und sie ist auch ein Ort, an dem „Gemeinschaft" stattfinden kann, die über die Schule hinaus wirkt. Schule kann so als lebendiger sozialer Organismus gesehen und verstanden werden.

Die Ansätze und Maßnahmen zum Umgang mit Gewalt und Gewaltprävention in der Schule, die sich in der schulischen Praxis finden lassen, sind unüberschaubar und vielfältig. Während für die Bereiche der Verbreitung und der Ursachen von Gewalt in der Schule zunehmend wissenschaftliche Studien und Erkenntnisse vorliegen, wobei nach wie vor Langzeitstudien weitgehend fehlen, sind Maßnahmen und Projekte der Gewaltprävention immer noch kaum evaluiert. Die Diskussion bezieht sich deshalb in weiten Bereichen auf Annahmen und subjektive Schlussfolgerungen und weniger auf empirische Daten.

In der Forschung hat sich inzwischen die Erkenntnis durchgesetzt, dass nur Ansätze, die mehrere Ebenen gleichzeitig berücksichtigen (sog. multimodale Ansätze) im Schulbereich sinnvoll sind und Wirkung haben und dass Gewaltprävention in der Schule in einen Prozess der Schulentwicklung eingebunden sein muss.

Oberster Grundsatz für die Schule muss sein: „Gewalt hat in der Schule keinen Platz", Schule muss ein sicherer Ort sein, an dem alle ohne Angst und Furcht leben und arbeiten können. Gewaltprävention setzt dabei eine Übereinkunft über den anzustrebenden Zustand und die unerwünschten Verhaltensweisen voraus. Dies ist deshalb wichtig, da das Instrumentarium einer falsch verstandenen Gewaltprävention auch zur Disziplinierung und Unterdrückung gebraucht werden kann.

Gewaltpräventive Maßnahmen können entsprechend der grundlegenden Unterscheidung in primäre, sekundäre und tertiäre Gewaltprävention auch im schulischen Kontext diesen Bereichen zugeordnet werden, wobei die einzelnen Maßnahmen jeweils für unterschiedliche Schulstufen und unterschiedliche Problembereiche differenziert entwickelt und eingesetzt werden müssen.

- Zur Prävention im Sinne langfristiger vorbeugender Arbeit (mit allen Jugendlichen – primäre Prävention) gehören u.a. soziales Kompetenztraining, Verbesserung der Kommunikation, Mentorenprogramme, Klassenverträge, Klassenrat, attraktive Pausengestaltung, usw.
- Interventionsstrategien und Maßnahmen der sekundären Prävention befassen sich mit dem Verhalten in aktuellen Gewalt- und Konfliktsituationen, und der Arbeit mit gefährdeten Jugendlichen. Hierzu gehören u.a. Streitschlichter-Programme, Coolness-Training, usw.
- Tertiäre Präventionsprogramme beziehen sich auf Maßnahmen zur Konfliktregelung und Nachbearbeitung, auch um die Rückfälligkeit bereits aufgefallener gewalttätiger Jugendlicher zu verhindern. Hierzu gehören u.a. Täter-Opfer-Ausgleich und Opferschutz.

Das Verständnis von Schule im Kontext von Gewaltprävention

Lernwelt
Unterricht und mehr

**Begegnung
von Personen**
Lehrkräfte, Schüler,
Eltern, Personal

Lebensraum
Räume, Gebäude,
Freiflächen

Polis
Demokratisch
verfasste
Gemeinschaft

Schule als ...

**Geselllschaftliche
Institution**
Zuteilung von
Lebenschancen

**Organisations-
struktur**
Verwaltung, Aufsicht

**Teil der
Kommune**
Verantwortung und
Engagement im
Nahraum

**Soziale
Lebenswelt**
Zusammen leben,
zusammen
lernen

Grundlegende Fragen

1. Was wollen wir an unserer Schule unter „Gewalthandlungen" verstehen?
2. Wie sieht der Minimalkonsens aus, ab wann eingegriffen wird?
3. Welches Instrumentarium für Reaktionen und Eingriffe haben wir zur Verfügung?
4. Was schaffen wir allein, wo brauchen wir Hilfe von außen?
5. Wie bestimmen wir unsere Handlungsmöglichkeiten zwischen umfassender Veränderung und täglicher Kleinarbeit?
6. Können wir eine Zeit- und Aufgabenleiste zwischen Aktionismus und Aufschieben entwickeln?

Michael Grüner: Gewaltprävention in der Schule. Hamburg o.J., ergänzt.

In der Praxis ist es wichtig, in allen drei Bereichen tätig zu werden. Dies bedeutet, mit unterschiedlichen Gruppen und Anforderungen zu arbeiten.

Ebenen der Gewaltprävention

Schulische Präventionsprogramme müssen verschiedene Ebenen und Adressaten berücksichtigen und zudem an verschiedene Altersstufen und Schularten angepasst sein. Dabei geht es jeweils um folgende Ebenen:

- Die individuelle Schülerebene mit dem Ziel, die Qualität der Lehrer-Schüler-Beziehungen zu verbessern, kognitive und soziale Lernprozesse zu ermöglichen, gemeinsame Werte zu etablieren und positive Selbstkonzepte zu entwickeln.
- Die Klassenebene mit dem Ziel, die Kooperationsstrukturen und das Verantwortungsbewusstsein zu fördern und die Qualität des Unterrichts zu verbessern.
- Die Schulebene mit dem Ziel, Schule als Lebensraum zu begreifen und soziale Identität zu ermöglichen, Regeln für das Zusammenleben aufzustellen, Partizipation zu ermöglichen und Schule im Sinne einer „guten Schule" gemeinsam zu entwickeln.
- Die Elternebene mit dem Ziel, Kontakt mit dem Elternhaus zu halten, Erziehungsmaßnahmen abzustimmen und Familien dabei zu unterstützen, aber auch Probleme mit häuslicher Gewalt wahrzunehmen und hilfreiche Reaktionsweisen einzuleiten.
- Die Ebene der Gemeinde und Nachbarschaft mit dem Ziel, für Schüler weitergehende lebensweltliche Erfahrungen zu ermöglichen, Maßnahmen der Gewaltprävention abgestimmt und koordiniert im Verbund des Gemeinwesens zu sehen.
- Die gesellschaftliche und politische Ebene mit dem Ziel die Rahmenbedingungen für eine Schule ohne Gewalt zu verbessern.

Bereiche effektiver Präventionsarbeit an Schulen

Die Bildungsforscher Tillmann und Holtappels formulieren vor dem Hintergrund einer umfassenden Untersuchung über „Gewalt an Schulen" in Deutschland konkrete Bereiche effektiver Präventionsarbeit. Damit entwickelten sie ein umfassendes pädagogisch begründetes Konzept schulischer Präventionsarbeit, in das vielfältige (ansonsten isolierte) Einzelmaßnahmen integriert sind. Zu diesen Bereichen gehören (vgl. zum Folgenden 2000, S. 302 ff.):

Regeln etablieren, Grenzen setzen

Die oberste Regel muss lauten: Die Schule ist ein Ort, an dem die körperliche Unversehrtheit aller garantiert ist und geachtet wird. Hier hat Gewalt in allen Ausformungen keinen Platz. Des-halb ist die Frage zu beantworten, wann und wie Lehrkräfte, Mitschülerinnen und Mitschüler bei Gewaltakten und Diskriminierungen eingreifen (die „Stop-Norm" setzen).

Die Forderung muss sein: Lehrkräfte greifen bei Gewaltakten immer ein. Untersuchungen zeigen, dass dies auch in der Schule nicht selbstverständlich ist, viele Lehrkräfte sehen weg und dieses Wegsehen hat enorme negative Konsequenzen, es unterstützt Gewaltvorkommen (vgl. Kap. 2.2).

Eingreifen muss vorbereitet und abgestimmt werden. Lehrkräfte müssen einen Konsens erzielen, wie sie auf Übertretungen von Regeln reagieren. Wichtig ist dabei, dass alle Lehrkräfte (und auch das technische Personal) einbezogen sind und nach gemeinsamen Grundsätzen handeln. Die vereinbarten Regeln müssen für alle gelten, für Lehrerinnen und Lehrer und für Schülerinnen und Schüler.

Lernkultur entwickeln

Lernkultur bedeutet schülerorientierter Unterricht, erkennbarer Lebensweltbezug, förderndes Lehrerengagement, didaktisch-methodische Phantasie, individualisierte Lernzugänge und Lernformen, eine Vielzahl von Lernorten und Lernumgebungen. Es zeigt sich, dass fehlende Förderanstrengungen (Förderunterricht) der Schule und einzelner Lehrkräfte ein wichtiger Faktor für das Aufkommen hausgemachter Schülergewalt ist. Schulgröße und Klassengröße haben demgegenüber keinen Einfluss auf Gewaltvorkommen (vgl. Kap. 3.2).

Schülerorientierter Unterricht — Grundwissen

Ein schülerorientierter Unterricht korreliert nicht unerheblich (negativ) mit Gewalthandlungen bei Schülern. Dies kann ebenfalls für den Lebensweltbezug der Lerninhalte und für ein förderndes Lehrerengagement festgestellt werden.

Eine interessante Vermittlung von schulischen Lerninhalten, die Bezug zu Erfahrungen und Interessen der Schülerinnen und Schüler aufweisen, hat somit einen Einfluss auf gewalttätiges Schülerverhalten; dies gilt ebenso für das fördernde Engagement der Lehrerinnen und Lehrer. Empfundener Leistungsdruck durch zu häufige Leistungskontrollen, zu geringe Rücksicht auf Lernprobleme, nicht erfüllbare Lernanforderungen und zu hoher Hausaufgabenaufwand gehen hingegen einher mit häufigerem Auftreten psychischer Aggressionen und in geringerem Ausmaß auch mit physischen Aggressionen.

Klaus-Jürgen Tillmann u.a.: Schülergewalt als Schulproblem. Weinheim und München 1999, S. 217 f.

Sozialklima verbessern

Es gibt einen starken Zusammenhang zwischen dem Sozialklima der Schule und Gewalthandlungen von Schülerinnen und Schülern. Problematisch ist die fehlende Bindung von Schülerinnen und Schülern an Lerngruppen und ein fehlender Gruppenzusammenhalt bei gleichzeitig konkurrenzorientiertem Klima. Positiv wirkt sich aus, wenn Schülerinnen und Schüler sowie Lehrkräfte gut miteinander auskommen, wenn Schülerinnen und Schüler von Lehrkräften ernst genommen werden, wenn Akzeptanz und Wertschätzung das Verhalten der Lehrkräfte (aber auch das der Schülerinnen und Schüler) bestimmen.

Schulqualität

Fachliche Qualität

- guter Unterricht
- interessierte und fachlich kompetente Lehrerinnen und Lehrer
- Schülerorientierung

Soziale Qualität

- gutes Klassenklima
- individualisierte Lehrer-Schüler-Beziehungen
- soziale Lernqualität
- soziale Unterstützung und Förderung
- unterstützende Schüler-Schüler-Beziehungen
- vielseitige Freizeitangebote

demokratische Beteiligung
gegenseitige Akzeptanz und wertschätzende Beziehungen
Selbstwirksamkeit
Optimismus, Selbstwert

Interventionsstrategien gegen Gewalt und politischen Extremismus unter Jugendlichen müssen auch Bemühungen um eine Verbesserung der sozialen Schulqualität und der Schulzufriedenheit von Jugendlichen einschließen. Lebensnahe Lerninhalte, eine am individuellen Leistungsvermögen der Schüler orientierte differenzierte Unterrichtsgestaltung sowie eine umfassende Demokratisierung der Schule durch die aktive Einbeziehung der Schülerschaft bei der Gestaltung des Unterrichts und in allen Bereichen des schulischen Lebens sind zugleich die wichtigsten Aufgaben bei der Schulentwicklung wie auch die zentrale Präventionsstrategie gegen Jugenddelinquenz.

Dietmar Sturzbecher/Markus Hess: Soziale Schulqualität aus Schülersicht. In: Dietmar Sturzbecher (Hrsg.): Jugendtrends in Ostdeutschland: Bildung, Freizeit, Politik, Risiken. Opladen 2002, S. 155-181.

Es geht deshalb darum, die sozialen Bindungen zu stärken, stabile Schülerfreundschaften zu fördern, das Gefühl zu vermitteln, mit den eigenen Eigenarten akzeptiert zu sein. Hierfür ist es wichtig, die sozialen Kompetenzen aller zu fördern und für den konstruktiven Austrag von Konflikten wirksame Instrumente verfügbar zu haben.

Restriktives Erziehungsverhalten, rigide Regelanwendungen und Disziplinierung begünstigen ein gewaltförderndes Sozialklima.

Etikettierungen vermeiden

Der Prozess der sozialen Etikettierungen (also der Zuschreibung von negativen oder positiven Eigenschaften) erweist sich als äußerst gewaltfördernd. Schülerinnen und Schüler, die in der Schulöffentlichkeit gebrandmarkt werden oder stigmatisierte Außenseiterpositionen einnehmen, sind deutlich gewalttätiger als andere. Sie entsprechen sozusagen den an sie herangetragenen Erwartungen. Wer als gewalttätig, aggressiv eingestuft wird, wird sich auch so verhalten (Sündenbockphänomen).

Auch umgekehrt funktioniert dieser Mechanismus. Ernstgemeinte und formulierte Überzeugungen wie „Wir sind eine tolerante und weltoffene Schule" oder „Du bist doch ein hilfsbereiter Junge" haben langfristig positive Effekte, da sie an das Selbstwertgefühl appellieren und dieses durch Identifikationsangebote mit entwickeln. Da Etikettierungen eine Eigendynamik entwickeln, muss mit sozialen Normierungen äußerst vorsichtig umgegangen werden.

Hilfestellung beim Erwerb der Geschlechterrolle geben

Körperliche Gewalt ist primär immer noch ein Jungenphänomen. Jugendliche sind in der Pubertät auf der Suche nach ihrer Geschlechteridentität, Jungen also auf der Suche nach Männlichkeit. Mannsein wird Jugendlichen (in der Medienwelt aber auch in Peergruppen) immer noch als Synonym für Stärke, Durchsetzung mit Gewalt, Heterosexualität, Beherrschung von Motorfahrzeugen, Konsum von Alkohol identifiziert. Den hier anfälligen Jungen, die ihren Selbstwert über solche Männlichkeitsvorstellungen definieren, müssen Möglichkeiten der Auseinandersetzung mit Mann- und Frausein ermöglicht werden. Dabei sollten ihre Bedürfnisse (nach Stärke und Bestätigung) akzeptiert werden. Möglichkeiten der körperlichen Betätigung und der Risikoerfahrung z.B. durch erlebnispädagogische Aktivitäten sind hier wichtig und machen auf die Notwendigkeit der Kooperation von Schule mit außerschulischen Einrichtungen aufmerksam. Jungen und Mädchen benötigen also Hilfestellung bei der Aneignung der erwachsenen Geschlechterrolle, Lehrerinnen und Lehrer sind auch hier wirksame Rollenmodelle.

Der dritte Pädagoge

Grundwissen

Die Schönheit von Schulen und anderen Bildungshäusern ist nicht bloß „Kunst am Bau", ist kein pädagogisches „Schöner Wohnen" und schon gar keine „Kuschelpädagogik". Ihre Schönheit ist Ausdruck unserer Haltung gegenüber Kindern. Schönheit ist ansteckend. Verwahrlosung auch.

Wir brauchen Schulen als einladende Orte zur Bewährung und Erprobung, als Raum zur Entdeckung von Möglichkeiten und Potenzialen, als Orte, an denen man Fehler machen darf. Wenn Schüler Sachen um ihrer selbst willen tun und sie deshalb gut machen, sind diese Orte Zukunftswerkstätten geworden.
Münsteraner Erklärung zur Erneuerung der Schulen und anderer Bildungshäuser. Münster, 22.3.2009, Auszug. www.adz-netzwerk.de

Mehrere Handlungsfelder
Gewalttätiges Verhalten lässt sich nicht auf einzelne risikoerhöhende Bedingungen zurückführen. Präventionen sollten sich daher stets in verschiedenen Handlungsfeldern auf die Reduktion mehrerer risikoerhöhender Bedingungen und die Förderung mehrerer risikomildernder Bedingungen richten.
Herbert Scheithauer/ Charlotte Rosenbach/Kay Niebank: Gelingensbedingungen für die Prävention von interpersonaler Gewalt im Kindes und Jugendalter. Stiftung Deutsches Forum für Kriminalprävention. Bonn 2008, S. 87.

Medienerziehung

Ein wichtiger außerschulischer Risikofaktor für Gewalthandeln stellt der übermäßige gewalthaltige Medienkonsum dar. Untersuchungen zeigen, dass extensiver Medienkonsum von Gewalt- und Horrormedien sowie von Sex- und Pornofilmen sich auf das Gewalthandeln auswirken kann, wenn weitere Bedingungen wie Gewalterfahrungen im Elternhaus oder in einer Clique, die Gewaltnormen akzeptiert, hinzukommen. Medienerziehung bedeutet hier mehr als die Analyse von Filmen oder Computerspielen. Wichtig ist, selbst aktiv in den Medienproduktionsprozess einzusteigen und eigene Medien zu gestalten. Im Kontext von handlungsorientierten Ansätzen also von der Konsumenten- in die Produzentenrolle zu wechseln (vgl. Kap. 3.8).

Schulhof- und Schulgebäudegestaltung

Die Art und der Zustand der Baulichkeiten der Schule haben unmittelbaren Einfluss auf das Befinden von Schülerinnen und Schülern und Lehrkräften. Eine Schule muss über eine angenehme Atmosphäre verfügen. Hierzu gehören auch attraktive und gegliederte Schulgelände und der Rückbau von asphaltierten Flächen in Spiel-Landschaften und Schulgärten. Damit zu verbinden ist eine aktive Pausengestaltung, wie sie in verschiedenen Schulen angewandt wird. Spielangebote in Zusammenarbeit mit Sportvereinen sind hier wegweisende Projekte ebenso wie versetzte Pausenzeiten. Diese Maßnahmen wirken sich äußerst positiv auf das Verhalten von Schülerinnen und Schülern aus.

Über den Unterricht hinaus: Kooperation (nicht nur) im kommunalen Umfeld

Keine Schule existiert für sich alleine, sie ist eingebunden in ein Gemeinwesen. Gewaltpotenzial wird auch aus diesen Zusammenhängen in die Schule importiert, insbesondere Gewalt, die von „harten Cliquen" ausgeht, oder auch Erfahrungen, die Kinder und Jugendliche in ihrer Familie machen müssen. Um dem Rechnung zu tragen, ist eine Zusammenarbeit mit Einrichtungen der Familien- und Jugendhilfe aber auch mit Vereinen notwendig. Stadtteilkonferenzen, Runde Tische oder auch die Erarbeitung eines kommunalen Präventionskonzeptes stellen hier sinnvolle Ansätze dar. Die Öffnung der Schule und ihre Einbindung in das soziale Gemeinwesen, sowie die Beteiligung und Übernahme von Ver-antwortung in diesem Bereich, haben sich als außerordentlich positiv im Sinne einer Gewaltprävention ausgewirkt. Deshalb sind außerschulische Lernorte in das schulische Angebot einzubeziehen. Im Sinne des Service-Lernens können Schülerinnen und Schüler in sozialen Einrichtungen (Kindergärten, Altenheimen,

Behinder-teneinrichtungen usw.) Praktika durchführen oder regelmäßig (kleine) Aufgaben übernehmen. Über den Unterricht hinaus können Arbeitsgemeinschaften, Musik, Theater, Zirkus, Medien, Sport und weitere kreative Gestaltungs-möglichkeiten Kindern und Jugendlichen interessante Betätigungs-felder bieten.

Prävention als Entwicklung von Schulkultur

Schule muss so gestaltet werden, dass die Risikofaktoren für Gewaltverhalten an Einfluss verlieren. Die Entwicklung einer schülerorientierten Lernkultur und eines Sozialklimas, das Ausgrenzung vermeidet und Anerkennung bietet, sind hierzu wichtige Schritte. In der Praxis zeigt sich, dass es weniger um die Einzelmaßnahmen zur Gewaltprävention geht – so wichtig sie auch sind – als vielmehr die Herausbildung eines Schulethos („Wir verhalten uns an unserer Schule so ..."). Schulethos ist etwas anderes als ein verordneter Verhaltenskatalog. Schulethos ist eine von allen getragene Überzeugung und Einstellung, wie die Schule sein soll und was die Voraussetzungen des Zusammenlebens sind. Diese Überzeugungen können auch schriftlich formuliert werden. Die Fragen, die sich hier stellen, heißen: „Was ist eine gute Schule?", „Wo wollen wir uns als gesamte Schule hinentwickeln?" und „Wie können wir eine

Schulen zu Stadtteilzentren

Wir sollten (...) alle Kraft darauf verwenden, die Schulen zu Stadtteilzentren für Kinder und Jugendliche auszubauen, die auch nach dem Ende eines Schultages für den späteren Nachmittag und Abend attraktive Angebote für Schüler bereit halten.

Der Vorteil dieser Lösung liegt auf der Hand. Die Sozialpädagogen, die bisher in der Offenen Jugendarbeit nur einen kleinen Ausschnitt der Jugendlichen erreichen können, hätten so die Möglichkeit, ihre Angebote an alle Schüler zu richten. Die Lehrer wiederum würden für die Strukturierung der Nachmittagsinhalte wichtige Kooperationspartner erhalten. Voraussetzung dafür ist freilich, dass eine Bedingung erfüllt wird. Die Schulen müssen in die Lage versetzt werden, nachmittags ein Programm nach dem Motto umzusetzen: Lust auf Leben wecken durch Sport, Musik, Theater und soziales Lernen.

Es liegt auf der Hand, dass man ein derartiges Konzept nicht von heute auf morgen wird realisieren können. Hier sind nicht nur der Staat und die Kommunen gefragt, sondern ebenso die zivilgesellschaftlichen Kräfte. (...) Aber klar ist auch, dass wir zusammen mit Schülern, Eltern und Lehrern eine alle Beteiligten gleichermaßen überzeugende und begeisternde Vorstellung dafür entwickeln müssen, was wir an den Schulen schrittweise realisieren wollen.

Susann Rabold/Dirk Baier/Christian Pfeiffer: Jugendgewalt und Jugenddelinquenz in Hannover. Kriminologisches Forschungsinstitut Niedersachsen. Hannover 2008, S. 10.

Aggressionsmanagement

Relevant sind besonders unter jüngeren Schülern, also in der Sekundarstufe I, ein sozialer Druck durch den Freundeskreis, aufgestaute Aggressionen, die ein beliebiges Objekt zur Entladung brauchen, die Suche nach Anerkennung und selbst Langeweile. Von daher kann sich die Gewaltprävention keinesfalls auf die Vermittlung von Konfliktmanagement beschränken. Notwendig sind ebenso ein Aggressionsmanagement, die Öffnung von Gruppen, die sich auch über Gewalt definieren, und die Bereitstellung von Entfaltungsräumen sowie die Anwendung pädagogischer Handlungsformen, in bzw. mit denen alle Schüler entsprechend ihrer Möglichkeiten und Talente Anerkennung erwerben können, ohne auf Gewalt zurückgreifen zu müssen. *Akademie für Arbeit und Politik an der Universität Bremen: Ergebnisse einer Bremer Schülerbefragung zum Thema Gewalterfahrungen und extremistische Deutungsmuster. Bremen 2003, S. 16.*

tolerante, weltoffene Schule werden, die den Namen ‚Haus des Lernens' verdient?" (vgl. Kap. 3.2).

Eine gute Schule wird wesentlich durch die Lernkultur, die fachliche und didaktische Kompetenz der Lehrkräfte sowie ihre Integrations- und Kommunikationsfähigkeit definiert. Aber es gehören auch Faktoren dazu wie Partizipationsmöglichkeiten der Schülerinnen und Schüler am Schulleben, die Schülerorientierung der Lehrkräfte sowie attraktive räumliche Gegebenheiten.

Unter dem Begriff Schulkultur werden folgende Faktoren zusammengefasst: Didaktische Kompetenz, Gerechtigkeit, Förderkompetenz, Diskursorientierung, Schülerorientierung, Partizipation im Unterricht, Partizipation in der Schule, außerunterrichtliche Angebote, Lehrerintervention. Bei Schulkulturmodellen spielen die Lehrerprofessionalität und das Lehrerhandeln eine zentrale Rolle. Untersuchungen zeigen, dass starke Korrelationen zwischen Elementen der Schulkultur und der Schülergewalt bestehen. „In den Klassen, in denen weniger Gewalt vorkommt, ist die Lehrerprofessionalität hoch, das Klassengefüge intakt, es bestehen überdurchschnittliche Beteiligungsmöglichkeiten für die Schüler, die Schülerbefindlichkeit ist positiv, d.h. die Schüler haben wenig Leistungsangst und gehen gern zur Schule" (Melzer u.a. 2004, S. 145 f.). Letztlich geht es auch darum, Schule so spannend und attraktiv zu gestalten, dass sich Schülerinnen und Schüler damit identifizieren und sich als Teil der Schulgemeinschaft erleben können.

Von Einzelmaßnahmen zu einem Gesamtkonzept

In Theorie und Praxis sind unzählige Einzelmaßnahmen zu finden, die in der Regel unverbunden nebeneinander stehen. Der Schlüssel zur Gewaltprävention ist, zu einem schulspezifischen Gesamtkonzept zu kommen. Dabei geht es darum, bewährte Modelle und Maßnahmen so miteinander zu verknüpfen und durch schulspezifische Maßnahmen zu ergänzen, dass sie sich sinnvoll ergänzen. (Wesentliche Elemente hierfür sind in Kap. 5, Instrumentarium beschrieben. Vgl. auch M5.)

Gefahr der Entgrenzung

Angesichts des erkennbaren Risikos einer Entgrenzung der Gewalt- und Präventionsbegriffe, des Verständnisses von Gewalt und Gewaltprävention im Kindes- und Jugendalter, empfiehlt der DJI-Bericht ein altersgerechtes, kinder- und jugendspezifisches Verständnis von Gewalt und ein enges Verständnis von Gewaltprävention. Dabei erscheint es auch wichtig, aus der Perspektive beteiligter Kinder oder Jugendlicher die Frage der Tolerabilität von Gewalthandlungen zu entscheiden, die oftmals von diesen als normale bzw. akzeptable Formen des körperlichen Ausraufens von Statuspositionen und Austestens von Grenzen der Fairness oder schlicht des Ausagierens von Lebendigkeit empfunden werden oder aber auch Ausdruck unterschiedlicher sozialer und kultureller Milieus sind. Formen legitimer und illegitimer Gewalt müssen gerade im Kindes- und Jugendalter erst erfahren und gelernt werden. Die bewusste Auseinandersetzung mit Gewalt und Gewalterfahrung stellt einen unverzichtbaren Bestandteil der pädagogischen Praxis mit Kindern und Jugendlichen dar. Die Weiterentwicklung der Gewalt- wie der Kriminalprävention allgemein unter einem „großzügigen Verständnis" hat dazu geführt, zunehmend Handlungsfelder als Gegenstand der Kriminalprävention zu vereinnahmen, die zuförderst als Aufgabe etwa der Schule oder aber der Kinder- und Jugendhilfe zu sehen sind und durch eine kriminalpräventive Qualifizierung negative Effekte auslösen. Deshalb betrifft eine der Hauptforderungen im Bericht des DJI, von Kriminal- bzw. Gewaltprävention nur dann zu sprechen, wenn es tatsächlich und plausibel nachvollziehbar bzw. empirisch belegt einen Zusammenhang zwischen Maßnahme bzw. Initiative und der Verhinderung von Gewalt bzw. Kriminalität gibt. Ohne Not werden vielfach Zielgruppen diskriminiert und in einer Weise stigmatisiert, die Akzeptanz, Bereitschaft zur Mitwirkung respektive Mitgestaltung nachhaltig belastet.

DFK: Beitrag des DFK zum Bericht der AG „Entwickung der Gewaltkriminalität junger Menschen mit einem Schwerpunkt auf Ballungsräumen", Forschungsbefunde. In: Bund-Länder AG: Entwicklung der Gewaltkriminalität junger Menschen mit einem Schwerpunkt auf städtischen Ballungsräumen. Bericht zum IMK-Herbstsitzung 2007, S. 812 ff.

Gut Vorbereitet?

`Grundwissen`

Leider sind unsere Lehrer auf all das bislang nicht vorbereitet. Sie sind ausgebildet als Wissensvermittler, sie müssen Lehrpläne durchpauken, Stoff anbringen, Leistung abfragen. Dass sie oft das Versagen von Eltern ausgleichen müssten und die Kinder nicht nur bilden, sondern auch erziehen sollten, das ist im deutschen Schulsystem gar nicht vorgesehen. Wir brauchen eine ganz andere Idee von Schule. Der Unterricht würde nicht nur später, sondern vielleicht mit einer Sportstunde beginnen. Schule wäre ein Ort, an dem soziales Verhalten, Kommunikation erlernt würde; die Lehrer würden vielleicht auch auf die unterschiedlichen Bedürfnisse von Migranten, von Jungen und Mädchen antworten können. Damit erst kann das Lernen beginnen.
Berliner Zeitung, 31.3.2006

Grundwissen

Individuelle und Klassenebene

Auf der individuellen und Klassenebene zielen die Maßnahmen darauf ab, das Verhalten einzelner Schülerinnen und Schüler oder von ganzen Klassen positiv zu beeinflussen. Hierzu gehören individuelle Förderangebote, Möglichkeiten der Mitgestaltung und Mitbestimmung sowie die Förderung von Kommunikation und Konfliktfähigkeit ebenso wie soziale Kompetenztrainings, Bus-Begleitung, Klassenrat, Klassenvertrag, Mentorenprogramme, Angebote im Bereich des Service-Lernen, Konfliktsprechstunden, Streitschlichterprogramme usw.

Qualifizierung von Lehrkräften

Eine Qualifizierung der Lehrkräfte im Bereich Gewaltprävention ist unabdingbar. Hierzu reicht ein jährlicher Pädagogischer Tag nicht aus. Spezifische Weiterbildungsprogramme für die Felder Konfliktbearbeitung und Gewaltprävention müssen mindestens vier Kompetenzbereiche abdecken:

- Diagnosekompetenz im Sinne von Früherkennung von Hinweisen auf mögliche Gefährdungen;
- Kompetenzen im Umgang mit eigener und fremder Aggression und Gewalt;
- Kompetenzen für den konstruktiven Umgang mit Konflikten;
- Kompetenzen für die Implementierung von Präventionsmaßnahmen.

Diagnosekompetenz bedeutet, Hinweise auf Problemlagen Jugendlicher und damit verbundene Gefährdungen zu erkennen und dabei aber jugendtypische entwicklungsbedingte Verhaltensweisen zu verstehen und Stereotypisierungen zu vermeiden. Dies können z.B. Hinweise auf Gefühle der Isolation, der Verzweiflung und auf sozialen Rückzug sein; mangelnde Toleranz gegenüber Anderen oder auch unkontrollierte Wut, die in keinem Verhältnis zum Anlass zu stehen scheint usw.

Der Umgang mit eigener und fremder Aggression ist ein Schlüsselbereich für gelingendes Erziehungsverhalten. Lehrerinnen und Lehrer sind Verhaltensmodelle für Schülerinnen und Schüler. Sie können zeigen, wie emotional belastende Situationen, auch ohne Rückgriff auf aggressives Verhalten, bewältigt werden können.

Wissen über den Verlauf und die Dynamik von Konflikten, verbunden mit spezifischem Know How über (eigene und fremde) Verhaltensweisen in eskalierenden Konfliktsituationen stellen eine wichtige Basis dar, um zu verhindern, dass Konflikte in eine Eskalationsdynamik geraten. Denn Konflikteskalation die nicht kontrolliert und gestoppt werden kann, bedeutet eine Zunahme der Gefahr von Gewaltanwendung. Eine Erhöhung der Konfliktlösungskompetenz und der Fähigkeit zum Konfliktmanagement wirkt sich dann unmittelbar gewaltreduzierend aus, wenn diese Verhaltensweisen nicht auf einzelne Lehrerinnen und Lehrer beschränkt bleiben, sondern Teil eines allgemeinen Lehrerverhaltens und eines schulischen Konfliktmanagementsystems werden.

Kenntnisse über effektive Ansätze der Gewaltprävention und ihrer Implementierung in der eigenen Schule sind unabdingbar, um ein schulisches oder gar kommunales Gesamtkonzept zu entwickeln. Es ist deshalb sinnvoll, dass in jedem Kollegium mehrere Lehrkräfte über eine fundierte Weiterbildung (etwa in Mediation oder Gewaltpräventionsberatung) verfügen und als Steuerungsgruppe für Gewaltprävention fungieren. Für die Implementierung eines Gewaltpräventionsprogrammes an einer Schule scheint es wichtig zu sein, das gesamte Kollegium im Rahmen von schulinterner Lehrerfortbildung bzw. spezifischen Pädagogischen Tagen einzubeziehen, um Grundwissen zu vermitteln. Noch wichtiger ist jedoch, dass die Schulleitung Maßnahmen der Gewaltprävention nicht nur duldet, sondern zur Chefsache macht.

Insbesondere sollte das Ziel spezifischer Weiterbildungen auch sein, isoliertes Arbeiten zu überwinden und Teams (als Tandems oder auch als größere Teams) zu etablieren, die sich gegenseitig kollegial beraten und als Gesprächspartner zur Verfügung stehen. Denn Gewaltprävention darf nicht isoliert vom übrigen Unterrichtsgeschehen verstanden werden.

Auf der Schulebene

Auf der Schulebene geht es darum, die Rahmenbedingungen für effektiven Unterricht und gelingendes soziales Zusammenleben zu gestalten. Eine Bestandsaufnahme über die Problembereiche und Ressourcen dient dazu einschätzen zu können, wo welcher Handlungsbedarf besteht.

Vor diesem Hintergrund können gezielt Maßnahmen entwickelt und umgesetzt werden, die ihrerseits einer permanenten Evaluation bezüglich ihrer Wirkung unterzogen werden müssen. Die Zusammenarbeit mit externen Fachberatern, dem schulpsychologischen Dienst, polizeilicher Kriminalprävention oder auch universitären Einrichtungen ist hierbei äußerst hilfreich.

Wichtige Instrumente für ein Programm Gewaltprävention können u.a. sein:

- Die Entwicklung einer kooperativen Schulordnung.
- Der Aufbau eines schuleigenen Konfliktmanagementsystems (vgl. Kap. 3.4).
- Die Implementierung von Peer-Mediaton/Schüler-Streit-Schlichtung.
- Umstellung auf eine Ganztagsschule mit entsprechenden Angeboten an Arbeitsgemeinschaften und Freizeitprogrammen.

Wirkende Gewaltprävention — Grundwissen

Wirkende Gewaltprävention braucht ein kontinuierliches und breit gestreutes Tun, sodass das Engagement nicht Einzelnen und dem Zufall anheim gestellt sein kann. Gewaltprävention sollte deshalb sowohl noch stärker als Teil der Schulsystemstruktur etabliert, als auch von Ministerien, Fachaufsichten und Schulleitungen verpflichtend als zu fördernder inhaltlicher Bereich festgelegt werden. Die Verankerung von Gewaltprävention in die Schulsystemstruktur kann beispielsweise auch heißen, dass regional Fachstellen oder Fachreferenten für Gewaltprävention bestimmt und bezahlt werden.

Ottmar Hanke: Strategien der Gewaltprävention an Schulen. In: Deutsches Jugendinstitut, Arbeitsstelle Kinder und Jugendkriminalitätsprävention (Hrsg.): Strategien der Gewaltprävention im Kindes- und Jugendalter. Eine Zwischenbilanz in sechs Handlungsfeldern. München 2007, S. 126.

Was Schüler wollen
- Schüler wollen, dass Gewalt gestoppt wird.
- Sie wollen Lehrkräfte und Mitarbeiter an Schulen, die sie begleiten, akzeptieren, die ihre Rechte respektieren und die ihnen helfen, konstruktiv ihr persönliches Potenzial zu entwickeln.
- Sie wollen Lehrkräfte und Mitarbeiter an Schulen, die ihnen helfen, miteinander zurecht zu kommen und gegenseitigen Respekt und Empathie zu entwickeln.
- Sie wollen, dass ihre Eltern und andere Erwachsene konstruktive Rollen in ihrer Erziehung spielen, gewaltfreie Schulen fördern und unterstützen und ihnen ein gewaltfreies Zuhause und Gemeinwesen bieten.

United Nations: World Report on Violence against Children. Geneva 2006, S. 153 ff. www.violencestudie.org/a55, S. 164.

- Demokratisierung der Schule durch vielfältige Möglichkeiten der Beteiligung und Mitentscheidung (vgl. Kap. 3.5).
- Ausbau und Aufwertung des Sport-, Spiel- und Bewegungsangebotes.
- Die Entwicklung von Krisenmanagement- und Notfallplänen für extreme Gewaltsituationen (vgl. Kap. 4.5).
- Optimierung der baulichen Gegebenheiten.

Einbeziehung der Eltern

Die Einbeziehung von Eltern in Gewaltpräventionsprogramme ist unverzichtbar. Dies betrifft sowohl die Unterstützung und Hilfe für Problemfamilien zur Stärkung ihrer Ressourcen als auch die Zusammenarbeit mit und den Zugang von Eltern zum Schulbereich. Unkomplizierte Kontakte zu Lehrkräften, Unterstützungsleistungen von Eltern für schulische Belange und mehr Möglichkeiten für Eltern, verantwortliche Rollen in der Schule zu übernehmen, haben sich nicht nur nach Studien der Weltgesundheitsorganisation als effektiv für Gewaltprävention und insbesondere für die Reduzierung von Jugendgewalt erwiesen.

Gewaltprävention als Schulentwicklung

Gewaltprävention in der Schule wird in der wissenschaftlichen Diskussion, aber auch in der Praxis zunehmend in Kombination mit bzw. als Teil von Schulentwicklung verstanden. Dabei wird Gewalt in der Schule nicht als individuelles Fehlverhalten begriffen, sondern als Hinweis auf vorhandene Problemfelder. Ziel von Schulentwicklungsprozessen ist die planmäßige Veränderung und Weiterentwicklung von Unterricht und Erziehung durch die Eigeninitiative der Mitglieder der Institution Schule (Schüssler 2003). Als Handlungsfelder innerer Schulentwicklung werden z.B. vom Kultusministerium in Baden-Württemberg (2003, S. 21) gesehen:
- Innovative Unterrichts- und Erziehungsformen unter Berücksichtigung sozialen Lernens.
- Verbesserung der Kommunikation in der Schule.
- Verstärkte Zusammenarbeit von Schülerinnen und Schülern, Lehrkräften und Eltern.
- Öffnung der Schule.

Maßnahmen der Gewaltprävention werden so in ein umfassendes Konzept von Schule integriert, bei dem Schülerinnen und Schüler beteiligt werden.

Verbesserung der Information und Koordination

Spezifische Internetangebot zur Gewaltprävention an der Schule können zur schnellen Kommunikation und Information von Lehrkräften, Schülerinnen und Schülern und Eltern dienen. Sie können über das vorhandene Unterstützungsangebot vor Ort informieren, Hintergrundinformationen und einschlägige Materialien anbieten und auch erste Informationen bei Problemlagen bereitstellen (vgl. die Internetseite des Runden Tisches Gewaltprävention Tübingen: www.gewaltpraevention-tue.de).

Grundwissen

Kooperation vor Ort

Auf örtlicher Ebene ist die Kooperation und Koordination von Maßnahmen der Gewaltprävention durch sog. „Runde Tische" oder andere Formen äußerst sinnvoll. An vielen Orten wurden inzwischen solche „Runde Tische gegen Gewalt" gegründet. Hier arbeiten Eltern, Lehrkräfte, Vertreterinnen und Vertreter von Vereinen und Verbänden, Jugendhilfeeinrichtungen und die örtliche Polizei zusammen.

Um die Arbeit der Schule im Bereich Gewaltprävention regional zu koordinieren, wurden verschiedentlich Kontaktbüros zu Fragen der Gewaltprävention eingerichtet. Die Aufgabe dieser Büros ist es, potenzielle Partner zu vernetzen, Synergieeffekte zu fördern, Fortbildungen anzubieten usw. Überregionale Netzwerke dienen dazu Erfahrungen auszutauschen und gemeinsame Kampagnen zu planen.

Typische Probleme

In der Praxis gibt es zahlreiche typische Probleme bei der Einführung schulischer Gewaltprävention (Schubarth 2000, S. 185):

- das Problem der Mobilisierung: wie kann man die Mitglieder der Schulgemeinschaft dazu bringen sich mit dem Thema langfristig zu befassen?
- die relative hohe Belastung der Lehrkräfte;
- die Folgenlosigkeit einmaliger Veranstaltungen (z.B. Pädagogischer Tage);
- Probleme des mangelnden Konsenses innerhalb der Lehrerschaft;
- das Fehlen von Prozesshelfern (z.B. Experten, Moderatoren, Berater);
- das Problem der Einbeziehung und der Motivierung der Schülerschaft und Eltern und
- das Problem, dass mit den Projekten gerade die gewalttätigen Schüler meist nicht erreicht werden.

Umsetzung

Schulische Gewaltprävention darf sich nicht primär von ordnungs-politischen Gesichtspunkten leiten lassen, sondern bedarf des pädagogischen Blicks. Dabei sollte Gewalt als Kommunikationsform und als Symptom für dahinterliegende Problemfelder verstanden werden. Schulische Gewaltprävention setzt an Personen und Strukturen gleichzeitig an.

Grundlage jeder Gewaltprävention ist jedoch die Einsicht und der Wille die identifizierten Probleme aufzugreifen und entsprechende Maßnahmen systematisch und langfristig zu entwickeln (vgl. Kap. 2.2). Die folgenden Materialien bieten hierfür Anregungen und konkrete Planungs- und Umsetzungshilfen.

Maßnahmen der Gewaltprävention kennen und bewerten

M1 setzt einzelne Maßnahmen der Gewaltprävention mit dem Konfliktbogen in Beziehung. Mit Hilfe von M2 lassen sich Meinungen über effektives Vorgehen verdeutlichen und begründen. Dabei sollte überlegt werden, wie Strukturen, Ausstattung, Maßnahmen und Kompetenzen zusammenwirken. M3 dient als Leitfaden für eine systematische Klärung des Vorgehens.

Erste Schritte

M4 benennt die einzelnen Schritte, um Gewaltprävention in der Schule zu verankern. Dabei ist zunächst wichtig die vorfindbaren Probleme ebenso zu kennen, wie die Ressourcen, die zur Verfügung stehen (M5). Vor diesem Hintergrund lassen sich mit Hilfe der Ansatzpunkte und Maßnahmen, die in M6 aufgelistet sind, ein Handlungsrahmen sowie konkrete Maßnahmen entwickeln.

Eine gewaltpräventive Schule

Eine gewaltpräventive Schule ist eine wohnliche, eine lebendige, konfliktfähige und kollegiale Schule (M7; vgl. auch Kap. 3.2). Sie berücksichtigt die zentralen Aspekte einer wirksamen Gewaltprävention, wie z.B. Wissenschaftsbasierung; vielfältige, an die jeweiligen Zielgruppen angepasste Angebote; Evaluation der Maßnahmen (M8). Die Rahmenbedingungen hierfür werden in M16 formuliert.

Der pädagogische Blick zum Verständnis von Gewalt

Hintergründe, Motive und Funktionen von Gewalt zu verstehen, ohne damit einverstanden zu sein, ist wichtig. M9 zeigt verschiedene Deutungsmuster. Unter pädagogischen Gesichtspunkten kann Gewalt immer auch als ein Lösungsversuch für spezifische Problembereiche verstanden werden. Die systemische Sichtweise (M10) ermöglicht ein erweitertes Verständnis dieser Zusammenhänge.

Interventionsmöglichkeiten

Das in Europa am weitesten verbreitete Interventionsprogramm gegen Gewalt (Bullying) an Schulen wurde von dem Norweger Dan Olweus entwickelt (M11). Es verdeutlicht die prinzipiellen Vorgehensweisen auf der Klassen- und Schulebene und zeigt, wie verschiedene Maßnahmen miteinander verbunden sind.

Eine hohe Identifikation von Schülerinnen und Schülern mit ihrer Schule reduziert unmittelbar das Ausmaß an Gewalt. Für den Grad der Identifikation ist das Verhalten der Lehrkräfte entscheidend (M12).

Verhaltenskodex und Leitbilder

Auf individueller Ebene können Selbstverpflichtungen Orientierungspunkte für angemessenes Verhalten sein. Der Verhaltenskodex zur Prävention sexueller Gewalt zeigt beispielhaft wie eine solche Selbstverpflichtung formuliert sein kann.

Auf institutioneller Ebene zeigen Leitbilder und Schulverfassungen welche Erwartungen an das Zusammenleben in der Schule (oder einer anderen Einrichtung) vorhanden sind. M14 stellt hierzu prinzipielle Überlegungen an, während M15 beispielhaft das Leitbild des Paracelsus-Gymnasiums Hohenheim dokumentiert.

Die Verbindung von staatlicher/gesellschaftlicher, institutioneller und individueller Ebene werden in den im „World Report on Violence against Children" formulierten Empfehlungen der Vereinten Nationen (M16) deutlich. Dabei wird auch die Notwendigkeit der von Schülern, Eltern und Lehrkräften vorgenommenen gemeinsamen Entwicklung einer gewaltfreien Schule betont.

Konkete Ansatzpunkte können z.B. sein …

Grundwissen

- Pausengestaltung;
- Sportunterricht;
- Qualifizierung der Lehrkräfte;
- Förderunterricht;
- Einbeziehung der Eltern.

Ergänzende Bausteine

1.2 Grundlagen der Gewaltprävention
2.2 Gewalt an Schulen
3.2 Schulentwicklung: gute Schule – guter Unterricht
4.2 Verhalten in akuten Gewaltsituationen

M1 Gewaltprävention im Kontext

Lehrer, Eltern

Gewaltprävention im Kontext von Konflikten

Entstehungsphase	Eskalationsphase	Deeskalationsphase
Entwicklung sozialer Schulqualität • Förderung von Kommunikation und Kooperation • Stärkung sozialer Kompetenzen • Schaffen einer gewaltreduzierenden Umgebung • Etablieren von Regeln und Normen des Zusammenlebens • Anerkennung und Respekt • Befriedigung seelischer Grundbedürfnisse	**Konstruktiver Umgang mit Konflikten** • Verhandlungen • Mediation • Schlichtung • Gerichtsverfahren **Handeln in akuten Problem- und Gewaltsituationen** • Deeskalationsstrategien • Opferschutz	**Nachsorge** • Täter-Opfer-Ausgleich • Anti-Aggressionstraining • Resozialisierung • Versöhnungsarbeit • Trauerarbeit

Gewalt-
schwelle

Austragungsphase
Konfliktmanagement

Konsolidierung

Prävention im engeren Sinne	**Prävention im weiteren Sinne**	
Primär-Prävention Verhindert das Entstehen gewaltträchtiger Konflikte	Sekundär-Prävention Verhindert die Eskalation gewaltträchtiger Konflikte	Tertiär-Prävention Bearbeitet die Folgen von Gewalt; Verhindert den Wiederausbruch gewaltträchtiger Konflikte
• Alle Schülerinnen und Schüler • Alle Lehrkräfte	• **Problemschüler** • **Alle Lehrkräfte, speziell geschulte Lehrkräfte**	• **Täter und Opfer** • **Speziell geschulte Lehrkräfte**

M2 Ihre Schule erhält ...

Lehrer, Eltern

Ein Entscheidungsspiel

Ihre Schule hat sich an einem Wettbewerb beteiligt und ist mit zwei anderen Schulen in die Endausscheidung gekommen. Der Preis ist mit 15.000 Euro dotiert. Der Preis wird an die Schule ausbezahlt, die ein schlüssiges Konzept für die Verwendung des Preisgeldes für Gewaltprävention präsentiert.

Ihre Schule liegt in einer Mittelstadt mit 60.000 Einwohnern. Es handelt sich um ein Gymnasium mit 1.200 Schülerinnen und Schülern und 90 Lehrerinnen und Lehrern. 60 Prozent der Schülerinnen und Schüler sind „Fahrschüler".

Nachstehend finden Sie eine Liste von 20 Maßnahmen, die ein Arbeitskreis aufgelistet hat. Sie sollen nun die Maßnahmen entsprechend ihrer Wichtigkeit und Realisierbarkeit so ordnen, dass ein Konzept sichtbar wird. Ordnen Sie 1 der für Sie allerwichtigsten Position zu, 2 der nächstwichtigsten usw.

Rangfolge

- ⃝ Bau einer wettersicheren Kletterwand im Außenbereich der Turnhalle (8.000 Euro)
- ⃝ Eine Woche Schullandheimaufenthalt für die vier 7. Klassen (14.000 Euro)
- ⃝ Ausbildung von zwei Lehrkräften zu Schulmediatorinnen und -mediatoren (6.000 Euro)
- ⃝ Anschubfinanzierung für einen Schulpsychologen (15.000 Euro)
- ⃝ Kostenloser Förderunterricht für ein Schuljahr für leistungsschwache Schüler (15.000 Euro)
- ⃝ Zwei Tage externe Lehrerfortbildung zu Fragen der Schulentwicklung (10.000 Euro)
- ⃝ Seminarreihe für Eltern zur Stärkung der Erziehungsfähigkeit (4.000 Euro)
- ⃝ Ausbildung und Implementierung einer Schüler-Streit-Schlichter-Gruppe (8.000 Euro)
- ⃝ Anschubfinanzierung für eine 50-Prozent-Stelle für Schulsozialarbeit (15.000 Euro)
- ⃝ Aufbau einer Fahrradwerkstatt (Anmietung eines Raumes, Werkzeug, Honorarkraft für 3 Monate) (5.000 Euro)
- ⃝ Ausbildung von Busbegleitungspersonal für die Schulbusse (5.000 Euro)

Rangfolge

- ⃝ Umgestaltung des Pausenhofes und Anschaffung von Pausenspielen (5.000 Euro)
- ⃝ Renovierung des Lehrerzimmers (2.000 Euro)
- ⃝ Bezahlung von Honorarkräften (der örtlichen Sportvereine) für 3 Monate zur Spielbetreuung in den Pausenzeiten (1.000 Euro)
- ⃝ Erstellung und Versendung einer regelmäßigen Elterninformation (4 x pro Schuljahr; 6.000 Euro)
- ⃝ Eintägiges Vernetzungstreffen mit regionalen Fachleuchten (Honorar für Referenten und Prozessbegleiter, Verpflegung 1.000 Euro).
- ⃝ Systematische Lehrerfortbildung zu Fragen der Schulentwicklung (8.000 Euro).
- ⃝ Einrichtung medienpädagogischer Arbeitsgruppen (Geräte, Honorar für Fachkraft 8.000 Euro)
- ⃝ Honorar für wissenschaftliche Begleitung der Schulentwicklung (5.000 Euro)
- ⃝ Einrichtung eines von Schülern betriebenen Schulcafés (10.000 Euro)

M3 Fragen zur Klärung

Lehrer, Eltern

○ Was ist genau das Problem, warum machen wir uns (ich mir) Sorgen, Gedanken?

○ Für wen ist dies ein Problem? Was geschieht, wenn nichts geschieht?

○ Woran würde man merken, dass das Problem nicht mehr existieren würde?

○ Was stützt das Problem?

○ Was wurde bislang unternommen? Was waren die Resultate?

○ Was sollte (im Idealfall) geschehen?

○ Welche einzelnen Maßnahmen scheinen notwendig?

○ Wer unterstützt diese Maßnahmen?

○ Wer ist verantwortlich für die Durchführung (Durchsetzung) dieser Maßnahmen?

○ Welche Kräfte behindern die Maßnahmen?

○ Was sind wir bereit zu investieren (Mittel, Zeit, Engagement ...)?

○ Was sind Sofortmaßnahmen, was kommt danach?

○ Was ist das langfristige Ziel?

○ Wie werden die Verantwortlichkeiten aufgeteilt?

○ Wann soll das Projekt beendet werden?

○ Wann ist das Projekt erfolgreich?

○ Wie kann die Wirksamkeit überprüft werden?

Vgl. D. Stone/J. Marshak: The initial interview assessing clients needs. In: Pfeffer & Company. The 1993 Annual: Developing Human Resources, S. 221-230. Zitiert nach: Rolff u.a.: Manual Schulentwicklung. Weinheim und Basel 1999, S. 62.

Welche der vorgesehenen Maßnahmen sind ...

1 **strukturbezogen**
   Schulgröße, Lehrkräfte usw.
2 **personenbezogen**
   Qualifizierung usw.
3 **problembezogen**
   Worin liegt das Problem, welche Sichtweisen?
4 **prozessbezogen**
   Was war bislang, wo wollen wir hin?

M4 Schritte auf dem Weg zur Gewalt-prävention

Lehrer, Eltern

Ausgangspunkte
- Ein Problem wird so stark, dass es nicht länger ignoriert werden kann, oder
- es soll bewusst vorgesorgt werden, damit Probleme mit Gewalt nicht überhand nehmen.

Bestandsaufnahme und Konzeption
- Alle Betroffenen und Interessierten werden einbezogen.
- Ein Koordinationsgremium wird gebildet.
- Externe Expertise wird eingeholt.
- Eine Bestandsaufnahme wird erhoben.
- Die Probleme werden genau identifiziert und benannt.
- Ursachen und Lösungswege werden besprochen.
- Differenzierte Angebote für verschiedene Gruppen werden erarbeitet.
- Kurz-, mittel- und langfristige Maßnahmen werden beschlossen.
- Es werden positive Leitbilder entwickelt.
- Ein Finanzierungsplan wird aufgestellt.

Auftakt
- Ein öffentlichkeitswirksames Zeichen wird gesetzt.

Umsetzung
- Die verschiedenen Maßnahmen werden umgesetzt.
- Es wird auf verschiedenen Ebenen gleichzeitig gehandelt.
- Die Lehrkräfte handeln nach gemeinsam vereinbarten Grundsätzen.
- Die Maßnahmen werden mit anderen Aktionen vernetzt.
- Die schulischen Aktivitäten sind in ein größeres Netzwerk eingebunden.

Begleitung/Auswertung
- Die Wirksamkeit der einzelnen Maßnahmen wird überprüft.
- Die Maßnahmen werden optimiert, korrigiert oder ersetzt.
- Die Langfristigkeit wird gesichert.

M5 Ressourcen und Angebote

Lehrer, Eltern

Überprüfen und markieren Sie:
Welche Ressourcen hat die Schule? ✗
Was wird bereits gemacht? ✓

Individuelle Schülerebene
- ○ Förderangebote
- ○ Mitgestaltung und Mitbestimmung
- ○ Unterstützung resilienten Verhaltens
- ○ Kommunikationstraining
- ○ Konflikttraining
- ○ Geschlechterbezogene Ansätze

Klassenebene *Ziel: Guter Unterricht*
- ○ Unterrichtskommunikation
- ○ Spannender Unterricht
- ○ Förderung des Klassenklimas
- ○ Klassenverträge/Klassenrat
- ○ Soziales Kompetenztraining
- ○ Gewalt und Konflikt als Unterrichtsthema
- ○ Medienpädagogik

Lehrkräfte
- ○ Fort- und Weiterbildung
- ○ Ausbildung als Mediatoren
- ○ Ausbildung als Gewaltpräventionsberater/in
- ○ Kooperation und Beratung
- ○ Supervision
- ○ Gegenseitige Unterstützung und Hilfe

Schulebene *Ziel: Gute Schule*
- ○ Überprüfung des pädagogischen Konzeptes
- ○ Gestaltung des Zusammenlebens
- ○ Regeln zum Umgang gemeinsam entwickeln
- ○ Partizipation ermöglichen
- ○ Konfliktmanagementsystem aufbauen
- ○ Mentorenprogramme
- ○ Aktive Pausengestaltung
- ○ Schulkultur/Schulethos entwickeln

Gebäude und Orte *Ziel: Wohnliche Schule*
- ○ Gebäude und Räume
- ○ Pausenhof und Freiflächen
- ○ Klassenzimmer
- ○ Umkleideräume und Toiletten
- ○ Aufenthaltsräume/Schulcafé
- ○ Garten und Werkstätten

Über den Unterricht/die Schule hinaus
- ○ Schulwege/Fahrschüler
- ○ Fahrzeugbegleiter
- ○ Fahrrad-/Mofawerkstatt
- ○ Arbeitsgemeinschaften
- ○ Theater, Musik, Sport
- ○ Soziale Projekte
- ○ Medienpädagogische Projekte
- ○ Außerschulische Lernorte
- ○ Schulpartnerschaften
- ○ Schüleraustausch

Elternebene
- ○ Einbeziehen von Eltern
- ○ Elternberatung
- ○ Fortbildungsangebote für Eltern
- ○ Elterntrainings, Elternbriefe
- ○ Unterstützung von Eltern
- ○ Nutzung der Kompetenzen von Eltern

Ebene der Gemeinde und Nachbarschaft
- ○ Kontakte, Austausch, Öffentlichkeitsarbeit
- ○ Engagement im Gemeinwesen
- ○ Servicelernen

Intervention und Konfliktbearbeitung
- ○ Frühwarnsysteme
- ○ Streitschlichtungsprogramm
- ○ Demokratische Beteiligung
- ○ Maßnahmen zum Täter-Opfer-Ausgleich
- ○ Täterbezogene Maßnahmen
- ○ Opferschutz, Stärkung von Opfern

Vernetzung
- ○ Schulübergreifender Kontakt, Austausch und Zusammenarbeit
- ○ Kooperation mit Polizei und Jugendamt

M6 Ansatzpunkte und Maßnahmen

Lehrer, Eltern

Zielgruppen
- einzelne Schülerinnen oder Schüler
- eine Klasse
- mehrere Klassen
- eine Klassenstufe
- mehrere Klassenstufen
- alle Schülerinnen und Schüler
- ein/e Lehrer oder Lehrerin
- mehrere Lehrer und Lehrerinnen
- alle Lehrkräfte
- Steuerungsguppe
- Eltern
- Hauspersonal
- die gesamte Schule

Zeitrahmen
- einzelne Unterrichtsstunden
- Projektwoche
- einige Monate
- gesamtes Schuljahr
- langfristiges Projekt

Verortung
- im Rahmen des regulären Unterrichts
- außerhalb des Unterrichts
- als Pflichtveranstaltung
- auf freiwilliger Basis

Koordination
- Wer initiiert, wer koordiniert?
- Wer trägt Verantwortung?
- Wer wird einbezogen?

Begleitmaßnahmen
- Bestandsaufnahme zum Bereich Konflikte und Gewalt an der Schule/Kommune
- Unterrichtseinheiten
- Projekte
- Ausbildung von Schülermediatoren
- Verankerung der Schülermediation in der Schule
- schulinterne Lehrerinnen- und Lehrerfortbildung
- Schulentwicklungsprogramme
- Einbeziehung außerschulischer Lernorte
- gemeinwesenorientierte Ansätze
- Kooperation mit anderen Schulen
- Kooperation mit Vereinen und Institutionen

M7 Eine gewaltpräventive Schule

Lehrer, Eltern

Wohnliche Schule
- versteht und gestaltet die Schule als Lebensraum
- legt Wert auf eine gute Ausgestaltung von Klassen- und Aufenthaltsräumen
- legt Wert auf gutes Mobiliar
- gestaltet Schul- und Pausenhöfe funktional und anregend

Lebendige Schule
- gestaltet Unterricht abwechslungsreich und anregend
- orientiert sich an der Lebenswelt der Schüler
- bietet umfangreiche Fördermöglichkeiten an
- stattet die Schule modern und ansprechend aus
- legt großen Wert auf außerschulische Aktivitäten

Konfliktfähige Schule
- hat eine Schulordnung, die die Ausrichtung als gewaltfreie Schule formuliert
- bietet Streitschlichtungsmodelle und Konfliktmanagementsysteme für alle an
- achtet darauf, dass das Verhalten der Lehrkräfte von Empathie, Anerkennung und Vertrauen geprägt ist
- bietet Möglichkeiten der Mitbestimmung und Mitgestaltung

Kollegiale Schule
- bemüht sich um einen pädagogischen Grundkonsens
- installiert gegenseitige Unterstützung und Hilfe (Tandems) für Lehrkräfte
- bietet laufend Fortbildungen für alle an
- schafft Möglichkeiten, dass Lehrkräfte sich wohlfühlen können

Vgl. Gunter Pilz: Gewalt und Gewaltprävention in der und durch die Schule. In: Günther Deegener/Wilhelm Kröner (Hrsg.): Kindesmisshandlung und Vernachlässigung – Ein Handbuch. Göttingen 2005, S. 198-220.

M8 Zehn Aspekte wirksamer Prävention

Lehrer, Eltern

1. Die Maßnahme basiert auf wissenschaftlich fundierter Theorie und Praxis bezüglich des Inhaltes, der Struktur und der Implementierung.

2. Absicht und Ziel der Maßnahme sind spezifiziert und definiert.

3. Die Maßnahme berücksichtigt multiple Ursachen (Systeme) und Entwicklungswege (Ebenen).

4. Intensität, Dauer und eventuelle Wiederholung/Verstärkung der Maßnahme zum Follow-Up müssen in Abhängigkeit von Anzahl und Schwere der risikoerhöhenden und -mildernden Bedingungen bestimmt werden.

5. Es werden sowohl risikoerhöhende Bedingungen als auch Ressourcen, Stärken, Kompetenzen und protektive Faktoren, d.h. risikomildernde Bedingungen, berücksichtigt.

6. Die Maßnahme ist auf die jeweilige Zielgruppe ausgerichtet, d.h. maßgeschneidert hinsichtlich der strukturellen und kulturellen Charakteristika und Besonderheiten der Zielgruppe. Auch Variationen innerhalb der Zielpopulation müssen berücksichtigt werden.

7. Bei der Konzipierung des Designs werden eine qualitativ hochwertige Kontrolle und Evaluation der Maßnahme berücksichtigt.

8. Die Maßnahme wird so gestaltet, dass sie im besten Fall in andere Kontexte/ bezüglich anderer Zielgruppen transferierbar und übersetzbar ist (Flexibilität und Anpassungsfähigkeit).

9. Der Bedarf an finanziellen, personalen und zeitlichen Ressourcen wird analysiert und im Voraus bei der Planung berücksichtigt. Politische und soziale Kooperationsmöglichkeiten werden bedacht.

10. Die Programme besitzen eine sozial-politische Sensitivität, d.h. der sozial-politische Kontext, in welchem die Maßnahme umgesetzt werden soll, wird berücksichtigt.

L.A. Bond/A.M.C. Hauf: Taking Stock in Primary Preventin: Characteristics of Effective Programs: Journal of Primary Prevention, 24(3), 2004, 199-221. Zitiert nach: Herbert Scheithauer/Charlotte Rosenbach/Kay Niebank: Gelingensbedingungen für die Prävention von interpersonaler Gewalt im Kindes- und Jugendalter. Stiftung Deutsches Forum für Kriminalprävention. Bonn 2008, S. 82 f.

M9 **Deutungsmuster**

Lehrer, Eltern

Gewalt zu verstehen – ohne mit ihr einverstanden zu sein – ist für gewaltpräventive Prozesse zentral. Diesem Verstehen liegen die Fragen zugrunde: Warum wenden Kinder und Jugendliche in spezifischen Situationen Gewalt an? Was hat dies mit ihrer Lebensgeschichte und ihrer Lebenswelt zu tun?

1. Individuell
Blickwinkel: Gewalt als individuelle Eigenschaft, Charakterzug oder pathologischer Zustand oder Gewalt als Versuch einer Problemlösung.

2. Gruppenebene
Blickwinkel: Gewalt als Teil einer spezifischen Dynamik von Gruppen und Gruppenzugehörigkeit.

3. Situationsspezifisch
Blickwinkel: Gewalt als Ergebnis von Eskalationsprozessen in spezifischen Situationen.

4. Kommunikationsspezifisch
Blickwinkel: Gewalt als Form von Kommunikation mit einer eigenen Botschaft.

5. Systemisch
Blickwinkel: Gewalt als Symptom in einem System, das auf anstehende notwendige Entwicklungen hinweist.

6. Funktional
Blickwinkel: Gewalt erfüllt spezifische Funktionen, wie z.B. das Erreichen von Zielen, Überwinden von Langeweile, Erleben emotionalen Kicks, Ausüben von Macht etc.

7. Kontext von Konflikten
Blickwinkel: Gewalt als (letztes oder kalkuliertes) Mittel im Austrag eskalierender Konflikte.

8. Kontext von Bedürfnissen
Blickwinkel: Gewalt als Ausdruck nicht befriedigter (seelischer) Grundbedürfnisse.

M10 **Der systemische Blick**

Gewalt als Symptom

vom Negativen ...

... zum Positiven

Sie stört

Sie soll weg

Sie führt zu Konflikten

Sie ist mit Leid verbunden

Wenn das nicht wäre,
wäre alles o.k.

Warum wird Gewalt gebraucht?

Welche Botschaft steckt darin?

Was stabilisiert das Gewaltsymptom?

Was ist der Gewinn für diese Person?

Welche Funktion hat das Symptom: schützend, bindend, ablenkend ...

Was muss entwickelt werden, damit das Symptom nicht mehr nötig ist?

Auf welchen anstehenden Wachstumsschritt deutet das Symptom hin?

Systemisches Denken ...

betrachtet die gegenseitige Abhängigkeit und Wechselwirkung der einzelnen Elemente eines Systems. Menschen werden nicht als isolierte Individuen, sondern als Teil von sozialen Systemen (Familie, Peergruppe, Klasse, usw.) gesehen. Die Systemkräfte und Systemdynamiken beeinflussen das jeweilige Verhalten zentral.

M11 Interventionsprogramm von Olweus

Lehrer, Eltern

Das Interventionsprogramm von Dan Olweus ist in Europa das am weitesten verbreitete Gewaltpräventionsprogramm auf der Schulebene, das unterschiedliche Handlungsebenen mit einbezieht. Allerdings ist es speziell auf den Gewaltbereich des Bullying ausgerichtet. Alle vorgeschlagenen Maßnahmen werden parallel oder in zeitlicher Abfolge angewendet.

Die Hauptziele des Interventionsprogramms sind, soweit wie möglich bestehende (Gewalt-) Täter-Opfer-Probleme innerhalb und außerhalb der Schulumgebung zu vermindern und die Entwicklung neuer Probleme zu verhindern.

Zwei allgemeine Bedingungen müssen erfüllt sein, wenn diese Ziele in einer Schule mit Hilfe des Interventionsprogramms erreicht werden sollen:

1. Die Erwachsenen in der Schule und zu einem gewissen Grad zu Hause müssen das Ausmaß des (Gewalt-) Täter-Opfer-Problems an „ihrer" Schule erkennen.

2. Die Erwachsenen müssen beschließen, sich ernsthaft für eine Änderung der Situation einzusetzen. Daraus ergeben sich dann eine Vielzahl von abgestimmten Maßnahmen auf Schulebene, die insgesamt und nicht nur teilweise angewendet werden sollen.

Maßnahmen auf Schulebene
- Fragebogenerhebung;
- Pädagogischer Tag „Gewalt und Gewaltprävention in unserer Schule";
- Schulkonferenz „Verabschiedung des Schulprogramms Gewaltprävention";
- Bessere Aufsicht während der Pause und des Essens;
- Schönerer Schulhof;
- Kontakttelefon;
- Kooperation Lehrkräfte – Eltern;

- Lehrer- und Lehrerinnengruppen zur Entwicklung des sozialen Milieus an der Schule;
- Arbeitsgruppen der Elternbeiräte (Klassen- und Schulelternbeiräte).

Maßnahmen auf Klassenebene
- Klassenregeln gegen Gewalt: Klarstellung, Lob und Strafen;
- Regelmäßige Klassengespräche;
- Rollenspiele, Literatur;
- Kooperatives Lernen;
- Gemeinsame positive Klassenaktivitäten;
- Zusammenarbeit Klassenelternbeirat – Lehrkräfte

Maßnahmen auf der persönlichen Ebene
- Ernsthafte Gespräche mit den Gewalttätern und -opfern;
- Ernsthafte Gespräche mit den Eltern beteiligter Schülerinnen und Schüler;
- Lehrkräfte und Eltern gebrauchen ihre Phantasie;
- Hilfe von „neutralen" Schülerinnen und Schülern;
- Hilfe und Unterstützung von Eltern (Elternmappe usw.);
- Diskussionsgruppen für Eltern von Gewalttätern und -opfern;
- Klassen- und Schulwechsel.

Das Programm von Olweus wird in der Fachwelt als eines der Besten eingestuft. Es wurde mehrmals (u.a. von Olweus selbst) evaluiert. Die Untersuchungen berichten von einer deutlichen Gewaltreduktion.

Vgl. Dan Olweus: Gewalt in der Schule. Was Lehrer und Eltern wissen sollten – und was sie tun können. 4. durchgesehene Aufl., Bern 2006.

M12 **Der Einfluss der Lehrkräfte**

Lehrer, Eltern

Zum einen reduziert Solidarität in den Klassenverbänden und eine Identifikation der Schüler mit ihrer Schule unmittelbar das Ausmaß an körperlicher und verbaler Gewalt. Der Zusammenhalt korrespondiert wiederum sehr stark mit dem Verhalten der Lehrer. Verstehen Lehrer sich nicht in erster Linie als Lehrstoffvermittler, sondern fühlen sie sich ebenso zuständig für die Vermittlung sozialer Kompetenzen, so stellt sich dies als effektive Gewaltprävention dar. Schüler, die der Mehrzahl ihrer Lehrer bescheinigen, dass diese

- Zeit für die Probleme einzelner Schüler und des Klassenverbandes haben;
- eine konsequente Gleichbehandlung der Schüler durchhalten und niemanden verhöhnen oder stigmatisieren;
- bei Konflikten mit der Klasse auch zur Selbstkritik fähig sind;
- ein offenes Klima herstellen und nicht auf Strenge zur Wahrung ihrer Autorität zurückgreifen müssen;
- gewalttätige Konflikte zwischen Schülern zu ihren machen und bereit sind, einzugreifen und
- selber nicht auf verbale und körperliche gewalttätige Verhaltensmuster zurückgreifen, machen durchweg weniger Gewalterfahrungen als Schüler, bei deren Lehrern das weniger oder gar nicht der Fall ist.

Die Ignoranz gegenüber Konflikten zwischen Schülern durch Aufsichtspersonal erweist sich insofern als besonderes Problem, als es stärker noch als von den Opfern von den Tätern antizipiert wird.

Akademie für Arbeit und Politik an der Universität Bremen: Ergebnisse einer Bremer Schülerbefragung zum Thema Gewalterfahrungen und extremistische Deutungsmuster. Untersuchung im Auftrag des Bremer Senats. Projektleitung: Prof. Dr. Thomas Leithäuser. Projektbearbeitung Frank Meng. Bremen, Juli 2003, S. 78 f.
www.hamburger-bildungsserver.de/themen/gewalt/ analysen/gewaltstudie_bremen.pdf

M13 **Verhaltenskodex**

Verhaltenskodes zur Prävention sexueller Gewalt

Dieser Verhaltenskodex basiert auf der Verantwortung für das Wohl der uns anvertrauten Kinder und Jugendlichen. Ziel ist der weitestgehende Schutz von Kindern und Jugendlichen und Mitarbeiter/innen vor sexuellen Übergriffen, sexualisierter Atmosphäre und geschlechtsspezifischer Diskriminierung. (...)

Ein Mittel dazu ist die verbindliche Selbstverpflichtung, diesen Verhaltenskodex einzuhalten.

1. Die Kinder- und Jugendarbeit bietet persönliche Nähe und eine Gemeinschaft, in der Lebensfreude und lustvolles, ganzheitliches Lernen und Handeln Raum finden. Auch durch altersgemäße Sexualerziehung werden wir Mädchen und Jungen darin unterstützen, geschlechtsspezifische Identität, Selbstbewusstsein und die Fähigkeit zur Selbstbestimmung zu entwickeln.

2. Unsere Arbeit mit den Kindern und Jugendlichen und innerhalb der Teams ist von Respekt, Wertschätzung und Vertrauen geprägt. Wir achten Persönlichkeit und Würde von Kindern und Jugendlichen.

3. Wir verpflichten uns, konkrete Schritte zu entwickeln und klare Positionen auszuarbeiten, damit in der Kinder- und Jugendarbeit keine Grenzverletzungen, kein sexueller Missbrauch und keine sexuelle Gewalt möglich werden.

4. Wir schützen die uns anvertrauten Kinder und Jugendlichen vor körperlichem und seelischem Schaden, vor Missbrauch und Gewalt.

5. Wir beziehen gegen sexistisches, diskriminierendes und gewalttätiges verbales oder nonverbales Verhalten aktiv Stellung.

Abwertendes Verhalten wird von uns benannt und nicht toleriert.

6. Wir gestalten die Beziehungen zu den Kindern und Jugendlichen transparent in positiver Zuwendung und gehen verantwortungsbewusst mit Nähe und Distanz um. Individuelle Grenzen der Kinder und Jugendlichen werden von uns unbedingt respektiert. Dies bezieht sich insbesondere auf die Intimsphäre und persönlichen Grenzen der Scham von Kindern und Jugendlichen.

7. Wir bemühen uns, jede Form persönlicher Grenzverletzung bewusst wahrzunehmen und besprechen diese Situationen offen. Im Konfliktfall ziehen wir (professionelle) fachliche Unterstützung und Hilfe hinzu und informieren die Verantwortlichen auf der Leitungsebene. Der Schutz der Kinder und Jugendlichen steht dabei an erster Stelle.

8. In unserer Rolle und Funktion als Mitarbeiter/innen der Kinder- und Jugendarbeit haben wir eine besondere Vertrauens- und Autoritätsstellung. Jede sexuelle Handlung mit Schutzbefohlenen ist eine strafbare Handlung mit entsprechenden disziplinarischen und gegebenenfalls strafrechtlichen Folgen.

9. Die Regeln des Verhaltenskodex gelten auch zwischen allen ehrenamtlich Tätigen, hauptberuflich und hauptamtlich Beschäftigten in der Kinder- und Jugendarbeit.

Dieser Verhaltenskodex wurde am 14. März 2006 vom Landesvorstand des Bayerischen Jugendringes beschlossen.
IzKK-Nachrichten, 1/2007, S. 43.

M14 Schulverfassung und Leitbild

Schule

Schaut man sich existierende Schulverfassungen an, so stößt man auf eine Reihe von sich wiederholenden Fragestellungen, an denen sich die Schulgemeinschaft, mit dem Ziel eine Schulordnung zu verabschieden, notwendigerweise abarbeiten muss (Wehnert, 2003):

- Was ist für unser Zusammenleben in der Schule wichtig?
- Wie wollen wir unser Zusammenleben regeln?
- Welche Verhaltensweisen erscheinen uns wünschenswert?
- Welche Verhaltensweisen erscheinen uns inakzeptabel?
- Welches Verhalten erwarten wir von unseren Partnern (Lehrer, Schüler, Eltern, Träger etc.)?
- Wie wollen wir erwünschtes Verhalten durchsetzen?
- Wie wollen wir unerwünschtes Verhalten sanktionieren?

Diese Fragen bilden Leitfragen und können je nach Schulgemeinschaft und ihren jeweiligen spezifischen Bedürfnissen ausdifferenziert werden.

Kriterien für die Vereinbarung verbindlicher Regelkataloge in der Schule:

1. Schulordnungen müssen von allen an Schule beteiligten Akteuren (Schule, Eltern, Lehrer, Schulleitung) in einem demokratischen Prozess gemeinsam vereinbart werden. Da sich die Gruppe und die Situation der Schüler, Eltern und Lehrer verändern kann, sollte ein solches Verfahren der Interessenfindung, Willensbildung und Abstimmung in jedem Schuljahr durchgeführt werden, um sich auf eine angemessene Legitimationsbasis stellen zu können.

2. Schulordnungen müssen auf die jeweils spezifischen Verhältnisse der Schule (Gebäude, Lage, Schulart, Größe, Einzugsgebiet etc.) abgestimmt sein.

3. Schulordnungen müssen Sanktionen bei Regelverstößen festlegen. Diese Sanktionen müssen im Verhältnis zu den Regelverletzungen stehen. Ihre Einhaltung und Durchsetzung muss von den Mitgliedern der Schulgemeinschaft kontrolliert werden.

Viola B. Georgi: Demokratielernen in der Schule. Leitbild und Handlungsfelder. Berlin 2006, S. 32 f.

Versprechen an die Schulgemeinschaft 2006/2007

1. Ich nehme keine Drogen, Waffen oder rechtsradikale Sachen mit in die Schule.
2. Ich unterlasse das Rauchen während der Schulzeit.
3. Handys müssen ausgeschaltet und in den Taschen gelassen werden.
4. Ich fange keinen Streit und keine Prügelei an.
5. Wenn ich Ärger mit meinen Mitschülern habe, versuche ich den Konflikt zuerst selbst und ohne Gewalt zu klären oder wende mich an die Vertrauensschüler und dann an die Lehrer/innen.
6. Ich darf das Schulgelände während der Schulzeit nur mit Erlaubnis verlassen.
7. Ich akzeptiere und respektiere jeden Schüler egal von welcher Herkunft oder mit welcher Behinderung.
8. Ich beschmiere die Schule nicht und benutze kein fremdes Eigentum ohne vorherige Erlaubnis.
9. Ich verlasse die Toiletten so, wie ich sie vorgefunden habe.
10. Ich bemühe mich diese Regeln einzuhalten, wenn nicht, werde ich die Konsequenzen tragen müssen.

Erarbeitet von den Klassensprechern/innen an der Werner Stephan Oberschule. Berlin 6.9.2006.
www.wso-berlin.de/versprechen.htm

M15 Paracelsus-Gymnasium Hohenheim

Schule

Schulordnung

Wir wollen eine Schulgemeinschaft sein, in der sich alle wohl fühlen.

Umgang miteinander

Der Ton macht die Musik. Wir gehen freundlich, höflich und rücksichtsvoll miteinander um.

Mut zum Eingreifen

Die Schulgemeinschaft schützt Schülerinnen und Schüler, die angegriffen, gedemütigt oder ausgegrenzt werden. Wer anderen von aggressiven Handlungen berichtet, die in der Schule oder außerhalb stattgefunden haben, ist kein Petzer.

Konflikte gewaltfrei lösen

Wir versuchen Probleme und Konflikte in der Klasse frühzeitig und gewaltlos zu lösen. Dabei haben unsere Klassensprecher eine wichtige Funktion, bei der sie von der Klassengemeinschaft unterstützt werden. Wenn es Streit gibt, stehen die Lehrerinnen, Lehrer und ausgebildete Schülerstreitschlichter bereit, um bei der Lösung des Konfliktes zu vermitteln und zu helfen.

Umgang mit Sachen und Räumen
Eigentum ist unantastbar

Wir gehen mit dem Eigentum anderer und dem der Schule sorgfältig um, da wir auch unser Eigentum geschützt sehen wollen. Zerstörung und Aggression lösen keine Probleme.

Ordnung muss sein

Wir bemühen uns um Ordnung und Sauberkeit und erledigen unseren Teil des Ordnungsdienstes gewissenhaft. Der Umwelt zuliebe versuchen wir Müll zu vermeiden und trennen die Abfälle.

Klassenzimmer gestalten

Wir wollen uns in unserem Klassenzimmer wohl fühlen und für eine angenehme Arbeitsatmosphäre sorgen. Deshalb gestalten wir es eigenständig und ansprechend.

Leitbild

- Wir verstehen uns als eine Schulgemeinschaft, für die gegenseitige Wertschätzung und die Freude am gemeinsamen Lernen von zentraler Bedeutung sind.
- Wir wollen unser Wissen und unsere Fähigkeiten zur Gestaltung einer friedlichen Welt nutzen, in der schonend mit Ressourcen umgegangen wird.
- Wir legen besonderen Wert auf: Leistungsbereitschaft, Selbstständigkeit, Teamfähigkeit, Soziales Engagement, Konfliktfähigkeit, Rücksichtnahme, Mitverantwortung.
- Jeder Schüler, jede Schülerin hat das Recht, ungestört zu lernen.
- Jeder Lehrer, jede Lehrerin hat das Recht, ungestört zu unterrichten.

Leitbild und Schulordnung vom 16.7.2003, Auszüge.
www.paracelsus-gymnasium.de/index.php?id=207

M16 **Empfehlungen der UN**

Etablierung von kinderrechtskonformen Verhaltensregeln. Klare Verhaltensregeln, welche die gesetzlich verankerten Prinzipien der Rechte des Kindes widerspiegeln, sollten umfassend für Mitarbeiter, Schülerinnen und Schüler, deren Familien und Gemeinschaften etabliert und gefördert werden. Es liegt in der Verantwortlichkeit der Regierungen, über geeignete Mechanismen und Vorgaben dafür zu sorgen, dass innerhalb oder außerhalb der Schule gut ausgebildete und vertrauenswürdige Erwachsene bereit stehen, denen Schülerinnen und Schüler im Vertrauen über gewalttätige Vorfälle berichten und von denen sie beraten werden können.

Schulleiter und Lehrkräfte müssen gewaltfreie Lehr- und Lernstrategien und Disziplinierungsmaßnahmen anwenden. Es sollte von Regierungen sichergestellt werden, dass Lehr- und Lernstrategien sowie Disziplinierungsmaßnahmen nicht auf Angst, Drohung, Demütigung oder physischem Zwang aufbauen. Alle Schulbediensteten sollten in gewaltfreiem und respektvollem Verhalten im Klassenzimmer ausgebildet und unterstützt werden. Außerdem bedarf es spezifischer Kenntnisse, um typische Verhaltensmuster des Bullying oder anderer Formen geschlechtsspezifischer Gewalt zu verhindern bzw. angemessen darauf reagieren zu können.

Schülerinnen und Schülern zuhören, Partizipation stärken. Regierungen und ihre Partner sollten aktiv die Mitarbeit von Schülerinnen und Schülern bei Entwurf, Entwicklung, Implementierung und Begleitung von politischen Maßnahmen und Programmen fördern, einschließlich vertraulicher Beschwerde- und Berichtsmöglichkeiten. Partizipatorische, gender-sensitive und inklusive Schulverwaltungsstrukturen sollten befördert und Schülerinnen und Schüler in die Lage versetzt werden, Partizipationsmöglichkeiten zu nutzen. Dabei sollte gefährdeten Kindern besondere Aufmerksamkeit geschenkt werden.

Curricula zu Modellen für Gewaltfreiheit und Gleichberechtigung der Geschlechter entwickeln. Regierungen sollten sicherstellen, dass Curricula, Lehrbücher und Unterrichtsmethoden Kinderrechte, Vielfalt und einheimisches Wissen berücksichtigen und fördern. Toleranz, Respekt, Gleichberechtigung, Anti-Diskriminierung und gewaltfreie Konfliktlösung sollten betont werden.

Bildung als Erwerb personaler Kompetenzen. Regierungen sollten sich dafür einsetzen, dass Programme zum Kompetenzerwerb für Gewaltfreiheit in Curricula durch Fächer wie Friedenserziehung, Politische Bildung, Menschenrechtserziehung, Anti-bullying, Konfliktlösung und Mediation verankert werden. Um Mädchen und Jungen zu befähigen, verwurzelte Geschlechterklischees zu überwinden und sexueller Belästigung, Schikane und Gewalt zu begegnen, sollte besonderes Augenmerk auf Kinderrechte, positive Werte wie Vielfalt und Toleranz sowie Problemlösungs- und Kommunikationskompetenz gerichtet werden.

Schulen als Partner und Stütze der Gesellschaft. Regierungen sollten Schulen als Stützen lokaler Gemeinschaften begreifen und engere Beziehungen zwischen Schule und Gesellschaft fördern. Um inner- und außerschulischer Gewalt zu begegnen, sollten Schüler, Mitarbeiter und Eltern als auch weitere Partner wie die Polizei, Gesundheits- und soziale Dienste, religiöse, gesellschaftliche und kulturelle Gruppen einbezogen werden.

United Nations: World Report on Violence against Children. Geneva 2006, S. 153 ff.
www.violencestudie.org/a55; (Übersetzung Amos Heuss).

Familie und Kommune

„Meine Eltern sind für mich unersetzbar." Deniz W.

Dieser Baustein zeigt die Rolle und Bedeutung der Familie und der Kommune bei der Entstehung von Gewalt sowie der Gewaltprävention. Häusliche Gewalt wird in ihren verschiedenen Dimensionen verdeutlicht. Grundlegende Handlungsmöglichkeiten werden dargestellt.

Gewalt in der Familie

Gewalt in der Familie
Historisch gesehen sind die Familien wegen ihrer Zurückgezogenheit und geschützten Privatsphäre wahrscheinlich die letzte Bastion der direkt ausgeübten körperlichen Gewalt. (...)
Nach den vorliegenden Studien befürworten und praktizieren heute noch etwa 10 % der Eltern eine „Tracht Prügel" als ein angemessenes Erziehungsmittel, weitere etwa 40 % wenden andere Formen der physischen Gewalt wie etwa Schläge und Ohrfeigen an. (...)
Viele Eltern zwingen sich vernunftmäßig, körperliche Gewaltformen zu unterdrücken, verfügen aber oft nicht über adäquate Alternativen, um den Kindern gegenüber ihren Regelungsanspruch und ihre Autorität als Mutter oder Vater durchzusetzen.
Klaus Hurrelmann/Heidrun Bründel: Gewalt an Schulen. Pädagogische Antworten auf eine soziale Krise. Weinheim und Basel 2007, S. 51 f.

Gewaltprävention in der Schule kann ohne Einbeziehung der und Rückbindung an die Familie und das kommunale Umfeld nicht gelingen. Denn „Gewaltprävention muss schon in der Familie beginnen. Wissenschaftliche Untersuchungen belegen, dass Kinder und Jugendliche Gewalt sozusagen erlernen. Wer als Kind gelernt hat, dass Konflikte mit Gewalt gelöst werden, tut dies vermehrt auch als Erwachsener. Um diesen Kreislauf der Gewalt zu durchbrechen, haben wir in der vergangenen Legislaturperiode ein Recht des Kindes ‚auf gewaltfreie Erziehung' im Bürgerlichen Gesetzbuch verankert. Es wurde klargestellt, dass Gewalt kein geeignetes Erziehungsmittel ist. Untersuchungen zeigen, dass die Häufigkeit körperlicher Bestrafungen in den letzten Jahren zurückgegangen ist", so die Bundesjustizministerin Zypries (2003).

Formen der Gewalt in der Familie

Die Weltgesundheitsorganisation unterscheidet drei Formen von Gewalt in der Familie: Gewalt gegen Intimpartner, Kindesmissbrauch und Vernachlässigung durch Eltern und andere Fürsorgepersonen und Misshandlung alter Menschen (WHO 2003, S. 20).

Gewalt gegen Intimpartner
Diese Gewalt gibt es ohne Ausnahme in allen Ländern und Kulturen, wenngleich in unterschiedlicher Ausprägung und Intensität. Ein Viertel aller Frauen in allen Ländern erfahren mindestens einmal in ihrem Leben physische Gewalt und mehr als ein Zehntel werden Opfer sexueller Gewalt. Die häufigsten Gewaltakte gegen Männer und Frauen geschehen in ihrem unmittelbaren sozialen Umfeld, meistens von ihren Partnern oder Ex-Partnern. 25 % der Fauen in Deutschland im Alter zwischen 16 und 85 Jahren haben eine Form der körperlichen und/oder sexuellen Gewalt durch einen Beziehungspartner erlebt (Der Paritätische 2008, S. 10; BMFSFJ 2004, S. 10; Gugel 2007, S. 148).
Es sind verschiedene Faktoren, die bei Gewalt zwischen Intimpartnern zusammenwirken. Zu den individuellen Faktoren gehört insbesondere die Vorgeschichte des Mannes, vor allem ob er in seiner Herkunftsfamilie erlebt hat, dass seine Mutter geschlagen wurde. Aber auch Alkoholmissbrauch stellt sich in vielen Untersuchungen als ein wichtiger Faktor heraus. Auf der zwischenmenschlichen Ebene sind Beziehungskonflikte und Unstimmigkeiten sowie Einkommensschwäche wichtige Einflussfaktoren. Wie der genaue Zusammenhang zwischen niedrigem Einkommen und Gewaltrisiko

ist, ist allerdings noch unklar. Es könnte sein, dass finanzielle Schwierigkeiten oft Anlass für eheliche Auseinandersetzungen bieten oder es Frauen schwerer machen, aus gewaltträchtigen oder unbefriedigenden Beziehungen auszubrechen. Gewalt könnte aber auch das Ergebnis anderer mit Armut einhergehenden Faktoren sein, beispielsweise durch beengte Wohnverhältnisse oder das Gefühl der Hoffnungslosigkeit ausgelöst werden.

Grundwissen

Gewalt gegen Kinder durch Eltern und andere Fürsorgepersonen

Kinder werden von ihren Eltern und anderen Fürsorgepersonen immer wieder missbraucht, misshandelt und vernachlässigt. Im Allgemeinen sind kleinere Kinder der körperlichen Misshandlung am stärksten ausgesetzt, während die höchsten Raten des sexuellen Missbrauchs unter Kindern in der Pubertät oder unter Jugendlichen zu finden sind. In den meisten Fällen werden Jungen häufiger geschlagen und überhaupt körperlich bestraft als Mädchen, während letztere stärker der Gefahr ausgesetzt sind, Opfer von Kindestötung, sexuellem Missbrauch und Vernachlässigung zu werden und auch häufiger zur Prostitution gezwungen werden.

Gewalterlebnisse durch Eltern sind insbesondere in der Kindheit recht häufig. Während bezogen auf die Kindheit lediglich 42,1 % der Befragten 15-Jährigen keinerlei gewalttätige Übergriffe der Eltern berichten, sind dies im Hinblick auf die letzten zwölf Monate vor der Befragung immerhin 73,4 %. Mit dem Heranwachsen der Kinder geht also das Ausüben von Gewalt durch die Eltern deutlich zurück. Insgesamt 15,3 % der Befragten geben an, vor ihrem zwölften Lebensjahr schwerer Gewalt ausgesetzt gewesen zu sein; von diesen können 9 % als Opfer elterlicher Misshandlungen in der Kindheit bezeichnet werden. In der Jugend nimmt der Anteil der von schwerer Gewalt Betroffenen auf 5,7 % und der von Misshandlung Betroffenen auf 4,1 % ab (Baier/Pfeiffer 2009, S. 52). Die elterliche Gewalt geht sowohl in der Kindheit als auch der Jugend zu nahezu gleichen Teilen von Müttern und Vätern aus.

Risikofaktoren erhöhen die Gefahr für Kinder, misshandelt zu werden, hierzu gehören u.a. allein erziehende Elternteile, sehr junge Eltern, keine Unterstützung in einer Großfamilie, beengte Wohnverhältnisse usw.

Misshandlung alter Menschen

Die Misshandlung alter Menschen durch Verwandte oder andere Fürsorgepersonen wird in zunehmendem Maße als schwerwiegendes soziales Problem erkannt. Das Problem könnte sich in den nächsten Jahren noch verschärfen, da die Bevölkerung in vielen Ländern rasch altert. Ältere Männer sind in etwa dem gleichen Risiko der Misshandlung durch Ehepartnerin, erwachsene Kinder und andere Verwandte ausgesetzt wie Frauen.

Kinder sind unschlagbar!
Der Deutsche Kinderschutz-
bund rief 2004 zum ersten
Mal den Tag für gewaltfreie
Erziehung aus. In den angel-
sächsischen Ländern hat der
„No Hitting Day" eine lange
Tradition.
Der Tag für gewaltfreie
Erziehung soll:
• die Bevölkerung daran
  erinnern, dass die Verant-
  wortung für ein gewalt-
  freies Aufwachsen aller
  Kinder in unserem Land
  von allen geteilt werden
  muss.
• Eltern dazu ermutigen, ihr
  Ideal einer gewaltfreien
  Erziehung Wirklichkeit
  werden zu lassen.
*Presseerklärung des Deutschen
Kinderschutzbundes zum
30. April. Hannover, 28. April
2006.
www.kinderschutzbund.de*

Während in der Altersgruppe der 60- bis 85-Jährigen etwa jede
vierte befragte Person angibt, innerhalb der letzten 12 Monate
verbal aggressives Verhalten und andere nicht körperliche Formen
von Aggression durch nahestehende Personen erlebt zu haben,
berichten nur relativ wenige ältere Befragte auch über körperliche
Gewalt. Frauen werden in etwas stärkerem Maße als Männer Opfer
von physischer Aggression durch Familien- und Haushaltsmitglieder.
Rund 15 % der Befragten über 60 Jahre, die Pflege- und Hilfebedarf
bejahten, berichteten problematisches Verhalten von Pflege- und
Betreuungspersonen, vor allem verschiedene Formen der Missachtung von Autonomie und Würde (13 %) und der pflegerischen Vernachlässigung (6 %) (BMFSFS 2009, S. 20 f.).

Häusliche Gewalt
Häusliche Gewalt äußert sich
• auf der körperlichen Ebene z.B. durch Schlagen, Treten, Würgen, Einsatz von Waffen ...;
• auf der psychischen Ebene z.B. durch Beschimpfen, Erniedrigen, Demü-
  tigen, Drohen, Erpressen ...;
• auf der sexuellen Ebene z.B. durch erzwungenen Körperkontakt und
  sexuelle Handlungen, durch versuchte oder vollzogene Vergewaltigung;
• auf der wirtschaftlichen Ebene z.B. durch Geldentzug oder Verbot, eigenes Geld zu verdienen;
• auf der sozialen Ebene z.B. durch Kontaktverbot, Isolation, Einsperren.
Den Opfern häuslicher Gewalt fällt es oft schwer, sich vom Misshandler
zu trennen. Gründe hierfür sind:
• Gewaltbeziehungen können eine Dynamik entfalten, die eine zerstöre-
  risch bindende Wirkung hat.
• Gewalterfahrungen und Miterleben von häuslicher Gewalt in der Kindheit können dazu führen, dass Gewalt in der eigenen Partnerschaft
  nicht hinterfragt wird.
• Trennung/Scheidung sind verbunden mit Sorgen um die finanzielle Ab-
  sicherung, den sozialen Status, Angst um die Kinder und – insbeson-
  dere bei Migrantinnen – auch Angst vor familiärer Ächtung und/oder
  Verlust der Aufenthaltserlaubnis.
• Trennung und Scheidung bergen in Gewaltbeziehungen ein erhöhtes
  Risiko der Gewalteskalation bis hin zu Entführungs- und Tötungs-
  delikten.
*Der Paritätische, Landesverband Baden-Württemberg e.V. (Hrsg.):
Sprich mit mir! Kinder und Jugendliche gegen häusliche Gewalt. Teil 1:
Grundlegende Informationen. Stuttgart 2008, S. 8 f.*

Die Bedeutung der Familie für die Entstehung von Gewalt und Gewaltfreiheit

Die Familie, deren traditionelle Form in der Auflösung begriffen ist und deren Ausprägung heute vielfältige Formen angenommen hat, steht im Schnittpunkt zwischen Gesellschaft und Individuum. Sie ist die Stelle, an der die gesellschaftlichen Verhältnisse die Interaktionsmuster der Individuen formen und deformieren. Sie vermittelt die ersten und grundlegenden sozialen Erfahrungen und ist der erste Sozialisationsbereich. Die Eltern (oder familienersetzende Einrichtungen) beeinflussen die Einstellungen und das Verhalten ihrer Kinder im Wesentlichen so:

* sie bestimmen durch ihre Zuwendung oder Ablehnung die emotionale Grundorientierung ihres Kindes;
* sie dienen als Modelle für die Nachahmung (Identifizierung), so dass die Kinder von ihnen Werte, Einstellungen und Verhaltensweisen übernehmen;
* sie vermitteln den Kindern einen sozialen, kulturellen, ethischen und nationalen Kontext für ihr Denken und Handeln;
* sie prägen durch ihre Beziehungen zueinander und zu den Kindern deren weitere Persönlichkeit.

Die Bedeutung dieser familiären Erfahrungen zeigt sich u.a. auch daran, dass bei Untersuchungen über auffällige, delinquente, aggressive und gewalttätige Jugendliche immer schwierige Familienverhältnisse verbunden mit enormen emotionalen Defiziten zu finden sind.

Wie Frauen und Männer Gewalt erleben

Eine Befragung von 8.000 Frauen und 8.000 Männern in den USA kommt zu folgendem Ergebnis:

* Frauen erleben Gewalt überwiegend im privaten Raum durch männliche Beziehungspartner.
* Gewalt gegen Frauen ist häufig sexualisierte Gewalt.
* Für Frauen erhöht sich das Verletzungsrisiko, wenn der Gewalttäter der Partner ist.

Anders das Gewaltmuster, das Männer erleben:

* Männer erleben Gewalt überwiegend im öffentlichen Raum durch andere Männer.
* Gewalt gegen Männer ist seltener sexualisierte Gewalt.
* Für Männer senkt sich das Verletzungsrisiko, wenn die Partnerin die Gewalttäterin ist."

Barbara Kavemann: Kinder und Jugendliche im Kontext häuslicher Gewalt – Orientierung in einer gespaltenen Diskussion. Zusammenfassung des Vortrags für den Fachtag der Landesstiftung Baden-Württemberg/des DPW Baden-Württemberg am 20.11.2005 in Stuttgart, S. 2 f.

Grundwissen

„Red Flags"
Warnzeichen für häusliche Gewalt

Das gleichzeitige Auftreten mehrerer dieser Indikatoren erfordert verstärkte Aufmerksamkeit:

* chronische Beschwerden, die keine offensichtlichen physischen Ursachen haben;
* Verletzungen, die nicht mit der Erklärung, wie sie entstanden sind, übereinstimmen;
* verschiedene Verletzungen in unterschiedlichen Heilungsstadien;
* ein Partner, der übermäßig aufmerksam ist, kontrolliert und sich weigert von der Seite der Frau zu weichen;
* physische Verletzungen während der Schwangerschaft;
* später Beginn der Schwangerschaftsvorsorge;
* häufige Fehlgeburten;
* häufige Suizidversuche und -gedanken;
* Verzögerungen zwischen Zeitpunkt der Verletzung und Aufsuchen der Behandlung;
* chronische reizbare Darmstörungen;
* chronische Beckenschmerzen.

L. Heise u.a. 1999.
Zitiert nach Robert Koch Institut: Gesundheitliche Folgen von Gewalt. Gesundheitsberichterstattung des Bundes, Heft 42. Berlin 2008. S. 31.

Elternseminare

Die Berliner Elternseminare sind eine Erfolgsgeschichte. Über vierzig Schulen, darunter Grund-, Haupt- und Gesamtschulen, machen mit. Sie bieten den Eltern Seminare an, um sie bei Erziehungsfragen und Schulproblemen zu unterstützten. Die Elternseminare bauen auf der simplen Erkenntnis auf, dass Bildung nicht ohne Erziehung funktioniert und dass Eltern und Lehrer dafür an einem Strang ziehen müssen. Speziell ausgebildete Lehrerinnen und Lehrer leiten die Seminare. In kleinen Gruppen mit höchstens zwölf Teilnehmern werden familiäres Konfliktmanagement und Krisenprävention an so scheinbar einfachen Themen wie Taschengeld, Fernsehen, Haushaltsdienst und Hausaufgaben abgearbeitet.
Die Zeit, 27.12.2007, S. 68.

Die Zusammenhänge von erlebter Gewalt in der Kindheit und später angewendeter Gewalt wurden vielfältig empirisch belegt (Pfeiffer u.a. 1999, S. 38; Baier/Pfeiffer 2009, S. 51 ff.). Die Untersuchungen gehen dabei von einem Zusammenspiel von selbst erlebter und in der Familie beobachteter (Partner-)Gewalt aus. Dieses Zusammenspiel, verbunden mit internalisierten subjektiven Normen der Eltern und der Peergruppen, beeinflusst die Einstellung zur Gewalt maßgeblich und kann zu eigenem aktiven Gewalthandeln führen. Das Fazit dieser Studien: Eine Beendigung der innerfamiliären Gewalt im Jugendalter trägt dazu bei, die Rate der Gewalttäter deutlich zu reduzieren. Die niedrigsten Gewalttäterraten sind bei den Jugendlichen zu finden, die während der Kindheit, also vor dem zwölften Lebenjahr, keinerlei körperliche Gewalt von ihren Eltern erfahren mussten (Baier/Pfeiffer 2009, S. 80). Der Rückgang selbstberichteter Jugendgewalt sei auf mehrere Entwicklungen zurückzuführen:

- Einen Wandel des Erziehungsverhaltens der Eltern: Die Verminderung der Viktimisierung durch innerfamiliäre Gewalt. Untersuchungen stellen in den letzten Jahren einen Rückgang der elterlichen Gewalt (insbesondere der körperlichen Züchtigung) fest (Brettfeld und Wetzels 2003; Baier/Pfeiffer 2009).
- Veränderung von Einstellungen Jugendlicher: Erhöhte Ablehnung von Gewalt bei jugendlichen Bezugsgruppen.
- Veränderung der eigenen Einstellung: Verminderte Gewaltbefürwortung durch Jugendliche.

Ansätze und Maßnahmen

„Bei der primären Prävention gegenüber familiärer Gewaltanwendung geht es vor allem um den Abbau gewaltfördernder Leitbilder und Lernprozesse und um die soziale Reintegration der Familie. Grundlage der Eindämmung von Gewalt in der Familie ist der Abbau wirtschaftlicher und sozialer Stressphänomene mit den Mitteln der allgemeinen Sozialpolitik. Denn ein günstiges Sozial- und Wirtschaftsklima ist gleichzeitig ein günstiges Präventionsklima. Sekundäre Prävention setzt regelmäßig ein ‚Umlernen' der einzelnen von Gewalt betroffenen Familien im Umgang mit Konflikten und ihre Einbindung in ein Netz gezielt stützender Sozialbeziehungen voraus. Das Opfer von Gewalt in der Familie ist in besonderem Maße schutzbedürftig" (Schwind u.a. 1989, S. 157).

Damit umreißt die damalige Gewaltkommission der Bundesregierung bereits 1989 die Aufgaben von Gewaltprävention in Familien und spricht auch die verschiedenen Ebenen an. Gesetzliche Regelungen geben den rechtlichen Rahmen vor, wirtschaftliche Unterstützung entlastet den Alltag und sozialpädagogische Begleitung und Hilfe ermöglicht das Erlernen prosozialer Verhaltensweisen.

Die Leitlinien des Düsseldorfer Gutachtens präzisieren diese Aussagen vor dem Hintergrund von evaluierten Modellen: „In der Familie setzen alle wirksamen multisystematischen Behandlungen auch auf eine zwar strikt gewaltfreie, aber verstärkte Kontrolle über das Kind oder den Jugendlichen. Das Elternverhalten soll aggressives, inkonsistentes, aber auch zu nachlässiges Erziehungsverhalten vermeiden. Es sollen einerseits Grenzen gesetzt und andererseits erwünschtes Verhalten gefördert werden. Die elterliche Aufsicht über das Kind ist damit ein entscheidender Präventionsfaktor" (Landeshauptstadt Düsseldorf 2004, S. 26).

Grundwissen

Disziplin!?
Hinter dieser Sehnsucht nach Disziplin steckt vor allem der Wille, möglichst effizient zu erziehen und die Kinder mit möglichst wenig Aufwand zu kontrollieren. Wir möchten uns so wenig, wie es geht, mit den Kindern beschäftigen. Dabei ist das Wichtigste, was wir ihnen geben können, unsere Zeit, unsere Aufmerksamkeit. Das Problem liegt bei den Eltern, nicht bei den Kindern. (...) Beziehung kommt vor Erziehung.
Remo Largo: Erziehung ist anstrengend. In: Frankfurter Rundschau, 7.4.2008, S. 17.

Grundwissen

Erwerb von Sozialkompetenz

In Auseinandersetzungen lernt ein Kind Kommunikationsregeln, Argumentation und Diskussionsstil, und zwar am besten keineswegs als theoretische Lerneinheit, sondern optimal und nachhaltig direkt im Konflikt – selbst erlebt oder miterlebt am Ablauf und vor allem am Ausgang einer Streiterei. Auf diesem Weg sind Eltern maßgeblich am Erwerb von Sozialkompetenz beteiligt. Sie bestimmen die Klarheit der Meinungsäußerung, die Selbstsicherheit des Auftretens, die Aufgeschlossenheit anderen Argumenten gegenüber, die Kompromissbereitschaft und den Umgang mit dem „Gegner" – aber auch, inwieweit letztendlich mit abwertender Zurückweisung und Druck gearbeitet wird. *Gabriele Haug-Schnabel/ Nikolas Schnabel: Pubertät. Eltern-Verantwortung und Eltern-Glück. Ratingen 2008, S. 187.*

Unterstützung und Verbesserung des positiven Erziehungsverhaltens

Um ein konsequent gewaltfreies Verhalten – was nicht mit dem Verzicht auf Erziehung überhaupt verwechselt werden darf – leben zu können, sind Aufklärung und Unterstützung notwendig. Dies geschieht durch Informations- und Lernmaterialien, aber auch durch gezielte Elternbildung und -schulung.

Positives Erziehungsverhalten zu entwickeln und zu fördern setzt natürlich voraus, zu identifizieren und zu definieren, was unter einem solchen Erziehungsverhalten überhaupt zu verstehen ist. Angesprochen sind dabei die Bereiche Kommunikation, Wertschätzung und Anerkennung, Wärme und Geborgenheit, Autorität und Vorbild, Grenzen und Regeln, Absprachen, Problemlöseverhalten, Umgang mit Konflikten, Förderung und Unterstützung der Persönlichkeitsentwicklung (vgl. M4). Die Grundorientierung stellt dabei das Prinzip einer gewaltfreien Erziehung dar (vgl. Oser/Schlippe 2004). Ein besonderer Problembereich im Kontext von Erziehung sind Strafen, insbesondere Körperstrafen. Obwohl bekannt und belegt ist, dass gerade Körperstrafen äußerst negative Effekte für das Selbstwertgefühl und die Entwicklung einer stabilen Persönlichkeit haben, und obwohl Körperstrafen in vielen Ländern und Bereichen verboten sind, werden sie doch angewendet. Gerade im Kontext von Gewaltprävention sind sie äußerst kontraproduktiv. Hier benötigen viele Eltern massive Hilfestellungen.

Veränderung des Erziehungsverhaltens durch Elternkurse

Elternkurse stellen ein wichtiges Element einer umfassenden Gewaltprävention dar. Sie haben den Anspruch, Hilfen für den Erziehungsalltag zu bieten und haben meist ähnliche Ziele: Eltern und Kinder sollen wieder ohne Stress miteinander auskommen können, das Selbstwertgefühl der Kinder soll ebenso wie die Elternrolle gestärkt, Achtung und Respekt voreinander sollen eingeübt werden, und Kinder sollen sich ihrer Lebensphase angemessen entwickeln und entfalten können.

Das Angebot an Eltern- und Erziehungskursen ist groß. Die Menschenbilder allerdings, die den jeweiligen Konzepten zugrunde liegen, sind ebenso wie die Methoden und die Arbeitsweisen innerhalb der Kurse sehr unterschiedlich. Auf dem „Markt" sind standardisierte Kurse, die eine spezifische Trainerausbildung voraussetzen, ebenso zu finden wie selbst entworfene Angebote im Rahmen der lokalen Erwachsenenbildung.

Ein Problem haben alle Kursangebote gemeinsam: wie lässt sich erreichen, dass „Problemeltern" an solchen Kursen teilnehmen? Die festgestellte Notwendigkeit sowie das Angebot sagen noch nichts über das Erreichen von Problemgruppen aus. Wichtige Fragen sind ungeklärt: Sollten solche Basis-Kurse für alle Eltern verpflichtend sein oder ist es besser mit einem Bonus- und Anreizsystem zu arbeiten? Ist es sinnvoll die Teilnahme an Kursen in indizierten Fällen (z.B. bei der Feststellung von Vernachlässigung oder Misshandlung von Kindern) verbindlich zu regeln (vgl. Tschöpe-Scheffler 2004)?

Für den Bereich der Gewaltprävention wurden eine Reihe von spezifischen Elternkursen u.a. vom Deutschen Kinderschutzbund („Starke Eltern – Starke Kinder" – vgl. Hokanen-Schoberth 2003) entwickelt. Die Qualität solcher Elternkurse zeigt sich u.a. in der Transparenz der theoretischen Grundlagen des Kurses, seiner Ziele, Inhalte und Methoden.

Verbesserung des Konfliktmanagementsystems – Hilfe bei familiären Konflikten zwischen den Partnern

Wenn Eltern und Partner nicht mehr selbst weiterkommen, weil sie im Konflikt gefangen sind und selbst über keine Konfliktlösestrategien und Konfliktkompetenzen verfügen, benötigen sie Hilfe von außen. In den letzten Jahrzehnten wurde ein differenziertes Instrumentarium von Beratung, Begleitung und Therapie entwickelt. Hierzu gehören u.a. Erziehungsberatung, Familienberatung, Familientherapie und Familienmediation.

Bei akuten Gewaltvorkommnissen muss (oft schnell) gehandelt werden. Durch das im Jahre 2002 in Deutschland in Kraft getretene „Gewaltschutzgesetz" werden Personen, die von ihren Lebenspartnern misshandelt werden, schneller und effektiver geschützt, als zuvor. Der Grundsatz lautet: „Wer schlägt, muss gehen" (vgl. Bartz/Helferich 2006). Zur Bekämpfung häuslicher Gewalt wird in Baden-Württemberg als erstem Bundesland das Platzverweisverfahren praktiziert. Wird der Polizeivollzugsdienst zu einem Einsatz bei häuslicher Gewalt gerufen, so kann dem Gewalt ausübenden Familienmitglied – in der Regel dem Mann – aufgrund des Polizeigesetzes ein Hausverbot erteilt werden. Frauenhäuser bieten misshandelten Frauen und ihren Kindern unbürokratisch Hilfe, Schutz und Unterkunft an. Trainingskurse von Männern gegen Männergewalt wollen verhindern, dass Männer, die in Beziehungen Gewalt angewendet haben, wieder gewalttätig werden. Zudem wurden in mehreren europäischen Ländern spezielle Beratungsstellen für Männer eingerichtet.

Zu diesen Angeboten hinzukommen müssen familienbildende und familienunterstützende Maßnahmen als niedrigschwellige Betreuungs- und Beratungsangebote, die Stärkung der ökonomischen Situation von Familien sowie die Einbindung in ein Netz von nachbarschaftlichen, freundschaftlichen und verwandschaftlichen Beziehungen.

Recht auf gewaltfreie Erziehung

In der Bundesrepublik Deutschland wurde im Jahr 2000 der § 1631, Abs. 2 in das Bürgerliche Gesetzbuch eingefügt: „Kinder haben ein Recht auf gewaltfreie Erziehung. Körperliche Bestrafungen, seelische Verletzungen und andere entwürdigende Maßnahmen sind unzulässig."

Grundwissen

Armut

In Deutschland lebte 2006 mehr als jedes zehnte Kind unter 18 Jahren in einer Familie, in der kein Elternteil erwerbstätig ist. Bei über 3,4 Millionen bzw. 23% der Kinder lag das Einkommen der Familie unter der Armutsgefährdungsgrenze. 13% der Kinder wuchsen in Familien auf, in der niemand über einen Abschluss des Sekundarbereichs II oder höher verfügt. Dies wirkt sich auf die Bildungswege der Kinder und Jugendlichen unmittelbar aus. Von mindestens einer dieser Risikolagen sind 4,2 Millionen oder 30 % aller Kinder betroffen.
Autorengruppe Bildungsberichterstattung: Bildung in Deutschland 2008. Bielefeld 2008, S. 26 f.

Erfahrungen

Die Frage „What works?" beantwortet der Sherman Report (Sherman 1998, S. 4-29) im Rahmen seiner Metaanalyse von evaluierten Ansätzen zur Gewaltprävention in der Familien so:

- Häufige Hausbesuche über einen langen Zeitraum (bis zu fünf Jahre) kombiniert mit Programmen in der Vorschule beugen späterer Delinquenz von Kindern vor;
- Wöchentliche Hausbesuche bei kleinen Kindern reduzieren Missbrauch und Misshandlungen von Kindern;
- Familien-Therapie durch medizinisches Personal für delinquente und nicht belastete Jugendliche wirken sich positiv auf die Reduktion von Kriminalität aus.

Erfahrungen aus der Praxis belegen, dass gerade gewaltbelastete Familien die Angebote der Primärprävention kaum nutzen. Außerdem werden Unterstützungen, die in einer gewissen Öffentlichkeit gegeben werden, eher als Kontrolle und weniger als Hilfe empfunden (Tschöpe-Scheffler/Niermann 2002, S. 14).

Insgesamt gilt auch für Gewaltprävention in der Familie, dass zu wenige Programme evaluiert sind und der Forschungsbedarf enorm ist.

Um Gewaltprävention in der Familie wirksam etablieren zu können, bedarf es zunächst einer Enttabuisierung. Gewalt in der Familie darf nicht länger als Privatangelegenheit der Betroffenen, quasi als deren legitimes Recht angesehen und behandelt werden. Familien müssen darüber hinaus massiv finanziell entlastet und gefördert werden.

Gewaltprävention im kommunalen Umfeld

Gewalt in der Kommune hat viele Gesichter. Sie zeigt sich als Folge extremer Armut, Ausgrenzung, Diskriminierung und Vernachlässigung oder tritt als Bedrohung, Verletzung und Tötung auf. Die verschiedenen Formen von Gewalt haben dabei oft ihre bestimmten Orte: Stadtviertel, Straßen, Plätze, Szenen, Kneipen, usw. Wer Gewaltprävention betreibt, muss die Spielarten und Orte der Gewalt identifizieren, genau beobachten, um ihre Ursachen zu verstehen und daraus Gegenstrategien entwickeln zu können. Findet Gewalt in der Familie weitgehend hinter verschlossenen Türen, also im privaten Bereich statt, so ist Gewalt in der Kommune Teil des öffentlichen Lebens.

Was jedoch als Problembereich bzw. als Gewalt im öffentlichen Raum verstanden wird, hängt vom Blickwinkel und den angewendeten Kriterien und nicht zuletzt von den jeweiligen Interessenlagen ab. Der öffentliche Raum wird sehr verschieden wahrgenommen und genutzt: er ist Geschäftsbereich, Freizeitbereich, Lebensbereich, Verkehrsbereich und wird somit von Geschäftsleuten anders wahrgenommen als etwa von Autofahrern oder Jugendlichen.

Jahn u.a. (2000, S. 10) machen darauf aufmerksam, dass subjektives (Un-)Sicherheitsempfinden und objektive (Un-)Sicherheit im öffentlichen Raum meist nichts miteinander zu tun haben. Wenn Unsicherheitsempfindungen weniger das Produkt direkter Erfahrungen sind, sondern vor allem durch das Reden über Gefahren entstehen, stärken die Sicherheitskampagnen der Medien und der Politik eher die Kriminalitätsfurcht als sie abzubauen.

Bereits der Anblick von herumhängenden Jugendlichen, Alkohol trinkenden Männern oder als „Fremde" identifizierten Personen lösen bei vielen Bedrohungsgefühle aus, obwohl diese Verhaltensweisen keinerlei strafrechtliche Relevanz besitzen. Solche Verhaltensweisen, die den vorherrschenden Normalitätserwartungen widersprechen, gelten als gefährliche Aktivität, die man letztlich dem Bereich der Kriminalität zuordnet.

Grundsätze und Mindeststandards kommunaler Gewaltprävention

Gewaltprävention ist nicht nur eine Frage der „inneren Sicherheit". Wirtschaftliche und soziale Bedingungen des Lebens und soziale Missstände müssen mit in die Überlegungen einbezogen werden (vgl. Doll 2002, S. 22).

Mit der Formulierung von elf Essentials und damit verbundenen

---

Freizeitprogramme können problematisch sein

Grundwissen

Freizeitaktivitäten werden unter dem Aspekt von Gewaltprävention eher kritisch betrachtet, da sie zu unspezifisch sind und zudem Freizeitaktivitäten ihre Eigenwertigkeit verlieren und nur noch unter dem Aspekt von Prävention betrachtet und gefördert werden. Zudem sind diese Programme noch zu wenig erforscht, um Aussagen über ihre Wirkung in Bezug auf Gewaltprävention machen zu können. Der Sherman-Report schätzt Freizeitprogramme eher kritisch ein, zumal manche Programme dissoziales Verhalten eher fördern, als zu beseitigen scheinen. Dies geschieht offenbar immer dann, wenn delinquente Jugendliche mit anderen ohne klar strukturierte Programme in intensiveren Kontakt kommen.
Günther Gugel: Gewalt und Gewaltprävention. Tübingen 2007, S. 212.

Anerkennungskultur
Bürgerschaftliches Engagement benötigt öffentliche Anerkennung. In ihr kommt zum Ausdruck, welcher Stellenwert bürgerschaftlichem Engagement beigemessen und den Engagierten vermittelt wird. Erforderlich ist die Entwicklung einer Anerkennungskultur, die der Vielfalt und Unterschiedlichkeit von Engagementformen und -feldern gerecht wird und den Engagierten glaubhaft deutlich macht, dass es wirklich auf sie ankommt und dass ihr Beitrag zur Gesamtleistung einer Organisation oder zum Erfolg eines Vorhabens bedeutsam ist. Ein entscheidendes Element einer umfassenden Anerkennungskultur ist die Darstellung, das Sichtbarmachen und die Würdigung bürgerschaftlichen Engagements in der Öffentlichkeit, insbesondere in den Medien.
Wiebke Steffen: Gutachten für den 13. Deutschen Präventionstag, 2./3. Juni 2008 Leipzig.

Handlungsempfehlungen bietet die „Landeskommission Berlin gegen Gewalt" allen Interessierten und Verantwortlichen Gelegenheit, die Diskussion um eine nachhaltige und effektive Präventionsarbeit in Berlin fortzuentwickeln (vgl. Landeskommission Berlin o.J.).

In diesen Essentials wird die Notwendigkeit einer genauen Problem-, Defizit- und Ressourcenanalyse betont und die Notwendigkeit von gezielten, kleinräumigen quartierbezogenen Ansätzen hervorgehoben. Es wird darauf hingewiesen, alle Arten von Gewalt zu sehen und anzugehen: Gewalt in der Familie, Gewalt in der Erziehung, häusliche Gewalt, Gewalt in der vorschulischen Erziehung, in der Schule und auf Schulwegen, interethnische Gewalt, Gewalt gegen Minderheiten, Gewalt in Nachbarschaften. Gewaltprävention wird als gesamtgesellschaftliche Aufgabe beschrieben. Besonders hervorgehoben wird auch ein partizipatorischer Ansatz im Sinne eines demokratischen Miteinanders, der es ermöglicht und erlaubt, dass alle etwas tun können. Schließlich wird einmal mehr auf die Notwendigkeit der wissenschaftlichen Evaluation der Projekte hingewiesen. Diese Überlegungen stellen wohl die differenziertesten Aussagen zur kommunalen Gewaltprävention im deutschen Sprachraum dar (vgl. M7).

Ansätze und Maßnahmen kommunaler Gewaltprävention

Kommunale Gewaltprävention ist mehr als die Summe von vorfindbaren Einzelprojekten oder Prävention am geografischen Ort Kommune. Sie muss die spezifischen Gegebenheiten und Entwicklungen einer Kommune berücksichtigen und darf vor allem nicht nur von einzelnen Interessengruppen artikulierte Probleme aufgreifen, sondern muss die verschiedenen Dimensionen von Gewalt in der Kommune/Stadt im Blickfeld haben. Sie basiert auf einem koordinierten, abgestimmten Vorgehen. Diese Koordination und Vernetzung wird meist von sog. Präventionsräten übernommen.

Die Beispiele für kommunale Gewaltprävention sind vielfältig. Sie reichen von Streetwork-Projekten über die Schaffung von Begegnungsräumen und Opferschutz bis zu Aktionen von Geschäftsleuten gegen Rassismus und Gewalt. Spezifische Schulungen für städtische Mitarbeiter (z.B. Busfahrer) sind ebenso zu finden wie die klassischen „Runden Tische", Nachbarschaftshilfen oder vielfältige Kulturprogramme. Ansätze kommunaler Gewaltprävention beziehen oft die Gestaltung von Wohngebieten, Straßen und Plätzen mit ein und schlagen sich immer wieder auch in Stadtentwicklungsprogrammen nieder.

Einbezogen in kommunale Gewaltprävention sind neben der Verwaltung und kommunalen Einrichtungen alle Vereine, Organisationen,

Projekte und Personen, die sich engagieren wollen. Auch hier zählt der Ansatz der Vernetzung und Langfristigkeit. Isolierte Projekte sind auch hier zwar gut gemeint, aber meist wirkungslos.

Neu an dem Gedanken der kommunalen Gewaltprävention ist (Schwind 2004, S. 352) die Einsicht, dass Kriminalprävention mehr ist als ein Nebenprodukt z.B. der Sozialpolitik; der Gedanke der ressortübergreifenden Zusammenarbeit; die Institutionalisierung solcher Aktivitäten (die auf Kontinuität angelegt ist) und die Beteiligung der Bürger an der Vorbeugung.

Handlungsmöglichkeiten:

- **Nutzung rechtlicher Regelungen:** Kommunen können auf dem Verwaltungswege nicht nur rechtliche Regelungen für die Nutzung öffentlicher Einrichtungen erlassen, sie legen auch baurechtliche Standards fest und bestimmen die Rahmenbedingungen für das Zusammenleben.

- **Problem- und Datenerhebung:** Gewaltprävention muss sich auf eine verlässliche und konkrete Datenbasis und Problembeschreibung beziehen. Die üblichen statistischen Erhebungen, sofern sie überhaupt verfügbar sind, seien hierzu unzureichend oder gar unbrauchbar, führt der Heidelberger Kriminalitätsatlas aus. Heidelberg war in der Bundesrepublik Deutschland die einzige Stadt, die mit ihrem Kriminalitätsatlas Datenerhebung und Datenauswertung auf Baublockbasis 1977 eingeführt und bis 2003 kontinuierlich fortgeschrieben hat (vgl. Oberbürgermeisterin der Stadt Heidelberg 2003). Aus technischen Gründen wurde diese Art der Datenerhebung im Jahr 2003 zum letzten Mal durchgeführt.

- **Informations- und Hilfsangebote:** Kommunen oder auch einzelne Einrichtungen können sich mit Informations- und Aufklärungskampagnen an die Öffentlichkeit wenden. Solche Kampagnen können mithelfen zu verdeutlichen, dass in dieser Kommune Gewalt und Diskriminierung keinen Platz haben. Häufig stehen dabei Begriffe wie „Für eine weltoffene Stadt", „Bürger zeigen Courage" oder „Bürger für Toleranz" im Mittelpunkt. Solche Aufklärungsangebote sind zwar für die Außendarstellung wichtig, ihre Wirkung in Bezug auf Gewaltprävention ist jedoch eher gering einzuschätzen.

- **Qualifizierung städtischen Personals:** Notwendig ist die Schulung von Polizei, Gesundheitsfachkräften, Lehrerinnen und Lehrern sowie Erzieherinnen und Erziehern, damit diese besser in der Lage sind, die unterschiedlichen Formen von Gewalt zu erkennen und darauf zu reagieren. So wurden z.B. Fahrer von Linienbussen in verschiedenen Städten (u.a. in Bremen und Hamburg) in speziellen Kursen im Umgang mit Problemsituationen geschult. Auch für Polizeibeamte wurden solche Kurse entwickelt. Für sozialpädagogisches Personal sollten sie immer obligatorisch sein.

Grundwissen

Relevante „Variablen" für Zusammenhänge mit erhöhtem Deliktsvorkommen (soziale Desintegration)

- hoher Anteil strukturell unvollständiger Familien (broken home, Alleinerziehende);
- hohe Arbeitslosenquote bzw. hohe Sozialhilfedichte;
- hoher Anteil (nicht integrierter) Ausländer (multikulturelle Zusammenballungen);
- hoher Anteil männlicher Minderjähriger;
- unterdurchschnittliche soziale Interaktionen und geringe informelle soziale Kontrolle im Wohnviertel;
- große Baudichte (Hochhäuser) bzw. Ballung von Tatgelegenheiten (Kriminalitätsangebot);
- hohe Bevölkerungsmobilität: häufige Zu- und Abwanderungen;
- geringe Wahlbeteiligung.

Hans-Dieter Schwind: Kriminologie. Eine praxisorientierte Einführung mit Beispielen. Heidelberg 2004, S. 360.

Aktion Noteingang
Um Verfolgten im öffentlichen Raum eine sichere Anlaufstelle zu geben, sucht und kennzeichnet die „Aktion Noteingang" Räume (Läden, Geschäfte) mit Aufklebern, in denen Verfolgte in akuten Gewaltsituationen Zuflucht finden können.
Die Aufschrift der Aufkleber, „Wir bieten Schutz und Informationen bei rassistischen und faschistischen Übergriffen" soll ein sichtbares Zeichen für Zivilcourage setzen und den Opfern rassistischer Übergriffe signalisieren: „Hier kann man Hilfe finden, wenn man gejagt wird."
Mit dieser Aktion soll das Klima im öffentlichen Raum positiv verändert werden.
www.aktion-noteingang.de

- **Kommunale Mentorenprogramme/Begleitung:** Viele Jugendliche wachsen vaterlos auf. Ihnen fehlt ein legitimes Rollenmodell und eine Auseinandersetzung mit Erwachsenenpositionen als Gegenpart zu Peerpositionen. Mentorenprogramme stellen die engste Erwachsenen-Kind-Beziehung für Risikojugendliche in allen formalen kommunalen Programmen dar. Solche Programme können unterschiedliche Settings haben. Von mehrstündigen Treffen in monatlichen Abständen bis zu regelmäßigen wöchentlichen Kontakten. Dabei werden neben der Besprechung von lebenspraktischen Themen auch Freizeitaktivitäten wie Sport, Kino, Theaterbesuche unternommen.

- **Good Neighbourhood/Neighbourhood Watch:** Die Entwicklung guter nachbarlicher Beziehungen ist außerordentlich wichtig für das Wohlbefinden, aber auch für die Reduzierung von Kriminalität im Wohngebiet. Diese Beziehungen durch informelle oder formelle Treffen, Gespräche, Hilfsdienste oder kleine Geschenke zu fördern, ist das Ziel dieser Ansätze. Nachbarn sollen so nicht länger beziehungslos nebeneinander leben, sondern (in kleinen Bereichen) Verantwortung füreinander übernehmen.

- **Gemeinwesenorientierte Mediation:** Im kommunalen Raum gibt es eine Vielzahl öffentlicher und privater Konflikte zwischen Interessengruppen, Verwaltung, Investoren, Bürgerinnen, Geschäftspartnern, Nachbarn, Ehepartnern, Jungen und Alten usw. Diese Konflikte auf eine konstruktive Art und Weise durch gemeinwesenorientierte Mediation zu lösen und dabei eine Eskalation oder gar eine gewaltsame Austragung zu verhindern, sind wichtige Aspekte von Gewaltprävention. Gemeinwesenorientierte Mediation ist hier ein zukunftsweisender Ansatz.

- **Stadtteilfachgespräche zur Initiierung und Koordinierung:** Stadtteilfachgespräche zum konstruktiven Umgang mit Gewalt und Konflikten haben den gesamten Lebensraum von Kindern und Jugendlichen im Blick und beziehen bewusst den Stadtteil oder eine Region im ländlichen Raum mit ein. Damit soll gewährleistet werden, dass eine konstruktive Austragung von Konflikten überall stattfinden kann.

- **Stadtentwicklung:** Die Verbesserung der kommunalen Lebensbedingungen umfasst prinzipielle und weit reichende Bereiche wie z.B. Stadtentwicklung oder Beseitigung von Umweltschadstoffen ebenso wie die Beseitigung konkreter Missstände wie schlechte Straßenbeleuchtungen oder unsichere Schulwege. Ausreichend und bezahlbarer Wohnraum gerade für Familien, sowie Freizeitangebote und Treffpunkte für Jugendliche gehören mit zur Entwicklung einer lebensfördernden und menschenfreundlichen Umwelt in der Kommune/Stadt.

- **Armut verhindern:** Sozialer Ausgrenzung und der Entwicklung von prekären Lebenslagen, von denen insbesondere Alleinerziehende und kinderreiche Familien betroffen sind, kann und muss auch mit kommunalen Hilfs- und Unterstützungsangeboten entgegengewirkt werden. Gewaltprävention bedarf über die kommunale Ebene hinaus auch der familien- und sozialpolitischen Unterstützung.

Organisationsformen kommunaler Gewaltprävention

Kommunale Gewaltprävention umfasst mehrere Organisationsebenen:

- Prävention in der Kommune (durch Einzelpersonen, Organisationen, Verbände, kommunale Einrichtungen). Diese Art der Prävention wird i.d.R. durch sog. Präventionsräte (oder auch durch Runde Tische) koordiniert und gesteuert.
- Prävention durch die Kommune. Dies bedeutet, dass die Kommune als Verwaltungseinheit ihre Ressourcen zur Gewaltprävention im Sinne von rechlichten Verpflichtungen und Möglichkeiten, Kompetenzen, städtischen Einrichtungen und auch finanzieller Förderung nutzt.
- Prävention im Bereich der kommunalen Betriebe und Verwaltung. Hier hat die Kommune als Träger und Betreiber von städtischen Betrieben und Einrichtungen direkten Einfluss auf die Implementierung von Maßnahmen der Gewaltprävention und kann gestaltend und steuernd aktiv werden.

Immer geht es darum, Programme für Gewaltprävention für konkrete Umfelder zu entwickeln und durchzuführen.

Der weite Blick

Effektive Strategien der Gewaltprävention müssen auch im kommunalen Bereich notwendigerweise Doppelstrategien sein. Gewaltprävention kommt ohne eine (kommunal)politische Dimension nicht aus. Partizipation und Mitbestimmung können sich nicht nur auf die kleinräumige Beteiligung an der Umsetzung von Maßnahmen der Gewaltprävention erstrecken, sondern müssen auch zentrale Einflussbereiche der Politik im Sinne einer Basismobilisierung und Demokratisierung umfassen. Deshalb beinhaltet Gewaltprävention auch politische Bildung und Demokratieerziehung.

Im kommunalen Kontext geht es letztlich um Stadtentwicklung und Gemeinwesenarbeit, die die Stadt als lebendigen Organismus begreifen und Lebensrechte und Lebensmöglichkeiten für alle schaffen.

Bürgerschaftliches Engagement stärken **Grundwissen**
Wenn bürgerschaftliches Engagement als Sozialkapital das Vertrauen in Personen und Institutionen sowie die Gültigkeit von Normen, die das zwischenmenschliche Zusammenleben regeln, erhält und schafft, dann hat es auch positive Auswirkungen auf die Sicherheit und das Sicherheitsgefühl: Bürgerschaftliches Engagement als Sozialkapital einer Gesellschaft, einer Gemeinde, eines Stadtteils, kann Kriminalität verhindern und Kriminalitätsfurcht vermindern.
Wiebke Steffen: Gutachten für den 13. Deutschen Präventionstag, 2./3. Juni 2008, Leipzig.

Umsetzung

Familie, Schule und Kommune müssen zusammenarbeiten, wenn Gewaltprävention gelingen soll. Gerade der Familie, als primärer Sozialisationsinstanz kommt dabei besondere Bedeutung zu. Eltern in schulische Prozesse einzubeziehen und sie gleichzeitig auch in vielfältiger Weise zu unterstützen ist dabei wichtig. Die afrikanische Weißheit „Es bedarf eines ganzes Dorfes um ein Kind großzuziehen" verdeutlicht die Bedeutung des kommunalen Umfeldes. Eine gewaltpräventive Schule muss mit kommunalen Einrichtungen kooperieren, sich im Gemeinwesen verankern und die Ressourcen des Gemeinwesens nutzen. Dieser Herausforderung sollte nicht als zusätzliche Belastung gesehen werden, sondern als Chance der gegenseitigen Hilfe und Bereicherung.

Für Lehrkräfte und Eltern

- **Gewalt in der Familie identifizieren:** Familien sind häufig mit der Fülle der zu bewältigenden Anforderungen überfordert. Häusliche Gewalt ist oft ein Ausdruck dieser Überforderung. M1 identifiziert Gründe und führt an, warum Gewalt in der Erziehung kein Platz haben darf. Die Risikofaktoren, die unter bestimmten Bedingungen zu Gewalt führen können, hat der Berufsverband der Ärzte für Kinderheilkunde zusammengestellt (M2). Sie zu kennen und mit „Warnzeichen für Beziehungsgewalt" zu kombinieren (M3) erleichtert problematische Entwicklungen frühzeitig wahrzunehmen.
- **Erziehungskompetenzen von Eltern unterstützen:** Klaus A. Schneewind hat zwölf Erziehungstipps für Eltern von Jugendlichen formuliert, die eine klare Orientierung ermöglichen. Diese Tipps zugänglich zu machen, zu diskutieren und anzuwenden sind ein erster Schritt, um die Erziehungskompetenz von Eltern zu stärken. Weitere Schritte können (von der Schule angebotene) Elternseminare sein. Das Problem, dass ein Zugang zu besonders betroffenen Elternteilen oft nur schwer zu erreichen ist, muss dabei berücksichtigt werden.
- **Kooperation der Schule:** Gewaltprävention kann letztlich nur im Verbund verschiedener Ansätze und Träger gelingen. Dies setzt Kooperation mit anderen Einrichtungen voraus. M5 ermöglicht einen Check, welche Kooperationen bereits bestehen und welche noch anzustreben wären. Prävention im Team (M6) ist ein Programm in Hessen, das die Kooperation von Schule, Polizei und Jugendhilfe als Grundlage des Handelns hat.

- **Essentials kommunaler Gewaltprävention:** Die Landeskommission Berlin gegen Gewalt hat in 11 Essentials die zentralen Punkte des Vorgehens bei kommunaler Gewaltprävention formuliert. Diese können als Grundlage für die weitere Diskussion und Entwicklung dienen.

Für den Unterricht

- **Handlungsmöglichkeiten bei häuslicher Gewalt:** Es ist davon auszugehen, dass in jeder Schulklasse oder Gruppe ein oder mehrere Jugendliche Erfahrungen mit häuslicher Gewalt als Opfer oder Zuschauer haben. Jugendliche berichten vor allem anderen Jugendlichen (Freunden) von ihren Problemen. Mit Hilfe von M8 können erste Schritte kennengelernt werden, die Jugendliche unternehmen können, um professionelle Hilfe zu aktivieren.
- **Problemfelder kommunaler Gewalt:** Kommunale Gewaltprävention ist komplex, da hier unterschiedliche Problemfelder aufeinanderprallen. Die Dimensionen von Gewalt in der Stadt verdeutlicht M9. M10 benennt Problemfelder, die von verschiedenen Gruppen und Bevölkerungsschichten unterschiedlich gesehen und bewertet werden. Wie schätzen Jugendliche diese Problemfelder ein, wie (vermutet, oder als Umfrage erhoben) Ladenbesitzer, Anwohner (mit und ohne Kinder) oder Touristen?
  Mit Hilfe der Erstellung einer kleinräumigen Quartierkarte (M11) lassen sich konkrete Gewaltereignisse und Gewalterfahrungen von Jugendlichen (und Erwachsenen) genau lokalisieren und evtl. sogar Zusammenhänge rekonstruieren.
- **Lösungen finden:** Exemplarisch soll ein (authentischer Vorfall), der sich in einer Wohnsiedlung in Frankfurt ereignete, bearbeitet werden (M12, M13). In Form eines Runden Tisches wird (in verteilten Rollen) mit Hilfe eines Moderatorenteams nach Lösungen gesucht.

Grundwissen

Inklusion fördern
Wenn die Chancen und Lebensgestaltungsmöglichkeiten ein bestimmtes Maß an Ungleichheit erreichen, führt das zur Exklusion. Bei Nichtbeteiligten am Erwerbsleben kann das dazu führen, dass sich dieser Mensch aus dem sozialen Leben zurückzieht. Exklusion verhindern, Inklusion unterstützen, das ist die Aufgabe.
Julian Nida-Rümelin in Frankfurter Rundschau, 25.4.2008, S. 11.

Ergänzende Bausteine

- **2.5** Gewaltprävention in der Schule
- **3.2** Schulentwicklung: gute Schule – guter Unterricht
- **3.5** Demokratie- und Werteerziehung

M1 Gewalt in Familie und Erziehung

Lehrer, Eltern

- Die Familie ist in ihrer aktuellen Form als „Kernfamilie" stressanfällig, stresserzeugend und leistet in gewissem Maße der Anwendung von Gewalt Vorschub. Und zwar deshalb, weil zu wenig Raum Spannungen erzeugt (große Wohnungen sind zu teuer; früher lebten mehrere Personen in einem ganzen Haus). Dichter Verkehr, bedrückende Arbeitsbedingungen, konfliktreiche Partnerschaften können Gewalt entstehen lassen. Die Kernfamilie ist aber auch relativ isoliert, was bei Spannungen zu Aggressionen führt, da es weniger Ausweichmöglichkeiten gibt (früher hatte man ein gutes Verhältnis zu Nachbarn; konnte den Onkel aufsuchen, der nebenan wohnte; die Tante besuchen, die mit im Haus wohnte). Wer niemanden außerhalb der Familie hat, hat auch niemanden, der mal vermittelt, wenn dicke Luft herrscht.
- Aufgrund der Isoliertheit der Kernfamilie findet man kaum Zeugen. Niemand kennt Familie xy, zumindest nicht genau genug. Deshalb kann Gewalt ausgeübt werden, denn niemand schreitet ein, bekommt das mit.
- Die Familie ist nicht in der Lage, besondere Probleme wie Alkoholabhängigkeit, Arbeitslosigkeit, Wechselschicht, Schulden, soziale Not, Depressionen, Scheidungen, Verlust des Partners/der Partnerin etc. aufzufangen, damit umzugehen. Stattdessen wächst unter derartigen Umständen die Gewaltbereitschaft immens. Es reicht manchmal schon der kleinste Anlass, um das „arbeitslose" Familienoberhaupt ausrasten zu lassen. Plötzliche, nicht erwartete Zornausbrüche sind so gut wie immer die Folge uneingestandener Wut, permanenter Kränkung und Enttäuschung.

Beate Weymann: Eine Ohrfeige hat noch niemand geschadet. In: Familienhandbuch online, Auszug. www.familienhandbuch.de

Warum hat Gewalt in der Erziehung keinen Platz?

- Es handelt sich um eine Verletzung der Würde des Kindes: Jeder kennt die erniedrigende Wirkung einer Ohrfeige.
- Der Wille des Kindes wird gebrochen.
- Die Eltern sind ein negatives Vorbild.
- Es ist ein Eingeständnis der Unfähigkeit, auf angemessene Art und Weise Konflikte lösen zu können. (...)
- Zerstörung des Urvertrauens und Unsicherheit über die Kindheit hinaus.
- Kein Vertrauen mehr zu anderen Erwachsenen, Fliehen vor festen Bindungen und Beziehungen.
- Unkontrollierbarkeit der Gewalt: Gewalt zieht Gewalt nach sich! Trotz und Gegengewalt werden folgen.
- Beschädigen der emotionalen und sozialen Entwicklung von Kindern: Verhaltensauffälligkeiten, Apathie, Ängstlichkeit usw.
- Gesundheitsgefährdung: Gehirnschädigung, Fettembolie, (Striemen), Hämatome usw.
- Vertrauensverlust zu den Eltern. Notlügen, Schulschwänzen, kaum noch zu Hause erscheinen, Ausreißen sind Fluchtversuche, die fast regelmäßig zu noch größerer Gewalt von Seiten der Eltern führen.

Beate Weymann: Eine Ohrfeige hat noch niemand geschadet. In: Familienhandbuch online.
www.familienhandbuch.de/cmain/f_Aktuelles/a_Erziehungsfragen/s_694.html

M2 **Belastungsfaktoren in Familien**

Lehrer, Eltern

Belastungsfaktoren, die unter bestimmten Bedingungen zu Risikofaktoren werden können:

Kind

- Unerwünschtheit
- Abweichendes und unerwartetes Verhalten
- Entwicklungsstörungen
- Fehlbildungen
- Niedriges Geburtsgewicht und daraus resultierende körperliche und geistige Schwächen
- Stiefkinder

Eltern

- Misshandlungen in der eigenen Vorgeschichte
- Akzeptanz körperlicher Züchtigung
- Mangel an erzieherischer Kompetenz
- Unkenntnis über Pflege, Erziehung und Entwicklung von Kindern
- Eheliche Auseinandersetzungen
- Aggressives Verhalten
- Niedriger Bildungsstand
- Suchtkrankheiten
- Bestimmte Persönlichkeitszüge, wie mangelnde Impulssteuerung, Sensitivität, Isolationstendenz oder ein hoher Angstpegel
- Depressivität

Soziale Rahmenbedingungen

- Wirtschaftliche Notlage
- Arbeitslosigkeit
- Mangelnde Strukturen sozialer Unterstützung und Entlastung
- Schlechte Wohnverhältnisse
- Isolation
- Minderjährige Eltern

Der Begriff Risikofaktor verdeutlicht, dass die Wahrscheinlichkeit der Kindesmisshandlung größer ist, wenn mehrere Faktoren zusammen vorliegen. Dies birgt jedoch auch die Gefahr, dass Vorurteile geschürt werden und damit der Blick der helfenden Person eingeengt wird. Darum wurde der Begriff des Belastungsfaktors gewählt, der nicht automatisch zum Risikofaktor werden muss.

Hessischer Leitfaden für Arztpraxen: Gewalt gegen Kinder. Was ist zu tun bei „Gewalt gegen Mädchen und Jungen". Herausgeber: Berufsverband der Ärzte für Kinderheilkunde und Jugendmedizin Deutschlands e.V./Landesverband Hessen. Wiesbaden 1998, S. 9-19, Auszug.

M3 Warnzeichen in Partnerschaften

Lehrer, Eltern

Je mehr dieser „Warnzeichen" zutreffen, desto höher ist die Wahrscheinlichkeit, dass es zu Gewalt in der Beziehung kommen kann.

- **Isolation:** Er/sie mag es nicht, wenn wir uns mit anderen treffen. Und so bleiben wir meistens zu zweit.
- **Überempfindlichkeit:** Er/sie nimmt alles und jedes persönlich und ärgert sich dauernd. Ein verpasster Bus oder schlechtes Wetter – immer lässt er/sie den Ärger an anderen aus.
- **Kein Verantwortungsbewußtsein:** Er/sie bekommt einen Schulverweis. Er/sie sagt, dass die Lehrer blöd sind und ihn/sie nicht leiden können.
- **Eifersüchtiges Benehmen:** Er/sie wirft mir vor, dass ich mit anderen flirte, selbst wenn ich jemand nur ganz normal auf eine Frage Auskunft gebe.
- **Irreale Erwartungen:** Er/sie erwartet, dass ich immer und überall für sie/ihn Zeit habe. Wenn ich nicht sofort kommen kann, ist er/sie sauer.
- **Kontrolle:** Er/sie ruft mich fast jede Stunde auf dem Handy an oder fragt per SMS, wo ich bin und was ich gerade tue.
- **Festhalten an traditionellen Geschlechterrollen:** Er findet meine Abschlussprüfungen nicht so wichtig, da wir sowieso bald heiraten und Kinder bekommen werden.
- **Frühe Verpflichtung:** Es war so romantisch, er/sie hat schon bei unserem zweiten Rendezvous über unser gemeinsames Leben geredet.
- **Gewalttätig gegen Tiere:** Er/sie hat eine ganz hübsche Katze. Aber wenn sie stört, dann schlägt er/sie die Katze.
- **Sex erzwingen:** Er/sie will mit mir schon Sex haben, aber ich will noch nicht. Er/sie meint, dass ich ihn/sie nicht liebe, wenn ich nicht mit ihm/ihr ins Bett gehe.

- **Beleidigung:** Er/sie sagt immer wieder Dinge, die mir sehr weh tun.
- **Witze über Gewalt an Frauen:** Wenn wir mit Freunden in der Kneipe sind, erzählt er oft Witze, die Frauen als dumme Sex-Objekte lächerlich machen.
- **Doppelte Persönlichkeit:** Er/sie ist als sehr freundlich und hilfsbereit bekannt. Zuhause aber rührt er/sie keinen Finger und schreit rum, wenn ihm /ihr etwas nicht passt.
- **Gewalt in vorherigen Beziehungen:** Er/sie hat seine letzte Freundin/ ihren letzten Freund geschlagen, weil sie/er ihn/ sie betrogen hat. Mir kann das nicht passieren, weil ich treu bin.
- **Gegenstände zerstören:** Er/sie hat in seiner/ihrer Wut meine neue Kaffeekanne zertrümmert.
- **Streit mit Gewalt beenden:** Wir hatten Streit. Als ich auf meiner Meinung bestanden habe, hat er/sie fürchterlich geschrien und ist Türen schlagend weggegangen.

Der Paritätische. Landesverband Baden-Württemberg e.V. (Hrsg.): Sprich mit mir! Kinder und Jugendliche gegen häusliche Gewalt. Teil 2: Praxisanleitungen und pädagogische Materialien. Stuttgart 2008, S. 43.

M4 Zwölf Erziehungstipps – 1

1. Klären Sie Ihre Erziehungsstrategie

Was ist Ihnen für die Erziehung Ihres Teenagers wirklich wichtig? Was wollen Sie ihm mit auf den Weg geben? Holen Sie sich Rat und informieren Sie sich. Klären Sie auch mit Ihrem Partner oder Ihrer Partnerin ihre Erziehungsgrundsätze.

2. Denken Sie stets daran: Beziehung geht vor Erziehung

Wenn Sie sich die Chance bewahren wollen, auf Ihren Teenager Einfluss zu nehmen, ist die wichtigste Voraussetzung dafür eine intakte Beziehung. Seien Sie offen für die Interessen Ihres Teenagers. Nehmen Sie sich Zeit für Ihren Teenager. Verhalten Sie sich freundlich und bringen Sie Ihren Humor ins Spiel. Unternehmen Sie etwas gemeinsam. Nehmen sie eine erwachsene Haltung ein, d.h. reden und handeln Sie respektvoll. Falls Sie einmal überreagiert haben, fällt Ihnen „kein Zacken aus der Krone", wenn Sie sich bei ihm dafür entschuldigen.

3. Kontrollieren Sie Ihren Ärger

Ärger ist eine negative Emotion, zugleich aber auch eine wichtige Gefühlsregung, sie signalisiert, dass etwas nicht in Ordnung ist. Wenn der Ärger jedoch überhand nimmt, beeinträchtigt er die Fähigkeit, klar und vernünftig zu denken. Handeln Sie erst, nachdem Sie Ihren „Adrenalinspiegel" gesenkt haben.

4. Bleiben Sie im Gespräch

Lassen Sie sich nicht abwimmeln, wenn Ihr Teenager bei wichtigen Themen wie z.B. Sexualität, Drogen oder schulischen Problemen keine Lust hat, mit Ihnen zu sprechen. Seien Sie flexibel, aber bleiben Sie am Ball: d.h. geben Sie sich und Ihrem Teenager Zeit, um zu entscheiden, wann Sie das Gespräch führen wollen. Achten sie darauf, dass Sie nicht nur ins Gespräch kommen, sondern auch im Gespräch bleiben.

5. Respektieren Sie die Freiheitsbedürfnisse Ihres Teenagers

Jugendliche haben das Bedürfnis, ihre Fähigkeiten und Kräfte auszuprobieren. Sie wollen neue Erfahrungen machen, ohne dass ihre Eltern ihnen ständig „auf die Pelle rücken". Was Ihr Teenager zur Befriedigung seiner Bedürfnisse vor allem braucht, ist Zeit und auch ein wenig Geld. Zeit für sich allein und für andere; Geld für unterschiedliche Aktivitäten oder jugendtypische Gebrauchsgegenstände. Klären Sie mit Ihrem Teenager, was machbar ist und was nicht.

6. Gehen Sie Machtspielen aus dem Weg

Konflikte sind häufig die Ursache von Machtspielen: jeder beharrt auf seiner Position und fährt immer stärkere Geschütze auf. Verzichten Sie darauf, psychisch Druck auf ihn auszuüben und sich auf ein Machtspiel einzulassen. Tun Sie dies, indem Sie bei Ihrem Teenager seine Sicht der Dinge erfragen und um Erläuterungen bitten, indem Sie ihn selbst Entscheidungsalternativen suchen lassen.

7. Verwenden Sie Regeln und Absprachen

Führen Sie eine Regel ein oder treffen Sie mit Ihrem Teenager eine Absprache, wenn es Ihnen wichtig ist, dass er sich in bestimmter Weise verhält. Etwa wenn es darum geht, zu einem bestimmten Zeitpunkt zu Hause zu sein oder Gemeinschaftsaufgaben zu erledigen. Führen Sie zusammen mit ihrem Teenager neue Absprachen ein, wenn es die Umstände erfordern und unterstützen Sie ihn dabei, dass er sich auch tatsächlich an Absprachen halten kann. Doch kündigen Sie auch Konsequenzen für den Fall an, wenn Ihr Teenager sich nicht an die Vereinbarung hält.

M4 Zwölf Erziehungstipps – 2

8. Lassen Sie Ihren Teenager selbst entscheiden

Geben Sie Ihrem Teenager so häufig wie möglich Gelegenheit, selbst zwischen verschiedenen Alternativen zu entscheiden. So vermitteln Sie ihm die Erfahrung, dass er Wahlmöglichkeiten hat und für seine Entscheidungen selbst verantwortlich ist – allerdings darüber hinaus auch für die Konsequenzen, die sich daraus ergeben.

Unterstützen Sie Ihren Teenager gegebenenfalls dabei, vorher im Einzelnen zu überdenken, welche Konsequenzen seine Entscheidung für ihn hat.

9. Wappnen Sie sich gegen die Argumente Ihres Teenagers

Jugendliche fühlen sich häufig bereits als Erwachsene und argumentieren in einer Weise, als könnten sie schon auf eine jahrzehntelange Erfahrung zurückgreifen – vor allem dann, wenn sie ihre eigenen Interessen durchsetzen oder verteidigen wollen. Viele von ihnen sind nicht nur debattierfreudig sondern auch scheinbar gut informiert. Seien Sie gut vorbereitet, wenn Sie mit Ihrem Teenager ein Gespräch über ein wichtiges Thema führen. Gehen Sie den Dingen auf den Grund und fragen Sie nach, um heraus zu finden, wie informiert Ihr Teenager wirklich ist.

10. Seien Sie sparsam mit Konsequenzen und verwenden Sie dieses erzieherische Mittel tunlichst nur dann, wenn es Ihnen wirklich wichtig ist

Am Günstigsten ist es, wenn Sie Konsequenzen mit bestimmten Regeln und Absprachen in Verbindung bringen, so dass Ihr Teenager weiß, was auf ihn zukommt, wenn er die Regeln nicht einhält.

Achten Sie darauf, dass die Konsequenzen, die Sie ankündigen, „vernünftig" sind, d.h. dass sie möglichst einen Bezug zu der Regelverletzung haben, und dass sie tatsächlich überprüfbar sind. Konsequenzen sollten aber keine strafende sondern eine verhaltensorientierende Funktion haben.

11. Leben Sie vor, was Ihnen wichtig ist

Jugendliche werden durch ihre Eltern nicht nur über erzieherische Maßnahmen beeinflusst. Besonders folgenreich ist dies, wenn Eltern von ihren Jugendlichen etwas verlangen, was sie selbst nicht tun. Kinder und Jugendliche haben ein feines Gespür dafür, ob ihre Eltern „Wasser predigen und selbst Wein trinken". Überprüfen Sie daher, ob Ihre Erziehungsstrategie mit Ihrer eigenen Lebensstrategie und Ihren Wertvorstellungen im Einklang steht – und handeln Sie entsprechend.

12. Holen Sie sich Rat und Unterstützung

Es kann Lebensumstände geben, die es Ihnen schwer machen, mit Ihrem Teenager zurecht zu kommen. Sei es, dass er über die üblichen Alltagsprobleme hinaus in seinem Verhalten bzw. seiner Entwicklung auffällig ist. Sei es, dass andere Umstände wie Krankheit, Partnerkonflikte, berufliche oder finanzielle Probleme Sie belasten. Fehlt dann auch noch die Unterstützung in Ihrem persönlichen Umfeld, wächst der Erziehungsstress gewaltig. Wenn dies der Fall ist, scheuen Sie sich nicht, kompetenten Rat und Unterstützung von außen zu holen.

Klaus A. Schneewind/Beate Böhmert: „Freiheit in Grenzen"-Set. Der interaktive Elterncoach: Kinder im Vorschulalter kompetent erziehen; Kinder im Grundschulalter kompetent erziehen; Jugendliche kompetent erziehen. Bern 2009, gekürzt.

M5 Kooperation der Schule mit ...

Lehrer, Eltern

Kooperation der Schule mit ...

den Jugendhäusern
- positiver Imagewechsel
- gemeinsam entwickelte Angebotsstruktur
- bildungsorientierte Konzepte für die Jugendhäuser und mit ihnen
- gemeinsame Projekt- und Förderanträge.

dem städtischen Sozialdienst
- schnelle, abgestimmte Intervention (z.B. im Bereich Erziehungshilfe)
- materielle Unterstützung (z.B. bei Klassenfahrten)
- allg. Schulausstattung, Wohnkontinuität
- klassische Jugendamtsintervention (Missbrauch, Inobhutnahme, Vernachlässigung).

Kitas und Betreuungseinrichtungen
- gemeinsame Gestaltung des Übergangs
- Hausaufgabenhilfe in der Grundschule
- Optimierung der Betreuungsangebote bezogen auf die Bedürfnisse der Eltern.

Sportvereinen und anderen Vereinen
- gemeinsame Angebote
- Unterstützung bei Pausenbetreuung
- Angebote von Arbeitsgemeinschaften.

Betrieben und soziale Einrichtungen
- Sozial- und Betriebspraktika
- Integration externer Fachleute in den Unterricht.

der Polizei im Stadtteil
- schneller Umgang mit „Schulschwänzern" (Verletzung der Schulpflicht).
- Sofortmaßnahmen bei Straftaten durch Kinder/Jugendliche
- unmittelbarer Täter-Opferausgleich
- „pragmatische" Lösungen anstelle formaler Verfahren (Anzeigen).

Michael Hüttenberger/Andreas Krauss: Schule und regionale Bildungseinrichtungen. In: Pädagogik, 7-8/08, S. 19, ergänzt.

M6 Prävention im Team

Lehrer, Eltern

Prävention im Team (PiT)–Hessen ist ein Programm, das die Kooperation von Schule, Polizei und Jugendhilfe zur Grundlage seines Handelns macht und das Ziel verfolgt, potenzielle Opfer zu stärken, in Gewaltsituationen Handlungsoptionen zu haben und damit präventiv zu wirken. Diese Ziele werden erreicht durch:

- Teams bilden aus Vertreterinnen und Vertretern von Schule, Polizei und Jugendhilfe;
- Trainingsmaßnahmen mit Schülerinnen und Schülern durchführen;
- Impulse geben für die Personal-, Organisations- und Konzeptentwicklung insbesondere in der Schule.

PiT-Hessen bezieht im Unterschied zu den anderen Bundesländern, in denen Prävention im Team eingesetzt wird, neben Polizei und Schule auch die Jugendhilfe als dritten gleichberechtigten Partner in den Prozess der Teambildung ein. PiT-Hessen baut auf dem bestehenden Programm „Cool sein – cool bleiben" auf, will mit dem gewaltfreien Ansatz seines Trainingsprogramms Schülerinnen und Schülern persönliche Handlungsoptionen aufzeigen und zu einem veränderten Schulklima beitragen.

PiT verändert die Organisation

Teambildung und Trainings in der Schule tragen zu einem veränderten Klima in den beteiligten Organisationen bei. Mit der Wahl für PiT-Hessen entscheiden sich die beteiligten Kooperationspartner auch für einen Prozess der Personal-, Organisations- und Konzeptentwicklung. Gewaltprävention wird ein Schwerpunkt im Schulprogramm.

Die PiT-Teams entwickeln Strategien, wie Impulse für die Personal-, Organisations- und Konzeptentwicklung insbesondere in ihrer Schule gegeben werden können. Sie ermuntern zu einer tabufreien Auseinandersetzung über Fragen verbaler, physischer, psychischer und struktureller Gewalt. Für die Erwachsenen bedeutet das: Erfahren statt Belehren.

Das Projekt ist erfolgreich.

Die Evaluation der Philipps-Universität in Marburg hat gezeigt, dass die Trainings Einstellungsänderungen bewirken. Belegt durch viele Einzelfälle stellen wir fest, dass Kinder sich anders und reflektierter verhalten.

Auch in der Schule hat sich etwas bewegt. Die Tatsache, dass es ein PiT-Team an einer Schule gibt, dass Polizeibeamte normal zum Schulalltag gehören und nicht nur kommen, wenn etwas vorgefallen ist, führt zu neuer Auseinandersetzung mit dem Thema Gewalt. Lehrerinnen und Lehrer machen sich Gedanken darüber, wie sie selbst als Erwachsene mit Gewalt umgehen, welche Formen subtiler, psychischer, struktureller Gewalt es in ihrer Umgebung gibt. Es gibt eine Diskussion nicht nur im Kollegium, es findet auch eine Auseinandersetzung mit fremden Professionen und deren anderer Sichtweisen statt, und dadurch werden Veränderungen bewirkt.

Dirk Friedrichs: Teambildung zwischen Polizei, Schule und Jugendhilfe.
www.praeventionstag.de/nano.cms/de/Dokumentation/Details/XID/177

M7 **Elf Essentials – 1**

Elf Essentials der Landeskommission Berlin gegen Gewalt zur Gewalt- und Kriminalitätsprävention in Berlin

Mit der Formulierung von 11 Essentials und damit verbundenen Handlungsempfehlungen bietet die Landeskommission Berlin gegen Gewalt allen Verantwortlichen Gelegenheit, die Diskussion um eine nachhaltige und effektive Präventionsarbeit in Berlin fortzuentwickeln.

1. Qualifizierte Problemanalysen erstellen!
Präventionsmaßnahmen müssen auf der Grundlage von Problem-, Defizit- und Ressourcenanalysen im Rahmen bezirklicher Präventionsstrukturen entwickelt werden.

2. Präventionsstrukturen auf bezirklicher Ebene weiterentwickeln!
Kommunale Gewalt- und Kriminalitätsprävention muss langfristig, Institutionen übergreifend und nachhaltig gestaltet werden. Die kommunale Präventionsarbeit ist dort, wo dies möglich ist, mit dem Quartiersmanagement und den bestehenden bezirklichen Ansätzen und Aktivitäten zu häuslicher Gewalt – soweit noch nicht geschehen – zu vernetzen und auf einem stabilen Fundament – ausgestattet mit den entsprechenden Ressourcen und Kompetenzen – auf- bzw. auszubauen.

3. Prävention kiezorientiert gestalten!
Gewalt und Kriminalität werden für die Bürger und Bürgerinnen am ehesten im Kiez erfahrbar. Eine zielgerichtete, gemeinwesenorientierte und ganzheitliche Präventionsarbeit muss sich auf die Lebenslagen und -bedingungen und auf das Sicherheitsgefühl der Bürger und Bürgerinnen Berlins beziehen und deren individuelle Kompetenzen und Ressourcen nutzen. Sie ist auf Partizipation angewiesen.

4. Lokale Netzwerke nutzen!
Eine effektive Gewalt- und Kriminalitätsprävention ist auf qualifizierte lokale Netzwerke angewiesen. Es gilt, die vielen in den Bezirken und auf Landesebene bereits vorhandenen Aktivitäten in diesem Bereich professionell miteinander zu vernetzen, um vorhandene Ressourcen optimal bündeln zu können und möglichst effektiv einzusetzen.

5. Partizipation ermöglichen und demokratisches Miteinander kultivieren!
Es gilt, demokratische Strukturen und Möglichkeiten der Partizipation in allen gesellschaftlichen Bereichen ebenso wie einen Kultur wertschätzenden und ressourcenorientierten Umgang miteinander weiter zu entwickeln, lebendig zu gestalten und konsequent zu fördern.

6. Schwerpunkte im Rahmen der Gewalt- und Kriminalitätsprävention setzen!
Gewalt- und Kriminalprävention sollten sich insbesondere mit folgenden Problemfeldern befassen: Gewalt in der Familie, Gewalt in der Erziehung, häusliche Gewalt, Gewalt in der vorschulischen Erziehung, in der Schule und auf Schulwegen, interethnische Gewalt, Gewalt gegen Minderheiten, Gewalt in Nachbarschaften, angstbesetzte Orte in Stadtteilen, Gewalt und Kriminalität mit rechtsextremistischen und homophoben Hintergründen, Konflikte und Gewalt in und durch öffentliche Institutionen. Dabei ist die Befassung mit geschlechtsspezifischen Aspekten der Ausübung von Gewalt eine zentrale Anforderung an jegliche Form der Gewaltprävention.

M7 **Elf Essentials – 2**

Lehrer, Eltern

7. Erziehungskompetenzen stärken! .
Ein Aufwachsen mit Zuwendung, in gegenseitigem Respekt unter Wahrung der Rechte und Pflichten von Kindern und Erziehungsberechtigten ist eine grundlegende Voraussetzung gelingender Sozialisation. Es liegt in der Verantwortung vor allem von Erziehungsberechtigten, aber auch von Kita, Schule und Jugendhilfe, dafür Sorge zu tragen, dass Erziehungsprozesse erfolgreich verlaufen. Präventionsarbeit bekommt dort ihren spezifischen Stellenwert, wo die Gefahr besteht, dass dies nicht gelingt. Sie kann dann alle Verantwortlichen bei der Wahrnehmung ihrer Aufgaben unterstützen.

8. Gewalt von jungen Männern nichtdeutscher Herkunft in den Blick nehmen!
Die Landeskommission Berlin gegen Gewalt sieht in der besonderen Belastung von Jungen und jungen Männern im Hinblick auf die Ausübung von Rohheitsdelikten eine ernst zu nehmende Gefahr für deren Integration in die Gesellschaft. Sie geht davon aus, dass die soziale Lage der Betroffenen und ihrer Familien und der Stadtteile hierfür die eigentliche Ursache ist.

9. Prävention als gesamtgesellschaftliche Aufgabe gestalten! – Prävention geht alle an, alle können etwas tun.
Die Landeskommission Berlin gegen Gewalt geht davon aus, dass im Bereich der Gewalt- und Kriminalitätsprävention alle gesellschaftlichen Kräfte sowie die Bürgerinnen und Bürger Berlins Verantwortung tragen. Alle sind aufgerufen, ihr professionelles und zivilgesellschaftliches Engagement in diesem Bereich fortzuentwickeln. Die Landeskommission Berlin gegen Gewalt fordert deshalb u.a. die Berliner Wirtschaft und Verbände auf, in ihrem Verantwortungsbereich die Gewalt- und Kriminalitätsprävention in Berlin zu unterstützen. Sie wird darüber hinaus im Rahmen des 5. Berliner Präventionstages einen Ehrenpreis für besonderes zivilgesellschaftliches Engagement in diesem Bereich verleihen.

10. Präventionsansätze auf Landesebene vernetzen!
Mit Modellen der Gewalt- und Kriminalitätsprävention und mit dem Quartiersmanagement verfügt das Land Berlin über gut entwickelte Ansätze zur Gestaltung einer lebenswerten Stadt. Diese Ansätze bedürfen dringend weiterer Vernetzung.

11. Evaluation gewalt- und kriminalpräventiver Maßnahmen ist unverzichtbar!
Die Landeskommission Berlin gegen Gewalt hält eine Auseinandersetzung mit der Wirksamkeit gewalt- und kriminalpräventiver Maßnahmen auch im Hinblick auf deren Kosten für zwingend erforderlich. Sie setzt sich für die Evaluation gewalt- und kriminalpräventiver Maßnahmen ein und wird zu diesem Zweck kompetente Partner/innen aus Wissenschaft und Praxis mit dem Ziel in ihre Arbeit einbinden, die Qualität und Effektivität im Bereich von Maßnahmen zur Gewalt- und Kriminalitätsprävention zu sichern.

Essentials der Landeskommission Berlin gegen Gewalt zur Gewalt- und Kriminalitätsprävention in Berlin. www.berlin-gegen-gewalt.de

M8 Was kann Nadja tun?

Nadja ist 14 Jahre alt und lebt mit ihrer Mutter und deren neuen Lebenspartner sowie ihrem 12-jährigen Bruder zusammen. Ihren „richtigen" Vater sieht sie nur ab und zu, weil ihre Eltern sich getrennt haben.

Der neue Freund ihrer Mutter ist zu ihnen gezogen und so konnte Nadjas Mutter die Wohnung behalten, in der sie mit ihren Kindern vorher schon gelebt hatte.

Zuerst war es mit dem neuen Freund auch schön: Alle haben zusammen Ausflüge gemacht und oft Spaß miteinander gehabt.

In letzter Zeit hat sich das aber geändert. Er schreit Nadja und ihre Mutter nun oft an und wird wütend, wenn sie nicht tut, was er sagt. Er beschimpft dann auch ihre Mutter und gibt ihr die Schuld an allem. Er sagt, dass sie ihre Kinder schlecht erzogen habe und droht ihr damit, sie und ihre Kinder vor die Tür zu setzen.

Wenn er Alkohol getrunken hat, ist es besonders schlimm. Vor kurzem ist Nadja nachts aufgewacht, weil er ganz laut rumgeschrien hat. Nadja hat gehört, wie ihre Mutter geweint hat und wollte ihr helfen, hat sich aber nicht getraut. Ihr Bruder hatte auch Angst und sie wussten nicht, was sie tun sollen. Am nächsten Tag sah ihre Mutter ganz traurig und verweint aus, hat aber nicht erzählt, was los war.

Vgl. Der Paritätische. Landesverband Baden-Württemberg e.V. (Hrsg.): Sprich mit mir! Kinder und Jugendliche gegen häusliche Gewalt. Teil 2: Praxisanleitungen und pädagogische Materialien. Stuttgart 2008, S. 32.

Was kannst du tun, wenn z.B. Nadja dir von ihrer Situation erzählen würde?

- Zweifle das Erzählte nicht an. Für Betroffene ist es oft sehr schwer bzw. beschämend das Erlebte jemandem zu erzählen. Deshalb brauchen sie das Gefühl, dass sie ernst genommen werden.
- Gib deiner Freundin/deinem Freund konkrete Tipps, welche Schutzmaßnahmen sie/er – wenn möglich – ergreifen kann, z.B.:
  - über die Notrufnummer die Polizei anrufen.
  - überlegen, zu welcher Nachbarfamilie, Freundin oder Freund, sie in der gefährlichen Situation flüchten könnte.
  - bei Beratungsstellen/Helplines anrufen, um das Erlebte zu erzählen, um sich beraten zu lassen.
  - auch du kannst dort anrufen, um dich zu informieren, was du als Freund/Freundin in dieser Situation tun kannst.
  - überlege dir, welcher erwachsenen Person du dich anvertrauen kannst.

Vgl. Der Paritätische. Landesverband Baden-Württemberg e.V. (Hrsg.): Sprich mit mir! Kinder und Jugendliche gegen häusliche Gewalt. Teil 2: Praxisanleitungen und pädagogische Materialien. Stuttgart 2008, S. 33.

- Nadja hält die Situation nicht mehr allein aus. Was kann, was soll sie tun?
- Mit wem könnte sie reden?
- Was würde ihr helfen?
- Wenn du mit Nadja befreundet wärst, was würdest du unternehmen?

M9 Dimensionen von Gewalt in der Stadt

Unterricht

Dimensionen von und Einflussfaktoren auf Gewalt in der Kommune

Räumlich, z.B.
- Straßen und Quartiere, die wegen offener Gewaltandrohung nicht begehbar sind
- Opfer des Straßenverkehrs, Belästigung durch Verkehrsdichte, Staub und Lärm
- Mangelnde Freizeiteinrichtungen, Spielplätze und Räume für Kinder und Jugendliche
- Mangelnde soziale und kulturelle Einrichtungen
- Mangel an günstigem Wohnraum
- Ghettobildung

Sozial, z.B.
- Diskriminierung, Ausgrenzung
- Restriktiver oder ausgrenzender Umgang mit (bestimmten) Minderheiten

Ökonomisch, z.B.
- Armut, soziale Ungleichheit
- Unterschiedlicher Zugang zu Ressourcen (z.B. Bildungseinrichtungen)
- Wohnungen als Spekulationsobjekte
- Arbeitslosigkeit

Politisch, z.B.
- Unterschiedliche Beteiligungsrechte
- Mangelnde Partizipationsmöglichkeiten
- Korruption

Privat, z.B.
- Gewalt in der Familie
- Unsicherheitsgefühl im öffentlichen Raum

M10 **Wo sind die Probleme?**

Das sehe ich als ein Problem in meiner Wohngegend an:	keine Problem	geringes Problem	ziemliches Problem	großes Problem
sich langweilende und nichtstuende Jugendliche				
heruntergekommene und leerstehende Gebäude				
fliegende Händler, Haustürgeschäfte				
zerstörte Telefonzellen				
Drogenabhängige auf Parkbänken				
Betrunkene auf der Straße				
besprühte/beschmierte Hauswände				
Schmutz und Müll in den Straßen oder Grünanlagen				
undiszipliniert fahrende Autofahrer				
zu viele Ausländer/Asylbewerber				
Ausländerfeindlichkeit/Rechtsradikalismus				
keine öffentlichen Toiletten				
falsch oder behindernd parkende Autos				
keine oder zu wenige Kinder und Jugendliche auf der Straße				
keine Spiel- und Bolzplätze				
keine Straßenhändler				
keine Parkanlagen und Sitzgelegenheiten				
keine bunten und kreativ gestalteten Hausflächen				
keine öffentlichen Jugendtreffs und Internet-Cafés				
zu wenig Fußgängerzonen				
…				
…				
…				
…				

M11 **Quartierkarte**

Quartierkarten erstellen

- Zeichne einen Plan deines Wohnquartiers.
- Markiere mit Symbolen:
  - Treffpunkte mit deinen Freunden;
  - Schulwege;
  - Problembereiche;
  - Orte, die du meidest;
  - die Stellen, an denen du dich gerne aufhältst.

- Vergleiche deine Karte mit denen anderer Schülerinnen und Schüler.
- Was könnte geschehen, damit Problembereiche behoben werden?

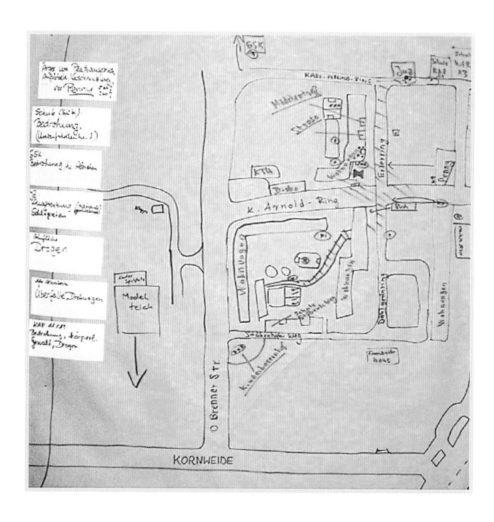

M12 **Der Bolzplatz**

Der Vorfall

Ein 69-jähriger Mieter der Henri-Dunant-Siedlung in Sossenheim hat mit einem Gewehr auf 10-13-jährige Fußball spielende Kinder geschossen, da er sich gestört und belästigt sah. Dem Mieter wurde gekündigt. Er wird die Wohnanlage verlassen. Es bleiben aber Fragen, wie kann verhindert werden, dass „so etwas" noch einmal geschieht und wo sollen die Kinder künftig Fußball spielen?

Ein knappes dreiviertel Jahr nach diesem Vorfall hat sich die Situation für die Heranwachsenden nicht verbessert, im Gegenteil: Die Wohnbaugesellschaft GWH reagierte nach den Schüssen im Frühjahr prompt und verbot das Fußballspielen auf der Grünfläche zwischen den Häusern – aus Rücksicht auf die lärmgeplagten Anwohner. Wo die Kinder sonst Fußball spielen sollen, bleibt ungeklärt.

„Wo sollen wir denn Fußball spielen?", fragt der 14-jährige Christopher S. Der Bolzplatz am Dunantring 8 sei „sehr klein und da verjagen uns immer die älteren Jugendlichen und die älteren Leute beschweren sich, wenn der Ball gegen die Wand fliegt: Dann machen die Fotos und dann kommt ein Brief vom Vermieter." Ein Fußballplatz fern der Wohnbebauung würde helfen. Aber da tut sich offenbar wenig.

Nach der Aufregung um die im März gefallenen Schüsse aus einem Luftgewehr herrschte zunächst rege Geschäftigkeit im Stadtteil: Alle Akteure vom Sozialrathaus über den Präventionsrat bis zum Jugendtreff setzten sich an einen Tisch. Gegenstand der Erörterungen: Wie kann verhindert werden, dass so etwas noch einmal geschieht und wo sollen die Kinder künftig Fußball spielen – möglichst ohne zu stören? „Das hat sich alles verlaufen", sagt Norbert Schmitt vom Jugendbüro „Impuls".

Die CDU-Fraktion im Ortsbeirat hatte schon früher angeregt, auf dem Sossenheimer Kerbeplatz mit einfachen Mitteln eine Bolzmöglichkeit für die Kinder der Dunant-Siedlung einzurichten. Die Anregung wird laut Manuela S. vom Sozialdezernat derzeit noch von der Verwaltung geprüft. Im selben Stadium ist eine Anfrage der SPD, derzufolge geklärt werden soll, wo weitere Spielmöglichkeiten in der Dunant-Siedlung geschaffen werden können und ob die Siedlung in das städtische Programm „Soziale Stadt" aufgenommen werden kann. Auch eine Anregung der Grünen, den Schulhof der Eduard-Spranger-Schule nachmittags zum Bolzen freizugeben, ist noch nicht bearbeitet.

„Es gibt hier zu wenig Spielmöglichkeiten" urteilt auch Wilfried H. vom Mieterverein der Dunant-Siedlung, „auch die Spielplätze für die Kleinen sind heruntergekommen".

Der Generationenkonflikt sei ja „ein grundsätzliches Problem in allen Siedlungen", meint der Vertreter der GWH, schwierig sei es immer, „Spiel und Ruhebedürfnis unter einen Hut zu bringen".

Frauke Haß. In: Frankfurter Rundschau 2002, Auszüge.

- Ein Runder Tisch, bei dem die Wohnbau Gesellschaft, Mietervertretung, das Jugendbüro, die Eltern der betroffenen Kinder sowie der Rektor der Schule vertreten sind und der professionell moderiert wird, soll eine Lösung finden (vgl. M13).

M13 Der Bolzplatz: Die Rollen

Runder Tisch zur Gewaltprävention in der Henri-Dunant-Siedlung

Der Vorfall: Ein 69-jähriger Mieter der Henri-Dunant-Siedlung in Sossenheim hat mit einen Gewehr auf 10-13-jährige Fußball spielende Kinder geschossen, da er sich gestört und belästigt sah. Dem Mieter wurde inzwischen gekündigt. Er wird die Wohnanlage verlassen. Es bleiben aber Fragen, wie kann verhindert werden, dass „so etwas" noch einmal geschieht und wo sollen die Kinder künftig Fußball spielen?

Wohnbau Gesellschaft (GWG): Möchte die Attraktivität der Wohnanlage und damit auch die Auslastung der Mietwohnungen und die Miethöhe auch langfristig gesichert sehen. Konflikte zwischen den Mietparteien oder Wohnblocks sind deshalb kontraproduktiv. Rasenflächen und Blumenbeete sollen geschont werden. Fußballspielen auf den Grünanlagen ist verboten, um den Mietern die Lärmbelästigung zu ersparen. Deshalb hat die GWT Verbotsschilder aufgestellt. Sie hat von verschiedenen Mietern hierfür Dankesschreiben erhalten. Mittel für Freizeitanlagen möchte die GWG nicht aufwenden. Das Fußballspielen soll ihrer Meinung nach aus dem Wohngebiet herausgehalten werden. Für Bolzplätze ist die Stadt zuständig.

Mietervertretung: Der Mieterverein sieht, dass es zu wenig Spielmöglichkeiten gibt. Vor allem die älteren Mieter möchten jedoch, dass keine Lärmbelästigungen stattfinden und Ruhezeiten unbedingt eingehalten werden. Die Wohnanlage soll kein Spielfeld sein.

Jugendbüro: Das Jugendbüro sieht die Notwendigkeit, dass für Kinder- und Jugendliche attraktive Angebote und Spielmöglichkeiten vorhanden sind. Bei der Wohnanlage handelt es sich jedoch um ein privates Gelände. Hier kann die Stadt nicht tätig werden. Deshalb sieht das Jugendbüro auch keine Zuständigkeit. Zudem sind keine städtischen Mittel für einen Bolzplatz in der Nähe der Wohnanlage vorhanden.

Eltern der betroffenen Kinder: Für ihre Kinder sollen Spiel- und Freizeitmöglichkeiten in unmittelbarer Umgebung der Wohnanlage zur Verfügung stehen. Jüngere Kinder brauchen einen Bolzplatz auf den Rasenflächen der Wohnanlage. Kinder sind für die Wohnanlage eine Bereicherung und müssen dieselben Rechte haben wie Erwachsene und ältere Bürger. Gelegentliches „über die Stränge schlagen" muss akzeptiert werden. Das Verbotsschild auf der Rasenfläche muss sofort entfernt werden.

Schulrektor: Es ist nicht Aufgabe der Schule, für den Stadtteil Spielmöglichkeiten anzubieten. Hierfür ist die Wohnbau Gesellschaft zuständig. Aus haftungsrechtlichen Gründen kann das Schulgelände der Eduard Spranger Schule nachmittags nicht als Spielgelände freigegeben werden. Zudem ist keine Arbeitskapazität vorhanden, um Verunreinigungen bis zum morgendlichen Schulbetrieb zu beseitigen. Ein Bolzplatz auf dem Schulgelände zieht erfahrungsgemäß auch Zerstörungen nach sich. Die Schule kann hierfür nicht aufkommen. Wenn eine sozialpädagogische Betreuung der Stadt oder eine regelmäßige Aufsicht der Eltern vorhanden ist, kann über Lösungen nachgedacht werden.

Moderator/Moderatorin:
Wie möchtest du den runden Tisch moderieren? Wie kannst du vorgehen, um zu befriedigenden Ergebnissen zu kommen? Erarbeite eine Strategie. Für deine Vorbereitung steht dir ein Pressebericht zur Verfügung.

254

Schulentwicklung: gute Schule – guter Unterricht

Grundwissen

Materialien

Für Lehrkräfte und Eltern

Eine gute Schule ist eine gewaltfreie Schule. In diesem Baustein werden die Zusammenhänge zwischen Schulqualität und Gewaltaufkommen beleuchtet. Im Zentrum steht die Frage nach den Merkmalen von gutem Unterricht, guten Lehrkräften und von einer guten Schule. Des Weiteren werden Möglichkeiten der Schulentwicklung, die zu diesen Zielen führen, reflektiert.

Gute Schule

Die Phantasie herausfordern

Nachhaltiges Lernen braucht Räume, die dazu einladen, hellwach und ganz gegenwärtig zu sein. An kultivierten Orten der Intelligenz entstehen der Eigensinn von Individuen und auch Liebe zur Welt. Soll Lernen dazu befähigen, Zukunft zu schaffen, dann müssen wir heute Schulen, Kindergärten und Hochschulen zu exemplarischen Orten im Übergang der Industriegesellschaft zu einer Wissens- und Ideengesellschaft umbauen. also Abschied davon nehmen, Menschen überwiegend von außen zu steuern, und stattdessen ihren Willen und die Phantasie herausfordern und Selbstverantwortung stärken.

Reinhard Kahl: Konjunkturpaket 3. In: Pädagogik, 5/2009, S. 64.

Eine „gute Schule" ist eine gewaltfreie Schule, die durch ein Klima der Achtsamkeit und des Respekts gekennzeichnet ist, in der alle Beteiligten mitwirken und mitentscheiden, die schülerzentrierten, motivierenden und interessanten Unterricht gestaltet, die weltoffen ist und sich zugleich auch als eine Schulgemeinschaft versteht. Eine „gute Schule" realisiert selbstverständlich die Grundprinzipien der Gewaltprävention, fördert die Schwachen, integriert verschiedene Gruppen, bietet vielfältigen, differenzierten, selbstentdeckenden, handlungsorientierten Unterricht an.

Viele Schulen haben sich nach dem „Pisa Schock" in Deutschland in den letzten Jahren auf den Weg gemacht, Schule so zu gestalten, dass ein Lernen, das Kindern und Jugendlichen Freude macht und begeistert, und nicht Belehrung im Zentrum steht.

Dabei geht es nicht nur um einzelne Schulen, so wichtig es ist, dass diese ihren Spielraum nutzen und ausweiten, sondern auch um ein Überdenken der Struktur des Bildungssystems und der Bildungsinhalte, vor allem aber auch der Art zu lehren und zu lernen. Denn der „Bildung im Schulalter kommt eine Schlüsselrolle für die individuelle Entwicklung, für die gesellschaftliche Teilhabe und für die Vermittlung von Kompetenzen zu. Die zentrale Rolle der Schule findet nicht zuletzt ihren Niederschlag in der gesetzlich verankerten Schulpflicht" (Arbeitsgruppe Bildungsberichterstattung 2008, S. 61).

Deshalb muss auch das Schul- und Bildungssystem insgesamt überdacht werden: Wenn der Schulabschluss weniger vom „Können" der Schülerinnen und Schüler abhängig ist als von der sozioökonomischen Lage der Herkunftsfamilie, sind Ungerechtigkeiten programmiert. Und wenn eine ganze Schulform wie die Hauptschule zu einer „Restschule" verkommen ist, sind Änderungen angesagt. Denn der Bildungsabschluss entscheidet wesentlich über die zukünftigen Lebenschancen.

Der Bildungsbericht 2008 der Bundesregierung (S. 7, 74 f.) zeigt deutlich die Situation an Deutschlands Schulen:

- In Deutschland lebte 2006 mehr als jedes zehnte Kind unter 18 Jahren in einer Familie, in der kein Elternteil erwerbstätig ist. Bei über 3,4 Millionen, bzw. 23 % der Kinder lag das Einkommen der Familie unter der Armutsgefährdungsgrenze. 13 % der Kinder wuchsen in Familien auf, in denen niemand über einen Abschluss des Sekundarbereichs II oder höher verfügte. Dies wirkt sich auf die Bildungswege der Kinder und Jugendlichen unmittelbar aus. Von mindestens einer dieser Risikolagen sind 4,2 Millionen oder 30 % aller Kinder betroffen. Seit dem Jahr 2000 war bei dieser Kennziffer nur ein geringfügiger Rückgang um einen Prozentpunkt zu verzeichnen.
- Deutschland hat neben Italien einen im internationalen Vergleich besonders hohen Anteil an älteren Lehrerinnen und Lehrern im Schulwesen.
- Etwa zwei Drittel des pädagogischen Personals der allgemeinbildenden Bildungsgänge waren im Schuljahr 2006/07 Frauen. In Ostdeutschland betrug dieser Anteil sogar 79 %.
- Mädchen werden im Durchschnitt früher eingeschult, haben bessere Leistungen in der Schlüsselkompetenz „Lesen", bleiben seltener ohne Schulabschluss, bewältigen erfolgreicher und schneller den Übergang von der Schule in die Berufsausbildung, absolvieren eine Ausbildung eher im anspruchsvolleren Segment der Berufsgruppen, erwerben deutlich häufiger die Hochschulreife, brechen ein Studium seltener ab, bilden die Mehrheit der Hochschulabsolventen und nutzen als Berufstätige die Angebote der Weiterbildung intensiver.
- Internationale Schulleistungsstudien zeigen, dass die Kopplung zwischen sozialem Status der Herkunftsfamilie und erworbenen Kompetenzen in Deutschland nach wie vor stärker ausgeprägt ist als in anderen Staaten.
- Im Bundesgebiet wiederholten 2006/07 insgesamt etwa 234.000 Schülerinnen und Schüler vom Primar- bis zum Sekundarbereich II eine Jahrgangsstufe. Dies entspricht einem Anteil von 2,7 % der Schülerpopulation.
- Schülerinnen und Schüler mit Migrationshintergrund sind selbst bei gleichem Sozialstatus seltener auf dem Gymnasium und häufiger in den niedriger qualifizierenden Schularten. Ausländische Jugendliche verlassen doppelt so häufig wie deutsche eine allgemeinbildende Schule, ohne zumindest den Hauptschulabschluss zu erreichen, während deutsche dreimal so häufig die Hochschulreife erwerben.
- Die hohe Zahl von Abgängern ohne Abschluss stellt ein erhebliches gesellschaftliches Problem dar. Dieses wird auch kaum

Sackgasse

Das Schulsystem ist in der Sackgasse. Eindeutig. Dass die Hauptschule als letztes Auffangbecken fungiert und dort mittlerweile nur die Kinder sind, die es woanders nicht geschafft haben, ist schlecht. Wie der Name Hauptschule sagt, war sie ursprünglich die Schule, die die meisten Kinder besuchten. Mittlerweile sind auf der Hauptschule fast nur noch schwache Schüler, die sich gegenseitig runter ziehen und ohne berufliche Zukunft sind. Das ist eine brutale Botschaft, die die Schüler schon längst verstanden haben. Es gibt für sie keine Perspektive.

„Die haben sich ausgeklinkt". Interview mit Professor Klaus Hurrelmann. In: Das Parlament, 15/16, 2006, S. 3.

Feedback-Kultur

Eine Feedback-Kultur entsteht, wenn reflektierende Dialoge Teil der Arbeits- und Alltagskultur von Schule werden: Dialoge über Unterricht und Erziehung zwischen Lehrern und Schülern, zwischen Lehrern und Lehrern, zwischen Lehrern und Schulleitern und zwischen Lehrern/Schulleitern mit Eltern und Erziehungsberechtigten. (...)

Durch Feedback kann ein Klima gegenseitiger Wertschätzung entstehen. Das ist das, was in Deutschland am meisten fehlt und vermutlich für Gesundheit wie Qualität am besten wirkt: ein Ethos der Wertschätzung, wo Freiheit, Verantwortung und Toleranz den Umgang bestimmen und das Wohlergehen aller Beteiligten das Leitbild für Erziehung wird. *Hans- Günther Rolff: Gesundheitsförderung und Schulqualität. Kongress, 15.+16.11.2004 in Dortmund. Manuskript des Vortrags, S. 7.*

dadurch gemildert, dass die Gelegenheit, einen allgemeinbildenden Schulabschluss in Anschlussbildungsgängen nachzuholen, zunehmend in Anspruch genommen wird. Im Jahr 2006 haben rund 76.000 Schülerinnen und Schüler, d.h. 8 % der Bevölkerung im Alter von 15 bis unter 17 Jahren, die Schule verlassen, ohne zumindest über den Hauptschulabschluss zu verfügen.

• Im Unterschied zu vielen anderen Arbeitsfeldern der Pädagogik ist in der Kinder- und Jugendarbeit das Angebot an öffentlich geförderten Maßnahmen in den letzten Jahren im Bundesschnitt zurückgegangen.

Schulqualität

Bereits 1979 wurden in einer umfangreichen englischen Studie folgende Merkmale von Schulqualität formuliert:

• eine deutliche und in der Schule für jeden spürbare Wertschätzung des Lernens und guter schulischer Leistungen;

• klar strukturierter Unterricht, in dem wenig Zeit für sachfremde Tätigkeiten aufgewendet wird;

• eine schülerzentrierte Atmosphäre, in der eher Lob als Tadel Verwendung findet und in der die Schüler sich als Personen akzeptiert fühlen;

• Möglichkeiten der Mitsprache und der Übernahme der Verantwortung für die Schüler;

• geringe Fluktuation sowohl im Kollegium als auch in der Zusammensetzung der Lerngruppen;

• enge Zusammenarbeit und Wertkonsens im Kollegium (Rutter u.a. 1979; Posch/Altrichter 1999, S. 2).

Die hier formulierten Erkenntnisse wurden durch zahlreiche spätere Untersuchungen bestätigt und bilden den Kern einer „guten Schule". Schulentwicklungs- und Schuleffektivitätsforschung bestätigen so die zentrale Bedeutung von sog. „weichen" sozialen Komponenten für die Schulqualität. Die Art des Umgangs, die Angstfreiheit, Wertschätzung und der gegenseitige Respekt beeinflussen über das Wohlbefinden und die Akzeptanz auch zentral das Leistungsvermögen und das Leistungsniveau. Denn eine gute Schule zeichnet sich natürlich gerade auch dadurch aus, dass die Schülerinnen und Schüler ein hohes Lernniveau erreichen.

Schulqualität wird, so Rolff (2004, S. 6), heute ganzheitlich verstanden. Feedback-Kultur und Teamarbeit sind dabei die beiden effektivsten Stränge von Schulentwicklung. Wichtig für die Schule ist es, so Rolff, zu wissen, wo man steht. Wichtiger noch, sich klar zu machen, wohin man will bzw. muss.

Die Umgebung
Werkzeugkasten für das Schaffen einer inklusiven, lernfreundlichen Umgebung

**Eine inklusive, lernfreundliche Umgebung, basierend auf gemein-
samen Werten und Visionen ...**

... schließt alle Kinder ein: Mädchen und Jungen; Kinder mit unterschiedlichem kulturellen und sprachlichen Hintergrund; behinderte Kinder und solche mit spezifischen Lernbedürfnissen.

... ist sicher: alle Kinder sind vor Leid, Gewalt und Missbrauch geschützt.

... ist kultursensitiv, greift Unterschiede positiv auf und stimuliert alle Kinder zu lernen.

... fördert Partizipation, Kooperation, gegenseitige Fürsorge, Selbstachtung und Vertrauen.

... fördert einen gesunden Lebensstil und lebenspraktische Kompetenzen.

... fördert die Verantwortungsübernahme der Kinder für ihre Lernprozesse.

... fördert Gelegenheiten für Lehrkräfte, selbst zu lernen und davon zu profitieren.

... stellt die Gleichberechtigung der Geschlechter und Nichtdiskriminierung sicher.

... bezieht Familien, Lehrer und Gemeinschaften in die Lernprozesse der Schüler ein.

*UNESCO Bangkok:
Embracing Diversity:
Toolkit for Creating
Inclusive, Learning-
Friendly Environments.
Bangkok 2007, S.11.*

Merke: Traditionelle Schulen oder Klassenräume in inklusive und lernfreundliche zu verwandeln ist ein Prozess, kein einmaliges Ereignis – so etwas geschieht nicht über Nacht, sondern braucht Zeit und Teamwork.

Gewaltprävention und Schulentwicklung

Eine gute Schulqualität, also eine gute Schule, wirkt von sich aus gewaltpräventiv auch wenn dies nicht der erste und vor allem nicht der einzige Grund sein darf, eine gute Schule anzustreben. Denn Schule ist nicht deshalb gut, weil sie Gewalt verhindert, sondern, weil sie eine gute Erziehung ermöglicht, weil sie den Schülerinnen und Schülern Spaß macht, ihre Neugier befriedigt, ihren Horizont und ihr Weltwissen erweitert, soziale Kompetenzen ausbildet und ganz nebenbei auch noch präventive Wirkung hat (Thiersch 2007).

Unter den Fachleuten herrscht Einigkeit: Will man eine wirksame und auf Dauer angelegte Gewaltprävention, benötigt man

Schulentwicklung. Die Maßnahmen und Modelle der Gewaltprävention entfalten ihre Wirkung erst, wenn die gesamte Schule (die Schule als System) einbezogen wird und sich als lernende Schule versteht. Gewaltprävention wird so in einen Prozess der Schulentwicklung integriert oder stößt diesen sogar an (Dünkel u.a. 2007).

Wirkungsanalysen von Maßnahmen der Gewaltprävention zeigen immer wieder, dass isolierte Programme wie Schülerberatung, Lehrertraining und Freizeitangebote kaum Effekte zeigen, solange sie nicht Bestandteil umfassenderer multimodaler Programme sind. Soziale Kompetenztrainings und Elterntrainings zeigen zwar auch isoliert positive Effekte, doch fallen diese weitaus größer aus, wenn beide Maßnahmen kombiniert werden (Scheithauer 2008, S. 79).

Vision einer guten Schule

Die Schule ist ein Gemeinschaftswerk aller Beteiligten, die mit- und füreinander Verantwortung übernehmen: Die Schule als „Polis". Die Pädagoginnen und Pädagogen, die Schülerinnen und Schüler, die Eltern, die Kommune mit ihren Möglichkeiten und auch außerschulische Institutionen wirken zusammen, um mit dem Anspruch „Wir dürfen kein Kind verlieren" Ernst zu machen.

• Sie handeln nach dem Grundsatz: Zuerst und vor allem kommt es darauf an, dass es den Kindern und Jugendlichen in der Schule an Leib und Seele gut geht. Das beginnt mit scheinbaren „Kleinigkeiten", die aber bald als Standards gelten: ein gutes, nahrhaftes Frühstück oder Mittagessen, ein Gesundheits- und Beratungsdienst, ein flexibler, den Bedürfnissen der Kinder angepasster Tagesrhythmus, gute Möbel, Ausstattung der Schule mit vielfachen Lerngelegenheiten, Ausstattung der Klassen und Arbeitsplätze mit handlichen, anregenden, gut geordneten Materialien, genügend Platz zum Lernen, Spielen und Bewegen.

- Zum Kern der Entwicklungsarbeit wird die Neugestaltung des Unterrichts und der Lernangebote. Die Vorgabe ist: Lernen muss – auch bei aller unverzichtbaren Mühe und Anstrengung – Freude machen, mit Anschauung und Erfahrung verbunden sein, geschieht am besten in der Auseinandersetzung mit bedeutsamen Gegenständen und findet darum oft auch außerhalb der Schule statt. Bewährung und Ernstfall gehören ebenso dazu wie Belehrung und systematisches Üben. Die Schule stellt hohe Anforderung an alle Beteiligten und bietet zugleich vielfältige Unterstützung.

- Die Schule ist einladend, freundlich und anregend gestaltet, ein Ort, an dem Kinder den ganzen Tag über gern und gut leben und lernen können. Niemand wird beschämt, niemand muss sich als Versager fühlen. Darum ist das Sitzenbleiben abgeschafft, der Unterricht ganz darauf ausgerichtet, der Unterschiedlichkeit der Kinder gerecht zu werden. Die Schule hat deshalb neue Formen der Leistungsbegleitung und -bewertung entwickelt: verpflichtende Beratungsgespräche, Lernvereinbarungen, Portfolios.

- Die Schule arbeitet selbstständig und eigenverantwortlich; so wird ihre ganze pädagogische Kreativität freigesetzt. Die starren Jahrgangsklassen sind durch flexible Lernformen und Lerngruppen ersetzt worden: An dieser Schule ist es beispielsweise normal, dass Zwölf- und Vierzehnjährige zusammen Englisch lernen oder im Labor experimentieren können. Haupt- und Nebenfächer gibt es an dieser Schule nicht: Theater, Handwerk, Musik oder Religion gelten als ebenso wichtig wie Englisch oder Mathematik. Der Umgang mit Sprache und Literatur ist nicht auf das Fach Deutsch beschränkt, sondern Aufgabe aller Fächer. Tests werden als diagnostische Hilfsmittel genutzt.

- Die Schule arbeitet eng mit einem wissenschaftlichen Institut oder anderen Experten zusammen; gemeinsam wird beraten und beschlossen, wie Lernprozesse beobachtet und evaluiert werden können. Die Leistungen der Schülerinnen und Schüler werden nach dem individuellen Lernfortschritt bewertet. Als Orientierungsrahmen dienen fachliche Mindeststandards, die die Stufen des Lernens abbilden und an denen sich zeigen lässt, was bereits erreicht wurde. Am Ende der Schullaufbahn wird an Beispielleistungen aus allen Bereichen nachgewiesen, was ein Schüler/eine Schülerin gelernt hat und kann. Dieses Leistungsportfolio schließt den Nachweis elementarer, von allen verlangter und erreichbarer Grundkenntnisse und Kompetenzen ein. Ein verzweigtes, früh greifendes Unterstützungssystem sorgt dafür, dass alle Schülerinnen und Schüler eines Jahrgangs diese Grundkenntnisse nachweisen können. Sie verlassen die Schule mit einem Zeugnis, das von den abnehmenden Einrichtungen als Anschlussnachweis zu lesen ist und eine Übersicht über das gesamte Leistungsprofil enthält.

Schulverband „Blick über den Zaun": Schule ist unsere Sache – ein Appell an die Öffentlichkeit. Erklärung von Hofgeismar 2006, Auszug.
www.blickueberdenzaun.de

TALIS-GEW-Studie

Grundwissen

Die GEW führte im Dezember 2008 eine repräsentative Befragung von Lehrkräften und Schulleitern durch. Einige Ergebnisse:

- Schulen leiden nach Angaben von einem Viertel der Schulleitungen national und international erheblich unter Lehrermangel;
- In Deutschland sehen mehr als die Hälfte der Schulleitungen das Unterrichten wegen des Fehlens von unterstützendem Personal beeinträchtigt;
- Bauliche und räumliche Unzulänglichkeiten behindern effektives Lernen hingegen in großem Stil;
- Ein Drittel der Lehrkräfte berichtet von Klassen mit mehr als 25 Schülerinnen und Schülern;
- Sieben von zehn Lehrern in Deutschland werden nie oder seltener als einmal im Jahr von Kollegen oder Schulleitern in ihren Klassen besucht;
- Jeder Zweite unterrichtet so gut wie nie im Team.

GEW (Hrsg.): Wirksame Lehr- und Lernumgebungen schaffen. Erste Ergebnisse von TALIS-GEW (Deutschland) GEW-Workshop zur TALIS-Studie der OECD und der GEW-Onlinebefragung, 18. Juni 2009, Berlin. www.gew.de/Binaries/ Binary50253/3_GEW_First_ Results_deck.pdf

Guter Unterricht

Wie sieht ein idealer Unterricht aus?
Die Schüler lernen, nicht der Lehrer. Also muss der Unterricht Aktivität bei den Lernern auslösen und Spaß machen. Die Schüler müssen selbstbestimmt handeln dürfen und sie brauchen Zeit und Raum, das zu Lernende in ihren Köpfen zu konstruieren. Der Bezug zum Alltag darf nicht fehlen. Es geht ja darum, in Problemsituationen Lösungen zu finden, nicht bloß darum Auswendiggelerntes wiederzugeben. *Dirk Krüger, Professor für Didaktik der Biologie an der Freien Universität Berlin. Frankfurter Rundschau, 30.11.2007, S. 15.*

Unterricht ist der Kern der Schule. Im Unterricht verbringen die Schülerinnen und Schüler die meiste Zeit, hier soll Lernen stattfinden. Untersuchungen zeigen immer wieder, dass Langeweile für Schülerinnen und Schüler eines der größten Probleme in der Schule ist (Gühlich 2009, S. 11). Monotones Reden, immer die gleiche Unterrichtsform, fehlender Bezug zum Alltagsleben, wenig Bezug zu anderen Fächern und wenig Begeisterung bei denen, die Wissen vermitteln, tragen wesentlich dazu bei.

Lernförderliches Unterrichtsklima als Grundlage

Bülter und Meyer heben hervor, dass, wer seinen Unterricht auf Selbstachtung, Respekt und Kooperation aufbaut, dem auch eher gelingt, die Schülerinnen und Schüler zum Bündnispartner im Lehr-Lernprozess zu machen und somit ein positives Arbeitsbündnis herzustellen (2004, S. 34).

Selbstachtung ermöglicht wechselseitigen Respekt und fördert somit Kooperationsbereitschaft. Alle drei Bereiche sind Voraussetzungen für ein lernfreundliches Klima, das gekennzeichnet ist von Vertrauen, verlässlich eingehaltenen Regeln, Verantwortungsübernahme und Gerechtigkeit, sowie von Fürsorge, Begeisterung und Humor. Auf dieser Grundlage findet ein Arbeitsbündnis der Lehrkräfte mit den Schülerinnen und Schülern statt. Die positiven Effekte dieses lernfreundlichen Klimas zeigen sich in einem verstärkten Selbstvertrauen und positiven Sozialverhalten der Schülerinnen und Schüler. Wenn Schüler ihre schulische Umwelt positiv erleben, kommt es zu einer lernförderlichen fachlichen Interessenbildung (vgl. Bülter/Meyer 2004). Soziale Schulentwicklung mit dem Ziel ein positives Unterrichtsklima zu entwickeln ist eine Grundlage jeglichen schulischen Lernens.

Merkmale guten Unterrichts

Die Unterrichtsforschung hat zahlreiche Merkmale guten Unterrichts herausgearbeitet. Hilbert Meyer benennt zehn Gütekriterien, die den aktuellen Forschungsstand spiegeln und in konkrete Unterrichtsarrangements übersetzt werden müssen (2007, S. 166 ff.):

1. Klare Strukturierung des Unterrichts: Prozessklarheit; Rollenklarheit; Absprache von Regeln, Ritualen und Freiräumen.
2. Hoher Anteil echter Lernzeit durch gutes Zeitmanagement, Pünktlichkeit; Auslagerung von Organisationskram.
3. Lernförderndes Klima durch gegenseitigen Respekt, verlässlich eingehaltende Regeln, Verantwortungsübernahme, Gerechtigkeit und Fürsorge.

4. Inhaltliche Klarheit durch Verständigung der Aufgabenstellung, Plausibilität des thematischen Gangs, Klarheit und Verbindlichkeit der Ergebnissicherung.

5. Sinnstiftendes Kommunizieren durch Planungsbeteiligung, Gesprächskultur, Sinnkonferenzen und Schülerfeedback.

6. Methodenvielfalt. Reichtum an Inszenierungstechniken; Vielfalt der Handlungsmuster; Variabilität der Verlaufsformen und Ausbalancierung der methodischen Großformen.

7. Individuelles Fördern durch Freiräume, Geduld und Zeit; durch innere Differenzierung; durch individuelle Lernstandanalysen und abgestimmte Förderpläne; besondere Förderung von Schülern aus Risikogruppen.

8. Intelligentes Üben durch Bewusstmachen von Lernstrategien, passgenaue Übungsaufträge und gezielte Hilfestellungen.

9. Transparente Leistungserwartungen durch ein an den Richtlinien oder Bildungsstandards orientiertes, dem Leistungsvermögen der Schülerinnen und Schüler entsprechendes Lernangebot und zügige Rückmeldungen zum Lernfortschritt.

10. Vorbereitete Umgebung durch gute Ordnung, funktionale Einrichtung und brauchbares Lernwerkzeug.

11. Joker: Platz für fachdidaktische Kriterien guten Unterrichts.

Schulisches Wohlbefinden

Schulisches Wohlbefinden verweist auf folgende sechs Wohlbefindensbereiche:

1. positive Einstellungen und Emotionen zur Schule;
2. Freude und Anerkennung in der Schule;
3. schulischer Selbstwert;
4. keine Sorgen wegen der Schule;
5. keine körperlichen Beschwerden wegen der Schule sowie
6. keine sozialen Probleme in der Schule.

Es handelt sich bei diesen sechs Dimensionen zwar um miteinander verbundene, aber trotzdem relativ unabhängige Wohlbefindensbereiche. Sie werden durch folgende schulspezifische Aspekte beeinflusst:

1. soziale und didaktische Merkmale des Unterrichts bei den Klassenlehrerinnen und -lehrern;
2. empfundener Leistungsdruck im Unterricht;
3. Schulleistungen der Schülerinnen und Schüler;
4. Diskriminierung von Mitschülerinnen und -schülern;
5. Interaktion in den Schulpausen.

Marco Franze/Peter Paulus: Wohlbefinden: Terminologie, subjektive Vorstellungen, Einflüsse und Handlungsempfehlungen. In: Tina Hascher (Hrsg.): Schule positiv erleben. Ergebnisse und Erkenntnisse zum Wohlbefinden von Schülerinnen und Schülern. Bern 2004.
www.mindmatters-schule.de/index2.html

Grundwissen

Drei Dinge
Kinder brauchen drei Dinge:
1. eine gute Gemeinschaft, in der sie sich aufgehoben fühlen, mit Lehrern (auch Männern), die Mut machen und Vorbilder sind.
2. Aufgaben, an denen man wachsen kann. Also nicht Arbeitsblätter ausfüllen und Testbögen bearbeiten, sondern: etwas gestalten, etwas erforschen, etwas verändern.
3. Anerkennung und Respekt.

Enja Riegel. In: Frankfurter Rundschau, 17.4.2009, S. 15.

Diagnostische Kompetenz

Ein eklatanter Mangel an diagnostischen Kompetenzen verhindert die zielgerichtete und maßgeschneiderte schulische Förderung. Dies ist ein Hauptergebnis der aktuellen Befragung des Bildungsbarometers. 46 % der befragten Lehrkräfte gaben an, wenig bis gar nicht mit diagnostischen Instrumenten vertraut zu sein.

Bei diesem Hintergrund muss damit gerechnet werden, dass bei einer Vielzahl von Kindern der Förderbedarf überhaupt nicht erkannt werden kann.

Vgl. Zentrum für empirische pädagogische Forschung der Universität Koblenz-Landau (zepf) (Hrsg.): Newsletter des Bildungsbarometers 2/2008. www.bildungsbarometer.de

Unterrichtskommunikation als Schlüssel

Zentral für guten Unterricht ist eine gelungene Unterrichtskommunikation. Diese findet nicht nur verbal, sondern gerade auch nonverbal durch Gestik, Mimik und Körperausdruck statt und vermittelt so wesentlich die (in der Regel unbewussten) Beziehungsanteile von Wertschätzung, Achtung, Respekt oder eben auch Desinteresse, mangelnden Respekt, Missachtung.

Berücksichtigung von Ergebnissen der Hirnforschung

Guter Unterricht kann nur unter Berücksichtigung der Ergebnisse der neurobiologischen Forschung gelingen. Positive Gefühle fördern bedeutet u.a. auf das allgemeine Wohlbefinden zu achten, einen möglichst selbstgesteuerten Unterricht anzubieten, das Lachen sowie Abwechslung und Spiele nicht zu vergessen (vgl. Astleitner 2002, S. 9; Hüther 2006).

Unterricht in Bewegung

Kinder brauchen Bewegung und sind permanent in Bewegung. Stillsitzen ist ihnen eigentlich fremd. Die üblichen Sportstunden reichen hierzu bei weitem nicht aus. Mehr Bewegung fördert den motorischen, aber auch den kognitiven Bereich. Notwendig sind hierzu auch ergonomisch gut durchdachtes Mobiliar und eine Unterrichtsgestaltung, die eigene Aktivitäten fördert (vgl. BAG Haltungs- und Bewegungsförderung o.J.).

Gute Lehrkräfte

Die Bildungsprozesse in Schule und Unterricht werden insbesondere durch die individuelle Professionalität der Lehrkräfte stark beeinflusst. Die Förderung der didaktischen und diagnostischen Kompetenz der Lehrkräfte sowie die Fähigkeit zur sozialen Interaktion und zum Umgang mit Heterogenität sind entscheidende Faktoren für die Weiterentwicklung der Qualität und Ansatzpunkte für eine erfolgreiche Steuerung des Schulwesens (Arbeitsgruppe Bildungsberichterstattung 2008, S. 77).

Bei einer Online-Umfrage der Christopherusschule Bad Zwesten zum Thema „Was ist ein guter Lehrer?" wurden im Herbst 2008 an erster Stelle folgende Merkmale (in absteigender Rangfolge) genannt: Gerechtigkeit und Fairness, Fachwissen, Geduld, Dialog- und Kritikfähigkeit, Motivation und Engagement, Verständliche Präsentation der Lehrinhalte, Begeisterungsfähigkeit, Allgemeinwissen, Lernbereitschaft, Belastbarkeit.

Das Bild des Lehrers in der Öffentlichkeit ist anders: Eine repräsentative Allensbach-Studie vom Frühjahr 2009 bilanziert, dass 68 % der Bürgerinnen und Bürger meinen, viele Lehrkräfte seien mit ihren Klassen überfordert. Bei den Eltern von Schulkindern sind dies sogar 76 %. 65 % der Bürger und 72 % der Eltern sind der Auffassung, dass es vielen Pädagogen nicht gelinge, den Unterrichtsstoff angemessen zu vermitteln. Nur 12 Prozent der Befragten glaubt, dass Lehrkräfte ihren Beruf lieben (Die Welt, 27.3.2009). Diese Werte spiegeln natürlich nicht die tatsächliche Situation, sondern Meinungen wider.

Die Anforderungen an „gute Lehrkräfte" sehen so aus: Gute Lehrkräfte sind Lehrkräfte, die Kinder und Jugendliche gern haben und von ihrer Sache überzeugt sind. Sie gestalten einen guten, schülerzentrierten Unterricht. Sie haben einen guten Kontakt zu den Schülerinnen und Schülern und begegnen ihnen freundlich und respektvoll. Sie verstehen sich nicht als Einzelkämpferinnen und -kämpfer, sondern nutzen das Potenzial von Austausch, Reflexion und Zusammenarbeit in (Klein-)Gruppen bewusst.

Gute Lehrkräfte verfügen über eine gute Diagnosekompetenz und erkennen Probleme frühzeitig. Sie interpretieren Problemsituationen nicht ausschließlich external (die anderen ...), sondern verfügen über die Fähigkeit zur Selbstreflexion und Selbstkritik (vgl. Hermann 2002).

Sie wissen, dass es auch noch ein Leben außerhalb der Schule gibt. Das entscheidende Instrument ist ihre Persönlichkeit, ihre eigene Begeisterung und Zuwendung zum Thema und zu den Schülerinnen und Schülern.

Projektarbeit

Grundwissen

Ein Mensch lernt nur, was er tut. (Denken ist auch eine Tätigkeit ...) Ein Lernen, das keine Tätigkeit ist, ist kein Lernen. Die Vermittlung von „Stoff" an untätige Schüler, auch Unterricht genannt, setzt daher in der Regel kein Lernen in Gang, sondern lässt lediglich unkontrollierte bruchstückhafte Informationsaufnahme im Nebenbewusstsein mitlaufen, während sich das Gehirn anderweitig selbst beschäftigt. (...) Lernen geschieht mit Aussicht auf Erfolg erst durch die selbstbestimmten, selbsttätigen, interessegeleiteten, aktiven Formen der Aneignung als tätiger Auseinandersetzung mit einer Aufgabe, einer Herausforderung.

Ulrich Herrmann: Falsch Gm8. In: Pädagogik, 9/2008, S. 50.

Individualität

Wenn Lernen so individuell ist, so individuell wie die Liebe, dann ergibt sich daraus ein weiteres Argument dafür, dass gute Lehrer wirkliche Individuen sein müssen, keine Unterrichtsingenieure, die mit Lückentests und einem desinfizierten und in Klarsichtfolie eingewickelten Wissen die Neugierde vertreiben.

Reinhard Kahl: Der gute Lehrer. In: ZEIT online 25.7.2007.
www.zeit.de/online/2007/30/ gute-lehrer?page=all

Gute Lehrkräfte schaffen Gelegenheiten zum Erkennen und zum Verstehen. Sie bilden sich selbst ständig weiter und engagieren sich auch für die Gemeinschaft. Und: Gute Lehrkräfte können mit der ihnen anvertrauten Macht verantwortungsvoll umgehen und zeigen die Flexibilität, mit ständig wechselnden Rollen souverän zurecht zu kommen.

Dass diese Anforderungen viele Lehrkräfte überfordern, zeigt ein Blick auf die Belastungsskalen, Krankheitsbilder und Burn-Out-Problematik von Lehrkräften. Gute Lehrkräfte müssen deshalb auch Wege und Möglichkeiten kennen, ihre Kräfte und Ressourcen so einzuteilen, dass ihre Leistungskraft und Lebensfreude erhalten bleiben.

Peinlich

Ich empfinde es als peinlich, wenn ich beobachten muss, wie schnell manche Kollegen vergessen, wie es für sie auf der anderen Seite des Klassenzimmers war, wie sie sich als Schüler manchen Lehrern gegenüber gefühlt haben – das trifft leider immer öfter gerade auf junge Kollegen zu. Wenn sie nicht so vergesslich wären, könnten sie sich gegenüber Schülern nicht so schnell so ablehnend, ja feindlich äußern und verhalten.

Sie würden wissen, dass ein Lehrer mit (natürlicher und fachlicher) Autorität nie autoritär sein muss. Sie würden darauf achten, Schülern zu helfen, sie beim Lernen und beim Sammeln und Auswerten von Erfahrungen zu unterstützen. Man muss keine Hausaufgaben aufgeben, nur, weil man eben Hausaufgaben gibt. Es ist ja nicht verkehrt, wenn Schüler ihren Hobbys nachgehen, sich mit Freunden treffen, Zeit dafür haben, eigene Erfahrungen zu machen, eine selbstständige Persönlichkeit entwickeln – am Ende gar eine mit einem eigenständigen, kritischen Verstand.

Andreas Müller: „Dumm, faul, unfähig" – Wie manche Lehrer über Schüler denken. In: Frankfurter Rundschau, 27.10.2008, S. 18, Auszug.

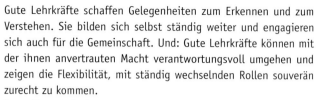

Dimensionen des Lernens

Erfahrungsdimension	Kompetenz	Modi der Vermittlung
kognitive Dimension	Verstehen-Können	z.B. Vergleichbarkeit
praktische Dimension	Handeln-Können	z.B. Bereitstellung von Handlungsfeldern
Wert-Dimension	Urteilen-Können	z.B. Provokation
soziale Dimension	Kommunizieren-Können	z.B. Kooperation-Konkurrenz
affektive Dimension	Mitfühlen-Können	z.B. Identifikation
imaginative Dimension	Vorstellen-Können	z.B. Anschaulichkeit

Vgl. Marianne Gronemeyer: Motivation und politisches Handeln. Hamburg 1976, S. 73.

Bildung und Zukunft
Bildung bestimmt nicht nur die Entwicklungs- und Handlungschancen jedes und jeder Einzelnen in Beruf, Privatleben und als Bürger, sondern auch die Zukunftsfähigkeit unserer Gesellschaft.
Autorengruppe Bildungs-berichterstattung 2008, S. 6.

Umsetzung

Die Diskussion um die Qualität von Schule, Unterricht und Lehrkräften hat bereits vor einiger Zeit begonnen. Alle Untersuchungen belegen, eine gute Schule ist eine gewaltarme Schule. Doch wie kann eine gute Schule entwickelt werden? Es geht darum Visionen zu entfalten und in der Praxis neue Wege zu gehen. Dabei muss die Qualifizierung und Unterstützung von Lehrkräften ins Zentrum gerückt werden. Hierbei kann auf vielfältige Beispiele und Erfahrungen zurückgegriffen werden. Kern der Schule ist zwar das Unterrichtsgeschehen, aber Schule ist mehr.

- **Bildung in Deutschland**
  Trotz einiger positiver Befunde sind die Problemlagen im deutschen Bildungssystem bekannt und zur Kenntnis zu nehmen (M1).

- **Gute Lehrkräfte**
  Die subjektive Sichtweise der Lehrkräfte auf ihren Berufsalltag kann mit Hilfe von M2 (Fragebogen) erfasst und gemeinsam besprochen werden. Der Pädagogische Beichtspiegel stellt eine Möglichkeit der Selbstbefragung und Selbstreflexion dar.
  Kriterien dafür, was gute Lehrkräfte auszeichnet, können gemeinsam mit Hilfe von M4 entwickelt werden. Die Überzeugung der Selbstwirksamkeit ist ein wichtiger Faktor im Handeln der Lehrkräfte (M5). Die Aussagen über positives Lehrerverhalten aus Sicht von (ehemaligen) Schülerinnen und Schülern können zentrale Faktoren des Verhaltens verdeutlichen (M6). Wie Lehrkräfte nicht nur Hilfe bei Problemen erlangen können, sondern auch Unterstützung bei ihrer Weiterentwicklung, zeigt der Ansatz der Professionellen Lerngemeinschaften (M7).
  Mit dem „Sokratischen Eid" weist Hartmut von Hentig auf eine berufsethische Dimension des Lehrerverhaltens hin (M8).

- **Guter Unterricht**
  Guter Unterricht ist der Kern einer guten Schule. Die von der Unterrichtsforschung identifizierten wichtigsten 10 Merkmale werden in M9 zur Diskussion gestellt. Prinzipielle Anforderungen an das Unterrichtsgeschehen aus internationaler Sicht formuliert der UN-Sonderbeauftragte Paulo Sergio Pinheiro (M10).

• Gute Schule

Wie man sich auf den Weg machen kann, zeigt M11. Dabei geht es auch darum festzustellen, was bereits geschieht und welche Ressourcen zur Verfügung stehen. M12 ermutigt zur Formulierung zentraler Aussagen über eine gute Schule vor dem Hintergrund mehrerer Kriterienkataloge. Um Ideen für eine bessere Schule bzw. die Weiterentwicklung von Schule zu sammeln, kann eine Zukunftswerkstatt nützlich sein. Einige Ideen sind in M13 formuliert. Hier sollten möglichst viele Sichtweisen, u.a. die von Schülerinnen und Schülern, von Eltern und Lehrkräften aber auch anderen Schulen einbezogen werden. Inzwischen gibt es vielfältige Erfahrungen im In- und Ausland mit zukunftsfähigen Schulmodellen. Dabei muss auch der Frage nachgegangen werden, was Veränderungsprozesse unterstützt bzw. behindert.

Die eigene Schule auf den Prüfstand zu stellen und ihre Qualität extern evaluieren zu lassen ist eine Herausforderung. Die Berufsbildenden Schulen Anne-Marie Tausch in Wolfsburg haben sich einer solchen Schulinspektion unterzogen (M14).

Grundwissen

• Mit Bildung gegen Gewalt

Obwohl „Bildung" an sich noch kein Garant für friedvolles Verhalten darstellt, kann Bildung (verbunden mit anderen Rahmenbedingungen) doch als ist ein Schlüssel zur Gewaltprävention gesehen werden. Hartmut von Hentig benennt sechs Maßstäbe für Bildung. Der erste lautet „Abscheu und Abwehr von Unmenschlichkeit".

Ich bleibe im Unterricht an meinen [...]
sitzen
Ich bleib im Unterricht sitzen an mein[...]
Platz Sitzen

Ergänzende Bausteine

2.2 Gewalt an Schulen
2.5 Gewaltprävention in der Schule
3.1 Familie und Kommune

269

M1 Bildung in Deutschland

1. Positive Befunde

- Mädchen sind im Schulsystem erfolgreicher.
- Es gibt mehr vorzeitige Einschulungen.
- Übergänge in höher qualifizierende Schul-arten nehmen zu.
- Das durchschnittliche Kompetenzniveau ist gestiegen und die Lesekompetenz der Jungen hat sich verbessert.
- Es gibt ein Trend zu höher qualifizierenden Abschlüssen.

2. Ambivalente Entwicklungen

- Schulabschlüsse werden zunehmend außerhalb des allgemeinbildenden Schulsystems erworben.
- Zunehmender Besuch privater Schulen.
- Ausbau des Ganztagsschulangebots, aber Abbau außerschulischer Jugendarbeit.
- Hauptschulabschluss verliert weiter an Bedeutung.

3. Bekannte Problemlagen

- Klassenwiederholungen in Schularten und -stufen sind nicht gesunken.
- Zu geringe Durchlässigkeit im Sekundarbereich I.
- Relativ hohe Förderschulquote.
- Abhängigkeit außerschulischer Aktivität und Grad der Verantwortungsübernahme vom Schulabschluss.
- Zu viele Jugendliche ohne Hauptschulabschluss.

4. Neue Probleme

- Jungen, insbesondere die mit Migrationshintergrund, sind die neue Problemgruppe im Schulsystem.
- Kompetenzen der Jugendlichen mit Migrationshintergrund in der 2. Generation sind schlechter geworden.
- Problematische Lehrersituation: hoher Ersatzbedarf vor allem im Sekundarbereich I, ohne Abstriche an der Professionalisierung.

Hans Döbert: „Bildung in Deutschland 2008": Allgemeinbildende Schule und non-formale Lernwelten im Schulalter – Befunde und Problemlagen. Impulsreferat, Fachforum I, Fachtagung, Berlin, 23. Juni 2008. www.bildungsbericht.de/zeigen.html?seite=6224

M2 **Fragebogen für Lehrkräfte**

Was gefällt Ihnen an Ihrer Schule?

Was stört Sie an Ihrer Schule?

Was vermissen Sie, was sollte anders sein an Ihrer Schule?

Wo würden Sie am ehesten ansetzen, um etwas zu verändern?

Was wünschen Sie sich bezüglich des Verhaltens der Schülerinnen und Schüler?

Was wünschen Sie sich in Bezug auf das Verhältnis zu den Eltern?

Was wünschen Sie sich in Bezug auf das Verhältnis zu Ihren Kolleginnen und Kollegen?

Vgl. Gunter A. Pilz: Gewalt und Gewaltprävention in der und durch die Schule. In: Günther Deegener/Wilhelm Kröner (Hrsg.): Kindesmisshandlung und Vernachlässigung – Ein Handbuch. Göttingen 2005, S. 198-220.

271

M3 Pädagogischer Beichtspiegel

Überprüfen und markieren Sie:
In der letzten Woche habe ich ... ✓
habe ich nicht ... —

○ einen schwachen, einen mittelmäßigen und einen hervorragenden Schüler persönlich gelobt, weil er etwas Ungewöhnliches geschaffen hat.

○ einen schwachen, einen mittelmäßigen und einen hervorragenden Schüler eine Rückmeldung über einen Fehler gegeben, und zwar in der Form, dass er meine Kritik annehmen konnte und aus dem Fehler wirklich etwas gelernt hat.

○ einen Schüler zu persönlichen Höchstleistungen ermutigt.

○ in Unterrichtsstunden unterschiedliches, differenziertes Material eingesetzt, in dem ich das unterschiedliche Niveau der Schüler berücksichtigt habe.

○ mit einem Fachkollegen, der in der Parallelklasse das gleiche Fach unterrichtet, zusammen Materialien, z.B. Freiarbeitsmaterialien, für unterschiedliche Niveaus produziert.

○ Schüler zur Teilnahme an einer öffentlichen Herausforderung angeregt: Wettbewerb, Konzert, Ausstellung.

○ in einem Gespräch mit einem Kollegen, einer Kollegin aus dem Klassenteam Maßnahmen entwickelt und abgestimmt, durch die wir einem Schüler, den wir gemeinsam unterrichten, besonders helfen können.

○ mit den Eltern eines Schülers gesprochen, um den ich mir Sorgen mache.

○ in einem Elterngespräch die positiven Fähigkeiten und Fertigkeiten ihrer Kinder hervorgehoben.

○ mit einem Schüler einen individuellen Lernvertrag geschlossen.

○ mit einem Schüler ein Feedback-Gespräch geführt.

○ bei einem Schüler eine besondere Stärke entdeckt, die ich nie bei ihm vermutet hatte.

○ mich mit einem Schüler über seine Interessen, Hobbys unterhalten.

○ einem Schüler Mut gemacht, mit seinen Schwächen offensiv und konstruktiv umzugehen.

Otto Seydel/Katrin Höhmann: Ein „Pädagogischer Beichtspiegel". Zur Förderfähigkeit der Förderer. In: Lernende Schule 8, Heft 29/2005, S. 43.

M4 Gute Lehrkräfte

Lehrer, Eltern

Was kennzeichnet eine gute Lehrerin bzw. einen guten Lehrer?

○ Bereitet sich gründlich auf den Unterricht vor.

○ Bemüht sich erfolgreich um schülerorientierten Unterricht.

○ Nimmt Fortbildungsangebote wahr.

○ Kontrolliert sorgfältig das Erreichen der Lehrziele.

○ Kontrolliert regelmäßig und sorgfältig die Hausaufgaben.

○ Sorgt für ein gutes Klassenklima.

○ Setzt sich für die Interessen der Schülerinnen und Schüler ein.

○ Sorgt für vielfältige Übungsmöglichkeiten.

○ Achtet auf Verwirklichung sozialer Lernziele.

○ Arbeitet methodisch variantenreich.

○ Setzt sich für die Belange der Kolleginnen und Kollegen ein.

○ Informiert sich kontinuierlich über neue Erlasse und Verfügungen.

○ Arbeitet in einem Berufsverband/einer Gewerkschaft mit.

○ Hält Auseinandersetzungen im Kollegium für schädlich.

○ Arbeitet engagiert in Mitwirkungsgremien der Schule mit.

○ Führt sorgfältig das Klassenbuch.

○ Hält Termine genauestens ein.

○ Achtet auf die Einhaltung bestehender Regeln und Vorschriften.

○ Glaubt, dass man von Mehrheitsbeschlüssen abweichen darf, wenn sie den eigenen Ziel- und Wertvorstellungen widersprechen.

○ Gibt Schülerinnen und Schülern Hinweise auf effizientere Arbeitsweisen.

○ Bereitet Schülerinnen und Schüler systematisch auf Prüfungen vor.

○ Hält Kontakt zu den Eltern.

○ Beginnt den Unterricht pünktlich.

○ Ist in hohem Maße belastbar.

○ Ist auch außerhalb von offiziellen Sprechstunden für Schülerinnen und Schüler und Eltern erreichbar.

○ Zeigt bei Konferenzen Interesse am schulischen Schicksal von Schülerinnen und Schülern auch über die eigenen Fachgrenzen hinaus.

○ Wird von Schülerinnen, Schülern und Eltern in wichtigen schulischen Fragen als Ratgeber gewünscht.

○ Macht seine Beurteilungsmaßstäbe transparent.

○ Hat Geduld, anderen zuzuhören, bevor eigene Ansichten/Interpretationen vorgetragen werden.

○ Macht Hausbesuche.

○ Diskutiert die eigene Beurteilungspraxis im Kollegium.

○ …

Rolff, Hans-Günter u.a.: Manual Schulentwicklung. Weinheim und Basel 1999, S. 285 ff., Auszüge.

- Wählen Sie aus den Kriterien zehn aus.
- Bringen Sie diese in eine Rangfolge nach ihrer Wichtigkeit.
- Sie haben einen Joker um ein Kriterium zu ergänzen.
- Ordnen Sie die Kennzeichen nach verschiedenen Bedeutungszusammenhängen.

M5 Lehrer-Selbstwirksamkeits-Skala

Lehrer, Eltern

	1	2	3	4
Ich bin mir sicher, dass ich auch mit den problematischen Schülern in guten Kontakt kommen kann, wenn ich mich darum bemühe.				
Ich weiß, dass ich zu den Eltern guten Kontakt halten kann, selbst in schwierigen Situationen.				
Ich weiß, dass ich es schaffe, selbst den problematischsten Schülern den prüfungsrelevanten Stoff zu vermitteln.				
Ich bin mir sicher, dass ich mich in Zukunft auf individuelle Probleme der Schüler noch besser einstellen kann.				
Selbst wenn mein Unterricht gestört wird, bin ich mir sicher, die notwendige Gelassenheit bewahren zu können.				
Selbst wenn es mir mal nicht so gut geht, kann ich doch im Unterricht immer noch gut auf die Schüler eingehen.				
Auch wenn ich mich noch so sehr für die Entwicklung meiner Schüler engagiere, weiß ich, dass ich nicht viel ausrichten kann. (–)				
Ich bin mir sicher, dass ich kreative Ideen entwickeln kann, mit denen ich ungünstige Unterrichtsstrukturen verändere.				
Ich traue mir zu, die Schüler für neue Projekte zu begeistern.				
Ich kann innovative Veränderungen auch gegenüber skeptischen Kollegen durchsetzen.				

*Anmerkung: mit (–) gekennzeichnete Items müssen
umgepolt werden.
Das Antwortformat ist vierstufig:
(1) stimmt nicht, (2) stimmt kaum, (3) stimmt eher,
(4) stimmt genau.
Ralf Schwarzer/Gerdamarie S. Schmitz: Dokumentation der Skala Lehrer-Selbstwirksamkeit. o.O. 1999.
www.fu-berlin.de/gesund/skalen/Lehrer-Selbstwirk-
samkeit/lehrer-selbstwirksamkeit.htm*

M6 Positives Lehrerverhalten

Lehrer, Eltern

**Positives Lehrerverhalten aus Sicht von
Schülerinnen und Schülern**
(Auszug): Zustimmung in Prozent

Diese Lehrkraft ist in positiver Erinnerung, weil sie …	in Prozent
1 … Schüler ernst nahm	86,7
2 … zu Schülern freundlich war	80,0
3 … zu Schülern ehrlich war	78,7
4 … immer gut vorbereitet war	74,3
5 … Schülern humorvoll begegnete	75,0
2 … einen abwechslungsreichen Unterricht hielt	77,7
6 … den Schülern und sich selbst Fehler zugestanden hat	73,3
7 … gerechte Noten gab	68,7
8 … den Unterricht klar strukturierte	69,7
9 … für gute Leistungen lobte	68,0
10 … Anerkennung zeigte, wenn Schüler etwas wussten	66,0
11 … geduldig war	64,0
12 … das Stundenziel nachvollziehbar verfolgte und erreichte	64,7
13 … ermutigte, wenn sich Schüler anstrengten	60,0
14 … Bezug zum Unterrichtsstoff herstellte	63,7
15 … Schülern gegenüber Wertschätzung zeigte	60,0
16 … Interesse zeigte für Bedürfnisse der Schüler	56,3
17 … motivierte, selbständig zu arbeiten	54,0
18 … ermutigte, Fragen zu stellen	50,3
19 … leistungsschwache Schüler motivierte	52,0
20 … bei Lernschwierigkeiten unterstützte	49,3
22 … Klausuren schnell korrigierte	53,0
23 … anleitete, Sachverhalte kritisch zu betrachten	40,7

* Ratingskala: 1=trifft voll zu, 2=oft, 3=manchmal, 4=selten, 5=kaum, 6=trifft überhaupt nicht zu. In der Spalte (%) werden die Wertungen 1 und 2 dargestellt.

Edgar Schmitz/Peter Voreck/Klaus Hermann/Ernst Rutzinger: Positives und negatives Lehrerverhalten aus Schülersicht. Berichte aus dem Lehrstuhl für Psychologie der TU München. Bericht Nr. 82. München 2006, S. 22.

Befragung von 300 ehemaligen Schülerinnen und Schülern (mittleres Alter, 21-25 Jahre, verschiedene Schulabschlüsse).
Die Faktorenanalyse generiert fünf zentrale Faktoren: (1) emotionale Zuwendung; (2) guter Unterricht aus Schülersicht, (3) Unterstützung, (4) Anerkennung geben, (5) Selbständigkeit fördern.

M7 **Professionelle Lerngemeinschaften**

Lehrer, Eltern

Bei den Professionellen Lerngemeinschaften (PLG's) geht es nicht nur um Hilfe bei Problemen, sondern auch um Unterstützung beim Weiterlernen. Lehrkräfte begreifen sich als Lerner und zwar als solche, die auch voneinander lernen und die ihre Professionalität erhöhen wollen. Deshalb lautet der Begriff auch Professionelle Lerngemeinschaften. Seashore, Louis und Leathwood haben anhand empirischer Studien fünf Merkmale identifiziert, die zusammengenommen definieren, woran man eine gut arbeitende PLG erkennen kann:

Gemeinsam geteilte Normen und pädagogische Vorstellungen

Damit ist eine gemeinsame Sicht auf Kinder, Lernen, Lehren und Lehrkräfte sowie eine gemeinsame Wertschätzung von zwischenmenschlicher Verbundenheit und beruflicher Verpflichtung gemeint.

Fokus auf Schülerlernen

Die Lehrer bekennen sich zu einer kollektiven Verantwortung für das Lernen der Schüler. Die Konzentration aller Handlungen und Vorhaben auf die Lernförderung von Schülern ist eine „Kerncharakteristik" von professionellen Lerngemeinschaften.

Deprivatisierung der Praxis

Die Unterrichtspraxis der Lehrer wird nicht als Privatsache angesehen, sondern offen und schulöffentlich diskutiert. Indem Lehrpersonen ihre berufsbedingte Unsicherheit teilen, lernen sie neue Wege kennen, über das zu reden, was sie tun.

Zusammenarbeit/Kooperation

In dem Maße, in dem die Schülerschaft sozial, ethnisch und kulturell heterogener wird und sich der gesellschaftliche Trend zum Individualismus durchsetzt, müssen die Lehrpersonen stärker zusammenarbeiten. Nur wenn sie ihre Kompetenzen zusammenbringen und ihre Erfahrungen austauschen, sind sie in der Lage, die vielfältigen neuen Herausforderungen durch die Schülerschaft pädagogisch fruchtbar zu machen.

Reflektierender Dialog

Reflexion im Sinne eines Nachdenkens über das eigene Tun erhöht die Bewusstheit über das Handeln und seine Konsequenzen. Ohne Gegenspiegelung durch andere bleiben allerdings die eigenen blinden Flecken unerkannt. Deshalb ist ein stetiger Dialog mit Kollegen erforderlich, der die intellektuellen und sozialen Ansprüche reflektiert sowie die Inhalte und Methoden des Lehrens und Lernens. Dieser Dialog macht das Handeln professioneller.

Professionelle Lerngemeinschaften sind arbeitsbezogene Gruppen von drei bis ca. 12 Lehrkräften. Es gehört zum Wesen einer PLG, dass Lehrpersonen sich auf Beispiele eigener, gelungener Unterrichtspraxis besinnen, die sie sich gegenseitig vorstellen und auf mutmaßliche Folgen für das Lernen der Schüler hin überprüfen. Ferner gehören u.a. dazu

- gegenseitige Vertretung im Unterricht;
- Anbahnung, Durchführung und Auswertung von Hospitationen;
- Entwicklung und Austausch von Arbeitsmitteln;
- Organisation und Auswertung von Schülerfeedback;
- Führen und gemeinsames Auswerten von Lerntagebüchern;
- Klärung und Überprüfung von Leistungsstandards;
- Erstellen von Förderplänen;
- Erfahrungsaustausch mit Kollegen/innen aus anderen Schulen.

Hans-Günter Rolff: Gesundheitsförderung und Schulqualität. Kongress, 15./16.11.2004 in Dortmund. Manuskript des Vortrags, S. 8 f., Auszüge.

M8 Der „Sokratische Eid"

„Als Lehrer und Erzieher verpflichte ich mich,

- die Eigenart eines jeden Kindes zu achten und gegen Jedermann zu verteidigen;
- für seine körperliche und seelische Unversehrtheit einzustehen;
- auf seine Regungen zu achten, ihm zuzuhören, es ernst zu nehmen;
- zu allem, was ich seiner Person antue, seine Zustimmung zu suchen, wie ich es bei einem Erwachsenen täte;
- das Gesetz seiner Entwicklung, soweit es erkennbar ist, zum Guten auszulegen und dem Kind zu ermöglichen, dieses Gesetz anzunehmen;
- seine Anlagen herauszufordern und zu fördern;
- es bereit zu machen, Verantwortung in der Gemeinschaft und für diese zu übernehmen;
- ihm eine Vision von einer besseren Welt zu geben und die Zuversicht, dass sie erreichbar ist;
- es Wahrhaftigkeit zu lehren, nicht die Wahrheit, denn „die ist bei Gott allein".

Damit verpflichte ich mich auch,

- so gut ich kann, selber vorzuleben, wie man mit den Schwierigkeiten, den Anfechtungen und Chancen unserer Welt und mit den eigenen immer begrenzten Gaben, mit der eigenen immer gegebenen Schuld zurechtkommt;
- nach meinen Kräften dafür zu sorgen, dass die kommende Generation eine Welt vorfindet, in der es sich zu leben lohnt und in der die ererbten Lasten und Schwierigkeiten nicht deren Ideen und Möglichkeiten erdrücken;
- meine Überzeugungen und Taten öffentlich zu begründen, mich der Kritik – insbesondere der Betroffenen und Sachkundigen – auszusetzen, meine Urteile gewissenhaft zu prüfen;
- mich dann jedoch allen Personen und Verhältnissen zu widersetzen – dem Druck der öffentlichen Meinung, dem Verbandsinteresse, dem Beamtenstatus, der Dienstvorschrift –, wenn diese meine hier bekundeten Vorsätze behindern.

Ich bekräftige diese Verpflichtung durch die Bereitschaft, mich jederzeit an den in ihr enthaltenen Maßstäben messen zu lassen."

Hentig, Hartmut von: Die Schule neu denken. München u. Wien 1993, S. 258-259.
www.uni-bielefeld.de/LS/laborschule_neu/dieschule_hentig_eid.html

M9 Merkmale guten Unterrichts

Lehrer, Eltern

○ Klare Strukturierung des Unterrichts

○ Hoher Anteil echter Lernzeit

○ Lernförderliches Klima

○ Inhaltliche Klarheit

○ Sinnstiftendes Kommunizieren

○ Methodenvielfalt

○ Individuelles Fördern

○ Intelligentes Üben

○ Transparente Leistungserwartungen

○ Vorbereitete Umgebung

○ ....

○ ....

○ ....

○ ....

Merkmale ineffektiver Klassenführung

• Häufiges wirkungsloses Ermahnen und Androhen von Bestrafung (folgenlose „Endlosschleifen");

• hoher Zeitbedarf für disziplinarische Handlungen;

• mehrere hintereinander geschaltete und inkonsistente Maßnahmen pro „Fall" („Nachfassen");

• sprunghaftes Ausprobieren verschiedener Maßnahmen;

• Nicht-Durchhalten strafender Maßnahmen („Zurückstecken");

• häufiges unmotiviertes Abbrechen von Konflikten.

Gert Lohmann: Mit Schülern klarkommen. Professioneller Umgang mit Unterrichtsstörung und Disziplinkonflikten. Berlin 2003, S. 22.

Vgl. Hilbert Meyer: Zehn Merkmale guten Unterrichts. In: Wolfgang Endres (Hrsg.): Lernen lernen – Wie stricken ohne Wolle? 13 Experten streiten über Konzepte und Modelle zur Lernmethodik. Weinheim und Basel 2007, S. 168 f.

Arbeitshinweise

• Welche Kriterien sind Ihnen besonders wichtig?

• Was fehlt Ihnen in der Auflistung?

• In welchem Bereich sind Sie besonders stark?

• Wo sollten Sie sich noch entwickeln?

• Welche konkreten Schritte könnten Sie in der nächsten Woche unternehmen?

• Wie könnten andere von Ihren Stärken profitieren?

M10 **Grundsätze des Unterrichts**

Lehrer, Eltern

Was sollte wie gelehrt werden?

Das Curriculum, die Unterrichtsmethoden und das gesamte Schulklima sollten die Prinzipien der Gleichberechtigung der Geschlechter, der Menschenrechte und der Gewaltfreiheit veranschaulichen, lehren und bestärken und gleichzeitig die Fähigkeiten zur Umsetzung dieser Prinzipien im Alltag an die Hand geben. Ebenso sollte die Resilienz der Kinder gestärkt werden, damit sie mit Gewalt umgehen bzw. sie bewältigen können, wenn sie aufgetreten ist. Traditioneller Weise sind Curricula stark inhaltsbezogen (was), schenken jedoch Lern- und Prozesskompetenzen (wie), z.B. Recherche-, Problemlösungs- und Entscheidungsfähigkeit weniger Beachtung. Zunehmend wird jedoch erkannt, dass es in einer sich rasant verändernden Welt notwendig ist, Kindern das Wie konstruktiven menschlichen Verhaltens beizubringen, damit sie sich selbst und andere vor Schaden schützen können. Diese Art der Erziehung wird häufig als Bildung zur Erlangung lebenspraktischer Fähigkeiten („life skills-based education") bezeichnet. Eine solche Bildung sollte Teil eines größeren Bildungszusammenhangs sein, welcher die Prinzipien der Geschlechtergerechtigkeit, der Menschenrechte und der Gewaltfreiheit aufgreift, ihr Entstehen und Möglichkeiten ihrer praktischen Umsetzung behandelt.

Ein solcher Bildungsprozess kann sehr persönliche und sensible Bereiche einschließen, die mit der Einzigartigkeit eines jeden Kindes, wie seinem familiären Hintergrund oder religiösen und kulturellen Traditionen zusammenhängen. Zu den sensiblen Bereichen zählen auch im Zusammenhang mit und in Anwesenheit von Kindern vormals tabuisierte Themen. Der Umgang mit solchen Fragen erfordert die Entwicklung entsprechender Curricula und angemessener Unterrichtsmethoden.

Von 1998 bis 2004 erarbeiteten der UN-Sonderberichterstatter für das Recht auf Bildung und die UNESCO gemeinsam das „Manual on Rights-based Education: Global Human Rights Requirements Made Simple". Dieses beinhaltet, dass Kinder sowohl ein Recht auf Bildung, als auch Rechte im Bildungsprozess haben. Damit wird die Verpflichtung der Schulen verdeutlicht, die Rechte ihrer Schüler zu schützen sowie ihnen Respekt vor den Rechten anderer beizubringen.

Der auf Rechte bezogene Bildungsansatz macht Bildung zum Fundament einer langfristigen Kampagne gegen alle Arten von Gewalt, einschließlich Gewalt gegen Kinder. Denn die größte Hoffnung für eine Zukunft ohne Gewalt sind Kinder, die in Schulen ohne Gewalt zur Gewaltlosigkeit und zum Respekt gegenüber den Rechten des Anderen erzogen werden.

Paulo Sergio Pinheiro: World report on Violence against Children. United Nation Secretary Generals Study. Genvea 2006, S. 150 f. (Original in englisch, Übersetzung: Amos Heuss).
www.violencestudy.org/a553

M11 Sich auf den Weg machen

Lehrer, Eltern

Sich gemeinsam auf den Weg machen:

- Wo stehen wir? Wo liegen unsere Stärken und Verbesserungsbereiche?
- Wo wollen wir hin? Auf welche Ziele verständigen wir uns?
- Wie können wir unsere Ziele erreichen? Welche Maßnahmen vereinbaren wir?
- Wie stellen wir am Ende der Maßnahmen fest, dass wir erfolgreich waren?

Regelmäßige Reflexionen

- Wo befinden wir uns momentan? Wo waren wir erfolgreich?
- Wo haben wir uns unter Umständen übernommen? Welche Voraussetzungen müssen wir schaffen, um Hindernisse zu überwinden?
- Welche Ressourcen (Qualifizierung, Arbeitszeit, Unterstützung) benötigen wir?
- Was wollen wir in welchem Zeitraum verändern?

Jährliche Bilanzierung

Folgende Fragestellungen sind für die Schulleitung im Rahmen der jährlichen Bilanzierung des Schulentwicklungsprozesses von Bedeutung:

- Wo stehen wir momentan? Welche Ziele haben wir erreicht, welche nicht?
- Steht der Qualitätsbereich „Lernen und Lehren" im Zentrum unserer Qualitätsentwicklung?
- Welche Ergebnisse haben wir im Unterricht unserer Lerngruppen erreicht? Welche Ergebnisse sollten wir erreichen?
- Welche Stärken haben wir entwickelt?
- Wie zufrieden sind die Beteiligten mit der Schule?
- Passen unsere Ziele (noch) zu unserem Leitbild?
- Wann evaluieren wir wieder unser Schulprogramm?
- Wann legen wir erneut Rechenschaft ab?

Niedersächsisches Kultusministerium (Hrsg.): Der Orientierungsrahmen Schulqualität in Niedersachsen. Hannover 2006.
www.mk.niedersachsen.de

M12 **Was ist eine gute Schule?**

Was macht eine gute Schule aus?

Beantwortet im Internet von Darko am 11. Mai 2007 09:45:

- Den Einzelnen gerecht werden;
- Individuelle Förderung und Herausforderung;
- Individuelle Zuwendung, Betreuung;
- Individualisierung des Lernens;
- Förderung/Integration;
- Feed Back, Lernbegleitung, Leistungsbewertung;
- „Das andere Lernen";
- Erziehender Unterricht, Wissensvermittlung, Bildung;
- Lernen in Sinnzusammenhängen/Erfahrungsorientierung;
- Selbstverantwortetes, selbsttätiges Lernen;
- Freude am Lernen und Gestalten;
- Differenzierung;
- Qualitätskriterien für Bewertung und Präsentation von Leistungen;
- Schule als Gemeinschaft – Demokratie lernen und leben;
- Achtungsvoller Umgang/Schulklima;
- Schule als Lebens- und Erfahrungsraum;
- Schule als demokratische Gemeinschaft und Ort der Bewährung;
- Öffnung der Schule/Teilhabe an der Gesellschaft;
- Schule als lernende Institution – Reformen „von innen" und „von unten";
- Schulprofil und Schulentwicklung;
- Arbeitsklima und Organisation;
- Evaluation;
- Fortbildung.

www.gutefrage.net/frage/was-macht-eine-gute-schule-aus

Was ist eine gute Schule für mein Kind?

- Was lernen Schülerinnen und Schüler an dieser Schule?
- Wie lernen Schülerinnen und Schüler an dieser Schule?
- Hat die Schule ein Schulprogramm?
- Arbeiten die Lehrer im Team? Tauschen sie sich regelmäßig aus?
- Bildet sich das Kollegium systematisch fort?
- Arbeitet die Schule mit anderen Partnern zusammen?
- Bewertet die Schule regelmäßig die Qualität der pädagogischen Arbeit?
- Werden die Schüler, Eltern und „Abnehmer" der Schule regelmäßig nach ihrer Zufriedenheit mit der Schule gefragt?
- Bezieht die Schulleitung das Lehrerkollegium, die Schüler und Eltern in Entscheidungen und Planungen ein?
- Fördert die Schule die aktive Elternarbeit?

Bertelsmann Stiftung 2002.

Merkmale guter Schulen

- Orientierung an hohen, allen bekannten fachlichen und überfachlichen Leistungsstandards: positive Leistungserwartungen und intellektuelle Herausforderung.
- Hohe Wertschätzung von Wissen und Kreativität.
- Mitsprache und Verantwortungsübernahme durch Schülerinnen und Schüler.
- Wertschätzende Beziehungen zwischen Leitung, Lehrkräften und Schülerinnen und Schülern.
- Aushandlung und konsequente Handhabung von Regeln: Berechenbarkeit des Verhaltens.
- Reichhaltiges Schulleben und vielfältige Entfaltungsmöglichkeiten für Lehrkräfte und Schülerinnen und Schüler.
- Eine kooperative, aber deutlich wahrgenommene und zielbewusste Schulleitung.
- Zusammenarbeit und Konsens im Kollegium.
- Einbeziehung der Eltern.
- Schulinterne Lehrerfortbildung.

Peter Posch/Herbert Altrichter: Schulqualität. Merkmale schulischer Qualität in der Perspektive verschiedener Bezugsgruppen. BMUK, Wien 1999.

M13 Ideen für eine bessere Schule

Lehrer, Eltern

Bildungsplan für jeden Schüler

Aus dem Zeugnis erfahren Schüler nur, in welchen Fächern sie besser oder schlechter sind als der Rest der Klasse. Wie sie effektiver lernen, steht dort nicht. Daher bin ich für einen individuellen Bildungsplan, der Stärken und Schwächen der Schüler auflistet und konkrete Schritte beschreibt – für Eltern und Schüler, aber auch für Lehrer.

Ursula Walther, stellvertretende Vorsitzende des Bundeselternbeirats.

Die Großen helfen den Kleinen

Wir sollten Oberstufenschüler dazu motivieren, dass sie ihren jüngeren Mitschülern Arbeitsgemeinschaften und Tutorien anbieten. Ob Nachhilfe, die Betreuung in der Mittagspause, eine Computer-AG oder Jazz-Dance, es ist doch besser, die Kompetenzen von Oberstufenschülern sinnvoll einzusetzen und ihre Vermittlungsfähigkeiten zu aktivieren, anstatt dass sie im Supermarkt jobben.

Margarete Eisele-Becker, Direktorin des Margarete-Rothe-Gymnasiums in Hamburg.

Schüler sagen ihre Meinung

Schülerrückmeldungen sollen fester Bestandteil des Unterrichts werden. Unterricht ist nicht allein Lehrersache, denn Erfolg wie Misserfolg sind gemeinschaftliche Produkte. Deshalb sollte Selbstwahrnehmung mit Fremdwahrnehmung abgeglichen werden. Das ist gut für Lehrer. Sie erhalten Hinweise zur Wirkung ihres Unterrichts und Anerkennung oder Korrektursignale. Das ist gut für Schüler: Sie werden als Lerner und Mitgestalter ernst genommen und an der Entwicklung von Kriterien für guten Unterricht beteiligt.

Peter Daschner, Direktor des Landesinstituts für Lehrerbildung und Schulentwicklung in Hamburg.

Die Lehrer als die wahren Bildungsexperten

Verschlimmbesserung vermeiden! Schulverwaltungen, Politiker und auch wir Bildungsforscher neigen dazu, allgemeine Erkenntnisse über die „gute Schule" als Patentrezepte auf jede Einzelschule zu übertragen. Dass Bildungsforscher einfach sagen können, wie es besser geht, ist ein verbreitetes Missverständnis. Die eigentlichen Experten für die Verbesserung des Unterrichts sind die Lehrer. Die Stärke der Wissenschaft ist umgekehrt, die Auswirkungen von Ideen objektiver zu messen. Deshalb sollten sich Pädagogen und Forscher die Arbeit anders teilen: In den Schulen probieren die Pädagogen systematisch neue Formen des Unterrichts aus, die Forscher begleiten diese Experimente durch Evaluation.

Kai S. Cortina, Lernpsychologe an der Universität von Michigan/USA.

Das sauberste Klassenzimmer

Die Schulleitung könnte jedes Halbjahr einen Wettbewerb um den saubersten Klassenraum ausrichten. Ich als Hausmeister bekomme ja ganz genau mit, welche Klassen ordentlich aussehen und welche nicht. Die Siegerklasse könnte in der Schülerzeitung stehen und einen Preis gewinnen, zum Beispiel einen Kinobesuch.

Frank Oerzen, Hausmeister am Hamburger Gymnasium Johanneum.

Zehn Ideen für eine Bessere Schule. In: Die Zeit, 8.7.2004, S. 67, Auszüge.

M14 Schulinspektion

Lehrer, Eltern

Die Berufsbildenden Schulen Anne-Marie Tausch in Wolfsburg haben sich einer Schulinspektion unterzogen und dabei ein außergewöhnlich gutes Ergebnis erreicht. Neben Einsichtnahmen in den Unterricht von 2/3 der Lehrkräfte wurden umfangreiche Schuldokumente ausgewertet und ausführliche Interviews mit der Schulleitung, den Funktionsträgern, Lehrkräften, Schülerinnen und Schülern, Eltern, sonstigen Mitarbeiterinnen, Mitarbeitern und Partnern der beruflichen Bildung geführt.
Alle 16 Kriterien des Qualitätsprofils lagen im positiven Bereich!

Auszüge aus dem Inspektionsbericht:
Fokussiert auf Eigenschaften, ergibt sich für die Inspektion folgendes Bild der Anne-Marie Tausch Schule:

* Die Schule ist wertebewusst. Die Diskussion und das Ergebnis der Namensgebung in Zusammenhang mit dem Leitbild haben alle Mitglieder der Schulgemeinschaft auf ein humanistisches Menschenbild verpflichtet.
* Die Arbeit der Schule zeichnet sich aus durch Zuverlässigkeit, Qualitätsorientierung, Teambezogenheit.
* Die Schule ist anspruchsvoll. Qualitätsbewusst bedeutet hier auch, den Schülerinnen und Schülern eine optimale Ausbildung mitzugeben und zwar bezogen auf alle in den Plänen beschriebenen Kompetenzebenen. Dazu bemüht man sich, den Unterricht modern und attraktiv zu gestalten und ist dabei immer auf der Suche, wie man es noch besser machen kann.
* Die Schule ist offen. Die Schulleitung – und insbesondere der Schulleiter – haben nicht nur im bildlichen Sinne immer eine offene Tür. Gute Anregungen werden aufgegriffen, und die Möglichkeiten zur Unterstützung werden ausgeschöpft. Auch das Kollegium ist – unterstützt von der Fortbildungsbeauftragten – immer offen für neue fachliche und pädagogische Entwicklungen.
* Diese Offenheit überträgt sich auch auf die Schülerinnen und Schüler. Die Schülervertretung regt an und ist offen für Anregungen, die Arbeitsbedingungen für die Schülerinnen und Schüler zu verbessern und Menschen, die in Notlagen geraten sind, zu helfen.
* Ein Verbesserungsbereich ist die Förderung nicht nur der leistungsschwächeren, sondern auch der leistungsstarken Schülerinnen und Schüler. Daneben ist die Beteiligung an der Schulentwicklung sowohl der Ausbildungspartner als auch der Schülerinnen und Schüler bisher eher gering entwickelt.
* Die vorhandene Kompetenz sowohl in fachlicher Hinsicht als auch im Hinblick auf die Entwicklungs- und Qualitätsfähigkeit (Change Management) eröffnet der Schule die Möglichkeit, sich als Kompetenzzentrum in der Region zu positionieren.

Verbesserungsmöglichkeiten:
* Im Unterricht könnte noch mehr auf die unterschiedliche Leistungsfähigkeit der Schülerinnen und Schüler eingegangen werden.
* Es gibt noch kein Konzept zur Medienerziehung, das in den Unterricht integriert ist.
* Die Schule sollte mehr Kontakte auf internationaler Ebene herstellen.

www.bbs-anne-marie-tausch.de/html/start1.htm
(Auszüge)

M15 Mit Bildung gegen Gewalt

Lehrer, Eltern

Maßstäbe für Bildung

1. Abscheu und Abwehr von Unmenschlichkeit

Wir wehren uns gegen das Unmenschliche, das wir in aller Regel sofort erkennen. Das Unmenschliche kommt vom Menschen. Das Unmenschliche ist schlecht, das Menschliche darum noch nicht gut. Es gibt keinen sicheren Maßstab für „Menschlichkeit" – außer in der Verneinung der Unmenschlichkeit.

2. Die Wahrnehmung von Glück

Wo keine Freude ist, ist auch keine Bildung, und Freude ist der alltägliche Abglanz des Glücks. Hat der Vorgang, den wir Bildung nennen wollen, einem Menschen keinen Grund, keinen Anlaß, keine Fähigkeit zur Freude gegeben, war er verfehlt.
Bildung soll Glücksmöglichkeiten eröffnen, Glücksempfänglichkeit, eine Verantwortung für das eigene Glück.

3. Die Fähigkeit und der Wille, sich zu verständigen

Verständigung ist eine hohe Kunst ... Und doch genügt eine solche Verständigungskunst mit allem, was zu ihr gehört nicht – eine geübte Sprache und Diplomatie, dialogische Kultur und runder Tisch, Gruppendynamik und Gemeinwesenarbeit –, es muss der Wille zur Verständigung vorhanden sein. Ein Entwicklungs- und Bildungsgang, der nicht erreicht hat, dass man die Verständigung aktiv und unaufdringlich sucht, wäre wieder einmal „fehlgeschlagen".

4. Ein Bewusstsein von der Geschichtlichkeit der eigenen Existenz

Geschichtlichkeit ist ein Bewusstsein von uns vererbten allgemeinen Zwecken wie der Aufrechterhaltung des Friedens oder der Verwirklichung der res publica, der Vervollkommung der Gerechtigkeit, der Sozialpflichtigkeit des Eigentums, der Befreiung des Menschen aus der selbstverschuldeten Unmündigkeit, der Solidarität mit den Geplagten, Verfolgten, Vernachlässigten in der Welt.

5. Wachheit für letzte Fragen

Wir können nicht aufhören, sie zu stellen: Warum bin ich? Warum bin ich ich? Bin ich frei, von jenem Plan abzuweichen? Wohin führt das alles? Was kommt danach? Der Mensch muss sich mit diesen Fragen auseinandersetzen. Sie geben ihm ein Bewusstsein von der Grenze der menschlichen Vernunft und nötigen zugleich zu deren äußerster Anstrengung.

6. Die Bereitschaft zur Selbstverantwortung

Selbstverantwortung bedeutet Rechenschaft geben, also jemandem Rede und Antwort stehen. Ich schulde meinen Mitbürgern Rechenschaft nicht für alles, aber für alles, was auch sie betrifft. Und ich bin insofern für mich verantwortlich.

Darum ist eine Bildung, die nicht zur Politik führt, mich also nicht zur Wahrnehmung meiner Rolle – oder Verantwortung – im Gemeinwesen angeleitet und befähigt hat, eben keine „Bildung". Gemeint sind die Befähigung zur Prüfung, Erörterung, Beratung, Beurteilung politischer Sachverhalte und die daraus folgenden Entscheidung. Dazu gehört auch die Tapferkeit gegenüber den Freunden, die Zivilcourage gegenüber den Vielen, den Oberen und Stärkeren.

Hartmut von Hentig: Bildung. München/Wien 1996, S. 78 ff., Auszüge.

Kommunikation

«Gewaltprävention an der Schule heißt, Gespräche vorbeugend zu führen und auch bei Problemen ein Reden als Eingreifen' benutzt.» Ebru K.

Gelingende Kommunikation ist ein Schlüssel zur Gewaltprävention. In diesem Baustein werden deshalb die Grundlagen menschlicher Kommunikation beschrieben und Möglichkeiten gelingender Kommunikation aufgezeigt. Dabei kommen der sozialen Wahrnehmung, dem Ausdruck von Gefühlen sowie der nonverbalen Kommunikation besondere Bedeutung zu.

Menschliche Kommunikation

Drei Dinge
Die drei wichtigsten Dinge im Leben sind: Geburt. Kommunikation und Tod.
Friedemann Schultz von Thun. In: Friedemann Schultz Thun: In: Deutsches Allgemeines Sonntagsblatt Nr. 28, 14. Juli 2000.

Kommunikation ist eine unbedingte Voraussetzung des Zusammenlebens und der menschlichen Entwicklung. Verstehen und Verstanden werden als Ziel gelungener Kommunikation ist nicht einfach zu erreichen. Um richtig verstanden zu werden genügt es nicht, die richtigen Worte zu wählen. Neben der „logischen" Aussage, muss auch die „psycho-logische" stimmen. Diese wird durch vielerlei, die Worte begleitende oder ersetzende Körpersignale, ausgedrückt.

Zwischenmenschliche Kommunikation ist kein einseitiger, monologischer Prozess, sie findet in der Auseinandersetzung mit den anderen statt. Eine selbstständige Persönlichkeit entwickelt sich nur in und durch diese Auseinandersetzung, denn der Mensch kommt erst über das „Du" zum eigenen „Ich". Die Erfahrungen vom Anderen treten somit in den Mittelpunkt der Kommunikation.

Lehrkräfte und Eltern sind in diesem Prozess Vorbilder oder doch zumindest Modelle für gelungene oder misslungene Verständigungsprozesse. Gewaltpräventionsforschung zeigt, dass die Qualität der Lehrer-Schüler-Beziehung einen deutlichen Einfluss auf das Gewaltverhalten der Schülerinnen und Schüler hat. Restriktives und autoritär-disziplinierendes Lehrerverhalten bewirken eher ein gewaltförderndes Sozialklima (Melzer/Ehninger 2002, S. 44). Die öffentliche, vor der Klasse vorgenommene Etikettierung und Stigmatisierung

einzelner Schüler reduziert deren Selbstwertgefühl, grenzt sie aus und befördert damit Gewalt (Fuchs 2009, S. 48). Die Vermittlung von Kommunikationskompetenz (auf Schüler-, Lehrer-, und Elternseite) ist deshalb ein zentraler Bereich von Gewaltprävention.

Soziale Wahrnehmung
als Voraussetzung von Kommunikation

Menschliches Verhalten wird wesentlich durch die Wahrnehmung bestimmt. Dass und wie ein Mensch sich verhält, hängt davon ab, wie er die ihn umgebende Welt wahrnimmt. Wahrnehmung ist kein fotografisch-objektives Registrieren der Umwelt. Unsere Sinne können uns täuschen – sie sind zahlreichen Korrekturen, Einflüssen, Störungen und Fehlern unterworfen. Handeln in Problem- und noch mehr in Gewaltsituationen beruht häufig auf eingeschränkter Wahrnehmungsfähigkeit, verbunden mit mangelnder Informationsverarbeitung. Sind diese Situationen zudem noch emotional stark aufgeladen, schränken sich unsere Verhaltensmöglichkeiten auf wenige „erprobte Konstanten" ein. Doch diese sind meist nicht angemessen. Fehlwahrnehmungen, eingeschränkte Wahrnehmungen oder falsche Interpretation und Verarbeitung des Wahrgenommenen bewirken oft falsche oder unangemessene Reaktionen.

Die Schulung der Wahrnehmung, das Kennen von Wahrnehmungsprinzipien und das Wissen um die Lücken- und Fehlerhaftigkeit der Wahrnehmung, verbunden mit der Überprüfung des Wahrgenommenen und dessen Interpretation, sind zentrale Voraussetzungen für gelungene Kommunikation. Ebenso sind sie auch für konstruktive Konfliktbearbeitung und einen deeskalierenden Umgang mit Gewaltsituationen von entscheidender Bedeutung.

Lernen beruht auf Wahrnehmung

Der Mensch benötigt seine Sinne, um die Welt und auch sich selbst erfahren und erkennen zu können. Doch alle Wahrnehmung ist bruchstückhaft und verzerrt. Aus der gewaltigen Menge der Reize werden nur wenige ausgewählt. Die Auswahl entspricht nicht nur der Intensität der Reize, sondern auch den eigenen Bedürfnissen. Wahrnehmung vermittelt kein objektives Abbild von Realität, sondern ist ein komplizierter Prozess der Informationsverarbeitung, der neue – nämlich subjektive – Wirklichkeiten schafft.

Nicht das Auge, sondern das Gehirn ist das wichtigste Wahrnehmungsorgan. Unsere Sinne vermitteln uns keine direkten spiegelbildlichen Eindrücke, sondern unzählige Signale, die auf Nervenzellen treffen und dort in die „Sprache des Gehirns", in elektrische

Achtsamkeit

Achte auf deine Gedanken, denn sie werden deine Worte.
Achte auf deine Worte, denn sie werden deine Handlungen.
Achte auf deine Handlungen, denn sie werden Gewohnheiten.
Achte auf deine Gewohnheiten, denn sie werden dein Charakter.
Achte auf deinen Charakter, denn er wird dein Schicksal.
Klosterinschrift in England.
Zitiert nach: Evang. Jugendzentrum „Auf der Höhe"
Essen u.a. (Hrsg.): Sinn des Lebens. Villigst 2005, S. 98.

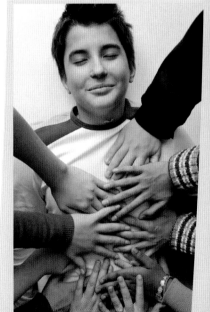

Blaue Spaghetti?

Worum mögen Sie keine blauen Spaghetti? Zu künstlich? Woher kommt die Gewissheit, dass weiße Spaghetti natürlicher und gesünder sind? Welche Farbe hat die Zukunft, welche Liebe, welche Hass? Wie sieht etwas Giftiges aus?

Obwohl diese Fragen auf den ersten Blick unsinnig erscheinen, haben Menschen natürlich eine genaue (subjektive) Vorstellung davon, denn sie ordnen bestimmten Empfindungen bestimmte Farben zu.

Günther Gugel/Uli Jäger: Weltsichten. Tübingen 1999, S. 85.

Nervenimpulse umgewandelt und an das Gehirn weitergeleitet werden. Die eigentliche Frage ist dabei, wie aus physikalischer Energie psychologische Bedeutung entsteht. Denn erst das Gehirn verbindet die elektrischen Impulse mit bestimmten Bedeutungsinhalten. Lichtwellen werden so z.B. im Gehirn als Farbe und Schallwellen als Töne empfunden. Dabei ist die Frage, wie dies genau vonstatten geht und warum wir aus all' den Umweltreizen bestimmte ganzheitliche Eindrücke herausfiltern und als zusammenhängende sinnvolle Bedeutungsmuster erkennen, bislang weitgehend ungeklärt. Wie also kommt die Welt in den Kopf und wie bekommt diese Welt ihre Bedeutung?

Soziale Wahrnehmung

Soziale Wahrnehmung bedeutet sowohl Wahrnehmung von Sozialem (Personen) als auch die Mitbedingtheit der Wahrnehmung durch Soziales. Die jeweilige Wahrnehmung steuert das Verhalten. Wahrnehmung ist dabei ein Kompromiss zwischen dem, was der Mensch wahrzunehmen erwartet (Hypothese) und dem, was er faktisch an Umweltaufschluss vorfindet. Wahrnehmungsgesetze sind deshalb keine objektiven Mechanismen, sondern subjektive Konstruktionsprinzipien.

In der Gestaltpsychologie wurden eine Reihe von „Wahrnehmungsgesetzen" formuliert:

• **Das Gesetz der Geschlossenheit**

  Geschlossene Wahrnehmungsgegenstände haben größere Aussichten als Gestalten (zusammengehöriges Ganzes) wahrgenommen zu werden als nicht ganz geschlossene. Fehlende Teile werden zu geschlossenen Gestalten ergänzt.

Benennen Sie schnell hintereinander die Farben der Flächen:

grün	blau
orange	braun
weiß	gelb
schwarz	rot

Physiologische Wirkung von Farben

Die physiologische Wirkung der Farben nehmen wir meist nicht bewußt wahr. (...) Eine Wirkung der Farben auf Kreislauf und Nervensystem stellt sich vor allem ein, wenn man farbiger Beleuchtung ausgesetzt ist. (...) Die einzelnen Farben haben recht unterschiedliche Wirkung:

• Gelb erhöht die Motorik, belebt, wirkt anregend und erheiternd.
• Orange aktiviert und wirkt bewegend.
• Rot aktiviert sehr stark und erregt, es steigert die Empfindung.
• Violett macht passiv und wirkt beruhigend.
• Blau erhöht die Konzentration, es kann aber auch deprimieren.
• Grün wirkt ausgleichend, stark beruhigend, eventuell auch abstumpfend.

Eine völlig „farblose", also unbunte Umgebung ermüdet den Menschen auf die Dauer und stumpft ihn ab.

Ruth Bleckwenn/Beate Schwarze: Gestaltungslehre. Hamburg 1995, S. 59.

- **Das Gesetz der Nähe**

  Näher zusammenliegende (stehende ...) Teile (Personen, Gegenstände ...) werden als zusammengehörig wahrgenommen (räumliche und/oder zeitliche Nähe).

- **Das Figur-Hintergrund-Prinzip**

  Gegenstände (Ereignisse, Personen ...) werden in ihrer Beziehung zur Umgebung (Umwelt) wahrgenommen, der Kontext bestimmt, was wirklich wahrgenommen wird.

- **Bewegung ermöglicht Wahrnehmung**

  Tiere, die still auf der Stelle verharren, können von ihren Feinden in der Regel nicht wahrgenommen werden. Erst, wenn sie sich bewegen, werden sie zur Beute. Helle Punkte in einem dunklen Umfeld ergeben noch keine Struktur und noch keinen Sinn. Erst, wenn sie bewegt werden ist eine Figur zu erkennen.

Wahrnehmung ist dabei immer

- **selektiv**, d.h. aus den vielen Reizen werden besonders ansprechende „ausgesucht";
- **organisierend und gestaltend**, d.h. die Umwelt wird entsprechend den eigenen Stimmungen und Motiven organisiert;
- **akzentuiert,** d.h. das selektierte Material wird nochmals in wichtig und weniger wichtig differenziert;
- **fixierend,** d.h. Voreingenommenheiten, Stereotype und Vorurteile wirken sich bestätigend aus. Nur wenige Merkmale des Wahrgenommenen werden herausgegriffen.

Wahrnehmungsmuster sind zudem kulturell geprägt. Die gleichen Ausdrucksgesten werden in verschiedenen Ländern unterschiedlich interpretiert und verstanden, was zu vielerlei Missverständnissen führen kann.

Die Grenzen der Wahrnehmung

Unser Wahrnehmungsapparat ist äußerst begrenzt und lässt sich zudem leicht (z.B. optisch) täuschen. Wir können nur einen Teil der äußeren Wirklichkeit mit unseren Sinnen aufnehmen. So können z.B. unsere Ohren nur einen sehr schmalen Frequenzbereich hören. Wir sehen mit unseren Augen nur einen bestimmen Ausschnitt, und wir nehmen nur bestimmte Wellenlängen des Lichtes wahr. Unsere Geschmacksorgane können viele gefährliche Substanzen, die geschmacksneutral sind, nicht identifizieren. Die sensorische Ausstattung der Menschen kann weder Utraschall noch Radioaktivität registrieren. Wir können nicht feststellen, ob Lebensmittel mit chemischen Substanzen vermischt sind oder ob sie gentechnisch manipuliert wurden.

Doch nicht nur biologische und anthropologische Faktoren spielen eine Rolle. Oft begünstigen Vorurteile oder Stereotype eine „falsche" Wahrnehmung. Auch Angst oder Stress führen zu stark

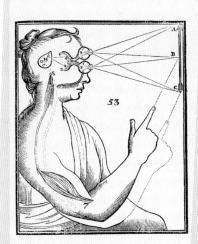

Emotionen kontrollieren
Emotional gesunde Kinder lernen, ihre Emotionen zu kontrollieren, indem sie sich selbst behandeln, wie ihre Eltern sie behandelt hätten. Geht es um unangenehme Gefühle wie Angst, Sorge oder Wut, müssen wir uns Wege überlegen, damit umzugehen.
Jörg Mertens: Emotionale Intelligenz. http://emotions. psychologie.uni-sb.de

eingeschränkter oder verzerrter Wahrnehmung. Gruppen, denen man sich zugehörig fühlt, also Bezugsgruppen, beeinflussen außerordentlich stark die Wahrnehmung und damit verbunden die Bewertung des Wahrgenommenen. So besteht z.B. eine Tendenz zur Angleichung von Meinungen in Gruppen, deren Mitglieder in einem engen Kontakt miteinander stehen. Gruppenteilnehmer trauen der Gruppenwahrnehmung mehr als ihrer eigenen und korrigieren die eigene Wahrnehmung zugunsten der Gruppenwahrnehmung. Vorurteile und Feindbilder sind vor allem Gruppenphänomene. Es sind Urteile von Gruppen über andere Gruppen, die sich hartnäckig einer Überprüfung und Korrektur entziehen.

Tabuthemen

Über diese Themen sprechen Menschen kaum mit anderen, weil ihnen das zu privat ist:
Angaben in %

Sexualität	64
Wie man finanziell dasteht, was man an Einkommen und Vermögen hat	61
Beziehungsprobleme	49
Geldsorgen	48
Probleme in der eigenen Familie	39
Das Thema Tod	33
Liebe, Zuneigung zu anderen Menschen	25
Schwere Krankheiten	22
Der eigene Glaube, die eigenen religiösen Überzeugungen	18
Die eigene politische Einstellung	12
Keines davon ist zu privat	9

Obwohl die Medien teilweise die Enttabuisierung der Intimsphäre suggerieren, steht Sexualität ungebrochen an der Spitze der Themen, über die die Bevölkerung kaum mit anderen sprechen mag. Auch die Abneigung, über Beziehungsprobleme mit anderen zu kommunizieren, hat zugenommen wie auch der Wunsch, die finanzielle Intimsphäre abzuschotten.
Lediglich die Unter-20-Jährigen sind in dieser Beziehung wesentlich unbefangener und benennen insgesamt weniger Tabuthemen.
Institut für Demoskopie Allensbach: Gesprächskultur in Deutschland. Allensbacher Berichte 2009, Nr. 3, S. 4. www.ifd-allensbach.de

Bevölkerung Bundesrepublik Deutschland ab 16 bzw. 14 Jahren.

Gefühle steuern Verhalten

Angst ist nicht nur ein schlechter Ratgeber, sie verhindert auch mögliche Lernprozesse, denn es gibt keine emotionsfreie Informationsverarbeitung. Emotionsregulation ist an allen Prozessen der sozial-kognitiven Informationsverarbeitung beteiligt. Der gekonnte Umgang mit eigenen und fremden Emotionen ist dabei ein Schutzfaktor für das Individuum selbst wie für seine Sozialgruppe. Deshalb ist die sozial-kognitive Informationsverarbeitung ein spannendes Arbeitsgebiet der Präventionsforscher geworden (vgl. Haug-Schnabel 2005).

Gefühle sind unmittelbare körperliche Empfindungen und Reaktionen, die unser gesamtes Bewusstsein bestimmen. Sie tauchen in unterschiedlichen Formen auf, als Warnsignale (Angst, Furcht), als Ausdruck von Überraschung (z.B. Freude) oder als Reaktion auf Verlust (Trauer). Sie decken die gesamte Breite menschlicher Empfindungen ab und bilden so einen zentralen Bereich des menschlichen Ausdrucks. Starke Gefühlsregungen treten dann auf, wenn Bedürfnisse nicht befriedigt oder verletzt werden. Zu den Grundgefühlen gehören Freude, Angst und Furcht, Trauer, Scham und Schuldgefühl, Neid, Mitleid, Liebe, Aggression, Freude, Hilflosigkeit, Wut, Zorn, Kummer, Niedergeschlagenheit, Verzweiflung und Langeweile.

Die Konfrontation mit spontan und impulsiv ausgedrückten Gefühlen mobilisiert oft Angst. Doch die Wahrnehmung von eigenen und fremden Gefühlen und der konstruktive Umgang damit können gelernt werden.

Goleman (1996) unterscheidet drei charakteristische Stile des Umgangs mit den eigenen Emotionen:

1. **Der achtsame Charakter:** Er ist ein guter Emotionsmanager, der es versteht, die Emotionen sowohl zu identifizieren, als auch zu nutzen, was einer im hohem Maße vorhandenen Achtsamkeit zu verdanken ist.

2. **Der überwältigte Typ:** Dieser ist sich seiner Emotionen wenig bewusst und kann folglich auch kaum Einfluss auf sie ausüben.

3. **Der Hinnehmende:** Dieser ist sich seiner Emotionen bewusst, versucht jedoch nicht, etwas gegen sie auszurichten. Er nimmt sie mit einer „laissez-faire" Haltung hin, was funktioniert, wenn man optimistisch ist. Allerdings kann diese Strategie sehr oft bei Depressiven beobachtet werden.

Wie ein Fluss

Grundwissen

Kommunikation ist wie ein Fluss, der ständig vor sich hinfließt. Er kann mal mehr, mal weniger Wasser führen, er kann mal ruhiger fließen oder sich über Stromschnellen bewegen.

Andere Wassermassen können hinzukommen und eine Zeitlang gemeinsam fließen, bevor sie sich wieder trennen. Man kann diesen Fluss umleiten oder austrocknen, immer wird man dann noch das Flussbett und die Ablagerungen sehen.

Ein solcher Fluss hat viele Funktionen: er kann verbinden oder trennen, er bietet lebensspendes Wasser, er ist ein Transportweg für vielerlei Waren und Menschen, er bietet Erholungmöglichkeiten.

Günther Gugel: Kommunikation. In: Konflikte XXL. Tübingen 2004 (CD-ROM).

Dialog
Die Wurzeln des Wortes „Dialog" liegen in dem griechischen „dialogos": dia (durch) und logos (Bedeutung). Dialog bedeutet also hier nicht „Zwiegespräch", sondern: der „Fluss von Bedeutung" (mit und durch das Wort zwischen den Menschen).
Martina & Johannes F. Hartkemeyer/L. Freeman Dhority: Miteinander Denken. Das Geheimnis des Dialogs. Stuttgart 2001.

Damit sich eine eigenständige Persönlichkeit entwickeln kann, müssen Gefühle zugelassen und ernst genommen werden. Die emotionale Grundlage jeder Erziehung bilden Anerkennung, Geborgenheit, Wertschätzung und Akzeptanz. Um den Verlockungen der Gewalt widerstehen und eine selbstsichere, widerstandsfähige, vertrauensvolle und empathische Persönlichkeit entwickeln zu können, benötigen insbesondere Kinder und Jugendliche eine spezifische Qualität der Zuwendung, die Reiner Steinweg als seelische Grundnahrungsmittel kennzeichnet (2008, S. 116). Kinder müssen

- in ihrer Besonderheit gesehen werden und Aufmerksamkeit erfahren;
- in ihrer Gefühls- und Erlebniswelt, aber auch in ihrem Schmerz verstanden werden;
- Ermutigung und Anerkennung in ihren Bemühungen und Leistungen erleben;
- wohlwollende Kritik und Widerspruch bei Grenzverletzungen erhalten;
- Verlässlichkeit erleben, und (entsprechend abgestufte) Verantwortung übernehmen können.

Auch Gabriele Haug-Schnabel (2005) weist darauf hin, dass Empathie einer entsprechenden Sozialisationserfahrung bedarf, also am eigenen Leib erlebt werden muss, um selbst Einfühlsamkeit entwickeln zu können. Kommen zur Empathie noch Gefühle der Sorge um diesen Menschen und willentliche Aktionen, um dessen Leiden zu verringern, sprechen wir von Mitgefühl.

Zu den Voraussetzungen einer erfolgreichen emotionalen Kommunikation, die sich im Laufe der ersten Lebensjahre entwickelt, gehört neben der eigenen nonverbalen Ausdrucksfähigkeit das Erkennen der nonverbalen Signale der anderen, die Fähigkeit eigene Gefühle zu verbalisieren, das Verständnis der Bedeutung von Gefühlen und nicht zuletzt zunehmende Möglichkeiten, die eigenen Gefühle regulieren zu können und ihnen nicht mehr hilflos ausgeliefert zu sein. Emotionale Kompetenz in diesem Sinne zu erreichen, ist eine der bedeutendsten kindlichen Entwicklungsaufgaben.

Empathiefähigkeit hilft, Bindungen und Vertrauen zu stiften und zu festigen, Mitmenschen besser einzuschätzen und gemeinsame Aktivitäten zu synchronisieren. Ein freundschaftliches Sozialverhalten entsteht, das Raum für Aggression lässt, aber Gewalt verhindert.

Grundfunktionen der Kommunikation

Grundwissen

Das Ausloten von Macht und die Regulierung von Distanz und Nähe werden in der Sozialpsychologie als Grundfunktionen von Kommunikation gesehen (vgl. Wiemann/Giles 1990, S. 209-231). In vielen Kommunikationssituationen (also auch in Schule und Unterricht) versuchen die Schülerinnen und Schüler (aber natürlich auch die Lehrkräfte), die Kontrolle über die Situation und die anderen zu erlangen. Dies geschieht durch (bewusste oder unbewusste, verbale oder nonverbale) Beeinflussung der anderen. Solche Kontrollversuche können sich ausdrücken durch viel Reden, viel Fragen, wenig von sich Zeigen, direktem (demonstrativem) Blickkontakt, betont lockerer Haltung, starker Steuerung des Gesprächs, Unterbrechen des Gegenübers, abrupter Beendigung des Gesprächs usw.

Kommunikation

verbale		nonverbale	
Vokal	Sprache	Körperausdruck *Gestik, Mimik*	Körperergänzend *Accessoires, Kleidung, Räume*

Ein Rätsel

Ein Mann wird von zwei Wachen in einem Raum gefangengehalten, der zwei Ausgänge hat. Beide Türen sind geschlossen, aber nur eine ist zugesperrt. Der Gefangene weiß ferner, dass einer seiner Wächter stets die Wahrheit sagt, der andere dagegen immer lügt. Welcher der beiden aber der Lügner ist, weiß er nicht. Seine Aufgabe, von deren Lösung seine Freilassung abhängt, besteht darin, durch eine einzige Frage an einen der beiden Wächter herauszufinden, welche der beiden Türen nicht versperrt ist. Wie muss diese Frage lauten?
Paul Watzlawik u. a.: Menschliche Kommunikation. Formen, Störungen, Paradoxien. Bern 2007. S. 53.

Hinweis:
Sie können die Frage beantworten, wenn Sie die Unterscheidung zwischen Inhalts- und Beziehungsaspekt bei der Kommunikation berücksichtigen.
Die Lösung finden Sie auf der nächsten Seite.

Die Lösung
Der Mann deutet auf eine Tür und fragt eine Wache (wobei es gleichgültig ist, auf welche Tür er zeigt und welche Wache er fragt): „Wenn ich Ihren Kameraden fragen würde, ob diese Tür offen ist, was würde er sagen?"
Lautet die Antwort „nein", so ist die Tür offen, wenn „ja", so ist sie zugesperrt.
Paul Watzlawik u. a.: Menschliche Kommunikation. Formen, Störungen, Paradoxien. Bern 2007, S. 53.

Auch soziale Sprachstile unterstützen solche Kontrollversuche: Ein großer und differenzierter Wortschatz, hohe Sprechgeschwindigkeit, gute Aussprache, sowie eine korrekte Hochsprache werden z.B. allgemein mit Kompetenz und hohem sozialen Status in Verbindung gebracht. Dies heißt auch, dass diese Merkmale bewusst zur Beeinflussung der anderen eingesetzt werden (können).

Die mit der Kommunikation verbundene Aufnahme sozialer Beziehungen hat immer auch eine Dimension von Nähe und Distanz, von Zuneigung und Ablehnung. Dies kommt u. a. durch Blickkontakt (oder Vermeidung von Blickkontakt), offene (oder geschlossene) Körperhaltung oder das Einbeziehen (oder Vermeiden) privater Themen zum Ausdruck.

Welches Maß an Nähe bzw. Distanz als „normal" betrachtet wird, hängt dabei von der Art der Beziehung ab (Eltern – Kind, Lehrer – Schüler, Freund – Freundin, ...). Nähe drückt sich oft darin aus, einem anderen bewusst Informationen über sich selbst zur Verfügung zu stellen, die dem anderen normalerweise in dieser Situation nicht zur Verfügung stehen (z. B. durch Erzählen, Zimmer zeigen, Freunde vorstellen, ins Elternhaus mitnehmen etc.).

Diese Selbstenthüllung ist jedoch mit der Forderung nach angemessener Erwiderung verbunden. Die dahinterstehende Absicht ist, eine positive Wertschätzung für das eigene Selbst zu schaffen (vgl. Wiemann/Giles 1990, S. 214 ff.).

Grundlegende Axiome der Kommunikation

Der Kommunikationswissenschaftler Paul Watzlawik hat Ende der 1960er Jahre grundlegende Eigenschaften von Kommunikation formuliert, die bis heute Grundlage für weiterführende Modelle sind (1988, S. 13-18):

- **Es ist unmöglich, nicht zu kommunizieren:** Wer redet, teilt etwas mit, wer schweigt ebenfalls. Verhalten hat kein Gegenteil, man kann sich nicht „nicht" verhalten. Auch wer sich zurückzieht und nicht angesprochen werden möchte, vermittelt eine Botschaft, nämlich: „Ich möchte in Ruhe gelassen werden".

- **Kommunikation hat einen Inhalts- und einen Beziehungsaspekt:** Der Inhalt, das was gesagt wird, wird gewöhnlich mit Worten ausgedrückt. Gleichzeitig vermitteln jedoch das gesamte Ausdrucksverhalten, die Mimik, die Gestik und der Tonfall, wie das Gesagte aufgefasst werden soll. Der Inhaltsaspekt bezeichnet also das „Was" der Kommunikation, der Beziehungsaspekt das „Wie".

Wenn die Inhalts- und Beziehungsaspekte mit ihren Botschaften nicht übereinstimmen, gibt es Störungen und Probleme. Häufig werden Beziehungsprobleme über Sachfragen ausgetragen. Die

Hintergründe einer scheinbar sachlichen Auseinandersetzung können z.B. in einer ungeklärten (Konkurrenz-)Beziehung liegen.

- **Menschliche Kommunikation findet verbal und nonverbal statt:** Wenn Menschen sich austauschen, so geschieht dies normalerweise über Sprache (Worte und Begriffe). Gleichzeitig drücken sie sich jedoch auch nonverbal durch ihre Mimik und Gestik, durch ihre Art zu sprechen, zu sitzen, zu gehen aus. Diese Ausdruckssprache ist unmittelbarer als die Begriffssprache mit Worten. Sie vermittelt vor allem Stimmungen und Gefühle.

- **Kommunikationsabläufe sind symmetrisch oder komplementär:** Symmetrische Kommunikation ist Ausdruck eines Strebens nach Gleichheit. Komplementäre Kommunikation beruht dagegen auf Unterschieden. Das Verhalten der Partnerinnen und Partner ergänzt sich gegenseitig. Beide Seiten können und dürfen sich nicht auf der gleichen Ebene begegnen. Das Verhalten des einen ist also für den anderen nicht möglich. Lehrer-Schüler-Kommunikation ist häufig komplementär statt symmetrisch.

Die vier Seiten der Nachricht

Auf den Einsichten von Watzlawik aufbauend formulierte Schultz von Thun sein bekanntes Kommunikationsmodell der vier Seiten der Nachricht: Jede Nachricht (Information, Kommunikation) beinhaltet neben der Inhalts- und Beziehungsseite noch zwei weitere wichtige Aspekte, die Selbstoffenbarung und den Appell (vgl. Schulz von Thun 2005). Die vier Seiten sind:

- **Der Sachinhalt:** Zunächst beinhaltet eine Nachricht eine Sachinformation (Darstellung von Sachverhalten). Dies ist der auf ein Sachziel bezogene Austausch von Informationen und Argumenten, das Abwägen und Entscheiden.

- **Die Selbstoffenbarung:** In jeder Nachricht stecken nicht nur Informationen über die mitgeteilten Sachinhalte, sondern auch Informationen über die Person, die spricht. Mit dem Begriff Selbstoffenbarung soll sowohl die gewollte Selbstdarstellung, als auch die unfreiwillige Selbstenthüllung eingeschlossen werden.

- **Die Beziehung:** Aus jeder Nachricht geht hervor, wie der Sender zum Empfänger steht, was er von ihm hält. Oft zeigt sich dies in der gewählten Formulierung und im Tonfall und anderen nichtsprachlichen Begleitsignalen. Für diese Seite der Nachricht ist der Empfänger besonders empfindlich; denn hier fühlt er sich als Person in bestimmter Weise behandelt (oder misshandelt).

- **Der Appell:** Es wird kaum etwas nur so gesagt – fast alle Nachrichten haben den Zweck oder die tatsächliche Wirkung, auf den anderen Einfluss zu nehmen. Der Appell-Aspekt ist vom

---

Selbstbewusste Körpersprache
Der Freiburger Neurobiologe Prof. Joachim Bauer empfiehlt, um feindselige, aggressive Stimmungen abzubauen, Lehrern u.a., sich eine selbstbewusste Körpersprache anzueignen: Die Art des Gehens, Stehens, Stimme, Blickverhalten, Mimik und nicht zuletzt eine professionelle Kleidung müssten im Klassenzimmer wie beim Elternabend deutlich machen, dass der Lehrer gewillt sei, für die eigenen Vorstellungen einzutreten und sich Gehör zu verschaffen.
Vgl. Südwest Presse, 8.10.2008.

Beziehungsaspekt zu unterscheiden. Denn den gleichen Appell kann man ganz verschieden senden: der Empfänger kann sich vollwertig oder herabsetzend behandelt fühlen.

Da alle vier Seiten immer gleichzeitig im Spiel sind, muss der „kommunikationsfähige Sender" auch alle vier Seiten beherrschen. Einseitige Beherrschung stiftet Kommunikationsstörungen. So nützt es z.B. wenig, sachlich Recht zu haben, wenn man gleichzeitig auf der Beziehungsseite Unheil stiftet.

Die Sicht des Gegenübers

Betrachtet man die vier Seiten der Nachricht aus der Sicht des Gegenübers (Empfängers), so ist, je nachdem auf welcher Seite er/sie hört, seine/ihre Empfangstätigkeit eine andere:

• Man kann sich auf den Sachinhalt konzentrieren.
• Man kann besonders auf die Selbstoffenbarungsseite achten und sich dabei fragen: „Was ist das für eine/einer?".
• Man kann die Aufmerksamkeit besondes auf die Beziehungsseite richten und der Frage nachgehen: „Wie steht der Sender zu mir?".
• Man kann die Appell-Seite auswerten. Hier ist die Fragestellung: „Wo will er/sie mich hinhaben?".

Was zwischenmenschliche Kommunikation so kompliziert macht, ist: Der Empfänger hat prinzipiell die freie Auswahl, auf welche Seite der Nachricht er reagieren will.

Auch Schülerinnen und Schüler haben diese Wahl, „nur" auf eine Seite der Nachricht zu hören. Wird im Unterricht nur und ausschließlich über Inhalte gesprochen, so wird man der Komplexität menschlicher Kommunikation nicht gerecht (vgl. Schulz von Thun 2005).

Zehn Kommunikationsfallen

1. Die eigene Wahrnehmung für die allein richtige halten.
2. Die falsche Wortwahl; Konventionen nicht beachten.
3. Selbstdarstellung statt Zuhören und Eingehen auf den anderen.
4. Anschuldigungen statt Selbstaussagen.
5. Inhalt und Beziehung stimmen nicht überein.
6. Stereotypen oder Vorurteile bestätigt sehen.
7. Kommunikation als Kampf um Selbstbehauptung erleben.
9. Immer Recht behalten müssen, immer das letzte Wort haben müssen.
10. Körpersprache missachten.

Nonverbale Kommunikation

Nonverbale Kommunikation ist direkter und aussagekräftiger als verbale. Sie richtig zu entschlüsseln und sie für den eigenen Ausdruck einzusetzen, ist für einen reibungslosen zwischenmenschlichen Umgang äußerst hilfreich.

Auch in Konflikten und bei Gewalttätigkeiten spielt die Körpersprache eine wichtige Rolle. Zu wissen, welche nonverbalen Ausdrucksformen eher anheizen und eskalieren und welche eher deeskalierend wirken, ist für einen konstruktiven Umgang mit Konflikten zentral. Konflikte haben ihre eigene Dynamik – sie verlaufen in verschiedenen Phasen. Diese Phasen sind auch im Bereich der Kommunikation durch unterschiedliche körpersprachliche Ausdrucksweisen gekennzeichnet. Körpersprache schließt dabei auch Symbole, Gesten und Rituale mit ein.

Zu diesen körpersprachlichen Ausdrucksweisen im Kontext von Konflikten gehören u.a.: Höflichkeits- und Grußgesten; Drohgebärden, Demonstrationen von Macht und Überlegenheit; Unschuldsbeteuerungen; Trauer und Wut; Gesten der Vergebung und Versöhnung.

Trenchcoats und Springerstiefel

Grundwissen

- An der Columbine High School in Littleton (US-Bundesstaat Colorado) hatten im Mai 1999 zwei Schüler 13 Menschen erschossen und sich danach selbst das Leben genommen. Da die beiden Trenchcoats trugen, haben mehrere US-Schulen das Tragen solcher Mäntel verboten. Sie fürchteten Nachahmungstäter.

- Erstmals ist in Deutschland einem gewalttätigen Jugendlichen aus der rechten Szene das Tragen von Springerstiefeln verboten worden. Wie das sächsische Landeskriminalamt in Dresden bekannt gab, hat die Stadtverwaltung Leipzig schon im Mai einem 16-jährigen Schüler für zwei Jahre das Anziehen schwerer Schuhe mit Stahlkappen sowie das Mitführen von Messern, Baseballschlägern und Eisenketten untersagt.
Reutlinger Generalanzeiger, 7.8.1999.

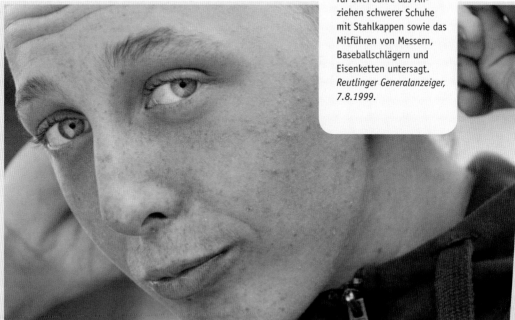

Befriedigendes Gespräch

Gespräche sind vor allem dann befriedigend, wenn die Beteiligten

- Achtung und Respekt voreinander haben;
- klar und deutlich aussprechen, was sie meinen;
- zuhören und auch den anderen zu Wort kommen lassen;
- den anderen nicht bewerten;
- Stellung nehmen zur Meinung anderer;
- einfühlsam sich selbst gegenüber und anderen gegenüber sind;
- nicht über andere reden, sondern mit anderen.

Reinhold Miller: Halts Maul, Du dumme Sau. Lichtenau 1999, S. 43.

Gelungene Kommunikation in Konflikten

- **Die Grundlagen:** Anerkennung, Wertschätzung und das Bemühen um ein Verstehen des Gegenübers sind die Grundlagen für Konfliktgespräche. Dies bedeutet auch, Menschen nicht mit den Problemen gleichzusetzen.

- **Subjektive Sichtweisen in Rechnung stellen:** Wahrnehmung ist nie objektiv. Konflikte werden von den Konfliktparteien jeweils in ihrer eigenen subjektiven Sichtweise und Logik gesehen und interpretiert.

- **Den richtigen Sprachgebrauch finden:** Der persönliche Sprachgebrauch sollte sensibel mit Bezeichnungen und Begriffen umgehen. Deshalb sollten sexistische Wendungen und gewaltförmige Ausdrücke vermieden werden. Auch „Killerphrasen" sind fehl am Platz.

- **Aktives Zuhören lernen:** Ausreden lassen und einander einfühlsam Zuhören ermöglichen es, die Anliegen des anderen zu verstehen.

- **Ich-Botschaften verwenden:** In Ich-Form zu sprechen bedeutet, Verantwortung für das Gesagte zu übernehmen, direkt und konkret zu sein. Der (Konflikt)Partner wird nicht beschuldigt („Du ..."), sondern die Wirkung seines Handeln auf mich selbst steht im Zentrum der eigenen Aussagen.

- **Körpersprache wahrnehmen und beachten:** Körpersprache ist oft eindeutiger als Worte, wenngleich sie immer von Neuem ent-

Der Ton macht die Musik

Kommunikation ist eine komplizierte Vernetzung gegenseitiger Beeinflussung. Die Wahl der richtigen Worte mag dafür wichtig sein, entscheidend ist sie keineswegs. Sozialforscher meinen sogar, dass der kommunikative Erfolg nur zu etwa einem Zehntel von der Wortsprache abhänge. Entscheidend beeinflussten die Körpersprache sowie die Art und Weise des Gesprächs das Ergebnis.

Bevor auch nur das erste Wort gesprochen ist, nehmen die Blicke Kontakt auf. Vertrauensvoll und offen oder schweifend und unehrlich. Hinzu kommen Mimik und Gestik. Auch die Körperhaltung sendet wichtige Signale aus: aufrecht oder geduckt, nervös oder entspannt, natürlich oder verkrampft. Bei der Sprache entscheiden Betonung, Melodie, Tempo, Stimmlage, die Pausen und die Längen sowie die vielen Abstufungen der Modulation darüber, ob die Botschaft ankommt.

Es ist nicht selten, dass geschliffene Redner ohne Resonanz bleiben, während Stammler ihr Gegenüber höchst überzeugend zu beeinflussen wissen. Ihre Offenheit nimmt gefangen, auch wenn die Botschaft sperrig klingt. Der Volksmund weiß es schon lange: Der Ton macht eben die Musik. Und man muss ihr Zeit geben, ihre Flügel zu entfalten.

Peter Gillies. In: Die Welt, 6.11.2000.

schlüsselt werden muss. Konflikt- und Krisensituationen sind meistens am Gesichtsausdruck, unwillkürlichen Gesten und der gesamten Haltung ablesbar. Demonstration von Überlegenheit und Stärke kann hier ebenso dazugehören wie Unsicherheiten oder Demutsgesten.

- **Mit Fragen sparsam umgehen:** Fragen sind ein wichtiges Hilfsmittel, um Interessen zu klären und verschiedene Sichtweisen eines Konfliktes zu erhellen. Mit Fragen muss jedoch sehr sensibel umgegangen werden. Nicht „Ausfragen" darf das Ziel sein, sondern ein besseres gegenseitiges Verstehen.
- **Aktives Zuhören praktizieren:** Keine schon wissende und bewertende, sondern eine interessierte und zugewandte Haltung einnehmen, die Einfühlung und Verständnis signalisiert und die tiefere Bedeutung heraushört.
- **Feedback ermöglichen:** Feedback soll beschreiben, nicht interpretieren. Es soll sich auf konkrete Einzelheiten beziehen und moralische Bewertungen und Interpretationen vermeiden.
- **Metakommunikation:** Darüber zu sprechen, wie man spricht, die bewusste Auseinandersetzung darüber, wie Streitende miteinander umgehen, welche Gefühle die Äußerungen ihres Konfliktpartners bei ihnen auslösen und wie die Botschaften des Gesprächspartners bei ihnen ankommen, kann zur Konfliktlösung beitragen.

Achtsamer Umgang

Ein achtsamer Umgang schafft die Voraussetzung für aktives, zugewandtes Zuhören, das wiederum erst ermöglicht, Situationseinschätzungen, Urteile, Wahrnehmung zur Sprache zu bringen.

- Zugewandtheit als Bereitschaft, sich auf andere einzulassen, zuzuhören und nachzufragen, wenn man etwas noch nicht verstanden hat.
- Verstehensorientierung durch Schaffung von Erfahrungen, die einem zeigen, dass man durch nähere Informationen über die Handlungsbedingungen einer Person deren Verhalten besser verstehen kann.
- Sozialer Optimismus, der sich u.a. im Vertrauen darin ausdrückt, dass man auch selbst die Chance bekommt, sich zu erklären, wenn man sich falsch verstanden fühlt.
- Das Gewähren einer zweiten Chance, indem man anderen sowie sich selbst die Möglichkeit zugesteht, Fehler im Umgang miteinander zu machen und aus ihnen zu lernen.
- Das Bemühen um Interessenausgleich, indem man versucht, den anderen an der Lösung von Problemen und Konflikten zu beteiligen und bei Meinungsverschiedenheiten und Interessenkonflikten gezielt (vorläufige) Lösungen zu finden, die von allen Beteiligten angenommen werden können.
- Zuverlässigkeit und Respekt vor dem anderen als Bereitschaft zur Diskretion und zur Einhaltung von Vereinbarungen.

Bundeszentrale für gesundheitliche Aufklärung (Hrsg.): Achtsamkeit und Anerkennung. Materialien zur Förderung des Sozialverhaltens in den Klassen 5-9. Bonn 2006, S. 21.

Gewaltfreie Kommunikation

Killerphrasen und Scheinargumente

Killerphrasen verhindern einen Austausch und ein echtes Gespräch. Solche Killerphrasen sind z. B.:

- Das geht hier nicht.
- Dafür ist die Zeit zu knapp.
- Das kann ich jetzt nicht erklären.
- Das haben wir schon oft versucht.
- Davor müssen wir aber noch ... erledigen.
- Was soll da schwierig sein?
- Das war noch nie so.
- Das können wir den anderen nicht zumuten.
- Das ist doch gar nicht erlaubt.
- Das macht zu viel Arbeit.

Marshall B. Rosenberg (2002) hat das Konzept der „Gewaltfreien Kommunikation" (GfK) entwickelt, das keine reine Technik ist, sondern eine Kommunikationsform, die auf Wertschätzung und Anerkennung des anderen beruht.

Sie ermöglicht Menschen, so miteinander umzugehen, dass der Kommunikationsfluss zwischen ihnen verbessert wird. Gewaltfreie Kommunikation kann sowohl beim Kommunizieren im Alltag als auch beim friedlichen Lösen von Konflikten im persönlichen, beruflichen oder politischen Bereich hilfreich sein.

Empathie ist nach Rosenberg eine Grundvoraussetzung gelingender Kommunikation. Er geht davon aus, dass die Form, in der Menschen miteinander kommunizieren, einen entscheidenden Einfluss darauf hat, ob sie Empathie für ihr Gegenüber entwickeln und ihre Bedürfnisse erfüllen können. Außerdem nimmt er an, dass Menschen unter freien Bedingungen die empathische Verbindung zum Mitmenschen suchen. Die GfK soll helfen, sich ehrlich auszudrücken und empathisch zuzuhören. Sie ist auf die Bedürfnisse und Gefühle gerichtet, die hinter Handlungen und Konflikten stehen.

„Lebensentfremdende Kommunikation", so Rosenberg sind die Formen der Kommunikation, die zu Gewalt beitragen, indem sie über den Kommunikationspartner (moralisch) urteilen (z.B. durch diagnostizieren, zuschreiben und vergleichen von Eigenschaften), die Verantwortung für eigene Gefühle und Handlungen verleugnen (z. B. ich fühle mich provoziert) oder Forderungen stellen, anstatt Bitten auszusprechen.

Die vier Komponenten der gewaltfreien Kommunikation:

1. Beobachtung oder Bewertung?
Genau beobachten, was geschieht. Die Beobachtung dem anderen ohne Bewertung mitteilen.

2. Gefühle ausdrücken
Was fühlen wir, wenn wir diese Handlung beobachten?

3. Bedürfnisse erkennen und akzeptieren
Welche Bedürfnisse stecken hinter diesen Gefühlen?

4. Bitten aussprechen
Was wollen wir vom anderen?

Das Modell der gewaltfreien Kommunikation umfasst:

- Konkrete Handlungen, die wir beobachten können und die unser Wohlbefinden beeinträchtigen;

- Wie wir uns fühlen in Verbindung mit dem, was wir beobachten;

- Unsere Bedürfnisse, Werte, Wünsche usw., aus denen diese Gefühle entstehen;

- Die konkrete Handlung, um die wir bitten möchten, damit unser Leben reicher wird.

Vgl. Marshall B. Rosenberg: Gewaltfreie Kommunikation. Paderborn 2002. S. 21, f.

Die vier Schritte, auf denen die Gewaltfreie Kommunikation beruht, lassen sich unter den Stichworten: Beobachtung, Gefühl, Bedürfnis, Bitte zusammenfassen:

- Es wird die Beobachtung einer konkreten Handlung oder Unterlassung beschrieben, ohne sie mit einer Bewertung oder Interpretation zu vermischen. Es kommt vor, dass trotz bewertungsfreier Äußerungen vom Gegenüber eine Kritik herausgehört wird. Hier soll der Kommunikationspartner das Gesagte paraphrasieren (vgl. M2, aktives Zuhören).
- Es wird das Gefühl ausgedrückt, das mit der Beobachtung in Verbindung steht.
- Das hinter dem Gefühl liegende Bedürfnis wird formuliert. Dies ist häufig nicht auf den ersten Blick erkennbar. Besonders bei negativen Gefühlen ist es für den empathischen Kontakt zum Kommunikationspartner notwendig, die dahinter liegenden eigenen Bedürfnisse zu verstehen.
- Es wird die Bitte um eine konkrete Handlung geäußert. Es wird zwischen Bitten und Wünschen unterschieden. Bitten beziehen sich auf Handlungen im Jetzt, Wünsche auf Ereignisse in der Zukunft. Da Empathie immer im Jetzt ist, passen dazu nur Bitten, die im Jetzt erfüllt werden können. Rosenberg schlägt vor, Bitten in einer „positiven Handlungssprache" zu formulieren (vgl. www.wikipedia.de).

Obwohl an diesem Modell vielfach auch Kritik geübt wird, z.B., dass eine wertungsfreie Kommunikation nicht möglich sei, Machtverhältnisse nicht berücksichtigt würden und die Anwendung zu formelhaft sei, bietet das Grundkonzept der Gewaltfreie Kommunikation gerade auch für die Schule einen Rahmen und Zugang für einen wertschätzenden und verstehenden Umgang.

Hinter die Kulissen schauen

Grundwissen

„Es gibt einen Ort jenseits von richtig und falsch, da treffen wir uns," sagt ein persisches Sprichwort. Ich helfe den streitenden Parteien, sich über ihre wechselseitigen Grundbedürfnisse klar zu werden. Die sind bei allen Menschen gleich. Gewaltfreie Kommunikation ist ein Ansatz, der uns helfen kann, vertrauensvoll und mitfühlend miteinander umzugehen und zum gegenseitigen Wohl beizutragen, nicht die ewig gleichen Kampfschemen und verletzenden Argumente auszutauschen.
Interview mit Marshall B. Rosenberg über Weltfrieden und gewaltfreie Kommunikation von Swantje Strieder. www.peace-counts.org

Kommunikation im Kontext von sozialem Kompetenztraining

Soziale Kompetenztrainings für Kinder sollen u.a. das Einfühlungsvermögen fördern, die Situationswahrnehmung differenzieren, die Selbstkontrolle stärken und Fähigkeiten zur sozialen Problemlösung vermitteln. Defizite in solchen Bereichen sind empirisch belegte Risikofaktoren für Aggression und Delinquenz. Soziale Kompetenztrainings haben gegenüber anderen Ansätzen der entwicklungsbezogenen Prävention auch praktische Vorteile. Sie können die gesamte Population erreichen (z.B. in der Schule) und sind relativ kostengünstig (z.B. als Gruppentraining durch die Lehrkräfte). Evaluationsstudien zeigen, dass insbesondere bei aggressivem Verhalten, oppositionellstörendem Verhalten und dissozialem Verhalten positive Effekte zu verzeichnen sind.
Friedrich Lösel/Birgit Plankensteiner: Präventionseffekte sozialer Kompetenztrainings für Kinder. CCJG-Review Bonn 2005, S. 1 f.

Umsetzung

Gelingende Kommunikation ist ein Schlüssel für konstruktive Konfliktbearbeitung und Gewaltprävention. Dabei geht es nicht nur um Wissen über kommunikative Regeln sondern vor allem um die Fähigkeit dieses Wissen auch in Problemsituationen anwenden zu können und zu wollen.

Die Gestaltung der Unterrichtskommunikation bestimmt wesentlich die Beziehungen zwischen den Lehrkräften und Schülerinnen und Schülern, denn über Kommunikation werden nicht nur Inhalte ausgetauscht sondern vor allem auch Beziehungen definiert. Die Akzeptanz von Gegenseitigkeit im Kommunikationsstil ist dabei von zentraler Bedeutung. Viel zu wenig Aufmerksamkeit wird gewöhnlich der (eigenen und fremden) Körpersprache geschenkt, obwohl diese wesentlich das Kommunikationsgeschehen bestimmt.

Es ist zwar prinzipiell zwischen eher sachorientierter und beziehungsorientierter Kommunikation zu unterscheiden, doch sind beide Bereiche und Formen nicht voneinander zu trennen.

Für Eltern und Lehrkräfte

- **Grundlagen der Kommunikation:** Als grundlegende Kompetenzen gelingender Kommunikation können „Aktives Zuhören" (M2) und die Anwendung von „Ich-Botschaften" (M3) betrachtet werden. Beides darf nicht „technisch" verstanden und angewendet werden, sondern beruht auf einer prinzipiell akzeptierenden und wertschätzenden Grundhaltung. Das eigene Bild vom Anderen wird dabei stark von eigenen Gefühlen, Projektionen und Interpretationen geprägt und ist deshalb immer zu hinterfragen (M1).
- **Faire Kommunikation:** Gegenseitige Achtung und einfühlsames Verständnis sind die Grundlagen für Faire Kommunikation nach Thomas Gordon (M5) und kann geübt werden.
- **Grundregeln für Gruppenkommunikation** zu kennen ist unabdingbar. Die Regeln der Themenzentrierten Interaktion von Ruth Cohn bieten hierzu einen Rahmen der erprobt werden kann (M4). Wie ein Dialog, der gängige Überzeugungen und Haltungen hinterfragt, gelingen kann zeigt M6 (siehe auch M17 und M18).

Für den Unterricht

Um Sensiblität für das Kommunikationsgeschehen zu entwickeln werden u.a. Bereiche, wie soziale Wahrnehmung, Körpersprache, Gesprächshaltungen und Feedback eingeführt und geübt. Das Kommunikationsmodell von Schultz von Thun (die vier Seiten der

Nachricht) dient als Hilfmittel zum Verstehen des Geschehens.

- **Wahrnehmung schärfen:** Optische Täuschungen (M7) sind nur ein Beispiel für die Subjektivität menschlicher Wahrnehmung. Anhand des Beispiels kann die Beeinflussbarkeit erörtert werden.
- **Vierseitig kommunizieren:** Mit Hilfe des Modells von Schulz von Thun werden konkrete Unterrichts- oder Gesprächssequenzen analysiert.
- **Körpersprache:** 80-90 Prozent menschlicher Kommunikation findet nonverbal statt. Körpersprache bewusst wahrzunehmen und (angemessen) zu interpretieren ist wichtig, da hiervon die eigenen Reaktionsweisen abhängen. M9 bietet Zugang zur Interpretation von vorgegebenen Körperhaltungen, während M10 den Bereich Gestik aufgreift.
- **Gefühle:** Gefühle werden durch Körperreaktionen sichtbar. Wie lassen sich Gefühle darstellen und wie lassen sie sich richtig erfassen? (M11). Körpersprache ist in weiten Teilen geschlechtsspezifisch. Wie sehen typisch männliche/weibliche Ausdrucksformen aus, wie kommen sie zustande und wodurch werden sie verstärkt? (M12).
- **Nonverbale Übungen** führen in den Bereich des körpersprachlichen Umgangs ein (M13).
- **Gesprächshaltungen im Konflikt:** Spezifische Kommunikationsformen, die z.B. Einseitigkeit betonen, unzulässig verallgemeinern oder Höflichkeitsrituale missachten wirken sich konfliktverschärfend aus. M14 zeigt eine solche Gesprächsstrategie, während mit Hilfe von M15 eskalierende und deeskalierende Verhaltensweisen identifiziert werden können. Anregungen, wie gute Gespräche verlaufen können, gibt M16.
- **Feedback:** Während unbewusstes Feedback immer stattfindet, sollte bewusstes Feedback als Methode der Metakommunikation systematisch eingesetzt werden, da hiermit Missverständnissen und Verhärtungen bereits in einem frühen Stadium begegnet werden kann. Feedbackregeln (M17) erleichtern die Anwendung.
- **Die Methode des „Demokratisches Sprechen"** (M18) bietet Anregungen und Anleitung für Diskussionen über Sachthemen.

Unterrichtkommunikation

Reinhard Tausch, Hanna Köhler und Bernd Fitkau haben bereits 1966 für die Beobachtung der Unterrichtskommunikation eine Liste von Variablen zusammengestellt, die auch heute noch von Bedeutung ist:

- Reversibilität/Irreversibilität von Äußerungen.
- Häufigkeit von Fragen.
- Häufigkeit von Befehlen/ Aufforderungen.
- Freundlichkeit/Höflichkeit.
- Häufigkeit des Wortes „bitte".
- Wertschätzendes oder abwertendes Bild des Schülers.
- Entspannte – gespannte Haltung.
- Ruhige – erregte Haltung.
- Gespannte – gelöste Klassenatmosphäre.
- Häufigkeit des Lächelns.
- Ausmaß der Bebilderung des Klassenzimmers.
- Eigene Urteilsschätzung des Klassenlehrers über die Klasse.

Vgl. Hans Nicklas/Änne Ostermann: Zur Friedensfähigkeit erziehen. München/ Berlin 1976, S. 109.

Grundwissen

Ergänzende Bausteine

3.4 Konstruktive Konfliktbearbeitung
3.6 Interkulturelles Lernen
3.8 Medien

M1 Das Bild vom anderen

Lehrer, Eltern

Kommunikation ist kein einseitiger Prozess, sie verläuft spiralförmig, denn in der Regel reagieren wir wieder auf die tatsächlichen oder vermeintlichen Aussagen/Reaktionen der anderen.

Die Erfahrungen vom bzw. die Annahmen über den andern treten somit in den Mittelpunkt der Kommunikation.

Aber – diese Erfahrungen sind durch die eigene Wahrnehmung, Interpretation und Projektion bestimmt. Es ist nicht der andere, auf den ich reagiere, sondern ich reagiere auf mein Bild vom anderen.

Meine Annahmen über das, was der andere sieht, denkt, glaubt ... bestimmen mein Verhalten und prägen meine Erfahrungen, also z.B. mein Bild von dem Bild, das der andere über mich hat.

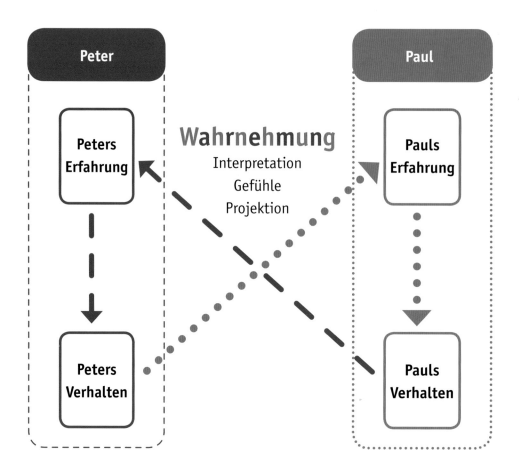

M2 **Aktives Zuhören**

Lehrer, Eltern

Aktives Zuhören ist keine Technik, die es immer anzuwenden gilt, sondern eine Haltung, die in vielen Situationen hilfreich sein kann. Aktives Zuhören heißt, die Aussagen und Botschaften des anderen, also auch die nonverbalen Anteile und Gefühle, die mitschwingen, zu erfassen und in eigenen Worten ausdrücken zu können. Dadurch soll dem Gegenüber geholfen werden, die richtigen Worte zu finden. Der andere soll dabei in seiner Person und mit seinem Anliegen optimal verstanden werden.

Aktives Zuhören heißt:

- Darauf achten, was zwischen den Zeilen gesagt wird.
- Sich auf den Gesprächspartner konzentrieren.
- Sich nicht ablenken lassen.
- Die eigene Meinung und Bewertung zurückhalten.
- Nachfragen bei Unklarheiten.
- Auf eigene Gefühle achten.
- Die Gefühle des Partners erkennen und ansprechen.

Aktive Zuhörregeln

- Hören Sie zu, was die Person wirklich sagt.
- Überprüfen Sie, ob Sie richtig verstanden haben, indem Sie mit eigenen Worten wiederholen, was gesagt wurde, und fragen „Ist es das, was Sie meinen?"
- Fassen Sie die Hauptaspekte zusammen und überprüfen Sie diese mit dem Sprecher, sobald dieser fertig ist.
- Wenn der Sprecher emotional ergriffen ist (verärgert oder traurig), achten Sie darauf, dass Sie sich auf seine Worte konzentrieren und nicht nur auf seine Gefühle.
- Verlangen Sie nach Klarstellung von Ideen und Informationen, um sicher zu sein, dass Sie die gesamte Geschichte mitbekommen haben.
- Stellen Sie Fragen, um die Details der Geschichte zu erfahren, nur wenn diese wichtig sind.

INEE: Peace Education Programme. Youth Manual. Nairobi, Kenya, o.J., S. 55.

Es auch lassen können

Das aktive Zuhören sollte man sehr gut können, um es dann aber auch zu lassen und nur im echten Bedarfsfall einzusetzen. Der Bedarfsfall ist dann gegeben, wenn sich jemand bemüht, etwas in Worte zu fassen, aber nicht die rechten Worte findet. Wenn ich dann meine, den Kern verstanden zu haben, ohne dass die Worte schon klar herausgekommen sind, kann das aktive Zuhören fruchtbare Hebammendienste leisten, indem ich dem anderen sage: „Ich habe dich so und so verstanden. Meinst du das?!" Ist das Gemeinte aber schon klar herausgekommen, leistet das aktive Zuhören keine zusätzlichen Dienste mehr.

Friedemann Schultz von Thun: Lass uns drüber reden! In: Personalführungsplus 98.

•••

Bilden Sie Dreier-Gruppen. Zwei Personen unterhalten sich nach den Regeln des Aktiven Zuhörens. Die dritte beobachtet das Geschehen. Die Rollen werden nach einigen Minuten getauscht.

M3 Ich-Botschaften

Lehrer, Eltern

Eine Ich-Botschaft besteht aus einem Gefühls- und einem Tatsachenanteil: Die eigenen Gefühle werden in der Ich-Form zum Ausdruck gebracht. Was die Gefühle verursacht hat, wird im sachlichen Teil der Botschaft mitgeteilt.

In Ich-Form zu sprechen bedeutet, Verantwortung für das Gesagte zu übernehmen, direkt und konkret zu sein. Der (Konflikt-)Partner wird nicht beschuldigt („Du ..."), sondern die Wirkung seines Handelns auf mich selbst steht im Zentrum der eigenen Aussagen. Es bedeutet auch, die eigene Wahrnehmung, die eigenen Wünsche, Bedürfnisse und Interessen einzubeziehen.

Ich-Botschaften verkörpern einen authentischen Sprachstil, der jedoch, wenn er nur technokratisch übernommen wird, leicht unglaubwürdig klingen kann. Er sollte nicht als Technologie eingesetzt werden, sondern echtes Empfinden ausdrücken.

Die Auswirkungen des Verhaltens auf das eigene Empfinden deutlich machen: „Wenn Sie das sagen/machen ... löst das bei mir ... aus/ fühle ich mich ... weil mich das ..."

Verallgemeinerungen werden vermieden.

Nicht:
- „Wir wissen doch alle, dass ..."
- „Das sagt doch jeder ..."
- „Wenn man bedenkt ..."
- „Es ist immer dasselbe ..."
- „Du bist ein ganz ..."

Sondern:
- „Ich wünsche mir, dass ..."
- „Ich mache mir Sorgen, dass ..."
- „Das löst bei mir aus, dass ..."
- „Ich bin mir nicht sicher, ob ich das richtig verstanden habe ..."

M4 Faire Kommunikation

Faire Kommunikation und Konfliktbewältigung nach Thomas Gordon

Gegenseitige Achtung und einfühlsames Verständnis sollen eine niederlagelose Konfliktbearbeitung ermöglichen.

Ziel ist es, zu lernen, für die Erfüllung eigener Bedürfnisse einzutreten, ohne über die Bedürfnisse anderer hinwegzugehen, um Frustration und Resignation vorzubeugen,

- sich selbst zu offenbaren (Bedürfnisse, Gefühle, Wünsche, Auswirkungen des Verhaltens des anderen auf mich), statt den anderen zu analysieren und abzuwerten;
- einfühlsam einander zuzuhören und andere darin zu unterstützen, sich klar und eindeutig auszudrücken;
- Konflikte kreativ und zur Zufriedenheit aller zu lösen;
- Beraterfähigkeiten zu entwickeln, um andere Menschen bei der Lösung von Konflikten anzuleiten.

Wichtige Aspekte einer fairen Kommunikation sind:

- sich klar und persönlich in Ich-Aussagen ausdrücken;
- abwertende Du-Botschaften erkennen und vermeiden;
- Problemverhalten/Störungen beschreiben statt bewerten;
- aktives Zuhören, Kommunikationssperren erkennen und auf aktives Zuhören umschalten;
- Gefühle ausdrücken statt ausagieren;
- keine Verhaltensanweisungen geben.

Neben der Einübung dieser Kommunikationsregeln geht es darum, Strategien kennen zu lernen, um Konflikte zu lösen.

Strategien fairer Kommunikation:

Das konfrontierende Gespräch ist eine dieser Strategien, die wir täglich praktizieren. Dabei geht es häufig darum, sich entweder durchzusetzen – mit Macht und auf Kosten der persönlichen Beziehung, oder sich nicht durchzusetzen und sich unzufrieden zu fühlen, weil sich die unerwünschte Situation nicht ändert. Mit dem Prinzip der fairen Kommunikation gibt es einen dritten Weg, auf andere einzuwirken, ohne die Beziehung zu schädigen.

Eine zweite Strategie ist die „Jeder-gewinnt-Konfliktlösung". Sie ist geeignet für komplexe Fragen, die oft mehrere Personen betreffen und bei der viele Bedürfnisse berücksichtigt werden müssen. Ein wichtiges Vorgehen dabei ist, den Lösungsprozess in einzelne Schritte zu zerlegen:

- Bedürfnisklärung;
- Sammeln von Lösungsideen;
- Bewerten der Vorschläge;
- Entscheidung;
- Planung der Durchführung;
- Erfolgskontrolle.

Der dritte Weg, Konflikte zu lösen, betrifft die persönliche Ebene. Hier geht es um die Klärung von Problemen durch das partnerschaftliche Gespräch in engen persönlichen Beziehungen. Im wechselseitigen Dialog werden Erwartungen, Bedürfnisse und Wünsche geklärt und Vereinbarungen getroffen.

Ausländerbeauftragte der Landeshauptstadt München (Hrsg.): Konflikte lösen – der Gewalt vorbeugen. München 1995, S. 25.

M5 Regeln für Gruppen

Grundregeln der Themenzentrierten Interaktion (TZI)

1. Sei dein eigener Chairman

Bestimme, wann du reden willst. Richte dich nach deinen Bedürfnissen, im Blick auf das Thema und was immer für dich wichtig sein mag. Übernehme die Verantwortung dafür, dass du die für dich wichtigen Lernmöglichkeiten auch erhältst.

2. Sprich nicht per „man" oder „wir", sondern per „ich"

Verstecke deine Auffassungen und Bedürfnisse nicht hinter anderen.

3. Persönliche Aussagen sind normalerweise besser als unechte Fragen

Berichte über eigene Gedanken und Erfahrungen oder schicke diesen eine Frage voraus. Dies fördert eine lebendige Kommunikation.

4. Wenn mehrere Gruppenmitglieder sprechen bzw. sprechen wollen, ist es empfehlenswert, eine Einigung über den Gesprächsverlauf herbeizuführen

Direkt Angesprochene haben den Vorrang. Selten Redende haben ebenfalls Vorrang. Der/diejenige, hinter dessen Äußerung ein offensichtlich hoher emotionaler Druck steht, kann vor dem anderen den Vortritt erhalten.

5 Es darf nur einer auf einmal reden

Da niemand in voller Aufmerksamkeit mehr als eine Äußerung beachten und verarbeiten kann, sollen alle Beiträge nacheinander gemacht werden.

6. Vermeide nach Möglichkeit Seitengespräche

Seitengespräche – verbal und nonverbal – lenken die anderen ab. Seitengespräche enthalten häufig wichtige, eventuell kritische Bemerkungen, die daher unbedingt der Gruppe mitgeteilt werden sollten. Über Seitengespräche versucht gelegentlich ein Mitglied, wieder in das Gruppengeschehen einzusteigen. Seitengespräche haben deshalb Vorrang.

7. Störungen haben Vorrang

Wenn du nicht wirklich dabei sein kannst, d.h. wenn du gelangweilt oder ärgerlich bist oder aus einem anderen Grunde dich nicht konzentrieren kannst, unterbrich das Gespräch. Störungen haben Vorrang, da gestörte Gruppenmitglieder innerlich abwesend sind und auf diese Weise der Gruppe bzw. für die Erreichung der Gruppenziele verloren gehen.

8. Versuche zu sagen, was du wirklich sagen willst, nicht was du möglicherweise sagen solltest, weil es von dir erwartet wird

Widerstehe jedem Konformitätsdruck, mag er aus der Gruppe kommen oder aus internalisierten Normen.

9. Vermeide nach Möglichkeit Interpretationen anderer und teile statt dessen lieber deine persönlichen Reaktionen mit

Persönliche Reaktionen auf Verhaltensweisen von Gruppenmitgliedern können diese zu produktiven Antworten führen.

10. Beachte Signale aus deinem Organismus und beachte ähnliche Signale bei anderen Gruppenmitgliedern

Verdränge unangenehme und störende Regeln nicht in dir, da sie deine Lernfähigkeit ganz sicher reduzieren, sondern akzeptiere, dass sie da sind und beachte sie und melde sie gegebenenfalls den anderen.

11. Sage nicht, was dir nicht passt, sondern was dir passt

Bloße Negativaussagen wirken häufig entmutigend und entwertend.

Diese Regeln wurden von Ruth Cohn entwickelt. Vgl. Burkhardt Genser u.a.: Lernen in der Gruppe. Theorie und Praxis der Themenorientierten Interaktionellen Methode. Hamburg 1972.

M6 **Der richtige Dialog**

Es geht im Dialog darum, Überzeugungen und Haltungen auf den Grund zu gehen, die unterschwellig unsere Interaktionen und Handlungen bestimmen.

1. Haltung eines Lernenden
Nicht als Wissender auftreten, sondern die Bereitschaft haben, sich einzugestehen, dass man nichts wirklich weiß.

2. Radikaler Respekt
Respekt bedeutet, die andere Person in ihrem Wesen als legitim anzuerkennen, zu akzeptieren wer der andere ist und zu versuchen, die Welt aus seiner Perspektive zu sehen.

3. Offenheit
Dialog braucht Offenheit, Offenheit für neue Ideen, Offenheit für andere Personen, Offenheit, alte Überzeugungen in Frage zu stellen.

4. „Sprich von Herzen"
Von dem reden, was mir wirklich wichtig ist, was mich wesentlich angeht.

5. Zuhören
Empathisches, mitfühlendes Zuhören bedeutet, auch zwischen den Zeilen, zwischen den Worten auf die tiefere Bedeutung meines Gesprächspartners zu horchen.

6. Verlangsamung
Es liegt in der Natur des Dialogs, in dem Menschen einer nach dem anderen und nicht alle durcheinander sprechen, den Kommunikationsprozess zu verlangsamen. Jeder hat das Recht, sich so lange Zeit zu lassen, wie er braucht.

7. Annahmen und Bewertungen „suspendieren"
Schnelle Bewertungen, schnelles Abschätzen und Einordnen schaffen uns (vermeintliche) Sicherheit. Neue Einsichten sind wichtiger als schon „Gedachtes". Wir kommen von der Wahrnehmung von Daten und Fakten (die wir auswählen) zu Interpretationen des Beobachteten, fügen dem Bedeutung zu und gelangen zu Schlussfolgerungen, die unser Handeln bestimmen.

8. Produktives Plädieren
Ich kann die Situation nur aus meiner Perspektive sehen, die begrenzt ist durch meine Filter und mein „mentales Modell". Ich glaube nicht, dass meine Sichtweise die einzig mögliche ist, um das zu erklären, was los ist. Gemeinsam werden wir ein vollständigeres Bild der Situation gewinnen.

9. Eine erkundende Haltung üben
Im Dialog ist es wichtig, einfache, aufrichtige Fragen zu stellen. Eine Haltung von Neugierde, Achtsamkeit und Bescheidenheit, ja Demut, kann optimale Lernmöglichkeiten eröffnen.

10. Den Beobachter beobachten
Es ist Zweck und Ziel des Dialogs, Denkprozesse so zu verlangsamen, dass sie im gemeinsamen Gedankenraum beobachtet werden können.

Nach: Martina & Johannes F. Hartkemeyer/L. Freeman Dhority: Miteinander Denken. Das Geheimnis des Dialogs. Stuttgart 2001, S. 78-95.

M7 Optische Täuschungen

Trapez-Illusion

Welche der linken Linien der Trapeze erscheint länger? Überprüfe.

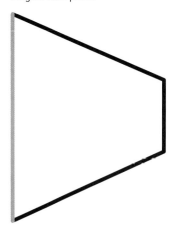

White-Illusion:

Erscheinen die grauen Balken gleich hell oder verschieden? Wie kannst du dies überprüfen?

Al Seckel: Optische Illusionen. Wien 2001, S. 113, 119.
Vgl. Daniel Picon: Optische Täuschungen. Köln 2005.

- Wie kommen die Illusionen zustande?
- Wie lässt sich der Täuschungseffekt erklären?

M8 **Die vier Seiten der Nachricht**

Unterricht

Du bist Schülerin/Schüler der 9. Klasse. Der Englischunterricht interessiert dich heute nicht besonders. Du malst auf einem Blatt in deinem Heft in künstlerisch anspruchsvolles Weise ein Namensschild mit deinem Namen.
Die Lehrkraft sieht dies, sagt „wir haben jetzt keinen Kunstunterricht", nimmt dir das Blatt weg und zerreißt es vor der Klasse.

Analysiere die vier Seiten dieser Nachricht
- aus der Sicht der Lehrkraft (Sender);
- aus der Sicht der Schülerin bzw. des Schülers (Empfänger).

Überlegt in Kleingruppen:
- Was hat die Lehrkraft gesagt und getan?
- Was hat die Schülerin/der Schüler verstanden?
- Was hat die Lehrkraft (deiner Meinung nach) gemeint?
- Wie hat die Schülerin/der Schüler (deiner Meinung nach) reagiert?
- Wie hätte die Lehrkraft „besser" (anders) reagieren können?
- Findet ein weiteres Beispiel und analysiert auch dieses.

1. Inhalt

_____

_____

_____

_____

2. Beziehung

_____

_____

_____

_____

> **Eine Lehrkraft sagt „Wir haben jetzt keinen Kunstunterricht," nimmt dir das Blatt weg und zerreißt es vor der Klasse.**

3. Appell

_____

_____

_____

_____

_____

4. Selbstoffenbarung

_____

_____

_____

_____

311

M9 Körpersprache

Was drücken die jeweiligen Körperhaltungen aus? Woran kann man das genau erkennen?

M10 **Gestik**

- Was bedeuten die einzelnen Gesten für dich?
- Wie sehen Gesten aus, die provozieren oder beschwichtigen?
- Sind Gesten immer eindeutig? Wann kann es zu Missverständnissen kommen?
- Wo und wie werden Gesten gezielt eingesetzt? Finde Beispiel aus den Bereichen Sport und Verkehr.

M11 Gefühle ausdrücken

Körpersprachliche Ausdrucksformen und ihre richtige Interpretation spielen in Konfliktsituationen eine zentrale Bedeutung. Dabei ist davon auszugehen, dass Fehlwahrnehmungen und falsche Zuschreibungen eher die Regel als die Ausnahme sind, vor allem dann, wenn man die unterschiedlichen Ausdrucksformen zwischen Männern und Frauen, sowie zwischen Angehörigen verschiedener Kulturen in Betracht zieht.

Es geht deshalb um zwei Dinge:
1. Gefühle und Stimmungen selbst so ausdrücken zu lernen, dass diese von anderen korrekt wahrgenommen werden können.
2. Gefühle und Stimmungen anderer so zu interpretieren, dass Missverständnisse möglichst gering gehalten werden.

Wie lassen sich folgende Gefühle und Aussagen körpersprachlich darstellen?
- aggressiv
- wütend
- drohend
- gewalttätig
- cool
- abwartend
- ängstlich
- unterwürfig
- gelangweilt
- weich
- hart
- offen
- geschlossen
- unentschlossen
- durchsetzungsfähig
- gespannt
- angespannt
- abgespannt
- kompromissbereit
- eindeutig
- zweideutig

Achte auf
- Körperhaltung
- Mimik
- Gestik

Weitere Möglichkeiten
- Gefühle malen
- Gefühle gegenständlich gestalten
- Gefühle durch Musik zum Ausdruck bringen

Dokumentiere die Ausdrucksformen durch Fotos.

Grenzüberschreitung

→ Wiedergutmachung durch Gesprächstermin von Herrn Wegener *(Wahrnehmung)*

→ Alkoholwirkung

enthemmt Handeln unter Alkoholeinfluss

- Mitmachen

Diskussionsverhalten:
- spöttische Äußerungen | streiten
- Stichuleien
- gerügte Kritik
- rel. kleiner Schaden wird als Gewinn bewertet
- bewertend
- Ferlinterpretation des Gesagten   → freundl. Nachfragen
- Polarisierung in Denken, Fühlen, Wollen
  → Blickkontakt
  → Gegenargumente ernstnehmen
  → Person und Sache trennen
  → argumentieren + begründen
  → einfühlsam kommunizieren
  → ungeschriebene Regeln achten
  → Tatsachen schaffen
  → Gesicht wahren
  → persönl. Integrität wahren

- Gemeinsamkeiten erkennen + betonen
- Neues Verhältnis zw. einzelnen „Konflikt"-Parteien

Die RADIERUNG (lat. radere)
gehört zu den wenigen anerkannten künstlerischen Drucktechniken.
Sie unterteilt sich in zwei Hauptgruppen:
Der KALTNADELRADIERUNG und der ÄTZRADIERUNG.
Meine persönliche Vorliebe gilt der Ätzradierung, da sie der künstlerischen Entfaltung
größeren Raum läßt.
Die Ätzradierung unterteilt sich wiederum in zwei ergänzende Techniken.
Der Strichätzung und der Aquatinta-Radierung.

STRICHÄTZUNG:
Dabei handelt sich um ein ätztechnisches Verfahren, mit dem strichförmige
Vertiefungen in einer Platte erzeugt werden. Eine Metallplatte (Kupfer oder Zink) wird
mit einer säurebeständigen Schicht abgedeckt (Asphaltlack). In diesen Lack
zeichnet der Künstler sein Motiv mit der Radiernadel (eine Nadel auf einem Stück
Holz). Die Nadel durchdringt den Lack und legt dabei den metallischen Untergrund
wieder frei. Nachdem das Motiv zeichnerisch erstellt ist, legt man die Platte in Säure.
Diese greift die freigelegten Stellen an und vertieft sie. Die säurebeständige Schicht
wird anschließend entfernt und die Platte ließe sich im Strich bereits drucken.

AQUATINTA:
Bei dieser Technik werden auf ätztechnischem Wege unterschiedliche Rauhigkeiten
auf der Platte erzeugt. Diese Rauhigkeit wird benötigt, um auf der Radierplatte
flächig Farbe zu halten.
Um das zu erreichen, bestäubt der Künstler die Radierplatte mit Kolophoniumstaub.
Dieser Staub wird mit Hilfe einer Wärmequelle angeschmolzen. Dabei bilden sich
kleinste Partikel, die die Platte vor Säure schützen. Daneben befinden sich
staubkörnchengroße metallische Freiräume.
Alle Bereiche die auf der Radierung zart wirken sollen, werden sehr kurz geätzt.
Flächen, die motivlich intensiver wirken sollen, müssen länger geätzt werden,
um so eine größere Rauhigkeit auf der Platte zu erzielen.
Der Kolophoniumstaub wird entfernt und die Platte ist fertig für den Druckvorgang.

DRUCKVORGANG:
Mit Hilfe eines Ledertampons oder einer Rolle wird die Platte mit Farbe eingefärbt.
Dabei drückt man die Farbe in die vertieften Stellen. Danach wird die Oberfläche von
überschüssiger Farbe, mittels einer gestärkten Leinengaze, befreit.
Für den Druckvorgang wurde das Büttenpapier durchgefeuchtet.
Der Druck erfolgt mit einer Handpresse (Kupfertiefdruckpresse).
Nach dem Druckvorgang wird die Radierung getrocknet und anschließend vom
Künstler numeriert und handsigniert.

M12 Frauen und Männer

Gibt es bei Körperhaltung und -sprache tyisch männliche und typisch weibliche Ausdrucks-formen? Was sind die jeweiligen Merkmale?

• Was drücken die Fotos für dich aus?
• Wird in dem Ausdruck etwas „typisch" männ-liches/weibliches sichtbar?
• Wie werden Frauen/Männer in der Werbung oder in Modekatalogen abgebildet?

Beachte:
Unterwürfige Körperhaltungen signalisieren auch leichte Beherrschbarkeit und williges Nachgeben. Dominante Haltungen können auch drohend und einschüchternd wirken.

M13 Nonverbale Übungen

Spiegeln

Die Übung wird paarweise durchgeführt. Die Partner stehen sich gegenüber. Ein Partner macht eine Bewegung, der andere versucht, synchron diese Bewegung zu spiegeln. Nach drei Minuten werden die Rollen getauscht.

• Was war schwieriger, die eigenständige Bewegung oder das Spiegeln?
• Wie stark musste man sich beim Spiegeln auf den Partner einlassen?

Blindenführung

Es werden Paare gebildet. Eine Person verdeckt jeweils durch ein Tuch die Augen. Die andere Person zeigt nun der „blinden" Partnerin bzw. dem Partner einfühlsam die Welt, indem sie die Person durch Kontakt mit den Händen (also ohne Worte) führt. Nach einer vereinbarten Zeit werden die Rollen getauscht.

Blindenzug

Fünf bis sechs Personen stehen hintereinander. Die Arme liegen auf den Schultern der jeweils vorderen Person. Beim „Blindenzug" führt die letzte Person alle Vorderen, mit verbundenen Augen. Ihre Handzeichen werden schweigend nach vorne weitergeleitet. Bei einem Zusammenstoß mit einem anderen Zug wird der Lokführer ausgetauscht und kommt an die Spitze des Zuges.

Kooperation üben

Bei dieser Partnerübung benötigt jedes Paar einen Holzstock in einer Länge von ca. 1,60-2,00 m. Die Partner knien sich in einem Abstand von ca. 60 cm (Armlänge) gegenüber. Der Stock liegt auf einer Schulterseite und muss nun durch die Bewegung des Oberkörpers auf die andere Schulterseite gelangen (Kopf unter dem Stock durchschieben). Wenn beide Partner dies gleichzeitig und gemeinsam machen, funktioniert es problemlos.

Den richtigen Abstand finden

In jeder Kultur gibt es einen „richtigen Abstand", den man einem Fremden gegenüber einzunehmen hat. In Westeuropa und in Nordamerika ist dieser Abstand die sprichwörtliche Armeslänge.

Jeder Teilnehmer und jede Teilnehmerin sucht sich eine Partnerin, einen Partner. Diese stehen sich nun im Raum gegenüber.

• Partnerwahl: Alle Schülerinnen und Schüler bewegen sich im Raum, nehmen Blickkontakt auf und wählen sich eine Partnerin, einen Partner.
• Den Blick aushalten: Die Paare stehen sich jeweils im Raum (im Abstand von 3-4 m) gegenüber und nehmen Blickkontakt auf. Sie gehen nun (sehr) langsam aufeinander zu (und halten dabei den Blickkontakt) und aneinander vorbei. Dies wird mehrmals in unterschiedlichen Geschwindigkeitsstufen bzw. mit verschiedenen Partnerinnen und Partnern wiederholt.
• Den richtigen Abstand finden: Die Paare stehen sich wieder gegenüber, konzentrieren sich, nehmen Blickkontakt auf und bewegen sich langsam aufeinander zu – diesmal aber nicht aneinander vorbei, sondern sie versuchen die richtige Nähe auszuloten. Sie bleiben also mit einem Abstand, der ihnen angenehm ist, voreinander stehen.

Dieser Abstand sollte nochmals überprüft und ggf. korrigiert werden. Die Armprobe (ausstrecken des rechten Armes) zeigt, ob der Abstand eher geringer oder eher größer als „normal" ist. Die Übung wird mehrmals mit verschiedenen Partnerinnen bzw. Partnern wiederholt und ausgewertet. Was geschieht, wenn der Abstand zu klein wird?

©2010, Institut für Friedenspädagogik Tübingen e.V. – WSD Pro Child e.V.

M14 Power Talking

So gewinnst du jedes Gespräch:

1. Mache deutlich, dass du eigentlich keine Zeit für ein Gespräch hast.

2. Rede so schnell und so viel wie möglich, schließlich musst du deine Zeit gut nutzen.

3. Sage unverblümt was Sache ist, es muss ja endlich mal auf den Tisch kommen.

4. Verallgemeinere dabei so stark wie möglich, schließlich geht es ja darum, Grundlinien des Verhaltens herauszuarbeiten.

5. Hilf deinem Gesprächspartner durch anschauliche Vergleiche auf die Sprünge.

6. Zeige durch deine Körperhaltung, was du von deinem Gegenüber hältst.

7. Argumentiere mit Logik und Verstand. Eigene Gefühle zu zeigen, ist bei Gesprächen fehl am Platze.

8. Zeige, dass du den Sachverstand deines Gesprächspartners schätzt.

9. Benutze so oft wie möglich langjährig erprobte Formulierungen, um das Gespräch in Gang zu halten.

10. Verabschiede dich nicht, ohne dich für das sehr informative Gespräch zu bedanken, und achte dabei darauf, dass du unbedingt das letzte Wort behältst.

Zur Weiterarbeit:
- Wie wirken diese Regeln auf die Gesprächspartnerin/den Gesprächspartner?
- Wie lauten hilfreiche Regeln für gelungene Gespräche?
- Formuliere in einer Kleingruppe fünf solcher Regeln.
- Formuliere jeweils Beispiele:
  „Also ich muss sofort wieder los, können wir nicht später darüber reden ..."

M15 Gesprächshaltungen

Welche Gesprächshaltungen wirken in einem Konflikt eher eskalierend, welche eher deeskalierend?
Überprüfe und markiere:

Hilfreich und deeskalierend ✓
Wenig hilfreich, eher eskalierend —

○ Bewusstes Begrüßen und Verabschieden

○ Blickkontakt

○ Ins Wort fallen

○ Reizwörter gebrauchen

○ Argumentieren und begründen

○ Nur die eigene Seite sehen

○ Persönliche Angriffe

○ Falsche Behauptungen

○ Auf den anderen eingehen

○ Überzeugen können

○ Kein Blickkontakt

○ Rechtfertigen

○ Anschuldigen, beschuldigen

○ Um Zustimmung werben

○ Nachfragen

○ Abwiegeln

○ Am anderen vorbeireden

○ Überreden wollen

○ Eigene Betroffenheit deutlich machen

○ Ausreden lassen

○ Zusammenfassen

○ Reizwörter vermeiden

○ Keine Begrüßung, keine Verabschiedung

○ Humorlos, verbittert sein

○ Keine Zeit haben

○ Zugewandte, offene Körperhaltung

○ Humor

○ Zeit haben

○ Abgewandte, geschlossene Körperhaltung

○ Gegenargumente ernst nehmen

○ Person und Sache trennen

○ Kein Interesse zeigen

○ _____

○ _____

○ _____

○ _____

Hinweis:
Die Aussagen können in Kleingruppen diskutiert und zugeordnet werden.

M16 Coole Tips für Gespräche

10 coole Tips für gute Gespräche in kritischen Situationen

1. Zunächst mal tief durchatmen ...
2. bis 5 (oder 10) zählen ...
3. abwarten, zuhören ...
4. „o.k., o.k., ist ja gut ..."
5. sich entschuldigen (bei Unrecht)
6. einen Vermittler holen
7. Botschaften übersetzen und nachfragen
8. Verständnis zeigen
9. sich selbst klar äußern
10. lieber ein Gespräch beenden als weiter streiten.

Vermeide Anschuldigungen
- Höre aufmerksam zu
- Finde den richtigen Abstand
- Suche nach Gemeinsamkeiten
- Sei flexibel
- Verwende freundliche Gesten
- Bleibe Gelassen

Vgl. Reinhold Miller: „Halt's Maul du dumme Sau."
Schritte zum fairen Gespräch. Lichtenau 1999, S. 44 f.

Gute Gespräche durchlaufen bestimmte Phasen

1. Begrüßung, Kontaktaufnahme.
2. Jeder kommt zunächst zu Wort.
3. Jeder kann an die anderen Klärungsfragen stellen: (habe ich dich da richtig verstanden ...?).
4. Perspektivenwechsel hilft manchmal weiter (wenn ich mich jetzt mal in deine Lage versetzte ...).
5. Jeder kann Vorschläge und Ideen einbringen ...
6. Es werden Vereinbarungen getroffen ... (wir machen es jetzt mal so ...).
7. Jeder kann sagen, wie es ihm bei dem Gespräch ergangen ist.
8. Verabschiedung, Vereinbarung weiterhin Kontakt zu halten.

Vgl. Reinhold Miller: „Halt's Maul du dumme Sau."
Schritte zum fairen Gespräch. Lichtenau 1999, S. 44 f.

M17 **Feedbackregeln**

Unterricht

Feedback findet immer statt: bewusst (zustimmendes Nicken) oder unbewusst (einschlafen), verbal („nein") oder nonverbal (Zimmer verlassen), formal (Fragebogen) oder nonformal (Beifall klatschen).

Günstige Formen des Feedbacks sind für den, der Feedback gibt:

- **Beschreibend:** Das steht im Gegensatz zu bewertend, interpretierend oder Motive suchend.
- **Konkret:** Das steht im Gegensatz zu allgemein und bezieht sich auf konkrete Situationen.
- **Angemessen:** Dies bedeutet, die Bedürfnisse aller beteiligten Personen in rechter Weise zu berücksichtigen.
- **Brauchbar:** Es muss sich auf Verhaltensweisen beziehen, die der Empfänger zu ändern fähig ist.
- **Erbeten:** Das steht im Gegensatz zu aufgezwungen. Feedback ist dann am wirksamsten, wenn der Empfänger selbst darum gebeten hat.

- **Zur rechten Zeit:** Normalerweise ist Feedback um so wirksamer, je kürzer die Zeit zwischen dem betreffenden Verhalten und der Rückmeldung über die Wirkung dieses Verhaltens ist.
- **Klar und genau formulieren:** Das kann man nachprüfen, indem man den Empfänger auffordert, die gegebene Rückmeldung mit eigenen Worten zu wiederholen und dann seine Antwort mit der Intention des Beobachters vergleicht.
- **Korrekt:** In einer Gruppe haben sowohl der Beobachter als auch der Empfänger des Feedback die Möglichkeit, die mitgeteilte Beobachtung nachzuprüfen, indem auch die anderen Mitglieder der Gruppe nach ihren Eindrücken befragt werden. Dadurch werden mögliche Fehler und Ungenauigkeiten vermieden.

Für den, der Feedback erhält:
- Nicht argumentieren und verteidigen.
- Nur zuhören, nachfragen und klären.
Die Wirksamkeit von Feedback hängt auch von der Offenheit des Empfängers ab.

Klaus Antons: Praxis der Gruppendynamik. Übungen und Techniken. 3. Aufl., Göttingen u.a. 1975, S. 109 f., Auszüge.

M18 Demokratisches Sprechen

Grundvoraussetzungen demokratischen Sprechens sind,

- bewusst und aufmerksam zuzuhören;
- Stimmungen in der Gruppe genau wahrzunehmen;
- den Kommunikationsprozess zu verlangsamen, um das bisher Gesagte reflektieren zu können;
- Gewissheiten zurückzustellen, Vorannahmen zu hinterfragen und sich für Wahrnehmungen und Vorstellungen anderer tatsächlich zu öffnen;
- nicht nur Meinungen und Ideen zu kommunizieren, sondern bewusst auch die Gedanken und Gefühle, aus denen sich Meinungen und Ideen entwickeln;
- Neugier und Offenheit für die Grundprämissen eigener Annahmen sowie die Annahmen Anderer zu entwickeln;
- unterschiedliche Standpunkte in ihrem Entstehen nachzuvollziehen und zu achten,
- aus Unwissenheit ehrliche Fragen zu stellen;
- Bereitschaft zu zeigen, die eigene Position im Licht neuer Argumente und Fakten in Frage zu stellen;
- Spannungen auszuhalten, die durch Ambivalenz, Polarität und Paradoxien in der Kommunikation entstehen.

Anne Sliwka: Das Deliberationsforum als neue Form des politischen Lernens in der Schule. In: kursiv, 2/2004, S. 74.

Überzeugen wollen/überzeugen können

Die „Leistung" einer Rede hängt von der Wirkung auf die Zuhörerinnen und Zuhörer ab. Nicht vom „Wohlklang der Worte", dem Rhythmus der Sprache oder den gewählten Argumenten.

Die Wirkung auf die Zuhörerinnen und Zuhörer beruht wesentlich auf Identifikation mit dem Sprecher.

Was alle sollten ...

- Verantwortung für die eigene Position und Argumentation übernehmen;
- keine Verallgemeinerungen gebrauchen, sondern Differenzierungen vornehmen;
- auf Überheblichkeit und Ironie verzichten, denn diese schaffen Distanz;
- sich gegenseitig ernst nehmen, auch bei völlig anderer Auffassung;
- den Gesprächspartner nicht verletzen oder herabwürdigen. Niemals das Selbstwertgefühl angreifen;
- nicht mit „heruntergelassenem Visier kämpfen", sondern versuchen, mit Offenheit zu punkten.

Demagogie

„Aber ist vielleicht jeder Volksredner ein Demagoge, muss er es gar sein? Wer sich an die Massen wendet, der will sie beeinflussen und überzeugen, der Demagoge aber will sie, der gängigen Definition zufolge, auch und vor allem aufwiegeln und aufhetzen. Doch wo ist denn die Grenze zwischen Einflussnahme und Aufwiegelung, wer kann sie genau erkennen? Kurzum: Der erfolgreiche Volksredner ist ohne eine nennenswerte Beimischung des Demagogischen überhaupt nicht denkbar."
Marcel Reich-Ranicki: gefürchtet, verachtet, gebraucht und geliebt. In: FAZ, 16.8.1997.

Konstruktive Konfliktbearbeitung

In diesem Bereich werden theoretische Grundlagen der Konfliktbearbeitung dargestellt. Es wird erklärt, was ein Konflikt ist, welche Dynamik die Eskalation von Konflikten beinhaltet und auf welchen Grundsätzen konstruktive Konfliktbearbeitung beruht. Des Weiteren wird das Konzept der Mediation eingeführt. Dieses Basiswissen stellt den Hintergrund für die Unterrichtsvorschläge dar.

Konfliktbearbeitung und Gewaltprävention

Konflikte, die nicht oder unzureichend bearbeitet werden, können das Zusammenleben und das Klima in der Schule und darüber hinaus nachhaltig beeinträchtigen. Destruktiv ausgetragene Konflikte verursachen nicht nur menschliches Leid, sondern auch hohe Kosten, da sie ein normales Unterrichtsgeschehen stören, zu starken Einschränkungen bis hin zu Krankheiten führen können und Arbeitskapazität binden. Konflikte sind immer auch Hinweise auf Probleme und Schwierigkeiten und zeigen auf, wo (persönliche, organisatorische und strukturelle) Entwicklungen notwendig sind.

Konstruktive Konfliktbearbeitung leistet einen Beitrag zur Gewaltprävention, indem im Bereich der primären Prävention Basiskompetenzen eines anderen Umgangs mit Konflikten gelernt werden, im Bereich der sekundären Prävention z.B. durch Mediationsverfahren eine faire tragfähige Lösung erarbeitet wird, was eine (weitere) Eskalation verhindert und im Bereich der tertiären Prävention Möglichkeiten des Täter-Opfer-Ausgleichs und der Versöhnungsarbeit einem Rückfall in erneute Gewaltanwendung entgegenwirken können.

Konstruktive Konfliktbearbeitung stellt das einzig durchgängige gewaltpräventiv wirksame Konzept dar, das auf allen Ebenen (Individuum, Familie, Gruppe, Gesellschaft, international) ihre jeweils spezifische Ausformung gefunden hat und anwendbar ist.

Konstruktive Konfliktbearbeitung könnte sich bei entsprechender Qualifizierung, Implementation und Förderung zu einem alternativen Konfliktmanagement in der Schule und der gesamten Zivilgesellschaft entwickeln.

Die unmittelbare Teilhabe von Schülerinnen und Schülern an der Bearbeitung und Klärung der eigenen Angelegenheiten fördert gleichzeitig das Demokratieverständnis und das demokratische Engagement in einer Gesellschaft.

Konflikte und Verhalten in Konflikten

Konflikte sind Teil des menschlichen Zusammenlebens. Sie sind Ausdruck von unterschiedlichen Interessen, Vorstellungen, Zugriffsmöglichkeiten auf Ressourcen und Teilhabe an Macht. Nicht das Vorhandensein von Konflikten ist als problematisch oder gar friedensgefährdend einzustufen, sondern Gewalt fördernde Austragungsformen, die Unrecht weiterschreiben, einzelne Parteien übervorteilen, die auf Macht und einseitige Interessendurchsetzung ausgerichtet sind und davon ausgehen, dass nur eine Seite über die „Wahrheit" und das „Recht" verfüge.

Was sind Konflikte?

Konflikte kann man spüren z.B. durch ein einengendes Körpergefühl oder gar Verkrampfungen. Konflikte kann man sehen z.B. an der Körperhaltung der Beteiligten. Konflikte kann man hören z.B. durch Lautstärke oder plötzliche Stille, durch Beschuldigungen und Anfeindungen oder einfaches Ignorieren und „Übersehen". Konflikte werden sichtbar z.B. bei Vorenthaltung von Informationen, Ausgrenzungen oder gar bei Verfolgung und Vertreibung.

Während im Alltag Konflikte häufig mit Streit, mit Interessensgegensätzen, mit Macht oder Gewaltanwendung gleichgesetzt werden, bezeichnet sie die Konfliktforschung als Unvereinbarkeiten im Denken, Fühlen und Wollen (Glasl 2004). Was als Konflikt bezeichnet wird, hängt von den gesellschaftlichen und kulturellen Rahmenbedingungen ab. Spillman (1991, S. 51) zeigt, dass das Konfliktverhalten vieler Menschen sich auf wenige Grundformen reduzieren lässt:

- Kampf oder Flucht;
- die Durchsetzung der eigenen Vorteile;
- der Einsatz immer intensiverer Mittel;
- Festhalten an der einmal eingenommenen Position, selbst wenn sich Misserfolge abzeichnen;
- Verlust der Differenzierung auf allen Ebenen;
- Erleben der Konflikte als Nullsummenspiele, die gewonnen werden müssen oder sonst verloren gehen;
- Erleben der Konfliktsituationen als Bedrohung der Sicherheit.

Werden Konflikte aber als Bedrohung erlebt, geht es um Sieg oder Niederlage. Der Gegner wird herabgesetzt, diskreditiert oder gar schikaniert, es werden vollendete Tatsachen geschaffen, Einschüchterung und Drohungen gehören zur Konfliktstrategie. Verwirrung, Stress und Angst sind häufig Folgen, die damit verbunden sind, zumal nicht einmal vor der Androhung und dem Einsatz von Gewalt zurückgeschreckt wird. Die Zerstörung des weiteren Zusammenlebens ist oft die Konsequenz. Ein solches Verhalten kann als Konflikteskalation beschrieben werden.

Definitionen — **Grundwissen**

- Wir definieren Konflikt als eine Eigenschaft eines Systems, in dem es miteinander unvereinbare Zielvorstellungen gibt, so dass das Erreichen des einen Zieles das Erreichen des anderen ausschließen würde.
  Johan Galtung: Theorien zum Frieden. In: Dieter Senghaas (Hrsg.): Kritische Friedensforschung. Frankfurt 1972, S. 235.

- Der Begriff des Konfliktes soll zunächst jede Beziehung von Elementen bezeichnen, die sich durch objektive (latente) oder subjektive (manifeste) Gegensätzlichkeiten kennzeichnen lässt.
  Ralf Dahrendorf: Gesellschaft und Freiheit. München 1963, S. 201.

- Ein Konflikt ist ein Kampf um Werte und um Anrecht auf mangelnden Status, auf Macht und Mittel, ein Kampf, in dem einander zuwiderlaufende Interessen einander notwendig entweder neutralisieren oder verletzen oder ganz ausschalten.
  Lewis A. Coser: Theorie sozialer Konflikte. Neuwied und Berlin 1965, S. 8.

Konflikteskalation

Konflikte, die nicht oder unzureichend bearbeitet werden, können zu einer gewollten oder ungewollten „Steigerung" in Bezug auf ihr Ausmaß und die eingesetzten Mittel führen. Diese Intensivierung der Auseinandersetzung bis hin zur Anwendung physischer Gewalt ist als Kennzeichen für die Eskalation von Konflikten anzusehen. „Konflikte beeinträchtigen unsere Wahrnehmungsfähigkeit und unser Denk- und Vorstellungsleben so sehr", so Friedrich Glasl, „dass wir im Lauf der Ereignisse die Dinge in uns und um uns herum nicht mehr richtig sehen. Es ist so, als würde sich unser Auge immer mehr trüben; unsere Sicht auf uns und die gegnerischen Menschen im Konflikt, auf die Probleme und Geschehnisse wird geschmälert, verzerrt und völlig einseitig. Unser Denk- und Vorstellungsleben folgt Zwängen, deren wir uns nicht hinreichend bewusst sind. (2004, S. 34).

Das eigentliche Problem von Konflikten liegt also in der permanenten Gefahr ihrer Eskalation, was dazu führt, dass bei der Austragung immer mehr auf Macht- und Gewaltstrategien gesetzt wird. Der Konflikt wird so immer schwerer steuerbar, bis er schließlich außer Kontrolle gerät, die Schwelle der Gewalt überschreitet und damit Zerstörung und Leiden verursacht.

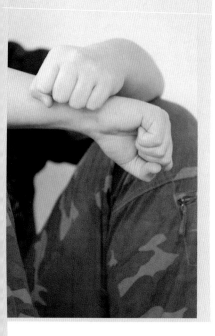

Grundsätzliche Konfliktlösungsmöglichkeiten

Kampf
- Vernichtung des Gegners
- Erzwungene Unterwerfung des Gegners
- Unterwerfung beider Konfliktparteien durch eine dritte Partei

Flucht
- Verlassen des Kampfplatzes
- Freiwillige Unterwerfung

Aushandeln
- Konsens
- Kompromiss

Gesetze/Regelwerke
- Rechtsprechung
- Unterwerfung unter Schiedsspruch

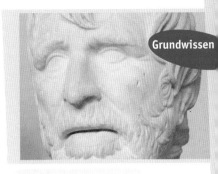

Die Eskalation von Konflikten ist also gefährlich, weil
- Konflikte außer Kontrolle geraten können;
- immer weniger Handlungsalternativen zur Verfügung stehen;
- Gewalt als Handlungsmöglichkeit zunehmend einbezogen und angewandt wird;
- nicht mehr gemeinsame Lösungen, sondern Sieg oder Niederlage des Gegners im Vordergrund stehen;
- Emotionen die Überhand gewinnen;
- Zerstörung und Vernichtung zum leitenden Handlungsziel werden.

Glasl (2004) hat diese Dynamik anschaulich mit den neun Stufen der Konflikteskalation beschrieben, die von Verhärtung, Polarisation, vollendete Tatsachen schaffen über Gesichtsverlust, Drohstrategien und begrenzte Vernichtungsschläge bis zur totalen Konfrontation ohne einen Weg zurück reichen (vgl. M11).

Findet also eine spezifische Art von Gewaltanwendung als Ergebnis eskalierender Konflikte statt, so bedeutet Gewaltprävention hier, die Eskalation von Konflikten zu verhindern, bzw. bereits eskalierte Konflikte so zu bearbeiten, dass sie nicht weiter eskalieren und in konstruktive Formen der Bearbeitung transformiert werden.

Eine zentrale Aufgabe im Rahmen einer konstruktiven Konfliktbearbeitung ist es deshalb, einer Konflikteskalation Stufen der Deeskalation gegenüberzustellen, Antworten und Handlungsmöglichkeiten auf jeder Stufe zu finden, die Gewalt zu begrenzen oder ganz auszuschließen, sowie auf Kooperation und Verhandlungslösungen abzuzielen.

Situationen und Gründe für Gruppenkonflikte
- Besetzen und Verteidigen von Sozialräumen.
- Besitz und Verteidigung begehrter Gegenstände.
- Wettstreit um das Erreichen von Zielen, Preisen usw. (auch auf Kosten anderer).
- Rivalisieren um Partner und Partnerbindung.
- Verteidigung von Gruppenmitgliedern und Sozialpartnern.
- Streben nach Anerkennung, Rang und Einfluss in Gruppen entsprechend der Gruppennormen.
- Anfeuerung der Kampfbereitschaft durch Gruppenmitglieder.
- Austesten von Toleranzgrenzen und von Stärken und Schwächen der Partner.

Vgl. Lothar R. Martin: Gewalt in Schule und Erziehung: Grundformen der Prävention und Intervention. Bad Heilbrunn/Obb. 1999, S. 33 ff., Auszüge.

Zwei Arten von Streit

Im 7. Jahrhundert vor Christus unterschied der Grieche Hesiod in einem Gedicht zwei Arten von Streit: einen guten und einen bösen. Der böse Streit ist kulturzerstörend, da er die Grundlagen der Sitte und Verständigung vernichtet. „Er mehrt nämlich den Krieg, den bösen, mehret den Hader, kein Mensch hat ihn gern."

Der gute Streit ist das Gegenteil davon. Er ist nicht nur kulturfördernd, er ist sogar der eigentliche Motor der Kultur: „Der Streit ist gut für den Menschen", schreibt Hesiod.

Bleiben beim „guten Streit" die Gegenspieler im Rahmen einer gemeinsamen Ordnung, d.h. sie sehen einander als Rivalen, kündigen sie im „bösen" Streit die Gemeinsamkeit auf und zerstören sie, sie stehen sich hier als Feinde gegenüber.

Aleida und Jan Assam in: Aleida Assmann/Dietrich Harth (Hrsg.): Kultur und Konflikt. Frankfurt/M. 1990.

Konstruktive Konfliktbearbeitung

Eine gewaltfreie konstruktive Konfliktaustragung ist die Grundbedingung gelingenden menschlichen Zusammenlebens. Die Ermöglichung, Unterstützung und Förderung von Möglichkeiten konstruktiver Konfliktbearbeitung auf persönlicher, institutioneller und gesellschaftlicher Ebene stellt deshalb alternative Handlungskonzepte zur Verfügung, die Wertschätzung und Respekt beinhaltet und fairen Interessenausgleich anstreben.

Konstruktive Konfliktbearbeitung basiert auf folgenden zentralen Annahmen (vgl. u.a. Fisher u.a. 2004; Glasl 2004):

- Konflikte werden effektiver gelöst, wenn die Interessen und nicht die Rechts- bzw. Machtposition herausgestellt werden.
- Konflikte sollten nicht unter dem Aspekt von eigenem Gewinn und gegnerischem Verlust betrachtet werden, sondern unter dem des anzustrebenden gemeinsamen Gewinns. D.h. der Konflikt wird von Anfang an mit dem Ziel ausgetragen, dass beide Konfliktparteien ihre Ziele partiell erreichen können.

Der Konflikt: Ein Eisberg

Ein Konflikt ist wie ein Eisberg: Das Wesentliche ist unsichtbar. Wie bei einem Eisberg findet das Wesentliche eines Konfliktes nicht an der Oberfläche statt.

Häufig dominiert die **emotionale Ebene** das Konfliktgeschehen. Je stärker ein Konflikt eskaliert, desto mehr gewinnt diese Ebene an Bedeutung.

Sachebene

Themen, Inhalte,
Theorien, Verstand,
Aufgaben, Zeit, Arbeitsanliegen

Angst, Unsicherheit, Sympathie, Antipathie, Wünsche,
Bedürfnisse, Vertrauen, Akzeptanz, Toleranz, Zuneigung, Nähe,
Tabus, Status, Sicherheit usw.

Psychosoziale Ebene

Vgl. B. Langmaack/M. Braune-Krickau: Wie die Gruppe laufen lernt. 7. Aufl., Weinheim 2000, S. 67.

- Die herkömmlichen Kommunikationsmuster der Drohung und Beschuldigung müssen abgelöst werden durch kooperative Muster des Verstehens und Erklärens. Eine unabdingbare Voraussetzung für eine Deeskalation und eine konstruktive Konfliktlösung ist es, keine Gewalt anzudrohen oder anzuwenden.
- Da die Trübung der Wahrnehmungsfähigkeit ein typisches Kennzeichen von eskalierenden Konflikten ist, darf die eigene Wahrnehmung und Interpretation der Ereignisse nicht absolut gesetzt werden, vielmehr ist sie einer Überprüfung und Korrektur zu unterwerfen, um so auch die eigenen Anteile am Konflikt zu erkennen. Die Bereitschaft hierfür ist bereits ein wichtiger Schritt zur Anerkennung von Rechten der anderen Konfliktpartei.
- Die Überprüfung der Wahrnehmung kann am ehesten durch die Einbeziehung einer unabhängigen dritten Partei, eines Mediators bzw. einer Mediatorin, geschehen. Dieser bzw. diese kann als Vertrauensinstanz für beide Seiten dazu beitragen, eine gemeinsame Sicht der Dinge zu erreichen. Doch dies ist nicht ausreichend, der Wille zu einer kooperativen Lösung muss hinzukommen.
- Die Schaffung von Tatsachen wirkt sich auf den Konfliktverlauf in der Regel eskalierend aus, da die Gegenseite diese nicht ohne Gesichtsverlust hinnehmen kann.
- Um gemeinsame Gespräche realisieren zu können, sind oft Vorgespräche erforderlich, in denen zunächst die Grundregeln für das weitere Vorgehen festgelegt und der Weg für Verhandlungen geebnet werden. Sie vermögen vorteilhaft vom Druck überhöhter Erfolgserwartungen zu entlasten.
- Konfliktlösungen dürfen nicht durch die Interessen der stärkeren Partei diktiert werden. Sie müssen so geartet sein, dass sie möglichst allen Parteien Vorteile verschaffen und damit nicht wiederum Ausgangspunkt für neue Konflikte sind. Darüber hinaus haben sie auch einen Beitrag zum Abbau von struktureller Gewalt zu leisten und müssen sich an ethischen Maßstäben messen lassen.

Mein persönliches Konfliktverhalten

Grundwissen

- Was macht mich in einem Konflikt verrückt und bringt mich aus der Fassung?
- Was sind meine persönlichen Stärken im Konflikt?
- Was brauche ich persönlich vom Konfliktpartner, damit ich selber fair bleiben und konstruktive Wege aus dem Konflikt entdecken und beschreiten kann?
- Über welche eigene innere Hürde komme ich nur mit großer Mühe, wenn mir mein Verstand sagt, dass ich jetzt eigentlich auf den Konfliktpartner zugehen sollte?
- Was bzw. welche Verhaltensweisen tun mir von „dritten Personen" gut, die am Konflikt nicht beteiligt sind?

Reiner Steinweg: Arbeitsklima und Konfliktpotenzial. Projektbericht. Band III: Konflikte aus der Sicht von Betriebsräten. Linz 1999, S. 256.

Johan Galtung (1998) warnt allerdings davor zu glauben, (alle) Konflikte könnten endgültig und auf Dauer gelöst werden. Er versteht „Konfliktlösung" als ein neues Stadium im Konfliktprozess, als neue Konfliktformation, die von allen Akteuren gewollt und getragen wird und für alle akzeptabel ist. Konflikte in eine bearbeitbare Form zu bringen, sie also zu transformieren, ist eine zentrale Aufgabe, um mit ihnen konstruktiv umgehen zu können. Eine Konflikttransformation ist im Prinzip nie abgeschlossen, da neue Widersprüche auftauchen oder alte wiederbelebt werden können. Konflikttransformation ist also ein permanenter Prozess.

Dennoch müssen die spezifischen Voraussetzungen dieses Ansatzes im Blick gehalten werden: Gewalt zwischen den Konfliktparteien muss ausgeschlossen sein. Die Streitfrage, um die es bei Mediation geht, muss verhandelbar sein. Mediation setzt Freiwilligkeit, die Übernahme von Verantwortung und die Bereitschaft der Teilnehmer, sich zu einigen, voraus. Die Partner sollten ein Interesse an einer Problemlösung haben und zur Kommunikation fähig und zur Kooperation bereit sein. Das Machtgefälle zwischen den Mediationsparteien sollte nicht zu groß sein.

Nutzen und Schaden von Konflikten

Bei folgender Situation ...	... kann der Nutzen eines Konflikts sein:	... besteht bei Konflikten die Gefahr:
1. In einer Gemeinschaft bestehen diffuse Standpunkte.	Es werden endlich klare Positionen sichtbar.	Standpunkte werden übertrieben und fixiert.
2. Menschen zeigen bei Auseinandersetzungen kein Profil.	Personen werden deutlich sichtbar und spürbar.	Menschen zeigen extreme und fanatische Züge.
3. Das Leben in der Gemeinschaft ist grau und lustlos.	Es kommt zu intensiven Emotionen, Energie wird geweckt.	Emotionen überwiegen und führen zu Unsachlichkeit.
4. Bestehende Strukturen sind erstarrt und wirken behindernd.	Starre Formen werden aufgelöst und abgebaut.	Jegliche Form wird zerstört, Chaos und Anarchie folgen.
5. Alte Denkgewohnheiten sind tief eingewurzelt.	Alte Prinzipien und Gewohnheiten werden hinterfragt.	Es tritt totale Verunsicherung auf, jeder Halt geht verloren.
6. Durch bestehende Machtstrukturen werden notwendige Veränderungen unterdrückt.	Es kommt zu Machtwechsel, Machtumschichtungen und Erneuerungen.	Macht und Gegenmacht werden mobilisiert und zerstören einander.

Friedrich Glasl: Dynamik sozialer Konflikte und Ansätze zur Konfliktbehandlung. In: Renate Grasse/Bettina Gruber/Günther Gugel (Hrsg.): Friedenspädagogik. Reinbek 2008, S. 127.

Stärkung der Konfliktfähigkeit
bei Schülern und Lehrkräften

Konfliktfähigkeit im Sinne von „angemessen im Konfliktgeschehen agieren und reagieren" zu können und damit konstruktive Lösungen anzustreben, lässt sich erlernen. Sie stellt eine spezifische Kompetenz dar, die über den Bereich des üblichen sozialen Lernens hinausgeht (vgl. Gugel 2006, S. 121 f.).

Die im Nahbereich notwendigen Kompetenzen für Konfliktfähigkeit lassen sich in fünf Bereiche aufgliedern: (1) kommunikative Kompetenzen, (2) kooperative Kompetenzen, (3) Deeskalations-Kompetenzen, (4) Verfahrens-Kompetenzen und (5) Konfrontations-Kompetenzen.

- **Kommunikative Kompetenzen** umfassen u.a. die Verbesserung der Selbst- und Fremdwahrnehmung; den Umgang mit den eigenen und mit fremden Emotionen; die Entwicklung von Einfühlungsvermögen; das Erkennen und Formulieren eigener und fremder Interessen, aber auch Kenntnisse der Gewaltfreien Kommunikation.

- **Kooperative Kompetenzen** beziehen sich auf gelingende Zusammenarbeit. Sozialpsychologische Untersuchungen haben gezeigt, dass kooperatives Verhalten in Konfliktsituationen u.a. von der Geschichte der Interaktion der Konfliktpartner und der Intensität der Kommunikation abhängt, wobei sich eine größere Kommunikationsdichte eindeutig positiv auf kooperatives Verhalten auswirkt. Hierbei spielt die Anzahl der beteiligten Personen eine wichtige Rolle. Kooperationsstiftende Elemente sind überdies anerkannte Regeln der Fairness, da sie das Risiko einer Konflikteskalation abmildern.

- **Zu den Deeskalations-Kompetenzen** gehören u.a. neutrales Sprachverhalten, nicht provozierende Körpersprache, Wissen um provozierende und eskalierende Elemente, um diese bewusst vermeiden zu können.

- **Verfahrens-Kompetenzen** umfassen Kenntnisse über Möglichkeiten, Zuständigkeiten und Zugangsweisen von Unterstützungs- und Hilfesystemen bei Auseinandersetzungen z.B. Gerichte, Schiedsverfahren, Mediationsverfahren, Menschenrechtskonventionen usw.

- **Konfrontations-Kompetenzen** beinhalten Strategien der angemessenen Selbstbehauptung, Aspekte von zivilcouragiertem Handeln und Wissen um Möglichkeiten der gewaltfreien Interessensdurchsetzung.

Ethnische Konflikte

Ein wichtiger Ansatzpunkt kann es sein, bereits den Anfängen zu wehren. So kann etwa ein ethnischer Konflikt damit anfangen, dass man Angehörige anderer Ethnien nicht mehr grüßt, und sei es nur, weil man Angst hat, von Nachbarn dabei gesehen zu werden. Solche Ansätze bekommen leicht eine Eigendynamik, die zu einer unheilvollen Eskalation führen kann: Der Nachbar wird zunehmend als fremd, dann als feindlich, dann als bedrohlich erlebt, bis man ihn dann vorsorglich bekämpft und umbringt. Wir sollten frühzeitig, eh es zu spät ist, auf die Produktion von Feindbildern reagieren, und wir sollten „Andersdenkende", Kritiker, Ketzer und „Konterrevolutionäre" schützen, solange sie nicht mit Gewalt ihre Ideen durchsetzen wollen. Denn sie sind ein wichtiger Teil unserer Gesellschaft.

Manfred Sader: Destruktive Gewalt. Möglichkeiten und Grenzen ihrer Verminderung. Weinheim und Basel 2007, S. 62.

Die Stärkung der individuellen Konfliktfähigkeit durch Erlernen und Einüben dieser Kompetenzen sollte im Alltag, in der Familie und Schule geschehen und unterstützend in spezifischen Kursangeboten und Trainings in den Grundzügen vermittelt werden. Konfliktfähigkeit sollte selbstverständlicher Teil jedes professionellen Handelns sein und dementsprechend in den jeweiligen Ausbildungsgängen verankert werden.

Orientierungen

1. Beachte, dass es um die gemeinsame Lösung eines Problems und nicht um Sieg oder Niederlage geht.
2. Orientiere dich an Interessen und nicht an Positionen.
3. Unterscheide zwischen den Menschen und dem Problem (die Sachen klären, die Personen achten – wie Hartmut von Hentig es ausdrückt).
4. Achte darauf, die Gefühle der Betroffenen nicht zu verletzen.
5. Berücksichtige bei Lösungsvorschlägen die Grundbedürfnisse (u.a. Sicherheit, Freiheit, Identität) der Konfliktparteien.
6. Handle stets so, dass sich deine Handlungsoptionen nicht verringern, sondern vergrößern (darauf weist Johan Galtung besonders hin).
7. Mute der anderen Konfliktpartei keinen Gesichtsverlust zu.
8. Greife nur auf Mittel zurück, die mit dem Ziel, das du erreichen willst, zu vereinbaren sind.
9. Achte darauf, dass das Ergebnis auch ethischen Kriterien entspricht und allgemein verbindlichen Kriterien genügt!

Konfliktbearbeitung in der Schule

Grundwissen

Im schulischen Kontext ist es wichtig verbindliche Regeln für den Umgang mit Konflikten zu etablieren. Darüber hinaus hat es sich als sinnvoll erwiesen, Instrumente wie z.B. einen regelmäßig tagenden Klassenrat, Konfliktsprechstunden und Schüler-Streit-Schlichtung zu implementieren. Letztlich sollte das Ziel sein, ein Konfliktmanagementsystem in der Schule aufzubauen, das für alle Gruppen angemessene Bearbeitungsmöglichkeiten bereit stellt.

Peer Mediation/Schüler-Streitschlichtung

Peer Mediation ist weltweit an vielen Schulen verbreitet und gehört heute zur „Standardmethode" schulischer Konfliktbearbeitung und Gewaltprävention.

Unter den Modellen und schulischen Ansätzen zur Gewaltprävention nimmt „Peer Mediation" eine Sonderstellung ein, da hier die Konfliktlösung direkt von Schülerinnen und Schülern übernommen wird und nicht durch Lehrkräfte oder die Schulverwaltung. Peer Mediation ist dabei als Teil von „Peer Education" zu verstehen, der die Idee von Erziehung von Jugendlichen durch Jugendliche zugrunde liegt.

Schüler-Streit-Schlichtungs-Programme sind stark ritualisierte Konfliktlösungsverfahren, die von speziell ausgebildeten Schülerinnen und Schülern bei Schüler-Schüler-Konflikten angewandt werden und oft den Kern von Gewaltpräventionsprogrammen in Schulen bilden.

Als Schulmediatoren arbeiten i.d.R. ältere ausgebildete Schülerinnen und Schülern (der Schwerpunkt in Deutschland liegt zwischen dem 4.-7. Schuljahr), die bei Konflikten von jüngeren Schülerinnen und Schüler tätig werden. Bei Konflikten und Streitigkeiten findet dann – oft in einem eigens dafür eingerichteten Mediationsraum – das Konfliktgespräch statt. Häufig werden hierzu die Pausenzeiten verwendet, was mit Zeitdruck verbunden sein kann.

In vielen Ländern ist inzwischen die Pionier- und Aufbauphase von Schulmediation vorbei, und es folgt die Phase der Besinnung und der Reflexion. Dabei ist zu beachten, dass Schulmediation (in Deutschland) nur bei ca. einem Drittel der Schulen auf Dauer angelegt ist, die übrigen werden für einen Zeitraum von 1-3 Jahre konzipiert (vgl. Behn 2006).

Kriterien erfolgreicher Programm-Implementation

- Sorgfältiges Abwägen zwischen schulweiter Implementation oder „Appendix-Modell".
- Einrichtung eines Koordinatorenteams.
- Entwicklung eines Organisationsmodells der Schülermediation (nach Präsenz oder Bedarf).
- Früher Beginn der Ausbildung von Peer Mediatoren.
- Gründliche Ausbildung.
- Einrichtung eines Mediationsraums.
- Unterstützung durch die Schulleitung.
- Maßnahmen zur Sicherung der Nachhaltigkeit.
- Selbstevaluation.

Ingrid Engert: Mediation im Kontext Schule. In: Christiane Simsa/Wilfried Schubarth (Hrsg.): Konfliktmanagement an Schulen. Frankfurt/M. 2001, S. 221-231.

Der pädagogische Nutzen von Peer-Mediation, der darin besteht, dass Schülerinnen und Schüler lernen, Verantwortung zu übernehmen, ist unbestritten. Aber gibt es auch eine direkte Auswirkung auf die Reduzierung von Gewalt? Können langfristig andere Umgangsformen mit Konflikten gelernt werden?

Der Erfolg solcher Maßnahmen hängt offensichtlich weitgehend davon ab, inwieweit Lehrkräfte und Schulverwaltung bereit sind, dieses Programm zu unterstützen, als ein Element einer Konfliktkultur an der Schule zu begreifen und nicht zuletzt auch, wie Eltern einbezogen werden. Als „Inselprojekt" bleibt der Ansatz weitgehend wirkungslos.

In Bezug auf das Schulklima besagen die meisten Evaluationsstudien, dass Peer Mediation-Programme ein positives moralisches Klima an den Einrichtungen hervorbrächten, an denen sie installiert sind. Zudem verringerten Schulmediatonsprogramme die Bereitschaft, auf autoritäre, schulische Maßnahmen zurückzugreifen. Bei diesen Ergebnissen muss man allerdings berücksichtigen, dass nur sehr wenige Längsschnittstudien vorliegen (vgl. Behn u.a. 2009).

Streitschlichtung

- Haben Streitschlichter ein Erkennungsmerkmal (T-Shirt, Mütze ...)?
- Gibt es einen eigenen Raum (Bauwagen, Holzhäuschen, Klassenzimmer)?
- Gibt es feste Zeiten für Schlichter und Schlichtungsgespräche (wochenweise Einteilung in Teams, Pausendienst, Bürodienst ...).
- Gibt es regelmäßige Treffen aller ausgebildeten Streitschlichter an der Schule (in der Region)?
- Gibt es Patenklassen (einzelne Teams sind für bestimmte Klassen zuständig und kennen sich)?

Expertentipps

- Zusammenarbeit zwischen Eltern, Lehrkräften und Schülern ist wichtig.
- Unterstützung durch Schulleitung und Lehrkräfte.
- Kontakt zu Schulsozialarbeitern.
- Werbung für Streitschlichtung (Plakate, Fotos, Flyer ...).
- Teambildung der Streitschlichtergruppe.
- Permanente Weiterbildung der Streitschlichter.
- Keine Einmischung der nicht betrauten Lehrkräfte.
- Qualitätsstandards für Ausbildung und Schlichtung entwickeln und überprüfen.

Probleme

- Schüler haben keinen Respekt vor den Schlichtern.
- Das Angebot wird von den Schülern nicht angenommen.
- Streitschlichtung ist von den Lehrkräften nur toleriert, nicht akzeptiert.

Vgl. ikm: Fotodokumentation der 6. Hamburger Streitschlichtertage 2008. Hamburg 2008.

Verschiedene Studien weisen auch darauf hin, dass Mediations-Programme einer typischen Entwicklung unterliegen. Sie erleiden nach etwa fünf- bis sechsmonatiger Existenz einen Einbruch. Nach einer Phase gebremster Skepsis bei der Einführung folgt zunächst Euphorie über das Erreichte, die sich dann in eine „Funktions-unfähigkeit" wandelt und nach einer Phase der Erholung zu einer Wiederbelebung führen muss.

Vor dem Hintergrund der Ergebnisse zur Schulmediationsforschung forderten Simsa und Schubarth (2001) bereits zu Beginn des neuen Jahrtausends eine Qualitätsentwicklung und Qualitätssicherung (Professionalisierung der Mediatorenausbildung, Mindeststandards, Installation von Unterstützersystemen, Vernetzung), Einbindung des Mediationsverfahrens in den Schulentwicklungszusammenhang und Reflexion über die erforderlichen materiellen und personellen Rahmenbedingungen.

Entscheidende Fragen für die Wirkung der Schulmediation sind auch, ob und wie Schulmediation als Instrumentarium im Schul-gesetz verankert ist, ob eine finanzielle Förderung von Schulmedia-tion erfolgt, wie Eltern und außerschulische Einrichtungen einbe-zogen und beteiligt werden und wie Projekte der Schulmediation untereinander vernetzt sind. Es zeigt sich, dass ein Arbeitsansatz ohne entsprechende Einbindung in eine Organisationsstruktur und ohne Zusammenspiel mit anderen wichtigen Teilelementen keine ef-fektive Wirkung entfalten kann. In diesem Zusammenhang beklagen Behn u.a. (2009, S. 39) die – im Vergleich zum englischsprachigen Raum – mangelnde Akzeptanz von Schulmediation durch Lehrkräfte sowie Schülerinnen und Schüler.

Mediation und Sanktion

Grundwissen

Ein Ergebnis der Evaluation ist, dass es in den unter-suchten Schulen oft kein klares und pädagogisch de-finiertes Verhältnis zwischen Mediation und schulischen Sanktionsmaßnahmen gibt. Mediation und Sanktion sollten als gleichwertige Instrumente nebeneinander installiert werden, um den Grundsatz der freiwilli-gen Inanspruchnahme der Mediation aufrecht zu erhalten. Wichtig ist eine Verständigung im Kollegium darüber, welche schulischen Strategien der Bearbeitung von Konflikten in welchen Situationen zum Einsatz kommen. Diese vereinbarten Vorgehensweisen sollten für die Schülerinnen und Schüler transparent gemacht werden.

Sabine Behn u.a.: Mediation an Schulen. Eine bundesweite Evaluation. Wiesbaden 2006, S. 275, Auszüge.

Stufen der Streitschlichtung im schulischen Bereich
• Die Kontrahenten versuchen ihren Konflikt (nach den erlernten Regeln) selbst zu bearbeiten.
• Schaffen sie es nicht, ihr Problem selbst zu bewältigen, nehmen sie Schlichtung durch Mitschüler in Anspruch.
• Wenn diese Schlichtung keinen Erfolg hat, wird Schlichtung von einer Lehrkraft durchgeführt.
• Falls auch diese Schlichtung den Konfliktparteien nicht weiterhilft, fällt die Lehrkraft einen Schiedsspruch.
• In schwerwiegenden Fällen wird Schlichtung und Schiedsspruch von der Schulleitung als letzter Instanz angeboten.

Karin Jefferys-Duden: Streit schlichten lernen. In: Pädagogik, 7-8/99, S. 53 f.

Grundwissen

Etablierung eines Konfliktmanagement-systems an der Schule

Helmolt Rademacher (2004, S. 49 ff.) weist darauf hin, dass Mediation und Gewaltprävention in der Schule „sich nur dann langfristig und nachhaltig etablieren, wenn sie in der Schule akzeptiert und mit einer entsprechenden Struktur versehen werden." Dies gelinge jedoch nur selten: „Sogar dem Projekt ‚Mediation und Schulpro-gramm', das in 200 Schulen in Hessen etabliert, in den meisten Schulen durch das Schulprogramm abgesichert ist und in sehr vielen dieser 200 Schulen regelmäßig durchgeführt wird, mangelt es in den meisten Schulen an einer sichtbaren, strukturellen Verankerung beispielsweise durch eine Projektgruppe oder eine andere struk-turelle Absicherung" (Rademacher 2005, S. 21). Als Konsequenz ist Rademacher der Überzeugung, dass Mediation nur dann eine Chance auf nachhaltige Wirkung in der Gesellschaft hat, wenn sie Teil eines systemischen Veränderungsprozesses wird. Ziel wäre es, von Einzelmaßnahmen zu einem Konfliktmanagementsystem in der Schule zu kommen, das nach den Prinzipien der Organisations-entwicklung vorgeht, denn Konflikte müssen im gesamten System bearbeitet werden. Geschlossene Konfliktbearbeitungsprogramme sollen so in offene Konfliktmanagementsysteme transformiert wer-den.

Die aktuelle Diskussion um Konfliktbearbeitung in der Schule nimmt also einen Theorie- und Handlungsaspekt auf, der im Bereich der systemischen Familientherapie und Organisationsentwicklung seit vielen Jahren praktiziert wird.

Schulmediation und Gewaltprävention

Es ist noch nicht gelungen empirische Belege anzuführen, die nach-weisbare Veränderungen des Schulklimas oder auf der Verhaltensebene mit der Einführung von Schulmediationsprojekten begründen würden. Während es mittlerweile als gesichertes Ergebnis gelten kann, dass SchülerInnen und Lehrkräfte, die unmittelbar in das Schulmediations-projekt eingebunden sind, von diesem in Bezug auf ihre Kompetenzent-wicklung profitieren und von deutlichen Lerneffekten berichten, können die Wirkungen in anderen Bereichen oft nur anhand der subjektiven Einschätzungen der beteiligten PädagogInnen und/oder SchülerInnen nachvollzogen werden. Vor dem Hintergrund, dass viele Schulen ein Me-diationsprojekt als Gewaltpräventionsprojekt einführen, ist es insbeson-dere als Manko anzusehen, dass die Forschung keine gesicherten Daten zu quantitativen Veränderungen der Gewalttaten vorweisen kann.
Sabine Behn/Nicolle Kügler/Dorte Schaffranke: Schulmediation in der Praxis(er)forschung. In: Perspektive Mediation, Heft 1/2009, S. 39.

Wiedergutmachung und Versöhnung

Ein wichtiger Teilbereich konstruktiver Konfliktbearbeitung stellt die Frage der Wiedergutmachung und Versöhnung dar, um so ein weiteres Zusammenleben und -arbeiten zu ermöglichen. Eine in der Jugendgerichtshilfe entwickelte Form stellt hier der Täter-Opfer-Ausgleich als außergerichtliche Konfliktregelung bei Straftaten dar. Täter und Opfer werden (auf freiwilliger Basis) zusammengeführt, um eine einvernehmliche Lösung zu erreichen. Der Täter soll dem Opfer eine Wiedergutmachung leisten. Das Opfer soll sich mit dieser Wiedergutmachung einverstanden erklären. Für den schulischen Kontext können hier u.a. im Rahmen von Streitschlichtung aber auch darüber hinaus, vielfältige kreative Möglichkeiten der Wiedergutmachung, Entschädigung und des Ausgleichs gefunden werden (vgl. M3).

Das nicht-erzieherische Gespräch

Grundwissen

Marianne Gronemeyer schlägt im Umgang mit Konflikten das nicht-erzieherische Gespräch vor: Es verzichtet auf den Konsens als Ziel, will den anderen weder manipulieren noch sonst wie beeinflussen und verändern, sondern ist daran interessiert, durch genaues und sorgfältiges Zuhören die Differenzen, die unterschiedlichen Auffassungen und Sichtweisen herauszuarbeiten und gelten zu lassen.
Vgl: http://vorarlberg.orf.at/magazin/klickpunkt/focus/stories/26101/

Wahrnehmen, verstehen, handeln

Wahrnehmen
- Anzeichen für Konflikte frühzeitig erkennen

Verstehen
- Die spezifische Dynamik von Konflikten kennen;
- Analyseinstrumente anwenden können;
- Die Motive, Interessen und Bedürfnisse der Beteiligten kennen;
- Wissen, was zur Eskalation und was zur Deeskalation beiträgt;
- Eigenes Konfliktverhalten verstehen und verändern können.

Handeln
- Kennen von Grundformen des konstruktiven Umgangs;
- In Konfliktsituationen rational handeln können;
- Hilfreiche Haltungen kennen;
- Konfliktlösungsphantasie entwickeln;
- Möglichkeiten der externen Hilfe kennen;
- Kriterien zur Beurteilung von Konfliktlösungen kennen.

Umsetzung

Im schulischen Bereich gibt es zwei prinzipielle Ebenen der Auseinandersetzung mit Konflikten, die Regelung der im schulischen Alltag auftretenden Konflikte sowie das Thema Konflikt und Konfliktbearbeitung als „Sachthema" im Unterricht. Ziel sollte es sein, für alle Jugendlichen grundlegende Fähigkeiten im Umgang mit Konflikten zu vermitteln sowie für die Klassen und die gesamte Schule ein Konfliktmanagementsystem aufzubauen.

Die Materialien bieten einen Zugang zum grundsätzlichen Verständnis von Konflikten sowie zu deren konstruktiven Bearbeitung. Ein Schlüssel für konstruktive Konfliktbearbeitung liegt in der Förderung kommunikativer Kompetenzen.

Lehrkräfte und Eltern

- **Mediaton:** Viele Konflikte können von den Beteiligten selbst gelöst oder geregelt werden. Gelingt dies nicht, ist die Einbeziehung einer Dritten Partei in Form einer Mediatorin bzw. eines Mediators angebracht. Über die grundlegenden Merkmale des Mediationsverfahrens informiert M1.
- **Schüler-Streit-Schlichtung** als eine Form der Peer-Mediation hat sich bewährt und zeigt Erfolg, wenn sie von der gesamten Schule mitgetragen und über einen längeren Zeitraum eingesetzt wird. M2 stellt dieses ritualisierte Verfahren für die Lösung von Konflikten zwischen Schülerinnen und Schülern vor.
- **Der Täter-Opfer-Ausgleich** (M3) bietet auch im schulischen Kontext Möglichkeiten der Konfliktregelung bzw. Wiedergutmachung.
- **Gekonnte Konfliktgespräche** sind wichtig. Horst Singer (vgl. M4) weist auf die spezifische Anforderungen an Konfliktgespräche zwischen Jugendlichen und Lehrkräften hin.

Schülerinnen und Schüler

- **Konflikte wahrnehmen und verstehen:** Das Wesen von Konflikten kann am besten durch Konfliktgeschichten (M5) veranschaulicht werden. Eine Befragung „Rund um den Konflikt" (M6) ermöglicht das eigene Konfliktverständnis sowie eigene Erfahrungen und Einschätzungen mit anderen zu vergleichen. Typisch für Konflikte ist, dass sich die Kommunikation, Wahrnehmung, Einstellungen und der Aufgabenbezug der Konfliktpartner im Laufe des Konfliktes verändern (M7).

Um Konflikte verstehen und bearbeiten zu können, ist eine Konfliktanalyse wichtig. M9 stellt ein Analyseraster vor. Mit dessen Hilfe kann u.a. der in M16 beschriebene Konflikt analysiert werden.

Grundwissen

- **Konflikteskalation:** Konflikte durchlaufen i.d.R. mehrere charakteristische Phasen (M8). Die Konflikteskalation, die sich nach Glasl in neun Stufen beschreiben lässt (M10, M11) ist dabei von besonderer Bedeutung, da die konkreten Möglichkeiten der Bearbeitung von der jeweils erreichten Eskalationsstufe abhängen. Zu wissen, was zu Eskalation und was zur Deeskalation beiträgt (M12) ist deshalb (auch für den Alltag) hilfreich, weil dadurch eine ungewollte Eskalation verhindert werden kann und gezielt Deeskalationsstrategien eingesetzt werden können.

- **Konstruktive Konfliktbearbeitung:** Wenngleich sich nicht alle Konflikte lösen lassen, so sollten sie sich doch wenigstens auf konstruktive (gewaltfreie) Weise bearbeiten oder regeln lassen. In der Konfliktforschung sind die Essentials einer konstruktiven Konfliktbearbeitung bekannt (M13, M2). Eine wichtige Rolle bei der Konfliktbearbeitung spielt die Berücksichtigung grundlegender Bedürfnisse der Konfliktparteien.

  Perspektivenwechsel, als Angebot versuchsweise die Sichtweise der anderen Konfliktpartei oder einer dritten Person zu übernehmen, ist hierbei eine wichtige Methode (M14).

  Frauen und Männer haben verschiedene Konfliktbearbeitungsstile (M15), die zu kennen und zu berücksichtigen angebracht erscheint.

  Sich in Konflikt- und Problemsituationen angemessen zu verhalten kann gelernt und geübt werden. M16 und M17 bieten hierzu Materialien an.

  Wenn Konfliktparteien nach einer (tieferen) Auseinandersetzung wieder zusammen leben und arbeiten wollen, bedarf es i.d.R. gezielter Maßnahmen, die dies fördern. Der Täter-Opfer-Ausgleich (M4) sowie Versöhnungsgesten und Versöhnungsprozesse (M18) sind solche Notwendigkeiten.

Ergänzende Bausteine

3.3 Kommunikation
3.6 Interkulturelles Lernen
4.3 Mobbing

M1 **Mediation in Stichworten**

Lehrer, Eltern

Merkmale des Mediationsverfahrens

- Die Anwesenheit der vermittelnden Dritten Partei (Mediator);
- die Einbeziehung aller Konfliktparteien, die in der Regel auch anwesend sind;
- die informelle, außergerichtliche Ebene;
- die Freiwilligkeit der Teilnahme;
- die Selbstbestimmung bezüglich der Konfliktlösung;
- die Erzielung eines Konsens.

Schritte im Mediationsverfahren

Vorphase:
- Die Konfliktparteien an einen Tisch bekommen.

Das Mediationsgespräch:
- Einleitung;
- Sichtweise der einzelnen Konfliktparteien;
- Konflikterhellung: Verborgene Gefühle, Interessen, Hintergründe;
- Problemlösung: Sammeln und Entwickeln von Lösungsmöglichkeiten;
- Übereinkunft.

Umsetzungsphase:
- Überprüfung und ggf. Korrektur der Übereinkunft.

Grundregeln

- Ausreden lassen!
- Keine Beleidigungen oder Handgreiflichkeiten!
- Die Mediatoren haben die Verantwortung für den Gang des Gesprächs und greifen ein, wenn es erforderlich ist.

Grundlegende Methoden

- Aktives Zuhören
- Ich-Botschaften
- Einzelgespräche
- Brainstorming

Cartoons Burkhard Pfeifroth

Der Mediator/die Mediatorin ...

- muss von allen Konfliktbeteiligten akzeptiert und respektiert werden;
- soll kein eigenes Interesse an einem bestimmten Konfliktausgang haben;
- setzt sich für die Interessen und Belange aller Konfliktparteien ein;
- bewertet oder urteilt nicht;
- nimmt alle Standpunkte, Interessen und Gefühle ernst;
- sorgt dafür, dass Machtungleichgewichte ausgeglichen werden;
- geht mit dem Gehörten vertraulich um;
- ist für den Gang des Mediationsgesprächs verantwortlich, die Kontrahenten für den Inhalt.

Vgl. Christoph Besemer: Mediation. Vermittlung in Konflikten. Karlsruhe 2009.

M2 Schüler-Streit-Schlichtung

Bei der Schüler-Streit-Schlichtung übernehmen ältere, speziell ausgebildete Schülerinnen und Schüler die Rolle des Streitschlichters. Das ritualisierte Schlichtungsverfahren durchläuft folgende Schritte:

Einleitung
- Begrüßen
- Ziele verdeutlichen
- Grundsätze benennen
- Schlichtungsprozess erklären
- Gesprächsregeln erläutern
  - sich nicht gegenseitig unterbrechen, ggf. stattdessen eigene Gedanken notieren;
  - sich nicht gegenseitig beschimpfen oder angreifen.
- Gesprächsbeginn vereinbaren

Klärungen
- **Berichten:** Die Konfliktparteien tragen nacheinander ihre Sicht des Konflikts und der augenblicklichen Situation vor.
- **Zusammenfassen:** Die Schlichterin/der Schlichter fasst die Konfliktdarstellungen zusammen: „War das so?"
- **Nachfragen:** Wenn möglich sollen Emotionen und Motive der Konfliktpartner in Bezug auf den konkreten Streitfall zur Sprache kommen.
- **Befindlichkeit ausdrücken:** „Wie geht es Euch jetzt im Augenblick?"
- **Anteile am Konflikt artikulieren:** „Kannst Du sagen, was Du zum Konflikt oder seinem Anwachsen beigetragen hast?"
- **Überleiten:** „Nun solltet Ihr überlegen, wie der Schaden wiedergutzumachen ist und wie evtl. Eure Beziehung besser werden kann."

Lösungen
- **Lösungsmöglichkeiten überlegen:** Die Konfliktpartner sammeln Lösungen. Jeder notiert seine Vorschläge still.
- **Lösungsmöglichkeiten aufschreiben:** Alle Lösungsmöglichkeiten werden vorgelesen und gehört.
- **Lösungen auswählen:** Die Lösungsvorschläge werden gemeinsam bewertet. Gute Lösungen sind: realistisch, ausgewogen und genau genug!
- **Lösungen vereinbaren:** Die möglichen Vereinbarungen werden mündlich genannt, und es wird geprüft, ob die Konfliktpartner diesen Lösungsvorschlägen zustimmen können.

Vereinbarungen
- **Vereinbarungen aufschreiben:** Die schriftliche Vereinbarung wird erstellt. Die Lösung muss genau formuliert werden: Wer will wo und wann was tun, um den Konflikt beizulegen oder den Schaden zu beheben?
- **Vereinbarung unterschreiben:** Die Vereinbarung wird vorgelesen. Wenn alle Einzelheiten angenommen wurden, wird sie unterschrieben.
- Verabschieden. Vielleicht bietet sich noch ein Rückblick an, wie die Konfliktpartner das Schlichtungsgespräch erlebt haben und wie sie jetzt im Augenblick die weitere Beziehung sehen.
  Die Gesprächspartner verabschieden sich.

Günther Braun/Wolfgang Hünicke: Streit-Schlichtung: Schülerinnen und Schüler übernehmen Verantwortung für Konfliktlösungen in der Schule. Soest 1996, Auszüge.

M3 **Täter-Opfer-Ausgleich**

Lehrer, Eltern

Der Täter-Opfer-Ausgleich ist ein Angebot an Beschuldigte und Geschädigte, die Straftat und ihre Folgen mit Hilfe eines neutralen Vermittlers eigenverantwortlich zu bearbeiten und wird vor allem in der Jugendgerichtshilfe angewendet. Die rechtliche Grundlage des Täter-Opfer-Ausgleichs im Kontext der Strafverfolgung stellt das Jugendgerichtsgesetz (JGG) §§ 45 ff. dar.

Bemühungen um einen Ausgleich mit dem Opfer durch Entschädigung und Wiedergutmachung, die auf Täterseite mit erheblichen persönlichen Leistungen oder Verzicht verbunden sind, stellen dabei ein wesentliches Merkmal dar. Den Konfliktbeteiligten wird so die Möglichkeit gegeben, in der persönlichen Begegnung die zugrundeliegenden und/oder entstandenen Konflikte zu bereinigen und den Schaden zu regulieren. Die Teilnahme ist freiwillig.

Folgende Aspekte sind wichtig:

- einvernehmliche Regelung zwischen Beschuldigten und Geschädigten;
- beide Seiten sehen ihre Anliegen berücksichtigt (win/win-Lösung);
- Reduzierung von Konfliktfolgen und Folgekonflikten;
- Erfüllung der vereinbarten Regelung.

Der Täter-Opfer-Ausgleich verdeutlicht, dass Normen nicht ohne Folgen verletzt werden dürfen und verhindert gleichzeitig eine Stigmatisierung und Kriminalisierung.

Vgl. Servicebüro für Täter-Opfer-Ausgleich und Konfliktschlichtung: TOA-Standards. Qualitätskriterien für die Praxis des Täter-Opfer-Ausgleichs. 4. Aufl., Köln 2000.

Täter-Opfer-Ausgleich in der Schule

Möglichkeiten der Regelung bzw. Wiedergutmachung können z.B. sein:

bei Vandalismus
- Entfernung der Beschädigung;
- Instandsetzung der Beschädigung;
- provisorische Instandsetzung bis zu einer professionellen Instandsetzung;
- finanzieller Abgleich.

bei Diebstahl
- Rückgabe;
- Ersatzleistung;
- finanzieller Ausgleich;
- Täter-Opfer-Gegenüberstellung.

bei Erpressung
- Rückgabe;
- Ersatzleistung;
- finanzieller Abgleich;
- Täter-Opfer-Gegenüberstellung.

bei Gewalthandlung gegen Personen
- Anhörung des Opfers durch Täter;
- Anhörung eines Stellvertreters des Opfers durch Täter;
- Anhörung eines Opferberichts auf Tonband;
- Gegenlesen des schriftlichen Opferberichts;
- Formulierung eines Täter-Opfer-Briefs durch Täter;
- Krankenbesuch beim Opfer durch Täter;
- Pflegehandlung beim Opfer durch Täter.

Durch diese Regelungen soll sich der Täter konfrontativ mit der von ihm herbeigeführten Situation auseinandersetzen.

Ortrun Hagedorn: Konfliktlotsen. Stuttgart u.a.1995, S. 16.

M4 **Konfliktgespräche mit Schülern**

Kinder und Jugendliche brauchen in Problem-Situationen ein gutes Wort – und die Chance, zu Wort zu kommen.

Das Befinden von Kindern und Jugendlichen erkunden

Fragen nach intellektueller Einsicht erschweren konfliktlösende Gespräche. Die Wahrnehmung kann durch teilnehmendes Zuhören geschärft werden.

Emotionale erste Hilfe in der Konfliktsituation ausüben

In einer emotional beladenen Situation sollte das aktuelle Erleben des Kindes sofort aufgenommen werden, ohne hier jedoch sogleich tiefere Klärung erreichen zu wollen. Zornig zu werden, ärgerlich zu schimpfen, gekränkt zu reagieren, ist alltäglich. Solche Emotionen zuzulassen und in der Situation darüber wegzukommen ist die eine Seite, die andere ist, eine tiefere Klärung in einer ruhigeren Phase anzustreben.

Nicht „einwirken" – sondern „da sein"

Lehrerinnen und Lehrer sollten das Kind nicht belehren wollen, Ratschläge erteilen, Einsichten vermitteln. Für Kinder ist es eine große Hilfe, wenn jemand einfach da ist, zuhört, Anteil nimmt. In diesem „Nichts-Tun" liegt oft mehr Stützendes als in unaufhörlichem „pädagogischem" Aktivismus.

Die Angst vor Nähe respektieren

Kinder, die „schwierig" sind, haben es schwer – auch mit dem Reden:

- sie müssen schlagen, weil sie nicht sprechen können;
- sie müssen schweigen, um nicht gefährdet zu sein;
- sie müssen „träumen", weil sie das sie Bewegende und Bedrückende nicht sagen dürfen;
- sie müssen trotzen, um ihr Ich zu behaupten;
- sie müssen schreien, weil sie kaum erhört werden;
- sie müssen auf Distanz gehen, um sich nicht verwundbar zu machen.

Lehrerinnen und Lehrer haben es schwer mit solchen Kindern, weil diese auf den üblichen Kontakt nicht ansprechen. Bei Kindern mit einem solchen Entwicklungshintergrund kann es lange dauern, bis der Lehrer mit ihnen in Beziehung kommt. Sie fordern ihm viel „Warten können" und Einfühlung ab.

Im Gespräch die Ich-Stärkung des Schülers unterstützen

Schüler, die als „disziplinlos" gelten, sind oft Ich-schwach. Ihre „Schwierigkeiten" können der Versuch sein, etwas zu gelten. Deshalb ist es in konfliktbearbeitenden Gesprächen wichtig, den Schüler nicht „klein" zu machen, auch wenn dieser im Unrecht ist oder etwas „angestellt" hat. Sieht der Lehrer dabei die „guten" Seiten des Schülers und erkennt diese an, kann der Schüler sich selbst besser annehmen.

Kurt Singer: Lehrer-Schüler-Konflikte gewaltfrei regeln. Weinheim und Basel 1991, S. 122 ff., Auszüge.

www.prof-kurt-singer.de

M5 **Konfliktgeschichten**

Schreibe eine Konfliktgeschichte
- Wer sind die Konfliktparteien?
- Worum geht es?
- Wie ist der Konflikt entstanden?
- Wie handeln die Konfliktparteien?
- Was könnte zur Lösung unternommen werden?

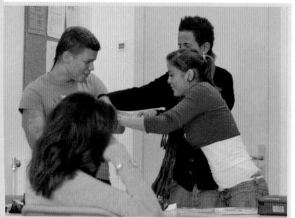

M6 Rund um den Konflikt

1. Konflikt bedeutet für mich:

_____

_____

2. Konflikte sollten ohne Gewalt ausgetragen werden, weil ...

_____

_____

3. Das bringt mich oft auf die Palme ...

_____

_____

4. So kann ich mich beruhigen ...

_____

_____

5. Konflikte machen mir Angst/keine Angst, weil ...

_____

_____

6. Ein Konflikt, der mich bewegt, ist ...

_____

_____

7. Der wichtigste Konflikt in unserer Gesellschaft ist für mich ...

_____

_____

8. Der wichtigste weltpolitische Konflikt ist für mich ...

_____

_____

_____

Mein Symbol für einen Konflikt:

```
┌─────────────────────────────┐
│                             │
│                             │
│                             │
│                             │
│                             │
│                             │
└─────────────────────────────┘
```

Die eigene Position im Konflikt kennen und formulieren
Überlege dir einen Konflikt, der dich zur Zeit betrifft, und beantworte folgende Fragen:
- Was möchte ich bekommen? (Maximale Forderung)
- Welche Punkte kann ich auf keinen Fall aufgeben? (Minimale Forderung)
- Womit könnte ich leben? (Möglicher Kompromiss)
- Welche Gründe gibt es für meine Forderungen? (Argumente)
- Wie wird mein Gegner/Gegenüber vermutlich antworten? (Reaktionen)
- Was möchte/könnte ich erwidern? (Gegenargument)
- Wie kann ich meine Forderungen unterstützen, wenn meine Argumente nicht überzeugend sind? (Mögliche Konsequenzen)

M7 Was ist typisch für Konflikte?

Kommunikation

Kommunikation ist nicht offen und aufrichtig. Information ist unzureichend oder bewusst irreführend. Geheimniskrämerei und Unaufrichtigkeit nehmen zu. Drohungen und Druck treten an die Stelle von offener Diskussion und Überzeugung.

Wahrnehmung

Unterschiede und Differenzen in Interessen, Meinungen und Werteüberzeugungen treten hervor. Das Trennende wird deutlicher gesehen als das Verbindende. Versöhnliche Gesten des anderen werden als Täuschungsversuche gedeutet, seine Absichten als feindselig und bösartig beurteilt, er selbst und sein Verhalten einseitig und verzerrt wahrgenommen.

Einstellung

Vertrauen nimmt ab und Misstrauen nimmt zu. Verdeckte und offene Feindseligkeiten entwickeln sich. Die Bereitschaft nimmt ab, dem anderen mit Rat und Tat zur Seite zu stehen. Die Bereitschaft nimmt zu, den anderen auszunutzen, bloßzustellen, herabzusetzen.

Aufgabenbezug

Die Aufgabe wird nicht mehr als gemeinsame Anforderung wahrgenommen, die am zweckmäßigsten durch Arbeitsteilung bewältigt wird und in der jeder nach seinen Kräften und Fähigkeiten zum gemeinsamen Ziel beiträgt. Jeder versucht, alles alleine zu machen.

Vgl. Morton Deutsch: Konfliktregelung. München 1976.

- In welchen Konfliktsituationen bzw. Konfliktphasen treffen diese Aussagen zu, wann nicht?

- Wovon hängt es ab, ob sie zutreffen?
- Was bedeuten diese Aussagen für das Vorgehen bei Konfliktlösungen?

Kommunikation

| offen | verdeckt/unecht |

Wahrnehmung (gesehen wird eher das)

| Trennende | Gemeinsame |

Einstellung

| Vertrauen | Misstrauen |

Aufgabenbezug (das Problem wird versucht ...)

| alleine anzugehen | gemeinsam anzugehen |

M8 **Konfliktanalyse**

**Konfliktgegenstand –
Worum handelt es sich?**
- Was ist der Kern des Konfliktes?
- Handelt es sich um einen Strukturkonflikt, Wertekonflikt, Sachverhaltskonflikt, Interessenkonflikt, Beziehungskonflikt?
- Auf welcher Ebene ist der Konflikt angesiedelt (individuelle Ebene, interpersonelle Ebene, innergesellschaftliche Ebene, internationale Ebene)?

Interessenanalyse
- Welche Positionen, Interessen und Bedürfnisse werden sichtbar?
- Wem könnte etwas am Ergebnis liegen?
- Wer könnte sich für den Ablauf interessieren?
- Wer könnte jeweils betroffen sein?
- Wessen Autorität könnte notwendig sein?
- Wessen Unterstützung ist entscheidend?

Die Konfliktparteien
- Wer sind die Konfliktparteien?
- Sind sie gleich stark (symmetrische Konflikte) oder besteht ein großes Ungleichgewicht (asymmetrische Konflikte)?
- Wie sehen die Konfliktparteien den Gegner?
- Welche Unterstützung haben die Konfliktparteien?

Wie wird der Konflikt ausgetragen?
- Ist der Konflikt heiß oder kalt?
- Welche Mittel werden angewendet?
- Wie stark ist der Konflikt eskaliert?
- Was müsste geschehen, damit der Konflikt weiter eskaliert?
- Wurde bereits Gewalt angewendet? Wenn ja, welche Folgen hatte diese?

Konfliktgeschichte
- Wann und wie ist der Konflikt entstanden?
- Welche Phasen hat der Konflikt durchlaufen?
- Geht es aktuell noch um die gleichen Streitfragen oder haben sich diese verändert?
- Wie wird die Konfliktgeschichte von den Konfliktparteien jeweils erzählt und interpretiert?

Lösungen
- Was wurde bislang unternommen, um Lösungen zu finden?
- Gibt es eine Einigung über mögliche Lösungsschritte?
- Was steht einer Lösung im Wege?
- Was verlieren die jeweiligen Konfliktparteien, wenn es den Konflikt nicht mehr gibt?
- Was gewinnen die jeweiligen Konfliktparteien, wenn es den Konflikt nicht mehr gibt?

M9 Konfliktphasen

Vorphase	Eskalationsphase	Nachkonfliktphase
• Widersprüche sind vorhanden, aber noch nicht bewusst • Das Problem wird zunehmend deutlich • Unterschiedliche Sichtweisen sind erkennbar	• Der Konflikt ist sichtbar • Der Konflikt spitzt sich zu • Die Standpunke verhärten sich • Ohne Lösungen besteht die Gefahr eines zerstörischen Verlaufs	• Einsicht, dass Regelungen notwendig sind • Lösungen werden gesucht • Das Zusammenleben muss neu organisiert werden

Gewalt-
schwelle

Latenter Konflikt	Manifester Konflikt	„Klärungsphase"

Konflikte durchlaufen oft typische Phasen. Die Übergänge sind dabei fließend. Typisch für Konfliktverläufe ist, dass sich der Konfliktgegenstand und die Ziele der Konfliktparteien verändern.

Ordne die folgenden „Alltagsweisheiten" bzw. Aussagen den ◯ im Schaubild Konfliktphasen zu. Was ist jeweils damit gemeint?

1 Jemandem die kalte Schulter zeigen.
2 Die würde ich am liebsten auf den Mond schießen.
3 Wie man in den Wald hineinruft, ...
4 Das Kriegsbeil wird begraben.
5 Vertrauen verspielen.
6 Die Zähne zeigen.
7 Vertrauensvorschuss gewähren.
8 Der kann mir den Rücken herunterrutschen.
9 Die Bataillone werden aufgestellt.
10 Das Kriegsbeil ausgraben.
11 Jemanden vor den Kopf stoßen.
12 Die Messer sind gewetzt.
13 Dem lass' ich die Luft ab.
14 Die Friedenspfeife wird geraucht.
15 Wer andern eine Grube gräbt, fällt selbst hinein.
16 Die Scherben zusammen kehren.
17 Trau keinem über ...
18 Vertrauen ist gut, Kontrolle ist besser.
19 Auge um Auge, Zahn um Zahn.

M10 „Streitkultur"

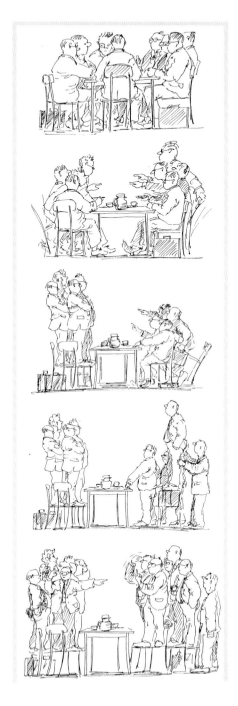

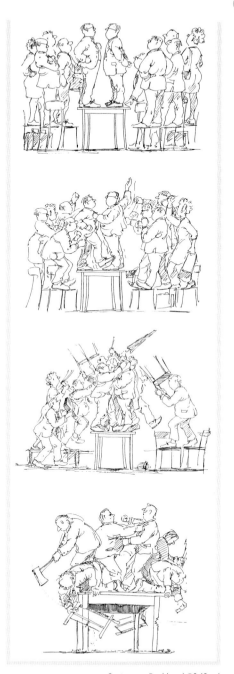

Cartoons: Burkhard Pfeifroth

M11 Konflikteskalation

Die neun Stufen der Konflikteskalation

1. **Verhärtung:** Die Standpunkte verhärten sich und prallen aufeinander. Das Bewusstsein bevorstehender Spannungen führt zu Verkrampfungen. Trotzdem besteht noch die Überzeugung, dass die Spannungen durch Gespräche lösbar sind. Noch keine starren Parteien oder Lager.
2. **Debatte:** Es findet eine Polarisation im Denken, Fühlen und Wollen statt. Es entsteht ein Schwarz-Weiß-Denken und eine Sichtweise von Überlegenheit und Unterlegenheit.
3. **Aktionen:** Die Überzeugung, dass „Reden nichts mehr hilft", gewinnt an Bedeutung und man verfolgt eine Strategie der vollendeten Tatsachen. Die Empathie mit dem „anderen" geht verloren, die Gefahr von Fehlinterpretationen wächst.
4. **Images/Koalitionen:** Die „Gerüchte-Küche" kocht, Stereotypen und Klischees werden aufgebaut. Die Parteien manövrieren sich gegenseitig in negative Rollen und bekämpfen sich. Es findet eine Werbung um Anhänger statt.
5. **Gesichtsverlust:** Es kommt zu öffentlichen und direkten (verbotenen) Angriffen, die auf den Gesichtsverlust des Gegners abzielen.
6. **Drohstrategien:** Drohungen und Gegendrohungen nehmen zu. Durch das Aufstellen von Ultimaten wird die Konflikteskalation beschleunigt.
7. **Begrenzte Vernichtungsschläge:** Der Gegner wird nicht mehr als Mensch gesehen. Begrenzte Vernichtungsschläge werden als „passende" Antwort durchgeführt. Umkehrung der Werte: ein relativ kleiner eigener Schaden wird bereits als Gewinn bewertet.
8. **Zersplitterung:** Die Zerstörung und Auflösung des feindlichen Systems wird als Ziel intensiv verfolgt.
9. **Gemeinsam in den Abgrund:** Es kommt zur totalen Konfrontation ohne einen Weg zurück. Die Vernichtung des Gegners zum Preis der Selbstvernichtung wird in Kauf genommen.

Vgl. Friedrich Glasl: Konfliktmanagement: Ein Handbuch zur Diagnose und Behandlung von Konflikten für Organisationen und ihre Berater. 8. Aufl., Bern u.a. 2004, S. 218 f.

Arbeitshinweise zu M10

- Die einzelnen Karikaturen werden auf das Format DIN A4 vergrößert.
- Die Arbeitsgruppen erhalten folgende Hinweise:
  - Bringt die Bilder in eine logische Abfolge.
  - Gebt der Bildergeschichte einen Titel.
  - Formuliert zu jedem Bild einen kurzen Untertext.
- Die Gruppenergebnisse werden mit den neun Konflikt-Eskalationsstufen von Friedrich Glasl verglichen.

Variationen

- Die Bildergeschichte wird durch reale Bilder ergänzt. Aus Zeitungen und Zeitschriften werden Fotos ausgeschnitten (oder im Internet recherchiert) und den jeweiligen Eskalationsstufen zugeordnet.
- Die Eskalationsstufen werden realen Konflikten zugeordnet (z.B. auf der persönlichen Ebene, Gruppenebene, Gesellschaft, im internationalen Bereich).

M12 Was eskaliert – Was deeskaliert?

Ordne die einzelnen Aussagen zu:
Trägt zur Eskalation bei. –
Trägt zur Deeskalation bei. ✓

Im Konflikt

- ○ Tatsachen schaffen
- ○ Beleidigende Sprache verwenden
- ○ Persönliche Integrität gewährleisten
- ○ Vorwurfsvoll statt einfühlsam kommunizieren
- ○ Interessen als gleichwertig anerkennen
- ○ Nur einseitige Interessen berücksichtigen
- ○ Existentielle Bedürfnisse anerkennen
- ○ Mangelndes Rechtsbewusstsein
- ○ Garantie von Sicherheit
- ○ Gesicht nicht wahren können
- ○ Zusammenarbeit anbieten
- ○ Machtkampf
- ○ Lagerbildung
- ○ Fair-Play-Regeln
- ○ Bloßstellen
- ○ Nach Ausgleich suchen
- ○ Keinen Ausweg lassen
- ○ Gesicht wahren können
- ○ Nicht zwischen Sache und Personen trennen
- ○ Person und Sache trennen
- ○ Ungeschriebene Regeln verletzen

Im Gespräch

- ○ Bewusstes Begrüßen und Verabschieden
- ○ Blickkontakt
- ○ Persönliche Angriffe
- ○ Rechtfertigen
- ○ Argumentieren und begründen
- ○ Humorlos, verbittert sein
- ○ Auf den anderen eingehen
- ○ Überzeugen können
- ○ Kein Blickkontakt
- ○ Um Zustimmung werben
- ○ Kein Interesse zeigen
- ○ Keine Zeit haben
- ○ Nachfragen
- ○ Ins Wort fallen
- ○ Eigene Betroffenheit deutlich machen
- ○ Abwiegeln
- ○ Humor
- ○ Ausreden lassen
- ○ Überreden wollen
- ○ Zusammenfassen
- ○ Reizwörter gebrauchen
- ○ Am anderen vorbeireden
- ○ Nur die eigene Seite sehen
- ○ Keine Begrüßung, keine Verabschiedung
- ○ Anschuldigen/beschuldigen
- ○ Abgewandte, geschlossene Körperhaltung
- ○ Falsche Behauptungen
- ○ Reizwörter vermeiden
- ○ Zugewandte, offene Körperhaltung
- ○ Zeit haben
- ○ Gegenargumente ernst nehmen

Hinweis:
Die Aussagen können in Gruppenarbeit zugeordnet werden.

M13 Konstruktive Konfliktbearbeitung

Cartoon: Burkhard Pfeifroth

1. **Verzicht** auf Schädigung oder Bedrohung des Gegners.
2. **Gegenseitige Schuldzuschreibungen** werden begraben. Der Konflikt wird als gemeinsames Problem erkannt.
3. **Kontakt** mit dem Konfliktpartner wird gesucht und gehalten. Gespräche ermöglichen eine erste Definition des Konfliktgegenstandes. Die Gefahr von Missverständnissen verringert sich.
4. **Verhandlungsbereitschaft zeigen.** Die Kontrahenten begreifen sich als Konfliktpartner, die eine gemeinsame Lösung wollen.
5. **Klären,** ob der Konflikt alleine bearbeitet werden kann oder ob eine dritte Partei hinzugezogen werden soll.
6. **Einseitige Handlungen werden unterlassen.** Das eigene Vorgehen wird transparent gemacht. Im Umgang mit dem Konfliktpartner herrscht Offenheit vor.
7. **Es werden Regeln** für die Konfliktbearbeitung vereinbart. Verantwortung für den eigenen Konfliktanteil übernehmen.
8. **Die Sichtweisen,** Zwänge und Interessen des Partners werden erkannt und berücksichtigt. Die Einstellung zum Konfliktpartner wird vertrauensvoller und wohlwollender.
9. **Die Gemeinsamkeiten** und nicht die Unterschiede werden erkannt und betont. Eine Annäherung an Überzeugungen und Werte findet statt.
10. **Eine Lösung,** die die Interessen beider Seiten befriedigt, findet statt. Wiedergutmachung wird angeboten. Ein neues Verhältnis zwischen den bisherigen Konfliktparteien entwickelt sich.

Günther Gugel/Uli Jäger: Streitkultur. Tübingen 2006.

Merke:

- Sich Zeit für die Auseinandersetzung nehmen.
- Konfrontation ist wichtig, um den Konfliktgegenstand zu identifizieren.
- Kooperation ist wichtig, um zu einer tragfähigen Lösung zu kommen.
- Einseitiges und gewalttätiges Vorgehen führt zur Eskalation.
- Deeskalation setzt auf Gemeinsamkeiten.

M14 **Perspektivenwechsel**

Zirkuläres Fragen als eine Form des Perspektivenwechsels bedeutet, jemanden über einen Dritten in dessen Gegenwart zu befragen. Ist keine Dritte Person vorhanden, so wird eine hypothetische Dritte Person eingeführt.

Diese Methode erlaubt es, ein Problem aus verschiedenen Perspektiven neu zu betrachten. Wie sieht z.B ein Freund oder eine Freundin, wie der Bruder/die Schwester das Problem. Was glaubt die Mutter/der Vater?

Dabei kommt es nicht auf die tatsächlichen Antworten der Dritten Person an, sondern auf die Einführung der anderen Sichtweise. Entscheidend dabei ist die Relativierung der eigenen Wahrnehmung durch andere Auffassungen. Überraschenderweise treffen dabei die Mutmaßungen über die anderen Auffassungen der Familienmitglieder oft zu.

Durch diese andere Fragetechnik wird das gewohnte Denkmuster durchbrochen. Es beginnt ein Suchprozess: „Wie ist das eigentlich? Die Frage habe ich mir so noch gar nicht gestellt! Was denkt denn meine Freundin? Wieso glaubt sie das? Warum stimmt sie nicht mit mir überein?!"

Die Fragetechnik gibt sowohl dem Fragenden als auch dem Befragten neue Informationen und Einsichten.

Vgl. Thomas Weiss/Gabriele Haertel-Weiss: Familientherapie ohne Familie. Kurztherapie mit Einzelpatienten. München/Zürich 1991, S. 106 ff.

Beispiele für zirkuläre Fragen
- Wenn ich deinen Konfliktpartner (deine Mutter Nachbarn, Oma, Tante usw.) fragen würde, wie würde der/die die Situation beschreiben?
- Wie sieht das wohl aus der Perspektive deines Lehrers aus?
- Wenn deine Mutter/dein Vater anwesend wäre, was würde sie/er sagen?
- Wenn ich heimlich anwesend wäre, was würde ich sehen?

Fragen nach den Unterschieden
- Wer steht dir in diesem Konfliktfall am nächsten?
- Wer kommt dann? (usw.)
- Wie sieht das aus der Perspektive von ... aus?
- Würde er das genauso sehen oder anders?
- Wer leidet am meisten unter dem Konflikt?
- Wer dann?
- Wer von den Konfliktpartnern wird in dieser Sache zuerst einlenken?

Hypothetische Fragen
- Wenn du den Konflikt einfach wegzaubern könntest, was wäre dann?
- Wenn der Konflikt in den nächsten Wochen/ Monaten so bleiben wird, welche Auswirkungen würde dies dann haben?
- Wenn alles noch viel schlimmer würde?

Wünschbare Alternativen in Fragen einbetten
- Wenn du im Konflikt aktiver wärst, deine Interessen stärker vertreten würdest, wen würde das am meisten betreffen?
- Wie würde derjenige/diejenige reagieren?
- Würdest du dann aufgeben oder dich auf die Hinterbeine stellen?

Vgl. Thomas Weiss/Gabriele Haertel-Weiss: Familientherapie ohne Familie. Kurztherapie mit Einzelpatienten. München/Zürich 1991, S. 106 ff.

M15 Frauen und Männer im Konflikt

Bevorzugte Konfliktbearbeitungsstile

Männer

- Stärkere Durchsetzung ihrer Interessen mit Macht.
- Macht wird häufig in Form physischer Gewalt ausgeübt oder als
- tatsächliche oder scheinbar sachorientierte Argumentation, in der Gefühle als nicht rationale und daher irrelevante Größen behandelt werden.
- Die Konfliktparteien haben sich mit Sachargumenten durchzusetzen.
- Konfliktsituation werden eher als Kampf inszeniert, in dem „Mann" zu siegen hofft.
- Je stärker der Kampf sich zuspitzt, um so weniger lässt er sich durch „nicht zur Sache Gehörendes" wie Gefühle und Beziehungen beeinflussen.

Frauen

- Frauen bevorzugen mehr als Männer Harmonie und entwickeln relativ schnell Angst bei drohender Störung der Beziehung.
- Frauen tendieren eher dazu, Konfliktsituationen entweder ganz zu vermeiden oder so schnell wie möglich zu bereinigen.
- Ihr Harmoniebedürfnis verleitet Frauen häufiger als Männer dazu, ihre eigenen Interessen gar nicht erst klar zu formulieren und so zu riskieren, dass Interesse gegen Interesse steht.
- Auch Frauen, die sich als emanzipiert ansehen und sich – zumindest theoretisch – zu einer Streitkultur bekennen, versuchen im Alltag dennoch häufig, offene Interessenskollisionen zu vermeiden oder möglichst schnell harmonisch aufzulösen.

Nach: Gisela Müller-Fohrbrodt: Konflikte konstruktiv bearbeiten lernen. Zielsetzungen und Methodenvorschläge. Opladen 1999, S. 174-178.

Typisch in Konfliken ...

	Frauen	Männer	Beide
lügen			
ausweichen			
provozieren			
Fehler eingestehen			
Witze machen			
nachgeben			
kämpfen			
zuhören			
Kompromiss suchen			

M16 **Die Nachbarschule**

Konflikt mit der Nachbarschule
Lehrkräfte einer Grundschule schreiben an das benachbarte Gymnasium

An die Schülerschaft des Gymnasiums

Liebe Schülerinnen und Schüler!
Wir möchten uns stellvertretend für unsere Grundschüler an Euch alle in einer Angelegenheit wenden, die für die Schülerinnen und Schüler unserer Schule eine zunehmende Belastung darstellt.
Durch den sich hinziehenden Umbau Eurer Schule verbringen viele von Euch die Pausen auf dem Aldi-Parkplatz bzw. auf dem Bürgersteig der R. Straße.
Dieser ist jedoch der Schulweg vieler unserer jüngsten Schüler, die im Pavillon untergebracht sind. Oft kommen die Kleinen nicht an Euch vorbei, weil viele von Euch als unverrückbare Mauer dort stehen und auch nicht zur Seite gehen, wenn dies eigentlich offenbar nötig wäre.
Unseren Schülern bleibt oft nur der Umweg auf der Straße an den parkenden Autos entlang. Dies ist sehr gefährlich und wird von den Kindern oft als bedrohlich empfunden.
Aber auch für Erwachsene ist es schwierig, den Fußweg zu benutzen, und es mehren sich Klagen von Eltern, die sich in ungehöriger Weise von Euch Schülern beschimpfen lassen müssen. Mehrmals am Tag müssen wir mit unseren Kindern auf dem Weg vom Pavillon zum Haupthaus den Wirtschaftsweg entlanggehen.
Wiederholt sind Schüler und Lehrer bei dieser Gelegenheit aus den oberen Klassenräumen bespuckt worden.
Und nicht nur das, es kommt in diesem Bereich zu Rempeleien, bei denen unsere Schüler natürlich den Kürzeren ziehen.
Ein letztes Beispiel aus dieser Serie der Unerfreulichkeiten:

Die Lehrerin einer ersten Klasse musste vor einiger Zeit ihren Unterricht unterbrechen, weil ein wahres Bombardement von Schneebällen die Scheiben ihres Klassenraumes zu zerstören drohte. Schließlich ließ sie die Jalousien herunter, um die Situation zu beruhigen.
Nun mögen einige von Euch denken „Das sind ja nur ein paar von uns, was geht mich das also an?"

Konflikt mit der Nachbarschule. Lehrer einer Grundschule schreiben an die Oberschule nebenan. In: Senatsverwaltung für Bildung, Jugend und Sport, Berlin (Hrsg.): Gewalt tolerieren fördert Gewalt. Verstehen und Handeln IV. Berlin 2003, S. 60 f., Auszug.

- Stell dir vor, du bist Rektor der Grundschule, was würdest du in dieser Situation tun?
- Schreibe einen Antwortbrief aus der Sicht der Lehrkräfte der Oberschule (aus der Sicht von Schülern der Oberschule).

 ©2010, Institut für Friedenspädagogik Tübingen e.V. – WSD Pro Child e.V.

M17 Umgang mit Problemsituationen

- Zlatko möchte ins Kino gehen. An der Kasse stellt er fest, dass er seine Geldbörse vergessen (oder vielleicht sogar verloren) hat.

- Lea lädt für heute Abend zu einer Geburtstagsparty ein. Du möchtest einerseits unbedingt dabei sein, andererseits möchtest du aber nicht mit Timo zusammentreffen, der dich heute schon blöd „angemacht" hat.

- Moritz trifft sich gerne mit seiner Clique. Seitdem jedoch Bernd hinzugekommen ist, kreist oft die Wodkaflasche. Da Moritz mit seinem Mofa unterwegs ist, möchte er eigentlich nichts trinken.

- Du hast Sarah versprochen, ihr den neuen Kinofilm, der noch nicht im Handel ist, auf DVD zu brennen. Dein Vater hat dich schon mehrmals ermahnt, dies nicht mehr zu tun.

- Du hast für eine Zugreise einen Sitzplatz reserviert. Auf dem reservierten Platz sitzt jedoch schon jemand und meint: „Es gibt doch noch genug freie Plätze".

- Du bist der Meinung, dass dein Taschengeld zu niedrig ist. Deine Freunde erhalten alle mehr als du. Dein Vater meint: „Damit musst du schon zurecht kommen".

- Du hast mehrmals deine Hausaufgaben „vergessen". Dein Klassenlehrer gibt dir einen Brief für deine Eltern mit, den du ihm wieder unterschrieben abgeben sollst.

- Hannah ist neu in der Klasse. Sie wird von einer kleinen Gruppe gemobbt und wurde auch nicht über die Klassenparty informiert, die morgen Abend stattfinden wird.

- Hast du selbst schon ähnliches erlebt?
- Überlege, wie es den jeweils Betroffenen geht.
- Welche Handlungsmöglichkeiten haben sie?
- Was sollen sie deiner Meinung nach tun?
- Welche Auswirkungen/Folgen hat ihr jeweiliges Handeln?
- Von welchen Grundsätzen sollten sich die Handlungsweisen leiten lassen?
- Spielt in Rollenspielen die jeweiligen Szenen mit verschiedenen Lösungsmöglichkeiten durch.

M18 Versöhnung

Für eine dauerhafte Versöhnung ist am wichtigsten ...

○ Erinnern, sich mit der Vergangenheit beschäftigen

○ Die Schuldigen suchen und zur Rechenschaft ziehen

○ Die Vergangenheit hinter sich lassen und vergessen

○ Ehrliche Gesten oder Zeichen der Versöhnung setzen

○ Den eigenen Anteil am Konflikt anerkennen

○ Die Versöhnungsarbeit an den Prinzipien der Gewaltfreiheit orientieren

○ Verantwortung für das eigene Handeln übernehmen

○ Um Entschuldigung/Vergebung bitten

○ Eine neue Einstellung gegenüber der eigenen Rolle im Konflikt entwickeln

○ Wiedergutmachung/Entschädigung anbieten

○ Schäden und Verletzungen wieder gut machen

○ Einen Interessenausgleich ermöglichen

○ Eigene Schuld erkennen und anerkennen

○ In die Zukunft schauen

○ Dem Opfer die Würde wieder geben

○ Vergebungsbereitschaft bei den Opfern

○ An den Konfliktursachen arbeiten

○ Vertrauen entwickeln

○ Sich ausreichend Zeit lassen

Cartoon: Burkhard Pfeifroth

- Schreibe drei Gründe auf, warum man sich versöhnen sollte.
- Wähle die aus deiner Sicht wichtigsten fünf Voraussetzungen aus.
- Einigt euch in einer Kleingruppe auf fünf gemeinsame Voraussetzungen und bringt diese in eine Rangfolge.
- Welches sind spezifische Stationen und Notwendigkeiten eines Versöhnungsprozesses?
- Wie sieht Versöhnung im zwischenmenschlichen, wie im gesellschaftlichen und internationalen Bereich aus?
- Was macht Versöhnen oft schwierig?
- Welche Rituale können bei einem Versöhnungsprozess helfen?

Demokratie- und Werteerziehung

Dieser Baustein führt in die Grundlagen der Demokratie- und Werteerziehung ein. Er verdeutlicht, dass Demokratie als Lebensform täglich gelebt werden muss und dass Werte in der Auseinandersetzung mit Alltagsproblemen gelernt werden. Partizipation in Familie, Schule und Kommune und die gegenseitige Anerkennung und Achtung sind Voraussetzungen für eine moralische Entwicklung.

Demokratie gegen Gewalt

„Es gibt einen grundlegenden und empirisch nachgewiesenen Zusammenhang zwischen Demokratieerfahrung und Gewaltverzicht: Wenn Kinder und Jugendliche die Erfahrung machen, dass in Schule und Erziehung Mitwirkung, demokratisches Handeln und Verantwortungsübernahme erwünscht sind und als wichtig anerkannt werden, sind sie für Gewalt und Rechtsextremismus weniger anfällig als Jugendliche, denen diese Erfahrung versagt bleibt" (Edelstein/ Fauser: 2001, S. 20).

Mitbestimmung und Partizipation stellen ein natürliches Bollwerk gegen Gewalt dar, denn Demokratie bietet Alternativen zur gewaltsamen Durchsetzung von Interessen. Menschliches Zusammenleben in einer Demokratie basiert auf gegenseitiger Achtung, auf den Möglichkeiten aller zur Beteiligung und Mitentscheidung, auf dem Schutz von Minderheiten und rückt so die Würde des Menschen in den Mittelpunkt des Handelns. Um diese zu schützen, müssen vielfältige Voraussetzungen geschaffen werden. Dies gilt für das Zusammenleben in der Gesellschaft ebenso wie für das in der Schule.

Demokratisch strukturierte Schulen, die ein hohes Maß an Mitgestaltung und Mitbestimmung aufweisen, sind nicht nur gewaltärmer, sondern zeigen auch eine höhere Lernbereitschaft der Schülerinnen und Schüler. Denn hier sind die sozialmoralischen Voraussetzungen im Schulleben und im Schulunterricht stärker entwickelt und die entsprechenden Selbst- und Sozialkompetenzen intensiver ausgebildet (Himmelmann 2007, S. 12).

Demokratie als ...

Herrschaftsform
- Gewährleistung der Menschen- und Bürgerrechte
- Allgemeine, freie und geheime Wahlen
- Parlamentarismus
- Rechtsstaatlichkeit
- Gewaltenteilung
- Regierungskontrolle
- Unabhängige Justiz
- Recht auf Opposition

Gesellschaftsform
- Friedliche Konfliktregelung
- Pluralismus der Parteien
- Vielfalt der Medien
- Sozialer Ausgleich
- Wettbewerb am Markt
- Bereiche bürgerschaftlicher Selbstverwaltung

Lebensform
- Selbständigkeit und Selbstverantwortung des Einzelnen
- Gleichberechtigung
- Toleranz und Anerkennung des anderen
- Bürgerengagement
- Partizipation
- Eintreten für demokratische Werte

360

Jugend und Politik

Jugendliche haben ein eigenes Politikverständnis. Viele stehen Politikerinnen und Politikern sowie den Parteien sehr skeptisch gegenüber. Sie verstehen Politik ganzheitlich. Emotionen, persönliche Bedürfnisse und eigene Interessen spielen dabei eine ebenso große Rolle wie sachliche Überlegungen und vernunftorientierte Entscheidungen. Jugendforscher meinen, dass Jugendliche durch ihre Einstellungen und Verhaltensweisen Tendenzen signalisieren, wo künftige Chancen und Probleme hinsichtlich der gesellschaftlichen und politischen Entwicklungen liegen. Jugendliche können als Vorreiter für eine neue Auffassung von Politik wahrgenommen werden, die sich mittelfristig auf breiter Ebene durchsetzen könnte.

Die Kritik der jungen Generation an Gesellschaft und Politik sollte ernst genommen werden. Wenn die Bedürfnisse Jugendlicher nicht genügend berücksichtigt werden, besteht die Gefahr, dass sich noch mehr Jugendliche von der etablierten Politik abwenden.

Junge Menschen zwischen 14 und 24 Jahren sind eine der aktivsten Gruppen der Bevölkerung. 36 % engagieren sich bereits, weitere 40 % würden sich gerne im sozialen und gesellschaftlichen Bereich engagierten (vgl. Gensicke u.a. 2005). Es ist eine Aufgabe von Familie, Schule, Gesellschaft und Politik Formen politischer Partizipation zu finden und anzubieten, die für die Jugendlichen akzeptabel sind und die Motivation und Bedürfnisse von Jugendlichen aufgreifen.

Sichtweisen der Jugendlichen

- Nicht die Jugendlichen sind an Politik desinteressiert, sondern die Politik ist nicht an ihnen interessiert.
- Politiker setzen sich nicht mehr für die unmittelbaren Belange und Interessen der Wähler ein.
- Politiker sind Funktionäre von abgehobenen, eigenständigen Partei- und Regierungsapparaten, die nach Machtausdehnung streben.
- Eine effektive Problemlösung zur Bewältigung aktueller Krisen lassen Parteien und Politiker nicht erkennen.
- Politiker können der jungen Generation keine positiven Zukunftsvisionen anbieten, die helfen könnten, Orientierungsverunsicherungen, „Sinnkrisen", kulturelle und wirtschaftliche Durststrecken zu überwinden.
- Politik ist etwas, was nichts mit den Interessen der Jugendlichen zu tun hat.
- Politik ist meilenweit von den Bedürfnissen Jugendlicher entfernt.
- Politik hat mit Korruption und Skandalen zu tun.
- Politiker sind nur an Selbstdarstellung und Machterhalt interessiert.
- Besitzstandswahrung geht vor Gemeinwohlorientierung.

Vgl. Deutsche Shell (Hrsg.): Jugend 2002. 14. Shell Jugendstudie. Frankfurt/M. 2002, S. 43.

Achtung und Respekt
Eine gelungene politische Beteiligung Jugendlicher, zum Beispiel in einem Jugendparlament, setzt voraus, dass junge Leute auf drei Ebenen geachtet werden. Sie bedürfen der Fürsorge und pädagogischen Unterstützung, der Achtung ihrer individuellen Autonomie und der Erfahrung der Solidarität. Auch wenn Jugendliche nicht als den Erwachsenen gleichgestellte politische Akteure bzw. Akteurinnen zu betrachten sind, ist demnach eine Haltung des moralischen Respekts ihnen gegenüber grundlegend für das Funktionieren einer jeglichen sozialen Interaktion.
Ingrid Burdewick: Jugend – Politik – Anerkennung. Opladen 2003, S. 289.

Jugendliche wollen in Fragen, die sie betreffen, einbezogen sein, mitreden und mitentscheiden können. Dies ist auch deshalb wichtig, da Demokratie immer wieder neu erkämpft werden muss. Zwar bejahen im Jahr 2008 89 % der Westdeutschen und 63 % der Ostdeutschen die Demokratie ausdrücklich. Doch auf der Skala, wie zufrieden sie mit der Demokratie im eigenen Land sind, stufen sich die Bundesbürger auf Platz 14 der westeuropäischen EU-Staaten und damit im unteren Drittel ein. Bei den unter 29-Jährigen ist das Interesse an Politik so niedrig wie bei keiner anderen Altersgruppe (vgl. Statistisches Bundesamt 2008).

Neben der Vorschule und dem Elternhaus ist Demokratieerziehung in der Schule, verstanden als Demokratie lernen und leben, für die Entwicklung einer demokratischen Gesinnung und Kultur von entscheidender Bedeutung. Die Schule ist die staatliche Institution, mit der alle Kinder und Jugendlichen erreicht werden und in der sie einen Großteil ihrer Zeit verbringen. Demokratiepädagogik verbunden mit mehr Mitwirkungs- und Beteiligungsmöglichkeiten für Schülerinnen und Schüler, aber auch für Eltern an Schulen geht über die bislang verbrieften Beteiligungsrechte (Schulkonferenz, Schülervertretung, Elternpflegschaften) weit hinaus, da es nicht um die Erfüllung formaler Verfahren geht, sondern um die Partizipation aller Beteiligten. Gerade in Bezug auf die Schülervertretung wird immer wieder kritisiert, dass die tatsächlichen Einflussmöglichkeiten doch eher gering sind und sich häufig auf Ordnungs- und Hilfsaufgaben sowie auf die Organisation von Festen beziehen, aber eben nicht auf das tatsächliche Unterrichtsgeschehen. Dies wirkt sich auch direkt auf die Befindlichkeit von Schülerinnen und Schülern sowie Lehrkräften aus. Denn über die Angelegenheiten des eigenen Lebens mitbestimmen zu können und dadurch Selbstwirksamkeit zu erfahren, ist eine zentrale Voraussetzung für psychische Gesundheit.

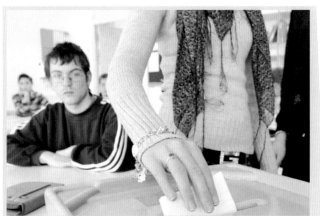

Formen schulischer Partizipation

	repräsentativ	plebiszitär
verfasst	Gremien (Schulkonferenz, Schülerrat)	Vollversammlung, Schülerrechte (z.B. Informationsrecht)
nicht verfasst		Mitwirkung im Unterricht, Klassenrat, Arbeitsgemeinschaften

Dirk Richter: Partizipation in der Schule – Illusion oder Wirklichkeit. In: Mike Seckinger (Hrsg.): Partizipation – ein zentrales Paradigma. Tübingen 2006, S. 141 ff.

Demokratiepädagogik

Demokratiepädagogik in der Schule umfasst „pädagogische, insbesondere schulische und unterrichtliche Aktivitäten zur Förderung von Kompetenzen, die Menschen benötigen,

- um an Demokratie als Lebensform teilzuhaben und diese aktiv in Gemeinschaft mit anderen Menschen zu gestalten;
- um sich für Demokratie als Gesellschaftsform zu engagieren und sie durch partizipatives Engagement in lokalen und globalen Kontexten mitzugestalten;
- um Demokratie als Regierungsform durch aufgeklärte Urteilsbildung und Entscheidungsfindung zu erhalten und weiter zu entwickeln" (Edelstein 2007, S.3).

Demokratiepädagogik realisiert sich nicht im Faktenlernen über Demokratie (also auf der Wissensebene – so wichtig diese ist), als vielmehr in der lebendigen demokratischen Teilhabe (der Erfahrungs- und Handlungsebene) in der Schule. Hierzu gehören eine kritische Diskussionskultur ebenso wie Instrumente der Mitentscheidung und die Frage des Umgangs mit Minderheiten. Denn Demokratie muss gelebt werden, um gelernt werden zu können (Himmelmann 2007, S. 276).

Der Kern
Demokratie besteht nicht daraus, dass die Mehrheit wählt, sondern sie definiert sich durch individuelle Rechte, die nicht durch Kollektivinteressen aufgewogen werden dürfen. Das beruht auf der Idee der autonomen Lebensgestaltung, die im alltäglichen Prozess ernst genommen werden und dem Menschen Gestaltungsmöglichkeiten geben muss. Wenn aber jeder seine Interessen optimiert, ist das schlecht, es geht darum, sich auf ein gemeinsames Projekt zu einigen, es geht um Kooperation, das ist der Kern bürgerschaftlichen Engagements.
Vgl. Julian Nida-Rümelin: Prüfungen für die Stadtgesellschaft. In: Frankfurter Rundschau, 25.4.2008, S. 11.

Die Praxis entscheidet

Lehrerinnen und Lehrer können so viele Unterrichtseinheiten über demokratisches Verhalten, soziale Verhaltensweisen und ein entsprechendes Miteinanderumgehen machen, wie sie wollen – wenn die damit verbundenen Ansprüche und Ziele sich weder in den Verhaltensweisen der an Schule direkt Beteiligten noch in den gestaltbaren Formen schulischer Arbeit widerspiegeln, wenn sie also durch die schulische Praxis nicht belegt und beglaubigt werden, bewirken sie das Gegenteil dessen, was sie erreichen wollen.

Heinz Schirp: Werteerziehung und Schulentwicklung. Beiträge zur Demokratiepädagogik. Berlin 2004, S. 5.

Die Schulkonferenz

Die Regelungen für die Zusammensetzung der Schulkonferenz sind in den Schulgesetzen und zusätzlichen Verordnungen der Länder festgelegt. Jedes Land bestimmt selbst, wie die Schulkonferenz organisiert und wie die Entscheidungsmacht zwischen den Konferenzmitgliedern verteilt sein soll.

In den meisten Ländern sind Schüler, Eltern und Lehrer zu gleichen Teilen stimmberechtigt. Man spricht dann von einer Drittelparität. Bei einer paritätischen Verteilung besitzt die Gesamtheit der teilnehmenden Schüler und Eltern genauso viele Stimmen wie die Gesamtheit der teilnehmenden Lehrer. In Berlin und Hamburg besitzt die Gruppe der Lehrkräfte ein stimmberechtigtes Mitglied mehr als die Gruppen der Eltern und der Schüler. Sie haben also ein relatives Stimmenübergewicht. In einigen Ländern besitzt die Gruppe der Lehrer sogar ein absolutes Stimmenübergewicht, sodass sie bei einheitlicher Abstimmung nicht von der Gesamtheit der Schüler- und Elternvertreter überstimmt werden kann.

www.kosmokrator.info/bundesquest/webquest_1/index.php?page=rolle&PHPSESSID=3r13vmt0kj07p97t6f4g17qid7 <18.5.2009>

Drittelparität	Parität	Übergewicht der Lehrer
• Bayern*	• Bremen	**relativ:**
• Brandenburg	• Nordrhein-Westfalen	• Berlin
• Mecklenburg-Vorpommern	• (Sachsen-Anhalt)*	• Hamburg
• Rheinland-Pfalz*		**absolut:**
• Saarland		• Baden-Württemberg
• Sachsen		• Hessen
• Schleswig-Holstein		• (Niedersachsen)*
• Thüringen		

* In Bayern wird die Schulkonferenz als Schulforum bezeichnet, in Rheinland-Pfalz als Schulausschuss. In Niedersachsen und Sachsen-Anhalt gibt es keine Schulkonferenz. Dort nehmen die Schüler an den Gesamtkonferenzen teil.

Lerngelegenheiten

Wolfgang Edelstein (2007, S. 3) benennt drei Lerngelegenheiten, die zum Erwerb demokratischer Kompetenzen und zur Entwicklung demokratischer Schulqualität beitragen:

1. **Zum Erwerb von Kenntnissen und zur Aneignung von Wissen als Grundlage für Urteils- und Entscheidungsfähigkeit**
   Dies ist vor allem die Aufgabe des politischen Unterrichts in fachlichen, fächerübergreifenden und projektdidaktischen Kontexten.

2. **Zum Erwerb von Kompetenzen für demokratisches Handeln**
   Dies ist vor allem die Aufgabe einer schulischen Lernkultur, die durch die Gestaltung des Schullebens und durch Kooperation mit dessen Akteuren sowie mit außerschulischen Partnern Gelegenheiten zur Partizipation, zur Übernahme von Verantwortung und zur Mitarbeit im Gemeinwesen bietet. Eine demokratieförderliche schulische Lernkultur bietet Gelegenheit für Aushandlungs-, Feedback- und Konfliktlösungsprozesse und fördert nicht zuletzt die gemeinsame Verständigung über Erfahrungen von Schülern und Lehrpersonen im Unterricht oder in Situationen der Leistungsbewertung.

   Zu einer demokratischen Schulkultur gehören die Organisation von Mitbestimmungsprozessen und die Mitwirkung an Selbstverwaltungsgremien und -institutionen, insbesondere der Klassenrat als basisdemokratische Form kollektiver Aushandlungs- und Entscheidungsprozesse.

3. **Zum Ausbau und zur Entwicklung demokratischer Werte, Orientierung und Einstellungen**
   Durch Unterricht und Schulleben sollen Kinder und Jugendliche soziale, moralische und demokratische Kompetenzen und Werte erwerben, Orientierungen gewinnen und persönliche Einstellungen entwickeln können. Diese sollen dazu beitragen, die Bedeutung der für ein demokratisches Gemeinwesen konstitutiven Werte zu verstehen, diese in Entscheidungssituationen kritisch zu reflektieren und sie gegen demokratiekritische Einwände mit Argumenten zu verteidigen.

Grundwissen

Beteiligung

Die direkte Beteiligung der Schülerinnen und Schüler in der Schule fällt nach einer Studie der Bertelsmann-Stiftung relativ gering aus. 14,5 % der Kinder und Jugendlichen wirken (sehr) viel bei den Beteiligungsmöglichkeiten der Schule mit, in den Kommunen engagieren sich lediglich 13,6 % der Jugendlichen oft oder immer, aber 74,6 % bestimmen in der Familie viel mit. Ein anderes Bild zeichnet allerdings die 15. Shell Jugendstudie: In ihrer Freizeit engagierten sich 2006 75 % der Jugendlichen ab 12 Jahren für soziale oder gesellschaftliche Zwecke oder ganz einfach für andere Menschen.
Bertelsmann-Stiftung (Hrsg.): Kinder- und Jugendpartizipation in Deutschland. Daten, Fakten, Perspektiven. Gütersloh 2005, S. 15 ff.
Jugend 2006: Eine pragmatische Generation unter Druck. 15. Shell Jugendstudie. Frankfurt/M. 2006, S. 122.

**Prinzipien der Alltags-
demokratie an Schulen**
- Partnerschaftlicher Um-
  gang aller Beteiligten;
- Transparenz der Kommunikation und der Strukturen;
- Nachhaltige Partizipation
  aller Betroffenen an Entscheidungen;
- Toleranz und Gleichbe-
  handlung.

*Uli Klemm: Demokratie Lernen
– Grenzen und Hindernisse.
In: ZEP 3/2008, S. 16 f..*

Partizipationserfahrungen
In allen drei Bereichen
(Familie, Schule und Kom-
mune) wird die Mitwirkung
hinsichtlich der Intensität
und der Vielfältigkeit von
Themen am stärksten beein-
flusst von den Erfahrungen,
welche die Kinder und
Jugendlichen vorgängig
mit Partizipation gemacht
haben. Dabei spielt die
Zufriedenheit mit den Ergeb-
nissen eine genauso große
Rolle wie der persönliche
Gewinn, den sie – auch
unabhängig vom jeweiligen
Ergebnis – aus dem Prozess
der Partizipation ziehen.
*Bertelsmann Stiftung (Hrsg.)
Kinder- und Jugendpartizipation in Deutschland Daten,
Fakten, Perspektiven.
Gütersloh 2005, S. 45.*

Im Qualitätsrahmen Demokratiepädagogik (De Haan u.a. 2007, S. 4.) wird darauf hingewiesen, dass Schülerinnen und Schüler Demokratie durch aktive verantwortungsvolle Mitwirkung an der Gestaltung ihrer schulischen und außerschulischen Lebenswelt ebenso erfahren wie Autonomie, Zugehörigkeit und wertschätzende Anerkennung innerhalb einer sozialen Gemeinschaft, deren Teil sie sind. Die Erfahrung von Gleichberechtigung, von konstruktiver Auseinandersetzung mit Differenz und Dissens, mit Aushandlungsprozessen und Konfliktschlichtung – also die Anerkennung und Wertschätzung von Vielfalt – ist grundlegend für die Entstehung einer gemeinschaftsverträglichen Orientierung.

Beteiligungsformen sollten sich auf die verschiedenen Bereiche des Zusammenlebens beziehen, die sowohl demokratisches Engagement, Mitsprache als auch politische Mitbestimmung umfassen (Eikel 2006, S. 19). Damit sind gemeint:
- Angelegenheiten des unmittelbaren sozialen Umgangs miteinander;
- gemeinnützige Aufgaben und kommunale bzw. (zivil)gesellschaftliche Themen;
- „politische" Fragen und Entscheidungen im weiteren Sinne.

Demokratieerziehung

Familie

- Emotionale Grundlagen der demokratischen Beteiligung
- Mitentscheiden bei Fragen, die die Eltern direkt betreffen
- Mitentscheiden bei Fragen, die die Eltern nicht direkt betreffen
- Engagement und Vorbild der Eltern

Schule

Klassenebene
- Klassenrat
- Klassenvertrag
- Schülerfeedback
- Kooperative Lernformen
- Projekte
- Partnerschaftlicher Umgang

Schulebene
- Schülervertretung
- Elternvertretung
- Schülerparlament/ Schulversammlung
- Mentorensystem
- Kollegiale Schulleitung
- Partizipative Schulprogrammarbeit
- Konfliktmanagementsystem
- Schulkultur, Schulordnung
- Transparenz

Außerschulische Lernorte
- Servicelernen
- Jugendgemeinderat
- Kooperation mit außerschulischen Partnern

Kommune

- Jugendparlamente
- Stadtteilforen
- Ehrenamtliches Engagement
- Jugendverbände
- Teilnahme an vielfältigen Beteiligungsformen

Erfahrung von Toleranz und Gleichbehandlung

Erfahrung von Beteiligung und Partizipation

Organisationsentwicklung und Schulreform

Vernetzung von schulischen und außerschulischen Partnern

MAN KANN MIT POLITIK KEINE KULTUR MACHEN / ABER VIELLEICHT MIT KULTUR POLITIK

THEODOR HEUSS

Werteerziehung

Was sind Werte?

In der empirischen Einstellungsforschung gelten Werte als Vorstellungen von gesellschaftlich Wünschenswertem im Unterschied zu Normen, die Verpflichtungscharakter besitzen, deren Nichtbefolgung also sanktionierbar ist. Werte werden funktional als Steuerungsmechanismen für individuelle Einstellungen und Verhaltensdispositionen definiert. Durch ihre Internalisierung werden Wertekonzeptionen zu Wertorientierungen innerhalb des individuellen Überzeugungssystems.

Martin und Sylvia Greiffenhagen: Wertewandel. In: Gerhard Breit/Siegfried Schiele (Hrsg.): Werte in der politischen Bildungsarbeit. Schwalbach/Ts. 2000, S. 19.

Demokratieerziehung wird durch Werteerziehung ergänzt und fundiert. Die Achtung des anderen als Grundlage der Moral und als das Ziel der Werteerziehung befähigt Schülerinnen und Schüler, in ständiger Auseinandersetzung mit alltäglichen und grundsätzlichen Problemen, moralisch zu urteilen und dabei demokratische Werte zu entwickeln (vgl. Standop 2005, S. 72).

„Werte stellen das Grundgerüst des (Zusammen-)Lebens. Sie sollten Orientierung geben und die Unterscheidung ermöglichen, was Gut und Böse, was anstrebenswert oder doch eher zu lassen ist. Jede Gesellschaft muss durch gemeinsame Werte verbunden sein, so dass ihre Mitglieder wissen, was sie voneinander erwarten können und dass es bestimmte, von allen getragene Grundsätze gibt, die ihnen eine gewaltlose Beilegung ihrer Differenzen ermöglichen. Dies gilt für örtliche Gemeinwesen ebenso wie für Staatsgemeinschaften" so der ehemalige UN-Generalsekretär Kofi Annan (2003).

Erziehung mit dem Anspruch der Wertevermittlung hat mit mehreren Schwierigkeiten zu kämpfen: Werte sind nicht immer unumstritten und nicht immer universell. Auch Werte unterliegen einem Wandel und Veränderungen. Werte können in Konflikt- und Dilemmasituationen miteinander in Konkurrenz treten. Hinzu kommt, dass Erwachsene oft selbst nicht nach den von ihnen propagierten Werten leben. Es besteht offensichtlich eine Kluft zwischen dem Wissen um das Notwendige und dem eigentlichen Handeln. „Das Dilemma, dass die Pädagogik in den Kindern, in der kommenden Generation etwas wecken soll, was in der alten Generation erstirbt oder vernachlässigt wird, mag den Erziehern, für deren Zeit dies zutrifft, die Aufgabe erschweren. (...) Die Erwachsenen leben nicht so, dass die Kinder unmittelbar von ihnen lernen könnten/sollten", meint Hartmut von Hentig (1999, S. 55).

Die Macht der Bildung

Die Schulbildung jedenfalls begleitet uns kaum in die Wahlkabine; in einer öffentlichen Debatte über den Euro oder über den Kombilohn lässt sie uns im Stich; in Fragen der Dritten Welt oder der Wiedergutmachung von Nazi-Verbrechen oder der Frage des Asylrechts und der Einwanderung beliefert sie uns mit Ausflüchten; spätestens im Milgram-Experiment wissen wir – mit der ganzen Hitlerei im Kopf –, dass sie uns nicht beherrscht. Fordere ich zuviel? Nun, von einem, der den Nationalsozialismus erlebt hat, wird man nicht erwarten, dass er vergisst, wohin eine wesenslose, nicht angeeignete Bildung führen und wovor sie nicht bewahren kann.

Hartmut von Hentig: Ach, die Werte. München 1999, S. 59.

Doch Vorbild sei nicht im Perfekten zu suchen, so von Hentig weiter, sondern in der Überwindung des Imperfekten, und hier bietet sich ein weites Feld für Pädagogik.

Werteerziehung ist nie abstrakt, sie vollzieht sich in konkreten (Problem-) Situationen, sie sucht und findet Antworten auch auf Fragen der Alltagsbewältigung. Es geht dabei nicht um überzogene moralische Ansprüche, sondern um Reflexion von Entscheidungen und Handlungen. Deshalb ist die Konfrontation von Verhalten mit Ansprüchen, Meinungen und Wertesystemen so wichtig.

Werteerziehung braucht ebenso wie Demokratiepädagogik die Schule als Lebens- und Erfahrungsraum, denn es gibt Dinge, die man erfahren muss, bevor man sie verstehen und hinnehmen kann. Sie werden nicht durch Belehrung sondern nur über Vorleben und eigenes Lernen verständlich werden. Werteerziehung lebt vom Vorbild und der Glaubwürdigkeit. Vereinbarte Regeln gelten ausnahmslos für alle, aber sie sind nicht unveränderbar und für alle Zeiten. Sie unterliegen der Begründung, der Diskussion und evtl. der Neubewertung.

Die gemeinsame Vereinbarung von erwünschtem Verhalten in der Klasse und der Schulgemeinschaft schafft Verhaltenssicherheit. Äußeres Verhalten kann man (sieht man von totalen Institutionen ab) allenfalls kurzfristig erzwingen. Um innere Überzeugungen (als Grundlage für Verhalten) muss man werben. Solche Überzeugungen über die Gleichwertigkeit von Menschen, die Anerkennung von Unterschieden usw. müssen wachsen.

„Das sollen meine Kinder lernen"
Eltern von Kindern unter 16 Jahren

Selbstvertrauen, Selbstbewusstsein	89 %
Die persönlichen Fähigkeiten entfalten	78 %
Sich durchsetzen, sich nicht so leicht unterkriegen lassen	71 %
Wissensdurst, den Wunsch, den Horizont ständig zu erweitern	68 %
Gefühle zeigen	67 %
Mut	58 %
Willensstärke	55 %
Weltläufigkeit, viel erleben, viel Neues kennenlernen	47 %
Entscheidungsfreude	40 %

Repräsentative Umfrage, Institut für Allensbach. Bevölkerung ab 16 Jahre. Umfrage im Februar/März 2009. IfD-Umfrage 5256.
In: Forum Familie stark machen (Hrsg.): Generationenbarometer 2009. Pressemappe zur Pressekonferenz, 8.4.2009, S. 11.

Grundwissen

Merkmale für ein Lernklima, das ethische Grundwerte fördert
- Gerechtigkeit, Fairness und Vertrauen;
- klare schulische und soziale Regeln sowie Transparenz der zu erwartenden Sanktionen bei Regelüberschreitungen;
- freundliche und gesundheitsförderliche Schulräume;
- Mitspracherecht der Schülerinnen und Schüler bei schulischen Entscheidungsprozessen;
- Unterrichtsformen, die den heterogenen Fähigkeiten der Lernenden gerecht werden.

Kanton Aargau, Schweiz
www.ag.ch/gewaltpraevention/de/pub/praevention/ethische.php

• Moral: Gesamtheit der in der Gesellschaft vorfindbaren moralischen Urteile, Normen, Ideale, Tugenden und Institutionen.
• Ethik: Wissenschaftliche Beschäftigung mit dem Bereich der Moral; Reflexionstheorie der Moral.
• Wert: Leitvorstellung, nach der sich das soziale Handeln richten soll.
• Norm: Konkrete Verhaltensanweisung mit Wertebezug.
Werte begründen das moralische Handeln. Normen begrenzen und sanktionieren es.

Rüdiger Funiok: Werteerziehung in der Schule. In: TV-diskurs, 1/2007, S. 46.

Hartmut von Hentig (1999, S. 97 f.) benennt sechs Gruppen von Fähigkeiten, die für eine Werteerziehung wichtig sind:
• die Fähigkeit zur Politik, zum Mitdenken und Mitentscheiden in der res publica;
• die Fähigkeit zur Wahrnehmung und Achtung anderer Denk- und Lebensformen unter Wahrung der eigenen;
• die Fähigkeit, Abstand zu nehmen oder Widerstand zu leisten, wenn in der eigenen Umgebung die tragenden gemeinsamen Werte verletzt werden;
• die Fähigkeit, die eigenen Bedürfnisse so einzuschränken, dass die Natur geschont wird und benachteiligte Völker einen fairen Anteil am Wohlergehen der Menschen erhalten;
• die Fähigkeit zum Aushalten von Ambivalenz;
• die Fähigkeit, für sich selbst – für die eigene Existenz und für das eigene Glück – einzustehen.

Werteerziehung in der Schule

Auf den Wertebildungsprozess können Familie und Schule auf zweierlei Weise einwirken: durch das Geltendmachen derjenigen Normen, die für die Aufgaben und den Erhalt ihrer Sozialität unentbehrlich sind, diese also fundieren, und andererseits durch Reflexion einschlägiger Erfahrungen insbesondere aus Anlass von Konflikten (vgl. Gieseke: 2005, S. 181).

Anbahnung ethischen Verhaltens
1. Setzen Sie ethische Erziehungsziele.
2. Seien Sie moralisches Vorbild.
3. Stellen Sie realistische, dem Alter angemessene Erwartungen.
4. Zeigen Sie Ihren Schülerinnen und Schülern, dass Ihre Zuneigung nicht an Bedingungen geknüpft ist.
5. Stärken Sie das Selbstwertgefühl Ihrer Schülerinnen und Schüler.
6. Befähigen Sie Ihre Schülerinnen und Schüler dazu, die Folgen ihres Verhaltens zu verantworten.
7. Nutzen Sie Situationen, in denen die Schülerinnen und Schüler etwas über ethisches Verhalten lernen können.
8. Seien Sie auch in Ihrem Verhalten Kolleginnen und Kollegen gegenüber Vorbild für Ihre Schülerinnen und Schüler.
9. Machen Sie ethisch geleitetes Verhalten zu einer Angelegenheit der ganzen Schule.
10. Vermitteln Sie Ihren Schülerinnen und Schülern, dass das Leben einen Sinn hat.

Jutta Standop: Werteerziehung. Weinheim und Basel 2005, S. 112.

Der Beitrag der Schule zum Prozess der Wertebildung erfolgt nach Giesecke (2005, S. 132 ff.) auf drei Ebenen:

- **Im Unterricht:** Unterrichtsinhalte berühren immer auch Werte und Normen, die aufgegriffen werden können und sollten. Die bisherigen Wertvorstellungen der Schülerinnen und Schüler werden dabei konfrontiert mit Werten und Normen, die im sachorientierten Unterricht zum Vorschein kommen. Dabei ist der Grundsatz zu beachten, dass die Schule keine Werte lehrt, sondern deren Reflexion übt, indem sie den Schülerinnen und Schülern Zugang zu angemessenen Möglichkeiten der Auseinandersetzung bietet. Das Ergebnis ist dabei prinzipiell offen.
- **Durch die Normen der Schule:** Um Unterricht zu ermöglichen und das soziale Zusammenleben gelingen zu lassen, sind von allen gemeinsame Grundregeln des Verhaltens zu beachten. Sie begrenzen das individuelle Handeln und müssen eingehalten werden, sonst werden Sanktionen geltend gemacht. Diese Regeln müssen von Anfang an klar formuliert und bekannt sein und auch geltend gemacht werden. Nicht übersehen werden dürfen jedoch die Probleme der Transparenz und der Begründung der Regeln und die der Sanktionierung bei Übertretungen, zumal hier Macht- und Durchsetzungsfragen berührt werden. Lösungen bieten sich hier durch gemeinschaftlich formulierte Vereinbarungen an. Konfliktmanagementsysteme können helfen mit Regelverletzungen adäquat umzugehen.
- **Durch die Gestaltung der Schulkultur:** Schüler lernen nicht nur Werte in der Schule (etwa im Unterricht), sie leben in der Schule auch in einem eigenen Wertezusammenhang. Die gemeinsame Gestaltung des sozialen Miteinanders (Mitwirkung, Mitentscheidung, Partizipation) kann zu einer als befriedigend erlebten Schulkultur beitragen mit der sich alle Beteiligten identifizieren und sich als Gemeinschaft erleben können. Dabei geht es nicht um Anpassung, sondern um Anerkennung von Differenzen und Toleranz.

Was ist wirksam? `Grundwissen`

Das Sich-Melden, wenn man in der Versammlung zu Wort kommen will, das Einhalten der Redezeit, das Schlangestehen beim Essenfassen, das Einfordern der Regel: „Klaus, wir hatten vereinbart ... Bitte halte dich daran!" – das ist allemal wirksamer als die Erinnerung an allgemeine Gebote, als ein Konsens über aufgezählte bedeutende Werte.
Hentig, Hartmut von: Ach, die Werte. München 1999, S. 85.

Normenlernen – der Kontrollansatz

Im Kontext der Kriminalprävention spielt die Kontrolltheorie für das Normenlernen eine wichtige Rolle. Dieser Ansatz geht von einem Zusammenspiel der äußeren und inneren Kontrolle bei der Normbefolgung aus. Die Sichtbarkeit und Klarheit sozialer Normen und der Außenwelt sind so betrachtet die notwendigen Voraussetzungen für deren allmähliche persönliche Aneignung (Verinnerlichung). Daraus ergibt sich (vgl. Landeshauptstadt Düsseldorf 2002, S. 17):

- Das kindliche Verhalten wird beaufsichtigt. Die Verbindung

Faszination des Bösen

Wenn wir mal ehrlich sind, tobt tagtäglich in jedem von uns ein Kampf zwischen Gut und Böse. Wir entscheiden uns ja meistens nicht gegen das Böse, weil wir so viel vom Guten halten, sondern weil wir durch Regeln, Gesetze und drohende Konsequenzen darauf eingeschworen sind. Aber es gibt den Impuls, die Grenzen zu überschreiten, Tabus zu brechen. Und Menschen, die genau das machen, was man sich selbst nicht zutraut, sind eben besonders interessant.

Kriminalkommissar Stephan Harbort. In: Die Welt, 12.1.2009.

zwischen äußerer und innerer Kontrolle ist nirgends unmittelbarer und intensiver als im Fall elterlicher Beaufsichtigung des Kindes. Dazu gehört natürlich vor allem eine grundsätzlich akzeptierende, wohlwollende Haltung gegenüber dem Kind. Nur in einer solchen Atmosphäre sind Grenzziehungen persönlichkeitsfördernd.

- Abweichendes Verhalten wird erkannt und thematisiert.
- Abweichendes Verhalten wird isoliert und klar und deutlich sanktioniert. Die Strafe zielt aber auf das Verhalten und nicht auf die Abwertung der Persönlichkeit des Kindes.

Der Kontrollansatz darf jedoch nicht falsch verstanden werden. Scharfe äußere Kontrolle mit feindlichen Tendenzen gegenüber dem Kind oder Jugendlichen bewirken keine Verinnerlichung der Werte, sondern eher das Gegenteil. Ganz entscheidend ist die akzeptierende Grundeinstellung – gleichgültig an welcher Stelle des Kontrollsystems. Sonst hält die Konformität nur so lange an, wie eine Aufsichtsperson vorhanden ist.

Ein weiteres Problem dieses Ansatzes ist, dass er nicht die Frage nach der Legitimität der jeweiligen Normen stellt, wer diese setzt, und ob diese Normen Leben und Entwicklung eher fördern oder einengen. Deshalb ist ein eindeutiger Rückbezug von Normen auf Kinder- und Menschenrechte notwendig, und ihre immer wiederkehrende Überprüfung und Neubegründung.

Normen und Werte in der Schule

Ein zentraler Risikofaktor (für gewalttätiges Verhalten) ist die Entfremdung der Schüler von schulischen Normen und Werten. Zu ihnen gehören Anstrengungs- und Leistungsbereitschaft sowie Höflichkeit und Respekt im Umgang miteinander. Schülerinnen und Schüler können aber nur dann den Sinn dieser Werte verstehen und danach handeln, wenn sie erleben, dass sie für alle gleichermaßen gelten, sowohl für sie selbst als auch für ihre Lehrkräfte. (...)

Je stärker die sozialen Bindungen innerhalb eines sozialen Systems und die Identifizierung mit der Organisation und ihren Zielen, desto geringer ist das Ausmaß von Angriffen gegen die Ordnung dieses sozialen Systems, also auch das Ausmaß von Aggression und Gewalt gegenüber Mitschülern oder gegenüber Lehrern. Die Konsequenz aus dieser theoretischen Denkrichtung ist, über feste Einbindungen und zuverlässige Interaktionen zwischen Schülern und Lehrern und innerhalb der Schülerschaft nachzudenken und die Bindung der Schülerinnen und Schüler an die schulische Organisation durch Mitspracherechte und Mitbestimmung über die wichtigsten Umgangsformen zu stärken. Ebenfalls lässt sich aus der sozialen Kontrolltheorie der hohe und identitätsstiftende Stellenwert ableiten, den Schulprofile für Schulen haben können.

Klaus Hurrelmann/Heidrun Bründel: Gewalt an Schulen. Pädagogische Antworten auf eine soziale Krise. Weinheim und Basel 2007, S. 48, 104, Auszüge.

Welche Werte vermitteln?

Werteerziehung gründet auf den Grundwerten, wie sie in der Allgemeinen Erklärung der Menschenrechte und im Grundgesetz verankert sind.

Werte sind Ideen, die wir bestimmten Dingen (Gütern) oder Verhältnissen zuschreiben. Sie sind nicht Eigenschaften dieser Dinge oder Verhältnisse. Sie werden von uns definiert, aber nicht erfunden, nicht durch eine Ethik konstituiert, sondern durch diese geklärt, begründet, bestätigt, in eine Rangfolge gebracht; sie können auch nicht von uns abgeschafft, sondern allenfalls verleugnet werden (Hentig 1999, S. 69).

Als zentrale Werte in unserer Kultur werden Freiheit, Gleichheit, Solidarität, Frieden, Gerechtigkeit und Recht auf Eigentum gesehen. Grundlegend für diese Werte ist die Überzeugung von der Würde und Freiheit der menschlichen Person, die in den Leitbegriffen der Französischen Revolution (Freiheit, Gleichheit, Brüderlichkeit) ihren Ausdruck gefunden hat.

Die Frage nach Grundwerten ist auch für Erziehung von zentraler Bedeutung, denn Erziehungsziele müssen begründet und geerdet sein, wenn sie tragen sollen. Sie müssen sich an einem freiheitlich-demokratischen Verständnis von menschlichem Leben und Zusammenleben messen lassen. Schneewind und Böhmert (2009) ordnet diesen Wertvorstellungen drei Entwicklungsperspektiven zu:

- die individuelle Perspektive, d.h. die Entfaltung der Begabungen, Interessen und Fähigkeiten zu einer selbstverantwortlichen Lebensführung jedes Einzelnen;
- die soziale Pespektive, d.h. die Entwicklung sozialer Fähigkeiten, die dazu beitragen, zufrieden stellende zwischenmenschliche Beziehungen herzustellen, die Bedürfnisse anderer anzuerkennen, Verpflichtungen im Dienste der Gemeinschaft zu übernehmen, mit anderen zu kooperieren und Konflikte auf konstruktive Weise auszutragen;
- die moralische Perspektive, d.h. die Entwicklung von Wertmaßstäben, um beurteilen zu können, was richtig und falsch, zulässig und unzulässig, fair und unfair oder gerecht und ungerecht ist.

Eine grundlegende Voraussetzung für die Anerkennung der Würde (und damit der körperlichen, personalen und soziokultuellen Integrität) anderer ist die Erfahrung eigener Integrität und Anerkennung, die sich in Selbstgefühl, Selbstrespekt und Selbstachtung artikuliert. Niemand kann dies entfalten, der nicht seinerseits in allen wesentlichen Bezügen toleriert, akzeptiert und respektiert worden ist (Brumlik 2004, S. 131).

Grundwissen

Grundwissen

Moralische Entwicklung nach Kohlberg

Niemand hat in den letzten zwei Jahrzehnten die theoretischen Überlegungen zur Moralerziehung und die praktischen pädagogischen Bemühungen um die Förderung des ethischen Handelns junger Menschen mehr beeinflusst als der Psychologe und Pädagoge Lawrence Kohlberg (vgl. Oser 2001, S. 73). Kohlberg (1968, 1997, S. 26) teilt die moralische Entwicklung in sechs Stufen ein, die er drei Hauptniveaus zuordnet. Bei dieser Einteilung kommt es ihm weniger auf die Art der Entscheidung selbst an, sondern auf deren Begründung.

Stufen der Moralentwicklung nach Kohlberg
Niveau I – Prämoralisch
Stufe 1: Orientierung an Strafe und Gehorsam.
Stufe 2: Naiver instrumenteller Hedonismus (Konformität um der Belohnung willen; „Wie du mir, so ich dir").
Niveau II – Moral der konventionellen Rollenkonformität
Stufe 3: Moral des guten Kindes, das gute Beziehungen aufrecht erhält und die Anerkennung der anderen sucht.
Stufe 4: Moral der Aufrechterhaltung von Autorität (gemeint: „legitime Autorität", Beachtung der gesellschaftlich definierten Regeln des Zusammenlebens).
Niveau III – Moral der selbst-akzeptierten moralischen Prinzipien
Stufe 5: Moral des Vertrages, der individuellen Rechte und des demokratisch anerkannten Gesetzes/Rechtssystems.
Stufe 6: Moral der individuellen Gewissensprinzipien.
Lawrence Kohlberg u.a.: Die Psychologie der Moralentwicklung. 2. Aufl. Frankfurt/M. 1997.

Diese Stufen der Moralentwicklung wurden oft kritisiert, vor allem, dass sie nicht genügend zwischen moralischem Urteilen und moralischem Handeln unterscheiden würden, sowie, dass sie die männlichen Moralvorstellungen und nicht die der Frauen beinhalten würden. Kohlberg, so die Kritik weiter, beschränke sich einseitig auf eine Moral des Rechts und vernachlässige die Moral der Fürsorge, die weibliche Moral (vgl. Schweizer 1988, S. 15 f.).

Dennoch haben sich die Vorstellungen von Kohlberg für die Konzeption einer Moralerziehung als äußerst fruchtbar erwiesen. Von der Forschungsgruppe um Kohlberg (1997) wurde als besonders wichtig betrachtet, dass

• wesentliche Merkmale der moralischen Entwicklung als „universell" einzustufen sind, da sie sich in allen Kulturen und Subkulturen finden lassen.

- moralische Urteile kognitiv sind, sie also rationales Handeln darstellen.
- sie „prinzipienorientiert" sind, also nicht einfach pragmatische Bewertungen einzelner Handlungen spiegeln.
- es sich weder um angeborene, a-priori gewusste Propositionen noch um empirische Verallgemeinerungen von realen Tatsachen handelt, sondern um menschliche Konstruktionen, die in der Interaktion entstehen.
- aus dem moralischen Urteil auf einem der genannten Niveaus nicht unmittelbar auch entsprechendes moralisches Tun resultiert, die Urteilenden aber das Empfinden haben, dass sie auch so handeln sollten.

Moralentwicklung und moralisches Lernen finden wesentlich in der Auseinandersetzung mit Problem- und Dilemmasituationen statt, bei denen es um ein Abwägen, Entscheiden und Beurteilen zwischen mehreren Werten geht.

„Die pädagogisch bedeutsame Wende, die Kohlberg herbeigeführt hat, besteht darin, dass die Person auch in moralischer Hinsicht nicht als passives Wesen angesehen, sondern als aktives Subjekt ernst genommen wird. So denken Kinder und Jugendliche nicht weniger moralisch als Erwachsene – sie denken anders, da sie ihrer eigenen Logik folgen" (Edelstein/Oser/Schuster 2001, S. 177).

Moralerziehung sollte also darauf abzielen, die Umwelt der Heranwachsenden so zu gestalten, dass sie sich mit moralrelevanten Konflikten auseinandersetzen können. Dabei können vorhandene Konflikte aufgegriffen oder aber fremde Konflikte geschildert werden, um Material zu gewinnen, auf dessen Grundlagen sowohl auf der Ebene vorgestellter als auch auf der Ebene realer Handlungen Begründungsprozesse zu initiieren sind. Dadurch soll einerseits das moralische Urteil entwickelt, andererseits die moralische Sensibilität erhöht werden. Dabei geht es stets um die Stärkung des eigenen Urteils und Handelns (vgl. Oser 2001, S. 73 f.).

Dilemmata diskutieren

Grundwissen

Dilemmata sind reale oder möglichst lebensechte oder aber erdachte, „hypothetische" Konfliktsituationen, für die es keine sofort erkennbare, zufriedenstellende Lösung gibt und die daher vielerlei Abwägungen von Interessen und Konsequenzen erfordern. Sie müssen so konstruiert sein, dass sie die nach Lösung suchenden Befragten immer wieder unter den Druck des Gegenarguments bringen, damit sie deren Kompetenz wirklich mobilisieren.
Fritz Oser: Acht Strategien der Wert- und Moralerziehung. In: Wolfgang Edelstein/Fritz Oser/Peter Schuster (Hrsg.): Moralische Erziehung in der Schule. Weinheim und Basel 2001, S. 73.

Für Politik interessieren ...
Will man junge Leute – und für Erwachsene trifft dies sicher auch in großem Maße zu – stärker für Politik interessieren, sollte man ihr Bedürfnis nach einem lebendigen, „emotionalen" Umgang mit politischen Themen und Strukturen ernst nehmen. Dazu bedarf es einer größeren Transparenz politischer Prozesse, neuer kreativer Methoden der Politikvermittlung und vor allem einer stärkeren Einbeziehung verschiedener Stimmen in den politischen Diskurs – Stimmen von Kindern, Jugendlichen, alten Leuten, Frauen, Männern, von Personen aus anderen Kulturen und aus verschiedenen sozialen Milieus. Und dies lässt sich nur über eine Politik der Beteiligung gewährleisten.
Ingrid Burdewick: Jugend – Politik – Anerkennung. Opladen 2003, S. 289.

Umsetzung

Die Entwicklung einer demokratischen Schulkultur ist ein starker Ansatz für Gewaltprävention und sollte in einer Demokratie eine Selbstverständlichkeit für jede Schule sein. Auf Klassen- und Schulebene geht es darum, Möglichkeiten angemessener Partizipation zu entwickeln und zu verwirklichen. Dies bedeutet, dass Schule und Unterricht sich auf den Weg zu einer demokratischen Schule machen müssen, in der Eltern, Lehrkräfte und Schüler gemeinsam wichtige Entscheidungen treffen.

Lehrkräfte und Eltern

Lehrkräfte und Eltern sollen sich immer wieder neu über ihre Wertebasis sowie über ihr Grundverständnis von Demokratie(erziehung) befragen. Hierzu bieten M1-M5 Möglichkeiten der Auseinandersetzung an.

Demokratie und Schule
Erziehung und Bildung wirken sich nicht per se demokratiefördernd aus und ihre Rolle darf – so wichtig sie ist – nicht überschätzt werden, darauf weist in M1 Hermann Giesecke vor dem Hintergrund der Zeit des Nationalsozialismus hin.
Das Magdebruger Manifest zur Demokratiepädagogik (M2) verdeutlicht die Notwendigkeit, dass demokratische Prinzipien in alle Lebensbereiche Eingang finden. Das BLK-Programm „Demokratie leben und lernen" hat einen Kriterienkatalog zu „Demokratie lernen" entwickelt, der in M3 vorgestellt wird und als Messlatte für Demokratieerziehung fungieren kann. M4 zeigt mögliche Formen der Partizipation in der Schule.

Werte
Die Grundfragen jeder Ethik, die Fragen nach „Gut und Böse" werden von Hans Küng in einer aktuellen Form benannt (M4). Kofi Annan thematisiert in M5 universale Werte.

Schülerinnen und Schüler

Mitbestimmung
Welche Mitbestimmungsmöglichkeiten haben Jugendliche Zuhause, welche in der Schule und welche würden sie sich wünschen? M7 und M8 zeigen empirische Befunde und regen zu eigenen Erhebungen an. Dabei ist (bei M8) besonders die unterschiedliche Wahrnehmung von Lehrkräften und Schülern zu bearbeiten.

Demokratie hat mit Mehrheitsentscheidungen und Minderheiten-schutz zu tun. Anhand von M9 wird der Frage nachgegangen, ob es Problemfelder gibt, die von der Mehrheit nicht entschieden werden dürfen?

Werte entwickeln (M13, M14)

Eigene (individuelle) Werte und Gemeinschaftswerte müssen in Einklang gebracht werden. M10 zeigt an einem konkreten Beispiel die Probleme und Schwierigkeiten dieser Forderung.

Werte konkretisieren sich an konkreten Entscheidungen und Aus-sagen. „Ist dies für dich in Ordnung" war die Fragestellung der Allensbach Umfrage (M11), die zeigt, welche Verhaltensweisen Jugendliche (noch) tolerieren. Persönliche Werte können mit Hilfe von M12 formuliert und in Gruppen verglichen werden.

Das Gewissen schärfen – Dilemma Diskussionen

Die moralische Entwicklung vollzieht sich nach Kohlberg in Stufen und ist mit unterschiedlichen Qualitäten der Begründungen für Handlungen verbunden (M13, M14).

Entscheidend für moralisches Handeln ist nicht welche Handlung ausgeübt wird, sondern wie die Struktur ihrer Begründungen aus-sieht, die für eine Entscheidung gegeben wird. Diese Begründungs-strukturen sollen anhand von Dilemma-Situationen gemeinsam analysiert werden (M15, M16). Gewissensentscheidungen berüh-ren auch Forschung und Berufsalltag. Am Beispiel der „Göttinger Achtzehn" (M17) sollte reflektiert werden, wo heute solche Ent-scheidungen gefragt sind.

Außerschulische Lernorte – Werte im Alltag

Werte können im Alltag erfahren und sichtbar gemacht werden. Eine wichtige Möglichkeit bietet das sog. Service-Lernen, also im Schulalltag eingebundenes soziales Engagement (M18). Ganze Klassen oder die Schulgemeinschaft können durch gemeinsames Handeln verdeutlichen, was über die Schule hinaus wichtig ist. Der Soziale Tag von Schüler Helfen Leben ist hierzu eine herausragende Möglichkeit.

Werteerziehung

Grundwissen

- den Schülerinnen und Schülern Gelegenheiten bieten, Verantwortung für sich selbst und andere zu übernehmen;
- Heranwachsende an der gemeinsamen Entscheidungsfindung beteiligen;
- offene und vertrauensvolle Auseinandersetzung mit realen Konflikten pflegen;
- Gelegenheiten zur Betrachtung eines Konflikts aus unterschied-lichen Blickwinkeln bieten;
- Möglichkeiten, Werte miteinander zu vergleichen aufzeigen
- eine soziale und physische „Infrastruktur" schaf-fen, damit sich eine Moralkultur überhaupt entwickeln kann.

Jutta Standop: Werte-Erziehung. Weinheim und Basel 2005, S. 109.

Ergänzende Bausteine

3.2 Schulentwicklung: gute Schule – guter Unterricht
3.6 Interkulturelles Lernen
3.7 Sport und Fair Play

M1 Beunruhigende Erkenntnisse

Lehrer, Eltern

Die grundlegenden Werte und Normen unseres privaten und gesellschaftlichen Lebens müssen politisch, also durch Macht, geschützt werden. Wie bedeutsam dieser Zusammenhang ist, hat sich in der Zeit des Nationalsozialismus gezeigt, als die Menschenrechte faktisch außer Kraft gesetzt und missachtet wurden. Bei einer genaueren Betrachtung dieser Zeit kommt neben dem nicht mehr umstrittenen politischen auch ein erzieherisches Desaster zum Vorschein:

1. Diejenigen Generationen, die die politische Kriminalität des Nationalsozialismus als Täter getragen haben, waren nicht nationalsozialistisch erzogen worden. Hitler (geb. 1889), Himmler (geb. 1900), Heydrich (geb. 1904), von Schirach (geb. 1907), Axmann (geb. 1913) – um nur diese Beispiele anzuführen – waren 1933 bereits erwachsen, hatten also ihre Erziehung längst hinter sich. Sie hatten keine anderen Schulen besucht als ihre übrigen Altersgenossen, und auch ihre sonstige Erziehung und Sozialisation dürften sich nicht wesentlich unterschieden haben.

2. Die nicht nationalsozialistisch erzogenen Generationen der Täter waren in einem ungewöhnlich hohen Maße anfällig für politische Kriminalität. Nach allen Erfahrungen muss jede Erziehung damit rechnen, dass sie bei einem Teil der zu Erziehenden misslingt, was sich u.a. darin ausdrückt, dass jede Gesellschaft ihre Kriminalitätsrate hat. In diesem Fall jedoch betraf das Misslingen einen sehr großen Anteil, möglicherweise sogar die Mehrheit zumindest der formellen Eliten. Höhere Bildung schützte keineswegs vor politischer Kriminalität.

3. Diejenigen Jahrgänge, die in der Zeit des Nationalsozialismus erzogen worden waren, waren nach 1945 die herausragenden Träger des demokratischen Aufbaus. Dabei handelte es sich vor allem um die Hitlerjugend-Generation und die jungen Soldaten. Nicht nur die Alliierten hatten dagegen etwas ganz anderes befürchtet, dass nämlich diese jungen Leute der neuen demokratischen Staatsform nicht nur feindlich gegenüberstehen, sondern auch fanatisiert noch lange nach Kriegsende die Besatzungsmächte in Partisanenkämpfe verwickeln würden. Das war jedoch keineswegs der Fall.

4. Diejenigen älteren Generationen, die die Verbrechen zu verantworten hatten, sind nach 1945 nicht wieder rückfällig geworden, sondern haben sich den neuen demokratischen Verfassungsregeln und den damit verbundenen Werten und Normen angeschlossen. Ideologisch gesehen haben die meisten von ihnen zwar autoritäre und eher rechts orientierte Wertvorstellungen beibehalten, auch und gerade wenn sie wirtschaftliche und politische Ämter und Aufgaben übernommen haben, aber sie haben andererseits nicht geputscht oder – von Minderheiten abgesehen – auf andere Weise die demokratischen Verfassungsregeln ernsthaft zu attackieren versucht.

Irritierend für Pädagogen ist nämlich, dass diese vier Tatsachen das übliche Verständnis von Erziehung und Bildung grundlegend in Frage stellen. Die Täter waren für ihre Taten nicht erzogen worden, ebenso wenig beruhte ihre spätere „Resozialisierung" in der jungen Demokratie auf Erziehung. Diese enorme Reduzierung der Wirkung von Erziehung ist stets verdrängt worden, wenn sich die Pädagogik mit der Zeit des Nationalsozialismus befasst hat.

Hermann Giesecke: Wie lernt man Werte? Grundlagen der Sozialerziehung. München 2005, S. 69-73, Auszüge.

M2 **Magdeburger Manifest**

Lehrer, Eltern

1. Demokratie ist eine historische Errungenschaft. Sie ist kein Naturgesetz oder Zufall, sondern Ergebnis menschlichen Handelns und menschlicher Erziehung. Sie ist deshalb eine zentrale Aufgabe für Schule und Jugendbildung. (...)

4. Demokratie als Lebensform bedeutet, ihre Prinzipien als Grundlage und Ziel für den menschlichen Umgang und das menschliche Handeln in die Praxis des gelebten Alltags hineinzutragen und in dieser Praxis immer wieder zu erneuern. Grundlage demokratischen Verhaltens sind die auf gegenseitiger Anerkennung beruhende Achtung und Solidarität zwischen Menschen unabhängig von Herkunft, Geschlecht, Alter, ethnischer Zugehörigkeit, Religion und gesellschaftlichem Status.

5. Politisch wie pädagogisch beruht der demokratische Weg auf dem entschiedenen und gemeinsam geteilten Willen, alle Betroffenen einzubeziehen (Inklusion und Partizipation), eine abwägende, am Prinzip der Gerechtigkeit orientierte Entscheidungspraxis zu ermöglichen (Deliberation), Mittel zweckdienlich und sparsam einzusetzen (Effizienz), Öffentlichkeit herzustellen (Transparenz) und eine kritische Prüfung des Handelns und der Institutionen nach Maßstäben von Recht und Moral zu sichern (Legitimität).

6. Demokratie lernen und Demokratie leben gehören zusammen: In demokratischen Verhältnissen aufzuwachsen und respektvollen Umgang als selbstverständlich zu erfahren, bildet eine wesentliche Grundlage für die Bildung belastbarer demokratischer Einstellungen und Verhaltensgewohnheiten. Darüber hinaus erfordert die Entwicklung demokratischer Handlungskompetenz Wissen über Prinzipien und Regeln, über Fakten und Modelle sowie über Institutionen und historische Zusammenhänge.

7. Ganz besonders stellt Demokratie lernen ein grundlegendes Ziel für Schule und Jugendbildung dar. Das ergibt sich zuerst aus deren Aufgabe, Lernen und Entwicklung aller Heranwachsenden zu fördern. In welchem Verhältnis Einbezug und Ausgrenzung, Förderung und Auslese, Anerkennung und Demütigung, Transparenz und Verantwortung in der Schule zueinander stehen, entscheidet darüber, welche Einstellung Jugendliche zur Demokratie entwickeln und wie sinnvoll, selbstverständlich und nützlich ihnen eigenes Engagement erscheint.

8. Demokratie wird erfahren durch Zugehörigkeit, Mitwirkung, Anerkennung und Verantwortung. Diese Erfahrung bildet eine Grundlage dafür, dass Alternativen zur Gewalt wahrgenommen und gewählt werden können und dass sich Vertrauen in die eigene Handlungsfähigkeit (Selbstwirksamkeit) und die Bereitschaft, sich für Aufgaben des Gemeinwesens einzusetzen, ausbilden können. Gewalt, Rechtsextremismus und Fremdenfeindlichkeit bei Jugendlichen sind auch die Folge fehlender Erfahrung der Zugehörigkeit, mangelnder Anerkennung und ungenügender Aufklärung.

9. Demokratie lernen und leben in der Schule impliziert die Forderung, Mitwirkung und Teilhabe in den verschiedenen Formen und auf den verschiedenen Ebenen des Schullebens und der schulischen Gremien zu erproben und zu erweitern und verlangt die Anerkennung und Wertschätzung von Aktivitäten und Leistungen, mit denen sich Schüler und Lehrer über die Schule hinaus an Aufgaben und Problemen des Gemeinwesens beteiligen.

Deutsche Gesellschaft für Demokratiepädagogik. Magdeburg, den 26. Februar 2005, Auszüge.
www.degede.de

M3 Kriterienkatalog Demokratie lernen

Lehrer, Eltern

Politische Kompetenzen

- Demokratieverständnis
- Positives Selbstbild eigener politischer Fähigkeiten
- Politische Kontrollüberzeugungen
- Politische Aktivitäten
- Akzeptanz demokratisch getroffener Entscheidungen
- Planungs- und Entscheidungsfähigkeit
- Fähigkeit zur Analyse gesellschaftlicher Teilsysteme
- Systemvertrauen

Sozial- und Selbstkompetenzen

- Entwicklung des Gerechtigkeitsverständnisses
- Verantwortungswahrnehmung
- Positive Lebenseinstellung
- Selbstsicherheit in der Gruppe
- Bereitschaft, Normen einzuhalten
- Kritikfähigkeit
- Perspektivenübernahme
- Kommunikative Kompetenz
  - Konfliktfähigkeit (Toleranz von Ambiguitäten und Differenzen)
    - Kooperationsfähigkeit

Kriterienkatalog „Demokratie lernen und leben"

Schulische Partizipation

- Wahrgenommene Mitbestimmungsmöglichkeiten
- Anerkennung, Vertrauen, Offenheit
- Partizipationswunsch
- Schulische Selbstwirksamkeit
- Übertragene Verantwortung
- Verfahrensklarheit
- Regelklarheit

Integration der Schule in ihr Umfeld

- Reflektierte Formen der Zusammenarbeit mit dem familiären Umfeld
- Dauerhafte Kontakte zu vielfältigen Partnern im kommunalen Umfeld
- Wechselseitige Funktionalität von Schule und ihrem Umfeld

Kriterienkatalog zum BLK-Programm „Demokratie lernen und leben". In: Hermann Josef Abs/Nina Roczen/Eckhard Klieme: Abschlussbericht zur Evaluation des BLK-Programms „Demokratie lernen und leben". Deutsches Institut für Internationale Pädagogische Forschung. Frankfurt/M. 2007.

M4 Formen der Partizipation

Lehrer, Eltern

Möglichkeiten und Formen der Partizipation in der Schule

Partizipation ist der Schlüsselbegriff im Leitbild der partizipativen Demokratie. Deshalb sollen im Folgenden die wesentlichen Formen der Partizipation von Kindern und Jugendlichen in den Institutionen und Organisationen des politischen Systems sowie des Bildungs- und Sozialsystems in einer Übersicht präsentiert werden. Schließlich wird Partizipation in der Schule am Beispiel der Aushandlung von Schulverfassungen konkretisiert.

Grundsätzlich lassen sich zunächst sieben Strategien bzw. Formen der Beteiligung ausmachen:

- **Punktuelle Beteiligung**
  Z.B. Vorformen der Beteiligung wie Aktionen und Dialoge mit Politikern, Planspiele ohne Antrags- und Entscheidungsbefugnisse, einfache Informationserhebung und Interessenermittlung durch Befragungen, symbolische Beteiligung.

- **Repräsentative Formen**
  Gremien, Kinder- und Jugendinteressenvertretung, z.B. Kinder- und Jugendparlamente, Klassen- und Schulsprecher, Kinder- und Jugendbeiräte.

- **Offene Versammlungsformen**
  Z.B. offene Kinder- und Jugendforen, Runde Tische, Vollversammlungen.

- **Projektorientierte Verfahren der Partizipation**
  Z.B. Beteiligung in und durch produkt- und ergebnisorientierte, auf bestimmte Themen fokussierte Aktionsformen (z.B. Zukunftswerkstatt).

- **Alltägliche Formen der Partizipation**
  Beteiligung bei der Bewältigung alltäglicher Themen und Probleme in der Schule z.B. Klassenrat.

- **Medienorientierte Beteiligung**
  Beteiligung an der Gestaltung z.B. von Radio, Fernsehen, Printmedien.

- **Wahlrecht**
  Zur Umsetzung dieser Partizipationsformen bedarf es einer Vielfalt der Mitwirkungsstrukturen in Gesellschaft und Schule. Für die Schule lassen sich in diesem Zusammenhang drei Ebenen der Partizipation unterscheiden:
  (1) Repräsentative Formen der Partizipation in der Schule: Klassensprecher, Schülervertretung einer Schule, Landesschülervertretung, Schulverfassung etc.
  (2) Basisdemokratische Formen der schulischen Partizipation: Klassenrat, Mädchen- und Jungenkonferenz, Vollversammlung etc.
  (3) Partizipation im und am Unterricht: die Planung, Gestaltung und Evaluation von Unterricht.

Viola B. Georgi: Demokratielernen in der Schule. Leitbild und Handlungsfelder. Berlin 2006, S. 30.

M5 Die Grundfrage jeder Ethik

Lehrer, Eltern

Warum soll der Mensch Gutes tun und nicht Böses? Warum steht der Mensch nicht „jenseits von Gut und Böse" (F. Nietzsche), nur seinem „Willen zur Macht" (Erfolg, Reichtum, Vergnügen) verpflichtet? Elementare Fragen sind oft die allerschwierigsten – und solche stellen sich heute nicht mehr nur für den „permissiven" (auf Freizügigkeit beruhenden, d.A.) Westen. Vieles, Sitten, Gesetze und Gebräuche, vieles, was durch die Jahrhunderte selbstverständlich war, weil durch religiöse Autorität abgesichert, versteht sich heute überall auf der Welt keineswegs mehr von selbst.

Fragen wie diese stellen sich an jeden Einzelnen:

- Warum sollen Menschen Mitmenschen nicht belügen, betrügen, bestehlen, umbringen, wenn dies von Vorteil ist und man in einem bestimmten Fall keine Entdeckung und Strafe zu fürchten hat?
- Warum soll der Politiker der Korruption widerstehen, wenn er der Diskretion seiner Geldgeber sicher sein kann?
- Warum soll ein Geschäftsmann (oder eine Bank) der Profitgier Grenzen setzen, wenn Raffgier („Greed"), wenn die Parole „Bereichert euch" ohne alle moralische Hemmungen öffentlich gepredigt wird?
- Warum soll ein Embryonenforscher (oder ein Forschungsinstitut) nicht eine kommerzielle Fortpflanzungstechnik entwickeln, die garantiert einwandfreie Embryonen fabriziert und den Ausschuss in den Müll wirft?
- Warum soll aufgrund pränataler Geschlechtsbestimmung unwillkommener (etwa weiblicher) Nachwuchs nicht von vornherein liquidiert werden?

Doch die Fragen richten sich auch an die großen Kollektive:

- Warum dürfen ein Volk, eine Rasse, eine Religion, wenn sie über die notwendigen Machtmittel verfügen, eine andersartige, andersgläubige oder „ausländische" Minderheit nicht hassen, schikanieren und, wenn es darauf ankommt, gar exilieren oder liquidieren? Doch genug der Negativa!

Warum das Gute tun?

Auch hier stellen sich Fragen zunächst an den Einzelnen:

- Warum sollen Menschen statt rücksichtslos und brutal freundlich, schonungsvoll, gar hilfsbereit sein?
- Warum soll schon der junge Mensch auf Gewaltanwendung verzichten und grundsätzlich für Gewaltlosigkeit optieren? (...)

Doch auch hier richten sich die Fragen an die großen Kollektive:

- Warum soll ein Volk dem anderen, eine Rasse der anderen, eine Religion der anderen Toleranz, Respekt, gar Hochschätzung entgegenbringen?
- Warum sollen Machthaber in den Nationen und Religionen sich in jedem Fall für den Frieden und nie für den Krieg engagieren?

Also nochmals grundsätzlich gefragt:

- Warum soll der Mensch – als Individuum, Gruppe, Nation, Religion verstanden – sich menschlich, wahrhaft menschlich, also human benehmen?
- Und warum soll er dies unbedingt, das heißt: in jedem Fall tun? Und warum sollen dies alle tun und keine Schicht, Clique oder Gruppe ausgenomen sein? Das also ist die Grundfrage einer jeden Ethik.

Hans Küng: Projekt Weltethos. München 1990, S. 46 f.

382

M6 Universale Werte

Die Werte des Friedens, der Freiheit, des sozialen Fortschritts, der Gleichberechtigung und der Menschenwürde, die in der Charta der Vereinten Nationen und in der Allgemeinen Erklärung der Menschenrechte verankert sind, besitzen heute nicht weniger Gültigkeit als vor mehr als einem halben Jahrhundert, als diese Dokumente von den Vertretern vieler verschiedener Nationen und Kulturen verfasst wurden. Die Umsetzung dieser Werte in die Realität menschlichen Verhaltens war zur damaligen Zeit keineswegs besser als heute.

Insbesondere die Allgemeine Erklärung der Menschenrechte hat weltweit Eingang in die Rechtsordnungen gefunden und ist heute in jedem Land ein Bezugspunkt für die Menschen, die sich nach den Menschenrechten sehnen.

Jede Gesellschaft muss durch gemeinsame Werte verbunden sein, sodass ihre Mitglieder wissen, was sie voneinander erwarten können und dass es bestimmte, von allen getragene Grundsätze gibt, die ihnen eine gewaltlose Beilegung ihrer Differenzen ermöglichen. Dies gilt für örtliche Gemeinwesen ebenso wie für Staatsgemeinschaften.

Ein Ethikkodex ist immer der Ausdruck eines Ideals oder einer Bestrebung, ein Maßstab, an dem sich moralisches Fehlverhalten messen lässt, nicht so sehr eine Vorschrift, die sicherstellen soll, dass ein solches Fehlverhalten nie vorkommt. Daraus folgt, dass keine Religion und kein ethisches System je wegen moralischer Entgleisungen einiger ihrer Anhänger verurteilt werden sollten. Wenn ich als Christ beispielsweise nicht will, dass mein Glaube nach den Handlungen der Kreuzritter oder der Inquisition beurteilt wird, muss ich auch selbst sehr vorsichtig sein, um nicht den Glauben eines anderen nach den Handlungen zu beurteilen, die einige wenige Terroristen im Namen ihres Glaubens begehen. Unsere universellen Werte verlangen von uns auch, dass wir die menschlichen Eigenschaften, sowohl die guten als auch die schlechten, die wir mit allen unseren Mitmenschen gemein haben, anerkennen und dass wir die gleiche Achtung vor der Menschenwürde und der Sensibilität der Angehörigen anderer Gemeinschaften zeigen, die wir auch von ihnen erwarten. Das bedeutet, dass wir stets bereit sein sollten, andere Menschen ihre Identität selbst definieren zu lassen, und dass wir nicht darauf bestehen sollten, sie nach unseren eigenen Kriterien einzuteilen, so wohlgemeint es auch sein mag.

Wenn wir aufrichtig an individuelle Rechte glauben, dann müssen wir anerkennen, dass das Identitätsgefühl des Einzelnen nahezu immer mit dem Gefühl der Zugehörigkeit zu einer oder mehreren Gruppen verknüpft ist, wobei die Zugehörigkeiten sich manchmal konzentrisch gestalten, andere Male wiederum sich überschneiden. Daher gehört zu den Rechten des Einzelnen auch das Recht, Empathie und Solidarität mit anderen Menschen zu empfinden, die den einen oder anderen Aspekt seiner Identität mit ihm teilen. Dies wiederum sollte Auswirkungen darauf haben, wie wir die staatsbürgerschaftlichen Pflichten in unseren nationalen Gemeinwesen definieren.

Wir sollten die Menschen nicht zwingen, sich von dem Los ihrer Glaubensbrüder oder ethnischen Verwandten, die Bürger anderer Staaten sind, zu distanzieren.

Kofi Annan, ehemaliger UNO-Generalsekretär. Dritte Weltethos-Rede am 12. Dezember 2003, gehalten im Festsaal der Universität Tübingen, Auszüge.

www.weltethos.org

M7 Mitbestimmung Zuhause

Unterricht

Wo kannst du mitbestimmen, kreuze an:

Entscheidungen, die die Eltern direkt betreffen	1	2	3	4	5	Mittelwert
Wie lange ich im Festnetz telefoniere						3,9
Um welche Uhrzeit ich abends nach Hause komme						3,7
Wobei ich im Haushalt mithelfe						3,5
Was es zu essen gibt						3,5
Ob ein Haustier angeschafft wird						3,3
Um welche Uhrzeit wir essen						2,8
Wie viel Taschengeld ich bekomme						2,8

Entscheidungen, die die Eltern nicht direkt betreffen	1	2	3	4	5	
Wofür ich mein Taschengeld ausgebe						4,8
Ob ich Freunde einlade						4,6
Wie lange ich mit dem Handy telefoniere						4,5
Wie mein Zimmer aussieht						4,4
Ob ich bei Freunden übernachte						4,2
Wie lange ich im Internet bin						4,1
Ob Freunde bei mir übernachten						4,1

Die rechte Spalte gibt den Mittelwert einer repräsentativen Umfragen wieder. 1 = ich bestimme nie mit, 5 = ich bestimme immer mit.
Bertelsmann Stiftung (Hrsg.): Kinder und Jugendpartizipation in Deutschland. Daten, Fakten, Perspektiven. Gütersloh 2005.

M8 Mitwirkung in der Schule

Worüber würdest du gerne mitentscheiden: ①, Worüber kannst du mitentscheiden: ②. Kreuze an.

	1	2		1	2
◯ Auswahl von Schulbüchern	◯	◯	◯ Projekttage	◯	◯
◯ Sitzordnung im Klassenzimmer	◯	◯	◯ Sauberkeit der Toiletten	◯	◯
◯ Ausgestaltung des Klassenzimmers	◯	◯	◯ Schülerrat	◯	◯
			◯ Schülerzeitung	◯	◯
◯ Auswahl der Unterrichtsform	◯	◯	◯ Schulordnung	◯	◯
◯ Auswahl der Unterrichtsthemen	◯	◯	◯ Schulveranstaltungen	◯	◯
◯ Festlegung der Regeln im Unterricht	◯	◯	◯ Stundenplan	◯	◯
◯ Festlegung der Hausaufgaben	◯	◯	◯ Teilnahme an Konferenzen	◯	◯
◯ Gestaltung der Klassenräume	◯	◯	◯ Verteilung finanzieller Mittel	◯	◯
◯ Gestaltung des Schulhofes	◯	◯	◯ Notengebung	◯	◯
◯ Klassenfahrten	◯	◯			
◯ Pausengestaltung	◯	◯			

Welche Mitwirkungsmöglichkeiten sind für dich besonders wichtig? Bringe die Möglichkeiten in eine Rangfolge. (1) ist das wichtigste. Was würdest du dir noch wünschen?

Unterschiedliche Sichtweisen der Lehrkräfte und Schüler in %

Partizipationsmöglichkeiten aus	Schülersicht	Lehrersicht
Sitzordnung im Klassenzimmer	75,4	98,5
Ausgestaltung des Klassenzimmers	72,9	98,2
Auswahl von Klassenfahrtzielen	72,4	97,4
Auswahl der Unterrichtsform	54,4	85,9
Auswahl der Unterrichtsthemen	51,0	89,7
Festlegung der Regeln im Unterricht	50,9	98,1
Festlegung von Terminen für Klassenarbeiten	49,0	90,7
Leistungsbewertung/Notengebung	35,9	88,9
Festlegung der Hausaufgaben	24,3	76,6

Es handelt sich bei den Lehrkräften um diejenigen Lehrkräfte, die auch die befragten Schüler unterrichten.
Bertelsmann Stiftung (Hrsg.): Kinder und Jugendpartizipation in Deutschland. Daten, Fakten, Perspektiven.
Gütersloh 2005, S. 19.

M9 Hat die Mehrheit immer Recht?

In der Demokratie entscheidet die Mehrheit. Doch dürfen Fragen, bei denen es um grundsätzliche Lebensentscheidungen geht (Sicherheit, Freiheit, Würde des Menschen, lebenswerte Umwelt), nach der Mehrheitsregel entschieden werden?

Kann es sein, dass sich die Mehrheit irrt und die Minderheit Recht hat?

Wie reagieren Menschen, wenn sie ihre grundlegenden Lebensinteressen durch die Mehrheit bedroht sehen?

Gibt es deshalb Fragen, die nicht von der Mehrheit entschieden werden dürfen?

Unter demokratischen Gesichtspunkten können Mehrheitsentscheidungen nur dann akzeptiert werden, wenn sie

- vom Prinzip her wieder rückgängig gemacht werden können.
- in Bezug auf erwartete negative Auswirkungen übersehbar und korrigierbar sind.

Fülle aus:

Fragen, die nicht durch die Mehrheit entschieden werden können sind ...

Fragen, deren Folgen nicht überschaubar und umkehrbar sind und die deshalb auch nicht korrigiert werden können:

Wende die Kriterien „übersehbar", „revidierbar" und „korrigierbar" auf die Themen Atomkraft und Gentechnik an.

Stufen der Zustimmung

- **Vorbehaltlose Zustimmung:**
  Ich stimme zu und mache mit.
- **Leichte Bedenken:**
  Ich stimme zu und mache mit, habe aber leichte Bedenken.
- **Schwere Bedenken:**
  Ich habe schwere Bedenken, trage die Entscheidung aber mit.
- **Beiseite stehen:**
  Ich kann den Vorschlag nicht vertreten und stehe deshalb beiseite (beteilige mich nicht an der Umsetzung).
- **Enthaltung:**
  Ich überlasse euch die Entscheidung. Bei der Umsetzung bin ich aber dabei.
- **Veto:**
  Der Vorschlag widerspricht grundsätzlich meinen Vorstellungen. Er darf nicht ausgeführt werden.
- **Aus der Gruppe gehen:**
  Meine prinzipiellen Bedenken wurden von der Gruppe nicht akzeptiert. Ich verlasse die Gruppe.

Werkstatt für Gewaltfreie Aktion Baden (Hrsg.): Konsens. Handbuch zur gewaltfreien Entscheidungsfindung. Karlsruhe 2004, S. 45 f.

M10 **Eigennutz oder Gemeinnutz?**

Stellt euch eine Weide vor, die jedermann zugänglich ist und alle benutzen dürfen. Man kann annehmen, dass jeder Hirte versuchen wird, so viel Vieh wie möglich auf die Weide zu treiben. Das kann jahrhundertelang zufrieden stellend funktionieren, weil Stammeskriege, Wilderei und Seuchen die Anzahl der Menschen wie auch der Tiere unterhalb einer Zahl halten, die das Weideland verkraften kann. Schließlich aber kommt der Tag der Abrechnung. (...)

Als ein rationales Wesen strebt jeder Hirte danach, seinen Gewinn zu maximieren. Implizit oder explizit, mehr oder weniger bewusst, fragt er sich: Was ist der Nutzen für mich, wenn ich meiner Herde ein weiteres Tier hinzufüge? Dieser Nutzen hat eine positive und eine negative Komponente.

1. Die positive Komponente bezieht sich auf die Zunahme um ein Tier. Da der Hirte alle Einkünfte aus dem Verkauf des zusätzlichen Tieres bekommt, ist der positive Nutzen nahezu eins.

2. Die negative Komponente bezieht sich auf die Überweidung, die das eine weitere Tier verursacht. Da jedoch die Auswirkungen der Überweidung von allen Hirten getragen werden, beträgt der negative Nutzen für jeden Hirten, der diese Entscheidung trifft, nur einen Bruchteil von eins.

Wenn der rationale Hirte die einzelnen Nutzen zusammenrechnet, kommt er zu dem Schluss, dass für ihn der einzig vernünftige Weg der ist, seiner Herde ein weiteres Tier hinzuzufügen. Und ein weiteres und noch ein weiteres. (...) Das ist die Folgerung, die jeder rational denkende Hirte zieht (...). Jedermann ist in ein System gesperrt, das ihn zwingt, seine Herde unbegrenzt zu vergrößern – in einer Welt, die begrenzt ist.

Garrett Hardin, The Tragedy of the Commons. In: Science 1621 (1968), S. 243 ff. Zitiert nach: Wolfgang Ziefle: Fischerspiel und Verfassungsspiel. In: Gotthard Breit/Siegfried Schiele (Hrsg.): Werte in der politischen Bildung. Schwalbach/Ts. 2000, S. 425.

- An welchen Werten orientiert sich der rational denkende Hirte?
- An welchen Werten sollte er sich deiner Meinung nach orientieren?
- Finde vergleichbare aktuelle Beispiele aus Gesellschaft und Politik.

> **Die goldene Regel**
> Wie müsste der Hirte handeln, wenn er die sog. „goldene Regel", die alle Religionen kennen, anwendet?
> Der Philosoph Otfried Höffe formuliert diese Regel in einer aktuellen Version so: „Wie du willst, dass man deine Bedürfnisse und Interessen berücksichtigt, so berücksichtige auch du die Bedürfnisse und Interessen der anderen".
> *Vgl. Otfried Höffe: Goldene Regel. In: Ders. (Hrsg.): Lexikon der Ethik. München 1986, S. 93.*

M11 Ist dies in Ordnung?

Das darf man unter keinen Umständen tun!
Entscheide für jeden der folgenden Punkte, ob
du das in jedem Fall für in Ordnung hälst (1)
oder ob man das unter keinen Umständen tun
darf (5), oder dazwischen (2, 3, 4).

	1	2	3	4	5	%
Die Eltern verachten						79
Auto fahren, obwohl man zu viel getrunken hat						76
Gegen die Polizei handgreiflich werden						75
Drogen wie Marihuana oder Haschisch nehmen						74
Im Kaufhaus eine Kleinigkeit stehlen						73
Müll, Abfälle heimlich irgendwo im Freien ablagern						73
Unberechtigt Krankengeld, Arbeitslosengeld oder andere soziale Vergünstigungen in Anspruch nehmen						71
Graffiti an Hauswände sprühen						71
Eisenbahnschienen beschädigen, um Atomtransporte zu verhindern						71
Schmiergelder annehmen						70
Ausländer beleidigen						63
Kein Fahrgeld in öffentlichen Verkehrsmitteln zahlen, Schwarzfahren						56
Steuern hinterziehen, wenn man die Möglichkeit hat						50
Über den Glauben spotten, darüber Witze machen						49
Geld behalten, das man gefunden hat						38
Über Ausländer Witze machen						31
Schwarzarbeiten						25
Für den eigenen Vorteil lügen						22
Einen Freund, der etwas gestohlen hat, bei der Polizei anzeigen						20
Das Leben unheilbar Kranker beenden (Euthanasie)						14

Die Prozentzahlen in der rechten Spalte geben das Ergebnis einer repräsentativen Umfrage (Zustimmung: „darf man tun") des Allensbacher Instituts vom März 2007 wieder. Einbezogen war die deutsche Bevölkerung ab 16 Jahren.
Institut für Demoskopie Allensbach: Allensbacher Archiv, ifD-Umfrage 10002. Allensbach 2007.

M12 Das ist mir wichtig?

**Ordne die Begriffe
der Tabelle „Werte" zu:**

1 Freiheit
2 soziale Beziehungen
3 Mut
4 Durchsetzungsfähigkeit
5 Geld
6 Solidarität
7 Gleichheit
8 Gerechtigkeit
9 Brüderlichkeit
10 Leistung
11 Pünktlichkeit
12 Sauberkeit
13 Bescheidenheit
14 Frieden
15 Ehrlichkeit
16 Fleiß
17 Gehorsam
18 Toleranz
19 Zivilcourage
20 Freiheit
21 Liebe

Das ist mir wichtig ...

In der Familie

_____

_____

_____

In der Schule

_____

_____

_____

In der Gesellschaft

_____

_____

Werte	persönlich	gemeinschaftlich
materiell		
immateriell/ postmateriell		

389

M13 Moralische Entwicklung

Stufe 1 **Fremdbestimmte Moral**	Richtig ist: „Breche keine Regeln, wenn Strafe dafür droht; gehorche um des Gehorchens willen, füge anderen keinen körperlichen Schaden zu und beschädige nicht das Eigentum anderer." Gründe, das Richtige zu tun: Menschen wollen Strafe vermeiden und der überlegenen Macht von Autoritäten entgehen.
Stufe 2 **Individualismus,** **Zweckdenken, Austausch**	Richtig ist: „Befolge Regeln nur, wenn du damit unmittelbar jemandem nützt; handle gemäß deinen Interessen und Bedürfnissen und billige anderen das gleiche Recht zu; richtig ist, was gerecht ist." Gründe, das Richtige zu tun: Man möchte die eigenen Interessen und Bedürfnisse befriedigen und lebt dabei in einer Welt, in der man auch die Interessen anderer berücksichtigen muss.
Stufe 3 **Gegenseitige Erwartungen** **im zwischenmenschlichen** **Bereich, Beziehungen,** **Konformität mit anderen**	Richtig ist: „Erfülle, was Menschen, die dir nahestehen, von dir erwarten. Es ist wichtig, ein guter Mensch zu sein, gute Absichten zu haben und sich um andere zu kümmern." Gründe, das Richtige zu tun: Menschen wollen vor sich selbst und vor anderen ein guter Mensch sein. Sie glauben an die goldene Regel. Sie wollen anderen helfen, wollen Regeln und Autoritäten wahren, die für das Miteinander gut sind.
Stufe 4 **Soziales System und** **Gewissen**	Richtig ist: „Erfülle die Pflichten, die du übernommen hast. Gesetze müssen befolgt werden, es sei denn in besonderen Ausnahmen, wenn sie mit anderen sozialen Pflichten in Widerspruch geraten". Gründe, das Richtige zu tun: Institutionen müssen aufrechterhalten werden; „wenn das jeder machen würde", würde das System zusammenbrechen.
Stufe 5 **Sozialvertrag oder** **sozialer Nutzen und** **individuelle Rechte**	Richtig ist: „Mach dir bewusst, dass Menschen verschiedene Werte und Meinungen vertreten und dass die meisten Werte und Regeln spezifisch für bestimmte Gruppen, also relativ sind. Dennoch sollten diese relativen Regeln gewöhnlich befolgt werden, da sie Gerechtigkeit gewährleisten und weil sie soziale Übereinkünfte darstellen. Einige Werte und Rechte haben eher absoluten Charakter – z.B. Leben und Freiheit – sie müssen in jeder Gesellschaft gelten." Gründe, das Richtige zu tun: Menschen fühlen sich auf Grund eines Sozialvertrags an das Gesetz gebunden: Gesetze sind zum Wohle aller da und um die Rechte aller zu schützen.
Stufe 6 **Allgemein gültige** **ethische Prinzipien**	Richtig ist: „Befolge selbst gewählte ethische Prinzipien. Spezielle Gesetze oder soziale Übereinkünfte besitzen gewöhnlich Gültigkeit, da sie auf solchen Prinzipien beruhen. Wenn Gesetze zu diesen Prinzipien in Widerspruch stehen, halte dich an die Prinzipien". Gründe, das Richtige zu tun: Vernünftige Menschen glauben an die Gültigkeit allgemeiner moralischer Prinzipien und fühlen sich diesen persönlich verpflichtet.

www.pflegewiki.de/wiki/Stufen_moralischer_Entwicklung_nach_Kohlberg
Vgl. Lawrence Kohlberg u.a.: Die Psychologie der Moralentwicklung. 2. Aufl., Frankfurt/M. 1997.

M14 Gründe für gerechtes Handeln

1 Es macht mir Spaß und wenn man nicht erwischt wird, darf man stehlen.

2 Können meinem Tun alle zustimmen?

3 Das Gesetz dient dem Menschen und nicht umgekehrt.

4 Meine Eltern machen es so, und deswegen ist das richtig.

5 Es ist unfair, auf den Klassenkameraden herumzuhacken.

6 Mein Freund hätte mir auch geholfen, wenn ich angegriffen worden wäre.

7 Was geht denn mich das Leid anderer an?

8 Bekomme ich das Gleiche als Geschenk wie deine andere Freundin?

9 Könnte dieses Handeln verallgemeinert werden?

10 Es gibt Situationen, in denen das Recht des Einzelnen über dem der Allgemeinheit steht.

11 Was denken andere über mich, wenn ich jemandem aus einer anderen Clique helfe?

12 Wenn ich sage, was ich denke, könnte der andere verletzt sein, und deswegen ist es nicht richtig.

13 Man lügt seine besten Freunde nicht an! Denn sonst würde keiner mir jemals mehr vertrauen.

14 Wenn alle Versprechen brechen würden, gäbe es keine Gemeinschaft mehr.

15 Es widerspricht dem Gesetz zu stehlen, auch wenn man mit dem Diebstahl Leben rettet. Das Gesetz reguliert das Zusammenleben.

16 Ich habe mich verpflichtet, meinem erkrankten Nachbarn zu helfen, deswegen muss ich das tun.

Peter Schuster: Von der Theorie zur Praxis – Wege zur unterrichtspraktischen Umsetzung des Ansatzes von Kohlberg. In: Wolfgang Edelstein/Fritz Oser/Peter Schuster (Hrsg.): Moralische Erziehung in der Schule. Weinheim und Basel 2001, S. 184.

- Wie beurteilst du diese Aussagen?
- Welcher moralischen Stufe nach Kohlberg können sie zugeordnet werden?

Ordne die Aussagen zu!

Gründe für gerechtes Handeln

Stufe 1
Vermeidung von Bestrafung:

Stufe 2
Konformität um der Belohnung willen:

Stufe 3
Anerkennung durch andere:

Stufe 4
Beachtung gesellschaftlicher Regeln:

Stufe 5
Beachtung demokratisch anerkannter Gesetze:

Stufe 6
Individuelle Gewissensprinzipien:

M15 Moralische Dilemmata

Moralische Dilemmata sind dadurch gekennzeichnet, dass nicht sofort ersichtlich ist, welche Entscheidung menschlich und moralisch gerechtfertigt ist.

Überlege und notiere in Stichworten, was du machen würdest. Begründe dein Handeln.

Ein Klassenkamerad bietet dir einen iPod für 30 Euro an. Du denkst, dass er vermutlich gestohlen ist. Was machst du?

_____

_____

_____

Bei einer Party bei einem Freund geht ein teurer DVD-Player zu Bruch. Es ist nicht klar, wer dafür verantwortlich ist. Die Eltern deines Freundes meinen, dass du deinen Eltern sagen könntest, dass du den DVD-Player fallen gelassen hast, und sie bitten, den Schaden ihrer Haftpflichtversicherung zu melden. Wie würdest du reagieren?

_____

_____

_____

Du hast in der Disko Alkohol getrunken. Du lässt deshalb deinen Freund ans Steuer deines Wagens. Dieser hat zwar keinen Führerschein, ist aber nüchtern. Beim Ausparken beschädigt er ein anderes Fahrzeug. Wie verhältst du dich?

_____

_____

_____

_____

Die Polizei hat den Entführer eines Kindes gefasst. Das entführte Kind befindet sich jedoch noch in einem Versteck des Entführers. Der Entführer wird verhört, will jedoch nicht aussagen, wo er das Kind versteckt hat. Der Einsatzleiter der Polizei überlegt deshalb, ob er den Entführer foltern soll, bis er das Versteck verrät, da nur so das Leben des Kindes gerettet werden kann. Wie würdest du in der Situation handeln?

_____

_____

_____

- Worin besteht das Dilemma? (Handelt es sich überhaupt um ein Dilemma oder ist es nur eine Konfliktsituation?)
- Überlege eine Lösung für das jeweilige Problem.
- Begründe deine Lösung.
- Auf welchen Überlegungen und Wertvorstellungen basiert die Lösung?
- Ist die vorgeschlagene Lösung in der spezifischen Situation auch durchführbar?
- Welche Konsequenzen sind mit der Lösung verbunden?
- Vergleiche und diskutiere deine Lösungen mit denen von anderen. Findet eine gemeinsame Lösung.

M16 Das Heinz-Dilemma

In Europa drohte eine Frau an einer besonderen Form der Krebserkrankung zu sterben. Es gab nur ein Medikament, von dem die Ärzte noch Hilfe erwarteten. Es war eine Radium-Verbindung, für die der Apotheker zehnmal mehr verlangte, als ihn die Herstellung kostete. Heinz, der Ehemann der kranken Frau, versuchte, sich bei allen Bekannten Geld zu leihen, aber er bekam nur die Hälfte der Kosten zusammen. Er sagte dem Apotheker, dass seine Frau zu sterben drohe und bat darum, das Medikament billiger zu verkaufen oder Kredit zu gewähren. Der Apotheker sagte: „Nein. Ich habe das Medikament entwickelt, und ich will damit Geld verdienen." In seiner Verzweiflung drang Heinz in die Apotheke ein und stahl das Medikament.

Sollte der Ehemann dies tun? Warum?

Lawrence Kohlberg u.a.: Die Psychologie der Moralentwicklung. 2. Aufl., Frankfurt/M. 1997.
http://arbeitsblaetter.stangl-taller.at

Wie beurteilst du die unten aufgeführten Entscheidungen?

Welcher moralischen Stufe nach Kohlberg können sie jeweils zugeordnet werden? Begründe deine Meinung.

- Er sollte es nicht stehlen. Der Apotheker tut nichts Unrechtes oder Schlechtes, er will nichts anderes, als Profit machen. Das ist doch der Sinn eines Geschäfts, Geld zu verdienen.
- Er sollte nicht stehlen. Wenn die Frau stirbt, kann man ihm keinen Vorwurf machen. Es ist ja nicht so, als wäre er herzlos und würde sie nicht genug lieben, um alles für sie zu tun, was ihm rechtlich möglich ist. Der Apotheker ist der Egoist und der Herzlose.
- Das Gesetz sieht solche Fälle nicht vor. Das Medikament zu rauben, ist zwar nicht richtig, doch es ist gerechtfertigt.

Vgl. Evang. Akademie Bad Boll: Protokolldienst 5/88, S. 13.

393

M17 Die Göttinger Achtzehn

Unterricht

Die Göttinger Achtzehn waren eine Gruppe von achtzehn Atomforschern aus der Bundesrepublik Deutschland, die sich am 12. April 1957 in der gemeinsamen Göttinger Erklärung (auch Göttinger Manifest) gegen die damals von Bundeskanzler Konrad Adenauer und Verteidigungsminister Franz Josef Strauß angestrebte Aufrüstung der Bundeswehr mit Atomwaffen wandten. Unmittelbarer Anlass war eine Äußerung Adenauers vor der Presse am 5. April 1957, in der er taktische Atomwaffen lediglich eine „Weiterentwicklung der Artillerie" nannte und forderte, auch die Bundeswehr müsse mit diesen „beinahe normalen Waffen" ausgerüstet werden (vgl. www.wikipedia.de).

Das Göttinger Manifest der 18 Atomwissenschaftler vom 12. April 1957

Die Pläne einer atomaren Bewaffnung der Bundeswehr erfüllen die unterzeichnenden Atomforscher mit tiefer Sorge. Einige von ihnen haben den zuständigen Bundesministern ihre Bedenken schon vor mehreren Monaten mitgeteilt. Heute ist eine Debatte über diese Frage allgemein geworden. Die Unterzeichnenden fühlen sich daher verpflichtet, öffentlich auf einige Tatsachen hinzuweisen, die alle Fachleute wissen, die aber der Öffentlichkeit noch nicht hinreichend bekannt zu sein scheinen.

1. Taktische Atomwaffen haben die zerstörende Wirkung normaler Atombomben. Als „taktisch" bezeichnet man sie, um auszudrücken, dass sie nicht nur gegen menschliche Siedlungen, sondern auch gegen Truppen im Erdkampf eingesetzt werden sollen. Jede einzelne taktische Atombombe oder -granate hat eine ähnliche Wirkung wie die erste Atombombe, die Hiroshima zerstört hat. Da die taktischen Atomwaffen heute in großer Zahl vorhanden sind, würde ihre zerstörende Wirkung im ganzen sehr viel größer sein. (...)

2. Für die Entwicklungsmöglichkeit der lebensausrottenden Wirkung der strategischen Atomwaffen ist keine natürliche Grenze bekannt. (...)

Wir wissen, wie schwer es ist, aus diesen Tatsachen die politischen Konsequenzen zu ziehen. Uns als Nichtpolitikern wird man die Berechtigung dazu abstreiten wollen; unsere Tätigkeit, die der reinen Wissenschaft und ihrer Anwendung gilt und bei der wir viele junge Menschen unserem Gebiet zuführen, belädt uns aber mit einer Verantwortung für die möglichen Folgen dieser Tätigkeit. Deshalb können wir nicht zu allen politischen Fragen schweigen. (...)

Jedenfalls wäre keiner der Unterzeichnenden bereit, sich an der Herstellung, der Erprobung oder dem Einsatz von Atomwaffen in irgendeiner Weise zu beteiligen. Gleichzeitig betonen wir, dass es äußerst wichtig ist, die friedliche Verwendung der Atomenergie mit allen Mitteln zu fördern, und wir wollen an dieser Aufgabe wie bisher mitwirken.

Fritz Bopp, Max Born, Rudolf Fleischmann, Walther Gerlach, Otto Hahn, Otto Haxel, Werner Heisenberg, Hans Kopfermann, Max v. Laue, Heinz Maier-Leibnitz, Josef Mattauch, Friedrich-Adolf Paneth, Wolfgang Pauli, Wolfgang Riezler, Fritz Straßmann, Wilhelm Walcher, Carl Friedrich Frhr. v. Weizsäcker, Karl Wirtz.

www.dhm.de/lemo/html/dokumente/JahreDesAufbausInOstUndWest_erklaerungGoettingerErklaerung/index.html

> **Lesetipp**
> Friedrich Dürrenmatt: Die Physiker. Eine Komödie in zwei Akten. Neufassung 1980. Zürich 2001.

M18 Service-Lernen

Service-Lernen hat zum Ziel, gesellschaftliches Engagement von Jugendlichen fest im Schulalltag zu verankern und mit fachlichen Unterrichtsinhalten zu verbinden. Dabei lernen Jugendliche, dass es sich lohnt, sich für die Gemeinschaft einzusetzen. Sie trainieren soziale und demokratische Kompetenzen. Und: Sie können ihr praktisch erworbenes Wissen und ihre Erfahrungen in den Unterricht einfließen lassen. Unterricht wird so praxisnah und handlungsorientiert. Das Netzwerk-Service-Learning, in dem schulische und außerschulische Partner zusammengeschlossen sind, hat es sich zur Aufgabe gemacht, Lernen durch Engagement zu fördern und dadurch zur Stärkung des zivilgesellschaftlichen Engagements und der demokratischen Verantwortungsübernahme von Jugendlichen beizutragen. Dies wird durch Vernetzung, Beratung und Qualifizierung angestrebt.

www.lernen-durch-engagement.de

- **Mentoren für Kinder mit Migrationshintergrund**
  Schülerinnen und Schüler einer achten Hauptschulklasse in Reutlingen engagieren sich als Mentoren für Grundschulkinder mit Migrationshintergrund. Sie besuchen „ihr Patenkind" einmal pro Woche in seiner/ihrer Familie, helfen bei den Hausaufgaben, beim Lesen, Schreiben und Rechnen, spielen zusammen und unterstützen die Eltern dabei, die Anforderungen und die Kultur der Schule zu verstehen (Hilfe beim Elternabend, bei der Übersetzung von amtlichen Dokumenten, Erklärung von Lehr- und Lernmethoden).

- **Unterstützung von Lebenshilfe-Werkstätten**
  Seit 2001 engagieren sich Schülerinnen und Schüler eines Gymnasiums in Bamberg regelmäßig bei den Bamberger Lebenshilfe-Werkstätten. Das Engagement ist angebunden an die Fachinhalte und Lernziele der Fächer Musik, Deutsch, Wirtschafts- und Rechtslehre sowie Kunst und Sport. In Musik lernen die Schülerinnen und Schüler zum Beispiel Kompositionen in klassischer Notation für die Notenblätter der Veeh-Harfe zu transkribieren, ein Instrument, das für die Lebenshilfe sowohl in wirtschaftlicher wie auch in integrativer Hinsicht von sehr großer Bedeutung ist.

- **Mitmachexperimente für Vorschüler**
  In Weinheim und Halle konzipieren Schülerinnen und Schüler von Gymnasien Mitmach-Experimente für Vorschulkinder und führen „Experimentier-Nachmittage" im Kindergarten zur Unterstützung der Erzieherinnen bei der frühkindlichen Bildung in Naturwissenschaften durch.

Vgl. www.lernen-durch-engagement.de

M19 Schüler Helfen Leben

Der Soziale Tag

Seit mehr als zehn Jahren organisiert Schüler Helfen Leben (SHL) bereits den Sozialen Tag. Diese größte Schüleraktion in Deutschland findet jährlich im Frühsommer statt. Im Jahr 2008 und 2009 standen sie unter der Schirmherrschaft von Bundeskanzlerin Angela Merkel und erhielten in vielen Teilen der Gesellschaft, in der Politik und in den Medien breite Unterstützung.

Am Sozialen Tag gehen Schülerinnen und Schüler für einen Tag arbeiten. Ob Rasen mähen, Akten sortieren oder einen Beitrag fürs Lokalradio erstellen, der Vielfalt der Tätigkeiten von Schülerinnen und Schülern sind am Sozialen Tag keine Grenzen gesetzt. Ihren Lohn spenden die Schülerinnen und Schüler an die Projekte von SHL und helfen damit Gleichaltrigen aus Südosteuropa, die Kriegsfolgen zu überwinden.

Ursprung in Schweden

Ins Leben gerufen wurde die Aktion von schwedischen Schülerinnen und Schülern Mitte der 1960er Jahre im Gedenken an den Generalsekretär der Vereinten Nationen Dag Hammerskjöld, der 1962 bei einem Flugzeugabsturz ums Leben kam. Hammerskjöld war bekannt für sein großes Engagement in der Friedensarbeit. Er setzte sich besonders für unterdrückte Menschen in der ganzen Welt ein. Um seine Arbeit aufrecht zu erhalten, beschlossen schwedische Schülerinnen und Schüler die Gründung eines „Tages der Solidarität". Mittlerweile gibt es die „Operation Dagsvaerk" in vielen verschiedenen Ländern der Welt, so zum Beispiel auch in den USA und in Brasilien.

Insgesamt waren seit 1998 über eine Million Schülerinnen und Schüler am Sozialen Tag im Einsatz und verdienten rund 17 Millionen Euro, mit denen die Jugend-, Bildungs- und Friedensarbeit von Schüler Helfen Leben in rund 130 Projekten in Südosteuropa finanziert wird.

Schüler Helfen Leben

Schüler Helfen Leben ist eine Initiative von Jugendlichen für Jugendliche. In Südosteuropa leistet sie Jugend-, Bildungs- und Friedensarbeit. Die Arbeit von SHL wird von der Organisation des Sozialen Tages bis zur Umsetzung der Projekte vor Ort von Jugendlichen selbst gemeistert.

Jugendliche in Südosteuropa

Die Kämpfe im ehemaligen Jugoslawien haben nicht nur Schulen und Jugendeinrichtungen, sondern vor allem auch die Perspektive der Kinder und Jugendlichen zerstört. Heute besuchen die meisten von ihnen wieder regelmäßig die Schule. Sie werden jedoch häufig noch nach Volksgruppen getrennt unterrichtet. Der Geschichtsunterricht wird meist sehr subjektiv gestaltet, Hass und Vorurteile werden geschürt. Auf diese Weise entstehen „unterschiedliche Wahrheiten". Neue Konflikte sind somit vorprogrammiert. Deren Eskalation zu verhindern ist auch ein Ziel für das Engagement von SHL im Bildungsbereich.

Vgl. Schüler Helfen Leben/Institut für Friedenspädagogik Tübingen e.V. (Hrsg.) Der Soziale Tag – praktisch. Ein Leitfaden für Lehrkräfte.Tübingen 2009. www.schueler-helfen-leben.de

Interkulturelles Lernen

Dieser Baustein zeigt, wie interkulturelles Lernen als Auseinandersetzung mit dem Anderen, Fremden, als Bewusstwerden der eigenen Kultur und der Gleichwertigkeit anderer Kulturen aussehen kann. Es geht darum, Abwertungen, Diskriminierungen und Fremdenfeindlichkeit zu bekämpfen und interkulturelle Kompetenzen zu stärken. Kindern und Jugendlichen mit Migrationshintergrund kommt dabei besondere Aufmerksamkeit zu.

Visionen über die Zukunft

Wir stehen vor einer großen Herausforderung, für mich die größte seit 1945. Wir müssen das Fundament unserer Identität klären. Die acht Millionen Ausländer, die hier seit Jahrzehnten in dritter und vierter Generation leben, haben auch einen Anspruch mitzubestimmen, wie die Gesellschaft der Bundesrepublik Deutschland zukünftig aussehen soll. Wir müssen uns Gedanken darüber machen, was ist unser politisches Wertesystem, was sind die Prioritäten, zu denen wir stehen, was sind unsere Visionen, was ist das Zukunftsziel Deutschlands?

Michel Friedman vom Zentralrat der Juden Deutschlands in: das baugerüst, Heft 1/01.

Interkulturelles Lernen

In Deutschland lebten Ende 2008 über 15 Millionen Menschen mit Migrationshintergrund. Ihr Anteil an der Gesamtbevölkerung ist mit ca. 19 Prozent doppelt so hoch wie der Anteil der bisher erfassten Ausländer, die ca. 9 Prozent der Gesamtbevölkerung (6,7 Mio.) stellen (Bundesamt für Migration 2009).

Die Entwicklung interkultureller Kompetenz als Erweiterung der eigenen Wahrnehmungsfähigkeit für Fremdes und als die Fähigkeit, das Andere als anders zu akzeptieren, wird von der UNESCO als Kern einer Erziehung zum Frieden und zur Demokratie angesehen.

Interkulturelles Lernen bezeichnete früher vor allem politische und pädagogische Programme, die eine Erziehung zur Völkerverständigung zu verwirklichen suchen. Seit Beginn der 1990er Jahre wird interkulturelles Lernen zunehmend im Kontext der Globalisierung verwendet und bezeichnet das Lernen fremder Kulturen bei gleichzeitiger Auseinandersetzung mit der eigenen Kultur (vgl. Nestvogel 2002, S. 35).

Voraussetzung für interkulturelles Lernen ist die Begegnung mit anderen (fremden) Kulturen. In der Vergangenheit fand diese Begegnung klassischerweise im Ausland als „Austausch", „Partnerschaftstreffen" oder „Studienaufenthalt" statt. Die neue Herausforderung ist heute, dass sich diese Begegnung der Kulturen zunehmend in unsere Gesellschaft, quasi in den Alltag verlagert hat.

Interkulturelles Lernen gewinnt seine Relevanz und Brisanz vor dem Hintergrund von politischen und gesellschaftlichen Entwicklungen der letzten Jahre.

Innergesellschaftlich sind dies u.a.:
- vielfältige fremdenfeindliche Aktivitäten;
- die Entwicklung von (scheinbar) homogenen Gesellschaften zu multikulturellen Gebilden;
- die Einbeziehung (von Waren und Dienstleistungen) nahezu sämtlicher Länder in Produktion und Konsumption;
- die Entwicklung neuer Technologien, die große internationale Kommunikationschancen eröffnen.

International sind dies u.a.:
- die sich immer stärker vollziehende Integration Westeuropas;
- die zunehmende Globalisierung und Internationalisierung der Lebenswelt;
- die parallele Tendenz von zunehmender Integration auf internationaler Ebene bei gleichzeitiger starker Betonung regionaler Besonderheiten;
- die Tendenz, politische und soziale Konflikte unter ethnischen Aspekten zu definieren.

Das Konzept des interkuturellen Lernens hat es also sowohl mit individuellen, innergesellschaftlichen als auch mit internationalen Herausforderungen zu tun.

Der Umgang mit dem Fremden

Das Verhalten der „Fremden", ihre Weltanschauungen, ihre Umgangsformen, ihre Bräuche und Sitten sind eine ständige Anfrage an das, was vertraut ist, und an das, was für „normal" gehalten wird. Diese permanente Konfrontation verunsichert und wird als Provokation der eigenen Werte und Lebensweise empfunden. Anstatt sich damit auseinanderzusetzen, wird diese Provokation jedoch häufig abgewehrt, abgewertet und abgedrängt. Dabei bleibt das Gefühl der Überlegenheit und Stärke erhalten, das in Wirklichkeit Unsicherheit und mangelndes Selbstbewusstsein kaschiert. Durch die Herabsetzung des Fremden wird versucht, eigene Schwäche in ein Überlegenheitsgefühl, eine Überlegenheitsillusion umzukehren.

Die Auseinandersetzung mit „dem Fremden" ist deshalb also zunächst eine Auseinandersetzung mit eigenen verdrängten oder verleugneten Anteilen. Das Verhältnis zum Fremden außerhalb von uns ist abhängig von dem, was uns an uns selbst fremd ist. Das „innere Ausland" (Freud) bestimmt entscheidend, wie Ausländer erfahren werden.

Damit interkulturelle Bildung gelingen kann, müssen die jungen Menschen die Erfahrung der Fremdheit machen, d.h. unter anderem das Fremde in sich selbst erfahren, betont Christoph Wulf (2006, S. 20). Nur auf dieser Basis ist Offenheit für den Anderen, ist ein Denken vom Anderen her möglich. Aus dieser Situation ergeben sich neue Aufgaben; zu diesen gehört es, neue Repräsentationen des Anderen, neue Loyalitäten und Solidaritäten zu entwickeln.

Auch Georg Auernheimer (o.J.) weist darauf hin, dass, wenn wir interkulturelle Kontakte als Ingroup-Outgroup-Beziehungen definieren, immer Fremdbilder im Spiel sind. Diese Bilder von anderen steuern unsere Erwartungen und Erwartungserwartungen und damit unsere Aktionen und Reaktionen. Unsere Stereotype und Vorurteile sind dabei nicht rein individueller Natur, sondern gesellschaftlich überliefert und vermittelt.

Grundwissen

Kompetenzen
- Analysekompetenz: Zentral ist hierbei die Vermittlung von Wissen über die eigene und fremde Kultur(en) und Lebenssituationen.
- Handlungskompetenz, d.h. die Ausbildung der Fähigkeit, eine Begegnung mit einer fremden Kultur bewusst gestalten zu können (bezogen auf Kommunikation, Sprache, Teamfähigkeit, Konfliktfähigkeit).
- Reflexionskompetenz, d.h. das Erkennen, dass jeder Mensch von kulturellen Werten, Einstellungen und Normen beeinflusst wird, die das Selbst- und Fremdbild bestimmen, jedoch nicht immer einen konkreten Realitätsbezug haben müssen.

Michaela Glaser/Peter Rieker: Interkulturelles Lernen als Prävention von Fremdenfeindlichkeit. Halle 2006, Auszüge.

„Alles wirkliche Leben ist Begegnung."
Martin Buber

Multikulturelle Gesellschaft und interkulturelles Lernen

Als Konzept zur Überwindung von Fremdenangst und Fremden-feindlichkeit und als programmatischer Plan für ein friedliches Zusammenleben wird immer wieder eine „multikulturelle Gesell-schaft" als in Teilbereichen bereits vorhandene Realität sowie als Zielperspektive beschrieben (vgl. Demorgon/Kordes 2006, S. 27 ff.). Über das Verständnis dessen, was als multikulturelle Gesellschaft zu bezeichnen ist, wie sie gesehen wird und ob sie überhaupt anzustre-ben ist, gibt es erhebliche Unterschiede: So wird sie zum einen als Chance gesehen, schwerwiegende gesellschaftliche Probleme und Entwicklungen zu bewältigen. Zum andern aber wird sie von einem Teil der Bevölkerung auch als Bedrohung wahrgenommen und mit dem Verlust der eigenen Kultur verbunden, sowie als Gefahr der Übervölkerung erlebt.

Innere Bedrohung durch das Fremde
- Infragestellung eigener gültiger Werte und Normen
- Infragestellung bisheriger Gewohn-heiten und Lebensweisen

Äußere Bedrohung durch das Fremde
- Soziale Konkurrenz auf dem Wohnungs- und Arbeitsmarkt
- Sozialer Neid durch Inanspruchnahme von staatlichen Leistungen

Wird als **Bedrohung der eigenen Person** empfunden

Angstabwehr
durch Zuschreibung von Minderwertigkeit,
Schaffung einer subjektiven Legitimation für Diskriminierung, Gegnerschaft

Fremde werden zu minderwertigen Gegnern,
die bekämpft und diskriminiert
werden müssen

Subjektiver Gewinn
Ablenkung von eigenen Unzulänglichkeiten,
nicht beschäftigen müssen mit den eigentlichen gesellschaftlichen Problemlagen
(Verschiebung von Problemen), Erhöhung des eigenen sozialen Prestiges

Inzwischen wird der Begriff auch von rechten Gruppen aufgegriffen und mit ihren Inhalten gefüllt. Multikulturelle Gesellschaft bedeutet hier eine multiethnische Gesellschaft, in der jede Teilgruppe nach ethnischen Gesichtspunkten separiert ist.

Kultur kann nicht statisch, homogen und national begriffen werden, sondern ist laufend Veränderungen, Entwicklungen, Anpassungen und Abwehrkämpfen ausgesetzt. Die vorfindbare Kultur besteht bei genauer Betrachtung aus vielfältigen Teilkulturen, die von unterschiedlichen Zugehörigkeiten geprägt (durchmischt) sind und dabei versuchen eine Balance zwischen Neuerung und Bewahrung zu finden. Diese Durchmischung beschreibt der Philosoph Welsch (1996) mit dem Begriff Transkultur (vgl. Bittl 2008). In diesem Prozess der permanenten Veränderungen müssen auch tragfähige Antworten auf die Fragen der rechtlichen, sozialen und wirtschaftlichen Gleichstellungen aller Kulturen und auf die sichtbaren Ängste der deutschen (und der ausländischen) Bevölkerung gefunden werden. Der bewusste Gestaltungswillen des Zusammenlebens unter dem Gesichtspunkt der Gleichwertigkeit aller Gruppen ist das entscheidende Kriterium. Welche Schwierigkeiten dabei in der Praxis auftreten, zeigen exemplarisch u.a. die immer wieder stattfindenden Konflikte beim Bau von Moscheen oder bei der Einführung von Islamunterricht (islamische Unterweisung) an Schulen.

Zentrale Faktoren für das interkulturelle Zusammenleben

Der erste Faktor besteht im Rechtsstaat, in ihm ist jeder vor dem Gesetz gleich. Den zweiten Faktor bildet der Verfassungsstaat beziehungsweise liberale Rechtsstaat, er verpflichtet das Gesetz auf die Menschenrechte. Derentwegen darf niemand wegen seiner Rasse, seines Glaubens oder seiner Religion benachteiligt oder bevorzugt werden. Der dritte Faktor besteht in der Toleranz, er kann auch Liberalität heißen und spielt in drei Dimensionen eine Rolle. Auf die erste und grundlegende Dimension weist der zweite Faktor: Die politische Toleranz, die Toleranz als Rechts- und Staatsprinzip erhebt die Religions- und die Meinungsfreiheit in den Rang eines Menschen- und Grundrechts. Seinetwegen ist der Staat religiös und weltanschaulich neutral. Auf das tolerante Gemeinwesen folgt die tolerante Gesellschaft. Diese zweite Ebene erlaubt jedem Bürger, sich zu allem, aber auch zu nichts zu bekennen. Nach dieser zweiten Dimension, der sozialen Toleranz oder Toleranz als Lebensprinzip einer Gesellschaft, darf man sich in beliebigen Lebensformen entfalten. Ein toleranter Staatsbürger schließlich bringt auch den Menschen Achtung entgegen, die anderen Religionen, Konfessionen oder politischen Überzeugungen anhängen oder andere Lebenspläne verfolgen. Dies ist die dritte, personale Toleranz, die Toleranz als Bürgertugend.

Otfried Höffe: Goldene Regel. Wie wir in Zeiten interkultureller Konflikte tolerant sein können. In: Kulturaustausch online, III/2007.
www.ifa.de/pub/kulturaustausch/archiv/kulturaustausch-2007/toleranz-und-ihre-grenzen/goldene-regel/

Fremdenfeindlichkeit

Grundwissen

Es gibt viele Arten
Von Fremdenfeindlichkeit
Man kann über sie Witze erzählen
Auf die Wände Hassparolen schreiben
Keine Wohnung vermieten
Keine Arbeit geben
Am Arbeitsplatz verachten
Auf der Straße Menschen jagen
Und mit Stiefeln treten
Beim süßen Schlummer der Kinder
Häuser anzünden
Sie von Wahllokalen fernhalten
Ihre Rechte abschaffen
Sowie die Muttersprache

Es gibt viele Arten
Von Fremdenfeindlichkeit
Einer nachts auf der Straße
Andere am Schreibtisch

Schlimm ist
Wenn die Mehrheit
Stillschweigend zuschaut.

Bahattin Gemici
Bahattin Gemici, geb 1954, ist Schriftsteller aus der Türkei. Er lebt seit 1976 in Deutschland und arbeitet als Lehrer. www.bgemici.de

Coloured

Dear White Fella,
Couple things you should know:
When I born, I black,
When I grow up, I black,
When I go in sun, I black,
When I cold, I black,
When I scared, I black,
And when I die - I still black.
You, White Fella,
When you born, you pink,
When you grow up, you white,
When you go in sun, you red,
When you cold, you blue,
When you scared, you yellow,
When you sick, you green,
And when you die - you grey.
And you have the cheek
To call me coloured?

Anon; written in Aboriginal idiom
Niedersächsisches Kultusministerium: Sichtwechsel. Wege zur interkulturellen Schule. Hannover 2000, S. 106.

Anforderungen an interkulturelles Lernen

Interkulturelles Lernen hat heute die Aufgabe, die Achtung der kulturellen Vielfalt und das gegenseitige Verständnis für unterschiedliche Lebensweisen zu fördern. Dies bedeutet für unsere Gesellschaft konkret:

- ausländischen Mitbürgerinnen und Mitbürgern Schutz vor Übergriffen zu garantieren: Ihnen die physische und psychische Unversehrtheit in allen Lebensbereichen zu gewährleisten.
- Diskriminierungen (auch verdeckte) zu erkennen, um sie dann abzubauen: Also Benachteiligungen und Diskriminierungen in Gesetzen und Verordnungen ebenso wie im realen Zusammenleben zu beseitigen.
- Solidarisch sein: Im alltäglichen Lebensvollzug Unterstützung und Hilfe für die Schwächeren geben.
- Partizipation ermöglichen: Beteiligungsrechte für kulturelle Minderheiten im politischen, gesellschaftlichen und wirtschaftlichen Bereich schaffen.

Stufen des interkulturellen Lernens

- Aufmerksam/Bewusst werden für Fremdes ist der erste Schritt weg vom Ethnozentrismus. Er besteht darin, die fremde(n) Kultur(en) überhaupt wahrzunehmen – ohne sich vor ihr/ihnen zu fürchten bzw. sie als feindlich zu erleben.
- Verständnis entwickelt sich, wenn jemand einzusehen beginnt, dass die andere(n) Kultur(en) eine eigene Identität und Komplexität besitzen.
- Akzeptieren/Respektieren der fremden Kultur beginnt, wenn man kulturelle Differenzen, auf die man stößt, als für die fremde Gesellschaft gültig akzeptiert, ohne sie als schlechter oder besser zu bewerten.
- Bewerten/Beurteilen findet statt, wenn man bewusst beginnt, Stärken und Schwächen der anderen Kulturen zu unterscheiden und für sich selbst einzelne Aspekte davon zu bewerten.
- Selektive Aneignung neuer Einstellungen und neuen Verhaltens kann sich ereignen, wenn oder sobald man bewusst oder unbewusst auf spezifische Charakteristika der Gastkultur stößt, die man als nützlich oder nacheifernswert empfindet.

Sandhaas, Bernd: Interkulturelles Lernen – zur Grundlegung eines didaktischen Prinzips interkultureller Begegnungen. In: Internationale Zeitschrift für Erziehungswissenschaft, XXXIV (1988).

- Gleichheit verwirklichen: Auf allen gesellschaftlichen Ebenen nicht nur Toleranz üben, sondern Chancen- und Beteiligungsgleichheit verankern.

Interkulturelles Lernen in diesem Sinne geht also über die Veränderung von persönlichen Einstellungen weit hinaus. Es erfordert die Abkehr von einem völkischen Denken, das Beteiligungsrechte ausschließlich an durch Blutsbande erworbene Staatsangehörigkeit knüpft. Und es macht die Hinwendung zu transnationalen Orientierungen notwendig. Für pädagogische Lernprozesse bedeutet dies, dass tiefe Verunsicherungen bei den Lernenden aufgefangen werden müssen. Denn solche Veränderungsprozesse sind stark emotional besetzt und mit Ängsten behaftet.

Um sich mit anderen Kulturen auseinandersetzen zu können, ist neben der Möglichkeit zur Begegnung die Möglichkeit, fremde Sprachen lernen zu können, zentral und sollte so früh wie möglich (bereits ab dem Kindergartenalter) gefördert werden.

Interkulturelles Lernen sollte zwar die Unterschiede und die Gemeinsamkeiten verschiedener Kulturen erlebbar machen, die entscheidenden Lernprozesse dürften jedoch dort stattfinden, wo auch Konflikt- und Tabuthemen nicht ausgeklammert, sondern bewusst angegangen werden und wo nach Formen des konstruktiven Austrags gesucht wird.

Vielfältigkeit, Akzeptanz und Toleranz dürfen jedoch nicht in eine Beliebigkeit und Gleichwertigkeit abdriften, sondern müssen sich immer wieder an dem Maßstab der Menschenrechte messen lassen. Es geht also um eine positive Bewertung von kultureller Vielfalt.

Grundwissen

Problemfeld Migrantenkinder

Heute hat fast jedes vierte Neugeborene in Deutschland mindestens ein ausländisches Elternteil (2003: 22,5 %). Legt man statt der Staatsangehörigkeit das Kriterium „Migrationshintergrund" zugrunde, so kommt inzwischen ein Drittel der Kinder und Jugendlichen aus Migrantenfamilien. In den Städten Westdeutschlands liegt der Anteil bei den 15-jährigen Jugendlichen sogar bei bis zu 40 % (Kinderkommission des Deutschen Bundestages 2005). Eine für die Schule besondere Herausforderung stellen die geringeren Schulerfolge von Schülerinnen und Schülern mit Migrationshintergrund dar. Diese sind oft auf eine zu geringe und zu späte Sprachförderung sowie auf mangelnde Unterstützungsmöglichkeiten in der Herkunftsfamilie zurückzuführen. Deshalb ist zu fragen, wo Schule als Institution Veränderungen voranzubringen hat, damit alle Kinder trotz unterschiedlicher Voraussetzungen in der Schule optimal gefördert werden können, das öffentliche Gut „Bildung" gleichberechtigt verteilt werden kann (Zitzelsberger o.J.). Denn Kinder mit Migrationshintergrund werden vermehrt von der Einschulung

Kultur, Identität und Gewalt
Jeder Mensch hat viele Zugehörigkeiten. Jeder weist viele unterschiedliche Muster von Gemeinschaften auf, darin ist die wichtigste Gemeinsamkeit eingeschlossen, die einer von allen geteilten Identität des Menschseins. Die Vielfalt der Identitäten wird bei der Erzeugung von Gruppengewalt stets systematisch heruntergespielt. Diese Gewalt wird durch die Privilegierung exakt einer Zugehörigkeit als der „realen" Identität einer Person hervorgerufen.
Amartya Sen: Auf die Gemeinsamkeiten besinnen. In: Frankfurter Rundschau, 30.11.2007, S. 34 f.

zurückgestellt, werden öfter an Sonderschulen überwiesen und werden weniger häufig für den Übergang an ein Gymnasium empfohlen. Sie erreichen deutlich seltener höhere Schulabschlüsse.

Interkulturelles Lernen muss sich deshalb auch – von der Schule aus gesehen – auf eine massive Förderung von Kindern mit Migrationshintergrund beziehen, denn insbesondere Jungen und junge Männer aus Zuwandererfamilien sind gefährdet, aus Frust und Perspektivlosigkeit in gewalttätige oder kriminelle Szenen abzurutschen. Hinzu komme, so die Integrationsbeauftragte der Bundesregierung, Maria Böhmer, dass Kinder und Jugendliche mit Migrationshintergrund besonders häufig von familiärer Gewalt betroffen sind (Presse- und Informationsamt der Bundesregierung 2008; vgl. Baier u.a. 2009).

Lernbereiche interkulturellen Lernens

Interethnisches Zusammenleben vor Ort

Internationale Begegnungen

Auf die eigene Person
bezogen
- Eigene Werte hinterfragen
- Fremdes ertragen
- Fremdes als Herausforderung erleben
- Selbstreflexion
- Eigene und fremde Vorurteilsstrukturen erkennen

Auf andere Personen
bezogen
- Interesse an Fremdem/ Neuem
- Kommunikationsfähigkeit
- Konfliktfähigkeit
- Funktion der Sprache (er-)kennen
- Sprachen lernen
- Schutz vor Übergriffen gewähren

Auf fremde Kulturen
bezogen
- Anderes als gleichwertig anerkennen
- Phasen der Anpassung an fremde Kultur kennen
- Eigene kulturelle Identität kennen
- Umgang mit Kulturschock (bei Ausreise und Rückkehr)

Grundlagen
- Auseinandersetzung auf der Basis der Anerkennung der Menschenrechte
- Verzicht auf die Anwendung und Androhung von Gewalt
- Andere kulturelle Werte und Normen (auf dieser Basis) als gleichberechtigt anerkennen
- Fremdes angstfrei ertragen können; mit der eigenen Angst vor dem Fremden umgehen können
- Neugier für das Anderssein
- Konflikte aushalten und konstruktiv austragen

Stellungnahme des Islamrates 2009

Der Islamrat für die Bundesrepublik Deutschland begrüßt grundsätzlich die Einrichtung der Deutschen Islamkonferenz (DIK) durch das Bundesministerium des Inneren. Mit der DIK ist der Staat in einen längst überfälligen Dialog mit seinen muslimischen Bürgern eingetreten und hat damit ein wichtiges Zeichen gesetzt. So hat der deutsche Staat den institutionellen Grundstein für den Dialog mit den Muslimen geschaffen und gleichzeitig der religiösen Vielfalt in unserem Land Ausdruck verliehen. Neben dieser grundlegenden Bedeutung für die Integration des Islam und der Muslime in den gesellschaftlichen Kontext der Bundesrepublik kann die DIK durchaus auch auf vielversprechende praktische Empfehlungen verweisen, die den Integrationsprozess positiv befördern können. Dazu gehört die Forderung, den Islam und die Muslime als Teil unverzichtbaren Bestandteil Deutschlands anzuerkennen.

Auch die Empfehlungen bzgl. der Sprachförderung bzw. der Mehrsprachigkeit von Kindern mit Migrationshintergrund, der Einführung des islamischen Religionsunterrichtes, der gezielten Förderung der interkulturellen Kompetenz von Schulen u.a. durch die Verstärkung des Lehrerkollegiums durch muslimisches Personal und der Förderung kommunaler Projekte sind selbstverständlich begrüßenswert.

Stellungnahme des Islamrats zum Zwischen-Resümee der Deutschen Islamkonferenz für das 4. Plenum am 25. Juni 2009 in Berlin. www.islamrat.de

Deutsche Freunde

Grundwissen

Die Gewaltrate der Migrantenjugendlichen fällt umso niedriger aus, je höher die Quote der deutschen Freunde ist. Je mehr die Migrantenjugendlichen dagegen „unter sich" bleiben, umso stärker entwickelt sich eine delinquente Peer-Kultur von Außenseitern, die von einem Gefühl der Benachteiligung geprägt ist und aggressive Tendenzen gegen „die Deutschen" entwickelt.

Susann Rabold/Dirk Baier/ Christian Pfeiffer: Jugendgewalt und Jugenddelinquenz in Hannover. Hannover 2008. S. 5.

Verschiedene Gruppen

Die „Ausländer" und die „Migrationsbevölkerung" in Deutschland bilden keine homogene Gruppe. Es lassen sich vielmehr drei große Gruppen unterscheiden: ausländische Arbeitnehmer, Flüchtlinge, und (Spät)aussiedler. Hinzu kommen eigenständige ethnische Minderheiten (wie etwa die Sorben im Spreewald). Für jede dieser Gruppen gibt es unterschiedliche rechtliche Bestimmungen und viele verschiedene individuelle Biografien und Integrationsverläufe. Das Wiesbadener Klassifikationsschema unterscheidet Personen mit eigener und ohne eigene Migrationserfahrung (Filsinger 2006, S. 216). Zu den Personen mit eigener Migrationserfahrung gehören nach dieser Klassifikation:

- Ausländerinnen und Ausländer der ersten Generation, die im Ausland geboren sind und eine ausländische Staatsbürgerschaft besitzen.
- Spätaussiedler.
- Eingebürgerte Ausländerinnen und Ausländer, die im Ausland geboren sind, aber eine deutsche Staatsbürgerschaft besitzen.

Ausländer in Deutschland in Tausend nach Herkunftsländern

Türkei	1.688,4
Italien	523,2
Griechenland	287,2
Polen	393,8
Kroatien	223,1
Bosnien-Herzeg.	156,8
Portugal	114,6
Spanien	105,5
Vietnam	83,6
Rumänien	66,2
Marokko	68,0
Iran	54,3
Mazedonien	62,7
Afghanistan	48,4
Ungarn	60,0
Libanon	38,0
Pakistan	28,5
Tunesien	23,1
Slowenien	21,5
Ausländische Bevölkerung insgesamt	6.727,6

*Zahlen zum 31.12.2008.
Bundesamt für Migration und Flüchtlinge: Ausländerzahlen 2008. Nürnberg 2009, S. 12.*

Zu den Personen ohne eigene Migrationserfahrung zählen:

• Ausländerinnen und Ausländer der 2. und 3. Generation, die in Deutschland geboren sind, aber eine ausländische Staatsbürgerschaft haben
• Nachfahren der Spätaussiedler, d.h. beide Elternteile sind Spätaussiedler.
• Deutsche mit mütterlichem Migrationshintergrund, die in Deutschland geboren sind und die deutsche Staatsbürgerschaft besitzen, deren Mutter Ausländerin ist oder im Ausland geboren wurde.

Nimmt man noch die verschiedenen Herkunftsländer und Biografien dieser Gruppen hinzu, so wird der vielfältige Hintergrund der Migrationsbevölkerung deutlich.

Interkulturelle Kompetenz

Interkulturelle Kompetenz schließt ein: Das offene Zugehen auf Gruppen mit anderer kultureller Orientierung und Menschen mit anderen Identitätsentwürfen, für die fremde Kulturelemente bedeutsam sind, die Anerkennung also anderer Orientierungssysteme und Identitätskonstrukte. Das impliziert die Überwindung von Vorurteilen bzw. ein Misstrauen gegenüber den eigenen Wahrnehmungs- und Bewertungsschemata. Interkulturelles Lernen beginnt mit angeleiteter Selbsterfahrung und kritischer Selbstreflexion.

Georg Auernheimer: Grundmotive und Arbeitsfelder interkultureller Bildung und Erziehung. In: Ulrich Dovermann/Ludger Reiberg (Red.): Interkulturelles Lernen. Arbeitshilfen für die politische Bildung. Bonn 1998, S. 23.

Aufgabe interkultureller Jugendarbeit

• Konflikte, insbesondere interkulturelle Konflikte, zu bearbeiten, sie zumindest zur Sprache zu bringen;
• über gegenseitige Stereotype und Vorurteile zu kommunizieren, sich der beschränkten Wahrnehmungsmuster bewusst zu werden;
• andere Perspektiven zu entdecken, sich mit den Augen der anderen zu sehen;
• Einblicke in andere Lebensweisen zu nehmen, um die Rationalität der eigenen Lebensweise zu relativieren;
• deren sozialstrukturelle Benachteiligung möglichst „hautnah" zu erfahren – am besten in Konfrontation mit Fällen, evtl. aus der eigenen Gruppe (Vorsicht vor Mitleidspädagogik!);
• eingreifendes Handeln zu erproben;
• Kooperationserfahrungen über ethnische Grenzen hinweg zu machen;
• das kulturelle Repertoire zu erweitern, unter anderem durch spielerischen Umgang mit kulturellen Symbolen.

Diese Ziele werden sich nicht alle zur gleichen Zeit und mit demselben Ansatz realisieren lassen.

Georg Auernheimer: Einführung in die interkulturelle Erziehung. 2. überarbeitete und ergänzte Aufl. Darmstadt 1995, S. 239.

Umsetzung

Das Bildungswesen in einer Einwanderungsgesellschaft, so Georg Auernheimer (o.J.), muss nach den Prinzipien gestaltet werden, nach denen eine multikulturelle Gesellschaft verfasst sein sollte. Es geht um Gleichheit der Rechte und Sozialchancen und um die Anerkennung von Andersheit, konkret um die Anerkennung von Lebensformen, kulturellen Symbolen etc., die für andere Identitätsentwürfe bedeutsam sind. Diese Prinzipien haben strukturelle und curriculare Konsequenzen.

Immer geht es darum, Abwertungen, Diskriminierungen und Fremdenfeindlichkeit zu bekämpfen, neue Wahrnehmungen zuzulassen und Perspektivenwechsel zu ermöglichen. Dies erfolgt ebenso im Schulalltag, wie bei inszenierten Begegnungen (Schüleraustausch, Auslandsaufenthalte). Voraussetzung für interkulturelles Lernen ist ein gutes Sozialklima an der Schule. Umgangsregeln sollten formuliert und fixiert werden. Unterschiedliche Lebensstile und kulturelle Zugehörigkeiten sollten ihre Ausdrucksmöglichkeit und ihren Platz im Schulleben (und Schulgelände) finden (z.B. Begehen aller religiösen Feiertage). Von besonderer Bedeutung ist die Berücksichtigung sprachlicher Vielfalt und die Förderung von Sprachkompetenz. Für die Bearbeitung auftretender Konflikte sollte ein Instrumentarium zur Verfügung stehen (vgl. Kap. 3.2). Interkulturelles Lernen, das nicht nur auf individuelle Einstellungen und Verhaltensweisen abzielt, sondern auch strukturelle Dimensionen von Fremdenfeindlichkeit verdeutlichen will, ist auch auf die Vermittlung von Wissen angewiesen (Glaser/Rieker 2006, S. 108). Lehrkräfte sollten sich selbst über ihren kulturellen Hintergrund und die damit verbundenen Grundannahmen, Werte und Normen im Klaren sein.

Kultur verstehen

- Zentrale Elemente und die innere Logik der eigenen Kultur und von fremden Kulturen zum Thema machen, Vorurteile und Stereotype bewusst machen und hinterfragen (M1-M6).
- Abwertungen und Diskriminierungen aufgrund kultureller Zugehörigkeit begegnen. Das Andere bei sich und in sich sehen und kennen lernen (M7-M10).
- Interkulturelle Kommunikation fördern, Umgang mit dem Anderen. Werden neue Wahrnehmungen zugelassen und ein Perspektivenwechsel ermöglicht? (M11)
- Kulturelle Vielfalt und interkulturelles Lernen als zentrales Anliegen und Lernfeld begreifen.

Grundwissen

Erscheinungsbild

Die Multikulturalität sollte auch in der Selbstdarstellung der Schule, in ihren Broschüren, öffentlichen Veranstaltungen und im äußeren Erscheinungsbild zum Ausdruck gebracht werden. Prospekte, Ankündigungen etc. können in den Sprachen der jeweils größten Minderheiten gedruckt werden. Eine multikulturelle Profilierung der Schule und Kontakte mit Einrichtungen oder Vertretern der Einwanderer-Community können die oft registrierten Zugangsbarrieren von Migranteneltern abbauen. Oft wird beklagt, dass von diesen Eltern die üblichen Angebote der Beratung und Mitwirkung nicht angenommen werden. Hausbesuche sind hier hilfreich.

Georg Auernheimer: Unser Bildungssystem und unsere Schulen auf dem Prüfstand. Systemdefizite und Schulqualität unter dem Aspekt interkultureller Bildung. o.J. www.georg-auernheimer.de/dateien/downloads.htm

Affektive Anteile

So trivial es ist, es muss doch immer wieder betont werden, in welchem Maße affektive und unbewusste Anteile in die Begegnung mit dem Fremden eingehen. Projektionen, Gegenübertragungen, die Faszination des Exotischen und Xenophobie sind überwiegend unbewusste Vorgänge, die das Verhältnis zum Fremden immer wieder prägen.
Paul Mog (Hrsg.): Die Deutschen in ihrer Welt. Tübinger Modell einer integrativen Landeskunde. Berlin 1992, S. 22.

Interkulturelles Lernen durch Kunst

• Kunst ist nicht durch Sprache begrenzt und deshalb Kindern und Jugendlichen aus differenten Kulturen zugänglich.
• Kunst stellt eine wichtige Möglichkeit dar, Kindern und Jugendlichen ihr kulturelles Erbe zu vermitteln.
• Im Kunstunterricht kommt es darauf an, etwas von dem Reichtum und der Unterschiedlichkeit der Kulturen zu erfahren.
• Kunst macht es möglich, die Vorstellungen von der Unterlegenheit oder Überlegenheit der eigenen Kultur über andere zu bearbeiten und zu zeigen, wie Kulturen voneinander abhängen und sich gegenseitig beeinflussen und befruchten.
• Kunst bringt kulturellen Wandel zum Ausdruck.
• Kunst eignet sich dazu, Fragen der Gleichwertigkeit der Kulturen zu bearbeiten.
Christoph Wulf: Anthropologie kultureller Vielfalt. Interkulturelle Bildung in Zeiten der Globalisierung. Bielefeld 2006, S. 52 f.

Migrantenkinder fördern und unterstützen

Integrationsfördernd wirken sich ein guter, differenzierter Unterricht und spezifische (insbesondere auf Sprachen bezogene) Förderung von Migrantenkindern aus. Die Beteiligung der Eltern scheint dabei besonders wichtig, obwohl dies den meisten Lehrkräften besonders schwer fällt (M16).

Vom interkulturellen zum globalen Lernen

Kulturelle Vielfalt anerkennen, Toleranz leben und sich gegen Rassismus positionieren sind für die gesamte Schule wichtig (M17-19). Interkulturelles Lernen ist auch Befähigung zum interkulturellen Dialog. Internationale Schulpartnerschaften, d. h. längerfristige Kontakte zwischen Schulen, die Schüleraustausch betreiben sind dabei wichtige Schritte zu einem Globalen Lernen, das die Herausforderungen und Auswirkungen der Globalisierung bewußt aufgreift. Globales Lernen eröffnet eine globale Weltsicht und entfaltet die Wechselwirkungen zwischen lokaler Lebenswelt und globalen Zusammenhängen (vgl. Venro 2000).

Ergänzende Bausteine

3.3 Kommunikation
3.4 Konstruktive Konfliktbearbeitung
4.4 Rechtsextremismus

M1 **Das Bild vom Anderen**

Lehrer, Eltern

Die europäische Zivilisation ist mit ihrem Hang zum Universalismus immer in der Gefahr gewesen, die Differenz zum Fremden zu zerstören und das Fremde unter dem Anspruch der Gleichheit zu assimilieren. Andere Länder und Kulturen sollten nicht anders bleiben, sondern sich in der Auseinandersetzung mit der europäischen Kultur so verändern, dass sie Teil einer von Europa bestimmten Weltkultur werden konnten.

Für das interkulturelle Lernen bedeutet dies, dass es in seinem Rahmen das Besondere jeder Kultur, jeder kulturellen Ausprägung zu stärken gilt, damit es nicht den nationalen Universalismusansprüchen geopfert wird. Mehr denn je kommt es heute darauf an, den Partikularismus der verschiedenen Kulturen zu akzeptieren und ihn zur Entfaltung kommen zu lassen, ihn nicht durch Subsumption unter ein Allgemeines zu vernichten. Erst auf der Grundlage der Akzeptanz und eines unterstützenden Umgangs mit der Differenz anderer Kulturen und anderer Menschen lassen sich transnationale Gemeinsamkeiten entdecken und ihre Entwicklung fördern.

Im Verhältnis zum Anderen lassen sich drei Dimensionen unterscheiden:

1. **Werturteile über den Anderen.**
   Wie schätzt man den Angehörigen einer fremden Kultur ein? Fühlt man sich angezogen oder abgestoßen? Was sind die Folgen solcher Empfindungen und Gefühle?
2. **Annäherung an den Anderen.**
   Welche Möglichkeiten kommunikativen Handelns bestehen? Sucht man den Anderen, wünscht man seine Nähe, identifiziert man sich mit ihm, assimiliert man sich an ihn oder unterwirft man sich ihm in einer Euphorie für das Fremde?
3. **Kenntnisse und Wissen über den Anderen.**
   Dieser Kenntnis und diesem Wissen kommt auch dann Bedeutung zu, wenn man keinen unmittelbaren Umgang mit dem Anderen hat.

Die Akzeptanz des Anderen erfordert Selbstüberwindung; erst die Selbstüberwindung erlaubt die Erfahrung des Anderen. Die Fremdheit des Anderen erleben zu können, setzt die Bereitschaft voraus, auch den Anderen in sich selbst kennen lernen zu wollen. Kein Individuum ist eine Einheit; jeder Einzelne besteht aus fragmentarisierten und auch widersprüchlichen Teilen mit eigenen Handlungswünschen. Die Einbeziehung ausgesperrter Teile der eigenen Person in die Selbstwahrnehmung ist daher eine unerlässliche Voraussetzung für einen akzeptierenden Umgang mit dem Anderen.

Somit geht es im Rahmen interkultureller Bildung immer wieder um das Ausgesperrte, nicht Zugelassene, den Normen der Gesellschaft und des Individuums widersprechende Andere, das mit dem Körper und mit der Natur verbunden ist und das der Repräsentation durch Sprache und Denken Widerstand leistet.

Diese Konstellation zwischen Ich und Anderem verweist auf den sozialen Charakter des Menschen. Jedes Individuum bedarf zu seiner Genese anderer Menschen.

Christoph Wulf: Anthropologie kultureller Vielfalt. Interkulturelle Bildung in Zeiten der Globalisierung. Bielefeld 2006, S. 40 ff. (Auszüge).

M2 **Kultur und Schulkultur**

Lehrer, Eltern

- Gibt es in der Schule (nicht nur in der Klasse) sichtbare Rituale und Symbole, die Orientierung geben?
- Welche Normen und Werte verbinden Sie mit Ihrer Schule?
- Gibt es Handlungen und Gebräuche, die es nur an der Schule (an Ihrer Schule) gibt?
- (Woran) kann man außerhalb der Schule erkennen, dass eine Schülerin/ein Schüler in diese Schule geht?
- Was zeichnet eine Schulkultur aus?
- Was ist mit dieser Schulkultur nicht vereinbar? (Empfinden dies alle so?)
- Wie ist der Umgang mit Fehlern?

Kulturen in der Schule

- Wie werden verschiedene kulturelle Zugehörigkeiten in der Schule wahrgenommen?
- Wird toleriert, dass diese Zugehörigkeit ausgedrückt wird?
- Wie reagieren andere auf den Ausdruck dieser Zugehörigkeit?
- Werden die Festtage der Kulturen und Religionen der Schülerinnen und Schüler respektiert oder gar gemeinsam begangen?
- Findet ein Austausch über die „Eigenarten" der verschiedenen Kulturen statt?
- Werden die Sitten und Gebräuche und die dahinter liegenden Überzeugungen und Werte verständlich gemacht und besprochen?

Wo stehen wir?

- Interkulturelle Checkliste.
- Recherche der interkulturellen Schulkultur.
- Rollenreflexion der Lehrkräfte bei interkulturellen Situationen und Maßnahmen.
- Interkulturelles Klima der Schule: Spinnenanalyse

Wo wollen wir hin?

Entwicklung einer gemeinsamen Vision und konkreter Handlungsziele. Ideensammlung für ein Schulkonzept.

Wie kommen wir dahin?

Unterricht, Schulkultur und außerschulische Aktivitäten, Kontakte und Kooperationen, Teambildung. Qualifizierung und Fortbildung, Ressourcenplanung. Aufgabenverteilung und Verantwortlichkeiten.

Wo sind wir gelandet?

Dokumentation, Öffentlichkeitsarbeit, Evaluationsverfahren.

Wie halten wir den Zug am Laufen?
Wie geht es weiter?

Institutionelle Verankerungen, Schulprogramm, Revision und Weiterentwicklung des Schwerpunkts.

Niedersächsisches Kultusministerium: Sichtwechsel. Wege zur interkulturellen Schule. Hannover 2000, S. 44.

M3 **Checkliste interkulturelle Schulkultur**

○ Sind Ihnen in den Unterrichtsmaterialien diskriminierende oder ethno-/eurozentrische Inhalte aufgefallen?

○ Werden an Ihrer Schule die vielfältigen sprachlichen und kulturellen Kompetenzen Ihrer Schülerinnen und Schüler sowie der Eltern in den Unterricht einbezogen?

○ Sind in Ihrer Schule Materialien und Medien über die Herkunftsländer Ihrer Schülerinnen und Schüler vorhanden?

○ Treten an Ihrer Schule Phänomene wie Rassismus, Intoleranz und Gewaltbereitschaft auf? Haben Sie sich mit möglichen Ursachen auseinander gesetzt?

○ Gibt es an Ihrer Schule einen Atlas/eine Zusammenstellung außerschulischer Lernorte und möglicher Kooperationspartner für interkulturelles Lernen? Und wird er genutzt?

○ Finden an Ihrer Schule Schüleraustauschmaßnahmen statt? Nehmen Sie vorhandene Förderprogramme in Anspruch?

○ Gibt es an Ihrer Schule internationale und europäische Klassen- bzw. Schulpartnerschaften oder gemeinsam mit ausländischen Schulen durchgeführte Projekte?

○ Nutzen Sie die Angebote der Medien und der Verleihstellen zur interkulturellen Bildung?

○ Arbeiten an Ihrer Schule Lehrkräfte aus anderen Herkunftsländern? Wenn ja, findet mit ihnen eine Kooperation statt?

○ Hat Ihre Schule ein Integrations- und Förderkonzept? Bezieht es auch musisch-kulturelle, sportliche und soziale Bereiche mit ein?

○ Beteiligt sich Ihre Schule an einem Netzwerk (runde Tische, Präventionsräte ...) zur Integration/zur interkulturellen Arbeit?

○ Gibt es muttersprachlichen Unterricht oder Unterricht in der Herkunftssprache und ist er in den Regelunterricht ganz oder teilweise integriert?

○ Werden an Ihrer Schule auch mehrsprachige Informationen bereitgestellt?

○ Unterstützen Sie die Akzeptanz Ihrer interkulturellen Bemühungen durch Öffentlichkeitsarbeit (Presse, Info-Stände, Aktionen ...)?

○ Nutzen Sie die Möglichkeiten der Einbeziehung von Internet, E-Mail bei interkulturellen Aktivitäten der Schule?

○ Haben Sie eine externe Beratung bei der Entwicklung eines interkulturellen Schwerpunkts Ihrer Schule in Erwägung gezogen?

Niedersächsisches Kultusministerium: Sichtwechsel. Wege zur interkulturellen Schule. Hannover 2000, S. 59.

M4 Wer isst was?

Unterricht

- Welche Kulturen sind hier versammelt?
- Woran kann man dies erkennen?

- Wann und wie drücken sich spezifische Zugehörigkeiten in Kleidung, Haltung usw. aus?
- Was sagt der Haarschnitt (die Haartracht),
  die Kleidung, die Bewegung über die jeweiligen Traditionen und Werte einer Kultur
  aus?

M5 **Wer kommt woher?**

Kopfbedeckungen bieten nicht nur Schutz, sie
signalisieren auch Zugehörigkeiten.

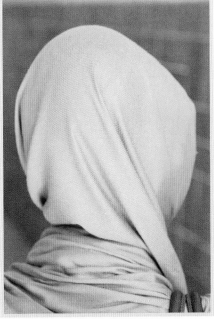

- Welche Zugehörigkeiten werden durch diese
  Kopfbedeckungen ausgedrückt?
- Woran kann man dies genau erkennen?
- Welche Kopfbedeckung trägst du?

Unterricht

M6 Was ist typisch deutsch?

1. Was schätzt du an der deutschen Kultur?

_____

2. Ein Symbol für die deutsche Kultur:

```




```

3. Was mögen „die Deutschen"?

_____

4. Was mögen „die Deutschen" überhaupt nicht?

_____

5. Wovor haben „die Deutschen" Angst?

_____

6. Was ist „den Deutschen" besonders wichtig?

_____

_____

7. Was ist für dich typisch deutsch?

_____

8. Was wird in anderen Ländern (z.B. Frankreich oder Japan) als typisch deutsch gesehen?

_____

9. Ein Deutscher/eine Deutsche, den/die du verehrst:

_____

10. Was ist ein „typisch deutsches" Lied:

_____

11. Was unterscheidet „die Deutschen" von anderen Nationen/Kulturen?

_____

12. Was empfindest du bei diesem Bild?

M7 Culture Counts: Kulturprofil

Eine Umfrage

1. Welche Sprachen sprechen Sie?

2. Was ist Ihre bevorzugte Speise und Küche und bei welchen Gelegenheiten?

3. Welche Art von Musik hören Sie?

4. Welche Art von Filmen und Theaterstücken bevorzugen Sie?

5. Ihre wichtigsten Feste innerhalb eines Jahres?

6. Welche Spiele spielen Sie gerne (mit Freunden oder Familie)?

7. Was verbinden Sie mit folgenden Farben?
   Rot:
   Weiß:
   Schwarz:

8. Wie wichtig ist Religion/Spiritualität für Sie?

9. Welche anderen Nationalitäten, Religionen, Hautfarben haben Ihre Partner und Freunde?

10. Ein kulturelles Missverständnis, an das Sie sich erinnern? (Der berühmte Fettnapf ...)

11. Wenn Sie aus Ihrem Haushalt (bei einer Naturkatastrophe) nur einen Gegenstand retten dürften, welchen würden Sie wählen?

12. Welche Gewohnheiten gefallen Ihnen an Menschen Ihrer Kultur, was nervt Sie?

13. Eine Situation, in der Sie sich einmal besonders fremd gefühlt haben?

14. Eine Situation, in der Sie sich besonders glücklich gefühlt haben?

15. Was sind die wichtigsten kulturellen Werte in Ihrem Leben?

16. Wie entsteht wahre Toleranz gegenüber Andersartigkeit?

17. Wofür engagieren Sie sich, beruflich oder privat?

www.culture-counts.de

- Führe fünf Interviews anhand des Fragebogens und notiere die Aussagen.
- Die Antworten können auf Wandzeitungen übertragen und ausgewertet werden.
- Welches Bild vermitteln sie?

M8 Weite Hosen oder Rasta-Haare?

Eigentlich sollte man meinen, dass eine Diskothek ein Ort ist, wo alle Menschen, egal welcher Kleidung oder Hautfarbe, hingehen und Spaß haben dürfen.

Leider ist das in unserer Disco „Kulturfabrik" nicht der Fall, was mein Freund und ich mal wieder feststellen mussten. Nicht nur, dass man sich von den Türstehern von oben bis unten „anglotzen" lassen muss, nein, man wird auch ohne Begründung („gibt keinen Grund") mit der Aussage „da kommst du nicht rein" wieder weggeschickt. Nun stellt sich hier die Frage, ob denen die weiten Hosen meines Freundes oder seine Rasta-Haare nicht gefallen haben oder ob sie einfach mal wieder ihre Position als Türsteher ausnutzen mussten. Das letzte Mal, als ich diese Einrichtung betreten wollte, musste ich mitansehen, wie ein dunkelhäutiger Mann keinen Zutritt bekam und vergangene Woche wurde ein Securityman auf der Oberstufenparty gewalttätig, als jemand

nach einem solchen Vorfall nicht sofort gehen wollte und nach einer Begründung verlangte. Der Spruch: „Dein Gesicht gefällt mir nicht" dürfte einigen nicht unbekannt sein.

Ich für meinen Teil werde aus diesen Erfahrungen meine Konsequenzen ziehen und ...

U. S., Reutlingen. Leserbrief im Reutlinger Generalanzeiger vom 2.1.2001.

- Kennst du solche Vorfälle?
- Was denkst du darüber?
- Warum kommt so etwas vor?
- Wie könnten sich Betroffene, wie „Zuschauer" in der Situation verhalten?
- Welche Konsequenzen wird der Leserbriefschreiber vermutlich ziehen?

M9 Zu welcher Gruppe gehörst du?

Jede Person hat – ob sie es will oder nicht – vielfältige Zugehörigkeiten. Zu welcher Gruppe gehörst du?

Kontinent: _____

Nation: _____

Land: _____

Region: _____

Ort/Stadt: _____

Religion: _____

Sprache: _____

Geschlecht: _____

Altersgruppe: _____

Lieblingssport: _____

Lieblingsmusik: _____

Haarfarbe: _____

Hobby: _____

_____

_____

- Nach welchen Kategorien werden Gruppen von Menschen eingeteilt?
- Zu welcher Gruppe (Kategorie) fühlst du dich besonders hingezogen?
- Jeder Mensch hat verschiedene Zugehörigkeiten – welche steht wann im Vordergrund?
- Welche Kategorien dienen der Ab- und Ausgrenzung?
- Zu welcher Gruppe gehört die Person auf dem Foto? Woran kannst du das erkennen?

Menschen werden nach vielen unterschiedlichen Kategorien in Gruppen unterteilt (wie Klassenzugehörigkeit, Geschlecht, Sprache, Religion), die sich überschneiden und in verschiedene Richtungen weisen. Menschen verschiedener Nationalitäten können eine Religion miteinander teilen; Menschen verschiedener Religion können eine Sprache oder den Ort miteinander teilen; Menschen verschiedener Sprachgruppen können demselben Beruf oder Job angehören.
Amartya Sen: Auf die Gemeinsamkeiten besinnen. In: Frankfurter Rundschau, 30.11.2007, S. 34 f.

M10 Ausländer – Inländer?

Auslander, wa?

1

2

3

© CCC – Cartoon-Caricature-Contor

Wie geht das Gespräch weiter? Schreibe in die Sprechblasen.

2: Nein Türke

3: Ehrlich? Na, denn, nix für ungut. Hätte ja sein können ... So'n bißchen ausländisch seh'n Sie aber aus.

Was kennzeichnet Ausländer?

Was kennzeichnet Inländer?

Wodurch unterscheiden sie sich?

Für wen ist diese Unterscheidung wichtig?

Was bewirkt diese Unterscheidung?

Nimm Stellung zu der Aussage: „Alle Menschen sind Ausländer! – Fast überall!"

©2010, Institut für Friedenspädagogik Tübingen e.V. – WSD Pro Child e.V.

M11 Überschuhe für Heizungsableser

Muss ein Heizungsableser seine Schuhe ausziehen, wenn er die Wohnung von Muslimen betritt?

1. Der Fall

Eine türkische Familie verweigerte einem Heizungsableser den Zutritt zu ihrer Wohnung, weil er die Schuhe nicht ausziehen mochte. Die Zimmer würden auch als Gebetsräume benutzt – und die dürften laut islamischem Recht nur in Socken betreten werden, so die Argumentation der Familie.

2. Die Reaktion der Wohnungsbaugesellschaft

Die städtische Wohnungsbau GmbH Rheinfelden schickte der Familie daraufhin eine Nebenkostenabrechnung in Höhe von 250 Euro. Viel zu viel, fanden die Mieter, und so landete der Fall vor dem Lörracher Amtsgericht.

3. Der Fall vor dem Amtsgericht

Der Richter wollte sowohl der Familie ihr Recht zugestehen, in der eigenen Wohnung selbst zu bestimmen, ob sich jemand die Schuhe auszieht oder nicht, aber auch den Heizungsableser seinen Beruf so ausüben lassen, wie er will.
Der Lösungsvorschlag: Die Familie solle für den Ableser Plastiküberschuhe bereithalten.

4. Die Reaktion der Familie

Die Anwältin der Familie fand diese Lösung aber diskriminierend. Es sei unzumutbar, wenn türkische Familien Überschuhe bereithalten müssten, argumentierte sie.

5. Die Reaktion der Wohnungsbaugesellschaft

Die Wohnungsbaugesellschaft hat der Familie daraufhin eine zweite, wesentlich geringere Nebenkostenabrechnung zugesandt, mit der Bitte, einen Heizungsableser in die Wohnung einzulassen. Aber auch diese Rechnung blieb unbezahlt.

6. Das Vergleichsangebot der Stadt

Die Stadt Lörrach und die Firma Minol-Brunata haben nun einen Vergleich ausgearbeitet: Auf die Bitte von Mietern, egal ob aus religiösen oder anderen Gründen, werden die Heizungsableser Gummiüberschuhe über ihre Straßentreter ziehen.
Die Kosten dafür übernimmt Minol-Brunata.

Vgl. Südwest-Presse, 26.2.1998.

- Was ist der Kern des Konfliktes?
- Worum geht es vordergründig?
- Warum ist es so schwer, den Konflikt zu lösen?
- Wie beurteilst du die gefundene Lösung?
- Welche Lösung kannst du dir vorstellen?

M12 Interkulturelle Konflikte

Unterricht

- Fülle die Sprechblasen aus und schreibe zu jeder Karikatur einen Untertitel.

- Überlege: Warum handeln die Personen auf den Karikaturen so?
- Was bedeutet für dich Toleranz?

1 _____

© CCC – Cartoon-Caricature-Contor

2 _____

© CCC – Cartoon-Caricature-Contor
Götz Wiedenroth, 2006, Cartoon-Caricature-Contor.

Karikatur 2: Sprechblasen: „Erzählen Sie mir etwas von Toleranz" Untertitel: „Dialog der Kulturen".

Karikatur 1: Sprechblasen: „Ungläubiger", „Ausländer", „Jude", „Terrorist", Untertitel: Interkulturelle Begegnung 2006. Berndt A. Skott, 2006, Cartoon-Caricature-Contor.

M13 **Feiertage**

Islamische Feiertage (2010)

- Mawlid (Geburtstag des Propheten Muhammad): 26. Februar
- 1. Tag des Ramadan (Anfang des Fastenmonats): 11. August
- Das Fastenbrechenfest: 10. September
- Das Opferfest: 16. November
- Das islamische Neujahr (1431 n.H.): 7. Dez.
- Ashura-Fest (Fasten- und Rettungstag des Propheten Moses) 11. Dezember

Jüdische Feiertage

- Osterfest (Pessach-Anfang): 30./31. März
- Osterfest (Pessach-Ende): 5./6. April
- Pfingstfest (Schawuot): 19./20. Mai
- Neujahrsfest (Rosch Haschana): 9./10. Sept.
- Versöhnungstag (Jom Kippur) 18. Sept.
- Laubhüttenfest (Sukkot): 23.Sept.-1. Okt.
- Schemini Azereth (Schlussfest): 30. Sept.
- Fest der Gesetzesfreude (Simchat Tora): 1. Oktober
- Chanukkah: 2.-9. Oktober

Christliche Feiertage

- Heilige drei Könige
- Mariä Lichtmess
- Aschermittwoch/Fastenzeit
- Passionszeit, Karfreitag
- Ostern
- Christi Himmelfahrt
- Pfingsten
- Dreieinigkeitsfest
- Erntedankfest
- Buß- und Bettag
- Reformationstag
- Allerheiligen
- Adventszeit und Weihnachten

Buddhistische Feiertage

- Vesakh-Fest: Das Vesak-Fest ist das wichtigste Fest. Es soll an die Geburt, Erleuchtung und Tod des Fürstensohnes Siddhartha Gautama erinnern.
- Songkraan: „Blumenfest", steht für Buddhas Geburtstag und den Beginn eines neuen Jahres.
- Peharera: Fest zu Ehren Buddhas feiern Buddhisten in Sri Lanka.

Hinduistische Feiertage:

- Diwali/Deepavali: Das Fest der Lichter wird zu Ehren Lakshmi, der Göttin des Wohlstandes, gefeiert.
- Holi: Gedenktag zu Ehren des Gottes Krishna.
- Pongal/Sankranti: Erntefest, mit dem der Sonnengott geehrt wird.

- Den Festen und Feiertagen der Religionen liegen verschiedene Zeitangaben und Kalender zugrunde. Worauf beruhen die jeweiligen Zeitrechnungen?
- Welche Bedeutung haben die jeweiligen Feiertage?
- Gibt es Ähnlichkeiten oder gar Gemeinsamkeiten zwischen den jüdischen, christlichen und muslimischen Feiertagen?
- Wie werden die jeweiligen Feiertage offiziell bzw. in der Familie begangen?
- Wie könnten sie in der Schule gefeiert werden?

M14 Das Kopftuch

Wie reagieren andere auf das Tragen eines Kopftuches? In einem Selbstversuch können Schülerinnen Reaktionen von Straßenpassanten oder von Gästen eines Cafés kennenlernen.

Vorbereitung

- Die Schülerinnen und Schüler setzen sich mit dem sog. Kopftuchstreit, also dem Verbot von religiös motivierten Kopfbedeckungen für Lehrkräfte in vielen Bundesländern, auseinander.
- Wofür steht das Kopftuch, was soll damit ausgedrückt werden?
- Wer trägt das Kopftuch?
- Wie reagieren andere darauf?

- Welche Erfahrungen wurden in dem Selbstversuch gemacht?
- Wie kann, wie soll Schule (bei Lehrkräften und Schülern) auf religiös motivierte Kleidung/Kopfbedeckungen reagieren?
- Welcher Maßstab sollte bei der Reaktion zugrunde gelegt werden?

M15 **Interkulturelle Kommunikation**

Kommunikationsfallen

Die richtige Anrede
Die richtige Anrede ist ein Zeichen von Höflichkeit und Respekt. Chinesen begrüßen Europäer meist mit Handschlag, allerdings sollte der Gast stets abwarten, bis ihm die Hand gereicht wird.

Vorgestellt wird wie bei uns: Jüngere werden den Älteren, Niederrangige den Höherrangigen zuerst vorgestellt.

Direktheit und Indirektheit
Direkte, ablehnende Aussagen werden in vielen asiatischen Kulturen als beleidigend empfunden und deshalb auch nicht angewandt.

Ein deutsches Kind, das seine Eltern bei einem ernsten Gespräch nicht anschaut, wird als „ungezogen" gescholten. In Japan ist gerade der gesenkte Blick das Zeichen für Respekt.

Lautstärke und Betonung
Was etwa in indischen Sprachen normal laut ist, klingt für Westeuropäer oft drohend. Das Betonungsmuster, das im Hindi oder Urdu eine höfliche Frage anzeigt, ist im Deutschen Ausdruck einer herablassenden Feststellung – was leicht zu der Annahme führt, der Sprecher sei unhöflich, wenn er sein Betonungsmuster auch in der fremden Sprache gebraucht.

Ja und Nein
„Ja" heißt nicht in allen Sprachen „ja", sondern kann „vielleicht" oder „nein" bedeuten, oder einfach „ich habe akustisch verstanden".

Kopfschütteln wird fast im gesamten europäischen Kulturkreis als Verneinung interpretiert. In Indien bedeutet Kopfschütteln jedoch Zustimmung.

Kopfnicken wird im europäischen Kulturkreis als Zustimmung gewertet.

Im Vorderen Orient wird jedoch zwischen Kopfnicken nach unten, was Zustimmung bedeutet und Kopfnicken nach oben, was Verneinung, Ablehnung bedeutet, unterschieden.

Farben
Die Farbe grün bedeutet bei uns Naturverbundenheit, Gesundheit und Frische, in Ländern mit dichten Dschungeln wird sie oft mit Krankheit in Verbindung gebracht. Grün weckt in arabischen Ländern als Farbe des Islam besonders positive Assoziationen.

„Blau sein ..." bedeutet für einen Engländer, dass er melancholisch ist, wenn ein Deutscher blau ist, ist er betrunken. In Amerika wird jemand, der betrunken ist, als „black" bezeichnet.

Zahlen
Unsere Unglückszahl ist 13, in Japan ist es die 4, in Ghana, Kenia und Singapur die 7.

Tiersymbolik
Eine Eule symbolisiert in Indien nicht Weisheit, sondern Unglück. Fatal für den Fortbestand einer privaten oder geschäftlichen Beziehung könnte es sein, Bekannten in Singapur zur Geburt eines Kindes mit etwas zu gratulieren, auf dem der bei uns so beliebte Klapperstorch abgebildet ist: In Singapur ist der Storch Symbol für den Kindbett-Tod.

Nähe und Distanz
In jeder Kultur gibt es einen „richtigen" Abstand, den man einem Fremden gegenüber einzunehmen hat. In Westeuropa und in Nordamerika ist dieser Abstand die sprichwörtliche Armeslänge. Im Mittelmeerraum und in Lateinamerika ist dieser Abstand wesentlich geringer.

M16 Zehn Schritte

Schule

Zehn Schritte zu fairen Chancen für Kinder und Jugendliche mit Migrationshintergrund im deutschen Bildungssystem

1. **Vielfalt in der Gesellschaft wertschätzen und ein Zusammengehörigkeitsgefühl ermöglichen.** Vielfalt ist in der globalisierten Welt eine Stärke.

2. **Das Bildungssystem am Leitbild von Teilhabe orientieren und integrativ weiterentwickeln.** Integration zielt auf die gleichberechtigte Teilhabe und Teilnahme am gesellschaftlichen, politischen und wirtschaftlichen Leben. Ohne integrative Schulstrukturen und den Ausbau der Ganztagsschule wird es in Deutschland keine fairen Chancen für Kinder aus sozial benachteiligten und Familien mit Zuwanderungsgeschichte geben.

3. **Ressourcen im Bildungssystem dort einsetzen, wo sie am meisten gebraucht werden.** Kindergärten und Schulen, die besonders viele Kinder aus sozial benachteiligten oder Familien mit Zuwanderungsgeschichte aufnehmen, brauchen größere Unterstützung, um ihre integrativen Aufgaben erfüllen zu können.

4. **Lehrkräfte für den Umgang mit Kindern aus Zuwandererfamilien systematisch aus- und fortbilden.** Kinder aus Zuwandererfamilien, deren Deutschkenntnisse zunächst nicht perfekt sein können, dürfen im Lernprozess nicht entmutigt, sondern müssen ermutigt werden.

5. **Die neue Lernkultur und das schulische Qualitätsmanagement im Interesse benachteiligter Kinder voranbringen.** Gute Schulen sind auch gut für die Bildungschancen von benachteiligten und Zuwandererkindern.

6. **Schule (Curricula, Schulalltag und Lehrerkollegien) interkulturell öffnen.** Die kulturelle Vielfalt des Einwanderungslandes spiegelt sich in den Lerninhalten. Die Curricula müssen interkulturell weiterentwickelt werden, damit alle Kinder angesprochen werden und sich ernst genommen fühlen.

7. **Sprache(n) frühzeitig und kontinuierlich fördern.** Die deutsche Sprache ist der entscheidende Schlüssel zur Integration in Deutschland. Die Herkunftssprachen der Zuwandererfamilien sind ebenfalls zu fördern. Denn niemand kann bestreiten, dass Mehrsprachigkeit die interkulturelle Kompetenz verstärkt und ein Vorteil in der globalisierten Welt ist.

8. **Zuwandererfamilien am Schulalltag beteiligen.** Der familiäre Hintergrund spielt für den Bildungserfolg eine wichtige Rolle. Eltern und insbesondere Zuwanderer sollen sich in den Schulen ihrer Kinder willkommen fühlen und Angebote zur Beteiligung an der interkulturellen Weiterentwicklung der Schule erhalten.

9. **Schulen in die regionale Bildungslandschaft integrieren.** Kinder und Jugendliche aus Zuwandererfamilien brauchen wie alle Kinder eine systematische Förderung entlang ihrer individuellen Bildungsbiografien.

10. **Mentoren für jedes Kind und jeden Jugendlichen aus einer Zuwandererfamilien gewinnen.** Alle Länder, die bei der Integration von Kindern und Jugendlichen erfolgreich sind, kennen Mentorenprogramme unterschiedlichster Ausprägung. Sie sind ein wichtiges Instrument bei der individuellen Förderung und Begleitung. Mentoren mit eigenem Migrationshintergrund können zusätzlich als Rollenmodelle dienen.

Empfehlungen der Bertelsmann Stiftung in Zusammenarbeit mit Prof. Friedrich Heckmann, Auszüge.
www.li-hamburg.de/fix/files/doc/Bertelsmann%20Stiftung%20Empfehlungen%20Integration%202008.pdf

M17 Kulturelle Vielfalt

„Nürnberger Erklärung" der Deutschen UNESCO-Kommission

Zum Thema ihrer 62. Hauptversammlung (Nürnberg, 6. bis 8. November 2002) „Die normativen Grundlagen der Weltgemeinschaft – Zur Aktualität der Menschenrechte und des Dialogs zwischen den Kulturen" hat die Deutsche UNESCO-Kommission am 8. November 2002 die folgende Erklärung verabschiedet:

Identität, Vielfalt und Pluralismus

Artikel 1
Kulturelle Vielfalt: das gemeinsame Erbe der Menschheit

Im Laufe von Zeit und Raum nimmt die Kultur verschiedene Formen an. Diese Vielfalt spiegelt sich wider in der Einzigartigkeit und Vielfalt der Identitäten, die die Gruppen und Gesellschaften kennzeichnen, aus denen die Menschheit besteht. Als Quelle des Austauschs, der Erneuerung und der Kreativität ist kulturelle Vielfalt für die Menschheit ebenso wichtig wie die biologische Vielfalt für die Natur. Aus dieser Sicht stellt sie das gemeinsame Erbe der Menschheit dar und sollte zum Nutzen gegenwärtiger und künftiger Generationen anerkannt und bekräftigt werden.

Artikel 2
Von kultureller Vielfalt zu kulturellem Pluralismus

In unseren zunehmend vielgestaltigen Gesellschaften ist es wichtig, eine harmonische Interaktion und die Bereitschaft zum Zusammenleben von Menschen und Gruppen mit zugleich mehrfachen, vielfältigen und dynamischen kulturellen Identitäten sicher zu stellen. Nur eine Politik der Einbeziehung und Mitwirkung aller Bürger kann den sozialen Zusammenhalt, die Vitalität der Zivilgesellschaft und den Frieden sichern. Ein so definierter kultureller Pluralismus ist die politische Antwort auf die Realität kultureller Vielfalt. Untrennbar vom demokratischen Rahmen führt kultureller Pluralismus zum kulturellen Austausch und zur Entfaltung kreativer Kapazitäten, die das öffentliche Leben nachhaltig beeinflussen.

Artikel 3
Kulturelle Vielfalt als Entwicklungsfaktor

Kulturelle Vielfalt erweitert die Freiheitsspielräume jedes Einzelnen; sie ist eine der Wurzeln von Entwicklung, wobei diese nicht allein im Sinne des wirtschaftlichen Wachstums gefasst werden darf, sondern als Weg zu einer erfüllteren intellektuellen, emotionalen, moralischen und geistigen Existenz.

www.unesco.de/nuernberger-erklaerung.html?&L=0

M18 Schule ohne Rassismus

Schule

Rund 400.000 Kinder und Jugendliche besuchen eine „Schule ohne Rassismus – Schule mit Courage". 600 Schulen gehörten 2009 dem Netzwerk „Schule ohne Rassismus – Schule mit Courage" an. „Schule ohne Rassismus – Schule mit Courage" ist das größte Schul-netzwerk in Deutschland.

Was ist „Schule ohne Rassismus – Schule mit Courage"?

Das von Schülerinnen und Schülern initiierte Projekt „Schule ohne Rassismus" bietet Kindern und Jugendlichen die Möglichkeit, das Klima an ihrer Schule aktiv mitzugestalten, in dem sie sich bewusst gegen jede Form von Diskriminierung, Mobbing und Gewalt wenden. Wir sind das größte Schulnetzwerk in Deutschland.

Wie wird man eine „Schule ohne Rassismus – Schule mit Courage"?

Jede Schule kann den Titel erwerben, wenn sie folgende Voraussetzungen erfüllt: Mindestens 70 Prozent aller Menschen, die in einer Schule lernen und lehren (Schülerinnen und Schüler, Lehrkräfte und technisches Personal) verpflichten sich mit ihrer Unterschrift, sich künftig gegen jede Form von Diskriminierung an ihrer Schule aktiv einzusetzen, bei Konflikten einzugreifen und regelmäßig Projekttage zum Thema durchzuführen.

Was bedeutet der Titel genau?

Der Titel ist kein Preis und keine Auszeichnung für bereits geleistete Arbeit, sondern ist eine Selbstverpflichtung für die Gegenwart und die Zukunft. Eine Schule, die den Titel trägt, ist Teil eines Netzwerkes, das sagt: Wir übernehmen Verantwortung für das Klima an unserer Schule und unser Umfeld.

Kümmert „Schule ohne Rassismus" sich nur um Rassismus?

„Schule ohne Rassismus – Schule ohne Gewalt" beschäftigt sich gleichermaßen mit Diskriminierung aufgrund der Religion, der sozialen Herkunft, des Geschlechts, körperlicher Merkmale, der politischen Weltanschauung und der sexuellen Orientierung. Darüberhinaus wendet sich „Schule ohne Rassismus" gegen alle totalitären und demokratiegefährdenden Ideologien.

Vgl. Schule ohne Rassismus – Schule ohne Gewalt. www.schule-ohne-rassismus.org/faq.html

---

Selbstverpflichtung

Wer sich zu den Zielen einer Schule ohne Rassismus – Schule mit Courage bekennt, unterschreibt folgende Selbstverpflichtung:

„Ich werde mich dafür einsetzen, dass es zu einer zentralen Aufgabe einer Schule wird, nachhaltige und langfristige Projekte, Aktivitäten und Initiativen zu entwickeln, um Diskriminierungen, insbesondere Rassismus, zu überwinden.

Wenn an meiner Schule Gewalt, diskriminierende Äußerungen oder Handlungen ausgeübt werden, wende ich mich dagegen und setze mich dafür ein, dass wir in einer offenen Auseinandersetzung mit diesem Problem gemeinsam Wege finden, uns zukünftig einander zu achten.

Ich setze mich dafür ein, dass an meiner Schule ein Mal pro Jahr ein Projekt zum Thema Diskriminierungen durchgeführt wird, um langfristig gegen jegliche Form von Diskriminierung, insbesondere Rassismus, vorzugehen."

www.schule-ohne-rassismus.org/faq.html

M19 UNESCO-Erklärung zur Toleranz

Artikel 1: Bedeutung von „Toleranz"

1.1 Toleranz bedeutet Respekt, Akzeptanz und Anerkennung der Kulturen unserer Welt, unserer Ausdrucksformen und Gestaltungsweisen unseres Menschseins in all ihrem Reichtum und ihrer Vielfalt. Gefördert wird sie durch Wissen, Offenheit, Kommunikation und durch Freiheit des Denkens, der Gewissensentscheidung und des Glaubens. Toleranz ist Harmonie über Unterschiede hinweg. Sie ist nicht nur moralische Verpflichtung, sondern auch eine politische und rechtliche Notwendigkeit. Toleranz ist eine Tugend, die den Frieden ermöglicht und trägt dazu bei, den Kult des Krieges durch eine Kultur des Friedens zu überwinden.

1.2 Toleranz ist nicht gleichbedeutend mit Nachgeben, Herablassung oder Nachsicht. Toleranz ist vor allem eine aktive Einstellung, die sich stützt auf die Anerkennung der allgemeingültigen Menschenrechte und Grundfreiheiten anderer. Keinesfalls darf sie dazu missbraucht werden, irgendwelche Einschränkungen dieser Grundwerte zu rechtfertigen. Toleranz muss geübt werden von einzelnen, von Gruppen und von Staaten.

1.3 Toleranz ist der Schlussstein, der die Menschenrechte, den Pluralismus (auch den kulturellen Pluralismus), die Demokratie und den Rechtsstaat zusammenhält. Sie schließt die Zurückweisung jeglichen Dogmatismus und Absolutismus ein und bekräftigt die in den internationalen Menschenrechtsdokumenten formulierten Normen.

1.4 In Übereinstimmung mit der Achtung der Menschenrechte bedeutet praktizierte Toleranz weder das Tolerieren sozialen Unrechts noch die Aufgabe oder Schwächung der eigenen Überzeugungen. Sie bedeutet für jeden einzelnen Freiheit der Wahl seiner Überzeugungen, aber gleichzeitig auch Anerkennung der gleichen Wahlfreiheit für die anderen. Toleranz bedeutet die Anerkennung der Tatsache, dass alle Menschen, natürlich mit allen Unterschieden ihrer Erscheinungsform, Situation, Sprache, Verhaltensweisen und Werte, das Recht haben, in Frieden zu leben und so zu bleiben, wie sie sind. Dazu gehört auch, dass die eigenen Ansichten anderen nicht aufgezwungen werden dürfen. (...)

Artikel 4: Bildung und Erziehung

4.1 Bildung ist das wirksamste Mittel gegen Intoleranz. Der erste Schritt bei der Vermittlung von Toleranz ist die Unterrichtung des einzelnen Menschen über seine Rechte und Freiheiten und die damit verbundenen Ansprüche sowie die Herausbildung des Willens zum Schutz der Rechte und Freiheiten anderer Menschen.

4.2 Erziehung zur Toleranz gehört zu den vordringlichsten Bildungszielen. Deshalb ist es notwendig, für den Unterricht zum Thema Toleranz systematische und rationale Lehrmethoden zu verbreiten, die aufklären über die kulturellen, sozialen, wirtschaftlichen, politischen und religiösen Wurzeln von Intoleranz – und damit über die tieferen Ursachen von Gewalt und Ausgrenzung. (...)

4.3 Erziehung zur Toleranz soll sich bemühen, das Entstehen von Angst vor anderen und der damit verbundenen Ausgrenzungstendenz zu verhindern. Sie soll jungen Menschen bei der Ausbildung ihrer Fähigkeit zur unabhängigen Wertung, zum kritischen Denken und zur moralischen Urteilskraft helfen.

Die Erklärung von Prinzipien der Toleranz wurde im Oktober 2005 von den Mitgliedstaaten der UNESCO verabschiedet. www.unesco.de/447.html?&L=0

Sport und Fair Play

Dieser Baustein zeigt, welche Möglichkeiten Sport für Gewaltprävention bietet. Er weist jedoch auch darauf hin, dass Gewalt
durch Sport und sein Umfeld begünstigt oder gar gefördert werden kann. Die Grundsätze der Fair-Play-Erziehung sind über den
Bereich des Sports hinaus anwendbar. Das Beispiel „Straßenfußball
für Toleranz" verdeutlicht, wie Regelveränderungen zu neuen Spielformen führen können.

Sport und Gewalt

Stillsitzen

„Stillsitzen ist die Voraussetzung für das Lernen, Konzentration hängt von körperlicher Unbeweglichkeit ab, der Geist kann sich erst dann voll entfalten, wenn der Körper stillgelegt ist." Wie vielen solcher Vorurteile begegnen Kinder, wenn sie in die Schule kommen?
Renate Zimmer: Bewegung, ein grundlegendes Element der Erziehung und Bildung. Kongress „Gute und gesunde Schule". 15.-16.11.2004, Forum 6.

Sport ist Bewegung. Menschen sind Bewegungswesen. Sie benötigen ihren Körper jedoch nicht nur zur Fortbewegung, sondern sie sind auch Körper, der sich durch Emotionen bewegen lässt. Wahrnehmen, Begreifen und Erfahren sind körperbezogene Tätigkeiten, wenngleich die wahrgenommenen Impulse dann im Gehirn weiterverarbeitet werden.

Die Körperlichkeit pendelt in der modernen Welt zwischen Kultobjekt und Vernachlässigung, wobei der Körper immer auch zur Selbstdarstellung und zum Selbstausdruck verwendet wird.

Körper- und bewegungsbezogene Konzepte der Gewaltprävention durch Sport gewinnen zunehmend an Bedeutung (vgl. Jäger 2008, S. 61 ff.). Sie sollen jungen Menschen neue Perspektiven aufzeigen und das Abrutschen in Delinquenz verhindern (vgl. Günther 2006). Dabei sollen Kinder und Jugendliche auf der Beziehungsebene durch Sport erreicht werden. Sport soll ihnen ermöglichen, Grenzen auszutesten, Regeln akzeptieren zu lernen und Fairness zu praktizieren. Aggressionen und motorischer Bewegungsdrang können „gesteuert", vorhandene körperliche Fähigkeiten eingesetzt und Schwellenängste abgebaut werden. Das Selbstwertgefühl kann gestärkt werden, Eigenverantwortung und Selbstständigkeit werden stimuliert. Dies gelingt um so besser, da Sport für viele Jugendliche Ausdruck eines Lebensgefühls ist.

Fachleute bezweifeln jedoch, dass diese Annahmen der universalpräventiven Wirkung von Sport so zutreffen. Denn Sport alleine kann diese Wirkungen nicht erreichen. Er ist auf ein sinnvolles, langfristig angelegtes pädagogisches Gesamtkonzept und auf die Vernetzung mit dem sozialen Umfeld angewiesen, um sein Potenzial entfalten zu können (vgl. Pilz 2002). Dann allerdings kann der Beitrag des Sports zur Gewaltprävention beachtlich sein.

Gewalt im und durch Sport

Fachleute, wie z.B. der Sportsoziologe Gunter A. Pilz weisen mit Recht darauf hin, dass der Zusammenhang zwischen Sport und Gewalt komplex sei und dass Sport selbst eine Vielzahl von Gewaltphänomenen produziere.

Problematisch ist z.B., wenn vermittelt wird, dass es im Interesse des Erfolges durchaus richtig und wichtig sei, Regeln zu verletzen. Foulspiel und Doping sind Beispiele für die z.T. menschenverachtende Doppelmoral im Sport, dessen ethischen Werte zwar grundsätzlich vorbildlich sind, sich in der Praxis jedoch vielfach als Worthülsen erweisen.

Gewalt in der Gesellschaft und im Sport sind zwei Seiten einer Medaille. Ohne Frage liegt auch beim Sport der Fokus der öffentlichen Wahrnehmung zunächst auf Formen der direkten Gewalt. „Geil auf Gewalt", dieser deutsche Titel des Klassikers von Bill Buford (1991) über Erfahrungen mit Hooligans ist dafür Programm. Doch diese Sichtweise greift zu kurz. Es müssen auch die strukturellen und kulturellen Gewaltpotenziale bzw. die diesbezüglichen Ursachen und Voraussetzungen identifiziert und zum Gegenstand der Auseinandersetzung gemacht werden. Die Ursachen sind vielfältig: Abbau von Frustrationen, das Gefühl von Macht und Stärke, aber auch von Ohnmacht, Provokation, gruppendynamische Prozesse, Enthemmung durch Alkohol, zunehmende Verregelung, Stigmatisierung und Ausgrenzung gehören dazu (Busch 2008, S. 25). In Untersuchungen zum Zuschauerverhalten im Fußballsport wurde nachgewiesen, dass nach dem Erleben von Fußballspielen allgemein die Bereitschaft zu aggressiven Handlungen ansteigt. Mehr noch, vor allem bei Spielen, in denen es sehr hektisch zuging, bei Spielen mit vielen Fouls, mit gelben und roten Karten steigt die Gewaltbereitschaft der Zuschauer signifikant an (Pilz 1999, S. 130).

Grundlegende Effekte von Bewegung und Sport

- Die Entwicklung von Selbstwertgefühl unterstützen, zum Aufbau eines positiven Selbstkonzeptes und einer realistischen Selbsteinschätzung beitragen;
- Den eigenen Körper wahrnehmen und achten, zur Ausbildung von Bewegungsgewohnheiten und Einstellungen und damit auch zu einer gesunden Lebensführung anregen;
- Eine Sensibilisierung der Wahrnehmungsfähigkeit erreichen, die Sinne schulen und zu einer ästhetischen Bildung beitragen; auf diesem Wege neue Perspektiven der Selbst- und Weltwahrnehmung entdecken;
- Strategien der Problemlösung und Konfliktbearbeitung kennen lernen und in sozialen Situationen anwenden;
- Sich in Frustrationstoleranz üben, Durchhaltevermögen steigern, mit Misserfolgen umgehen lernen;
- Toleranz gegenüber fremden Kulturen, anderen Wertmaßstäben und heterogener Leistungsfähigkeit entwickeln;

Eine gute und gesunde Schule darf nicht auf die Chancen verzichten, die sich hinsichtlich der Bildung dieser allgemeinen, z.T. aber für das Überleben in der Gesellschaft notwendigen Kompetenzen durch die bewusste Einbeziehung von Bewegung, Spiel und Sport im Lern- und Lebensraum Schule ergeben.

Renate Zimmer: Bewegung, ein grundlegendes Element der Erziehung und Bildung. Kongress „Gute und gesunde Schule". 15.-16.11.2004, Forum 6.

Grundwissen

Sondermoralen im Sport:
1. Die offizielle Binnenmoral des Hochleistungssports, deren zentrale Bestandteile das Fairness-Postulat und die Kodifizierung im Regelwerk sind.
2. Die „subversive, notwendigerweise intransparent und geheim bleibende Untergrundmoral" im Sinne der rücksichtslosen Durchsetzung des eigenen Codes. Doping, Betrug und Täuschung sind Ausdruck dieser Teilmoral, die auf Rücksichtnahmen verzichtet.
3. Die nach außen gerichtete Umweltmoral, die Maßnahmen der Untergrundmoral kritisiert und sanktioniert.
Karl-Heinz Bette: Körperspuren. Zur Semantik und Paradoxie moderner Körperlichkeit. Berlin 1989, S. 199 f.

Abenteuerlust

Zum Sport gehören Abenteuerlust in der Auseinandersetzung mit dem Unbekannten und mit Grenzen der natürlichen und menschlichen Welt. Er bringt flüchtige Ereignisse hervor, die nichts Greifbares hinterlassen als die Erinnerung an ein großes Ereignis. Gerade darin aber entfaltet der Sport seine große zivilisatorische Kraft: im engagierten Einsatz für ihr Entstehen wie in der Flüchtigkeit ihres Vergehens.
Sven Güldenpfennig: Fußball, Fair Play und Friedensförderung. In: Uli Jäger/Nadine Heptner (Red.): Fußball für Frieden und Entwicklung. Tübingen 2009, S. 20.

In einem Report des Bundesverbandes der Unfallkassen wird festgestellt, dass im Jahr 2003 über ein Fünftel aller aggressivitätsbedingten Unfallverletzungen in der Schule auf den Sportunterricht entfielen. Innerhalb des Sports bilden die Ballspiele mit 60 Prozent einen entsprechenden Schwerpunkt, wobei die meisten aggressiven Verhaltensweisen während des Fußballspiels zu beobachten waren. In der Unfallstatistik wird jede Schülerin und jeder Schüler erfasst, die/der infolge tätlicher Auseinandersetzungen so verletzt wurde, dass ärztliche Behandlung in Anspruch genommen werden musste (vgl. Bundesverband 2005, S. 7).

Dimensionen des Sports

- *Naturale Dimension:* Die naturale Dimension bezieht sich auf die Tatsache, dass Menschen im sportlich-spielerischen Tun in Form eines Bewegungshandelns in Raum und Zeit ihrem eigenen Körper begegnen. Wichtiger Maßstab und wichtiges Ziel dieses Bewegungshandelns sind Gesundheit und Unversehrtheit.
- *Personale Dimension:* In der personalen Dimension wird auf die Erkenntnis verwiesen, dass Sport der Entfaltung der persönlichen Würde dient und Ausdruck menschlicher Kreativität und Gestaltungskraft ist. Hier begegnet der Mensch sich selbst in der Einheit von Körper, Seele und Geist.
- *Soziale Dimension:* In der sozialen Dimension wird zum Ausdruck gebracht, dass sich im Sport Menschen begegnen, Zusammenspiel und Wettkampf, Kooperation und Konkurrenz in ihm zusammen gehören.

Gunter A. Pilz : Gewaltprävention durch Sport – aber wie? Hannover o.J.

Sport als Ansatz für Gewaltprävention

Täglicher Schulsport
Täglicher Schulsportunterricht führt zu einer signifikanten Verbesserung der körperlichen Leistungsfähigkeit um 20 Prozent, gemessen anhand der maximalen Sauerstoffaufnahme, im Vergleich zu einer 10-prozentigen Verbesserung der Leistungsfähigkeit bei Kindern mit konventionellem Sportunterricht, so eine Studie des Herzzentrums der Universität Leipzig.
www.n-tv.de/1017188.html

Für viele Jugendliche ist Sport und insbesondere der Fußball die einzige Möglichkeit, sich über soziale, ethnische, ökonomische oder politische Schranken hinweg zu treffen und gemeinsam zu spielen (vgl. Jäger 2008).

Junge Menschen, so Pilz (2002a, 2002b, 2003) erfahren ihren gesellschaftlichen Wert oft über ihre Körperpräsentation. Durch Sport, Spiel und Bewegung können Aggressionen und motorischer Betätigungsdrang konstruktiv abgearbeitet werden. Gesellschaftliche Randgruppen oder Gruppen mit Migrationshintergrund überwinden bei gezielten und offenen Sportangeboten Schwellenängste. Über das gemeinsame Sporterlebnis, vor allem bei Mannschaftssportarten (z.B. Fußball, Volleyball) kann die Akzeptanz von Regelwerken erlernt werden, und es werden persönliche Erfolgserlebnisse erzielt. Aber Sport, so Pilz weiter, ist nicht aus sich heraus erzieherisch im Sinne von Gewaltprävention, Integration oder Friedensförderung. Sport kann Leistungsdenken, rücksichtslose Interessendurchsetzung, Gesundheitsgefährdung (Doping!) und nicht zuletzt Gewaltbereitschaft fördern. Deshalb muss der Sport an der Werteorientierung im Sinne des Fair-Play-Gedankens festhalten. Ansonsten besteht die Gefahr der Etablierung eines „Kult des Siegens", der leicht in einen „Kult der Gewalt" umschlägt (vgl. Pilz 2003, S. 4). Deshalb geht es um die Etablierung einer Kultur des Sports, die sich an Werten und Ideen wie Fairness, Solidarität oder Toleranz orientiert. Dazu bedarf es neben der Wertorientierung vor allem auch einer spezifischen Inszenierung des Sports sowie entsprechender Kompetenzen und Ressourcen auf Seiten derer, die ihn anbieten und vermitteln. Nur dann gelangt man an den Kernpunkt: Ein wichtiger, wenn nicht gar der wichtigste Ansatzpunkt zur Gewaltprävention, zum Umgang mit gewaltbereiten jungen Menschen ist die Stärkung ihrer Identität. Dies bedeutet, ihnen Räume für positive Körpererfahrungen und -präsentationen zu geben und ihre jugendkulturellen Identitäten, hier im Besonderen jugendlicher Bewegungskulturen, zu akzeptieren (vgl. Pilz 2002a, S. 26 f.).

Sport wirkt sich auf individueller Ebene nicht nur auf das physische Wohlbefinden aus, sondern beeinflusst auch Charaktereigenschaften wie Selbstvertrauen, Disziplin, Kommunikationsfähigkeit und Führungsqualität. Auf kollektiver Ebene kann der Sport Identität stiften, Sozialkapital wie Gemeinsinn und Vertrauen herstellen, den interkulturellen Dialog erleichtern und Toleranz schaffen.

Sport und bewegungsorientierte Angebote haben eine mehrfache Bedeutung für die Gewaltprävention:

- Aggressionen und Bewegungsdrang können gesteuert abgearbeitet werden.
- Vorhandene körperliche Fähigkeiten können positiv eingesetzt werden.
- Mit vertrauter sportlicher Betätigung können Schwellenängste abgebaut werden (z.B. gegenüber anderen Angeboten).
- Die Beziehungen von Jugendlichen untereinander und zu ihrer Umwelt können geübt und verbessert werden.
- Das Akzeptieren vorhandener Regeln kann erlernt werden.
- Die Identität junger Menschen kann durch Ernstnahme jugendlicher Bewegungsbedürfnisse und -kulturen gestärkt werden.
- Die Schaffung und Rückeroberung von Bewegungsräumen für junge Menschen kann unterstützt werden.
- Die Vernetzung von kommunalen, kirchlichen und freien Trägern der Jugendarbeit ist anzustreben (vgl. Pilz 2002a, S. 26).

Sportpraktische Zugänge zur Gewaltprävention

Bewährte Zugänge bei hoher fachkundiger Anleitung	Entwicklungsfähige Zugänge bei entsprechender Ausgestaltung	Eher ungeeignete Zugänge
Erlebnispädagogische Ansätze • Hochseilgarten • Kletterwand • Rafting	**Schulsport** • Unterricht • Noten	**Leistungssport** • Wettkämpfe • Höchstleistungen
Jugendkulturelle Ansätze • Breakdance • Inlineskating	**Vereinssport** • Training • Gemeinschaft • Wettbewerb	**Freizeitpädagogik** • Bolzplätze, Skateparks • Ablenkung
Sportpädagogische Ansätze • Straßenfußball • Mitternachtsbasketball	**Sportevents** • Wettkämpfe • Öffentlichkeit • Unterhaltung	**Fitnesstudio** • Körpertraining/Fitness • Körperideale

Ziele:
- Ablenkung, von der Straße holen
- Stärkung der eigenen Persönlichkeit
- Körpererfahrung, Körperkontakt, Selbstsicherheit
- Einhaltung von Regeln, Verbindlichkeiten, Fair-Play

Körper- und Bewegungsorientierte Gewaltprävention

1. Primäre Prävention

- Schaffung von kind- und jugendgemäßen Bewegungsräumen, -anlässen und -angeboten;
- Stärkung des Selbstwertgefühls, Aufbau von Selbstbewusstsein;
- Förderung einer positiven Einstellung zu Körper und Gesundheit.

2. Sekundäre Prävention

- Anleitung zu Selbstdisziplin und Selbstkontrolle;
- Stärkung des Selbstwertgefühls;
- Aggressions- und Frustrationsabbau; Lernen, Überschuss an physischer Energie auf angemessene Weise durch strukturierte Aktivität umzusetzen;
- Akzeptieren von gesteckten Rahmenbedingungen; Erarbeiten und Einhalten von Verhaltensregeln;
- Stärken der eigenen Verhaltenskontrollmechanismen, Erziehung zum Fair Play;
- Ermöglichen von erlebnis-pädagogischen Erfahrungen im Sinne der Entwicklung von sozialer Kompetenz;
- Mediatorenausbildung zur Konfliktschlichtung.

3. Tertiäre Prävention

- Thematisierung und Durchbrechung von gewaltförmigen Durchsetzungs- und Selbstbehauptungsstrategien
- Konsequentes Einschreiten gegen Gewalt mit anschließender pädagogischer Bearbeitung (z. B. Täter-Opfer-Ausgleich), nicht aber (Vereins-) Ausschluss;
- Einsatz von Sport-, Körper- und Bewegungserfahrungen in der Gewalttherapie.

Gunter A. Pilz: Möglichkeiten, Notwendigkeiten und Grenzen sport-, körper- und bewegungsbezogener sozialer Arbeit am Beispiel der Gewalt und Gewaltprävention im, um und durch den Sport.
In: Gunter A. Pilz/Henning Böhmer (Hrsg.): Wahrnehmen – Bewegen – Verändern. Hannover 2002, S. 13-59.

Übergreifend gilt für alle Ansätze der sportorientierten Gewaltprävention zwingend das Gebot der Kontextualisierung: Es muss genau beobachtet und im Vorfeld der Maßnahme analysiert werden, welche Sportart mit welchem Setting sich für die Auseinandersetzung mit dem angezeigten Gewalt- und Konfliktpotenzial eignet. Als Teil der Kontextualisierung muss die Form der angestrebten Vernetzung gelten. Ohne soziale Vernetzung keine Nachhaltigkeit der Präventionsmaßnahme – auf diese einfache Formel kann man vielfach dokumentierte Erfahrungen bringen (vgl. Jäger 2008).

Als bedeutsame Module solcher Mehr-Ebenen-Konzepte benennt Günther (2006, S. 3 f.) die Auseinandersetzung mit vorurteilsbedingter Gewalt, die Ausbildung von Trainern und Schiedsrichtern als Konflikt-Mediatoren, das Einüben von Fairness sowie die Kooperation mit Präventionsräten, Jugendamt und Schule. Bei allen Sportveranstaltungen mit Zuschauern (insbesondere beim Jugendfußball) ist auf die Rolle der Eltern als potenzielle Konfliktverstärker zu achten. Entsprechend notwendig ist hier eine Elternarbeit, die auf eine Sensibilisierung für die Wirkung des eigenen Verhaltens abzielt.

Fair Play

Es waren die Mitglieder der englischen Mittel- und Oberschicht, die die Werte und Normen der Fairness „erfanden", d. h. das Fair Play erfuhr im viktorianischen Zeitalter Englands seine eigentliche inhaltliche Ausformung und Festlegung auf

- die Herstellung der Chancengleichheit,
- die freiwillige Unterwerfung unter die Regeln und
- die Achtung des Gegners als Partner im sportlichen Wettkampf (Pilz 2005).

Das Wesen des Fair Play lässt sich mit Pilz entsprechend in vier Sätzen zusammenfassen:

- Der faire Spieler muss sich selbstverständlich an die Regeln halten;
- Er muss sein Bestes tun, das Spiel innerhalb der Regeln zu gewinnen;
- Er muss, um zu seiner Bestleistung herausgefordert zu werden, den bestmöglichen Gegner suchen und diesem Gegner jede Möglichkeit geben, seine Bestleistung hervorzubringen;
- Der faire Zuschauer muss unparteiisch sein.

Fair Play bedeutet also mehr, erheblich mehr, als nur die Regeln einzuhalten. Die englische „Freizeitschicht" betrieb im wesentlichen den sportlichen Wettkampf als reinen Selbstzweck. Das Ergebnis war weniger wichtig als das gemeinsame sportliche Handeln,

Mädchen und Jungen

Hat bei Jugendlichen verschiedenen Geschlechts der Sport eine unterschiedliche Bedeutung?

Sport und Erfolg sind für Jungen in ihren Peergroups wesentlich wichtiger als für Mädchen. Mädchen sind besorgter um ihren Körper und neigen viel eher zu Schlankheitskuren und Diäten. Ihr Sporttreiben steht unter dem Schönheits- und Schlankheits-Diktat. Sie schätzen sich im Durchschnitt auch als unsportlicher ein als Jungen, und sie sind auch häufig mit ihrem Aussehen unzufrieden.

Schulsport motiviert Mädchen oft nicht in gleichem Maße wie Jungen. Es ist nicht selten schwer, weibliche Jugendliche für den Sportunterricht zu begeistern. Wo ist der Ausweg?

Man muss versuchen, allen Mädchen Erfolgserlebnisse zu verschaffen und nicht Frustation. Es muss auch nicht alles koedukativ sein. Jugendliche scheuen sich, Defizite vor dem anderen Geschlecht zu zeigen. Bei Mannschaftsspielen sitzen Mädchen oft auf der Bank.

Gertrud Pfister: Frauen-Diktat: schön und schlank. Interview von Klaus Vestewig. In: Süwestpresse, 3.7.2008.

Prof. Gertrud Pfister lehrt am Institut für Sportwissenschaften der Universität Kopenhagen.

der Weg wichtiger als der Sieg. Diese Einstellung scheint nur so lange realisierbar wie der Sport Selbstzweck bleibt.

Dies ist insbesondere beim Vereinssport nicht der Fall. Untersuchungen über den Jugendfußball von Gunter A. Pilz (2000) zeigen, je länger die Jugendlichen im Verein aktiv sind, desto schwächer ausgeprägt ist ihr Fairnessverständnis im Sinne des ursprünglichen Fair Play, desto eher sind sie auch bereit, Regelverstöße im Interesse des Erfolges nicht nur zu akzeptieren, sondern auch nicht mehr als unfair zu bezeichnen. Im Laufe ihrer leistungssportlichen Entwicklung lernen Jugendliche, immer ausdrücklicher, das Gebot des Erfolges über das der Fairness zu stellen. So zeigt sich in den Befragungen, dass sich bereits bei jugendlichen Fußballspielern deren Verständnis vom Fair Play um so stärker vom klassischen Fair Play entfernt und einer Moral des „fairen Fouls" Platz macht, je leistungs- und erfolgsorientierter sie sind. Fair Play entwickelt sich von einer Frage der Geisteshaltung zu einer Frage der Opportunität des Vergleichs von Kosten und Nutzen: In welcher Situation kann ich es mir erlauben, fair zu sein? Der Sport hat sich so an die Normen und Werte der ihn umgebenden Leistungsgesellschaft, genauer Erfolgsgesellschaft, angepasst. Wenn es stimmt, dass das Einhalten des Fair Play in erster Linie eine Frage des Abwägens von Kosten und Nutzen ist, dann müssen die Kosten für Unfairness und/oder der Nutzen für Fair Play so hoch gefahren werden, dass es sich nicht lohnt, unfair zu spielen.

Wir sind Vorbilder

„Das erste Wirkende ist das Sein des Erziehers, das zweite, was er tut, das dritte erst, was er redet." Romano Guardini (1874-1960)

Wird die Aussage Guardinis auf die Wirksamkeit und Chancen der Fairplay-Erziehung übertragen, dann scheinen Fairplay-Appelle und Lippenbekenntnisse der Lehrerinnen und Lehrer die geringste Aussicht auf Erfolg zu haben. Den größten erzieherischen Einfluss sollten hingegen diejenigen Lehrerinnen und Lehrer haben, die Fairplay als Haltung in ihr Leben integriert haben, so dass es an ihrer Art, wie sie Sport treiben, an der Art ihres Umgangs mit den Schülerinnen und Schülern und auch außerhalb der Schulen sicht- und spürbar wird. Ob sich die Lehrenden dessen bewusst sind oder nicht, ob sie es wollen oder nicht: Sie vermitteln den Schülerinnen und Schülern ihre bewussten oder unbewussten Werthaltungen schlicht durch ihr Da-Sein, durch die Art, wie sie vor ihnen dastehen, wie sie mit ihnen sprechen, ob sie Fouls übersehen oder ob sie nur die Begabtesten fördern oder ob sie auf den Umgangston achten und auch Ängstliche ermutigen: Es gibt keine neutrale, keine wertfreie Erziehung!

Dorothea Luther/Arturo Holtz: Erziehung zu mehr Fairplay. Anregungen zum sozialen Lernen – im Sport, aber nicht nur dort. Bern u.a. 1998, S. 245.

Der Staat allein ...

Grundwissen

Gewaltausbrüche sind zunehmend Ausdruck ungebremster Selbstverwirklichung. Es sind nicht nur die jugendlichen Bildungsverlierer einer ökonomisch geprägten Gesellschaft, die in und vor Fußballstadien randalieren. Immer häufiger findet die Polizei unter den Krawallmachern Familienväter in sicherer Anstellung. Auch Ärzte und Anwälte suchen in der Fußballrandale den ultimativen Kick am Wochenende. Es ist etwas faul im Staate. (...) Der Staat allein kann den „Verfall der Sitten" nicht stoppen. Weder können Lehrer und Kindergärtnerinnen einspringen und Eltern ersetzen, wenn diese als Erzieher ausfallen. Noch können härtere Gesetze das Loch füllen, das der schleichende Werteverlust gerissen hat. Steuergeld kann die Wunden nicht heilen, die Rentner durch Attacken Jugendlicher erleiden mussten. Der Staat allein wird scheitern. Staatliche Gewalt kann und darf ein ethisches Fundament nicht ersetzen.

Steffen Flath, CDU-Bildungsminister in Sachsen. In: Die Welt, 16.1.2008, S. 9.

Straßenfußball für Toleranz

Sport ist Spiel

Wir treiben Sport nicht zu einem anderen Zweck, den wir damit als wichtiger anerkennen, sondern um seiner selbst willen. Aristoteles nannte das „Glück".
Das, was man sich aus dem Sport weiterhin und positiv erhofft, darf nicht zum Ziel des Handelns werden. Sport muss Spiel bleiben.
Sven Güldenpfennig

Das Konzept „Straßenfußball für Toleranz" (Jäger 2008, S. 132 ff.) hat seine Ursprünge in Kolumbien und wurde nach dem dortigen Erfolg (im kolumbianischen Medellín wurde unter anderem eine Senkung der Kriminalitätsrate in den Vierteln nachgewiesen, in denen das Projekt umgesetzt wurde) auch in Deutschland etabliert. Durch ein spezifisches neues Regelwerk sollen eingefahrene Verhaltensweisen (zum Beispiel Macho-Verhalten, Gewaltbereitschaft, Disziplinlosigkeit) überwunden und der konstruktive Umgang mit Konfliktsituationen erlernt werden.

Das Regelwerk hat vier zentrale Punkte:

- Es wird nur in geschlechtlich gemischten Teams gespielt. Tore, die von Jungen geschossen werden, werden erst dann gewertet werden, wenn auch ein Treffer von einem Mädchen erzielt worden ist.
- Die Teams vereinbaren vor dem Spiels gemeinsam drei Fair-Play-Regeln (z. B. „Wir verzichten auf Schimpfwörter" oder „Wir helfen uns gegenseitig wieder auf die Beine").
- Es wird auf den Schiedsrichter verzichtet. Dafür gibt es Teamer, die in der Regel nicht in das Spiel eingreifen, sondern vor allem die Einhaltung der Fair-Play-Regeln beobachten und den Teams helfen, das eigene Fair-Play-Verhalten und das des Gegners nach Ende des Spiels zu bewerten.
- Neben den geschossenen Toren zählen auch Fair-Play-Punkte, deren Aufteilung die Teams nach dem Spiel diskutieren und vereinbaren.

Vor allem das Mitspielen von Mädchen wirkt sich äußerst positiv aus: „Wenn Mädchen mitspielen, wird ganz offensichtlich regelbewusster, fairer, rücksichtsvoller und vor allem weniger aggressiv und ‚brutal' gespielt" (Borkovic/Baur 2004, S. 20).

Dieser ungewöhnliche Grundansatz hat sich als sehr flexibel erwiesen und wird inzwischen in vielen Schulen, aber auch darüberhinaus praktiziert (Jäger 2007). Denn dieses Lernarrangement bietet alltagsnahe Zugänge zu Fragen des Globalen Lernens und der Gewaltprävention.

Die Philosophie von Straßenfußball für Toleranz

- Integration: Menschen werden nicht ausgegrenzt, weil sie „anders" sind. Unterschiedliche Meinungen, Nationalitäten, Hautfarben oder Kulturzugehörigkeiten sind Teil der Vielfalt.
- Gleichberechtigung: Mädchen werden nicht diskriminiert, weil sie manchmal anders Fußball spielen als Jungen oder einfach nur, weil sie Mädchen sind.
- Gewaltfreiheit: Gewalt darf weder auf dem Spielfeld noch im Alltag akzeptiert werden. Es gibt andere Möglichkeiten, um mit Stress und Konkurrenz, Konflikten und Problemen umzugehen.
- Spass am Spiel und Lebensfreude: Im Vordergrund steht der Spaß und die Freude am gemeinsamen Spiel. Siege werden nicht auf Kosten anderer zelebriert, Niederlagen gemeinsam getragen.

Vgl. Kick Fair/ Institut für Friedenspädagogik Tübingen e.V. (Hrsg.): Straßenfußball für Toleranz. Tübingen 2006, S. 4.

Fußball und Mediation

Ein spannender und erfolgreicher Ansatz der Gewaltprävention im (Jugend-)Fußball stellt die Mediation dar (Jäger 2008, S. 66 ff.). Für die gezielte Anwendung von Vermittlungstechniken und -verfahren gibt es im Fußballalltag genügend Anlässe. Beschimpfungen und Tätlichkeiten gegenüber Spielern der anderen Mannschaft oder den Schiedsrichtern sind heute keine Ausnahme mehr. In den meisten Fällen können Trainer, Betreuer oder die Jugendlichen selbst ihre Konflikte auf und neben dem Fußballplatz lösen. Doch dies gelingt nicht immer. Die Sportjugend Hessen hat in Kooperation mit dem Landessportbund Hessen und dem hessischen Fußballverband das Projekt „Interkulturelle Konfliktvermittlung/Mediation" initiiert. Um Konflikte zu schlichten, besuchen vom Projekt ausgebildete Fußballmediatoren („Vermittler") die Mannschaften und erarbeiten Regeln, wie man sich bei künftigen Spielen verhalten will. Ziel ist die Gewährleistung eines friedlichen Rückspiels (vgl. (Wiesbadener Kurier, 19.3.2007).

Bereits 1998 beschlossen der Hessische Fußballverband (HFV) und die Sportjugend Hessen, sich nicht mehr länger mit reaktiven Aktionen und kurzfristig medienwirksamen Aufrufen zufrieden zu geben, wenn es um die Auseinandersetzung mit so ernsten Problemen wie Fremdenfeindlichkeit, zerstörerischen Konfliktpotenzialen und wachsender Gewaltbereitschaft geht. Gemeinsam suchten sie nach einem systematischen Programm mit nachhaltigen Qualifizierungs- und Handlungsmöglichkeiten und fanden die systemische Mediation und des am bekannten „Harvard-Modell" orientierte Konfliktmanagement. Innerhalb von acht Jahren entstand ein bundesweit anerkanntes Modellprojekt (vgl. Ribler/Pulter 2006).

Die Problembereiche von Jugendfußball

- Beleidigungen auf dem Spielfeld;
- Gewalt gegen Schiedrichter, während oder nach dem Spiel;
- Tätlichkeiten von Spielern;
- Schlägereien von Spielern während und nach dem Spiel;
- Schlägereien von Zuschauern (Vätern);
- Anheizen von schwierigen Situationen durch die Trainer und Betreuer;
- Es geht nicht um das sportliche Gewinnen, sondern um die Niederlage des Gegners um jeden Preis.

Als Ziele werden genannt:

• Formen konstruktiver Konfliktbearbeitung im Fußball zu entwickeln und in den Sportvereinen zu verankern.

• Zusätzliche Formen der Vermittlung und Schadenswiedergutmachung im Rechtswesen des Hessischen Fußball Verbandes (HFV) zu erproben und zu verankern. Die Einführung von mediativen Verfahren und Techniken wird als Ergänzung, nicht als Ersatz oder Konkurrenz zum bestehenden Rechtswesen betrachtet.

• Angebote zur Entwicklung sozialer und interkultureller Kompetenz, Umgang mit und Vermittlung in Konflikten für die Aus- und Fortbildung des HFV zu entwickeln und zu verankern.

Die in den Kursen und Mediationen erarbeiteten konkreten Vereinbarungen zum Umgang miteinander, mit dem sportlichen Gegner, mit dem Trainer, mit den Eltern etc. leisten hier die notwendige Konkretisierung und die Übernahme der Verantwortung für das jeweils eigene Handeln.

„Auf der organisationalen Ebene ist die Ausbildung der systeminternen Fußball- und Handballmediator/innen als ein wesentliches Moment der nachhaltigen Implementierung eines konstruktiven Konfliktmanagements zu sehen. Allerdings können diese Personen nur wirken, wenn man sie vor Ort in den Kreisen und bei den Vereinen akzeptiert und in ihrer Funktion nutzt" (Ribler/Pulter 2006, S. 112 f.).

Insgesamt ist es wichtig, bei der Einführung von Mediations- und Gewaltpräventionsmodellen alle Beteiligten zu erreichen und mit einzubeziehen. Dabei kommt es in erster Linie darauf an, die notwendige Akzeptanz für konstruktive Formen der Konfliktbearbeitung bei Funktionären ebenso zu erhöhen wie bei den Trainern, Spielern oder bei den Eltern (vgl. Wiesbadener Kurier, 19.3.2007).

Gewaltprävention durch Sport in der Schule

Sport in der Schule ist dann ein wichtiger und Erfolg versprechender Ansatz zur Gewaltprävention, wenn er in ein tragfähiges Konzept eingebunden wird. Dies bedeutet, dass Sport im Kontext der Konfliktbearbeitung gesehen werden muss, und der Fair-Play-Gedanke auf die gesamte Ausgestaltung des Schullebens auswirken sollte.

Sportlehrerinnen und -lehrer haben wegen ihrer hohen Glaubwürdigkeit eine Schlüsselrolle inne. Eine Untersuchung mit 1.000 Schülerinnen und Schülern im Alter von 10-19 Jahren des Instituts für Sportwissenschaft der Universität Tübingen kommt zu dem Ergebnis, dass Sportlehrerinnen und Sportlehrer eine viel größere Wirkung auf die Schülerinnen und Schüler haben, als ihnen bewusst ist. Die von Lehrkräften im Sport vermittelten Normen würden stark wahrgenommen, stärker als die von Lehrkräften anderer Fächer. Sportlehrerinnen und Sportlehrer seien deshalb in hohem Maße Vorbilder (vgl. Südwestpresse 6.2.2007).

Das Potenzial des Sports kann sich jedoch erst dann entfalten, wenn es nicht in die wenigen Stunden des Sportunterrichts abgedrängt wird, sondern Pausenhöfe und Pausenzeiten ebenso wie Freizeit und Kooperation mit Vereinen und Jugendfreizeitheimen einschließt.

Maßnahmen im Bereich der Schule

- Schulen sollen verstärkt alternative Sportarten in den Schulunterricht aufnehmen und auf die Konjunktur bestimmter aktueller Sportpräferenzen bei den Schülerinnen und Schülern reagieren, um diesen ein Forum zu geben und sie nicht in unkontrollierte Bereiche abzudrängen (z.B. Kampfsportarten).
- Schulen sollen die Pausenhöfe zu Sportzwecken außerhalb der Schulzeit öffnen, um zu der Erhöhung des Sportflächenangebotes beizutragen und selbstbestimmte Möglichkeiten zum Sporttreiben in der Freizeit im unmittelbaren Lebensbereich und unter Einbeziehung des Wohnumfeldes zu bieten.
- Schulen sollen bei sportlichen Aktivitäten enger mit den Vereinen und Jugendfreizeitheimen/Jugendzentren zusammenarbeiten.

Gunter A. Pilz: Sport und Gewaltprävention. Hannover o.J.

Kriterien für bewegungsorientierte Angebote

- Ausrichtung des Angebots an den kindlichen Bedürfnissen;
- Geringe sportmotorische Anforderungen;
- Problemlose Übertragbarkeit der Angebote auf alle sonstigen Lebensbereiche;
- Vermeidung von Blamagesituationen;
- Angstfreie, animierende Lern- und Spielatmosphäre;
- Förderung kooperativer Handlungsweisen;
- Geschlechtsspezifische Angebote.

Erfüllte Gegenwart
Wenn ich auf eine ganz einfache Formulierung bringen sollte, was ich für den Auftrag der Sportpädagogik halte, dann könnte es diese sein: „Menschen zu zeigen, dass und wie Sport glücklich machen kann". Dabei heißt für mich „zeigen" erfahren und bedenken lassen und „glücklich machen" Element eines sinnerfüllten Lebens sein. Und dazu gehört gerade für junge Menschen auch die Erfahrung der erfüllten Gegenwart, die ich mit dem Begriff des Spiels verbunden habe.
Dietrich Kurz: Vom Sinn des Sports. Abschiedsvorlesung, 27.1.2009.

Für den Sport als pädagogisches Handlungsfeld im Kontext von Gewaltprävention an der Schule lassen sich mit Fijalck (2007, S. 50 f.) folgende Punkte zusammenfassen:

- Die Vermeidung einer übertriebenen Wettkampf- und Leistungsorientierung im Sportunterricht, durch die neue Aggressionen hervorgerufen werden können.
- Die Einführung klar geregelter und möglicherweise ritualisierter Formen körperlicher Auseinandersetzung wie z.B. „Ringen und Raufen".
- Ergänzende fachdidaktische Themen können das „Anspannen und Entspannen" sowie das „Miteinander spielen" sein.
- Eine besondere Aufmerksamkeit sollten die Sportpädagogen und -pädagoginnen der sprachlichen Verrohung vor allem der männlichen Schüler schenken. Hier sind vor allem Beschimpfungen nach misslungenen Aktionen, z.B. Fehlpass im Fußball, gemeint, welche viel zu häufig unsanktioniert bleiben.
- Übergreifend kann die Jungenarbeit dazu beitragen, die auffälligen Defizite wie den Mangel an Empathie oder den Überlegenheitszwang zu verkleinern bzw. ihnen entgegenzuwirken.
- Einen wesentlichen Beitrag könnte die Initiierung sozialer Lernprozesse durch den Umgang mit Regeln, Rollen und Konflikten im Sportunterricht leisten. Diese sollten gemeinsam aufgestellt werden und bei Bedarf veränderbar sein.
- Das gemeinschaftliche Sich-Bewegen und die dabei wahrgenommene „Zwischenleiblichkeit" kann zu einem positiven Gruppenempfinden beitragen. Dazu eignen sich besonders Zuwerfen und Abspielen, Tanzen, Kämpfen, Synchronisieren oder Helfen und Sichern, denn die jeweiligen Aktivitäten verlangen ein abgestimmtes Verhalten – ein Miteinander ist somit unausweichlich.
- Rollenspiele und Trainingsprogramme zur Veränderung des Sozialverhaltens zählen zu weiterführenden Maßnahmen, die nur unter entsprechenden personalen und zeitlichen Voraussetzungen an der Schule umsetzbar sind. Vor allem müssen die Lehrkräfte hinreichend aus- bzw. fortgebildet sein, um eine zielorientierte Umsetzung zu erreichen.

Die verschiedenen Formen des Tuns im Sport

- Verlaufsorientierte Tätigkeiten: Charakteristisch für Tätigkeiten im Sport ist, dass sie oft mit so starken, angenehmen Gefühlen verbunden sind, dass sie uns auch ohne Zweck sinnvoll erscheinen.
- Zweckorientiertes Tun: Aber zum Sport gehört auch das andere, das zweckorientierte Tun, das Lernen, Üben, Trainieren als Erarbeiten der Kompetenzen, die gebraucht werden, um einen bestimmten Sport überhaupt oder besser betreiben zu können.
- Und zum Sport gehört die Auszeit, in der darüber nachgedacht wird, wie sich etwas besser machen lässt und worauf es eigentlich ankommt.

Wenn wir unsere Aufgabe darin sehen, junge Menschen in ihrer Entwicklung zu fördern, dann kommen nun Zweifel auf, ob Entwicklungsförderung im Spiel, also in den verlaufsorientierten Phasen des Sports, gelingen kann oder nicht vielmehr doch eher von jenen anderen Phasen zu erwarten ist, die im engeren Sinn des Wortes nicht Spiel sind, vielmehr zweckorientierte Tätigkeiten zur Vorbereitung oder Verbesserung des Spiels.

Dietrich Kurz: Vom Sinn des Sports. Abschiedsvorlesung, 27.1.2009.
www.schulsport-nrw.de/info/news08/pdf/d_kurz_vom_sinn_des_sports.pdf

Umsetzung

Während im Schulbereich Sport eher eine untergeordnete Rolle spielt, sind sportliche Aktivitäten im außerschulischen Bereich für Jugendliche von zentraler Bedeutung. Sport kann Mittel und Inhalt von Gewaltprävention sein, betont der Sportsoziologe Gunter A. Pilz (vgl. M2). Mittel, indem er Türen öffnet und Menschen verbindet und Inhalt, indem man bestimmte Grundwerte, die im Sport angelegt sind, vermitteln kann. Einer dieser zentralen Werte ist „Fair Play". Fair Play drückt sich in einer prinzipiellen menschlichen Haltung aus, die sich im achtsamen Verhalten gegenüber sich selbst, gegenüber anderen, aber auch gegenüber der Um- und Mitwelt äußert, so der Inhalt des ersten Grundsatzes für Fair-Play-Erziehung der Canadian Olympic Association (vgl. M4).

Für Lehrkräfte und Eltern

Es lohnt sich, vor dem Hintergrund des „Fair-Play-Ansatzes" die Ausrichtung und Ziele des Sportunterrichts und von Sportangeboten zu überdenken. Hierzu bieten die Materialien M1 und M2 Möglichkeiten der Auseinandersetzung. Die Bedeutung von Fair Play im Sport und darüberhinaus wird in M3 thematisiert.

Die Grundsätze der Fair-Play-Erziehung (M4) können als Grundlage für die Entwicklung einer eigenen Konzeption dienen, denn Fair-Play-Erziehung bezieht sich nicht nur auf sportliche Aktivitäten, sie beinhaltet prinzipielle Einsichten für das Zusammenleben in der Gesellschaft bis in den internationalen Bereich. Das Motto „Fair Play for Fair Life" verdeutlicht dies (vgl. M14).

Schülerinnen und Schüler sind besonders für einen fairen Umgang miteinander sensibilisiert und mahnen diesen an. Eltern, Lehrkräfte, Jugendleiter und Trainer sollten sich stets bewußt sein, dass sie gerade auch im Sportbereich eine wichtige Vorbildfunktion haben.

Für den Unterricht

Gewalt und weitere Problembereiche

M5-1 beschreibt einen konkreten Gewaltvorfall im Bereich des Jugendfußballs, dessen Aufarbeitung (Sportgericht; Runder Tisch) exemplarisch mit verteilten Rollen (M5-2) gespielt werden kann. Das Ursachenfeld von Gewalt im Fußballsport zeigt M7. Der Rolle von Werbung in diesem Kontext kann mit Hilfe von M6 nachgegangen werden. Weitere Problembereiche weden in M8 thematisiert.

Niederlagen und Rituale

Sport zu betreiben bedeutet mit Niederlagen konfrontiert zu werden. M8 bietet hierzu Möglichkeiten der Bearbeitung. Auch Rituale können bei der Verarbeitung von Niederlagen wichtig sein, wenngleich sie noch vielfältige andere Funktionen erfüllen (M10).

Fair Play

Kampfspiele sind besonders bei Jungen beliebt. Wichtig sind dabei die Regeln, die ausgehandelt und eingehalten werden (M11).
Um ein tieferes Verständnis von Fair Play zu entwickeln geht es darum, sich mit fairem und unfairem Verhalten auseinander zu setzen, ein eigenes Verständnis zu formulieren und zu internalisieren (M12). Was Fair Play über den Bereichs des Sports hinaus bedeutet, verdeutlichen M13 und M14.

Für die gesamte Schule

Sport darf nicht durch pädagogische Gesichtspunkte und Aktivitäten überformt werden. Sport ist immer auch Spiel und Spaß an der Bewegung und Auseinandersetzung mit anderen.

- Das Beispiel „Straßenfußball für Toleranz" (M15) zeigt, wie die weltweit beliebteste Sportart mit veränderten Regeln eine neue Dynamik entfachen kann. Eine besonders attraktive Form der Auseinandersetzung mit Fair Play bietet deshalb die Organisation und Durchführung von Kleinfeld-Fußball-Turnieren nach den Regeln des Straßenfußballs für Toleranz. Die Erfahrungen zeigen, dass hier ein enormes Lernfeld erschlossen werden kann, zumal Mädchen bei Straßenfußball für Toleranz stets gleichberechtigt einbezogen sind (M15, M16).
- Wie Judo und selbst Boxen (für bestimmte Jugendliche) gewaltpräventiv wirken können verdeutlichen die Beispiele in M17 und M18. Der Box-Club Nordend (M18) wurde 2008 für seinen Ansatz mit zwei Präventionspreisen ausgezeichnet.
- Sport kann selbst in einem der schwierigsten Konflikte unserer Zeit, dem Nahost-Konflikt, Kontakte ermöglichen und Verbindendes aufbauen. Dies zeigt eindrucksvoll das Projekt „Twinned Peace Sport Schools" des Peres Center for Peace in Israel (M19).

Regeln verändern

Grundwissen

Die FIFA-Regeln geben einen verbindlichen Rahmen vor, um auf der ganzen Welt Fußball spielen zu können. Diese Verbindlichkeit schafft Vertrauen der beiden Teams. Doch die Grundregeln können unter (pädagogischen) Gesichtspunkten verändert werden. Dabei handelt es sich im Kern um spezifische Interaktionsregeln mit ethischem Hintergrund und Sinn, nicht um taktische oder technische Regeln.
Uli Jäger: Fußball für Frieden und Entwicklung. In: Uli Jäger/Nadine Heptner (Red.): Fußball für Frieden und Entwicklung. Tübingen 2009, S. 7.

Ergänzende Bausteine

3.4 Konstruktive Konfliktbearbeitung
3.5 Demokratie- und Werteerziehung

M1 **Entwicklungsförderung**

Lehrer, Eltern

Entwicklungsförderung durch Bewegung, Spiel und Sport und Erschließung der Bewegungs-, Spiel- und Sportkultur

Der Auftrag zur Entwicklungsförderung richtet den Blick auf die Kinder und Jugendlichen; sie sollen in ihrer Entwicklung durch Erfahrungen in sportbezogenen Aufgabenstellungen ganzheitlich gefördert werden. Entwicklungsförderung muss von den je individuellen Voraussetzungen der Schülerinnen und Schüler ausgehen. Die Eigenart des Faches Sport führt dazu, dass diese Voraussetzungen in ihrer Unterschiedlichkeit besonders hervortreten. Zum Beispiel haben Mädchen und Jungen geschlechtstypische Erwartungen an den Sport, aber auch ethnische Zugehörigkeit, besondere körperliche Leistungsvoraussetzungen oder Beeinträchtigungen begründen einen je spezifischen Anspruch auf Förderung. Je heterogener in dieser Hinsicht eine Lerngruppe ist, desto anspruchsvoller ist die Planung und Durchführung des Sportunterrichts. Der Auftrag zur Erschließung des facheigenen Sachgebiets richtet den Blick auf die Aktivitäten und Handlungsmuster des Sports; ihre Vielfalt gilt es erfahrbar zu machen und sinnerfülltes Sporttreiben als Teil selbstverantwortlicher Lebensgestaltung anzubahnen. Der Schulsport bezieht sich damit auf die gesellschaftliche Wirklichkeit des Sports außerhalb der Schule. Sein Auftrag besteht darin, die Handlungsfähigkeit der Schülerinnen und Schüler bezogen auf diesen Sport an exemplarisch ausgewählten Beispielen zu fördern. Das schließt ein, sie auch anzuleiten, den Sport in seinen geläufigen, institutionalisierten Formen auf seine Sinnhaftigkeit zu prüfen, ggf. auch für die eigene Praxis zu ändern. Das ideale Ziel dieser Förderung besteht darin, dass für die Schülerinnen und Schüler Sport ein regelmäßiger Faktor einer aktiven, sinnbewussten Lebensgestaltung wird und bleibt. Für die Sportlehrerinnen und Sportlehrer ergibt sich die Verpflichtung, diesen Doppelauftrag als sportpädagogische Aufgabe zu erkennen und im Schulsport umzusetzen.

Beide Seiten des Doppelauftrags sind von gleicher Wichtigkeit; in einem erziehenden Sportunterricht werden sie zugleich angesprochen. Nutzt der Schulsport durch die Realisierung des Doppelauftrages die Erziehungs- und Bildungsmöglichkeiten, werden die Schülerinnen und Schüler zunehmend sensibler, sachlich kompetenter, urteils- und gestaltungsfähiger für Bewegung, Körperlichkeit und Sport. Damit trägt der Schulsport auf seine Weise und mit seinen Mitteln zur Erreichung des allgemeinen Ziels von Schule bei, nämlich personale Identität in sozialer Verantwortung so zu fördern, dass eine Handlungsfähigkeit entsteht, mit der die eigene Lebenswelt sinnvoll und verantwortungsbewusst gestaltet werden kann.

Ministerium für Schule und Weiterbildung des Landes Nordrhein-Westfalen: Rahmenvorgaben für den Schulsport. Düsseldorf 1999, S. XXIX.
www.schulsport-nrw.de/

Pädagogische Perspektiven
- Wahrnehmungsfähigkeit verbessern, Bewegungserfahrungen erweitern;
- Sich körperlich ausdrücken, Bewegungen gestalten;
- Etwas wagen und verantworten;
- Das Leisten erfahren, verstehen und einschätzen;
- Kooperieren, wettkämpfen und sich verständigen;
- Gesundheit fördern, Gesundheitsbewusstsein entwickeln.

Ministerium für Schule und Weiterbildung des Landes Nordrhein-Westfalen: Rahmenvorgaben für den Schulsport. Düsseldorf 1999.
www.schulsport-nrw.de

M2 **Wichtig für Gewaltprävention – 1**

Lehrer, Eltern

Prof. Dr. Gunter A. Pilz im Gespräch

• **Was ist wichtig, wenn man Gewaltprävention betreiben möchte?**

Ich glaube das Zentrale ist, dass man nicht an Problemen ansetzen sollte, die junge Menschen uns machen, sondern an denen, die sie selbst haben. Denn hinter der Gewalt stehen ja in der Regel eigene Erfahrungen mit Gewalt. Der Schlüssel für Gewaltprävention besteht darin, genau an diesen Gewalterfahrungen anzusetzen. Wenn dies geschieht und die Jugendlichen bemerken, dass man sie mit ihren Problemen ernst nimmt, dann sind sie auch offen für die Auseinandersetzung mit den Problemen, für die sie verantwortlich sind.

• **Was kann Sport zur Gewaltprävention beitragen?**

Der Sport kann Mittel und Inhalt von Gewaltprävention sein. Als Mittel kommt dem Sport eine Türöffnerfunktion zu. Denn Sport ist etwas, was viele Menschen verbindet, womit sie sich identifizieren können. Man kann über Sport überhaupt erst die Chance bekommen, beispielsweise an rechtsextrem orientierte oder gewalttätige Jugendliche heranzukommen. Insofern öffnet Sport den Weg für andere Möglichkeiten der Problembearbeitung. Auf der anderen Seite kann man auch über Sport versuchen, bestimmte im Sport angelegte Grundwerte zu vermitteln. Inwieweit dies gelingt, hängt natürlich sehr stark davon ab, ob es ein entsprechendes Konzept gibt und ob es gelingt, die Jugendlichen dafür zu interessieren und sie längerfristig bei der Sache zu halten. Eines der strittigsten Probleme in diesem Kontext ist übrigens die Frage, inwieweit es wirklich sinnvoll ist, über Kampfkunst und Kampfsport Gewaltprävention zu betreiben.

• **Was sind die zentralen Punkte für ein sportorientiertes Konzept?**

Eine zentrale Herausforderung besteht darin, an den Bedürfnissen derjenigen anzusetzen, mit denen gearbeitet werden soll. Wenn man mit Jugendlichen etwas unternehmen möchte, dann muss man ihre Bedürfnisse ernst nehmen. Zweitens müssen die Verantwortlichen sehr offen sein. Die Jugendlichen dürfen also nicht gleich wie in einem Korsett eingebunden sein. Flexibilität in Zeit und im Inhalt ist gefragt. Es wird deutlich, dass damit der organisierte Sportverein in der Regel völlig überfordert ist, weil seine Strukturen ganz andere sind. Das muss man erkennen und dann muss man sehen, wie man Netzwerke schafft, um in dieser Richtung etwas zu bewegen.

• **Welche Rolle spielen die Anleiter, die Trainer und Lehrer bei solchen Arrangements?**

Sie spielen eine ganz zentrale Rolle, weil ein Lehrer und Trainer als Vorbild fungiert und damit auch das vorlebt, was er vermitteln will. Beim Thema Fairnesserziehung haben wir gerade festgestellt, dass die Trainer, bei denen die Jugendlichen das Gefühl haben, sie nehmen das Thema Fairplay ernst, auch diejenigen sind, die Jugendliche in ihren Reihen haben, die sich am wenigsten gewaltförmig auf dem Platz verhalten und die bezüglich des Fairplays auch ein entsprechendes Verhalten zeigen. Diejenigen Jugendlichen jedoch, die sagen „Mein Trainer interessiert sich überhaupt

M2 Wichtig für Gewaltprävention – 2

Lehrer, Eltern

nicht für Fairplay", verhalten sich dann auch auf dem Platz rüpelhaft, gewalttätig, beleidigend und rassistisch.

• **Welche Sportarten sind besonders für Gewaltprävention geeignet?**

Ich denke, in erster Linie sind sicherlich die Mannschaftssportarten geeignet, denn sie können helfen, ein positives Teamgefühl zu erzeugen. Vor allem müssen es Sportarten sein, die gesellschaftlich hohe Anerkennung haben, also beliebt sind. Es müssen Sportarten sein, durch die der Zugang auch zu den Jugendlichen hergestellt werden kann. Dann gibt es natürlich in ganz bestimmten Kontexten durchaus auch Individualsportarten, die aber dann meines Erachtens weniger in Richtung Prävention weisen, sondern stärker in Richtung Therapie oder Intervention. Von daher muss man diese Bereiche unterscheiden. Ich denke, dass Mannschaftssportarten die besten Voraussetzungen bieten.

• **Was sollte man auf alle Fälle vermeiden, wenn man Gewaltprävention betreibt?**

Vermeiden sollte man alles, was das Selbstwertgefühl der jungen Menschen entweder vermindert oder zusätzlich belastet. Wir wissen, der Schlüssel zur Gewaltprävention liegt im Kern darin, dass man jungen Menschen das Gefühl gibt, etwas zu können und gebraucht zu werden. Das kann ihr Selbstwertgefühl aufbauen. Das Hauptproblem junger Menschen ist, dass sie kaum eine Chance haben, eine positive Identität aufzubauen. Es ist bereits im Gewaltgutachten der Bundesregierung von 1990 klar beschrieben worden, dass in der Schule junge Menschen viel zu oft erfahren, was sie nicht können und viel zu wenig, was sie können. Und der Sport hat genau hier Potenziale. Er kann Menschen ihre Stärken zeigen, wenn man sie abholt bei den Dingen, die sie können. Dadurch kann man sie stärken. Wenn man über Sport Gewaltprävention

betreibt, muss man natürlich verhindern, dass Jugendliche in Situationen kommen, in denen sie dann auch wieder erfahren, dass sie „versagen". Man muss an ihren persönlichen Stärken ansetzen und dann kann man auch langsam an ihren Schwächen und Defiziten arbeiten. In der Sozialpädagogik weiß man dies seit vielen Jahren.

• **Wie sollte Schulsport entsprechend aussehen?**

Alle jungen Menschen sollten die Chance haben, präsentieren zu können, was sie mit ihrer Körperlichkeit verbinden. Es ist ja ganz interessant, wenn man sich Jugendkulturen näher betrachtet. Es gibt kaum eine Jugendkultur, in der nicht Körper und Bewegung einen ganz zentralen Inhalt darstellen. (...)Was in einer anderen Weise noch fatal ist, ist, dass junge Menschen, von denen man erwartet, dass sie offen sind für andere Kulturen, in der Schule mitgeteilt bekommen: Eure Kultur nehme ich nicht ernst. Obwohl man hier gerade die Chance hätte, unterschiedliche Jugendkulturen wahrzunehmen und sich mit ihnen auseinander zu setzen.

• **Ist der Slogan „Fair Play" ein sinnvoller Ansatz für Gewaltprävention?**

Er ist dann sinnvoll, wenn er mit Leben gefüllt wird. Ich will es an einem Bild festmachen: Wenn die FIFA vor jedem Länderspiel von Kindern eine große gelbe Fahne mit der Aufschrift „Fair Play bitte" aufs Spielfeld tragen lässt und diese vor dem Spiel wieder heruntergetragen wird, dann ist genau dies der symbolische Akt, der ausdrückt, „So jetzt tragen wir den Geist des Fair Plays wieder herunter, und jetzt kann es neunzig Minuten zur Sache gehen".

Gunter A. Pilz: Sport und Gewaltprävention. Transkription eines Interviews mit Günther Gugel vom 23.9.2008. In: Uli Jäger/Nadine Heptner (Red.): Fußball für Frieden und Entwicklung. Tübingen 2009, S. 24 ff.

M3 **Fair Play für alle**

Deklaration des Internationalen Fair-Play-Komitees (Comite International pour le Fair Play/CIFP) Oktober 1990.

Im Leben von Millionen von Menschen und vieler Völker spielt der Sport heute eine bedeutende Rolle, weit mehr als früher.

Der Hochleistungssport genauso wie der „Sport für alle", Sport als sinnvolle Freizeitgestaltung oder zur gesundheitlichen Vorbeugung bzw. Rehabilitation, Sport zur Unterhaltung oder zum Erleben der eigenen körperlichen Leistungsfähigkeit sind davon betroffen; einzuschließen ist auch der Profisport und seine Vorbildwirkung in einigen sehr populären Sportarten. In jedem Alter, besonders aber in der Sporterziehung von Kindern und Jugendlichen muss das Fair-Play-Ideal immanent sein. Neben der schulischen Erziehung (vom Vorschulbereich bis zur Hochschule) müssen Training, Wettkampf und das Zusammenleben in den Sportclubs den Erfordernissen fairen Verhaltens in besonderem Maße Rechnung tragen.

Wenn wir von Fair Play sprechen, dann gibt es unterschiedliche Aufgaben, Interpretationen in Beziehung zu verschiedenen Sportbereichen und kulturellen Unterschieden. Wenn wir Lösungen suchen, dann sind diese nicht als Rezept zu finden, sondern müssen problemorientiert angegangen werden; dies erlaubt verschiedene Lösungswege.

Das Gebot des Fair Play hatte von Anfang an einen festen Platz im Sport, wir können sogar soweit gehen und behaupten: „Ohne Fair Play gibt es keinen Sport". Das Gebot des Fair Play ist ein herausragender und immanenter Teil der von Pierre de Coubertin begründeten Olympischen Idee. Fair Play bezeichnet nicht nur das Einhalten der Spielregeln, Fair Play umschreibt vielmehr eine Haltung des Sportlers: der Respekt vor dem sportlichen Gegner und die Wahrung seiner physischen und psychischen Unversehrtheit. Fair verhält sich derjenige Sportler, der vom anderen her denkt.

Dies liegt zunächst im persönlichen Engagement des einzelnen Sportlers. Die strukturellen Bedingungen des Sportbetriebs insgesamt und in der jeweiligen Sportart im speziellen sind jedoch entscheidende Voraussetzungen. Diese Bedingungen werden wesentlich von den Sportverbänden (regional, national, international) in Bezug auf das Regelwerk, aber auch auf die Schulung der Trainer, Schiedsrichter, Mediziner und sonstigen Funktionäre mitbestimmt.

Den Regierungen, insbesondere den staatlichen und privaten Bildungseinrichtungen kommt eine hohe Verantwortung für die Erziehung und Einstellung der Menschen zum Fair Play zu. Der Erziehungsprozess wendet sich nicht nur an die aktiven Sporttreibenden sondern auch an die Sportkonsumenten, die Zuschauer. Der Erziehung zum Fair Play kommt dabei eine erhöhte Bedeutung zu; sie muss in den Curricula verankert werden.

Mit Sorge beobachtet das Internationale Fair-Play-Komitee Fehlentwicklungen im Bereich des Sports auf der ganzen Welt, welche dem Gedanken des Fair Plays zuwider laufen. Eine breite Fair-Play-Diskussion muss innerhalb des Sports geführt werden und helfen, faires Handeln im Sport einsichtig zu machen. Sie zielt nicht darauf ab, Sportler moralisch zu verurteilen. Dabei ist präventiven Maßnahmen Vorrang zu geben.

Grundsätzlich müssen die Bedingungen überdacht und, wo nötig, verändert werden, unter denen heute sportliche Leistungen vollbracht werden. Fair spielen, den Erfolg nicht um jeden Preis suchen, ist das Gebot des Fair Play. Daher muss der Druck von den Sportlern und Trainern genommen werden, dass nur der Sieg zählt.

www.sportunterricht.de/lksport/fairtexte.html

M4 Grundsätze für Fair-Play-Erziehung

Lehrer, Eltern

1. Fair Play ist Ausdruck einer menschlichen Haltung, die sich im achtsamen Verhalten gegenüber sich selbst, gegenüber anderen, aber auch gegenüber der Um- und Mitwelt ausdrückt.

2. Fairplay ist die Kernqualität der Einstellung im zwischenmenschlichen und mitweltbezogenen Bereich.

3. Faires Verhalten setzt bestimmte Fähigkeiten voraus! „Achtsamkeit", „Ehrlichkeit", „Selbstvertrauen", „Rücksichtnahme", „Verlierenkönnen" und „Einfühlungsvermögen" („Empathie") sind diese Voraussetzungen, die es dazu braucht, und die es gezielt zu fördern und zu entwickeln gilt.

4. Diese Fähigkeiten werden in einer Unterrichtsatmosphäre gefördert, in der Kameradschaftlichkeit, Offenheit und Verständnis möglich sind.

5. Dem Erfolgsprinzip, das sich in „Konkurrenz", „Sieg" und „Niederlage" ausdrückt, muss die Schärfe genommen werden! Vielmehr müssen auch das Wohlbefinden, das Zusammenspiel, das Spielerlebnis, die Qualität eines Spiels überhaupt sowie die inneren „Sensationen" angestrebt, betont, hervorgehoben und gepflegt werden.

6. Nicht nur was wir tun ist wichtig, sondern vor allem: wie wir es tun.

7. „Wir sind die Vorbilder!" – Nicht unsere Worte, sondern die Art, wie wir mit den Schüler/innen umgehen, und die Art, wie wir Konflikte lösen, macht uns glaubwürdig.

8. Moralisches Handeln setzt Selbständigkeit und Verantwortungsgefühl voraus.

9. Die Bereitschaft und Fähigkeit, Konflikte lösen zu können, muss frühzeitig gefördert werden.

10. Ziel der Fair-Play-Erziehung muss es auch sein, weniger Schiedsrichter einzusetzen, nicht mehr.
„Jeder achtet darauf, dass er von seinem Nachbarn nicht betrogen wird. Aber es kommt der Tag, an dem er anfängt, darauf zu achten, dass er seinen Nachbarn nicht betrügt."

Canadian Olympic Association 1989. In: Dorothea Luther/Arturo Hotz: Erziehung zu mehr Fairplay. Anregungen zum sozialen Lernen – im Sport, aber nicht nur dort. Bern u.a. 1998, S. 18.

M5 Das Fußballspiel – 1

©Burkhard Pfeifroth

Das Spiel

Die erste Halbzeit des A-Jugendfußballspiels zwischen dem TSG Aalsdorf und SSV Ruhwald (einem Verein mit einem hohen Anteil türkischer Spieler) verlief ohne größere Schwierigkeiten. Nach einem härteren Foul in der zweiten Halbzeit spricht der Schiedrichter einen Feldverweis aus. Zuschauer rufen lautstarke Kommentare auf das Spielfeld. Die Mannschaft des bestraften Spielers protestiert ebenfalls lautstark, die deutschen Spieler hätten sie schon die ganze Zeit verbal hinter dem Rücken des Schiedrichters mit Sprüchen wie „Scheiß Kanaken, wenn das Spiel um ist, machen wir euch platt" provoziert und bedroht. Außerdem würde der Schiri parteiisch für die deutsche Mannschaft pfeifen. Die deutschen Spieler weisen die Beschuldigungen weit von sich und fühlen sich ebenfalls von Sprüchen wie „Ihr seid doch alle Nazis!", beleidigt. Nach immer heftiger werdendem Wortwechsel, bei dem auch der Schiedsrichter mit der Drohung, „Schiri, wir wissen wo dein Auto steht!" bedacht und körperlich bedroht wird, bricht dieser das Spiel ab. Zuschauer, Eltern, Trainer und Betreuer stürmen auf das Spielfeld. Es entwickelt sich eine Massenschlägerei, die erst durch die hinzugerufene Polizei beendet werden kann. Am nächsten Tag lautet die Schlagzeile in der regionalen Tagespresse: „Massenschlägerei, Verfolgungsjagden, Morddrohungen – Fußball unter Polizeischutz".

Nach Angelika Ribler: Interkulturelles Konfliktmanagement im Fußball. In: ajs-Informationen, 4/2003, S. 14.

- **Schildere den Vorfall** aus der Sicht
  - eines Spielers der TSG Aalsdorf
  - eines Spielers des SSV Ruhwald
  - des Schiedsrichters
- **Sportgericht**
  Der Vorfall wird vor dem zuständigen Sportgericht verhandelt. Du gehörst (neben zwei weiteren Sportrichtern) zu dem Rechtsausschuss, der über das weitere Vorgehen (Strafen) entscheidet.
  - Was musst du alles wissen, damit du eine sachgerechte Entscheidung fällen kannst?
  - Wie sind die Bilder vom jeweiligen anderen?
  - Beurteile den Fall unter dem Aspekt, dass die Betroffenen lernen sollen, fair miteinander umzugehen.
  - Was empfiehlst du als Urteil? Einige dich mit den anderen Sportrichtern. Begründe dein Urteil.
- **Runder Tisch**
  Der Vorfall soll an einem Runden Tisch mit Vertreterinnen und Vertretern aller Beteiligten besprochen werden. Der Runde Tisch wird von zwei Moderatoren geleitet. Ziel des Gespräches ist es, die Bedürfnisse der jeweiligen Gruppen zu klären und für die Zukunft Lösungswege zu finden (M5-2).

M5 Das Fußballspiel – 2

Die Vorgeschichte

Der Verein SSV Ruhwald war bereits in dieser und der vorigen Saison mehrfach wegen Tätlichkeiten von Spielern und Zuschauern bestraft worden.

Entscheidung des Sportgerichts

Der zuständige Rechtswart verhängt Spielsperren von 16, 10 und 4 Wochen für drei türkische Spieler des SSV Ruhwald sowie eine Geldstrafe für den Verein in Höhe von 150 Euro. Zwei deutsche Spieler des TSG Aalsdorf erhalten eine Sperre von zwei Wochen.

In der Verhandlung habe sich herausgestellt, dass die türkischen Zuschauer und Spieler die Schlägerei angefangen hätten.

SSV Ruhwald

Vorstand, Spieler und Zuschauer des Vereins bestreiten, dass sie den Konflikt verursacht haben, vielmehr seien sie von deutschen Spielern und Zuschauern verbal beleidigt und mit rassistischen Sprüchen provoziert worden. Der Schiedsrichter habe sie massiv benachteiligt. Die Presse habe sehr einseitig zugunsten der Deutschen berichtet. Man sei eine solche Behandlung gewöhnt. Man denke inzwischen über einen rein türkischen Verein nach.

TSG Aalsdorf

Die beiden hauptsächlich beteiligten Spieler sagen aus, dass sie verbal und körperlich von der Gegenseite attackiert worden seien, dies sei auch bereits bei früheren Spielen schon häufig passiert. Sie würden nicht mehr gegen türkische Spieler antreten. Sie hätten keine Lust mehr, als ausländerfeindlich bezeichnet zu werden. Sie hätten nichts gegen Ausländer.

Der Schiedsrichter

Das Spiel sei schwer zu leiten gewesen, meint der Schiedsrichter. Dies sei oft so, wenn er Mannschaften mit vielen türkischen Spielern zu pfeifen habe, dies läge an deren mentalitätsbedingten leichteren Reizbarkeit und hoher Emotionalität, die allerdings von deutschen Spielern auch häufig zu gezielten Provokationen ausgenutzt werde.

Der Kreisfußballwart

Der Kreisfußballwart stellt fest, dass es in zunehmendem Maße zu einer Häufung von Konfliktfällen mit Beteiligung türkischer Spieler kommen würde. Er bedauere diese Tatsache. Noch schlimmer sei die Tendenz der türkischen Spieler, sobald sie volljährig seien, in rein türkische Vereine zu wechseln. Er lehne die zunehmende Gründung ethnischer Vereine ab, denn dies sei der eigentliche Grund für die Häufung der Konflikte – zumindest im Seniorenbereich. Im Sinne der Integration sei dies eine Fehlentwicklung, zumal die ausländischen Spieler in den deutschen Vereinen immer willkommen seien.

Weiterführende Informationen

- Es kommt im Jugendfußball zu immer wiederkehrenden gewaltförmigen Konflikten, die durch die traditionelle Sportgerichtsbarkeit (Sperren, Geldstrafen) nicht zufrieden stellend gelöst werden können.
- Der Strafzweck der Abschreckung wirkt in diesem Bereich nicht, da es sich überwiegend um Spontan- und Affekttaten handelt.
- Seit 1989 nimmt die Gründung von ethnischen, meist türkischen Fußballvereinen zu.

Angelika Ribler: Interkulturelles Konfliktmanagement im Fußball. In: ajs-Informationen, 4/2003, S. 14 f.

M6 Der T90-Laser II-Fußballschuh

Die Firma Nike wirbt auf ihrer Internetseite so für ihre Fußballschuhe:

Handgefertigte Performance

Der Schuh eines Spielers ist die Waffe, mit der er im Spiel zuschlägt. Er muss bis ins Detail auf den Spieler abgestimmt sein. Hier bekommst du einen Einblick, mit wie viel Liebe zum Detail wir die Schuhe für unsere Spieler fertigen.

T90 Laser II Fußballschuh

Je größer deine Trefffläche, desto verbitterter deine Gegner – die ShotShield-Technologie des neuen Total 90 Laser II bringt deine Pässe noch genauer an den Mann, und deine Schüsse werden absolut tödlich. Das revolutionäre V-Twin-Schnürsystem ermöglicht einen überragenden Ballkontakt ...

Mercurial Vapor IV

Der Mercurial Vapor IV ist einer der leichtesten Fußballschuhe, die je entworfen wurden, und wird von den schnellsten und besten Spielern der Welt wie Cristiano Ronaldo und Didier Drogba getragen. Dieser Schuh bietet Stabilität, Atmungsaktivität, Komfort und Bewegungsfreiheit. Damit wirst du deinen Gegnern das Fürchten lehren und deine Rivalen hinter dir stehen lassen.

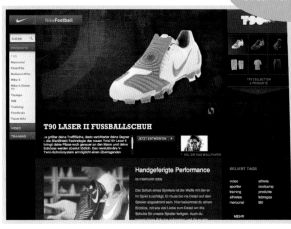

Unterricht

http://inside.nike.com/blogs/nikefootball-de_DE/tags/t90 <16.2.2009>

Analysiere das Plakat:
- Was fühlst du, wenn du das Bild betrachtest?
- Was soll mit dem Bild erreicht werden?

Analysiere den Anzeigentext:
- Welche Begriffe werden verwendet?
- Welche Eigenschaften werden benannt?
- An welche Gefühle und Sehnsüchte wird appelliert?
- Beschreibe wie die Anzeige auf dich wirkt.

Wallpaper von Nike zum Download

M7 Ursachen der Gewalt um den Fußballsport

Gesellschaftliche Ursachen

- Perspektivlosigkeit
- Langeweile/Erlebnisarmut
- Sinnarmut
- gruppendynamische Prozesse im Kontext von Deprivation
- persönliche Identitäts-findung

Sportbezogene Ursachen

- Aggressionsförderung durch den Fußball
- Identifikation mit der Mannschaft
- Symbolwert des Spieles und Siegfixierung
- Schiedsrichterentscheidung
- Wachsen der Distanz zwischen Spielern/Verein und Fans
- Kommerzialisierung

Ursachen der Gewalt um den Fußballsport

Veranstaltungs-bezogene Ursachen

- Uniformierung
- Aufschaukelung (Alkohol)
- Anonymität
- Spielverlauf (Schiedsrichterentscheidung, Fairness des Spiels etc.)
- Entindividualisierung

Medienbezogene Ursachen

- Kampfsprache
- Unterhaltungswert der Gewaltszene
- Sich-selbst-erfüllende-Prophezeiung

Schwind/Baumann u.a., 1990, S. 96-101. Zitiert nach Günter A. Pilz: Gewalt im Umfeld von Fußballspielen – Ursachen und Möglichkeiten der Prävention. In: Hans Werner Bierhoff /Ulrich Wagner (Hrsg.): Aggression und Gewalt. Stuttgart u.a. 1999, S. 133.

M8 **Problembereiche?!**

Vor allem der Leistungs- und Profisport steht immer wieder in der Kritik.

- Welche Kritikpunkte und Problembereiche werden in den Karikaturen benannt?
- Auf welche konkreten Ereignisse nehmen die Karikaturen Bezug?
- Gibt es noch weitere Problembereiche im Sport? Wodurch entstehen diese Probleme?

- Welche Rollen spielen bei den jeweiligen Problemen die Sportler, die Sportfunktionäre, die Sportverbände, die Zuschauer, die Medien, die Politik, …?
- Gibt es Lösungsmöglichkeiten?

Cartoons: Klaus Stuttmann, www.stuttmann-karikaturen.de

M9 Mit Niederlagen umgehen

Handball EM-2009: Die deutsche Mannschaft verliert das Spiel gegen Norwegen äußerst knapp und – wie viele meinen – auch durch Fehlentscheidungen der Schiedsrichter. Der deutsche Nationaltrainer Heiner Brand reagierte mit einem Wutausbruch. Er geht mit geballten Fäusten auf die Schiedsrichter los. Am nächsten Tag entschuldigte er sich für sein Verhalten. Er sei „etwas erschrocken" über sich selbst gewesen, meinte er auf einer Pressekonferenz und: „Ich verabscheue Gewalt. Ich habe mich noch nie in meinem Leben geschlagen."

Vgl.: Faz.net, 27.1.2009.

- Warum ist Heiner Brand über sich selbst erschrocken?
- Wie bewertest du seine Reaktion? Kennst du ähnliche Reaktionen bei dir selbst?
- Überlege: Wie und wann können solche Reaktionen zustande kommen?

Was machst du, wenn du (alleine oder mit einer Mannschaft) verloren hast?

- O Ich tobe
- O Ich ziehe mich zurück
- O Ich denke an etwas Schönes
- O Ich zweifle an mir
- O Ich denke, dass das ja nicht so wichtig ist
- O Ich weine
- O Ich denke an das nächste Spiel
- O Ich denke ans Aufhören

Was wünscht du dir von den anderen, wenn du verloren hast?

- O Einen Handschlag vom Sieger
- O In die Arme genommen werden
- O Weinen dürfen
- O Getröstet werden
- O Abgelenkt werden
- O An etwas Schönes denken
- O Etwas unternehmen

Welche Sätze würden dir helfen, wenn du verloren hast:

- O Es gibt Wichtigeres im Leben.
- O Du hast nicht genügend trainiert.
- O Teilnehmen ist wichtiger als Siegen.
- O Nächstes Mal gehörst du zu den Siegern.
- O Andere sind bevorzugt worden.
- O Das ist mir auch schon passiert.
- O Wie kann ich dir helfen?
- O Was willst du nun tun?
- O Für mich warst eigentlich du der Sieger.
- O Du tust mir leid.
- O Morgen sieht die Welt schon anders aus.
- O Jetzt bist du enttäuscht.
- O Wie geht es dir jetzt?

Dorothe Luther/Arturo Hotz: Erziehung zu mehr Fairplay. Bern 1998.

M10 **Rituale**

Beim Sport gibt es vielfältige Rituale: Vor dem Spiel oder Wettkampf, bei einem Punktgewinn oder Tor, beim Sieg oder bei der Niederlage.
• Was drücken solche Rituale für dich aus?

• Warum werden sie angewandt?
• Wie wirken sie auf die eigene, wie auf die gegnerische Mannschaft, wie auf die Zuschauer?

Männerrituale beim Sport
Welche Bedeutung haben für dich die Gesten auf den Fotos?

Frauenrituale beim Sport
Skizziere in die Kästen Rituale, die Frauen beim Sport zeigen!

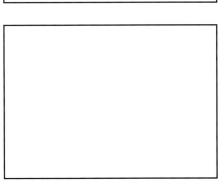

457

M11 „Kampfspiele"

Auf den Schultern des Partners/der Partnerin versuchen die Teilnehmenden, sich aus dem Gleichgewicht zu bringen. Gekämpft wird als Duell je 2 Paare gegeneinander oder alle Paare gleichzeitig. Auf Rasenflächen oder Matten zu kämpfen, vermindert die Verletzungsgefahr.

Stelle Regeln auf:

Was ist erlaubt?:

_____

_____

_____

_____

Was ist nicht erlaubt?

_____

_____

_____

_____

Abwandlungen
- Auf einem Bein, Arme vor der Brust verschränkt hüpfen und die Gegnerin/den Gegner aus dem Gleichgewicht bringen.
- Im Schneidersitz sich gegenüber sitzen. Mit den Armen Kontakt aufnehmen und sich aus dem Gleichgewicht bringen.

Können an diesen Spielen auch Mädchen/Frauen teilnehmen? Wenn ja, müssten dann die Regeln verändert werden?

_____

_____

_____

_____

M12 **Fair-Play-Regeln**

Formuliere 10 Fair-Play-Regeln für einen guten
Spielverlauf! Orientiere dich an den Bildern.

Meine Fair-Play-Regeln

1. _____

_____

2. _____

_____

3. _____

_____

4. _____

_____

5. _____

_____

6. _____

_____

7. _____

_____

8. _____

_____

9. _____

_____

10. _____

_____

M13 Fair Trade

Unterricht

Sportartikel sind ein großer und heiß umworbener Absatzmarkt. Sportbekleidung, Sportschuhe und Bälle werden vor allem in China und Pakistan hergestellt.

Wie beantwortest du folgende Fragen?

- Warum soll ich eigentlich Waren aus Fairem Handel kaufen und nicht billigere Produkte oder Erzeugnisse aus der Region?
- Wie viel Geld ist mir die Solidarität mit Menschen in anderen Erdteilen wert, die von meinem Kaufverhalten profitieren können?
- Bin ich bereit, eventuell gegen die Meinung meiner Bekannten und Freunde Produkte aus Fairem Handel zu kaufen?

Das Atlanta Agreement

Zwar haben sich die großen Markenhersteller mit der Unterzeichnung des sogenannten Atlanta Agreements verpflichtet, Kinderarbeit beim Nähen von Fußbällen zu verbieten. Für alle Spielzeug- und Werbebälle gilt die Atlanta-Vereinbarung jedoch nicht, sondern nur für Bälle, mit denen Sport betrieben wird.

- Recherchiere:
  Was sagt das Atlanta Agreement genau?

Fair gehandelte Produkte erkennen

- Woran erkennt man fair gehandelte Produkte?
- Wo kann man fair gehandelte Produkte kaufen?
- Werden in der Schule/im Verein fair gehandelte Produkte (z.B. Bälle) verwendet?
- Vergleiche fair gehandelte Produkte mit anderen Produkten.

www.fairtrade.de
www.gepa.de
www.forum-fairer-handel.de
www.cleanclothes.at
www.fairdealtrading.de

Grundsätze des Fairen Handels

Chancen für wirtschaftlich benachteiligte Produzenten schaffen:

- Zahlung eines fairen Preises;
- Sozialverträgliche Arbeitsbedingungen;
- Gleichberechtigung von Frauen;
- Aufbau von Kapazität und Know-how;
- Transparenz und Verantwortung;
- Umweltschutz.

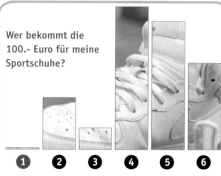

Wer bekommt die 100.- Euro für meine Sportschuhe?

① Löhne 0,4 % **②** Herstellungskosten 12 % (Produktionskosten 2 %, Fabrikgewinn 2 %, Material 8 %) **③** Transport und Steuern 5 % **④** Markenfirma 33 % (Profit 13,5 %, Forschung 11 %, Werbung 8,5 %) **⑤** Einzelhandel 29,6 % **⑥** Mehrwertsteuer 20 % (Österreich)
www.cleanclothes.at

Fair gehandelte Bälle

Die Gesellschaft zur Förderung der Partnerschaft mit der Dritten Welt, gepa, bietet seit 1998 Fußbälle der Firma Talon Sports aus Sialkot/Pakistan an. Diese Bälle stellen eine Alternative zu konventionellen Bällen der großen Hersteller dar, denn Talon Sports verzichtet generell auf Kinderarbeit und bezahlt für die fair gehandelten Bälle deutlich höhere Löhne. Dies ermöglicht es den Familien, auf Dauer auf die Mitarbeit ihrer Kinder verzichten zu können.
www.astm.lu/article.php3?id_article=696
www.gepa.de

GEPA®
THE FAIR TRADE COMPANY

M14 **Fair Life**

Fair Life bedeutet ...

- dass alle Menschen auf der Erde eine faire Chance erhalten: für ein Leben in Frieden und Würde, ohne Ausbeutung, Hunger, Armut und Unterdrückung.

- dass Regierungen und Gesellschaften Regeln für ein faires Zusammenleben weltweit beachten: Die Respektierung von Völkerrecht und Menschenrechten.

- dass insbesondere Kinder nicht Willkür und Gewalt ausgesetzt sind: Die Durchsetzung der Kinderrechte weltweit.

- dass Menschen weltweit voneinander lernen und sich gegenseitig unterstützen: Die Solidarität in Zeiten der Globalisierung.

- dass Anderssein nicht mehr als Bedrohung, sondern als Chance wahrgenommen wird: Die Gemeinsamkeit im Anderssein erkennen.

- dass Konflikte nicht mehr mit Gewalt ausgetragen werden: Die Etablierung einer Kultur des Friedens.

- dass für Waren und Dienstleistungen ein gerechter Preis bezahlt wird: Die Förderung des fairen Handels.

- dass faires Verhalten belohnt wird: Die Absage an Vorteilnahme durch Ungerechtigkeit.

Global Lernen 2/2005, S. 6.

Wie kann Fair Life konkret aussehen?
Finde Beispiele
- für die Familie.
- für den Freundeskreis.
- für die Schule.
- für die Gesellschaft.

Wortspiele:
- Finde Begriffe mit „fair...", z.B. fairhindern, fairgeben, ...
- Wie verändert sich der ursprüngliche Wortsinn durch diese neue Kombinationen?
- Worauf möchte „Brot für die Welt" mit diesen neuen Begriffen aufmerksam machen?

M15 Straßenfußball für Toleranz

„Straßenfußball für Toleranz" verfügt über ein sehr flexibles Reglement. Dabei gibt es Grundregeln, die nicht verändert werden sollten, um den Charakter des Ansatzes zu erhalten. Andere Regeln sind nur als Denkanstoß gedacht, sie können verändert oder auch weggelassen werden. Selbstverständlich ist es auch möglich, neue Regeln hinzuzunehmen.

Das folgende Regelsetting hat sich bewährt:

Kleinfeld-Fußball

Gespielt wird auf einem Kleinfeld (ca. 10 x 15 m) mit kleinen Toren. Spieldauer: Sieben Minuten.

Teams

Die Teams bestehen aus bis zu sechs Spielerinnen und Spielern (zwei Auswechselspielerinnen und Auswechselspieler). Jedes Team ist mit vier Spielerinnen und Spielern auf dem Platz vertreten. Die Teams sind gemischt. Es wird ohne Torwart gespielt. Auswechslungen sind laufend möglich.

Rolle der Mädchen

Es müssen zwei Mädchen auf dem Spielfeld sein. Ein Mädchen im Team muss im Laufe des Spiels ein Tor schießen, dann erst zählen alle anderen geschossenen Tore. Diese Regel ist zentral im Kontext des sozialen Miteinanders im Team.

Teamer

Schiedsrichter gibt es nicht. Sie werden durch sogenannte Teamer ersetzt, die eine zentrale Rolle einnehmen mit anspruchsvollen Aufgaben (vgl. M16).

Dialogzone und Agreements

Vor dem Spiel kommen die Teams in einer „Dialogzone" zusammen und definieren für sich drei „Agreements": Darunter versteht man zusätzliche Regeln im Geiste von Fair Play, die während des Spiels eingehalten werden sollen. Nach dem Spiel kommen die Teams wieder zusammen und diskutieren kurz, inwiefern sie diese Agreements eingehalten haben. Der Teamer kann hier unterstützen und auf beobachtete Spielsituationen aufmerksam machen.

Beispiele für Agreements:
- Sich gegenseitig aufhelfen;
- Auswechslung nach einem Foul;
- Keine blöden Ausdrücke;
- Keine Fernschüsse;
- Handschlag vor und nach dem Spiel;
- Sich für Regelverstöße sofort beim Gegner und beim eigenen Team entschuldigen.

Punkteverteilung

Das Gewinnteam nach Toren erhält drei Punkte, das Verliererteam nach Toren einen Punkt, bei einem Unentschieden erhalten beide Teams jeweils zwei Punkte. Beide Teams können noch bis zu drei Fair-Play-Punkte bekommen.

Besonders bewährt hat sich folgendes Vorgehen:
- Drei Fair-Play-Punkte bekommt ein Team, wenn alle drei Agreements eingehalten wurden und besonders fair gespielt wurde;
- Zwei Fair-Play-Punkte werden vergeben, wenn alle Agreements eingehalten wurden, das Spiel jedoch nicht vollkommen fair war;
- Einen Fair-Play-Punkt gibt es, wenn nur ein Teil der Agreements eingehalten wurde.

Vgl. Kick Fair/Institut für Friedenspädagogik Tübingen e.V. (Hrsg.): Straßenfußball für Toleranz. Handreichung für Jugendarbeit, Schule und Verein. Tübingen 2006, S. 7.

M16 **Grundregeln im Überblick**

Die Grundregeln von Straßenfußball für Toleranz

- Gespielt wird auf einem Kleinfeld (10 x 15 m).

- Gespielt wird 2 mal 7 Minuten.

- Ein Team besteht aus 6 Spielerinnen und Spielern. Davon sind 4 auf dem Platz.

- In den Teams spielen Jungen und Mädchen. Es sind immer mindestens zwei Mädchen auf dem Platz.

- Es darf laufend ausgewechselt werden.

- Gespielt wird ohne Torwart.

- Es gibt keine Schiedsrichter, sondern Teamer. Die Aufgaben der Teamer sind:
  - Vor dem Spiel:
    Diskussion und Festlegung von drei „Fair-Play-Regeln" mit den Teams.
  - Während des Spiels:
    Erkennen und Schlichten von Konfliktsituationen.
  - Nach dem Spiel:
    Beurteilung des Spielverlaufs und Diskussion der Vergabe der Fair-Play-Punkte mit den Teams.

- Es gibt am Spielfeldrand eine Dialogzone. Vor dem Spiel kommen die Teams in der Dialogzone zusammen und einigen sich auf Fair-Play-Regeln.

- Es muss mindestens ein Tor von einem Mädchen erzielt werden.

- Für das Endergebnis zählen Tore und Fair-Play-Punkte.

- Der Gewinner nach Toren erhält 3 Punkte, der Verlierer einen Punkt.

- Beide Mannschaften können noch bis zu 3 Fair-Play-Punkte erhalten. Die Fair-Play-Punkte werden bei der Schlussbesprechung von den Teams gemeinsam verteilt.

 ©2010, Institut für Friedenspädagogik Tübingen e.V. – WSD Pro Child e.V.

M17 Judo und Gewaltprävention

Unterricht

Kinder und Jugendliche haben das Bedürfnis, zu rangeln und ihre Kräfte zu messen. Dies ist für die psychische, soziale und körperliche Entwicklung bedeutsam, wird jedoch zum Problem, wenn Fähigkeiten, Kenntnisse und Einstellungen sowie Gelegenheiten fehlen, Zweikämpfe in kontrollierter und verantwortungsvoller Form auszutragen. Im Judo, also im Kampf mit Körperkontakt, werden der verantwortungsvolle Umgang mit dem Partner und Fairness im Zweikampf, also das Respektieren, Einhalten und zunehmende Selbstgestalten von Regeln eines fairen Zweikampfes vermittelt. Judo betreibt man immer miteinander, nicht gegeneinander.

Sich der Herausforderung eines Zweikampfes zu stellen und Sieg wie Niederlage körperlich zu erleben sind unverwechselbare Erfahrungen, die zur Stärkung des Verantwortungsbewusstseins und des Selbstwertgefühls beitragen.

Viele Lösungen in Zweikampfsituationen müssen zunächst kooperativ und unter besonderer Betonung der gegenseitigen Verantwortung gelernt und geübt werden, bevor sie im Zweikampf angewendet werden dürfen.

Durch den intensiven Körperkontakt im Judo wird insbesondere die taktile, kinästhetische und vestibuläre (den Gleichgewichtssinn betreffende) Wahrnehmungsfähigkeit verbessert und die Bewegungserfahrung entscheidend erweitert. Das Spüren von Emotionen der Partnerinnen und Partner (Angst, Siegeswille, Sorge etc.) fördert in besonderem Maße die Empathie. Durch die ständigen Partnerübungen und Zweikämpfe werden Berührungsängste abgebaut und die Akzeptanz des eigenen Körpers gefördert. Ein behutsames Anleiten von Kämpfen zwischen Mädchen und Jungen hilft, Geschlechtsrollenstereotypen aufzubrechen, Berührungsängste dem anderen Geschlecht gegenüber abzubauen und die Empathie bezüglich der Körperlichkeit und Empfindungen des anderen Geschlechts zu fördern.

Zudem machen Mädchen und Jungen im Sinne der Selbstbehauptung beim Kämpfen Erfahrungen, die eigenen Körpergrenzen behaupten zu können und die eigene Stärke zu erleben. Aus Sicht der gesundheitlichen Förderung ist die umfassende Kräftigung des Halte- und Stützapparates gerade für Kinder wichtig.

Judo steht in einem guten Ruf. Stärkung des Selbstbewusstseins, Selbstverteidigung, gegenseitige Verantwortung werden meist von Elternseite genannt. Das stimmt alles. Soll das Projekt Judo tatsächlich die Gewaltprävention unterstützen, kann dies nur dann geschehen, wenn es langfristig durchgeführt wird. Zwar zeigt der Judounterricht in wenigen Wochen bereits Verhaltensänderungen, steht den Kindern aber danach nicht mehr die Möglichkeit zur Verfügung, Umgangsformen zu verfestigen, war viel Mühe umsonst. Es lohnt sich daher nur, das Projekt zu beginnen mit der Absicht, es zu institutionalisieren, d.h. regelmäßig und langfristig anzubieten.

Rainer Lupschina, JSV Tübingen.
www.gewaltpraevention-tue.de/index.php?id=10201

Damit Judo seine präventive Kraft entfalten kann, sind verantwortungsbewusste Trainerinnen und Trainer Voraussetzung: Völlig unreflektiert als ein Mittel zur Gewaltprävention sollte Judo indessen jedoch nicht bejubelt werden, um nicht den Blick für mögliche Probleme zu verlieren. Besonders die versteckte Gewalt von Lehrern gegenüber den Schülerinnen und Schülern, wie sie sich zum Beispiel ab und an in der Demonstration von Wurftechniken zeigt.

Judo-Magazin, 2/01, S. 7 ff.

M18 Box-Club Nordend e.V.

Streitkultur durch Boxtraining

„Hart aber fair" heißt das Motto des Box-Club Nordend e.V., der im Jahr 2004 gegründet wurde. Heute besuchen zwischen 60-70 Jugendliche regelmäßig die Trainings. Dort geht es nicht in erster Linie um sportliche Fitness und Erfolge, sondern vor allem um Wege aus der Gewalt und um die Vermittlung von Konfliktfähigkeit.

Das ungewöhnliche Sportangebot nehmen hauptsächlich männliche Jugendliche im Alter von 12 bis 22 Jahren wahr. Doch auch Mädchen können jeder Zeit mittrainieren und sie nutzen diese Möglichkeit immer häufiger. Die meisten Teilnehmer haben einen Migrationshintergrund, und viele waren noch nie Mitglied in einem Verein. Fast alle haben Erfahrung mit körperlicher Gewalt – sei es als Täter oder sei es als Opfer. Doch die Trainings stehen für alle Interessierten offen. Durch eine größtmögliche Heterogenität der Gruppen sollen Toleranz und Verständnis für andere gefördert werden. Ein respektvoller Umgang wird von den Sozialarbeitern und Trainern – viele arbeiten ehrenamtlich mit – konsequent vorgelebt. Herkunft, Religion und Alter sind im Box-Club gleichgültig. Jeder ist wichtig und wird ernst genommen. Voraussetzung ist die Bereitschaft, regelmäßig am Training teilzunehmen. Wer nicht kommen kann, muss sich vorher abmelden; wer Gewalt im Alltag anwendet, wird sofort aus der Gemeinschaft ausgeschlossen. Gezielte Partnerarbeit während der Übungen lehrt Kooperation, Hilfsbereitschaft und Rücksicht auf Schwächere. Durch die gemeinsame Erfahrung von Respekt und Fair Play und durch die klaren Regeln lernen die jungen Leute, Konflikte im Alltag verbal anstatt mit Gewalt zu lösen.

Anfänger kommen meistens einmal pro Woche, Fortgeschrittene und Mitglieder, die an sportlichen Wettkämpfen teilnehmen, trainieren bis zu vier Mal. Die Trainer und viele der Älteren, die schon länger dabei sind, gelten für die Jüngeren als Vorbild.

Das Boxtraining stärkt das Selbstwertgefühl, hilft den Jungen, Dampf abzulassen und zu entspannen.

Nach dem Training findet eine Ruhephase in Form von Entspannungs- und Atmungsübungen statt, damit die Jugendlichen zur Ruhe kommen und sich körperlich und mental regenerieren. Neben dem Boxen, werden im Rahmen des Projekts mittlerweile auch Hausaufgabenhilfe und Berufsberatung angeboten. Durch das ergänzende Programm wird den Jugendlichen zudem signalisiert, dass nicht nur der Sport, sondern auch schulische Leistungen wichtig sind. Das gesamte Angebot des Jugendzentrums ist kostenlos. Der Verein trägt sich durch städtische Unterstützung, Sponsoren und Spendengelder.

www.boxclub-nordend-offenbach.de

M19 Twinned Peace Sport Schools

Twinned Peace Sport Schools in Israel/ Palästina, Maßnahmen des Peres Center for Peace.

Die NGO Peres Center for Peace wurde 1996 von Shimon Peres gegründet. Die Organisation hat sieben Abteilungen, u.a. für Landwirtschaft, Gesundheit und Sport. Die Sportabteilung führt Fußball- und Basketballprojekte für israelische und palästinensische Kinder aus benachteiligten Gebieten durch. Ihr Partner ist die palästinensische NGO Al-Quds Association for Democracy and Dialogue, die die Arbeit mit den lokalen Mitarbeitern auf der palästinensischen Seite koordiniert.

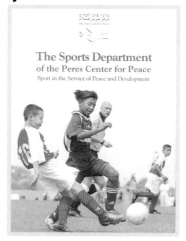

Das Ziel der Projekte ist es, Palästinenser und Israelis zusammen zu bringen, um Stereotypen und Vorurteile abzubauen. Man will die „Feindgruppe" menschlicher machen, damit die Mitglieder der anderen Gruppe nicht nur als Terroristen oder Soldaten wahrgenommen werden, sondern als „normale" Menschen.

Die Twinned Sports Schools ermöglichen es, dass Jungen und Mädchen aus armen, benachteiligten Gebieten im außerschulischen Bereich Fußball oder Basketball spielen. Die Kinder treffen sich zweimal wöchentlich in ihrem Ort, um zu trainieren. Vor oder nach dem Spiel leiten die Trainer außerdem kurze friedenspädagogische Aktivitäten an. An zwei zusätzlichen Tagen die Woche gibt es weitere Angebote für die Kinder wie zum Beispiel Hausaufgabenhilfe oder Sprachkurse.

Jede palästinensische Projektgemeinde bekommt eine Partnergemeinde in Israel zugeteilt. Den Höhepunkt des Projekts bilden die gemeinsamen israelisch-palästinensischen Spiele, die alle zwei bis drei Wochen stattfinden. Während dieser Turniere werden die Kinder in gemischte Gruppen aufgeteilt, um Interaktion und Kommunikation zu fördern. Alle gemeinsamen Spiele finden in Israel statt, da es für Israelis illegal ist, in die palästinen-

sischen Gebiete zu reisen. Mütter und Väter werden ermutigt, sich zu beteiligen und sich zu engagieren, wodurch Kontakte und erste Dialoge zwischen Eltern beider Seiten hergestellt werden.

Ergänzt werden diese Angebote durch Aus- und Weiterbildungsseminare für palästinensische und israelische Trainer, ein gemischtes Sommerlager und eine arabisch/hebräische Zeitung, in der Kinder über ihre Erfahrungen in dem Programm berichten.

Die größten Events sind die inszenierten Freundschaftsspiele („exhibition matches"), in denen israelisch-palästinensische Teams gegen bekannte Mannschaften wie Real Madrid oder Bayern München spielen. Diese Veranstaltungen ziehen eine große Zuschauerschaft und viel Publicity an.

Es wird geschätzt, dass das Projekt bislang ca. 5.000 Jugendliche, 12.500 Familienmitglieder und eine noch größere Zahl von Gemeindemitgliedern erreicht hat.

Gal Peleg: Twinned Peace Sport Schools in Israel/ Palästina. Tübingen 2008, (Manuskript).
www.peres-center.org

Medien

Grundwissen

Materialien

Dieser Baustein benennt die Gefahren, die mit Neuen Medien verbunden sind und zeigt vielfältige Möglichkeiten des produktiven Umgangs mit diesen Medien auf. Jugendschützerische Gesichtspunkte werden dabei weniger unter dem Aspekt des Verbotes als vielmehr dem des Erwerbs von Medienkompetenz im Sinne der Fähigkeit zur eigenen Mediengestaltung diskutiert.

Medien

Medien verändern

Medien verändern unsere Welt, unsere ethischen Vorstellungen, unsere Gefühle – und deshalb müssen wir auch Einfluss auf die Medien nehmen.
Olaf Zimmermann, Geschäftsführer des Deutschen Kulturrates. In: tv diskurs, 4/2007, S. 28.

Ohne Zweifel hat die Auseinandersetzung mit Medien eine große Bedeutung für Strategien der Gewaltprävention. Nicht im reaktiven Sinne von Bewahrung und Verbot, sondern im aktiven Sinne der Aneignung von Medien zur aktiven Gestaltung und kritischen Auseinandersetzung. Dabei sollte bei der Diskussion um Gewalt in Medien stets im Bewusstsein sein: Es sind nicht Kinder und Jugendliche, die diese Spiele und Filme produzieren und in Umlauf bringen, sondern Erwachsene, die damit Geld verdienen wollen. Aber es ist genauso richtig, dass es neben dem Angebot auch eine Nachfrage nach solchen Spielen gibt.

Jugendwelt ist „Medienwelt"

Kinder und Jugendliche leben nicht nur in einer von Medien geprägten Umwelt, ihre Auseinandersetzung mit der Wirklichkeit und die Aneignung der Welt vollzieht sich in einem zunehmenden Maße über medienvermittelte Erfahrungen. Die Einflüsse von Medien auf den Alltag, auf Meinungen und Wissen sind allgegenwärtig und werden sich in den nächsten Jahren vor dem Hintergrund der sich immer weiter entwickelnden Informations- und Kommunikationstechnologien noch intensivieren. Erziehung und Bildung können diese Entwicklungen nicht ignorieren.

Kinder, Jugendliche und junge Erwachsene verfügen heute nicht nur über beträchtliche Medienerfahrungen, sondern auch über eine relativ hohe Medienkompetenz was den Umgang mit und die Bedienung von Geräten betrifft – nicht so sehr was ein kritischer Umgang damit ausmacht. Bei genauerer Betrachtung ergeben sich allerdings je nach sozialem Umfeld und Bildungsniveau erhebliche Unterschiede im Umfang und Intensität der Mediennutzung.

Medien und Sozialisation

Ein Drittel aller Kinder nennt Personen (Schauspieler) aus Film und Fernsehen als ihr Idol, bzw. Vorbild. Fernsehen, Musik hören, Videos sehen gehören zu ihren beliebtesten und verbreitesten Freizeitinteressen (JIM-Studie 2008). Haushalte, in denen Kinder aufwachsen, weisen eine zunehmende Medienausstattung auf. Bei Fernsehgeräten, Handys und Computern inklusive Internetzugang kann heute von einer Vollversorgung ausgegangen werden.

Medien sind Teil der Kinder- und Jugendkultur und vermitteln Zugang zu ihr. Sie drücken Lebensgefühle aus und ermöglichen gesellschaftliche Teilhabe und Kontaktaufnahme zu anderen. Medien erfüllen für Kinder und Jugendliche in spezifischen Lebensphasen bestimmte (innerpsychische und soziale) Bedürfnisse, die Entwicklungsprozesse unterstützen. Durch Medien bearbeiten Kinder und Jugendliche auch eigene Lebensthemen. Dies ist nicht so sehr ein äußerer, sondern vor allem ein innerer Prozess. Dabei ist auch zu beachten, dass es geschlechtsspezifische Unterschiede in der Nutzung und im Umgang mit Medien gibt.

Medien und Gewalt

Einer der großen Problembereiche im Umgang mit (Neuen) Medien sind neben pornografischen Angeboten die exzessiven Gewaltdarstellungen. Häufig wird das Problem auf den Bereich gewalthaltiger Computerspiele, insbesondere sog. Ego-Shooter-Spiele verkürzt. Gewalt ist in den fiktionalen und realen Medieninhalten in allen Varianten und Darstellungsformen zu finden. Gewaltdarstellungen haben dabei eine eigene Ästhetik entwickelt. Der „Gewaltgehalt" der einzelnen Fernsehprogramme (öffentlich-rechtlicher ebenso wie privater) ist unterschiedlich hoch. Es geht jedoch nicht darum, die Morde und Gewalttaten zu zählen (über 500 sollen es pro Woche in deutschen Programmen sein), die Kinder im Laufe ihres Lebens sehen, also die quantitative Dimension zu erfassen – so wichtig diese sein kann – als vielmehr die Macharten, Darstellungsformen und dahinter liegenden Botschaften, also die Qualität der Darstellungen, zu untersuchen.

Grundwissen

Gerätebesitz Jugendlicher 2008 in Prozent

	(1)	(2)
Handy	96	94
MP3-Player	86	86
Radio	79	75
CD-Player	83	70
Computer	64	77
Fernsehgerät	57	64
Internetzugang	47	54
Spielkonsole	29	60
Digitalkamera	53	36
DVD-Player	36	39

(1)– Mädchen, (2)– Jungen Jugendliche zwischen 12-19 Jahren, repräsentative Erhebung, n–1.208 JIM-Studie 2008, Stuttgart 2008, S. 10. www.mpfs.de

Was Neuntklässer mit Ihrer Freizeit anfangen*
Tagesdurchschnitt in Minuten

	(1)	(2)
TV/Video/DVD	201	213
Computerspiele	56	141
Sport treiben	77	109
Im Internet chatten	113	103
Familienuntern.	79	65
ausgehen	70	64
Bücher lesen	43	25
Musik machen	25	22
Einsatz für Umwelt, Soziales	10	9

(1)– Mädchen, (2)– Jungen * teilweise gleichzeitige Aktivitäten; rund 44.000 Befragte. Kriminologisches Forschungsinstitut Niedersachsen. Der Spiegel, 12/2009, S. 55.

Wie lange Neuntklässler täglich am Computer spielen (in %)

	(1)	(2)
nie	19,7	5,6
gelegentlich	24,3	10,8
weniger als eine Stunde	25,0	14,9
mehr als eine Stunde	18,9	29,8
mehr als 2,5 Std.	8,3	23,2
mehr als 4,5 Std.	4,3	15,8

(1)– Mädchen, (2)– Jungen
Rund 44.000 Befragte.
Kriminologisches Forschungsinstitut Niedersachsen.
Der Spiegel, 12/2009, S. 50.

Was als Gewalt in Medien bezeichnet wird, hängt davon ab, von welchem Gewaltverständnis man ausgeht, ob ein enger oder weiter Gewaltbegriff angelegt wird. In der Regel wird mit Gewalt in den Medien die Abbildung physischer Gewalt (schlagen, stechen, schießen) verstanden, nicht jedoch z.B. die unblutige Simulation eines totalitären Herrschaftssystems. Es ist ein Defizit der Diskussion um Gewalt in Medien, dass sie von einem eindimensionalen (rudimentären) Gewaltbegriff ausgeht. Deshalb schlagen verschiedene Autoren einen medienspezifischen Gewaltbegriff vor (vgl. Grimm 2005, S. 64 – siehe unten).

Ein wichtiger Teilbereich der Gewaltdarstellungen in Medien betrifft kollektive Gewalt in Form von Bürgerkriegen und Kriegen. Kriegsnachrichten, Kriegsfilme und Kriegscomputerspiele werden oft als eigenständige Medien wahrgenommen, dennoch gibt es (trotz fundamentaler Unterschiede in der Rolle des Zuschauers bzw. Spielers, aber auch bei der Frage von Fiktion und Realität) eine Reihe von Gemeinsamkeiten, die generell auf Bildschirmmedien zuzutreffen scheinen. Hierzu gehören z.B. die Präsentation eines Freund-Feind-Dualismus sowie die mediale Inszenierung von Krieg mit dem Ziel, möglichst viele Zuschauer/Spieler so lange wie möglich vor dem Bildschirm zu halten (vgl. Büttner/Kladzinski 2005).

Wenn fiktionale und reale Darstellungsformen und Inhalte miteinander verschmelzen und zudem den Prinzipien der Inszenierung und Zensur unterliegen, dann hat dies auch Auswirkungen auf die Vermittlung von Weltbildern und den Informationsgehalt von Nachrichtensendungen.

Medienspezifischer Gewaltbegriff

Unter Gewalt werden üblicherweise nur intentionale Handlungen verstanden, die zu Verletzungen und Schädigungen führen. Grimm u.a. weisen darauf hin, dass durch die mediale Präsentation auch bestimmte intentionsunabhängige Vorfälle, bei denen Menschen zu Schaden kommen, ängstigend wirken können. Würden Schmerzen und Leiden der Opfer gezeigt, die z.B. von einem schweren Unfall herrühren, würde dies in der Regel als gewaltsam empfunden, vor allem dann, wenn die Darstellung drastisch und deutlich sei und eine Identifikation mit den Opfern erfolge. Sie folgern daraus, dass ein Gewaltbegriff, der allein intentionale Gewalt als solche definiert, der Darstellung von Gewalt im Fernsehen (z.B. Nachrichten, Actionfilme, Magazine) nicht gerecht werde, und schlagen deshalb folgenden Gewaltbegriff für die Mediengewalt vor: „Gewalt ist die physische, psychische oder materielle Schädigung von Objekt(en) durch Subjekt(e), Naturgewalten oder Unfälle. Gewalt kann intentional oder Intentions unabhängig sein. Intentionale Gewalt umfasst drei Einheiten: glaubwürdige Drohungen, die Gewalttat selbst sowie schädliche Folgen. Intentions unabhängige Gewalt umfasst zwei Einheiten: den Vorfall und die schädlichen Folgen."
Petra Grimm/Katja Kirste/Jutta Weiß: Gewalt zwischen Fakten und Fiktionen. Berlin 2005, S. 64.

Nicht berücksichtigt werden mit diesem Gewaltbegriff jedoch z.B. die Etablierung von rassistischen Weltbildern, die Legitimierung von Menschenrechtsverletzungen oder ungerechten Zuständen, also die Bereiche, die Johan Galtung mit struktureller und kultureller Gewalt bezeichnet.

Einfluss auf das Verhalten

Ob bzw. welchen Einfluss Gewaltdarstellungen in Medien auf reales Gewaltverhalten haben, wird sehr kontrovers diskutiert. Christian Pfeiffer und Matthias Kleimann vom kriminologischen Forschungsinstitut Niedersachsen sehen einen direkten Zusammenhang zwischen Medienkonsum und Gewaltbereitschaft: „Die Gewaltbereitschaft wird wiederum durch häufigen Konsum von Aktionsfilmen und Gewaltexzessen in Computerspielen besonders nachhaltig gefördert" (2006, S. 47).

Michael Kunczik und Astrid Zipfel bilanzieren in ihrem Forschungsbericht über Medien und Gewalt den Forschungsstand so: „Letztlich bestätigen aktuelle Forschungsbefunde die schon länger gültige Aussage, dass manche Formen von Mediengewalt für manche Individuen unter manchen Bedingungen negative Folgen nach sich ziehen können. (...) das genaue Zusammenspiel von Risikofaktoren bedarf aber ebenso wie die Identifikation der tatsächlich wirksamen Elemente medienpädagogischer Strategien für die verschiedenen Zielgruppen noch der weiteren Forschung."

Medien, insbesondere das Fernsehen sowie Video- und Computerspiele für die Gewalt in der Gesellschaft verantwortlich zu machen, ist populär. Die Zeitschrift „tv diskurs" meint hierzu: „Solche Positionen treffen offensichtlich die subjektive Vorstellung vieler Menschen, was (...) nicht unbedingt etwas mit der Wirklichkeit zu tun haben muss" (2004, S. 12).

Was weiß man heute über den Zusammenhang von Medienkonsum und Gewalthandlungen? Sind Medien nur der Prügelknabe, der für gesellschaftliche Versäumnisse und Fehlentwicklungen verantwortlich gemacht wird?

Grundwissen

Viele Ursachen
Hinter Gewalttätigkeit steckt zumeist ein Bündel an Ursachen. Erst die je individuelle Konstellation von mehreren Ursachen löst reale Gewalt aus. Oft spielen familiäre Faktoren eine Rolle: Man war selbst Opfer von Gewalt; man hat Eltern als Gewaltvorbilder erlebt; man hat einen extrem autoritären oder nachlässigen oder verwöhnenden Erziehungsstil erfahren; man hat mangels konstruktiver Vorbilder nie gelernt, Konflikte verbal zu lösen; man hat nie erfahren, was Empathie ist.
Schulische und andere soziale Faktoren können mit hineinspielen: Man ist in der Schule überfordert und frustriert oder unterfordert und frustriert; man geht ohne Schulabschluss ab und hat keine berufliche Perspektive; man findet Aufnahme in einer Gruppe Gleichaltriger, in der Gewaltbereitschaft und gewalttätige Mutproben Kriterien für die Akzeptanz sind; es mangelt an Herausforderungen und aus Langeweile heraus sucht man den Kitzel der Gewalttätigkeit.
Josef Kraus
www.bpb.de/themen/
*FNM3J7,0,Gewalt_wird_als_*
normal_erlebt.html

Herr Fromm, der Titel Ihres Buches lautet: „Digital spielen – real morden?" Gibt es diesen Zusammenhang?

Rainer Fromm: Der Titel ist ganz bewusst mit einem Fragezeichen versehen. Es gibt meiner Meinung nach keinen Kausalzusammenhang zwischen dem Spielen von gewalttätigen Computerspielen und beispielsweise einem Amoklauf. Belegt ist aber, dass diese Spiele die Aggressionsbereitschaft steigern – neben Faktoren wie Gewalt in der Familie oder unter Gleichaltrigen.

Wird die Diskussion um die Wirkung dieser Spiele zu hysterisch geführt?

Rainer Fromm: Nein. Aber es ist unredlich zu sagen, dass Computerspiele nur negative Auswirkungen haben. Sie machen Spaß, sie haben einen hohen Unterhaltungswert und mit einigen Spielen kann man auch viel lernen. Problematisch sind Spiele, die Sadismus, Kriegsverherrlichung und Sexismus als Inhalte haben. Sie führen zu einer schleichenden Militarisierung und Brutalisierung unserer Gesellschaft.
Süddeutsche Zeitung, 21.11.2008.

Erkenntnisse der Mediengewaltwirkungsforschung

Inzwischen existiert eine kaum noch zu überschauende Anzahl an Studien zur Erforschung des Zusammenhangs zwischen Gewaltdarstellungen und realem Gewalthandeln. In Form einer Metastudie liefern Michael Kunczik und Astrid Zipfel einen Überblick über theoretische Konzepte sowie (in der Regel auf ihnen beruhende) bisherige Untersuchungsergebnisse (vgl. Kunczik/Zipfel 2005). Auf der Grundlage dieser Literaturschau können folgende Punkte festgehalten werden:

- Mediengewalt kann nicht grundsätzlich als ungefährlich betrachtet werden.
- Einfache Ursache-Wirkungszusammenhänge sind empirisch nicht haltbar, obwohl diese in der Regel dem verbreiteten Bedürfnis nach eindeutigen Antworten auf die Frage nach der Gefährlichkeit von Mediengewalt entsprechen.
- Mediengewalt stellt nur einen Faktor innerhalb eines komplexen Bündels von Ursachen für die Entstehung gewalttätigen Verhaltens dar. Dabei ist davon auszugehen, dass nicht alle Medieninhalte gleich wirken und nicht jeder Medienkonsument von den potenziellen Gefahren der Mediengewalt betroffen ist.

Negative Auswirkungen

Den bisherigen Befunden zufolge kann angenommen werden, dass die Auswirkungen von Mediengewalt auf Aggressionsverhalten am ehesten zu erwarten sind bei jüngeren, männlichen Vielsehern,

- die in Familien mit hohem Fernseh(gewalt)konsum aufwachsen;
- die in ihrem unmittelbaren sozialen Umfeld, (d.h. Familie, Schule und Peer-Groups) viel Gewalt erleben (sodass sie hierin einen „normalen" Problemlösungsmechanismus sehen);
- die bereits eine violente Persönlichkeit besitzen.

Darstellung der Gewalt

Negative Effekte sind vor allem bei Medieninhalten zu erwarten, in denen Gewalt

- auf realistische Weise und/oder in humorvollem Kontext gezeigt wird;
- gerechtfertigt erscheint;
- von attraktiven, dem Rezipienten möglicherweise ähnlichen Protagonisten mit hohem Identifikationspotenzial ausgeht;
- erfolgreich ist und belohnt bzw. zumindest nicht bestraft wird;
- dem Opfer keinen sichtbaren Schaden zufügt („saubere Gewalt").

Bei der Wirkung von Gewaltdarstellung in Medien spielen also personenbezogene Faktoren, das soziale Umfeld sowie die Art der Darstellung der Gewalt in den Medien zusammen und verstärken sich gegenseitig.

Für Kinder, die im realen Leben Gewalt beobachten oder ihr ausgesetzt sind, besitzen gewalthaltige Medieninhalte eine besondere Anziehungskraft, da diese „durch die erlebte Realität als ‚normal' und angemessen eingeschätzt" werden (vgl. Kunczik/Zipfel 2006, S. 11, 162).

Das Pathologische bei Computerspielen

Auffällig wird das Computerspielverhalten dann, wenn gleichzeitig Merkmale süchtigen Verhaltens auftreten. Hierzu gehören vor allem

- negative Konsequenzen im schulischen und sozialen Bereich, z.B. die Gefährdung und Veränderung des Leistungsverhaltens sowie die Vernachlässigung und Verringerung sozialer Kontakte infolge der exzessiven Computerspielenutzung;
- Schwierigkeiten, das Computerspielen einzuschränken oder zu beenden;
- körperliche Symptome wie Unruhe, Nervosität und Gereiztheit, wenn längere Zeit nicht am Computer gespielt wird;
- Zunahme der mit Computerspielen verbrachten Zeit.

Ein genereller Verdacht, dass Computerspielen pathologisch sei, ist unbegründet.

Reinhold S. Jäger/Nina Moormann: Merkmale pathologischer Computerspielenutzung im Kindes- und Jugendalter. Landau 2008, S. 19, 20. Auszüge. www.zepf.uni-landau.de

Sinnvoll nutzen · **Grundwissen**

Eltern, die Fernsehen und Computer als Erziehungsmittel einsetzen, fördern den Medienkonsum ihrer Kinder, werten die Medien unbewusst auf und machen sie attraktiver, so die jüngsten Forschungsergebnisse der Medienpsychologie. Wer möchte, dass Kinder PC und TV sinnvoll nutzen, muss sich für das, was Jungen und Mädchen an den Bildschirmen treiben, interessieren, mit ihnen über die Inhalte sprechen und entscheiden, welche Sendungen beziehungsweise Spiele erlaubt sind.
Vgl. Frankfurter Rundschau, 28.7.2007, S. 12.

Gefährdungen durch das Internet

Die mit der Nutzung des Internets verbundenen Gefahren sind vielfältig und lassen sich nicht auf Auswirkungen von Gewaltdarstellungen reduzieren. Anhand der öffentlichen Diskussion identifizieren Kunczik und Zipfel potenzielle Risikofaktoren (2005, S. 241 ff.):

- **Gewaltdarstellungen**

  Gewaltdarstellungen sind in allen Varianten im Internet zu finden. So auch besonders grausame und detaillierte Darstellungen, wie Ausschnitte aus Horrorfilmen oder Gewaltpornografie. Dabei werden z.B. Bilder von realen Ereignissen gezeigt, von deren Veröffentlichung sowohl in den Printmedien als auch im Fernsehen abgesehen wird. Ein spezifischer Bereich umfasst Gewalttaten, die eigens für die Verfilmung und die Veröffentlichung im Internet durchgeführt werden.

- **Gewaltausübung im Internet**

  Im Rahmen von Onlinespielen u.ä. kann direkte physische Gewalt „fiktiv" ausgeübt werden. Psychische Gewaltausübung in

Alterskennzeichnung

64 % der Jugendlichen geben an, die Alterskennzeichnungen auf Computer- und Konsolenspielen umgangen bzw. schon einmal Spiele gespielt zu haben, für die man eigentlich noch zu jung ist. Der Zugang zu solchen Spielen wird von 75 % der Jugendlichen als sehr einfach bzw. einfach beschrieben. Als mögliche Bezugsquellen nennen die Jugendlichen in erster Linie die Freunde (67 %), das Internet (44 %) oder den Handel (37 %). *Medienpädagogischer Forschungsverbund Südwest (Hrsg.): Jim-Studie 2008. Stuttgart 2008. S. 42 f.*

Form von Bloßstellen oder der Verbreitung negativer Informationen (Cyberbulling) ist weit verbreitet.

- **Beschaffung gewalthaltiger Medien**

  Über das Internet können Kinder und Jugendliche gewalthaltige Medien – z.B. Filme und Computerspiele – beziehen, die ihnen ansonsten nicht zugänglich sind. Gewalthaltige Computerspiele zum kostenlosen und anonymen Download werden vielfach angeboten.

- **Opfer von Gewalt**

  17 Prozent der Jugendlichen berichten, dass schon einmal falsche oder beleidigende Dinge über sie ins Internet gestellt worden seien (JIM-Studie 2008). Die zahlreichen Chat-Rooms für Kinder und Jugendliche, in denen diese sich unter Gleichgesinnten glauben, werden auch bewusst von Pädophilen aufgesucht, die Kinder dort sexuell belästigen, aber oft auch das Ziel haben, ein reales Treffen zu ermöglichen.

- **Aufrufe zur Gewalt**

  Rassistische, rechtsextreme oder terroristische Gruppierungen nutzen das Internet als Plattform für die Veröffentlichung ihrer Ideologien sowie den gezielten Aufruf zur Gewalt.

Internet

Gefahren

- Darstellungen von Gewalt und Pornografie
- Fiktive und reale Gewaltausübung (u.a. Spiele, Cybermobbing)
- Beschaffung gewalthaltiger Medien
- Aufrufe zur Gewalt, Anleitung zur Ausführung gewalttätiger Handlungen
- Realitätsverlust und Suchtverhalten
- Kriegsführung über Informations- und Kommunikationstechnologien
- Vermittlung menschenfeindlicher Weltbilder

Chancen

- Verbesserung von Bildungschancen
- Teilhabe an Wissen und neuen Erkenntnissen
- Unterstützung von Informations- und Meinungsfreiheit
- Organisation und Vernetzung von unten
- Weltweite einfache Kommunikation
- Neue Berufsbilder
- Globales Lernen

Probleme

- Zensur, Unterdrückung und Inszenierung
- Mangelnde Überprüfung des Wahrheitsgehalts von Medieninhalten
- Mangelnde Sicherheit von Daten und Transaktionen
- Umgang mit Datenmüll
- Aufhebung der Privatsphäre

- **Anleitung zur Ausführung gewalttätiger Handlungen**

  Wie Kochrezepte finden sich im Internet auch Anleitungen zum Bau von Bomben, zum Mixen von Schießpulver, aber auch Anleitungen zum Mord und Selbstmord.

- **Medienkriege**

  Heutige Kriege sind ohne die neuen Informations- und Kommunikationstechnologien nicht mehr führbar. Auch der internationale Terrorismus, wie man ihn seit spätestens dem 11. September 2001 kennt, wäre nicht denkbar, gäbe es nicht die Möglichkeit einer globalen Vernetzung einzelner Zellen über das Internet. Darüber hinaus ist heute das Internet selbst zu einem Kriegsschauplatz geworden (Information warfare).

- **Rechtsextremistische Inhalte**

  Über 1.000 rechtsextremistische Seiten sind im Internet zu finden. Diese zeichnen sich durch Rassenhass, fremdenfeindliche Äußerungen, Akzeptanz von Gewalt, Forderung nach einem Führerstaat, Verleugnung der Judenverfolgung u.a. aus.

- **Suchtpotenzial**

  Eine 2009 vorgestellte repräsentative Studie des Kriminologischen Forschungsinstituts Niedersachsen (KNF) kommt zu dem Ergebnis, dass 0,3 Prozent der Mädchen und 3 Prozent der Jungen (jeweils der Neunten Klassen) von Computerspielen abhängig sind. Allein für diesen Jahrgang sind dies 14.300 Süchtige. Als stärkste Droge wird das Online-Rollenspiel „World of Warcraft" gesehen. Bei der Einstufung von Spielen als jugendgefährdend müsste deshalb auch das Suchtpotenzial und nicht nur der Gewaltgehalt berücksichtigt werden, so das KFN (Der Spiegel, 12/2009, S. 50).

World of Warcraft

Das weltweit größte Online-Rollenspiel World of Warcraft ist in sieben Sprachen verfügbar und hat über 11 Mio. Spieler (davon über 2 Mio. in Europa), die jeden Monat (in Europa) 13,- Euro bezahlen.

Der Hersteller Vivendi Games hat allein mit diesem Spiel einen Jahresumsatz von über 1 Milliarde US-Dollar. Von der „Second World of Warcraft Expansion" verkauften sich bei der Markteinführung am 14.11.2008 innerhalb von 24 Stunden weltweit 2,4 Millionen Exemplare.

Blizzard Entertainment, Inc., 20.11.2008
www.vivendi.com/vivendi/ IMG/pdf/081120_ATVI-2.pdf

Onlinespiele

Online-Spiele-Welten sind für Jugendliche soziale Treffpunkte: 78 % der jugendlichen Online-Spielerinnen und Spieler spielen im Internet gemeinsam mit Freunden aus der Schule, der Nachbarschaft oder aus dem weiteren direkten Umfeld. Und die Hälfte der jungen Spielerinnen und Spieler hat sogar schon neue Freunde über das Online-Spielen gefunden. Vor allem das beliebte Rollenspiel World of Warcraft ist ein Treffpunkt, wo aus Netzbekanntschaften Freunde werden.

Dies ist eines der aktuellen Ergebnisse einer Langzeituntersuchung der Universität Leipzig, die im August 2008 auf der Games Convention in Leipzig vorgestellt wurden.

Universität Leipzig, Professor für Medienpädagogik und Weiterbildung, Pressemitteilung vom 22.8.2008.

Cybermobbing und Happy Slapping

Mit Internet und Handy sind neue Formen des Mobbings und von Gewalttaten auch im schulischen Bereich entstanden. Mitschülerinnen und Mitschüler werden in verfänglichen Situationen mit dem Handy fotografiert, oder es werden gar gewalttätige Übergriffe inszeniert mit dem alleinigen Ziel, diese zu filmen und ins Internet zu stellen. Happy Slapping, fröhliches Zuschlagen, nennt sich dieses Verhalten. Per SMS werden andere gemobbt. Gewaltvideos werden im Pausenhof von Handy zu Handy übertragen und können jederzeit konsumiert werden (Grimm 2008). Befragungen von Jugendlichen zeigen, dass ca. jede 23. Tat (4,3 %) gefilmt oder fotografiert worden ist. Der Anteil variiert mit der Art des Delikts. Im Hinblick auf sexuelle Gewalttaten und schwere Körperverletzungen gilt, dass etwa jede 11. Tat fotografiert oder gefilmt wurde (9,1 %); bei leichten Körperverletzungen gilt dies für 4,1 % der Taten, bei Raubdelikten für 2,9 %. Wenn Gewalttaten fotografiert oder gefilmt werden, dann ist das in vier von fünf Fällen durch andere Personen als den Täter geschehen. Es wird also arbeitsteilig vorgegangen (vgl. Baier/Pfeiffer 2009, S. 50). Gewaltvideos, selbst gemachte Videos, in denen andere verprügelt werden (Happy Slapping), Sexvideos und selbst gemachte Videos, in denen andere in schlimmen oder peinlichen Situationen gezeigt werden, sind zwischen 66 % und 77 % der Kinder und Jugendlichen ein Begriff. Solche Videos schon einmal gesehen hat immerhin jedes vierte Kind im Alter von 12 bis 13 Jahren und fast 40 % der 14- bis 15-Jährigen (Grimm/Rein 2007, S. 13). Inzwischen dürfte die Bekanntheit solcher Videos weiter angestiegen sein.

Nicht nur Schülerinnen und Schüler sind von diesen Aktivitäten negativ betroffen. Auch Lehrkräfte werden immer häufiger so beleidigt, bedroht und belästigt. Anfeindungen und Drohungen auf Internetseiten oder gar Mobbing im Netz sind inzwischen keine Seltenheit mehr. Bewertungssysteme, die positiv gemeint sind und richtig gebraucht auch als wichtige Rückmeldung für Schulen gelten, werden zu einem öffentlichen Pranger.

Dies hat für Täter und Opfer oft äußerst negative Folgen. Für Opfer bedeutet dies, dass die Daten, die einmal im Netz veröffentlicht sind, praktisch nicht mehr zu löschen sind. Für Täter gibt es keine wirkliche Anonymität im Netz, sie sind (oft sogar relativ leicht) aufzuspüren und haftbar zu machen.

Deshalb spielt der Austausch über Bluetooth und Infrarot bei Aufnahmen per Handy inzwischen eine größere Rolle als das Internet. Der Gefahr der Strafverfolgung wird so durch zahlreiche Maßnahmen (zweites Handy, Austausch der Chipkarten, unkenntlich machen der Gesichter durch Bearbeitung) entgegengewirkt. Dies zeigt: Ein Unrechtsbewusstsein ist bei vielen Tätern durchaus vorhanden.

Zentrale Motive für solche Handlungen sind (vgl. Eckert 2008, S. 26):

- Stimulation über Gewalt auch beim nachträglichen Betrachten der Filme;
- Beglaubigung des Heldentums: durch die gewählten Ausschnitte wird der gewünschte Eindruck kontrolliert;
- Anerkennung bei den Peers (allerdings mit kurzer Halbwertszeit);
- Abschreckung von Konkurrenten und Gegnern.

Grundwissen

Filmen verboten

Viele Schulen reagieren inzwischen auf unerwünschte Aufnahmen durch Fotohandys mit einem Verbot von Aufnahmegeräten. (...)
Der Frage, warum Schüler sich Gewaltvideos ansehen oder den Unterricht mitschneiden wollen, wurde dabei aber nicht nachgegangen.
Dass die Schule sagt, „wir tolerieren nicht, dass du Gewaltvideos ansiehst oder heimlich Leute aufnimmst", ist vielleicht ein Anfang.
An der Tatsache, dass viele Schüler Gewaltdarstellungen toll finden, dass sie selbst gewalttätig sind und sich dabei filmen, ändert das Verbot aber nichts.
Dorti Kristine Arndt, 19 Jahre. In: Frankfurter Rundschau, 14.1.2008, S. 29.

Jugendmedienschutz

Grundwissen

Indizierte Medien, April 2009

- Filme: 2.726
  (Videos, DVDs, Laser Disks)
- Spiele: 571
  (Computer-, Videospiele)
- Printmedien: 606
  (Bücher, Broschüren, Comics)
- Tonträger: 913
  (Schallplatten, CDs, MCs)

www.bundespruefstelle.de/ bmfsfj/generator/bpjm/Ju- gendmedienschutz/statistik. html

Achten Sie auf die Kennzeichen!

**Yasemin, 6 Jahre
Europaschule, Köln**

Sind Medien geeignet, die Entwicklung von Kindern oder Jugendlichen oder ihre Erziehung zu einer eigenverantwortlichen und gemeinschaftsfähigen Persönlichkeit zu gefährden, so gelten sie als jugendgefährdend. Auf Antrag bzw. Anregung entscheidet die Bundesprüfstelle für jugendgefährdende Medien (BPjM), ob eine Jugendgefährdung vorliegt. Ist dies der Fall, werden die entsprechenden Medien indiziert, d.h. sie dürfen nur noch an Erwachsene verkauft, nicht mehr ausgestellt und beworben werden.

Keine Zuständigkeit hat die Bundesprüfstelle für Video- und Kinofilme, die von der Freiwilligen Selbstkontrolle der Filmwirtschaft (FSK) gekennzeichnet worden sind. Seit 2003 sind für Spielfilme, Videofilme und Computerspiele durch das Jugendschutzgesetz verbindliche Alterseinstufungen vorgeschrieben. § 14 sieht folgende Kennzeichnungen vor:

- „Freigegeben ohne Altersbeschränkung" (für Kinder jeden Alters völlig unbedenklich);
- „Freigegeben ab sechs Jahren" (für Kinder unter sechs Jahren als belastend eingestuft);
- „Freigegeben ab zwölf Jahren" (Spiele enthalten kämpferische Lösungen; Gewalt ist auch in alltägliche Szenarien eingebunden);
- „Freigegeben ab sechzehn Jahren", (Spiele stecken voller bewaffneter Action);
- „Keine Jugendfreigabe" (Spiele können die Entwicklung zu einer eigenverantwortlichen, gemeinschaftsfähigen Persönlichkeit beeinträchtigen) (vgl. Games Convention 2005: S. 9).

Zu unterscheiden sind „strafbare Medieninhalte", schwer jugendgefährdende und jugendbeeinträchtigende Medieninhalte (vgl. www. bundespruefstelle.de):

- **Strafbare Medieninhalte** sind Medieninhalte, die z.B. zum Rassenhass aufstacheln, volksverhetzend sind, zu schweren Straftaten anleiten, unmenschliche Gewalttätigkeit verherrlichen und dadurch gegen Strafgesetze (§§ 86, 130, 130a, 131, 184, 184a, 184b oder 184c des Strafgesetzbuches) verstoßen. Diese Medieninhalte dürfen Kindern und Jugendlichen und – mit Ausnahme der „einfachen Pornographie" – auch Erwachsenen nicht zugänglich gemacht werden.
- **Schwer jugendgefährdende Medieninhalte** sind z.B. Inhalte, die Kriege verherrlichen, die Menschenwürde verletzende oder besonders realistische, grausame Darstellungen von Gewalt zeigen. Diese werden von der Bundesprüfstelle für jugendgefährdende Medien indiziert.

Indizierungskriterien der Bundesprüfstelle für jugendgefährdende Medien bezogen auf Gewaltdarstellungen:

- Selbstzweckhafte und detaillierte Darstellungen von Gewalthandlungen, insbesondere von Mord- und Metzelszenen;
- Medieninhalte, die Selbstjustiz als einzig bewährtes Mittel zur Durchsetzung der vermeintlichen Gerechtigkeit nahe legen;
- verrohend und zu Gewalt anreizend wirkende Medieninhalte.

Diese Tatbestandsmerkmale sind nach der Spruchpraxis der Bundesprüfstelle erfüllt,

- wenn Gewalt- und Tötungshandlungen das mediale Geschehen insgesamt prägen. Dabei ist der Kontext zu berücksichtigen. Gewalt- und Tötungshandlungen können für ein mediales Geschehen z.B. dann insgesamt prägend sein, wenn das Geschehen ausschließlich oder überwiegend auf dem Einsatz brutaler Gewalt bzw. auf Tötungshandlungen basiert und/oder, wenn Gewalt in großem Stil und in epischer Breite geschildert wird.
- Ebenso, wenn Gewalt legitimiert oder gerechtfertigt wird.

Dies ist dann gegeben, wenn

- die Anwendung von Gewalt als im Namen des Gesetzes oder im Dienste einer angeblich guten Sache oder zur Bereicherung als gerechtfertigt und üblich dargestellt wird, sie jedoch faktisch Recht und Ordnung negiert;
- Gewalt als Mittel zum Lustgewinn oder zur Steigerung des sozialen Ansehens positiv dargestellt wird und/oder
- wenn Gewalt und deren Folgen verharmlost werden.

Unter Umständen kann auch das Herunterspielen von Gewaltfolgen eine Gewaltverharmlosung zum Ausdruck bringen und somit in Zusammenhang mit anderen Aspekten (z.B. thematische Einbettung, Realitätsbezug) jugendgefährdend sein, soweit nicht bereits die Art der Visualisierung oder die ernsthafte inhaltliche Auseinandersetzung mit Gewalt die notwendige Distanzierung erkennbar werden lässt.

www.bundespruefstelle.de/bmfsfj/generator/bpjm/Jugendmedienschutz/Indizierungsverfahren/spruchpraxis,did=32992.html

- **Jugendbeeinträchtigende Medieninhalte** sind nicht als jugendgefährdend einzustufen, aber geeignet, die Entwicklung von Kindern und Jugendlichen eines bestimmten Alters oder ihre Erziehung zu einer eigenverantwortlichen und gemeinschaftsfähigen Persönlichkeit zu beeinträchtigen. Filme, Videos, DVDs sowie Computer- und Konsolenspiele dürfen deshalb nur dann an Kinder und Jugendliche verkauft oder ihnen auf andere Weise zugänglich gemacht werden (z.B. im Kino oder Internetcafé), wenn sie eine Altersfreigabe erhalten haben (vgl. www.bundesprüfstelle.de).

Das Gesetz

Grundwissen

Das Gesetz ist gut. Aber leider wird es nicht konsequent umgesetzt. Das liegt am System der USK, der Unterhaltungssoftware-Selbstkontrolle. Dieses Gremium ist mit Vertretern der Computerspieleindustrie durchsetzt. Spiele, die einmal eine Alterskennzeichnung erhalten haben, können nicht mehr indiziert werden. Das ist sehr gefährlich.

Wichtig ist, dass für indizierte Spiele nicht mehr geworben werden darf, dass sie keine öffentliche Aufmerksamkeit bekommen. Mir geht es nicht darum, Erwachsene zu bevormunden. Jugendliche müssen vor Gewalt als Selbstzweck geschützt werden.

Rainer Fromm in: Süddeutsche Zeitung, 21.11.2008, Auszug. www.sueddeutsche.de/computer/796/388591/text/

Sozialer Treffpunkt
Online-Spieler, so der Medienpädagoge Bernd Schorb, seien im Gegensatz zu gängigen Klischees nicht vereinsamte Problemfälle, sondern sozial eingebunden.
Hamburger Abendblatt, 25.8.2008.

Umgang mit Medien

Die Frage, welche Darstellungsformen von Gewalt angemessen bzw. (noch) erlaubt sein sollen, lässt sich nicht nur unter dem Aspekt der möglichen Wirkung diskutieren. Es erscheint notwendig auch medienethische Gesichtspunkte einzubeziehen. Hierbei geht es um die Würde des Menschen und die Respektierung von universellen und kulturellen zentralen Werten die häufig in Konkurrenz zu den sog. Freiheitsrechten – u.a. Pressefreiheit, Freiheit der Kunst – gesehen werden.

Da diese Werte nicht auf Medien beschränkt sind, muss die notwendige Diskussion eingebettet sein in einen gesamtgesellschaftlichen Gewaltdiskurs darüber, welche Gewalt toleriert und akzeptiert und welche tabuisiert sein soll.

Das Problem der Gewaltanwendung und des Gewalteinsatzes lässt sich also nicht auf die Mediendarstellung begrenzen, wie die Diskussion um die Legitimation von Gewalt im Kontext des Kampfes gegen Terrorismus oder um die Legitimation sog. „Humanitärer Interventionen" zeigt.

Die Frage, wie viel Gewalt in den Medien toleriert wird, ist auch die Frage, wie eine Gesellschaft insgesamt mit dem Phänomen Gewalt umgeht. Hinzu kommt, dass dafür gesorgt werden muss, dass ein ausreichend gutes und für Jugendliche attraktives Medienangebot (TV, Filme, Computerspiele) zur Verfügung steht.

Medien gestalten

Hartmut von Hentig (1997) stellt zwei entscheidende Fragen in Bezug auf die Wahrnehmung und den Umgang mit Neuen Medien: „Erstens: Sehen wir die Neuen Medien und die durch sie machtvoll geförderten Tätigkeiten und Einstellungen als dienstbare Mittel zum Zweck oder als ein unaufhaltsames Kulturereignis, am Ende ein Kulturmerkmal (dem man zum Opfer fällt, wenn man sich ihm nicht anbequemt)? (...)

Und zweitens: Kann die Pädagogik, wenn sie die Neuen Medien auch zu ihren Mitteln macht, zugleich zur Freiheit gegenüber diesen Mitteln erziehen und wenn ja, wie erreicht sie dieses Kunststück?"

Medienwirkungsforschung kommt für den Bildungsbereich zu dem Schluss, dass Wirkungen Neuer Medien nicht durch die Medien selbst ausgehen, sondern von dem didaktischen Konzept, das dem Einsatz Neuer Medien zugrunde gelegt wird. Wenn man diesem Befund zustimmt, dann stellt sich die Frage nach sinnvollen medienpädagogischen Lernkonzepten. Bislang ist es trotz zahlreicher

Medienethik: Qualitätsbewusstsein entwickeln

Hauptanliegen sollte also für die Schule die Bildung der Fähigkeit sein, Urteilsvermögen im Bezug auf die Qualität von Medienangeboten zu entwickeln, vor allem unter ethischen Gesichtspunkten. Daher ist die Entwicklung eines Qualitätsbewusstseins wichtig, damit Kinder und Jugendliche selbst unterscheiden lernen zwischen dem, was sie fördert und weiterbringt, und dem, was sie belastet oder gar schädigt. Diese Bemühungen beziehen sich vor allem auf vier Felder:

• Moralische Praxis, Normen und Werte, durch Medien vermittelt.
• Kritische Bewertung der Medienleistungen auf Feldern, die für die Gesellschaft wichtig sind.
• Einübung positiven Verhaltens und Handelns im Medienbereich.
• Integration der Medien bzw. ihrer Nutzung in das Erlernen von Lebenskunst.

Projekte zur Medienpädagogik insgesamt nicht gelungen, Medienerziehung bzw. Medienbildung mit der wünschenswerten Qualität und vor allem in der notwendigen Breite im Alltag von Erziehung und Bildung, von Jugend- und Kulturarbeit zu verankern (vgl. Tulodziecki 2005).

Ansatzpunkte für einen zeitgemäßen Jugendmedienschutz und Medienpädagogik ist das an der aktuellen Lebenswirklichkeit von Kindern und Jugendlichen orientierte Prinzip der Mediengestaltung. Dies geht weit über Mediennutzung im Sinne von praktischer Programmnutzung hinaus und beinhaltet auch nicht nur die Aneignung von Wissensbeständen im Sinne einer Medienkunde. Es geht um kreative Auseinandersetzung durch die Produktion unterschiedlichster Medien sowie die kritische Reflexion über Inhalte und Macharten von (gewalthaltigen) Medien.

Dies trifft sich mit der Entwicklung, dass sich der Einzelne in der modernen Wissensgesellschaft zukünftig immer stärker über Netzwerke und neue Medien die notwendigen Informationen besorgen muss. Schulisches, universitäres, berufliches und betriebliches Lernen wird dadurch grundlegend neu bestimmt und gestaltet. „Wir sind mitten in einer Lernrevolution", meint John Erpenbeck, Mitglied der Arbeitsgemeinschaft betriebliche Weiterbildungsforschung (Psychologie Heute, 11/2008, S. 43). Vom Konsumenten zum Mediengestalter und Produzenten, könnte man die neuen Aufgaben knapp umreißen. Die Weiterentwicklung des Internets, das sog. Web 2.0 liefert hierfür die Grundlagen. Der Begriff „Web 2.0" beschreibt die veränderte Nutzung und Wahrnehmung des Internets bei der die Nutzer selbst Inhalte in quantitativ und qualitativ entscheidendem Maße erstellen und anderen zur Verfügung stellen. Typische Beispiele hierfür sind Wikis, Blogs, Foto- und Videoportale und soziale Online-Netzwerke.

Wolfgang Wunden: Medienethik. In: Südwestrundfunk (Hrsg.): Öffentlich-rechtlicher Rundfunk in Deutschland. Stuttgart 2006, S. 44-48, Auszüge.

Grundwissen

Zur kritischen Medienkompetenz erziehen

Wichtig ist es, die Medienkompetenz von Kindern und Jugendlichen so weit zu entwickeln, dass sie mit Gewinn ihre eigenen Maßstäbe für die Nutzung umsetzen können. Und dazu gehört nun einmal die schwierige Aufgabe, Kinder und Jugendliche darin zu stärken, die für sich geeigneten und richtigen, weil für ihre Persönlichkeitsentwicklung förderlichen Medieninhalte auszuwählen. Ein selbstbewusster Jugendlicher kann Killerspiele als das nutzen, was sie sind, nämlich als Spiele. Er wird sie nur dann weiter nutzen, wenn sie ihm wirklich persönlichen Nutzen bringen. Weil das auf Dauer nicht der Fall ist, wird er aus eigenem Antrieb sein Verhalten verändern. Und nur das zählt und hält.

Klaus Hurrelmann in: Frankfurter Rundschau, 26.9.2006, S. 25, Auszüge.

Jugendliche und Erwachsene

Ein gesellschaftliches Auseinanderklaffen der Lebenswelten von Jugendlichen und Erwachsenen sorgt dafür, dass Eltern zumeist gar keine Ahnung davon haben, was ihre Kinder eigentlich spielen. Hinter einer „Ich-versteh-das-eh-nicht Haltung" verbirgt sich letztlich nichts anderes als eine maskierte Interesselosigkeit. Ausbleibender Kontakt und die Missachtung jugendlicher Vorstellungen verhindert eine pädagogische Einflussnahme und die Vermittlung von Medienkompetenz.
Ruben Wickenhäuser/
Frank J. Robertz: Virtuelle
Sturmgewehre gegen Feinde.
In: Frankfurter Rundschau,
26.9.2006, S.24 f.

Kennzeichen aktiver Medienarbeit

Die Kennzeichen aktiver Medienarbeit sind nach Schell (2003, S. 15 f.):

- Intensive Auseinandersetzung mit dem Thema: Ob es die Planung und Gestaltung eines eigenen Films, eines Audiobeitrages, einer Fotostory, eines Beitrages für die Homepage im Internet oder eines anderen medialen Produktes ist.
- Erproben von Rollen: Bei der gemeinsamen Arbeit an einer medialen Produktion z.B. zu einem Aspekt von Gewalt ergibt sich die Notwendigkeit, das Thema von vielen Seiten zu betrachten und in die Rolle unterschiedlicher Akteure zu schlüpfen.
- Entwicklung sozialer Verhaltensweisen: Aktive Medienarbeit als pädagogische Methode ist immer ein Gruppenprozess.
- Entdecken eigener Fähigkeiten: Aktive Medienarbeit stärkt das Selbstwertgefühl, und fördert zudem die Entdeckung der eigenen Kreativität.
- Erlernen der Mediensprache: Wer selbst Medienprodukte herstellt, lernt zwangsläufig die „Sprache" des jeweiligen Mediums kennen, seine Gestaltungsmittel ebenso wie seine Manipulationsmechanismen. Damit besteht auch die Chance zu lernen, die Medien insgesamt besser entschlüsseln und ihre Botschaften kritisch-reflexiv hinterfragen zu können. Dies gilt auch für mediale Gewaltpräsentationen, z.B. für die Fähigkeit, reale von medialer Gewalt zu unterscheiden, Gewalt als dramaturgisches Mittel zu erkennen und zu problematisieren usw.
- Teilnahme an der öffentlichen Kommunikation: Die Präsentation des eigenen Produkts ist gleichzeitig eine Konfrontation der eigenen Position mit der anderer und damit ein Überprüfen eigener Sichtweisen und Argumentationen.

Umsetzung

Kritisches Medienverhalten und Medienkompetenz lassen sich nicht allein durch Unterrichtseinheiten oder Seminare erreichen. Medien sind selbstverständlicher Teil des (Schul-)Alltags und müssen deshalb auch in Alltagszusammenhängen in vielfältiger Weise immer wieder neu thematisiert werden.

Die Auseinandersetzung mit dem Themenbereich: „Gewalt in Medien" sollte nicht von einer Bewahrpädagogik oder von Verboten bestimmt sein, sondern davon, nach Erlebniswelten und Hintergründen bei den Jugendlichen zu fragen, mit dem Ziel einen bewussteren Umgang mit Medien anzustreben und dabei auch Gestaltungskompetenzen einzuschließen.

So selbstverständlich es für Jugendliche ist, sich Informationen über das Internet zu besorgen, Musikstücke oder Spiele herunterzuladen oder mit anderen über das Web zu kommunizieren, so selbstverständlich sollte es sein beiläufig immer wieder die dabei auftretenden Probleme und Gefahren zu thematisieren allerdings ohne zu moralisieren. Die rechtlichen Rahmenbedingungen zu kennen, Qualitätskriterien für Machart und Inhalte zu entwickeln und sinnvolle Verhaltensweisen im Netz anzuwenden sind dabei die Basics.

Eltern und Lehrkräfte

- **Eigenes Medienverhalten reflektieren**
  Erwachsene sind auch im Medienbereich Vorbilder – wenngleich Jugendliche, was Technik und Umgang betrifft, häufig über mehr Kenntnisse verfügen als ihre Eltern und Lehrkräfte. Nur wenn Eltern und Erzieher ihr eigenes Medienverhalten begrenzen, reflektieren und immer wieder erklärend begründen, lernen Kinder und Jugend-liche im Alltag eigene Maßstäbe zu entwickeln.
- **Die Medienwelten von Jugendlichen verstehen lernen**
  Anhand von M1-M7 werden zentrale Fragestellungen und Problembereich von „Gewalt in Medien" aufgegriffen. M1 zeigt am Beispiel empirischer Daten, wie Jugendliche Medien nutzen und welchen Stellenwert diese in ihrer Freizeit haben. Wie Jugendgefährdung nach dem Jugendschutzgesetz definiert ist, verdeutlicht M2. Kon-krete Handlungsmöglichkeiten für den Bereich des Chattens bietet M3 an. M4 macht auf Problembereiche des sich schnell entwickelnden Web 2.0 aufmerksam, während M5 der Frage nachgeht, ob das Spielen stark gewalthaltiger Computerspiele gewalthaltiges Verhalten fördert. Über Handlungsmöglichkeiten zum Themenbe-reich Gewaltvideos auf Schülerhandys informiert M6. M7 verdeutlicht grundlegende Prinzipien einer Medienethik.

Klicksafe
„Klicksafe" hat für Eltern und Lehrkräfte die wichtigsten Tipps und Ratgeber zum Surfen im www, zum Chatten, zum Instant Messaging, zu Suchmaschinen, zu PC-Spielen, zu Abzocke-Angeboten und Urheberrechten zusammengestellt. *www.klicksafe.de*

Grundwissen

Schulradios

Die SchoolRadio-Plattform vernetzt alle Schulradios in Deutschland.

Sie dient dem Austausch und Kennenlernen und bietet Informationen von Pausenradio über Webstream bis zum Podcast.

http://schoolradio.de/

Eltern, Lehrkräfte und Jugendleiter können die Computerspielwelten von Jugendlichen auch kennen und verstehen lernen, indem sie selbst die Faszination dieser Spiele (z.B. bei LAN-Partys für Eltern) erleben und hinterfragen.

Für den Unterricht

• **Medienverhalten reflektieren und begrenzen**

Eine interessante Erfahrung für alle kann es sein, den eigenen Medienkonsum in Teilen (TV, Computerspiele) oder zur Gänze für eine bestimmte Zeit (1-4 Wochen) zu beobachten, zu dokumentieren, zu begrenzen oder ganz darauf zu verzichten (M8). Alternative Freizeitangebote sollten dann allerdings verfügbar sein.

• **Computerspiele**

Computerspiele im Unterricht aufzugreifen und kreativ mit dieser Medienerfahrung umzugehen (M9) ist ein erster Schritt Aufbau und Machart solcher Spiele zu erkennen. Die Frage, „sollen Killerspiele verboten werden?" sollte vor dem Hintergrund eigener Spielerfahrungen der Jugendlichen bearbeitet werden, wobei neben der Frage der Wirkung auch die Unterscheidung von Fiktion und Wirklichkeit eine zentrale Rolle spielt (M10). Welche Verbindungen zwischen der Computerspieleindustrie und z.B. der Waffenindustrie bestehen, kann mit Hilfe von M11 recherchiert werden. Die Checkliste von M12 ermöglicht einen Zugang zur Frage was Computersucht bedeutet und ob man selbst davon betroffen ist.

• **Happy Slapping (M13-M5)**

Um das Phänomen Happy Slapping aufzugreifen und zu bearbeiten eignet sich M13 (zur Vertiefung siehe M5).

• **Gewalt in Medien**

M14-M18 bieten Zugänge das Phänomen „Gewalt in Medien" aus verschiedener Perspektive zu bearbeiten. (Analyseraster M14; Ver-tiefung der Aspekte Feindbilder und Helden M15, M16: Gewalt in der Werbung M17). Selbst einen Horrorfilm zu inszenieren und zu drehen, ermöglicht vertiefende Einblicke in Machart und Aufbau durch einen produktiven Umgang mit dem Medium Film (M18).

Für die gesamte Schule/über die Schule hinaus

Beispiele aus der schulischen und außerschulischen Praxis verdeutlichen wie produktive Medienarbeit aussehen kann. An der Tübinger Hauptschule Innenstadt werden seit vielen Jahren eigene Musiktiel produziert. Die Wuppertaler Ansatz von aktiver Jugendvideoarbeit ist für Deutschland einmalig und beispielhaft (M19).

M1 Mediennutzung Jugendlicher

Lehrer, Eltern

1. Freizeitaktivititäten mit und ohne Medien
täglich, mehrmals pro Woche

	(1)	(2)
mit Freunden treffen	85	90
Sport	63	78
ausruhen, nichts tun	66	71
Familienunternehmungen	23	22
selbst Musik machen	18	19
Sportveranstaltungen besuchen	12	15
malen, basteln	18	9
Einkaufsbummel	15	7
Parties	8	10
Disco	3	5
Briefe/Karten schreiben	5	1
Bücherei/Bibliothek	6	2
Kirche	2	2

(1) Mädchen / (2) Jungen

2. Nutzungsdauer der Computer-/ Konsolenspiele

	(1)	(2)
Mädchen	47	55
Jungen	91	120

(1) Dauer in Min pro Tag Mo.-Fr
(2) Dauer in Min pro Tag, Sa./So.

3. Medienbeschäftigung

	(1)	(2)
Fernseher	89	89
Computer	87	91
Handy	91	78
Internet	83	85
MP3	80	84
Radio	77	67
Musik CDs	70	66
Zeitung	41	46
Bücher	48	32
PC-Spiele	13	47
digit. Fotos	37	21
Zeitschriften	30	29
Spielkonsolen	11	41
DVDs sehen	17	28
Video	13	28

(1) Mädchen / (2) Jungen

4. Am wenigsten kann ich verzichten auf ...

	(1)	(2)
Internet	28	30
Computer	15	29
Fernseher	16	15
MP3-Player	19	12
Bücher	10	5
Radio	5	3
Zeitschriften	4	2
Zeitungen	2	4

(1) Mädchen / (2) Jungen

Repräsentative Befragung unter Jugendlichen, 12-19-Jährige, Zahlenangaben in Prozent. n=1.208,
Medienpädagogischer Forschungsverbund Südwest / JIM-Studie 2008, S. 3, 6, 13, 17.

M2 **Was ist jugendgefährdend?**

Lehrer, Eltern

Nach § 18 Abs. 1 Satz 2 JuSchG sind Medien u.a. dann jugendgefährdend, wenn sie unsittlich sind, verrohend wirken, zu Gewalttätigkeit, Verbrechen oder Rassenhass anreizen.

Verrohend wirkende Medien sind solche, die geeignet sind, auf Kinder und Jugendliche durch Wecken und Fördern von Sadismus und Gewalttätigkeit, Hinterlist und gemeiner Schadenfreude einen verrohenden Einfluss auszuüben. Das ist der Fall, wenn mediale Gewaltdarstellungen Brutalität fördern bzw. ihr entschuldigend das Wort reden. Das ist vor allem dann gegeben, wenn Gewalt ausführlich und detailliert gezeigt wird und die Leiden der Opfer ausgeblendet werden bzw. die Opfer als ausgestoßen, minderwertig oder Schuldige dargestellt werden (...). Daneben ist unter dem Begriff der Verrohung in § 18 Abs. 1 S. 2 JuSchG aber auch die Desensibilisierung von Kindern und Jugendlichen im Hinblick auf die im Rahmen des gesellschaftlichen Zusammenlebens gezogenen Grenzen der Rücksichtnahme und der Achtung anderer Individuen zu verstehen, die in dem Außerachtlassen angemessener Mittel der zwischenmenschlichen Auseinandersetzung sowie dem Verzicht auf jedwede mitmenschliche Solidarität ihren Ausdruck findet (Jörg Ukrow, Jugendschutzrecht, Rdnr. 277).

Mediale Gewaltdarstellungen wirken nach der Spruchpraxis der Bundesprüfstelle u.a. dann verrohend, wenn Gewalt- und Tötungshandlungen das mediale Geschehen insgesamt prägen. Das ist z.B. dann der Fall, wenn das Geschehen ausschließlich oder überwiegend auf dem Einsatz brutaler Gewalt bzw. auf Tötungshandlungen basiert und/oder wenn das Medium Gewalt in großem Stil und in epischer Breite schildert.

Weiterhin wird eine verrohende Wirkung angenommen, wenn Gewalthandlungen, insbesondere Mord- und Metzelszenen, selbstzweckhaft und detailliert dargestellt werden. Unter einer detaillierten Darstellung von Gewalt und Gewaltfolgen im o.g. Sinne sind insbesondere Mediengeschehen zu verstehen, in denen Gewalt deutlich visualisiert bzw. akustisch untermalt wird (blutende Wunden, zerberstende Körper, Todesschreie, zynische Kommentare). Unter Umständen kann auch das Herunterspielen von Gewaltfolgen eine Gewaltverharmlosung zum Ausdruck bringen und somit in Zusammenhang mit anderen Aspekten (z.B. thematische Einbettung, Realitätsbezug) jugendgefährdend sein, soweit nicht bereits die Art der Visualisierung oder die ernsthaft inhaltliche Auseinandersetzung mit Gewalt die notwendige Distanzierung erkennbar werden lässt.

Entscheidung Nr. 5563 vom 8.5.2008 der Bundesprüfstelle für jugendgefährdende Medien. In: BPJM Aktuell, 3/2008, S. 7 f.

Nicht jugendgefährdend sind ...

Ein Medium ist nach Auffassung der Bundesprüfstelle für jugendgefährdende Medien nicht jugendgefährdend

- wenn der Inhalt als nicht jugendaffin angesehen wird.
- wenn der Inhalt so gestaltet ist, dass der oder die typischen Sympathieträger sich nicht als Identifikationsmodell anbieten.
- wenn Nachahmungseffekte nicht zu vermuten sind.
- wenn Gewaltdarstellungen als übertrieben, aufgesetzt, abschreckend und/oder nicht realitätsnah eingestuft werden können.
- wenn die Anwendung von Gewalt sich innerhalb des rechtlich zulässigen Rahmens (z.B. der Notwehr) bewegt bzw. die Anwendung von Gewalt im Prinzip abgelehnt wird.

Der Splatterfilm in der Spruchpraxis der Bundesprüfstelle für jugendgefährdende Medien. In: Bundesprüfstelle für jugendgefährdende Medien. In: BPJM Aktuell, 3/2008, S. 7 f.

M3 **Chatten ohne Risiko**

Begleiten Sie Ihre Kinder!

Suchen Sie gemeinsam einen passenden Chat aus – dieser sollte sicher, aber auch für Ihr Kind attraktiv sein. Auch Kinder, die bereits chatten, brauchen ein offenes Ohr. Nehmen Sie an den Chat-Aktivitäten Ihres Kindes teil, zeigen Sie Interesse daran, was Ihr Kind dort tut, was es fasziniert und mit wem es sich unterhält.

Vermitteln Sie die wichtigsten Sicherheitsregeln

- Sei misstrauisch! Dein Partner ist nicht immer der, für den er sich ausgibt.
- Tu's nicht! Gib niemals persönliche Daten preis.
- Klick weg! Brich Dialoge ab, die unangenehm werden.
- Sag Nein! Kein Treffen mit einem Chatter ohne Begleitung eines Erwachsenen!
- Sag Bescheid! Ich helfe dir, wenn du im Chat unangenehme Erfahrungen machst.

Kinder und Jugendliche reden häufig nicht über die negativen Erfahrungen, die sie beim Chatten gemacht haben, weil sie ein Internet-Verbot fürchten. Auch wenn Ihr Kind Fehler gemacht haben sollte, geben Sie nicht ihm die Schuld an solchen Vorfällen.

Treffen Sie Vereinbarungen

- Legen Sie gemeinsam mit Ihrem Kind gute Chats fest, die es besuchen darf. Kinder bis etwa 13 Jahre gehören unbedingt in einen sicheren Kinder-Chat.
- Vereinbaren Sie zusammen mit Ihrem Kind feste Chat-Zeiten.

Prüfen Sie den Lieblingschat Ihres Kindes

In einem sicheren Chat gibt es z.B.:
- Moderatoren, die als Ansprechpartner und Aufpasser aktiv sind;
- eine Ignore-Funktion, mit der man Störer einfach stumm schalten kann;
- einen Notfall-Button, um sofort einen Moderator zu rufen;
- einen umfangreichen Hilfebereich, attraktiv gestaltet;
- keinen Gastzugang, hier sind alle User registriert.

Was können Sie tun, wenn Ihr Kind dennoch im Chat belästigt wird?

In Chats gelten die gleichen gesetzlichen Regelungen wie im realen Leben. Das Übermitteln unzulässiger Bilder und Texte ist ebenso verboten wie der Versuch der sexuellen Annäherung an Minderjährige.

Konkrete Verabredungsversuche mit dem Ziel realer sexueller Kontakte sind strafbar.

Wurde Ihr Kind im Chat belästigt, dann ...

- versuchen Sie, den Vorfall so genau wie möglich zu dokumentieren. Notieren Sie sich Datum, genaue Uhrzeit, Chat-Name, Raumname, Nickname und machen Sie einen Screenshot von dem Gespräch.
- wenden Sie sich umgehend an den Chat-Anbieter! Er ist gesetzlich verpflichtet, den „Täter" möglichst dauerhaft aus dem Chat auszusperren.
- bringen Sie sexuelle Belästigungen von Kindern im Chat zur Anzeige! Die Polizei geht Ihren Hinweisen nach.

Bei Fragen und Problemen wenden Sie sich an www.jugenschutz.net

Faltblatt von jugendschutz.net (2008), Auszüge.
www.jugenschutz.net.

M4 Gefahren durch Web 2.0

Lehrer, Eltern

Web 2.0 erobert das Internet. Immer mehr User stellen eigene Beiträge in Communities und Videoplattformen online. Insbesondere Kinder und Jugendliche fasziniert dieses Mitmach-Netz, das sie selbst mitgestalten und in dem sie neue Kontakte knüpfen können. Damit sind aber auch neue Gefahren verbunden.

Social Communities

Bei intensiven Sichtungen von vier exemplarischen Communities (SchülerVZ, Kwick!, MySpace, SecondLife) wurden viele unzulässige Beiträge, die Pornografie, Gewalt und Nazi-Propaganda verbreiteten oder Magersucht verherrlichten, gefunden. Kinder und Jugendliche geben außerdem zu viele persönliche Daten preis, ohne sich möglicher Folgen bewusst zu sein. Bei Kontakten kommt es regelmäßig zu Beleidigungen und Belästigungen. Häufig hetzen User gegen Mitschülerinnen und Mitschüler oder gegen Lehrkräfte (Cyberbullying).

Chats

Problematische oder gefährliche Kontakte sind insbesondere in allgemeinen Chats immer noch erschreckend häufig: Zu beobachten waren vor allem sexuelle Belästigungen und Versuche der Kontaktanbahnung von Erwachsenen zu Kindern.

Instant Messenger

Auch in Instant Messengern bleiben sexuelle Belästigungen an der Tagesordnung. Während der Recherchen wurden pornografische Darstellungen von Kommunikationspartnern übersandt.

Plattformen

Videoplattformen werden von Jugendlichen stark frequentiert, um Filme anzuschauen, zu kommentieren oder mit Gleichgesinnten in Kontakt zu treten. YouTube ist inzwischen nach Google das populärste Angebot in Deutschland, täglich stellen Mitglieder der Community dort hunderttausend neue Videos online.

Die Recherche von jugenschutz.net zeigte, dass die Pattformen häufig von Rechtsextremen missbraucht werden, um neonazistische Propaganda zu verbreiten.

Videosuche

Tötungsvideos, die die Menschenwürde verletzen, waren vor allem in der Videosuche großer Suchdienste zu finden.

Pro-Ana-Angebote

Die meisten Websites und Gesprächsforen zu Magersucht (80 %) verstoßen gegen den Jugendschutz. Unter dem beschönigenden Begriff Pro-Ana (Pro Anorexia) werden die Krankheit und ihre Folgen verharmlost und glorifiziert.

Jugendschutzfilter

Das Prüflabor der KJM bei jugendschutz.net hat 2007 die Wirksamkeit ausgewählter Jugendschutzfilter getestet. Trotz leichter Verbesserungen zeigte kein Programm eine zufrieden stellende Wirksamkeit.

jugendschutz.net: Jugendschutz im Internet. Mainz 2008, Auszüge.

www.jugenschutz.net

M5 Gewalthaltige Computerspiele

Lehrer, Eltern

Kann das Spielen stark gewalthaltiger Computerspiele gewalttätiges Verhalten fördern?

Prof. Dr. Michael Kunczik, Universität Mainz
Obwohl die Forschung zur Wirkung violenter Computerspiele noch keine gesicherten Befunde vorlegen kann, scheint es möglich, die Befunde der Wirkungsforschung zum Thema Medien und Gewalt zu extrapolieren. Demnach dürften negative Effekte von Computerspielegewalt vor allem bei Kindern und Jugendlichen auftreten, die bereits eine hohe Aggressionsbereitschaft aufweisen.

Es handelt sich dabei vor allem um Menschen, die ein niedriges Selbstbewusstsein haben und aus einem ungünstigen sozialen Umfeld (Erziehungssituation) kommen. Diese Personen sind in aller Regel in gewaltfreie Milieus sozial schlecht integriert und eher in violente Subkulturen eingebunden. Kinder und Jugendliche aus sozial intakten Familien, in denen nicht gewalttätige Formen der Konfliktlösung vorherrschen, sind relativ ungefährdet. Allerdings gibt es immer wieder Einzelfälle, in denen Mediengewalt direkt „durchschlägt" und aggressives Verhalten stimuliert. Eine Prognose dieser Fälle ist allerdings ausgesprochen schwierig.

www.bpb.de/themen/IVH7FL,0,Feindbild_Computerspiel.html

Dr. Ingrid Möller, Universität Potsdam
Gewaltspiele bieten ein gutes Lernumfeld für den Erwerb aggressiver Konfliktlösestrategien. In Shootern finden Verletzungen und Tötungen der Gegner in schneller Abfolge statt und die eigenen Handlungen werden sofort belohnt oder bestraft. Wiederholungen und direkte Rückmeldungen steigern dabei den Lernerfolg. Zusätzlich wird die Gewalt im Spiel durch die Story, in die sie eingebettet ist, gerechtfertigt.

Auch lernen wir besonders gut aus den Medien, wenn wir uns mit den Figuren identifizieren können, was z.B. durch die Ich-Perspektive erheblich erleichtert wird.

In erster Linie werden aggressionsbegünstigende Normen vermittelt. Lernt man im Spiel, dass Gewalt ein legitimes Mittel der Konfliktlösung ist, kann das in realen Situationen ebenfalls das Denken und Handeln beeinflussen. Unsere Studien in Potsdam haben z.B. wiederholt gezeigt, dass Spieler, die häufig und gerne Gewaltspiele nutzen, eine höhere Bereitschaft zeigen, in realen Konfliktsituationen aggressiv zu reagieren. Dabei spielt außerdem die Tendenz eine Rolle, anderen in uneindeutigen Situationen feindselige Absichten zu unterstellen und daher quasi „prophylaktisch" aggressiv zu handeln.

Werden Computerspiele exzessiv genutzt, ergeben sich (unabhängig vom Gewaltinhalt) weitere Probleme für die Nutzer. Bestimmt das Spielen (fast) gänzlich die Freizeit, sind sozialer Rückzug und sich verschlechternde Beziehungen zu Familie und Freunden vorprogrammiert, was Befragungen von Jugendlichen und Erwachsenen bestätigen.

Wiederholt wurde in Studien auch ein negativer Zusammenhang zwischen der allgemeinen Spielzeit und der Schulleistung gefunden, d.h., je länger Kinder täglich mit Bildschirmspielen verbringen, desto schlechter sind ihre Leistungen.

www.bpb.de/themen/1P1LMI,0,Mediengewalt_erh%F6ht_Aggressionspotenzial.html

M8 Medienprotokoll

Trage ein, was du wie lange machst.

Internet (**I**)	Handy (**H**)
Computer (**C**)	MP3-Player (**MP3**)
Fernseher (**TV**)	Bücher (**B**)
Video/DVD (**V**)	Radio (**R**)
Musik CDs (**M**)	Zeitschriften (**Z**)

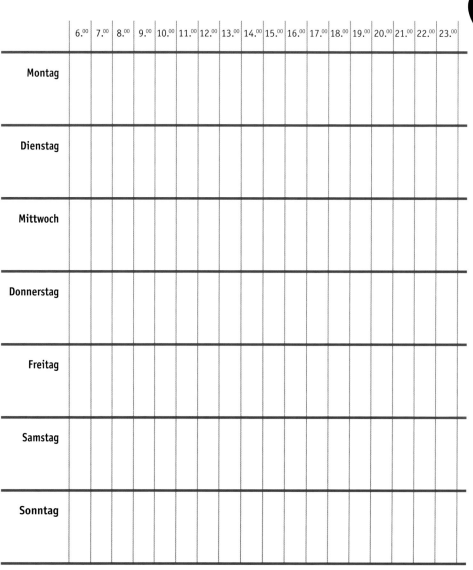

	6.00	7.00	8.00	9.00	10.00	11.00	12.00	13.00	14.00	15.00	16.00	17.00	18.00	19.00	20.00	21.00	22.00	23.00
Montag																		
Dienstag																		
Mittwoch																		
Donnerstag																		
Freitag																		
Samstag																		
Sonntag																		

M9 Computerspiele im Unterricht

Hitliste der Computerspiele

Zunächst in Gruppen, dann in der Klasse eine Hitliste (Top 10) der selbst gespielten Spiele entwerfen und begründen.

Selbst eine Spielgeschichte entwerfen

Ein Drehbuch für ein Computerspiel in Form einer selbst erfundenen Geschichte, einer Abänderung oder Fortsetzung einer gegebenen Spielgeschichte entwerfen.

Nacherzählung einer Spielgeschichte

Die Schülerinnen und Schüler erstellen eine Inhaltsangabe in Form einer Nacherzählung oder Kurzfassung eines Adventure-Spiels.

Entwicklung von Bewertungskriterien

Um den Inhalt, die Struktur und den Erlebnis- oder Lerncharakter eines Spiels beurteilen zu können, werden Kriterien hierfür entwickelt.

Spieleanalyse

Analyse des Spielkonzeptes, des Aufbaus, der Präsentation und der Vermarktung des Spiels. Hierzu können Screenshots (Bildschirmdarstellungen, die dann ausgedruckt werden) eine wichtige Hilfe sein.

Vorstellung eines Spiels

Jede Teilnehmerin/jeder Teilnehmer stellt den anderen ein Spiel der eigenen Wahl vor und begründet die Auswahl (ähnlich wie bei einer Buchvorstellung).

Spielen eines Computerspiels

Die Schülerinnen und Schüler werden in ein PC-Spiel eingeführt und spielen dieses in kleinen Gruppen durch. Anschließend werden die Spielerlebnisse ausgetauscht.

Spiel und Wirklichkeit

Wie wird in PC-Spielen mit (historischen) Fakten und Daten umgegangen?

Anfragen an Computerspiele

- Welche Art von Spielverhalten lässt das Spiel zu (alleine, Gruppe, gegen Computer)?
- Welche Spielhandlungen stehen im Mittelpunkt des Spiels?
- An welchen Wertvorstellungen orientiert sich das Spiel?
- Wer sind die Hauptakteure im Spiel?
- In welchen (Lebens-)Situationen agieren sie?
- Wo ist das Spielszenario angesiedelt (Geschichte, Fiktion)?
- Wie werden Personen dargestellt?
- Welche Typisierungen werden verwendet?
- Welche Rollen spielen Männer, welche Frauen?
- Welche Art von Aufgaben werden gestellt?
- Welche Rolle spielt Gewalt in dem Spiel?
- Wird Gewalt als Selbstzweck eingesetzt?
- Von wem wird Gewalt ausgeübt?
- Gibt es einen Begründungszwang für die Anwendung von Gewalt?
- Gibt es Alternativen zur Gewaltanwendung oder bleibt sie die einzige Handlungsmöglichkeit?
- Bietet das Spiel Möglichkeiten, das Ziel durch verschiedene Verhaltensweisen zu erreichen?
- Gibt es nur die Extreme „Gut" und „Böse" oder auch Abstufungen?
- (Wodurch) ist der Spielablauf beeinflussbar bzw. veränderbar?
- Wie sieht die spielinterne Belohnung (Verstärkung) aus? Welche Verstärker werden eingesetzt?
- Bietet das Spiel Möglichkeiten für partnerschaftliches Handeln am Bildschirm?
- Welche Emotionen löst das Spiel bei den Spielerinnen und Spielern aus?

M10 Killerspiele verbieten?

Killerspiele sollten verboten werden. Auch, wenn man mit einem Verbot nicht verhindern kann, dass sich Einzelne solche Killerspiele illegal besorgen, können doch viele Jugendliche davon ferngehalten werden.

Ich halte ein solches Verbot für unsinnig. Ein Verbot lässt sich doch gar nicht durchsetzen, weil man solche Spiele im Internet herunterladen kann. Da bleibt es doch wirkungslos.

Eigene Erfahrungen

- Was sind für dich Killerspiele?
- Welche kennst du?
- Welches hast du schon gespielt?
- Beschreibe den Inhalt eines konkreten Spiels?
- Was ist die Aufgabe des Spielers?
- Was ist für dich der Reiz dieser Spiele?
- Wie fühlst du dich nach einem Spiel?

Mache Dich kundig:

- Worin liegt der Problembereich von Killerspielen?
- Suche Stellungnahmen aus Politik und Wissenschaft zu Killerspielen.
- Wie sollte mit Killerspielen umgegangen werden? Begründe deine Meinung.
- Wie ist deine Haltung zu den obigen Meinungen?

Wie sollte mit Killerspielen umgegangen werden?
Wichtig ist, die Killerspiele ihres Mythos' zu berauben und sie möglichst aus der Tabuzone herauszuholen, die sie oft erst interessant macht. Das heißt also, wir sollten öffentliche und offene Diskussionen über die Inhalte dieser Spiele haben, um es allen Jugendlichen zu ermöglichen, ihre eigenen Standards für die Beurteilung und den Umgang mit diesem Medienangebot zu entwickeln. Der Reiz des Killerspiels für den einzelnen Jugendlichen klingt erst dann ab, wenn er selbst die Nutzung für nicht mehr akzeptabel nach seinen eigenen Wertmaßstäben hält.
Klaus Hurrelmann in: Frankfurter Rundschau, 26.9.2006, S. 25.

Meinungen

Verbieten:	60 %
Verbot ist wirkungslos:	34 %
unentschieden:	6 %

Allensbach Umfrage, Dezember 2006, repräsentativ für die deutsche Bevölkerung ab 16 Jahren.

M11 Verbindungen – eine Recherche

Lassen sich Verbindungen zwischen Spiele-herstellern, der Waffenindustrie, den Medien und der Politik finden?

Anhand einer Recherche im Internet soll am Beispiel des Spieles „Soldier of Fortune" ge-prüft werden, in welchem Zusammenhang das Kriegsspiel auftaucht und welche Verbindungen von den Spielemachern selbst hergestellt wer-den.

Internet-Recherche

1. Startpunkt

Startpunkt ist die offizielle Spieleseite www.soldier-of-fortune.com

2. Welche Links?

- Geprüft werden soll, welche Links die Spiele-seite angibt und wo diese hinführen (auf der linken Seite unten, Button „Links").
- Ein Link führt zu dem Magazin „Soldier of Fortune" (www.sofmag.com).
- Welche Organisationen bieten hier Informa-tionen (Videos, Stellungnahmen usw.) an?
- Welche Positionen vertritt z.B. die „National Rifle Association" (NRA) auf dieser Seite. Rufe die offizielle Internetseite der NRA auf. Welche Informationen findest du dort?

3. Wie geht es weiter?

- Welche Verbindungen hast du herausgefun-den?
- Sind die Links (Verbindungen) nur zufällig, oder worauf weisen sie deiner Meinung nach hin?

Recherchen bei weiteren Spielen

- americas army:
  www.americasarmy.com
  http://americas-army.4players.de

M12 **Checkliste Computersucht**

○ Hast du ein großes Verlangen danach, am Computer zu sein?

○ Verbringst du mehr als 2 Stunden am Tag mit Spielen und Surfen vor dem Computer?

○ Spielst du ein Computerspiel, wenn du Stress gehabt hast?

○ Vergisst du manchmal die Zeit beim Surfen und Computerspielen?

○ Fühlst du dich unwohl, wenn du einen Tag nicht an deinen Computer kannst?

○ Möchtest du nach der Schule möglichst schnell nach Hause, um an deinen Computer zu kommen?

○ Vergisst du ab und zu deine Hausarbeiten oder andere Dinge wegen des Computerspiels?

○ Hast du schon Verabredungen versäumt, weil du vom Computer nicht los kamst?

○ Sagen deine Eltern, dass du zu viel Zeit vor dem Computer verbringst?

○ Hast du von dir selbst den Eindruck, dass dies stimmt?

○ Triffst du deine Freunde weniger, wenn du mit einem neuen Spiel beschäftigt bist?

○ Haben sich deine Schulleistungen verschlechtert, seit du viel Zeit am Computer verbringst?

○ Hast du mit Leuten, die du im Internet triffst, mehr Spass als mit anderen?

○ Wieviel von deinem Taschengeld gibst du im Monat für Dinge, die mit dem Computer zu tun haben, aus?

○ Fällt es dir schwer, vom Computer wegzukommen und etwas mit anderen zu unternehmen?

○ Gibt es für dich attraktivere Dinge als den Computer? (Wenn ja, was?)

○ Unterhältst du dich mit deinen Freunden vor allem über Computerspiele und Internet?

 ©2010, Institut für Friedenspädagogik Tübingen e.V. – WSD Pro Child e.V.

M13 **Happy Slapping**

Betrachte die Bilder genau und schreibe auf, was geschieht:

Überlege:
- Warum handeln die Personen auf den Bildern so, wie sie handeln?
- Wie bewertest du dies?
- Was würdest du tun, wenn du die Szene 1 (2 bzw. 3) beobachten würdest?
- Interessiert dich der Film? Würdest du ihn dir auch auf dein Handy überspielen?
- Stell dir vor, du triffst das Opfer kurz nach der Tat. Wie würdest du dich verhalten? Was würdest du ihm sagen?
- Hast du solche Szenen selbst schon erlebt?
- Was kannst du, was können andere unternehmen, damit eine solche Szene nicht mehr geschieht?
- Wie sollte mit den Betroffenen umgegangen werden?

M14 Gewalt in Medien

Ein Analyseraster

Welche Typen von Gewalt werden gezeigt?
- Werden absichtsvolle oder unbeabsichtigte Schädigungen gezeigt?
- Wird physische oder psychische Gewalt dargestellt?
- Werden geringfügige, schwere oder extreme Schädigungen gezeigt?

Folgen
- Werden die Folgen von Gewalt gezeigt?
- Welche Folgen werden gezeigt?

Realitätsnähe
- Wird Gewalt in fiktionalen oder in realitätsnahen Sendeformaten gezeigt?
- Wird die Gewalt realitätsgerecht gezeigt?

Sanktionen
- Wie werden Taten und Täter beurteilt?
- Werden die Taten (von wem?) verurteilt?
- Werden die (negativ bzw. positiv charakterisierten) Täter verfolgt und bestraft?
- Welche Sanktionierung wird angewandt (Vergeltung, Verletzung, rechtsstaatliche Mittel)?

Geschlecht
- Welche Rollen nehmen Männer, welche Frauen ein?
- Wie werden Männer bzw. Frauen als Täter/Täterinnen bzw. Opfer dargestellt?

Welche Motive für Gewalt werden gezeigt?
- Sozial akzeptierte, legitimierte: z.B. Schutz anderer, legitime Diensthandlungen, Selbstverteidigung;
- anti-soziale: eigene Ziele erreichen;
- ideologische, religiöse, emotionale, sexuelle Motive.

Opfer und Täter
- Wie werden die Opfer von Gewalt dargestellt?
- Wie werden die Täter charakterisiert (eher positiv, eher negativ, neutral)?

Machart, Kameraführung und Ton
- Wie wird die visuelle Botschaft vermittelt?
- Welche Kameraeinstellungen werden verwendet?
- Wie wirken die akustischen Signale?

Rahmenhandlung
- In welchen Rahmen (Kontext) sind die Gewalthandlungen eingebunden (Verbrechen, Kriminalität, Unfälle, politische Auseinandersetzungen, Terrorismus, Familie und Alltag, Ehe und Beziehung, Sexualität)?
- Wo und wann (an welchem Ort, zu welcher Zeit) findet die Gewalt statt?

In welchen Sendeformaten wird die Gewalt dargestellt?
- Nachrichten-, Magazinsendungen
- Fiktionale Sendungen
- Unterhaltungssendungen
- Realitysendungen
- Kindersendungen

Botschaft der Gewalt
Welche Botschaft ist mit der Gewaltdarstellung und ihren Folgen verbunden (Kritik der Gewalt, Verherrlichung, Legitimierung, ambivalente Botschaften)?

Vgl. Petra Grimm/Katja Kirste/Jutta Weiss: Gewalt zwischen Fakten und Fiktion. Berlin 2005, S. 212-218.

M15 **Feindbilder in Medien**

Plakat, Deutschland 1930.

Welche körperlichen und charakterlichen Eigenschaften und Merkmale haben Feinde?

Arbeitshinweise

- Eigenschaften sammeln: Mit Hilfe eines Brainstormings werden Eigenschaften von „Feinden" gesammelt. Die gefundenen Eigenschaften werden auf Karten geschrieben.
- Sortieren: Diese werden sortiert und zusammengefasst.
- Gegenteile finden: Zu jeder Eigenschaft wird eine zweite Karte mit einer positiven Eigenschaft, die das Gegenteil der Feindbild-Beschreibung meint, erstellt.

- Feindbild gestalten: Die gefundenen Eigenschaften werden nun visualisiert. Dies kann durch Collagen, Zeichnungen oder mit Hilfe von Bildbearbeitungsprogrammen am PC geschehen.

Feindbilddarstellungen in Kriegsfilmen

Kriegsfilme arbeiten mit polaren Grundmustern und eines von ihnen ist das Freund-Feind-Schema. Freund (das Gute) und Feind (das Böse) werden anhand von festgelegten Merkmalen dargestellt, die in den Geschichten fast aller Kriegesfilme ihre Bestätigung finden.

Dem Gegner werden negative und dem Selbst positive Eigenschaften zugeschrieben.

Der Feind wird so dargestellt:
- unsympathische Mimik
- aggressive hektische Gestik
- asymmetrisches Gesicht
- fettige Haare
- schmutzige dunkle Kleidung
- unangemessenes Verhalten
- Egoismus
- unsympathische Gestalt
- fremde Sprache
- unaussprechliche Namen

Es besteht eine starke Tendenz zur Entindividualisierung des Feindes. Der Feind wird anonym, gesichtslos, versteckt sich im Dschungel oder tritt als schreiende, gefährliche Masse auf.
Der Feind (das Böse) wird dämonisiert, das Eigene (das Gute) wird idealisiert.

Vgl. Magdalena Kladzinski: Medienästhetik und Krieg. In: Christian Büttner/Joachim von Gotberg/Magdalena Kladzinski (Hrsg.): Krieg in Bildschirm Medien. München 2005, S. 11.

Untersuche:
- Wie werden Feinde in Computerspielen und Filmen, wie in Nachrichten dargestellt?
- Warum werden Feinde so dargestellt? Welche Folgen hat dies?

M16 Helden in Medien

Helden in Kriegsfilmen

Drei Arten von Heldentypen:
1. Typ: Kein Opfer ist ihm zu groß, um sein Ziel zu erreichen, Feinde werden rücksichtslos und brutal abgeschlachtet.
2. Typ: Er wendet Gewalt auf Befehl und im Falle von Lebensbedrohung oder Lebensrettung an.
3. Typ: Figuren, die im Kriegsgeschehen oder mit Hilfe des Krieges einen Lernprozess durchlaufen. Töten ist zwar gar nicht ihre Sache, die Logik des Krieges – töten oder getötet werden – zwingt sie jedoch zu gewalttätigen Handlungen.

Vgl. Lothar Mikos: Helden zwischen Kampfgetümmel und Selbstzweifel. Ästhetik oder Gewaltdarstellung in Kriegsfilmen. In: Büttner u.a.: Der Krieg in den Medien. Frankfurt/M. 2004, S. 129 ff.

Hautfarbe: _____

Größe: _____

Herkunft: _____

Alter: _____

Geschlecht: _____

Augenfarbe: _____

Gesichtsausdruck: _____

Körperbau: _____

Charakter: _____

Freunde: _____

Werte: _____

... _____

Diskutiere:
- Wodurch werden Helden zu Helden?
- Wodurch werden Männer zu Helden, wodurch werden Frauen zu Heldinnen?
- Wer entscheidet darüber, ob jemand zum „Helden" wird?
- Sind alle Helden gleich oder gibt es verschiedene Typen?
- Wer ist für dich ein Held? Benenne eine konkrete Person.
- Wodurch unterscheidet sich diese Person von Filmhelden?
- Was unterscheidet „klassische Helden" von Alltagshelden oder gar vom „Antiheld"?

M17 **Werbung mit Gewalt**

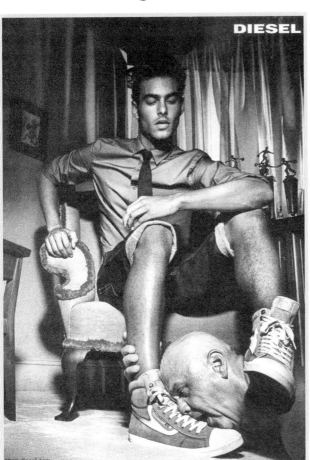

Diese Anzeige wurde im „Stern", Nr. 13/2009 kurz nach dem Amoklauf von Winnenden veröffentlicht. In der gleichen Ausgabe des Sterns wurde ausführlich über den Amoklauf an einer Schule in Winnenden berichtet, bei dem 15 Menschen ums Leben kamen.

- Wie wirkt das Bild auf dich?
- Wie ist das Bild aufgebaut?
- Welche Gestaltungselemente lassen sich finden? Führe eine genaue Analyse durch!
- Wie ist das Verhältnis der beiden Personen auf dem Bild zu beschreiben?
- Welche Aussage hat das Bild für dich?
- Warum wurde deiner Meinung nach gerade dieses Bild für die Werbeanzeige ausgewählt?
- Welcher Bezug besteht zu der Werbung mit Oberbekleidung?

M18 Einen Horrorfilm drehen

Unterricht

Einen Horrorfilm mit Schülerinnen und Schülern zu entwickeln und aufzunehmen ermöglicht hinter die Kulissen solcher Filme zu schauen. Durch Einblicke in die Machart wird die Wirkungsweise und Faszination verständlich.

Bei der Produktion eines (auch kurzen) Films müssen nicht nur das Drehbuch geschrieben, sondern auch die verschiedenen Rollen ausgearbeitet und gespielt werden. Da die unterschiedlichsten Fähigkeiten gebraucht werden, können sich alle Schülerinnen und Schüler beteiligen.

„Für unser Schulprojekt wäre so ein Film bestimmt nichts gewesen, weil so einen Horrorfilm, den hätte die Finkbertl nie gedreht mit uns, wegen der Pädagogik ..."

Blogeintrag im Internet

Notwendige Klärungen

Handlung
- Was soll in dem Film geschehen?
- Wo findet die Handlung statt?
- Welche Personen sind beteiligt?
- Welche Charaktere haben diese Personen?
- Wie lässt sich Spannung in der Handlung erzeugen?
- Wie lässt sich die Handlung in einzelne Szenen gliedern?

Umsetzung
- Wer übernimmt die Regie?
- Wer übernimmt welche Rolle?
- Sollen Dialoge ausformuliert oder nur als Stichworte vorbereitet werden?
- Sind Verkleidungs- und Schminkutensilien vorhanden?
- In welcher Reihenfolge sollen die Szenen aufgenommen werden?

Technik
- Welche Technik wird benötigt? Für die Aufnahme: Kamera, Scheinwerfer, Mikrofone, Stative. Für Schnitt und Produktion: leistungsfähiger PC, Schnittprogramm.
- Sind die technischen Kompetenzen für Aufnahme und Schnitt vorhanden?
- Sollen Geräusche mit aufgenommen oder nachvertont werden?

Aufführung
- In welchem Rahmen soll der fertige Film gezeigt werden?

M19 Medienwerkstatt Wuppertal

Das medienpädagogische Konzept

Der Wuppertaler Ansatz von aktiver Jugendvideoarbeit nutzt Video nicht (vorrangig) als zeitgemäße, pädagogisch wirksame Methode der Freizeit- oder Bildungsarbeit, sondern will Jugendlichen durch selbstproduzierte Filme die Möglichkeit zur kreativen Artikulation ihrer Ästhetiken, Meinungen und Lebensinhalte geben. Das Motto ist: Das bestmögliche Video für das größtmögliche Publikum.

Video wird als kommunikative, neue Kulturtechnik gesehen, die Lust am Film und am künstlerischen wie inhaltlichen Ausdruck stehen bei den Teilnehmerinnen und Teilnehmern wie den unterstützenden Mitarbeiterinnen und Mitarbeitern im Vordergrund. Das Kino als Präsentationsort wird so die Bühne, wo Jugendliche ihre sinnhaften oder sinnlosen Geschichten erzählen können; von dem, was in ihren Herzen und Köpfen vorgeht, und wo sie sich selbst sexy, intelligent, witzig oder politisch darstellen können. Wo zwischen ihren Ängsten und Träumen – sich selbst inszenierend oder sich und ihr Umfeld dokumentierend – Realitäten und Illusionen verschwimmen.

Die dominierenden Themen der Jugendlichen in ihren Kurzspielfilmen, Reportagen, Trickfilmen und Musikvideos sind wie bei ihren „großen" Vorbildern in Kino und Fernsehen Liebe/ Sex und Gewalt; nicht weil sie dort nur abgucken würden, sondern weil beide mit ihren lustvollen und problematischen Anteilen in dieser Lebensphase eine besonders dynamische Rolle spielen und außerdem kreativ unerschöpfliche Themen sind.

Das „Medienprojekt Wuppertal" ist als 2001 aus der Stadt Wuppertal outgesourcte medienpädagogische Einrichtung mit ca. 100 Filmen pro Jahr die größte und ambitionierteste Videoproduktion für Jugendliche und junge Erwachsene in Deutschland. Diese werden hier nach dem Prinzip „learning by doing" produktorientiert bei ihren Videoproduktionen unterstützt, ihre Kurzfilme im Kino, in Schulen und Jugendeinrichtungen präsentiert und als Bildungsmittel in einer eigenen Edition und diversen Fremdverlagen bundesweit vertrieben. Durch diesen konkurrenzlosen Vertrieb wird die für die Jugendlichen kostenlose Produktion finanziert. Ein Drittel der jungen Videomacherinnen und -macher (Alter von 14-26 Jahre, Schwerpunkt 16-20 Jahre) produzieren hier privat in Freundesgruppen, der Großteil filmt im Rahmen von Schulprojekten, Jugendtreffs, Vereinen und Beratungsstellen. Die Videos werden, soweit notwendig, von professionellen Filmemacherinnen und Filmemachern sowie von Medienpädagoginnen und -pädagogen aus der Region angeleitet.

www.medienprojekt-wuppertal.de/1_4.php

Vier Wirkungsebenen

- Biografische Reflexion, Auseinandersetzung und Artikulationsmöglichkeit für die jungen Filmemacherinnen und Filmemacher als Subjekt und zugleich Objekt der Filme. Schaffung von Handlungs- und Medienkompetenz.
- Aufklärung und Reflexion durch thematische Auseinandersetzung bei jugendlichen Rezipienten.
- Information für pädagogische, politische und mediale Multiplikatoren.
- Politische, gesellschaftliche und persönliche Interessenvertretung gegenüber Erwachsenen.

www.medienprojekt-wuppertal.de

Beim Medienprojekt Wuppertal ist u.a. die 14-teilige Filmreihe „Gewalt macht Schule. Schule macht Gewalt" auf DVD erschienen.

Zivilcourage lernen

Dieser Baustein zeigt, was zivilcouragiertes Handeln bedeutet und welche Voraussetzungen vorhanden sein müssen, um Zivilcourage zu fördern. Dabei geht es nicht nur um das Eingreifen in Problemsituationen, sondern vor allem auch um eine Schärfung der Sensibilität und des Gewissens für die Verletzung der Rechte anderer. Nicht Wissen, sondern eigene Handlungsmöglichkeiten stehen dabei im Vordergrund.

Zivilcourage

Zivilcourage

- Die eigene Meinung – auch gegenüber Vorgesetzten ausdrücken;
- dies nicht nur privat, sondern auch öffentlich;
- das eigene Handeln nach moralischen Maßstäben stärker bewerten als opportunistische Anpassung;
- moralisches Handeln mit dem Erwerb von Sachkompetenz verbinden;
- mit diesem Handeln verbundene persönliche Nachteile bewusst riskieren, bzw. in Kauf nehmen;
- die eigene Angst nicht verdrängen, sondern mit dieser Angst handeln.

Kurt Singer: Zivilcourage wagen – wie man lernt, sich einzumischen. München 1997.

„Fremdenhass und Gewalt gegen Minderheiten sind aus unserer Gesellschaft nicht verbannt und kommen nahezu täglich vor. Ausländer, Behinderte, Obdachlose werden diskriminiert, bedroht oder angegriffen. Menschenfeindliche, antisemitische und rassistische Ideologien werden öffentlich vertreten. Die Gräuel des Nationalsozialismus werden verharmlost oder gar geleugnet" so der frühere Bundespräsident Johannes Rau (2000). Wenn wir nicht wollen, dass unser Land vergiftet wird und unsere Demokratie ihre Basis verliert, ist es zentral, sich gegen Unrecht, Ungerechtigkeit und Willkür zu wehren und Freiheit und Menschenwürde überall dort zu verteidigen, wo sie infrage gestellt oder beschnitten werden. Dies fängt im Alltag an, reicht über den beruflichen und öffentlichen Bereich bis zur Politik.

Die Fähigkeit, Gleichheit von Ungleichheit und Recht von Unrecht zu unterscheiden, soziale Demokratie und rechtsstaatliche Prinzipien als kostbares Angebot von Freiheit, Gerechtigkeit und gesellschaftlichem Zusammenhalt zu erkennen, ist eine Schlüsselqualifikation für eine demokratische Gesellschaft (vgl. Thierse 2000). Zivilcourage gehört zu den unverzichtbaren Tugenden der Bürgerinnen und Bürger einer Demokratie. Sie hat die Aufgabe, den öffentlichen Raum zu verteidigen und die Geltung humaner Werte in der Gesellschaft zu sichern.

Was ist Zivilcourage?

Zivilcourage sei der Mut, überall unerschrocken seine eigene Meinung zu vertreten, ist im „Fremdwörterbuch Duden" zu lesen.

Ohne den zivilen Mut einzelner Bürgerinnen und Bürger gehen freiheitliche Institutionen zugrunde oder werden wertlos, meint Iring Fetscher. Und Johannes Rau (2000) spitzte dies noch zu, indem er erklärte, dass ohne Zivilcourage unsere Gesellschaft nicht leben kann und weiter: „Wir können nicht genug davon haben an Bürgersinn und Zivilcourage, damit Gewalt und Vorurteile nicht im Schatten von Gleichgültigkeit und in dem Gefühl wachsen können: Das geht mich nichts an. (...) Wir brauchen eine neue Bürgerbewegung für ein friedliches Miteinander in unserem Land."

In der wissenschaftlichen Literatur wird Zivilcourage als die Bereitschaft zu Handlungen, die persönlichen Mut erfordern definiert und bezieht sich auf die Bewahrung bzw. Verwirklichung der normativen Grundlagen rechtsstaatlich demokratisch verfasster Zivilgesellschaften (Nunner-Winkler 2007, S. 29). Typisch für Zivilcourage, so Nunner-Winkler, sei der physische oder verbale

Einsatz für die Rechte von Personen, die als Mitglieder bestimmter Gruppen (etwa Ausländer, Homosexuelle, Obdachlose) eine permanente Missachtung erfahren. Zivilcourage bezeichne dabei sowohl eine spezifische Handlung als auch – verallgemeinernd – eine spezifische Tugend als Ausdruck einer Persönlichkeitsdisposition. Wer mit Zivilcourage handle, so Gerd Meyer (2004a, S. 23 ff.), setze sich für demokratische und humane Werte, für legitime, „verallgemeinerungsfähige" Interessen ein und sei i.d.R. zu friedlichem Konfliktaustrag bereit. Zivilcourage bedeutet häufig nonkonform handeln, anecken oder „gegen den Strom schwimmen." Wer Zivilcourage zeigt, tritt heraus aus der Anonymität, zeigt sich als Person. Denn Zivilcourage ist prinzipiell ein öffentliches Handeln, d.h. andere (Dritte) sind anwesend oder erfahren davon. Zivilcouragiertes Handeln ist Handeln unter Risiko, was bedeutet, dass man zumeist mit Nachteilen rechnen und bereit sein muss, diese in Kauf zu nehmen. Nicht jedes mutige Verhalten ist jedoch mit Zivilcourage gleichzusetzen.

Gerd Meyer (2004a, S. 28) unterscheidet drei Arten des zivilcouragierten Handelns:

- **Eingreifen** zugunsten anderer, meist in unvorhergesehenen Situationen, in die man hineingerät und wo schnell entschieden werden muss.
- **Sich-Einsetzen** – meist ohne akuten Handlungsdruck – für allgemeine Werte, für das Recht oder für die legitimen Interessen anderer, vor allem in organisierten Kontexten und Institutionen, häufig auch für eine größere Zahl z.B. von Kolleginnen und Kollegen oder Betroffenen.
- **Sich-Wehren** gegen akute Zumutungen und Angriffe, z.B. gegen Gewalt, Mobbing oder sexuelle Belästigung. Das kann auch bedeuten, sich zu weigern, etwas moralisch oder rechtlich nicht Annehmbares zu tun.

Als zivilen Ungehorsam bezeichnet man – in Ergänzung zur Zivilcourage – das bewusste Übertreten von als ungerecht empfundenen Gesetzen, um auf einen staatlich verantworteten Missstand aufmerksam zu machen. Ziviler Ungehorsam kann so als Ausdruck von Zivilcourage gelten, der sich direkt gegen den Staat (bzw. staatliche Institutionen) wendet.

Der Begriff Zivilcourage

Grundwissen

Geht man der Geschichte des Begriffs „Zivilcourage" nach, so findet man, dass das Wort erstaunlicherweise von Bismarck geprägt wurde. Er schrieb an einen Freund: „Mut auf dem Schlachtfeld ist bei uns Gemeingut, aber wir werden nicht selten finden, dass es ganz achtbaren Leuten an Zivilcourage fehlt."

Änne Ostermann: Zivilcourage. HSFK-Standpunkte, Nr. 1/1998, S. 2.

Zivilcourage ist ...

Zivilcourage ist eine genuin demokratische Verhaltensweise: ohne Angst und ohne öffentlichen Auftrag, allein im Namen der Vernunft und der Sittlichkeit gegen die Lüge und das Unrecht einzutreten.
Änne Ostermann: Zivilcourage. HSFK-Standpunkte, Nr. 1/1998, S. 2.

Zehn Merkmale des gewaltfreien zivilen Ungehorsams

Der juristische Gesichtspunkt:
1. Die Handlung ist illegal.

Der moralische Gesichtspunkt:
2. Die Handlung beruht auf einer Gewissensentscheidung.

Der rationale Gesichtspunkt:
3. Die Handlung ist wohlüberlegt.
4. Es besteht ein Zusammenhang zwischen dem Aktionsziel und der Handlungsweise.

Der Gesichtspunkt der Verpflichtung gegenüber der Gesellschaft:
5. Die Gehorsamsverweigerung wird öffentlich begründet.
6. Alle legalen Mittel sind ausgeschöpft.
7. Die Handlung wird ohne Verheimlichung vollzogen.
8. Eine Bestrafung wird bewusst in Kauf genommen.

Der Gesichtspunkt der Verpflichtung gegenüber den Mitmenschen:
9. Festlegung auf Gewaltfreiheit.
10. Die Würde anderer Menschen wird unbedingt beachtet.

Gernot Jochheim: Länger leben als die Gewalt. Der Zivilismus als Idee und Aktion. Stuttgart 1986, S. 75.

Wann helfen Menschen?

Solidarisches, helfendes Verhalten bezieht sich sowohl auf Situationen, in denen unmittelbare Hilfeleistungen notwendig sind, wie auch auf lebensfördernde, erst langfristig wirkende Verhaltensweisen. In der sozialpsychologischen Forschung werden häufig drei Klassen von Motiven unterschieden, die für solidarisches Verhalten förderlich sind (vgl. Staub 1981, S. 53 ff.):

- **Anerkennung:** Man kann durch den Wunsch motiviert werden, sich selber Gewinn zu verschaffen. Man hilft anderen, mit dem (unbewussten) Ziel, soziale Anerkennung zu erhalten oder um Ablehnung bzw. Kritik wegen unterlassener Hilfe zu vermeiden.
- **Überzeugung:** Die Beachtung von Werten, Überzeugungen und Normen, die internalisiert, zu eigen gemacht bzw. durch Erfahrung entwickelt wurden, führen zu solidarischem Verhalten. Die Einhaltung eigener Werte, Überzeugungen und Normen kann Selbstbelohnung, positive Gefühle und eine erhöhte Selbstachtung zur Folge haben, wohingegen eine Abweichung von den eigenen Werten etc. zu Selbstbestrafung, Angst- und Schuldgefühlen sowie zu verminderter Selbstachtung führen kann.
- **Empathie:** Das Mitfühlen bzw. das Miterleben der Gefühle eines anderen Menschen kann zu solidarischem Verhalten motivieren.

Neben prinzipiellen Erziehungs- und langfristigen Sozialisationseinflüssen sind auch situative Einflüsse für prosoziales Verhalten
relevant. Folgende Zusammenhänge lassen sich dabei feststellen
(vgl. Jonas u.a. 2007; Meyer u.a. 2004, Steffen 2008):

- Je eindeutiger die Situation, dass jemand Hilfe benötigt, desto
mehr Hilfe wird die Folge sein. Fehlende Eindeutigkeit führt häufig zu der Überlegung, dass irgendwelche helfenden Maßnahmen
unangemessen oder lächerlich erscheinen könnten.
- Je stärker die Hilfsbedürftigkeit, desto mehr Hilfe wird der bzw.
die Betreffende erfahren. Dies gilt nicht, wenn der Aufwand von
der helfenden Person als zu groß wahrgenommen wird oder die
mit der Hilfe verbundene potenzielle Gefahr nicht mehr kalku-
lierbar ist.
- Je deutlicher die Umwelt einer bestimmten Person die Verantwortung aufbürdet, desto größer ist die Wahrscheinlichkeit,
dass diese Person auch Hilfe leistet. Die Verantwortung konzentriert sich auf eine Person, wenn sie als einzige Zeugin der
Hilfsbedürftigkeit eines anderen wird; wenn sie die einzige ist,
die helfen kann, auch wenn sie nicht unbedingt die einzige
Zeugin ist; wenn sie über besondere Fähigkeiten verfügt, die
für die Hilfe erforderlich sind; wenn sie zu der hilfsbedürftigen
Person in einer besonderen Beziehung steht oder wenn ihr auf
Grund einer Führungsposition quasi automatisch die Verantwortung für Hilfeleistung zukommt.

Eine Tugend

Zivilcourage ist keine
„Technik" oder „Metho-
de", sondern eine Tugend.
Deshalb ist es nicht einfach,
sozialen Mut zu entwickeln.
Immer geht es darum, sich
mit den moralischen Werten
auseinander zu setzen, die
der Einzelne verwirklichen
will.
*Kurt Singer: Der Mut, aus
der Reihe zu tanzen. In:
Psychologie heute, 7/2003,
S. 65.*

Kosten-Nutzen-Erwägungen

Entscheidend für das Eingreifen oder Nicht-Eingreifen in einer Notsituation ist die Höhe der „Kosten". Als solche „Kosten" kommen in Frage:

- **erstens die „Kosten" der Hilfe,** die sich auf die Gefahren und den
Aufwand beziehen, die mit einem Eingreifen einhergehen können:
z.B. die Gefahr der eigenen Verletzung, Zeitverlust, Blamage durch
nicht sachgerechtes Handeln; aber auch Ärger mit Behörden oder
Unannehmlichkeiten, die grundsätzlich jede Einmischung in die
Angelegenheiten anderer Menschen einbringen kann;
- **zweitens die „Kosten" der Nichthilfe,** wie z.B. Gewissensbisse,
moralische Selbstvorwürfe, geschwächtes Selbstwertgefühl oder eine
Strafanzeige nach § 323c StGB (Unterlassene Hilfeleistung); damit ist
gleichzeitig der „Nutzen" der Hilfe verbunden, der in der Vermeidung
von Gewissensbissen, Selbstvorwürfen und einer eventuellen
Strafanzeige besteht.

Bei der „Kosten-Nutzen"-Überlegung der Zuschauerin bzw. des Zuschauers einer Notsituation handelt es sich aber in der Regel nicht um
bewusste logische Abwägungen.
*Hans-Dieter Schwind u.a.: Alle gaffen ... keiner hilft. Unterlassene
Hilfeleistung bei Unfällen und Straftaten. Heidelberg 1998, S. 33.*

Zusammenhänge

- Der mangelnde zivile Mut hängt eng mit der Erziehung zusammen. Die meisten Heranwachsenden wurden mehr zu Autoritätsgehorsam erzogen als zu Widerspruchsmut, der von Werten und Idealen erfüllt ist.
- Die Zugehörigkeit zu einer Gruppe wiegt oft schwerer als die eigene Meinung. Menschen neigen dazu, sich dem Gruppendruck zu beugen und sich der Gruppenmehrheit anzuschließen.

- Der Autoritätsgehorsam, also die freiwillige Unterwerfung unter vermeintliche oder tatsächliche Autoritäten geht bei vielen so weit, dass andere ohne Not auf Anweisung gequält werden.

- Je mehr Personen anwesend sind, desto mehr geht die individuelle Wahrscheinlichkeit zu helfen zurück (geteilte Verantwortung).
- Je mehr räumliche Nähe vorhanden ist und je länger die Konfrontation mit einer leidenden Person dauert, desto stärker ist der Aufforderungscharakter zu helfen, es sei denn, man kann sich leicht der Gegenwart der leidenden Person entziehen.
- Je mehr Entscheidungskraft und je größer die Initiativen sind, die von den helfenden Personen verlangt werden, desto geringer wird die Wahrscheinlichkeit von Hilfe ausfallen.
- Je mehr Mühe, Zeit, Energie oder auch Risiko von der Helferin/ dem Helfer gefordert werden, um so weniger kann man normalerweise Hilfe erwarten.
- Wenn die zu leistende Hilfe unangemessen bzw. sozial nicht akzeptabel erscheint, können situationsspezifische Regeln existieren, die helfende Reaktionen hemmen, obwohl man das Leiden einer anderen Person wahrnimmt (beispielsweise, dass es unangemessen ist, in ein fremdes Zimmer zu gehen).
- Eine enge Beziehung oder das Wissen, dass man der gleichen Gruppe angehört, können zur Identifikation mit einer anderen Person führen, wodurch mit größerer Wahrscheinlichkeit Mitgefühl und andere Motive, die zu Hilfe beitragen, geweckt werden. Feindselige Einstellungen verringern die Wahrscheinlichkeit von Hilfe.
- Unmittelbar vorausgehende positive oder negative Erfahrungen bewirken unterschiedliche psychische Zustände, die sich auf helfendes Verhalten auswirken: Wohlbefinden erhöht in der Regel die Wahrscheinlichkeit, anderen zu helfen, negative Zustände verringern sie zuweilen.
- Je höher die Bevölkerungsdichte, desto weniger kennen sich die Bewohnerinnen und Bewohner eines Stadtteils und desto geringer ist daher die informelle soziale Kontrolle. Deshalb wird in Großstädten tendenziell seltener geholfen als auf dem „flachen Land".

Ein wichtiges Element scheint in diesem Zusammenhang die persönliche Bestätigung durch soziale Anerkennung des eigenen sozialen Umfeldes zu sein. Untersuchungen zeigen, dass sozial engagierte Personen oft psychisch gesünder sind und über eine robustere körperliche Verfassung verfügen. Ihr Engagement führt zu einer Verbesserung des Selbstwertgefühls, zu größerem Verständnis für andere und zu einer stärkeren Bindung an eine Gemeinschaft.

Zivilcourage lernen

Wichtige Voraussetzungen für zivilcouragiertes Handeln sind die Entwicklung von Empathie sowie die Bereitschaft und Fähigkeit zum kritischen Umgang mit Autoritäten. Nur wer fähig und bereit ist, sich in die Situation des anderen einzufühlen, der hat möglicherweise den Impuls zu helfen (vgl. Ostermann 2000). Empathie ist also die motivationale Basis der Hilfsbereitschaft.

Für die Entwicklung von zivilcouragiertem Verhalten spielen desweiteren weniger moralische Appelle als vielmehr Lebenssituationen eine wichtige Rolle (vgl. Staub 1981, S. 53 ff). Es ist kaum möglich, eine „moralische Haltung" durch die Diskussion moralischer Fragen und Konflikte zu fördern, wenn jemand in einer feindlichen und bedrohlichen Umwelt lebt, welche Angst vor anderen Leuten, Feindseligkeit und eine ständige Sorge um das physische und psychische Überleben bewirkt.

Empathie
Empathie hat drei Aspekte.
- die Fähigkeit, die Gefühle eines anderen zu verstehen;
- die Fähigkeit, die Perspektive und Rolle einer anderen Person zu übernehmen;
- die Bereitschaft, auf diese Situation des anderen emotional zu reagieren.

Änne Ostermann: Empathie und prosoziales Verhalten in einer Ellbogengesellschaft. In: HSFK-Standpunkte, Nr. 4/2000.

Verhaltensziele

Selbstbehauptung	Selbstbegrenzung	Solidarische Hilfe
Ich fördere mich selbst, auch gegen die Interessen anderer: Selbstentfaltung	Ich fördere andere entgegen meinen Interessen: Verzicht	Ich fördere andere, auch entgegen den Interessen Dritter: Solidarische Förderung
Ich schütze mich vor den Angriffen anderer: Widerstand	Ich schütze andere vor meinen Angriffen: Kontrolle eigener Aggressionen	Ich schütze andere vor den Angriffen Dritter: Solidarischer Widerstand

Hans-Peter Nolting: Lernschritte zur Gewaltlosigkeit. Reinbek 1991, S. 163.

Lernbereich Alltag

Auseinandersetzung mit Autoritäten

- Weshalb ist es für mich so bedeutsam, die Zustimmung der Autorität zu erlangen?
- Wie kommt es, dass mein Selbstbild wankt, wenn mich ein Vorgesetzter kritisiert?
- Bin ich tatsächlich weniger wert, wenn die „Autorität" an mir etwas auszusetzen hat?
- Kann ich die Kritik akzeptieren oder zurückweisen – ohne gleich mein Selbst infrage zu stellen?
- Sehe ich die „Autorität" nur in den anderen und erkenne nicht auch die Autorität in mir selbst?
- Welches Selbstbild möchte ich verwirklichen?
- Welche Werte sind für mein Leben bedeutsam?

Kurt Singer: Der Mut, aus der Reihe zu tanzen. In: Psychologie heute, 7/2003, S. 65.

Die Familie spielt bei der Entwicklung von Zivilcourage eine wichtige Rolle. Ein fürsorgliches und liebevolles Familienklima, verbunden mit Werten wie Nächstenliebe, Mitleid, Liebe zur Natur, Fürsorge für andere und Ehrlichkeit stellt die emotionale Grundlage von Zivilcourage dar. Diese Eigenschaften werden nicht gepredigt, sondern von den Eltern vorgelebt (vgl. Gugel 2003, S. 191 ff.).

Zivilcourage im Alltag zu lernen, bedeutet also zunächst die Entwicklung von Empathie, Ich-Stärke und Selbstbewusstsein, um auf der Beziehungsebene befriedigend kommunizieren zu lernen, um eigene Vorurteile erkennen und bearbeiten zu können, aber auch um am politischen Geschehen so teilzuhaben, dass ein Engagement in Richtung Gewaltminimierung und Partizipation möglich wird.

Dies setzt die Fähigkeit, sich einzumischen, voraus. Diese Einmischung von unten gelingt am besten, wenn sie zunächst in kleinen Schritten vorgenommen wird, wenn positive Vorbilder verfügbar sind und eine ermutigende Resonanz auf das gezeigte Verhalten erfolgt.

Ein wesentlicher Punkt dieser Einmischung besteht darin, wenn nötig, den Gehorsam zu verweigern. Gehorsam war und ist eine der Triebfedern der Zerstörungsmentalität, denn Gehorsam wird subjektiv immer mit der Delegation von Verantwortung an den/die Vorgesetzten (oder gar an Strukturen) gleichgesetzt.

Die Experimente zum Autoritätsgehorsam zeigen, dass unter bestimmten Umständen ein Großteil der Menschen offensichtlich bereit ist, Gewalt anzuwenden. Sie zeigen aber gleichzeitig auch Möglichkeiten der Gegenwehr auf: direkter Kontakt zum Opfer, das Infragestellen der Autorität des Versuchsleiters sowie die Anwesenheit einer dritten Person, die Bedenken gegen das Vorgehen äußerte, verringerten die Gehorsamsbereitschaft entscheidend (Milgram 2004; Welzer 2005). In Bezug auf Erziehung bedeutet dies, anders mit Widerspruch, Einwänden und Gehorsamsverweigerung bei Kindern und Jugendlichen umzugehen als dies

Die „Sprache des Herzens" ist unsere einzige Chance

Wer als Kind echte Zuwendung erfährt – und sei es unter ärmsten Verhältnissen – verfügt später über die Stärke, auch seinen Mitmenschen und Kindern mit Empathie und Mitgefühl zu begegnen. Dann bleiben sie Menschen, die keine Angst davor haben, auf das zu hören, was ihr Herz ihnen sagt. Mit einer eigenen Identität als Kern der Persönlichkeit und nicht dem, was der englische Dichter Edward Young schon im 18. Jahrhundert befürchtete: Wir werden als Originale geboren, aber sterben als Kopien.

Arno Gruen: Vergesst die Liebe nicht. In: Stern, 43/2003, S. 196.

häufig geschieht. Denn diese Verhaltensweisen können eben nicht nur als „Trotz" oder „Ungezogenheit" gedeutet werden, sondern sind auch Ausdruck einer sich entwickelnden Selbständigkeit sowie von Auseinandersetzung mit Autoritäten.

Von großer Bedeutung für alle Lernprozesse ist die Rolle von glaubwürdigen Vorbildern. Sie ermöglichen durch Prozesse der Auseinandersetzung, der Identifizierung und Abgrenzung eine Entwicklung von Sensibilität, Achtung und Empathie. Zivilcourage setzt die Übernahme von Verantwortung für das eigene Handeln voraus.

Zivilcourage in der Schule lernen

In der Regel entwickelt kaum jemand Bürgermut durch die Schule, sondern trotz der Schule, meint der Psychotherapeut und Hochschullehrer Kurt Singer. Kritik, die unerwünscht ist, erwartetes konformes Verhalten verbunden mit Notendruck fördern eher Anpassung als Widerspruch und das Vertreten einer eigenen Meinung. Schülerinnen und Schüler müssen jedoch ermutigt werden, kritisch ihre Meinung zu äußern (vgl. Singer 1995, S. 12).

Die Schule hat viele Möglichkeiten, Zivilcourage zu fördern. Hierzu gehören Lernformen, die ein sozial-reflexives Lernen ermöglichen, die die eigene Meinung herausfordern und Gruppendruck entgegenwirken. Einflussmöglichkeiten und Partizipation, verbunden mit der Transparenz von Machtverhältnissen und konstruktiver Konfliktaustragung, tragen dazu bei, dass unterschiedliche Interessen artikuliert werden können. Vorbilder und die Belohnung von sozialem Mut fördern soziale Handungskompetenzen (vgl. Meyer/Hermann 2000, S. 12). Eine zentrale Aufgabe von Schule ist in diesem Prozess auch die kritische Vermittlung von Wissen, verbunden mit einer Verantwortungsethik, die auch die Folgen des eigenen (und fremden) Tuns im Blick hat und so das Gewissen schärft.

Trainings

Die Altruismus-Forschung weist darauf hin, dass Helfen in Not- und Problemsituationen wesentlich von Lernerfahrungen abhängt. Durch spezifische Trainings können Kompetenzen erworben werden, die sich auf die Entschlusssicherheit und die Bereitschaft, Verantwortung zu übernehmen, positiv auswirken (vgl. Bierhoff 2004, S. 67).

Trainings ermöglichen einen spielerischen Umgang mit Ernstsituationen, der ansonsten kaum möglich ist. Sie bieten einen Zugang zu eigenen Aggressionen und Ängsten, und sie erlauben ein Erkennen der individuellen Reizschwelle zum Handeln (Gugel/Frech 2004, S. 200 f.).

Was Zivilcourage oft verhindert

- Angst (z.B. vor körperlicher Gewalt).
- Das Gefühl der Unterlegenheit (hier kann ich ja nichts machen ...).
- Das Gefühl der Gleichgültigkeit (was geht das mich an ...?).
- Die Meinung, dass das Opfer selbst schuld sei.
- Die Meinung, dass andere für die Lösung verantwortlich seien.
- Die Meinung, dass der Konflikt ein Privatproblem der Betroffenen sei.

Das Prinzip „Auge um Auge" führt nur dazu, dass die ganze Welt erblindet.
Mahatma Gandhi

Die Freiheit der Meinung besteht darin, das zu sagen, was die Leute nicht gerne hören.
George Orwell

Ohne Unterschied macht Gleichheit keinen Spaß.
Dieter Hildebrandt

Je mehr Bürger mit Zivilcourage ein Land hat, desto weniger Helden wird es einmal brauchen.
Franca Magnani

Nichts ist schwieriger und nichs erfordert mehr Charakter, als sich im offenen Gegensatz zu seiner Zeit zu befinden und laut zu sagen: Nein!
Kurt Tucholsky

Solche Trainings vermitteln weniger „Wissen" als vielmehr Auseinandersetzung mit persönlichen Erlebnis- und Verhaltensweisen in konkreten Situationen und ermöglichen die gemeinsame Arbeit an hilfreichen Haltungen und Handlungsweisen, verbunden mit der Konfrontation mit professionellem Knowhow. Deshalb spielt die Auseinandersetzung mit den eigenen Ängsten eine wichtige Rolle bei Trainings.

Als Modellvorstellung gehen solche Trainings davon aus, dass eine Ausbildung das Kompetenzgefühl stärkt und dadurch die eigene Entschlusssicherheit und die Bereitschaft zur Verantwortungsübernahme erhöht. Die dadurch entstehende Bereitschaft, Hilfe zu leisten, führt dann in entsprechenden Situationen zu Hilfehandlungen.

Ein erster Punkt ist deshalb die Schulung der Wahrnehmung und die Sensibilisierung für Not- und Gefahrensituationen, aber auch für Diskriminierungen und Beleidigungen. Hinzu müssen Einfühlungsvermögen und die Fähigkeit zum Perspektivenwechsel kommen, um Handeln zu ermöglichen. Wissen über mögliche, sinnvolle und empfohlene Verhaltensweisen erleichtert es, sich in Situationen, in denen ein mutiges Eingreifen nötig ist, richtig zu verhalten.

Gesellschaftliche Rahmenbedingungen

Chancen und Hindernisse für Zivilcourage, so Gerd Meyer und Angela Hermann (2000, S. 11), werden auch von politischen Rahmenbedingungen und der politischen Kultur unserer Gesellschaft bestimmt. Hierzu gehören u.a. moralische Überzeugungen und Vorstellungen von Gerechtigkeit, Konformitätsdruck und Autoritätsbeziehungen an den Schulen und vor allem am Arbeitsplatz, die prägende Kraft von Gruppen und Sozialisationsinstanzen.

Wir finden in unserer Gesellschaft beide Verhaltensweisen: den brutalen Egoismus, der sich kalt über die Interessen anderer hinwegsetzt und altruistisches Verhalten, das bis zur Selbstaufopferung gehen kann. Offensichtlich werden auch beide Verhaltensweisen in unserer Gesellschaft prämiert und verstärkt: die egoistischen durch einen raschen, aber vielleicht nicht dauerhaften Erfolg, die prosozialen durch gesellschaftliche Anerkennung und langfristigen Erfolg (Ostermann 2000).

Deshalb ist es auch unter didaktischen Gesichtspunkten sinnvoll, beiden Strängen nachzugehen: Was fördert, was behindert das eine und das andere?

Lernbereiche bei Trainings

- **Wann und wo handeln/eingreifen?**
- Problemsituationen erkennen: wahrnehmen, interpretieren, handeln.
- Das Gewissen schärfen.
- Politisches Urteilsvermögen fördern.
- **Zivilcourage findet öffentlich statt**
- Selbstsicherheit bei öffentlichen Auftritten.
- Überwindung von Angst.
- **Zivilcourage im Kontext einer Konfliktdynamik**
- Grundkenntnisse über Eskalation und Deeskalation von Konflikten.
- Kenntnisse über hilfreiches Handeln in Konflikten.
- **Zivilcourage als verbales Eingreifen: sich wehren, sich für andere einsetzen**
- Kommunikationsfähigkeit.
- Autoritätsangst überwinden, Selbstsicherheit entwickeln.
- **Zivilcourage als Eingreifen in Bedrohungs- und Gewaltsituationen**
- Dynamik von Gewaltsituationen kennen.
- Mobilisierung von Hilfe.
- Deeskalationsstrategien.
- Rollen von Tätern, Opfern, Zuschauern.
- **Wissen, was Hilfe ermöglicht bzw. behindert**
- Diffusion von Verantwortung/Übernahme von Verantwortung.
- Negative Vorbilder (Passivität)/Positive Vorbilder, Eingreifen.
- Kosten-Nutzen-Abwägungen.
- Angst vor der Blamage.
- Erkennen von Ähnlichkeiten mit Opfern: Perspektivenwechsel.
- Fremdverschulden/Eigenverschulden: Empathie.
- Autoritätsgehorsam/eigenverantwortlich handelnde Persönlichkeit.
- **Konsequenzen tragen**
- Sich über mögliche Folgen klar sein.
- Sich klar werden, welche negativen Konsequenzen man (noch) in Kauf nehmen würde.
- Umgang mit sozialer Isolierung.
- Quellen von Motivation.
- Rückhalt in sozialen Gruppen.

Grundwissen

Ein hoher Stellenwert?
In einer Umfrage des Marburger Psychologen Ulrich Wagner gaben 15 Prozent der Befragten an, schon einmal Zeuge eines verbalen oder physischen Übergriffs auf Angehörige einer ethnischen Minderheit gewesen zu sein – aber nur gut ein Drittel hatte versucht, dem Attackierten zu helfen. Wenn man nach der inneren Haltung fragt, bekennt sich aber ein wesentlich höherer Anteil der Bevölkerung zu den Menschenrechten und plädiert dafür, Schwächere zu schützen. Zivilcourage hat in Deutschland einen hohen Stellenwert – theoretisch.
Veronika Brandstätter. In: Berliner Zeitung, 10.3.2008.

Widerspruch

Sollten wir ein „freches Maulen" als Schritt zur Mündigkeit ansehen und uns damit auseinander setzen? Kann ich mich darüber freuen, wenn ein Schüler aus eigenständiger Entscheidung heraus nicht „folgt" – und kann ich ihm sagen, dass ich seinen Widerspruch akzeptierte? Wann habe ich einer Jugendlichen zum letzten Mal anerkennend zugestimmt, weil sie ungehorsam war?

Kurt Singer: Zivilcourage in der Schule. In: Gerd Meyer u.a. Zivilcourage lernen. Tübingen 2004, S. 139.

Umsetzung

Schulische und außerschulische Arbeit kann – wie oben gezeigt – in vielfältiger Weise Zivilcourage ermutigen und fördern. Dies geschieht u.a. durch Lernarrangements und Alltagssituationen, die helfen, Problemsituationen wahrzunehmen, gesellschaftliche Entwicklungen zu reflektieren, Empathie zu fördern, das Gewissen im Sinne demokratischer Werte zu schärfen, Selbstbewusstsein gegen Autoritäten und Führer zu stärken und Gruppendruck zu widerstehen. Schule ist so ein Ort der Reflexion und Auseinandersetzung mit eigenen und fremden Meinungen und Verhaltensweisen und motiviert und begleitet zivilcouragiertes Verhalten. Von besonderer Bedeutung ist dabei der Vorbildcharakter der Lehrkräfte.

Da hierbei Lehrkräfte sowie Schülerinnen und Schüler gleichermaßen als Lernende zu betrachten sind, sind die Materialien (M1-M17) für Lernprozesse beider Gruppen relevant. Lernziele sind dabei Diskriminierung, Unrecht und Gewalt zu erkennen, Wissen über Handlungsmöglichkeiten in spezifischen Situationen zu erwerben, die eigenen Reaktionsfähigkeiten und -möglichkeiten realistisch einschätzen zu lernen sowie mit fördernden und hindernden Bedingungen für Zivilcourage umgehen zu lernen.

1. Wissen über Zivilcourage

M1-M5 ermöglichen eine Auseinandersetzung damit, was Zivilcourage ausmacht, sowie welche Einflussbereiche zu zivilcouragiertem Handeln führen können. In Kleingruppen (M3) können wesentliche Faktoren benannt und diskutiert werden. Die Schaubilder (M4, M5) dienen der Systematisierung.

2. Einfluss von Gruppen und Autoritäten (M6, M7)

Zwei Einflussfaktoren, die zivilcouragiertem Verhalten oft entgegenstehen, sollen mit Hilfe von M6 und M7 näher untersucht werden: Die Angleichung von Meinungen und Verhaltensweisen in Gruppen sowie der Autoritätsgehorsam. Während das Asch-Experiment (M6) mit den Teilnehmerinnen und Teilnehmern direkt durchgeführt werden kann und somit die Beeinflussbarkeit von Entscheidungen durch Gruppen demonstriert wird, wird das Milgram-Experiment vorgestellt und besprochen. Zur Illustration kann die DVD „Abraham – ein Versuch" (BRD 1970, ab 16 J.) eingesetzt werden. Herausgearbeitet werden sollte nicht nur, warum Menschen Gehorsamsbereitschaft zeigen, sondern auch warum ca. ein Drittel der Versuchsteilnehmerinnen und -teilnehmer den Versuch abgebrochen hat.

3. Zivilcouragiertes Handeln in Lernsituationen üben

Eine eher kognitive Auseinandersetzung mit Handlungsmöglichkeiten wird mit dem Webquest (M8) ermöglicht. Anhand von M9 und M10 können fiktive Handlungen reflektiert (und ggf. als Rollenspiel) durchgespielt werden. M11 ermöglicht eine Auseinandersetzung mit eigenen Schwierigkeiten oder gar Ängsten, andere um einen Gefallen zu bitten. Der Umgang mit „härteren" Problem- oder gar Gewaltsituationen kann anhand von M12 und M13 reflektiert werden. Auch diese Szenen können in Rollenspielen mit unterschiedlichen Lösungsvarianten nachgespielt werden.

Der vom Hessischen Rundfunk mit versteckter Kamera gefilmte Beitrag „Dienstag – Das starke Stück der Woche" (Bundesrepublik Deutschland 1994) zeigt das Verhalten von Fahrgästen in der Frankfurter U-Bahn während zwei junge Männer in Skin-Montur einen jungen Farbigen belästigen (17 Min, VHS, FSK 12).

4. Von anderen lernen – Vorbilder

Vorbilder für zivilcouragiertes Handeln sind auch in der näheren Umgebung zu finden, wenn man sich aufmacht „Zeitzeugen" zu spezfischen Ereignissen zu suchen und zu befragen (M14). Als literarische Auseinandersetzung eignet sich u.a. Anna Seghers Roman „Das siebte Kreuz" (M15). Der Busboykott von Montgomery (1955) stellt eine historische Fallstudie dar.

5. Gesellschaftliche und politische Fragen

Manchmal erfordert zivilcouragiertes Handeln auch das bewusste Übertreten bestehender Gesetze (Ziviler Ungehorsam). M17 stellt mit einem Auszug aus dem Essay „Über die Pflicht zum Ungehorsam gegen den Staat" eine „klassische" Begründung für Zivilen Ungehorsam vor.

Grundwissen

Aus der Reihe tanzen

Damit Kinder in der Schule Zivilcourage lernen, muss Kritik erwünscht sein, auch wenn sie sich gegen Lehrer und Lehrplan richtet. Die Jugendlichen sollten in ihrem Denken „aus der Reihe tanzen", sie sollten in Rede und Schrift ihre Meinung ausdrücken. Sie sollten Freude verspüren, mit ihrer eigenen Intelligenz lustvoll in Beziehung zu treten, nicht nur mit der des Lehrers.
Kurt Singer: Zivilcourage in der Schule. In: Gerd Meyer u.a. Zivilcourage lernen. Tübingen 2004, S. 140.

Ergänzende Bausteine

3.5 Demokratie- und Werteerziehung
4.2 Verhalten in akuten Gewaltsituationen
4.3 Mobbing
4.4 Rechtsextremismus

M1 Kriterien für Zivilcourage

Zivilcourage ...

... setzt Mut voraus

... ist öffentlich

... ist an demokratischen Grundwerten orientiert

Eingreifen
zugunsten anderer,
meist in unvorherge-
sehenen Situationen

Sich-Einsetzen
für allgemeine Werte,
für das Recht oder
für die legitimen
Interessen anderer

Sich-Wehren
gegen akute Zumu-
tungen und Angriffe,
z.B. gegen Gewalt,
Mobbing oder sexuelle
Belästigung

Bereitschaft, auch Nachteile für das eigene Handeln in Kauf zu nehmen;
sich mit der eigenen Angst auseinander setzen.

*Vgl.: Gerd Meyer: Was heißt mit Zivilcourage handeln?
In: Gerd Meyer/Ulrich Dovermann/Siegfried Frech/
Günther Gugel (Hrsg.): Zivilcourage lernen. Analysen,
Modelle, Arbeitshilfen. Tübingen 2004, S. 23-40.*

- Finde Beispiele für Zivilcourage (z.B. bei
  www.ktf.uni-passau.de/local-heroes).
- Welche der oben beschriebenen Kriterien
  sind in den Beispielen erfüllt?
- Recherchiere, welche Preise es für Zivilcourage
  gibt und wer wofür ausgezeichnet wurde.

M2 Üben, sich einzumischen

Kleine mutige Schritte wagen
Sich zu erkennen geben mit der eigenen Meinung, einstehen für die persönliche Überzeugung, Einspruch erheben, wenn Unrecht geschieht. Kleine Schritte verhindern, dass wir uns überfordern und mutlos werden.

Die eigene Angst annehmen
Es ist wichtig, die persönliche Angst zu akzeptieren und sich mit der Angst einzumischen. Wir brauchen die Angst, um uns vor Gefahren zu schützen. Nur wer seine Ängste zulässt, kann Mut entwickeln und couragiert für Veränderungen eintreten. – Ein Mittel der Angstbearbeitung ist, sich sachkundig zu machen.

Sich Sachverstand aneignen
Sachkenntnis macht mitsprachefähig. Deshalb ist es für bürgermutige Einmischung notwendig, Sachwissen zu erwerben. Wer sich in einem bestimmten Bereich sachkundig macht, kann argumentieren und stärkt damit sein Selbstbewusstsein. Das Selbstbewusstsein aber ist eine wichtige Gegenkraft zur Angst.

Rückhalt in der Gruppe suchen
Gleichgesinnte zu finden, mit anderen zusammenzuarbeiten, stärkt das Gefühl der Zusammengehörigkeit und das Selbstwertgefühl. Dadurch vermindert sich die Furcht, durch den zivilcouragierten Einspruch isoliert zu werden.

Sich mit den eigenen Wertvorstellungen kenntlich machen
Wir lassen erkennen, wie wir persönlich denken und für welche moralischen Werte wir uns öffentlich einsetzen.

Persönliche Gefühle zulassen und zu erkennen geben
Mitfühlfähigkeit und Mitleid, Fürsorge und Verantwortungsgefühl für die Nächsten, die Bindung an andere Menschen: diese Gefühle motivieren die Zivilcourage.

Die haltgebenden Ideen und Überzeugungen festigen
Zum Schwierigsten in Zivilcourage-Situationen gehört die Gefahr, allein zu stehen. Um diese Angst vor dem Alleinsein auszuhalten, brauchen wir moralische und gefühlsmäßige Gegenkräfte: Worin besteht der Sinn meiner Einmischung? Wie kann ich so handeln, dass ich mir selbst treu bleibe? Welche ethischen und religiösen Weltvorstellungen und welche Vorbilder helfen mir, die Angst zu überwinden?

Sich gewaltlos auseinandersetzen
Gewaltlos zu bleiben vermindert die Gefahr, dass sich Konflikte verschärfen. Außerdem kann die gewaltfreie Einstellung vor Gegenaggression schützen.

Die eigene Wut konstruktiv machen
Die Wut darf nicht unterdrückt, sondern muss nutzbar gemacht werden durch Angriff, der nicht persönlich verletzt, durch Streit, der die Beziehung nicht abbrechen lässt, durch sachkundige Argumentation, durch Handlungvorschläge, durch Verändern kritisierter Zustände.

Zivilcourage einüben
Wie jede Tugend erfordert auch Bürgermut fortgesetztes Üben. Man kann in ungefährlichen Situationen mit kleinen Mutproben beginnen.

Kurt Singer: Einmischen statt wegschauen – Jugendliche wagen Zivilcourage. München 1995. S. 28 f., Auszüge.

M3 Was fördert, was hindert?

Was fördert, was behindert Zivilcourage?

- Vorbilder haben
- Eindeutigkeit der Situation
- Hilfsbedürftigkeit des Anderen
- Soziale Kompetenzen
- Einfühlungsvermögen
- Übernahme von Verantwortung
- Räumliche Nähe mit einer hilfsbedürftigen Person
- Selbstsicheres Auftreten
- Mitgefühl
- Konfliktfähigkeit
- Selbstsicherheit
- Positive Einschätzung der eigenen Stärken
- Bereitschaft, auch Nachteile zu akzeptieren
- Starke Ausprägung des eigenen Gewissens
- Erziehung, die die eigene Meinung fördert
- Gehorsam
- Gleichförmigkeit im Denken
- Sachkompetenz
- Hohe soziale Position
- Niedere soziale Position
- Hierarchien
- Hoher Konformitätsdruck
- Angst
- Wissen um Nachteile
- Gefühl der Unterlegenheit
- Sich nicht ausdrücken können
- Rückhalt in der Familie oder bei Freunden
- Aufmerksamkeit, Wahrnehmen von Ungerechtigkeiten
- Klare eigene Kategorien von Recht und Unrecht
- Angst vor Autoritäten
- Rückhalt in einer Glaubensüberzeugung
- Von anderen Ablehnung erfahren
- Von anderen Zuspruch und Unterstützung erfahren
- Sich in Übereinstimmung mit den gesellschaftlichen Grundwerten befinden
- Risikobereitschaft
- Bewusst Konsequenzen in Kauf nehmen

Arbeitsanweisung für die Gruppenarbeit

Wählt aus den vorhandenen Aussagen sechs aus, die Zivilcourage fördern und sechs, die Zivilcourage eher behindern. Bringt diese ausgewählten Aussagen in je eine Rangfolge von 1-6 entsprechend ihrer Wichtigkeit. Begründet eure Entscheidung.

Vorbereitung:

Die einzelnen Aussagen werden auf einen Papierstreifen im Format DIN A5 kopiert. Für jede Arbeitsgruppe stehen alle Aussagen zur Verfügung.

M4 Einflussfaktoren

Einflussfaktoren auf zivilcouragiertes Handeln

Zivilcourage – 3 Handlungsarten: Eingreifen – Sich-Einsetzen – Sich-Wehren

Soziale und politische Kontexte

- Soziale Position
- Soziale Orte, Öffentlichkeit
- Charakter des politischen Systems und der politischen Kultur
- Situation auf dem Arbeitsmarkt

Wahrnehmen der Situation und eigener Handlungsmöglichkeiten

- Aufmerksamkeit, Betroffenheit, Interesse, Zeit
- Einschätzung der eigenen Kompetenzen
- Bereitschaft, Verantwortung zu übernehmen
- Geeignete Handlungsstrategien kennen und auswählen

Situative Faktoren

Handlungsort und Handlungsverlauf

- Ort und Zeit des Ereignisses
- Eindeutig und überschaubar?
- Persönliche, berufliche, familiäre Risiken?
- Wer greift ein? (De-)Eskalation?
- Gewalt als Hinderungsgrund
- Privatsphäre als Interventionsgrenze

Merkmale der Adressaten

- Soziale und kulturelle Nähe
- Können sich Opfer selbst helfen?
- Wahrnehmung von Schuld und Unschuld

Verhalten anderer Personen, Kommunikationsmöglichkeiten und Unterstützung

- Zahl der Anwesenden
- Pluralistische Ignoranz, Diffusion der Verantwortung, Bewertungsangst
- Zustimmen, eingreifen, fördern
- Kommunikation: Kanäle, Effizienz
- Hilfe von außen/tatkräftige Unterstützung

Personenbezogene Faktoren

Kompetenzen und Ressourcen

- Selbstsicherheit, Bewusstsein eigener Integrität
- Empathie, emotionale Sensibilität
- Produktiver Umgang mit Angst; Vertrauen
- Konfliktfähigkeit; Bereitschaft, Risiken und Nachteile in Kauf zu nehmen
- Wissen, kommunikative Kompetenzen

Motivation

- Prosoziale Einstellung, Altruismus
- Moralisches Selbstkonzept
- Gerechtigkeitsempfinden
- Gemeinwohlorientierung

Sozialisation und Biografische Erfahrungen

- Übernahme sozial gültiger Werte, Vorbilder
- Erfahrungen mit Diskriminierung, Gewalt, gewährter oder versagter Solidarität
- Kritische Auseinandersetzung mit Autoritäten
- Reflexion biografischer Erfahrung; Habitus

© Meyer/Frankenberg, In: Gerd Meyer/Ulrich Dovermann/Siegfried Frech/Günther Gugel (Hrsg.): Zivilcourage lernen. Analysen, Modelle, Arbeitshilfen. Tübingen 2004, S. 36.

521

M5 Der Entscheidungsprozess

Der Entscheidungsprozess bei Hilfeleistungen

1. Wahrnehmung eines Ereignisses

Der potenzielle Helfer muss bemerken, dass etwas geschieht, und seine Aufmerksamkeit auf das ungewöhnliche Ereignis lenken. Je klarer zu erkennen ist, dass ein Opfer der Hilfe bedarf, desto eher wird auch Hilfe geleistet.

2. Erkennen der Notlage

Wenn ein Ereignis registriert worden ist, muss die Entscheidung getroffen werden, ob es sich bei diesem Ereignis um einen Notfall handelt oder nicht.

Gelangt der Zuschauer zu dem Resultat, dass seine Hilfe notwendig ist, übernimmt er Verantwortung und ist zur Hilfe bereit.

3. Die eigene Verantwortung

Die eigene Verantwortung muss erkannt und bewertet werden.

4. Art der Hilfe

Der potenzielle Helfer muss sich für eine bestimmte Art der Hilfe entscheiden.

Die „Entscheidung" ist eigentlich schon mit der Bewertung des Ereignisses gefallen. Allerdings wägt der potentielle Helfer noch ab, ob er kompetent genug ist, um in der konkreten Notsituation zu helfen.

5. Ausführung

Eine Hilfeleistung erfolgt nur dann, wenn der potentielle Helfer auf jeder Stufe des Prozesses die entsprechend „richtige" Entscheidung trifft.

Hans-Dieter Schwind u.a.: Alle gaffen ... keiner hilft. Unterlassene Hilfeleistung bei Unfällen und Straftaten. Heidelberg 1998, S. 123 ff, Auszüge.

M6 Das Asch-Experiment

Der amerikanische Psychologe Solomon Asch wollte feststellen, was Individuen dazu veranlasst, Gruppendruck nachzugeben oder ihm zu widerstehen. Und zwar in Situationen, wenn der Gruppendruck ein anderes Verhalten erzwingt, als die tatsächlichen Gegebenheiten der Situation erwarten lassen.

Der Versuch

Eine jeweils unterschiedlich lange Linie wurde zwölfmal auf eine Leinwand projiziert (Standardreiz). Rechts davon wurden drei Vergleichslinien gezeigt (Vergleichsreiz). Es sollte die Linie herausgefunden werden, deren Länge der auf der linken Seite entsprach.

Im Raum befand sich eine Gruppe, von der eine Person die Versuchsperson war. Der Rest der vermeintlichen Testpersonen waren instruierte Helfer des Versuchsleiters. Jedes Gruppenmitglied wurde aufgefordert, sein Urteil über die richtige Linie öffentlich abzugeben.

Die instruierten Personen gaben nach mehreren richtigen Antworten eine zuvor abgesprochene falsche Vergleichslinie an. Die Versuchsperson stand nun in der Situation, dass ihrem eindeutigen Sinneseindruck von einer Gruppe einhellig widersprochen wird. Antwortet sie ihrem Sinneseindruck entsprechend richtig? Oder passt sie sich dem Gruppendruck an und wählt eine falsche Vergleichslinie?

Ein Drittel der Versuchspersonen unterlag dem Gruppendruck in mehr als 6 von 12 Versuchswiederholungen.

Ein Viertel der Versuchspersonen widerstand dem Gruppeneinfluss in allen 12 Fällen.

Insgesamt gab es 32 % Fehlurteile unter Gruppendruck und 68 % richtige Urteile entgegen der Gruppenmehrheit.

Wenn eine der instruierten Personen das richtige Urteil abgab, sank der Beurteilungsfehler der Versuchsperson von 32 % auf 10 %. Konformität ist also auch abhängig von der Anzahl von Opponenten.

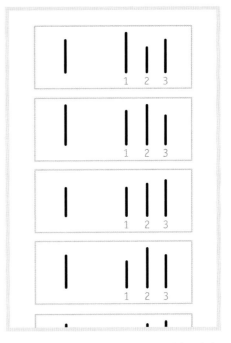

Vgl.: Alexander Thomas: Grundriß der Sozialpsychologie Göttingen 1992, S. 97 ff.

Experiment mit Schülerinnen und Schülern

- Das Asch-Experiment kann mit Schülerinnen und Schülern durchgeführt und ausgewertet werden.
- Warum handeln Menschen gegen ihre Wahrnehmung?
- Bei der Auswertung sollten die Ergebnisse in Beziehung zum Thema Zivilcourage gesetzt werden.

523

M7 Das Milgram Experiment

Schule

Wann beugen sich Menschen der Aufforderung einer Autorität andere zu verletzen oder gar zu töten? Unter welchen Bedingungen leisten sie Widerstand?

Unter dem Vorwand herauszufinden, wie sich Bestrafung auf Lernen auswirkt, wurden in den 1960er Jahren an der Yale University (USA) die bekannten (und ethisch umstrittenen) sog. Milgram-Experimente durchgeführt. Dieser Typ von Experiment wurde inzwischen in zahlreichen Ländern und Variationen wiederholt. Die Ergebnisse waren im Kern immer gleich.

Nachdem der Schüler einige richtige Antworten gegeben hat, kommen auch falsche Antworten, die jedes Mal mit einem stärkeren Elektroschock bestraft werden. Bei 150 Volt bittet das Opfer darum, das Experiment abzubrechen. Bei 180 Volt schreit es, dass es den Schmerz nicht mehr aushalten könne. Bei noch stärkeren Stromstößen hämmert das Opfer an die Wand und fleht um Abbruch. Schließlich verstummt das Opfer. Der Versuchsleiter fordert den Lehrer immer wieder auf, den nächsten Schalter zu betätigen, da die Antwort ja falsch gewesen sei. Einige protestieren, schwitzen, zittern, dennoch gehorchten sie der Anweisung des Versuchsleiters. Mehr als 60 % der Versuchpersonen gingen bis zum Ende der Skala (450 Volt), was den sicheren Tod des Opfers bedeutet hätte.

Vgl. Stanley Milgram: Das Milgram Experiment. Reinbek 1993.

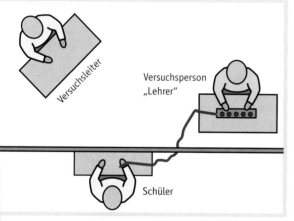

Versuchsleiter

Versuchsperson „Lehrer"

Schüler

Das Experiment

Bei dem Experiment handelt es sich um eine konstruierte Lernsituation, in der der Versuchsleiter, der Schüler (in einem abgetrennten Nebenraum) und die Versuchsperson anwesend sind. Der Schüler (das Opfer) soll Assoziationspaare auswendig lernen. Die Versuchsperson (der „Lehrer") überprüft die Lernergebnisse und gibt für jede falsche Antwort einen (immer stärkeren) Elektroschock. Der Schockgenerator zeigt Schalter von 15 Volt („leicher Schock") aufsteigend bis 450 Volt (mit der Aufschrift „XXX"). Der Schüler („Das Opfer") ist selbstverständlich in Wirklichkeit nicht mit dem Schockgenerator verbunden.

> **Ursachen für die hohe Gehorsamsrate**
> *Beim Versuchsleiter:*
> - Der Status des Vesuchsleiters (Wissenschaftler) ist höher als der des Opfers.
> - Direkter Einfluss des Versuchsleiters auf die Versuchsperson/nur indirekter Kontakt zu Opfer.
> - Konstante Haltung des Versuchsleiters.
> - Die Verantwortung für das eigene Handeln wird dem Versuchsleiter zugeschrieben.
>
> *Bei der Versuchsperson:*
> - Keine Möglichkeit, das Experiment zu antizipieren und über Konsequenzen des Handelns nachzudenken.
> - Soziale Isolation.
> - Bindung an den Versuchleiter, keine Beziehung zum Opfer.
> - Neigung, Gehorsam zu legitimieren (Opfer ist selbst schuld, Versuchsleiter ist verantwortlich).

M8 Webquest-1

Webquests sind Lernarrangements, die Ressourcen des Internets gezielt für Lernprozesse nutzen.

Webquest zum Thema:

Regeln für sinnvolle Verhaltensweisen in Problemsituationen

Nicht wegsehen, sondern eingreifen hat etwas mit Zivilcourage zu tun. Doch wie kann Zivilcourage gefördert werden? Wie kann man sich in Problemsituationen angemessen verhalten? Gibt es hierfür Erfahrungen und Anhaltspunkte?

Ausgangssituation

In eurer Schule kommt es in letzter Zeit immer wieder zu Schmierereien an Wänden, zur Zerstörung von sanitären Einrichtungen, aber auch zu Bedrohungen von Mitschülerinnen und Mitschülern. Dies wird von vielen als Problem erlebt. Doch niemand weiß so recht, wie man sich in dieser Situation verhalten soll, was wichtig und richtig wäre.

Aufgabe

Du gehörst einer Arbeitsgruppe an, die es sich zur Aufgabe gemacht hat, die oben beschriebenen Vorkommnisse nicht einfach hinzunehmen, sondern alle Schülerinnen und Schüler für solche Vorfälle im Schulalltag zu sensibilisieren und ihnen Anregungen zu geben, wie sie sich sinnvoll verhalten können.

In eurer Arbeitsgruppe entwickelt ihr ein Plakat, auf dem fünf grundlegende Verhaltensregeln für Zivilcourage in eurer Schule genannt werden. Um das Plakat attraktiver zu gestalten, (er)findet ihr noch ein Symbol (Logo) dazu.

Als nächstes arbeitet ihr einen Plan aus, wie und wo ihr die Verhaltensregeln und die Plakate den anderen präsentieren wollt.

So könnt ihr vorgehen

1. Suche dir zwei weitere Mitschülerinnen oder Mitschüler, mit denen du ein Dreier-Team bildest und die Aufgabe gemeinsam bearbeitest.

2. Überlegt euch, was als Problem beschrieben wird und wie die Aufgabe genau heißt.

3. Notiert alle Ideen, was auf einem solchen Plakat stehen und wie es aussehen könnte.

4. Informiert euch nun im Internet über mögliche und sinnvolle Handlungsweisen. Verschiedene Organisationen haben Verhaltensregeln erarbeitet, die eine Orientierung ermöglichen. Solche Verhaltensregeln sind keine „Gebrauchsanweisungen", sondern bieten Anhaltspunkte für bewährte, sinnvolle und brauchbare Verhaltensweisen.

Hier könnt ihr Informationen erhalten:
Institut für Friedenspädagogik Tübingen e.V.:
www.friedenspaedagogik.de/themen/konflikt/bedroh/in_bedr.htm
Verein „Augen auf e.V." in Pirna:
www.augenauf.net/aktionen/plakate.php
Aktion „Tu was" der Polizei:
www.polizei.propk.de/aktionen/zivilcourage/index.xhtml

5. Druckt euch die wichtigsten Seiten aus oder kopiert die wichtigsten Textteile in ein Textverarbeitungsprogramm.

6. Die im Internet gefundenen Regeln und Anhaltspunkte treffen nicht genau auf euren Fall zu. Welche sind für euch brauchbar, welche nicht? Welche müsst ihr umformulieren? Was müsst ihr neu formulieren? Jetzt ist die Zeit zu diskutieren und zu schreiben.

M8 **Webquest-2**

7. Bitte bedenkt, dass eure Regeln deutlich machen sollen, warum es wichtig ist, nicht wegzuschauen, und was der/die Einzelne tun kann.
   Bitte bedenkt auch, dass Regeln oder Verhaltensvorschläge leichter akzeptiert werden, wenn sie nicht als starre Verbote oder Gebote formuliert sind, denn ihre Einhaltung beruht auf Freiwilligkeit.

8. Formuliert eure eigenen fünf Regeln und schreibt diese auf. Schaut euch hierzu auch eure früheren Ideen an (vgl. Pkt. 3).

9. Jetzt benötigt ihr noch ein Symbol. Auch hier könnt ihr im Internet nachschauen. Folgende Internet-Angebote bieten Anregungen und Materialien:

> Logos aus dem Bereich „Zivilcourage" findet ihr mit Hilfe der google Bildersuche (Suchbegriffe „Logo" und „Zivilcourage").
> Informationen über Piktogramme als standardisiertes Kommunikationssystem und Logos:
> www.fsb.de
> www.logomarket.com

10. Ihr könnt eines der Symbole, die ihr gefunden habt, als euer Symbol auswählen oder ein eigenes entwickeln. Ob ihr es von Hand malt, oder in einem Grafikprogramm des PCs bearbeitet, bleibt euch überlassen.

11. Nun seid ihr so weit, dass ihr aus den gefundenen Regeln und dem Symbol (Logo) ein Plakat gestalten könnt. Entwerft das Plakat am besten in einem Grafikprogramm eures Computers. Vergesst nicht, dem Plakat einen Titel zu geben und eure Namen einzufügen.

> Wenn ihr Hilfestellung zur Plakatgestaltung benötigt, so findet ihr hier Hinweise:
> www.laser-line.de/news/219.html
> Eine Auswahl politischer Plakate findet ihr auch bei: www.flickr.com/photos/politisches_plakat1/

12. So, jetzt müsst ihr euch noch überlegen, wie ihr euer Plakat am besten der Schulöffentlichkeit präsentiert: Ihr könnt es z.B. einfach an einem geeigneten Platz aufhängen. Oder ihr könnt das Plakat zunächst verschiedenen Klassen vorstellen, oder ...

13. Euer Plakat und eure „Werbestrategie" stellt ihr nun im Rahmen einer Präsentation den anderen Schülerinnen und Schülern eurer Klasse vor.

Zum Schluss

Ihr habt nun einiges über Verhaltensweisen in Konflikt- und Problemsituationen erfahren und euch Gedanken gemacht, welche Verhaltensweisen günstig sind.
Wissen über solche Handlungsmöglichkeiten macht es leichter, sich mit Situationen, in denen ein mutiges Eingreifen nötig ist, auseinander zu setzen. Sich auf solche Situationen vorzubereiten, erhöht die Wahrscheinlichkeit, in der Situation selbst auch „richtig" handeln zu können.

> **Hinweis**
> Informatonen über Webquests an Schulen findet ihr u.a. bei:
> www.webquests.de
> www.webquests.ch
> http://webquest.org

M9 Wie reagiere ich, wenn ...?

Wie reagiere ich, wenn ...
- negative Vorurteile über andere verbreitet werden?
- eine Lehrkraft eine Schülerin/einen Schüler bloßstellt?
- Passanten belästigt werden?
- ausländerfeindliche Witze erzählt werden?
- ein Erwachsener ein Kind schlägt?
- in einer Gruppe über Abwesende herabsetzend geredet wird?
- rechtsextreme Parolen verbreitet werden?
- ein Tier gequält wird?
- Andersdenkende beleidigt werden?
- mir ein „Skandal" bekannt wird?

Vorgehensweise
- Die Aussagen werden auf einzelne Papierstreifen übertragen (kopiert) und an eine Pinnwand gehängt.
- Die Schülerinnen und Schüler berichten über reale Erlebnisse (wie sie in entsprechenden oder ähnlichen Situationen reagiert haben).

Wenn die Situation es erfordert, würde ich folgendes in Kauf nehmen:
- einen finanziellen Verlust;
- die Verschmutzung meiner Kleidung;
- zu spät in die Schule/Arbeitsstelle kommen;
- eine körperliche Verletzung;
- mich in einer Gruppe isolieren;
- eine Ausbildung/einen Arbeitsplatz aufs Spiel setzen;
- von Freunden verlassen werden;
- öffentliche Empörung auf mich ziehen;
- zu einer Geldstrafe verurteilt werden;
- ins Gefängnis zu gehen.

Sinnvoll oder unsinnig?
- ○ einen Leserbrief schreiben;
- ○ einen Aufruf unterzeichnen;
- ○ an einer Demonstration teilnehmen;
- ○ einen Informationsstand organisieren;
- ○ ein Flugblatt verteilen;
- ○ eine Mahnwache halten;
- ○ in einer Notsituation andere um Hilfe bitten;
- ○ jemanden vor anderen in Schutz nehmen;
- ○ sich in eine gewalttätige Auseinandersetzung einmischen;
- ○ als Zeuge zur Verfügung stehen;
- ○ eine gerichtliche Klage einreichen.

Erinnere Dich: Was hast du selbst schon gemacht?
Wann und in welchem Zusammenhang war dies?

Vorgehensweise
- Die Aufzählung „Sinnvoll oder unsinnig?" wird auf Folie (oder ein DIN-A3-Blatt) kopiert.
- Jede Teilnehmerin und jeder Teilnehmer erhält fünf Klebepunkte und markiert die Aussagen, die für sie/ihn am wichtigsten sind.
- Wo kam couragiertes Verhalten zum Ausdruck?

M10 Max - ein Szenario

Ein Szenario entwickeln

Welche (prinzipiellen) Handlungsmöglichkeiten bestehen in Entscheidungssituationen? Welche weiteren Handlungsmöglichkeiten (oder -zwänge) ergeben sich aus einmal gefällten Entscheidungen?

Eine solche Abfolge möglicher und/oder tatsächlich gefällter Entscheidungen kann in Gruppen bearbeitet werden. Dabei soll die Szene in allen Alternativen weiterverfolgt werden.

Ziel ist es, Denken in Alternativen zu ermöglichen und die Folgen aller Möglichkeiten im Voraus zu bedenken.

Vorgehen

- Auf einem großen Blatt Papier, oder auf einer Papierrolle werden alle Handlungsmöglichkeiten visualisiert. Dabei wird ein Handlungsstrang so lange verfolgt, bis sich eine oder mehrere Lösungen ergeben.
- In einem zweiten Schritt sollen die wahrscheinlichen Handlungen eingezeichnet und Begründungen gesucht werden, warum diese wahrscheinlich sind.
- Bei der Präsentation und Besprechung werden die Schlüsselszenen verdeutlicht.

Max

Max ist in der Pause im Klassenzimmer geblieben. Tina kommt unerwartet ...

Was soll Tina tun?

Nichts sehen:
Tina sieht Max und murmelt: „Am besten, ich geh' wieder" und macht die Türe wieder zu.

Max zur Rede stellen:
Tina sagt: „Was machst du denn da? Das ist doch die Tasche von Lea ..."

Andere einschalten:
Tina sagt: „Aha, der Max stiehlt mal wieder. Das werde ich den anderen sagen ..."

- Was bedeuten die jeweiligen Handlungsschritte?
- Was sind die darauffolgenden Handlungen?

M11 Hans im Glück ...

Das Orangenspiel

Auf andere direkt zuzugehen und sie um einen Gefallen zu bitten, fällt vielen schwer. Beim „Orangenspiel" werden diese Hemmschwellen spielerisch aufgegriffen und zu bewältigen versucht.

Jede Teilnehmerin und jeder Teilnehmer erhält eine Orange mit der Aufgabe, diese gegen andere Gegenstände zu tauschen. Diese Gegenstände sollen dann wiederum weitergetauscht werden. Es soll mindestens drei Tauschdurchgänge geben.

Die Aufgabe wird nicht in Gruppen, sondern von jeder bzw. jedem einzeln bewältigt. Die Übung soll außerhalb des Geländes der Schule/ Tagungsstätte in der angrenzenden Ortschaft stattfinden.

Als Einstimmung kann das Märchen der Gebrüder Grimm vom „Hans im Glück" vorgelesen werden.

Die Teilnehmerinnen und Teilnehmer sind erfahrungsgemäß ca. 1 Stunde unterwegs.

Nachdem das Märchen von Hans im Glück vorgelesen wurde, könnte die Einweisung z.B. so lauten:

„Ihr habt das Märchen von „Hans im Glück" gehört und eine Orange erhalten. Diese Orange steht symbolhaft für einen Wertgegenstand, den ihr zwar besitzt, aber gerade nicht gebrauchen könnt. Ihr möchtet deshalb den Gegenstand gegen etwas anderes eintauschen (was, das müsst ihr selbst entscheiden).

Eure Aufgabe besteht nun darin, diese Orange gegen andere Gegenstände weiterzutauschen. Geht in die Stadt, überlegt euch Möglichkeiten, wo und wie ihr die Orange tauschen könnt.

Ihr solltet mindestens drei Mal tauschen. D.h., dass die eingetauschten Gegenstände jeweils weitergetauscht werden.

Vermeidet bei euren Gesprächen Erklärungen wie: ‚Wir machen gerade ein Seminar über Zivilcourage und sollen eine Orange tauschen ... '.

Das Tauschen mit anderen Schülerinnen und Schülern sowie auch auf dem Schulgelände ist nicht erlaubt.

Bewältigt die Aufgabe alleine. Geht nicht in Gruppen oder paarweise.

In einer Stunde treffen wir uns wieder wieder hier."

Auswertung

Es werden zunächst die mitgebrachten Gegenstände besprochen und alle erzählen ihre Eindrücke. Danach sollten systematische Fragen gestellt werden:

- Was war besonders schwierig? Was war einfach?
- Wie waren die Reaktionen der Bevölkerung?
- Was wurde getauscht, ist der eingetauschte Wert größer oder geringer? (Nach welchen Kriterien?)
- Was war wichtiger: etwas loszuwerden (die Orange) oder etwas Bestimmtes zu erhalten?
- Wurde gefeilscht oder wurde alles genommen, was angeboten wurde?
- Was fällt leichter, etwas für sich selbst zu erbitten (fordern) oder etwas für andere?

Wie würde sich der Ablauf verändern, wenn

- ... Dinge für ein Waisenhaus in Kroatien getauscht werden sollten?
- ... du deine Geldbörse verloren hättest und zwei Euro für den Bus bzw. die Straßenbahn bräuchtest?

M12 Am Bahngleis

Stell dir vor, du bist die junge Frau im Vordergrund des Fotos und beobachtest die abgebildete Szene.
- Was geht dir durch den Kopf?
- Was fühlst du?
- Was machst du?

Was meinst du, wie es der bedrohten jungen Frau in der Mitte des Bildes geht?
- Was befürchtet sie?
- Was hofft sie?
- Was würde ihr helfen?

Welches Verhalten wäre in dieser Situation angebracht?

530

M13 **In der U-Bahn**

Was findet hier statt?

- Ist die Situation bedrohlich oder nur unangenehm?
- Was könnte der Bücherfreund unternehmen, um seine Lage angenehmer zu machen?
- Sollte einer der Fahrgäste (vorsorglich) eingreifen oder ist dies nicht notwendig?
- Wie könnte man eingreifen, wenn die Situation bedrohlich werden würde?

- Wie würdest du die Situation beurteilen, wenn auf der Sitzbank zwei Neonazis und ein Afrikaner sitzen würden?
- Warum verwendet ein Buchversand dieses Motiv für eine Werbeanzeige?

M14 Biografisches Lernen

Biografisches Lernen umfasst das Lernen aus Erfahrungen (Biografien) anderer und die Reflexion der eigenen Biografie. Beides ist für die Auseinandersetzung mit Zivilcourage wichtig.

Politisches schlägt sich immer auch in persönlichen Betroffenheiten und Erfahrungen nieder. Biografisches Lernen bietet hierfür verschiedene Ansätze:

• Wie wurden bestimmte gesellschaftliche und/oder politische Ereignisse von Betroffenen, Beobachtern etc. wahrgenommen bzw. erlebt? Wie wurde darauf reagiert?

• Wo und wie reichen das persönliche Alltagshandeln, der eigene Lebensstil, die eigenen Auffassungen usw. in das gesellschaftliche und politische Geschehen hinein?

• Wo, wie und warum wurde in einer Situation bewusst couragiert gehandelt? Welche Erfahrungen und Konsequenzen haben sich daraus ergeben?

Biografisches Lernen bedeutet, sich selbst als handelndes Subjekt zu reflektieren und dabei der eigenen Lebensgeschichte (und der Familiengeschichte) mit allen Wünschen, Problemen, Erwartungen, Erfahrungen, Demütigungen und Erfolgen ins Auge zu sehen.

Eigene Erfahrungen reflektieren

Die eigenen Erfahrungen z.B. im Umgang mit Autoritäten, mit Problemsituationen usw. reflektieren, bedeutet, sich zu vergegenwärtigen, welche Erfahrungen in bestimmten Lebensbereichen und Situationen gemacht wurden und wie diese heute (also im Rückblick) bewertet werden.

Zeitzeugen befragen

In den vergangenen 50 Jahren haben in Deutschland eine Vielzahl gewaltfreier Aktionen stattgefunden. Beteiligte an diesen Aktionen sind relativ leicht zu finden und lassen sich sicher für Gespräche und Befragungen gewinnen. Spuren der Erfahrung mit Gewaltfreiheit zu sichern, bedeutet auch, sich mit lebensgeschichtlichen Erfahrungen über die Geschichte der Gewaltfreiheit in Deutschland zu befassen.

Bei der Auswertung ist es wichtig, auch andere, ergänzende Quellen wie Fotos, Tagebücher usw. zum Vergleich heranzuziehen.

Aus Biografien lernen

Die Lebensgeschichten von Persönlichkeiten bieten vielfältige Aufschlüsse über deren Motivation, über die konkrete Umsetzung ihrer Gedanken und die damit verbundenen Schwierigkeiten. Neben rein Biografischen Daten können auch kurze Begebenheiten oder literarische Texte verwendet werden, um die Vielfalt der Lebens- und Gedankenwelten der vorgestellten Personen deutlicher werden zu lassen.

Vorbilder

Welche aktuellen und/oder geschichtlichen Personen haben in spezifischen Situationen vorbildhaft gehandelt? Was zeichnet sie als Vorbilder („das bewundere ich", „so würde ich auch gerne sein ...") aus?

Vgl. Günther Gugel: Wir werden nicht weichen. Erfahrungen mit Gewaltfreiheit. 3. Aufl., Tübingen 2003, S. 30.

M15 „Jemanden verstecken?"

Würdest du jemanden verstecken?

Georg, aus dem KZ entflohen, sucht bei Paul Unterschlupf. Dieser lässt ihn in die Wohnung, erzählt jedoch seiner Frau nicht, woher Georg wirklich kommt.

In dieser Nacht saßen Paul und Liesel auf ihrem Küchensofa zusammen, und er streichelte ihr den Kopf und ihren runden Arm, als versuche er's ungeschickt, wie in den ersten Liebestagen, und er küsste sogar ihr Gesicht, das vom Weinen nass war. Dabei hatte ihr Paul erst einen Teil der Wahrheit erzählt. Hinter dem Georg sei die Gestapo her wegen der alten Sachen. Darauf stünden jetzt furchtbare Strafen nach dem neuen Gesetz. Hätte er wohl den Georg wegschicken können?

„Warum hat er mir nicht die Wahrheit gesagt? Isst und trinkt an meinem Tisch!"

Liese hatte zuerst geschimpft, ja getobt, war in der Küche herumgestampft, rot vor Wut. Dann hat sie begonnen, zu jammern, dann zu weinen, das war alles jetzt auch vorbei. Mitternacht war schon vorbei. Liesel hatte sich ausgeweint. Alle zehn Minuten fragte sie noch, als sei das der Schwerpunkt der Sache: „Warum habt ihr mir nicht die Wahrheit gesagt?"

Da erwiderte Paul in verändertem, trockenem Ton: „Weil ich nicht wusste, wie du die Wahrheit verträgst." Liesel zog ihren Arm aus seinen Händen weg, sie schwieg. Paul fuhr fort: „Wenn wir dir alles gesagt hätten, wenn wir dich vorher gefragt hätten, ob er bleiben kann, hättest du ja oder nein gesagt?" – Liesel erwiderte heftig: „Da hätt ich sicher nein gesagt. Wie? Er ist nur einer! Und wir sind vier – fünf. Ja, sechs, mit dem, was wir erwarten. Was wir dem Georg gar nicht gesagt haben, weil er sich schon lustig gemacht hat über die, die da sind. Und das hättest du ihm auch sagen müssen: Lieber Georg, du bist einer und wir sind sechs" – „Liesel, es ist um sein Leben gegangen" –

„Ja, aber auch um unseres."

Paul schwieg. Er fühlte sich elend. Er war zum ersten Mal mutterseelenallein. Nie mehr kann es so werden, wie es gewesen ist. Diese vier Wände, wozu? Dieses Durcheinandergepurzel von Kindern – wozu? Er sagte: „Da verlangst du noch, dass man dir alles erzählt! Dir die Wahrheit! Wenn du ihm nun die Tür vor der Nase zugemacht hast, und ich geb dir die Zeitung zwei Tage später, und du findest ihn – den Georg Heisler – unter ‚Volksgerichtshof' und unter ‚Urteil sofort vollstreckt', hättst du dann keine Reue? Tätst du ihm dann die Tür nochmals zumachen vor der Nase, wenn du das vorher wissen konntest?".

Anna Seghers: Das siebte Kreuz. Ein Roman aus Hitlerdeutschland. Berlin 1946, 3. Aufl., 1995, S. 317 f.

Die instiktive Frage

Wir sprachen darüber, woran man wohl einen verläßlichen Menschen erkennen könne – einen aufrechten und keinen, der sich gestern braun, heute schwarz und morgen zumindest wieder hellbraun, zu tarnen verstünde.

Dabei sagte Böll zu mir: „Wenn ich einen Menschen treffe, dann frage ich mich instinktiv zu allererst: Wird er dich verstecken, wenn du an seine Tür klopfst?"

Walter Jens: Zum Tode von Heinrich Böll. In: Hamburger Rundschau, 18.7.1985. Zitiert nach: Lutz van Dick: Der Aufrechte Gang. In: Friedhelm Zubke (Hrsg.): Politische Pädagogik. Weinheim 1990, S. 201.

M16 Rosa Parks

Schule

Am 1.12.1955 stieg die schwarze Näherin Mrs. Rosa Parks im Hauptgeschäftsviertel von Montgomery in den Cleveland-Avenue-Bus. Sie befand sich auf dem Heimweg von der Montgomery Fair, einem großen Warenhaus, in dem sie tagsüber arbeitete. Müde vom stundenlangen Umherlaufen und Herumstehen setzte sie sich auf den ersten Sitz hinter den für die Weißen reservierten Plätzen. Kaum hatte sich sich hingesetzt, befahl ihr der Busfahrer, mit noch drei Schwarzen weiter nach hinten zu gehen, um weißen Fahrgästen Platz zu machen, die gerade einstiegen. Inzwischen waren alle Plätze im Bus besetzt. Das bedeutet, dass Mrs. Parks, wenn sie den Befehl des Fahrers befolgte, stehen musste, während ein weißer, männlicher Fahrgast sitzen konnte. Die anderen drei Schwarzen kamen sofort der Aufforderung des Fahrers nach. Aber Mrs. Parks blieb ruhig sitzen. Die Folge davon war, dass sie verhaftet wurde.

Diese Weigerung war der ganz persönliche Ausdruck einer ewigen Sehnsucht nach menschlicher Würde und Freiheit. Einige Bekannte, die von der Verhaftung erfahren hatten (Mitglieder des politischen Frauenrates), kamen überein, dass die Busse von Montgomery von den Schwarzen boykottiert werden sollten: „Nur durch einen Boykott können wir es den Weißen klarmachen, dass wir uns eine solche Behandlung nicht mehr gefallen lassen."
Vgl. Martin Luther King: Freiheit. München 1964.

- Wie bewertest du das Verhalten von Rosa Parks?
- Was steckte hinter ihrem Verhalten?
- Rosa Parks übertrat ein geltendes Gesetz. Wie beurteilst du dies?
- Mache dich über den Bus-Boykott kundig. www.montgomeryboycott.com
- Was führte letztlich zur Abschaffung der Rassentrennung in den USA?

Die Rassentrennung war 1955 in Montgomery/USA stark ausgeprägt. Die Busse waren – wie viele andere öffentliche Einrichtungen – getrennt, allerdings nicht vollständig. Die ersten vier Reihen waren für Weiße reserviert und durften von den afroamerikanischen Fahrgästen nicht benutzt werden. Der hintere Teil, der für sie reserviert war, war meist überfüllt. Daneben gab es einen mittleren Abschnitt, den schwarze Personen benutzen durften, allerdings war – um die Trennung aufrechtzuerhalten – eine komplette Reihe zu räumen, sobald auch nur ein weißer Passagier in dieser Reihe sitzen wollte.
Vgl. www.wikipedia.org

M17 Die Pflicht zum Ungehorsam

Ich finde, wir sollten erst Menschen sein, und danach Untertanen. Man sollte nicht den Respekt vor dem Gesetz pflegen, sondern vor der Gerechtigkeit. (...) Dieses Volk muss aufhören, Sklaven zu halten und in Mexiko Krieg zu führen, und wenn es seine Existenz als Volk kosten würde. Es gibt Tausende, die im Prinzip gegen Krieg und Sklaverei sind und die doch praktisch nichts unternehmen, um sie zu beseitigen.

Der Mensch ist nicht unbedingt verpflichtet, sich der Austilgung des Unrechts zu widmen, und sei es noch so monströs. Er kann sich auch anderen Angelegenheiten mit Anstand widmen; aber zum mindesten ist es seine Pflicht, sich nicht mit dem Unrecht einzulassen, und wenn er schon keinen Gedanken daran wenden will, es doch wenigstens nicht praktisch zu unterstützen. (...) Wenn aber das Gesetz so beschaffen ist, dass es notwendigerweise aus dir den Arm des Unrechts an einem anderen macht, dann sage ich, brich das Gesetz. Mach dein Leben zu einem Gegengewicht, um die Maschine aufzuhalten. Jedenfalls muss ich zusehen, dass ich mich nicht zu dem Unrecht hergebe, das ich verdamme.

Ein Mensch sollte nicht alles tun, sondern etwas; und weil er nicht alles tun kann, soll er nicht ausgerechnet etwas Unrechtes tun. (...) Unter einer Regierung, die irgend jemanden unrechtmäßig einsperrt, ist das Gefängnis der angemessene Platz für einen gerechten Menschen. (...)

Ich mache mir das Vergnügen, mir einen Staat vorzustellen, der es sich leisten kann, zu allen Menschen gerecht zu sein, und der das Individuum achtungsvoll als Nachbarn behandelt."

Henry David Thoreau: Über die Pflicht zum Ungehorsam gegen den Staat. Zürich 1973, Auszüge (Erstveröffentlichung: 1849).

Henry David Thoreau (1817-1862)
Henry David Thoreau, einer der Begründer des zivilen Ungehorsams, war zunächst Lehrer, Redakteur und später Landvermesser. Er baute sich 1845 an einem Waldsee eine Blockhütte und lebte dort zweieinhalb Jahre weitgehend autark. Aus seinen Aufzeichnungen entstand dann sein Buch „Walden oder Leben in den Wäldern". Weil er mehrere Jahre lang die Wahlsteuer nicht bezahlte, wurde er verhaftet und ins Gefängnis gesteckt. Er kam jedoch bereits nach einem Tag wieder frei, da jemand die Schuldsumme für ihn hinterlegte. Dieses Erlebnis gab jedoch den Anstoß für sein berühmtes Essay „Über die Pflicht zum Ungehorsam gegen den Staat". In den letzten Jahren seines Lebens engagierte er sich stark für die Abschaffung der Sklaverei. Thoreau war zeitlebens Nonkonformist. Protest gehörte zu seinem Leben. Diplomatie und Kompromisse waren nie seine Sache.
Günther Gugel: Wir werden nicht weichen. 3. Aufl., Tübingen 2003.

Verhalten in akuten Gewaltsituationen

"Wenn ich sehe, wie jemand Gewalt anwendet, dann schaue ich zu." – Reiner S.

Grundwissen

Materialien

Für Lehrkräfte und Eltern

Für den Unterricht

Dieser Baustein zeigt Möglichkeiten des Umgangs mit (körperlichen) Bedrohungs- und Gewaltsituationen. Dabei wird das Verhältnis von Opfer, Täter und Zuschauer thematisiert, und es werden prinzipielle Vorgehensweisen für Lehrkräfte, Schülerinnen, Schüler und Eltern aufgezeigt.

Handeln in Gewaltsituationen

Handeln in Gewaltsituationen ist wichtig, denn nur so kann Tätern verdeutlicht werden, dass ihr Verhalten nicht toleriert wird und sie für ihr Tun zur Rechenschaft gezogen werden. Gleichzeitig wird den Opfern gezeigt, dass sie Hilfe und Unterstützung erfahren.

Konkrete Handlungsmöglichkeiten oder gar -anweisungen für effektives Verhalten in Problem- und Gewaltsituationen zu formulieren, ist äußerst schwierig, da diese Situationen sehr komplex sind und der ständigen Gefahr schneller Eskalation unterliegen. Zudem müssen Handlungsvorschläge nach spezifischen Bereichen (Schule, Familien, öffentlicher Raum usw.) differenziert werden.

Auch die Frage nach den Motiven für bzw. den Zielen von Übergriffen spielt hierbei eine wichtige Rolle. Soll mit dem Gewaltakt Aufmerksamkeit erzielt, Vergeltung ausgeübt oder Macht demonstriert werden, oder dient er dazu bestimmte Vorteile zu erlangen? Werden Übergriffe von Einzelpersonen oder von einer Gruppe ausgeübt? Spielen ideologische Motive (Ausländerfeindlichkeit, rechtsextremes Gedankengut usw.) eine Rolle?

Wichtig ist dabei zu erkennen, dass in akuten Gewaltsituationen andere Handlungs- und Vorgehensweisen gefragt sind, als sie im Rahmen von konstruktiver Konfliktbearbeitung, Mediation oder Konfliktmanagement praktiziert werden.

Sinnvoll erscheint es, sich mit potenziellen Droh- und Gewaltsituationen im Vorfeld auseinanderzusetzen (z.B. Notfallpläne ausarbeiten). Dies ermöglicht es, in einer Gewaltsituation angemessen(er) zu handeln. Dennoch lässt sich (eigenes und fremdes) Verhalten nur unzureichend vorhersagen, weil solche Situationen

- oft emotional aufgeheizt sind;
- in ihrem Verlauf kaum berechenbar und kontrollierbar sind;
- häufig unvermittelt auftreten, sodass eine besondere Vorbereitung auf die spezifische Situation kaum möglich ist;
- sofortiges Handeln erfordern;
- Absprachen mit anderen in der Situation oft nur schwer möglich sind;
- Ängste um die eigene körperliche Unversehrtheit aktivieren.

Umgang mit Aggression und Gewalt bedeutet ...

- im persönlichen Bereich zum einen das Erkennen und Beherrschen der eigenen aggressiven Impulse und Phantasien, die Reflexion des eigenen Handelns in gewaltträchtigen Situationen sowie die Förderung eines alternativen Verhaltensrepertoires, das den Rückgriff auf gewalttätige Handlungen nicht mehr notwendig erscheinen lässt. Zum andern aber auch, Möglichkeiten des

Eingreifens und der Mobilisierung von Hilfe in Gewalt-situationen zu kennen.

- im institutionellen Bereich das Erkennen und Beseitigen von aggressionsfördernden Organisationsbedingungen, Strukturen und baulichen Maßnahmen sowie ein Vorbereiten der Mitarbeiterinnen und Mitarbeiter auf mögliche Gewaltvorfälle.

- im gesellschaftlichen und internationalen Bereich das Wahrnehmen und Verstehen der eigenen Reaktionen auf gesellschaftliche und staatliche Gewalt; erlernen und praktizieren von Mitgefühl mit den Opfern, das Abmildern bzw. Beheben der Folgen von Gewalt. Letztlich heißt Umgang mit dieser Gewaltdimension auch, die politischen und gesellschaftlichen Strukturen so zu verändern, dass Gewalt reduziert wird.

Grundwissen

Anforderungen

Konfliktbearbeitung/Mediation	Gewaltsituation
Kommunikation	
Eher „therapeutisch" orientiert: Allparteilichkeit, Akzeptanz, Anerkennung	Krisenorientiert: Parteilichkeit, schnell, direkt, klar; Täter, Opfer und Zuschauer einbeziehen
Situation	
„Privat", geplant, strukturiert, zeitlich festgelegt, festes Setting, aktiviert professionelles Handeln	„Öffentlich", oft unvermittelt, ohne Vorwarnungen, offen, oft diffus, stark emotional geladen
Vorgehen	
Moderation, Rationalität und dosierte Emotionalität, Absprachen, Kompromisse	Unter Zeitdruck, oft schnelle Reaktionen notwendig, direktives Vorgehen
Biografisches	
Aktivierung und Umgang mit Gegenübertragung	Aktivierung von diffusen Ängsten und Hilflosigkeit
Arbeit mit	
Einzelpersonen, Paaren, Gruppen	Einzelpersonen und Gruppen in den Rollen Opfer, Täter, Zuschauer
Ansatzpunkt	
Aushandeln konkreter Problemlösungen	Herstellung von Öffentlichkeit, Deeskalation der Situation, Schutz und Hilfe für Opfer, Feststellung des Täters, Aktivierung der Zuschauer

Täter – Opfer – Zuschauer

Mangel an Zivilcourage
Opfer fühlen sich immer wieder von der gesamten Gesellschaft im Stich gelassen. Dies ist insbesondere immer wieder nach rechtsextremen Ausschreitungen und Übergriffen gegen ausländische Mitbürgerinnen und -mitbürger der Fall. Dies kann dazu führen, dass die Angegriffenen ihre Schuld nicht bei Tätern und Zuschauern, sondern bei sich selbst suchen. Sie fragen sich: Was habe ich falsch gemacht, dass mir niemand beistehen wollte? Das erlittene Trauma wiegt dadurch noch schwerer.
Die Leute geben hinterher gern eine Spende für Opfer, aber die Polizei rufen oder vor Gericht als Zeuge aussagen, wollen sie immer seltener.
Vgl. Nadja Erb: Der Zuschauer-Effekt. In: Frankfurter Rundschau, 24.8.2007, S. 5.

Für Jugendliche (und nicht nur für diese) hat Gewalt oft eine berauschende Wirkung, Gewaltszenen zählen zu den Höhepunkten ihres Lebens. Über Gewalthandlungen können sie sich ein Maß an Aufmerksamkeit seitens der Erwachsenen verschaffen, das ihnen anders nicht zuteil wird. Gewaltsituationen spielen sich i.d.R. im Dreieck zwischen Täter, Opfer und Zuschauer ab. Die Rollen sind gerade bei Kindern und Jugendlichen nicht immer klar festgelegt und können in verschiedenen Situationen wechseln. Täter haben oft auch eigene Opfererfahrung, und Opfer können in anderen Situationen auch zu Tätern werden.

Zuschauer greifen oft nicht ein, weil andere dies auch nicht tun. Sie wissen meist nicht, wie sie Hilfe leisten können und heizen unbewusst durch ihr Neugierverhalten die Situation an. Zuschauer müssen deshalb lernen, ihre Gleichgültigkeit aufzugeben, einzugreifen, Situationen zu deeskalieren, Opfer zu stützen und zu schützen. Sie müssen lernen, wie angemessene Hilfe aussehen kann und wo fremde Hilfe zu finden ist und wie man Einsatzkräfte (z.B. über Notrufe) verständigt.

Opfer wissen meistens nicht, wie sie sich verhalten sollen. Sie haben oft wenig Selbstbewusstein und ein eher unterwürfiges Verhalten. Nur wenige Opfer können sich angemessen wehren oder Hilfe mobilisieren. Dritte müssen deshalb in der Gewaltsituation die Opfer schützen, müssen ihnen Hilfe und Betreuung anbieten und dürfen die Opfer nicht allein lassen.

Potenzielle Opfer müssen lernen, auf sich und die Situation aufmerksam zu machen, sich angemessen zu wehren, aus der typischen Opferrolle herauszukommen und Selbstbewusstsein zu entwickeln.

Für viele **Täter** ist Gewaltanwendung legitim. Ihr Handeln ist auf sofortige Bedürfnisbefriedigung ausgerichtet. Verletzungen anderer werden in Kauf genommen oder sind sogar das Ziel des Handelns. Sie suchen sich schwache Opfer aus und schirmen diese von anderen ab. Die Folgen ihrer Tat (für andere und sie selbst) werden ausgeblendet.

Deshalb müssen Täter lernen, dass sie zum einen die Folgen ihres Handels tragen müssen und zum andern ihre eigenen Bedürfnisse und Interessen nicht auf Kosten anderer durchsetzen können.

Weiter müssen sie lernen, Konflikte ohne Gewalt auszutragen und soziale Anerkennung auf legitime Art und Weise zu erwerben. Es ist notwendig, die Taten aufzudecken und nicht zu verschleiern, die Täter mit ihren Taten zu konfrontieren und Wiedergutmachung einzufordern. Jede Gewalttat sollte unverzüglich zu einer angemessenen Reaktion führen, denn (potenzielle) Täter müssen klare Grenzen erkennen können.

Deshalb empfehlen die meisten Handlungsanweisungen für Gewaltsituationen drei Strategien: Sich selbst nicht unnötig in Gefahr zu bringen, das Opfer zu schützen und es ermöglichen, dass die Täter zur Rechenschaft gezogen werden.

„Opfer"

Man muss nicht sonderlich viel von psychologischen Mechanismen wissen, um sofort zu verstehen, dass diejenigen, die am lautesten „Opfer" schreien und dabei auf den anderen zeigen, selber Opfer gewesen waren und sind: Die Degradierung des anderen zum „Opfer" meint die eigene Degradierung, die Degradierung als Kind, die Degradierung der eigenen Lust auf Leben und Wissen, der Neugierde und Suche nach menschlicher Nähe, der in Kindergarten und Schule dann häufig die soziale Degradierung, der soziale Ausschluss, folgte, eine zweite Entfernung aus einer doch nur gemeinsam zu erfahrenden Welt. Dann wird der Schwache wegen seiner Schwäche verhöhnt, und wer einmal Oper gewesen ist, verdient kein Mitleid mehr. Der Hass auf das eigene Opferdasein richtet sich nach außen, vermeintliche Stärke im eigenen Selbst aufrufend. Die erfahrene Wertlosigkeit macht die anderen wertlos. Da das Opfer in einem selbst verachtet werden muss, um weiterleben zu können, werden die anderen verachtet. Um das Selbst zu stärken, wird von anderen bedingungsloser Gehorsam erwartet, denn das verschafft Stärke und Dominanz.

Claus Koch: Kinder aus dem Niemandsland – Jugendgewalt und Empathieverlust. In: Micha Brumlik (Hrsg.): Ab nach Sibirien? Wie gefährlich ist unsere Jugend. Weinheim/Basel 2008, S. 121.

Fragen

Grundwissen

- Sich einmischen oder heraushalten?
- Welches sind die richtigen (angemessenen) Worte in der Situation?
- Wie nahe kann man sich heranwagen – soll man besser Distanz halten?
- Wie als Beteiligter (Opfer), wie als Zuschauer (Helfender) reagieren?
- Wie kann man andere auf die Situation aufmerksam machen?
- Wie kann man andere dazu bewegen, gemeinsam einzugreifen?
- Wie und wo kann man Hilfe finden und holen?
- Wie kann man Schaden begrenzen?
- Wie kann man später dazu beitragen, den Täter zu identifizieren?
- Wie kann man dem/den Opfer/n helfen?

Lehrkräfte haben Angst vor dem Eingreifen

Eingreifen
Um ein „Eingreifen" in Problemsituationen zu fördern, wurden u.a. von der Polizei, dem Bundesgrenzschutz, von Regionalstellen gegen Ausländerfeindlichkeit, von Mitarbeitern in Jugendhäusern, von Anti-Aggressions-Trainern u.a. „Kurzanleitungen" entwickelt, die in wenigen Punkten wichtige Verhaltensregeln formulieren (vgl. M4, M5).
Eine Zusammenstellung dieser Handlungsmöglichkeiten ist abrufbar unter:
www.friedenspaedagogik.de/ themen/konflikt/bedroh/ in_bedr.htm

Lehrkräfte sind auch in Gewaltsituationen Vorbilder und Verhaltensmodell. Sie dürfen sich nicht zu unbedachten Handlungen hinreißen lassen oder Fehleinschätzungen, dass alles nicht so schlimm sei, erliegen. Es geht immer um das Begrenzen von Übergriffen und das Deeskalieren der Situation. Dabei muss im Vordergrund stehen, die Gewalt schnell zu beenden und das Opfer zu schützen. In einem zweiten Schritt erfolgen dann die Klärung des Geschehens und die Bereinigung der Situation in Form von Entschuldigungen, Wiedergutmachungen usw.

Das Maß des Eingreifen von Lehrkräften hat direkten Einfluss auf das Maß der Opfererfahrungen von Schülern (Baier/Pfeiffer 2009, S. 61.) Untersuchungen in Schulen zeigen jedoch, dass viele Lehrkräfte eher wegsehen als eingreifen. Eine Untersuchung an Bremer Schulen stellt fest, dass jede/r fünfte Schülerin bzw. Schüler der Sekundarstufe I und sogar jede dritte Schülerin bzw. jeder dritte Schüler der Sekundarstufe II glaubt, dass bei einem Angriff auf die eigene Person das Aufsichtspersonal fast immer Angst habe einzugreifen (vgl. Akademie 2003, S. 23).

In einer neuen Studie des Kriminologischen Forschungsinstituts Niedersachsen (vgl. Baier/Pfeiffer 2009, S.61 ff.) geben knapp 80 % der Schülerinnen und Schüler aus Süddeutschland (und 71 % aus Ostdeutschland) an, ihre Lehrkräfte würden bei Gewaltvorfällen einschreiten. Aber bei den Schulformen gibt es erhebliche Unterschiede. Lediglich 65 % der Förderschüler, 70 % der Gesamtschüler, jedoch 82 % der Gymnasiasten und Waldorfschüler berichten von einem Eingreifen der Lehrkräfte.

Die Bremer Studie (Akademie 2003) gibt dabei zu bedenken, dass körperliche Gewalt gegen Lehrer einen absoluten Ausnahmefall darstelle, der zudem härteste Konsequenzen für den betreffenden Schüler zur Folge habe. Eine konkrete Bedrohung der körperlichen Unversehrtheit von Lehrkräften sei damit kaum vorhanden. Deshalb sei die Thematisierung und Reflexion der aus Sicht der Schüler stark verbreiteten Ängste bei Lehrkräften ein wichtiger erster Schritt für den Gewinn von Verantwortung, Autorität und Zivilcourage.

Mögliche Motive für die fehlenden Konfliktinterventionen durch das Aufsichtspersonal seien neben Ängsten und fehlender Zivilcourage sicherlich auch eine wenig ausgeprägte Identifikation der Lehrer mit der Schule, Desillusionierung und schlichtes Desinteresse.

Doch nicht nur viele Lehrkräfte, sonder auch viele Schülerinnen und Schüler sehen bei Gewalt eher weg oder sogar zu. Jeweils ein Drittel der befragten Schülerinnen und Schüler aus den Sekundarstufen I und II gehen bei einem Angriff auf die eigene Person davon aus, dass ihre Mitschülerinnen und Mitschüler fast immer

Angst haben einzugreifen. Wirklich alarmierend sei der Befund, dass jeder siebte Schüler aus dem Bereich der Sekundarstufe I davon ausgeht, die Mitschüler würden nicht das Opfer, sondern den Täter unterstützen und sich fast immer an dem Angriff beteiligen. In der Sekundarstufe II befürchten dies noch immer fünf Prozent, also jeder zwanzigste Schüler (vgl. Akademie 2003, S. 23 f.).

Dies bedeutet, dass hier akuter Handlungsbedarf besteht. Lehrkräfte müssen ebenso geschult und trainiert werden wie Schülerinnen und Schüler.

Grundwissen

Antizipierte Verhaltensweisen des Aufsichtspersonals bei Angriffen durch Mitschülerinnen und Mitschüler auf dem Pausenhof

	Sek I	Sek II
Lehrkräfte haben fast immer Angst einzugreifen	20	32
Lehrkräfte ignorieren den Angriff fast immer	18	16

Antizipiertes Verhalten der Mitschüler bei Angriffen durch Mitschülerinnen und Mitschüler auf dem Pausenhof

	Sek I	Sek II
Mitschülerinnen/Mitschüler haben fast immer Angst einzugreifen	31	33
Mitschülerinnen bzw. Mitschüler ignorieren den Angriff fast immer	17	17
Mitschülerinnen bzw. Mitschüler helfen fast immer dem Angreifer	14	5

Angaben in Prozent, Erhebung an Bremer Schulen.
Akademie für Arbeit und Politik an der Universität Bremen (Hrsg.): Ergebnisse einer Bremer Schülerbefragung zum Thema Gewalterfahrungen und extremistische Deutungsmuster. Bremen 2003, S. 23.

Physiologische Reaktionen bei Gewalthandlungen

Wenn Gefahr oder Bedrohung wahrgenommen werden, veranlasst im Gehirn der Hypothalamus die Nebennieren, Adrenalin in den Blutstrom abzusondern. Dieses Hormon hat verschiedene Wirkungen:

Die Pupillen weiten sich, um die Sicht klarer werden zu lassen.

Das Herz schlägt schneller, um zusätzlichen Sauerstoff ins Blut und zu den Muskeln zu leiten, und erhöht den Blutdruck.

Die Atmung beschleunigt sich, damit Sauerstoff die Glukose in Energie umwandeln kann.

Hautveränderungen treten auf, Schwitzen kühlt den Körper ab, das Gesicht erbleicht, während das Blut zu den Muskeln umgeleitet wird.

Blut wird vom Verdauungstrakt abgeleitet, um den Symptomen Übelkeit und trockener Mund entgegenzuwirken.

Glukose wird freigesetzt, um die Muskeln effizienter arbeiten zu lassen.

Die Muskeln spannen sich für ihren Einsatz.

Vgl. Glynis M. Beakwell: Aggression bewältigen. Bern 1998, S. 54 f.

Vorbereitung und Trainings

Workshops und Trainings vermitteln Kenntnisse über eigene und fremde Reaktionsweisen, schulen die soziale Wahrnehmung und üben konkrete Verhaltensweisen ein. Einen besonders wichtigen Stellenwert haben sie in der konkreten Vorbereitung auf mögliche Problemsituationen. Dabei geht es sowohl um individuelle Strategieentwicklung, als auch um das Kennenlernen und Verändern eigener Verhaltensweisen in zu erwartenden Situationen. Eine zentrale Methode bei Trainings sind Rollenspiele.

Neben der Polizei, traditionellen Bildungsträgern und Sportvereinen (wie z.B. dem Judobund) werden solche Trainings inzwischen auch von kommerziellen Einrichtungen angeboten, da hier offensichtlich Bedarf besteht. Viele dieser Trainings laufen unter den Begriffen „Sicherheitstraining", „Selbstbehauptungstraining" oder „Selbstverteidigungstraining".

Inhalt dieser Trainings sind das Entwickeln von Selbstsicherheit und Selbstbewusstsein in Problemsituationen sowie von effektiven Strategien des Verhaltens, z.B. Mobilisierung von Hilfe, Aktivierung von Zuschauern, Ansprache des Täters usw.

Neben den allgemeinen Handlungsgrundsätzen der Polizei für Gewaltsituationen liegen für viele Bereiche (z.B. Schule, Jugendhaus, Psychiatrie, Jugendhilfe usw.) inzwischen eigene Handlungsempfehlungen vor. Diese Basics sollte jede Lehrkraft, jede Schülerin und jeder Schüler kennen (vgl. M4).

Eine wichtige und durchaus kontrovers diskutierte Frage ist, ob sich empfehlenswerte Verhaltensweisen auf verbale Strategien beschränken sollen, defensive körperliche Strategien (z.B. Festhaltetechniken) einschließen müssten oder gar aktive körperliche Gegenwehr beinhalten sollten.

Fachleute empfehlen, Körperkontakt, selbst direkten Blickkontakt mit Tätern auf alle Fälle zu vermeiden, da dies immer zu einer Eskalation beiträgt und das Verletzungsrisiko (bzw. die Schwere der Verletzungen) erheblich steigern würde. Hinzu kommt, dass Menschen, die in körperlichen Auseinandersetzungen nicht geübt und trainiert sind, i.d.R. keine Chance haben, sich körperlich durchzusetzen. Der Überraschungseffekt allein ist im Vergleich zum Risiko zu gering.

Selbstbehauptung
Selbstbehauptung ist die Fähigkeit, sich bei einer Verletzung der eigenen Grenzen dieser bewusst zu sein und diese deutlich machen zu können.

Selbstverteidigung
Selbstverteidigung ist die Fähigkeit, sich oder andere in Notwehr- bzw. Nothilfesituationen körperlich zu verteidigen.

*Landeskriminalamt
Niedersachsen 2005.*

Gewalt- bzw. Bedrohungssituationen

Vorbereitung
- Eigene Ängste und Reaktionen kennen
- Sensibilität für Bedrohungssituationen entwickeln
- Eigene Handlungsmöglichkeiten kennen
- Ernstfallszenarien immer wieder (mental) durchspielen
- Hilfesystem kennen und mobilisieren können

Handeln
- Situation einschätzen
- Eigene Sicherheit/Schutz gewährleisten
- Öffentlichkeit herstellen
- Laut und klar reden
- Eskalation verhindern
- Keine Vorwürfe oder Anklagen äußern
- Hilfe mobilisieren
- Evtl. Notruf absetzen
- Ruhig und selbstbewusst sein
- Niemals Waffen einsetzen

Aufarbeitung
- Verantwortungsübernahme für das Geschehen durch Täter
- Wiedergutmachung
- Täter-Opfer-Ausgleich
- Versöhnung (wo möglich)
- Betreuung der Opfer
- Stärkung der sozialen Fähigkeiten der Täter
- Erlernen gewaltfreier Konfliktaustragung

Keine Waffen

Waffen, wie Messer, Wurfsterne, Schlagwerkzeuge, Sprays, Elektroschocker usw. bieten keinen Schutz, sondern bringen unweigerlich eine Eskalation der Situation mit erheblicher Verletzungsgefahr mit sich.
Das Mitführen von Waffen jeder Art ist an Schulen grundsätzlich verboten.

Selbstverteidigungstechniken

Unter Selbstverteidigung wird die Abwehr eines Angriffs oder einer drohenden Gefahr quasi als Notwehr gegen Gewalt verstanden. Neben spontanen Verhaltensweisen gibt es ausgearbeitete Selbstverteidungssysteme, die vielfach in Kursen angeboten werden. In der Praxis bedeutet Selbstverteidigung, für die eigene körperliche Unversehrtheit zu kämpfen. Die Vermittlung von Selbstverteidigungstechniken in mehrstündigen Kursen zielt darauf ab, sich körperorientierte Abwehr-, Festhalte- oder Schlagtechniken aus dem Kampfsport als Handlungsoptionen für Gewaltsituationen anzueignen.

Solche Techniken sind jedoch aus vielerlei Gründen problematisch und oft auch gefährlich (vgl. Landeskriminalamt Niedersachsen 2005):

- sie vermitteln eine Scheinsicherheit, die in einer realen Gewaltsituation zu unüberlegten Handlungen führen kann;
- sie konzentrieren das eigene Verhalten auf das Kämpfen und lassen andere Alternativen außer Acht;

- sie erfordern den Einsatz komplexer Verhaltensmuster, die in emotional beladenen Situationen meist nicht abrufbar sind;
- sie differenzieren nur unzureichend zwischen „Fremdtätern" und Tätern aus dem häuslichen Umfeld (häuslicher Gewalt). Viele Strategien, die gegen fremde Täter vergleichsweise einfach zum Erfolg führen, zeigen bei Tätern aus dem sozialen Nahraum des Opfers keine oder nur eine geringe Wirkung (vgl. Landeskriminalamt Niedersachsen).
- viele Techniken wirken nur, wenn sie schnell, gezielt, mit Kraft und Konzentration durchgeführt werden und setzen für ihren effektiven Einsatz oft langjähriges, regelmäßiges Training voraus;
- da die Opfer meistens körperlich unterlegen sind, fehlt es ihnen oft auch an Kraft, die eingeübten Selbstverteidigungstechniken wirkungsvoll durchzuführen;
- sie erfordern die Überwindung der Hemmschwelle, andere körperlich zu verletzen;
- sie stellen eine gezielte Eskalation der Situation dar;
- bei körperlichen Auseinandersetzungen können Beobachter vom Eingreifen abgehalten werden;
- ein körperlicher Angriff bei „gefühlter" Bedrohung kann schwerwiegende rechtliche Folgen haben.

Grundwissen

Bei sexuellen Übergriffen zeigt die Statistik jedoch, dass massive körperliche Gegenwehr häufig zu einem Abbruch der Tat führt (Landeskriminalamt Niedersachsen 2006, S. 11).

Wichtiger als die körperliche Selbstverteidigung sind deren psychologischen Grundlagen wie selbstbewusstes Auftreten, eine Körpersprache, die Selbstsicherheit ausdrückt, verbales Abgrenzen, Überwinden von Hemmschwellen, etc. Dieser Bereich lässt sich jedoch nicht (nur) „technisch" lernen, sondern bedarf i.d.R. auch einer Persönlichkeitsentwicklung. Eine unsichere oder unterwürfige Körperhaltung ist eben auch Ausdruck einer sich unsicher fühlenden Person.

Die Entwicklung von Selbstbewusstsein zu unterstützen und Möglichkeiten aufzuzeigen, die eigene Opferrolle zu verlassen, Grenzverletzungen klar zu benennen und die eigenen verbalen und nonverbalen Handlungsmöglichkeiten zu erweitern sind deshalb wichtige Schritte auf dem Weg Selbstbehauptung in Konfliktsituationen zu erlernen. In diesem Kontext ist es sinnvoll und wichtig auch körperliche Abwehrtechniken zu kennen (vgl. Institut für Gewaltprävention). Ebenso wichtig ist es, alternative Möglichkeiten wie z.B. akustische Signale (z.B. Druckluftpfeifen) einsetzen zu können, um auf eine Bedrohungssituation aufmerksam zu machen.

Gegenwehr bei sexueller Nötigung

Energische Gegenwehr ist erfolgversprechender als halbherzige Abwehrversuche. 93 % der Frauen, die sich in öffentlichen Bereichen massiv durch Treten, Schreien oder Schlagen gegen sexuelle Nötigung zur Wehr gesetzt hatten, konnten den Abbruch des körperlichen Angriffs erreichen.

Im häuslichen Bereich, also gegen in der Regel bekannte Täter, wurde bei 70 % der Frauen, die sich massiv wehrten, der Angriff abgebrochen. Die Erfolge bei leichter Gegenwehr waren jeweils deutlich geringer. *Vgl. Polizeidirektion Hannover 1996.*

Schritte

- **Intervenieren:** Beendigung der destruktiven Auseinandersetzung, bei der sich die Kontrahenten bzw. Kontrahentinnen bereits durch Einsatz von Gewalt (drohen zu) verletzen. Entschiedenes und klares Eingreifen im Sinne einer „neutralen Autorität" ist hier aussichtsreich, nicht jedoch Versuche einer unmittelbaren Aufklärung des Sachverhaltes oder gar unverzügliches Be- bzw. Verurteilung.
- **Runterkühlen:** Die Kontrahenten werden darin unterstützt, sich zu beruhigen. Ihnen wird z.B. Zeit und Raum gelassen, sich abzureagieren. Individuell unterschiedlich kann Spannungsabbau beispielsweise durch Bewegung, Zuwendung, Ruhe oder Ablenkung passieren. Eine sinnvolle Unterstützung hierin kann in der Regel nicht beiden Kontrahenten gleichzeitig geboten werden.
- **Konfliktbearbeitung:** In Gesprächen findet die eigentliche Aufarbeitung des auslösenden Streits statt. Kommunikation spielt also eine zentrale Rolle. Ein geeignetes und effektives Mittel hierbei kann die Mediation sein. Situationsabhängig sind hier aber auch andere Maßnahmen zielführend, beispielsweise Wiedergutmachungen, Sanktionen, Vereinbarungen für die Zukunft.

Frank Beckmann: Deeskalieren in Gewaltsituationen – Tellerrandwissen für Schulmediatoren. In: Spektrum der Mediation, 20/2005, S. 44.

Mit den Folgen umgehen

Harte Gewalthandlungen sind anders zu bewerten als Raufereien, „Spaßkloppe" oder jugendliches Kräftemessen, obwohl die Grenzen oft fließend sind.

Schwere Körperverletzungen sind in der Schule (zum Glück) immer noch die große Ausnahme. Dennoch ist es wichtig sich auch auf solche Situationen vorzubereiten. Man sollte sich klar machen, welche schulinternen Folgen solche Handlungen haben sollten bzw. müssten und welche Maßnahmen darüber hinaus zu ergreifen sind. Soll bzw. muss die Polizei und/oder das Jugendamt informiert werden? Wie werden die Eltern einbezogen? Wie sind die Regelungen für Schadenersatz, Wiedergutmachung oder gar Schmerzensgeld zu treffen? An welche Auflagen wird ein weiterer Schulbesuch gebunden usw.?

Häufig wird die Tat von den Tätern verharmlost, relativiert oder verleugnet. Lösel und Bliesinger (2003, S. 108) beschreiben sog. Neutralisierungstechniken von Tätern:

- Ablehnung der Verantwortung: Der Jugendliche sieht sich selbst als Opfer. Die Umstände veranlassten ihn, sich so zu verhalten.
- Bestreiten des Unrechts: Der vermeintlich angerichtete Schaden des delinquenten Handelns wird verleugnet.
- Abwertung des Opfers: Das Opfer wird abgewertet, schlecht gemacht und die Tat dadurch quasi in eine rechtmäßige Handlung umbewertet.
- Verdammung der Verdammenden: Der Jugendliche stellt heraus, dass diejenigen, die das Unrecht seiner Handlung festhalten, selber häufig normverletzend handeln und damit kein Recht haben, zu richten.
- Berufung auf höhere Instanzen: Die Tat wird als Mittel dargestellt, um Gerechtigkeit auf einem höheren Niveau herzustellen.
- Metapher des Hauptbuches: Die normverletzende Handlung wird als eine (erlaubte) Ausnahme in einer Reihe von normgerechten Taten deklariert.
- Verteidigung der Notwendigkeit: Die Handlung wird als einziger Ausweg, beziehungsweise einzige Lösung, eines Problems dargestellt.

Schüler muss Polizeieinsatz zahlen **Grundwissen**

Teuer zu stehen kommt einem 16-jährigen Schüler sein Eintrag in die Homepage der Burgschule Köngen, in dem er drei Lehrer bedrohte. Er konnte rasch ermittelt werden und muss neben einer Anklage wegen Bedrohung, Beleidigung und Störung des öffentlichen Friedens durch Androhung von Gewalttaten die Kosten des Polizeieinsatzes in Höhe von 2.000 Euro bezahlen.
Vgl. Südwestpresse, 4.3.2008

Notwendige Schritte

Aktion Noteingang

Um Verfolgten im öffentlichen Raum eine sichere Anlaufstelle zu geben, sucht und kennzeichnet die „Aktion Noteingang" Räume (Läden, Geschäfte) mit Aufklebern, in denen Verfolgte in akuten Gewaltsituationen Zuflucht finden können. Die Aufschrift der Aufkleber, „Wir bieten Schutz und Informationen bei rassistischen und faschistischen Übergriffen" soll ein sichtbares Zeichen für Zivilcourage setzen und den Opfern rassistischer Übergriffe signalisieren: „Hier kann man Hilfe finden, wenn man gejagt wird." Mit dieser Aktion soll das Klima im öffentlichen Raum positiv verändert werden.

Vgl. www.aktion-noteingang.de

Sich dem eigenen Aggressionspotenzial stellen

Selbst ausgeübte Gewalt wird häufig gerade von Personen, die eigentlich Gewalt ablehnen, mit dem Schutz von Schwächeren vor der Misshandlung und Gefährdung durch Stärkere oder auch einer aufgezwungenen Selbstverteidigung (Notwehr) legitimiert.

Solche Gewaltformen sollten jedoch nicht als unproblematisch und für selbstverständlich gehalten und verteidigt werden, sondern sind durchaus auch als Folge eigener latenter Gewaltsamkeit bzw. eines überraschend entdeckten persönlichen Gewaltpotenzials zu identifizieren. Die Aufgabe muss hier sein, mit eigenen aggressiven Impulsen in Konfliktsituationen umgehen zu lernen, so dass eine (weitgehend) willentliche Steuerung des eigenen Verhaltens in Problemsituationen ermöglicht wird. Dies setzt eine genaue Beobachtung und Kenntnis der eigenen Person voraus.

Wahrnehmung fördern

Eine differenzierte Wahrnehmung von Verhaltensweisen und Verhaltensimpulsen kann verhindern, dass neutrale Reize bereits als Aggression oder Gewalt empfunden werden. So werden z.B. von aggressiven Kindern oder Jugendlichen schnelle Bewegungen oft als Angriff gewertet oder es ist ihnen nicht möglich, zwischen absichtlicher Schädigung und unbeabsichtigten Handlungen zu unterscheiden.

Aggressivem Verhalten geht oft die Wahrnehmung (und Interpretation) einer Situation als feindlich, gefährlich, die eigenen Interessen bedrohend voraus. Daher ist es notwendig, eine differenzierte Wahrnehmung zu trainieren. Informationen über den situativen Zusammenhang von aggressiven Handlungen sollten gesammelt und dabei berücksichtigt werden, dass dieselbe Situation unterschiedlich erlebt und interpretiert werden kann. Damit entsteht die Möglichkeit zu überprüfen, ob tatsächlich eine bedrohliche Situation vorliegt.

Handlungsalternativen entwickeln

Aggressives Verhalten dient häufig dem Erreichen von Zielen. Deshalb sollten andere Mittel angeboten werden, mit denen die angestrebten Ziele erreicht werden können. Dies setzt jedoch voraus, dass das Handlungsziel des anderen klar ist. Gerade im Bereich von Gewalthandlungen lässt das zu beobachtende Verhalten nicht immer ohne weiteres auf die angestrebten Ziele schließen.

Anwendung von Gewalt eindeutig verurteilen

Aggressive und gewalttätige Verhaltensweisen, die ohne negative Konsequenzen und Missbilligung bleiben, stellen eine Aufforderung dar, dieses Verhalten zu wiederholen. Aggression und
Gewalt müssen auf allen Ebenen eindeutig verurteilt und sanktioniert werden. Besonders problematisch erscheint, dass Aggression
und Gewalt, die von Staatsorganen bzw. im Auftrag des Staates angewandt werden, anders beurteilt werden, als individuelle Gewalttätigkeit. Das eine wird als legitim, gerecht und notwendig eingestuft, das andere als kriminell, ungerecht und überflüssig. Die
Legitimation von Gewalt wird so eng mit dem Kontext von Macht
verknüpft: Wer über Macht verfügt, darf (muss) auch Gewalt anwenden. Für den Erziehungsprozess ist es äußerst problematisch,
wenn Kinder auf der einen Seite zu gewaltfreien Konfliktlösungen
befähigt werden sollen, auf der anderen Seite jedoch ständig erfahren, dass Gewalt ein erlaubtes, notwendiges und unumgäng-
liches Mittel sein kann, wenn sie als „sittliche Aufgabe" definiert
oder zur „Erhaltung des Friedens" eingesetzt wird. Das legitime
Gewaltmonopol des Staates muss deshalb streng an die Prinzipien
der Rechtsstaatlichkeit geknüpft sein und einer permanenten Kontrolle unterliegen. Die Diskussion um den Einsatz von Folter als
Mittel der Erkenntnisgewinnung verdeutlicht die Problematik.

Möglichkeiten der angemessenen Selbstbehauptung anbieten

Die (Über-)Lebensfähigkeit eines Individuums in einer Gesellschaft hängt auch davon ab, eigene Bedürfnisse und Interessen
verfolgen und durchsetzen zu können. Zivilcourage zu zeigen oder
den eigenen Standpunkt zu behaupten, hängen nicht nur von der
Kommunikationsfähigkeit, sondern auch von der Durchsetzungsfähigkeit, also einem gewissen sozialen Antrieb ab, der häufig als
„konstruktive Aggression" bezeichnet wird.

In Problemsituationen gemeinsam handeln

Gemeinsames Handeln und gegenseitiges Unterstützen ist in
Problemsituationen immer erfolgreicher als isoliertes individuelles
Vorgehen. Dies betrifft Lehrkräfte, die sich auf Handlungsgrund-
sätze einigen und sich gegenseitig unterstützen müssen ebenso
wie Schülerinnen und Schüler, die sich gezielt mit den Möglichkeiten kooperativen Handelns beschäftigen sollten.

Abends in der U-Bahn

Grundwissen

*Herr Brumlik: Stellen Sie sich
vor, Sie werden abends in
der U-Bahn von Jugendlichen
angepöbelt und bedroht. Wie
reagieren Sie?*
Micha Brumlik: Ich hätte
Angst und ich würde mir
drei Dinge überlegen: Ist es
sinnvoll, die Jugendlichen
anzusprechen? Versuche
ich, die Polizei zu rufen?
Oder ist es das Beste, so
schnell wie möglich die
Flucht zu ergreifen. Aber
zum Glück kommen Vorfälle
wie jüngst in der U-Bahn
von München, wo zwei
Jugendliche einen wehrlosen
Mann halb tot prügelten,
vergleichsweise selten vor.
Gleichwohl sind öffentliche
Orte wie U-Bahnen gerade
in den frühen Morgen- und
späten Abendstunden Stät-
ten der Verunsicherung und
Angst.
*Krise der Männlichkeit.
Interview mit Micha Brumlik.
In: Frankfurter Rundschau,
19.8.2008, S. 23, Auszug.*

Lernfelder sind u.a.
- Wahrnehmung und Interpretation von Problem- und Gewaltsituationen;
- Wahrnehmung von und Umgang mit eigenen Ängsten;
- die Rollen von Opfern, Tätern, Zuschauern;
- Fundamentale Handlungsmöglichkeiten;
- Kriterien zur Bewertung hilfreicher Handlungsweisen kennen.

Umsetzung

Gewaltsituationen sind oft stark emotional aufgeladene Situationen, in denen schnell gehandelt werden muss. In solchen Situationen können häufig nur verinnerlichte Handlungsroutinen abgerufen werden, da klare Denk- und Entscheidungsprozesse durch Ängste überlagert sind. Deshalb ist es wichtig, sich auf mögliche Gewaltsituationen vorzubereiten, über Kenntnisse sinnvoller Handlungsstrategien zu verfügen und bestimmte Handlungsabläufe (wie z.B. Hilfe mobilisieren) immer wieder zu trainieren. Alle Lehrkräfte und Jugendliche sollten mindestens die grundlegenden Handlungsmöglichkeiten in kritischen Situationen kennen. (M4, M6, M10, M13).

Für Lehrkräfte und Eltern

Klärungen, Vorbereitung

Das Frageraster von M1 dient der Klärung zentraler Fragen im Bereich von Reaktions- und Umgangsweisen im Kontext von Gewaltsituationen. Zur Abschätzung des emotionalen Erregungszustandes bei konkreten Aggressionshandlungen bietet M2 eine Typologie an. M3 konkretisiert die Bereiche Vorbereitung, Handeln und Nacharbeit und steckt somit den Rahmen für die Auseinandersetzung mit dem Themenbereich ab.

Eingreifen – Umgang mit Gewalt

„Ich helfe, aber ohne mich in Gefahr zu bringen" lautet die erste Empfehlung der Polizei für Problem- und Gewaltsituationen. Diese in M4 wiedergegebenen grundlegenden Handlungsweisen sollen allgemein bekannt und verinnerlicht sein (M4). Weitergehende Überlegungen zum Verhalten in kritischen Situationen beschreibt M5. Hier wird insbesondere auch auf Verhaltensweisen aufmerksam gemacht, die eskalierend wirken können (z.B. Drohungen aussprechen) und deshalb besser zu unterlassen sind. Einen Orientierungsrahmen für das Eingreifen von Lehrkräften bietet M6 an. Hinweise für Eltern, deren Kinder von Gewalthandlungen betroffen sind, gibt M7. M8 vermittelt konkrete Erfahrungen mit Deeskalationsstrategien aus der offenen Jugendarbeit.

Sich auseinandersetzen

Eine Fallstudie über ein Ereignis im Kontext einer Abitursfeier an einer Schule im Schwäbischen (M9) wird unter dem Gesichtspunkt von notwendigen und wichtigen Handlungsweisen analysiert und diskutiert.

Für den Unterricht

Sinnvolle Verhaltensweisen kennenlernen

Anhand von M10 kann erarbeitet werden, welches Verhalten für Schülerinnen und Schüler bei kritischen Situationen angemessen ist. Die Übersicht (M11) über Instrumente der Deeskalation in Gewaltsituationen ermöglicht systematische Überlegungen über sinnvolle Vorgehensweisen. In diesem Kontext ist die Wahrnehmung und bewusste Nutzung der Körpersprache von besonderer Bedeutung. M12 regt eine Auseinandersetzung mit der Körpersprache von Tätern und Opfern an. Die vier Schritte zum Helfen für Zuschauer (Überblick verschaffen, Aufmerksam machen, Hilfe organisieren, Notruf absetzen) sollten systematisch besprochen und geübt werden (M13).

Probehandeln, Situationen spielen

In Rollenspielen sinnvolle Handlungsweisen zu entwickeln und (probeweise) anzuwenden ist wichtig, da nur so eigene Ängste erkannt und unwillkürliche Reaktionen sichtbar werden.

Welches sind die kritischen (Sitz)plätze in Bus und Bahn? Diese können mit Hilfe der Übungen von M14 erkannt werden, um darauf aufbauend Hilfe- und Handlungsstrategien für Problemsituationen zu erarbeiten.

M15-M17 zeigen „alltägliche" Vorfälle (Verletzungen, Übergriffe, Sachbeschädigungen) die in unterschiedlichen Formen (Rollenspielen, Reflexionen, Diskussionen) bearbeitet werden können. Immer geht es darum, die Handlungsziele zu klären und hilfreiches Verhalten zu identifizieren sowie mögliche Probleme beim Eingreifen zu erkennen.

Täter, Opfer, Zuschauer

Gewalthandlungen spielen sich i.d.R. im Dreieck von Tätern, Opfern und Zuschauern ab. M18-M20 helfen das spezifische dieser jeweiligen Rollen zu erkennen und angemessene Handlungsstrategien zu entwickeln.

Ergänzende Bausteine

4.1 Zivilcourage lernen
4.3 Mobbing
4.5 Amoklauf an Schulen

M1 Klärungen

Gewalt gegen Schülerinnen und Schüler

- Welche Bedrohungs- und Gewaltsituationen kommen in der Schule vor?
- Welches Verhalten wird an der Schule (gerade noch) toleriert, welches nicht?
- Werden (Spaß)Kämpfe geduldet?
- Wie sollten Lehrkräfte bei akuten Gewaltvorkommnissen unter Schülerinnen und Schülern eingreifen?
- Was ist Hilfeverhalten, unterlassene Hilfeleistung, Strafanzeige/Strafantrag?
- Wie können Schülerinnen und Schüler motiviert und befähigt werden, selbst in Bedrohungssituationen und bei Gewalthandlungen einzugreifen?
- Wie können Schülerinnen und Schüler motiviert werden, entsprechende Vorfälle den Lehrkräften mitzuteilen?
- Wie können Schülerinnen und Schüler qualifiziert werden, in solchen Situationen richtig zu handeln?
- Wie ist mit Waffen an Schulen umzugehen?
- Welche Angebote gibt es für Opfer, ihr Selbstbewusstsein und ihre Selbstbehauptungsmöglichkeiten zu stärken?
- Welche Angebote gibt es für Täter, sozial angemessenes Verhalten zu erlernen?

Gewalt gegen Lehrkräfte

- Wie äußert sich Gewalt gegen Lehrkräfte?
- Wie kommt es zu den Gewalthandlungen gegen Lehrkräfte?
- Wie reagieren Lehrkräfte, die angegriffen werden?
- Was sollten Lehrkräfte bei einem Gewaltvorfall beachten (bei einem tätlichen Angriff, bei einer Bedrohung)?
- Wie ist mit geplanten und gezielten Angriffen auf Lehrkräfte umzugehen?
- Was sollte nach Gewalthandlungen gegen Lehrkräfte geschehen?

Vgl. Aïda Lorenz: Gemeinsam sind wir handlungsfähig – Kollegien bilden sich fort. In: Senatsverwaltung für Bildung, Wissenschaft und Forschung. Bildung für Berlin. Verstehen und Handeln X. Gewaltprävention im Miteinander. Berlin 2007, S. 27.

Weitere Klärungen

- Was geschieht bei verbalen Übergriffen?
- Was geschieht bei Körperverletzung?
- Was geschieht bei Sachbeschädigung?
- Welche Bewältigungsrituale hat die Schule für Gewaltvorfälle entwickelt?
- Welche Sanktionen werden (wann, von wem) verhängt?
- Was hat sich im Umgang mit konkreten Bedrohungssituationen und akuten Gewalthandlungen bewährt?
- Werden Gewaltprobleme gemeinsam bewältigt oder auf einzelne Lehrkräfte abgeschoben?
- Gibt es eine Kultur des Hinschauens und der gegenseitigen Hilfe und „Einmischung"?
- Wie und von wem werden evtl. Polizei und/ oder Eltern verständigt?
- Gibt es konkrete Absprachen mit der Polizei und dem Jugendamt über (gemeinsame) günstige Handlungsweisen?

M2 **Die A-B-C-Typologie**

Typen aggressiver Verhaltensweisen und mögliche Umgangsformen. Die A-B-C-Typologie dient zur ad-hoc-Einschätzung konkreter Aggressionshandlungen. Sie orientiert sich am aktuellen Ausmaß des emotionalen Erregungszustandes der Person.

Aggressionstypen	Basiscopingstrategien
Typ A (instrumenteller Typ) Aggression ist der Versuch, gezielt und/oder geplant, anderen Menschen zur Erlangung eines persönlichen Vorteils Schaden zuzufügen. Emotionale Erregung spielt keine oder nur eine geringe Rolle.	Da hier gezielte Handlungen und/oder Absichten eine vorrangige Rolle spielen, stehen operante Copingtechniken im Vordergrund (Kontingenzmanagement, z.B. Verstärkerentzug und Bestrafung bei unangemessenen Verhaltensweisen, Förderung alternativer Verhaltensweisen).
Typ B (Emotionstyp) Aggression ist ein durch erhöhte emotionale Erregung hervorgerufenes und/oder begleitetes Verhalten zum Abbau von Spannung und zur Abwehr bedrohlicher Reize, wobei die Schädigung eines anderen in Kauf genommen wird.	Weil bei diesem Typ emotionale Erregung eine primäre Rolle spielt, stehen bei Interventionsversuchen Techniken zur Erregungskontrolle, Relaxation und Konfliktlösung im Vordergrund.
Typ C (Erregungstyp) Aggression ist ein durch extrem hohe Erregung hervorgerufenes, weitgehend ungesteuertes Verhalten mit schwerer Gefährdung von Menschen und Sachen.	Da von diesem Verhalten Gefahr für Personen und Sachen ausgeht, sind in erster Linie Deeskalations- und Sicherheitsmaßnahmen angezeigt.

Andreas Dutschmann: Das Aggressions-Bewältigungs-Programm ABPro. Manuale zu Typ A, B und C des ABPro. Tübingen 2000.
www.drdutschmann.de/Neue_Dateien/Empirieabpro.html

M3 Umgang mit Gewalt

Lehrer, Eltern

Vorbereiten auf Gewaltsituationen/Basics

- Bisherige Erfahrungen mit Problem- und Gewaltsituationen auswerten.
- Wahrnehmung schulen.
- Sensibilität für Bedrohungssituationen entwickeln.
- Gefahren kennen (z.B. gefährliche Sitzplätze in Bus und Bahn).
- Eingreifen und Handeln (Zivilcourage) im Alltag üben.
- Alternative Handlungsmöglichkeiten entwickeln.
- Hilfesystem kennen und mobilisieren können.
- Für schwere Gewaltvorfälle: Notfallplan ausarbeiten.
- Ernstfallszenarien wiederholt durchspielen.

Handeln in Bedrohungs- und Gewaltsituationen

- Situation einschätzen.
- Eigene physiologische Reaktionen wahrnehmen.
- Öffentlichkeit herstellen.
- Laut und klar reden.
- Keine Vorwürfe, Beschuldigungen oder Anklagen äußern.
- Ruhig und selbstbewusst sein.
- Sicherheit und Schutz nicht vernachlässigen.
- Eskalation verhindern.
- Kontrahenten trennen.
- Auf Klarheit und Deutlichkeit in Wort und Körpersprache achten.
- Hilfe mobilisieren.

Nach der Gewaltsituation

- Vorfall aufarbeiten, Vorgeschichte klären.
- Verantwortungsübernahme durch die Beteiligten.
- Täter muss Konsequenzen seines Handelns tragen.
- Opfer schützen und stützen.
- Wiedergutmachung/Schadensersatz verlangen.
- Normen verdeutlichen: Gewalt wird nicht toleriert!
- Soll Polizei eingeschaltet werden?
- Angebote für soziale Trainingskurse aufzeigen.

Fragen

- Wann und wie muss ich alleine reagieren?
- Wo kann ich Hilfe von Dritten erhalten?
- Wie kann ich mich (mental) vorbereiten?

M4 **Empfehlungen der Polizei**

Lehrer, Eltern

1. Ich helfe, aber ohne mich in Gefahr zu bringen.
Falls Sie Zeuge einer Gewalttat werden, gibt es andere Möglichkeiten, als wegzusehen oder sich direkt dem Täter entgegenzustellen. Jeder Mensch hat Möglichkeiten, etwas Hilfreiches zu tun, ohne in direkte Konfrontation mit dem Täter zu geraten.

2. Ich fordere andere direkt zur Mithilfe auf.
Es ist ein Phänomen, dass bei Anwesenheit mehrerer Personen am Unglücks- oder Tatort die Wahrscheinlichkeit sinkt, dass geholfen wird. (...) Hier ist der Ansatzpunkt: Fangen Sie an etwas zu tun, andere werden dann folgen. Sagen Sie den Zuschauern: „Hier ist etwas nicht in Ordnung, hier muss etwas getan werden!" Fragen Sie: „Was können wir tun?" Sprechen Sie eine andere Person an und fordern Sie direkt auf: „Holen Sie Hilfe."

3. Ich beobachte genau und merke mir den Täter.
Der Polizei ist es schon häufiger gelungen, aufgrund eines schnellen Anrufes und der guten Beobachtungsleistung von Zeugen, Täter durch eine schnelle Fahndung zu fassen. Wichtig zu wissen ist vor allem die Kleidung, das Aussehen und Fluchtrichtung eines Täters. Möglicherweise können Sie dem Täter in sicherem Abstand folgen, ohne ihn zu verfolgen.

4. Ich organisiere Hilfe – Notruf 110
Rufen Sie professionelle Helfer, damit diese wissen, was los ist. Sagen Sie, wann etwas passiert ist und was passiert ist. Legen Sie dann nicht sofort wieder auf, falls Nachfragen nötig sind.

5. Ich kümmere mich um das Opfer.
Nicht jeder traut sich zu, Erste Hilfe zu leisten, aber jeder kann dem Opfer beistehen. Die Erfahrung von Notärzten zeigt, dass verletzte Opfer schon dadurch stabilisiert werden können, wenn sie bis zum Eintreffen der professionellen Helfer seelischen Beistand bekommen. Sprechen Sie mit dem Opfer, trösten Sie es. Fragen Sie, was Sie tun können und wie Sie unterstützen können.

6. Ich stelle mich als Zeuge zur Verfügung.
Viele verlassen kurz vor oder unmittelbar nach dem Eintreffen der professionellen Helfer den Ort des Geschehens. Aber Sie werden als Zeuge gebraucht. Möglicherweise ist nur Ihnen etwas aufgefallen, das sehr wichtig ist, um den Täter zu fassen oder die Tat zu rekonstruieren. Deshalb bleiben Sie bitte vor Ort und fragen Sie die professionellen Helfer, ob Ihre Anwesenheit noch erforderlich ist. Sollten Sie unter Zeitdruck stehen, hinterlassen Sie für wichtige Nachfragen Ihren Namen und Ihre Erreichbarkeit.

www.polizei.rlp.de/internet/nav/bf7/
*bf7609c6-071a-9001-be59-2680a525fe06&_ic_*
uCon=7e15045d-9df5-1101-2068-abd7913a4f82&co
nPage=1&conPageSize=50.htm

M5 Verhalten in kritischen Situationen

Lehrer, Eltern

Versuchen Sie es!
- Geben Sie sich ruhig und entspannt!
- Sprechen Sie ruhig und leise!
- Strahlen Sie Ruhe und Sicherheit aus und stehen Sie die Situation bis zu einem friedlichen Ende durch, egal, was passiert!
- Sprechen Sie mit der Person!
- Bleiben Sie sehr sachlich, wenn die Person sich aufregt!
- Beobachten Sie Brust und Augen! (Heftige Bewegungen der Brust künden aggressive Reaktionen an!)
- Bleiben Sie nahe bei der Person und schenken Sie ihr Aufmerksamkeit!
- Bleiben Sie geduldig und geben Sie nicht auf!

Wenn sich die Aufregung der Person bis an die Grenze zum Angriff steigert:
- Akzeptieren Sie Ihren Gefühlszustand!
- Bleiben Sie bei Ihrer sachlichen Haltung!
- Setzen Sie eine undurchdringliche Miene auf!
- Bleiben Sie höflich!
- Lassen Sie der Person immer einen Fluchtweg offen!
- Erlauben Sie der Person zu fliehen, wenn sie es möchte und behalten Sie sie im Auge!
- Lernen Sie, Ihre Muskeln zu entspannen und unter Kontrolle zu halten!
- Bleiben Sie sitzen, wenn die Person sitzt!
- Stellen Sie sich in die Nähe der Person – seitlich und auf Armlänge entfernt!

Vermeiden Sie!
- Machen Sie keinen ängstlichen oder unsicheren Eindruck!
- Vermeiden Sie eine herablassende, arrogante Haltung!
- Erheben Sie nicht Ihre Stimme!
- Signalisieren Sie nicht, dass Sie einen Angriff erwarten – sonst könnte er stattfinden!
- Drohen Sie nicht! (Insbesondere keine Drohungen, die Sie nicht wirklich durchsetzen können!)
- Halten Sie keinen dauernden Augenkontakt aufrecht!
- Drehen Sie der Person nicht den Rücken zu – gehen Sie nicht weg!
- Streiten Sie nicht – provozieren Sie keine Meinungsverschiedenheiten!
- Zeigen Sie keine wie auch immer gearteten Gefühle!
- Drängen Sie die Person weder psychisch noch körperlich „in die Ecke"!
- Spannen Sie Ihre Muskeln nicht an!
- Gehen Sie nicht auf die Person zu – vermeiden Sie ein Handgemenge!
- Geben Sie nicht auf – gehen Sie nicht weg!

Überprüft von SCAT, Intitutional Abuse Projekt. In: Landesinstitut für Schule und Weiterbildung (Hrsg.): Aktuelle Gewaltentwicklung in der Gesellschaft – Vorschläge zur Gewaltprävention in der Schule. Soest. 1994, S. 251.

M6 **Lehrkräfte greifen ein**

Lehrer, Eltern

Bei offensichtlichen körperlichen Attacken müssen Lehrkräfte sofort eingreifen, um das Gewaltverhalten zu unterbinden:

1. In die Auseinandersetzung eingreifen und Gewalt unterbrechen

Unmissverständlich mitteilen, dass die Beteiligten aufhören sollen. Wenn die verbale Aufforderung nichts nützt, körperlich dazwischen gehen und die Kontrahenten trennen.
Dabei: lautes, deutliches, namentliches Ansprechen der Kontrahenten. Kurze Sätze verwenden, z.B. „Michael, hör sofort auf!"
Eigene Handlungsschritte vorher benennen: „Ich komme jetzt auf dich zu ..."

2. Sich einen Überblick von der Lage verschaffen

Nicht die Schuldfrage klären, sondern feststellen, wer beteiligt war und wer die Zeugen sind. Innere Fotografie der Tatsituation (Bild im Gedächtnis einfrieren), um später eine genaue Rekonstruktion des Vorfalls und der Rolle aller Beteiligten sowie eine gezielte Aufarbeitung zu ermöglichen: Wer stand wo, wer war beteiligt, wie sahen die Personen aus? Was ist mir sonst noch aufgefallen? Manchmal ermöglichen scheinbare Nebensächlichkeiten, den Vorgang in seiner Dynamik zu verstehen.

3. Opferhilfe leisten

Ist jemand verletzt? Erste Hilfe und seelischen Beistand leisten bzw. organisieren.

4. Signale an den Täter geben

Gibt es einen eindeutigen Täter? Wenn ja, ihm klarmachen, dass dieses Verhalten Konsequenzen haben wird.

5. Unterstützung holen

Eventuell Kollegen, Hausmeister, Schüler zu Hilfe holen, Umherstehende ins Amtszimmer schicken, um weitere Hilfe zu holen. Hilfe gezielt einfordern. Sagen Sie möglichst genau, was der andere tun soll.

6. Zuschauende wegschicken

Falls Umstehende stören: Wegschicken oder sich selbst mit den Konfliktparteien entfernen.
Situationen weiter deeskalieren: Zuschauer und Fremden gegenüber höflich bestimmt auftreten, klar sagen, was man erwartet.

7. Die Konfliktparteien beruhigen

Konfliktparteien räumlich trennen, sie zum „Durchatmen" auffordern, evtl. in ein Gespräch ziehen.

8. Konflikt aufarbeiten

Wenn sich die Beteiligten beruhigt haben, ist so schnell wie möglich ein Konfliktgespräch zu führen. Dort sollte geklärt werden, was vorgefallen ist und wie das Problem „gelöst" werden kann.

9. Konsequenzen ziehen

Auf Vereinbarungen zwischen den Konfliktparteien hinarbeiten. Falls eine Strafe angeraten ist: Steht sie in einem Verhältnis zur Tat? Erhält das Opfer einen Ausgleich? Lernt der Täter durch die Strafe?

Vgl. Jamie Walker: Gewaltfreier Umgang mit Konflikten in der Sekundarstufe I. Berlin 1995.
Klaus-Jürgen Tillmann u.a.: Schülergewalt als Schulproblem. Weinheim und München 1999, S. 308 f.
Vgl. Bettina Schubert: Hilfe für Opfer und Täter. In: Senatsverwaltung für Bildung, Jugend und Sport, Berlin (Hrsg.): Gewalt tolerieren fördert Gewalt. Verstehen und Handeln IV. Berlin 2003, S. 30-35.
Vgl. K. Fröhlich-Gildhoff: Gewalt begegnen. Konzepte und Projekte zur Prävention und Intervention. Stuttgart 2006, S. 143.

M7 Was Eltern tun können

Lehrer, Eltern

Regeln für Eltern, deren Kinder von Gewalthandlungen an der Schule betroffen sind:

1. Versuchen Sie, bei konkreten Gewaltvorfällen mit größtmöglicher Ruhe und Überlegung vorzugehen.

2. Vergleichen Sie Ihre Wahrnehmung mit der Wahrnehmung anderer Eltern.

3. Sichern Sie Ihrem Kind zu, nicht gegen seinen Willen tätig zu werden, und respektieren Sie die Angst Ihres Kindes.

4. Sichern Sie Ihrem Kind zu, Aktivitäten nur in Absprache mit ihm zu entwickeln.

5. Geben Sie Ihrem von Gewalt bedrohten Kind das Gefühl, dass Sie ihm beistehen werden.

6. Wenden Sie sich an einen Lehrer oder eine Lehrerin Ihres Vertrauens.

7. Überlegen Sie, ob Sie einen Berater/eine Beraterin für die Schule hinzuziehen wollen.

8. Überlegen Sie mit anderen Eltern, in welcher Form das Thema an die Schule herangetragen werden kann.

9. Überlegen Sie mit anderen Eltern, ob es Möglichkeiten gibt, dass sich Eltern im Rahmen der Schule vorbeugend beteiligen können.

Michael Grüner: Gewalt in der Schule – Arbeiten im Einzelfall und im System. In: Wolfgang Vogt (Hrsg.): Gewalt und Konfliktbearbeitung: Befunde – Konzepte – Handeln. Baden-Baden 1997, S. 180.

M8 Deeskalation im Jugendhaus

Lehrer, Eltern

**Deeskalationserfahrungen mit gewaltberei-
ten Jugendlichen – Praxisbeispiele aus der
offenen Jugendarbeit**

Einzelschlägereien/Duelle

Bei Duellen/Schlägereien greifen wir direkt ein
und trennen die Kontrahenten. Sie werden in
einen separaten Raum geführt (z.B. Büro). Das
schenkt den Akteuren Aufmerksamkeit durch
die Sozialarbeiter, trennt aber gleichzeitig vom
zuschauenden Publikum, vor dem sie nicht ihr
„Gesicht verlieren" wollen.

Hinter verschlossenen Türen wird der Konflikt
besprochen, eine Regelung, also klare Vereinbarung getroffen und durch Handschlag
besiegelt.

Dieses Vorgehen braucht neben dem Sozialar-
beiter/der Sozialarbeiterin, der/die den Konflikt bearbeitet, auch eine/n Kollegin, die/der
bei den anderen Personen weiterhin Aufsicht
führt.

Diskothekveranstaltungen

Sie sind eine Art „Geigerzähler" für Einrichtungen. Hier werden neben der Musik oft auch
Rivalitäten gesucht. Diskothekveranstaltungen
sind eine „Bühne" für Gewalt. Cliquen kommen
oft. Sie haben in der Regel klare Strukturen mit
einem Anführer.

Wir setzen uns in der Regel schon zu Beginn
des Auftretens mit den Anführern in Verbindung und vereinbaren Regeln mit ihnen. Damit
werden sie ernst genommen. Sie verhandeln
mit dem „Anführer" der Einrichtung, also mit
dem Sozialarbeiter, der Sozialarbeiterin und
schließen eine Vereinbarung zum Verhalten
im Hause.

Sollte es trotzdem zu Ausschreitungen kommen, sind oft eine Reihe von Jugendlichen
verwickelt, also 10 bis 30 und mehr. Auch

hier ist es notwendig, dass der Sozialarbeiter,
die Sozialarbeiterin eine Regelung unter Berücksichtigung der hierarchischen Struktur der
Cliquen, also mit den Anführern trifft.

Bewaffnung von Cliquen

Nach Ausschreitungen, Duellen oder anderen Gewalttätigkeiten gibt es immer wieder
Reaktionen, in denen sich die verschiedenen
Gruppierungen bewaffnen. Die Atmosphäre in
den Einrichtungen wird sehr gespannt, da alle
auf eine Gelegenheit warten, auch ihre Waffen
(Messer, Gaspistolen, Chakos usw.) benutzen
zu können.

In solchen Situationen haben wir uns frühzeitig mit der örtlichen Polizei zusammengesetzt und mit ihnen zusammen die Jugendlichen in die Einrichtung eingeladen. In dieser Besprechung sind die Jugendlichen aufgeklärt worden über Waffenbenutzung und Erfahrungen der Polizei beim Einsatz solcher
Waffen, mögliche Straftaten und Konsequenzen, sowie Hilfen und Hinweise zu Konfliktlösungen. Diese Besprechungen waren sehr gut
besucht und es folgte jeweils eine freiwillige
Entwaffnung der Jugendlichen.

*Richard Spätling: Deeskalationserfahrungen mit ge-
waltbereiten Jugendlichen. Stiftung „Dr. Georg Haar",
Weimar. In: Heinrich-Böll-Stiftung (Hrsg.): Umgang
mit Gewalt in Bildungseinrichtungen. Bildungspoli-
tisches Fachgespräch der Heinrich-Böll-Stiftung. 2.
Aufl., 1999, S. 33-36.*

M9 **Die Abifeier – Das Fest**

Lehrer, Eltern

Das Fest

Bei einem privaten Fest zur Feier des Abiturs betrinkt sich ein Abiturient bis zur Besinnungslosigkeit. Einige Mitschülerinnen und Mitschüler versorgen ihn mit Decken und lassen ihn schlafen. Andere kommen auf die Idee, den Besinnungslosen auszuziehen und ihn mit einer Bierflasche und einer Gurke körperlich zu manipulieren.

Um sich gebührend brüsten zu können, fotografieren die drei jungen Männer ihre Taten. Der Betrunkene wundert sich am nächsten Tag über das Gekichere und Imponiergehabe am Frühstückstisch. Was wirklich abgelaufen ist, erfährt er erst viel später durch Zufall.

Die Geschichte kursiert am Gymnasium als eine Art „Heldentat". Die Mitschüler haben die Nacktfotos auf einer von ihnen eingerichteten Internetseite veröffentlicht.

Was würden Sie unternehmen, wenn Sie von dem Vorfall erfahren würden?

• Als Vater bzw. Mutter
• Als Rektor bzw. Rektorin der Schule
• als Lehrkraft am Gymnasium
• Als Mitschüler bzw. Mitschülerin
• Als Elternteil einer Mitschülerin, eines Mitschülers

Wie könnte die Situation ihrer Meinung nach „angemessen" be- und verarbeitet werden?

• Von wem müsste welche Initiative ausgehen?
• Was wäre das Ziel einer Aufarbeitung?

M9 Die Abifeier – Reaktionen

Der Vater

Er stellt Strafantrag bei der Polizei. „Die Buben sind alle auf den Fotos zu erkennen. Wenn Sie jetzt nichts tun und die Sache einschlafen lassen, dann kann es passieren, dass die Fotos in zehn Jahren, wenn sich Ihr Sohn irgendwo bewirbt, wieder auftauchen", ermahnte ihn ein Rechtsanwalt. Der Vater wehrt sich dagegen, dass „gewisse Leute die Übergriffe als dummen Jungenstreich abtun."

Die Lehrkräfte

Im Lehrerkollegium des Gymnasiums herrscht Uneinigkeit, wie man auf die Vorfälle reagieren soll. Es wird erwogen, die Abiturzeugnisse nicht wie üblich auf dem Abi-Ball zu überreichen, aber ein solches Vorgehen wäre aufgefallen und genau das will man nicht.

Im Lehrerkollegium kommt man zum Schluss, dass man sich nicht einmischen will, da es sich bei dem Abi-Fest um eine private Veranstaltung gehandelt habe. Den Lehrern wird es freigestellt, am Abi-Ball teilzunehmen. Die drei Täter werden ausgeschlossen.

Die Schülervertretung

Auch die Schülervertretung will nicht, dass die Sache „auffällt". Zudem fordern die unbeteiligten Mitschülerinnen und Mitschüler einen „ganz normalen" Abi-Ball ein.

Der Abi-Ball

Beim Abi-Ball tun alle so, als sei nichts vorgefallen. Eine Mutter, die „das menschenunwürdige Verhalten" bei der Feier verklausuliert zur Sprache bringen will und ihren Redetext den Schülern, die das Fest ausrichten, vorab vorgelegt hat, erhält Redeverbot.

So wird gefeiert, ohne dass in einer Ansprache auch nur andeutungsweise das Fehlverhalten zur Sprache kommt.

Der Direktor spricht von „Hänschen klein", der ein Hans werden will. Die Lehrer lassen sich von den Abiturienten auf die Bühne bitten und spielen Quizshows oder „Romeo und Julia". Der Schülersprecher redet über die unsichere Wirtschaftslage und Zukunftsangst der Entlassschüler.

Die Täter

Einer der Beschuldigen hat „keine Lust mehr, sich zu den Vorwürfen zu äußern". Ein anderer räumt Fehlverhalten ein, auch wenn er den Vorwurf der sexuellen Nötigung so nicht stehen lassen will. „Es war völlig blödsinnig, was wir getan haben", sagt er. Sie hätten sich mittlerweile auch beim Opfer entschuldigt. Ihr Mitschüler habe sie aber auch durch sein Verhalten beim Fest geärgert.

Die Schule

Die Schule hatte erst kurz vor dem Vorfall ein Leitbild formuliert, mit dem die Qualität der Schule gesichert werden soll: „Es gilt die Schülerinnen und Schüler so zu fördern, dass sie sich zu selbständigen, mündigen und ethisch verantwortlich handelnden Bürgern entwickeln". Das Kollegium sei sich der Notwendigkeit bewusst, gerade im Bereich der sozialen Kompetenz Vorbild zu sein.

Vgl. Schwäbisches Tagblatt, 21.7.2004.

Überlegen Sie!

• Wie sind die Reaktionen der verschiedenen Personen, Gruppen und Institutionen zu erklären?

• Welche Motive, welche Befürchtungen und Ängste stehen hinter den jeweiligen Reaktionen?

• Was wäre eine „angemessene" (notwendige) Reaktion gewesen?

M10 Wie sich als Schüler verhalten?

Welches Verhalten ist der Situation angemessen? Entscheide und begründe.

- Spontan, entsprechend den eigenen Gefühlen reagieren
- Sich auf mögliche Bedrohungssituationen innerlich vorbereiten
- Ruhig bleiben, nichts Ungewöhnliches unternehmen
- Die eigene Betroffenheit zeigen
- Öffentlichkeit herstellen
- Aktiv werden, sich von der Angst nicht lähmen lassen
- Sich selbstbewusst zeigen
- Blickkontakt aufnehmen und halten
- Blickkontakt vermeiden
- Sprechen, Kontakt halten
- Klare Forderungen stellen
- Sich von der Person abwenden
- Gefühle zeigen
- Keine Gefühle zeigen
- Höflich bleiben
- Um Schonung bitten
- Den Angreifer „Duzen"
- Den Angreifer „Siezen"
- Auf mögliche Folgen der Tat (Bestrafung) hinweisen
- Die Anweisungen des Angreifers ausführen
- Laut Schreien
- Andere um Hilfe bitten
- Laut und deutlich sprechen
- Möglichst leise sprechen
- Genau zuhören und beobachten
- Den Angreifer einschüchtern
- Einen Fluchtweg offen lassen
- Keine Öffentlichkeit herstellen
- Fluchtwege verstellen
- Das Verhalten des Angreifers bloßstellen
- Einzelne gezielt zur Hilfe auffordern
- Alle zur Hilfe auffordern
- Körperkontakt herstellen
- Körperkontakt vermeiden

Wie Schüler sich verhalten können

- Andere nicht reizen oder provozieren;
- Auf Provokationen nicht eingehen, sie ignorieren;
- Auf die Situation aufmerksam machen (schreien, pfeifen ...);
- In Problem- und Gewaltsituationen Hilfe holen;
- Zeigen, dass man nicht einverstanden ist;
- Nicht zum Mittäter werden;
- Die Situation nicht weiter anheizen (etwa durch Klatschen, anfeuerndes Rufen usw.);
- Dem Opfer helfen;
- Den Täter auffordern aufzuhören;
- Sich als Zeuge zur Verfügung stellen;
- Lehrkräfte oder Schulleitung informieren;
- Den Vorfall in der Klasse besprechen;
- Gemeinsam Regeln des gewaltfreien Umgangs entwickeln.

M11 **Instrumente der Deeskalation**

Eigener Körper

- Sprache, Stimme: Stimmlage, Wortwahl.
- Körper, Körperkontakt: Ruhige, kontrollierte Bewegungen, Nähe und Distanz.
- Humor, Witz, Selbstironie: Entkrampfung, Unterbrechung der Eskalationsdynamik.
- Selbstoffenheit: Offen die eigene Befindlichkeit mitteilen (Erschöpfung, Ratlosigkeit, Wut ...).

Raum

- Raum, Bewegung: Offenlassen von Fluchtwegen, Erprobung verschiedener Bewegungsarten.
- Aus dem Feld gehen: Abkühlen, Zeit gewinnen, das Gesicht wahren.

Instrumente und Ebenen der Deeskalation im Nahbereich

Interaktion

- Verhandlungen, Kompromisse, Kontrakt. Anbieten von Möglichkeiten: nicht sofort, sondern später; nicht alles, aber ein Teil; nicht allein, sondern gemeinsam ...
- Beziehung: Auf die Beziehungsebene achten, ansprechen der wahrgenommenen Beziehungswünsche; Verdeutlichung der eigenen Beziehung.
- Meta-Kommentar: Beschreibung des Konfliktes aus der Vogelperspektive.

Zeit

- Zeit, positive Zukunftserwartungen: Entlastung durch zeitlichen Spielraum, Erwartung zukünftiger Belohnungen.
- Überraschungen, Neudefinitionen der Konfliktsituation: Plötzliche und unerwartete Handlungen, Umdefinitionen.

Welche dieser Handlungsoptionen in der jeweiligen Situation sinnvoll angewendet werden kann, muss in der Situation selbst entschieden werden.

Vgl. Mathias Schwabe: Eskalation und De-Eskalation in Einrichtungen der Jugendhilfe. 3. Aufl., Frankfurt/M. 2002, S. 100 ff.

M12 Körpersprache in Gewaltsituationen

Körpersprache in Bedrohungs- und Gewaltsituationen

Täter und Opfer drücken ihr Befinden und ihr Vorhaben vor allem körpersprachlich aus. Diese identifizieren zu können und die damit verbundenen Gefühle wahrzunehmen, ist gerade in Bedrohungssituationen wichtig.

Körpersprache von Tätern u.a.:
- aggressiv
- angriffslustig
- bedrohlich
- dominant

Körpersprache von (potenziellen) Opfern u.a.:
- unterwürfig
- ängstlich

Anzustreben wäre:
- selbstbewusst
- selbstsicher

Körpersprache der Zuschauer u.a.:
- neugierig
- anheizend
- abwartend
- cool

Mit Körpersprache provozieren:

Haltungen, Mimik, Gestik, die andere provoziert:

_____

_____

Mit Körpersprache deeskalieren:

Haltungen, Mimik, Gestik, die deeskaliert:

_____

_____

_____

Grenzen erkennen:
- (Wie) kann ich erkennen, wo meine Grenzen überschritten werden (Nähe) und ich mich unwohl oder gar angegriffen fühle?
- (Wie) kann ich erkenne, wo ich die Grenzen anderer überschreite/verletze und sie damit provoziere?
- Welche (körperliche) Nähe/Distanz ist mir bei welchen Personen angenehm/unangenehm?
- (Wie) kann ich körpersprachlich eindeutig „Stopp" signalisieren?

M13 Vier Schritte zum richtigen Helfen

Als Beobachterin bzw. Beobachter einer Bedrohungs- oder Gewaltsituation (im öffentlichen Bereich) haben sich folgende Handlungsschritte als hilfreich herausgestellt:

1. Verschaffe dir einen Überblick
- Was ist geschehen, was geschieht im Moment?
- Welche Personen sind beteiligt?
- Welche Bedrohungen sind gegeben?
- Was löst das bei mir aus?

2. Mache auf die Situation aufmerksam
- Sprich andere direkt an und mache auf die Situation aufmerksam!
- Wenn vorhanden, kannst du auch ein akustisches Signal (Pfeife o.ä.) verwenden.

3. Organisiere Hilfe vor Ort
- Sprich andere direkt und gezielt an, um Hilfeleistungen zu erbitten („Sie mit der roten Jacke, können Sie bitte ...")!
- Verteile notwendige Aufgaben (Opfer schützen, weitere Hilfe holen, Rettungsleitstelle informieren etc.)!
- Signalisiere dem Opfer, dass es nicht alleine ist!

4. Setze einen Notruf ab
- Informiere per Handy oder Telefon die Rettungsleitstelle (Tel.: 112) oder die Polizei (Tel.: 110). Notrufe funktionieren auf dem Handy immer, auch ohne Guthaben.

Merke: Wenn Du nicht hilfst, werden es die anderen auch nicht tun.

Einen Notruf absetzen

Notruf 112 führt direkt zur Rettungsleitstelle (Krankenwagen, Feuerwehr, Polizei).

Notruf 110 führt direkt zur Polizei.

1. Wo?
Gib den genauen Ort (evtl. mit Wegbeschreibung) an, an dem sich der Vorfall ereignet hat.

2. Was ist passiert?
Beschreibe kurz den Vorfall

3. Wie viele Verletzte?
Nenne die Zahl der Verletzten, bei Kindern unbedingt auch das Alter.

4. Welche Verletzungen?
Beschreibe nach deiner Beobachtung die Schwere der Verletzung – z.B. atmet nicht, blutet am Kopf, Sturz mit Bein- oder Armbruch, der Knochen durchsticht die Haut.

5. Wer meldet den Vorfall?
Nenne deinen Namen mit Anschrift und Telefon.

6. Warte auf Rückfragen
Beende das Telefongespräch erst dann, wenn die Rettungsleitstelle dir sagt, dass sie alle Informationen erhalten hat!

M14 **Im Omnibus**

Rollenspiele und praxisnahe Übungen können helfen richtige Verhaltensweisen zu erkennen und einzuüben.

Für diese Übungen wird der Innenraum eines Busses mit Stühlen nachgebaut. Einige Schülerinnen und Schüler verlassen zunächst den Raum; andere Schülerinnen und Schüler werden von der Moderatorin bzw. dem Moderator im „Bus" platziert.

Die Schüler werden der Reihe nach hereingerufen und erhalten die Aufgabe, sich einen Sitzplatz auszusuchen – fast alle setzen sich in die letzte Reihe.

Dann wird der Fall eines Raubes nachgespielt: Ein in der letzten Reihe sitzender Schüler wird von zwei anderen (die zuvor vom Moderator entsprechend instruiert wurden) bedrängt und beraubt.

Dann wird im Bus ausprobiert, wie Schülerinnen und Schüler am besten helfen können, unter anderem bei einer beobachteten sexuellen Anmache: Ein in der letzten Reihe sitzendes Mädchen wird von einem aufdringlichen jungen Mann angemacht.

Auswertungsgespräche

Im Anschluss wird in der Gruppe erörtert, auf welchen Plätzen die Gefahr, Opfer einer Straftat zu werden, besonders groß ist und wie man durch entsprechendes Verhalten im Vorfeld verhindern kann, selbst Opfer zu werden.

Typische Fehler

Ein typischer Fehler ist, sich alleine in die letzte Reihe zu setzen. Hätte sich der Schüler in die Nähe anderer Fahrgäste gesetzt oder sich einen Platz am Gang ausgesucht, wäre er besser vor Übergriffen geschützt gewesen. Auf der hintersten Bank oder am Fenster sitzt er abseits und ist von drei Seiten beschränkt, kann also nicht fliehen.

Hilfestrategien selbst erarbeiten

Die Schülerinnen und Schüler erarbeiten unter Anleitung Handlungs- und Hilfestrategien. Häufig bleiben Opfer zunächst still und ignorieren ihre Peiniger. Besser wäre es, sofort laut zu werden, Aufmerksamkeit zu erregen und den Täter so in eine unangenehme Situation zu bringen sowie gezielt mögliche Helfer anzusprechen.

Merkpunkte

- Hilfe holen kann und muss jeder.
- Es sollten möglichst mehrere Personen gemeinsam eingreifen oder helfen.
- Oft ist es besser, sich dem Opfer zuzuwenden (es z.B. an einen anderen Sitzplatz zu begleiten) und nicht dem Täter.
- Die Täter sollten laut und deutlich aufgefordert werden, das Opfer in Ruhe zu lassen.
- Wenn man den Täter anspricht, dann höflich, aber bestimmt.
- Körperliches Einschreiten gegen den Täter kann sehr riskant werden.

Vgl. Brigitta Goldberg: „Ohne Gewalt stark" – Erste Ergebnisse einer Schülerbefragung und Projektevaluation. Polizei-Führungsakademie (Hrsg.) Jugendkriminalität in Deutschland. Lagebilder und Bekämpfungsansätze. Schriftenreihe der PFA Bd. 2/2005, Münster 2005, S. 64-90, S. 82.

M15 **Die Krücke**

Jens hat sich am Fuß verletzt und benötigt eine Krücke.

Beschreibe, was geschieht:

_____

_____

_____

_____

_____

_____

_____

_____

_____

_____

Der Täter ist bekannt. Es ist Paul aus der Parallelklasse.

Beantworte die Fragen:
- Warum handelt Paul so, was will er damit erreichen?
- Was sollte mit Paul geschehen? Was wäre eine angemessene Reaktion?
- Was glaubst du, wie es Jens jetzt geht?
- Was würden Pauls Freunde sagen, wenn sie die Tat beobachtet hätten?
- Was würdest du tun, wenn du diese Situation beobachtest?

 ©2010, Institut für Friedenspädagogik Tübingen e.V. – WSD Pro Child e.V.

M16 **Madeleine**

• Was geschieht hier?
• Sollte man in einer solchen Situation eingreifen?
• Wie könnte, sollte man eingreifen?
• Wie bewertest du das Verhalten der jungen Frau, die sich einmischt?
• Warum schauen die anderen zu?
• Wie könnten die Zuschauer zum Eingreifen motiviert werden?
• Hast du schon Ähnliches erlebt?

Spielt die Szene mit verschiedenen Lösungen nach.

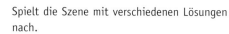

M17 **Die Toilette**

Schreibe zum Bild eine kurze Geschichte
- Wer sind die beiden Personen?
- Was machen sie gerade?
- Wo kommen sie her, was geschieht später ...?

Du kommst in die Toilette und siehst die Szene, die das Bild zeigt.
- Was denkst du?
- Was fühlst du?
- Was machst du?

571

M18 **Täter**

- Wodurch fühlen sich Täter gestützt und unterstützt?
- Welche Rolle spielt dabei die Gruppe?
- Welche Ziele verfolgen die beiden Täter?
- Wann haben sie ihr Ziel erreicht?
- Welche Rolle spielen für die beiden Täter das Opfer, welche die Zuschauer?
- Welche Opfer suchen sich Täter vor allem aus?
- „Täter erwarten Opfer, keine Gegner", was könnte dieser Satz bedeuten?
- Wer oder was hat Einfluss auf das Verhalten der Täter?

Umgang mit dem Täter

- Die Tat sofort beenden, sachlich und nüchtern bleiben.
- Fakten zum Sachverhalt feststellen und festhalten (Notizen anfertigen).
- Nicht sofort die Schuldfrage klären wollen.

Nach der Tat

- Fakten erfragen statt moralisieren.
- Die Tat nicht beschönigen, sondern klar verurteilen und ächten.
- Ziel und Sinn der Handlung klären.
- Dem Täter klar machen, dass die Tat nicht folgenlos bleiben kann und er die Konsequenzen seines Handelns zu tragen hat. Es geht auch um Entschuldigung und Wiedergutmachung

Vgl. Bettina Schubert: Hilfe für Opfer und Täter. In: Senatsverwaltung für Bildung, Jugend und Sport, Berlin (Hrsg.): Gewalt tolerieren fördert Gewalt. Verstehen und Handeln IV. Berlin 2003, S. 30-35, Auszüge.

M19 **Opfer**

Unterricht

Die Opferrolle überwinden

Wie Opfer oft handeln	Was Opfer tun sollten
Können selbst nicht auf die Notsituation aufmerksam machen	➡ Öffentlichkeit herstellen
Sprechen mit leiser Stimme	➡ Mit lauter Stimme sprechen
Duzen den Täter	➡ Den Täter „Siezen"
Nehmen Grenzverletzungen hin	➡ Auf Grenzverletzungen laut aufmerksam machen („Nehmen Sie die Hand von meinem Knie")
Sitzen in Bahn und Bus oft auf „kritischen" Plätzen (Sitzbank am Ende)	➡ Sich auf „sichere" Plätze, z.B. neben Türen oder den Fahrer setzen.
Haben oft eine ängstliche Körperhaltung	➡ Durch Körpersprache Selbstbewusstsein signalisieren

Vgl. Veronika Brandstätter: Kleine Schritte statt Heldentaten. In: Kai J. Jonas/Margarete Boos/Veronika Brandstätter (Hrsg.): Zivilcourage trainieren! Theorie und Praxis. Göttingen u.a. 2007, S. 303 f.

Opfer unterstützen

Mitgefühl ausdrücken:
Zeige dem Opfer deine Anteilnahme.
Erfahrungen bestätigen:
Höre zu und glaube dem Opfer.
Gewalt als Unrecht benennen:
Das Opfer ist nicht verantwortlich für die erfahrene Gewalt.
Selbstbestimmung respektieren:
Das Opfer bestimmt über das, was geschieht, mit.
Gemeinsam Schutz und Sicherheit planen:
Wie kann Sicherheit für das Opfer hergestellt werden?

Zugang zu Schutz und Hilfe vermitteln:
Informiere dich über Hilfsangebote.
Vertrauensbasis herstellen:
Führe Gespräche alleine in einem geschützten Raum.

Vgl. The Medical Power & Control wheel. Entwickelt vom Domestic Violence Project. In Change 1999. Zitiert nach: Hildegard Hellbernd u.a.: Häusliche Gewalt gegen Frauen: gesundheitliche Versorgung. Das S.I.G.N.A.L.-Interventionsprogramm. Handbuch für die Praxis. Berlin 2004, S. 35 f.

M20 Zuschauer

- Welche Rolle spielen die „Zuschauer" in dieser Szene?
- Wie verhalten sich die Zuschauer, was drückt ihre Körperhaltung aus?
- Wodurch beeinflussen Zuschauer das Geschehen?
- Was wäre, wenn sie nicht anwesend wären, würde dann die Auseinandersetzung genauso verlaufen?
- Was müssten die Zuschauer tun, damit die Auseinandersetzung noch stärker eskaliert?
- Was könnten die Zuschauer unternehmen, um die Auseinandersetzung zu beenden?

Spielt die Szene mit verschiedenen Verhaltensweisen der Zuschauer durch!
- Wie wirken sich verschiedene Verhaltensweisen der Zuschauer auf das Opfer, wie auf den Täter aus?

Überlege:
- Wie können Zuschauer aus ihrer passiven Rolle herauskommen, eine Auseinandersetzung beenden, und Hilfe holen?
- Welche Rolle spielen Zuschauer im Dreieck „Täter – Opfer – Zuschauer"?

> **Bystander/Zuschauer:**
> „Die Passivität der ‚Bystander' bildet gleichsam den Hintergrund für den Täter und die von ihm verübte Gewalt; Teilnahmslosigkeit bedeutet in Wahrheit aktive Teilnahme, nämlich Begünstigung eines Verbrechens."
> *Till Bastinan: Das Jahrhundert des Todes. Zur Psychologie von Gewaltbereitschaft und Massenmord im 20. Jahrhundert. Göttingen 2000, S. 168.*

Mobbing

Mobbing ist in der Schule und der Arbeitswelt weit verbreitet. Dieser Baustein zeigt, was Mobbing ist und wie Mobbing entsteht. Insbesondere wird die Dynamik des Mobbingsystems verdeutlicht, in dem Opfer, Täter, Unterstützer und Zuschauer zusammenwirken. Die Materialien bieten Möglichkeiten des Erkennens von Mobbing sowie konkrete Vorgehensweisen bei Mobbingfällen an.

Was ist Mobbing?

Grundwissen

Bullying

Der Begriff „Bullying" (engl. tyrannisieren) wird unterschiedlich interpretiert. Bullying wird öfter als Synonym für „Mobbing" verwendet. Insbesondere in Großbritannien und Irland verwendet man den Begriff „bullying" anstelle von „mobbing". Bullying steht auch für ein weniger subtiles Verhalten als Mobbing, wobei körperliche Gewalt oder deren Androhung eine prominentere Rolle spielt als beim Mobbing, das eher psychologisch als physisch betrieben wird. Einige deutschsprachige Autoren verwenden deshalb den Begriff „Bullying" für Mobbing unter Kindern und Jugendlichen in der Schule in bewusster Abgrenzung zum Mobbingbegriff.
www.wikipedia.org

Mobbing ist eine subtile Form der Gewalt, die in in allen Bereichen des privaten und gesellschaftlichen Lebens vorkommt: In der Nachbarschaft, in der Arbeitswelt, in der Schule, in Organisationen und Verbänden.

Der Begriff Mobbing stammt aus dem Englischen und bedeutet anpöbeln, fertigmachen (mob = Pöbel, mobbish = pöbelhaft). In der Wissenschaft wird Mobbing als systematischer und wiederholter Angriff auf die psychische oder physische Integrität verstanden, mit dem Ziel, den Betroffenen auszugrenzen und zu isolieren. Mobbinghandlungen vollziehen sich über einen längeren Zeitraum und unterscheiden sich dadurch von einmaligen Handlungen. Mobbinghandlungen können verbal oder körperlich oder auch indirekt manipulativ sein. Ein zentrales Merkmal von Mobbing besteht darin, dass sich die Angriffe auf wenige Opfer konzentrieren (Schuster: 2007, S. 87).

Die Schwierigkeit, Mobbinghandlungen präzise zu fassen, liegt u.a. darin, dass der Begriff Mobbing unterschiedlich definiert wird und dass von den Betroffenen jede Handlung als feindselig eingestuft werden kann, wenn sie subjektiv als solche empfunden wird. Glasl (2004, S. 90) sieht Mobbing auch als Teil eines Konfliktgeschehens, für das typisch ist, dass der Konflikt „kalt

und verdeckt" eskaliert und dadurch erst sehr spät wahrgenommen wird. Das Mobbingopfer sieht sich von einer ganzen Gruppe (mit unterschiedlicher Rollenverteilung) angefeindet und bedroht.

Wie Untersuchungen zeigen, findet Mobbing in der Schule nicht nur unter Schülerinnen und Schülern statt, sondern auf allen Ebenen, also auch zwischen Lehrkräften, Eltern und der Schulleitung.

Wie verbreitet ist Mobbing?

Mobbing geschieht vor allem in „Zwangsgemeinschaften" wie der Arbeitswelt, Schule, Ausbildungseinrichtungen o.ä., denn diese Bereiche können nicht ohne weiteres verlassen werden (vgl. www. mobbing.de). In freiwilligen Zusammenschlüssen wie Sportvereinen oder Freizeitclubs taucht Mobbing weniger auf, ganz einfach deshalb, weil sich Menschen, die sich nicht akzeptiert fühlen, einen anderen Verein oder ein anderes Hobby suchen können.

Die Angaben der von Mobbing Betroffenen schwanken sehr stark und sind von den jeweils verwendeten Kriterien abhängig. Wissenschaftliche Untersuchungen gehen davon aus, dass ca. fünf Prozent der Schülerinnen und Schüler in der Schule (im Sinne der obigen Definition) gemobbt werden (Schuster 2007, S. 88).

Mobbing am Arbeitsplatz

Es gibt kaum aktuelle repräsentative Erhebungen über Mobbing. Unter den Arbeitnehmern der EU gaben im Jahre 2001 8 Prozent, d.h. 12 Millionen Personen, an, in den letzten zwölf Monaten an ihrem Arbeitsplatz Mobbing ausgesetzt gewesen zu sein. Dabei ist von einer wesentlich höheren Dunkelziffer auszugehen. Zum Vergleich: vier Prozent fühlten sich europaweit physischer Gewalt, zwei Prozent sexueller Belästigung am Arbeitsplatz ausgesetzt. Dies geht aus dem Bericht des Europäischen Parlaments über Mobbing am Arbeitsplatz von 2001 hervor.

Der 2003 veröffentlichte „Mobbing-Report", eine Repräsentativ-Studie für Deutschland (Meschkutat/Stackelbeck/Langenhoff 2003), vermittelt einen Eindruck von der Dimension des Problems. Für Ende 2000 stellt der Mobbing-Report eine aktuelle Mobbingquote der Erwerbstätigen von 2,7 Prozent fest. Dies bedeutet, dass zum Zeitpunkt der Befragung aktuell 530.000 Personen in Betrieben gemobbt wurden. Die Mobbingquote auf das gesamte Jahr 2000 bezogen betrug 5,5 Prozent, dies besagt, dass insgesamt 5,5 Prozent der erwerbstätigen Bevölkerung im Laufe des Jahres 2000 von Mobbing betroffen waren. Das ganze Ausmaß von Mobbing offenbart sich jedoch erst, wenn auch diejenigen, die in der Vergangenheit am Arbeitsplatz gemobbt wurden, hinzugezählt werden. Dann ergibt sich eine Betroffenheitsquote von 11,3 Prozent. Jede neunte Person

Merkmale des Mobbing

Grundwissen

- Negative Handlungen durch eine oder mehrere Personen, die wiederholt (mindestens zwei bis drei Episoden im Monat) und über einen Zeitraum von mindestens sechs Monaten hinweg erfolgen;
- diese Handlungen finden innerhalb einer Beziehung (die Personen kennen sich) statt und werden mit Schädigungsabsicht durchgeführt;
- es liegt ein Machtungleichgewicht vor, d.h. die angegriffene Person sieht sich nicht (mehr) in der Lage, sich zu wehren.

Vgl. Dan Olweus: Gewalt in der Schule. Was Lehrer und Eltern wissen sollten – und tun können. Bern 2007.

Mobbinghandlungen

Aktive und körperliche Mobbinghandlungen

- Körperliche Gewalt in unterschiedlichem Ausmaß;
- Erpressung von sogenannten Schutzgeldern;
- Diebstahl oder die Beschädigung von Gegenständen des Opfers;
- Zerstören von im Unterricht erarbeiteten Materialien;
- Beschädigen und Stehlen von Kleidungsstücken und Schulmaterial;
- Knuffen und Schlagen auf dem Pausenhof und in den Gängen;
- Sexuelle Belästigungen.

Passive und psychische Mobbinghandlungen

- Ausgrenzen von Schülerinnen und Schülern aus der Schulgemeinschaft;
- Zurückhalten wichtiger Informationen;
- Auslachen;
- verletzende Bemerkungen;
- ungerechtfertigte Anschuldigungen;
- Erfinden von Gerüchten und Geschichten über den Betroffenen;
- Verpetzen;
- Androhung von körperlicher Gewalt;
- Ignorieren und schneiden des Opfers (stummes Mobbing).

im erwerbsfähigen Alter wurde (mindestens einmal) im Verlauf ihres Erwerbslebens gemobbt.

Ist Mobbing also ein „Volkssport" geworden? Um diese Frage beantworten zu können, müssen noch einige empirische Ergebnisse aufgegriffen werden. So sind etwa Frauen von Mobbinghandlungen stärker betroffen als Männer. Ihr Mobbingrisiko liegt um 75 Prozent höher. Die Ursachen hierfür werden in geschlechtshierarchischen Einflüssen vermutet, sowie in einer weniger etablierten Stellung in Organisationen oder in weniger abgesicherten Arbeitsverhältnissen. Ein erhöhtes Mobbingrisiko trägt auch die Altersgruppe unter 25 Jahren. Junge Beschäftigte, die erst kurze Zeit im Betrieb sind, machen die meisten Erfahrungen mit Mobbing.

Nicht alle Berufsgruppen sind gleich betroffen. Von allen untersuchten Berufsgruppen tragen die sozialen Berufe (mit einem Risiko-Faktor von 2,8) das höchste Mobbingrisiko. Damit ist das Risiko, gemobbt zu werden, in dieser Berufsgruppe fast drei Mal so hoch wie beim Durchschnitt der Beschäftigten. Gefolgt werden sie vom Verkaufspersonal (2,0), von Bank-, Bausparkassen-, und Versicherungsfachleuten (2,0), Technikern (1,8) und den übrigen Gesundheitsdienstberufen (1,8). Offensichtlich kann das berufliche Know-How der sozialen Berufe über Kommunikationsprozesse nicht nur konstruktiv, sondern auch destruktiv verwendet werden. Landwirtschaftliche Berufe weisen dagegen die niedrigste Mobbingrate auf.

In etwas mehr als der Hälfte der Fälle (51 %) geht die Mobbinghandlung ausschließlich vom Vorgesetzten aus, bzw. findet unter Mitwirkung des Vorgesetzten statt.

Mobbing in der Schule

Die Opferzahlen für Mobbing in der Schule gehen weit auseinander. Bei Berücksichtigung aller Kriterien der Mobbingdefinition kann von einer aktuellen Mobbingrate von 5-10 Prozent ausgegangen werden. Dies bedeutet, dass in jeder Schulklasse mindestens eine Schülerin bzw. ein Schüler als Mobbingopfer zu finden ist (Schuster 2007, S. 86; Dunkel 2004).

Das LBS-Kinderbarometer (2007, S. 189 ff.) fragt nach der Häufigkeit verschiedener Bullying-Aspekte der Klassen 4 bis 7 innerhalb einer Woche und kommt zu folgenden Ergebnissen, bei denen zu berücksichtigen ist, dass es sich um Selbstaussagen handelt und dass das Langzeitkriterium (mindestens ein halbes Jahr andauernd) nicht einbezogen wurde, sondern nur auf die Vorkommnisse der Vorwoche eingegangen wird:

- Fast ein Fünftel der Kinder wurde im Verlauf der Woche vor der Befragung von anderen Kindern bloßgestellt.
- Jedes dritte Kind wurde beleidigt oder gehänselt.

- Vier Prozent der Kinder erlebten alle drei Aspekte mindestens zweimal in der letzten Woche.
- Schimpfwörter, ausgrenzendes Verhalten oder Auslachen führen am häufigsten dazu, dass Kinder sich beleidigt, gehänselt oder bloßgestellt fühlen. Häufig (bei 21 Prozent) wird auf körperliche Merkmale Bezug genommen.
- Jungen reagieren stärker auf Schimpfwörter und gewalttätige Provokationen, Mädchen eher auf Ausgrenzen und Auslachen.
- Kinder, die häufiger Opfer von Bullying werden, sind selbst im Gegenzug auch häufiger Täter (bzw. umgekehrt). Bullying ist in den meisten Fällen also ein Prozess, der sich hochschaukelt und bei dem Opfer und Täter nicht unbedingt klar zu trennen sind.
- Das Wohlbefinden der Kinder insbesondere in der Schule ist merklich davon abhängig, inwieweit sie von diesen Bullying-Aspekten betroffen sind.
- Kinder mit Migrationshintergrund sowie von arbeitslosen Eltern sind häufiger Opfer und Täter von Bullying.
- Jedes fünfte Kind fühlte sich in der Woche vor der Befragung von Lehrkräften blamiert. Je älter die Kinder werden, desto häufiger fühlen sie sich durch Lehrkräfte blamiert.

Grundwissen

Wodurch wurde gehänselt, beleidigt oder bloßgestellt (Anteil der Kinder in Prozent)

	Mädchen	Jungen		Mädchen	Jungen
nichts	28	30	Gewalt	2	4
Schimpfwörter	10	17	Ärgern, Hänseln	2	4
Ausgrenzen	11	6	Liebe	3	1
Auslachen	10	7	Lügen	3	1
körperliche Merkmale	7	5	Familie	2	3
Dicksein	6	6	Verpetzen	3	1
Beschimpfen	4	4	Spitznamen	1	1
Fehler, Versagen	4	4			

LBS-Kinderbarometer Deutschland 2007. Münster 2007, S. 193.

Das Mobbinggeschehen

Schüler mobben Arme
Für Schulkinder in Deutschland sind physische Abweichungen wie eine Behinderung oder geringe Körpergröße und mangelnder Reichtum der Eltern die größten Hürden, um in der Schule anerkannt zu werden. Anderswo in Europa spielen Faktoren wie Hautfarbe und ethnische Herkunft (Italien, Schottland), Sprache (England) oder auch Kleidung (Niederlande, Portugal) eine viel größere Rolle. Dies ergibt eine aktuelle Umfrage des British Council unter 3.500 Schülerinnen und Schülern in neun Ländern Europas.
Vgl. Frankfurter Rundschau, 1.3.2008.

Mobbinghandlungen sind vielfältig und unterscheiden sich auch innerhalb sog. „Statusgruppen". So ist z.B. das Verbreiten von Gerüchten und Unwahrheiten bei Arbeiterinnen und Angestellten am häufigsten, während bei Beamten das Verweigern wichtiger Informationen an erster Stelle steht. Leymann (2002) hat eine Systematik von 45 feindseligen Handlungen erstellt, die sich in fünf Kategorien zuordnen lassen (vgl. M2). Diese Kategorien beinhalten Angriffe

- auf die Möglichkeit, sich mitzuteilen (z.B. Kontaktverweigerung, unterbrechen);
- auf die sozialen Beziehungen (z.B. versetzen, ignorieren);
- auf das soziale Ansehen (z.B. das Verbreiten von Gerüchten);
- auf die Qualität der Berufs- und Lebenssituationen (z.B. sinnlose Arbeitsaufgaben);
- auf die Gesundheit (z.B. gesundheitsschädliche Arbeiten, Androhung körperlicher Gewalt).

Auch wenn Kritiker bemängeln, dass diese Systematik unvollständig, unstimmig und redundant sei, so bietet sie dennoch einen Hinweis, welche Typen von Handlungen als Mobbing eingestuft werden können.

Im schulischen Bereich sind Mobbinghandlungen wie „schlecht über jemanden reden", „Gerüchte und Lügen verbreiten" oder „jemanden lächerlich machen" weit verbreitet. Es ist wichtig die einzelnen Mobbinghandlungen als ein Muster zu erkennen, das die verschiedenen einzelnen Handlungen miteinander verbindet (Dunkel 2004). Die Strategie dabei ist, Mitschülerinnen und Mitschüler in ihrem Selbstwert zu kränken, sie zu erniedrigen und systematisch fertig zu machen.

Das Mobbinggeschehen verläuft meist in mehreren Phasen. In jeder Phase sind verschiedene Handlungsmöglichkeiten typisch (vgl. Meschkutat u.a. 2003, S. 54):

- Ein ungelöster oder schlecht bearbeiteter Konflikt steht oft am Anfang. Schuldzuweisungen und einzelne Angriffe gegen eine bestimmte Person können die Folge sein.
- Der Psychoterror setzt ein. Das Mobbingopfer wird immer mehr Ziel systematischer Angriffe, wird zunehmend isoliert und ausgegrenzt. Das Selbstwertgefühl der gemobbten Person nimmt ab.
- Die Entwicklung eskaliert. Die gemobbte Person ist durch ständige Demütigungen stark verunsichert und gilt zunehmend als „problematisch". Beim Opfer werden gesundheitliche Folgen sichtbar, die Leistungsfähigkeit leidet stark.

- Dem Druck kann nicht länger standgehalten werden. Die Opfer wechseln die Schule (verlieren ihren Arbeitsplatz oder scheiden sogar ganz aus der Arbeitswelt aus). Oft treten langanhaltende Krankheiten auf.

Opfer, Täter, Zuschauer

Mobbing ist jenseits der einzelnen konkreten Handlungen als ein soziales Beziehungsgeschehen zu verstehen, bei dem Opfer, Täter und Zuschauer in einer spezifischen Dynamik verstrickt sind, von der zwar alle wissen, aber gleichzeitig darüber schweigen. Über die Hälfte der Angreifer handeln nicht als Einzelperson, sondern als sich gegenseitig stabilisierende Gruppe, bei der es durchaus eine Rollenaufteilung gibt.

Ein erhöhtes Risiko, Opfer zu werden, haben Kinder, die schwach und unsicher sind (wirken) und die eher zu einer depressiven Verarbeitung von Problemen neigen (Schuster 2007, S. 90 ff.). Häufig sind sie auch körperlich schwächer und unsportlicher als die anderen. Untersuchungen haben gezeigt, dass Opferkinder häufig eine so genannte „unsicher-ambivalente" Bindung zu ihrer primären Bezugsperson haben. In der Peergruppe (Klassengemeinschaft) werden sie eher abgelehnt. Ihr eigenes Selbstwertgefühl ist eher schwach.

Neben dem schwachen, passiven Opfertyp ist jedoch noch ein zweiter Opfertyp auffällig: das provozierende oder aggressive Opfer, das Schwierigkeiten mit seiner Emotionsregulation hat und als leicht unruhig, jähzornig und irritierbar beschrieben wird. Doch gibt es nicht nur diese beiden typischen Mobbingopfer. In der Dynamik des Mobbinggeschehens kann jede und jeder Opfer werden. Mobbingopfer bleiben aber nicht immer in dieser Rolle, sie tauchen immer wieder auch als Täter auf.

Täter zeichnen sich durch ein aggressives Handlungskonzept aus, das durch das Bedürfnis nach Kontrolle und Unterwerfung gekennzeichnet ist (vgl. Dunkel 2004). Sie verfügen über ein eher positives Selbstbild und sind bei den Mitschülerinnen und Mitschülern häufig beliebter als das Opfer. Sie wirken körperlich stark und umgeben sich meist mit einer Gruppe, die sie unterstützt. Täter sind i.d.R. Mitschülerinnen und Mitschüler aus derselben Klasse, in der sich das Opfer befindet. Ebenso wie jeder Mensch Opfer von Mobbing werden kann, kann jeder, wenn die Situation entsprechend ist, auch zum Täter werden.

Zuschauer sehen sich häufig nicht als Beteiligte. Da sie das Geschehen jedoch dulden, wirkt ihr Verhalten verstärkend auf den/die Täter.

Mobbing kann sein ...

- ein Entlastungsventil für Aggressionen;
- der Versuch, Anerkennung zu erlangen;
- eine Möglichkeit sich darzustellen und aufzuwerten;
- der Missbrauch von Macht;
- der Versuch, Sündenböcke für eigenes Versagen zu finden.

Vgl. http:arbeitsblaetter. stangel-taller.at

Das Mobbinggeschehen

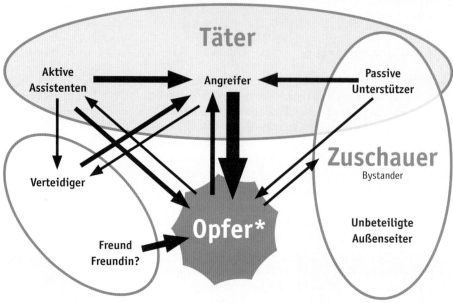

* Es muss zwischen passiven Opfern und wehrhaften Opfern unterschieden werden.

Lehrkräfte als Opfer und Täter

Lehrkräfte sind immer wieder Beleidigungen und Beschimpfungen ausgesetzt. Körperliche Bedrohungen oder gar Angriffe kommen eher selten vor (Jäger 2007). Wichtig ist jedoch zu sehen, Lehrkräfte sind nicht nur Opfer von Angriffen und Mobbing, sie sind immer wieder auch Täterinnen und Täter, indem sie z.B. Schülerinnen und Schüler bloßstellen, ungerecht behandeln, beleidigen, nicht beachten, beschimpfen oder gar schikanieren. Die ständige Bewertung eines Schülers, nicht nur seiner Leistung sondern auch seines Sozialverhaltens, kann Mobbing verstärken.

„Mobbing durch Lehrkräfte sind Einzelfälle", sagen die Schulbehörden. „Es kommt öfters vor, als man glaubt", sagen Betroffene. Belastbare Zahlen sind nicht verfügbar. Da sich die Schülerinnen und Schüler in einem Abhängigkeitsverhältnis befinden und Schulleitung und die übrigen Lehrkräfte die kollegiale Verbundenheit sehr hoch einschätzen, bleiben solche Fälle meist im Verborgenen (Schmitz u.a. 2006, S. 64 ff.). Über- und Unterforderung,

Gewalt gegen Lehrkräfte

Repräsentative Ergebnisse über Gewalt gegen Lehrkräfte an Gymnasien und Hauptschulen liegen für den Freiburger Raum vor. Innerhalb eines Jahres waren

- 43,0 % der Lehrkräfte das Ziel von massiven verbalen Angriffen;
- 7 % der Lehrkräfte von Beschädigungen persönlichen Eigentums betroffen;
- 4 % der Lehrkräfte konkret mit körperlicher Gewalt bedroht;
- 1,4 % der Lehrkräfte von körperlicher Gewalt betroffen.

In die Untersuchung einbezogen waren 950 Lehrkräfte an Hauptschulen und Gymnasien innerhalb dreier Schulbezirke in und um Freiburg.

Die Untersuchung wurde unter Leitung von Prof. Dr. Joachim Bauer, Universitätsklinik Freiburg durchgeführt.

www.pr.uni-freiburg.de/pm/2008/Lehrer_Bauer_Studie
www.uniklinik-freiburg.de/onlinemagazin/live/aktuelles/lehrer.html

Überlastung, Burn-Out, ein angespanntes Arbeitsklima in der Schule, Machtbedürfnisse usw. können für Lehrermobbing mitverantwortlich sein. Schmitz u.a. (2006, S. 92) benennen personale Merkmale, die neben strukturellen und situativen Merkmalen für feindseliges und gewaltförmiges Verhalten von Lehrkräften entscheidend sein können. Dieses kann sich daran zeigen, wenn

- Lehrer bzw. Lehrerinnen überzeugt sind, dass sie von Amts wegen verpflichtet sind, Ruhe, Disziplin und Ordnung mit allen Mitteln durchsetzen zu müssen;
- sie das zentrale Bedürfnis haben, auf junge Menschen einwirken zu müssen, dass sie diese Sekundärtugenden verinnerlichen;
- sie überzeugt sind, dass Härte und Zwang die besten Machtmittel sind, um Erfolge in der Lehrer-Schüler-Beziehung zu erreichen;
- sie überzeugt sind, dass „pädagogische" und psychologische Mittel überflüssig sind;
- für sie die Ausübung von autoritärer Macht mit positiven Gefühlen verbunden ist;
- sich eine Lehrperson ohne das Gefühl, über autoritäre Macht zu verfügen, unvollkommen oder defizitär vorkommen würde;
- eine feindselig-aggressive Haltung habituell geworden ist.

Ein weiterer Bereich von Mobbing in der Schule darf nicht übersehen werden. Lehrerinnen und Lehrer (und die Schulleitung) mobben sich auch gegenseitig. Dies geschieht z.B., indem die Gemobbten von Informationen ausgeschlossen werden, immer wieder den schlechtesten Stundenplan, die schlechtesten Räume oder die schwierigsten Klassen erhalten oder Gerüchte über das Privatleben in Umlauf gebracht werden usw.

Stresssymptome bei Mobbing

- Gedächtnisstörungen
- Konzentrationsschwierigkeiten
- Niedergeschlagenheit
- Initiativlosigkeit, Apathie
- Gereiztheit
- Rastlosigkeit
- Aggression
- Gefühl der Unsicherheit
- Übersensibilität bei Enttäuschungen
- Alpträume
- Bauch-/Magenschmerzen
- Durchfall
- Erbrechen
- Übelkeit
- Appetitlosigkeit
- Weinen
- Einsamkeit/Kontaktarmut
- Schweißausbrüche
- Trockener Mund
- Herzklopfen
- Atemnot
- Rückenschmerzen
- (Ein)schlafstörungen
- Antriebslosigkeit
- Zorn

Martin Womerath: Mobbing im Betrieb. Rechtsansprüche und deren Durchsetzbarkeit. Baden-Baden 2004, S. 55.

Cybermobbing

Unter Cyber-Mobbing, auch Cyber-Bullying oder Cyber-Stalking, versteht man die Nutzung moderner Kommunikationsmittel (z. B. dem Internet), um anderen Menschen zu schaden. Dabei werden die Opfer durch Bloßstellung im Internet, permanente Belästigung oder durch Verbreitung falscher Behauptungen gemobbt.

Ein Sonderfall sind Bewertungsportale wie „Spickmich" oder „MeinProf" auf denen Schüler und Studenten anonym die Arbeit ihrer Lehrer und Professoren beurteilen können. Die Meinungen zu diesen Foren sind geteilt, während manche sie lediglich als Rückmeldung der Betroffenen empfinden, fühlen sich andere durch die anonyme Kritik gemobbt. (vgl. www.wikipedia.org)

Cybermobbing ist inzwischen weit verbreitet. Gemobbt wird nicht nur per SMS, E-Mail oder Instant Messenger. Cybermobbing geschieht auch in den unter Schülerinnen und Schülern sehr beliebten sozialen Online-Netzwerken wie MySpace oder SchülerVZ. Beschimpfungen, Beleidigungen und böswillige Gerüchte werden hier gezielt eingesetzt. Andere Mobber nutzen Videoportale wie YouTube oder Foto-Communities, um ihre Opfer mit manipulierten oder heimlich aufgenommenen Fotos und Videos bloßzustellen (zdf-heute.de, 12.1.2009).

Laut der (nicht repräsentativen) Internet-Umfrage der Association of Teachers and Lectures (ATL), die von Dezember 2006 bis Januar 2007 lief, gaben 17 Prozent der teilnehmenden Lehrer (379) an, schon einmal mit Hilfe von Handy oder E-Mail oder im Chatroom belästigt worden zu sein. Dabei gibt nur ein Drittel Formen von Belästigung an, die geeignet sind, vor anderen bloß gestellt zu werden. Die Belästigungen beziehen sich vor allem auf Anrufe und Emails. Zwei Drittel der Lehrkräfte sehen Kolleginnen bzw. Kollegen, Vorgesetzte oder Eltern als Verursacher des „Cyberbullying" an (vgl. Demmer 2007).

Eine von der Gewerkschaft Erziehung und Wissenschaft 2008 durchgeführte Studie zeigt, 8 % der befragten Lehrkräfte sind direkt von Cyber-Mobbing betroffen. Es sind vor allem Schülerinnen und Schüler (aber auch Kollegen (3 %) und Vorgesetzte (5 %), die auf diese Weise mobben.

Bei Cybermobbing ist bislang nur wenig Unrechtsbewusstsein vorhanden und die möglichen Folgen für die Mobber sind kaum bekannt. Die Betroffenen wünschen sich eine verstärkte Aufklärung über Cybermobbing, einen Verhaltenskodex, aber auch Rechtsschutz und Informationen über konkrete Möglichkeiten, gegen Cybermobbing juristisch vorzugehen (vgl. www.gew.de/die_ergebnisse_in_Kuerze.html).

Ursachen und Folgen

Die Ursachen für Mobbing sind vielfältig und als Geflecht unterschiedlicher Einflussfaktoren zu verstehen. Mobbing ist jedoch immer ein Hinweis auf ungelöste Probleme und Konflikte und auf gestörte Kommunikation. Auf der personalen Ebene spielen u.a. Angst, Stress, Konkurrenzdruck und Neid eine Rolle. Mobbing ist auch eine Waffe im Konkurrenzkampf und Wettstreit. Tritt Mobbing auf, so kann dies als Versagen der „Führungskraft" bewertet werden. Lehrkräfte und Schulleitung haben bestehende Spannungen und Probleme offensichtlich nicht richtig wahrgenommen und konnten sie nicht ausreichend bearbeiten.

Untersuchungen aus der Arbeitswelt sehen die Ursachen von Mobbing in Mängeln der Arbeitsorganisation, der internen Information und Betriebsführung, sowie in Mängeln im Führungsverhalten (z.B. fehlende Gesprächsbereitschaft und mangelndes Konfliktmanagement).

Doch auch makroökonomische Faktoren spielen eine Rolle. Ungünstige wirtschaftliche Entwicklungen, verbunden mit Personalabbau verstärken den Konkurrenzdruck. Die zunehmende Zahl von befristeten Verträgen und die zunehmend unsicheren Arbeitsverhältnisse – vor allem für Frauen – würden günstige Voraussetzungen für unterschiedliche Formen von Mobbing schaffen, meint der bereits oben erwähnte Bericht des Europäischen Parlaments.

Folgen von Mobbing

Deutliche Warnzeichen dafür, dass Kinder gemobbt werden, können sein:
- die Kinder wollen nicht mehr allein in die Schule gehen;
- die Kinder möchten gar nicht mehr in die Schule;
- häufiges Klagen über Kopfschmerzen;
- die Leistungen lassen rapide nach;
- psychosomatische Symptome;
- zunehmende Isolation;
- verschwindendes Selbstbewusstsein und sinkendes Selbstwertgefühl.

Die Folgen und Auswirkungen des Mobbings auf das Opfer liegen im physischen Bereich (z.B. Erkrankungen), psychischen Bereich (z.B. Zerstörung des Selbstbewusstseins) und im Bereich psychosomatischer Reaktionen (Alpträume, Schlafstörungen). Hinzukommen können Reaktionen wie Unkonzentriertheit, Vermeidungsverhalten, Rückzug aus sozialen Kontakten usw.

Schulverantwortung

- Auf die Frage: „Wird Ihrer Meinung nach von Seiten der Schule genug unternommen, um Schülerinnen und Schüler vor direktem Mobbing zu schützen?" antworteten 60 % der befragten Lehrkräfte mit „Nein".
- Auf die Frage: „Gibt es von Ihrer Schulleitung klare Vorgaben für Lehrkräfte bezüglich der Anwendung von Erziehungs- und Ordnungsmaßnahmen bei direktem Mobbing von Schülern?" antworteten 70 % der befragten Lehrkräfte mit „Nein".

Vgl. Reinhold S. Jäger/Uwe Fischer/Julia Riebel: Mobbing bei Schülerinnen und Schülern der Bundesrepublik Deutschland. Die Sicht von Lehrkräften – eine Erkundungsstudie. Landau 2007, S. 14.

Mobbingopfer verlieren so ihre Arbeits- und Lernmotivation, entwickeln Misstrauen, Nervosität und Verunsicherung.

In der Arbeitswelt (also auch bei gemobbten Lehrkräften) erkranken über 40 Prozent der Mobbingopfer in Folge von Mobbing. Viele haben darüber hinaus mit arbeitsrechtlichen Schritten wie Versetzungen bis zum Verlust des Arbeitsplatzes zu kämpfen – diese Schritte betreffen häufiger die Opfer als die Verursacher des Mobbings.

Schulen sind mit krankheitsbedingten Ausfällen von Lehrkräften, Frühverrentung und massiven Qualitätseinbußen konfrontiert.

Materielle Kosten entstehen im Gesundheitsbereich durch medizinische Betreuung, Therapien und Rehabilitationsmaßnahmen. Die Kosten eines Mobbingfalles in einem Betrieb werden (je nach Beruf und Stellung) auf 15.000-50.000 Euro pro Jahr geschätzt. Die Höhe des volkswirtschaftlichen Schadens durch Mobbing wird (unter Berücksichtigung aller Probleme, die solche Schätzungen mit sich bringen) für Deutschland mit bis zu 15 Mrd. Euro pro Jahr angegeben (vgl. Wolmerath 2004).

Der Hinweis auf diese materielle Seite zeigt: Maßnahmen gegen Mobbing, die Etablierung eines effektiven Konfliktmanagement-Systems sowie die konstruktive Konfliktbearbeitung zahlen sich für alle – auch materiell – aus.

Einschätzung der Schulkultur durch die Mobbingtäter

Schüler, die andere mobben, schätzen das Lehrerverhalten negativer ein als Schüler, die nicht mobben. Zum Beispiel stimmen sie häufiger zu, dass Lehrer bestimmte Schüler bevorzugen oder benachteiligen.

- Das Schulklima wird vor allem von den Mehrfachtätern im Vergleich zu den Nichttätern und Einmaltätern negativer eingeschätzt.
- Es finden sich bedeutsame Unterschiede in der Einschätzung des Schülersozialklimas. Der Umgang der Schüler miteinander wird von den Mobbingtätern negativer eingeschätzt.
- Mobbingtäter sind weniger zufrieden mit Ihren Schulleistungen, haben deutlich weniger Lust auf Schule als Nicht-Täter. Mehrfache Täter fühlen sich nicht besonders mit der Schule verbunden und sind weniger zufrieden mit der Schule als Nicht- und Einmaltäter.

DAK-Zentrale: DAK-Initiative „Gemeinsam gesunde Schule entwickeln". Mobbing und Gewalt an Schulen – Hintergrundinformationen zur Schülerbefragung der Leuphata Universität Lüneburg. Hamburg 2009, S. 8. www.dak.de

Umgang mit Mobbing

Eine (nicht repräsentative) Untersuchung über die Sichtweise und Betroffenheit von Lehrkräften (Jäger 2007, S. 17) kommt zum Schluss, dass Lehrkräfte keineswegs auf die aktuelle Situation des Mobbing in der Schule vorbereitet sind, dass Lehrkräfte nicht nur als Erziehende betroffen sind, sondern zugleich auch als Mobbing-Opfer und dass ihre Reaktionen auf Mobbing (so ihre eigene Einschätzung) vielfach inadäquat sind.

Bei dieser Selbsteinschätzung bezüglich der Effektivität von Reaktionen auf Mobbing machen Lehrkräfte die folgenden Aussagen (Jäger 2007, S. 7):

- Geringe Effektivität hätten Übersprungshandlungen.
- Mittlere Effektivität hätten das Drohen und der Einsatz körperlicher Mittel bzw. das Einbeziehen von Kollegen.
- Höhere bis hohe Effektivität hätten das Einbeziehen von Schülerinnen und Schülern zur Schlichtung und die Grenzsetzung.

In der Praxis existiert jedoch ein großer Unterschied zwischen den eigenen Reaktionen und der eingeschätzten Effektivität.

Erfahrungen zeigen, dass es schwierig ist, sich in Mobbingsituationen „richtig" zu verhalten, wirksame Instrumente gegen Mobbing zu entwickeln und Mobbing vorzubeugen. Die Reaktionen auf Mobbing sollten sich neben der individuellen Ebene auch auf die gesamte Klasse sowie die Schulebene beziehen.

Mobbing-Ratgeber legen i.d.R. nahe, sich frühzeitig zu wehren, die Aussprache mit dem Täter zu suchen, Kompromissbereitschaft zu zeigen und Verbündete zu gewinnen. Doch welche Handlungsoptionen sind erfolgreich bzw. werden von den Betroffenen als solche eingeschätzt? Und: welche Optionen stehen den Opfern aufgrund ihrer Persönlichkeitsstruktur und psychischen Belastbarkeit überhaupt zur Verfügung? Da Mobbing trotz des massenhaften Vorkommens ein sehr individuelles Geschehen ist, müssen Verhaltens- und Vorgehensweisen immer für den Einzelfall entwickelt werden.

Mobbing beenden

Grundwissen

Sechzig Prozent der Mobbingfälle in der Arbeitswelt werden erst dadurch beendet, dass die Betroffenen freiwillig oder gezwungen ihren Arbeitsplatz aufgeben, versetzt werden oder aus dem Erwerbsleben ausscheiden
Bärbel Meschkutat/Martina Stackelbeck/Georg Langehoff: Der Mobbing-Report. Repräsentativstudie für die Bundesrepublik Deutschland. Dortmund/Berlin/Dresden 2003, S. 54.

Strafbarkeit

Mobbing am Arbeitsplatz ist in der Bundesrepublik Deutschland kein Straftatbestand. Einzelne Mobbinghandlungen sind jedoch strafbar und können auch zur Anzeige gebracht werden. Problematisch ist jedoch immer der konkrete Nachweis des Mobbings, da die Mobber versuchen, ihre Handlungen zu verschleiern. Im Falle eines Strafverfahrens werden viele Mobber daher nicht verurteilt.
Vgl. www.wikipedia.de

Warnung vor Ratschlägen

Bei Interventionsmöglichkeiten muss man dringend davor warnen, voreilig gut gemeinte Ratschläge zu geben, für die es weder empirisch Evidenz gibt bzw. über die es noch kaum theoretisches Verständnis gibt in Bezug auf den Mechanismus, warum die einzelnen Maßnahmen wirksam sein sollten. So könnte man etwa als ForscherIn oder LehrerIn versucht sein, den Kindern anzuraten, sich so zu verhalten, wie dies erfolgreichere Kinder tun, also deren soziale Interaktionsstrategien zu kopieren. Befunde von Kochenderfer, Ladd und Skinner (2002) weisen jedoch darauf hin, dass einzelne Strategien funktional sind, wenn Kinder mit mäßiger Viktimisierung konfrontiert sind, und die identischen Strategien aber dysfunktional sind, wenn Kinder mit starker Viktimisierung zu kämpfen haben. So ist z.B. der aktive Versuch, das Problem direkt anzugehen (z.B. die Angreiferin auf deren Verhalten anzusprechen), für Mädchen adaptiv, wenn sie leichte Angriffe abzuwehren haben, wird aber immer dysfunktionaler, je schwerer die Viktimisierung ist, d.h. diese Strategien gehen dann etwa mit noch stärkerer Ablehnung einher.
Beate Schuster: Bullying/Mobbing in der Schule. In: Kai J. Jonas/ Margarete Boos/Veronika Brandstätter (Hrsg.): Zivilcourage trainieren! Theorie und Praxis. Göttingen u.a. 2007, S. 100.

Die individuelle Ebene

Es gibt kaum Untersuchungen über die Effektivität von verschiedenen Verhaltensweisen in Mobbingsituationen. Der bereits erwähnte Mobbing-Report zeigt, welche Strategien in der Praxis der Arbeitswelt angewendet werden und wie diese einzuschätzen sind.

„Sich zur Wehr setzen" geht meist nicht

Die meisten Gemobbten (87 % der Befragten) versuchen zunächst, sich unmittelbar zur Wehr zu setzen. Dabei wollen sie eine Aussprache herbeiführen, setzen sich sprachlich massiv zur Wehr und fragen die Mobber nach den Gründen für ihr Verhalten. Sie fordern sie auf, ihr Verhalten zu unterlassen oder machen Lösungsvorschläge für das Problem. Die Untersuchung stellt zu diesen Handlungsweisen lapidar fest: „In den weitaus meisten Fällen sind die Strategien der Gegenwehr jedoch nicht von Erfolg gekrönt." (Meschkutat/Stackelbeck/Langhoff 2003, 95). Dies ist im schulischen Bereich nicht anders. Es gehört zur Strategie von Mobbern, es den Betroffenen schwer oder gar unmöglich zu machen, sich zu wehren. Viele Gemobbte suchen deshalb nach Wegen und Möglichkeiten, die Situation „irgendwie" zu ertragen. Diese Betroffenen entwickeln sog. „innere" Bewältigungsstrategien wie „ignorieren der Situation", „auf die jeweilige Tätigkeit konzentrieren" oder „Meidung der Mobber". Andere versuchen durch Leistung

Maßnahmen, die das Klassenklima verändern

- Alle Lehrer der Klasse müssen unterrichtet werden. Alle können am Problem arbeiten.
- Die Lehrer müssen sich auf eine Grundlinie einigen. Zum Beispiel: Da geschieht Mobbing. Das dulden wir nicht.
- Die Lehrer zeigen der Klasse, dass sie das Opfer achten. Das Opfer wird nie kritisiert. Mit dem Opfer muss ein Gespräch unter vier Augen geführt werden.
- Aufbau einer Unterstützungsstruktur für den Täter (T-Freund) und für das Opfer (O-Freund), welche beiden freundlich gesonnen ist.
- Die Lehrer müssen beide unterstützen, damit sie aus dem Teufelskreis herauskommen.
- Es muss ein Täter-Opfer-Ausgleich stattfinden.
- Streitschlichter sind mit einzubeziehen.
- Getrennte Gespräche des Klassenlehrers mit den Eltern.
- Bildung einer Unterstützungsgruppe nach dem Konzept des No Blame Approach.

Horst Kasper: Mobbing in der Schule. Probleme annehmen, Konflikte lösen. Weinheim und Basel 1998, S. 24.

http://de.wikipedia.org/wiki/Mobbing_in_der_Schule

> **Grundwissen**
>
> **Nicht halbherzig vorgehen**
> Wer Maßnahmen gegen das Mobbing ergreift, sollte nicht halbherzig vorgehen, das macht die Sache oft nur noch schlimmer. Klare Strafen sind notwendig, aber noch mehr gilt es, die Normen und Werte innerhalb einer Klasse wieder zurecht-zurücken. Ziel muss es sein, dem Täter dauerhaft „den Boden sauer zu machen", so dass er sich durch Mobben keine Anerkennung mehr verschaffen kann.
> *Mechthild Schäfer: Das System der Schikane In: Elternzeitschrift 2/04 des Bayrischen Kultus-ministeriums.*

zu überzeugen, nehmen Alkohol oder Medikamente oder lassen sich krank schreiben. Diese verdrängenden Ansätze und Handlungsweisen sind nicht nur wenig effektiv, sie werden von den Betroffenen selbst im Rückblick als Fehler gewertet.

Mobbingtagebuch

Da einzelne Vorkommnisse für sich benommen oft harmlos sind und als harmlos dargestellt werden, empfiehlt es sich, in einem Mobbingtagebuch genau zu dokumentieren, was sich wann wie ereignet hat. Daran lässt sich auch das Mobbingmuster erkennen.

Unterstützung holen/Unterstützung bieten

Fachleute schätzen die Situation von Gemobbten so ein, dass sie sich in der Regel aus eigener Kraft nicht helfen können, also auf Hilfe und Unterstützung von außen angewiesen sind. Viele können sich diese Hilfe nicht selbst holen, sondern schätzen auch dies als chancenlos ein. Es hat sich als hilfreich und wirksamer Schutz vor Viktimisierung erwiesen, wenigstens einen (besten) Freund bzw. eine Freundin zu haben (Schuster 2007, S. 94), da dieser nicht nur hilft, Angriffe abzuwehren, sondern auch andere negative Effekte (z.B. negative elterliche Erziehungsstrategien) auffangen kann. Sind keine funktionierenden sozialen Netzwerke (Peergruppen) vorhanden, so können gefährdeten oder gemobbten Kindern auch

speziell geschulte Paten zur Seite gestellt werden. Eine wichtige präventive Strategie kann also darin liegen, Freundschaften zu fördern.

Ansprechpartner in der Schule

Da die Opfer nicht selbst in der Lage sind, sich gegen die Angriffe zu wehren, benötigen sie die Hilfe und den Schutz von Autoritäten, d.h. im Schulbereich den Schutz der Lehrkräfte. Diese benötigen die nötige diagnostischen Fähigkeiten Mobbing zu erkennen und das Instrumentarium richtig anzuwenden.

Gespräche führen

Gespräche mit Opfern und Tätern zu führen, ist wichtig. Diese sollten allerdings getrennt geführt und als „Vorgespräche" betrachtet werden, denn ein gemeinsames Gespräch ist für das Opfer extrem belastend. Da Mobbing ein Gruppen (Klassen-)problem ist, kann das Problem nur mit der gesamten Gruppe/Klasse gelöst werden.

Auf der Klassenebene

Regelmäßige Klassenstunden, in denen die anstehenden Probleme aufgegriffen werden, und Klassenregeln als verbindliche Verhaltensvereinbarungen sowie Mitbestimmungsmöglichkeiten, bilden einen Rahmen für die Prävention. Schülerinnen und Schüler sollen ermutigt und befähigt werden, Mobbing-Vorfälle nicht hinzunehmen, sondern einzugreifen oder wenigstens darüber zu berichten, damit andere Interventionen möglich werden. Dabei ist es wichtig zu verdeutlichen, dass Mobbing nicht geduldet wird und dass es nicht cool ist zu mobben. Wenn die Schülerinnen und Schüler lernen, sich durch die Fähigkeit zum Perspektivenwechsel in die Sicht- und Erlebnisweise des Opfers einzufühlen, kann diese Empathiefähigkeit zu einem besseren Verständnis der Vorgänge, aber auch zum Einschreiten bei Mobbing beitragen.

Lehrkräfte sollten ihre Klassenführung reflektieren und mit qualifizierten Kollegen und Kolleginnen besprechen. Sollen akute Mobbingfälle in der Klasse bearbeitet werden, so kann es u.U. hilfreich sein, Unterstützung von außen zu holen, um das Geschehen zu klären. Dabei ist die Unterstützung von Mobbingopfern auf der Schülerebene wichtig. Sich hier einzumischen, Mobbingfälle aufzudecken, den Opfern beizustehen und den Tätern die Unterstützung zu entziehen, ist zivilcouragiertes Handeln im besten Sinne. Ziel des Handelns auf Klassenebene sollte eine positive Veränderung der Klassenstruktur sein.

Auf der Schulebene

Lehrkräfte, Eltern, Schülerinnen und Schüler müssen sich einig sein, dass Mobbing Gewalt ist, die weder ignoriert noch toleriert wird. Dies muss allen gegenüber klargestellt und praktiziert werden. Bei Mobbing-Vorfällen muss deshalb sofort reagiert werden.

Prävention bedeutet aber auch Beseitigung von möglichen Ursachen für Mobbing, Sensibilisierung für das Problem sowie Bereitstellung effektiver Interventions- und Sanktionsmaßnahmen. Schulleitung und Lehrkräfte müssen sich über solche Maßnahmen einigen und diese auch durchsetzen. Die klare Stellungnahme der Schulleitung ist hier besonders wichtig. Ein Verhaltenskodex, der in der Schulordnung (etwa in Form einer Anti-Mobbing-Konvention) festgehalten und in einem gemeinsamen Prozess entwickelt wurde, verdeutlicht die Verhaltenserwartungen sowie das nicht tolerierte Verhalten. Hier muss ausdrücklich festgehalten werden, dass sexuelle Belästigung, Diskriminierung und Mobbing verurteilt und sanktioniert werden. Die Betroffenen haben das Recht, sich zu beschweren, und diese Beschwerden werden sehr ernst genommen.

Verhaltensgrundsätze müssen begleitet werden durch einen Verbund von Unterstützungsmaßnahmen wie Beratung, Fortbildung, Hilfen und Sanktionen, Kooperationen mit Erziehungsberatungsstellen, Jugendämtern, Mediatoren usw.

Zentral ist jedoch, ein lernförderliches Schulklima zu schaffen, das von gegenseitiger Achtung und Wertschätzung geprägt ist und in dem individuelle Verantwortung und Förderung ihren Platz haben.

Dies ist nur zu erreichen durch Fortbildungsmaßnahmen für die Lehrkräfte, die Etablierung eines Konfliktmanagementsystems und eine Weiterentwicklung der Schulkultur zu einer „guten Schule".

Grundwissen

No Blame Approach
Der „No Blame Approach" ist eine noch neue, aber zunehmend angewandte Methode, akutem Mobbing zu begegnen. Der Ansatz wurde Mitte der 80er Jahre in England von Barbara Maines und George Robinson entwickelt und später in der Schweiz aufgegriffen und mit viel Erfolg gegen Mobbing angewandt. Erste Erfahrungen in verschiedenen Schulen zeigen auch in Deutschland ermutigende Ergebnisse. In vielen Fällen konnte Mobbing innerhalb kurzer Zeit gestoppt werden. Die Wirksamkeit des Ansatzes liegt darin begründet, dass – trotz der schwerwiegenden Problematik – vollständig auf Schuldzuweisungen und Strafen verzichtet wird. Vielmehr werden die am Mobbing beteiligten Schülerinnen und Schüler in einen Gruppenprozess einbezogen, der sie konsequent in die Verantwortung für die Behebung des Problems einbezieht. Sie werden als „Helferexperten" angesprochen und so aktiv in den Lösungsprozess eingebunden.
Schulministerium NRW: Das Bildungsportal. www.schulministerium.nrw.de/BP/Lehrer/ Beratung_Lehrkraefte/No_ Blame_Approach/index.html

Verantwortung der Erwachsenen

Jedes Kind und jeder Jugendlicher hat das Recht auf Respekt und Sicherheit. Mobbing ist eine Verletzung dieses grundlegenden Menschenrechts.

Es liegt in der moralischen Verantwortung der Erwachsenen, für dieses Recht und überhaupt für die gesunde Entwicklung der Kinder und Jugendlichen einzustehen. Viele Erwachsene brauchen und wünschen mehr Wissen über Zusammenhänge und mehr Kenntnisse über Vorgehensweisen gegen Mobbing. *Kandersteger Deklaration (2007), Auszug.*
www.kanderstegdeclaration.org

Umsetzung

Ein von Wertschätzung geprägtes Schulklima sowie ein gut funktionierendes System der Konfliktbearbeitung stellen wichtige Präventionsaspekte gegen Mobbing dar.

Da Mobbing nicht als individuelles Fehlverhalten, sondern als ein System, bei dem in verschiedenen Rollen alle beteiligt sind, zu verstehen ist, sind auch die Umgangsweisen entsprechend darauf auszurichten. In der Praxis sind zwei unterschiedliche Vorgehensweisen bei Mobbing anzutreffen:

- Die direkte Konfrontation des Täters mit seinem Verhalten verbunden mit der klaren Forderung, Mobbinghandlungen sofort zu beenden und dem Ziel, dem Täter sein Unterstützungssystem zu entziehen.
- Die indirekte Vorgehensweise über die Bildung einer Unterstützungsgruppe für das Opfer, die bei dem Ansatz No Blame Approach im Vordergrund steht und bei dem keine „harte Konfrontationen" der Täter stattfindet. (M6)

Wichtig ist, beim Umgang mit Mobbing darauf zu achten, dass nicht nur individuelle Handlungsmöglichkeiten zur Sprache kommen, sondern auch strukturelle Maßnahmen gegen Psychoterror und Diskriminierung in der Schule Berücksichtigung finden.

Für Lehrkräfte und Eltern

- **Mobbing erkennen**
  Um Mobbing zu erkennen, muss man wissen, was Mobbing ist. Was unter Mobbing am Arbeitsplatz zu verstehen ist, zeigt M1 aus Sicht des Bundesministeriums für Arbeit und Soziales. Heinz Leymann hat 45 verschiedene Mobbinghandlungen identifiziert, die in M2 dargestellt werden. Welche Verhaltensänderungen bei Mobbingopfern auftreten und wie viele Opfer mit Mobbinghandlungen umgehen, verdeutlicht M3.

- **Reaktionen auf Mobbinghandlungen**
  Mit Hilfe der Checkliste (M4) kann der Stand der Auseinandersetzung mit Mobbing in der Schule (Klasse) abgefragt werden. Die prinzipiellen Handlungsmöglichkeiten (u.a. Stellung beziehen, Gespräche suchen, Mentorenprogramme, Konsequenzen durchsetzen) verdeutlicht M5.

- **No Blame Approach**
  Dieser Ansatz verzichtet auf Schuldzuweisungen. Im Zentrum steht der Aufbau eines Hilfesystems unter Einbeziehung der Täter, bei dem Mobbing als gemeinsames Problem von allen gelöst werden soll (M6).

592

- **Cyber-Mobbing gegen Lehrkräfte**
  Wie auf die zunehmende öffentliche Bewertung von Lehrkräften
  im Internet reagiert werden kann und welche Handlungsmöglichkeiten bei gravierenden Fällen von Cybermobbing angebracht
  sind, darüber informiert M7.

Für den Unterricht

- **Was ist Mobbing**
  Wie lässt sich Mobbing von ähnlichen Handlungen, wie Grenzüberschreitungen, Diskriminierung oder Machtmissbrauch abgrenzen (M8)? Durch das Finden von Begriffen, die Mobbinghandlungen
  beschreiben (M9) kann das eigene Verständnis von Mobbing
  geschärft werden. Der Mobbing-Test (M10) ermöglicht einen ersten Zugang zur Frage, ob man selbst ein Mobbingopfer ist oder
  werden könnte.
- **Handeln in konkreten Mobbingsituationen**
  Eigene Erfahrungen als Opfer, Täter oder Zuschauer von Mobbing
  sind bei jedem vorhanden. Mit Hilfe der Beispiele von M11-M14
  sollen Mobbingsituationen analysiert, eigenes ähnliches Erleben
  thematisiert und Handlungsstrategien entwickelt werden.
  M11 zeigt, wie auch in der Werbung unterschwellig das Thema
  „jemanden zum Schweigen bringen" aufgegriffen wird. Bei M12
  geht es um Ausgrenzung und M13 thematisiert den Bereich
  „Dinge verstecken oder zerstören". Beim Umgang mit diesen
  Beispielen sollte ein lösungsorientierter Focus gewählt werden. Die Bildmaterialien können auch als Ausgangspunkte für
  Rollenspiele dienen.
- **Das Mobbing-System verstehen**
  Wenn Mobbing als System erkannt und verstanden wird, ist es
  möglich auch das Zusammenspiel und die Rollen der verschie-
  denen Gruppen zu erkennen (M15).
- **Merksätze und Handlungsstrategien**
  Merksätze für selbst erlebtes oder beobachtetes Mobbing (M16)
  sind hilfreich, um erste Verhaltensorientierungen zu erlangen.
  Dies betrifft auch Mobbingverhalten von Lehrkräften (M17). Eine
  Anti-Mobbing-Konvention, die von Schülern, Lehrkräften und
  Eltern gemeinsam ausgearbeitet wird, rückt das Geschehen von
  der individuellen auf die institutionelle Ebene und gibt klare
  Verhaltenserwartungen für alle vor.

Ergänzende Bausteine

3.4 Konstruktive Konfliktbearbeitung
3.5 Demokratie- und Werteerziehung
4.1 Zivilcourage lernen
4.2 Verhalten in akuten Gewaltsituationen

M1 Mobbing in der Arbeitswelt

Lehrer, Eltern

Lassen sich allgemeine Kriterien zur Feststellung von Mobbing aufstellen?

Nein. Voraussetzung ist zwar ein dauerhaftes Fehlverhalten. Eine bestimmte Zeitdauer, ab der Mobbing vorliegt, kann jedoch nicht angegeben werden. Maßgeblich sind die Umstände des Einzelfalles, die in einer Gesamtschau zu würdigen sind. Nur diese ermöglicht eine angemessene Beurteilung und Würdigung von einzelnen, als Mobbing zu bewertenden Verhaltensweisen.

Gibt es typische Mobbinghandlungen?

Ohne Anspruch auf Vollständigkeit können folgende typische Beispiele genannt werden:

- ständige unberechtigte Kritik an der Arbeit;
- Einschränkung der Möglichkeiten, sich zu äußern;
- Kontaktverweigerung (soziale und/oder räumliche Isolation), man „wird wie Luft" behandelt;
- ständige Beleidigungen, Verleumdungen, üble Nachreden (Verbreitung von Gerüchten), Lächerlichmachen (Abqualifizierung durch Vorgesetzte vor Kollegen);
- ständige sexuelle Annäherungen und/oder verbale sexuelle Angebote;
- Art und Inhalt der Zuweisung von Arbeiten (es wird immer die schlechteste Arbeit zugewiesen, sinnlose Arbeiten werden zugewiesen, nur Problemfälle werden zugewiesen, Zuweisung gesundheitsschädlicher Arbeiten);
- Androhung oder gar Ausführung körperlicher Gewalt/körperlicher Misshandlung.

Was versteht man unter Mobbing am Arbeitsplatz?

Nach allgemeiner Meinung wird unter Mobbing am Arbeitsplatz das systematische Anfeinden, Schikanieren und Diskriminieren von Arbeitnehmern untereinander oder durch Vorgesetzte bzw. durch den Arbeitgeber verstanden, also Verhaltensweisen, die in ihrer Gesamtheit das allgemeine Persönlichkeitsrecht oder andere ebenso geschützte Rechte, wie die Ehre oder die Gesundheit des Betroffenen, verletzen. Danach geht es um schikanöses, tyrannisierendes oder ausgrenzendes Verhalten am Arbeitsplatz.

Es muss sich um fortgesetzte, aufeinander aufbauende oder ineinander übergreifende Verhaltensweisen handeln, auch wenn sie nicht nach einem vorgefassten Plan erfolgen. Vereinzelt auftretende, alltägliche Konfliktsituationen zwischen einem Arbeitnehmer und dessen Arbeitgeber und/oder Kollegen sind noch nicht als Mobbing anzusehen.

Bundesministerium für Arbeit und Soziales
www.bmas.de/coremedia/generator/18980/fragen__
und__antworten__zu__mobbing__02.html

M2 Mobbinghandlungen

Lehrer, Eltern

Heinz Leymann hat in seinen Forschungen insgesamt 45 verschiedene Mobbinghandlungen gefunden und sie in fünf Bereiche aufgeteilt:

1. Angriffe auf die Möglichkeiten, sich mitzuteilen

- Der Vorgesetzte schränkt die Möglichkeiten ein, sich zu äußern.
- Man wird ständig unterbrochen.
- Kolleginnen oder Kollegen schränken die Möglichkeiten ein, sich zu äußern.
- Anschreien oder lautes Schimpfen.
- Ständige Kritik an der Arbeit.
- Ständige Kritik am Privatleben.
- Telefonterror.
- Mündliche Drohungen unter vier Augen.
- Schriftliche Drohungen
- Kontaktverweigerung durch abwertende Blicke oder Gesten.
- Kontaktverweigerung durch Andeutungen, ohne dass man etwas direkt ausspricht.

2. Angriffe auf die sozialen Beziehungen

- Man spricht nicht mehr mit dem/der Betroffenen.
- Man lässt sich nicht ansprechen.
- Versetzung in einen Raum weitab von den Kolleginnen und Kollegen.
- Den Arbeitskollegen und -kolleginnen wird verboten, den/die Betroffene(n) anzusprechen.
- Man wird „wie Luft" behandelt.

3. Angriffe auf das soziale Ansehen

- Hinter dem Rücken des/der Betroffenen wird schlecht über ihn/sie gesprochen.
- Man verbreitet Gerüchte.
- Man macht jemanden lächerlich.
- Man verdächtigt jemanden, psychisch krank zu sein.
- Man will jemanden zu einer psychiatrischen Untersuchung zwingen.
- Man macht sich über eine Behinderung lustig.
- Man imitiert den Gang, die Stimme oder Gesten, um jemanden lächerlich zu machen.
- Man greift die politische oder religiöse Einstellung an.
- Man macht sich über das Privatleben lustig.

- Man macht sich über die Nationalität lustig.
- Man zwingt jemanden, Arbeiten auszuführen, die das Selbstbewusstsein verletzen.
- Man beurteilt den Arbeitseinsatz in falscher oder kränkender Weise.
- Man stellt die Entscheidungen des/der Betroffenen in Frage.
- Man ruft ihm/ihr obszöne Schimpfworte oder andere entwürdigende Ausdrücke nach.
- Sexuelle Annäherungen oder verbale sexuelle Angebote.

4. Angriffe auf die Qualität der Berufs- und Lebenssituation

- Man weist dem/der Betroffenen keine Arbeitsaufgaben zu.
- Man nimmt ihm/ihr jede Beschäftigung am Arbeitsplatz, so dass er/sie sich nicht einmal selbst Aufgaben ausdenken kann.
- Man gibt ihm/ihr sinnlose Arbeitsaufgaben.
- Man gibt ihm/ihr Aufgaben weit unter seinem/ihrem eigentlichen Können.
- Man gibt ihm/ihr ständig neue Aufgaben.
- Man gibt ihm/ihr „kränkende" Arbeitsaufgaben.
- Man gibt dem/der Betroffenen Arbeitsaufgaben, die seine/ihre Qualifikation übersteigen, um ihn/sie zu diskreditieren.

5. Angriffe auf die Gesundheit

- Androhung körperlicher Gewalt.
- Anwendung leichter Gewalt, zum Beispiel um jemandem einen „Denkzettel" zu verpassen.
- Zwang zu gesundheitsschädlichen Arbeiten.
- Körperliche Misshandlung.
- Man verursacht Kosten für den/die Betroffene, um ihm/ihr zu schaden.
- Man richtet physischen Schaden im Heim oder am Arbeitsplatz des/der Betroffenen an.
- Sexuelle Handgreiflichkeiten.

Heinz Leymann: Mobbing. Psychoterror am Arbeitsplatz. Reinbek 2002.
www.dgb.de/themen/mobbing/mobbing_04/index_html?-C=

M3 Mobbing wahrnehmen

Lehrer, Eltern

Mobbing frühzeitig zu erkennen, erweist sich als schwierig. Mobbing läuft vielfach verdeckt ab. Die Akteure und Akteurinnen des Mobbings haben kein Interesse daran, dass ihr Tun offensichtlich und auffällig ist.

Die Wahrscheinlichkeit, Mobbing frühzeitig zu erkennen nimmt jedoch zu, wenn folgende drei Komponenten gemeinsam in den Blick genommen werden:

Mobbinghandlungen

Welche gegen das Kind/den Jugendlichen gerichteten Handlungen und Attacken nehme ich wahr?

- Körperliche Attacken
- Psychische Angriffe
- Nonverbale Angriffe
- Angriffe auf die sozialen Beziehungen
- Sachbeschädigung
- Cyber-Mobbing

Signale für mögliches Mobbing

Welche Verhaltens- und körpersprachlichen Veränderungen des Schülers/der Schülerin fallen mir auf? Welche Veränderungen in Bezug auf die Position in der Gruppe sind erkennbar? Hat sich das Leistungsniveau bemerkenswert verändert?

- Verhaltensänderungen
- Leistungsabfall
- Isolierung/Ausgrenzung
- Suche nach Nähe/Schutz
- Fehlzeiten/Schulverweigerung
- Fehlen/Beschädigung von Schulsachen
- Körperliche und psychische Veränderungen

Informationsquellen

Welche Informationen sind mir zu Ohren gekommen? Über wen habe ich erfahren, dass es dem Schüler/der Schülerin möglicherweise nicht gut geht? Welche weiteren Personen könnte ich noch erfragen?

- Eigene Beobachtungen
- Mitschülerinnen und Mitschüler
- Eltern
- Betroffene selbst
- Kollegialer Austausch
- Schulsozialarbeiter/innen
- Hausmeister, Sekretärinnen usw.

Es geht darum, die Perspektive einzunehmen, „es könnte sich um Mobbing handeln" und damit Mobbinghandlungen, wahrnehmbare Signale und zur Verfügung stehende Informationen aus verschiedenen Quellen zusammenzuführen. Auf diese Weise wird der Blick konzentriert und gleichzeitig erweitert. Jenseits der einzelnen

Details ergibt sich dadurch ein aussagekräftiges Bild, das eine neue Bewertung der Situation ermöglicht und Mobbing klarer erkennbar werden lässt.

Heike Blum/Detlef Beck: No Blame Approach – Seminarmaterialien, Köln 2008, S. 7 f.
Das Seminarmaterial kann bezogen werden über www.no-blame-approach.de.

M4 Checkliste: Mobbing wahrnehmen

Überprüfen und markieren Sie:
ja ✓   nein —

Gibt es an der Schule Mobbingfälle?
O Zwischen Schülerinnen und Schülern
O Zwischen Lehrkräften
O Zwischen Lehrkräften und Schülern
O Zwischen Lehrkräften und Eltern

O Erfährt die Schulleitung,
O die Lehrerkonferenz von Mobbingfällen?

O Sind die Kriterien für Mobbing der Schulleitung und allen Lehrkräften klar?

O Hat eine systematische Schulung (Pädagogischer Tag, Weiterbildung einzelner Lehrkräfte) über Mobbing stattgefunden?

O Gibt es abgesprochene Vorgehensweisen bei Bekanntwerden von Mobbingfällen?

O Gibt es Kontakte/Vereinbarungen mit externen Fachkräften (z.B. Schulpsychologen), die bei schweren Mobbingfällen hinzugezogen werden können?

O Gibt es für die einzelnen Klassen einen Klassenrat?

O Haben die Klassen jeweils eigene Klassenregeln/Verhaltensgrundsätze entwickelt?

O Gibt es eine Schulordnung, die Verhaltensgrundsätze benennt?

O Gibt es abgesprochene klare Vorgehensweisen und Sanktionen bei Mobbing-Vorfällen?

O Wird das Thema Mobbing in den einzelnen Klassen präventiv aufgegriffen?

O Sollte für die gesamte Schule ein präventives Anti-Mobbing-Projekt entwickelt werden?

Lehrer, Eltern

M5 Handlungsmöglichkeiten abstimmen

Lehrer, Eltern

Grundsätzliche Handlungsanforderungen bei Mobbing-Vorfällen im schulischen Kontext sind:

Nicht ignorieren, nicht bagatellisieren
Wenn in einer Schule ein Konsens zwischen allen Beteiligten besteht, dass es sich bei Mobbing um Gewaltausübung handelt, werden Aussenstehende solche Prozesse sensibler wahrnehmen und klarer reagieren.

Stellung beziehen
Wo immer Mobbing bekannt oder offensichtlich wird, sollten Lehrkräfte einen klaren Standpunkt beziehen und versuchen, zumindest den „zusehenden" Mitschülerinnen und Mitschülern, möglichst aber auch den Tätern einen Perspektivenwechsel zu ermöglichen und ihnen die psychischen Folgen für die Opfer in einer solchen Situation klar zu machen.

Gespräche mit dem Täter
Wenn ein Mobbingfall bekannt wird, sollte ein (Einzel-)Gespräch mit dem Täter bzw. den Tätern stattfinden. Dabei muss deutlich werden, dass Mobbing nicht toleriert wird und dass das Mobbingverhalten Folgen hat.

Gespräche mit dem Opfer
Gespräche mit dem Opfer ermöglichen, die Angst und Bedrohung aufzufangen und Mobbing nicht zu verheimlichen oder zu verbergen suchen. Opferschutz ist dabei wichtig.

Klassengespräch
Schülerinnen und Schüler ermutigen, über Mobbing-Vorfälle zu sprechen. Klassengespräche brechen den Bann der Heimlichkeit und können dazu beitragen, Konflikte zu klären, gemeinsam Verhaltensregeln zu entwickeln bzw. bestehende zu reflektieren. Die Rolle der heimlichen Unterstützung und der Zuschauer sollte dabei thematisiert werden. Das Potenzial der sich positiv verhaltenden Schülerinnen und Schüler sollte genutzt werden, um dem Täter die Unterstützung zu entziehen.

Lehrerkonferenz informieren
Mobbingfälle sollten in Lehrerkonferenzen benannt und aufgegriffen werden. Bei schwierigen Fällen sollte Beratung von außen (z.B. durch den schulpsychologischen Dienst) eingeholt werden.

Elterngespräche suchen
Es ist wichtig, die Eltern frühzeitig einzubeziehen und sich über die Wahrnehmung von Warnsignalen auszutauschen und Handlungsstrategien abzusprechen.

Paten-/Mentorenprogramme
Patenschaften zwischen älteren und jüngeren Schülerinnen und Schülern schaffen ein kommunikatives Umfeld, in dem Mobbing schnell wahrgenommen werden kann und Paten als Unterstützer fungieren können.

Konsequenzen durchsetzen
Wer Mobbing begeht, muss mit den Konsequenzen des eigenen Handelns konfrontiert werden. Hierzu zählen u.a. eine Entschuldigung beim Opfer sowie die Wiedergutmachung von Schäden.

Arbeitsfragen
• Was bedeuten die einzelnen Punkte konkret?
• Was wird bereits an der Schule praktiziert?
• Was sollte ergänzt werden?
• Wie kann ein gemeinsam abgestimmtes Vorgehen erreicht werden?

M6 No Blame Approach −1

Die Anwendung des Interventionsansatzes in Mobbing-Fällen unter Schülern und Schülerinnen erfolgt in drei aufeinander folgenden Schritten:

1. Gespräch mit dem Mobbing-Betroffenen

Ziel des Gesprächs ist es, das Vertrauen des Schülers für die geplante Vorgehensweise zu gewinnen. Insistierendes Nachfragen wird vermieden, um den vom Mobbing Betroffenen nicht erneut mit den häufig als peinlich und beschämend erlebten Erfahrungen zu konfrontieren. Allerdings muss deutlich werden, welche Schülerinnen und Schüler zur schwierigen Situation beitragen, um konsequent gegen das Mobbing vorgehen zu können.

Wichtig in diesem Gespräch ist es,

- Zuversicht zu vermitteln und das Vertrauen des Betroffenen in das beabsichtigte Vorgehen zu gewinnen.
- Der betroffene Schüler sollte entlastet werden: „Du musst nichts tun!" „Du musst nicht dabei sein." „Ich kümmere mich darum."
- Zudem muss die eigene Überzeugung deutlich werden: „Ich kann Dir helfen."
- Die gesprächsführende Person sollte dabei Sicherheit ausstrahlen und Sicherheit geben: „Niemand braucht zu befürchten, dass er oder sie bestraft wird und Nachteile erwarten muss."
- Nicht zuletzt soll eigenes Interesse signalisiert werden: „Mir ist wichtig, dass Du hier in die Schule kommen kannst und Dich hier wohl fühlst." „Jeder hat das Recht, ohne Angst zur Schule zu gehen, auch Du."

Abschließend wird ein Termin für ein Nachgespräch innerhalb von 10-14 Tagen vereinbart, um klären zu können, ob und wie sich die Situation verändert hat.

2. Unterstützungsgruppe
(ohne den Gemobbten)

Der zweite Schritt ist mit der Bildung einer Unterstützungsgruppe das Herzstück des Ansatzes. Diese Gruppe ist zu verstehen als Helfergruppe für die schulischen Fachkräfte, in deren Verantwortung die Auflösung des Mobbings im System Schule liegt. Das Wissen über die Zusammensetzung ergibt sich aus dem Gespräch mit dem von Mobbing betroffenen Schüler. Die Unterstützungsgruppe setzt sich zusammen aus denjenigen Schülerinnen und Schülern, die zur Mobbing-Problematik aktiv beitragen (Hauptakteure und Mitläuferinnen und Mitläufer) und aus denjenigen, die aus Sicht des betroffenen Schülers positiv besetzt sind (Freundinnen und Freunde, Sympathieträger, ehemalige Unterstützerinnen und Unterstützer, …).

Die Gruppengröße umfasst sechs bis acht Schülerinnen und Schüler, wobei darauf zu achten ist, dass das Helferteam zur Hälfte aus mobbenden beziehungsweise das Mobbing stützenden Schülerinnen und Schüler, zur anderen Hälfte aus sogenannten neutralen Schülerinnen und Schülern zusammengesetzt ist.

Die Schülerinnen und Schüler werden zu einem Treffen eingeladen, in dem gemeinsam Lösungen für das Problem entwickelt werden. Die Ansprache wird als Bitte um Mithilfe bei der Lösung eines Problems formuliert. Das Treffen findet während der regulären Unterrichtszeit statt und schließt sich zeitnah an das Gespräch mit dem vom Mobbing Betroffenen an.

Gespräch mit der Unterstützungsgruppe
Schülerinnen und Schüler einladen und um Hilfe bitten

Im Gespräch mit der Unterstützungsgruppe wird zunächst die Situation erklärt. Die Ansprache der Schüler erfolgt über die eigene

599 ©2010, Institut für Friedenspädagogik Tübingen e.V. – WSD Pro Child e.V.

M6 No Blame Approach −2

persönliche Betroffenheit und in Bezug auf das eigene Interesse (Ich-Sprache): „Ich habe Euch eingeladen, weil ich Eure Hilfe brauche. Vielleicht habt Ihr auch schon bemerkt, dass es X nicht gut geht. Ich mache mir große Sorgen um X. Mir ist wichtig, dass sich daran etwas ändert. Ich habe den Anspruch, dass die Schule ein sicherer Ort ist. Dazu kann jeder beitragen."

Keine Schuldzuweisung oder Anklage

Im Rahmen des gesamten Vorgehens ist es wichtig, dass die das Gespräch moderierende Person niemandem Schuld zuweist. Die Mitglieder der Unterstützungsgruppe werden angesprochen als Helferexpertinnen und -experten. „Ich habe Euch angesprochen, weil ich überzeugt bin, dass Ihr mir helfen könnt, die Situation für X zu verbessern." Bei gegenseitigen Vorwürfen und Schuldzuweisungen helfen Äußerungen wie: „Es geht mir nicht darum herauszufinden, wer was gemacht hat, sondern darum, was wir tun können, damit X wieder mit gutem Gefühl zur Schule kommt. Dabei brauche ich Eure Unterstützung. Ihr kennt Eure Klasse am besten." oder „Es ist viel Unschönes passiert. Wir können die Vergangenheit nicht ändern. Aber wir können jetzt schauen, was getan werden kann, damit es in Zukunft anders und besser weitergeht."

Der Blick bleibt stets auf die Problemlösung in der Zukunft gerichtet. Dieses Vorgehen ermöglicht es den Mobbing-Akteurinnen und Akteuren häufig erst, eine konstruktive Rolle in der Beendigung des Mobbings einzunehmen.

Ideen zur Verbesserung der Situation erfragen

Die Mitglieder der Gruppe sind aufgefordert, Vorschläge zu machen, die dazu beitragen, dass Schüler bzw. Schülerin X in Zukunft wieder in die Schule kommt und sich dort auch wohlfühlen und angstfrei aufhalten kann.

Der Gruppe Verantwortung übergeben und Zuversicht zeigen

Die Lehrkraft schließt das Treffen ab, indem sie sich bei den Schülerinnen und Schülern für die Hilfe bedankt, Zuversicht vermittelt, dass die Ideen zur Verbesserung der Situation beitragen werden und die Verantwortung für die Umsetzung der Vorschläge der Gruppe übergibt. Abschließend wird ein nächstes Treffen angekündigt, um von den einzelnen Schülerinnen bzw. Schüler zu erfahren, wie sich die Situation des Schülers/der Schülerin aus ihrer Sicht entwickelt hat.

3. Nachgespräche
(einzeln mit allen Beteiligten)

Ungefähr ein bis zwei Wochen später wird mit jedem Schüler einzeln – einschließlich dem Mobbing-Betroffenen – besprochen, wie sich die Dinge entwickelt haben. Dieser dritte Schritt sorgt für Verbindlichkeit und verhindert, dass diejenigen, die gemobbt haben, ihre Handlungen wieder aufnehmen. Einzelgespräche nehmen die Schülerinnen und Schüler direkt in die Verantwortung und stärken die Nachhaltigkeit.

Die Gespräche dauern in der Regel fünf bis zehn Minuten pro Schülerin bzw. Schüler. Sie sollen nicht kontrollieren, sondern Auskunft darüber geben, wie sich die Situation für den Mobbing-Betroffenen verändert hat.

Heike Blum/Detlef Beck: No Blame Approach – Seminarmaterialien, Köln 2008, Auszüge. Das Seminarmaterial enthält ausführliche Gesprächsleitfäden zur Anwendung des No Blame Approach und kann bezogen werden über www.no-blame-approach.de.

M7 Cyber-Mobbing gegen Lehrkräfte

Lehrer, Eltern

1. Die beste Vorbeugung gegen alle Formen von Gewalt ist ein von gegenseitiger Wertschätzung geprägtes Schulklima.

2. Schulleitungen haben eine zentrale Funktion für die Schulentwicklung und das Klima an „ihrer" Schule. Schulleitungen müssen betroffenen Lehrerinnen und Lehrern die notwendige Unterstützung geben, selbst wenn sie mit den Betroffenen pädagogisch und menschlich nicht übereinstimmen.

3. Zur Medienbildung und -erziehung gehört notwendig auch die Auseinandersetzung mit rechtlichen und ethischen Fragen, die die neuen Medien aufwerfen. Was ist erlaubt, was ist nicht erlaubt?

4. Bewertung durch Schüler und Eltern selbst organisieren. Lehrkräfte müssen sich von ihren Schülerinnen und Schülern bewerten lassen. Sie sollten selbst ein professionelles Interesse daran haben, sich Rückmeldungen selbst zu organisieren und nicht warten, bis sie auf www.spickmich.de im Internet stehen.

5. Wenn Prävention nicht ausreicht: E-Mails oder Handy-Botschaften mit beleidigenden oder bedrohlichen Inhalten als Beweismaterial sammeln. Auf keinen Fall antworten. Bei konkretem Verdacht den oder die Verdächtige unter sechs Augen mit dem Verdacht konfrontieren und auffordern, damit aufzuhören. Je nach Ausgang empfiehlt es sich, die Schulleitung oder einen Mediator einzuschalten; bei gravierenden Fällen und nach Rechtsberatung kann der Vorgang auch zur Anzeige gebracht werden. Vergleichbares gilt, wenn nicht Schüler, sondern „liebe Kollegen" oder Eltern die Absender sind.

6. Auch bei gravierenden Vorfällen: Lehrerinnen und Lehrer sind keine Personen des öffentlichen Interesses oder der Zeitgeschichte. Werden ohne ihre Einwilligung Bilder, Film- oder Sprechsequenzen zum Beispiel im Internet veröffentlicht, stellt das einen Verstoß gegen das Recht auf informationelle Selbstbestimmung dar. Der Betroffene kann einen Unterlassungsanspruch gegen den Betreiber der Homepage geltend machen. Bei beleidigenden oder diffamierenden Inhalten sind im Allgemeinen die Persönlichkeitsrechte nach Artikel 1 und 2 des Grundgesetzes verletzt. Darüber hinaus sind die Straftatbestände nach §§ 185 ff. (Beleidigung, Verleumdung, etc.) betroffen. Bei Drohungen können auch die Straftatbestände nach § 223, § 240 oder § 241 StGB betroffen sein (Drohung, Nötigung, etc.). In diesen Fällen ist es wichtig, das Heft des Handelns in der Hand zu behalten. Dann gilt: Sich mit anderen im Team zu beraten, die Schulleitung oder die Schulaufsicht einzuschalten und – nach Rechtsberatung – den Betreiber aufzufordern, den Inhalt zu entfernen, ggf. mit einer Anzeige zu drohen. In gravierenden Fällen sollte die Polizei eingeschaltet werden. Gegebenenfalls können auch Schadenersatzansprüche geltend gemacht werden. Über die Suchfunktion der gängigen Suchmaschinen kann man herausfinden, was über einen im Internet veröffentlicht ist.

7. Wenn man als Lehrer oder Lehrerin öffentlich bloß gestellt wird, sollte man sich nicht in die Opferrolle begeben oder die Kränkung in sich hineinfressen. Auf jeden Fall sollte man aktiv bleiben. Das können Gespräche mit Personen aus dem privaten Umfeld oder mit vertrauten Kolleginnen und Kollegen sein. Das können auch Selbsthilfegruppen oder die Inanspruchnahme professioneller Hilfe sein. Dort sollte man sich dann damit auseinandersetzen, ob einen bestimmte Verhaltensweisen zum Opfer prädestinieren oder welche eigenen Verhaltensweisen Aggressivität und Rachsucht provozieren könnten. Auch muss jeglicher Eindruck vermieden werden, als seien Mobbing-Opfer in der Lehrerschaft ernster zu nehmen als solche in der Schülerschaft.

www.gew.de/Tipps_und_Hinweise_zum_Umgang_mit_Cyber-Mobbing.html, Auszüge.

M8 Begriffe klären

Ordne die rechts aufgeführten Handlungen den folgenden Begriffen zu:

Grenzüberschreitung _____

_____

Machtmissbrauch _____

_____

Sexuelle Belästigung _____

_____

Diskriminierung und Rassismus _____

_____

Mobbing _____

_____

Vgl. Institut für Neues Lernen GmbH, Wallisellen.
www.neueslernen.ch

- Wodurch unterscheiden sich die Begriffe?
- Welche Handlungen kennst du aus eigenem Erleben?
- In welchen Zusammenhängen tauchen die Handlungen immer wieder auf?

A Eintreten ohne anzuklopfen.
B Ignorieren von berechtigten Bedürfnissen und Anliegen.
C Zu nahe treten, nötige Distanz nicht wahren.
D Zuteilung von entwürdigender Arbeit.
E Ausländerfeindliche Witze und Sprüche.
F Aufforderungen zu sexuellem Handeln.
G Informationen systematisch vorenthalten.
H Distanzloses oder aufdringliches Verhalten oder aufreizende Kleidung.
I Unerwünschter Körperkontakt.
K Keine Arbeitsstelle aufgrund ethnischer Zugehörigkeit.
L Arbeitsablauf behindern oder Arbeitsgeräte schädigen.
M Verbreitung von Gerüchten.
N Ungleicher Lohn bei gleicher Qualifikation und gleicher Arbeit.
O Zuweisungen von nicht angemessener Arbeit.
Q Schikanen, Angriffe, Schädigung über einen längeren Zeitraum.
R Pornografisches Material zeigen.
S Anrüchige Gesten oder Bemerkungen.
T Verletzendes Nachahmen von Sprache, Körperhaltung oder religiösen Handlungen.
U Verweigerung von Kommunikation und Kontakt.
W Sexistische Bilder, Witze, E-Mails.
X Jemanden bei Entscheidungen übergehen.
Y Übergehen von qualifizierten Personen bei Beförderung aufgrund von nichtberuflichen Eigenschaften (z.B. Mitglied in Gewerkschaft).
Z Ein „Nein" ignorieren.

- Mobbing (M, G, L, O, Q, U)
- Diskriminierung und Rassismus (E, K, T, N)
- sexuelle Belästigung (I, W, F, S, H, R)
- Machtmissbrauch (B, D, Y)
- Grenzüberschreitung (A, C, X, Z)

Von Mobbing spricht man, wenn

- negative Handlungen sich über einen längeren Zeitraum (6 Monate) hinziehen;
- eine Schädigungsabsicht vorliegt;
- die betroffene Person sich nicht in der Lage sieht, sich angemessen zu wehren.

M9 Das Mobbing-ABC

Finde Begriffe, die Mobbinghandlungen beschreiben und jeweils mit einem Buchstaben des ABC anfangen:

A _____

B _____

C _____

D _____

E _____

F _____

G _____

H _____

I _____

J _____

K _____

L _____

M _____

N _____

O _____

P _____

Q _____

R _____

S _____

T _____

U _____

V _____

W _____

X _____

Y _____

Z _____

Ordne die Anfangsbuchstaben der gefundenen Begriffen folgenden Kategorien zu:

Unterbindung von Kontakten: _____

_____

Ablehnung durch andere: _____

_____

Kränkende Handlungen: _____

_____

Angriffe auf das Ansehen: _____

_____

Direkte Gewaltandrohung und -anwendung:

_____

M10 **Der Mobbing-Test**

Unterricht

Ob du Mobbing-Opfer bist, kannst du leicht mit diesem Test überprüfen.

1. Deine Möglichkeiten, sich frei zu äußern sind stark eingeschränkt. *(20 P)*
2. Du gehörst einer anderen Nationalität oder Religion an als die meisten anderen in deiner Klasse. *(15 P)*
3. Du wirst von Deinen Mitschülern nie privat eingeladen. *(5 P)*
4. Du wirst mit Telefonterror belästigt. *(20 P)*
5. Die Mitschüler verstummen, wenn du den Raum betrittst. *(10 P)*
6. Man lacht über dich. *(10 P)*
7. Man spricht nicht mehr mit dir. *(20 P)*
8. Du wirst ständig kritisiert. *(15 P)*
9. Man verbreitet Gerüchte über dich. *(15 P)*
10. Man greift deine persönliche Meinung an. *(10 P)*
11. Du bist sexuellen Belästigungen verbal oder tätlich ausgesetzt. *(20 P)*
12. Man zwingt dich Dinge zu tun, die dein Selbstbewusstsein verletzen. *(20 P)*
13. Man stellt deine Entscheidungen in Frage. *(10 P)*
14. Man imitiert dich, deinen Gang, deine Stimme, dein Lachen ... *(20 P)*
15. Man gibt dir Aufgaben die weit unter deinem Können liegen. *(10 P)*
16. Man gibt dir Aufgaben die deine Möglichkeiten übersteigen. *(10 P)*
17. Man verdächtigt dich, psychisch krank zu sein. *(15 P)*
18. Du hast keine Freude mehr an deiner Arbeit. *(15 P)*
19. Du warst in letzter Zeit öfter krank. *(15 P)*
20. Du warst in letzter Zeit gereizt. *(10 P)*
21. Du gehst nicht zu Klassenfesten oder sonstigen freiwilligen Veranstaltungen der Schule. *(10 P)*

22. Dir wurde schon einmal körperliche Gewalt angedroht. *(15 P)*
23. Deine persönlichen Dinge werden beschädigt (Schultasche, Bücher, Mäppchen, Fahrrad ...). *(10 P)*
24. Du gehst weniger aus als früher. *(10 P)*
25. Mitschüler werden gegen dich aufgestachelt. *(20 P)*
26. Man macht Witze auf deine Kosten. *(20 P)*
27. Mitschüler, zu denen du früher engeren Kontakt hattest, ziehen sich zurück. *(15 P)*
28. Du leidest an Schlafstörungen. *(10 P)*

www.schueler-mobbing.de/mobb/modules/freecontent/index.php?id=6

Testauswertung

Gesamtpunktzahl unter 40 Punkte:
Du brauchst dir keine Sorgen zu machen.

Gesamtpunktzahl 40-80 Punkte:
Es kann der Anfang von einem Mobbing sein, kann aber auch andere Ursachen haben, wie Konflikte zu Hause oder im Freundeskreis.

Gesamtpunktzahl 80-165 Punkte:
Du bist einem Mobbing ausgesetzt, musst aber nicht „das Handtuch werfen". Durch selbstbewusstes Auftreten und mutiges Ansprechen der Situation könntest du das Schiff noch wenden.

Gesamtpunktzahl über 165 Punkte:
Du bist Opfer von Mobbing. Die Situation ist für dich unerträglich und du solltest dich nicht scheuen, Hilfe von aussen zu holen.

M11 Über den Mund gefahren

*Werbeanzeige des Autoher-
stellers Renault.*

- Wie wirkt dieses Bild auf dich?
- Gib dem Bild einen Titel?
- Was soll dieses Bild ausdrücken?
- Wofür wurde es deines Erachtens verwendet?
- Warum wurde das Bild verwendet?
- Was hat dieses Bild mit Mobbing zu tun?

Der Volksmund

In der Alltagssprache gibt es vielfältige bildhafte Ausdrücke die das Mobbinggeschehen bezeichnen, z.B.:

- „Jemanden über den Mund fahren":
  Es gibt auch Ausdrücke, die die Situation des Opfers beschreiben, z.B.
- „Das geht mir an die Nieren".

Finde weitere bildhafte Ausdrücke.

605

M12 Caroline

Caroline ist seit einem halben Jahr in der Klasse. Ihre Familie ist damals in die Gegend gezogen. Caroline hat durch einen Unfall einen Hörschaden. Sie erlebt immer wieder Situationen wie auf den Bildern.

> **Der Chat-Teilnehmer „JuCat" meint im Internet:**
> „Am besten ist es, zu deinem Klassenlehrer zu gehen und den Mobber (meistens gibt es ja nur ein Oberschaf und die anderen machen mit) zu „verpetzen". Aber sag deinem Lehrer, dass er oder sie mit dem Mobber unter vier Augen sprechen soll, denn wenn der Lehrer mit der ganzen Klasse redet, dann kanns passieren, das du später nur noch von den anderen gemieden wirst!
> Wenn alles nichts hilft, dann wechsle am besten die Klasse.
> **„Albatros" glaubt:**
> „Wenn du zu einem Lehrer gehst, kann es sein, dass alles noch schlimmer wird!!
> Nimm immer mindestens eine Freundin mit, wenn du irgendwohin gehst."
> *www.schueler-mobbing.de/mobb/modules/newbb/viewtopic.php?topic_id=399&forum=2&3*

- Was meinst du, wie sich Caroline fühlt?
- Was wünscht sich Caroline?
- Was sollte Caroline tun?
- Was würde ihr deiner Meinung nach helfen?
- Wo kann sie Hilfe bekommen?
- Bewerte die Vorschläge, die JuCat und Albatros (im Kasten nebenan) machen.

M13 Aisches Rucksack

Aische vermisst jetzt schon zum dritten Mal in diesem Monat ihren Schulrucksack. Tim meint, sie solle mal auf dem Schulhof nachschauen. Schreibe auf, was Aische fühlt und denkt, als sie ihren Rucksack auf dem Schulhof sieht:

_____

_____

_____

_____

Aisches Freund Cem kommt hinzu.
Was sagt er zu Aische?

_____

_____

_____

_____

Wie geht es Aische jetzt?

_____

_____

Wie kann man den Täter finden?

_____

_____

Stell dir vor, du hast diese Szene beobachtet.
Was kannst du tun?

_____

_____

_____

Was sollte mit ihm geschehen?

_____

_____

_____

M14 Im Umkleideraum

Was spielt sich in diesem Umkleideraum ab? Beschreibe die Situation und erzähle eine Geschichte.

Überlege: Wie kam es zu dieser Situation? Was könnten die Gründe für das Verhalten der Mädchen sein? Wie könnte die Szene weitergehen?

• Handelt es sich hier um Mobbing?
• Hast du schon Ähnliches erlebt oder beobachtet?
• Spielt die Szene mit verteilten Rollen nach und probiert verschiedene Verhaltensweisen aus. Wie könnte eine Lösung aussehen?

M15 Das Mobbinggeschehen verstehen

Damit Mobbing funktioniert bedarf es verschiedener Rollen. Welche Rollen kannst du auf dem Bild erkennen?

Im Mobbinggeschehen unterscheidet man folgende Rollen.

1 Der/die Täter
2 aktive Unterstützer (Mittäter)
3 passive Unterstützer
4 Das Opfer
5 Helfer/Verteidiger des Opfers
6 Freund/Freundin
7 Die interessierten Zuschauer
8 Die unbeteiligten und uninteressierten Außenseiter

- Welche Rollen könnten die markierten Personen haben? Trage die Zahlen ein.
- Was wäre, wenn einzelne Rollen (Unterstützer, Zuschauer...) wegfallen würden?
- Wer könnte wie eingreifen/helfen, um das Mobbinggeschehen zu beenden?

- Finde jeweils einen typischen Ausspruch für die Rolle:

1 _____

2 _____

3 _____

4 _____

5 _____

6 _____

7 _____

8 _____

609

M16 Merksätze

Wenn du Mobbing selbst erlebst

1. Nicht schweigen
Behalte das, was geschieht, nicht für dich. Rede mit deinen Eltern, deinem Lehrer bzw. deiner Lehrerin oder Freunden darüber.

2. Sage deutlich, was du willst
Sage klar und deutlich, dass das unerwünschte Verhalten unterlassen werden soll.

3. Merke dir
Merke dir, wer die Vorfälle noch beobachtet hat.

4. Mache Dinge, die dir Spass machen
Mobbing bringt dich in Bedrängnis, macht dich lustlos oder gestresst. Schaue, dass du Dinge tun kannst, die dir Spass machen und die du gerne tust.

4. Suche dir Unterstützung
Suche dir Unterstützung bei Verbündeten in deiner Klasse oder auch in anderen Klassen.

5. Suche dir Freunde
Suche dir Freunde bzw. pflege deine Freundschaften. Freunde sind wichtig, damit du dich wohl fühlen kannst und in Kontakt mit anderen bist.

Wenn du Mobbing beobachtest

1. Informiere andere
Auch wenn du Mobbing bei anderen beobachtest, solltest du dies unbedingt deinen Eltern oder dem Lehrer/der Lehrerin sagen.

2. Sprich andere an
Sprich andere Schülerinnen und Schüler auf das Problem an. Du bist deshalb keine „Petze", denn wenn niemand etwas sagt, ändert sich nichts.

3. Sage deutlich, was du denkst
Sage klar und deutlich, dass das unerwünschte Verhalten unterlassen werden soll.

4. Merke dir
Merke dir, wer die Vorfälle noch beobachtet hat.

5. Teile deine Beobachtungen mit
Teile deine Beobachtungen einer Vertrauensperson mit.

M17 Wenn die Lehrkraft mobbt ...

Hallo!

Mein Sohn besucht ab September ein Gymnasium. Von verschiedenen Bekannten, deren Kinder auch diese Schule besuchen, weiß ich, dass dort seit Jahren ein Musiklehrer immer wieder Schüler mobbt. Er macht sich auf Kosten des jeweiligen Schülers lustig, hat natürlich die Lacher in der Klasse meist auf seiner Seite (die meisten Kinder sind froh, dass nicht sie Zielscheibe sind).

Es geht so weit, dass einzelne Kinder regelmäßig vor Musikstunden „Bauchweh" haben, ihren Eltern aber nichts erzählen, da sie Angst haben, die beschweren sich und alles wird noch schlimmer – was leider so auch schon passiert ist !!!

Eine Klasse hat sich im letzten Schuljahr geschlossen hinter das gemobbte Kind gestellt und die Klassenlehrerin eingeschaltet, worauf es besser wurde, aber auch noch Vorfälle stattfanden.

Leider haben nicht alle Schüler soviel Zivilcourage wie die oben erwähnte Klasse – und Lehrer anscheinend auch nicht, da dieses Verhalten auch anderen Lehrern bekannt sein dürfte.

Der Lehrer ist Oberstudienrat – also kein „kleines Licht".

*www.schule-und-familie.de/forum/schule-erziehung/
546-mobbing-durch-lehrer.html (Auszüge)*

Wenn der Lehrer mobbt?

- Bei Problemen mit der Lehrerin oder dem Lehrer sollten Sie ruhig um ein persönliches Gespräch bitten. Vor dem Gespräch ist es ratsam, Beweise für ungerechtes Verhalten zu sammeln.
- Notieren Sie sich die Sprüche und suchen Sie sich Mitschülerinnen und Mitschüler als Zeugen.
- Lässt die Lehrkraft nicht mit sich reden, wenden Sie sich an die Schulleitung.
- Ist dies ergebnislos, kann die Schulaufsichtsbehörde auf die Lehrkraft einwirken.
- Wenn alles nichts hilft, kann ein Anwalt zum Recht verhelfen.

Vgl. Frankfurter Rundschau, 5.12.2006, S. 26.

Was Lehrkräfte tun

- Die Lehrperson stellt einen Schüler immer wieder bloß.
- Die Lehrperson witzelt über eine Schülerin.
- Die Lehrkraft vergibt Spitznamen.
- Es werden Andeutungen über die Eltern gemacht.
- Demütigungen in Worten und Taten.
- Man lässt jemanden nicht zu Wort kommen.
- Durch ständige Kritik wird Druck ausgeübt.
- Eine Person wird nie gelobt.
- Übertriebene Strafen.
- Unangemessenes Drohen mit Konsequenzen.
- Verbale Beschimpfungen.
- Hilfe verweigern.
- Schüler nicht ernst nehmen.
- Schutz verweigern.
- Körperliche Übergriffe wie treten, stossen, kneifen, schlagen, berühren, klopfen.

*Esther Lauper: Mobbing im Bildungsbereich. (2001)
www.neueslernen.ch*

- Was würden Sie der Mutter raten?
- Was würden Sie als Kollegin/Kollege der Lehrkraft tun?
- Welche Handlungsweisen sind erfolgversprechend?

M18 Anti-Mobbing-Konvention

Zehn Artikel für eine Schule ohne Mobbing und Schikane

1. Wir achten in Wort und Tat die Würde unserer Mitmenschen.
2. Wir leisten jedem Mitmenschen, der darum bittet, Beistand gegen Schikanen und stellen uns demonstrativ an seine Seite, auch wenn wir nicht in allem seine Meinung teilen. Wir lassen Angefeindete nicht allein!
3. Wir wollen den Anfängen von Psychoterror in unserer Schule wehren, von wem er auch ausgeht.
4. Wir wollen uns in Toleranz und Zivilcourage üben.
5. Wir begegnen fremden Fehlern ebenso nachsichtig wie unseren eigenen.
6. Wir wollen uns nicht an der Entstehung und Verbreitung von Gerüchten beteiligen. Unser Grundsatz sei: mit den Menschen, nicht über sie reden!
7. Wir erklären ausdrücklich, dass wir uns an die Gesetze und die sonstigen Bestimmungen zum Schutz von Schwachen halten, und verpflichten uns, auf deren Einhaltung in unserer Schule zu bestehen.
8. Wir erklären, dass wir niemanden schikanieren. Niemand soll andere über- oder unterfordern. Niemand soll andere bewusst Situationen aussetzen, denen sie nicht gewachsen sind.
9. Wir wollen uns stets Mühe geben, mit jedermann in unserer Schule höflich und offen zusammenzuarbeiten und dabei Problemen nicht aus dem Weg zu gehen.
10. Wir verpflichten uns, mit anderen gemeinsam gegen Mobbing und Psychoterror vorzugehen, wo wir dies beobachten. Wir handeln gemeinsam statt einsam.

Unterschriften
Für die Schüler, für die Eltern, für die Lehrkräfte

Horst Kasper: Mobbing in der Schule. Probleme annehmen, Konflikte lösen. Weinheim und Basel 1998, S. 185.

Kandersteger Deklaration gegen Mobbing bei Kindern und Jugendlichen (2007)
Wir fordern

- Wir müssen Mobbing verhindern und zwar ohne Zögern und überall, wo Kinder und Jugendliche leben, lernen und spielen.
- Prävention muss früh beginnen und über die ganze Kindheit und das Jugendalter reichen. Dabei ist auf wissenschaftlich gesichertem Wissen über Risiken und Schutzfaktoren aufzubauen.
- Allen Erwachsenen, die Kinder betreuen, ist Zugang zu Wissen und zu Bildungsangeboten zu ermöglichen, damit sie im Stande sind, wirkungsvoll positive Sozialbeziehungen zu fördern und Mobbing zu verhindern.
- Es sind politische Massnahmen zu ergreifen und wissenschaftlich abgesicherte Präventionsprogramme einzusetzen, die dem Alter, dem Geschlecht sowie der Kultur angemessen sind und Familien, Gleichaltrige, Schulen und Gemeinden mit einbeziehen.
- Präventionsprogramme sind fachlich zu begleiten und immer wieder wissenschaftlich auf ihre Wirksamkeit zu überprüfen.

Verabschiedet von den Teilnehmerinnen und Teilnehmern der internationalen Konferenz „Mobbing bei Kindern und Jugend-lichen" am 10.6.2007 in Kandersteg, Schweiz.
www.kanderstegdeclaration.com

Rechtsextremismus

Grundwissen

Materialien

Für Lehrkräfte und Eltern

Für den Unterricht

Für die gesamte Schule

Dieser Baustein beschäftigt sich damit, was Rechtsextremismus ist, welche Überzeugungen ihm zugrunde liegen und welche Erklärungsansätze diskutiert werden. Vor diesem Hintergrund werden politische und und pädagogische Handlungsmöglichkeiten gegen Rechtsextremismus entfaltet.

Rechtsextremismus

Rechtsextreme Einstellungen

Die Quote der deutschen Jugendliche, die der Aussage „In Deutschland gibt es zu viele Ausländer" uneingeschränkt zustimmen, beträgt 29,7 %. In hohem Maß ausländerfeindliche Einstellungen haben 14,4 % offenbart; als eindeutig rechtsextrem (ausländerfeindlich gekoppelt mit entsprechendem Verhalten) sind 5,2 % einzustufen, stark antisemitisch haben sich zudem 4,3 % der deutschen Jugendlichen geäußert.

Zu diesen Quoten kommt jeweils ein deutlich höherer Prozentsatz von deutschen Jugendlichen hinzu, die ausgeprägte Sympathien zu solchen Einstellungen und Verhaltensweisen aufweisen.

Ergebnisse einer repräsentativen Umfrage des Kriminologischen Forschungsinstituts Niedersachsen in den Jahren 2007/2008. Befragt wurden 44.610 Jugendlichen im Alter von 15 Jahren.

Dirk Baier/Christian Pfeiffer: Jugendliche in Deutschland als Opfer und Täter von Gewalt. Forschungsbericht 107. Kriminologisches Forschungsinstitut Niedersachsen. Hannover 2009, S. 13.

Rechtsextreme Einstellungen sind kein Randphänomen, sondern in allen gesellschaftlichen Gruppen und in allen Bundesländern (wenngleich mit unterschiedlicher Gewichtung) weit verbreitet. Menschen mit rechtsextremen Einstellungen bilden keine geschlossene, sondern eine sehr heterogene Gruppe. Ausländerfeindlichkeit und Chauvinismus als Dimensionen des Rechtsextremismus haben die höchsten Zustimmungswerte. Rechtsextremismus ist ein politisches Problem, das in der Mitte der Gesellschaft angesiedelt ist. So einige Befunde neuerer Rechtsextremismusforschung (vgl. Decker u.a. 2008, S. 10 ff.). Dabei ist zu beachten, dass es sich um Einstellungen handelt und nicht um entsprechend motivierte Handlungen, wie Wahlverhalten oder Gewalttaten. Gleichwohl gibt es einen Zusammenhang zwischen Einstellungen und Verhalten.

Der harte Kern der organisierten Rechtsextremisten wird vom Bundesamt für Verfassungsschutz für das Jahr 2008 auf ca. 30.000 Personen geschätzt. Rechtsextremistisch motivierte Straf- und Gewalttaten prägen in vielen Bereichen das öffentliche Klima und erzeugen vielerorts ein Gefühl von Ohnmacht, zumal wenn ganze Gebiete im rechtsextremen Sprachgebrauch als „national befreite Zonen" bezeichnet werden, in denen es (nicht nur) für Ausländer gefährlich werden kann. Nach Angaben des Bundesinnenministeriums (2009, S. 26) gab es 2008 bundesweit ca. 24.605 Straftaten mit rechtsextremem Hintergrund.

Der (versuchten) Meinungsdominanz der Rechten muss entschieden entgegengetreten werden. Diskriminierungen und Gewalttaten dürfen nicht hingenommen werden.

Rechtsextreme Einstellungen in West- und Ostdeutschland
(in Prozent)

	Gesamt	West	Ost
Befürwortung Diktatur	3,7	3,3	5,6
Chauvinismus	14,9	14,3	17,1
Ausländerfeindlichkeit	21,2	18,2	32,6
Antisemitismus	9,0	9,3	7,9
Sozialdarwinismus	3,1	3,5	1,6
Verharmlosung des Nationalsozialismus	3,2	3,8	1,0

Oliver Decker/Elmar Brähler: Bewegung in der Mitte. Rechtsextreme Einstellungen in Deutschland 2008. Berlin 2008, S. 24.

Was ist Rechtsextremismus?

Der Politikwissenschaftler Richard Stöss unterscheidet bei der Bestimmung des Rechtsextremismus zwischen der amtlichen Definition, z.B. der Verfassungsschutzbehörden und der wissenschaftlichen Untersuchung des Phänomens (vgl. Stöss 2007, S. 14 ff.; Heuss 2008).

Grundwissen

Amtliche Definition

Im Amtsgebrauch ist die freiheitlich-demokratische Grundordnung (FDGO) der Bundesrepublik Deutschland, so wie sie im Grundgesetz als dessen Kernbestand enthalten ist, der zentrale Prüfstein für die Bewertung einer Organisation oder Handlung als extremistisch: „Als extremistisch gelten Bestrebungen, die gegen die freiheitliche demokratische Grundordnung, den Bestand und die Sicherheit des Bundes oder eines Landes gerichtet sind oder eine ungesetzliche Beeinträchtigung der Amtsführung der Verfassungsorgane des Bundes oder eines Landes oder ihrer Mitglieder zum Ziel haben" (Stöss 2007, S. 17). Zur Kennzeichnung als extremistisch tritt das Kriterium der Verfassungsfeindlichkeit erst hinzu, wenn extremistische Handlungen „aggressiv und planvoll die freiheitliche demokratische Grundordnung funktionsunfähig machen, um sie letztendlich zu beseitigen" (Stöss 2007, S. 17). Wird etwa eine Partei als extremistisch eingeschätzt, so hat dies in der Regel die Beobachtung der betreffenden Organisation bzw. ihrer Mitglieder durch die Verfassungsschutzbehörden zur Folge, während die Einstufung als verfassungsfeindlich zu konkreten rechtlichen Schritten, bis hin zu einem Parteiverbot führen kann. Da die Übergänge fließend sind, arbeiten die zuständigen Bundes- und Landesbehörden mit abgestuften Kriterien: Es wird von einer demokratischen Mitte ausgegangen, welche sich, je nach Ausrichtung der beurteilten Institutionen, ins linke bzw. rechte politische Spektrum ausdifferenziert. Um Parteien, die stark in eine politische Richtung tendieren, jedoch noch auf dem Boden der FDGO agieren, von extremistischen zu unterscheiden, wird die Zwischenkategorie des Radikalismus verwendet. Als rechts- oder linksradikal „werden politisch-ideologische Grundeinstellungen beziehungsweise Bestrebungen bezeichnet, die gesellschaftliche Fragen und Probleme von deren Ursprüngen bis in die letzten Details, also mit besonderer Konsequenz und einseitiger Kompromisslosigkeit, zu lösen suchen" (Nandlinger 2008). Dabei kann es sich z.B. um fundamentale Kapitalismuskritik von rechts oder links handeln, welche die Grundwerte der FDGO jedoch nicht berührt.

Es ist zu betonen, dass das amtliche Extremismus-Modell nicht den Anspruch erhebt, die tatsächlichen gesellschaftlichen Verhältnisse abzubilden, es „markiert lediglich den Grenzbereich

FDGO

Kennzeichnend für die freiheitliche demokratische Grundordnung sind acht Prinzipien:
- Menschenrechte
- Volkssouveränität
- Gewaltenteilung
- Verantwortlichkeit der Regierung
- Gesetzmäßigkeit der Verwaltung
- Unabhängigkeit der Gerichte
- Mehrparteienprinzip
- Chancengleichheit der Parteien einschließlich Oppositionsfreiheit.

Richard Stöss: Rechtsextremismus im Wandel. Berlin 2007, S. 16.

zwischen den Grundprinzipien der Demokratie und demokratiefeindlichen Bestrebungen" (Stöss 2007, S. 21). Im behördlichen Gebrauch geht es also in erster Line um die Beurteilung der Verfassungsfeindlichkeit von Handlungen, Organisationen etc. Die unterschiedlichen Facetten des Rechtsextremismus, also die Fragen, was seine gesellschaftlichen Ursachen und Folgen sind, was für seine Weltanschauung kennzeichnend ist usw., müssen unter Rückgriff auf die wissenschaftliche Literatur erörtert werden.

Das amtliche Extremismus-Modell

Links-extremismus	Links-radikalismus	**Demokratische Mitte**	Rechts-radikalismus	Rechts-extremismus

Verfassungskonformes Spektrum
(Definition durch FDGO)

Vgl. Richard Stöss: Rechtsextremismus im Wandel. Berlin 2007, S. 19.

rmacht kämpfte
nständig
nausstellung!

Wissenschaftliche Definitionen

Eine wissenschaftliche Definition gibt Hans-Gerd Jaschke (1994, S. 31): „Unter ‚Rechtsextremismus' verstehen wir die Gesamtheit von Einstellungen, Verhaltensweisen und Aktionen, organisiert oder nicht, die von der rassisch oder ethnisch bedingten sozialen Ungleichheit der Menschen ausgehen, nach ethnischer Homogenität von Völkern verlangen und das Gleichheitsgebot der Menschenrechts-Deklarationen ablehnen, die den Vorrang der Gemeinschaft vor dem Individuum betonen, von der Unterordnung des Bürgers unter die Staatsräson ausgehen und die den Wertepluralismus einer liberalen Demokratie ablehnen und Demokratisierung rückgängig machen wollen." Kürzer bringt es Wilhelm Heitmeyer (2007, S. 3) auf den Punkt: „Rechtsextremistische Orientierungen sind charakterisiert durch die Verbindung von Ideologien der Ungleichwertigkeit der Menschen mit zumindest der Akzeptanz von Gewalt als Handlungsform". Aus beiden Definitionen wird eine grundlegende Unterscheidung deutlich, die in der sozialwissenschaftlichen Literatur zum Rechtsextremismus breit etabliert ist, nämlich zwischen rechtsextremistischen Einstellungen und Verhalten.

Obwohl die Erscheinungsformen des politischen Rechtsextremismus in Deutschland sich z. T. deutlich unterscheiden, wird in der Forschung von einem ideologischen Grundbestand einer rechtsextremistischen Weltanschauung ausgegangen. Diese kennzeichnet, in unterschiedlichen Ausprägungen, rechtsextremistisches Gedankengut. Grundlegend für das Verständnis dieser Weltanschauung ist die strukturelle Differenz zwischen demokratischem und rechtsextremem politischem Denken. Während demokratische politische Ideen ständigen Aushandlungsprozessen unterliegen, die Vorläufigkeit bzw. Revidierbarkeit implizieren, grundsätzlich einem rationalen Begründungszwang unterworfen sind und die strukturelle Notwendigkeit von Kompromiss und Konzession zur Folge haben, handelt es sich beim Rechtsextremismus um politischen Fundamentalismus.

Ideologischer Grundbestand

Politische und soziale Mythen, als für unumstößlich gehaltene Prinzipien bilden die Basis für eine irrationale, quasi-religiöse Selbstimmunisierung, der mit rationalen Argumenten nicht beizukommen ist: „Gegen die Prinzipien rationalistischer, auf die Befreiung des Individuums zielender Universalnormen seit der Aufklärung, gegen Freiheit, Gleichheit, Brüderlichkeit setzt der Rechtsextremismus einen Kanon von nicht-hintergehbaren Werten" (Jaschke 1994 S. 55; vgl. Lenk 2005).

Grundwissen

Einstellungen

Einstellungen sind in der Regel dem Verhalten vorgelagert. Sie schlagen sich aber nicht zwangsläufig in konkreter Praxis nieder. Das gilt (...) generell: Nur ein kleiner Teil der Bevölkerung ist politisch aktiv, und daher ist das rechtsextremistische Einstellungspotenzial wesentlich größer als das Verhaltenspotenzial. Einstellungen sind praxisrelevant, aber Verhalten kann sich auch auf Einstellungen auswirken. Jedenfalls ist die Unterscheidung zwischen Einstellungen und Verhalten analytisch notwendig.
Richard Stöss: Rechtsextremismus im Wandel. Berlin 2007, S. 26 f.

Demokratisches und rechtsextremistisches Denken im Vergleich

demokratisch
- Anerkennung der allgemeinen Menschenrechte und der Gleichwertigkeit aller Menschen
- Politische Teilhabe; Volkssouveränität; Verantwortlichkeit der Regierung, Rechtsstaatlichkeit
- Meinungsfreiheit; Aushandlungsprozesse; rationaler Begründungszwang und Vorläufigkeit politischer Ideen; Kompromiss
- Politischer, sozialer und kultureller Pluralismus

rechtsextremistisch
- Rechtlosigkeit des Einzelnen gegenüber der Gemeinschaft; Ideologien der Ungleichwertigkeit
- Führerprinzip; Führerstaat mit militärischen Ordnungsprinzipien, Rechtsdiktatur
- Keine Meinungs- und Gewissensfreiheit; politische Mythen als antirationale Selbstimmunisierung; unverrückbare Prinzipien statt Diskussion
- Politische Vereinheitlichung, Leitkultur

Vgl. Oliver Decker/Katharina Rothe/Marliese Weissmann/Norman Geißler/Elmar Brähler. Unter Mitarbeit von Franziska Göpner und Kathleen Pöge: Ein Blick in die Mitte. Zur Entstehung rechtsextremer und demokratischer Einstellungen in Deutschland. Berlin 2008.

Legitimation

Menschen sind zu unglaublich brutalen Taten in der Lage – aber nicht unwissend und gewissenlos, sondern willentlich, weil sie annehmen, genau richtig zu handeln. Dazu kann es kommen, wenn Menschen sich mit einer Gruppe identifizieren, deren Ideologie so ein Handeln rechtfertigt und die Erniedrigung oder sogar Vernichtung von anderen legitimiert.

Menschen identifizieren sich umso seltener mit gewaltbereiten Gruppen oder autoritären Rollen, je stärker sie sich in anderen Gemeinschaften verankert fühlen, in denen ganz andere Normen und Gesetze gelten.

Alexander Haslam/Stephen D. Reicher: Die Logik des Bösen. In: Psychologie Heute, November 2008, S. 53.

Vorherrschend ist ein ahistorisches, stark ideologisch geprägtes Verständnis von verabsolutierten Kategorien wie „dem Volk". Das Volk, verstanden als ethnisch und kulturell homogene „Schicksalsgemeinschaft", sei der primäre Lebens- und Identitätszusammenhang des Menschen und hätte als kollektives Subjekt die oberste Autorität inne. Aus solchen Überzeugungen wird z.B. gefolgert, dass der „Volkskörper" vor „Überfremdung" zu schützen sei und sich, folgend aus der „Grundierung des rechtsextremen Weltbildes durch den seit dem 19. Jahrhundert virulenten Sozialdarwinismus" (Lenk 2005, S. 19), im ständigen Überlebenskampf mit konkurrierenden Völkern befände (vgl. Jaschke 1994, S. 55 ff.).

- **Chauvinismus:** Ein übersteigerter Nationalismus, der nationalstaatliche Interessen zum einzigen Maßstab erhebt. Gegenüber anderen Nationen herrscht ein aggressives Abgrenzungsbedürfnis, welches sich zur Vorstellung ständiger äußerer Bedrohung steigern kann. Aus sozialdarwinistischen Vorstellungen wird der ständige Konkurrenzkampf der Völker sowie die eigene Überlegenheit abgeleitet.

- **Ideologien der Ungleichwertigkeit:** Die Überzeugung, dass Menschen ein unterschiedlicher Wert zukomme bzw. Menschen, die nicht der eigenen, durch geteilte Herkunft, Kultur, Neigungen etc. definierten Gruppe zugehören minderwertig seien. Diesen werden z.B. Rechte abgesprochen; häufig werden Fremde sogar als bedrohlich dargestellt. Auch wenn solche Ideologien keineswegs nur bei Rechtsextremisten zu finden sind, gehören z.B. Fremdenfeindlichkeit/Ausländerfeindlichkeit, Rassismus oder Antisemitismus hier zum ideologischen Rüstzeug.

- **Rechtsdiktatur:** Anstelle demokratischer Legitimation und Verantwortlichkeit werden das Führerprinzip bzw. der Führerstaat als Ideale politischer Organisation angesehen. Pluralistische parlamentarische Systeme werden abgelehnt und bekämpft, da sie als ein Ausdruck des „die Nation vermeintlich zerreißenden und schwächenden Liberalismus" (Stöss 2007, S. 25) angesehen werden. Aufgrund der angenommenen kollektiven Autorität des Volkes werden die universellen politischen und Freiheitsrechte des Menschen verneint. Die „Volksgemeinschaft" hat den absoluten Vorrang vor Freiheit, körperlicher Unversehrtheit, Recht auf freie Meinungsäußerung, Gedanken- und Gewissensfreiheit usw.

- **Sozialdarwinismus:** Die (wissenschaftlich unhaltbare) Auffassung, dass sich die von Charles Darwin postulierte biologische Evolutionstheorie auf gesellschaftliche Zusammenhänge übertragen lasse bzw. diese analog funktionierten. Dem Sozialdarwinismus „zufolge beruht das Lebensrecht eines

Kollektivs [oder Individuums] primär auf der Tatsache, dass es sich im ewigen Daseinskampf der Völker [der Individuen] zu behaupten vermag. Das Recht zu leben stehe und falle mit der Macht zum Überleben; Schwäche sei faktisch Unrecht" (Lenk 2005, S. 19).

- **Verharmlosung des Nationalsozialismus:** Rechtsextremismus kann nicht mit Neonazismus gleichgesetzt werden, da die Bejahung des historischen bzw. das Anstreben eines zukünftigen Nationalsozialismus bei weitem nicht von allen Menschen mit rechtsextremen Einstellungen geteilt wird. Aussagen wie: „Die Verbrechen des Nationalsozialismus sind in der Geschichtsschreibung weit übertrieben worden", oder „Der Nationalsozialismus hatte auch seine guten Seiten" (vgl. Decker u.a. 2008; 2006) sind jedoch kennzeichnend für ein rechtsextremes Geschichtsbild.

Hassparolen

In dem Maß, wie es rechtsgerichteten Kreisen gelingt, die realen Probleme in der Lebenswirklichkeit vieler Jugendlicher mit Hassparolen zu verknüpfen und aufzuladen, wächst auch die gesellschaftliche Brisanz.

Rainer Fromm: „We play NS Hardcore". Neue Tendenzen am rechen Rand – zwischen Protest und Extremismus. In: BPJM-Aktuell, 1/2008, S. 21.

Grundwissen

Rechtsextremistische Organisationen

Ende 2008 gab es in Deutschland 156 (2007: 180) rechtsextremistische Organisationen und Personenzusammenschlüsse. Die Zahl ihrer Mitglieder sowie der nichtorganisierten Rechtsextremisten liegt mit 30.000 etwas unter der des Vorjahres (31.000).

Die Zahl der subkulturell geprägten und sonstigen gewaltbereiten Rechtsextremisten ging auf 9.500 (2007: 10.000) zurück. Zu den Gewaltbereiten werden auch diejenigen Rechtsextremisten gezählt, die – ohne bislang Gewalttaten verübt zu haben – Gewaltanwendung befürworten. Dazu gehören auch rechtsextremistische Skinheads, die sich durch ihre subkulturelle Prägung von anderen gewaltbereiten Rechtsextremisten, beispielsweise aus dem Neonazilager, unterscheiden.

Die Zahl der Neonazis hingegen ist um 9 % auf 4.800 (2007: 4.400) gestiegen. Der Organisationsgrad der Neonazi-Szene ist mit 87 (2007: 107) Gruppierungen, die ein Mindestmaß an organisatorischen Strukturen erkennen ließen, deutlich gesunken.

Die Mitgliederentwicklung in den rechtsextremistischen Parteien ist durch einen leichten Rückgang bei der NPD auf 7.000 (2007: 7.200) und einen Rückgang bei der DVU auf 6.000 (2007: 7.000) gekennzeichnet. Die Zahl der sonstigen rechtsextremistischen Organisationen ist mit 65 (2007: 69) annähernd gleich geblieben. Diesem Spektrum gehören rund 3.800 (2007: 4.000) Mitglieder/Aktivisten an.

Bundesministerium des Innern: Verfassungsschutzbericht 2008, Berlin 2009, S. 52.

Rechtsextreme Milieus

Grundwissen

Musik als Einstieg
Auf nationaler Ebene in Deutschland sind es heute vor allem die vielen Bands, denen es mit ihrer modernen Verpackung gelingt, rechte Ideologie zeitgemäß in die Köpfe vieler Jugendlicher zu transportieren. Über Umweltschutz, Sozialthemen, Globalisierungskritik und Vegetarismus wird die Schneise in aktuelle Zeitfragen geschlagen, um dann die vermeintlichen Antworten mit völkischen, antiamerikanischen und antisemitischen Klischees aufzuladen.
Rainer Fromm: „We play NS Hardcore". Neue Tendenzen am rechten Rand – zwischen Protest und Extremismus. In: BPJM-Aktuell, 1/2008, S. 21.

Rechtsextreme Milieus üben ihre Attraktivität hauptsächlich über diverse Aktivitäten, Engagementangebote und die Möglichkeit der Identifikation aus. Die Aktivitäten reichen von geselligen Abenden am Lagerfeuer über Konzerte bis zu politischen Aktionen (vgl. zum Folgenden: Held 2007, S. 27 ff.). So wird die für kleine Ortschaften typische Langeweile bekämpft, es bieten sich informelle Kontaktmöglichkeiten und es werden Zugehörigkeitsgefühle intensiviert. Das Engagement für das eigene Gemeinwesen, die Region oder das Land spielt bei der Zuwendung zu rechten Milieus eine erhebliche Rolle wobei dieses Engagement stets mit der Hoffnung eines persönlichen Gewinns verbunden ist.

Rechtsextreme Milieus bieten vielfältige Möglichkeiten der Identifikation, wie z.B. die vermeintliche Überlegenheit der eigenen Kultur und Gesellschaft oder die Ziele rechtsextremer Politik, die so formuliert sind, dass sie scheinbar Lösungen für gesellschaftliche Probleme und Krisen liefern. Hinzu kommen Identifikationsangebote mit charismatischen Führern, die Orientierung bieten.

- **Musikszene:** In fast allen Jugendkulturen stellt Musik für Jugendliche den häufigsten Beweggrund für die Hinwendung zu einer Szene dar. Aus diesem Grund spielt sie als Medium eine bedeutende Rolle in rechtsextremen Milieus. Sie ist das wichtigste Instrument für die Kontaktaufnahme der Rechtsextremen mit unpolitischen Jugendlichen und trägt so entscheidend zur Entstehung und Verfestigung neuer rechtsextremer Gruppen bei. Dies geschieht hauptsächlich im Rahmen von Konzerten, die aufgrund ihrer stark emotionalen Stimmungen hohe Identifikationsmöglichkeiten fördern und ein Gemeinschaftsgefühl ermöglichen. Konzerte sind auch Anlass für unmittelbare Kontaktaufnahme, Informationsaustausch und Netzwerkbildungen, die regionale und überregionale Milieus stärken.

- **Parteien:** Gegenwärtig ist von den als rechtsextrem eingestuften Parteien nur die NPD auffällig aktiv. Die Parteien stellen im rechtsextremen Milieu den legalen Arm der Bewegung dar, die Politik im institutionellen Rahmen ermöglicht, und so Zugang zu wichtigen Ressourcen wie öffentliche Gelder und Medien verschafft und des Weiteren den Schein einer politischen Respektabilität zu produzieren versucht. So waren 2008 die NPD in den Landesparlamenten von Sachsen und Mecklenburg-Vorpommern mit acht bzw. sechs Abgeordneten und die DVU im Landtag von Brandenburg mit sechs Abgeordneten vertreten.

- **Freie Kameradschaften:** Die legale Grundlage der Parteien schließt automatisch Aktivitäten jenseits der roten Linie aus,

dagegen sind die freien Kameradschaften als lose Zusammenschlüsse nicht an juristische Bedingungen gebunden. So können illegale Aktivitäten zwar Strafverfolgungen für einzelne Akteure auslösen, die Organisation selbst aber nicht gefährden. Diese Organisationsform wird in vielen rechtsextremen Milieus wegen ihrer Flexibilität bevorzugt.

- **Internet:** Rechtsextremisten nutzen seit Jahren das Internet, um andere Personen relativ unkompliziert mit rechtsextremistischem Gedankengut in Berührung zu bringen. Dabei spielt jugendliche Faszination für vermeintlich Verbotenes eine nicht unerhebliche Rolle (Bundesministerium des Innern 2008, S. 53).

Der neue Rechtsextremismus

Rechtsextremisten verstecken sich längst nicht mehr, sie kämpfen offen um die Macht in den Städten. Diesen Kampf führen die neuen Nazis besonders in den strukturschwachen Regionen Ostdeutschlands. In Fußballvereinen, Feuerwehren und auf Schulhöfen sind die neuen Nazis aktiv. Sie füllen heute gezielt Versorgungslücken, die der Staat vernachlässigt, bieten Schülern Nachhilfe oder Hartz-IV-Empfängern Unterstützung im Zwist mit den Behörden. Dabei arbeiten gewaltbereite „Freie Kameradschaften", die aus der Skinhead-Bewegung stammen, offen mit der NPD zusammen. Die NPD kämpft um die Parlamente, die „Freien Kameradschaften" streiten um die Straße.

Die neuen Nazis haben einen auffälligen Imagewechsel vollzogen: Alkohol ist auf Demonstrationen neuerdings verpönt, der martialische Look aus Springerstiefeln, Glatze und Bomberjacke wurde durch unauffällige Kleidung der Modemarke Thor Steinar, die subtil mit völkischer Symbolik spielt, ersetzt. Vor kurzem hetzte die NPD noch gegen Sozialschmarotzer und faule Arbeitslose, nun engagiert sie sich gegen die Globalisierung und für soziale Rechte. Den Neonazis ist es so gelungen, dass der Rechtsextremismus heute an vielen Orten im Osten Deutschlands als akzeptierte Position unter anderen begriffen wird. Das macht ihn alles andere als ungefährlicher.

Alexander Jürgs: Auf dem Marsch in die Mitte. Frankfurter Rundschau, 19.2.2008, S. 11, Auszüge.

Wie sollte die Gesellschaft mit den Modelabels der Rechtsextremen umgehen? Grundwissen

Man kann natürlich jeden Thor-Steinar-Träger öffentlich stigmatisieren, das ist aber nur eine kurzfristige Form des Sich-Gut-Fühlens. Proteste wie Mahnwachen vor Läden können punktuell etwas bringen, aber man muss sich langfristig schon mit dem Träger als Mensch und seinen Motiven auseinander setzen, fragen, warum er sich das umhängt und sagen, warum man es falsch findet.

Bernd Wagner, Leiter des Zentrums Demokratische Kultur. In: Frankfurter Rundschau, 20.5.2008, S. 9.

Eine Kultur der Chancen
Unser Schulsystem entlässt jedes Jahr viel zu viele Schüler ohne brauchbaren Abschluss. Wir brauchen eine Kultur der zweiten und dritten Chance, eine Schulreform, die diesen Namen verdient, und eine bessere vorschulische Erziehung. Es ist ein Skandal, dass vor allem in den westlichen Bundesländern alleinerziehende Väter und Mütter immer noch nicht wissen, wo sie ihre Kinder lassen sollen. Unsere Kultur ist kinder- und jugendfeindlich. Damit stärken wir das Rekrutierungsfeld der Rechtsextremisten.
Uwe-Karsten Heye, Vorsitzender des Vereins Gesicht Zeigen! In: Frankfurter Rundschau, 27.11.2007, S. 3.

Was tun gegen den Rechtsextremismus?

Isoliert kann pädagogisches Handeln nur wenig bewirken, als Bestandteil gesamtgesellschaftlicher Bemühungen gegen Rechtsextremismus ist Pädagogik jedoch unersetzbar. Pädagogische Strategien stellen ein Element einer erforderlichen Gesamtstrategie dar, die vor allem folgende Ebenen umfassen sollte (zum Folgenden Schubarth 2000):

Ökonomisch-soziale Ebene
Um den Nährboden für Rechtsextremismus zu entziehen, bedarf es des Abbaus sozialer Ungleichheiten und der Verminderung der Gegensätze zwischen Arm und Reich. Insbesondere unter den Bedingungen einer Medien-, Konsum-, Leistungs- und Konkurrenzgesellschaft geraten Kinder und Jugendliche, die ihre soziale und personale Identität erst entwickeln müssen, schnell an den Rand der Gesellschaft. Deshalb sind für Jugendliche das Vorhandensein realer Chancen für angemessene Lebensperspektiven, insbesondere eine abgeschlossene Berufsausbildung und ein gelungener Übergang in den Beruf lebenswichtig.

Politische Ebene
Hier gilt es vor allem, die Gestaltungsfähigkeit der Politik unter Beweis zu stellen und einer Ethnisierung sozialer Problemlagen z.B. durch eine transparente Einwanderungspolitik entgegenzuwirken. Mit Blick auf die gesellschaftliche Rolle der Jugend bedarf es eines grundlegenden Einstellungswandels, der Herausbildung einer „Kultur des Dialogs" mit der Jugend, z.B. im Rahmen einer „Neuverhandlung" des Generationenvertrages. Zentral ist weiterhin die Entwicklung der politischen Kultur, insbesondere die Ausprägung und Festigung eines demokratischen Wertekonsens (z.B. Garantie der Menschen- und Grundrechte).

Die Ebene der Polizei und Justiz
Polizei und Justiz können das Problem des Rechtsextremismus allein nicht lösen – sie können aber durch professionelle Arbeit, insbesondere durch rasches und konsequentes Handeln zur deutlichen Grenzziehung beitragen und Schlimmeres verhüten helfen. Darüber hinaus kann auch präventive Arbeit geleistet werden (z.B. durch Kampagnen zur Normverdeutlichung, durch die Arbeit von Sonderkommissionen oder die Entwicklung von „gemeindeorientierter Polizeiarbeit").

Handlungsebenen

	1. Ebene	2. Ebene	3. Ebene

	• Symbolische Politik
	• Geistig-politische
	  Auseinandersetzung
		• Repression	• Politik der sozialen
			  Integration

Beispiele	• Demonstrationen
	• Öffentliche Aktionen
	• Publizistik/Öffent-
	  lichkeitsarbeit
	• Politische Bildung
		• Polizei, Justiz, Ver-
		  fassungsschutz
		• Politik der inneren
		  Sicherheit
		• Gesetzgebung
			• Bildung, Sozialarbeit
			• Sozial-, Jugend-,
			  Migrations- und
			  Arbeitsmarktpolitik
			• Politische Bildung

Funktion	• Betroffenheit
	• Moralische Empörung
	• Aufklärung und Infor-
	  mation
	• Ächtung des Rassismus
	• Durchsetzung von
	  Gruppeninteressen
		• Gefahrenabwehr
		• Strafverfolgung
		• Polizeiliche Prävention
		• Politikberatung über
		  Extremismus
		• Staatliche Droh-
		  potenziale
			• Soziale Integration
			  in die Gesellschaft
			• Vermittlung von
			  Werten und Fertig-
			  keiten

Hans-Gerd Jaschke: Für eine aktivierte Bürgergesellschaft – Thesen zur Diskussion über Rechtsextremismus im Sommer 2000. Mainz 2000, S. 16.

Ebene der Kommune

Im Mittelpunkt kommunaler Ansätze steht das politische Klima in den Städten und Gemeinden, das stark von den lokalen Akteuren und deren Zusammenwirken geprägt wird. Die Präventivwirkung einer lokalen politischen Kultur im Sinne der Herausbildung einer zivilgesellschaftlichen, demokratischen Kultur kann durch das Wirken kommunaler Präventionsgremien und lokaler Bündnisse für Toleranz und Demokratie gefördert werden.

Faschismus ist keine Meinung, sondern ein Verbrechen!

Alltagsebene

Auf der Alltagsebene ist eine Verminderung von Desintegrationserfahrungen für Kinder und Jugendliche durch Integrationsangebote und identitätsstabilisierende Milieuangebote anzustreben, z.B. durch schulische und außerschulische Jugendarbeit, durch Ausbau von sozialpädagogischen Beratungs-, Hilfs- und Förderangeboten, besonders für gefährdete Jugendliche. Notwendig bleibt eine kommunalpolitische und bildungspolitische Debatte

 ©2010, Institut für Friedenspädagogik Tübingen e.V. – WSD Pro Child e.V.

Der beste Unterricht ...

Sie können den besten Unterricht machen, mit dem sie versuchen, Schüler über Vorurteile aufzuklären, sie gegen Vorurteile zu immunisieren, wenn dann aber, sagen wir mal der Kollege aus der Physik, oder aus dem Sport kommt, jemand der eine hohe Akzeptanz bei den Schülern hat und eine blöde Bemerkung macht, dann vernichtet er sofort alle Aufklärungsarbeit.
Eine weitere Schwierigkeit besteht darin, wenn die Elternhäuser nicht mitspielen oder vollkommen indifferent sind. Aufklärung ist ein ganz empfindliches Pflänzchen, es braucht viel Zuwendung, und der Erfolg ist trotzdem nicht garantiert.
Wolfgang Benz in: Zentrum für Antisemitismusforschung (Hrsg.): Lehrerhandreichung zum Unterrichtsmaterial Juden und Judenfeindschaft in Europa bis 1945. Bonn 2008, S. 5.

über die Jugend. Demokratie sollte für Kinder und Jugendliche im Alltag stärker erlebbar sein, vor allem in Schule, Ausbildung, Beruf usw. Durch die Entwicklung einer „Kultur der Anerkennung" können solche für Heranwachsende wichtige Erfahrungen wie Solidarität, Gemeinschaft und Prosozialität in den verschiedenen Sozialisationsinstanzen ermöglicht werden.

Ebene der Pädagogik und der politischen Bildung

Hierbei geht es z.B. um den Erwerb von Lernkompetenzen und von Kompetenzen beim Umgang mit Unsicherheiten, Ängsten usw. – jenseits einfacher Erklärungen und Sündenbock-Mechanismen. Weitere Aufgaben sind u.a. die Förderung eines stabilen Selbstwertgefühls, die Entwicklung von moralischer Urteilskompetenz und politischer Mündigkeit, die Vorbereitung auf die ethnische und kulturelle Pluralisierung der Gesellschaft, die Befähigung zum kritischen Umgang mit veröffentlichter Meinung (z. B. „Bedrohungsszenarien"), die Entwicklung von alternativen Verarbeitungsformen von Konflikt- und Problemlagen usw. Als Teil gesellschaftlicher Gesamtstrategien setzen pädagogische Konzepte gegen Rechtsextremismus auf verschiedenen Ebenen an und zielen auf unterschiedliche Adressatengruppen. Mindestens vier Zielgruppen der pädagogischen Arbeit sind zu unterscheiden:

- **Sogenannte „Normaljugendliche":** Durch die Förderung von Toleranz und Demokratiefähigkeit wird rechtsextremem Denken und Verhalten vorgebeugt. Diese Arbeitsformen, die der primären Prävention entsprechen, bilden eindeutig den Schwerpunkt schulischer und außerschulischer Arbeit gegen Rechtsextremismus und dürfen keinesfalls – wegen der nicht unmittelbar sichtbaren Effekte – geringgeschätzt werden.

Mitgliedschaft in Gruppen und Kameradschaften

Die Jugendlichen mit deutscher Herkunft wurden danach gefragt, ob sie Mitglied in einer rechten Gruppe oder Kameradschaft sind. Insgesamt 3,8 % der deutschen Neuntklässler (das sind 21.000 Jugendliche; 4,9 % der Jungen und 2,6 % der Mädchen) gaben an in solch einer Organisation Mitglied zu sein.
Während der Verfassungsschutz richtige Mitgliedsstrukturen erfasst, sind bei dieser Studie auch lockere informelle Verbünde von Jugendlichen mitgerechnet. Christian Pfeiffer bezeichnet diese Jugendlichen überwiegend nicht als harten rechten Kern, sondern als Mitläufer.
Vgl. Dirk Baier/Christian Pfeiffer: Mitgliedschaft in rechten Gruppen und Kameradschaften. Kriminologisches Forschungsinstitut Niedersachsen. Ergänzungstext zum Forschungsbericht 107. Hannover 2009, S. 1.
Vgl. Christian Pfeiffer: Vieles bleibt im Dunkelfeld. In: Die Welt, 23.3.2009, S. 4.

- **Rechtsorientierte Jugendliche ohne feste Cliquenbindung:** Durch aktive Einbeziehung in verschiedene Formen der schulischen wie außerschulischen Jugendarbeit, insbesondere durch die Ermöglichung prosozialer Erfahrungen, aber auch durch gezielte Aufklärungsarbeit kann der Verfestigung rechtsextremer Haltungen entgegengewirkt und die Entwicklung demokratischer Denkweisen gefördert werden. Neben der primären Prävention, also der allgemeinen Kompetenzförderung, ist hier auch sekundäre Prävention angezeigt, d. h. kontext- und individuumsbezogene Maßnahmen (z. B. sport-, abenteuer- oder erlebnispädagogische Ansätze, gezielte Jungenarbeit).
- **Rechtsextreme Cliquen:** Hier helfen meist nur spezielle sozialpädagogische Konzepte weiter, z.B. das der „Akzeptierenden Jugendarbeit" oder das des konfrontativen Ansatzes („Anti-Aggressivitäts-Training"). Gefragt sind neben der sekundären Prävention auch Formen der tertiären Prävention, d.h. korrektiv-personale Interventionen, die durch spezielle Trainingsprogramme oder Verfahren (z. B. Täter-Opfer-Ausgleich) Verhaltensmodifikationen bewirken können.
- **Rechtsextreme Kameradschaften bzw. Organisationen:** Die Möglichkeiten des sozialpädagogischen Handelns bleiben hier auf die Beratung und Begleitung von Aussteigern beschränkt.

Besonders gefährdet

Die Abwertung anderer hat die Funktion, Persönlichkeitsdefizite zu überspielen, ein positives Selbstbild aufrecht zu erhalten oder zukünftig möglichen Statusverlusten zu entgehen. Im Falle rechtsextremer und autoritärer Einstellungen sind insbesondere solche Jugendliche und junge Erwachsene anfällig, die mit Vereinzelungserfahrungen, Verunsicherungsempfinden und Ohnmachtsgefühlen zu kämpfen haben. Durch rechtsextreme Vorurteile und geschlossene Weltbilder wird Orientierungssicherheit und Gewissheit geboten, Ohnmacht übersetzt sich in Stärkedemonstration. Leistungsunabhängige Zugehörigkeiten und nationalistische Überlegenheitsgesten sorgen für eine negative Integration in problematische Bezugsgruppen. Die gewählten Verarbeitungsformen variieren je nach spezifischen Desintegrationserfahrungen und vorausgegangenen Anerkennungsverletzungen und haben auch mit den jeweiligen Kompensationsfunktionen zu tun. Resümierend kann man mit dem Desintegrationsansatz feststellen, dass je schlechter die Beurteilung der Integrationsqualität in den genannten Integrationsdimensionen ausfällt, mit desto mehr Verunsicherung und schließlich auch Akzeptanz dysfunktionaler Problemverarbeitungsmuster muss gerechnet werden (Anhut 2005, 387 f.).

Peter Imbusch: Jugendgewalt. GTZ, Eschborn 2008.

Kameradschaft

Grundwissen

Nach außen bedeutet „Kameradschaft" tatsächlich viel. Sie bringt Macht und Anerkennung. Wenn drei stadtbekannte Glatzköpfe in ihren Springerstiefeln auf dem Bürgersteig gehen, wechseln die Leute die Straßenseite. Das gibt vielen Jugendlichen ein Machtgefühl, wie sie es nie zuvor erlebt haben.

Reinhard Koch: „Von Freundschaft ist keine Rede." Was treibt Jugendliche in rechtsextreme Cliquen?
www.bpb.de/themen/ I6RE40,0,Von_Freundschaft_ ist_keine_Rede.html

100 Schulen mit Nazi-Namen

Geralf Gemser hat die Namensgeber deutscher Schulen untersucht. Sein Fazit: Nahezu alle nach NSDAP-Mitgliedern oder sonstigen systemnahen Akteuren benannten Schulen verzichten aus Vorsatz oder Unwissenheit, selbstkritisch zu problematischen Details der Biografien Stellung zu beziehen oder sie zu erwähnen. Mindestens 16 Schulen sind das allein im Freistaat Sachsen. Bundesweit wird die erste gesamtdeutsche Analyse mehr als 100 Schulen finden, deren Namensgeber NSDAP-Mitglieder waren. *Vgl. Frankfurter Rundschau, 2.2.2009, S. 18.*
Geralf Gemser: Unser Namensgeber – Widerstand, Verfolgung und Konformität 1933-1945 im Spiegelbild heutiger Schulnamen. München 2009.

Schulische Konzepte gegen Rechtsextremismus

Die Debatten um „Jugend und Rechtsextremismus" in den neunziger Jahren haben die Suche nach pädagogischen Präventions- und Interventionskonzepten spürbar intensiviert (zum Folgenden Schubarth 2000). Mit Blick auf die Institution Schule wurde deutlich, dass Lehrerinnen und Lehrer durchaus vielfältige Möglichkeiten besitzen, etwas gegen Rechtsextremismus zu tun, diese aber häufig nicht genügend nutzen. Die schulischen Möglichkeiten liegen vorrangig im präventiven Bereich, indem dem sozialen, demokratischen und interkulturellen Lernen im Schulalltag gebührende Aufmerksamkeit geschenkt wird. So lassen sich für die schulische Präventionsarbeit vor allem folgende unterrichts- und schulspezifischen Handlungskonzepte erkennen:

- **Erfahrungslernen in einer demokratischen Schulkultur:** Durch die Einbeziehung der Schülerinnen und Schüler in die Gestaltung von Schule und Unterricht lernen diese, Verantwortung zu übernehmen, andere Meinungen zu achten, Kompromisse zu schließen und gewaltfreie Konfliktlösungen zu finden. Dazu dienen auch spezielle Programme zum sozialen Lernen oder zur Streitschlichtung.
- **Förderung politischer und ethischer Urteilsfähigkeit und Handlungskompetenz:** Politische Bildungs- und Aufklärungsarbeit bleibt weiterhin eine der Hauptaufgaben der Schule. Diese darf sich allerdings nicht in Belehrungen erschöpfen, vielmehr muss Schule selbst zum demokratischen politischen Handeln in der Schule und ihrem Umfeld anregen.
- **Immunisierende Einsichten vermitteln:** Wirksamer als konkrete Unterrichtseinheiten zum Thema „Rechtsextremismus" ist die Vermittlung von Einsichten und Erkenntnissen über Gesellschaft und Politik, die rechtsextremen Denkweisen widersprechen und so immunisierend wirken bzw. bei rechtsorientierten Jugendlichen kognitive Dissonanzen stiften können. Dazu bedarf es bestimmter Grundqualifikationen, z.B. Empathiefähigkeit (Fähigkeiten zum Perspektivenwechsel), Rollendistanz (kritische Prüfung zugemuteter Anforderungen), Ambiguitätstoleranz (Fähigkeit zum Ausbalancieren uneindeutiger Situationen) und kommunikative Kompetenz, die Schule befördern kann.
- **Interkulturelles Lernen fördern:** Schule kann viel dazu beitragen, dass Kinder und Jugendliche unterschiedlicher Kulturen gemeinsam miteinander und voneinander lernen. Dies darf sich nicht nur auf gemeinsame Feste beschränken, sie muss vielmehr auf individuelle, auch problematische Erfahrungen in der Gesellschaft reagieren.

- **Mit rechtsorientierten Schülern im Gespräch bleiben, Widerpart sein:** Verweigerung von Gesprächsbereitschaft führt zur Verfestigung des rechtsextremen Weltbildes, weil den Schülern erneut das Gefühl vermittelt wird, nicht ernst genommen zu werden. Gesprächsbereitschaft heißt aber nicht Nachgiebigkeit in der Sache. Lehrer müssen vorleben, wie Konfrontation in der Sache mit persönlichem Respekt vereinbar sind.
- **Das Sozialklima und die Lernkultur entwickeln:** Dadurch werden die Gemeinschaft gefördert und soziale Bindungen hergestellt. Differenzierte Arrangements für Lernen und Erfahrung können überhöhten Leistungsdruck vermeiden helfen und Ausgrenzungen sowie Schulversagen verhindern.

In diesem Zusammenhang sind auch aktuelle Befunde der schulbezogenen Gewaltforschung von Bedeutung, die nachdrücklich belegen, wie eng der Zusammenhang zwischen dem Schulklima und der schulischen Gewaltbelastung ist. Auch für das Problem Rechtsextremismus kann deshalb angenommen werden, dass eine „gute Schule" weniger Probleme mit Rechtsextremismus aufweist. In diesem Sinne ist eine erfolgreiche Schulentwicklung zugleich auch wirksame Rechtsextremismusprävention.

Bei sich selbst beginnen
Der Kampf gegen Rassismus beginnt nicht in der Schule oder bei der Polizei, sondern bei uns selbst. Das heißt, wir müssen lernen, Zeichen von Rassismus und Rechtsextremismus in unserer Umgebung wahrzunehmen, und wir müssen uns aktiv dazu verhalten. Um ein Beispiel zu nennen: Bei uns an der Universität prangte in den Umkleidekabinen drei Jahre lang sichtbar ein Hakenkreuz und der Spruch „Türken raus" – ohne dass das bei uns thematisiert wurde.
Gunter A. Pilz, Universität Hannover. In: www.taz.de, 17.12.2008.

Grundwissen

Prävention von Rechtsextremismus in der Schule

Intervention
- Umgang mit „rechten" Schülern
- Zivilcourage fördern
- Zivilgesellschaftliche Aktionen

Demokratische Unterrichtskultur
- Kontroverse Diskussionskultur
- Selbstbestimmtes Lernen
- Feedback-Kultur

Förderung der sozialen Beziehungen
- Gestaltung der Lehrer-Schüler-Beziehungen; anerkennen, fördern, unterstützen
- Gestaltung der Schüler-Schüler-Beziehungen: Klassengemeinschaft, soziales Lernen

Aufklärung
- Arbeit an relevanten Themen (u.a. Migration, Menschenrechte, Vorurteile)
- didaktisches Prinzip: Perspektivenvielfalt

Rechtsextremismusprävention in der Schule ist im Kern eine Aufgabe der Schulentwicklung hin zu einer demokratischen Unterrichtskultur und zur bewussten Gestaltung von Schule als Lebens- und Erfahrungsraum. Eine Verkürzung schulischer Arbeit gegen Rechtsextremismus auf isolierte Unterrichtseinheiten und Aktions- oder Projekttage verfehlt diesen Kernbereich einer Schule gegen Rechtsextremismus.

Sven Gänger: Schule gegen Rechtsextremismus – Schwerpunkte und Ergänzungen. In: kursiv. Journal für politische Bildung, 4/2007, S. 83.

Außerschulische Konzepte gegen Rechtsextremismus

Ähnlich wie im schulischen Bereich wurden in den zurückliegenden Jahren auch in der außerschulischen Jugendarbeit vielfältige pädagogische Konzepte und Maßnahmen gegen Rechtsextremismus und fremdenfeindliche Gewalt erarbeitet und erprobt. Dabei lässt sich auf die folgenden tragfähigen Handlungskonzepte der außerschulischen Jugendarbeit gegen Rechtsextremismus aufbauen. Hierzu gehören niedrigschwellige Angebote und Orientierung an der Lebenswelt der Jugendlichen, beziehungs- und erfahrungsorientierte Arbeit, cliquenorientierte Ansätze sowie das Ernst nehmen der sozialräumlichen Bedürfnisse der Kinder und Jugendlichen. Akzeptierende Jugendarbeit, das Anti-Aggressivitäts-Training, die interkulturelle Arbeit, die politisch-historische Bildungsarbeit sowie geschlechtsspezifische Ansätze spielen dabei eine besondere Rolle (Schubarth 2000).

Die Konfrontationsfalle

Jeder Versuch, Deutungsmuster, Vorurteile und Feindbilder durch Informationen und Argumente zu widerlegen, muss mit erheblichen Widerständen derjenigen rechnen. (...)

Bemühungen, die darauf gerichtet sind, den Widerstand gegen eine Infragestellung eigener Erfahrungen und Überzeugungen aufzubrechen, können folglich in eine Konfrontationsfalle geraten: Die Adressaten wehren dann Informationen und Argumente gerade deshalb ab, weil sie wahrnehmen, dass Pädagogen und Pädagoginnen versuchen, auf sie einzuwirken, und dies als einen illegitimen Versuch bewerten, sie zu beeinflussen oder gar zu manipulieren. Dann entwickelt sich eine Dynamik der Konfrontation, in der jeder weitere Versuch zu argumentieren als unzulässiger Übergriff auf die eigene Person zurückgewiesen wird.

Sie spüren dann, dass ihnen keine für sie selbst spannende Lernmöglichkeit angeboten wird, sondern dass sie selbst verändert werden sollen. Um eine solche Entwicklung zu vermeiden, ist es notwendig, Jugendlichen Aspekte des Themenkomplexes „Fremdenfeindlichkeit, Rassismus, Rechtsextremismus" als einen von ihrer Person unterschiedenen Lerngegenstand anzubieten.

Albert Scherr: „Kommunikationsfähigkeit ist gefragt". Forderungen aus der Wissenschaft. In: www.bpb.de/themen/0L586G,0,Kommunikationsf%E4hig keit_ist_gefragt.html

Ein gesellschaftliches Problem

Grundwissen

Realistisch muss man davon ausgehen, dass Rechtsextremismus ein modernen Gesellschaften inhärentes Problem darstellt, das wechselnde Konjunkturen hat, aber nicht durch Sonderprogramme beseitigt werden kann. Allenfalls lässt sich sein Ausmaß begrenzen: Gefährdete Personen können dem Einfluss der politischen Organisationen entzogen, die Ressourcen politischer Gegenkräfte gestärkt werden; es lässt sich verhindern, dass rechtsextreme Thematisierungen gesellschaftlicher Problemlagen eine Meinungsdominanz erhalten. Veränderbar ist das lähmende Gefühl der Ohnmacht gegenüber einem als übermächtig empfundenen Gegner.

Bundesministerium für Familie, Senioren, Frauen und Jugend: Abschlussbericht des Aktionsprogramms „Jugend für Toleranz und Demokratie – gegen Rechtsextremismus, Fremdenfeindlichkeit und Antisemitismus" 2001-2006. Berlin 2007, S. 61.

Realistische Abschätzung der eigenen Möglichkeiten

Angesichts des massiven gesellschaftlichen und öffentlichen Drucks stehen nicht wenige Träger und Projekte in der Gefahr, zu viel zu versprechen. Rechtsextremismus, Fremdenfeindlichkeit und Antisemitismus haben jedoch komplexe Ursachen und lassen sich nur selten mit nur einem Ansatz erfolgreich bekämpfen. Notwendig ist deshalb – auch um Überforderungen zu vermeiden – eine realistische Abschätzung der eigenen Möglichkeiten.

Bundesministerium für Familie, Senioren, Frauen und Jugend: Abschlussbericht des Aktionsprogramms „Jugend für Toleranz und Demokratie – gegen Rechtsextremismus, Fremdenfeindlichkeit und Antisemitismus" 2001-2006. Berlin 2007, S. 39.

Umsetzung

Umgang mit Rechtsextremismus in der Schule und in der Bildungsarbeit bedeutet, demokratische Prinzipien im täglichen Umgang zu verwirklichen, selbst keine Diskriminierungen oder Abwertungen vorzunehmen oder zu dulden und sich der Diskussion um menschenverachtende Ideologien und Praktiken zu stellen. Dabei geht es nicht um Belehrung, sondern um gemeinsames Lernen. Ohne einen klaren Wertebezug ist dies nicht möglich.

Wichtig ist dabei zu berücksichtigen, dass gerade im Jugendalter extremistische Parolen und Einstellungen oft zunächst „probehalber" übernommen werden, um ihre Wirkung zu testen. Ausgrenzung oder die Ablehnung der Person ist deshalb der falsche Weg.

Für Lehrkräfte und Eltern

- **Erklärungsansätze für rechtsextremistische Gewalt**
  Das SOLIE-Schema von Wilhelm Heitmeyer verdeutlicht die Einflussfaktoren und Lernprozesse, die zu menschenfeindlichen Einstellungen und zu Gewalthandlungen führen können (M1). Anerkennungsdefizite in den Bereichen Partizipation, rechtliche Gleichheit und Zuwendung und Aufmerksamkeit stellen ein zentrales Erklärungsmodell für rechtsextreme Gewalt dar (M2). Lebensgeschichtliche Entwicklungspfade fremdenfeindlicher Gewalt untersucht Klaus Wahl (M3).

- **Verbreitung von Rechtsextremismus**
  Über die Verbreitung rechtsextremer Einstellungen geben Ergebnisse einer repräsentativen Umfrage Auskunft (M4).

Für den Unterricht

- **Rassismus, Antisemitismus, Rechtsextremismus kennen**
  Rassismus ist auch im Alltag weit verbreitet. In Redewendungen, als bewusst gebrauchte Provokation oder auch in Abbildungen. M5 geht diesen Äußerungsformen nach.

  Antisemitismus ist eine Sammelbezeichnung für negative Einstellungen gegenüber Juden. Wo und wie Antisemitismus heute vorkommt und wieweit er verbreitet ist, lässt sich mit Hilfe von M6 bearbeiten.

  Begriffe und Deutungsmuster, die Teil des rechtsextremen Weltbildes sind, werden in M7 untersucht.

- **Analysieren und Verstehen**
  Die satirische Zuspitzung und Verfremdung nationalistischen Gedankengutes durch die „Front Deutscher Äpfel" (M8) öffnet den Blick für dahinter liegende Inhalte.

Die UN-Erklärung über Rassen und Rassenvorurteile bietet einen normativen Rahmen für die Auseinandersetzung mit völkischen Inhalten (M9). Zur systematischen Analyse rechtsextremer Texte (Reden, Zeitungen, Parteiprogramme, Flugblätter ...) kann das Analyseraster von M10 verwendet werden.

- **Zugänge und Gegenwehr**

  Jugendliche werden vor allem über rechtsextreme Musik angesprochen. Die Schulhof CD der NPD spielt hierbei neben Konzerten eine wichtige Rolle. M11 informiert über die wichtigsten Tendenzen.

  Musik gegen Rechts ist dementsprechend eine wichtige Ebene der Auseinandersetzung, sei es mit Titeln von Profimusikern (wie z.B. „Die Härte" vom Herbert Grönemeyer") oder mit selbst getexteten und produzierten Songs (M12).

  Eine kreative Auseinandersetzung mit den Aussagen und visuellen Merkmalen von rechten Parolen ist durch das Gestalten eigener Plakate gegen Rechts möglich (M13).

- **Auftritte der Rechten**

  Um Entwicklungen wahrzunehmen und rechtsextreme Äußerungen richtig einzuschätzen, müssen neue Formen der Selbstdarstellung erkannt werden. Das Internet wird immer stärker zu einer Plattform für rechte Parolen und Gruppen. Die Analyse rechtsradikaler und rechtsextremer Internetseiten kann für dieses Problem sensibilisieren (M14). Auch im Kontext des Fußballs versuchen Rechte Gruppierungen zunehmend Fuß zu fassen (M15). Die Symbole und Zeichen der Rechten sind nicht immer leicht zu erkennen, da diese zunehmend subtil werden (16).

Für die gesamte Schule

Wenn Rechtsextremisten vor der Schule auftauchen, muss klar sein, wie man sich als Schulleitung, Lehrkraft oder Schülerin bzw. Schüler verhält (M17). Für die Schule muss ebenso wie für die gesamte Gesellschaft deutlich werden, dass rassistisches und rechtsextremes Gedankengut weder toleriert noch akzeptiert wird.

Hitlergruß im KZ

Grundwissen

Die Polizei in Weimar ermittelt gegen drei 14 und 15 Jahre alte Schülerinnen aus Hanau. Zwei der Mädchen haben bei einem Besuch der KZ-Gedenkstätte den Hitlergruß gezeigt und sich dabei von dem dritten Mädchen fotografieren lassen.

Vgl. Frankfurter Rundschau, 9./10.5.2009, S. D7.

Ergänzende Bausteine

- **3.1** Familie und Kommune
- **3.5** Demokratie- und Werteerziehung
- **3.6** Interkulturelles Lernen

M1 Rechtsextremistische Gewalt

Das SOLIE-Schema

individuelle Handlungs-voraussetzungen

Sozialisation
- Lernen von Gewalt
- Lernen von menschenfeindlichen Einstellungen

Handlungsbedingungen (Gruppen und Legitimation)

Organisation
- (subkulturelle) Gruppen-angebote als Quellen von Anerkennung und Macht
- Gruppenstrukturen/Partei-strukturen

Legitimation (politisch)
- Bereitstellung von Ideologien der Ungleichwertigkeit (durch Eliten)

Gewaltgelegenheiten

Interaktion (Gelegenheitsstrukturen)
- Opfer
- Zeit
- Orte
- Zuschauer („Dritte")

Gewalthandlungen

Eskalation
- gruppenspezifische Eskalationsstrategien
- (intra-)gruppendynamische Prozesse
- Erfolgsmeldungen in Medien
- Gegenwehr durch zivilgesellschaftliche Gruppen
- staatliche Gegenmaßnahmen

Dieses Prozessmodell basiert auf sozialisatorischen Vorbedingungen, zu denen individuelle Lernprozesse von Gewalt und das individuelle Lernen von menschenfeindlichen Einstellungen zählen. Sie bleiben eine individuelle Angelegenheit, solange es keine öffentlich relevanten Legitimationen durch Eliten und keine Organisationen mit Handlungs- oder Mobilisierungsangeboten gibt.

Handlungsrelevanz ergibt sich erst dann, wenn Gelegenheitsstrukturen vorhanden, also Interaktionen möglich sind, um die Einstellungs- und Handlungspotenziale zu Gewalt eskalieren zu lassen.

Wilhelm Heitmeyer: Rechtsextremistische Gewalt. In: Ders./John Hagan (Hrsg.): Internationales Handbuch der Gewaltforschung. Wiesbaden 2002, S. 516.

M2 **Erklärungsansätze**

Rechtsextreme Gewalt kann am besten als Folge von Anerkennungsdefiziten in den drei zentralen Integrationsdimensionen erklärt werden.

1. Die Partizipation an den materiellen und kulturellen Gütern einer Gesellschaft wird als positionale Anerkennung erfahren. Anerkennungsdefizite in dieser Dimension können aus schulischen und beruflichen Misserfolgen resultieren, aus geringen sozialen Aufstiegschancen oder einem drohenden oder befürchteten sozialen Abstieg. Solche Anerkennungsdefizite finden sich bei rechtsextremistischen Gewalttätern überdurchschnittlich häufig. Ideologien der Ungleichwertigkeit haben vor diesem Hintergrund eine doppelte Funktion: Zum einen kann das positive Selbstbild gewahrt werden, indem anderen die Verantwortung für die eigene prekäre Lage zugeschrieben wird. Zum anderen kann das Selbstwertgefühl durch die Abwertung anderer Personen und Gruppen erhöht werden. Schließlich legitimieren Ideologien der Ungleichwertigkeit Gewalt gegen die stigmatisierten Personen und Gruppen.

2. Die rechtliche Gleichheit gegenüber anderen und der gerechte Ausgleich konfligierender Interessen werden als moralische Anerkennung erfahren. Anerkennungsdefizite in dieser Dimension können insbesondere aus beanspruchten Etabliertenvorrechten resultieren, aber auch aus rassistischen, antisemitischen, fremdenfeindlichen, heterophoben oder sexistischen Überzeugungen. Rechtsextremistische Gewalt hat vor diesem Hintergrund eine zweifache Funktion: Zum einen kann sie als Kampf um „soziale Gerechtigkeit" verstanden werden, zum anderen kann sie als Kampf um öffentliche und politische Aufmerksamkeit begriffen werden, um auf die eigene prekäre Situation hinzuweisen.

3. Die Zuwendung und Aufmerksamkeit in sozialen Nahbeziehungen, die Gewährung von Freiräumen und die Ausbalancierung sozialen Rückhalts und normativer Anforderungen werden als emotionale Anerkennung erfahren. Anerkennungsdefizite in dieser Dimension können insbesondere aus direkten und indirekten Gewalterfahrungen in der Familie sowie aktiver und passiver Anerkennungsverweigerung durch die Eltern resultieren. Solche Defizite finden sich bei rechtsextremistischen Gewalttätern fast durchgängig.

Vor diesem Hintergrund kann die Gewaltbereitschaft Jugendlicher erstens als das Ergebnis direkter „Lernprozesse" erklärt werden, zweitens als Folge von Entwicklungsdefiziten – wie geringes Einfühlungsvermögen, mangelnde Kooperationsfähigkeit und Konfliktlösekompetenzen – und drittens als Möglichkeit, Gefühle der Schwäche durch die Ausübung von Macht über das Opfer zu kompensieren. Auch Rassismus, Antisemitismus, Ethnozentrismus, Fremdenfeindlichkeit Heterophobie und Etabliertenvorrechte sind das Ergebnis solcher Lernprozesse.

Peter Sitzer/Wilhelm Heitmeyer: Rechtsextremistische Gewalt von Jugendlichen. In: Aus Politik und Zeitgeschichte, B37/2007, S. 10.

M3 Entwicklungspfade

Entwicklungspfade fremdenfeindlicher Gewalttäter

Wenn wir die Lebensgeschichten fremdenfeindlicher Gewalttäter genauer betrachten, fallen mehrere parallele Entwicklungspfade ins Auge.

1. Aggression: Fast alle diese Jugendlichen waren schon in der frühen Kindheit sehr aggressiv. Über die Hälfte der Täter wurde mindestens einmal von Schulen verwiesen, vor allem wegen Gewalttätigkeit.
Am Anfang der Entwicklungspfade zur Gewalt standen unterschiedliche, aber stets extreme Emotionen – ein wichtiger Hinweis für die Prävention, die stärker auf die jeweiligen Emotionen der Kinder achten und früh einsetzen sollte.

2. Menschenfeindlichkeit: Parallel zum Entwicklungspfad der Aggression gab es bei den fremdenfeindlichen Tätern einen zweiten Pfad: die Art und Weise des Umgangs mit unvertrauten Menschen in der Kindheit und Jugend. Fremdenfeindlichkeit scheint auf einer emotionalen Basis zu beruhen, die sich nicht primär gegen kulturell oder ethnisch Fremde richtet, sondern gegen unvertraute Menschen überhaupt. Hinter „Ausländerfeindlichkeit" steckt allgemeine Furcht vor anderen oder allgemeine Menschenfeindlichkeit. Entsprechende sozialemotionale Auffälligkeiten sind schon bei Kindern bemerkbar. Aber erst etwa ab der Pubertät beginnen sich Misstrauen und Missgunst stärker gegen ethnisch Fremde und andere Minderheiten zu richten. Eine bedeutende Rolle spielen dabei neben den in der Familie aufgenommenen Vorurteilen Ideologien der Jugendgruppen (peer groups), denen man angehört.

3. Antisoziales Verhalten: Die fremdenfeindlichen Straftäter zeigten im Kindes- und Jugendalter oft noch einen dritten Entwicklungspfad: Provokatorisches und antisoziales Verhalten bzw. allgemeine Devianz. Das beginnt bei jungen Schülern, die zwecks expressiver Selbstdarstellung und tabuverletzender Provokation von Erwachsenen Nazi-Parolen brüllen, die sie in diesem Alter noch kaum richtig verstehen. Ihre abweichenden Karrieren setzen sich über Schuleschwänzen und Kleinkriminalität fort und enden bei jugendtypischen Delikten wie Autodiebstahl und Körperverletzungen an Deutschen und Ausländern.

4. Rechtsextreme Ideologien: Meist erst am Anfang des Jugendalters, wenn man beginnt, in politischen Kategorien zu denken, kommen bei diesen Tätern rechtsextreme Ideologien hinzu: Bereits vorhandene Neigungen zu jugendlicher Selbstbehauptung werden nun mit einem ethnozentrischen Mantel umhüllt. Es reicht ihnen nicht mehr zu sagen, wie toll sie selbst sind, sondern sie sagen, dass „wir Deutschen toll sind" und „Ausländer" ihnen nicht das Wasser reichen können. Dazu kommt gelegentlich, dass Erzählungen der Großeltern aus dem Dritten Reich als faszinierend erlebt werden. Das Ergebnis ist, dass rechtsextreme Parolen anfangs eher unbegriffen nachgeplappert werden. Doch solche Jugendliche befinden sich in Übereinstimmung mit Teilen der Erwachsenen – nicht nur in Deutschland –, die zu rassistischen und rechtsextremen Ansichten tendieren.

Klaus Wahl: Fremdenfeindliche Täter. In: Aus Politik und Zeitgeschichte, B31/2007, S. 29.

M4 **Rechtsextreme Einstellungen 2008**

	lehne völlig ab	lehne überwiegend ab	stimme teils zu, teils nicht zu	stimme überwiegend zu	stimme voll und ganz zu
Im nationalen Interesse ist unter bestimmten Umständen eine Diktatur die bessere Staatsform	50,5	22,3	21,3	5,2	0,8
Ohne Judenvernichtung würde man Hitler heute als großen Staatsmann ansehen	50,2	22,3	17,6	8,3	1,7
Was Deutschland jetzt braucht, ist eine einzige starke Partei, die die Volksgemeinschaft insgesamt verkörpert	18,4	23,7	23,7	15,9	6,4
Wir sollten einen Führer haben, der Deutschland zum Wohle aller mit starker Hand regiert	49,2	17,4	20,2	10,4	2,8
Wie in der Natur sollte sich in der Gesellschaft immer der Stärkere durchsetzen	40,5	20,9	22,7	14,0	1,8
Die Ausländer kommen nur hierher, um unseren Sozialstaat auszunutzen	18,4	17,6	32,6	19,5	11,8
Auch heute noch ist der Einfluss der Juden groß	36,3	21,8	24,1	12,9	5,0
Wir sollten endlich wieder Mut zu einem starken Nationalgefühl haben	19,3	14,7	30,8	24,9	10,3
Eigentlich sind die Deutschen anderen Völkern von Natur aus überlegen	39,3	24,6	23,4	11,1	1,5
Wenn Arbeitsplätze knapp werden, sollte man die Ausländer wieder in ihre Heimat zurückschicken	23,4	17,8	29,0	18,8	11,1
Die Verbrechen des Nationalsozialismus sind in der Geschichtsschreibung übertrieben worden	52,1	23,5	16,6	5,1	2,7
Die Juden arbeiten mehr als andere Menschen mit üblen Tricks, um das zu erreichen, was sie wollen	42,0	21,0	22,0	10,7	4,3
Das Oberste Ziel der deutschen Politik sollte es sein, Deutschland die Macht und Geltung zu verschaffen, die ihm zusteht	26,8	17,4	33,9	17,9	4,0
Es gibt wertvolles und unwertes Leben	57,6	14,5	18,5	7,2	2,3
Die Bundesrepublik ist durch die vielen Ausländer in einem gefährlichen Maß überfremdet	22,1	17,8	28,2	20,9	11,0
Die Juden haben einfach etwas Besonderes und Eigentümliches an sich und passen nicht so recht zu uns	42,3	20,3	23,1	11,2	3,3
Der Nationalsozialismus hatte auch seine guten Seiten	46,3	21,9	22,8	6,3	2,7

Oliver Decker/Elmar Brähler: Bewegung in der Mitte.
Rechtsextreme Einstellungen in Deutschland 2008.
Berlin 2008, S. 24.

M5 **Rassismus im Alltag**

Wo und wie kommt Rassismus in der Alltagssprache vor? Suche Beispiele!

Wörter:

Redewendungen:

Bewusst provozierend gebrauchte Ausdrücke:

Rassismus ohne Rassen

Für Rassismus gibt es viele Definitionen. Eine Definition beschreibt Rassismus als bewussten oder unbewussten Glauben an die angeborene Überlegenheit einer Ethnie über eine andere. Der Begriff „Rassismus" geht von der Existenz verschiedener „Rassen" aus. In den letzten Jahren wurde jedoch erkannt, dass „Rasse" in Wirklichkeit ein soziales Konstrukt ist und dass Menschen keinesfalls nach anderen Kategorien klassifiziert werden können als ihrem „Menschsein". Somit gibt es zwar Rassismus, aber keine Rassen.

Deutsches Institut für Menschenrechte (Hrsg.): Kompass. Handbuch für Menschenrechtsbildung. Bonn 2005, S. 332.

- Von wem werden diese Ausdrücke und Redewendungen in welchen Zusammenhängen gebraucht?
- Welche Verhaltensweisen gegenüber anderen drücken Überlegenheit der eigenen „Rasse" aus?
- Welche Gesetze, Gebräuche, Traditionen führen zu „rassebedingten" Ungleichheiten?

Alltagssprache und Rassismus

- **Diskriminierend:** „Kanake", „Knoblauchfresser", „Mohr" und „Nigger".
- **Neutral oder diskriminierend?**
  „Gastarbeiter", „Ausländer", „Mischling", „Negerkuss", „Zigeuner", „getürkt", „Asylant", „Ghetto"?
- **Redewendungen – nichtssagend oder diskriminierend?**
  „Das kommt mir spanisch vor" (sinngemäß: verdächtig, seltsam erscheinend).
  „Einen Türken bauen" (etwas vorspielen, vortäuschen).

Vgl. www.JDAeV.de

Auf dem Flohmarkt gefunden ...

My name is Lily White but I have a big red heart and I can love like the devil!

M6 Antisemitismus

„Antisemitismus kann verstanden werden als Sammelbezeichnung für alle Einstellungen und Verhaltensweisen, die den als Juden geltenden Einzelpersonen oder Gruppen aufgrund dieser Zugehörigkeit (...) negative Eigenschaften unterstellen, um damit eine Abwertung, Benachteiligung, Verfolgung oder Vernichtung ideologisch zu rechtfertigen."

Armin Pfahl-Traughber: Antisemitismus in der deutschen Geschichte. Berlin 2002, S. 9.

Facetten des Antisemitismus

- Der Mythos vom jüdischen Einfluss.
- Der Mythos von der stärkeren Verbundenheit der Juden mit Israel als mit ihrem Heimatland.
- Die Unterstellung, Juden seien durch ihr Verhalten an ihrer Verfolgung selbst schuld.
- Die Forderung nach einem Schlussstrich unter die deutsche Vergangenheit.
- Israelische Politik wird als jüdische Politik verstanden. Juden werden kollektiv für das Handeln Israels verantwortlich gemacht.
- Die Politik Israels gegenüber den Palästinensern wird mit der Verfolgung der Juden im Nationalsozialismus verglichen.

Vgl. Armin Pfahl-Traughber: Antisemitismus in der deutschen Geschichte. Berlin 2002, S. 14.

GROSSE POLITISCHE SCHAU IM BIBLIOTHEKSBAU DES DEUTSCHEN MUSEUM ZU MÜNCHEN · AB 8. NOVEMBER 1937 · TÄGLICH GEÖFFNET VON 10-21 UHR

Wo und wie zeigt sich Antisemitismus

- Analysiere das Plakat von 1937: „Der ewige Jude".
- Wie werden Juden auf Bildern dargestellt?
- Suche aktuelle Beispiele.

Antisemitische Einstellungen in Deutschland 2008

	Gesamt	Ost	West
Auch heute noch ist der Einfluss der Juden zu groß	17,8	15,4	18,5
Die Juden arbeiten mehr als andere Menschen mit üblen Tricks, um das zu erreichen, was sie wollen	14,9	13,2	15,4
Die Juden haben einfach etwas Besonderes und Eigentümliches an sich und passen nicht so recht zu uns	14,5	16,3	14,0

Oliver Decker/Elmar Brähler: Bewegung in der Mitte. Rechtsextreme Einstellungen in Deutschland 2008. Berlin 2008, S. 21.

M7 **Rechtsextreme Vorurteile**

Ausländer ...
- Ausländer leben auf unsere Kosten.
- Ausländer nehmen uns die Arbeitsplätze weg.
- Ausländer nehmen uns die Wohnungen weg.
- Ausländer sind krimineller als Deutsche.
- Ausländer wollen sich nicht anpassen.
- Ausländer überfremden uns.

Recherchiere die Fakten zu diesen Aussagen.

Rechtsextreme Vorurteile
Rechtsextreme Vorurteile machen sich an bestimmen Begriffen und Schlagworten fest, die mit spezifischen ideologischen Inhalten oder Interpretationen gefüllt werden. Solche Schlagworte sind u.a.:
Arbeitsscheu
Auschwitzlüge
Ausländerkriminalität
Autobahnbau
Befehlsnotstand
Euthanasie
Führerprinzip
Holocaust-Opfer
Kollektivschuld
Rasse
Recht des Stärkeren
Überfremdung
Volksgemeinschaft
Weltjudentum
Wiedergutmachung
Zionismus

Wir fordern unter anderem:
1. Ein Ausländerheimführungsgesetz.
2. Ausländer sind aus dem deutschen Sozialversicherungssystem auszugliedern.
3. Arbeitslose und kriminelle Ausländer müssen Deutschland verlassen.

Flyer der NPD, 2009.

- Was verbirgt sich hinter diesen und weiteren Begriffen?
- Welche Deutungen werden von Rechtsextremisten damit verbunden?
- Welche Richtigstellungen sind notwendig?
- Nehme Stellung zu den Forderungen der NPD „Arbeit für Deutsche!".

Ausführliche Antworten hierzu:
www.bpb.de/themen/3TPWN7,0,0,Argumente_gegen_rechtsextreme_Vorurteile.html

M8 Deutsche Apfelfront

**Zentrale Forderungen
der Front Deutscher Äpfel**

1. Keine Überfremdung des deutschen Obstbestandes mehr! In der Vergangenheit wurden rein deutsche Obstsorten wieder und wieder durch das Aufpropfen fremder Arten verunreinigt. Schluss damit!

2. Südfrüchte raus! Es kann nicht angehen, dass deutsche Kinder mit Bananen und Apfelsinen aufwachsen und den Nährwert eines guten deutschen Apfels oder einer reinen saftigen Birne nicht mehr zu schätzen wissen. Deshalb: Grenzen dicht für Fremdobst!

3. Weg mit faulem Fallobst! Unter unseren deutschen Bäumen lungert immer mehr faules Fallobst herum. Egal, ob es ehedem an deutschen Bäumen hing, muss es endlich einer der Volksgemeinschaft nützlichen Verwendung zugeführt werden. Macht Fallobst zu Mus!

In unserem Nationalen Kampf sind wir den Kameradinnen und Kameraden vom B.W.B. – Bund Weicher Birnen eng verbunden.

F.D.Ä. im Weltnetz: www.apfelfront.de

Die Front Deutscher Äpfel (FDÄ)

ist eine 2004 in Leipzig gegründete satirische Organisation, die rechtsextreme Parteien, insbesondere die Nationaldemokratische Partei Deutschlands (NPD), parodiert. Sie unterteilt sich in Anlehnung an ehemalige oder existierende rechtsextreme Organisationsstrukturen in zahlreiche Untergruppen wie die Jugendorganisation Nationales Frischobst Deutschland (NFD), die Frauenorganisation Bund weicher Birnen (BWB) und zahlreiche lokale Gaue. Der Name geht zurück auf den NPD-Politiker Holger Apfel.

www.wikipedia.de

M9 UN-Erklärung über Rassen

Erklärung über Rassen und Rassenvorurteile

Artikel 1

Alle Menschen gehören einer einzigen Art an und stammen von gemeinsamen Vorfahren ab. Sie sind gleich an Würde und Rechten geboren und bilden gemeinsam die Menschheit.

Alle Personen und Gruppen haben das Recht, verschieden zu sein, sich als verschieden zu betrachten und als verschieden angesehen zu werden. Die Unterschiedlichkeit der Lebensformen und das Recht auf Verschiedenheit dürfen jedoch in keinem Fall als Vorwand für Rassenvorurteile dienen; sie dürfen weder rechtlich noch tatsächlich irgendwelche diskriminierende Praktiken rechtfertigen und keinen Grund für die Politik der Apartheid bieten, welche die äußerste Form des Rassismus ist.

Die Gleichheit des Ursprungs berührt nicht die Tatsache, dass Menschen auf verschiedene Art leben können und dürfen, und schließt weder das Bestehen von Unterschieden auf Grund einer kulturellen, umweltbedingten und historisch begründeten Verschiedenheit noch das Recht auf die Beibehaltung der kulturellen Identität aus.

Alle Völker der Welt besitzen gleiche Fähigkeiten zum Erreichen der höchsten Stufe der intellektuellen, technischen, sozialen, wirtschaftlichen, kulturellen und politischen Entwicklung.

Die Unterschiede zwischen den Leistungen der verschiedenen Völker sind ausschließlich auf geographische, historische, politische, wirtschaftliche, soziale und kulturelle Faktoren zurückzuführen. Diese Unterschiede können in keinem Fall als Vorwand für die Aufstellung einer Rangordnung von Nationen oder Völkern dienen.

Die Erklärung über Rassen und Rassenvorurteile wurde am 27.11.1978 durch die 20. Generalkonferenz der UNESCO verabschiedet.
www.unesco.de/1121.html?&L=0

Typische Darstellung der Völkerrassen. In: Bibliothek für Militäranwärter. Band V. Leipzig 1905.

M10 **Analyseraster rechtsextremer Texte**

Um welche Art des Textes handelt es sich?
Rede, Interview, Zeitungsartikel, Flugblatt, Liedtext, Roman, ...

Wer sind die Adressatinnen und Adressaten?
Die eigene Gefolgschaft, Verunsicherte und Unzufriedene, Jugendliche, ...

Welche Merkmale des rechtsextremistischen Weltbildes kommen zum Ausdruck?
Statische Orientierung (Wandel bedeutet Abweichung, Verfremdung); Spaltung der Gesellschaft in Oben und Unten; hierarchische Gliederung (ungleiche Rechte); Befürwortung eines übermächtigen Staates; ein Führer im Machtzentrum; Denken in Freund-Feind-Kategorien; Kriege sind „natürlich" und somit unausweichlich; Leben ist Kampf, in dem das Schwache untergeht; ...

Welche grundlegenden Ideen kommen zum Ausdruck?
Völkischer Nationalismus (Abstammung, Territorium); Rassen- und Abstammungslehren; Verschwörungstheorien; Rechtfertigung des Antisemitismus; natürliche Rangordnung im Volk; biologische Rechtfertigung sozialer Ungleichheit; Recht des Stärkeren, ...

Welche Ziele werden benannt?
Errichtung eines (völkischen) Nationalstaates; Beseitigung des demokratisch-parlamentarischen Systems; Beseitigung pluraler und föderaler Strukturen; Aufhebung der Individualrechte; Revision der Geschichtsschreibung; Befreiung Deutschlands von Fremden und Andersdenkenden; Aufhebung des „universalistischen" Denkens wonach „alle" Menschen gleichwertig sind.

Was wird hoch bewertet?
Härte, Ordnung, Gehorsam, Unterordnung, Rituale, Traditionen, Symbole, Durchsetzungswillen, Wehr- und Kampfbereitschaft, Gewalt als Mittel, Ziele zu erreichen, Macht- und Stärkedemonstrationen, ...

Welche Begriffe und Worte werden für die Gegner verwendet?
Kriminalisierungen, Zuschreibung moralischer und sozialer Minderwertigkeiten, biologistische Abwertungen, ...

Welche Begriffe und Worte werden für die eigene Gefolgschaft und Ziele verwendet?
Idealisierungen; sakrale Zuschreibungen; mythisch-mystische Überhöhungen der Vergangenheit und Zukunft; Verschwörungsvorwürfe; ...

Welche Techniken der Ansprache der Leserinnen und Leser werden verwendet?
Verweis auf Autoritäten (Dichter, Prominenz usw.); Weckung negativer Assoziationen (Bolschewist, Kanaken usw.); ressentimentbildende Ausdrucksweisen (Asylantenflut); Vermischung von Legenden und Fakten; Methaphern als Begründung, ...

Vgl. Astrid Lange: Was die Rechten Lesen. Fünfzig rechtsextreme Zeitschriften. Ziele, Inhalte, Taktik. München 1993.

M11 Rechtsextremistische Musik

Der Musik der rechtsextremistischen Skinhead-Szene, die den weitaus größten Teil gewaltbereiter Rechtsextremisten stellt, kommt eine besondere Bedeutung zu.

Sie ist das Medium, das insbesondere bei Jugendlichen Interesse für rechtsextremistische Ideologiefragmente weckt, und sie bildet das Tor, durch das Heranwachsende gelockt werden (sollen). Mit aggressiven, fremdenfeindlichen, antisemitischen und antidemokratischen Liedtexten popularisieren die Bands rechtsextremistische Argumentationsmuster und Feindbilder. In den letzten Jahren sind neben die vorherrschende Skinhead-Musik auch andere Musikstile getreten.

Die meist konspirativ organisierten rechtsextremistischen Konzerte sind für den Zusammenhalt der Szene von immenser Bedeutung, da sie den Teilnehmern ein Gefühl der Zusammengehörigkeit vermitteln, Kommunikation und Informationsaustausch fördern und nicht zuletzt auch durch den Ruch des Verbotenen deren Bindung an die Szene stärken.

In Deutschland waren 2008 148 rechtsextremistische Musikgruppen aktiv, die 127 Konzerte mit durchschnittlich 150 Besuchern veranstalteten. Die Anzahl der bundesweit aktiven rechtsextremistischen Versandhändler, die Tonträger, Bekleidungsartikel und anderes Propagandamaterial im Angebot führen, ist 2008 auf 78 (2007: 83) zurückgegangen.

Die in Deutschland ansässigen rechtsextremistischen Musiker und Bands bemühen sich, überwiegend Liedtexte unterhalb der Schwelle der Strafbarkeit zu veröffentlichen und lassen sie vor der Produktion häufig anwaltlich prüfen.

Vgl. Bundesministerium des Innern: Verfassungsschutzbericht 2008, Berlin 2009, S. 97 ff.

Rechtsrock

Rechtsrock vermittelt rechtsextremes, neonazistisches und rassistisches Gedankengut auf unterschiedliche Art und Weise. Hierbei fungiert der Rechtsrock als Mittel, Jugendliche für dieses Gedankengut zu öffnen und dauerhaft zu gewinnen. Der Kern sind die Texte, die sich oft mit simpler, geradliniger Reimform gegen Staatsorgane, Linke oder Ausländer richten und zum Widerstand gegen diese aufrufen, sowie Deutschland und seine NS-Vergangenheit glorifizieren. Daneben spielen manche Rechtsrockbands auch Lieder, die sich um eher allgemeine Themen wie Liebe, Freundschaft und Fußball drehen. Die musikalische Instrumentierung reicht von professionell über überwiegend einfach bis primitiv. *www.wikipedia.de*

Projekt Schulhof

Deutsche Neonazis initiierten im Jahr 2004 das „Projekt Schulhof". Sie ließen – unterstützt von rechtsextremistischen Vertrieben und Bands aus dem In- und Ausland – 50.000 CDs mit Liedern rechtsextremistischer Musikgruppen und Liedermacher pressen, ergänzt durch umfangreiche Textbeiträge und Kontaktadressen
Diese Schulhof-CDs sind auch über das Internet downloadbar.
Vgl. Bundesamt Verfassungsschutz: Rechtsextremistische Musik. Köln 2007. www.verfassungsschutz.de

Die Band ZSK hat im Februar 2009 als Anwort auf die Schulhof CD der NPD gemeinsam mit anderen Gruppen eine eigene Schulhof DVD mit dem Titel „Kein Bock auf Nazis" produziert, die ebenfalls kostenlos an Schulen verteilt wird.

M12 Lay your weapons down

Mir wird kalt wenn ich euch seh', wenn ich durch unsre Straßen geh'.
Eure Bomberjacken sprechen nur die Sprache der Gewalt.

Ich krieg Angst wenn ich euch hör', denn eure Springerstiefel dröhnen
Übers Pflaster wenn ihr gröhlend eure üblen Lieder singt.

Denn ich weiß, es ist besser, wenn sich unser Weg nicht kreuzt.
Wenn ich die Straßenseite wechsle in einer Nische warte bis ihr weg seid.
Mein Herz schlägt bis zum Hals ich spür den Hass, den Hass
Der auch mich vernichten kann.

Ihr habt kein Recht, so zu tun, als wärt ihr etwas Bess'res
Denn für mich seid es ihr, die fremd und anders sind.

Jeder lebt sein eig'nes Leben, jeder hat 'nen eig'nen Stil
Keiner gleich, jeder anders nicht geklont und nicht kopiert.

Everyones blood is red, all poeple are the same
Don't listen to the others, get out and go your own way.

Lay down, lay down, lay your weapons down
Let us live in peace together, weather white, red or brown.

Eure Idee bringt uns um, grausam wie ein Pitbull
Wenn ihr nachts eure Opfer durch die dunklen Straßen jagt.

Ohne Gefühl haut ihr drauf, alle gegen einen
Wenn ein Fremder, nur durch Zufall, in eure Quere kommt.

Ich will sie nicht, diese Welt, wo Dosenbier und Schlagstock
Mit Gewalt mir diktiert, ob ich bleibe oder geh
Es kann nicht sein, dass ihr gewinnt, denn ich glaube an die andern,
die euch sagen, dass man so auf dieser Welt nicht leben kann.

Lay down, lay down, lay your weapons down
Let us live in peace together, weather white, red or brown.

Text: Hauptschule Innenstadt Tübingen, Klasse 9a; Schuljahr 2000/2001

www.frieden-fragen.de

- Wir werden in dem Text Rechtsextreme beschrieben?
- Was wird als angstmachend benannt?
- Was wird als Ziel formuliert?
- Stimmst du mit den Aussagen des Textes überein?
- Schreibt in einer Kleingruppe selbst einen Songtext und vertont diesen (z.B. als Rap).

M13 **Plakate gegen Rechts**

Ein gutes Plakat beruht auf einer gute Idee, einer klaren Aussage und einer ansprechenden Gestaltung, so dass es auch beim Vorbeigehen erkannt und begriffen werden kann.

Plakate analysieren

Die Auseinandersetzung mit den Aussagen und visuellen Gestaltungsmitteln von rechten Gruppierungen dient der Schärfung der Wahrnehmung und dem Erkennen von Gestaltungsprinzipien.

Plakate gestalten

In Einzel- oder Gruppenarbeit werden „Plakate gegen Rechts" gestaltet. Diese können nicht nur „Kontraaussagen" beinhalten, sondern auch Positivbilder vermitteln. Wichtig ist, dass in Aussage und Gestaltung eine klare Botschaft verdeutlicht wird.

Plakatwettbewerb

Für die gesamte Schule wird ein Plakatwettbewerb ausgeschrieben. Die Plakate werden in einer Ausstellung prämiert.

Kampagne gegen Gewalt, Intoleranz und Fremdenhass. www.deutschegegenrechtegewalt.de

M14 **Rechtsextremismus im Internet**

Analyse von Internetseiten

Die Analyse rechtsradikaler und rechtsextremer Internetseiten kann nach folgenden Kriterien geschehen:

- Wie heißt die Seite, wer steckt hinter der Seite, auf welchem Server liegt sie? (Partei, Kameradschaft, Zeitschrift, Einzelpersonen ...)?
- Was für Angebote enthält die Seite, welche davon sind interaktiv? (Sitemap, Gästebuch, Downloads, ...)
- Wie kommt die Seite an, wie wirkt die Atmosphäre?
- Wie beurteilst du die Qualität der Seite? (Layouts, Technik, Animation, Benutzerfreundlichkeit, ...)?
- Wie ist der Sprachstil? (jugendgemäß, eingedeutschte englische Wörter etc.)?
- Welche Themen werden auf der Seite angesprochen?
- Wie offen rechtsextrem ist die Seite? Warum würdest du sie als rechts(extrem) einstufen?
- Gibt es strafbare Inhalte? Welche?
- Was gefällt dir an der Seite? Was nicht? Warum?
- Wer soll mit der Seite angesprochen werden? (jung/alt, gebildet/ungebildet, Werbung oder Kontakt-Pool für die Szene, ...)?
- Glaubst du, dass diese Seite bei Jugendlichen gut ankommt? Warum (nicht)?

Kristina Rahe/Ulrich Ballhausen: Ein medienpädagogisches Projekt zur Entwicklung von Zivilcourage und gesellschaftlichem Engagement. In: Gerd Meyer u.a.: Zivilcourage Lernen. Tübingen 2004, S. 358.

- Woran erkennt man rechtsextreme Inhalte im Internet?
- Was sind typische Codes, Symbole und Abbildungen?
- Was sind typische Themen und Inhalte?
- Welche Fakten werden falsch dargestellt oder geleugnet?
- Welche Seiten gegen Rechtsextremismus gibt es im Internet?

Rechtsextremismus im Internet

Die rechtsextreme Web-Szene ist gut vernetzt, ihre Angebote sind für Interessierte schnell auffindbar. Auch wenn Kinder und Jugendliche nichts Rechtsextremes suchen, können sie sehr schnell und einfach auf solche Inhalte stoßen, z.B. über Suchmaschinen wie Google oder auf Video-Plattformen wie YouTube.

Gerade in Diensten des so genannten Web 2.0 verbreiten Rechtsextreme zunehmend ihre Propaganda.

Das Bundesamt für Verfassungsschutz bezifferte das deutschsprachige rechtsextreme Web-Angebot in den vergangenen Jahren auf etwa 900-1.000 Seiten.

Rechtsextreme agieren immer professioneller. Mittlerweile zeichnet sich die Web-Szene durch zeitgemäße und professionell gestaltete Web-Angebote aus. Musik, Filme, Download-Angebote oder auch interaktive Elemente dienen dazu, Websites attraktiv zu machen, Jugendliche anzusprechen und für rassistisches und neonazistisches Gedankengut zu ködern.

www.jugendschutz.net

M15 Fußball und Rechtsextremismus

Auf den ersten Blick haben die Welt des Sports (Fairness, Toleranz) und des Rechtsextremismus (Intoleranz, Ignoranz) nichts miteinander gemein. Die Praxis zeigt aber, dass Schnittmengen existieren:

• Rechtsextremisten bedienen sich insbesondere der Thematik „Fußball", um ihre rassistischen Parolen in Form von Flugblättern oder Hassmusik (z.B. „Wiedermal kein Tor für Türkiyemspor" von Landser) zu verbreiten. Insbesondere wird dabei gegen dunkelhäutige Spieler und Mannschaften mit Migrationshintergrund gehetzt.

• Rechtsextremisten nutzen das gemeinschaftstiftende Element des Sports zur Förderung des Zusammenhalts ihrer Strukturen u.a. in Form von Fußballturnieren. Sie versuchen auch, mit Mannschaften an normalen Sportveranstaltungen teilzunehmen, um für Sympathien zu werben und Bühnen für ihre Parolen zu bekommen.

• Rechtsextremisten treten einzeln oder in Gruppen- bzw. Familienstärke in Sportvereine ein. Zumeist engagieren sie sich stark im Vereinsleben und machen sich scheinbar unentbehrlich. Aus dieser Position – gepaart auch mit sportlichen Erfolgen der Kinder – erfolgt später der Versuch der Agitation der Vereinsmitglieder mit rechtsextremistischen Parolen, zumindest aber der Sympathiewerbung z.B. für eine Wählbarkeit auf kommunaler Ebene.

• Rechtsextremisten nutzen Stadien – vermehrt in unterklassigen Ligen – als Bühne für Rassismus und Fremdenfeindlichkeit. Fußballspiele dienen gewalttätigen Rechtsextremisten innerhalb – vermehrt auch außerhalb – der Stadien als Anlass für Gewalt gegen Polizei und vermeintlich „linke" Fußballfans.

Es konnte eine räumliche Verlagerung von rassistischem und rechtsextremem Verhalten vom Stadion weg auf die An- und Abfahrtswege festgestellt werden – dies schafft eine Öffentlichkeit über das Stadion hinaus, z.B. im Öffentlichen Personennahverkehr. Auch Bus- und Zugfahrten bei Auswärtsspielen werden als Ort der Inszenierung von rassistischen und rechtsextremen Gesängen genutzt.

Gordian Meyer-Platuz: Rechtsextremismus in Brandenburg. In: Ministerium des Innern des Landes Brandenburg (Hrsg.): Fußball, Gewalt und Rechtsextremismus. Eine Veranstaltung des Verfassungsschutzes am 23.5.2008 in Potsdam. Potsdam 2008, S. 10.

Subtiler Rassismus

Subtiler Rassismus zeigt sich darin, dass schwarze und auch osteuropäische Spieler von Fans schneller kritisiert werden bzw. etwas mehr leisten müssen als deutsche oder westeuropäische Spieler. Stehen schwarze Spieler in der Kritik, dann werden diese eher entpersonalisiert, werden also vom Spieler als Individuum zum „Schwarzen".

Victoria Schwenzer: Rassistisches und rechtsextremistisches Zuschauerverhalten im Profifußball. In: Ministerium des Innern des Landes Brandenburg (Hrsg.): Fußball, Gewalt und Rechtsextremismus. Eine Veranstaltung des Verfassungsschutzes am 23. 5.2008 in Potsdam. Potsdam 2008, S. 13 ff.

M16 **Symbole und Zeichen der Rechten**

Unterricht

Rechtsextreme demonstrieren ihre Gesinnung oftmals in der Öffentlichkeit. Eine besondere Bedeutung kommt dabei der Verwendung bestimmter Zeichen und Symbole sowie der szenentypischen Bekleidung zu.

Verbotene Symbole

Hakenkreuze in jeder Form, Nazi-Lieder, Hitlergruß und „Führerporträts" oder SS-Runen – für alle nationalsozialistischen Symbole gilt nach § 86a Strafgesetzbuch: Wer sie öffentlich zeigt, wird mit bis zu drei Jahren Gefängnis bestraft. Leicht veränderte Symbole können bestraft werden, wenn sie den Originalen „zum Verwechseln ähnlich sind".

Verbotene Parolen und Grußformen

„Sieg Heil", „Heil Hitler", „Deutscher Gruß", „Hitler-Gruß", „Meine Ehre heißt Treue", „Blut und Ehre", „Deutschland erwache", „Ein Volk, ein Reich, ein Führer", „Rotfront verrecke".

Verbotene Lieder

„Die Fahne hoch, die Reihen fest geschlossen ..." (Horst Wessel Lied);
„Vorwärts! Vorwärts" (Lieder der Hitlerjugend);
„Es stehet in Deutschland" (Kampflied der SA).

> **Consdaple und Thor Steinar**
> Consdaple ist eine neonazistische Kleidermarke. Der Name wurde so gewählt, weil er die Buchstabenfolge NSDAP enthält. Besonders deutlich sichtbar ist diese Abkürzung, wenn über dem bedruckten T-Shirt oder Sweatshirt eine offene Bomberjacke getragen wird, die rechts und links je zwei Buchstaben verdeckt.
> Thor Steinar ist eine Bekleidungsmarke der Media-Tex GmbH.
> Der Brandenburger Verfassungsschutz u.a. sehen in Thor Steinar ein Erkennungsmerkmal der rechtsextremen Szene.
> *www.wikipedia.de*

Allgemeine Erkennungsmerkmale von Rechtsextremisten

Rechtsextemisten sind nicht ohne weiteres aufgrund ihres äußeren Erscheinungsbildes als solche zu erkennen. Nicht alle, die eine Glatze oder kurzgeschorene Haare, Springerstiefel und Bomberjacke tragen, sind Rechtsextremisten bzw. rechtsextremistische Skinheads.

- **Kleidung:** Die Marke „Consdaple" wird inzwischen von Rechtsextremisten wie von unpolitischen Jugendlichen getragen. Auch Springerstiefel mit weißen Schnürsenkeln werden nicht mehr ausschließlich von Rechtsextremisten getragen.
- **Bilder und Texte:** Abbildungen, die ein Bekenntis zur Subkultur der Skinheads darstellen, sind eindeutige Zeichen für eine politische Gesinnung („Deutsche Skins", „Nationaler Widerstand"), insbesondere wenn sie sich auf rechtsextreme Skinhead-Bands beziehen („Landser", „Skrewdriver"). Ebenso Abbildungen, die sich gegen Juden und Kommunisten wenden.
- **Zahlensymbolik:** Die Zahlenkombinationen 18 und 88 stehen für den ersten Buchstaben des Alphabets (A) und den achten Buchstaben (H), symbolisieren also „Adolf Hitler" (88 = Heil Hitler). Die Zahl 28 steht für B&H – „Blood & Honour".
- **Farben:** Rechtsextremisten bedienen sich der Farbkombination „Schwarz - Weiß - Rot" ,um ihre politischen Absichten zu verdeutlichen.

Vgl. Bundesamt für Verfassungsschutz: Symbole und Zeichen der Rechtsextremisten. Köln 2006.

M17 **Rechtsextremisten vor der Schule**

Was tun, wenn die NPD vor dem Schultor steht?

Immer öfter versuchen Neonazis, an Schulen Fuß zu fassen. Sie verteilen professionelles Werbematerial, die so genannten Schulhof-CDs mit rechtsradikalem Liedgut oder Zeitungen.

Verweis vom Schulgelände

Schülerinnen und Schüler informieren die Schulleitung. Diese kann und soll von ihrem Hausrecht Gebrauch machen. Die Neonazis müssen vom Schulgelände verschwinden. Falls sie sich weigern, sollte der Schulleiter Anzeige erstatten.

Information einholen

Häufig kündigen Neonazis ihre Aktionen vorher an. Sie tun das, um Öffentlichkeit für sich herzustellen und die Schulen zu verunsichern. Ist diese Ankündigung ernst zu nehmen, sollte man die Aktion öffentlich machen und Schülerinnen und Schüler sowie andere Schulen darauf aufmerksam machen.

Braune Tonnen

In vielen Schulen werden sogenannte „Braune Tonnen" aufgestellt. Schülerinnen und Schüler können das Propagandamaterial der Neonazis symbolisch und öffentlich entsorgen – vor den Augen der Rechten.

Inhaltliche Auseinandersetzung

Haben Jugendliche Interesse an der Aktion oder geben sogar die Inhalte wieder, darf dies nicht ignoriert werden. Eine inhaltliche Auseinandersetzung ist notwendig.

Differenzieren

Neonazis sind geschult. Sie wissen ganz genau, was sie dürfen und was sie lieber sein lassen sollten. Sie spielen mit dem Etikett Neonazis und machen sich damit interessant. Schülerinnen und Schüler nehmen so Kontakt zu der betreffenden Person auf – und entdecken den netten Nazi von nebenan. Es kann dann sogar der Eindruck entstehen, dass Nazis, ganz anders als behauptet, gar nicht so schlimm sind. Deshalb gilt: Der Mensch mag ein netter Typ sein – die Ideologie, die er vertritt, ist es nicht!

Als Schule handeln

Die Schule kann niemanden aufgrund seiner Gesinnung von Bildung ausschließen. Was sie kann ist, sich darum bemühen, dass ein nicht diskriminierendes Klima an der Schule herrscht. Die Hausordnung kann das Tragen von Nazikleidung verbieten. Auch die Prinzipien von „Schule ohne Rassismus – Schule mit Courage" helfen: Mit diesen verpflichten sich das Personal der Schule, die Lehrkräfte sowie die Schülerinnen und Schüler zu einem gewaltfreien, offenen und demokratischen Miteinander.

Tilla Masberg, Schule ohne Rassismus. Die Autorin besuchte eine 12. Klasse in Berlin.
www.bpb.de/themen/4CCGKB,0,Was_tun_wenn_die_NPD_vor_dem_Schultor_steht.html
www.schule-ohne-rassismus.org.

Amoklauf an Schulen

Dieser Baustein enthält Informationen über Vorkommen und Hintergründe von Schulmassakern. Des Weiteren werden Hinweise zur Vorbereitung auf und zum Handeln in solchen extremen Situationen gegeben, sowie Wege zum Umgang nach solchen Attacken aufgezeigt. Der Umgang mit Posttraumatischen Belastungsstörungen und Trauer ist dabei von besonderer Wichtigkeit.

Schwere Gewalt

Nach dem Amoklauf in Winnenden am 11.3.2009
Wir müssen aufmerksam sein, das ist die Lehre, auf alle jungen Menschen – das gilt für Eltern, das gilt für Erzieher. Wir müssen alles tun, um zu schauen, dass Kinder nicht an Waffen kommen, dass ihnen auch sicherlich nicht zu viel Gewalt zugemutet wird in den verschiedenen Stellen.
Bundeskanzlerin Angela Merkel, 15.3.2009.

Die Tat mahnt uns auch, darüber nachzudenken, ob wir unseren Mitmenschen immer die notwendige Aufmerksamkeit entgegenbringen.
Bundespräsident Horst Köhler, 14.3.2009.

Obwohl krisenhafte Ereignisse, wie sog. Schulmassaker oder Amokläufe, nur selten vorkommen, ist ihre Anzahl in den letzten Jahren gestiegen.

Das erste School Shooting fand am 13.12.1974 in Olean, New York, (USA) statt als ein 18-Jähriger Schusswaffen und selbst gebastelte Bomben mit in die Schule brachte (vgl. Wickenhäuser 2005, S. 13). Über 100 weitere haben seitdem weltweit stattgefunden, 66 davon in den letzten zehn Jahren. Fast 200 Schüler und Lehrkräfte fielen den Gewalttaten zum Opfer. In Deutschland haben seit 1999 acht Amoktaten an Schulen stattgefunden, bei denen über 40 Menschen ums Leben kamen (vgl. Langer/Diehl 2009; Ludwig 2009).

Solche Ereignisse kommen meist – da mögliche Anzeichen nur unzureichend wahrgenommen und verstanden werden – unerwartet und überraschend. Sie bringen die Betroffenen in eine existentielle Stresssituation, die sofortiges Handeln erfordert, das über Leben und Tod entscheiden kann.

Auch wenn solche Ereignisse wohl nie vollständig verhindert werden können, kann man ihnen präventiv begegnen und sich auf sie vorbereiten. Hierzu gehören das Aufstellen von Notfallplänen, das Einüben von günstigen Handlungsweisen in Extremsituationen sowie der Umgang mit den Betroffenen nach dem Ereignis.

Ein Amoklauf ist in den seltensten Fällen nur blindwütige Raserei, die sich impulsiv aus einer Situation heraus ergibt. Bei Amok handelt es sich in aller Regel um eine genau geplante und organisierte Tat. Fast alle Täter beschäftigen sich vor der Tat einige Zeit gedanklich mit dem bevorstehenden Gewaltakt und planen diesen oft sehr genau. Sie beschaffen sich gezielt die Tatwaffen, und wählen ihre Opfer in den meisten Fällen bewusst aus.

Der Begriff „Amok" ist das einzige aus dem Malaiischen entlehnte Wort (amuk) in der deutschen Sprache. Es bedeutet ursprünglich „wütend", „rasend", „im Kampf sein Letztes geben". Amokkämpfer in Südindien oder Malaysia warfen sich mit Todesverachtung in die Reihen des Feindes. Gefallene Amokkrieger galten als Helden des Volkes und als Lieblinge der Götter. Handlungsreisende berichteten im 16. Jahrhundert über Malaien, die sich mit Opium berauschten, plötzlich mit einem Dolch bewaffnet auf die Straße stürmten und jeden niederstachen, der ihnen begegnete. Dabei riefen sie „Amok" (vgl. Focus, 18/2002, S. 26).

DER SPIEGEL

DER AMOKLAUF DES TIM K.
Wenn Kinder zu Killern werden

[M] Person unkenntlich gemacht

Tätertypen

Der Amokforscher Lothar Adler (2000) unterscheidet drei Täter-typen:

1. **Die Schizophrenen:** Sie bekämpfen aus einer Wahnvorstellung heraus irgendwelche bösen Mächte oder Invasoren aus dem All.
2. **Die Depressiven:** Sie bilden sich ein, durch eine schandhafte Tat etwa die Ehre ihrer Familie befleckt zu haben, und töten, um den ihnen Nahestehenden die Schmach zu ersparen.
3. **Die Persönlichkeitsgestörten:** In der Regel verbergen sich da-hinter narzistische Persönlichkeiten, die beziehungsgestört und leicht kränkbar sind. Sie sind sehr bemüht, sich anzupassen. Zugleich haben sie eine ganz genaue, hochstrebende Vorstellung von sich selbst, die mit der Wirklichkeit nicht übereinstimmt. Diese Menschen erleiden deshalb eine Kränkung nach der ande-ren, und im Gegensatz zu den meisten Menschen vergessen sie keine davon. Die Schmach wühlt in ihnen, bis sie irgendwann gegen die ihrer Meinung nach ungerechte Welt losschlagen.

Nahlah Saimeh, ebenfalls Amokforscherin, nennt als typische Merk-male von Amokläufern: Sie haben große Niederlagen erlebt und empfinden sich als Looser. In Familie, Schule oder Beruf sind sie iso-liert. Sie besitzen kein funktionierendes soziales Netz. Der Wunsch, „ganz groß rauszukommen", treibt sie zum Verbrechen.

Die Entwicklung eines Amoklaufes beschreibt der Psychiater Volker Faust so (vgl. www.psychosoziale-gesundheit.de):

- Im Vorstadium finden sich gehäuft Milieu-Schwierigkeiten, chro-nische Erkrankungen, der Verlust der sozialen Ordnung oder Demütigungen, Kränkungen, Beleidigungen bzw. eine Vermin-derung des persönlichen Ansehens.
- Auf dieser Grundlage bekommen dann akute Belastungen körper-licher, seelischer oder psychosozialer Art eine besondere, letztlich verheerende Bedeutung.
- Danach droht aber (noch) kein aggressiver Durchbruch, sondern das Gegenteil, nämlich Rückzug und Isolationsneigung. Dies kann verstanden werden als ein dumpf-diffuses, missgestimmt-reizbares bis depressiv-feindseliges Brüten über reale oder ein-gebildete (imaginierte) Kränkungen oder Demütigungen.
- Aus einem solchen Stadium der „verwirrten Sinne" bricht plötzlich der eigentliche Amok-Zustand hervor. Der Betroffene wird von einem so genannten „Bewegungssturm" ergriffen, mit planlosen Angriffs- oder Fluchtbewegungen. Er tut alles, um das Ausmaß an Zerstörung oder Tod möglichst extrem zu gestalten.
- Den Abschluss bildete früher ein stunden- bis tagelanger schlaf-ähnlicher bis stuporartiger Zustand. Heute werden Amoktäter i.d.R. während der Tat erschossen oder töten sich selbst.

Amok

Der Begriff Amok ist zwar in aller Munde, wird aber inzwi-schen so breit und damit un-scharf gebraucht, dass viele gar nicht mehr wissen, was er ursprünglich bezeichnete: eine plötzliche, willkürliche, nicht provozierte Gewalt-attacke mit mörderischem oder zumindest erheblich zerstörerischem Verhalten. Danach Erinnerungslosigkeit und Erschöpfung, häufig auch Umschlag in selbst-zerstörerische Reaktionen mit Verstümmelung oder Selbsttötung.

Volker Faust
http://psychiatrie-heute.net/ psychiatrie/amok.html

Grundwissen

School Shootings

Grundwissen

School Shootings

School Shootings bezeichnen Tötungen oder Tötungsversuche durch Jugendliche an Schulen, die mit einem direkten oder zielgerichteten Bezug zu der jeweiligen Schule begangen werden. Dieser Bezug wird entweder in der Wahl mehrerer Opfer deutlich oder in dem demonstrativen Tötungsversuch einer einzelnen Person, insofern sie aufgrund ihrer Funktion an der Schule als potenzielles Opfer ausgewählt wurde.

„Amokläufe bzw. Massenmorde durch Jugendliche an Schulen" und „schwere zielgerichtete Gewalttaten an Schulen" stellen geläufige Umschreibungen des Begriffes dar.

Frank J. Robertz/Rubens Wickenhäuser: Der Riss in der Tafel. Amoklauf und schwere Gewalt in der Schule. Heidelberg 2007, S. 10.

Bei der systematischen Auswertung von Schulmassakern konnten Kriminologen und Psychologen eine Reihe von Gemeinsamkeiten feststellen, wenngleich von keinem einheitlichen Profil ausgegangen werden kann (vgl. Bannenberg 2009, Landeskriminalamt NRW 2007, Wickenhäuser 2007, S. 31):

- **Junge Männer:** Nahezu alle Täter waren junge Männer.
- **Familie:** Die Täter stammen nicht aus besonders schwierigen oder „zerbrochenen", sondern eher aus „funktionierenden" Familien.
- **Psychische Auffälligkeiten:** Die Täterpersönlichkeiten sind wohl in weitaus höherem Maße psychopathologisch (Depression/Schizophrenie) als bislang angenommen, wenngleich dies i.d.R. erst nach der Tat diagnostiziert wurde.
- **Einzelgänger:** Es handelte sich bei den Tätern oft, aber nicht immer, um introvertierte Einzelgänger, die in ihrer subjektiven Sichtweise keine funktionsfähigen sozialen Strukturen aufweisen.
- **Verhaltensauffälligkeiten:** Nur ein kleiner Teil der Täter hat bereits vor der Tat Gewalt gegen Menschen angewandt. Auch sonst waren sie nicht überproportional auffällig.
- **Schusswaffen:** Die Mehrzahl der Taten wurden mit Schusswaffen durchgeführt. Fast alle Täter waren von Waffen fasziniert und hatten ungehinderten Zugang zu Waffen, die häufig den Vätern gehörten. Der gekonnte Umgang mit diesen Waffen war zuvor eingeübt worden.
- **Medien:** Gewalt verherrlichende Video- und Computerspiele sowie Gewalt glorifizierende Musik spielten im Leben der meisten Attentäter zwar eine gewisse, aber nicht die dominante Rolle.

Anerkennungszerfall

Die dramatische Verengung und Vergeltung durch extreme Gewalt steht am Ende eines Anerkennungszerfalls. Anerkennungszerfall bedeutet nicht bloß den Verlust von Prestige, sondern löst die Persönlichkeit auf, weil niemand auf Dauer ohne Anerkennung leben kann. Der Fall ins Bodenlose steht zur Debatte.

Auf existenzielle Fragen der sozialen Integration (Wer braucht mich? Wer nimmt meine Stimme ernst? Wohin gehöre ich?) gab es offensichtlich keine sinnhaften Antworten mehr, so dass insbesondere aufgetürmte Ungerechtigkeitsempfindungen sowohl den Kontrollverlust über den weiteren Lebensweg, als auch den Kontrollverlust über die Konsequenzen für andere in Gang setzt.

Wilhelm Heitmeyer, Professor für Sozialisation, in: Blickpunkt Bundestag, 5/2002, S. 3.

AMOKLAUF AN DEUTSCHER SCHULE
Das Blutbad!
Dieser 17-Jährige erschießt 15 Menschen
Bild

[M]

- **Kleidung:** Häufig waren die Täter in einem martialischen schwarzen Outfit gekleidet und trugen Masken. Diese Maskierung dient nicht nur der Anonymisierung, sondern oft auch der Identifikation mit Rächerfiguren und auch dem Ausdruck der eigenen Macht.
- **Planung:** Die Tat wurde lange vor der Durchführung detailliert geplant und oft regelrecht inszeniert.
- **Andeutungen:** Die Täter haben kurz vor der Durchführung ihrer Pläne Andeutungen oder Drohungen zur Umsetzung ihrer Tat gemacht, diese wurden jedoch vom Umfeld entweder nicht erkannt oder nicht ernst genommen.
- **Tatanlass:** Als Tatanlass werden regelmäßige Kränkungen, Demütigungen, Verluste gesehen, die von den Tätern als schwerwiegend wahrgenommen werden.
- **Nachahmer:** Es zeigte sich, dass Gewalttaten, die den Täter durch eine allgegenwärtige Medienberichterstattung prominent machen, bei psychisch instabilen jungen Menschen den Wunsch zur Nachahmung auslösen.

Schulmassaker in Deutschland

In den letzten Jahren haben an deutschen Schulen mehrere schwere Amokläufe stattgefunden. Erklärungen und Ursachenerforschung sind schwierig, und die Meinungen darüber gehen weit auseinander. Gewalt bildet fast immer den Endpunkt eines Weges, der bei dem Täter durch eine schrittweise Verengung der Perspektiven gekennzeichnet ist, bis nur noch die finale Tat als denkbare Option erscheint.

Der jugendliche Amokläufer fühlt sich ausgegrenzt und verhöhnt von einer ihn zurückweisenden Welt, in der er seine eigene Bedeutung und Macht schließlich in einem gewaltvollen Finale unter Beweis stellen will.

- **Meissen, 9.11.1999:** Der 15-jährige Andreas S. stürmt maskiert ins „Franziskaneum", das städtische Gymnasium. In seiner Klasse stürzt er sich auf die Deutsch- und Geschichtslehrerin Sigrun L. und sticht 22-mal auf sie ein. Die 44-Jährige verblutet. Andreas S. gibt als Motiv „Hass" an. Er wird zu siebeneinhalb Jahren Jugendstrafe verurteilt.
- **Brannenburg, 16.3.2000:** Der 16-jährige Schüler Michael F. schießt im Treppenhaus des Schloss-Internats im oberbayerischen Brannenburg auf den Schulleiter Reiner G. und fügt sich anschließend selbst schwere Verletzungen zu. Der 57-jährige Pädagoge stirbt später an seinen Kopfverletzungen. Michael F. liegt seit der Tat im Wachkoma.
- **Freising, 19.2.2002:** In Eching bei München erschießt der 22-jährige Adam L. seinen ehemaligen Chef und einen Vorarbeiter.

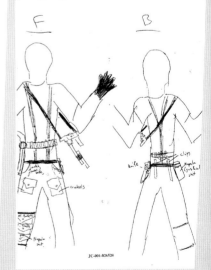

Aus dem Skizzenbuch der Täter des School Shootings von Columbine. Jefferson County Sheriff's Office: Columbine Documents.

Nachahmungstäter

Folgende Faktoren der Berichterstattung über Selbstmorde weisen eine besondere Bedeutung für Nachahmungstaten auf:

- Vereinfachte Erklärungen,
- eine Sinnzuweisung des Selbstmordes,
- die Darstellung konkreter Selbstmordmethoden,
- die Beschreibung von positiven Eigenschaften des Toten.

Studien weisen darauf hin, dass dieser Nachahmungseffekt auch bei Schulmassakern auftritt. Daher ist die Medienberichterstattung bei School Shootings zu überdenken.

Vgl. Frank J. Robertz/Rubens Wickenhäuser: Der Riss in der Tafel. Amoklauf und schwere Gewalt in der Schule. Heidelberg 2007, S. 98 f.

Anschließend fährt er nach Freising und wirft zwei Rohrbomben ins Rektorat der Wirtschaftsschule. Er tötet den Direktor mit drei Schüssen. Auf dem Flur begegnet er einem Religionslehrer, dem er durch die Wange schießt. Dann begeht L. Selbstmord.

- **Erfurt, 26.4.2002:** Der 19-jährige Robert S. erschießt 12 Lehrer, zwei Schüler, die Schulsekretärin und einen Polizisten und begeht dann Selbstmord.
- **Waiblingen, 18.10.2002:** Der 16-jährige Marcel K. nimmt zehn Schüler und eine Lehrerin als Geiseln. Er ist mit einer schusssicheren Weste, einer Luftpistole und Bombenattrappen ausgerüstet. Nach intensiven Verhandlungen lässt er die Geiseln frei und ergibt sich.
- **Coburg, 2.7.2003:** Ein 16-jähriger Schüler schießt eine Lehrerin an und tötet sich anschließend selbst. Die Waffe stammt aus dem Waffentresor des Vaters.
- **Emsdetten, 20.11.2006:** Ein bewaffneter 18-Jähriger stürmt maskiert und bewaffnet in seine ehemalige Schule, schießt wahllos um sich und wirft Rauchbomben. Elf Kinder werden durch Schüsse verletzt. Danach erschießt er sich selbst.
- **Winnenden, 11.3.2009:** Der 17-jährige ehemalige Schüler Tim K. dringt in die Albertville Realschule ein, erschießt neun Schülerinnen und Schüler und drei Lehrkräfte. Auf der Flucht erschießt er drei weitere Personen, bevor er sich selbst umbringt. 15 Personen werden z.T. schwer verletzt.

Vgl. Frankfurter Rundschau, 24.4.2007, S. 25; Stern, 20/2002, S. 44 f.; Die Welt, 12.3.2009.

Warum Schule?

Die Wahl des Schauplatzes für die Inszenierung des Abgangs fällt auf den letzten Arbeitsplatz oder eben die Schule, die als Symbol des misslungenen Lebens und als der Ort erscheint, an dem alles Unglück seinen Anfang nahm. Im Amoklauf werden die Kindheitstraumata in den Triumph des Erwachsenen verwandelt und all die Niederlagen und die Ohnmacht von einst verblassen angesichts der machtvollen finalen Demütigung der Demütiger.

Warum beschränkt sich der Racheimpuls nicht auf Lehrer, sondern schließt Schüler mit ein? Sie symbolisieren eine in die Zukunft weisende Lebendigkeit, die, weil sie der Amokläufer nicht finden konnte, nun keinem zuteil weden soll. Das Glück, das Kinder in guten Augenblicken umgibt, kann in dem zu Lebzeiten bereits Gestorbenen und vom Leben Enttäuschten, der sich zum Anwalt seiner Zerstörung gemacht hat, einen unbändigen Vernichtungsimpuls hervorkitzeln. Sein Hass entlädt sich gegen jene, die ihn an versunkene eigene Glücksversprechen erinnern und schwach und ohne Schutz sind.

Götz Eisenberg: Tatort Schule. In: Frankfurter Rundschau, 24.4.2007, S. 25.

Kann man Amokläufe verhindern?

Die Meinungen darüber, ob man Amokläufe verhindern könne, gehen auseinander. Verschiedene Fachleute vertreten die Ansicht, dass derartige Ereignisse eher schicksalhaften Charakter hätten, dass man sie weder verhindern oder „vorausahnen" könne. Andere weisen darauf hin, dass es im Vorfeld solcher Ereignisse immer auch Hinweise und Symptome gäbe, die als Hilferufe zu verstehen seien, die zeigten, dass jemand mit seinen Problemen nicht zurecht komme.

Begreift man schwere Gewalttaten und Amokläufe nicht als Schicksalsschläge, sondern als krisenhafte Entwicklungen, so gibt es vielfältige Möglichkeiten auf Warnsignale zu reagieren. Hierzu gehören u.a. Gewaltdrohungen (mit konkreten Zeit und Ortsangaben), Suizidäußerungen, Zugang oder Besitz von Waffen, Rückzug und Isolation sowie das Gefühl der Ausweglosigkeit. Das Problem der Erkennung solcher Frühwarnsignale liegt jedoch darin, dass sie oft zu wenig trennscharf sind und dadurch auf viele Jugendliche zutreffen und somit die Gefahr besteht, ein Klima von Verdächtigungen zu schaffen. Solche Hinweise, die sich nach Amokläufen immer rekonstruieren lassen und auch immer vorhanden sind, vor einer Tat rechtzeitig zu erkennen, ist das Ziel des Berliner Leaking-Projektes. „Beim Leaking lässt der Täter seine Tatfantasien oder Pläne im Vorfeld ‚durchsickern'. Somit bietet dieses Phänomen einen Anhaltspunkt für ein präventives Eingreifen" (www.leaking-projekt.de).

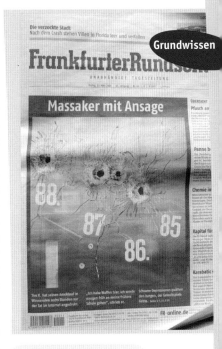

Leaking? „Leaking" kann auf unterschiedliche Art erfolgen:
1. direkt
- mündlich (z.B. Ankündigungen/Drohungen am Telefon oder in einem direkten Gespräch);
- schriftlich (per SMS, Email, Brief, in einem Aufsatz oder auf Internetseiten);
- zeichnerisch (z.B. Bilder, Comics, Graffitis).
2. indirekt = auffällige Verhaltensweisen eines Schülers in der letzten Zeit:
- übermäßiges Interesse an Waffen, Gewalt, Krieg; ständiger Bezug auf diese Themen;
- Sammeln von Material über School Shootings, Amoktaten, Massenmörder etc.;
- demonstratives Tragen von Tarnkleidung;
- Suizidversuche und -drohungen.
www.leaking-projekt.de/index.php?id=10

Die Begleitumstände
Amok ist ein Phänomen jenseits von Krankheit, Kriminalität und Kontrolle. Die Begleitumstände des modernen Amoklaufs treffen auf zu viele zu, um für Präventionsansätze tauglich zu sein: Man(n) liebt Waffen oder virtuellen Waffenersatz, trainiert mit ihnen, man(n) übt sich in der Entmenschlichung (Dehumanisierung) der vermeintlichen Gegner, man(n) teilt sich niemandem mit. Kein Staat, keine Polizei kann das kontrollieren.
Joachim Kersten: Jugendgewalt und Gesellschaft. In: Aus Politik und Zeitgeschichte. Beilage zur Wochenzeitung Das Parlament, B44/2002, S. 20.

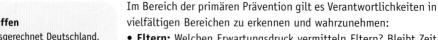

Waffen
Ausgerechnet Deutschland, das sich gern als friedliche Nation bezeichnet, ist in Wahrheit ein Land unter Waffen, mit 8 bis 10 Millionen legalen Feuerwaffen und mindestens 20 Millionen illegalen. Die Faszination Flinte ist kaum geringer als die Faszination Auto. Und so wie das eine an den Urinstinkt anknüpft, jederzeit flüchten zu können, so das andere an den, töten zu können, um zu überleben.
Der Spiegel, 13/2009, S. 42.

Im Bereich der primären Prävention gilt es Verantwortlichkeiten in vielfältigen Bereichen zu erkennen und wahrzunehmen:

- **Eltern:** Welchen Erwartungsdruck vermitteln Eltern? Bleibt Zeit für Auseinandersetzung und Anerkennung?
- **Freunde und Bekannte:** Ist genügend Neugier vorhanden, den anderen auch als Mensch kennenzulernen? Wird vom anderen Rechenschaft für sein Verhalten verlangt? Wird eine gewisse Verantwortung für sein „Wohlergehen" empfunden?
- **Schule:** Werden neben Leistung und Noten auch Mitmenschlichkeit und Solidarität vermittelt und gelebt? Werden Alarmsignale erkannt? Werden Konfliktlösungsmöglichkeiten eingeübt, Schwächen nicht ausgenützt und Stärken gefördert?
- **Medien:** Werden alle Möglichkeiten der Unterbindung von Gewalt verherrlichenden Medien ausgeschöpft? Wird die Produktion und der Vertrieb solcher Medien auf ihre Sinnhaftigkeit und Notwendigkeit geprüft?
- **Waffen:** Wie kann verhindert werden, dass Waffen problemlos legal (und illegal) zu beschaffen sind? Wie kann sichergestellt werden, dass Waffen „sicher" aufbewahrt werden?
- **Gesellschaft:** Wie kann eine Kultur des Friedens und der Anerkennung entwickelt werden, die Gewalt auf allen Ebenen tabuisiert, die auch den Schwächeren eine erstrebenswerte Zukunft und einen Platz in der Gesellschaft ermöglicht?
- **Politik:** Wie kann erreicht werden, dass Politik sich stärker um die Bedürfnisse von Kindern und Jugendlichen kümmert?

Warnsignale erkennen, Normen verdeutlichen, zur Seite stehen

Es kommt darauf an, die Warnsignale zu erkennen und den Jugendlichen dann auf dreifache Weise zu begegnen. Weitere Informationen müssen gesammelt werden, Normen des Zusammenlebens müssen verdeutlicht werden, vor allem aber muss den Jugendlichen klargemacht werden, dass ihre im Vorfeld subjektiv unlösbar erscheinenden Probleme nicht unlösbar sind. Sie müssen begreifen, dass ihnen von diesem Zeitpunkt an Erwachsene zur Seite stehen – nicht um zu strafen, sondern um auch Hinweise zu geben auf die Lösung der immer gleichen Kernprobleme: Wege zu Anerkennung, Kontroll-Erleben, soziale Bezugspersonen, Einbindung in die Gesellschaft und Umgang mit Kränkungen. Schwere, zielgerichtete Gewalt ist immer die allerletzte Option für diese Jugendlichen, also muss ihnen eine Alternative aufgezeigt werden. Das können Schulpsychologen, jedoch auch Lehrer tun, die das Wohlergehen ihrer Schützlinge ernst nehmen.
Frank Robertz: Die Statistik des Leids. Nach dem Amoklauf in Winnenden. Süddeutsche Zeitung, 16.3.2009.
www.sueddeutsche.de/,tt5m1/panorama/165/461787/text/

Umgang mit Krisen-ereignissen

Notfallsituationen sind gekennzeichnet durch ihre geringe Wahrscheinlichkeit des Auftretens, durch ihre Unvorhersehbarkeit und Unterschiedlichkeit, durch die Bedrohung für Leben und Wohlbefinden und die Notwendigkeit des schnellen Eingreifens.

„Die Schulleiterin oder der Schulleiter (Schulleitung), die Lehrkräfte, die sonstigen Bediensteten der Schule und die Schülerinnen und Schüler müssen vorbereitet werden, Gewaltvorfälle wie Bombendrohungen, Geiselnahmen usw. und Schadensereignisse wie Brände, Katastrophen, Unglücksfälle richtig einzuschätzen und unter Einschaltung der dafür fachlich zuständigen Stellen zu bewältigen. Die Lehrkräfte und die sonstigen Bediensteten an Schulen sind verpflichtet, sich rechtzeitig mit den dargelegten Verhaltensregeln vertraut zu machen und sie im Ernstfall zu beachten." So die Verwaltungsvorschrift 1721.6-7/16 des Kultusministeriums Baden-Württemberg über Gewaltvorfälle und Schadensereignisse an Schulen.

In den letzten Jahren haben fast alle Bundesländer sog. Notfallpläne für Schulen als Verwaltungsvorschriften erlassen. Diese sind unterschiedlich konkret und regeln (wie z.B. in Baden-Württemberg) oft nur Zuständigkeiten. Notfallpläne können Amokläufe nicht verhindern. Sie können jedoch dazu beitragen, die Folgen abzumildern.

Trotz dieser Pläne bleibt die Feststellung von Eikenbusch (2005, S. 7) richtig, dass in vielen Krisen Lehrkräfte unvorbereitet, hilflos und unsicher sind. Dabei entscheidet sich, ob und wie eine Krisensituation bewältigt werden kann, lange vor der Krise durch die Art und Weise der Auseinandersetzung mit und der (inneren und äußeren) Vorbereitung auf solche Notfallsituationen.

- **Notfallpläne:** Individuell ausgearbeitete Notfallpläne für Schulen legen fest, wer bei Krisen/Notfällen welche Aufgabe übernimmt, wie die Verantwortlichen in Krisenfällen erreichbar sind, was bei bestimmten Ereignissen zu tun ist, wer welche Unterstützung leisten kann, wer die Schüler, die Eltern, die Öffentlichkeit informiert usw. (vgl. Eikenbusch 2005). Um mit solchen Plänen auch wirkungsvoll umgehen zu können, ist die Einrichtung von Notfall- oder Krisenteams in der Schule Voraussetzung.
- **Notfallordner:** Als ein wichtiges konkretes Hilfsmittel haben sich sog. Notfallordner erwiesen, die an einem leicht zugänglichen zentralen Ort aufgestellt werden und alle wesentlichen Informationen in Form von Checklisten enthalten.

Notfallplan für Schulen in NRW

Das NRW-Schulministerium hat unter dem Stichwort „Hinsehen und Handeln" einen Notfallplan für die Schulen des Landes erstellt. Darin sind Handlungsvorschläge für Gewaltvorfälle, Krisensituationen und extremistisch motivierte Vorfälle enthalten. „Hinweise zum Notfall können in akuten Belastungssituationen nur dann gefunden werden, wenn der Umgang mit ihnen geübt ist", heißt es in einem Anschreiben an die Lehrer. Der 117 Seiten starke Ordner unterscheidet zwischen drei Gefährdungsgraden und enthält auch Hinweise für das richtige Verhalten bei Mord-/Amok- und Totschlagdrohungen im Internet oder per SMS. Ebenfalls enthalten sind Formulierungsvorschläge für einen Elternbrief nach dem Tod eines Schülers. Einzelheiten zu den Empfehlungen will das Schulministerium nicht mitteilen. „Wir wollen vermeiden, dass sich potenzielle Täter darauf einstellen", sagte Sprecher Jörg Harm.
Kölner Stadtanzeiger, 28.11.2007

Indikatoren, die auf eine substantielle Drohung hinweisen:

- Die Äußerung enthält spezifische Details wie etwa Daten oder Orte.
- Sie wird wiederholt oder vor unterschiedlichen Menschen geäußert.
- Sie enthält konkrete Handlungspläne.
- Der drohende Schüler hat Komplizen oder versucht, Zuschauer für seine Tat zu werben.
- Es liegen konkrete materielle Hinweise vor, beispielsweise eine Schusswaffe oder eine Liste potenzieller Opfer.

Sannah Koch: Wie erkennt man School Shooter? In: Psychologie heute, 11/2007, S. 38.
Vgl. Frank J. Robertz/Ruben Wickenhäuser: Der Riss in der Tafel. Amoklauf und schwere Gewalt in der Schule. Berlin 2007.

- **Koordination der Abläufe:** Zentral für das Handeln in Notfällen ist der Personenschutz und die Mobilisierung von professionellen Einsatzkräften wie Polizei, Feuerwehr und Rettungsdienste. Regelmäßige Übungen dienen dazu, Missverständnisse und Schwierigkeiten zu beheben.
- **Bedrohungsanalyse:** Zur Einschätzung von Drohanrufen, Drohschreiben oder im Internet veröffentlichten Drohformulierungen müssen Fachleute der Polizei hinzugezogen werden.
- **Drohungen:** Substantielle Drohungen müssen ernst genommen werden. Mögliche Reaktionen reichen von Gesprächen mit dem Betroffenen und seinen Eltern über Verhaltenstrainings bis hin zu Strafanzeigen, Hausdurchsuchungen und – bei dringendem Tatverdacht – Festnahme durch die Polizei.
- **Pressearbeit:** Der sensible Umgang mit den Medien, die bei Gewaltdrohungen und Gewaltvorfällen oft dazu neigen, nicht sachlich, sondern sensationsheischend und voyeuristisch zu berichten, ist wichtig. Es muss klar sein, über wen (ausschließlich) die Presseinformation läuft.
- **Verhalten in Gewaltsituationen:** Eine der schwierigsten Aufgaben ist die Entwicklung von günstigen Handlungsweisen in Gewaltsituationen. Opferschutz hat Vorrang vor der Identifizierung oder Verfolgung des Täters. Deckung und Schutz suchen, Klassen zusammenhalten, Türen verschließen und Fenster und Türen zu meiden sind dabei grundlegende Verhaltensweisen zu denen auch gehört, dass Fluchtwege für Täter offengelassen und nicht abgeschlossen werden dürfen (vgl. Wickenhäuser 2007, S. 214). In speziellen Trainings kann der Umgang mit Gewaltsituationen zwar geübt werden, wie die eigenen Reaktionen in einer Realsituation jedoch tatsächlich sein werden, ist nicht planbar.

Amokprävention

Die folgenden Präventionsmaßnahmen zielen auf die Stärkung von Schutzfaktoren ab:

• Schulpsychologische und sozialarbeiterische Konzepte;
• Förderung und Stärkung des Selbstbewusstseins;
• Vermittlung von Selbstwirksamkeitserleben und Erfolgserfahrungen (die der Kränkbarkeit bzw. potenziellen Kränkungen als Tatauslöser entgegenarbeiten);
• Abbau von Ängsten (z.B. bezüglich Noten oder Versetzung).

Als Präventionsmaßnahmen zur Verminderung von Risikofaktoren gelten etwa:

• Zugangskontrolle zu Waffen.
• Verbot bzw. Kontrolle bestimmter Gewaltdarstellungen.

Die einzelfallbezogene Prävention (Krisenintervention) muss darin bestehen, die „Problemschüler" zu erkennen, beispielsweise anhand von Vorbereitungshandlungen und Planungen, und zugleich Hilfen anzubieten. Grundsätzlich sollten, nicht zuletzt aufgrund der fehlenden Spezifität der Merkmale, produktive, helfende Maßnahmen den sanktionierenden Maßnahmen vorgezogen werden.

Der „Weg eines Amoktäters" (Hoffmann, 2007) lässt sich an den folgenden Stellen durchkreuzen, wobei die entsprechenden Maßnahmen sukzessive von der Prophylaxe – zuerst Stärkung der Schutzfaktoren, dann Abbau von Risikofaktoren – zur Krisenintervention übergehen:

• Verhinderung der sozialen und persönlichen Defizite;
• Verhinderung der Kränkung;
• Verhinderung der Nebenrealitätsbildung;
• Verhinderung der Entwicklung von Tötungsfantasien;
• Verhinderung der Voraussetzungen für die Realisierung der Tat (Waffenzugang, Übung im Umgang);
• Verhinderung der Tatrealisierung.

Landeskriminalamt Nordrhein-Westfalen: Amoktaten – Forschungsüberblick unter besonderer Beachtung jugendlicher Täter im schulischen Kontext. Kriminalistisch-Kriminologische Forschungsstelle. Analysen Nr. 3/2007, S. 11 f.

Presserat rügt Berichte über Tat in Winnenden

Grundwissen

Der Deutsche Presserat hat die Berichterstattung der Bild- Zeitung und ihrer Online-Ausgabe zum Amoklauf von Winnenden gerügt. Beanstandet wurde unter anderem die mehrseitige Berichterstattung der Bild unter den Überschriften „Seid ihr immer noch nicht tot?" sowie „Wie wurde so ein netter Junge zum Amokschützen?". Ein ganzseitiges Bild zeige den Amokläufer mit gezogener Waffe in einem Kampfanzug. Diese Fotomontage verbunden mit der Überschrift „Seid ihr immer noch nicht tot?" ist nach Ansicht des Beschwerdeausschusses des Presserates unangemessen sensationell. Sie stelle den Amoktäter in einer Heldenpose dar.
Süddeutsche Zeitung online, 22.5.2009.

[M]

[M]

Erfurt, 26. April 2002

Der 19-jährige Schüler Robert S. tötet in seiner ehemaligen Schule, dem Gutenberg Gymnasium in Erfurt, 16 Menschen und sich selbst. Dieser Massenmord schockierte ganz Deutschland.

Die Medienberichterstattung

In allen Programmen gierte man nach authentischen Bildern. Hatte man sie, wiederholte man sie permanent, ohne ihre Widersprüche zu erkennen. So lief am Tag der Tat in allen Nachrichtensendungen ein fast identischer Kurzfilm ab, dessen Bilder nichts über die Tat verrieten, meint der Journalist Dietrich Leder (Funkkorrespondenz Nr. 19, 10.5.2002).

Mangels Aufnahmen vom Tatort ließ RTL die Morde in einer Kölner Schule nachinszenieren. Andere Sender rekonstruierten die Vorgänge im Erfurter Gutenberg-Gymnasium am Computer. Johannes B. Kerner reiste im Auftrag des ZDF noch am Tag der Tat nach Erfurt, um dort live unter anderem einen elfjährigen Augenzeugen nach seinen Wahrnehmungen und Überlegungen zu fragen.

Der Spiegel zum „Rauswurf"

„Es war ein hektischer Rauswurf ohne Netz und ohne Boden, und für Robert war es so etwas wie ein Todesurteil. Es war die endgültige Niederlage. Und der Anstoß zur Tat."
Der Spiegel, 19/2002, S. 138.

Die Schule

Robert hatte sehr schlechte Noten. Er sei faul, sagten die Lehrer, mache die Aufgaben nicht. Doch statt Hilfe gab es Demütigungen.

Die elfte Klasse machte Robert nochmal. Er versuchte die Prüfung zum Realschulabschluss zu machen, gab aber schnell wieder auf. Als es im neuen Schuljahr nicht besser lief, schwänzte er die Schule. Um das Schwänzen zu verstuschen, fälschte er Atteste.

Als die Fälschung aufflog, wurde er im September 2001 zu einem Gespräch bestellt, und in seinem Beisein wurde beschlossen, ihn an eine andere Schule zu verweisen. Der Schulpsychologische Dienst des Schulamtes wurde nicht eingeschaltet. Eine Schulkonferenz hat es für Robert S. nie gegeben. Zuhause tat er so, als ob er weiter ins Gutenberg-Gymnasium ginge. Seinen Freunden sagte er, er habe die Schule gewechselt. Statt in die Schule ging er ins Café Marathon.

Seinen Eltern legte er ein gefälschtes Zwischenzeugnis vor. Der 26. April war der Tag der letzten Klausur, und bald wäre Robert aufgeflogen.

Gemeinsame Erklärung der Kultusministerinnen und Kultusminister zu den Morden im Erfurter Gutenberg-Gymnasium (Auszug)

Die gesamte Gesellschaft muss sich fragen, wie wir Tag für Tag mit Gewalt umgehen. Nicht nur in den Medien wird Gewalt allzu oft als einfaches Mittel zur Problemlösung dargestellt. Die Gewaltbereitschaft insgesamt hat leider zugenommen. Sie kann auf lange Sicht nur durch ein grundlegendes Umdenken der Gesellschaft gesenkt werden. Dabei müssen sowohl Eltern, Lehrerinnen und Lehrer, Schülerinnen und Schüler als auch alle anderen gesellschaftlichen Gruppen mitwirken.

Der Schützenverein

Robert S. besaß seine Waffen legal. Er war Mitglied im Erfurter Polizeisportverein Schützenverein Domblick e.V. Am Schießstand wurde Robert im zielsicheren Umgang mit Waffen ausgebildet. Robert schoss regelmäßig. Er wurde als guter Schütze eingeschätzt.

Im Oktober 2001 erwarb er die spätere Tatwaffe, die 9-mm-Glock. Danach wurde er nicht mehr im Schützenverein gesehen.

Gewalttaten entstehen nicht im luftleeren Raum. Es sind oft lange Prozesse von Enttäuschungen, Demütigungen, mangelnder Anerkennung, die das Leben ohne Hoffnung erscheinen lassen und scheinbar keine Lebensperspektive bieten. Kausale Zuschreibungen oder einseitige Schuldzuweisungen sind nicht angebracht, sie helfen nicht weiter.

Die Familie

In einem offenen Brief hat die Familie des Todesschützen von Erfurt ihre Hilflosigkeit und Verzweiflung über das Blutbad ausgedrückt: „Seit dieser schrecklichen Tat fragen wir uns immer und immer wieder, woher der Hass und die Verzweiflung von Robert kamen, und warum wir nichts davon vorher erfahren haben. Wir waren bis zu dieser brutalen Wahnsinnstat eine ganz normale Familie und haben Robert anders gekannt. Bis jetzt haben wir noch nicht die Zeit gefunden, um unseren Sohn und Bruder zu trauern, wir denken nur an die Opfer und sind mit unseren Gedanken bei ihren Familien."

„Aus vollkommen heiterem familiären Himmel geschehen solche Taten nicht. Viele Familien, die nach außen vollkommen ‚normal' aussehen, sind innen eine einzige Szenerie von Gleichgültigkeit und Kälte, das bloße Nebeneinander von Einsamkeiten. Viele Eltern wissen selbst nicht mehr, was richtig und was falsch ist, woran sie sich in puncto Erziehung halten sollen.
Götz Eisenberg, Psychologe

PC Spiele

Robert S. spielte gern und viel am Computer. Als Polizisten nach dem Amoklauf sein Zimmer durchsuchten, fanden sie unzählige Computerspiele. Unter den vielen Ballerspielen waren auch indizierte.

Schuld

Abschreckend ist ein Großteil der Debatte um Ursache und Schuld. Man kann sich des Eindrucks nicht erwehren, als wäre die Katastrophe von Erfurt ein gefundenes Fressen für notorisch heißhungrige Antwortmaschinen: Schärfere Waffengesetze, Verbot von Gewaltvideos, Heraufsetzen der Volljährigkeit, mehr Schulpsychologen.
All diese Ursachen verstellen das, was eben nicht dingfest zu machen ist, weil es eben kein Ding und keine Sache ist, die Sprache der Worte und der Beziehungen, die Sprache der Ideen, der Wünsche und der Relationen zwischen den Menschen.
Reinhard Kahl in: Pädagogik 6/2002, S. 64.

Fragen

Gibt es einen Zeugen, der sagt: Ich war in seiner Nähe, ich habe versucht ihn zu erreichen?
Friedrich Ani, Schriftsteller

Die Politik

Sämtliche im Bundestag vertretenen Parteien sowie alle führenden Politiker gaben Erklärungen und Stellungnahmen zu dem Attentat in Erfurt ab.
Dass Robert S. seine Tat genau an dem Tag verübte, an dem der Deutsche Bundestag ein neues – liberaleres – Waffenrecht verabschiedete, war sicher nicht beabsichtigt.

Die Clique

Robert gehörte zu einer Clique, mit der er Ego-Shootings im Cyberspace zelebrierte und Death-Metal hörte. Sie trafen sich auf dem Domplatz oder organisierten sog. LAN-Parties für Computerspiele.
Einem Jungen aus der Clique zeigte er auch stolz seine Waffen und die Munition.
Mit einem aus der Clique war er am letzten Abend vor dem Amoklauf noch zusammen.
In der Clique durfte er sein, wie er war, verschlossen und einsilbig, denn hier war das cool. Es gab keine Nachfragen, keine Diskussion. „Es ist erschreckend, wir wussten von Robert nahezu nichts", sagte einer aus der Clique später.

Post Traumatic Stress Disorder (P.T.S.D)
Post Traumatic Stress Disorder is a natural emotional reaction to a deeply shocking and disturbing experience.
It is a normal reaction to an abnormal situation.
www.ptsd.org.uk/what_is_ptsd.htm

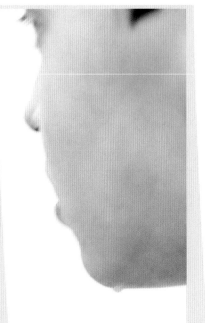

Traumatische Gewalterlebnisse

Im Kontext von Gewalthandlungen kommt es oft zu traumatischen Erlebnissen, die bei Opfern und Zuschauern zu sog. Posttraumatischen Belastungsstörungen führen können. Die Posttraumatische Belastungsstörung ist eine mögliche Reaktion auf eines oder mehrere traumatische Ereignisse. Prinzipiell können vier verschiedene Erfahrungszusammenhänge unterschieden werden (Bolt 2005, S. 31):

- Erfahrungen im sozialen Nahraum, wie z.B. häusliche Gewalt, sexualisierte Gewalt, Misshandlungen und Vernachlässigungen in der Familie, Trennung durch Scheidung oder Tod.
- Erfahrungen im Gesellschaftskontext wie Krieg, Folter, Terrorakte, Verfolgung.
- Erfahrungen mit Großschadensereignissen wie Naturkatastrophen, Unglücksfällen.
- Mittelbare Erfahrungen, wie Zeuge von Traumatisierungen von anderen werden, Computerspiele, Horrorfilme.

Es kommt bei einer Traumatisierung oft zum Gefühl von Hilflosigkeit und zu einer existentiellen Erschütterung des Selbst- und Weltverständnisses. Das Entscheidende an der Traumatisierung ist der Verlust der Sicherheit und die Unterbrechung des Kontaktes zu anderen. Die Welt und das eigene Leben sind nach dem Trauma nicht mehr wie zuvor; Beziehungen müssen neu aufgebaut und neu definiert werden.

Das Störungsbild ist u.a. geprägt durch:

- sich aufdrängende, belastende Gedanken und Erinnerungen an das Trauma oder Erinnerungslücken (Albträume, Flashbacks, partielle Amnesie);
- Übererregung (z.B. Schlafstörungen, Schreckhaftigkeit, Konzentrationsstörungen);
- Vermeidungsverhalten (Vermeidung traumaassoziativer Eindrücke);
- emotionale Taubheit (z.B. allgemeiner Rückzug, Interesseverlust, innere Teilnahmslosigkeit);
- Verhaltensauffälligkeiten (z.B. bei Kindern und Jugendlichen).

Die Symptomatik ist individuell sehr verschieden und kann auch mit mehrjähriger Verzögerung noch auftreten. Die Häufigkeit des Auftretens ist abhängig von der Art des Traumas.

Umgangsmöglichkeiten

Die „Erstversorgung" traumatisierter Personen wird als zeitnahe Maßnahme (beginnend am Ort des Geschehens) oft von sog. Krisen-interventions-Teams vorgenommen. Die sich anschließenden Ver-arbeitungs- und Bewältigungsstrategien verlaufen i.d.R. in drei Stufen:

1. **Stabilisierung, Kommunikation, Sicherheit:** Herstellung von äußerer (und innerer) Sicherheit: Schutz vor Wiederholung der traumatischen Ereignisse, Ausschluss von Kontaktmöglichkeiten zum Täter, Herstellung einer sicheren Beziehung und einer ver-lässlichen Kommunikationsbasis durch feste Bezugspersonen, bewusste aktive Planung (Strukturierung) des Alltags usw.
2. **Verarbeitung und Erinnern des Traumas:** Trauerarbeit durch verbale und nonverbale Ausdrucksformen, Wiedererleben und Durcharbeiten.
3. **(Re-)Integration, Aktivierung eigener Ressourcen** durch Mobilisierung der Selbstheilungskräfte. Gewinnung neuer Sinnzu-sammenhänge und Lebensperspektiven.

Die erste Stufe wird dabei oft der traumapädagogischen Arbeit zugeschrieben, während die Stufen zwei und drei als Aufgaben der Traumatherapie bezeichnet werden.

Als Grundregel kann gelten: Es ist besser sich mit den belasten-den Ereignissen auseinander zu setzen als diese zu verdrängen, zu verleugnen oder zu verniedlichen, auch wenn dies für den Moment schmerzhafter ist (vgl. Gugel/Jäger 1999, S. 123 ff.).

Grundwissen

Alarmsignale

Das Verhalten der Schüler beobachten, Alarmsignale wahrnehmen:

- andauernde Apathie;
- andauerndes depressives Verhalten;
- wiederkehrende – unmoti-vierte – Aggressivität;
- erhebliches und andau-erndes Fehlen;
- Klagen über Schlaflosig-keit, Albträume, Appetit-verlust, Magenschmerzen, Kopfschmerzen, andere psychosomatische Be-schwerden.

Tritt solches Verhalten bei Schülern auf, sollen Hilfs- und Interventionsangebote wahrgenommen werden.

Gerhard Eickenbusch/ Ragnhild Wedlin: „Jetzt weiß ich, was ich tun muss, wenn etwas passiert!". In: Pädagogik, 4/2005, S. 14.

Albträume und mehr ...

Die Schüler hatten Albtraume und sahen Dinge, die sie gar nicht erlebt hatten. Und was sie erlebt hatten, war zum Teil unbeschreiblich. Einige haben mir erzählt, wie sie stundenlang unter Todesangst gewartet haben, wie sie Lehrer oder Mitschüler haben sterben sehen. Es gab vereinzelte Kinder, die mir anvertrauten, dass sie sich mit Rasierklingen verletzen, aber ihren Eltern nicht davon erzählen. Manche Schüler und auch Lehrer haben mir von ihren Selbstmordplänen und -versuchen berichtet, und mehr als einmal war ich in Bedrängnis, wie ich mit dem mir anvertrauten Wissen umgehen sollte. Anfangs war mir diese Suizidsucht ein Rätsel: Das Glück, ein solches Ereignis zu überleben, muss doch dazu führen, das eigene Leben ab jetzt bewusst und aktiv zu gestalten?! Die Traumathera-peutin Gabriele Kluwe-Schleberger hat mir erklärt, dass manche Überle-bende einer solchen Katastrophe eben auch den verlorenen Menschen in den Tod folgen wollen.

Jens Becker: Kurzschluß. Der Amoklauf von Erfurt und die Zeit danach. Berlin 2005, S. 245.

Grundwissen

Schritte, um mit einem Todesfall in der Klasse umzugehen
- Das Leid benennen;
- die Lücke beschreiben;
- Schuldgefühle abbauen;
- das aktive Trauern, z.B. durch kleine Gaben, Schulzimmerrituale und eventuell die Teilnahme an der Beerdigung.

Dorothea Meili-Lehner: „Wir müssen nicht alle Antworten wissen ..." In: Pädagogik, 4/2005, S. 17.

Handlungsmöglichkeiten

- **Den Hilferuf erkennen:** Kinder, die zu klein sind, um komplexe Gefühle verbal auszudrücken, formulieren ihren Hilferuf, indem sie auf frühere Verhaltensstufen regredieren (z.B. wieder einnässen), indem sie vorübergehend bereits erworbene Fähigkeiten verlieren oder indem sie sich an Elternteile oder andere Personen klammern.
- **Gedanken und Ängste ausdrücken:** Ältere Kinder sollten ermutigt werden, ihre Gedanken und Ängste durch Erzählen, Singen, Spielen, Malen usw. auszudrücken. Erwachsene haben dabei eher die Rolle des aktiven Zuhörers. Neben Einzelgesprächen spielt auch die Arbeit in Gruppen von Betroffenen eine wichtige Rolle. Künstlerische Ausdrucksformen (Zeichnen, Basteln, Werken, Gestalten) stellen eine spezifische Art der Auseinandersetzung mit den traumatischen Erlebnissen, sowie eine Möglichkeit der Bewältigung dar.
- **Trauer und Abschied ermöglichen:** Wenn Geschwister, Eltern oder Bekannte ums Leben kamen, ist es wichtig Trauern zu ermöglichen. Hierzu gehört als erstes, dass die betroffenen Kinder die Toten subjektiv auch als Tote (und nicht als Vermisste, die irgendwann wiederkommen) wahrnehmen, sowie, dass sie wo immer möglich, an den Todes-Zeremonien und -Ritualen beteiligt werden.

- **Sicherheit geben:** Ein wichtiger Weg, um bei diesen Kindern die seelische Gesundheit wieder herzustellen, ist, ihnen wieder die Sicherheit zu geben, dass ihre einst relativ stabile Welt, die durch ein plötzliches Ereignis aus den Fugen geraten ist, wieder eine neue Ordnung erhalten kann.
- **Nähe und Geborgenheit vermitteln:** Gerade Kinder benötigen zwischenmenschliche Wärme, das Gefühl von Angenommensein und Geborgenheit. Dies ist in Extremsituationen besonders wichtig und zugleich besonders schwierig zu vermitteln.
- **Zur täglichen Routine zurückfinden:** Bei der Herstellung von Verlässlichkeit und Sicherheit spielen wiederkehrende Rituale sowie gleichbleibende tägliche Routinen eine wichtige Rolle. Die meisten Kinder können durch solche Maßnahmen innerhalb weniger Monate die mit den traumatischen Erfahrungen verbundenen Ängste überwinden.

  Wichtig ist es auch zu berücksichtigen, dass neue Geborgenheit und Vertrauen sich am effektivsten die Traumatisierten selbst gegenseitig geben können. Dies spricht dafür, vor allem bei Erwachsenen Selbsthilfegruppen anzubieten.
- **Nichts ist wie vorher:** Die durch krisenhafte Ereignisse (Verletzungen, Tötungen, Selbsttötungen) herbeigeführte Situation verändert das Leben der Betroffenen grundlegend und dauerhaft. Was bisher war, ist nicht mehr herstellbar. Das Leben „muss" zwar (irgendwie) weitergehen, doch der Blick in den Abgrund, die erfahrene Nähe des Todes und der Verlust von Angehörigen, Freunden und/oder Bekannten veränderte alles, was wichtig war und Sicherheit gab.

Trostworte, die nicht trösten

- „Ich weiß genau, wie du dich fühlst."
  Diese Aussage sollte nur gemacht werden, wenn wirklich Ähnliches erlebt wurde, ansonsten soll sie zwar Mitgefühl ausdrücken, verkleinert aber den augenblicklichen Schmerz zu einem Allerweltsschmerz.
- „Du bist noch jung, das Leben geht weiter."
  Diese Worte nehmen den Schmerz nicht ernst.
- „Ein Glück, dass sie jetzt erlöst ist und keine Schmerzen mehr hat."
  Sie hat keine Schmerzen mehr, aber um welchen Preis?
- „Die Guten sterben immer jung."
  Schlussfolgerung: Dann hat man lieber schlechte Kinder!?
- „Die Zeit heilt alle Wunden."
  Nicht alle Wunden heilen, mit manchen muss man einfach leben lernen.

Ministerium für Kultus, Jugend und Sport Baden-Württemberg (Hrsg.): Vom Umgang mit Trauer in der Schule. Handreichung für Lehrkräfte und Erzieher/innen. Stuttgart o.J., S. 33, Auszüge.

Grundwissen

Wie der Opfer gedenken?
Vorschläge von Schülerinnen und Schülern (nach einer Brandkatastrophe in einer Diskothek in Göteborg, bei der 15 Schülerinnen und Schüler ums Leben kamen):
- Alles, was über die Katastrophe berichtet und geschrieben wurde, soll in einem Buch gesammelt werden.
- Es soll ein gesonderter Gedenkraum eingerichtet werden – mit einer Gedenktafel und Bildern der Verstorbenen.
- Ein Buch mit Gedichten und Grüßen der Schüler drucken.
- Die Verstorbenen mit einer Schweigeminute ehren.
- Sich jedes Jahr am Unglückstag an der Brandstelle versammeln und Kerzen anstecken.

Gerhard Eickenbusch/ Ragnhild Wedlin: „Jetzt weiß ich, was ich tun muss, wenn etwas passiert!". In: Pädagogik, 4/2005, S. 14.

Debriefing

Vielfach wird von Debriefing-Spezialisten suggeriert, dass das Erzählen allein genüge, dass es dem Opfer schon besser gehen würde und es darum keine posttraumatischen Symptome zu befürchten habe. (...)
Allein durch mehrfaches Wiedererzählen kann das Erlebnis nicht verarbeitet und integriert werden, es bleibt präsent und lähmt auch die anwesenden Beteiligten. (...)
Beim Debriefing ist der traumatisierte Mensch den vielen Experten hilflos ausgeliefert und kann sich nicht wehren. In der großen Not und Ohnmacht ist jedermann froh, dass überhaupt jemand hilft.
Horst Kraemer: Das Trauma der Gewalt. Wie Gewalt entsteht und sich auswirkt. Psychotraumata und ihre Behandlung. München 2003, S. 274 f., Auszüge.

Umsetzung

Die Materialien (M1-M17) bieten Informationen und Auseinandersetzungsmöglichkeiten mit Amokläufen und schwerer Gewalt an Schulen. Dabei geht es um die prinzipiell möglichen und notwendigen Klärungen und organisatorischen Vorbereitungen, um Verhalten in solchen Situationen sowie, um den Umgang mit den Betroffenen und den Folgen solcher Taten.

Das Bedürfnis diese Ereignisse verstehen und erklären zu können darf nicht zu vorschnellen und unterstellten einfachen Kausalzusammenhängen führen. Bei der Beschäftigung mit dem Thema Amoklauf bleiben an vielen Punkten Erklärungsnöte, Hilflosigkeit und Handlungsunsicherheit zurück.

• Erklärungsversuche

Warum ein Mensch Amok läuft, entzieht sich den gängigen Erklärungsmustern. In M1 berichtet der Kriminalpsychologe Thomas Müller über seine Einschätzung. Der Abschiedsbrief des Amokläufers von Emsdetten (M2) vermittelt einen Einblick in dessen Gedankenwelt. Welche unterschiedlichen Erklärungsversuche Internetnutzer haben, zeigt M3.

• Betroffenheit

In einem offenen Brief mit konkreten Forderungen wandten sich am 13.3.2009 fünf der vom Attentat in Winnenden betroffenen Familien an Politik und Öffentlichkeit (M4).

• Sich auseinandersetzen

Amokläufe wird man, wenn überhaupt, nur selten verhindern können, aber man kann sich darauf vorbereiten, um die Folgen zu begrenzen. Anhand der Checkliste „extreme Gewaltvorfälle" (M5) lässt sich der Stand der Krisenplanung in der Schule einstufen. Anforderungen an ein gutes Krisenmanagement formuliert M6.

• Notfallpläne

Verschiedene Bundesländer haben Verwaltungsvorschriften über das Verhalten an Schulen bei Gewaltvorfällen erlassen in denen das Aufstellen von Notfallplänen geregelt ist. M7 zitiert aus der Verwaltungsvorschrift für Baden-Württemberg und M8 zeigt, wie die Notfallpläne in Berlin aufgebaut sind. Anhand des Rasters von M9 kann die Notfallplanung für die Schule reflektiert werden.

• Verhalten in Gewaltsituationen

Welche Verhaltensweisen in akuten Amoksituationen hilfreich sein können, wird in M10 dargestellt.

• Umgang mit Traumatisierungen

Ereignisse, die so überwältigend sind, dass sie das bisherige Leben aus der Bahn werfen, wirken traumatisch. Bei welchen auftretenden Symptomen man von einer posttraumatischen Belastungsstörung sprechen kann, führt M11 aus. Der Erstkontakt mit Traumaopfern ist oft von entscheidender Bedeutung für den weiteren Umgang mit dem Erlebten. Deshalb werden bei Amokläufen an Schulen speziell ausgebildete Kriseninterventionsteams eingesetzt. Was beim Erstkontakt mit Traumaopfern zu beachten ist, erläutert M12. Im Krisenfall in der Schule und bei traumatisierenden Ereignissen ist es wichtig Gefühle zu zeigen, die Schüler nicht alleine zu lassen, sachlich zu informieren und besonders belastete Schülerinnen und Schüler zu begleiten (M13).

• Trauerarbeit

Über die Toten und über den entstandenen Verlust muss getrauert werden. M14 informiert über die sechs Notwendigkeiten des Trauerns mit Kindern und M15 greift die Reaktionen auf den entstandenen Verlust auf.

Wie eine Auseinandersetzung innerhalb der Schulklasse (bei Schülerinnen und Schülern, die nicht direkt betroffen sind) aussehen kann, zeigt beispielhaft M16.

• Schule als verlässlicher Ort

Götz Eisenberg reflektiert Schulmassaker vor dem Hintergrund gesellschaftlicher und schulischer Entwicklungen und fordert ein von Empathie getragenes Klima der Aufmerksamkeit und der wechselseitigen Sorge (M17).

Ergänzende Bausteine

2.3 Jugendliche in Krisensituationen
4.2 Verhalten in akuten Gewaltsituationen

M1 **Warum läuft ein Mensch Amok?**

Woran erkennt man einen Amokläufer?
Thomas Müller: Gar nicht.

Zeichen gibt es aber, oder?
Zweifellos. Im Vorfeld eines Amoklaufs bricht die Kommunikation. Die Art der Kommunikation ist der Schlüssel zum Menschen, sie bestimmt sein Sein.

Inwiefern?
Wir kommunizieren inzwischen auf unterschiedlichen Ebenen. Das eine ist die technische Kommunikation. Hier ist die Entwicklung unglaublich schnell. Das andere ist die psychologische Kommunikation von Angesicht zu Angesicht. Sie ist schwierig und braucht ihre Zeit. Wir haben aber keine Zeit mehr für den anderen. Das führt zu Oberflächlichkeit, zum Nicht-Erkennen zwischenmenschlicher Probleme. Es gibt Menschen, die das frustriert. Sie werden depressiv und bringen sich um oder bekommen Angst. Und Angst führt zu Aggressionen.

Was passiert dann?
In unseren Studien zur Gewalt am Arbeitsplatz haben frustrierte Mitarbeiter häufig die Vorgänge öffentlich gemacht, zum Teil den halben Betrieb über E-Mail informiert. Man kann dann sicher sein, dass er in relativ kurzer Zeit denkt: „Ich habe es euch allen gesagt." Es geht dann schon nicht mehr um Kommunikation, sondern um Schuldzuweisungen.

Kann man Amokläufe verhindern?
Behandle Menschen, wie du selbst gerne behandelt werden möchtest. In der größten Stresssituation, wenn der Job auf dem Spiel steht, es zu Hause nicht mehr läuft, was möchte man da haben?

Zuspruch.
Eben. Dass jemand ehrlich Anteil nimmt. Aber manchmal kommt es zu so einer Katastrophe wie in Virginia. Am Anfang stehen immer länger andauernde Stresssituationen und ein Abbruch der Kommunikation, der Verlust der Identifikation mit Gesellschaft, Betrieb, Familie, und dann kommt ein auslösendes Problem. Eine gefährliche Konstellation.

Kann jeder von uns zum Amokläufer werden?
Zum Amokläufer vielleicht nicht, aber jeder, glaube ich, kann durch widrigste Umstände in die Situation kommen, in der er sagt: Jetzt raste ich aus. Das Entscheidende ist: Welche Möglichkeiten habe ich, um mein Selbstwertgefühl aufzubauen? Der Täter in den USA sah keine mehr.

Thorsten Thissen im Gespräch mit Thomas Müller. In: Welt am Sonntag, 22.4.2007, S. 14.
Thomas Müller ist Europas renommiertester Kriminalpsychologe.

M2 Abschiedsbrief

Lehrer, Eltern

Abschiedsbrief des Amokläufers von Emsdetten 2006 (Auszüge)

Wenn man weiss, dass man in seinem Leben nicht mehr glücklich werden kann, und sich von Tag zu Tag die Gründe dafür häufen, dann bleibt einem nichts anderes übrig, als aus diesem Leben zu verschwinden. Und dafür habe ich mich entschieden. Es gibt vielleicht Leute, die hätten weiter gemacht, hätten sich gedacht „das wird schon", aber das wird es nicht.

Man hat mir gesagt, ich muss zur Schule gehen, um für mein Leben zu lernen, um später ein schönes Leben führen zu können. Aber was bringt einem das dickste Auto, das grösste Haus, die schönste Frau, wenn es letztendlich sowieso für'n Arsch ist. Wenn deine Frau beginnt dich zu hassen, wenn dein Auto Benzin verbraucht, das du nicht zahlen kannst, und wenn du niemanden hast, der dich in deinem scheiß Haus besuchen kommt!

Das einzigste, was ich intensiv in der Schule beigebracht bekommen habe war, dass ich ein Verlierer bin. Für die ersten Jahre an der GSS stimmt das sogar, ich war der Konsumgeilheit verfallen, habe danach gestrebt, Freunde zu bekommen, Menschen, die dich nicht als Person, sondern als Statussymbol sehen. Aber dann bin ich aufgewacht! Ich erkannte, dass die Welt, wie sie mir erschien, nicht existiert, dass sie eine Illusion war, die hauptsächlich von den Medien erzeugt wurde. Ich merkte mehr und mehr in was für einer Welt ich mich befand. Eine Welt, in der Geld alles regiert, selbst in der Schule ging es nur darum. Man musste das neuste Handy haben, die neusten Klamotten, und die richtigen „Freunde". Hat man eines davon nicht, ist man es nicht wert, beachtet zu werden. Und diese Menschen nennt man Jocks. Jocks sind alle, die meinen, aufgrund von teuren Klamotten oder schönen Mädchen an der Seite über anderen zu stehen. Ich verabscheue diese Menschen, nein, ich verabscheue

Menschen. (...) Wozu das alles? Wozu soll ich arbeiten? Damit ich mich kaputtmaloche um mit 65 in den Ruhestand zugehen und 5 Jahre später abzukratzen? Warum soll ich mich noch anstrengen, irgendetwas zu erreichen, wenn es letztendlich sowieso für'n Arsch ist, weil ich früher oder später krepiere? Ich kann ein Haus bauen, Kinder bekommen und was weiss ich nicht alles. Aber wozu? Das Haus wird irgendwann abgerissen, und die Kinder sterben auch mal. Was hat denn das Leben bitte für einen Sinn? Keinen! (...)

Ihr habt diese Schlacht begonnen, nicht ich. Meine Handlungen sind ein Resultat eurer Welt, eine Welt, die mich nicht sein lassen will wie ich bin. Ihr habt euch über mich lustig gemacht, dasselbe habe ich nun mit euch getan, ich hatte nur einen ganz anderen Humor! Von 1994 bis 2003/2004 war es auch mein Bestreben, Freunde zu haben, Spass zu haben. Als ich dann 1998 auf die GSS kam, fing es an mit den Statussymbolen, Kleidung, Freunde, Handy usw. Dann bin ich wach geworden. Mir wurde bewusst, dass ich mein Leben lang der Dumme für andere war, und man sich über mich lustig machte. Und ich habe mir Rache geschworen! Diese Rache wird so brutal und rücksichtslos ausgeführt werden, dass euch das Blut in den Adern gefriert. Bevor ich gehe, werde ich euch einen Denkzettel verpassen, damit mich nie wieder ein Mensch vergisst! Ich will dass ihr erkennt, dass niemand das Recht hat unter einem faschistischen Deckmantel aus Gesetz und Religion in fremdes Leben einzugreifen!

Ich will, dass sich mein Gesicht in eure Köpfe einbrennt! Ich will nicht länger davon laufen! Ich will meinen Teil zur Revolution der Ausgestoßenen beitragen!

Ich will R A C H E !

www.mein-parteibuch.de/2006/11/21/abschieds-brief-des-amoklaeufers-von-emsdetten

M3 Meinungen

Nach dem Amoklauf in Winnenden am 11.3.2009 fand im ARD die Sendung „Hart aber Fair" zu diesem Thema statt. Hier Auszüge aus dem Gästebuch der Sendung:

Mutter mit Spielerfahrung (32 J.)

Morde und Kriege hat es schon immer gegeben und wird es leider Gottes immer wieder geben. Der Frust, der sich in diesen Kindern und Jugendlichen ausbreitet, kommt so oder so zur Explosion. Verbote und Zensuren sind nur ein weiterer Schritt zum Überwachungsstaat. Fängt man erstmal an, hört es sogar bei Kunst und Literatur nicht auf, denn da die Amokläufe nach den Verboten der Videospiele bestimmt nicht aufhören werden, wird man neue Sündenböcke suchen.

Philipp Beck (16 J.)

Ich persönlich bin aktiver Counter-Strike-Source-Spieler. Ich fühl mich durch ihren Beitrag in gewisser Weise beleidigt. Es beeinflusst mich nicht, wenn ich virtuell einen Menschen töte.

Anonym

Die Beschäftigung mit dem Täter tritt immer bizarrer in den Mittelpunkt. Eine Begründung für seine Handlung wird sicherlich gefunden werden. Ich frage aber, wer verantwortet die Tat, den Tod der Opfer und des Täters? Alle könnten noch am Leben sein, wenn der Täter nicht in den Besitz der Waffe gekommen wäre!

Meleemaru (19 J.)

Die ganze Sache, und so ist es nun mal, hat weniger was mit Gewalt an sich zu tun. Der Junge war innerlich kaputt, das war Verzeiflung, nicht das Bedürfnis wen brutal zu töten. Und es war Selbstmord, was dem Jungen bestimmt von Anfang an klar war.

Anonym (68 J.)

Gewaltbereite Schüler habe ich schon in der Nachkriegszeit kennengelernt, obgleich die damals Erziehenden (in der Regel noch die eigenen Eltern bzw. Elternteile) noch wesentlich mehr Wert auf Erziehung mit Geboten und auch Verboten gelegt haben. Gewaltbereitschaft wird es immer geben, egal ob mit oder ohne Computerspiele oder Fernsehsendungen.

Der eiserne Gustav

Man stelle sich vor, dass alle „Gewalt"-Märchenbücher verbannt werden, denn aus denen wird schon 3-Jährigen vorgelesen. Also „Hänsel und Gretel" (Gewalt-Hexe), Rotkäppchen (räuberischer Wolf) usw. verbrennen.

Alexandra

Wenn das wirklich stimmt, dass der Junge in psychiatrischer Behandlung war, dann frage ich mich, was dazu beigetragen hat, dass der Junge so psychisch instabil nach innen ist. Bei allem Respekt vor der Familie, wie kann ich dann als Eltern ungesichert eine geladene Waffe in meinem Nachttischschrank haben, die zugänglich ist?

Anonym

Mir tun neben allen Opfern und ihren Angehörigen auch die Eltern des Täters unendlich leid. Ich möchte mir gar nicht vorstellen, was die zur Zeit durchmachen. Es ist einfach entsetzlich, wenn das eigene Kind zum Mörder wird!

www.wdr.de/tv/hartaberfair/gaestebuch/index.php5?buch=798

M4 **Offener Brief der Opferfamilien–1**

Lehrer, Eltern

Die Familien von fünf beim Amoklauf von Winnenden getöteten Schülerinnen und Schüler haben sich in einem offenen Brief in der Winnender Zeitung an die Politik gewandt und Konsequenzen aus der Tat gefordert.

Sehr geehrter Herr Bundespräsident Köhler, sehr geehrte Frau Bundeskanzlerin Merkel, sehr geehrter Herr Ministerpräsident Oettinger, die Trauer und die Verzweiflung nach dem Verlust geliebter Kinder, Frauen und Männer sind noch überall gegenwärtig. Insbesondere bei uns, den Angehörigen. Der Gedanke, warum es ausgerechnet unsere Liebsten getroffen hat, und wie es überhaupt zu dieser Tat kommen konnte, wird uns unser Leben lang begleiten. In unserem Schmerz, in unserer Hilflosigkeit und in unserer Wut wollen wir aber nicht untätig bleiben. Deshalb wenden wir – die Familien von fünf getöteten Schülerinnen – uns an die Öffentlichkeit. Wir wollen, dass sich etwas ändert in dieser Gesellschaft, und wir wollen mithelfen, damit es kein zweites Winnenden mehr geben kann.

Schusswaffen und Sport

Wir wollen, dass der Zugang junger Menschen zu Waffen eingeschränkt wird. Die derzeitige gesetzliche Regelung ermöglicht die Ausbildung an einer großkalibrigen Pistole bereits ab dem 14. Lebensjahr. Bedenkt man, dass ein junger Mensch gerade in dieser Zeit durch die Pubertät mit sich selbst beschäftigt und häufig im Unreinen ist, so ist die Heraufsetzung der Altersgrenze auf 21 Jahre unerlässlich. Grundsätzlich muss die Frage erlaubt sein, ob der Schießsport nicht gänzlich auf großkalibrige Waffen verzichten kann. Bis in die achtziger Jahre hinein genügten unseres Wissens nach den Sportschützen kleinkalibrige Waffen.

Bis heute sind die olympischen Wettkämpfe auf Luftdruck- und Kleinkaliberwaffen beschränkt.

Sollte aus Gründen, die wir nicht kennen, der Verzicht auf großkalibrige Waffen nicht möglich sein, so muss die Schusskapazität verringert werden. Bei der Jagd sind die Magazine der automatischen Waffen auf maximal 2 Schuss begrenzt. Warum nicht auch beim Sport?

Der Gesetzgeber hat die Vergabe von Waffenbesitzkarten und die daraus entstehenden Verpflichtungen, wie z.B. die Aufbewahrung von Waffen und Munition, vollständig geregelt. Die zu erwartenden Strafen bei Verstoß gegen die entsprechenden Gesetze erfüllen aber nicht ihren Zweck. Eine Ordnungswidrigkeit wird eher wie ein Kavaliersdelikt betrachtet. Der Gesetzgeber muss Verstöße gegen das geltende Waffenrecht deutlicher und stärker ahnden.

Medien: Fernsehen

Wir wollen weniger Gewalt im Fernsehen. Das Fernsehen, als noch wichtigste Informations- und Unterhaltungsplattform, hat einen sehr großen Einfluss auf die Denk- und Gefühlswelt unserer Mitbürger. Das Fernsehen setzt heute die ethischen und moralischen Standards. Wenn wir es zulassen, dass unseren Mitbürgern weiterhin täglich Mord und Totschlag serviert werden, ist abzusehen, dass die Realität langsam, aber stetig dem Medienvorbild folgen wird. Von den Sendern muss verlangt werden, dass sie ein ausgewogenes Programm anbieten und die Zurschaustellung von Gewalt reduziert wird. Eine „Gewaltquote", der Anteil von Sendungen mit Gewalt in Relation zur Gesamtsendezeit pro Sender, sollte eingeführt werden. Die Zeiten, in denen Kinder und Jugendliche fernsehen, sollten generell gewaltfrei sein.

671 ©2010, Institut für Friedenspädagogik Tübingen e.V. – WSD Pro Child e.V.

M4 **Offener Brief der Opferfamilien −2**

Lehrer, Eltern

Medien: Computerspiele

Wir wollen, dass Killerspiele verboten werden. Spiele, ob über Internet oder auf dem PC, die zum Ziel haben, möglichst viele Menschen umzubringen, gehören verboten. Gleiches gilt für alle Gewalt verherrlichenden Spiele, deren Aufbau und Darstellung sehr realistisch sind und bei denen viel Blut fließt.

Medien: Chatrooms und Foren

Wir wollen mehr Jugendschutz im Internet. In der virtuellen Welt werden heute anonym und gefahrlos Gedankengänge artikuliert und diskutiert, die eine Bedrohung für unsere Gesellschaft darstellen. Wie diese Aktivitäten eingedämmt werden können, wissen wir nicht. Es darf aber nicht sein, dass sich junge Menschen anonym gegenseitig aufhetzen und zu Gewalteskalationen auffordern.

Berichte über Gewalttaten

Wir wollen, dass der Name des Amokläufers nicht mehr genannt und seine Bilder nicht mehr gezeigt werden. Am aktuellen Beispiel von Winnenden zeigt sich, dass die derzeitige Berichterstattung durch unsere Medien nicht dazu geeignet ist, zukünftige Gewalttaten zu verhindern. Auf nahezu jeder Titelseite finden wir Namen und Bild des Attentäters. Diese werden Einzug finden in unzählige Chatrooms und Internet-Foren. Eine Heroisierung des Täters ist die Folge.

Bei Gewaltexzessen wie in Winnenden müssen die Medien dazu verpflichtet werden, den Täter zu anonymisieren. Dies ist eine zentrale Komponente zur Verhinderung von Nachahmungstaten.

Aufarbeitung der Vorgänge in Winnenden und Wendlingen

Wir wollen, dass die Tat aufgeklärt und aufgearbeitet wird. Das Warum der Tat wird sicher nie vollständig geklärt werden können. Wichtiger für die Angehörigen und unser aller Zukunft ist die Frage: Wie konnte es geschehen? Wir wollen wissen, an welchen Stellen unsere ethisch-moralischen und gesetzlichen Sicherungen versagt haben. Dazu gehören auch das Aufzeigen der persönlichen Verantwortung und die daraus folgenden – auch juristischen – Konsequenzen.

Winnender Zeitung, 31.3.2009.
www.aktionsbuendnis-amoklaufwinnenden.de

Ziele des Aktionsbündnisses Amoklauf Winnenden

- Vorbeugende Tätigkeit, um eine Wiederholung eines Amoklaufes zu verhindern.
- Unterstützung der Opfer und Angehörigen, sowie aller traumatisierten Schüler, Lehrer, Helfer und Betroffenen von Winnenden und Wendlingen.
- Eltern zu sensibilisieren, dass sie ihrer Aufsichtspflicht im Umgang mit Killerspielen ihrer Kinder nachkommen.
- Verbot von Killerspielen, die dazu dienen Menschen zu ermorden.
- Generelles Verbot großkalibriger Waffen für Privatpersonen.
- Verbot von Faustfeuerwaffen in privaten Haushalten.
- Aufarbeitung der Vorgänge von Winnenden und Wendlingen.
- Keine Verherrlichung der Gewalt in den Medien.
- Keine Heroisierung der Täter.
- Einführung einer Gewaltenquote im Fernsehen bzw. den Medien.
- Besserer Jugendschutz im Internet.
- Gewaltprävention an Schulen.

www.aktionsbuendnis-amoklaufwinnenden.de

M5 Checkliste „extreme Gewaltvorfälle"

Lehrer, Eltern

	ja	in Arbeit	noch zu klären
Regelmäßige Kontakte zur und Gespräche mit der Polizei.			
Es gibt ein installiertes Krisenteam an der Schule.			
Die Aufgaben des Krisenteams sind allen klar.			
Schriftliche/mündliche Informationen für alle Lehrkräfte zum Thema „Verhalten in extremen Gewaltsituationen".			
Fortbildungen für alle Lehrkräfte zum Thema „Verhalten in extremen Gewaltsituationen".			
Ausgearbeiteter Notfallplan für die Schule.			
Leicht zugänglicher Notfallordner mit allen relevanten Abläufen und Informationen.			
Durchführung einer jährlichen Notfallübung.			
Schnelle Kommunikationswege für extreme Gewaltfälle sind festgelegt und allen bekannt.			
Erste Schritte bei extremen Gewaltfällen und Aktivierung des Notfallplanes sind allen Lehrkräften vertraut.			
Wie die Eltern informiert werden, ist festgelegt und bekannt.			

M6 Gutes Krisenmanagement

Anforderungen an ein gutes Krisenmanagement

- Krisenmanagement sollte Zugänge zu Experten für psychosoziale Belastungen, Stress, Trauma und weitergehende psychische Störungen eröffnen, die gewährleisten, dass aktuelle Befindlichkeiten angemessen beobachtet, ggf. getestet und bewertet werden.

- Krisenmanagement sollte eine umfassende Beratung dahingehend leisten, dass den Betroffenen – in Kenntnis ihrer Befindlichkeiten – angemessene Hilfen empfohlen werden und die Wege zu diesen Hilfen eröffnet werden. Dies setzt eine Stelle voraus, welche die möglichen Angebote zur Verarbeitung von Krisenerleben in ihren Konzepten und Leistungsprofilen kennt und auch konkret Zugänge eröffnen kann.

- Krisenmanagerinnen und -manager brauchen, um wirksam handeln zu können, eine gute Beziehung zu den betroffenen Personen. Sie sollten in besonderen Fällen zu einer biografischen Begleitung imstande sein, die in Vereinbarung mit den Betroffenen Bewältigungsprozesse, Hilfen und deren Erfolge bzw. Misserfolge sichtbar hält und in die Beratung der Betroffenen einspeisen kann. Dies setzt eine vertrauensvolle Beziehung zu den einzelnen Personen voraus, zumindest: einen belastbaren und stetigen Kontakt zu Personen, welche diese Rolle des biografischen Begleiters übernehmen können – Verwandte, Freunde, Kollegen. Die Beratung solcher „signifikanter Anderer" ist ein wesentlicher Teil eines Managements.

- Krisenmanagement muss präsent, leicht erreichbar und gut ansprechbar sein. Dies hat eine sozialräumliche Komponente. Die Stelle bzw. Person sollte in unserem Fall in der Schule oder nahe der Schule arbeiten, in der alltäglichen Lebenswelt der potenziellen Nachfrager sozialräumlich präsent

sein. Erreichbarkeit hat auch eine zeitliche Komponente; es sollte gesichert sein, dass die Stellen zu bekannten Zeiten erreichbar sind.

- Nicht nur Personen, sondern auch soziale Systeme wie die Schule, Behörden, Medien, Öffentlichkeit sind in der Bewältigung einer Krise beratungsbedürftig. Sie zeigen die Tendenz, auch in der neuen Situation auf alte, vertraute Handlungspraktiken zurückzugreifen, meist ohne hinreichend Reflexivität aufzubringen, wie diese Routinen mit den neuen Situationsgegebenheiten zusammenpassen. Sie agieren nach ihren Möglichkeiten, mit ihren personellen und kulturellen Ressourcen, die z.B. einem normalen Schulbetrieb, nicht aber der Bewältigung einer Krise angemessen sind, auch wenn unsere Ergebnisse zeigen, dass herkömmliche Veranstaltungen wie z.B. Gottesdienste neue Personen ansprechen und neue Funktionen übernehmen können.

- Krisenbewältigung ist mit Suchbewegungen verbunden, folgt einem Muster von Versuch und Irrtum. Die Breite und Deutungsbedürftigkeit der Anlässe, die Vielfalt möglicher Bewältigungshandlungen und Hilfen macht klare, rational zwischen Bedürftigkeit und Hilfe kalkulierende Strategien eher unwahrscheinlich. Interaktivität und Emergenz prägen das Geschehen. Unter diesen Voraussetzungen ist eine stetige Beobachtung der Prozesse von großer Bedeutung: Sie erlaubt, aus den Suchbewegungen und Versuchen zu lernen. Diese Beobachtung verlangt wiederum Multiperspektivität; sowohl die Feststellung von subjektiven Befindlichkeiten als auch die Zuschreibung von Wirkungen auf Hilfen verlangt mehrere Blicke und intersubjektive Verständigung, die Beteiligung der Betroffenen und fachliche Expertise.

Werner Schefold/Hans-Jürgen Glinka/Thomas Giernalczyk: Von der Krisenintervention zum Krisenmanagement. In: Dies. (Hrsg.): Krisenerleben und Krisenintervention. Ein narrativer Zugang. Tübingen 2008, S. 346-348, Auszüge.

M7 **Verwaltungsvorschrift Verhalten**

Lehrer, Eltern

Verwaltungsvorschrift über das Verhalten an Schulen bei Gewaltvorfällen und Schadensereignissen

Vorbereitende Maßnahmen zur Bewältigung von Gewaltvorfällen und Schadensereignissen

2.1 Die Schulleitung beruft zu Beginn eines jeden Schuljahres ein schulinternes Krisenteam ein, um die notwendigen Vorkehrungen (Vorsorge, Bewältigung von Gewaltvorfällen und Schadensereignissen, Nachsorge, Umgang mit Medien) zu treffen. Das schulinterne Krisenteam wird auf Anforderung durch die Feuerwehr oder die Polizei beraten.

2.1.1 Die Schulleitung erstellt in Abstimmung mit dem Schulträger auf der Grundlage eines von Innenministerium und Kultusministerium gemeinsam herausgegebenen Rahmenkrisenplans unter Berücksichtigung der örtlichen Verhältnisse einen Krisenplan für das Verhalten bei Gewaltvorfällen. Mit Blick auf polizeiliche Maßnahmen soll dieser mit der zuständigen Polizeidienststelle abgestimmt werden. Die Schulkonferenz ist über das Ergebnis zu unterrichten. (...)

6. Verhalten bei sonstigen Gewaltvorfällen an Schulen

6.1 Die Entscheidungen über erforderliche Maßnahmen des Krisenplanes (Nr. 2.1.1) liegen bei der Schulleitung. Wenn zeitlich möglich, soll das schulinterne Krisenteam miteinbezogen werden. Bei Gefahr im Verzug sind die erforderlichen Schritte durch eine Lehrkraft oder sonstige Bedienstete der Schule in die Wege zu leiten.

Im Wesentlichen geht es darum

• Hilfe herbei zu rufen (Polizei) und erste Hilfe zu leisten,
• Schülerinnen und Schüler und Schulpersonal zu schützen.

Ferner sind gegebenenfalls
• Fakten zu sichern und weiterzugeben,
• Betroffene und Schulaufsicht zu informieren.

Soweit erforderlich sind folgende Stellen einzuschalten:
• das Kriseninterventionsteam beim Regierungspräsidium (Abteilung 7 Schule und Bildung),
• der Schulpsychologische Dienst.

Unbeschadet der vorstehenden Zuständigkeiten hat die Schulleitung zu gewährleisten, dass bei Einsätzen des Polizeivollzugsdienstes aus Anlass von Straftaten oder zur Gefahrenabwehr Maßnahmen nur im Einvernehmen mit der Polizei erfolgen.

Dies gilt insbesondere für Räumungs- und Evakuierungsmaßnahmen sowie für die Öffentlichkeitsarbeit und die Information der Eltern. Bei Geiselnahme und Bedrohungslagen ist den Anweisungen des Polizeivollzugsdienstes umgehend Folge zu leisten.

6.2 Entsprechend dem Krisenplan der Schule ist die Betreuung von Schülerinnen und Schülern, Lehrkräften und Betroffenen im Anschluss an einen Gewaltvorfall einzuleiten und das Kriseninterventionsteam beim Regierungspräsidium (Abteilung 7 Schule und Bildung) einzuschalten.

6.3 Die Pressearbeit wird im schulinternen Krisenteam besprochen. Medienvertreter werden an die Pressestelle der Polizei und an die Pressestelle der Schulaufsicht verwiesen. Nach Einschaltung des Kriseninterventionsteams beim Regierungspräsidium (Abteilung 7 Schule und Bildung) wird die Pressearbeit durch dieses eventuell begleitet oder übernommen. Die Pressearbeit ist stets im Hinblick auf die einsatztaktischen Belange mit der Polizei abzustimmen.

Kultusministerium Baden-Württemberg: VwV Gewaltvorfälle, Schadensereignisse an Schulen – Verhaltens VwV vom 27.6.2006, Az.: 1721.6-7/16, Auszüge.

M8 Notfallpläne für Berliner Schulen

Die Notfallpläne für die Berliner Schulen sind eine Handreichung zum Rundschreiben I Nr. 41/2003 „Hinsehen und Handeln". Unprofessionelles Handeln hat seine Ursache selten im Nichtwollen oder im Prestige, sondern im Mangel an Kenntnissen, was man tun kann und muss. Die Notfallpläne bieten dafür klare Antworten und Hilfen.

Das Ziel der Handreichung ist es, dass Schulleiter und pädagogisches Personal in akuten Notfällen, z.B. bei Amokdrohungen und in schweren Krisensituationen wissen, was sie zu tun haben und in welchen Fällen und bei wem sie rasch Hilfe anfordern und erwarten können, wenn ein Vorfall weiterer Unterstützung bedarf.

Neben dem Berliner Frühwarnsystem (Meldepflicht bei Gewalttaten innerhalb von 24 Stunden) existiert nun eine klare Handlungsempfehlung bei Gewalt- und Notfällen.

Das Konzept des Vorgehens folgt einem 5-Stufen-Plan:

1. Sofortreaktion
2. Eingreifen/Beenden
3. Opferhilfe/Einleitung von Maßnahmen
4. Informieren
5. Nachsorgen/Aufarbeiten
6. Ergänzende Hinweise

Die Notfallpläne enthalten darüber hinaus konkrete Handlungsanweisungen und Hinweise auf Hilfen, wenn Schulen mit minderschweren Gewaltvorfällen, Krisensituationen oder extremistisch motivierten Vorfällen zu tun haben. Sie helfen, die Vorgaben des Rundschreibens I Nr. 41/ 2003 „Hinsehen und Handeln" dem Einzelfall entsprechend durchzusetzen.

Bei wem findet man die Notfallpläne?
- Schulleitung;
- Schulpsychologen für Gewaltprävention und Krisenintervention;
- Schulaufsicht;
- Senatsverwaltung Bildung, Jugend und Sport, Abteilung II E 5 Gewaltprävention.

Grundsätzlich gilt Opferhilfe vor Täterermittlung, Personenschutz vor Sachwertschutz.

Senatsverwaltung für Bildung, Wissenschaft und Forschung. Bildung für Berlin (Hrsg.): Verstehen und Handeln X. Gewaltprävention im Miteinander. Berlin 2007, S. 43 f.

Krisenteams in Berlin

Wichtige Aufgaben von Krisenteams sind beispielsweise:
- Bereitstellung des Notfallordners an einem festen zugänglichen Ort;
- Erstellung einer schulbezogenen Liste zur Erreichbarkeit von schulnahen Helfern;
- Erstellung von Checklisten, Formblättern, Informationen für Schulpersonal;
- Absprache von Kooperationen mit dem zuständigen Polizeiabschnitt, Rettungsdiensten und Ärzten;
- Vorbereitung von Maßnahmen zur Notfallversorgung;
- Schulhausbegehung und Erstellung von aktuellen baulichen Lage- und Gebäudeplänen;
- Weitergabe dieser Informationen an Polizei und lokale Rettungskräfte;
- Verbesserung der technischen Sicherheit;
- regelmäßige Aktualisierung der Ordner und Listen;
- regelmäßige Instruierung des Kollegiums;
- Ansprechbarkeit für Schüler und Schulpersonal;
- Schärfung der Aufmerksamkeit für Problemlagen bei Schülern;
- Einrichtung gewaltpräventiver Maßnahmen.

Senatsverwaltung für Bildung, Wissenschaft und Forschung. Bildung für Berlin (Hrsg.): Verstehen und Handeln X. Gewaltprävention im Miteinander. Berlin 2007, S. 43 f.

M9 Raster für einen Notfallplan

Lehrer, Eltern

Folgende Themenfelder sollten detailliert in einem Notfallplan beschrieben werden:

1. **Verhalten in einer extremen Gewaltsituation**
   (Lehrkräfte, Schülerinnen und Schüler, Schulleitung, Krisenteam, technische Mitarbeiter)

2. **Aktivierung des Notfallplans**

3. **Notrufe an Polizei, Feuerwehr, Rettungsdienste**

4. **Erste Hilfe**
   • Notfallkoffer, Telefonliste

5. **Verantwortlichkeiten**
   • Checkliste/Übersicht: Wer macht was?

6. **Bewertung von Drohungen**

7. **Personen/Stellen, die kontaktiert werden müssen**
   • z.B. Polizei, Notarzt, Feuerwehr
   • Schulaufsicht

8. **Absperrungen und Sicherungen**
   • durch wen, wann?
   • Plan für Gebäuderäumung?

9. **Dokumentation und Umgang mit Beweismitteln**
   • durch wen, wie?

10. **Information**
    • durch wen, wie, wann?
    • nach innen, Lehrerschaft, Schülerinnen und Schüler
    • nach außen, z.B. Eltern, Presse

11. **Medienarbeit**
    • Information und Umgang mit den Medien

12. **Elternarbeit**
    • Information, Umgang und Betreuung der Eltern

13. **Betreuung und Umgang mit direkten Opfern/Zeugen von Gewalttaten**

14. **Unterstützung der Betroffenen bei der Bewältigung ihrer Erlebnisse**

M10 **Verhalten in einer Amoksituation**

Lehrer, Eltern

Unerlässlich
- Vermeidung aller Handlungen, die Leben und Gesundheit gefährden könnten!
- Notruf 110 tätigen (Polizei).
- Notruf 112 tätigen (Feuerwehr/Ambulanz).

Wichtig
Schutz suchen
- Deckung/Schutz suchen.
- Schüler in Klassen zusammenhalten sowie Türen verschließen bzw. sichern.
- Verständigen der Polizei über Notruf 110.
- Fenster und Türen meiden.
- Provokation des Täters vermeiden.
- Ausschließlich der Polizei öffnen.

Hilfskräfte unterstützen
- Hilfskräften Zufahrt ermöglichen.
- Mögliche Verletzte an sicherer Sammelstelle versorgen.
- Ansprechpartner für Polizei benennen und ständige Erreichbarkeit garantieren.
- Bereitstellung der Gebäude- und Belegungspläne des Schulobjektes für die Polizei.
- Infos für die Polizei sammeln, falls es die Lage zulässt.

Frank J. Robertz/Ruben Wickenhäuser: Der Riss in der Tafel. Amoklauf und schwere Gewalt in der Schule. Heidelberg 2007, S. 214.

Handlungsmöglichkeiten für die Schulleitung
- Hilfe herbeirufen.
- Schüler und Schulpersonal schützen.
- Fakten sichern und weitergeben.
- Betroffene informieren.
- Psychologische Betreuung der Betroffenen einleiten.
- Verpflegung bei hinhaltenden Ereignissen organisieren
- Einschaltung des Kriseninterventionsteams beim Oberschulamt veranlassen.
- Eltern informieren.
- Zusammenarbeit mit der Presse organisieren (mit Polizei und Pressesprecher des Oberschulamtes).

Dieter Glatzer/Helmut Nock: Informationen zur Krisenbewältigung an Schulen. Arbeitspapier, o.J.

M11 **Posttraumatische Belastungsstörung**

Lehrer, Eltern

A. Die Person wurde mit einem traumatischen Ereignis konfrontiert, bei dem die beiden folgenden Kriterien vorhanden waren:

(1) Die Person erlebte, beobachtete oder war mit einem oder mehreren Ereignissen konfrontiert, die tatsächlichen oder drohenden Tod oder ernsthafte Verletzung oder eine Gefahr der körperlichen Unversehrtheit der eigenen Person oder anderer Personen beinhalteten.

(2) Die Reaktion der Person umfasste intensive Furcht, Hilflosigkeit oder Entsetzen.

B. Das traumatische Ereignis wird beharrlich auf mindestens eine der folgenden Weisen wiedererlebt:

(1) Wiederkehrende und eindringliche belastende Erinnerungen an das Ereignis, die Bilder, Gedanken oder Wahrnehmungen umfassen können.

(2) Wiederkehrende, belastende Träume von dem Ereignis.

(3) Handeln oder Fühlen, als ob das traumatische Ereignis wiederkehrt (beinhaltet das Gefühl, das Ereignis wiederzuerleben, Illusionen, Halluzinationen und dissoziative Flashback-Episoden, einschließlich solcher, die beim Aufwachen oder bei Intoxikationen auftreten).

(4) Intensive psychische Belastung bei der Konfrontation mit internalen oder externalen Hinweisreizen, die einen Aspekt des traumatischen Ereignisses symbolisieren oder an Aspekte desselben erinnern.

(5) Körperliche Reaktionen bei der Konfrontation mit internalen oder externalen Hinweisreizen, die einen Aspekt des traumatischen Ereignisses symbolisieren oder an Aspekte desselben erinnern.

C. Anhaltende Vermeidung von Reizen, die mit dem Trauma verbunden sind, oder eine Abflachung der allgemeinen Reagibilität (vor dem Trauma nicht vorhanden).

Mindestens drei der folgenden Symptome liegen vor:

(1) Bewusstes Vermeiden von Gedanken, Gefühlen oder Gesprächen, die mit dem Trauma in Verbindung stehen.

(2) Bewusstes Vermeiden von Aktivitäten, Orten oder Menschen, die Erinnerungen an das Trauma wachrufen.

(3) Unfähigkeit, einen wichtigen Aspekt des Traumas zu erinnern.

(4) Deutlich vermindertes Interesse oder verminderte Teilnahme an wichtigen Aktivitäten.

(5) Gefühl der Losgelöstheit und Fremdheit von anderen.

(6) Eingeschränkte Bandbreite des Affekts (z.B. Unfähigkeit, zärtliche Gefühle zu empfinden).

(7) Gefühl einer eingeschränkten Zukunft (z.B. erwartet nicht, Karriere, Ehe, Kinder oder normal langes Leben zu haben).

D. Anhaltende Symptome erhöhten Arousals (vor dem Trauma nicht vorhanden).

Mindestens zwei der folgenden Symptome liegen vor:

(1) Schwierigkeiten, ein- oder durchzuschlafen.

(2) Reizbarkeit oder Wutausbrüche.

(3) Konzentrationsschwierigkeiten.

(4) Übermäßige Wachsamkeit (Hypervigilanz).

(5) Übertriebene Schreckreaktionen.

E. Das Störungsbild (Symptome unter Kriterium B, C und D) dauert länger als 1 Monat.

F. Das Störungsbild verursacht in klinisch bedeutsamer Weise Leiden oder Beeinträchtigungen in sozialen, beruflichen oder anderen wichtigen Funktionsbereichen.

Bestimmen Sie, ob:

Akut: Wenn die Symptome weniger als 3 Monate andauern.

Chronisch: Wenn die Symptome mehr als 3 Monate andauern.

Bestimmen Sie, ob:

Mit verzögertem Beginn: Wenn der Beginn der Symptome mindestens 6 Monate nach dem Belastungsfaktor liegt.

Diagnostische Kriterien für die Posttraumatische Belastungsstörung nach DSM-IV, 1996 (309.81)
www.polizeieinsatzstress.de/was_ist_ptsd.htm

M12 Erstkontakt mit Traumaopfern

Lehrer, Eltern

Nicht die Dramatik und das Spektakuläre einer Situation sind verantwortlich dafür, ob und wie stark eine Situation traumatisierende Wirkung erzeugt, sondern die subjektiv erlebte Bedrohung und der subjektiv erlebte Zusammenbruch des Grundsicherheitsempfindens.

Erkennen eines traumatisierten Menschen
Das Erkennen, dass ein Mensch traumatisiert ist und seine Körperempfindungen, Wahrnehmungen und Verhaltensweisen damit zusammenhängen, ist der erste Schritt zum weiteren Umgang.

Vermeiden Sie die eigene Traumatisierung
Wahren Sie die nötige innere Distanz. Bleiben Sie in Bewegung, machen Sie gezielt Atemübungen. Beobachten Sie sich selbst genau.

Vermeiden Sie jeden direkten oder indirekten Schuldvorwurf oder jede Schuldzuweisung
Schnell Schuldige oder einfache Erklärungen zu finden entlasten, verdrängen aber die Realität.

Nehmen Sie das Opfer ernst
Geben Sie dem Opfer das Gefühl, dass es in seiner Notlage willkommen ist. Seien sie offen und aufnahmebereit. Nehmen Sie sich Zeit. Vermeiden Sie Beurteilungen.

Achten Sie auf das totale Selbstbestimmungsrecht Ihres Gegenübers
Die Hilfe suchende Person muss die totale Kontrolle über die Situation behalten. Sie darf nicht gezwungen werden, irgendetwas zu tun oder zu sagen. Machen Sie Vorschläge.

Achten Sie auf Zeichen
Körpersprache, Stimme, Mimik und Gestik, Atmung usw. vermitteln einen Eindruck, wo der andere gerade steht. Versuchen Sie einen Zustand maximaler Entspannung herzustellen. Strukturieren Sie das Gespräch.

Erklären Sie dem Betroffenen, was mit ihm passiert ist
Dieses Wissen gibt ihm eine Erklärung für das, was er spürt, was er bisher nicht erklären konnte, was ihn aber so stark belastet.

Schicken Sie den betroffenen Menschen an einen Ort, wo er ein effizientes Trauma-Coaching erhalten kann
Wenn ein Betroffener frühzeitig kompetente Hilfe erfährt, hat er gute Chancen, das Trauma zu bewältigen.

Nach: Horst Kraemer: Das Trauma der Gewalt. Wie Gewalt entsteht und sich auswirkt. Psychotraumata und ihre Behandlung. München 2003, S. 285 ff.

M13 Hilfreich im Krisenfall

Hilfreiche Verhaltensweisen im Krisenfall und bei traumatisierenden Ereignissen in der Schule sind:

Gefühle zeigen

Alle Beteiligten, einschließlich der Lehrer, sollten ihre Gefühle, ihre Einschätzung und ihre Befürchtungen offen zeigen können. Das heißt Wut, Angst, Traurigkeit, Tränen, Fassungslosigkeit sollten mit Respekt wahrgenommen und erlaubt sein, ja es sollte sogar dazu ermuntert werden.

Niemals allein

Die Schüler sollten niemals in und nach Notfallsituationen allein gelassen werden. In jeder Klasse, im Schulgebäude, auf dem Gelände sollten so viele Lehrer wie möglich präsent und ansprechbar sein. Denn ein Notfall betrifft immer die Gesamtheit der Gemeinschaft. Diese Präsenz- und Auseinandersetzungspflicht hilft übrigens auch den Lehrkräften bei der Selbststrukturierung.

Sachlich informieren

Je früher ausreichend und konkret über ein traumatisierendes Geschehen in und um die Schule informiert wird, desto mehr Sicherheit und Zusammenrücken kann entstehen. Ohnmachtsgefühle und Angst können so reduziert werden. Also das Beantworten der Fragen: Was ist geschehen? Wie soll man sich verhalten? Welche Hilfe wird bereitgestellt? Was kommt danach? ist unentbehrlich.

Besondere Begleitung

Bereits belastete Schülerinnen und Schüler sollten besonders angesprochen und betreut werden, da hier die Gefahr einer Dauerüberlastung durch Symptomausbildung groß ist. In den ersten Tagen nach einem schweren traumatisierenden Ereignis sollte es in jedem Fall in den Klassen Gruppengespräche geben, die einem strukturierten Ablauf folgen, z.B.: Verankern in dem noch heilen Teil des Alltags: „Was habt ihr gerade gemacht, als ihr von dem Ereignis erfahren habt?", „Welches ist eurer Erinnerung nach der letzte Moment, wo ihr euch noch wohl gefühlt habt?", „Ab wann war für euch der Schrecken vorbei?" ...

Friedegunde Bolt: Junge Menschen stark machen gegen Widrigkeiten und Belastungen. In: Pädagogik, 4/2005, S. 32.

M14 **Trauer**

Die sechs Notwendigkeiten des Trauerns verstehen

Die Realität des Todes anerkennen

Das Kind muss sich behutsam mit der Realität auseinander setzen, dass jemand, den es liebte, tot ist und nie mehr physisch bei ihm sein wird. Kindern ist es möglich, die Realität des Todes nach und nach, in einer dosierten Form zu akzeptieren.

Den Schmerz des Verlustes annehmen

Wie alle Trauernden müssen auch Kinder den Schmerz des Verlustes zulassen. Sie können dem Kind helfen, indem Sie es ermutigen, über seine schmerzlichen Gedanken und Gefühle zu sprechen, und indem Sie, ohne zu urteilen oder gar zu verurteilen, einfach zuhören.

Sich des verstorbenen Menschen erinnern

Wenn ein geliebter Mensch stirbt, lebt er durch die Erinnerung in uns weiter. Trauernde Kinder müssen sich aktiv an die verstorbene Person erinnern und dazu beitragen, des Lebens, das gelebt wurde, zu gedenken.

Eine neue Identität entwickeln

Die Identität des Kindes wurde zum Teil durch die Beziehung, die es mit der verstorbenen Person hatte, geprägt. Niemand kann die Lücke füllen, die die verstorbene Person hinterlassen hat. Unterstützende Beziehungen – ja! Ersatz – nein!

Die Suche nach dem Sinn

Wenn ein geliebter Mensch stirbt, fragen wir natürlich nach dem Sinn und Zweck des Lebens. Kinder tun dies in der Regel ganz einfach, indem sie Fragen stellen wie: Warum sterben Menschen? Versuchen Sie nicht, Antworten auf alle Fragen des Kindes nach dem Sinn des Lebens zu haben.

Unterstützung von anderen erhalten

Trauer ist ein Prozess, kein Ereignis. Kinder trauern genau wie Erwachsene noch lange nach dem Tod des geliebten Menschen. Das trauernde Kind braucht nicht nur in den Tagen und Wochen nach dem Tod, sondern noch Monate und Jahre Ihre mitfühlende Unterstützung und Anwesenheit.

Alan D. Wolfelt: Für Zeiten der Trauer. Wie ich Kindern helfen kann: 100 praktische Anregungen. Stuttgart 2002, Auszüge.

M15 **Reaktionen auf Verlust**

Lehrer, Eltern

Trauer ist eine außerordentlich individuelle Angelegenheit. Kinder, Jugendliche und Erwachsene reagieren höchst unterschiedlich auf einen schweren Verlust. Trotzdem gibt es einige Reaktionen, die bei einem Großteil der Trauernden ähnlich sind.

Schock

Der Gedanke an den Tod ist so überwältigend, dass manche Kinder sich verhalten, als sei gar nichts geschehen. Im Gegenteil, sie sind besonders aufgedreht und albern. Diese Betäubung ist gesund, da sie das Kind davor schützt mit zuviel Schmerz und Realität auf einmal fertig werden zu müssen.

Körperliche Erscheinungen

Manche Trauernde werden körperlich krank. Sie leiden unter Kopf- und Bauchschmerzen, manche bekommen Fieberschübe. Viele leiden außerdem unter Schlafproblemen, Müdigkeit, mangelnder Energie und Appetitlosigkeit, was sich wiederum direkt auf die Schulleistungen auswirken kann.

Zorn

Wenn der erste Schock nachlässt, werden viele Trauernde unglaublich wütend. Wut, Hass, Schuldzuweisungen, Zorn und Eifersucht sind für sie oftmals einfach ein Weg, um gegen die Realität des Todes zu protestieren. Ihre Wut kann sich gegen die Ärzte richten, gegen Gott oder den Verstorbenen selbst, von dem sie sich im Stich gelassen fühlen.

Schuldgefühle

Oftmals leiden trauernde Kinder und Jugendliche unter Schuldgefühlen. Sie denken dann, dass der Tod etwas damit zu tun hat, dass sie sich falsch verhalten haben, dass sie nicht artig waren. Oder ein zurückbleibendes Geschwisterkind macht sich Vorwürfe, weil es mit dem Bruder oder der Schwester gestritten hat.

Angst

Die Kinder fürchten oft, dass sie selbst oder ein anderes Familienmitglied sterben könnten. Angst lähmt. Sie bindet die Energie, die Kinder für ihre Entwicklung brauchen. Kinder, die einen nahen Verwandten durch einen schweren Verkehrsunfall verloren haben, und die womöglich noch selbst dabei waren, sind meist traumatisiert.

Entwicklungsrückschritte

Verhaltensauffälligkeiten können auftreten oder sich verstärken. Die Konzentration kann nachlassen, das Kind, der Jugendliche, vergisst mitunter auch schon Gelerntes. Unter der Angst, den Verstorbenen zu vergessen, leiden besonders Grundschulkinder. Oft wissen sie nach einem Jahr wirklich nicht mehr, wie der Verstorbene ausgesehen hat oder wie seine Stimme klang. In Gedanken versuchen sie dann das, was sie noch wissen, „festzuhalten". Sie leben nicht, wie andere Kinder, in der Gegenwart, sondern in der Vergangenheit und in einer Traumwelt.

Auch das behindert eine „normale" Entwicklung. Andere trauernde Jugendliche werden wiederum übermäßig reif. Manche übernehmen zu Hause die Rolle der verstorbenen Mutter oder des verstorbenen Vaters. Für sie ist es besonders wichtig, dass sie in der Schule auch einmal unbefangen herumalbern dürfen.

Ministerium für Kultus, Jugend und Sport Baden-Württemberg (Hrsg.): Vom Umgang mit Trauer in der Schule. Handreichung für Lehrkräfte und Erzieher/innen. Stuttgart o.J., S. 6 f.

M16 Auseinandersetzung in der Klasse

Lehrer, Eltern

Ergebnisse eines Rückblicks auf den Amoklauf am 11. März 2009 in Winnenden mit Schülerinnen und Schülern der Klassen 10c und 10d

Einstieg über ein kurzes Klassengespräch
In einer ersten Blitzlichtrunde wurde ausgetauscht, wie die einzelnen Schülerinnen und Schüler von dem Vorfall am Vortag erfahren haben und welches ihre erste Reaktion war.

Gruppenphase
Die Klasse verteilte sich im Raum an 6 Stationen in Kleingruppen. An den Stationen lagen die unten stehenden Fragen. Die Antworten der Schülerinnen und Schüler blieben an den jeweiligen Stationen zur Ansicht für die anderen liegen.

Station 1: Tim K. tötete 15 Menschen: neun Schülerinnen und Schüler im Alter von 15-16 Jahren, drei Lehrerinnen, drei Passanten. Notiere einen Kommentar zur Tat, deine ersten spontanen Gedanken, ein Gebet, dein erstes Gefühl.
Antworten der Schülerinnen und Schüler:
- Eine kranke Vorstellung von Gerechtigkeit, um Aufmerksamkeit zu bekommen.
- Mein erster Gedanke ist, dass die Schüler eben in unserem Alter waren und dass es auch uns hätte treffen können. Hoffentlich ist meine Freundin nicht unter den Opfern.
- Die armen Eltern: Auf einmal ist ihr Kind weg, gestern hat man noch geredet, heute ist sie tot.
- Schock. Kenne ich jemand?

Station 2: Was sind die Motive für eine solche Tat? Warum verübt ein Jugendlicher eine solche Tat? Notiere erste Vermutungen.
Antworten der Schülerinnen und Schüler:
- Ich möchte die Gründe für eine solche Tat auch gar nicht wissen.
- Hass auf sich und auf seine Umgebung, Mobbing, wird abgewiesen von Mädchen und hat deshalb fast nur Mädchen gekillt.
- Ausgrenzung, Einsamkeit, der Wunsch nach Aufmerksamkeit.

Station 3: Welche Botschaft sendet der Täter mit seiner Tat? Was drückt er mit ihr aus gegenüber seinem Umfeld? Notiere vage Vermutungen.
Antworten der Schülerinnen und Schüler:
- Ich denke, er möchte ein Zeichen setzen.
- Ihm stinken sein Leben und seine Mitmenschen.
- Ich will Aufmerksamkeit!
- Ich habe keine Lust mehr, ich bin frustriert, lasst mich in Ruhe

Station 4: Welche Formen von Gewalt gibt es in unserer Gesellschaft? Notiere die Erscheinungsformen von Gewalt bei uns.
Antworten der Schülerinnen und Schüler:
- Körperliche Gewalt (Schläge usw.)/psychische Gewalt und seelische (Mobbing)/Ausgrenzung.
- Es gibt ziemlich viele Formen.

Station 5: Was hilft den Hinterbliebenen der Opfer und den Betroffenen in dieser Situation?
Antworten der Schülerinnen und Schüler:
- Eigentlich gar nix: Die haben einen riesen seelischen Schock.
- Mitgefühl/das Gefühl, dass sie nicht alleine dastehen/Helfende/psychische Hilfe.

Station 6: Welche Konsequenzen müssten deiner Meinung nach aus einer solchen Tat gezogen werden für das Leben an Schulen?
Antworten der Schülerinnen und Schüler:
- Es sollte nicht so viel darüber berichtet werden, nicht so viele Einzelheiten wie es abgelaufen ist, denn das könnte andere dazu animieren.
- Kontrollieren, wer ins Schulhaus geht.
- Ich denke, dass man eigentlich so gut wie nichts tun kann. Es kann jede Schule treffen.
- Übungen an Schulen: Wie verhalte ich mich? Fluchtwege!

Klassengespräch zum Austausch der Ergebnisse
Abschließend wurden die Ergebnisse der einzelnen Stationen im Plenum ausgetauscht. Einiges wurde untereinander kommentiert. Mancher Diskussionsstrang wurde nur kurz angerissen.

Heike Bosien: Unterrichtsstunde Evangelische Religion am 12.3.2009. Klasse 10c und 10d, Riegelhof-Realschule Nellingen, unveröffentlichtes Manuskript, Auszüge.

M17 **Schule als verlässlicher Ort**

Lehrer, Eltern

Nach dem Erfurter Schulmassaker gab es einen breiten Konsens darüber, dass ein Zusammenhang zwischen einem einseitig leistungsfixierten Schulklima und der wachsenden Gewaltbereitschaft von Schülern existiert. Als Konsequenz folgte daraus: Schulen sollten der sozialen und emotionalen Entwicklung ihrer Schüler mehr Raum und Zeit gewähren. Aber die Konsequenzen aus dem so genannten Pisa-Schock haben schnell die Schlussfolgerungen aus dem Massaker von Erfurt beiseite gedrängt. Seither wird weiter an der Leistungsschraube gedreht.

In dem Maße, in welchem Schulen sich als effiziente Zulieferbetriebe für Industrie und Markt begreifen, werden sie verschärft zu Orten der Konkurrenz, der Selektion und damit auch der Kränkung. Gleichzeitig sind Heranwachsende immer weniger in der Lage, Kränkungen angemessen zu verarbeiten. So entsteht hier jede Menge (schulischer) Sprengstoff.

Wenn die Elternhäuser ihre erzieherischen Aufgaben nicht mehr mit ausreichender Zuverlässigkeit wahrnehmen, müssen Schulen kompensieren und sich zu geschützten, verlässlichen Orten entwickeln, aus denen ein Schüler auch dann nicht vertrieben werden darf, wenn er leistungsschwach ist oder „stört". Kinder und Jugendliche brauchen Zuwendung dann am meisten, wenn sie sie am wenigsten „verdienen". Wir dürfen es nicht länger hinnehmen, dass Subjektivität und Innerlichkeit in Schulen meist nur als Störung vorkommen, dass also die Lernenden selbst als etwas betrachtet werden, das am Lernort „nicht zur Sache" gehört. Das einzige Antidot aber gegen Gewalt sind emotionale Bindungen der Schüler an ihre Schule und ein lebendiges, offenes Schulklima. Eine Atmosphäre, die verhindert, dass einzelne Schüler oder ganze Gruppen aus von der Schule gestifteten Bezügen herausfallen und

dauerhaft an den Rand gedrängt werden.

„Es hätte nur jemand mit mir reden müssen", hat ein amerikanischer „School Shooter" auf die Frage geantwortet, was hätte passieren müssen, um seinen Amoklauf zu verhindern. Schulen benötigen das, was bürokratischen Institutionen eigentlich wesensfremd ist: Einfühlungsvermögen und Sensibilität für besondere Umstände. Nur so sind Schulgemeinschaften imstande, die Folgen von Verletzungen wahrzunehmen, die die Schule einzelnen Schülern zufügt, und die Warnsignale aufzufangen, die die Verletzten und Gekränkten aussenden, bevor sie zur Gewalt greifen.

Routine, Bequemlichkeit und Indifferenz sorgen im Schulalltag dafür, dass solche Vorzeichen übersehen werden: die Äußerung von tiefer Ausweg- und Hoffnungslosigkeit, das Abdriften in gewaltgesättigte virtuelle Welten, versteckte oder offene Andeutungen, dass „demnächst irgendetwas passieren wird", die intensive heroisierende Beschäftigung mit anderen Amokläufern und die Übernahme von deren Zeichen- und Symbolsystemen.

Was wir benötigen, ist ein von Empathie getragenes Klima der Aufmerksamkeit und wechselseitigen Sorge. Jedes hysterische Agieren aber, das auffällige Schüler vorschnell verdächtigt, droht das informelle Frühwarnsystem zu zerstören. Nicht jede Verhaltensauffälligkeit darf Nachstellungen durch Behörden und psychotherapeutische Zuwendung auslösen. Vor dem Hintergrund alltäglicher Gewalt an Schulen, aus der als „Spitzenleistung" das „School Shooting" hervorgeht, müssen wir uns fragen: Was wird aus den Schülern, die im Rennen um Chancen auf rare Ausbildungs- und Arbeitsplätze auf der Strecke bleiben?

Götz Eisenberg: Verlässliche Orte. In: Frankfurter Rundschau, 24.4.2007, S. 25, Auszug.

Instrumentarium

Anti-Aggressivitäts-Training
Anti-Mobbing-Konvention
Busbegleitung
Coaching
Coolness-Training
Deeskalation
Deeskalationstraining
Demokratie Lernen
Eisberg-Modell
Elterntraining/Elternkurse
Erziehung ohne Gewalt
Erlebnispädagogik
Evaluation
Fragen
Fair-Play-Erziehung
Faire Kommunikation
Feedback
Gewaltfreiheit
Gewaltfreie Kommunikation
Gesprächsregeln
Gewaltpräventionsberaterinnen und -berater
Ich-Botschaften
Interkulturelles Lernen
Kinderrechtskonvention
Klärungshelfer
Klassenprogramm Konfliktbearbeitung
Klassenrat
Klassenvertrag
Kommunikationstrainings

Konfliktmanagementsystem
Konfliktsprechstunden
Konflikttransformation
Konfrontative Pädagogik
Konstanzer Trainingsmodell
Kooperatives Lernen
Krisenteams
Mediation
Medienerziehung
Menschenrechtserziehung
Mentorenprogramme
No Blame Approach
Notfallplan
Pausenhelfer
Peer-Mediaton/Schüler-Streit-Schlichtung
Prävention im Team
Runde Tische
Sachbezogenes Verhandeln
Schule gegen Rassismus
Schulordnung
Schulparlament
Servicelernen
Soziales Kompetenz Training
Straßenfußball für Toleranz
Täter-Opfer-Ausgleich
Trainingsraum Methode
Werteerziehung
Zivilcouragetraining

In dieser Übersicht werden wichtige Maßnahmen und Methoden, die im Kontext von Konfliktbearbeitung und Gewaltprävention angewendet werden, knapp vorgestellt. Die einzelnen Ansätze beruhen oft auf unterschiedlichen Grundannahmen und Voraussetzungen und sind deshalb nicht beliebig kombinierbar. Häufig erfordern diese Methoden eine spezielle Ausbildung, um sie anwenden zu können.

A

Anti-Aggressivitäts-Training

Das Anti-Aggressivitäts-Training soll aggressiven Verhaltensweisen vorbeugen bzw. diese abbauen. Dazu werden kognitive und emotionale Komponenten beobachtet und analysiert. Zusätzlich werden die Teilnehmer mit aggressivem Verhalten konfrontiert, sowohl dem eigenen als auch dem der anderen. Sie sollen lernen, selbst auf die Anwendung von Gewalt zu verzichten, auch wenn sie die körperliche Stärke dazu haben, oder Gewalt aus dem Weg zu gehen, wenn sie ihnen begegnet. Bei den Trainingseinheiten werden kontrolliert Situationen hergestellt (simuliert), in denen aggressive Verhaltensmuster auftreten. Durch das Eintrainieren von nicht-aggressiven alternativen Verhaltensweisen lernen die Teilnehmer, wie sie sich anders verhalten können.

Anti-Aggressivitäts-Training ist eine Methode der Konfrontativen Pädagogik, die ursprünglich für gewaltbereite Mehrfachtäter entwickelt wurde, heute aber auch zunehmend an Schulen angewandt wird.
Rainer Kilb/Jens Weidner/Reiner Gill: Konfrontative Pädagogik in der Schule. Weinheim und München 2006.

Anti-Mobbing-Konvention

Eine Anti-Mobbing-Konvention ist ein gemeinsam erarbeitetes Regelwerk, in dem sich Schülerinnen und Schüler sowie Lehrkräfte und Eltern verpflichten, gegen Mobbing an der Schule einzutreten. Eine Anti-Mobbing-Konvention klärt, was unter Mobbing zu verstehen ist, definiert die Rolle der Lehrkräfte, zeigt Wege der Konfliktlösung bzw. Schlichtung auf und macht Konsequenzen für Mobber klar.

In der Präambel der Konvention für die Schulanstalten in Mühlheim a.d.Ruhr heißt es z.B.: „Anliegen dieser Anti-Mobbing-Konvention ist es, das Schulklima – insbesondere das Sozialverhalten der Schülerinnen und Schüler untereinander – zu optimieren und eine Kultur der gegenseitigen Wertschätzung zu entwickeln bzw. zu erhalten.
www.muelheim-ruhr.de/cms/wahl_zum_jsr.html

B

Busbegleitung

Verschiedene Verkehrsbetriebe (u.a. die Rheinbahn in Düsseldorf) haben in Kooperation mit Schulen und der Polizei Projekte gegen Vandalismus und Gewalt in öffentlichen Verkehrsmitteln entwickelt. Dabei werden z.B. Sozialpädagoginnen und -pädagogen angestellt, die wiederum Schülerinnen und Schüler ab 15 Jahren als Busbegleiterinnen bzw. Busbegleiter aussuchen, ausbilden und einsetzen. Als Anreiz erhalten diese Jugendlichen eine regionale Netzkarte. Durch die Anwesenheit der Busbegleiterinnen und -begleiter und deren Eingreifen wurde nicht nur das „Klima" in den Bussen verbessert, sondern auch die Schäden durch Sachbeschädigung gingen um 20 bis 40 Prozent zurück.

C

Coaching

Auch Streitschlichter und Konfliktvermittler bedürfen der Betreuung und Beratung (Supervision). Dies beinhaltet u.a. das gemeinsame Reflektieren von „Streitschlichtungsfällen", die Besprechung und Bearbeitung von Problemen und Schwierigkeiten aber auch organisatorische Absprachen (Übernahme von Fällen, Klärung von Raumfragen usw.) kann hierzu gehören.

Als Coach geht es u.a. darum, den Zusammenhalt der Gruppe und die Kooperation zu fördern sowie die verschiedenen Fähigkeiten der beteiligten Partnerinnen und Partner zu erkennen und sie richtig einzusetzen.
Kurt Faller/Wilfried Kernkte/Maria Wackmann: Konflikte selbst lösen. Mühlheim an der Ruhr 1996.

Coolness-Training

Coolness-Training (CT) ist ein Trainingsansatz für Jugendliche, auf der Grundlage der konfrontativen Pädagogik. Die konfrontative Pädagogik arbeitet nach dem Prinzip, dass es notwendig ist soziale Regel- und Normverletzungen bei Kindern und Jugendlichen in dem Moment zu konfrontieren, wo sie stattfinden.

Im Coolness-Training geht es um die konkreten Ursachen, Auslöser und Gelegenheiten für aggressives und gewalttätiges Verhalten von Kindern und Jugendlichen in bestehenden Gruppen. Es werden

Verhaltensalternativen zu selbstunsicheren bzw. aggressiven Verhaltensweisen in konfliktträchtigen Situationen erarbeitet und teilweise erprobt.
www.gewaltakademie.de, www.coolness-training.de

D

Deeskalation

Deeskalation verhindert eine weitere Zuspitzung von Konflikten und ermöglicht ein schrittweises Abkühlen einer Eskalation. Deeskalation führt so das Geschehen auf eine Stufe sachlicher Auseinandersetzung zurück. Wichtige Elemente zur Deeskalation sind u.a.:

• Verzicht auf Schädigung oder Bedrohung des Gegners.
• Verzicht auf einseitige eskalierende Schritte.
• Verwendung einer neutralen (Körper-)Sprache.
• (Vorübergehende) Trennung der Konfliktparteien.
• Hinzuziehung einer vermittelnden Dritten Partei.
• Anerkennung von Gemeinsamkeiten.

Deeskalationstraining

Deeskalationstraining ist das Einüben und Automatisieren kreativer, deeskalierender Umgangsweisen mit Konflikt- und Bedrohungssituationen. Spielerisch werden verbale und nonverbale Ausdrucksformen geübt, um den eigenen Standpunkt zu finden und zu festigen, körpersprachliche Interventionsmöglichkeiten zu erproben und die Angst zu nehmen, laut und entschieden Grenzen zu setzen.
Deeskalationstrainings werden von speziell geschulten Trainerinnen und Trainern durchgeführt, oftmals bietet die örtliche Polizei solche Trainings an.
Josef Ising/Jürgen Ladinek: Deeskalationstraining – handlungsorientierte Bausteine zur Gewaltprävention. Ludwigshafen 2004.

Demokratie Lernen

Demokratie lernen realisiert sich nicht in der Aneignung von Wissen (so wichtig dies auch sein mag), sondern in der demokratischen Teilhabe. Im schulischen Bereich, also in demokratischen Lernformen und einer demokratischen Verfassheit der Schule. Dabei geht es darum, Jugendlichen die Erfahrung von Verantwortung und Mitgestaltung über die Schule hinaus in vielfältigen Zusammenhängen zu ermöglichen.
www.blk-demokratie.de

E

Eisberg-Modell

Das Eisberg-Modell ist eine Metapher, die das Konfliktgeschehen auf verschiedenen Ebenen verdeutlicht. Wie bei einem Eisberg ist auch im Konfliktgeschehen nur ein Teil der Dynamik unmittelbar zugänglich. Die anderen Teile müssen erschlossen werden. Auf der Sachebene (über dem Wasser) werden Themen, Inhalte, Sachfragen behandelt, auf der emotionalen Ebene (unter der Wasserlinie, also nicht sofort sichtbar) sind Wünsche, Ängste, Hoffnungen, Befürchtungen usw. vorhanden.

Elterntraining/Elternkurse

Elterntrainings können die Erziehungskompetenz der Eltern im Interesse der Zusammenarbeit von Schule und Elternhaus stärken. Da Gewaltprävention ohne den Einbezug der Eltern nicht erfolgreich sein kann, bieten verschiedene Schulen Elternkurse an, die sich mit familiärem Konfliktmanagement und Krisenprävention befassen. In kleinen Gruppen werden Lösungen zu Themen wie Taschengeld, Fernsehen, Haushalt und Hausaufgaben erarbeitet.
Das Angebotsspektrum ist umfangreich, weshalb bei der Auswahl auf spezielle Qualitätskriterien, wie Transparenz der Ziele und Methoden sowie Evaluationsergebnisse geachtet werden sollte.
Ein interessantes Angebot liefert z.B. der Deutsche Kinderschutzbund.
www.starkeeltern-starkekinder.de

Erziehung ohne Gewalt

Fachleute sind sich einig: Körperstrafen, seelische Verletzungen und andere entwürdigende Maßnahmen sollten explizit verboten werden, denn wer Gewalt selbst erfahren hat, wendet sie verstärkt auch wieder an.
In Deutschland wurde im Jahr 2000 das Recht auf eine gewaltfreie Erziehung gesetzlich verankert. Gewaltfreie Erziehung ist nicht mit Beliebigkeit verbunden, sondern mit dem Aufbau einer tragfähigen Beziehung, die Gefühle zuläßt und von Anerkennung und Fürsorge geprägt ist.
www.familienhandbuch.de

Erlebnispädagogik

Erlebnispädagogische Aktionen zielen auf neue körperliche und emotionale Erfahrungen. Durch gruppendynamische Interaktionsspiele und erlebnis- bzw. abenteuerorientierte Natursportarten (z.B. Felsklettern, Segeln, Kajakfahren, Höhlentouren, Bergwandern) sollen individuelles Lernen, Selbsterfahrung sowie Gruppenzusammenhalt, Soziales Lernen in Gruppenprozessen und ökologisches Lernen ermöglicht werden.
www.bundesverband-erlebnispaedagogik.de

Evaluation

Angebote und Maßnahmen der Gewaltprävention werden immer noch zu wenig wissenschaftlich evaluiert. Gewaltpräventive Initiativen können in der Bundesrepublik daher nur in sehr geringem Umfang auf Erkenntnisse über Wirkungsfaktoren und Effizienz zurückgreifen. Wenn auch im angelsächsischen Bereich verschiedene Evaluationsstudien vorhanden sind, wird den Ergebnissen zu wenig Beachtung zuteil. Um nachhaltige Präventionsarbeit zu leisten, ist die Etablierung breit angelegter Forschung nötig.
www.degeval.de
www.beccaria.de

F

Fair-Play-Erziehung

Fair Play ist Ausdruck einer menschlichen Haltung, die sich im achtsamen Verhalten gegenüber sich selbst, gegenüber anderen, aber auch gegenüber der Um- und Mitwelt ausdrückt. Fair-Play-Erziehung meint die Befähigung zu Teamgeist, gemeinschaftlicher Leistungsstärke und Achtung der Gegnerin/des Gegners. Der Fair-Play-Gedanke kann nicht nur im Sportbereich vermittelt werden, sondern muss auch im Alltag Eingang finden.
www.fairplayeur.com

Faire Kommunikation

Bei diesem von Thomas Gordon entwickelten Modell geht es um allgemeingültige Regeln fairer Kommunikation und Konfliktbewältigung. Gegenseitige Achtung und einfühlsames Verständnis sollen eine niederlagelose Konfliktbearbeitung ermöglichen.
Ziel ist es zu lernen, für die Erfüllung eigener Bedürfnisse einzutreten, ohne über die Bedürfnisse anderer hinwegzugehen, sich selbst zu offenbaren, statt den anderen zu analysieren und abzuwerten, einfühlsam einander zuzuhören und andere darin zu unterstützen, sich klar und eindeutig in Ich-Aussagen auszudrücken, abwertende Du-Botschaften zu erkennen und zu vermeiden.

Feedback

Feedback ist ein Begriff aus der Kybernetik und bezeichnet dort ein mehr oder weniger automatisches Rückmeldesystem für den Wirkungsgrad oder die Angemessenheit einer Leistung des Systems. In der Sozialpsychologie wird unter Feedback jede Rückmeldung an eine Person (oder ein System) verstanden, die dieser Person Informationen darüber liefert, wie ihr Verhalten von anderen wahrgenommen, erlebt und verstanden wird. Feedback dient nicht nur der Verbesserung der Selbst- und Fremdwahrnehmung, sondern ist auch Ausgangspunkt für qualitative Veränderungen.

Fragen

Fragen sind ein wichtiges Hilfsmittel, um Interessen zu klären und verschiedene Sichtweisen eines Konfliktes zu erhellen. Mit Fragen muss jedoch sehr sensibel umgegangen werden. Nicht „ausfragen" darf das Ziel sein, sondern ein besseres gegenseitiges Verstehen. Vorteile des Fragens sind u.a. die Überprüfung von Informationen sowie das Aufdecken von Missverständnissen. Die „Warum"-Frage zielt auf Rechtfertigung. Die „Wie"-Frage hilft Auswege suchen.

G

Gewaltfreiheit

Gewaltfreiheit ist mehr als der situative Verzicht auf die Anwendung von Gewalt. Die Idee der Gewaltfreiheit versteht sich als Herausforderung und Alternative zu herkömmlichem Denken und Handeln. Sie ist eine Einstellung, die den Verzicht auf Gewaltanwendung aus prinzipiellen Überlegungen heraus begründet und auch in ihrem politischen und persönlichen Verhalten zum Ausdruck bringt. Gewaltfreiheit ist also ein Lebensprinzip, das Gewalt in allen Bereichen ablehnt und zu überwinden sucht und dabei gleichzeitig am Aufbau von Alternativen zu den kritisierten Zuständen arbeitet.

Die angestrebten Konfliktlösungen sind dialogisch angelegt. Die vorgenommene Unterscheidung zwischen Person und Rolle ermöglicht es, dass der Konfliktpartner als Mensch akzeptiert wird.

Gewaltfreie Kommunikation

Gewaltfreie Kommunikation ist eine von Marshall G. Rosenberg entwickelte Methode konfliktpräventiver Kommunikation, welche auf gegenseitiger Anerkennung der Bedürfnisse aufbaut. Sowohl im Ausdruck des eigenen Anliegens als auch beim Zuhören schlägt Rosenberg vor, Handlungen die das subjektive Fühlen beeinträchtigen zu analysieren und die daraus resultierenden Bedürfnisse konkret zu formulieren. Übungen trainieren, Beobachten und Beurteilen zu unterscheiden sowie die Fähigkeit des positiven Formulierens und Kommunizierens eigener Ansprüche.

www.wikipedia.de
www.gewaltfrei-d-a-ch.de

Gesprächsregeln

Der persönliche Sprachgebrauch sollte von einem sensiblen Umgang mit Bezeichnungen und Begriffen gekennzeichnet sein. Insbesondere sollte auf die Vermeidung sexistischer Wendungen, gewaltförmiger Ausdrucksweisen und Killerphrasen sowie auf die unkritische Übernahme von Begriffen und Definitionen geachtet werden. Stattdessen sollte Anerkennung, Wertschätzung und das Bemühen um ein Verstehen des Gegenübers in Gesprächen mitschwingen.

Gewaltpräventionsberaterinnen und -berater

Gewaltpräventionsberaterinnen und -berater arbeiten in der regionalen Lehrkräftefortbildung oder stehen an einzelnen Schulen als Ansprechpartnerinnen oder Ansprechpartner zur Verfügung. Ihr Tätigkeitsfeld erstreckt sich vor allem auf die Beratung im Umgang mit Konflikten und Gewalt im schulischen Bereich. Die Beraterinnen, bzw. Berater geben Informationen über Angebote und Programme sowie Anregungen für Schulentwicklungskonzepte zur Gewaltprävention und begleiten diese. Sie koordinieren die innerschulischen Aktivitäten und Angebote und führen bestehende Initiativen zusammen.

www.schule-bw.de/unterricht/paedagogik/gewaltpraevention

I

Ich-Botschaften

In Ich-Form zu sprechen bedeutet Verantwortung für das Gesagte zu übernehmen, direkt und konkret zu sein. Der (Konflikt)Partner wird nicht beschuldigt („Du ..."), sondern die Wirkung seines Handeln auf mich selbst steht im Zentrum der eigenen Aussagen. In Ich-Form zu sprechen bedeutet über die eigene Wahrnehmung, über eigene Wünsche, Bedürfnisse und Interessen zu kommunizieren. Ich-Botschaften verkörpern einen authentischen Sprachstil, der jedoch, wenn er nur technokratisch übernommen wird, leicht unglaubwürdig klingen kann.

Interkulturelles Lernen

In ihrer Empfehlung vom 25.10.1996 erklärt die Kultusministerkonferenz, die „interkulturelle Kompetenz" als Schlüsselqualifikation für das 21. Jahrhundert. Interkulturelles Lernen soll vermitteln, Anderssein zu achten und Distanzen abzubauen.

Die Auseinandersetzung mit Fremdem und Vertrautem findet in unterschiedlichen Lernarrangements statt, die einen Perspektivenwechsel, die Reflexion der eigenen Bewertungssysteme sowie einen Abbau von Vorurteilen zum Ziel haben. Interkulturelles Lernen spielt insbesondere bei Unesco-Projekt-Schulen eine wichtige Rolle.

www.ups-schulen.de
www.kompetenz-interkulturell.de

K

Kinderrechtskonvention

Die Kinderrechtskonvention der UNO/Unicef ist eine Internationale Vereinbarung zur Gewährleistung und zum Schutz der Rechte der Kinder. Einige Grundpfeiler stellen z.B. das Überleben (Art. 6) und die Identität (Art. 8) des Kindes, sowie Achtung der Interessen (Art. 12), Nichtdiskriminierung (Art. 2) und Bewahrung vor Gewalt (Art.19) dar. Die Vertragsstaaten verpflichten sich, sich auf politischer sowie juristischer Ebene für die Etablierung dieser Rechte einzusetzen. Mit Ausnahme der USA und Somalia haben weltweit alle Länder die Kinderrechtskonvention ratifiziert (Stand Januar 2009).
www.bmfsfj.de/Politikbereiche/kinder-und-jugend,did=19892.html

Klärungshelfer

Sowohl im privaten als auch im beruflichen Bereich tritt der „Klärungshelfer" in Aktion, wenn das „Miteinander" von Menschen gestört ist, die im täglichen Leben miteinander zu schaffen haben (und einander ebenso zu schaffen machen!). Was dabei die Störung ausmacht und wodurch sie bedingt ist, ist in jedem Fall sehr verschieden und bereits Teil der Klärungsarbeit.
Christoph Thomann/Friedemann Schulz von Thun: Klärungshilfe 1-3. Reinbek 2003.
www.klaerungshilfe.de

Klassenprogramm Konfliktbearbeitung

Basics der Konfliktbearbeitung werden als Grundkurs in Form eines Klassenprogramms für alle angeboten. Dabei werden die Wahrnehmung für gegenseitige Umgangsformen sensibilisiert, Kommunikationsregeln erarbeitet sowie konstruktive Möglichkeiten des Umgangs mit Konflikten entwickelt.

Klassenrat

Der Klassenrat ist ein Instrument der demokratischen Gesprächskultur auf Klassenebene. Er dient dazu auftretende Probleme zu erkennen, zu benennen und zu bearbeiten. Regelmäßig (einmal pro Woche) nimmt sich die Klasse Zeit, um sich mit sich selbst zu beschäftigen. Die zur Verfügung stehende Zeit wird begrenzt. Der Klassenrat wird in Selbstorganisation der Schülerinnen und Schüler durchgeführt. Eine Moderatorin bzw. ein Moderator leitet die Sitzung. Die Ergebnisse werden protokolliert. Schülerinnen und

Schüler können so lernen, ihre Interessen selbst zu vertreten und Konflikte zu lösen.
Eva Blum/Hans-Joachim Blum: Der Klassenrat: Ziele, Vorteile, Organisation. Für alle Schulstufen. Mühlheim/Ruhr 2006.

Klassenvertrag

Klassenverträge beinhalten grundsätzliche Aussagen über erwünschtes und hilfreiches Verhalten im Rahmen der Klasse. Diese von den Schülerinnen und Schülern entwickelten Regeln werden festgehalten und von allen Beteiligten unterzeichnet. Solche Formulierungen lauten z.B.:
• Wir respektieren Mitschülerinnen und Mitschüler sowie Lehrerinnen und Lehrer und akzeptieren die Meinung anderer.
• Wir achten und wahren die Privatsphäre der/des Anderen.
• Wir arbeiten regelmäßig an der Lösung der Probleme unserer Klasse.

Kommunikationstrainings

Kommunikationstrainings vermitteln Grundlagen der Kommunikation, wie z.B. das Verständnis für die emotionalen, beziehungsorientierten oder nonverbalen Anteile am Kommunikationsgeschehen. Sie üben spezifische Fähigkeiten, wie aktives Zuhören, Gehörtes und Gefühltes zu strukturieren und Ich-Botschaften zu senden.

Konfliktmanagementsystem für die Schule

Ein Konfliktmanagementsystem beinhaltet die Ausarbeitung klarer Handlungsanweisungen für unterschiedliche Konfliktfälle. Der Aufbau eines Konfliktmanagementsystems basiert auf einer Einigung über den Umgang mit Konflikten. Nach der Evaluation der bisherigen Umgangsweisen mit Konfliktsituationen durch die Lehrkräfte werden gemeinsame Absprachen bezüglich zukünftiger Handhabung getroffen und schriftlich festgehalten.

Konfliktsprechstunden

Verschiedene Schulen haben das regelmäßige, offene Angebot einer Konfliktsprechstunde eingeführt. Sie wird von Lehrkräften mit einer Grundausbildung in konstruktiver Konfliktbearbeitung durchgeführt. Auch spezifisch ausgebildete Schülerinnen und Schüler werden in die Sprechstunde einbezogen. Die Sprechstunde ist für alle, die einen Konflikt oder ein Problem regeln bzw. ansprechen wollen, gedacht.

Konfliktsprechstunden können als Teil eines umfassenden Konfliktmanagementsystems verstanden werden.

Konflikttransformation

Die wenigsten Konflike lassen sich wirklich lösen. Sie lassen sich jedoch verregeln und in einen Zustand transformieren, in dem sie nicht mehr destruktiv, sondern konstruktiv ausgetragen werden. Johan Galtung sieht in der Konflikttransformation das eigentliche Ziel der Konfliktbearbeitung und betrachtet sie als einen niemals endenden Prozess, da alte Widersprüche wieder auftauchen können und neue entstehen. Ziel ist also das Erlangen einer Transformationskapazität, d.h. der Fähigkeit, mit den Transformationen so umzugehen, dass sie nachhaltig und akzeptabel sind.

Johan Galtung: Frieden mit friedlichen Mitteln. Fern-Universität Hagen. Hagen 1997.
www.transcend.org

Konfrontative Pädagogik

Konfrontative Pädagogik bezeichnet einen pädagogischen Handlungsstil, der auf Förderung der Selbstverantwortung durch direkte und rasche Konfrontation bei Grenzverletzungen zielt. Die ritualisierte Grenzziehung Konfrontativer Pädagogik baut auf die These, dass klare Botschaften und entschiedenes Auftreten Jugendlichen das Erlernen von Normen erleichtern. Konfrontative pädagogische Maßnahmen sind das Coolness-Training sowie das Anti-Aggressions-Training, diese erfordern eine gezielte pädagogische Schulung.

Rainer Kilb/Jens Weidner/Reiner Gall: Konfrontative Pädagogik in der Schule. München 2006.

Konstanzer Trainingsmodell

Dieses auf die Schule bezogene Modell geht davon aus, dass Lehrkräfte bewusste und unbewusste Wissensbestände und (Alltags-)Theorien über Störungen im Unterricht und aggressive Schülerinnen und Schülern besitzen und aufgrund dieser Theorien auch handeln. Das Trainingsmodell setzt bei den für die einzelne Lehrkraft als problematisch (störend, belastend) empfundenen Unterrichtssituationen und Interaktionen an. Diese Situationen werden zum Ausgangspunkt des individuellen Trainings gemacht.

Trainings beinhalten sowohl die kognitive Vermittlung neuer Wissensbestände zum Umgang mit aggressiven oder störenden Unterrichtssituationen als auch Anregungen und Elemente bereits bestehender und erprobter Lehrerfortbildungsverfahren. Ein entscheidender Ansatz dieses Trainings ist das „Tandem". D.h. jede Teilnehmerin bzw. jeder Teilnehmer an diesem Trainingsmodell sucht sich eine Kollegin bzw. einen Kollegen, mit dem er/sie gemeinsam das Training durchführt. Mit diesem festen Trainingspartner werden nicht nur Verhaltensweisen und Situationen reflektiert, sondern auch gegenseitige Unterrichtsbesuche abgehalten.

Kurt-Christian Tennstädt u.a.: Das Konstanzer Trainingsmodell. Neue Wege im Schulalltag: Ein Selbsthilfeprogramm für zeitgemäßes Unterrichten und Erziehen. Band 1: Trainingshandbuch. 2. Aufl., Bern u.a. 1990.

Kooperatives Lernen

Kooperatives Lernen bedeutet, dass sich Schülerinnen und Schüler gegenseitig bei der Arbeit unterstützen und gemeinsam zu Ergebnissen gelangen. Dies geschieht in Partner- oder Gruppenarbeit. In gut strukturierten Lerngruppen wird unter Zuhilfenahme von zahlreichen Methoden ein hohes Aktivierungsniveau der Lernenden erreicht mit nachhaltigen Erfolgen im kognitiven Bereich. Problemlöse- und Sozialkompetenz werden gleichermaßen aufgebaut und führen häufig zu einem positiveren Selbstbild der Lernenden. Grundvoraussetzung für die erfolgreiche Arbeit in Gruppen ist das Schaffen eines förderlichen sozialen Klimas mit positiven Abhängigkeiten unter den Gruppenmitgliedern.

www.learn-line.nrw.de/angebote/greenline/lernen/grund/gruende.html
www.kooperatives-lernen.de

Krisenteams

Schulinterne Krisenteams stellen einen Teil des schulischen Krisenmanagementsystems dar. Ihre Aufgaben sind die Vorsorge, Bewältigung und Nachsorge bei Gewaltvorfällen. Dies beinhaltet den Kontakt zu kommunalen Einrichtungen der Jugendhilfe, zu Polizei und Feuerwehr herzustellen, den Umgang mit Medien im Krisenfall, sowie die Hilfe und Beratung für Lehrkräfte, Eltern und Schülerinnen bzw. Schülern nach Gewaltsituationen.

M

Mediation

Mediation ist ein auf Freiwilligkeit basierendes Verfahren der Konfliktlösung, das in den sechziger und siebziger Jahren in den USA entwickelt wurde und dort mit Erfolg in vielen Lebensbereichen angewendet wird. Wörtlich übersetzt bedeutet „mediation" Vermittlung. Gemeint ist die Vermittlung in Streitfällen durch unparteiische Dritte, die von allen Seiten akzeptiert werden. Die vermittelnden Mediatorinnen und Mediatoren helfen den Streitenden, eine einvernehmliche Lösung ihrer Probleme zu finden. Aufgabe der Mediatorinnen und Mediatoren ist es nicht, einen Schiedsspruch oder ein Urteil zu sprechen. Vielmehr liegt es an den Konfliktparteien selbst, eine ihren Interessen optimal entsprechende Problemlösung zu erarbeiten. Alle sollen durch die Übereinkunft „gewinnen".

Christoph Besemer: Mediation. Karlsruhe 2009.

Medienerziehung

Medienerziehung zielt auf die Stärkung der Medienkompetenz. Medienkompetenz beinhaltet u.a. Medienkunde, Mediennutzung, Mediengestaltung und Medienkritik. Durch Auseinandersetzung und produktiven Umgang mit Medien soll der kritische Umgang mit Inhalten ebenso wie die differenziertere Auswahl der Medien geschult werden. Eine Möglichkeit bietet selbstständiges Gestalten von Medien, wodurch Jugendliche lernen sollen Gestaltungs- und Manipulationsprozesse zu erkennen.

www.mediaculture-online.de

Menschenrechtserziehung

Meschenrechtserziehung soll die Handlungskompetenzen junger Menschen fördern, indem sie ihre Rechte kennenlernen. Kernelemente stellen die Aufforderungen dar:

• Kenne und verteidige deine Rechte!
• Anerkenne die gleichen Rechte der anderen.
• Verhalte dich im Alltag so, dass du die Menschenrechte anderer anerkennst und nicht verletzt!

Darüber hinaus geht eine Sensibilisierung für gesellschaftliche Verantwortung mit in die Menschenrechtserziehung ein, welche den aktiven Einsatz fördert: Verteidige nach deinen Kräften auch die Rechte anderer und helfe nach deinen Möglichkeiten Opfern von Menschenrechtsverletzungen!

Hans-Peter Fritzsche: www.menschenrechtserziehung.de

Mentorenprogramme

Das Mentoren- bzw. Tutorenmodell ist ein an vielen Schulen bereits etabliertes Angebot der Unterstützung jüngerer oder neuer Schülerinnen und Schüler bei Lern- und Schulproblemen durch Ältere. Ausgeweitet auf die soziale Ebene können Tutoren und Tutorinnen auch als Vertrauensperson/Pate für auffällige Jugendliche fungieren.

Mentorenprogramme gibt es in unterschiedlicher Form. In Abhängigkeit der Situation werden regelmäßige Treffen, Gespräche oder Freizeitaktivitäten durchgeführt. Evaluationsergebnisse bestätigen den positiven Effekt der Programme.

N

No Blame Approach

Der „No Blame Approach" (wörtlich „Ohne Schuld Ansatz") ist eine lösungsorientierte Vorgehensweise in der Tradition systemischer und kurzzeittherapeutischer Ansätze von Steve de Shazer und Insoo Berg. Der Ansatz ist ein Instrument, bei Mobbing zum Wohl und Schutz der Mobbing-Betroffenen zu handeln, mit dem Ziel, Mobbing nachhaltig zu stoppen. Trotz der schwerwiegenden Problematik wird auf Schuldzuweisungen und Bestrafungen verzichtet wird. Vielmehr vertraut der Ansatz auf die Ressourcen und Fähigkeiten von Kindern und Jugendlichen, wirksame Lösungen herbeizuführen.

www.no-blame-approach.de

Notfallplan

Schulspezifische Notfallpläne sind nach Vorschriften verschiedener Kultusministerien in einigen Bundesländern verpflichtend einzurichten. In Gefahrensituationen kann so auf festgelegte Abläufe zurückgegriffen werden, was eine schnelle und angemessene Reaktion auf Notfälle der Gewalteskalation, wie Amoklauf, Drohung, Geißelnahme, ermöglichen soll. Richtlinien des Vorgehens finden sich entsprechend auf den Internetseiten des jeweiligen Kultusministeriums.

P

Pausenhelfer

Ausgebildete Pausenhelfer werden an vielen Schulen eingesetzt, um Spiel und Bewegungsmöglichkeiten in den Pausen anzubieten und bei Konflikten einzuschreiten.

Peer-Mediation/Schüler-Streit-Schlichtung

Unter den Modellen und schulischen Ansätzen zur Gewaltprävention nimmt „Peer-Mediation" eine Sonderstellung ein, da hier die Konfliktlösung direkt von Schülerinnen und Schülern übernommen wird und nicht durch Lehrkräfte oder die Schulverwaltung. Peer-Mediation ist dabei als Teil von „Peer-Education" zu verstehen, der die Idee der Erziehung von Jugendlichen durch Jugendliche zu Grunde liegt.

Schüler-Streit-Schlichtungs-Programme sind stark ritualisierte Konfliktlösungsverfahren, die von speziell ausgebildeten Schülerinnen und Schülern bei Schüler-Schüler-Konflikten angewandt werden und oft den Kern von Gewaltpräventionsprogrammen bilden.

www.friedenspaedagogik.de/themen/gewaltpraevention_in_der_grundschule/kapitel_4_2_2_schueler_streitschlichtung

Prävention im Team

Prävention im Team (PIT) ist ein Programm, das zahlreiche Landesregierungen zur kommunalen Gewaltprävention ins Leben gerufen haben. Ziel ist nicht die kognitive Vermittlung von Wissen um problematische Sachverhalte, sondern sozial verträgliche Verhaltensweisen durch den Unterrichtsablauf zu vermitteln und die Persönlichkeit der Schülerinnen und Schüler durch Ausbau personaler Stärken (Selbstbewusstsein, Selbstwertgefühl, Eigenverantwortlichkeit) zu unterstützen.

Dabei wird in einem Netzwerk von Lehrkräften, Sozialpädagogen und Polizeibeamten sowie anderen mit der Prävention befassten Expertinnen und Experten gearbeitet.

Achim Schröder/Helmolt Rademacher/Angela Merkle (Hrsg.): Handbuch Konflikt- und Gewaltpädagogik. Verfahren für Schule und Jugendhilfe. Schwalbach 2008.

www.pit-hessen.de

R

Runde Tische

Zur Koordination von Maßnahmen der Gewaltprävention, zum Informationsaustausch und zur gegenseitiger Qualifizierung finden an vielen Orten Runde Tische zur Gewaltprävention statt. Hier arbeiten Eltern, Lehrkräfte, Vertreterinnen und Vertreter von Organisationen und Verbänden, von Jugendhilfeeinrichtungen, der Stadt und der örtlichen Polizei zusammen.

www.gewaltpraevention-tue.de

S

Sachbezogenes Verhandeln

Grundvoraussetzungen für sachbezogenes Verhandeln sind, Menschen und Probleme getrennt voneinander zu behandeln; vor der Entscheidung verschiedene Wahlmöglichkeiten zu entwickeln; Ergebnisse auf objektiven Entscheidungsprinzipien aufzubauen; nicht Positionen, sondern Interessen in den Mittelpunkt zu stellen.

Roger Fisher/William Ury/Bruce Patton: Das Harvard-Konzept. Der Klassiker der Verhandlungstechnik. Frankfurt M. 2004.

Schule ohne Rassismus

Ca. 600 Schulen gehören bundesweit dem Netzwerk „Schule ohne Rassismus – Schule mit Courage" an.

Das von Schülerinnen und Schülern initiierte Projekt „Schule ohne Rassismus" bietet Kindern und Jugendlichen die Möglichkeit, das Klima an ihrer Schule aktiv mitzugestalten, in dem sie sich bewusst gegen jede Form von Diskriminierung, Mobbing und Gewalt wenden. Den Titel „Schule ohne Rassismus" erhält eine Schule, wenn mindestens 70 Prozent aller Menschen, die in einer Schule lernen und lehren (Schülerinnen und Schüler, Lehrkräfte und technisches Personal) sich verpflichten, sich gegen jede Form von Diskriminierung an ihrer Schule aktiv einzusetzen, bei Konflikten einzugreifen und regelmäßig Projekttage zum Thema durchzuführen.

www.schule-ohne-rassismus.org

Schulordnung

Schulordnungen regeln die Rechte und Pflichten der an einer Schule Tätigen. Schulordnungen, die gemeinsam von Lehrkräften, Schülerinnen und Schülern sowie von Eltern erarbeitet und verabschiedet werden, erhöhen die Identifikation mit der Schule. Werden sie als positive Leitvorstellungen und nicht als „Strafkataloge" formuliert, stellen sie eine wichtige Orientierungshilfe dar. In Schulen, die eine solche Schulordnung verabschiedet haben, ist diese für alle verbindlich.

Schulparlament

Das Schulparlament ist ein Entscheidungsgremium über die gesamten Belange der Schule. In regelmäßigen Sitzungen wird über grundsätzliche Fragen der Schulführung beraten und entschieden. Je nach Modell ist das Schulparlament paritätisch aus Schülerinnen und Schülern, Eltern und Lehrkräften zusammengesetzt oder auch nicht.

Servicelernen

Servicelernen ist eine Methode, die gesellschaftliches Engagement von Schülerinnen und Schülern fördert und ermöglicht. Diese arbeiten als Teil des Unterrichts in sozialen, karitativen oder ökologischen Projekten und werden dabei durch Lehrkräfte begleitet. Die in den Projekten gewonnenen Erfahrungen werden im Unterricht aufgearbeitet, wobei ein Zusammenhang von Schule und Gemeinwesen hergestellt wird. Schülerinnen und Schüler sollen so gesellschaftliche Probleme bewusst wahrnehmen und lernen, mit diesen konstruktiv umzugehen.
www.lernen-durch-engagement.de

Soziales Kompetenz Training

Soziales Kompetenz Training soll soziale Fähigkeiten fördern und stärken. Dies beinhaltet u.a. die Vermittlung von problemlösendem Denken, sozialer Informationsverarbeitung durch Empathievermögen und emotionale Intelligenz ebenso wie das Ziel der sozialen Integration. Defizite in solchen Bereichen sind empirisch belegte Risikofaktoren für Aggression.
Soziale Trainings erweisen sich als effektiver, wenn eine Zusammenarbeit aller Bezugsgruppen stattfindet.
Norbert Beck/Silke Cäsar/Britta Leonhardt: Training sozialer Fertigkeiten. Tübingen 2006.

Straßenfußball für Toleranz

Das Konzept „Straßenfußball für Toleranz" hat seine Ursprünge in Kolumbien und wurde nach dem dortigen Erfolg (im kolumbianischen Medellín wurde unter anderem eine Senkung der Kriminalitätsrate in den Vierteln nachgewiesen, in denen das Projekt umgesetzt wurde) auch in Deutschland etabliert. Über die Einführung eines ganz spezifischen Regelwerkes sollen eingefahrene Verhaltensweisen (zum Beispiel Macho-Verhalten, Gewaltbereitschaft, Disziplinlosigkeit) verlassen und der konstruktive Umgang mit Konfliktsituationen erlernt werden.
www.streetfootballworld.org
www.kickfair.org

T

Täter-Opfer-Ausgleich

Der Täter-Opfer-Ausgleich (TOA) ist eine aus der Jugendgerichtshilfe stammende Methode des Umgangs mit einer Straftat durch erzielten Ausgleich mit dem Opfer. Den rechtlichen Rahmen liefern §§ 45 ff. des JGG. Vielfältige Formen des TOA liefern auch im schulischen Kontext die Möglichkeit der Schlichtung.
Beim Täter-Opfer-Ausgleich werden Täter und Opfer zusammengeführt, um eine einvernehmliche Lösung bzw. eine Wiedergutmachung zu erreichen. Der Täter soll dem Opfer eine Wiedergutmachung leisten. Das Opfer soll sich mit dieser Wiedergutmachung einverstanden erklären.
www.toa-servicebuero.de

Trainingsraum Methode

Diese aus den USA stammende Methode (die auch unter dem Namen „Arizona Modell" bekannt ist), hat zum Ziel bei Unterrichtsstörungen oder Regelverletzungen die Schülerinnen und Schüler vor die Entscheidung zu stellen im Klassenzimmer zu bleiben (und sich regelkonform zu verhalten) oder den Trainingsraum aufzusuchen. Der Trainingsraum ist ein Klassenzimmer, der von einer Lehrkraft während des gesamten Schulunterrichts betreut wird. Die Schülerinnen und Schüler erhalten hier Hilfe, ihr Verhalten zu reflektieren. Am Ende des Gesprächs erstellen sie einen Plan, dessen Einhaltung zur Rückkehr in die Klasse berechtigt.
www.trainingsraum-methode.de

W

Werteerziehung

Werteerziehung vollzieht sich in konkreten (Problem-) Situationen und sucht und findet Antworten auf Fragen der Alltagsbewältigung. Es geht dabei nicht um überzogene moralische Ansprüche, sondern um Reflexion von Entscheidungen und Handlungen. Werteerziehung lebt vom Vorbild und der Glaubwürdigkeit. Vereinbarte Regeln gelten ausnahmslos für alle, aber sie sind nicht unveränderbar und für alle Zeiten. Sie unterliegen der Begründung, der Diskussion und evtl. der Neubewertung.

Nach Giesecke kann Hilfe zur Wertebildung in der Schule auf drei Ebenen stattfinden, auf der Ebene des Unterrichts, der Ebene der Normen der Institution und der Ebene der Schulkultur.

Hermann Giesecke: Wie lernt man Werte? Weinheim und München 2005.

Z

Zivilcouragetraining

Zivilcouragetraining fördert prosoziales Verhalten im Umgang mit akuten Gewalt- und Bedrohungssituationen. In einzelnen Übungseinheiten werden u.a. sicheres Auftreten, Überwindung von Angst, Möglichkeiten des Handelns aber auch Umgang mit den Folgen des Handelns bearbeitet. Evaluationen zeigen, dass diese Trainings subjektive Sicherheit und Kompetenzgefühl der Jugendlichen verbessern sowie deren Handlungsrepertoire erweitern.

Als präventive Maßnahme ist auch der Erfolg dieser Trainings von langfristigen Lernprozessen abhängig. Modelle des Zivilcouragetrainings müssen daher den Aspekt der Vorbereitung, des situativen Eingreifens als auch der Aufarbeitung von Notsituationen miteinbeziehen.

Gerd Meyer u.a. (Hrsg.): Zivilcourage lernen. Tübingen 2004.

www.friedenspaedagogik.de/themen/zivilcourage

Literatur

1.2 Grundlagen der Gewaltprävention

Ammer, Andreas: Kommunale Kriminalprävention – Bestandsaufnahme und Perspektiven. In: Kriminalprävention in Rheinland-Pfalz. Zeitschrift des Landespräventionsrates Rheinland-Pfalz, 2/2004.

Arbeitsgemeinschaft Kinder- und Jugendschutz (AJS), Landesarbeitsstelle Nordrhein-Westfalen e.V. (Hrsg.): Was hilft gegen Gewalt? Qualitätsmerkmale für Gewaltprävention. Übersicht über Programme. Essen 2008.

Arbeitsstelle Kinder- und Jugendkriminalitätsprävention und Informationszentrum Kindesmisshandlung/Kindesvernachlässigung (Hrsg.): Early Prevention – Frühe Prävention. Strategien und Erfahrungen aus 12 Ländern. München 2006.

Arbeitsstelle Kinder- und Jugendkriminalitätsprävention (Hrsg.): Strategien der Gewaltprävention im Kindes- und Jugendalter. Eine Zwischenbilanz in sechs Handlungsfeldern. München 2007.

Baier, Dirk/Christian Pfeiffer: Jugendliche in Deutschland als Opfer und Täter. Kriminologisches Forschungsinstitut Niedersachsen. Forschungsbericht 107. Hannover 2009.

Brettfeld, Katrin/Peter Wetzels: Jugendliche als Opfer und Täter. Befunde aus kriminologischen Dunkelfeldstudien. In: Ulrike Lehmkuhl (Hrsg.): Aggressives Verhalten bei Kindern und Jugendlichen. Göttingen 2003.

Brinkmann, Heinz Ulrich/Siegfried Frech/Ralf-Erik Posselt (Hrsg.): Gewalt zum Thema machen. Gewaltprävention mit Kindern und Jugendlichen. Bonn 2008.

Büttner, Christian/Miriam Koschate: Westliche Psychologie gegen Jugendgewalt weltweit. Plädoyer für eine kultursensitive Anwendung. HSFK-Report, 5/2003.

Bundesministerium des Innern (Hrsg.): Theorie und Praxis gesellschaftlichen Zusammenhalts. Aktuelle Aspekte der Präventionsdiskussion um Gewalt und Extremismus. Berlin 2008.

Bundesverband der Unfallkassen (Hrsg.): Gewalt an Schulen. Ein empirischer Beitrag zum gewaltverursachten Verletzungsgeschehen an Schulen in Deutschland 1993-2003. München 2005.

Claus, Thomas/Detlev Herter: Jugend und Gewalt. Ergebnisse einer empirischen Untersuchung an Magdeburger Schülern. In: Aus Politik und Zeitgeschichte. Beilage zur Wochenzeitung Das Parlament, 23.9.1994, S. 10-20.

Deutsche Gesetzliche Unfallversicherung u.a. (Hrsg.): Achtung in der Schule. Informationen zur Gewaltprävention für Lehrkräfte und Eltern. St. Augustin 2009. <www.achtung-in-der-schule.de>

DeVoe, Jill F. u.a.: Indicators of School Crime and Safety. U.S. Departments of Education and Justice. U.S. Government Printing Office. Washington 2004.

DFK: Beitrag zum Bericht der AG „Entwicklung der Gewaltkriminalität junger Menschen mit einem Schwerpunkt auf Ballungsräumen. Forschungsbefunde. In: Bund-Länder AG: „Entwickung der Gewaltkriminalität junger Menschen mit einem Schwerpunkt auf städtischen Ballungsräumen". Bericht zur IMK-Herbstsitzung 2007. Berichtsstand 16. November 2007.

Döbert, Hans: Bildung in Deutschland 2008: Allgemeinbildende Schule und non-formale Lernwelten im Schulalter: Befunde und Problemlagen. Impulsreferat, Fachforum I, Fachtagung, Berlin, 23. Juni 2008.
www.bildungsbericht.de/zeigen.html?seite=6224)

Drewermann, Eugen: Krieg ist Krankheit, keine Lösung. Freiburg 2002.

Eurochild/AGJ: Kinderarmut und Soziale Ausgrenzung in der EU. Brüssel 2008.

Grasse, Renate/Bettina Gruber/Günther Gugel (Hrsg.): Friedenspädagogik. Grundlagen, Praxisansätze, Perspektiven. Reinbek 2008.

Gruber, Bettina/Werner Wintersteiner/Gerlinde Duller (Hrsg.): Friedenserziehung als Gewaltprävention. Regionale und internationale Erfahrungen. Klagenfurt 2009.

Hafeneger, Benno/Peter Henkenborg/Albert Scherr (Hrsg.): Pädagogik der Anerkennung. Grundlagen, Konzepte, Praxisfelder. Schwalbach/Ts. 2007.

Holzapfel, Jan/Tim Lehmann/Matte Spiecker: Expedition Welt. Vom Abenteuer, sich zu engagieren. München 2008.

Landeshauptstadt Düsseldorf (Hrsg.): Düsseldorfer Gutachten: Empirisch gesicherte Erkenntnisse über kriminalpräventive Wirkungen. Düsseldorf 2002.

Lenk, Hans: Humanitätsforschung als interdisziplinäre Anthropologie. Frankfurt/M. 2008.

Lüders, Christian/Bernd Holthusen: Gewalt als Lernchance. Jugendliche und Gewaltprävention. In: Erich Marks/Wiebke Steffen (Hrsg.): Starke Jugend – starke Zukunft. Mönchengladbach 2008.

Mandela, Nelson. In: WHO Regionalbüro: Weltbericht Gewalt und Gesundheit. Zusammenfassung. Kopenhagen 2003, S. v f. <www.who.int/violence_injury_prevention/violence/world_report/en/summary_ge.pdf>

Maringer, Eva/Reiner Steinweg: Gewalt – Auswege – Sehen. Anregungen zum Abbau von Gewalt. Oberwart/Tübingen 2002.

Melzer, Wolfgang/Frank Ehninger: Veränderung der Schulkultur als Ansatz schulischer Gewaltprävention. In: Aus Politik und Zeitgeschichte, B44/2002, S. 38-46.

Pöhl, Tanja: Gewalt an Schulen im Vergleich. Deutschland – USA. Tübinger Schriften und Materialien zur Kriminologie. Band 11. Tübingen 2006.

Posselt, Ralf-Erik: Merkmale erfolgreicher Thematisierungswege. Gewaltakademie Villigst. Villigst 2007 (unveröffentl. Manuskript).

Rabold, Susann/Dirk Baier/Christian Pfeiffer: Jugendgewalt und Jugenddelinquenz in Hannover. Aktuelle Befunde und Entwicklungen seit 1998. Hannover 2008.

Robert Koch-Institut (Hrsg.): Gesundheitliche Folgen von Gewalt. Gesundheitsberichterstattung des Bundes, Heft 42, Berlin 2008.

Sader, Manfred: Destruktive Gewalt. Möglichkeiten und Grenzen ihrer Verminderung. Weinheim und Basel 2007.

Scheithauer, Herbert/Charlotte Rosenbach/Kay Niebank: Gelingensbedingungen für die Prävention von interpersonaler Gewalt im Kindes- und Jugendalter. Stiftung Deutsches Forum für Kriminalprävention. Bonn 2008.

Scheithauer, Herbert/Franz Petermann: Prädiktion aggressiv/dissozialen Verhaltens: Entwicklungsmodelle, Risikobedingungen und Multiple-Gating-Screening. Zeitschrift für Gesundheitspsychologie. 3/2002, S. 121–140.

Schirmer, Werner: Bedrohungskommunikation. Eine gesellschaftstheoretische Studie zur Sicherheit und Unsicherheit. Wiesbaden 2008.

Schwind, Hans-Dieter/Jürgen Baumann u.a. (Hrsg.): Ursache, Prävention und Kontrolle von Gewalt. Analysen und Vorschläge der Unabhängigen Regierungskommission zur Verhinderung und Bekämpfung von Gewalt (Gewaltkommission), Band I-IV. Berlin 1989 f.

Schwind, Hans-Dieter: Kriminologie. Eine praxisorientierte Einführung mit Beispielen. 19. neubearb. Aufl., Heidelberg 2009.

Senghaas, Dieter: Zum irdischen Frieden. Frankfurt/M. 2004.

Sherman, Lawrence W. u.a.: Preventing Crime: What Works, What doesn't, What's Promising. A Report to the United States Congress. Prepared for the National Institute of Justice. Washington 1998. <www.ncjrs.gov/works>

Sommer, Gerd/Albert Fuchs (Hrsg.): Krieg und Frieden. Handbuch der Konflikt- und Friedenspsychologie. Weinheim und Basel 2004.

Steffen, Wiebke: Jugendkriminalität und ihre Verhinderung zwischen Wahrnehmung und empirischen Befunden. Gutachten zum 12. Deutschen Präventionstag am 18. und 19. Juni 2007 in Wiesbaden. Wiesbaden 2007.

Steffen, Wiebke: Solidarität leben – Vielfalt sichern. Moderne Gesellschaften und Kriminalität. Der Beitrag der Kriminalprävention zu Integration und Solidarität. Gutachten für den 14. Deutschen Präventionstag 8./9.6.2009 Hannover. <www.praeventionstag.de/Kriminalpraevention/Module/Media/Medias/Gutachten_F44.pdf>

Thiersch, Hans: Wie geht die Sozialpädagogik mit Regelverletzungen junger Erwachsener um? Ein Beitrag aus der Tagung: Jung, erwachsen, straffällig – was tun? Heranwachsende im Strafrecht. Bad Boll 2007. Online-Texte der Evangelischen Akademie Bad Boll.

Wintersteiner, Werner: Pädagogik des Anderen. Bausteine für eine Friedenserziehung der Postmoderne. Münster 1999.

WHO: World Report on Violence and Health. Geneva 2002.

WHO Regionalbüro für Europa: Weltbericht Gewalt und Gesundheit. Zusammenfassung. Kopenhagen 2003.

WHO: Preventing Violence. A Guide to Implementing the Recommendations of the World Report on Violence and Health. Geneva 2004.

2.1 Zum Verständnis von Gewalt

Albrecht, Günter u.a. (Hrsg.): Gewaltkriminalität zwischen Mythos und Realität. Frankfurt/M. 2001.

Bierbrauer, Günter: Sozialpsychologie. Stuttgart/Berlin 1996.

Brinkmann, Nils: Suizid im Film – eine Herausforderung für den Jugendschutz. In: tv-diskurs. 4/2005.

Brosius, Hans-Bernd/Frank Esser: Eskalation durch Berichterstattung? Massenmedien und fremdenfeindliche Gewalt. Opladen 1995.

Bundesministerium für Familie, Senioren, Frauen und Jugend: Pressemitteilung vom 22.3.2004.

Czelinski, Michael/Jürgen Stenzel (Hrsg.): Krieg. Philosophische Texte von der Antike bis zur Gegenwart. Stuttgart 2004.

Drewermann, Eugen: Die Spirale der Angst. Der Krieg und das Christentum. Freiburg u.a. 1991.

Fromm, Erich: Anatomie der menschlichen Destruktivität. Reinbek 1996.

Galtung, Johan: Strukturelle Gewalt. Reinbek 1973.

Galtung, Johan: Kulturelle Gewalt. In: Landeszentrale für politische Bildung Baden-Württemberg (Hrsg.): Der Bürger im Staat, (43) 2/1993.

Galtung, Johan: Gewalt ist kein Naturgesetz. In: Eirene Rundbrief, 3/2005.

Gerstendörfer, Monika: Der verlorene Kampf um die Wörter. Opferfeindliche Sprache bei sexualisierter Gewalt. Ein Plädoyer für eine angemessene Sprachführung. Paderborn 2007.

Guggelnbühl, Allan: Die unheimliche Faszination der Gewalt. München 1997.

Gugel, Günther: Gewalt und Gewaltprävention. Tübingen 2006.

Heitmeyer, Wilhelm/John Hagan (Hrsg.): Internationales Handbuch der Gewaltforschung. Wiesbaden 2002.

Heitmeyer, Wilhelm/Hans-Georg Soeffner (Hrsg.): Gewalt. Entwicklungen, Strukturen, Analyseprobleme. Frankfurt/M. 2004.

Heitmeyer, Wilhelm/Monika Schröttle (Hrsg.): Gewalt. Beschreibungen, Analysen, Prävention. Bonn 2006.

Hügli, Anton: Was verstehen wir unter Gewalt? Begriff und Erscheinungsformen der Gewalt. In: Joachim Küchenhoff/Anton Hügli/Ueli Mäder (Hrsg.): Gewalt. Ursachen, Formen, Prävention. Gießen 2005.

Imbusch, Peter: Moderne und Gewalt. Zivilisationstheoretische Perspektiven auf das 20. Jahrhundert. Wiesbaden 2005.

Imbusch, Peter: Der Gewaltbegriff. In: Wilhelm Heitmeyer/John Hagan (Hrsg.): Internationales Handbuch der Gewaltforschung. Wiesbaden 2002, S. 26–57.

Küchenhoff, Joachim/Anton Hügli/Ueli Mäder (Hrsg.): Gewalt. Ursachen, Formen, Prävention. Gießen 2005.

Kunczik, Michael/Astrid Zipfel: Gewalttätig durch Medien? In: Aus Politik und Zeitgeschichte, B44/2002.

Kunczik, Michael/Astrid Zipfel: Medien und Gewalt. Zum Forschungsstand. In: BPjS-Aktuell. 4/2002.

Kuntsche, Emmanuel: Alkoholkonsum und Gewaltverhalten. In: ajs-informationen, 3/2007, S. 13-18.

Kurtenbach, Sabine: Youth Violence in Post-War Societies. Conceptual Considerations on Continuity and Change of Violence Project. Working Paper Nr. 1. 2008. INEF, Duisburg 2008. <http://www.postwar-violence.de/files/wp1_concept_postwar_youth_violence.pdf>

Lin, Susanne: Vorurteile überwinden – eine friedenspädagogische Aufgabe. Weinheim und Basel 1999.

Meeus, Wim/Quinten Raaljmakers: Autoritätsgehorsam in Experimenten des Milgram-Typs: Eine Forschungsübersicht. In: Zeitschrift für Sozialpsychologie, 1989, S. 70–85.

Milgram, Stanley: Das Milgram-Experiment. 15. Aufl., Reinbek 1982.

Nolting, Hans-Peter: Aggression ist nicht gleich Aggression. In: Der Bürger im Staat, (43) 2/1993, S. 91–95.

Nolting, Hans-Peter: Lernfall Aggression: Wie sie entsteht – wie sie zu vermindern ist. Reinbek 2005.

Pfeiffer, Christian/Peter Wetzels/Dirk Enzmann: Innerfamiliäre Gewalt gegen Kinder und Jugendliche und ihre Auswirkungen. Kriminologisches Forschungsinstitut Niedersachsen e.V., Forschungsberichte Nr. 80. Hannover 1999.

Radkau, Verena/Eduard Fuchs/Thomas Lutz (Hrsg.): Genozide und staatliche Gewaltverbrechen im 20. Jahrhundert. Wien 2004.

Reemtsma, Jan Philipp: Vertrauen und Gewalt. Versuch über eine besondere Konstellation der Moderne. Hamburg 2008.

Robert Koch-Institut (Hrsg.): Gesundheitsberichterstattung des Bundes, Heft 42: Gesundheitliche Folgen von Gewalt unter besonderer Berücksichtigung von häuslicher Gewalt gegen Frauen. Berlin 2008.

Sader, Manfred: Destruktive Gewalt. Möglichkeiten und Grenzen ihrer Verminderung. Weinheim und Basel 2007.

Schröder, Achim/Helmolt Rademacher/Angela Merkle (Hrsg.): Handbuch Konflikt- und Gewaltpädagogik. Verfahren für Schule und Jugendhilfe. Schwalbach/Ts. 2008.

Schwind, Hans-Dieter/Jürgen Baumann u.a. (Hrsg.): Ursache, Prävention und Kontrolle von Gewalt. Analysen und Vorschläge der Unabhängigen Regierungskommission zur Verhinderung und Bekämpfung von Gewalt (Gewaltkommission), Band I-IV. Berlin 1989 f.

Sémelin, Jacques: Säubern und Vernichten. Die politische Dimension von Massakern und Völkermorden. Hamburg 2007.

Steinweg, Reiner: Gewalt und Gewaltfreiheit in der Friedenspädagogik. In: Renate Grasse/Bettina Gruber/Günther Gugel (Hrsg.): Friedenspädagogik. Reinbek 2008, S. 99-154.

Wehr, Helmut/Gerd-Bodo Reinert von Carlsburg (Hrsg.): Gewalt beginnt im Kopf. Donauwörth 2005.

Welzer, Harald: Täter. Wie aus ganz normalen Menschen Massenmörder werden. Frankfurt/M. 2006.

WHO: World Report on Violence and Health. Geneva 2002.

WHO Regionalbüro für Europa: Weltbericht Gewalt und Gesundheit. Zusammenfassung. Kopenhagen 2003.

WHO: Violence and Health. Geneva 2004.

Zimbardo, Philipp: Der Luzifer-Effekt. Die Macht der Umstände und die Psychologie des Bösen. Heidelberg 2008.

2.2 Gewalt an Schulen

Bachmann, Angelika/Patricia Wolf: Wenn Lehrer schlagen. Die verschwiegene Gewalt an unseren Schulen. München 2007.

Baier, Dirk/Christian Pfeiffer: Jugendliche in Deutschland als Opfer und Täter. Kriminologisches Forschungsinstitut Niedersachsen. Forschungsbericht 107. Hannover 2009.

Baier, Dirk: Entwicklung der Jugenddelinquenz und ausgewählter Bedingungsfaktoren seit 1998 in den Städten Hannover, München, Stuttgart und Schwäbisch Gmünd. Forschungsbericht 104. Hannover 2008.

Bundesverband der Unfallkassen: Gewalt an Schulen. Ein empirischer Beitrag zum gewaltverursachten Verletzungsgeschehen an Schulen in Deutschland 1993-2003. München 2005.

Busch, Ludger/Eberhard Todt: Gewalt in der Schule. In: Detlef H. Rost (Hrsg.): Handwörterbuch Pädagogische Psychologie. 2. überarb. und erweiterte Aufl., Weinheim 2001.

Deutsche Gesetzliche Unfallversicherung u.a. (Hrsg.): Achtung in der Schule. Informationen zur Gewaltprävention für Lehrkräfte und Eltern. St. Augustin 2009. <www.achtung-in-der-schule.de>

Fuchs, Marek/Siegfried Lamnek/Jens Luedtke: Tatort Schule: Gewalt an Schulen 1994-1999-2005. Wiesbaden 2005.

Hanke, Ottmar: Strategien der Gewaltprävention an Schulen. In: Deutsches Jugendinstitut, Arbeitsstelle Kinder und Jugendkriminalitätsprävention (Hrsg.): Strategien der Gewaltprävention im Kindes- und Jugendalter. Eine Zwischenbilanz in sechs Handlungsfeldern. München 2007.

Holtappels, Heinz Günter u.a. (Hrsg.): Forschung über Gewalt an Schulen. Weinheim/München 1997.

Hurrelmann, Klaus/Heidrun Bründel: Gewalt an Schulen. Pädagogische Antworten auf eine soziale Krise. Weinheim und Basel 2008.

Klewin, Gabriele/Klaus-Jürgen Tillmann/Gail Weingart: Gewalt in der Schule. In: Wilhelm Heitmeyer/John Hagan (Hrsg.): Internationales Handbuch der Gewaltforschung. Wiesbaden 2002, S. 1078-1105.

Klewin, Gabriele: Alltagstheorien über Schülergewalt. Perspektiven von LehrerInnen und SchülerInnen. Wiesbaden 2006.

Krebs, Uwe/Johanna Forster (Hrsg.): Vom Opfer zum Täter? Gewalt in Schule und Erziehung von den Sumerern bis zur Gegenwart. Bad Heilbrunn 2003.

Lösel, Friedrich/Thomas Bliesener: Aggression und Delinquenz unter Jugendlichen. Untersuchungen von kognitiven und sozialen Bedingungen. München/Neuwied 2003.

Melzer, Wolfgang: Gewalt an Schulen: Analyse und Prävention. Giessen 2006.

Melzer, Wolfgang/Wilfried Schubarth/Frank Ehninger: Gewaltprävention und Schulentwicklung. Analysen und Handlungsmodelle. Bad Heilbrunn 2004.

Olweus, Dan: Gewalt in der Schule. Was Lehrer und Eltern wissen sollten – und tun können. Bern/Göttingen/Toronto 2006.

Petermann, Franz/Manfred Döpfner/Martin H. Schmid: Ratgeber Aggressives Verhalten: Informationen für Betroffene, Eltern, Lehrer und Erzieher. Göttingen 2008.

Popp, Ulrike: Geschlechtersozialisation und schulische Gewalt. Weinheim/München 2002.

Pröhl, Tanja: Gewalt an Schulen im Vergleich. Deutschland – USA. Tübinger Schriften und Materialien zur Kriminologie, Band 11. Tübingen 2006.

Rabold, Susann/Dirk Baier/Christian Pfeiffer: Jugendgewalt und Jugenddelinquenz in Hannover. Hannover 2008.

Salcher, Andreas: Der verletzte Mensch. Salzburg 2009.

Sauter, Sven: Schule, Macht, Ungleichheit. Bildungsbarrieren und Wissensproduktion im Aushandlungsprozess. Frankfurt/M. 2007.

Schäfer, Mechthild/Stefan Korn: Maßnahmen gegen die Gewalt an Schulen: ein Bericht aus Deutschland. 2002.
www.gold.ac.uk/connect/greportsgermany.html

Scheithauer, Herbert/Charlotte Rosenbach/Kay Niebank: Gelingensbedingungen für die Prävention von interpersonaler Gewalt im Kindes- und Jugendalter. Stiftung Deutsches Forum für Kriminalprävention. Bonn 2008.

Schubarth, Wilfried: Gewalt und Mobbing an Schulen: Möglichkeiten der Prävention und Intervention. Stuttgart 2009.

Senatsverwaltung für Bildung, Wissenschaft und Forschung (Hrsg.): Gewaltprävention an Berliner Schulen 2007/2008. Berlin 2008.

Singer, Kurt: Die Schulkatastrophe: Schüler brauchen Lernfreude statt Furcht, Zwang und Auslese. Weinheim und Basel 2009.

Tillmann, Klaus-Jügen u.a.: Schülergewalt als Schulproblem. Verursachende Bedingungen, Erscheinungsformen und pädagogische Handlungsperspektiven. Weinheim/München 1999.

Wetzels, Peter: Eine aktuelle regionale Studie von Prof. Dr. Wetzels im Auftrag der Freien und Hansestadt Hamburg (veröffentlicht im Juni 2007). In: Beitrag des DFK zum Bericht der AG. In: Bund-Länder AG: „Entwicklung der Gewaltkriminalität junger Menschen mit einem Schwerpunkt auf städtischen Ballungsräumen". Bericht zur IMK-Herbstsitzung 2007. Berichtsstand 16. November 2007.

2.3 Jugendliche in Krisensituationen

BPJM-Aktuelles 2/2008: „Pro-Anorexie-Internet-Angebote und deren Bewertung durch das BPJM-12er Gremium. S. 19-24.

Britten, Uwe: Straßenkinder in Deutschland. o.J. <www.tdh.de/content/themen/schwerpunkte/strassenkinder/deutschland.htm>

Bundesministerium für Familie, Senioren, Frauen und Jugend (Hrsg.): Zwölfter Kinder- und Jugendbericht. Bericht über die Lebenssituation junger Menschen und die Leistungen der Kinder- und Jugendhilfe in Deutschland. Berlin 2006.

Drogenbeauftragte der Bundesregierung/Bundesministerium für Gesundheit (Hrsg.): Drogen- und Suchtbericht 2009. Berlin 2009.
<www.drogenbeauftragte.de>

Ehrenstein, Claudia: Alkoholkonsum von Jugendlichen steigt an. In: Welt Online, 22.10.2007. <www.welt.de/politik/article1288489/Alkoholkonsum_von_Jugendlichen_steigt_an.html>

Eickenbusch, Gerhard/Ingo Spitczok von Brisinski (Hrsg.): Jugendkrisen und Krisenintervention in der Schule. Bielefeld 2007.

Engelbrecht, Arthur/Roland Storath: In Krisen Helfen. In: Walter Kowalczyk/Klaus Ottich (Hrsg.): Erziehen: Handlungsrezepte für den Schulalltag in der Sekundarstufe. Bd. 7. Berlin 2005.

Fässler-Weibel, Peter (Hrsg.): Trauma und Tod in der Schule. Freiburg/Schweiz 2005.

Fooken, Insa/Jürgen Zinnecker (Hrsg.): Trauma und Resilienz. Chancen und Risiken lebensgeschichtlicher Bewältigung von belasteten Kindheiten. Weinheim und München 2007.

Fröhlich-Gildhoff, Klaus/Maike Rönnau-Böse: Resilienz. München 2009.

Frommann, Anne: Menschlichkeit als Methode. Sozialpädagogische und biografische Texte. Talheim 2008.

Glanzmann, Gabriele/Eva Bergsträßer: Begleiten von sterbenden Kindern und Jugendlichen. Ein Ratgeber für Familien und Helfende. Schaffhausen 2001.

Goldmann, Ayala: Der Feind in mir. In: Stern online, 3.12.2005. <www.stern.de/wissenschaft/mensch/: Selbstverletzungen-Der-Feind/550849.html>

Grob-Samberg, Olaf/Matthias Grundmann: Soziale Ungleichheit im Kindes- und Jugendalter. In: Aus Politik und Zeitgeschichte, B26/2006, S. 11-18.

Hafeneger, Benno: Erwachsenen werden heute – im Spannungsfeld von Gelingen und Scheitern. In: kursiv. Journal für politische Bildung, 3/2008.

Haug-Schnabel, Gabriele/Nikolas Schnabel: Pubertät – Eltern-Verantwortung und Eltern-Glück. 2. Aufl., Ratingen 2008.

Hermann, Corinna A.: Veranstaltungsbericht: „Resilienz – Gedeihen trotz widriger Umstände – Internationaler Kongress vom 9.2. bis zum 12.2.2005 in Zürich. <www.systemagazin.de/berichte/hermann_resilienzkongress.php>

Hille, Julia: Ressource ICH. Resilienz bei Kindern aus abhängigkeitsbelasteten Familien. Saarbrücken 2008.

Holz, Gerda: Lebenslagen und Chancen von Kindern in Deutschland. In: Aus Politik und Zeitgeschichte, B26/2006, S. 3-10.

Johnson, Kendall: School Crisis Management. A Hands-on Guide to Training Crisis Response Teams. Alamede 2000.

Kailitz, Susanne: Wenn die Waage den Tag bestimmt. In: Das Parlament, 32/2007, S. 7.

Käsler-Heide, Helga: Bitte hört, was ich nicht sage. Signale von suizidgefährdeten Kindern und Jugendlichen verstehen. München 2001.

Klein, Michael: Alkoholsucht und Familie. In: Aus Politik und Zeitgeschichte, B28/2008, S. 22-28.

Langer, Jürgen: Auf Leben und Tod. Suizidalität bei Jugendlichen als Herausforderung für die Schülerseelsorge. Frankfurt/M./Berlin/Bern 2001.

Langer, Jürgen: Erstversorgung von Kindern und Jugendlichen nach traumatischen Ereignissen im Rahmen der Notfallseelsorge. In: Junglas, Jürgen (Hrsg.): Traumaorientierte Psychotherapie und Psychiatrie. Nach den Tsunamis des Lebens. Beiträge zur allgemeinen Psychotherapie. Bd. 4. Bonn 2006, S. 88-92.

Langer, Jürgen: Schulische Krisenintervention nach Schülersuiziden. In: Lanfermann, Agnes/Heinrich Pompey (Hrsg.): Auf der Suche nach dem Leben begegnet dir Gott. Mainz 2003, S. 98-111.

May, Angela: Selbstverletzendes Verhalten. Berlin o.J. <www.praevention.org/selbstverletzung.htm>

Nuber, Ursula: Resilienz: Immun gegen das Schicksal? In: Psychologie heute, 9/2005, S. 21 f.

Opp, Günther/Michael Fingerle (Hrsg.): Was Kinder stärkt. Erziehung zwischen Risiko und Resilienz München 2008.

Petri, Horst: Der Wert der Freundschaft. Stuttgart 2008.

Richter, Antje: Armut und Resilienz – Was stärkt arme Kinder? In: Verhaltenstherapie und Psychosoziale Praxis, 3/2008.

Richter, Matthias u.a. (Hrsg.): Gesundheit, Ungleichheit und jugendliche Lebenswelten. Weinheim und München 2008.

Ringel, Erwin: Der Selbstmord. Abschluß einer krankhaften Entwicklung. Eschborn 2004.

Rupp, Manuel: Notfall Seele. Stuttgart 2003.

Rübenach, Stefan P.: Todesursache Suizid. In: Statistisches Bundesamt (Hrsg.): Wirtschaft und Statistik, 10/2007, S. 960-971.

Sachsse, Ulrich: Interview. In: Ayala Goldmann: Der Feind in mir. In: Stern online, 3.12.2005. <www.stern.de/wissenschaft/mensch/: Selbstverletzungen-Der-Feind/550849.html>

Sachsse, Ulrich: Selbstverletzendes Verhalten. 6. Aufl., Göttingen 2002.

Schaffer, Ulrich: Grundrechte. Ein Manifest. Stuttgart 2009.

Schmidtchen, Stefan: Plädoyer für eine eigenständige Jugendlichentherapie. In: Hans-Peter Michels/ Michael Borg-Laufs (Hrsg.): Schwierige Zeiten. Beiträge zur Psychotherapie mit Jugendlichen. Tübingen 2003.

Schreiber, Elke (Hrsg.): Chancen für Schulmüde. Reader zur Abschlusstagung des Netzwerkes Prävention von Schulmüdigkeit und Schulverweigerung am Deutschen Jugendinstitut e.V., München 2006.

Specht-Tomann, Monika/Doris Tropper: Wir nehmen jetzt Abschied. Kinder und Jugendliche begegnen Sterben und Tod. Düsseldorf 2000.

Ungerer, Toni/Burkhard Hoellen: Don't hope, cope! Mut zum Leben. Tübingen 2006.

Welter-Enderlin, Rosemarie. In: Psychologie heute, 9/2005, S. 26.

Welter-Enderlin, Rosemarie / Hildenbrand, Bruno (Hrsg.): Resilienz – Gedeihen trotz widriger Umstände. Heidelberg 2006.

Werner, Emmy.: Resilienz. In: Psychologie heute, 9/2005, S. 22.

Zander, Margherita: Armes Kind – starkes Kind? Die Chance der Resilienz. Wiesbaden 2008.

Zinnecker, Jürgen u.a.: null zoff & voll busy. Die erste Jugendgeneration des neuen Jahrhunderts. Opladen 2002.

2.4 Jugendgewalt

Baier, Dirk/Christian Pfeiffer: Jugendliche in Deutschland als Opfer und Täter. Kriminologisches Forschungsinstitut Niedersachsen. Forschungsbericht 107. Hannover 2009.

Bergmann, Wolfgang: Kleine Jungs – große Not. Wie wir ihnen Halt geben. Weinheim und Basel 2008.

Bieringer, Ingo/Walter Buchachjer/Edgar J. Forster (Hrsg.): Männlichkeit und Gewalt. Konzepte für die Jungenarbeit. Opladen 2000.

Böttger, Andreas: Gewalt und Biografie. Baden-Baden 1998.

Brettfeld, Katrin/Peter Wetzels: Jugendliche als Opfer und Täter: Befunde aus kriminologischen Dunkelfeldstudien. In: Ulrike Lehmkuhl (Hrsg.): Aggressives Verhalten bei Kindern und Jugendlichen. Göttingen 2003, S. 78-114.

Brumlik, Micha (Hrsg.): Ab nach Sibirien? Wie gefährlich ist unsere Jugend? Weinheim und Basel 2008.

Büchele, Ute/Claudia Munz: Gewaltig lieben. Gewalt unter Jugendlichen. Bietigheim-Bissingen 1999.

Bundesministerium des Innern/Bundesministerium der Justiz: Zweiter Periodischer Sicherheitsbericht. Berlin 2006.

Bund-Länder AG: „Entwicklung der Gewaltkriminalität junger Menschen mit einem Schwerpunkt auf städtischen Ballungsräumen." Bericht zur IMK-Herbstsitzung 2007. Berichtsstand 16. November 2007.

Dünkel, Frieder/Dirk Gebauer/Bernd Geng: Gewalterfahrungen, gesellschaftliche Orientierungen und Risikofaktoren von Jugendlichen in der Universitäts- und Hansestadt Greifswald 1998-2002-2006. Greifswald 2007.

DVJJ – Deutsche Vereinigung für Jugendgerichte und Jugendgerichtshilfen e.V. Stellungnahme vom 11.1.2008.
<www.dvjj.de/artikel.php.php?artikel=986>

Friedrich-Ebert-Stiftung (Hrsg.): Kinder- und Jugendkriminalität in Deutschland. Ursachen, Erscheinungsformen, Gegensteuerung. Dokumentation. Berlin 1996.

Grimm, Andrea: Kriminalität und Gewalt in der Entwicklung junger Menschen. Forschungsbefunde – Praxiserfahrung – Politische Konzepte. Loccumer Protokolle 50/98. Rehburg-Loccum 1999.

Gößling, Andreas: Die Männlichkeits-Lücke. Warum wir uns um die Jungs kümmern müssen. München 2008.

Heckmair, Bernd/Werner Michl: Erleben und Lernen. Einführung in die Erlebnispädagogik. München 2008.

Heinemann, Evelyn/Udo Rauchfleisch/Tilo Grüttner: Gewalttätige Kinder. Psychoanalyse und Pädagogik in Schule, Heim und Therapie. Düsseldorf und Zürich 2003.

Heitmeyer, Wilhelm/Kurt Möller/Heinz Sünker (Hrsg.): Jugend – Staat – Gewalt. Politische Sozialisation von Jugendlichen, Jugendpolitik und politische Bildung. Weinheim und München 1992.

Hurrelmann, Klaus: Lebensphase Jugend: Eine Einführung in die sozialwissenschaftliche Jugendforschung. München 2007.

Imbusch, Peter: Jugendgewalt in Entwicklungsländern. Eschborn 2008.

Kersten, Joachim: Jugendgewalt und Gesellschaft. In: Aus Politik und Zeitgeschichte, B44/2002.

Kloepfer, Inge: Aufstand der Unterschicht. Was auf uns zukommt. Hamburg 2008.

Koch, Claus: Kinder aus dem Niemandsland – Jugendgewalt und Empathieverlust. In: Micha Brumlik (Hrsg.): Ab nach Sibirien? Wie gefährlich ist unsere Jugend. Weinheim/Basel 2008.

Landeskriminalamt Baden-Württemberg: Neue Broschüre zum Thema Jugendgewalt. In: <www.polizei-beratung.de/presse/pressemitteilungen/2008/jugendgewalt (09.02.2009>

Lehmkuhl, Ulrike (Hrsg): Aggressives Verhalten bei Kindern und Jugendlichen. Ursachen, Prävention, Behandlung. Göttingen 2003.

Lempp, Reinhard: Nebenrealitäten. Jugendgewalt und Zukunftsangst. Frankfurt/M. 2009.

Lösel, Friedrich/Thomas Bliesener: Aggression und Delinquenz unter Jugendlichen. Untersuchungen von kognitiven und sozialen Bedingungen. München/Neuwied 2003.

Maschke, Werner: Stimmt das Schreckgespenst von den „gewalttätigen Kids? Kinder- und Jugenddelinquenz. In: Der Bürger im Staat, Heft 1/2003. <www.buergerimstaat.de/1_03/liniquenz.htm>

Matzner, Michael/Wolfgang Tischner (Hrsg.): Handbuch Jungen-Pädagogik. Weinheim und Basel 2009.

Raithel, Jürgen/Jürgen Mansel (Hrsg.): Kriminalität und Gewalt im Jugendalter. Hell- und Dunkelfeldbefunde im Vergleich. Weinheim/München 2003.

Ritter, Malcolm: Jugendliche verstehen ihr Tun nicht. In: Südwest Presse, 30.1.2008.

Schäfer-Vogel, Gundula: Gewalttätige Jugendkulturen. Symptom der Erosion kommunikativer Strukturen. Berlin 2007.

Schiffer, Eckhard: Warum Hieronimus B. keine Hexe verbrannte. Gewaltbereitschaft bei Kindern und Jugendlichen erkennen – Gewalt vorbeugen. Weinheim und Basel 1999.

Steffen, Wiebke: Jugendkriminalität und ihre Verhinderung zwischen Wahrnehmung und empirischen Befunden. Gutachten zum 12. Deutschen Präventionstag am 18. und 19. Juni 2007 in Wiesbaden. Wiesbaden 2007.

Sutterlüty, Ferdinand: Gewaltkarrieren. Jugendliche im Kreislauf von Gewalt und Missachtung. Frankfurt/M. 2002.

Sturzenhecker, Benedikt/Reinhard Winter (Hrsg.): Praxis der Jungenarbeit – Modelle, Methoden und Erfahrungen aus pädagogischen Arbeitsfeldern. München 2002.

Wahl, Klaus/Katja Hees: Täter oder Opfer? Jugendgewalt – Ursachen und Prävention. München 2008.

Walter, Michael: Gewaltkriminalität. In: Hans-Joachim Schneider (Hrsg.): Internationales Handbuch der Kriminologie. Band I. Berlin 2007, S. 551-585.

Walter, Michael: Jugendgewalt: Befunde – öffentliche Wahrnehmungen – Präventionspolitik. In: Hans-Christoph Steinhausen/Cornelia Bessler (Hrsg.): Jugenddelinquenz. Entwicklungspsychiatrische und forensische Grundlagen und Praxis. Stuttgart 2008, S. 131-147.

2.5 Gewaltprävention in der Schule

Akademie für Arbeit und Politik an der Universität Bremen: Ergebnisse einer Bremer Schülerbefragung zum Thema Gewalterfahrungen und extremistische Deutungsmuster. Bremen 2003.

Bannenberg, Britta/Dieter Rössner: Erfolgreich gegen Gewalt in Kindergärten und Schulen. München 2006.

Brinkmann, Heinz Ulrich/Siegfried Frech/Ralf-Erik Posselt (Hrsg.): Gewalt zum Thema machen. Gewaltprävention mit Kindern und Jugendlichen. Bonn 2008.

Bund-Länder AG: „Entwicklung der Gewaltkriminalität junger Menschen mit einem Schwerpunkt auf städtischen Ballungsräumen". Bericht zur IMK-Herbstsitzung 2007. Berichtsstand 16. November 2007.

Caesar, Victoria: Verbreitung, Umsetzungspraxis und Wirksamkeit von Peer Mediation im Kontext schulischer Gewaltprävention. Köln 2003.

Cierpka, Manfred: Möglichkeiten der Gewaltprävention. Göttingen 2008.

Derzon, James H./Sandra Jo Wilson/Carole A. Cunningham: The Effectiveness of School-Based Interventions for Preventing and Reducing Violence. Final Report. Nashville 1999.

DFK: Beitrag des DFK zum Bericht der AG „Entwickung der Gewaltkriminalität junger Menschen mit einem Schwerpunkt auf Ballungsräumen". Forschungsbefunde. In: Bund-Länder AG: „Entwickung der Gewaltkriminalität junger Menschen mit einem Schwerpunkt auf städtischen Ballungsräumen". Bericht zur IMK-Herbstsitzung 2007.

Dreikurs, Rudolf/Bernice B. Grunwals/Floy C. Pepper: Lehrer und Schüler lösen Disziplinprobleme. Weinheim und Basel 2007.

Dwyer Kevin/David Osher: Safeguarding our Children: An Action Guide. Implementing Early Warning. US Department of Education. Washington 2000.

Edelstein, Wolfgang/Peter Fauser: Demokratie lernen und leben. Bund-Länder-Kommission für Bildungsplanung und Forschungsförderung. Materialien zur Bildungsplanung und Forschungsförderung, 96/2001.

Evaluations of School-Based Violence Prevention Programs. FS-SV08. <www.colorado.edu/cspv/publications/factsheets/schoolviolence/FS-SV08.html>

Guggenbühl, Allan: Dem Dämon in die Augen schauen. Gewaltprävention in der Schule. Freiburg 1996.

Hanke, Ottmar: Strategien der Gewaltprävention an Schulen. In: Deutsches Jugendinstitut, Arbeitsstelle Kinder- und Jugendkriminalitätsprävention (Hrsg.): Strategien der Gewaltprävention im Kindes- und Jugendalter. Eine Zwischenbilanz in sechs Handlungsfeldern. München 2007.

Hentig, Hartmut von: Bildung. Ein Essay. 7. aktual. Aufl., Weinheim und Basel 2007.

Holtappels, Heinz G./Klaus-Jürgen Tillmann: Gewalt in der Schule: Über Ursachen und vorbeugende Möglichkeiten. In: Frankfurter Rundschau, 1.2.1999.

Holtappels, Heinz G. u.a. (Hrsg.): Forschung über Gewalt an Schulen. Weinheim/München 1997.

Hurrelmann, Klaus/Heidrun Bründel: Gewalt an Schulen: Pädagogische Antworten auf eine soziale Krise. Weinheim und Basel 2008.

Jefferys-Duden, Karin: Toleranz üben. Materialien zur Sozialerziehung und Gewaltprävention in der Sekundarstufe I. Donauwörth 2006.

Klewin, Gabriele/Klaus-Jürgen Tillmann/Gail Weingart: Gewalt in der Schule. In: Wilhelm Heitmeyer/John Hagan (Hrsg.): Internationales Handbuch der Gewaltforschung. Wiesbaden 2002.

Krall, Hannes: „Plädiere für einen begrenzten Optimismus". In: Kranich. Zeitung des Salzburger Friedensbüros, 1/2008.

Landeshauptstadt Düsseldorf: Düsseldorfer Gutachten. Empirisch gesicherte Erkenntnisse über kriminalpräventive Wirkungen. Düsseldorf 2000.

Landeshauptstadt Düsseldorf (Hrsg.): Düsseldorfer Gutachten. Leitlinien wirkungsorientierter Kriminalprävention. Düsseldorf 2002.

Melzer, Wolfgang/Wilfried Schubarth/Frank Ehninger: Gewaltprävention und Schulentwicklung. Analysen und Handlungsmodelle. Bad Heilbrunn 2004.

Ministerium für Kultus, Jugend und Sport Baden-Württemberg u.a. (Hrsg.): Aktiv gegen Gewalt. Gewaltprävention an Schulen. 3. überarb. Aufl., Stuttgart 2008.

Ministerium für Kultus, Jugend und Sport Baden-Württemberg (Hrsg.): Aktiv für soziales Lernen. Stuttgart 2008.

Nolting, Hans-Peter: Störungen in der Schulklasse. Ein Leitfaden zur Vorbeugung und Konfliktlösung. 7. überarb. Aufl., Weinheim und Basel 2008.

Olweus, Dan: Gewalt in der Schule. Was Lehrer und Eltern wissen sollten – und was sie tun können. 4. durchges. Aufl., Bern 2006.

Pinheiro, Paulo Sergio: World report on Violence against Children. United Nation Secretary Generals Study. Genvea 2006.

Rademacher, Helmolt: Friedenserziehung in Deutschland – Peer-Mediaton in Deutschland. 7/2005. (Arbeitspapier)

Rademacher, Helmolt: Leitfaden konstruktive Konfliktbearbeitung und Mediation: Für eine veränderte Schulkultur. Schwalbach/Ts. 2007.

Scheithauer, Herbert/Charlotte Rosenbach/Kay Niebank: Gelingensbedingungen für die Prävention von interpersonaler Gewalt im Kindes- und Jugendalter. Stiftung Deutsches Forum für Kriminalprävention. Bonn 2008.

Scheithauer, Herbert/Heike Dele Bull: fairplayer.manual. Kompetenzen und Zivilcourage – Prävention von Bullying und Schulgewalt. Göttingen 2008.

Schröder, Achim/Helmolt Rademacher/Angela Merkle: Handbuch Konflikt- und Gewaltpädagogik: Verfahren für Schule und Jugendhilfe. Schwalbach/Ts. 2008.

Schubarth, Wilfried: Gewaltprävention in Schule und Jugendhilfe. Neuwied 2000.

Schubarth, Winfried: Gewalt und Mobbing an Schulen. Möglichkeiten der Prävention und Intervention. Suttgart 2009.

Schüssler, Renate: Handreichung Schulentwicklung. GTZ. Eschborn 2003.

Sherman, Lawrence W. u.a.: Preventing Crime: What works, What doesn't, What's Promising. A Report to the United States Congress. Prepared for the National Institute of Justice. Washington 1998. <www.ncjrs.org/works/>

Singer, Kurt: Die Schulkatastrophe. Schüler brauchen Lernfreude statt Furcht, Zwang und Auslese. Weinheim und Basel 2009.

Spröber, Nina: Einführung von Präventions- und Interventionsprogrammen. O.O. o.J. In: <www.gewaltpraevention-tue.de/index.php?id=10158>

Spröber, Nina: Bullying in der Schule. Das Präventions- und Interventionsprogramm ProAct+E. Weinheim und Basel 2008.

Tennstädt, Kurt-Christian u.a.: Das Konstanzer Trainingsmodell. Neue Wege im Schulalltag: Ein Selbsthilfeprogramm für zeitgemäßes Unterrichten und Erziehen. Band 1: Trainingshandbuch. Bern u.a. 2. Aufl., 1990. Band 2: Theoretische Grundlagen, Beschreibung der Trainingsinhalte und erste empirische Überprüfung. Bern u.a. 1987.

Thornton, Timothy N. u.a.: Best Practices for Youth Violence Prevention. A Sourcebook for Community Action. Atlanta 2000.

Tillmann, Klaus-Jürgen/Birgit Holler-Nowitzki/Heinz Günter Holtappels: Schülergewalt als Schulproblem. Verursachende Bedingungen, Erscheinungsformen und pädagogische Handlungsperspektiven. Weinheim/München 2000.

Wolke, Angelika: Gewaltprävention an Schulen. Evaluation kriminalpräventiver Angebote der Polizei. Hamburg 2006.

WHO: Preventing Violence. A Guide to Implementing the Recommendations of the World Report on Violence and Health. Geneva 2004.

3.1 Familie und Kommune

Baier, Dirk / Christian Pfeiffer: Jugendliche in Deutschland als Opfer und Täter. Kriminologisches Forschungsinstitut Niedersachsen. Forschungsbericht 107. Hannover 2009.

Bartz, Monika/Cornelia Helferich: Häusliche Gewalt beenden: Verhaltensänderung von Tätern als Ansatzpunkt. Stuttgart 2006.

Bergmann, Wolfgang: Wie unsere Kinder KEINE Tyrannen werden. So gelingt Erziehung heute. Weinheim und Basel 2009.

Bundesministerium für Familie, Senioren, Frauen und Jugend (Hrsg.): Lebenssituationen, Sicherheit und Gesundheit von Frauen in Deutschland. Eine repräsentative Untersuchung zu Gewalt gegen Frauen in Deutschland. Zusammenfassung zentraler Studienergebnisse. Berlin 2004.

Deegener, Günther: Kindesmißbrauch – erkennen, helfen, vorbeugen. Weinheim und Basel 2005.

Deegener, Günther/Wilhelm Körner (Hrsg.): Kindesmisshandlung und Kindesvernachlässigung. Ein Handbuch. Göttingen 2005.

Der Paritätische (Hrsg.): Kinder und Jugendliche gegen häusliche Gewalt. Teil 1: Grundlegende Informationen sowie Anregungen und Empfehlungen für PraktikerInnen. Stuttgart 2008.

Doll, Bernd: Einführung. In: Innenministerium Baden-Württemberg (Hrsg.): Dokumentation des Fachkongresses Kommunale Kriminalprävention – Netzwerk der Zukunft. Stuttgart 2002.

Dünkel, Frieder/Dirk Gebauer/Bernd Geng: Gewalterfahrungen, gesellschaftliche Orientierungen und Risikofaktoren von Jugendlichen in der Universitäts- und Hansestadt Greifswald 1998-2002-2006. Greifswald 2007.

Friedrich-Ebert-Stiftung (Hrsg.): New York! New York! Kriminalprävention in den Metropolen. Berlin 1998.

Galm, Beate/Katja Hees/Heinz Kindler: Kindesvernachlässigung – verstehen, erkennen und helfen. München 2009.

Görgen, Thomas u.a.: Kriminalitäts- und Gewalterfahrungen im Leben älterer Menschen. Zusammenfassung wesentlicher Ergebnisse einer Studie zu Gefährdungen älterer und pflegebedürftiger Menschen. BMFSFJ, Berlin 2009.

Gugel, Günther: Gewalt und Gewaltprävention. Tübingen 2006.

Hermann, Dieter/Christian Laue: Kommunale Kriminalprävention. In: Der Bürger im Staat, 3/2003.

Heitkötter, Martina u.a. (Hrsg.): Zeit für Beziehungen? Zeit und Zeitpolitik für Familien. Opladen 2009.

Honkanen-Schoberth, Paula: Starke Kinder brauchen starke Eltern. Der Elternkurs des Deutschen Kinderschutzbundes. 2. Aufl., Berlin 2003.

Imbusch, Peter/Wilhelm Heitmeyer (Hrsg.): Integration – Desintegration. Ein Reader zur Ordnungsproblematik moderner Gesellschaften. Wiesbaden 2008.

Jahn, Walter/Klaus Ronneberger/Stephan Lanz: Die Wiederkehr der gefährlichen Klassen. Frankfurter Rundschau, 24.1.2000, S. 10.

Kavenmann, Barbara/Ulrike Kreyssig (Hrsg.): Handbuch Kinder und häusliche Gewalt. Wiesbaden 2006.

Kindler, Heinz u.a. (Hrsg.): Handbuch Kindeswohlgefährdung nach § 1666 BGB und Allgemeiner Sozialdienst. München 2005.

Korte, Jochen: Erziehungspartnerschaft Eltern – Schule. Von der Elternarbeit zur Elternpädagogik. Weinheim und Basel 2008.

Lammek, Siegfried/Jens Luedtke, Rals Ottermann: Tatort Familie. Häusliche Gewalt im gesellschaftlichen Kontext. Wiesbaden 2006.

Landeshauptstadt Düsseldorf (Hrsg.): Düsseldorfer Gutachten. Leitlinien wirkungsorientierter Kriminalprävention. Düsseldorf 2004.

Landeskommission Berlin gegen Gewalt zur Gewalt- und Kriminalitätsprävention in Berlin: Essentials. Berlin o.J. <www.berlin-gegen-gewalt.de>

Leithäuser, Thomas u.a.: Gewalt und Sicherheit im öffentlichen Raum. Eine sozialpsychologische Untersuchung. Gießen 2002.

Mantell, David M.: Familie und Aggression. Frankfurt/M. 1992.

Obergfell-Fuchs, Joachim: Wirkung und Effizienz kommunaler Kriminalprävention. In: Kerner, H.-J:/ Marks, E. (Hrsg.): Internetdokumentation Deutscher Präventionstag. Hannover 2004. <www.praeventionstag.de/content/9_praev/doku/obergfellfuchs/index_9_obergfeldfuchs>

Omer, Haim/Arist von Schlippe: Autorität durch Beziehung. Die Praxis des gewaltlosen Widerstands in der Erziehung. Göttingen 2004.

Omer, Haim/Arist von Schlippe: Autorität ohne Gewalt. Coaching von Eltern von Kindern mit Verhaltensproblemen. „Elterliche Präsenz" als systemisches Konzept. Göttingen 2004.

Oberbürgermeisterin der Stadt Heidelberg (Hrsg.): Der Heidelberger Kriminalitätsatlas – Kleinräumige Kriminalitätsentwicklung. Schriften der Stadtentwicklung. Heidelberg 2003.

Pfeiffer, Christian/Peter Wetzels: Kinder als Täter und Opfer. Eine Analyse auf der Basis der PKS und einer repräsentativen Opferbefragung. Kriminologisches Forschungsinstitut Niedersachsen. Hannover 1997.

Pfeiffer, Christian/Peter Wetzels/Dirk Enzmann: Innerfamiliäre Gewalt gegen Kinder und Jugendliche und ihre Auswirkungen. Kriminologisches Forschungsinstitut Niedersachsen. Hannover 1999.

Pinheiro, Paulo Sergio: World report on Violence against Children. United Nation Secretary Generals Study. Genvea 2006.

Richter, Horst E.: Lernziel Solidarität. Reinbek 1979.

Robert Koch-Institut (Hrsg.): Gesundheit von Kindern und Jugendlichen. Schwerpunktbericht der Gesundheitsberichterstattung des Bundes. Berlin 2004.

Robert Koch-Institut/Statistisches Bundesamt (Hrsg.): Gesundheitliche Folgen von Gewalt. Unter besonderer Berücksichtigung von häuslicher Gewalt gegen Frauen. Gesundheitsberichterstattung des Bundes, Heft 42. Berlin 2008.

Rogge, Jan-Uwe/Angelika Bartram: Viel Spaß beim Erziehen! Ein Buch für alle unvollkommenen Eltern. München 2009.

Sader, Manfred: Destruktive Gewalt. Möglichkeiten und Grenzen ihrer Vermeidung. Weinheim und Basel 2007.

Schneewind, Klaus A./Beate Böhmert: Jugendliche kompetent erziehen. Der interaktive Elterncoach „Freiheit in Grenzen". Bern 2009.

Schwind, Hans-Dieter/Jürgen Baumann u. a. (Hrsg.): Ursache, Prävention und Kontrolle von Gewalt. Analysen und Vorschläge der unabhängigen Regierungskommission zur Verhinderung und Bekämpfung von Gewalt (Gewaltkommission). Band 1. Berlin 1989.

Schwind, Hans-Dieter: Kriminologie. Eine praxisorientierte Einführung mit Beispielen. 19. neubearb. Aufl., Heidelberg 2009.

Sherman, Lawrence W. u.a.: Preventing Crime: What works, What doesn't, What's Promising. A Report to the United States Congress. Prepared for the National Institute of Justice. Washington 1998. <www.ncjrs.org/works/>

Steffen, Wiebke: Engagierte Bürger – sichere Gesellschaft. Bürgerschaftliches Engagement in der Kriminalprävention. Gutachten für den 13. Deutschen Präventionstag 2./3. Juni 2008 Leipzig. <www.praeventionstag.de/nano.cms/de/Dokumentation/Details/XID/453>

Steinweg, Reiner/Alexandra Tschesche (Hrsg.): Kommunale Friedensarbeit. Begründung, Formen, Beispiele. Linz 2009.

Tschöpe-Scheffler, Sigrid/Jochen Niermann: Evaluation des Elternkurskonzepts „Starke Eltern – starke Kinder". Evaluation des Elternkurskonzepts des Deutschen Kinderschutzbundes. Köln 2002.

Tschöpe-Scheffler, Sigrid: Elternkurse auf dem Prüfstand. Wie Erziehung wieder Freude macht. Wiesbaden 2003.

WHO-Regionalbüro für Europa (Hrsg.): Weltbericht Gewalt und Gesundheit. Zusammenfassung. Kopenhagen 2003.

Zypris, Brigitte: Rede der Bundesjustizministerin Zypris bei den Osnabrücker Friedensgesprächen: Für Dramatisierung gibt es keinen Grund. <www.bmj.bund.de/enid/Ministerin/Reden_129.html?druck=1&pmc_id=924>

3.2 Schulentwicklung: gute Schule – guter Unterricht

Astleitner, Hermann: Prinzipien guten Unterrichts. BMBWK. Wien 2002. <www.qis.at>

Autorengruppe Bildungsberichterstattung: Bildung in Deutschland 2008. Ein indikatorengestützter Bericht mit einer Analyse zu Übergängen im Anschluss an den Sekundarbereich I. Im Auftrag der Ständigen Konferenz der Kultusminister der Länder in der Bundesrepublik Deutschland und des Bundesministeriums für Bildung und Forschung. Bielefeld 2008.

Becker, Gerold u.a.: Die Helene-Lange-Schule Wiesbaden. Das Andere Lernen. Entwurf und Wirklichkeit. Bielefeld 2007.

Bertelsmann Stiftung: Was ist eine gute Schule für mein Kind? Gütersloh 2002. <www.familienhandbuch.de/cmain/f_Aktuelles/a_Schule/s_1107.html>

Bülter, Helmut/Hilbert Meyer: Was ist ein lernförderliches Klima? Voraussetzungen und Wirkungen. In: Pädagogik, 11/2004, S. 31-36.

Bundesarbeitsgemeinschaft Haltungs- und Bewegungsförderung: Bewegte Schüler – Bewegte Köpfe. Unterricht in Bewegung. Chance einer Förderung der Lern- und Leistungsfähigkeit? <www.bag-haltungundbewegung.de>

Endres, Wolfgang (Hrsg.): Lernen lernen – Wie stricken ohne Wolle? 13 Experten streiten über Konzepte und Modelle zur Lernmethodik. Weinheim und Basel 2007.

Frehr, Jacqueline: Schule mit Zukunft. Plädoyer für ein modernes Bildungswesen. Zürich 2009.

Freire, Paulo: Pädagogik der Autonomie. Münster 2008.

Gemke, Roswitha: Schule ist schön! Anregungen und Tipps für eine gute Schulzeit. Stuttgart 2009.

Gühlich, Dorette: Langeweile: Die größte Plage der Schule. In: Psychologie Heute, 5/2009, S. 11.

Hascher, Tina (Hrsg.): Schule positiv erleben. Ergebnisse und Erkenntnisse zum Wohlbefinden von Schülerinnen und Schülern. Bern 2004.

Hentig, Hartmut von: Die Schule neu denken. Eine Übung in pädagogischer Vernunft. 5. Aufl., Weinheim und Basel 2008.

Herrmann, Ulrich: Wie lernen Lehrer ihren Beruf? Weinheim und Basel 2002.

Hollenbach, Nicole (Hrsg.): Die Schule forschend verändern. Paxisforschung aus nationaler und internationaler Perspektive. Bad Heilbrunn 2009.

Hüther, Gerald: Die Macht der inneren Bilder. Wie Visionen das Gehirn, den Menschen und die Welt verändern. Göttingen 2006.

Kahl, Reinhard: Treibhäuser der Zukunft. Wie in Deutschland Schulen gelingen. Archiv der Zukunft. Weinheim und Basel 2004.

Kegler, Ursula: In Zukunft lernen wir anders. Wenn die Schule schön wird. Weinheim und Basel 2009.

Kempfert, Guy/Marianne Ludwig (Hrsg.): Kollegiale Unterrichtsbesuche. Besser und leichter unterrichten durch Kollegen-Feedback. Weinheim und Basel 2008.

Kretschmann, Rudolf (Hrsg.): Stressmanagement für Lehrerinnen und Lehrer. Weinheim und Basel 2008.

Meyer, Hilbert: Zehn Merkmale guten Unterrichts. In: Wolfgang Endres (Hrsg.): Lernen lernen – Wie stricken ohne Wolle? 13 Experten streiten über Konzepte und Modelle zur Lernmethodik. Weinheim und Basel 2007, S. 167-187.

Miller, Reinhold: 99 Schritte zum professionellen Lehrer. Seelze 2004.

Niedersächsisches Kultusministerium (Hrsg.): Der Orientierungsrahmen Schulqualität in Niedersachsen. Qualitätsbereiche und Qualitätsmerkmale guter Schulen. Hannover 2003.

Philipp, Elmar/Hans-Günter Ruolff: Schulprogramme und Leitbilder entwickeln. Ein Arbeitsbuch. Weinheim und Basel 2006.

Pinheiro, Paulo Sergio: World report on Violence against Children. United Nation Secretary Generals Study. Genvea 2006.

Posch, Peter/Herbert Altrichter: Schulqualität. Merkmale schulischer Qualität in der Perspektive verschiedener Bezugsgruppen. BMUK. Wien 1999.

Reeh, Ute: Schulkunst. Kunst verändert Schule. Weinheim und Basel 2008.

Robert Koch-Institut (Hrsg.): Gesundheitliche Folgen von Gewalt. Gesundheitsberichterstattung des Bundes. Heft 42. Berlin 2008.

Rolff, Hans-Günther: Gesundheitsförderung und Schulqualität. Kongress, 15./16.11.2004 in Dortmund. Manuskript des Vortrags.

Rolff, Hans-Günter u.a.: Manual Schulentwickung. Handlungskonzept zur pädagogischen Schulentwicklungsberatung. Weinheim und Basel 2000.

Rutter, Michael/Janet Ouston/Barbara Maugham: 15.000 Hours. Secondary Schools and their effects on Children. London 1979.

Scheithauer, Herbert/Charlotte Rosenbach/Kay Niebank: Gelingensbedingungen für die Prävention von interpersonaler Gewalt im Kindes- und Jugendalter. Stiftung Deutsches Forum für Kriminalprävention. Bonn 2008.

Schmitz, Edgar/Peter Voreck/Klaus Hermann/Ernst Rutzinger: Positives und negatives Lehrerverhalten aus Schülersicht. Berichte aus dem Lehrstuhl für Psychologie der TU München. Bericht Nr. 82. München 2006.

Schulverbund „Blick über den Zaun": Schule ist unsere Sache – ein Appell an die Öffentlichkeit. Hofgeismar 14.11.2006. <www.uni-bielefeld.de/LS/laborschule_neu/docs/hofgeismar.pdf>

Siedler, Dirk C.: Islamunterricht an deutschen Schulen. Erste Erfahrungen im nordrhein-westfälischen Schulversuch. Vortrag in Leipzig am 21. November 2002.
<www.dirk-siedler.wg.am/veroffentlichungen.html>

Whitaker, Todd: Was gute Lehrer anders machen. 14. Dinge, auf die es wirklich ankommt. Weinheim und Basel 2009.

Zentrum für empirische pädagogische Forschung der Universität Koblenz-Landau (Zepf) (Hrsg.): Newsletter des Bildungsbarometers, 2/2008.
<www.bildungsbarometer.de>

3.3 Kommunikation

Bastian, Johannes/Arno Combe/Roman Langer: Feedback-Methoden. Erprobte Konzepte, evaluierte Erfahrungen. Weinheim und Basel 2007.

Bauer, Joachim: Prinzip Menschlichkeit. Warum wir von Natur aus kooperieren. München 2008.

Benien, Karl/Friedemann Schulz von Thun: Schwierige Gespräche führen. Modelle für Beratungs-, Kritik- und Konfliktgespräche im Berufsalltag. Reinbek 2003.

Bundeszentrale für gesundheitliche Aufklärung (Hrsg.): Achtsamkeit und Anerkennung. Materialien zur Förderung des Sozialverhaltens in den Klassen 5-9. Bonn 2006.

Caswell, Christ/Sean Neill: Körpersprache im Unterricht. Techniken nonverbaler Kommunikation in Schule und Weiterbildung. Bielefeld 2003.

Cohn, Ruth C./Christina Terfurth: Lebendiges Leben und Lernen. TZI macht Schule. 4. Aufl., Stuttgart 2001.

Delfos, Martine F.: „Wie meinst du das?" Gesprächsführung mit Jugendlichen (13-18 Jahre). Weinheim und Basel 2008.

Fuchs, Marek/Siegfried Lamnek/Jens Luedtke/Nina Baur: Gewalt an Schulen. 1994-1999-2004. 2. überarb. und akt. Aufl., Wiesbaden 2009.

Giessen, Hans (Hrsg.): Emotionale Intelligenz in der Schule. Unterrichten mit Geschichten. Weinheim und Basel 2009.

Goleman, Daniel: Emotionale Intelligenz. München 1996.

Gordon, Thomas: Lehrer-Schüler-Konferenz. Wie man Konflikte in der Schule löst. München 1989.

Hartkemeyer, Johannes F./Martina Hartkemeyer: Die Kunst des Dialogs. Kreative Kommunikation entdecken. Erfahrungen, Anregungen, Übungen. Stuttgart 2005.

Haug-Schnabel, Gabriele: Starke und einfühlsame Kinder – Die Bedeutung von Empathie als Schutzfaktor. Fühl Mal. Psychosozialer Dienst Karlsruhe, 14.7.2005. <www.verhaltensbiologie.com>

Heilmann, Christa M.: Körpersprache richtig verstehen und einsetzen. München 2009.

Langmaack, Barbara/Michael Braune-Krickau: Wie die Gruppe laufen lernt. Weinheim 2000.

Lösel, Friedrich/Birgit Plankensteiner: Präventionseffekte sozialer Kompetenztrainings für Kinder. CCJG-Review. Bonn 2005.

Marmet, Otto: Ich und du und so weiter. Kleine Einführung in die Sozialpsychologie. München/Weinheim 2000.

Melzer, Wolfgang/Frank Ehninger: Veränderung der Schulkultur als Ansatz schulischer Gewaltprävention. In: Aus Politik und Zeitgeschichte, B44/2002, S. 38-46.

Mertens, Jörg: Emotionale Intelligenz. <http://emotions.psychologie.uni-sb.de>

Miller, Reinhold: Halts Maul, Du dumme Sau. Lichtenau 1999.

Molcho; Samy: Das ABC der Körpersprache. München 2006.

Mühlisch, Sabine: Fragen der Körpersprache: Antworten zur non-verbalen Kommunikation. Paderborn 2007.

Picon, Daniel: Optische Täuschungen. Köln 2005.

Rosenberg, Marshall B.: Gewaltfreie Kommunikation. Paderborn 2002.

Rost, Wolfgang: Emotionen. Elixiere des Lebens. 2. überarb. Aufl., Berlin 2001.

Schultz von Thun, Friedemann: Miteinander reden. 3 Bde. Reinbek 2005.

Seckel, Al: Optische Illusionen. Wien 2001.

Seils, G./Marshall B. Rosenberg: Konflikte lösen durch Gewaltfreie Kommunikation. Freiburg 2004.

Standhardt, Rüdiger/Cornelia Löhmer (Hrsg.): Zur Tat befreien. Gesellschaftspolitische Perspektiven der TZI-Gruppenarbeit. Mainz 1994.

Steinweg, Reiner: Gewalt und Gewaltfreiheit in der Friedenspädagogik. In: Grasse, Renate/Bettina Gruber/Günther Gugel (Hrsg.): Friedenspädagogik. Grundlagen, Praxisansätze, Perspektiven. Reinbek 2008, S.99-122.

Tannen, Deborah: Lass uns richtig streiten. Vom Wortgefecht zum Dialog. München 1999.

Watzlawick, Paul/Janet H. Beavin/Don D. Jackson: Menschliche Kommunikation. Formen, Störungen, Paradoxien. Bern 2007.

Wiemann, John/Howard Giles: Interpersonelle Kommunikation als Grundlage aller Beziehungen des Lebens. In: Wolfgang Stroebe u.a.: Sozialpsychologie. Berlin u.a. 1990, S. 209-231.

Winkler, Majud/Abnka Commichau: Reden. Handbuch der kommunikationspsychologischen Rhetorik. Reinbek 2005.

3.4 Konstruktive Konfliktbearbeitung

Ballreich, Rudi/Friedrich Glasl: Mediation in Bewegung. Stuttgart 2007.

Becker, Georg E.: Lehrer lösen Konflikte. Handlungshilfen für den Schulalltag. Weinheim und Basel 2006.

Behn, Sabine u.a.: Mediation an Schulen. Eine bundesweite Evaluation. Wiesbaden 2006.

Behn, Sabine/Nicole Kügler/Dorte Schaffranke: Schulmediation in der Praxis(er)forschung. In: Perspektive Mediation, Heft 1/2009, S. 34-40.

Besemer, Christoph: Mediation. Vermittlung in Konflikten. Karlsruhe 2009.

Caesar, Victoria: Verbreitung, Umsetzungspraxis und Wirksamkeit von Peer-Mediation im Kontext schulischer Gewaltprävention. Köln 2003.

Eckert, Roland/Helmut Willems: Konfliktintervention. Opladen 1992.

Engert, Ingrid: Mediation im Kontext Schule – Von der Euphorie zur Qualitätssicherung und Nachhaltigkeit. In: Christiane Simsa/Wilfried Schubarth (Hrsg.): Konfliktmanagement an Schulen. Möglichkeiten und Grenzen der Schulmediation. Frankfurt/M. 2001, S. 221-231.

Fietkau, Hans-Joachim: Psychologie der Mediation. Berlin 2000.

Fisher, Roger/William Ury/Bruce Patton: Das Harvard-Konzept. Der Klassiker der Verhandlungstechnik. Frankfurt/M. 2004.

Friedrichs, Birte: Praxisbuch Klassenrat. Gemeinschaft fördern, Konflikte lösen. Weinheim und Basel 2009.

Galtung, Johan: Die andere Globalisierung. Perspektiven für eine zivile Weltgesellschaft im 21. Jahrhundert. Münster 1998.

Galtung, Johan: Konflikte und Konfliktlösungen. Die Tanscend-Methode und ihre Anwendung. Berlin 2007.

Glasl, Friedrich: Konfliktmanagement. 8. Aufl., Bern u.a. 2004

Glasl, Friedrich: Dynamik sozialer Konflikte und Ansätze zur Konfliktbehandlung. In: Renate Grasse/Bettina Gruber/Günther Gugel (Hrsg.): Friedenspädagogik. Reinbek 2008, S. 123-139.

Gugel, Günther: Konfliktgeschichten. Konflikte wahrnehmen, aufgreifen, eingreifen. Eine Bilderbox. Tübingen 2004.

Gugel, Günther/Uli Jäger: Streitkultur. Konflikteskalation und Konfliktbearbeitung. Eine Bilderbox. Tübingen 2006.

Gugel, Günther/Uli Jäger: Frieden gemeinsam üben. Didaktische Materialien für Friedenserziehung und Globales Lernen in der Schule. Tübingen 2007.

Hagedorn, Ortrud: Mediation – durch Konflikte lotsen. 58 schüler- und handlungsorientierte Unterrichtsmethoden. Stuttgart 2005.

Kasper, Horst: Lehrerhandbuch Konfliktmanagement. Im Garten des Menschlichen. Lichtenau 2004.

Kleber, Hubert: Konflikte gewaltfrei lösen. Medien - und Alltagsgewalt. Ein Trainingsprogramm für die Sekundarstufe I. Berlin 2003.

Jefferys-Duden, Karin: Streit schlichten lernen. In: Pädagogik, 7-8/99, S. 53 f.

Jefferys-Duden; Karin: Konfliktlösung und Streitschlichtung: Das Sekundarstufen-Programm. Weinheim und Basel 2002.

Korn, Judy/Thomas Mücke: Gewalt im Griff. Band 2. Deeskalations- und Mediationstrainings. Weinheim/Basel 2000.

Lanig, Jonas: Gegen Chaos und Disziplinschwierigkeiten: Eigenverantwortung in der Klasse fördern. So geht das! Mühlheim an der Ruhr 2004.

Lohmann, Gerd: Mit Schülern klarkommen. Professioneller Umgang mit Unterrichtsstörungen und Disziplinproblemen. Berlin 2007.

Montada, Leo/Elisabeth Kals: Mediation. Lehrbuch für Psychologen und Juristen. Weinheim 2001

Müller-Fohrbrodt, Gisela: Konflikte konstruktiv bearbeiten. Zielsetzungen und Methodenvorschläge. Opladen 1999.

Pfitzner, Michael: „Kevin tötet mir den letzten Nerv". Vom Umgang mit Unterrichtsstörungen. Baltmannsweiler 2007.

Rademacher, Helmolt: Leitfaden konstruktive Konfliktbearbeitung und Mediation. Für eine veränderte Schulkultur. Schwalbach/Ts. 2007.

Rademacher, Helmolt: Der systemische Gedanke bei der Umsetzung von PiT. In: Dirk Friedrichs/Gert Herweg/Helmolt Rademacher (Hrsg.): PiT-Hessen. Prävention im Team, ein hessisches Gewaltpräventionsprogramm mit Teambildung von Schule, Polizei und Jugendhilfe. 3. erw. Aufl., Frankfurt/M. 2005.

Rademacher, Helmolt: Mediation und systemische Veränderungsprozesse am Beispiel Schule. In: Bundesverband Mediation (Hrsg.): Vitamin M – Gesellschaftliche Relevanz von Mediation. Kassel 2004.

Sader, Manfred: Destruktive Gewalt. Möglichkeiten und Grenzen ihrer Verminderung. Weinheim/Basel 2007.

Schäfer, Christa D.: Wege zur Lösung von Unterrichtsstörungen. Baltmannsweiler 2006.

Schlag, Thomas (Hrsg.): Mediation in Schule und Jugendarbeit. Grundlagen – Konkretionen – Praxisbeispiele. Münster 2004.

Schmitt, Annette: Konfliktmediation in der Schule. Ergebnisse einer Evaluationsstudie. Hamburg 2005.

Schröder, Achim/Angela Merkle: Leitfaden Konfliktbewältigung und Gewaltprävention – Pädagogische Konzepte für Schule und Jugendhilfe. Schwalbach/Ts. 2007.

Servicebüro für Täter-Opfer-Ausgleich und Konfliktschlichtung: TOA-Standards. Qualitätskriterien für die Praxis des Täter-Opfer-Ausgleichs. 4. Aufl., Köln 2000.

Simsa, Christiane/Wilfried Schubarth (Hrsg.): Konfliktmanagement an Schulen. Möglichkeiten und Grenzen der Schulmediation. Frankfurt/M. 2001.

Singer, Kurt: Lehrer-Schüler-Konflikte gewaltfrei regeln. Weinheim und Basel 1991.

Spillmann, Kurt R.: Konfliktdynamik und Kommunikation. Strategien der De-Eskalation. In: Manfred Prisching/Gerold Mikula (Hrsg.): Krieg, Konflikt, Kommunikation. Der Traum von einer friedlichen Welt. Wien 1991.

Steinweg, Reiner/Gerd Koch (Hrsg.): Erzählen, was ich nicht weiß. Die Lust zu fabulieren und wie sie die politische, soziale und therapeutische Arbeit bereichert. Berlin 2006.

Steinweg, Reiner: Arbeitsklima und Konfliktpotenzial. Projektbericht. Band III: Konflikte aus der Sicht von Betriebsräten. Linz 1999.

Steinweg, Reiner/Wolfgang Heidefuß/Peter Petsch: Weil wir ohne Waffen sind: Ein theaterpädagogisches Forschungsprojekt zur politischen Bildung. Nach einem Vorschlag von Bertolt Brecht. Frankfurt/M. 1986.

Wolff-Jontofsohn, Ulrike: Erklärungsmodelle für Intergruppenkonflikte, Vorurteile und Einstellungsveränderungen. In: Dies.: Friedenspädagogik in Israel. Schwalbach/Ts. 1999.

3.5 Demokratie- und Werteerziehung

Anresen, Sabine/Inga Pinhard/Stefan Weyers (Hrsg.): Erziehung – Ethik – Erinnerung. Pädagogische Aufklärung als intellektuelle Herausforderung. Weinheim und Basel 2007.

Abs, Hermann Josef/Nina Roczen/Eckhard Klieme: Abschlussbericht zur Evaluation des BLK-Programms „Demokratie leben und lernen". Deutsches Institut für Internationale Pädagogische Forschung. Frankfurt/M 2007. <www.blk-demokratie.de/getfile.php?f=fileadmin/public/download/materialien/weitere/DIPF_BLK_Abschlussbericht_2007.pdf>

Annan, Kofi: Dritte Weltethos-Rede am 12. Dezember 2003. Gehalten im Festsaal der Universität Tübingen. <www.weltethos.org>

Bergmann, Wolfgang: Disziplin ohne Angst. Wie wir den Respekt unserer Kinder gewinnen und ihr Vertrauen nicht verlieren. Weinheim und Basel 2008.

Beutel, Wolfgang/Peter Fauser: Demokratie, Lernqualität und Schulentwicklung. Schwalbach/Ts. 2009.

Beutel, Wolfgang u.a.: Demokratie lernen in Schule und Gemeinde – Demokratiepolitische und gewaltpräventive Potenziale in Schule und Jugendhilfe.

Expertise für das Bundesministerium für Bildung und Forschung (BMBF). Bonn 2001. <www.bmbf.de/pub/demokratie_lernen.pdf>

Beutel, Wolfgang/Peter Fauser (Hrsg.): Demokratiepädagogik. Lernen für die Zivilgesellschaft. Schwalbach/Ts. 2007.

Brumlik, Micha: Aus Katastrophen lernen? Grundlagen zeitgeschichtlicher Bildung in menschenrechtlicher Absicht. Berlin 2004.

Bundesministerium für Familie, Senioren, Frauen und Jugend: Einstellungen zur Erziehung. Kurzbericht zu einer repräsentativen Bevölkerungsumfrage im Frühjahr 2006. Berlin 2006.

Bundesministerium für Familie, Senioren, Frauen und Jugend: Übereinkommen über die Rechte des Kindes. Berlin 2007.

Bundeszentrale für politische Bildung/Deutsches Institut für Menschenrechte/Europarat (Hrsg.): Kompass. Handbuch zur Menschenrechtsbildung für die schulische und außerschulische Bildungsarbeit. Bonn 2005.

Büttner, Christian (Hrsg.): Demokratie leben lernen – von Anfang an. Auf dem Weg zur Demokratieerziehung in Kindertagesstätten. Frankfurt/M. 2006.

Dobbelstein-Osthoff, Peter/Heinz Schirp: Werteerziehung in der Schule – aber wie? Ansätze zur Entwicklung moralisch-demokratischer Urteilsfähigkeit. Landesinstitut für Schule und Weiterbildung. 2. Aufl., Soest 1995.

Edelstein, Wolfgang: Werte und Kompetenzen für eine zukunftsfähige Schule. Vortrag auf der Tagung „Demokratie lernen und leben in hessischen Schulen". Frankfurt/M. 3.11.2005. <http://download.bildung.hessen.de/lakk/netzwerk/uebergreifend/gud/Materialien_allgemein/Edelsteine_-_Werte_und_Kompetenzen.pdf>

Edelstein, Wolfgang: Was ist Demokratiepädagogik? In: Gerhard de Haan/Wolfgang Edelstein/Angelika Eikel (Hrsg.): Qualitätsrahmen Demokratiepädagogik. Grundlagen der Demokratiepädagogik. Heft 1. Weinheim und Basel 2007, S. 3–5.

Edelstein, Wolfgang/Fritz Oser/Peter Schuster (Hrsg.): Moralische Erziehung in der Schule. Entwicklungspsychologische und pädagogische Praxis. Weinheim/Basel 2001.

Edelstein, Wolfgang/Peter Fauser: Demokratie leben und lernen. Gutachten für ein Modellversuchsprogramm der BLK. Hrsg.: Bund-Länder-Kommission. Heft 96. Bonn 2001. <www.blk-bonn.de/papers/heft96.pdf>

Eikel, Angelika: Demokratische Partizipation in der Schule. Beiträge zur Partizipationsförderung in der Schule. BLK-Programm „Demokratie lernen & leben". Berlin 2006. <www.blk-demokratie.de/fileadmin/public/partizipationsfoerderung/01_Demokr._Partizipation_in_der_Schule.pdf>

Fatke, Reinhard/Helmut Schneider: Kinder- und Jugendpartizipation in Deutschland. Daten, Fakten, Perspektiven. Gütersloh 2005. <www.bertelsmann-stiftung.de/bst/de/media/xcms_bst_dms_17946_17947_2.pdf>

Fauser, Peter: Was ist Demokratiepädagogik – Eine funktionale Bestimmung. In: Gerhard de Haan/Wolfgang Edelstein/Angelika Eikel (Hrsg.): Qualitätsrahmen Demokratiepädagogik. Grundlagen zur Demokratiepädagogik. Weinheim/Basel 2007.

Frank, Susanne: „Civic Education – was ist das? BLK-Programm „Demokratie lernen & leben": Demokratiebausteine. Berlin 2005. <www.blk-demokratie.de/getfile.php?f=fileadmin/public/dokumente/Bausteine/bausteine_komplett/Civic_education.pdf>

Fritzsche, K. Peter: Die Macht der Menschenrechte und die Schlüsselrolle der Menschenrechtsbildung. In: Landeszentrale für politische Bildung (Hrsg.): Der Bürger im Staat: Menschenrechte. Heft 1/2. Stuttgart 2005. <www.buergerimstaat.de/1_2_05/Menschenrechte.pdf>

Funiok, Rüdiger: Werteerziehung in der Schule. In: tv diskurs, Heft 1/2007.

Füssel, Hans-Peter: Demokratie und Schule, Demokratie in der Schule. Rechts- und schulpolitische Überlegungen. In: Wolfgang Edelstein/Peter Fauser (Hrsg.): Beiträge zur Demokratiepädagogik. Eine Schriftenreihe des BLK-Programms „Demokratie lernen & leben". Berlin 2004. <www.blk-demokratie.de/getfile.php?f=fileadmin/public/dokumente/Fuessel.pdf >

Gensicke, Thomas/Sibylle Piest/Sabine Geiss: Freiwilliges Engagement in Deutschland 1999-2004. Im Auftrag des Bundesministeriums für Familie, Senioren, Frauen und Jugend. München 2005.

Georgi, Viola B.: Demokratie lernen in der Schule. Leitbild und Handlungsfelder. Berlin 2006.

Gisecke, Hermann: Wie lernt man Werte? Grundlagen der Sozialerziehung. Weinheim/München 2005.

Grammes, Tilman/Christian Welniak: Diagnostische Kompetenzen. Der Beitrag der kognitiven Entwicklungspsychologie. In: Georg Weißeno (Hrsg.): Politikkompetenz. Bonn 2008, S. 331–346.

Gugel, Günther/Uli Jäger: Was heisst hier Demokratie? Bundeszentrale für politische Bildung. Bonn 2004.

Haan, Gerhard de/Wolfgang Edelstein/Angelika Eikel (Hrsg.): Qualitätsrahmen Demokratiepädagogik. Demokratische Handlungskompetenz fördern, demokratische Schulqualität entwickeln. Weinheim 2007.

Haider, Brigitte: Partizipation im Schulwesen Europas. Wien 2008. <www.bmukk.gv.at/medienpool/16663/sp_studie_parti.pdf>

Hamm, Brigitte: Menschenrechte. Ein Grundlagenbuch. Opladen 2003.

Haspel, Michael: Menschenrechte – Eine Einführung. In: Landeszentrale für politische Bildung (Hrsg.): Der Bürger im Staat: Menschenrechte. Heft 1/2. Stuttgart 2005. <www.buergerimstaat.de/1_2_05/Menschenrechte.pdf>

Hentig, Hartmut von: Ach, die Werte. München 1999.

Himmelmann, Gerhard: Demokratie lernen als Lebens-, Gesellschafts- und Herrschaftsform. Ein Lehr- und Arbeitsbuch. Schwalbach/Ts. 2007.

Himmelmann, Gerhard: Demokratie lernen: Was? Warum? Wozu? In: Wolfgang Edelstein/Peter Fauser (Hrsg.): Beiträge zur Demokratiepädagogik. Berlin 2004.

Himmelmann, Gerhard: Der zivilgesellschaftliche Auftrag der Schule. In: Gerhard de Haan/Wolfgang Edelstein/Angelika Eikel (Hrsg.): Qualitätsrahmen Demokratiepädagogik. Grundlagen zur Demokratiepädagogik. Weinheim/Basel 2007, S. 9-12.

Himmelmann, Gerhard: Was ist Demokratiekompetenz? Ein Vergleich von Kompetenzmodellen unter Berücksichtigung internationaler Ansätze. In: Wolfgang Edelstein/Peter Fauser (Hrsg.): Beiträge zur Demokratiepädagogik. Berlin 2005. <www.blk-demokratie.de/getfile.php?f=fileadmin/public/dokumente/Himmelmann2.pdf>

Hurrelmann, Klaus: Warum die junge Generation politisch stärker partizipieren muss. In: Aus Politik und Zeitgeschichte, B44/2001.

Hurrelmann, Klaus/Mathias Albert: 15. Shell-Jugendstudie. Jugend 2006. Eine pragmatische Generation unter Druck. Frankfurt/M. 2006.

Institut für Demoskopie Allensbach: Einstellungen zur Erziehung. Kurzbericht zu einer repräsentativen Bevölkerungsumfrage im Frühjahr 2006. Allensbach 2006.

Kohlberg, Lawrence u.a.: Die Psychologie der Moralentwicklung. 2. Aufl., Frankfurt/M. 1997.

Landeshauptstadt Düsseldorf (Hrsg.): Düsseldorfer Gutachten. Leitlinien wirkungsorientierter Kriminalprävention. Düsseldorf 2002.

Lehren und Lernen, Ausgabe 7/2009: Partizipation in der Schule.

Lind, Georg: Moral ist lehrbar. Handbuch zur Theorie und Praxis moralischer und demokratischer Bildung. 2. erw. Aufl., München 2009.

Magdeburger Manifest zur Demokratiepädagogik. Magdeburg 2005. <www.mediation-partizipation.de/Magdeburger_Manifest_zur_Demokratiep_dagogik.pdf >

Oser, Fritz: Acht Strategien der Wert- und Moralerziehung. In: Wolfgang Edelstein/Fritz Oser/Peter Schuster (Hrsg.): Moralische Erziehung in der Schule. Weinheim/Basel 2001.

Reinhardt, Sibylle: Demokratie-Kompetenzen. In: Wolfgang Edelstein/Peter Fauser (Hrsg.): Beiträge zur Demokratiepädagogik. Eine Schriftenreihe des BLK-Programms „Demokratie lernen & leben". Berlin 2004. <www.blk-demokratie.de/fileadmin/public/dokumente/Reinhardt.pdf>

Reinhardt, Sibylle: Fehlverstehen und Fehler verstehen: Aus Fehlern lernen ist aktives Lernen. In: Gerhard Himmelmann/Dirk Lange (Hrsg.): Demokratie-Kompetenz. Wiesbaden 2005, S. 129-140.

Richter, Dirk: Partizipation in der Schule – Illusion oder Wirklichkeit. In: Mike Seckinger (Hrsg.): Partizipation – ein zentrales Paradigma. Tübingen 2006.

Schirp, Heinz: Werteerziehung und Schulentwicklung. Konzeptuelle und organisatorische Ansätze zur Entwicklung einer demokratischen und sozialen Lernkultur. In: Wolfgang Edelstein/Peter Fauser (Hrsg.): Beiträge zur Demokratiepädagogik. Eine Schriftenreihe des BLK-Programms „Demokratie lernen & leben". Berlin 2004. <www.pedocs.de/volltexte/2008/164/pdf/Schirp.pdf>

Schissler, Jakob: Menschenrechte zwischen Universalismus und Kulturrelativismus. In: Landeszentrale für politische Bildung (Hrsg.): Der Bürger im Staat: Menschenrechte. Heft 1/2. Stuttgart 2005. <www.buergerimstaat.de/1_2_05/Menschenrechte.pdf>

Schlensog, Stephan/Walter Lange (Hrsg.): Weltethos in der Schule. Unterrichtsmaterialien der Stiftung Weltethos. 2. Aufl., Tübingen 2007.

Schneewind, Klaus A./Beate Böhmert: Jugendliche kompetent erziehen. Der interaktive Elterncoach „Freiheit in Grenzen". Bern 2009.

Schweizer, Friedrich: Wie kann die Schule die moralische Entwicklung von Kindern fördern? In: Moralentwicklung und Moralerziehung. Protokolldienst der Evang. Akademie Bad Boll, 5/88. Bad Boll 1988, 4-28.

Sekretariat der Ständigen Konferenz der Kultusminister (Hrsg.): Empfehlung der Kultusministerkonferenz zur Förderung der Menschenrechtserziehung in der Schule. Bonn 2000. <www.kmk.org/fileadmin/veroeffentlichungen_beschluesse/1980/1980_12_04_Menschenrechtserziehung.pdf>

Sliwka, Anne: Bürgerbildung. Demokratie beginnt in der Schule. Weinheim und Basel 2008.

Sliwka, Anne/Frank, Susanne. Service Learning – Verantwortung Lernen in Schule und Gemeinde. Weinheim und Basel 2004.

Sliwka, Anne: Das Deliberationsforum als neue Form des politischen Lernens in der Schule. In: kursiv, 2/2004.

Spannring, Reingard/Günther Ogris/Wolfang Gaiser (eds.): Youth and political participation in Europe. Results of the comparative study EUYOUPART. Opladen 2008.

Standop, Jutta: Werte-Erziehung. Einführung in die wichtigsten Konzepte der Werteerziehung. Weinheim/Basel 2005.

Statistisches Bundesamt: Datenreport 2008. In: Frankfurter Rundschau, 20.11.2008, S. 5.

Waller, Klaus: Von Achtung bis Zivilcourage. Lexikon der Werte und Tugenden. Stuttgart 2002.

Weißeno, Georg (Hrsg.): Politikkompetenz. Was Unterricht zu leisten hat. Bonn 2008.

3.6 Interkulturelles Lernen

Auernheimer, Georg: Einführung in die interkulturelle Erziehung. 2. überarb. und ergänzte Aufl., Darmstadt 1995.

Auernheimer, Georg: Grundmotive und Arbeitsfelder interkultureller Bildung und Erziehung. In: Ulrich Dovermann/Ludger Reiberg (Red.): Interkulturelles Lernen. Arbeitshilfen für die politische Bildung. Bonn 1998.

Auernheimer, Georg: Unser Bildungssystem und unsere Schulen auf dem Prüfstand. Systemdefizite und Schulqualität unter dem Aspekt interkultureller Bildung. O.J. <www.georg-auernheimer.de/dateien/downloads.htm>

Auernheimer, Georg: Unser Schulsystem – für die Einwanderungsgesellschaft disfunktional. O.J. <www.georg-auernheimer.de/dateien/downloads.htm>

Baier, Dirk/Christian Pfeiffer: Jugendliche in Deutschland als Opfer und Täter. Kriminologisches Forschungsinstitut Niedersachsen. Forschungsbericht 107. Hannover 2009.

Bar-On, Dan: Die „Anderen" in uns. Dialog als Modell der interkulturellen Konfliktbewältigung. Hamburg 2001.

Beauftragte der Bundesregierung für Migration, Flüchtlinge und Integration: Integration in Deutschland (Hrsg): Erster Integrationsindikatorenbericht: Erprobung des Indikatorensets und Bericht zum bundesweiten Integrationsmonitoring. Berlin 2009.

Bibouche, Seddik (Hrsg.): Interkulturelle Integration in der Kinder- und Jugendarbeit. Orientierungen für die Praxis. München 2006.

Bittl, Karl-Heinz/Dana Moree: Wertekiste. Transkulturelles Lernen mit Werten. Nürnberg 2008.

Böth, Gunhild. Schulpartnerschaften. Ein Beitrag der Schulpartnerschaften zum interkulturellen Lernen. Münster 2001.

Bommes, Michael/Marianne Krüger-Potratz (Hrsg.) Migrationsreport 2008. Fakten – Analysen – Perspektiven. Frankfurt/M. 2008.

Breidenbach, Joana/Pál Nyíri: Maxi Kulti. Der Kampf der Kulturen ist das Problem – zeigt die Wirtschaft uns die Lösung? Frankfurt am Main/ New York 2008.

British Council Germany: Schulen zur Zukunft der Integration. British Council befragt 3.500 Schüler in neun Ländern Europas. Berlin, 28.2.2008. <www.britishcouncil.de/d/about/pr_indie_0208_2.htm>

Bundesamt für Migration und Flüchtlinge: Ausländerzahlen 2008. Nürnberg 2009.

Camilleri, Carmel: Prinzipien einer interkulturellen Pädagogik. In: Hans Nicklas/Burkhard Müller/ Hagen Kordes: Interkulturell denken und handeln. Bonn 2006, S. 47-54.

Demorgon, Jacques/Hagen Kordes: Multikultur, Transkultur, Leitkultur. In: Hans Nicklas/Burkhard Müller/Hagen Kordes: Interkulturell denken und handeln. Bonn 2006, S. 27-36.

Erdheim, Mario: Die Faszination des Fremden: Triebfeder kultureller Entwicklung. In: Radius. Die Kulturzeitschrift zum Weiter-Denken, 1/1990.

Felixberger, Peter/Michael Gleich (Hrsg.): Culture Counts. Wie wir die Chancen kultureller Vielfalt nutzen. Trendbuch 01. Berlin 2009.

Fetscher, Iring: Der, Die, Das Fremde. In: Radius. Die Kulturzeitschrift zum Weiter-Denken, 1/1990.

Filsinger, Dieter: Entwicklungen und Anforderungen an die kommunale Integrationspolitik. In: BAG Jugendsozialarbeit (Hrsg.): Jugend, Beruf, Gesellschaft. Zeitschrift für Jugendsozialarbeit, Heft 4/2006.

Fischer, Veronika/Desbina Kallinikidou/Birgit Stimm-Armingeon: Handbuch interkulturelle Gruppenarbeit. 3. Aufl., Schwalbach/Ts. 2007.

Fischer, Veronika/Monika Springer/Ioanna Zacharaki: Interkulturelle Kompetenz. Fortbildung – Transfer – Organisationsentwicklung. Schwalbach/Ts. 2005.

Glaser, Michaela/Peter Rieker: Interkulturelles Lernen als Prävention von Fremdenfeindlichkeit. Ansätze und Erfahrungen in Jugendbildung und Jugendarbeit. Halle 2006.

Halabi, Rabah/Ulla Philipps-Heck: Identitäten im Dialog. Konfliktintervention in der Friedensschule von Neve Schalom/Wahat al-Salam n Israel. Schwalbach/Ts. 2001.

Heinrich Böll Stiftung: Mikrozensus 2005: Die verborgene Vielfalt Deutschlands. Migration. Einwanderung DE: Daten & Fakten. September 2006. <www.migration-boell.de/web/migration/46_795.asp>

Kinderkommission des Deutschen Bundestages: Kinderkommission fordert bessere Sprachförderung für Kinder mit Migrationshintergrund. Pressemitteilung vom 22.3.2005. <www.bundestag.de/aktuell/presse/2005/pz_050322.html>

Krüger-Potratz, Marianne: Interkulturelle Bildung. Eine Einführung. München/Berlin 2005.

Kuhnke, Ralf/Elke Schreiber: Zwischen Integration und Ausgrenzungsrisiken. Aussiedlerjugendliche im Übergang Schule – Beruf. Ein Handbuch für die Praxis. München/Halle 2008.

Landesstiftung Baden Württemberg (Hrsg.): JUNIK. Jugendliche im internationalen Kontext. Ein Praxishandbuch für kulturenübergreifende Jugendprojekte. Schwalbach/Ts. 2006.

Mog, Paul (Hrsg.): Die Deutschen in ihrer Welt. Tübinger Modell einer integrativen Landeskunde. Berlin 1992.

Nestvogel, Renate: Zum Verhältnis von „Interkulturellem Lernen", „Globalem Lernen" und „Bildung für eine nachhaltige Entwicklung". In: Christoph Wulf/Christine M. Merkel (Hrsg.): Globalisierung als Herausforderung der Erziehung. Münster u.a. 2002, S. 31-44.

Neu-Altenheimer, Irmela: Gegen die kulturelle Verarmung von Bildung und Erziehung. 43. UNESCO-Weltkonferenz der Bildungsminister (43. ICE, Genf, 14. bis 19. September 1992). In: UNESCO heute extra 1992/1993.

Nicklas, Hans/Burkhard Müller/Hagen Kordes: Interkulturell denken und handeln. Bonn 2006.

Oesterreich, Detlef: Lernziel: Die deutsche Nation. In: Fritz Erich Anhelm (Hrsg.): Globalisierung im Horizont politischen Lernens. Loccumer Protokolle 53/97. Rehburg-Loccum 1998.

Presse- und Informationsamt der Bunderregierung: Bildung und Ausbildung sind das beste Mittel zur Gewaltprävention. Pressemitteilung Nr. 419, 18.11.2008. <www.bundesregierung.de/nn_56680/Content/DE/Pressemitteilungen/BPA/2008/11/2008-11-18-weisser-ring.html>

Rabold, Susann/Dirk Baier/Christian Pfeiffer: Jugendgewalt und Jugenddelinquenz in Hannover. Kriminologisches Forschungsinstitut Niedersachsen. Hannover 2008.

Rüsen, Jörn/Henner Laass (Hrsg.): Interkultureller Humanismus. Menschlichkeit in der Vielfalt der Kulturen. Schwalbach/Ts. 2009.

Sader, Manfred: Toleranz und Fremdsein. 16 Stichworte zum Umgang mit Intoleranz und Fremdenfeindlichkeit. Weinheim und Basel 2002.

Sandhaas, Bernd: Interkulturelles Lernen – zur Grundlegung eines didaktischen Prinzips interkultureller Begegnungen. In: Internationale Zeitschrift für Erziehungswissenschaft, Volume 34, Nr. 4/Dezember 1988, S. 415-438.

Siedler, Dirk C.: Islamunterricht an deutschen Schulen. Erste Erfahrungen im nordrhein-westfälischen Schulversuch. Vortrag in Leipzig am 21. November 2002. <www.uni-leipzig.de/~rp/vortraege/siedler.html>

Stender, Wolfram/Georg Rohde/Thomas Weber (Hrsg.): Interkulturelle und antirassistische Bildungsarbeit. Projekterfahrungen und theoretische Beiträge. Frankfurt/M. 2003.

Stiftung Entwicklung und Frieden (Hrsg.): Brücken in die Zukunft. Ein Manifest für den Dialog der Kulturen. Eine Initiative von Kofi Annan. Frankfurt/M. 2001.

Thomas, Alexander/Celine Change/Heike Abt (Hrsg.): Erlebnisse, die verändern. Langzeitwirkungen der Teilnahme an internationalen Jugendbegegnungen. Göttingen 2007.

VENRO, Verband Entwicklungspolitik deutscher Nichtregierungsorganisationen: Globales Lernen als Aufgabe und Handlungsfeld entwicklungspolitischer Nichtregierungsorganisationen. Beschluss vom 8.12.2000.

Wiese, Kirsten: Lehrerinnen mit Kopftuch. Zur Zulässigkeit eines religiösen und geschlechtsspezifischen Symbols im Staatsdienst. Berlin 2008.

Zitzelsberger, Olga: Schulkinder aus Migrationsfamilien. Wie können sie gefördert werden? – Wo muss Schule Barrieren abbauen? In: Staatsinstitut für Frühpädagogik (Hrsg.): Das Online-Familienhandbuch des Staatsinstituts für Frühpädagogik. O.J. <www.familienhandbuch.de/cmain/f_Aktuelles/a_Schule/s_774.html>

3.7 Sport und Fair Play

Bette, Karl-Heinz: Körperspuren. Zur Semantik und Paradoxie moderner Körperlichkeit. Berlin 1989.

Bildungsvereinigung ARBEIT UND LEBEN Niedersachsen OST gGmbh – Abteilung Arbeitsstelle Rechtsextremismus und Gewalt – Projekt: Sport statt Gewalt <www.sportstattgewalt.de>

Blaschke, Ronny: Im Schatten der Spiele. Rassismus und Randale im Fußball. Göttingen 2007.

Borkovic, Vladimir/Jürgen Baur: Straßenfußball für Toleranz. Abschlussbericht zur Evaluation. Arbeitsbereich Sportsoziologie/Sportanthropologie am Institut für Sportwissenschaft der Universität Potsdam, Materialien 20/2004. Potsdam 2004.

Brandl-Bredenbeck, Hans Peter: Bewegung, Spiel und Sport in Kindheit und Jugend. Eine europäische Perspektive. Aachen 2008.

Breithecker, Dieter: Kinder brauchen Bewegung zur gesunden und selbstbewussten Entwicklung. In: Staatsinstitut für Frühpädagogik (Hrsg.): Das Familienhandbuch des Staatsinstituts für Frühpädagogik (IFP). O.J. <www.familienhandbuch.de/cmain/f_Aktuelles/a_Kindliche_Entwicklung/s_596.html>

Buford, Bill: Geil auf Gewalt. Unter Hooligans. München/Wien 1992.

Bundesverband der Unfallkassen (Hrsg.): Gewalt an Schulen. Ein empirischer Beitrag zum gewaltverursachten Verletzungsgeschehen an Schulen in Deutschland. 1993-2003. München 2005.

Busch, Ralf: Sozialpädagogische Arbeit mit Fußball-fans. In: Ministerium des Innern des Landes Brandenburg (Hrsg.): Fußball, Gewalt und Rechtsextremismus. Eine Veranstaltung des Verfassungsschutzes am 23. Mai 2008 in Potsdam. Potsdam 2008, S. 25-30.

Eidgenössische Hochschule für Sport Magglingen (EHSM) (Hrsg.): Begegnung durch Bewegung. Handbuch für den Unterricht. Magglingen 2007.

Fijalek, Rajko: Sportunterricht als Chance zur Gewaltprävention. In: Senatsverwaltung für Bildung, Wissenschaft und Forschung (Hrsg.): Gewaltprävention im Miteinander. Bildung für Berlin. Verstehen und Handeln X. Berlin 2007.

Günther, Manfred: Die Rolle und Wirkung des Sports in der Kinder- und Jugendgewaltprävention. Ein erster Überblick über Modelle und Erkenntnisse aus Deutschland. In: Forum Kriminalprävention, Heft 2/2006.

Jäger, Uli: Fußball für Entwicklung. Wie durch Sport Globales Lernen, Fair Play und friedliches Zusammenleben gefördert werden kann. Tübingen 2008.

Jäger, Uli: Schulen entdecken die Welt. Anregungen für Unterricht und Projekttage. Erfahrungen des Projektes „WM Schulen – Fair Play for Fair Life. Tübingen 2007.

Jäger, Uli/Nadine Heptner (Red.): Fußball für Frieden und Entwicklung. Tübingen 2009.

Kick Fair/Institut für Friedenspädagogik Tübingen e.V. (Hrsg.): Straßenfußball für Toleranz. Handreichung für Jugendarbeit, Schule und Verein. Tübingen 2007.

Kurz, Dietrich: Vom Sinn des Sports. Abschiedsvorlesung, 27. Januar 2009. Onlinepublikation 2009. <www.schulsport-nrw.de/info/news08/pdf/d_kurz_vom_sinn_des_sports.pdf>

Landeskriminalamt Niedersachsen: Standards polizeilicher Selbstbehauptungs-/Selbstverteidigungstrainings. Hannover o.J.

Pilz, Gunter A.: Fairnesserziehung und Erfolgsorientierung. Hannover o.J.

Pilz, Gunter A.: Gewalt im Umfeld von Fußballspielen – Ursachen und Möglichkeiten der Prävention. In: Hans Werner Bierhoff/Ulrich Wagner (Hrsg.): Aggression und Gewalt. Stuttgart u.a. 1999.

Pilz, Gunter A.: Fußball und Fair Play – Einstellungen zum Fair Play und Fairnessverhalten von C- und B-Jugend-Bezirksligaspielern und die Bedeutung der Trainer in der Fairnesserziehung. Online Publikation 2000. www.sportwiss.uni-hannover.de

Pilz, Gunter A.: Möglichkeiten, Notwendigkeiten und Grenzen sport-, körper- und bewegungsbezogener sozialer Arbeit am Beispiel der Gewalt und Gewaltprävention im, um und durch den Sport. In: Gunter A. Pilz/Henning Böhmer (Hrsg.): Wahrnehmen – Bewegen – Verändern. Hannover 2002a, S. 13-59.

Pilz, Gunter A.: Mitternachtssport: Medienwirksames Spektakel oder Beitrag zur Gewaltprävention? In: Gunter A. Pilz/Henning Böhmer (Hrsg.): Wahrnehmen – Bewegen – Verändern. Hannover 2002b, S. 237-261.

Pilz, Gunter A.: Von der Luftnummer zur Bodenhaftung? Bewegung und Spiel als Element einer gewalt- und suchtpräventiven Sportkultur. In: Informationen der Aktion Jugendschutz Baden-Württemberg, Nr. 4/2003.

Pilz, Gunter A.: Erziehung zum Fairplay im Wettkampfsport. Ergebnisse aus Untersuchungen im wettkampforientierten Jugendfußball. In: Bundesgesundheitsblatt. Berlin 2005.

Pilz, Gunter A.: „Tatort Stadion" – Wandlungen der Zuschauergewalt. In: Der Bürger im Staat, 56, Heft 1/2006, S. 44-49.

Riebler, Angelika/Astrid Pulter: Konfliktmanagement im Fußball. Handbuch zum Projekt „Interkulturelle Konfliktvermittlung – Mediation im Fußball 1998-2005. Frankfurt/M. 2006.

Riederle, Josef: Kampfesspiele machen Spaß und unterstützen Jungen in ihrer persönlichen Entwicklung. Schwerte 2006.

Wölki, Franciska/Susanne Gizyki/Gunter A. Pilz: Jungen und Gewalt im organisierten Sport. Expertise über geschlechtsspezifische – insbesondere jungenspezifische – Ansätze in der Gewaltprävention. DJI, München 2007

Zimmer, Renate: Bewegung, ein grundlegendes Element der Erziehung und Bildung. Kongress Gute und gesunde Schule. Forum 6: Bewegung, Sport und Spiel. Dortmund, 15./16.11.2004.

3.8 Medien

Bachmair, Ben: Medienwissen für Pädagogen. Medienbildung in riskanten Erlebniswelten. Wiesbaden 2008.

Baier, Dirk/Christian Pfeiffer: Jugendliche in Deutschland als Opfer und Täter. Kriminologisches Forschungsinstitut Niedersachsen. Forschungsbericht 107. Hannover 2009.

Bergmann, Wolfgang/Gerald Hüther: Computersüchtig. Kinder im Sog der modernen Medien. Weinheim und Basel 2008.

Brinkmann, Nils: Suizid im Film – eine Herausforderung für den Jugendschutz. In: tv-diskurs, 4/2005.

Brunn, Inka u.a.: Das deutsche Jugendschutzsystem im Bereich der Video- und Computerspiele. Hamburg 2007. <www.hans-bredow-institut.de/web-fm_send/107>

Büttner, Christian/Joachim von Gottberg/Magdalena Kladzinski (Hrsg.): Krieg in Bildschirmmedien. München 2005.

Bundeszentrale für politische Bildung u.a. (Hrsg.): Didaktische Handreichung zur Nutzung der DVD „Krieg in den Medien". Bonn 2007.

Eckert, Roland: Inszenierte Gewalt. In: ajs informationen, 1/2008.

Games Convention. Das offizielle Messemagazin. Ausgabe 01. Leipzig 2005.

Grimm, Petra: Ekel und Alpträume als Reaktion auf grausame Gewaltszenen. Studie „Gewalt im Web" 2.0. BLM-Magazin TENDENZ, 04/2008. <www.blm. de/apps/documentbase/data/de/22-232.pdf>

Grimm, Petra/Katja Kirste/Jutta Weiß: Gewalt zwischen Fakten und Fiktionen. Eine Untersuchung von Gewaltdarstellungen im Fernsehen unter besonderer Berücksichtigung ihres Realitäts- und Fiktionalitätsgrades. Berlin 2005.

Grimm, Petra/Stefanie Rhein: Handreichung zur Problematik von gewalthaltigen und pornografischen Videoclips auf Mobiltelefonen von Jugendlichen. Hamburg 2007. <www.ma-hsh.de/cms/upload/downloads/schriftreihen/Handreichung_Pornografie_und_Gewalt_auf_Handys_2007.pdf>

Grimm, Petra/Stefanie Rhein/Elisabeth Clausen-Muradian: Gewalt im Web 2.0. Der Umgang Jugendlicher mit gewalthaltigen Inhalten und Cyber-Mobbing sowie die rechtliche Einordnung der Problematik. Berlin 2008.

Hentig von, Hartmut: Der Computer ist nur Knecht. Er darf nicht zum Schulmeister werden. Lernen in der Medienwelt. DIE ZEIT, Nr. 39/1997.

Hoffmann, Dagmar/Lothar Mikos (Hrsg.): Mediensozialisationstheorien – neue Ansätze und Modelle in der Diskussion. Wiesbaden 2007.

Initiative klicksafe (Hrsg.): Knowhow für junge User. Materialien für den Unterricht. Mehr Sicherheit im Umgang mit dem World Wide Web. Ludwigshafen 2008. <www.klicksafe.de/service/schule-und-unterricht/lehrerhandbuch/index.html>

Institut für Demoskopie Allensbach: Allensbacher Berichte 2008, Nr.3: Computerspiele. Allensbach 2008.

Kunczik, Michael/Astrid Zipfel: Sachbericht zum Projektbericht für das Bundesministerium für Familie, Senioren, Frauen und Jugend. Medien und Gewalt. Befunde der Forschung seit 1998. Mainz 2004.

Kunczik, Michael/Astrid Zipfel: Medien und Gewalt. Befunde der Forschung seit 1998. Berlin 2005.

Kunczik, Michael/Astrid Zipfel: Gewalt und Medien: Ein Studienhandbuch. Köln/Weimar 2006.

Landesstiftung Baden-Württemberg (Hrsg.): Jugend und verantwortungsbewusste Mediennutzung – Medien und Persönlichkeitsentwicklung. Stuttgart 2005.

Medienpädagogischer Forschungsverbund Südwest (Hrsg.): Jim-Studie 2008. Jugend, Information, (Multi-)Media. Basisuntersuchung zum Medienumgang 12- bis 19-Jähriger. Stuttgart 2008. <www. mpfs.de/fileadmin/JIM-pdf08/JIM-Studie_2008. pdf>

Medienpädagogischer Forschungsverbund Südwest (Hrsg.): Kim-Studie 2008. Kinder + Medien, Computer + Internet. Basisuntersuchung zum Medienumgang 6- bis 13-Jähriger in Deutschland. Stuttgart 2009. <www.mpfs.de/fileadmin/KIM-pdf08/KIM08.pdf>

Pfeiffer, Christian/Matthias Kleimann: Medienkonsum, Schulleistungen und Jugendgewalt. In: tv diskurs 36, 2/2006.

Rabold, Susann/Dirk Baier/Christian Pfeiffer: Jugendgewalt und Jugenddelinquenz in Hannover. Hannover 2008.

Schell, Fred: Aktive Medienarbeit mit Jugendlichen. Theorie und Praxis. Schriftenreihe Medienpädagogik. Band 5. 4. Aufl., München 2003.

Schröder, Erhard: Filme im Unterricht. Auswählen, analysieren, diskutieren. Weinheim und Basel 2009.

Small, Gary/Gigi Vorgan: iBrain. Wie die neuen Medienwelt Gehirn und Seele unserer Kinder verändert. Stuttgart 2009.

Sohns, Jan-Arne/Rüdiger Utikal (Hrsg.): Popkultur trifft Schule. Bausteine für eine neue Medienerziehung. Weinheim und Basel 2009.

Tulodziecki, Gerhard: Medienpädagogik in der Krise? In: Hubert Kleber (Hrsg.): Perspektiven der Medienpädagogik in Wissenschaft und Bildungspraxis. München 2005, S. 22-37.

4.1 Zivilcourage lernen

Bierbrauer, Günter: Sozialpsychologie. Stuttgart u.a. 2005.

Bierhoff, Hans-Werner: Handlungsmodelle für die Analyse von Zivilcourage. In: Gerd Meyer/Ulrich Dovermann/Siegfried Frech/Günther Gugel (Hrsg.): Zivilcourage lernen. Analysen, Modelle, Arbeitshilfen. Tübingen 2004, S. 60-69.

Bittl-Drempetic, Karl-Heinz: Gewaltfrei Handeln. München 1993.

Ebert, Theodor: Von Schwierigkeiten mit der Zivilcourage. In: Gewaltfreie Aktion 133, 34 Jg.

Engagement. Zeitschrift für Erziehung und Schule, Heft 1/2005: Compassion – Eine Idee macht Schule.

Frankenberg, Rolf/Siegfried Frech/Daniela Grimm (Hrsg.): Politische Psychologie und politische Bildung. Schwalbach/Ts. 2007.

Dambach, Karl E.: Zivilcourage lernen in der Schule. München 2005.

Dijk, Lutz van: Oppositionelles Lehrerverhalten 1933-1945: Biographische Berichte über den aufrechten Gang von Lehrerinnen und Lehrern. Weinheim 1988.

Gruen, Arno: Vergesst die Liebe nicht. In: Stern, 43/2003.

Gugel, Günther: Wir werden nicht weichen. Erfahrungen mit Gewaltfreiheit. Eine praxisorientierte Einführung. 3. Aufl., Tübingen 2003.

Gugel, Günther/Siegfried Frech: Zivilcourage lernen. Modelle und Arbeitshilfen für die Praxis. In: Gerd Meyer/Ulrich Dovermann/Siegfried Frech/Günther Gugel (Hrsg.): Zivilcourage lernen. Analysen, Modelle, Arbeitshilfen. Tübingen 2004, S. 198-103.

Gunturu, Vanamali: Mahatma Gandhi. Leben und Werk. München 1999.

Jochheim, Gernot: Frauenprotest in der Rosenstraße. Berlin 1993.

Jonas, Kai J./Margarete Boos/Veronika Brandstätter (Hrsg.): Zivilcourage trainieren. Theorie und Praxis. Göttingen 2007.

King, Martin Luther: Freiheit. Kassel 1964.

Meichle, Rosemarie/Helmut Geiger (Hrsg.): Anstiftung zur Zivilcourage. In Wirtschaft, Justiz, Schule und Kirche. Talheim 2000.

Meyer, Gerd: Lebendige Demokratie. Zivilcourage und Mut im Alltag. Forschungsergebnisse und Praxisperspektiven. Baden-Baden 2004.

Meyer, Gerd: Was heißt mit Zivilcourage handeln? In: Meyer, Gerd/Ulrich Dovermann/Siegfried Frech/Günther Gugel (Hrsg.): Zivilcourage lernen. Analysen, Modelle, Arbeitshilfen. Tübingen 2004a, S. 22-40.

Meyer, Gerd/Angela Hermann: Zivilcourage im Alltag. Ergebnisse einer empirischen Studie. In: Aus Politik und Zeitgeschichte, B7-8/2000, S. 3-13.

Meyer, Gerd/Ulrich Dovermann/Siegfried Frech/Günther Gugel (Hrsg.): Zivilcourage lernen. Analysen, Modelle, Arbeitshilfen. Tübingen 2004. <www.friedenspaedagogik.de/index.php?/ift/service/neuere_publikationen/zivilcourage_lernen_analysen_modelle_arbeitshilfen>

Milgram, Stanley/Roland Fleissner: Das Milgram-Experiment: Zur Gehorsamsbereitschaft gegenüber Autorität. Reinbek 2004.

Nolting, Hans-Peter: Lernschritte zur Gewaltlosigkeit. Reinbek 1991.

Nunner-Winkler, Gertrud: Zum Begriff Zivilcourage. In: Jonas, Kai J./Margarete Boos/Veronika Brandstätter (Hrsg.): Zivilcourage trainieren. Theorie und Praxis. Göttingen 2007, S. 21-32.

Ostermann, Änne: Zivilcourage. In: HSFK-Standpunkte, 1/1998. Frankfurt/M. 1998.

Ostermann, Änne: Empathie und prosoziales Verhalten in einer Ellbogengesellschaft? In: HSFK-Standpunkte, 4/2000. Frankfurt/M. 2000.

Rau, Johannes: Rede von Bundespräsident Johannes Rau am 9. November 2000 vor dem Brandenburger Tor. <www.bundespraesident.de/dokumente/-,2.23689/Rede/dokument.htm>

Schwind, Hans-Dieter u.a.: Alle gaffen ... keiner hilft. Unterlassene Hilfeleistung bei Unfällen und Straftaten. Heidelberg 1998

Singer, Kurt: Der Mut, aus der Reihe zu tanzen. In: Psychologie heute, 7/2003.

Singer, Kurt: Einmischen statt wegschauen – Jugendliche wagen Zivilcourage. München 1995.

Singer, Kurt: Zivilcourage wagen – wie man lernt, sich einzumischen. 3. Aufl., München/Zürich 2003.

Stäblin, Ruthard: Mut. Wiederentdeckung einer persönlichen Kategorie. Bühl-Moos 1993.

Staub, Erwin: Entwicklung prosozialen Verhaltens: zur Psychologie der Mitmenschlichkeit. München u.a. 1981.

Steffen, Wiebke: Gutachten für den 13. Deutschen Präventionstag, 2./3. Juni 2008 Leipzig. Engagierte Bürger – sichere Gesellschaft. Bürgerschaftliches Engagement in der Kriminalprävention. <www.praeventionstag.de/nano.cms/de/Dokumentation/Details/XID/453>

Stoltenberg, Annemarie: Gegen den Strom: Texte zur Courage im Alltag. Reinbek 1995.

Thierse, Wolfgang: Politische Kultur in den neuen Ländern – Für eine wehrhafte Demokratie. Rede des Bundestagspräsidenten am 18.3.2000 vor dem 8. Bundeskongress für politische Bildung in Potsdam.

Thoreau, Henry David: Über die Pflicht zum Ungehorsam gegen den Staat. Zürich 1973.

Zitzmann, Christina: Alltagshelden. Aktiv gegen Gewalt und Mobbing – für mehr Zivilcourage. Praxishandbuch mit Kopiervorlagen. Schwalbach/Ts. 2004.

4.2 Verhalten in akuten Gewaltsituationen

Akademie für Arbeit und Politik an der Universität Bremen: Ergebnisse einer Bremer Schülerbefragung zum Thema Gewalterfahrungen und extremistische Deutungsmuster. Untersuchung im Auftrag des Bremer Senats. Bremen 2003.

Brinkmann, Heinz Ulrich/Siegfried Frech/Ralf-Erik Posselt (Hrsg.): Gewalt zum Thema machen. Gewaltprävention mit Kindern und Jugendlichen. Bonn 2008.

Fröhlich-Gildhoff, Klaus: Gewalt begegnen. Konzepte und Projekte zur Prävention und Intervention. Stuttgart 2006.

Grüner, Thomas/Franz Hilt: Bei Stopp ist Schluss! Werte und Regeln vermitteln. 6. Aufl., Lichtenau 2005.

Gewalt Akademie Villigst (Hrsg.): Übungen & Impulse zur Thematisierung von und Sensibilisierung für Gewalt und Rassismus in der Jugendarbeit, Schule und Bildungsarbeit. Neue Übungen aus der Praxis von Trainer/innen der Gewalt Akademie Villigst. Villigst 2007.

Landeskriminalamt Niedersachsen: Standards polizeilicher Selbstbehauptungs-/Selbstverteidigungstrainings. Hannover o.J.

Landeskriminalamt Niedersachsen: Selbstbehauptungsstandards für Frauen, Jungen und Mädchen. Hannover 2005. <www.lka.niedersachsen.de/praevention/gewalt/BookletEndfassung.pdf>

Lösel, Friedrich/Thomas Bliesener: Aggression und Delinquenz unter Jugendlichen. Untersuchungen von kognitiven und sozialen Bedingungen. München/Neuwied 2003.

Meyer, Gerd/Ulrich Dovermann/Siegfried Frech/Günther Gugel (Hrsg.): Zivilcourage lernen. Analysen, Modelle, Arbeitshilfen. Tübingen 2004.

Walker, Jamie: Gewaltfreier Umgang mit Konflikten in der Sekundarstufe I. Berlin 1995.

Tillmann, Klaus-Jürgen u.a.: Schülergewalt als Schulproblem. Weinheim/München 1999.

Schubert, Bettina: Hilfe für Opfer und Täter. In: Senatsverwaltung für Bildung, Jugend und Sport, Berlin (Hrsg.): Gewalt tolerieren fördert Gewalt. Verstehen und Handeln IV. Berlin 2003, S. 30-35. <www.berlin.de/imperia/md/content/sen-bildung/hilfe_und_praevention/gewaltpraevention/verstehen_und_handeln.pdf>

4.3 Mobbing

Arbeitsgemeinschaft Kinder- und Jugendschutz (AJS) (Hrsg.): Mobbing unter Kindern und Jugendlichen. Informationen für Schule, Jugendarbeit und Eltern. Essen 2006.

Bachmann, Angelika: Elternfibel Lehrergewalt. Onlinepublikation 2009. <www.lernen-ohne-angst.de/index-Dateien/Elternfibel%20%20Lehrergewalt.pdf>

Blum, Heidrun/Detlev Beck: Ohne Anklage und Strafe. In: Frankfurter Rundschau, 21.8.2007, Dokumentation.

Blum, Heike/Detlef Beck: No Blame Approach: Mobbing-Interventionsansatz ohne Schuldzuweisungen. In: Zeitschrift für Jugendschutz und Erziehung 4/2005, S. 7-9.

Dambach, Karl E.: Mobbing in der Schulklasse. 3. überarb. Aufl., München 2009.

Demmer, Marianne: Angriff aus dem Netz – Neue Formen der Gewalt gegen Lehrkräfte. Onlinepublikation 2007. <www.gew.de/Binaries/Binary32050/md-pk-statistik%20mobbing%20gewalt.pdf>

Dunkel, Lothar: Mobbing und Gewalt auch in der Schule ein Problem? Kongress Gute und gesunde Schule. Dortmund 2004. <www.guteundgesundeschule.de/gugs_full/bilder/dunkel.pdf>

Eckardt, Jo-Jacqueline: Mobbing bei Kindern. Stuttgart/Berlin 2006.

Esser, Axel/Martin Wolmerath: Mobbing. Der Ratgeber für Betroffene und ihre Interessenvertretung. Frankfurt 2005.

Europäisches Parlament: Bericht über Mobbing am Arbeitsplatz (2001/2339(INI)). Ausschuss für Beschäftigung und soziale Angelegenheiten. Sitzungsdokument A5-0283/2001.

Fuchs, Helmut/Andras Huber: Bossing. Wenn der Chef mobbt. Strategien gegen den Psychokrieg. Stuttgart 2009.

Gebauer, Karl: Mobbing in der Schule. Weinheim und Basel 2007.

Gerlach, Nichole M.: Mobbing – Ein Praxis- und Methodenhandbuch. Gewaltakademie Villigst. Schwerte 2006.

Graf, Alexander: Mobbing. Theoretische und empirische Untersuchung von Konflikten im Bereich des Berufsschulwesens und Ableitung von Handlungsempfehlungen für Schule und Individuum. Kassel 2007. <www.upress.uni-kassel.de/online/frei/978-3-89958-317-5.volltext.frei.pdf>

Grünwald, Marietta/Hans-Eduard Hille: Mobbing im Betrieb. München 2002.

Hirigoyen, Marie-France: Mobbing: Wenn der Job zur Hölle wird. München 2004.

Jäger, Reinhold S./Uwe Fischer/Julia Riebel: Mobbing bei Schülerinnen und Schülern der Bundesrepublik Deutschland. Die Sicht von Lehrkräften – eine Erkundungsstudie. Zentrum für empirische pädagogische Forschung der Universität Koblenz-Landau. Landau 2007. <www.zepf.uni-landau.de/index.php?id=280&type=1&no_cache=1&file=839&uid=340>

Jannan, Mustafa: Das Anti-Mobbing-Buch. Weinheim und Basel 2008.

Kasper, Horst: Streber, Petzer, Sündenböcke. Wege aus dem täglichen Elend des Schülermobbing. Lichtenau 2004.

Kasper, Horst: Schülermobbing – tun wir was dagegen! Der Smob-Fragebogen mit Anleitung & Auswertungshilfe und mit Materialien für die Schulentwicklung. 6. Aufl., Lichtenau 2006.

Kasper, Horst: Prügel, Mobbing, Pöbeleien. Kinder gegen Gewalt in der Schule stärken. 5. Aufl., Berlin 2007.

Kindler, Wolfgang: Gegen Mobbing und Gewalt – Ein Arbeitsbuch für Lehrer, Schüler und Peergruppen. Seelze-Velber 2002.

Krowatschek, Dieter/Gita Krowatschek: Mobbing erfolgreich beenden. Hilfen für Opfer und Täter. Lichtenau 2006.

LBS-Initiative Junge Familie (Hrsg.): LBS-Kinderbarometer Deutschland 2007. Stimmungen, Meinungen, Trends von Kindern in sieben Bundesländern. Münster 2007. <www.hessenstiftung.de/files/07-09-26_gesamtbericht_kinderbarometer_2007.pdf>

Leymann, Heinz: Mobbing. Psychoterror am Arbeitsplatz. Reinbek 2002.

Litzcke, Sven/Horst Schuh: Stress, Mobbing und Burn-out am Arbeitsplatz. Berlin 2004.

Mangold, Joachim: Der „No Blame Approach" in der schulischen Praxis. Köln/Minden 2008.

Medienprojekt Wuppertal e.V.: Du bist schlimm! Gewalt und Mobbing in der Schule. Videofilm und Broschüre. Wuppertal 2003. <www.medienprojekt-wuppertal.de>

Merk, Katja/Michael Merk: Mobbing. Praxisleitfaden für Betriebe und Organisationen. Leonberg 2004.

Meschkutat, Bärbel/Martina Stackelbeck/Georg Langehoff: Der Mobbing-Report. Repräsentativstudie für die Bundesrepublik Deutschland. Schriftenreihe der Bundesanstalt für Arbeitsschutz und Arbeitsmedizin. 3. Aufl., Dortmund/Berlin/Dresden 2003.

Robinson, George/Barbara Maines: Crying for Help. The No Blame Approach to Bullying. 4. Aufl., Bristol 2003.

Olweus, Dan: Gewalt in der Schule. Was Lehrer und Eltern wissen sollten – und tun können. 4. Aufl., Bern 2006.

Poppelreuter, Stefan/Katja Mierke: Psychische Belastungen am Arbeitsplatz. Ursachen, Auswirkungen, Handlungsmöglichkeiten. Berlin 2005.

Scheithauer, Herbert/Tobias Hayer/Franz Petermann: Bullying unter Schülern. Erscheinungsformen, Risikobedingungen und Interventionskonzepte. Göttingen 2003.

Schild, Ihno/Andreas Heeren: Mobbing – Konflikteskalation am Arbeitsplatz. Möglichkeiten der Prävention und Intervention. München 2003.

Schmitz, Edgar/Peter Voreck/Klaus Hermann/Ernst Rutzinger: Positives und negatives Lehrerverhalten aus Schülersicht. Berichte aus dem Lehrstuhl für Psychologie der TU München. Bericht Nr. 82. München 2006.

Schuster, Beate: Bullying/Mobbing in der Schule. In: Jonas, Kai J./Margarete Boos/Veronika Brandstätter (Hrsg.): Zivilcourage trainieren! Theorie und Praxis. Göttingen u.a. 2007.

Smutny, Petra/Herbert Hopf: Ausgemobbt. Wirksame Reaktionen gegen Mobbing. Wien 2003.

Szaday, Christopher: Mobbing unter Schülern und Schülerinnen. Der „No Blame Approach". Zürich 2001.

Taglieber, Walter: Berliner Anti-Mobbing-Fibel. Was tun wenn. Eine Handreichung für eilige Lehrkräfte. Berliner Landesinstitut für Schule und Medien. Berlin 2005. <www.berlin.de/imperia/md/content/sen-bildung/hilfe_und_praevention/gewaltpraevention/anti_mobbing_fibel.pdf>

722

Wardetzki, Bärbel: Kränkung am Arbeitsplatz. Strategien gegen Missachtung, Gerede und Mobbing. München 2005.

Womerath, Martin: Mobbing im Betrieb. Rechtsansprüche und deren Durchsetzbarkeit. 2. Aufl., Baden-Baden 2004.

4.4 Rechtsextremismus

Anhut, Reimund/Wilhelm Heitmeyer: Desintegration, Anerkennungsbilanzen und die Rolle sozialer Vergleichsprozesse für unterschiedliche Verarbeitungsmuster von Prekarität.In: Heitmeyer, Wilhelm/Imbusch, Peter (Hrsg.): Integrationspotenziale moderner Gesellschaften. Wiesbaden 2005, S. 75-100.

Adorno, Th. W.: Erziehung zu Mündigkeit. Vorträge und Gespräche mit Helmut Becker 1959-1969. Frankfurt/M. 1971.

Aus Politik und Zeitgeschichte, B42/2005: Rechtsextremismus. Bonn: Bundeszentrale für politische Bildung 2005.

Aus Politik und Zeitgeschichte, B37/2007: Fremdenfeindlichkeit und Gewalt. Bonn: Bundeszentrale für politische Bildung 2007.

Baier, Dirk u.a.: Jugendliche in Deutschland als Opfer und Täter von Gewalt. Kriminologisches Forschungsinstitut Niedersachsen e.V. Forschungsbericht 107, Hannover 2009.

Baier, Dirk/Christian Pfeiffer: Mitgliedschaft in rechten Gruppen und Kameradschaften. Kriminologisches Forschungsinstitut Niedersachsen. Ergänzungstext zum Forschungsbericht 107. Hannover 2009.

Bauer, Patrick/Jakob Schrenk: Der schwarz-braune Block. In: Neon, 11/2008, S. 18-26.

Benz, Wolfgang: Was ist Antisemitismus? München 2004.

Benz, Wolfgang (Hrsg.): Legenden, Lügen, Vorurteile: Ein Wörterbuch zur Zeitgeschichte. München 2000.

Bundesamt für Verfassungsschutz: Verfassungsschutzbericht 2008. Berlin 2009.

Bundesministerium für Familie, Senioren, Frauen und Jugend: Abschlussbericht des Aktionsprogramms „Jugend für Toleranz und Demokratie – gegen Rechtsextremismus, Fremdenfeindlichkeit und Antisemitismus 2001-2006." Berlin 2007.

Butterwegge, Christoph: Rechtsextremismus, Rassismus und Gewalt. Erklärungsmodelle in der Diskussion. Darmstadt 1996.

Butterwegge, Christoph: Rechtsextremismus. Freiburg i.B. 2002.

Decker, Oliver u.a.: Vom Rand zur Mitte. Rechtsextreme Einstellungen und ihre Einflussfaktoren in Deutschland. Berlin 2006.

Decker, Oliver: Bewegung in der Mitte. Rechtsextreme Einstellungen in Deutschland 2008 mit einem Vergleich von 2002 bis 2008 und der Bundesländer. Berlin 2008. <http://library.fes.de/pdf-files/do/0586.pdf> Rev. 2008-12-18>

Decker, Oliver/Katharina Rothe/Marliese Weissmann/Norman Geißler/Elmar Brähler. Unter Mitarbeit von Franziska Göpner und Kathleen Pöge: Ein Blick in die Mitte. Zur Entstehung rechtsextremer und demokratischer Einstellungen in Deutschland. Berlin 2008.

Dornbusch, Christian/ Jan Raabe (Hrsg.): RechtsRock – Bestandsaufnahme und Gegenstrategien. Münster 2002.

Farin, Klaus: Buch der Erinnerungen – Die Fans der Böhsen Onkelz. Berlin 2008.

Farin, Klaus: Über die Jugend und andere Krankheiten. Berlin 2008.

Fuchs, Marek/Siegfried Lamnek/Ralf Wiederer: Querschläger. Jugendliche zwischen rechter Ideologie und Gewalt. Opladen 2003.

Glaser, Stefan/Thomas Pfeiffer (Hrsg.): Erlebniswelt Rechtsextremismus. Schwalbach/Ts. 2007.

Glaser, Michaela/Gabie Elverich (Hrsg.): Rechtsextremismus, Fremdenfeindlichkeit und Rassismus im Fußball. Halle 2008.

Greven, Thomas/Thomas Grumke (Hrsg.): Globalisierter Rechtsextremismus? Rechtsextremismus in der Ära der Globalisierung. Wiesbaden 2006.

Grumke, Thomas/Andreas Klärner: Rechtsextremismus, die soziale Frage und Globalisierungskritik, Berlin 2006.

Heitmeyer, Wilhelm (Hrsg.): Das Gewaltdilemma. Frankfurt/M. 1994.

Heitmeyer, Wilhelm (Hrsg.): Deutsche Zustände. Folge 7. Frankfurt/M. 2009.

Held, Josef u.a.: Rechtsextremismus und sein Umfeld. Eine Regionalstudie. Abschlussbericht. Tübingen 2007.

Heuss, Amos: Zur Definition von Rechtsextremismus. Tübingen 2008 (unveröffentlichtes Manuskript).

Jaschke, Hans-Gerd: Rechtsextremismus und Fremdenfeindlichkeit. Begriffe Positionen, Praxisfelder. Opladen 1994.

Jaschke, Hans-Gerd: Für eine aktivierte Bürgergesellschaft – Thesen zur Diskussion über Rechtsextremismus im Sommer 2000. Mainz 2000.

Klärner, Andreas/Michael Kohlstruck (Hrsg.): Moderner Rechtsextremismus in Deutschland, Hamburg 2006.

Klug, Brian: The collective Jew: Israel and the new antisemitism. In: Christina von Braun/Eva-Maria Ziege (Hrsg.): Das „bewegliche" Vorurteil. Aspekte des internationalen Antisemitismus. Würzburg 2004.

Kural, Mahmut: Rechtsrock – Einstiegsdroge in rechtsextremes Gedankengut? Saarbrücken 2007.

Lempa, Günter: Der Lärm des Ungewollten. Psychoanalytische Erkundungen zu Fremdenfeindlichkeit, Gewalt und politischem Extremismus. Göttingen 2001.

Lenk, Kurt 2005: Rechtsextreme Argumentationsmuster. In: Aus Politik und Zeitgeschichte, B42/2005, S. 17-22.

Möller, Kurt/Nils Schuhmacher: Rechte Glatzen. Wiesbaden 2006.

Nandlinger, Gabriele: Wann spricht man von Rechtsextremismus, Rechtsradikalismus oder Neonazismus? Bundeszentrale für politische Bildung, Dossier Rechtsextremismus. Bonn 2008. <www.bpb.de/themen/VSBMKQ.html>

Palloks, Kerstin: Große Erwartungen – zur Wirkungsfrage. In: Michaela Glaser & Silke Schuster (Hrsg.) Evaluation präventiver Praxis gegen Rechtsextremismus. Positionen, Konzepte und Erfahrungen. Halle 2007.

Pfahl-Traughber, Armin: Antisemitismus in der deutschen Geschichte. Berlin 2002.

Rabold, Susann/Dirk Baier/Christian Pfeiffer: Jugendgewalt und Jugenddelinquenz in Hannover. Hannover 2008.

Rieker, Peter: Fremdenfeindlichkeit und die Bedingungen der Sozialisation. In: Aus Politik und Zeitgeschichte, B37/2007, S. 31-38.

Schubarth, Wilfried: Pädagogische Konzepte als Teil der Strategien gegen Rechtsextremismus. In: Aus Politik und Zeitgeschichte, B39/2000, S. 40-48.

Sitzer, Peter/Wilhelm Heitmeyer: Rechtsextremistische Gewalt von Jugendlichen. In: Aus Politik und Zeitgeschichte, B37/2007, S. 3-10.

Stöss, Richard: Rechtsextremismus im Wandel. Berlin 2007.

Wahl, Klaus (Hrsg.) 2001: Fremdenfeindlichkeit, Antisemitismus, Rechtsextremismus. Drei Studien zu Tatverdächtigen und Tätern. In: Bundesministerium des Innern: Texte zur Inneren Sicherheit. III/2001. Berlin 2001.

Zerger, Johannes: Was ist Rassismus? Eine Einführung. Göttingen 1997.

4.5 Amoklauf an Schulen

Adler, Lothar: Amok. Eine Studie. München 2000.

Bannenberg, Britta: Sogenannte Amokläufe. In: DJI-Online, 25.3.2009. <www.dji.de/cgi-bin/projekte/output.php?projekt=538&Jump1=LINKS&Jump2=267>

Barkowski, Thomas/Gerborg Drescher/Gabriele Rüttiger (Hrsg.): „Wenn der Notfall eintritt" – Handbuch für den Umgang mit Tod und anderen Krisen in der Schule. Heilsbronn 2006.

Becker, Jens: Kurzschluß. Der Amoklauf von Erfurt und die Zeit danach. Berlin 2005.

Bolt, Friedegunde: Junge Menschen stark machen gegen Widrigkeiten und Belastungen. In: Pädagogik, 4/2005, S. 31-39.

Christians, Heiko: Amok: Geschichte einer Ausbreitung. Bielefeld 2008.

Diagnostische Kriterien für die Posttraumatische Belastungsstörung nach DSM-IV, 1996 (309.81). <www.polizeieinsatzstress.de/was_ist_ptsd.htm>

Eikenbusch, Gerhard: Was passiert, wenn das Unfassbare passiert ... Mit Katastrophen, existentiellen Krisen und Unglücken in der Schule umgehen. In: Pädagogik, 4/2005, S. 6-10.

Eickenbusch, Gerhard/Ragnhild Wedlin: „Jetzt weiß ich, was ich tun muss, wenn etwas passiert!" In: Pädagogik, 4/2005.

Eisenberg, Götz: Amok – Kinder der Kälte. Über die Wurzeln von Wut und Hass. Reinbek 2000.

Fischer, Gottfried/Peter Riedsesser: Lehrbuch der Psychotraumatologie. 4. akt. Aufl., München 2009.

Faust, Volker: Amok. In: www.psychosoziale-gesundheit.net; Online: <www.psychosoziale-gesundheit.net/psychiatrie/amok.html>

Geipel, Ines: Für heute reicht es. Amok in Erfurt. Berlin 2004.

Gugel, Günther/Uli Jäger: Global Handeln für Frieden und Entwicklung. Tübingen 1999.

Hessisches Kultusministerium/Hessisches Ministerium des Innern und für Sport: Handeln in Krisensituationen. Ein Leitfaden für Schulen. 2007.

Hoffmann, Jens: Wenn die Hoffnung schwindet, müssen Menschen sterben, Psychologie Heute, 8/2002, S. 28-32.

Hoffmann, Jens/Isabel Wondrak (Hrsg.): Amok und zielgerichtete Gewalt an Schulen: Früherkennung/Risikomanagement/Kriseneinsatz/Nachbetreuung. Frankfurt 2007.

Koch, Sannah: Wie erkennt man School Shooter? In: Psychologie Heute, 11/2007, S. 34-39.

Kraemer, Horst: Das Trauma der Gewalt. Wie Gewalt entsteht und sich auswirkt. Psychotraumata und ihre Behandlung. München 2003.

Kultusministerium Baden-Württemberg: VwV Gewaltvorfälle, Schadensereignisse an Schulen – Verhaltens VwV vom 27.6.2006, Az.: 1721.6-7/16

Landeskriminalamt Nordrhein-Westfalen: Amoktaten – Forschungsüberblick unter besonderer Beachtung jugendlicher Täter im schulischen Kontext. Kriminalistisch-Kriminologische Forschungsstelle, Analysen, Nr. 3/2007, Düsseldorf 2007. <www.polizei-nrw.de/lka/stepone/data/downloads/d3/00/00/amoktaten.pdf>

Langer, Annette/Jörg Diehl: Schutz vor Schulmassakern. Mobbingopfer und Amoktäter. In: Spiegel-online, 12.3.2009. <www.spiegel.de/panorama/justiz/0,1518,612730,00.html>

Langer, Jürgen: Auf Leben und Tod. Suizidalität bei Jugendlichen als Herausforderung für die Schülerseelsorge. Frankfurt/M. u.a. 2001.

Lempp, Reinhard: Nebenrealitäten. Jugendgewalt und Zukunftsangst. Frankfurt/M. 2009.

Ludwig, Astrid: Klare Verhaltensmuster. Der Darmstädter Psychologe Jens Hofmann untersucht Amokläufe an Schulen. In: Frankfurter Rundschau, 7.4.2009, S. D6.

Luwe-Schleberger, Gabriele: Nach der Katastrophe kommt die Krise. Wie Lehrer helfen können, kritische Lebenssituationen zu verarbeiten. In: Pädagogik, 4/2005.

Ministerium für Kultus, Jugend und Sport Baden-Württemberg (Hrsg.): Vom Umgang mit Trauer in der Schule. Handreichung für Lehrkräfte und Erzieher/innen. Stuttgart o.J.

National Research Council and Institute of Medicine. Moore, M.H./Petrie, C.V./Braga, A.A./McLaughlin, B.L. (Eds.): Deadly Lessons. Understanding Lethal School Violence. Case Studies of School Violence Committee. Washington D.C. 2003.

Robertz, Frank J.: School Shootings. Über die Relevanz der Phantasie für die Begehung von Mehrfachtötungen durch Jugendliche. Frankfurt/M. 2004.

Robertz, Frank J./Ruben Wickenhäuser: Der Riss in der Tafel. Amoklauf und schwere Gewalt in der Schule. Heidelberg 2007.

Saimeh, Nahlah: Die sind so unglaublich viel weniger wert als ich – Maligner Narzissmus und Gefährlichkeit am Beispiel der Kasuistik eines verhinderten Amokläufers. In: Saimeh, Nahlah (Hrsg.): Zukunftswerkstatt Maßregelvollzug. 23. Eickelborner Fachtagung. Bonn 2008, S. 299-313.

Schefold. Werner/Hans-Jürgen Glinka/Thomas Giernalczyk (Hrsg.): Krisenerleben und Krisenintervention. Ein narrativer Zugang. Tübingen 2008.

Schmidbauer, Wolfgang: Der Mensch als Bombe. Eine Psychologie des Terrorismus. Reinbek 2003.

Senatsverwaltung für Bildung, Wissenschaft und Forschung. Bildung für Berlin (Hrsg.): Verstehen und Handeln X. Gewaltprävention im Miteinander. Berlin 2007.

Vossekuil, Bryan u.a.: Abschlussbericht und Ergebnisse der Initiative für Sicherheit an Schulen (Safe School Initiative): Auswirkungen auf die Prävention von Gewalttaten an Schulen in den USA. Washington D.C. 2002.

Waldrich, Hans-Peter: In blinder Wut: Warum junge Menschen Amok laufen. Köln 2007.

Wolfelt, Alan D.: Für Zeiten der Trauer. Wie ich Kindern helfen kann: 100 praktische Anregungen. Stuttgart 2002.

Links

Aktion Tu-was! für mehr Zivilcourage
www.aktion-tu-was.de

Aktionsbündnis Amoklauf Winnenden
www.aktionsbuendnis-amoklaufwinnenden.de

Amt für Lehrerbildung Hessen: Gewaltprävention und Demokratielernen
www.gud.bildung.hessen.de

Arbeitsstelle Kinder- und Jugendkriminalpräventio-ion des Deutschen Jugendinstituts
www.dji.de

Berghof Forschungszentrum für konstruktive Konfliktbearbeitung
www.berghof-center.org/

Berliner Senatsverwaltung für Bildung, Jugend und Sport: Materialien zum Thema Gewaltprävention an Schulen.
www.berlin.de/sen/bildung/hilfe_und_praevention/gewaltpraevention/

Bündnis für Demokratie und Toleranz
www.buendnis-toleranz.de

Bundesarbeitsgemeinschaft Kinder- und Jugend-schutz e.V. (BAJ).
www.bag-jugendschutz.de

Bundesverband Mediation
www.bmev.de

BullyingUK
www.bullying.co.uk

Bundeskriminalamt
www.bka.de

Bundesprüfstelle für jugendgefährdende Medien
www.bundespruefstelle.de

Bundeszentrale für politische Bildung, Materialien zum Thema Rechtsextremismus
www.bpb.de/themen/6P5L3F,0,0,Schwerpunkt:_Schule.html

Center for the Prevention of School Violence
www.ncdjjdp.org/cpsv/

Corporal Punishment
www.corpun.com
www.endcorporalpunishment.org

Familienhandbuch Online
www.familienhandbuch.de

Deutscher Kinderschutzbund, Bundesverband e.V., Elterntraining: Starke Eltern – starke Kinder
www.starkeeltern-starkekinder.de

Deutscher Präventionstag
www.praeventionstag.de

Deutsches Forum für Kriminalprävention.
www.kriminalpraevention.de

Erfurter Netcode
www.erfurter-netcode.de

Evaluation Schulmediation
www.ism-mainz.de/Evaluation-Schulmediation/index.htm

Freiwillige Selbstkontrolle Fernsehen
www.fsf.de

Gewaltakdademie Villigst
www.gewaltakademie.de

Gewaltprävention und Konfliktbearbeitung in Tübingen
www.gewaltpraevention-tue.de

Häusliche Gewalt, Informationen für Betroffene
www.gewaltschutz.info

Initiative gegen Rechte Gewalt, Linksammlung für Lehrer und Pädagogen
www.mut-gegen-rechte-gewalt.de/service/links-gegen-rechts/links-schule

Institut für Friedenspädagogik Tübingen e.V.
www.friedenspaedagogik.de

Inter-Agency Network for Education in Emergencies
www.ineesite.org

Jugendschutz im Internet
www.jugendschutz.net

KickFair
www.kickfair.org

Kinderschutzzentren in Deutschland
www.kinderschutz-zentren.org

Kontaktbüro Gewaltprävention Baden-Württemberg
www.gewaltpraevention-bw.de

Kriminologisches Forschungsinstitut Niedersachsen
www.kfn.de

Landeskommission Berlin gegen Gewalt
www.berlin-gegen-gewalt.de

Medienpädagogischer Forschungsverbund Südwest
www.mpfs.de

Mobbing
www.mobbing.net

Mobbing in der Arbeitswelt
www.dgb.de/themen/mobbing/mobbing.htm

Mobbing, Initiative für Schüler, Eltern und Lehrer
www.schueler-gegen-mobbing.de

National School Safety Center USA
www.nssc1.org

Netzwerk für Demokratie und Courage
www.netzwerk-courage.de/site/

Plattform zivile Konfliktbearbeitung
www.konfliktbearbeitung.net

Polizeiliche Kriminalprävention
www.polizei-beratung.de

Portal VISIONARY zum Thema Gewalt, Mobbing und Bullying in der Schule
www.gewalt-in-der-schule.info
www.bullying-in-school.info

Projekt Schulqualität als Präventionsstrategie
www.schuelerpartizipation.de

Schule für Toleranz – Projekt der Westfälischen Wilhelms-Universität Münster
www.schule-fuer-toleranz.de

Save the Children. Weltweite Organisation für die Rechte von Kindern
www.savethechildren.net

Schülermobbing
www.schueler-mobbing.de

Schule ohne Rassismus – Schule mit Courage
www.schule-ohne-rassismus.org

Schulische Prävention gegen sexuelle Gewalt
www.schulische-praevention.de

Stiftung Weltethos für interkulturelle und interreligiöse Forschung, Bildung und Begegnung
www.weltethos.org

Traumapädagogik
www.traumapaedagogik.de

UN Secretary General's Study on Violence against Children
www.violencestudy.org

UN-Konvention über die Rechte der Kinder
www.unis.unvienna.org/unis/de/library_2004kinder-konvention.html

Weltgesundheitsorganisation zu Gewalt und Gewaltprävention
www.who.int/violence_injury_prevention/publications/violence/en

WSD Pro Child e.V.
www.wsd-pro-child.de

WSD Pro Child
– Ein Verein stellt sich vor

WSD Pro Child e.V. wurde 2003 mit dem Ziel gegründet, durch gewaltpräventive Projektarbeit Kinder und Jugendliche stark und selbstbewusst zu machen. Im Jahr 2008 wurde die suchtpräventive Projektarbeit in der Satzung ergänzt. Für die Erfüllung dieser satzungsgemäßen Zwecke sind in der Zwischenzeit 645.000 Euro (Stand August 2009) an Mitteln für eigene Projekte und zur Finanzierung spezifischer Projekte anderer Vereine, Stiftungen und Einrichtungen eingesetzt worden. Der Verein WSD Pro Child verfolgt damit ausschließlich gemeinnützige Zwecke mit der Zielsetzung Kinder und Jugendliche vor Gewalt und Suchtgefahren zu schützen.

Die Projekte (Stand August 2009)

Handbuch Gewaltprävention. Für die Grundschule und die Arbeit mit Kindern.
Grundlagen – Lernfelder – Handlungsmöglichkeiten

Auch die Grundschule wird von Konflikten und Gewalt in vielfältigen Formen nicht verschont. Wenngleich das Ausmaß im Vergleich zu anderen Schularten (noch) geringer ist, so stellt Gewalt doch auch hier ein gravierendes Problem dar. Verbale Grenzüberschreitungen,

Mobbing, Ausgrenzung, Drohungen, Erpressungen oder körperliche Gewaltanwendungen zerstören nicht nur die Grundlagen des Zusammenlebens- und -lernens, sie stellen auch den Lernerfolg in Frage. Lernen kann nur in einem Klima der Sicherheit und Anerkennung gelingen.

Das Handbuch Gewaltprävention für die Grundschule und die Arbeit mit Kindern ist ein Projekt von WSD Pro Child als Kooperationsprojekt durch das Institut für Friedenspädagogik entwickelt und durch die Berghof-Stiftung für Konfliktforschung gefördert.

Handbuch Gewaltprävention II. Für die Sekundarstufe und die Arbeit mit Jugendlichen.
Grundlagen – Lernfelder – Handlungsmöglichkeiten

Der Ansatz des vorliegenden Handbuchs geht davon aus, dass der Weg zu einer „guten Schule" in unmittelbarem Zusammenhang mit einer höheren Schulmotivation der Schülerinnen und Schüler, verbesserten schulischen Leistungen und einer Verminderung von Gewalt an der Schule steht. Der Schlüssel zu guten schulischen Leistungen ist ein angstfreies Klassen- und Schulklima, das von gegenseitiger Wertschätzung und Akzeptanz geprägt ist. Diese wiederum gehören zu den Indikatoren einer „guten Schule". Gewaltprävention schafft die Voraussetzungen für optimierte Lernbedingungen an Schulen. Deshalb geht es nicht um Einzelmaßnahmen, sondern um die Verbesserung der sozialen Schulqualität. Dabei ist Gewaltprävention in den normalen Unterrichtsverlauf und in den Prozess der Schulentwicklung integriert. Gewaltprävention ist so kein „zusätzliches" Angebot, sondern Teil des normalen pädagogischen Alltags.

Das Handbuch Gewaltprävention für die Sekundarstufe und die Arbeit mit Jugendlichen ist ein Projekt von WSD Pro Child als Kooperationsprojekt durch das Institut für Friedenspädagogik entwickelt und durch die Berghof-Stiftung für Konfliktforschung gefördert.

Pro Kids – Peace Portal: www.frieden-fragen.de

Das Online-Portal für Kinder und interessierte Erwachsene zu Krieg und Frieden und anderen Grundfragen des menschlichen Zusammenlebens ist eine der TOP 100 Internetseiten für Kinder. Die Liste der TOP 100 Internetseiten wurde von KLICK-TIPPS.NET (Stand: 14.05.2009) erstellt. Klick-Tipps ist ein gemeinsames Projekt der Stiftung MedienKompetenz Forum Südwest und jugendschutz.net. Die Kriterien waren: Die Webseiten müssen pädagogisch wertvoll, gewalt- und werbefrei und mithilfe von Medienexperten und Erziehern erstellt worden sein. Das Online-Portal www.frieden-fragen.de wurde vom Institut für Friedenspädagogik Tübingen e. V. entwickelt und von WSD Pro Child initiiert und finanziert.

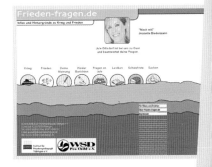

Theatershow „Der neue Schüler"

Die Theatershow „Der neue Schüler", ein Projekt von WSD Pro Child, entwickelt und aufgeführt von People's Theater e. V., soll die Problematik von Mobbing (Bullying) an Schulen aufzeigen und unter Einbeziehung der Jugendlichen zu Lösungsansätzen führen. Im Mittelpunkt der Theatershows von People's Theater steht jeweils ein Mini-Drama zu Thematiken der Gewalt- und Suchtprävention. Ein sozialer Konflikt wird in einer kurzen Theaterszene dargestellt. Droht der Konflikt zu eskalieren, stoppt ein Moderator das Stück, so dass durch Fragen mit dem Publikum die Ursachen des Konflikts herausgearbeitet und Lösungsvorschläge entwickelt werden können. Die Schauspieler werden im Anschluss daran durch einzelne Zuschauer ausgetauscht, die verschiedene Lösungsansätze durchspielen. Zum Abschluss spielen die Schauspieler eine zusammenfassende „Vorbildlösung", in die möglichst viele Vorschläge vom Publikum eingearbeitet werden.

Zusammenarbeit WSD Pro Child und Mentor Stiftung Deutschland

Durch die Zusammenarbeit von WSD Pro Child und der Mentor Stiftung Deutschland sollen sowohl inhaltliche Gemeinsamkeiten bestehender Präventionsprojekte genutzt als auch gemeinsame Aktivitäten und Projekte initiiert werden.

Mit dem von WSD Pro Child unterstützten Präventionsprogramm „Rebound" geht Mentor gemeinsam mit den Universitäten Heidelberg und San Diego neue Wege in der Präventionsarbeit. Kindern und Jugendlichen begegnet die Stiftung auf Augenhöhe. Rebound bedient sich der Resilienzphilosophie und setzt auf Risikokompetenz. Mentor erreicht bei Kindern und Jugendlichen eine flexible, ressourcenbetonende Haltung und damit einen gesunden Respekt vor Drogen und hilft Stärken herauszuarbeiten, damit Jugendliche eigenständige und verantwortliche Risikoentscheidungen über Drogen und schlechte Bedingungen treffen können. Gemeinsam mit WSD Pro Child werden verschiedene Inhalte des Mentorprogramms ausgebaut und über die Mitglieder von WSD Pro Child verbreitet. Der Ausbau des Angebotes von WSD Pro Child, der fachliche Austausch und die Schaffung neuer gemeinsamer Angebote sollen zur besseren Entwicklung junger Menschen beitragen.

Evaluation Selbstbehauptungskonzept für Jugendliche

Für das WSD Selbstbehauptungskonzept für Jugendliche in der Sekundarstufe liegen die Nutzungsrechte bei WSD Pro Child. Das Konzept wird von den Mitgliedern des Vereins auf selbstständiger Basis an weiterführenden Schulen durchgeführt. Für Kinder und Jugendliche aus sozial schwachen Familien wird die Kursgebühr vorbehaltlich einer Schutzgebühr von WSD Pro Child übernommen. Zu der Thematik Gewaltprävention kam im Jahr 2008 in Zusammenarbeit mit der Mentor Stiftung Deutschland der Themenbereich Suchtprävention hinzu. 2009/2010 wird das Selbstbehauptungskonzept für Jugendliche evaluiert. Die Evaluationsstudie wird durchgeführt unter der Leitung von Dr. Henrik Jungaberle, Suchtpräventionsexperte und Gesundheitsforscher am Institut für Medizinische Psychologie am Universitätsklinikum Heidelberg.

Präventionspreis „Starke Kinder"

WSD Pro Child und die Mentor Stiftung Deutschland schreiben den Präventionspreis „Starke Kinder" an Grundschulen aus. Mit diesem Kreativwettbewerb soll unter anderem erreicht werden, dass Themen wie Gewalt- und Suchtprävention bereits an Grundschulen bewusst und Kinder spielerisch u.a. für verbale Grenzüberschreitungen, Freundschaft und Kameradschaft sensibilisiert werden. Weitere Themen, die die Grundschüler/innen bearbeiten können, sind übermäßiges Fernsehen, zu langes PC-Spielen und die Gefahren des Handys.

Mitmachen können alle Schüler/innen, die im Bewerbungszeitraum eine Grundschule in Deutschland, Österreich, der Schweiz oder Belgien besuchen. Eingereicht werden selbst angefertigte Bilder unter dem Motto „Starke Kinder". Die Kinder können sich mit Einzelarbeiten oder mit Gruppenarbeiten um den Preis bewerben.

Präventionspreis „Schule bewegt sich"

Des Weiteren schreiben WSD Pro Child und die Mentor Stiftung Deutschland den Präventionspreis „Schule bewegt sich" für Jugendliche an weiterführenden Schulen aus. Mit diesem Wettbewerb soll unter anderem erreicht werden, dass sich Schulen und deren Schüler/innen stärker mit den Themen Sucht und Gewalt in ihrem Umfeld auseinandersetzen. Der Kreativwettbewerb soll bei den teilnehmenden Jugendlichen das Bewusstsein für Themen wie Sucht- und Drogenprävention, Gewalt- und Konfliktvermeidung, Anti-Mobbing, Ausgrenzung, Drohungen und Erpressung unter Jugendlichen und gegen Jugendliche schärfen.

An dieser Ausschreibung können Klassen weiterführender Schulen in Deutschland, Österreich, Belgien und der Schweiz mit Jugendlichen im Alter von 10-15 Jahren teilnehmen.

Förderung des Kinderschutzportals schulische-praevention.de

WSD Pro Child fördert gemeinsam mit der Stiftung Hänsel + Gretel das Projekt Kinderschutzportal schulische-praevention.de der Westfälischen Wilhelms-Universität Münster, Zentrum für Lehrerbildung (ZfL). In diesem Portal finden sich qualifizierte Informationen sowie eine Vielzahl an Präventionsprojekten für die praktische Arbeit zum Themenbereich der sexualisierten Gewalt gegen Mädchen und Jungen.

„schulische-praevention.de" hat das Ziel, insbesondere Lehrer/innen sowie Fachkräfte und Eltern für die Thematik der sexualisierten Gewalt zu sensibilisieren und zu ermutigen, Gefährdungen wahrzunehmen, Prävention umzusetzen sowie Mädchen und Jungen zu stärken.

„Wir sind starke Kinder"-Song für Kinder im Kindergarten und in der Vorschule

Der Song mit dem Titel „Wir sind starke Kinder" soll der Gewaltprävention bei Kindergartenkindern und Vorschülern dienen und dazu beitragen, dass sie stark und selbstbewusst werden. So kann das Selbstbewusstsein der Kleinsten schon spielerisch gefördert werden. „Ein Lied das Mut macht, ein Lied das stark macht, ein Lied das Spaß macht", so Musiklehrerin Antje Völz. Sieben ihrer Schülerinnen der Wasgau Schule bilden den Chor für diesen Song. Texterin und Interpretin des Songs ist Christina Drewing.

Unterstützung von Aufkleberaktionen

Viele Städte und Gemeinden haben inzwischen erkannt, dass es für Kinder notwendig ist, spontan bei Problemen eine Anlaufstelle zu haben. Nichts ist daher nahe liegender als Aktionen mit ortsansässigen Geschäften durchzuführen, in denen Kinder Zuflucht nehmen können, sobald sie Hilfe benötigen. WSD Pro Child unterstützt in verschiedenen Städten diese Projekte für einen sicheren Schul- und Nachhauseweg, wie z. B. „Notinsel" in Berlin-Neukölln der Stiftung Hänsel + Gretel, „Schlupfwinkel" des Arbeitskreises Kinder und Jugendliche Bondorf, „Die Helfende Hand" in Darmstadt, „Gute Fee" in Reutlingen oder die Aktion „Rettungsinsel" des Arbeitskreis Sichere Stadt Biberach.

Die Projekte von WSD Pro Child e.V. werden über die Mitglieder finanziert, die selbstständig als WSD Persönlichkeitstrainer/innen und WSD Pädagoginnen/Pädagogen tätig sind. Aus dem Selbstbehauptungs- und Persönlichkeitstraining gehen 5,- Euro und aus den Elternseminaren 2,50 Euro je Teilnehmer an den Verein. Bislang wurden 645.000 Euro für präventive Projekte aufgewendet (Stand August 2009).

WSD Pro Child e.V., Daimlerstrasse 8, D-74372 Sersheim
www.wsd-pro-child.de

Handbuch Gewaltprävention I
Für die Grundschule und die Arbeit mit Kindern

Das „Handbuch Gewaltprävention in der Grundschule" umfasst 18 Bausteine, die das gesamte Feld der Gewaltprävention in der Grundschule abdecken. Das Verständnis von Gewalt und Grundsätze der Gewaltprävention in Schule und Elternhaus bilden die Basis für konkrete Ansatzpunkte. Im Bereich des sozialen Lernens sind dies die Schärfung der sozialen Wahrnehmung, die Förderung der emotionalen Intelligenz, die Verbesserung der Kommunikationsfähigkeit und die Förderung von resilientem Verhalten.

Konflikte konstruktiv zu bearbeiten, kommt im Kontext von Gewaltprävention besondere Bedeutung zu. Das Konzept der Schüler-Streitschlichtung, „Demokratie leben und lernen", der Bereich der Werteerziehung und „Sport und Fair Play" sind hier zentrale Bestandteile des Präventionskonzeptes.

In einem weiteren Bereich werden Handlungsmöglichkeiten in Gewaltsituationen diskutiert. Sicherer Schulweg, Mobbing, sexualisierte Gewalt und Gewalt in Medien sind hier die wichtigen Inhalte.

Günther Gugel: Handbuch Gewaltprävention.
Für die Grundschule und die Arbeit mit Kindern.
Grundlagen – Lernfelder – Handlungsmöglichkeiten.
2. Aufl. Tübingen 2009, 536 S., 24 x 16 cm, vierfarbig, gebunden, 34,80 Euro.
ISBN 978-3-932444-22-7
Bezug über den Buchhandel oder:
http://shop.friedenspaedagogik.de

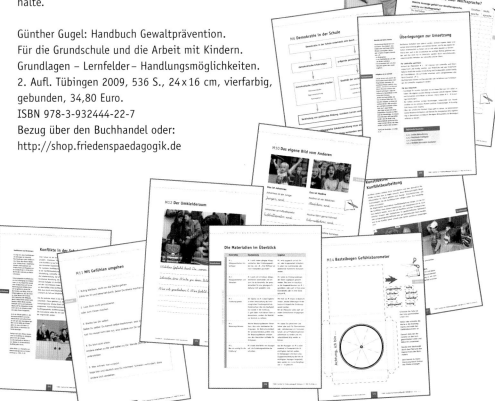

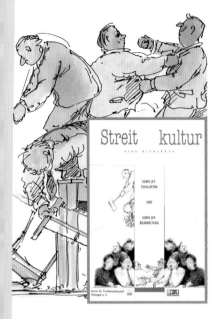

Materialien
des Instituts für Friedenspädagogik Tübingen e.V.

Günther Gugel / Uli Jäger: Streitkultur. Konflikteskalation und Konfliktbearbeitung. Eine Bilderbox.
3 Plakate (DIN A1, vierfarbig), 25 Fotos (DIN A4, vierfarbig), Anleitung zum Einsatz, in einer Faltmappe. Illustrationen der Plakate und Karten: Burkhard Pfeifroth, Reutlingen
24,– Euro, ISBN 978-3-932444-06-7
Die Plakate sind auch in Englisch, Spanisch und Russisch verfügbar. Diese Plakatserie wurde speziell für die Bildungsarbeit entwickelt. Plakate und Bildkarten sind Hilfsmittel, um die Dynamik von Konflikten verständlich zu machen und Anhaltspunkte für Möglichkeiten der konstruktiven Bearbeitung aufzuzeigen. Die Bilder sind symbolhafte Verdichtungen, die sowohl auf der individuellen, der gesellschaftlichen als auch auf der internationalen Ebene verstanden werden können.

Günther Gugel: Konfliktgeschichten. Konflikte wahrnehmen, beurteilen, bearbeiten. Eine Bilderbox.
1 Plakat (DIN A1, vierfarbig), 32 Fotos (DIN A4, schwarzweiß), Anleitung zum Einsatz, in einer Faltmappe. Fotos: Jan Roeder
18,– Euro, ISBN 978-3-932444-07-4
Die Bilderbox „Konfliktgeschichten" enthält 32 Bildkarten (DIN A4) mit verschiedenen Fotogeschichten, sowie das Plakat „Eingreifen oder Zuschauen".
Die „Konfliktgeschichten" zeigen typische Konfliktbeispiele aus dem Alltag von Jugendlichen in einer Bilderfolge. Diese visuellen Fallbeschreibungen lassen vielfältige Umgangsweisen in der Bildungsarbeit zu.

CD-ROMs

Konflikte XXL. Konfliktbearbeitung als Gewaltprävention. 38 Lernräume auf CD-ROM. Hrsg.: Institut für Friedenspädagogik Tübingen e.V. / Bundeszentrale für politische Bildung.
Für Win und Mac, 15,– Euro
„Konflikte XXL" vermittelt systematisches Grundwissen über die Themen Kommunikation, Konflikte und Gewalt in interaktiver Auseinandersetzung.
Die CD-ROM eignet sich zum Selbststudium sowie als didaktisches Material für Schule, Jugend- und Erwachsenenbildung.

X-Krisen. Gewaltprävention, Krisensituationen, Amokläufe.

Für Win und Mac, 15,– Euro

Die CD-ROM „X-Krisen" verbindet die häufig getrennt gesehenen Bereiche Gewaltprävention, Konfliktbearbeitung und Krisenintervention. In Form einer multimedialen Fallstudie werden unter dem Titel „Amoklauf in der Schule" die Geschehnisse in Erfurt 2002 nachgezeichnet und reflektiert.

Der Baustein „Krisensituationen" zeigt für die unterschiedlichen Phasen einer Krise die jeweiligen Hilfssysteme auf. In den Bausteinen „Gewaltprävention in der Schule" und „Schüler-Streit-Schlichtung" vermittelt die CD-ROM systematisches Grundwissen und verdeutlicht vielfältige Handlungsmöglichkeiten der Gewaltprävention im Kontext der Schule.

Max. Prosoziales Verhalten in Konfliktsituationen.

Für Win und Mac, 15,– Euro

Welche Handlungsalternativen bieten sich in Gewalt- und Konfliktsituationen? Die Nutzer der CD-ROM werden vor Entscheidungssituationen gestellt, in denen sie sich für eine von mehreren Alternativen entscheiden müssen. Welche Folgen sich daraus ergeben, zeigen mehr als 60 Spielszenen, die mit Schauspielerinnen und Schauspielern des Landestheaters Tübingen inszeniert wurden. Sie bilden den Kern des interaktiven Szenarios, das durch didaktische Materialien und Hintergrundinformationen ergänzt wird.

Frieden hören. Annäherungen an den Frieden über klassische Musik. Neuauflage 2009

Für Win und Mac, 15,– Euro

In dieser CD-ROM werden in bislang einmaliger Art und Weise wichtige Aspekte des Themenkreises „Krieg und Frieden" durch Beispiele aus der klassischen Musik „hörbar" gemacht. Die 38 Hörbeispiele mit einer Gesamtspieldauer von rund drei Stunden wurden aus Werken verschiedener Komponisten der Vergangenheit und der Gegenwart ausgewählt. Zu jedem Hörbeispiel wird ein erläuternder Kommentar des Bremer Friedensforschers Prof. Dr. Dieter Senghaas angeboten, der die Hörbeispiele auch ausgewählt und systematisiert hat. Die CD-ROM enthält darüber hinaus ausdruckbare Biographien zu allen Komponisten und Hintergrundmaterialien zu den Hörbeispielen.

Institut für Friedens-pädagogik Tübingen e.V.

Das Institut für Friedenspädagogik Tübingen e.V. hat sich seit seiner Gründung im Jahr 1976 (damals unter dem Namen „Verein für Friedenspädagogik Tübingen e.V.") als bundesweit und international geschätzte friedenspädagogische Einrichtung etabliert. Das zentrale Anliegen seiner Arbeit ist es, die Friedens- und Konfliktfähigkeit von Kindern, Jugendlichen und Erwachsenen zu fördern und den Friedensgedanken in Gesellschaft und Staat zu verankern. Dies geschieht – in enger Zusammenarbeit mit Forschung und Praxis – durch Beratung und Serviceangebote, durch die intensive Auseinandersetzung mit zentralen Themen der Friedenserziehung im Rahmen von Projektarbeit, durch die Entwicklung von Unterrichtsmedien, durch Seminarangebote sowie die eigenständige und schnelle Publikation der Ergebnisse über das Internet sowie in einem eigenen Verlag.

Das Institut für Friedenspädagogik trägt mit seiner Arbeit zu einem kritisch reflexiven Umgang mit der Wirklichkeit und mit den großen Herausforderungen unserer Zeit bei.

Institut für Friedenspädagogik Tübingen e.V. – Corrensstr. 12, 72076 Tübingen
Telefon: 07071-920510, eMail: kontakt@friedenspaedagogik.de, www.friedenspaedagogik.de